第二届方志文化国际学术研讨会
暨第九届中国地方志学术年会论文集

走向世界的
中国地方志

主 编 / 冀祥德

社会科学文献出版社
SOCIAL SCIENCES ACADEMIC PRESS (CHINA)

第二届方志文化国际学术研讨会
暨第九届中国地方志学术年会论文集

编辑人员：和卫国　刘　丹　梅家龙　毛阿莹　李丝雨

　　2019 年 7 月 16 日，第二届方志文化国际学术研讨会暨第九届中国地方志学术年会在湖南省长沙市召开。主席台就座领导（自左至右）：湖南省地方志编纂委员会党组成员、副主任邓建平，国际图书馆协会联合会（IFLA）方志及族谱部门主席、台湾世新大学信息传播学系副教授林志凤，湖南省长沙市政协副主席、长沙市地方志编委会副主任袁志恒，中国地方志指导小组秘书长、中国地方志指导小组办公室主任、中国地方志学会副会长兼秘书长冀祥德，国际图书馆协会联合会当选主席克里斯汀·玛丽·麦肯锡（Christine Mary Mackenzie），中国地方志指导小组办公室副主任、中国地方志学会副会长邱新立，国际图书馆协会联合会方志及族谱部门秘书和当选主席、美国多米尼加大学教授塞西莉亚·莉梓玛·萨尔维多（Cecilia Lizama Salvatore），第六届中国地方志指导小组成员、复旦大学教授巴兆祥。

袁志恒致辞

Christine Mary Mackenzie 致辞

冀祥德致辞

邱新立主持开幕式

Christine Mary Mackenzie 作大会主旨报告

冀祥德作大会主旨报告

林志凤作大会交流

巴兆祥作大会交流

国际图联方志及族谱部门常委、美国犹他州家谱图书馆项目经理
Russell Scott Lynch 作大会交流

Cecilia Lazama Salvatore 作大会交流

德国汉诺威莱布尼茨大学学者 Dieter Joachim Schubert 作大会交流

广州市地方志办公室胡巧利作大会交流

国际图联亚大区域资讯长、日本鹤见大学教授 Takashi Nagatsuka 作大会交流

台湾中国文化大学史学系教授、台湾中国近代史学会理事长陈立文作大会交流

安徽大学历史系副教授蒲霞作大会交流

国际图联方志及族谱部门资讯长、南非开普半岛科技大学图书管理系
Anna Petronella Coreejes-Brink 作大会交流

四川省政协文史和学习资料委员会副主任马小彬作大会交流

美国犹他州家谱图书馆高级家谱顾问、亚洲部经理 Lena W Stout（吴志宏）
作大会交流

台湾中华文物保护协会秘书长彭慰作大会交流

湖南省地方志编纂委员会田丰作大会交流

四川省政协文史和学习资料委员会副主任马小彬主持大会学术交流环节

湖北省文化和旅游厅地方志工作处一级调研员司念堂主持大会学术交流环节

河北省地方志办公室副主任王蕾主持大会学术交流环节

2019 年 7 月 17 日下午，会议闭幕式召开

安徽省委党史研究院张军代表第一组汇报交流情况

浙江省杭州市萧山区委党史和地方志编纂研究室莫艳梅代表第二组汇报交流情况

浙江省人民政府地方志办公室赵海良代表第三组汇报交流情况

巢湖学院教授张安东代表第四组汇报交流情况

林志凤代表境外参会学者发言

中国地方志指导小组办公室党组书记高京斋作大会总结

邓建平主持闭幕式

第一组讨论现场

第二组讨论现场

第三组讨论现场

第四组讨论现场

第二届方志文化国际学术研讨会暨第九届中国地方志学术年会合影
2019 International Conference on Local Chronicles(ICLC) and The 9th Chinese Local Chronicles Academic Conference

July 2019, Changsha

合影

C目录 CONTENTS

在第二届方志文化国际学术研讨会
暨第九届中国地方志学术年会上的致辞

（2019 年 7 月 16 日）

冀祥德

尊敬的克里斯汀主席、夏建平市长，女士们、先生们：

上午好！今天，走向世界的中国地方志——第二届方志文化国际学术研讨会暨第九届中国地方志学术年会在山清水秀、人文荟萃的星城长沙隆重开幕。来自 7 个国家和地区的各方嘉宾，为深化方志文化交流合作共聚一堂，共襄盛举。在此，我谨代表中国地方志指导小组及其办公室、中国地方志学会对各位与会嘉宾、专家学者的到来表示热烈欢迎。

编修地方志，是中华民族源远流长的优秀文化传统。地方志纵贯古今、横陈百科，汇集了各地自然、人文、社会、经济的历史和现状，显示了一定区域内历史发展轨迹和事业盛衰起伏的全过程，是全面、系统、客观的资料性文献，可谓是"凡郡之所有，事无巨细，莫不皆然"。"国有史，郡有志，家有谱"，作为中华优秀传统文化的重要组成部分，在 2000 多年的递嬗传承中，国史、方志、家谱构成了中华文明存续发展的文化基石。博大精深、独具特色、历久弥新的方志文化在新时代依然熠熠生辉，成为传承中华文明、发掘历史智慧、凝聚发展能量的重要载体，也是讲好中国故事、展示中国魅力的重要平台，对存史、资政、育人有着十分重要的作用。

据不完全统计，仅现存历代旧志就有 8000 多种 10 万多卷，约占中国现存古籍的 1/10。正如英国著名汉学家李约瑟博士所说，古代的希腊乃至近代英国，都没有留下与中国地方志相似的文献，要了解中国文化，就必须了解中国的地方志。而中国这种独一无二的文化现象之所以能延续上千年并流传至今，一个重要原因就是自隋唐以后历朝历代都把修志当成国家行为，作为官职官责。

地方志事业关乎历史延续、文化传承，关乎当前建设、未来发展，是社会主义文化事业的重要组成部分，是党和国家工作全局中的重要组成部分。党的十八大以来，以习近平同志为核心的党中央高度重视地方志工作。习近平总书记强调，要"高度重视修史修志，让文物说话、把历史智慧告诉人们，激发我们的民族自豪感和自信心，坚定全体人民振兴中华、实现中国梦的信心和决心"，将地方志工作提升至关乎落实国家战略、实现中华民族伟大复兴中国梦的高度。自国务院办公厅颁布《全国地方志事业发展规划纲要（2015~2020年）》以来，有着2000多年历史的地方志，不断打破桎梏，扫除藩篱，以更快的速度、更高的质量，实现了大发展、大突破、大跨越。地方志从"一本书主义"到"十业并举"，在全国范围内从一项工作向一项事业转型升级，方志人主动作为，脚踏实地，赢得了事业发展的主动权，提升了事业发展的自信心，开创了新时代地方志事业高质量发展新局面。高质量的方志文化成果也夯实了国家文化软实力，增强了国民对国家的认同感，传播了当代中国的价值观念，展示了中华文化的恒久魅力。各国共处一个世界，人类社会日益成为一个你中有我、我中有你的"命运共同体"，文化多元，各美其美，理所应当，但美美与共，合作共享，更值得期待。因此，弘扬传播中国方志文化也是方志人义不容辞的责任和荣光。

——弘扬传播中国方志文化，必须继承中华民族深厚的方志文化传统，薪火相传、代代守护。中国方志文化延续着我们国家和民族的精神血脉，记录了5000多年的中华文明。继承历史才能把握当代，面向未来，要善于继承和弘扬中华优秀传统文化精华，做到古为今用、不忘本来，最大限度展现中国方志文化的中国传统、中国基因、中国立场。

——弘扬传播中国方志文化，必须加大对中国方志文化内涵的挖掘和阐发，与时俱进、推陈出新。要使中华民族最基本的文化基因与当代文化相适应、与现代社会相协调，不断提出具有原创性、时代性的概念和理论，努力实践创新，推进知识创新、理论创新、方法创新，构建具有自身特色的中国方志文化体系。不断推动中国方志文化的创造性转化、创新性发展，激活其生命力，让中国方志文化在创新中体现中国价值、中国智慧、中国魅力。

——弘扬传播中国方志文化，必须要有一个宽广的视角，站在共创人类文明的高度，胸怀天下，放眼世界。强调中国方志文化的民族性、独有性，并不是要盲目自大，而是要在继承好优良传统的基础上，吸收借鉴其他先进文化的优点、亮点，使中国方志文化的优越性得到认可和推广，为记录、传承人类文明提供思路和办法。立足中国、大胆吸收，在互学互鉴中充分呈现出中国方志文化的中国特色、中国风格、中国气派。

习近平主席指出："当今世界，人类生活在不同文化、种族、肤色、宗教和不同社会制度所组成的世界里，各国人民形成了你中有我、我中有你的命运共同体。""世界文明的魅力在于多姿多彩，人类进步的要义在于互学互鉴。"当前，世界多极化、经济全球化、文化多样化、社会信息化深入发展，各国相互联系和依存日益加深，国际学术交流互访日益频繁。中国从其他文明中寻求智慧、汲取营养的同时，世界上更多的国家也了解到了华夏文明的独特魅力。方志作为中华民族特有的文化基因，是中华文化的"根"与"魂"，不仅在璀璨的中华文化中独树一帜，而且在世界文化中也占据了独特的地位。《全国地方志事业发展规划纲要（2015~2020年）》明确提出要配合中国文化"走出去"战略和"一带一路"建设，推介一批高质量地方志成果，充分展示地方志的当代价值及永恒魅力，推动方志文化走向世界，增强中华文化凝聚力、影响力和国际竞争力，促进与其他文化的交流和合作。在此背景下，在中华人民共和国成立70周年之际，我们举办了走向世界的中国地方志——第二届方志文化国际学术研讨会暨第九届中国地方志学术年会。此次会议议题广泛、内容丰富，希望大家畅所欲言、求是创新，提出真知灼见，共同创造中国方志文化的美好未来。

再次欢迎大家来到历史文化名城长沙。祝各位嘉宾身体健康、和美安泰，并预祝本次方志文化国际学术研讨会圆满成功！

谢谢大家！

在第二届方志文化国际学术研讨会
暨第九届中国地方志学术年会上的总结讲话

（2019 年 7 月 17 日）

高京斋

各位来宾：

大家下午好！在大家的共同努力下，为期两天的方志文化国际学术研讨会就要圆满闭幕了。根据大会安排，由我作会议总结。下面我想从两个方面对这次会议作一简要总结，一是会议的总体情况，二是会议的主要特点。

一　会议的总体情况

此次会议是继 2017 年 9 月在北京召开的方志文化国际学术研讨会后的又一次盛会。方志文化是中华民族优良文化传统的重要组成部分，随着中华文化在海外的传播，地方志成为在海外传播和展示中国软实力的重要载体。因此，探讨方志文化在世界的传播与利用，加强海内外有关方志文化成果的交流，对于丰富和拓展方志文化的内涵显得极为重要。此次会议的召开，对于坚定文化自信，推动方志文化的传播，加强海内外学者在研究利用方志资源等方面的交流，有着重要而积极的意义。与此次国际会议一并召开的还有第九届中国地方志学术年会，中国地方志学术年会是全国地方志系统每年一次的重要学术会议，是地方志学术研究的一次集中展示。学术年会自 2011 年创办以来，已连续举办了八届，此次是第九届。

本次会议得到了海内外专家学者的积极响应和支持，尤其是国际图书馆协会联合会（IFLA）当选主席克里斯汀·玛丽·麦肯锡（Christine Mary Mackenzie）女士亲自到会并发表演讲。在大会交流阶段，与会境外学者国际图联方志及族谱部门主席、台湾世新大学信息传播学系副教授林志凤女士，国际图联方志及族谱部门常委、美国犹他州家谱图书馆项目经理卢赛尔·斯科特·林奇（Russell Scott Lynch）先生，国际图联方志及族谱部门秘书和当选主席、美国多米尼加大学教授塞西莉亚·莉梓玛·萨尔维多（Cecilia Lizama Salvatore）女士，德国汉诺威莱布尼茨大学学者狄爱特·约钦姆·斯楚伯特（Dieter Joachim Schubert）先生，国际图联亚大区域资讯长、日本鹤见大学教授长冢隆（Takashi Nagatsuka）先生，台湾中国文化大学史学系教授、台湾中国近代史学会理事长陈立文女士，国际图联方志及族谱部门资讯长、南非开普半岛科技大学图书管理系学者安娜·佩佐奈拉·柯瑞吉·布林克（Anna Petronella Coreejes-Brink）女士，美国犹他州家谱图书馆高级家谱顾问、亚洲部经理吴志宏（Lena W Stout）女士，台湾中华文物保护协会秘书长彭慰女士，分别就地方志、地方史及家谱的收藏、研究、利用情况作了精彩的大会交流发言。他们都学养深厚、准备充分，为我们开阔视野、了解海外相关研究提供了有益的借鉴。我代表主办方，对他们的到来和对大会的支持表示特别感谢。

此次会议为海内外学者搭建了学术交流的平台，共有来自澳大利亚、美国、德国、挪威、日本、南非等6个国家和中国台湾地区与复旦大学、南开大学、北京师范大学等18所高校，以及全国地方志系统的140余位专家学者参加会议。与会学者既有功成名就、德高望重的学界前辈，也有初出茅庐、崭露头角的新生力量，更有一大批年富力强、风华正茂的中青年学者，可以说群贤毕至，少长咸集。大家欢聚一堂，围绕中国方志文化等一系列问题展开深入的交流、讨论，展示了方志文化研究的广阔前景和独特魅力。会议采取大会交流的方式，共有14人次作了大会发言，96人在分组交流中发言并相互点评。会议虽然只有短短两天的时间，但是大家在有限的时间里，分享了自己的学术观点，展示了自己的研究成果，并利用参会机会畅叙友谊、交流信息。此次会议达到了预期的目的，是一次成功的国际学术研讨会、学术年会。

二 会议的主要特点

第一，作为一次方志文化国际学术研讨会，此次会议首先就是具有国际性。虽然中国地方志指导小组办公室、中国地方志学会是主办方，但国际图联给予了大力的支持，尤其是国际图联新当选主席克里斯汀女士专程来华参会，也显示了国际图联对于此次会议的高度重视和对中国方志文化的浓厚兴趣，相信会议以后，国际图联的各位专家对中国的方志文化也有了更加深入的认识。

第二，此次会议既是国际学术研讨会也是地方志的学术年会，具有参与广泛的特点。此次年会不光征文数量多，参与的面也很广，既有全国各级地方志工作机构地方志工作者的参与，又有复旦大学、南开大学、北京师范大学、陕西师范大学、山西大学、安徽大学、安徽师范大学、江西师范大学等众多高校学者的广泛参与。此次征文涉及的高校达到了20多所，为历届学术年会所罕见。而且各个高校的参会者不仅有教授、博导，还有许多是在读的博士生、硕士生，甚至还有本科生，这充分体现了方志学学科在高校中发展的蓬勃生机。

第三，既然是学术研讨会，学术性强的特点自然也是显而易见的。在这次会议的论文评审过程中，作为主办方我们就特别要求评审专家以学术性强为第一标准，打破以往先分类再评审的惯例，而是把所有的文章打乱分送不同专家评审，这样就避免了以往"矬子里拔将军"的现象，而是优中选优。对于停留在工作总结层面和毫无新意、低水平重复、不讲学术规范的文章，坚决做到宁缺毋滥，引导地方志研究者从学术的角度研究地方志、利用地方志、宣传地方志。我们在谈到地方志人才问题时，常常会说现在是人才青黄不接，后继乏人，但从此次会议论文入选情况来看，地方志人才储备还是比较丰厚、充满希望的。

三 对地方志学术研究的期待

希望以此次会议的召开为契机，能逐渐营造出全社会对方志文化的关注和关爱。一是希望大家能坚定方志文化自信，不断进行理论创新。习近平总书记立足坚持和发展中国特色社会主义、实现中华民族伟大复兴的战略全局，对传承发展中华优秀传统文化作出一系列重要论述，旗帜鲜明地提出坚定文化自信的要求。地方志作为优秀传统文化的重要组成部分，在构建中国特色哲学社会科学体系中必将发挥其应有的作用。广大地方志工作者要尊重方志文化发展规律，结合新的时代和实践要求进行理论研究和探索，在继承传统的基础上实现创新转化，更好地展示方志文化独有的魅力。融入当下、服务社会，坚定方志文化自信，增强方志文化自觉，挖掘和弘扬方志文化的当代价值，体现方志文化的民族性和独特性，是时代赋予方志人的历史责任。二是希望大家能从地方志编纂的历史经验和实际问题出发，坚持正确的学术导向，吸收借鉴相关学科的研究方法，为地方志事业发展提供坚实的理论基础。方志理论研究特别应该加强对地方志重大实践和理论问题的研究，发展出具有方志特色的理论体系，不断推出质量高、影响大的科研成果。鼓励对方志学基础理论和应用理论进行深入研究，提倡多学科交叉研究，不断扩大方志理论研究的学术影响力。三是希望大家能坚守方志理论研究阵地，不断加强研究人才队伍建设和海内外学术交流合作。通过各种方式建立有利于学术骨干成长和学科队伍建设的人才培养机制，搭建平台，组建梯队，提升人才业务水平、学术能力，不断提升地方志学术研讨的学术性。同时，应该用更为宽阔的视野来审视地方志、研究地方志，不能闭门造车、自娱自乐。相信通过此次会议交流，大家一定会成为更亲近的朋友，有更多的交流机会。

今年恰逢中华人民共和国成立70周年，我们也会定期组织方志理论研究交流活动，举办专题理论研讨会，建立长期稳定的学术研讨、交流机制。采用多种形式加强与海外高等院校、科研机构和图书收藏机构的学术交流与合作，不断拓宽、扩大科研合作与学术交流的领域、渠道和规模。

各位来宾，再次感谢大家对大会的支持，希望在不久的将来我们还能再见。也感谢为此次会议付出辛勤劳动的会务人员、志愿者，以及会议承办方和会议宾馆提供的服务。

谢谢大家！

以习近平新时代中国特色社会主义思想为指导，努力在推动地方志事业大发展中积极传承弘扬中华优秀传统文化

李振宇　高天成

（甘肃省地方史志办公室）

　　文化是一个国家、一个民族的灵魂。文化兴国运兴，文化强民族强。没有高度的文化自信，没有文化的繁荣兴盛，就没有中华民族伟大复兴。党的十八大以来，习近平总书记反复强调坚定文化自信，将文化自信创造性地扩展和完善到党的十八大提出的中国特色社会主义"三个自信"的谱系中，连同中国特色社会主义道路、理论、制度一道，上升为国家共识，进一步凸显了文化在中国特色社会主义事业全局中的重要地位。进入新时代，我们比以往任何时候都更加迫切需要传承和弘扬中华优秀传统文化。那么，作为中华优秀传统文化重要载体及表现方式之一的方志文化如何在坚持自身发展繁荣中，积极传承弘扬中华优秀传统文化呢？本文试就这一问题做一些探讨。

一　地方志与中华优秀传统文化的关系

　　中华文化源远流长、灿烂辉煌。在 5000 多年文明发展中孕育的中华优秀传统文化，积淀着中华民族最深沉的精神追求，代表着中华民族独特的精神标识，是中华民族生生不息、发展壮大的丰厚滋养，是中国特色社会主义植根的文化沃土，是当代中国发展的突出优势，对延续和发展中华文明、促进人类文明进步，发挥着重要作用。①

　　中华优秀传统文化，是指中国传统文化中所包含的对提高人民的思维能力、促进社会主义

---

① 《关于实施中华优秀传统文化传承发展工程的意见》，《人民日报》2017 年 1 月 26 日，第 6 版。

物质文明和精神文明的发展、推动社会进步的一切有重大价值的优秀精神成果的总和。① 中华优秀传统文化博大精深，主要内容涉及以下三个方面。

一是核心思想理念。中华民族和中国人民在修齐治平、尊时守位、知常达变、开物成务、建功立业过程中培育和形成的基本思想理念，如革故鼎新、与时俱进的思想，脚踏实地、实事求是的思想，惠民利民、安民富民的思想，道法自然、天人合一的思想，等等，可以为人们认识世界、改造世界提供有益启迪，这些核心思想观念可以为治国理政提供有益借鉴。

二是中华传统美德。中华优秀传统文化蕴含着丰富的道德理念和规范，如天下兴亡、匹夫有责的担当意识，精忠报国、振兴中华的爱国情怀，崇德向善、见贤思齐的社会风尚，孝悌忠信、礼义廉耻的荣辱观念，这些传统美德体现着评判是非曲直的价值标准，潜移默化地影响着中国人的行为方式。

三是中华人文精神。中华优秀传统文化积淀着多样、珍贵的精神财富，如求同存异、和而不同的处世方法，文以载道、以文化人的教化思想，形神兼备、情景交融的美学追求，俭约自守、中和泰和的生活理念，等等，这些人文精神是中国人民思想观念、风俗习惯、生活方式、情感样式的集中表达，滋养了独特丰富的文学艺术、科学技术、人文学术，至今仍然具有深刻影响。

中华优秀传统文化是中华文明经过长期演进而形成的一种民族特征，是能够反映中华民族的精神内涵，体现社会主流意识，彰显中国胸襟的思想观念。中华优秀传统文化的核心内涵凝聚在中华民族精神之中，是对中华传统文化的精华气魄加以提炼的结果，是新时代全社会遵循和倡导的主流价值理念②（尤其体现在中华优秀传统文化对社会主义核心价值观的重要影响上）。

作为在传承中华优秀传统文化中具有不可替代作用的地方志书，是按照一定体例全面记载某一时期某一地区或行政区划的自然、社会、政治、经济、文化等各方面的历史与现状的综合性著述。狭义的地方志仅指志书，社会主义新编地方志包括方志和年鉴。在历代方志编修的漫漫长河中凝练形成的方志文化内容丰富、博大精深，它与国史、家谱一起共同传承着中华民族富厚而宝贵的历史文化财富。若从周初的"古国史即古方志"算起，地方志编修已有3000多年历史，若从汉代的"郡书"算起，至今也有2000多年历史。据不完全统计，全国现存新中国成立前编修的旧志8000多种10万多卷，约占现存古籍的1/10，这是我国历史文化遗产中弥足珍贵的部分，是传承中华文明、挖掘历史智慧的重要载体。这些旧志"包含着丰富的哲学社会科学内容、治国理政智慧，为古人认识世界、改造世界提供了重要依据，也为中华文明提供了重要内容，为人类文明作出了重大贡献"。③ 中华人民共和国成立后，开始大规模编修社会主义新方志，经几代方志人的努力，全国首轮、二轮修志共出版三级地方志书8200余部，行业

---

① 张继功等：《中国优秀传统文化概论》，陕西师范大学出版社，1998。
② 张静：《习近平对中华优秀传统文化的继承和发展研究》，硕士学位论文，西安电子科技大学，2017。
③ 习近平：《在哲学社会科学工作座谈会上的讲话》，《人民日报》2016年5月19日，第2版。

志、部门志、专业志约 24 万部，地情书 1 万余部，等等，① 形成我国有史以来最大的社会科学成果群。这些文献忠实记录着中国共产党领导人民革命、建设新中国以及坚持和发展中国特色社会主义的光辉历程和丰功伟绩，为社会主义核心价值观提供了最宝贵的思想源泉和最直接的精神纽带，是以马克思主义为指导的优秀革命文化和社会主义先进文化的重要载体。这些成果为改革开放和现代化建设提供了有益借鉴，为子孙后代留下了珍贵的文化财富，为文化强国战略做出了重要贡献。

自古以来，我国就注重从地方志中汲取认识世界、改造世界的智慧和力量。古人云："治天下者以史为鉴，治郡国者以志为鉴。"地方志的产生，与治国理政、发展经济、繁荣文化、教化民众等有密切关系。"古者列国有史，秦汉而下郡邑例得有志，以志时事。"至今仍流传着韩愈索志、朱熹下轿问志的佳话。

国外对中华文化的这种传承性亦非常重视。美国学者拉尔夫教授等著的《世界文明史》一书在"历史的黎明"部分，用专章论述了古代中国文明。其中在商代部分写道："这个古代文明已有一个文字体系……有一大批文字被保存在刻辞的兽骨、角和龟甲上……刻辞虽很简略，但对它们的仔细研究已揭示了商代社会及其活动的许多方面。"② 美国学者亚力托也有一段评论："自宋以来，方志在形式上和内涵上的一致性是惊人的。至于西方，根本没有长期一致的文体，即使一国中的一致性也没有……"③ 英国著名学者李约瑟也曾说，希腊的古代文化乃至近代英国，都没有留下与中国地方志相似的文献，要了解中国文化，就必须了解中国的地方志。国外学者的上述论述充分显示，中国地方志的悠久历史与传统优势举世公认。

新中国成立以后，党中央、国务院高度重视地方志工作。1956 年，国务院科学规划委员会下成立了地方志小组。1958 年 3 月，在成都召开中共中央工作会议，毛泽东主席一到成都，立即调阅《四川通志》《华阳国志》《灌县志》等志书，并选辑其中一部分内容印发给与会领导，提倡利用地方志提高领导水平，并倡议各地编修地方志。习近平总书记历来重视地方志。1989年他在福建宁德担任地委书记时指出："了解历史的可靠的方法就是看志，这是我的一个习惯。过去，我无论走到哪里，第一件事就是要看地方志。"④ 党的十八大以来，习近平总书记就重视历史、研究历史、借鉴历史发表了一系列重要讲话。他在 2014 年 2 月考察北京首都博物馆时强调，要"高度重视修史修志""把历史智慧告诉人们，激发我们的民族自豪感和自信心，坚定全体人民振兴中华、实现中国梦的信心和决心"⑤；在 2015 年 7 月 30 日中共中央政治局第二十五次集体学习时又要求地方志部门与其他机构共同对中国人民抗日战争进行系统研究，做到让

① 相关统计数据来自中国地方志指导小组办公室 2016 年 11 月对全国地方志系统工作进展情况的统计。
② 菲利普·李·拉尔夫等：《世界文明史》上卷，赵丰等译，商务印书馆，1998，第 186~187 页。
③ 仓修良：《编修方志是中华民族文化中一个优良的传统》，《仓修良探方志》，华东师范大学出版社，2005，第 83~84 页。
④ 《习近平同志谈修志工作》，《修志简讯》2008 年第 17 期，福建党史方志网，http://www.fjdsfzw.org.cn/2008-09-26/content_45842.html。
⑤ 中共中央党史和文献研究院编《习近平关于社会主义精神文明建设论述摘编》，中央文献出版社，2022，第 214 页。

历史说话、用史实发言。这些指示精准地指明了地方志工作的当代功用，为地方志事业发展提供了根本遵循。时任国务院总理李克强对地方志工作做了三次重要批示，其中"修志问道，以启未来""为当代提供资政辅治之参考，为后世留下堪存堪鉴之记述"，明确了新时期地方志事业的定位；"直笔著信史，彰善引风气"，明确了当代地方志工作者的定位。时任国务院副总理刘延东两次接见全国地方志会议代表并发表重要讲话、两次做出重要批示。2016 年 5 月 12 日，国务委员王勇出席《汶川特大地震抗震救灾志》出版座谈会并发表讲话。党和国家领导人如此密集地就地方志工作做出重要批示、发表重要讲话，足见党和国家对地方志的高度重视。

总之，地方志是传统与现代的绝佳联结点，既能延续本土文化"根脉"，又能推进当今文化建设。其全面性、权威性、资料性具有其他资料无法替代的优势，在传承中华优秀传统文化中具有独特作用，是中华民族延续文脉的重要载体，承载着传承中华文明、弘扬历史传统的重任。可以说，方志作为继承和弘扬中华优秀传统文化的一个重要方面，作为推动和落实中华优秀传统文化传承发展工程的一个重要组成部分，理应更加自信、更加自觉、更加主动地贡献"志"力。

二 地方志在传承中华优秀传统文化中的作用

（一）地方志是中国独有的文化基因，在传承中华优秀传统文化中发挥着提供基础性资料的重要作用

"一邑之典章文物，皆系于志。"地方志作为中华文化特有的标志性形式，在教化人心、固化信仰等方面起着不可替代的积极作用，是社会主义核心价值观的重要源头活水，是推动社会主义核心价值体系建设的重要力量。近年来，一些地区积极探索用社会主义核心价值体系引领社会思潮的有效途径，比如有的地方志工作机构联合教育部门把社会主义核心价值体系融入国民教育过程中，通过乡土教材培养中小学生的爱国爱乡观念，通过"乡贤"文化弘扬讲仁爱、重民本、守诚信、崇正义、尚和合、求大同等核心思想理念。文化强国要以丰富的传统文化资源为支撑，以鲜明的民族文化特色为标志，以浓郁的地域文化色彩为基础。2017 年，中共中央办公厅、国务院办公厅印发了《关于实施中华优秀传统文化传承发展工程的意见》（以下简称《意见》），强调把优秀传统文化贯穿国民教育始终、滋养文艺创作、融入生产生活，并提出一系列相关重点任务和措施，如构建中华文化课程和教材体系，加强国民礼仪教育，推进戏曲、书法、高雅艺术、传统体育等进校园，实施传统戏曲振兴工程、中国经典民间故事动漫创作工程、中华老字号保护发展工程、中国传统节日振兴工程，将传统文化标志性元素纳入城镇化建设、城市规划设计、城市公共空间，加强对传统历法、节气、生肖和饮食、医药等的研究阐释、活态利用，实施中华节庆礼仪服装服饰计划，大力发展文化旅游、传统体育，培育符

合现代人需求的传统休闲文化，支持中华医药、中华烹饪、中华武术、中华典籍、中国文物、中国园林、中国节日等代表性项目"走出去"，积极宣传推介戏曲、民乐、书法、国画等。通过一系列举措，让中华优秀传统文化更好更多地融入生产生活各方面。地方志恰是中国独有的文化基因，它可以为各项中华优秀传统文化传承提供基础性资料。

（二）地方志是中华文化的丰富滋养，是中华文化的重要代表

地方志作为传承中华文化的重要载体，全面系统地记载一定区域内自然、政治、经济、文化和社会的历史与现状。在历经2000多年绵延不断的方志编修中，培育形成的方志文化更是博大精深、历久弥新、独具特色、灿烂辉煌，是中华民族优秀的文化瑰宝，是中华文化的重要组成部分。可以说，方志文化是中华文化的重要代表，是中华文化的丰富滋养。

方志涵盖了自然、经济、政治、文化和社会等各个方面的内容。方志记录事实，积累资料，强调横不缺项、纵不断线，其最大优势就是拥有大量的结构化数据，根据甄选的资料，横分百科门类，纵述历史事实，寓观点于记述之中，可以说，任何一种著述方式都不会比方志更具有广泛性和综合性。如今随着社会生产力的高度发展，社会分工越来越细，门类越来越多，志书中的一种事物可以横分为三四个层次数十项细类，可见当代新志书的广泛性和综合性特征更加明显。方志反映了方言、环境、饮食、建筑、自然生态等地方特色。我国地域广袤，各个区域的发展水平不一，方言、民族、饮食、建筑、环境、生态等各方面情况千差万别，需要在志书中将这些差别充分反映出来。方志文化最大的优点，就是具有鲜明的地方性，能够充分反映每一区域的地方特色。方志传承了中华传统文化的优秀成果，方志文化是一种持续生成和历史演进的文化。我国编修地方志的传统，始终不断传承，特别是每逢国家繁荣时期，就会有修志编史的高潮。方志的连续性还表现为在记述的时间上，纵不断主线，不遗漏地记述时段之内的大事。世界四大文明，只有中华文明延续下来，很重要的原因就是有绵延数千年的文化典籍，这些典籍之中大部分是地方志文献。地方志鲜明的民族性、地域性、包容性、功能性、资料性、权威性，形成了方志文化自身的特殊属性和独特魅力，成为推动中华文化繁荣发展取之不尽、用之不竭的资料宝库、知识宝库、智慧宝库。

（三）编修地方志是中华民族的优秀文化传统，它本身离不开也必然贯穿着中华优秀传统文化

长期实践中所形成的地方志文化是中华优秀传统文化的重要组成部分，是传承中华文化、弘扬历史传统的重要方式和载体，承担着存史、资政、育人的重要功能。中国历代旧志和中华人民共和国成立之后的两轮大规模修志编鉴，积累了海量的自然、经济、政治、文化、社会等方面的历史资料，形成了内容权威、系统、丰富的地情资源宝库，构成了巨大的社会科学成果群，而流淌其间的不是别的，正是中华优秀传统文化，这构成了整个中华民族的"根"与

"魂"。基于此可以说,传承和弘扬中华优秀传统文化,地方志一直在路上,功不可没。特别需要指出的是,从20世纪80年代初至今,两轮修志成果(志书、年鉴、方志丛书、方志学刊、方志网站、方志微信公众号等)满载了中华民族各个地方从古至今尤其是现今的优秀传统道德和良风美俗,成为各地实施优秀传统道德和良风美俗教育撷取实用教材的文库。在两轮修志实践中,全国各级方志机构把中华优秀传统文化之崇正义、重民本、惠民生、讲仁爱、守诚信的思想理念,忠贞爱国、敬业担当、自强不息、崇贤向善、扶危济困、见义勇为、敬老孝亲的传统美德,文以载道、以文化人、向上向善、立德树人的人文精神记述体现在两轮志书的人文部类篇章中。同时,这些篇章充分体现出经典理论的正确性和生命力,使地方志载体成为传承中华优秀传统文化的坚强文化阵地。

三　地方志事业要在传承弘扬中华优秀传统文化中贡献自己特有的力量

"随着我国经济社会深刻变革、对外开放日益扩大、互联网技术和新媒体快速发展,各种思想文化交流交融交锋更加频繁,迫切需要深化对中华优秀传统文化重要性的认识,进一步增强文化自觉和文化自信;迫切需要深入挖掘中华优秀传统文化价值内涵,进一步激发中华优秀传统文化的生机与活力;迫切需要加强政策支持,着力构建中华优秀传统文化传承发展体系。"[1] 2014年9月24日,习近平在纪念孔子诞辰2565周年国际学术研讨会上强调:"优秀传统文化是一个国家、一个民族传承和发展的根本,如果丢掉了,就割断了精神命脉。"[2] 他还强调,要努力实现传统文化的创造性转化、创新性发展,使之与现实文化相融通。深刻认识中华优秀传统文化是当代中国发展的历史基础,是维系中国历史连续性、树立中华民族主体性和提升中华民族文化自信的重要途径。2017年,《意见》从建设社会主义文化强国、增强国家文化软实力、实现中华民族伟大复兴的中国梦的高度,全面部署实施中华优秀传统文化传承发展工程,这是建设社会主义文化强国的重大战略任务,对于继承和保护、传承和弘扬中华优秀传统文化意义十分重大和深远。地方志事业作为继承和弘扬中华民族优秀传统文化的一个重要方面,作为推动和落实中华优秀传统文化传承发展工程的一个组成部分,应更加自觉、更加主动地贡献力量。地方志既能展示中华优秀传统文化的魅力,又能植入中国特色社会主义优秀文化的灵魂,发展地方志事业是维系中华文化血脉、克服文化"古今脱节"的重要手段,编纂社会主义新方志是将中华优秀传统文化、革命文化和社会主义先进文化联系和统一起来的有效方式。因此,大力发展地方志事业,实现地方志事业发展繁荣,对于传承中华文脉、全面提升人民群众文化素养、增强国家文化软实力、推进国家治理体系和治理能力现代化,具有深远而重要的意义。

---

① 《关于实施中华优秀传统文化传承发展工程的意见》,《人民日报》2017年1月26日,第6版。
② 习近平:《在纪念孔子诞辰2565周年国际学术研讨会暨国际儒学联合会第五届会员大会开幕会上的讲话》,中国政府网,2014年9月24日,https://www.gov.cn/xinwen/2014-09/24/content_ 2755666.htm。

（一）地方志要为传承中华文脉、增强民族凝聚力贡献力量

中国是一个地域广阔、民族众多的国家，不同的地域文化、不同的民族文化既相互交融又特点鲜明。发展地方志事业，既能准确地再现各族人民在新的历史时期创造的光辉业绩，又能充分展示各地区、各民族自强不息、艰苦奋斗、创造历史的精神风貌。将方志成果转化为增强民族凝聚力的教科书、地情书，以方志记载的真实资料和生动史实激发人们热爱祖国、热爱家乡的热情，在培育文明风尚、增强民族自豪感和民族凝聚力等方面发挥地方志独有的作用。

（二）地方志要为增强文化软实力、推动中华文化"走出去"贡献力量

随着我国经济发展和国际地位的提升，灿烂悠久的中国文化越来越引起世界的关注。但很多国外民众对中国、对中国文化了解不多，仅仅停留在熊猫、中国结、武术等中国符号上，对中国社会存有偏见和误解。中华文化"走出去"，必须建立在弘扬中国传统文化与展示社会主义核心价值体系先进性相结合的基础上。地方志因其独特的历史文化价值，在世界上具有一定的学术地位，为各国所关注。同时，地方志是最全面的资料书，记载社会主义中国发展和建设的真实进程，客观、全面地反映中国特色社会主义事业建设的全貌，准确反映社会主义初级阶段的基本国情。既能传承中国的传统文化精神，又能真实展示社会主义五个文明建设的全貌，还能全面反映中国不同地域之特色，是与外界交流沟通的一个独特窗口，拥有其他文化产品所不具备的功能。"推动地方志事业的发展，既能展示中华文化的博大精深和无穷魅力，也能体现现代文明与历史文明的一脉相承。在建设中国特色社会主义的伟大实践中，进一步推进地方志事业的发展和繁荣，对于促进社会主义文化大发展大繁荣，提高国家文化软实力具有十分重要的意义。"① 因此，各级地方志工作机构要着力将方志打造成弘扬传统文化魅力、展示国情地情、具有普遍研究价值的文化产品，配合国家文化"走出去"战略，为中华文化"走出去"贡献力量。

（三）地方志要为维护国家文化安全、重塑民族文化资源贡献力量

无论道路自信、理论自信或是制度自信，最根本是文化自信。当今中国社会正面临文化危机，文化内涵的空洞化让迅速积累的物质财富犹如沙上之塔，越高越重，越容易崩塌。而这种危机主要是改革开放后西方价值观对人民信仰的冲击造成的。地方志作为最具"中国特色"的优秀传统文化成果，是中华历史文化精华与当代中国结合的产物，承担着实现传统文化与现实

① 刘延东：《在第四次全国地方志工作会议上的讲话》，《中国地方志》2008年第11期。

文化相融相通的重要历史使命，最能够将中国特色记载清楚，是最能体现"四个讲清楚"① 的文化载体，应该成为维护中国国家文化安全的重要利器。全国地方志工作机构组织开展的地方史编纂工作，中国地方志指导小组及其办公室组织实施的《中国抗日战争志》编纂项目，正是落实《意见》要求"做好地方史志编纂工作，巩固中华文明探源成果，正确反映中华民族文明史，推出一批研究成果"的具体措施。

（四）地方志要为保护传承文化遗产、全面提升人民群众文化素养贡献力量

要善于从地方志成果这个中华文化资源宝库中提炼题材、获取灵感、汲取养分。中国地方志指导小组及其办公室正在全国组织开展的中国名镇志文化工程、中国名村志文化工程、中国影像志等工作，正是落实《意见》要求"加强历史文化名城名镇名村、历史文化街区、名人故居保护和城市特色风貌管理，实施中国传统村落保护工程"的具体部署，为保护和传承文化遗产做出了巨大贡献。方志人更要积极参与文化资源的开发、保护与利用，生产丰富多样、社会价值和市场价值相统一、人民喜闻乐见的优质文化产品，增加方志文化产品和服务的供给。要加强对中华名山、中华名江（河）、中华名酒、中华名剧、中华曲艺、中华节日、中华老字号等中华优秀传统文化遗产的挖掘和保护，组织创作一批传承中华文化基因、具有大众亲和力的图书成果，让这些成果走进人民群众、融入生产生活中。

中华民族正处于一个前所未有的局面之中，传承发展中华优秀传统文化是全体中华儿女的共同责任。盛世修志，志载盛世。伟大的时代需要产生质量更高、内容更多、规模更大的地方志，这就需要地方志事业实现全面转型升级，全体地方志工作者要加倍努力工作，用手中的笔使方志文化不断焕发出新的光芒，为继承发展中华优秀传统文化，为推动社会主义文化的大发展大繁荣，为提升中国文化软实力贡献力量。

---

① 习近平总书记于 2013 年 8 月 19 日在全国宣传思想工作会议上的讲话中指出："要讲清楚每个国家和民族的历史传统、文化积淀、基本国情不同，其发展道路必然有着自己的特色；讲清楚中华文化积淀着中华民族最深沉的精神追求，是中华民族生生不息、发展壮大的丰厚滋养；讲清楚中华优秀传统文化是中华民族的突出优势，是我们最深厚的文化软实力；讲清楚中国特色社会主义植根于中华文化沃土、反映中国人民意愿、适应中国和时代发展进步要求，有着深厚历史渊源和广泛现实基础。"《习近平谈治国理政》，外文出版社，2014，第 155~156 页。

论地方志传承发展中华优秀传统文化的具体路径[*]

南剑飞

（上海市习近平新时代中国特色社会主义思想研究中心）

一　问题的提出

文化是一个国家、一个民族的灵魂。文化兴国运兴，文化强民族强。没有高度的文化自信，没有文化的繁荣兴盛，就没有中华民族伟大复兴。在5000多年文明发展中孕育的中华优秀传统文化，积淀着中华民族最深沉的精神追求，代表着中华民族独特的精神标识，是中华民族生生不息、发展壮大的丰厚滋养，是中国特色社会主义植根的文化沃土，是当代中国发展的突出优势。进入新时代，我们比以往任何时候都更加迫切需要传承发展中华优秀传统文化，我们比以往任何时候都更加迫切需要重视和做好作为中华优秀传统文化重要载体及表现形式之一的地方志文化事业。正所谓：盛世修志，志载盛世。地方志与中华优秀传统文化既有区别，又有联系；彼此交叉，相互渗透；你中有我，我中有你，浑然一体。传承与弘扬中华优秀传统文化是新时代地方志系统内外所有利益相关者特别是方志人义不容辞的重要责任与光荣使命。这是由作为我国文化软实力重要载体和纵贯古今、横陈百科的地方志独特的民族历史文化遗产即地方志传承发展中华优秀传统文化的重大价值决定的。

传承发展中华优秀传统文化，归根到底，需要一代又一代人来传承和弘扬。离开了传承人，传承发展中华优秀传统文化就是空的。近年来，伴随习近平新时代中国特色社会主义思想的深入贯彻、中华优秀传统文化传承发展工程的不断推进特别是地方志转型升级不断加速与方

---

*　本文系中央社会主义学院统一战线高端智库课题（ZK20180124）和上海市哲学社会科学规划课题（2017WFZ006）阶段性成果。

志文化不断加强，全国地方志系统传承发展中华优秀传统文化工作，更加自觉主动，成效更加显著。值得关注的是，2018年11月，四川省地方志工作办公室还专门出台了《四川省地方志系统贯彻落实传承发展中华优秀传统文化实施意见的工作方案》，开启了全国省级地方志机构实施中华优秀传统文化传承发展工程的先河，走在了全国的前列。

那么，具体在实践中，地方志传承发展中华优秀传统文化的现实路径有哪些？这是本文要解决的问题。基于利益相关者理论，本文提出了地方志传承发展中华优秀传统文化的六大路径：包括方志工作者、管理者、参与者、传播者、研究者、使用者等六大主体。既可单一使用，也可组合使用；唯有各地从实际出发，综合使用，形成合力，效果才能更佳。

二 地方志传承发展中华优秀传统文化的具体路径

（一）方志工作者

方志工作者，这里特指省—市—县三级地方志工作机构中的各类工作人员，包括从事现代方志事业十大业务特别是从事志、鉴、史、馆四大主业的一线工作人员，也包括基层管理者和中层管理者（现实中，这两类管理者也往往默认自己是实际工作者）。毋庸置疑，一代又一代的方志工作者是地方志系统传承和弘扬中华优秀传统文化的中流砥柱，他们已经在且将永远在中华优秀传统文化传承发展工程实施中发挥先锋模范与引领示范作用。面对着新时代所赋予地方志工作者传承发展中华优秀传统文化这样的"伟大工程"，面对着新时代地方志工作者肩负的地方志转型升级这样的"伟大事业"，面对着新时代地方志工作者承担的"两个一百年"（指2020年全面建成小康社会之时，实现省省、市市、县县有志有鉴的"两全目标"，开创一项世界文化创举；在21世纪中叶中华人民共和国成立100周年即建成富强、民主、文明、和谐、美丽的社会主义现代化强国之际，实现中华人民共和国国志，省、市、县三级志书，乡镇志、村志、社区志和地方综合年鉴全覆盖）这样的"伟大梦想"，方志工作者压力之大、责任之大，可想而知；但是，胸怀大志的方志工作者动力之大、荣誉之大，也是前所未有的。实际上，三个伟大，只要做好第一个"伟大工程"，方志工作者就足以荣耀一生。因为，其他两个伟大都包含在传承发展中华优秀传统文化这样的"伟大工程"中了。故对于方志工作者而言，做好传承发展中华优秀传统文化专项工作，意义重大。那么，方志工作者传承与发展中华优秀传统文化的现实路径又有哪些呢？

1. 工作路径——切实做好本职工作

其一，把中华优秀传统文化传承发展工程，践行到地方志事业的每一个流程、每一个环节、每一个部门、每一项工作，而首要任务是做好地方史志编纂这个主要任务即主业，这也是《关于实施中华优秀传统文化传承发展工程的意见》第8条明确规定的重点任务之一。其二，在做好四驾马车即志、鉴、史、馆四大主业的同时，统筹推进涉及地方志事业转型升级的另外六大业务——地情网、数据库、地方志资源开发利用、期刊、学会、理论研究等。其三，鉴于当前读志、用志短板问题，方志工作者务必牢固树立创新观念，针对特定受众人群，切实做好内容和形式创新，持续发力，久久为功，以形成读志、用志良好氛围。其四，方志工作者在创新实践中，务必做到三个"以"，即以国家利益为导向开拓创新、以地方经济社会发展为中心开拓创新、以人民为中心开拓创新。例如，上海地方志系统既可以高质量地开展好中国（上海）自由贸易试验区即自贸区上海篇之专志和上海科技创新中心之专志、上海自贸区发展实录、上海科创中心发展实录等史志编纂专项工作，也可以结合年度国家交办给上海的政治、经济、文化等领域重大事项，考虑编纂重要事件志，如《中国国际进口博览会志》，还可以借此机会，通过主动服务中国国际进口博览会拍摄上海城市形象片、纪录片、系列微视频等方式，传承发展中华优秀传统文化。还可借中国国际进口博览会举办之机，提前做好上海地名口袋书等地情资料开发利用、宣传展示工作。当然，从服务当前打响上海文化品牌、提升城市能级和核心竞争力角度出发，基于以"文化遗产保护促进中华优秀传统文化传承发展"的目的，建议：上海市方志办可考虑编纂出版上海市市志——《上海市文化遗产志》，此专志下设《上海红色文化遗产志》《上海海派文化遗产志》《上海非物质文化遗产志》《上海工业文化遗产志》《上海农业文化遗产志》《上海商业文化遗产志》《上海地名文化遗产志》等遗产分志；也可以考虑编纂出版上海市特志，如《中共一大会址纪念馆志》《中共二大会址纪念馆志》《中共四大会址纪念馆志》等；未来如有可能，考虑编纂《中共一大纪念馆志》《中共二大纪念馆志》《上海地标性建筑志》《上海近现代著名历史事件大事记》《上海近现代名人故事汇》《上海当代名人事迹资料汇编》《上海抗战志》《上海名人故居志》《上海革命伟人家书》《上海名人家谱》《上海人家好家训》《上海人家好家风》《上海年度感动人物志》《上海名村志》《上海名山名水志》《上海名优特产志》等专志、特色志、专业志。

2. 生活路径——修身齐家善待生活

即把中华优秀传统文化传承发展工程，践行到地方志工作者日常生活中的方方面面、点点滴滴。具体而言，可操作路径有两条。一是要想方设法修身养性、修炼提升自我。可以通过多读书、读好书活动，熟读国学经典（如《论语》《孟子》等），特别是领会智慧古语且能学以致用（比如：言必信，行必果；不怨天，不尤人；君子坦荡荡，小人长戚戚；满招损，谦受益；三人行，必有我师焉，择其善者而从之，其不善者而改之；知之为知之，不知为不知，是知也；玉不琢，不成器；人不学，不知道；学而不厌，诲人不倦；学而不思则罔，思而不学则殆；业精于勤，荒于嬉；行成于思，毁于随；三思而后行；差之毫厘，谬以千里；少壮不努力，老大徒伤悲；博观而约取，厚积而薄发；不积跬步，无以至千里，不积小流，无以成江海；良药苦于口而利于病，忠言逆于耳而利于行；千经万典，孝悌为先；君子莫大乎与人为善；君子成人之美，不成人之恶；见贤思齐焉，见不贤而内自省也；己所不欲，勿施于人；二人同心，其利断金；同心之言，其臭如兰；勿以恶小而为之，勿以善小而不为；多行不义必自毙；天下兴亡，匹夫有责；先天下之忧而忧，后天下之乐而乐；生于忧患，死于安乐；人生自古谁无死，留取丹心照汗青；人固有一死，或重于泰山，或轻于鸿毛；天行健，君子以自强不息；等等）。久而久之，从思想和行动上不断涵养优秀传统文化素养，做一个新时代方志文化人。二是涵养家庭。家是最小国，国是千万家，家国永相依；爱国爱家、保家卫国、舍家卫国、家国情怀等，是中华优秀传统文化思想精华的重要内容。继承好家风家训，是传承发展中华优秀传统文化的题中应有之义。只有从家家做起，从现在做起，久而久之，才会自然而然在全社会营造出传承发展中华优秀传统文化的良好氛围。例如，通过优秀传统文化表现方式如书信（尤其是通过写家书给家乡的父母、自己的恩师和帮助过我们的恩人）等方式来传承发展中华优秀传统文化。此外，方志工作者若用心记录日常生活中那些平凡人善举之事即以存史的方式来传承发展中华优秀传统文化，则更能引起广大社会公众特别是普通人的关注、深思甚至效仿。心理学研究成果表明：长期接触真善美的东西，人也会变得真善美。地方志工作者如果能够长期传播这些以真善美为主要特征的正能量信息，那么一定会使向往美好生活的人们越发产生更多善意，越发采取更多善举，越发去做更多善事。

（二）方志管理者

方志管理者，这里特指省、市、县三级地方志工作机构中的党政一把手（包括主任、副主任即三级地方志领导班子）以及三级地方志编纂委员会主任、副主任。毋庸置疑，方志管理者不仅是地方志工作的负责人、实施人，也是地方志系统传承和弘扬中华优秀传统文化的领导者、组织者、计划者、协调者、监督者，更是决定着地方志传承发展中华优秀传统文化专项工程实际成效的关键少数。从某种意义上而言，建设新时代所赋予地方志工作者传承发展中华优秀传统文化这样的"伟大工程"，推进新时代地方志工作者肩负的地方志转型升级这样的"伟大事业"，实现新时代地方志工作者承担的"两个一百年"这样的"伟大梦想"，关键在于方志管理者，在于方志管理者传承发展中华优秀传统文化。那么，现实路径有哪些呢？

1. 工作路径——做好管理服务工作

一方面，地方志传承发展中华优秀传统文化，领导务必真抓实干。正如习近平总书记指出："修志是一件十分艰巨的工作……各级领导务必充分重视这项工作，加强修志工作的领导，分管领导要具体抓这项工作。"① 真抓实干，包括把这项工作切实摆在议事日程中，包括上下同步、左右协作，包括把传承发展中华优秀传统文化专项工作融入方志队伍建设，融入每一个部门及每一个岗位的普通职员、管理者及领导者，也就是每个方志人的实际工作中。传承发展中华优秀传统文化只有入脑、入心，才能入行；传承发展中华优秀传统文化，只有每个方志人真

---

① 《习近平同志谈修志工作》，《修志简讯》2008 年第 17 期，福建党史方志网，http://www.fjdsfzw.org.cn/2008-09-26/content_45842.html。

正做到、做好，才能影响和引领广大社会公众真情实意参与，才能真正实现方志人所期待的目标。若方志人自己做不到，特别是方志管理者（这里也是领导者）做不好，又岂能影响公众？另一方面，邓小平同志指出：领导就是服务。实际上，传承发展中华优秀传统文化的应有之义之一就是要地方志管理者想方设法培养和提升从事方志事业员工的传统文化素养。这就要求地方志管理者务必在坚持"十业并举"的同时，在政策和财务许可的条件下，尽可能创造和谐、宜人、温馨的办公场所，特别是塑造良好的优秀传统文化学习传承氛围。诸如通过加强业余文化体育活动等方式来传承发展中华优秀传统文化，如使古琴、古筝、书法等高雅艺术或经典曲目进入方志系统，组织观看汉服唐装方志馆展览或模特展示，评选国学经典读书达人，开展家训家风征文及诗词知识竞赛，等等。

当然，还包括在政策和财务许可的条件下，地方志管理者不断地提高员工满意度（从物质生活和精神生活两个层面）和忠诚度，最大限度地向员工释放关爱、释放善意、释放实惠，这既是中华优秀传统文化的一大体现，也是激励员工艰苦奋斗、开拓创新，为党和政府、人民群众创造史志精品的重要动能。当然，善待员工，也有助于稳定地方志工作者队伍，特别是修志大军，有助于地方志各项工作顺利开展。

2. 生活路径——做好修身齐家工作

地方志管理者，首先是人，即一般的普通人，但更是领导者，非一般的普通人。作为普通人，地方志管理者肩负着实施中华优秀传统文化传承发展工程的公民责任；作为领导者，地方志管理者更是肩负着实施中华优秀传统文化传承发展工程的政治责任和领导责任。工作路径解决了地方志管理者作为领导者肩负实施中华优秀传统文化传承发展工程的政治责任和领导责任问题；这里的生活路径，就是要解决地方志管理者作为普通人承担的实施中华优秀传统文化传承发展工程的公民责任问题。生活中，地方志管理者作为领导者的身份比其作为普通人的身份更易引起人民群众的关注，因此，传承发展中华优秀传统文化这一伟大工程，迫切需要首先提升地方志管理者的综合素质，特别是其官德、官才、官风、官气、官仪。这就需要上级组织借助党校加强其理论教育与党性教育，也需要其自身在日常生活中通过读书自学自悟及在家庭生活中养成并坚守健康的生活方式和良好的生活作风，包括传承家庭美德如善待子女、孝敬父母、关爱邻居等。只有如此，才能确保地方志传承发展中华优秀传统文化"专车"行驶在正确的轨道上。

（三）方志参与者

方志参与者，这里主要指有机会参与且对地方志传承发展中华优秀传统文化有重要影响的组织和个人，包括史、志、鉴、刊、书（五类业务）编纂出版中所涉及的参与者，也包括其他业务中所涉及的参与者。比如《上海通志》编纂中的承编单位、参编单位、撰稿单位、撰稿人、主纂、分纂、总纂、副总纂、总纂助理、总纂室负责人以及审定人员等，涉及诸多部门、机构及个人。不仅如此，新时代方志的开放性增强，这使广大社会公众也逐渐成为重要的参与者，正所谓

"开门修志""众手成志"。考虑到参与者的重要作用和影响,有必要从提高参与者自身中华优秀传统文化素养和地方志事业有效参与水平两条路径入手,以确保地方志传承发展中华优秀传统文化取得预期效果,并最终经得起党和政府检验、新时代检验、人民检验、历史检验。

(四)方志传播者

方志传播者,这里主要指自觉或不自觉地卷入地方志传承发展中华优秀传统文化工作中、借助一定的传播工具、主要从事方志信息传播并对方志传播效果产生重要影响的组织和个人,涉及传播主体、传播客体两个方面的相关者。因此,方志传播者包括内部传播者和外部传播者两类,包括地方志工作机构及地方志工作者、管理者等内部传播者和参与者、研究者、使用者以及传统媒体(报纸、期刊、广播、电视)、新媒体(各类数字化媒体,如手机、移动电视、博客播客等)、自媒体(微信、微博等)等外部传播者。鉴于单一媒体的局限性,建议:地方志在传承发展中华优秀传统文化工作中,综合运用多种传播媒体,且坚持内外传播一起抓,但主要是抓外部传播,特别是要做好自身网站传播和微信公众号传播这两项工作。在此方面,北京市方志馆的做法值得上海同行学习,该馆不但拥有微信公众号,而且提供了服务号。此外,各地各级地方志机构网站,也可以增加文化特色栏目,以突出地方志传承发展中华优秀传统文化的实效性与影响力。在此方面,江苏省和辽宁省方志办网站,注重地方文化传播,各有特色,值得学习(见图1、图2)。

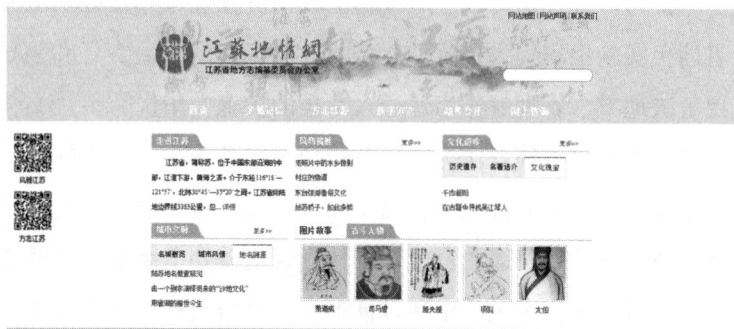

图1 江苏省方志办网站即江苏地情网有关乡愁记忆栏目

图2 辽宁省方志办网站有关文化主题的部分栏目

（五）方志研究者

方志研究者，指自觉投入地方志理论研究中的研究者，包括地方志传承发展中华优秀传统文化的专项研究者。目前，方志研究者主要来自地方志系统、科研院所、高校党校及民间个人等。这些研究者在长期的研究中，所秉持的研究态度、所形成的理论成果（学术论著）以及转换的实践成果，无一不是传承发展中华优秀传统文化的具体体现。2018 年 8 月，全国第一家专业方志研究中心——上海市地方志发展研究中心成立（上海市方志办携手复旦大学共建），这必将方志研究引向深入。

（六）方志使用者

修志为用，修以致用。故在地方志传承发展中华优秀传统文化中，务必要重视和发挥方志使用者的重要作用和影响。所谓方志使用者是指对方志成果有现实需求和潜在需求的用户，可以是各级各类组织、部门和个人，涉及党政机构、科研机构、教育机构、社会组织等。可以说，地方志传承发展中华优秀传统文化的成效取决于方志使用者，表现为方志使用者读志用志后对于自己、组织及国家产生的实际功效。在此方面，上海市方志办重视地方志社会认知度和需求用户调查，且细分使用者，如已出版的针对干部的《上海通志干部读本》及三版《上海六千年》（中小学生版、大学生版和社会普及版）等，这在全国方志系统理论研究与实践探索方面，都是宝贵经验。

结　语

盛世修志，志载盛世。进入新时代，我们比以往任何时候都更加迫切需要传承发展中华优秀传统文化，我们也比以往任何时候都更加迫切需要重视和做好作为中华优秀传统文化重要载体及表现形式之一的地方志文化事业。传承与弘扬中华优秀传统文化是新时代地方志系统内外所有利益相关者特别是地方志事业转型升级下方志人义不容辞的重要责任与光荣使命。基于利益相关者理论，本文提出了新时代地方志传承发展中华优秀传统文化的六大路径：包括方志工作者、管理者、参与者、传播者、研究者、使用者等六大主体。既可单一使用，也可组合使用，但综合使用，形成合力，效果更佳。毫无疑问，地方志传承发展中华优秀传统文化是一项长期的系统工程，需要点滴积累，更需久久为功。只有正确把握地方志传承发展中华优秀传统文化的新时代重大价值，主动实施地方志传承发展中华优秀传统文化的创新策略，尤其要精准采取地方志传承发展中华优秀传统文化的具体路径，才能深入贯彻习近平新时代中国特色社会主义思想和党的十九大精神，特别是落实习近平总书记关于地方志工作和中国特色社会主义文化建设重要论述精神，才能更好地实施中华优秀传统文化传承发展工程、全面推动地方志事业全面转型升级、实现"两个一百年"奋斗目标和中华民族伟大复兴的中国梦、推动构建人类命运共同体。

浅谈方志文化在中国传统文化中的
地位和作用

李连秀

（中共福建省委党史研究和地方志编纂办公室）

党的十八大以来，以习近平同志为核心的党中央高度重视弘扬发展中华优秀传统文化。赓续千年的方志文化作为中华优秀传统文化的重要组成部分，始终发挥着独特作用。当前，地方志事业正处在机构变革、转型升级的关键时期，面临前所未有的大变局和发展机遇，重温党和国家领导人倡导和推动地方志编修，学习30年前习近平同志在福建履职期间读志用志的探索与实践，在新时代背景下，重新审视方志文化在中国传统文化中的地位与作用，探寻地方志事业的初心与使命，全面贯彻落实习近平新时代中国特色社会主义思想，对增强方志文化自信，引领地方志事业迈进新时代、开启新征程，具有十分重大而深远的现实指导意义。

一　党和国家领导人倡导和推动地方志编修，
传承弘扬方志文化

古人云："治天下者以史为鉴，治郡国者以志为鉴。"党和国家领导人在领导革命、建设和改革的过程中，高度重视发挥地方志作用，倡导编修地方志。尤其是毛泽东主席，十分关注地方志。他认为方志详细记载了各个地方的山川气候、物产资源、风俗民情，是极其重要的书籍。因此，无论是在艰难困苦的战争环境，还是在社会主义建设的和平时代，每到一处，毛泽东都会搜集当地的地方志认真阅读，以此来了解当地各方面的情况。据不完全统计，新中国成立初期毛泽东读过的志书有广东的《汕头县志》《潮州府志》，江苏的《无锡县志》，江西的《铅山县志》，安徽的《安徽省志》，四川的《华阳国志》《蜀本志》《四川省志》《都江堰水利述要》《灌县志》《武侯祠志》，等等，表现出对地方志阅读和利用的极大兴趣。① 周恩来、董必武等党和国家领导人也从国家经济与文化建设的客观需要出发，重视地方志整理和利用，大力倡导编修新方志。1959 年，董必武谈到方志文化的传承与发扬时，提出各县开展县志编修工作的要求，认为修地方志应增加以下内容：一是写政治、经济、军事的统一行动，着重写人民群众是历史的主人这一点；二是写新人物志、艺文志、科技志等。总之，地方志要成为这个地区的百科全书，成为中国历史的有机组成部分，成为中华民族文化的一个"切片"——因子或元素。这样的地方志，历时愈久，则愈有价值。显然，董必武从中华民族文化的高度，对传承、探索和利用方志文化做出了重要论述。②

在党和国家领导人的重视和推动下，全国从 20 世纪 50 年代末即开始倡导编修地方志，并将其作为社会主义文化建设的一项重要工作组织实施。1956 年，国务院指示编修方志，国务院科学规划委员会制定的《1956~1967 哲学社会科学规划草案（初稿）》提出编写地方志的任务，并将其列为 20 个重点项目之一。随后成立的地方志小组发出《关于新修方志的几点意见》，要求全国各市县全面开展修志工作。③ 1978 年后，地方志编修传统伴随改革开放被纳入中国特色社会主义文化建设规划，开始普修社会主义新方志。1982 年，地方志被列为国民经济和社会发展第六个五年计划哲学社会科学重点研究课题的"史学的研究"26 个项目之一。1983 年 4 月，中国地方志指导小组正式恢复。1985 年 4 月，国务院办公厅转发《中国社会科学院关于加强全国地方志编纂工作领导报告的通知》，全国社会主义新方志修志工作由此全面展开，形成延续至今的历史上规模最大的修志活动。

在这一时期，习近平同志从正定赴福建履职，此后在福建工作 17 年半。在闽期间，他或出席会议并发表讲话，或发出贺词表示关心，或亲笔为志鉴题词、作序，或着力督促工作的开展，表现出了浓厚的史志情怀。

每到一个新的地方，他要做的第一件事就是阅读地方志。"要马上了解一个地方的重要情况，就要了解它的历史。了解历史的可靠的方法就是看志，这是我的一个习惯。过去，我无论走到哪里，第一件事就是要看地方志，这样做，可以较快地了解到一个地方的山川地貌、乡情民俗、名流商贾、桑麻农事，可以从中把握很多带有规律性的东西。可谓'开卷有益'。"④

习近平主持编纂《1985 年~2000 年厦门经济社会发展战略》一书，其中涉及厦门地情、历史部分就大量引用了厦门旧志中的记载。编《厦门经济特区》一书时，习近平任副主编，点名要洪卜仁担任执行编辑，在编纂《当代中国的福建·厦门卷》时，习近平批示要厦门市方志办

① 曾荣：《建国初期毛泽东关于方志文化的探索与实践》，《毛泽东思想研究》2017 年第 2 期。
② 《董必武：地方志要修成百科全书》，杭州地情网"领导人与地方志"。
③ 诸葛计：《中国方志五十年史事录（一九四九年至二〇〇〇年）》，方志出版社，2002，第 8 页。
④ 《习近平同志谈修志工作》，《修志简讯》2008 年第 17 期，福建党史方志网，http://www.fjdsfzw.org.cn/2008-09-26/content_45842.html。

的人去参与撰写。

习近平不仅喜欢读志、用志，更关心编史修志事业的发展。当时，宁德地区准备对全区修志工作进行部署。他了解到当时全区地方志工作在人员组织、经费筹集、办公设备等方面存在不少困难，便主动要求到会讲话。1989 年 8 月 12 日，他出席宁德全区地方志工作会议，并在会上做了题为《深刻认识修志意义，认真做好修志工作》的重要讲话。讲话中，他对修志意义、修志组织领导、修志方法步骤、修志质量等进行全面深刻阐述，展现他对史志事业的深入思考，提出了一系列具有前瞻性、指导性的修志理念，至今仍闪耀着智慧的光芒和先行者的洞见。

比如对于修志意义，他说："修志是一项很有意义的工作。其意义，说通俗一点，就是使我们做一个明白人，'以古为鉴，可知兴替'，对于我们，只有加深对历史的掌握和理解……才能使人们从一种混沌状态，转为一种清楚明白的状态，才能知道过去人类社会种种事件的发生、发展和消亡的过程。"①

对于修志组织领导，他针对当时修志工作面临的困难与问题，告诫大家"修志工作如果要抓，如果认为是一项重要工作，就要一气呵成，不要停停打打。要当个事业来办，把它作为社会发展的基础工程，把它作为一种有文化的表现，也作为一种有远见的表现，一定要把这项工作摆在议事日程上"。对于修志方法和步骤，他说："修志是一项系统工程，工作量浩大，要靠上下同步，左右协作，靠部门完成分志，靠地、县方志办来完成总纂工作。……既要有'人自为战'的主动进攻意识，又要有'海、陆、空'各军兵种协同作战的群体意识；不要互相封锁资料，也不要互相扯皮，要确保这个浩大工程的完成。"对于修志人员，他要求"修志人员要刻苦学习，顽强工作，真正进入角色，钻进故纸堆，从浩瀚的档案资料中挖掘珍宝"。对于志书质量，他指出，"志书既要避免宣传色彩，又要用马克思主义的唯物史观指导修志工作"。"时代发展了，科学分工越来越细，我们一定要在规模、质量上超过前人，现在的志书都要在国内外公开发行。因此，我们更需要注重质量。各部门都要把质量放在第一位，对社会负责，对事业负责，对子孙后代负责。"②

调任福州市委书记后，习近平到福州市委党史研究室看望，专门把福州党史、地方志和文物工作负责人召集过来，面对面交谈，前后三个小时。

1997 年，时任省委副书记的习近平欣然为《闽东畲族志》一书题词。1999 年 11 月，时任省委副书记、代省长的习近平兼任《福建年鉴》编委会主任，就进一步办好《福建年鉴》做了批示。2000 年 2 月 24 日，时任省长习近平出席《福建年鉴》2000 卷编纂工作会议，并做重要

① 《习近平同志谈修志工作》，《修志简讯》2008 年第 17 期，福建党史方志网，http：//www.fjdsfzw. org. cn/2008-09-26/content_ 45842. html。
② 《习近平同志谈修志工作》，《修志简讯》2008 年第 17 期，福建党史方志网，http：//www.fjdsfzw. org. cn/2008-09-26/content_ 45842. html。

讲话。2002 年，他欣然为《福州古厝》一书作序，对保护好古建筑、保护好传统街区、保护好文物、保护好名城、保护好自然遗产进行阐述，并认为领导者既要重视经济的发展，也要重视生态环境、人文环境的保护，二者同等重要。为此，习近平对修复和保护林则徐故居等系列遗迹、林觉民故居、邓拓故居、琉球馆，保护三明万寿岩洞穴遗址，申报武夷山世界自然与文化双重遗产等倾注了大量的心血，坚定不移地保护传承。正如他在《闽东之光——闽东文化建设随想》中所写的："一个地区的文化建设内容很多，有一个重要的着眼点就是要弘扬地方的传统文化。从整个国家来说，中华民族的传统文化在民族的延续和发展中起到了积极的作用。"①

担任党和国家领导人后，习近平仍矢志不渝地重视方志文化事业。2014 年 2 月 25 日，习近平总书记到首都博物馆参观历史文化展览时说："要在展览的同时高度重视修史修志，让文物说话、把历史智慧告诉人们，激发我们的民族自豪感和自信心，坚定全体人民振兴中华、实现中国梦的信心和决心。"② 2017 年 1 月，中共中央办公厅、国务院办公厅印发《关于实施中华优秀传统文化传承发展工程的意见》，要求"加强党史国史及相关档案编修，做好地方史志编纂工作，巩固中华文明探源成果，正确反映中华民族文明史，推出一批研究成果"。5 月，中共中央办公厅、国务院办公厅印发《国家"十三五"时期文化发展改革规划纲要》，再次明确强调"加强地方史编写和边疆历史地理研究。完成省、市、县三级地方志书出版工作。开展旧志整理和部分有条件的镇志、村志编纂"。从此，地方志事业发展明确列入国家发展规划，成为建设社会主义文化强国战略的重要组成部分，方志文化的价值和作用越来越受到重视。

二 方志文化传承着中华民族的文化血脉

国有史，邑有志，家有谱。史、志、谱构成了中国传统文化的三大谱系。如果从宏观、中观和微观来分的话，史为宏观，揭示国家社会发展规律和演进；志为中观，反映一地一域的历史发展变化；谱为微观，反映一家一族的兴衰起伏。其中，志书在国史、家谱间起到衔接作用，使中华的历史文化成为整体。③ 有学者进一步指出，"历代志书连贯在一起，又构成了系统的地方文献与资料系统，这一文献与资料系统将历史与现实贯通起来，鉴往知来，为地方社会文明进步与发展提供了不竭的动力源泉，彰显出方志文化的功用与价值系统。方志文化是社会文化的重要组成部分，介于形而下与形而上之间，即属社会民众基层文化（如饮食、服饰等生活、生产习俗）与思想、学术及哲学层面的文化之间的文化类型。它凝聚某一地区乡土文明，汇聚为中华文明。方志文化系统是社会文化和中华文明系统的支脉，既自成系统又关联文化与

① 习近平：《摆脱贫困》，福建人民出版社，1992，第 17 页。
② 中共中央党史和文献研究院编《习近平关于社会主义精神文明建设论述摘编》，中央文献出版社，2022，第 214 页。
③ 梅森：《地方志，华夏文化的根脉》，《中国地方志》2012 年第 10 期。

文明之大系统"。①

那么，持续性生成和历时性演进的方志文化系统如何传承、展现中国传统文化的特质和精神？

第一，方志文化展现中国传统文化的多样性，是中华文明探源工程的重要组成部分。

中国是一个地域广阔、多民族的国家。地方志书纂修详今略古，重在当代，每隔数十年一修，其纂修是一个持续不断的过程，前后沿承，补、续、创，使志书所记述的内容既有阶段性又有连贯性，客观系统地记载了中华民族发展前进的历史过程，凝聚和保存了大量传统文化信息和优秀人物事迹。"回顾浩瀚的人类历史长河，审视世界不同文明的源流演变，我国历代先贤圣哲通过修史修志，以文字记述为主要形式，传承着中华民族的文化血脉。"② 地方志记载统贯古今，包罗万象，反映各个时代、各个地区、各个民族的社会经济实际情况，反映本行政区划自然、政治、经济、文化和社会的历史与现状，是"一域之百科全书""博物之书"。"要揭示中华文化的历史渊源、发展脉络、基本走向，构建有中国底蕴、中国特色的思想体系、学术体系和话语体系，离不开志鉴成果。"③ 方志文化蕴含的是当地人民祖祖辈辈积淀的历史智慧，对培育增强民众归属感、认同感、尊严感、荣誉感意义重大，是建立文化自信的重要载体。

第二，方志文化是挖掘历史智慧的重要载体，是广义文化活动的基础文化。

"一邑之典章文物，皆系于志。"地方志是重要的资料宝库、文化宝库、知识宝库，记载了前人和当代人的实践活动和智慧经验。地方志保存着丰富而全面的史料，对了解过去、指导现在、预测未来有重要借鉴作用。地方志可为包括哲学社会科学和一部分自然科学、交叉科学在内的广义文化活动提供资料。除了传统的地理、历史、文学等学科外，农学、天文学、地质学、民俗学、旅游学、医学、经济学等学科也加大了对地方志的关注，利用地方志资料推动学科的深入研究。不同领域的研究者均可以从地方志土壤中挖掘和吸收自己所需的养分，进一步开展研究与利用。

第三，方志文化承载着中华民族的主流意识与核心思想理念，并丰富着中华文明的文化土壤。

（1）方志文化传承弘扬中华民族强烈的爱国爱乡情怀。爱国是从爱乡开始的。著名学者季羡林在《〈临清市志〉序》中说："进行爱国主义教育也是其道多端。我个人认为，要想爱国，必先爱乡；乡而不爱，何从谈国！""我相信，谈说本地文化，介绍本地风光，学生听起来必然感到亲切、有味。爱乡之心，必然油然而生。乡相联而成国，在潜移默化中，既然爱乡，还能不爱国吗？乡土课的教材从哪里来呢？就是过去千百年来已经编纂过的现在又在编纂的省、市、县志。"④ 地

① 牛润珍：《略论方志文化建设与社会进步》，《中国地方志》2012 年第 11 期。
② 刘延东：《在接见全国地方志系统先进模范代表时的讲话》，《中国地方志》2016 年第 1 期。
③ 李培林：《聚焦主业 履职尽责 用优异的成绩迎接党的十九大胜利召开——在"新疆四会"开幕式上的讲话》，《中国地方志》2017 年第 9 期。
④ 季羡林：《〈临清市志〉序》，《中国地方志》2006 年第 1 期。

方志承载中华民族油然而生的爱国爱乡情怀。旧方志中，忠君报国等思想观念深刻烙印其中。晚清至民国，中华民族不断遭受西方列强的侵略和压迫，"抵御外侮、抗击日寇、守护河山、还我中华"成为人民心底的最强音。这一时期的地方志记录了人民为争取民族独立、自由进行不屈不挠斗争的历程，记录了无数中华英烈为国为民毅然献身的英勇事迹，弘扬天下兴亡、匹夫有责的爱国爱乡情怀。在社会主义新时期，地方志记录了人民为社会主义建设殚精竭虑及探索改革发展、民主和现代化的历程，弘扬海外侨胞、游子回馈桑梓、参与家乡建设的爱国爱乡情怀。这些都为传承弘扬爱国主义传统、进行爱国主义教育提供了取之不尽、用之不竭的生动教材。

（2）方志文化传承弘扬中华民族优良传统美德和伦理的人文精神。中华民族素来崇礼尊礼，注重礼义、法度、伦理、道德。礼渗透或融合在人们日常生活、民间习俗、普遍性的行为方式中。礼治，表现为乡土社会中的礼俗、人情、乡规、家训、族约等，深深地融入人民的血液中。[①] 地方志反映不同地域的自然地理、风土物产、民风习俗、文学艺术、行为规范、价值追求等，承载着中华民族崇尚礼治、讲究伦理道德的优良传统，留存了从古至今中国各族人民讲仁爱、重民本、守诚信、崇正义、尚和合、求大同等核心思想理念的生动故事，记录了各时期人民群众践行艰苦奋斗、自强不息、敬业乐群、扶危济困、见义勇为、孝老爱亲、崇德向善、见贤思齐等伦理道德和社会风尚的事迹、义举。社会主义新方志的编修更加全面深入地反映社会百业、人民生活，成为弘扬中国传统文化和社会主义核心价值观的肥沃土壤。哲学家罗素曾说"中国至高无上的伦理品质中的一些东西，现代化世界极为需要"，"若能够被全世界采纳，地球上肯定比现在有更多的欢乐祥和"。地方志始终传承弘扬中华文明的精髓，并在不同历史时期表现出独特的历史价值、社会价值和文化价值。

（3）方志文化传承弘扬中华民族实事求是、革故鼎新、与时俱进、开放包容的积极进取精神。中华民族素有脚踏实地、实事求是的精神，有知达常变、应物变通的思想，也有海纳百川、有容乃大的胸怀与气魄。地方志源起于春秋战国古列国史，记录了中华民族追求独立、民主、富强、文明的伟大实践，记录了中国人民追求社会进步的努力与求索，以及改变中国旧面貌、树立中国新气象的奋斗历程，传承弘扬实事求是、革故鼎新、与时俱进、开放包容的积极进取精神。在自身发展进程中，地方志作为一种文化载体坚持实事求是、革故鼎新、与时俱进、开放包容，通过发展完善自身体制机制、体例门类、志类品种来记录社会发展变化，收纳丰富社会信息，形成独有的编修之道。进入21世纪，地方志从一项工作向一项事业转变，数字化、信息化、法治化建设步伐不断加快。方志文化形成独特的风格与气度，以独有的体例与形式全面、客观记录文明发展历程，翔实记录社会变迁、事业发展和人民生活变化，揭示事物发展变化之规律，折射进步的时代精神和精神观念。

---

① 姜义华：《"礼治"的当代意义》，《文汇报》2014年9月22日，第12版。

三　新时代方志文化要不忘初心、牢记使命，将精品奉献给人民

党的十九大报告指出："不忘初心，方得始终。中国共产党人的初心和使命，就是为中国人民谋幸福，为中华民族谋复兴。这个初心和使命是激励中国共产党人不断前进的根本动力。"① 2019年3月两会期间，习近平总书记在看望参加全国政协十三届二次会议的文化艺术界、社会科学界委员并参加联组会时，对文艺社科工作者提出要坚持与时代同步伐、坚持以人民为中心、坚持以精品奉献人民、坚持用明德引领风尚的要求。这为新时代方志文化明确了方向。因此，方志文化要坚持千百年来地方志纂修传承传统，不忘初心、牢记使命，即"直笔著信史，彰善引风气，为当代提供资政辅治之参考，为后世留下堪存堪鉴之记述"，坚持做好时代的记录、以人民为中心、以精品奉献人民、用明德引领风尚。

第一，新时代方志文化要坚持与时代同步伐，直笔著信史，打造气质方志。

当前，党和国家开启实现中华民族伟大复兴的中国梦和"两个一百年"奋斗目标的伟大征程。新时代地方志要真实客观记录这一伟大征程并传承后世，记录新时代、书写新时代、讴歌新时代，为时代画像、为时代立传、为时代明德。地方志要客观记录和全面反映党和国家在新的历史条件下继续夺取中国特色社会主义伟大胜利的时代历程，客观记录和全面反映党和国家决胜全面建成小康社会、进而全面建成社会主义现代化强国的时代历程，客观记录和全面反映党领导全国人民团结奋斗、不断创造美好生活、逐步实现全体人民共同富裕的时代历程，客观记录和全面反映全体中华儿女勠力同心、奋力实现中华民族伟大复兴中国梦的时代历程，客观记录和全面反映中国不断为人类做出更大贡献的时代历程。把"修志问道、直笔著史、堪存堪鉴"作为方志文化的气质内核与理念导向，打造气质方志，使地方志成为反对历史虚无主义的坚实基石，为民族复兴、国家富强、人民幸福提供有益精神财富。

第二，新时代方志文化要坚持以人民为中心的工作导向，科技兴志，打造共享方志。

新时代方志文化要始终围绕"为谁修志、修什么志、怎样修志"来开展工作，根植于人民沃土，以满足人民日益增长的精神文化需求为目标，促进方志文化创新。推广运用信息技术和高科技手段，不断驱动地方志服务创新、地方志载体创新、地方志人文价值创新，创新方志文化传播形态和资源阵地，融入地方公共文化建设，建设方志馆等文化创新平台，让方志文化"活"起来，促进人人参与、人人共享。

第三，新时代方志文化要坚持质量立志，打造智慧方志。

新时代方志文化要展现地方志史料积淀和学术素养，紧跟时代步伐，勇担历史使命，主动

---

① 习近平：《决胜全面建成小康社会　夺取新时代中国特色社会主义伟大胜利——在中国共产党第十九次全国代表大会上的报告》（2017年10月18日），中国政府网，2017年10月27日，https：//www.gov.cn/zhuanti/2017-10/27/content_5234876.htm。

及时收集、整理和保存这一伟大进程中形成的珍贵历史资料，尤其是代表社会发展趋势、具有广泛社会影响力、富有时代精神的重大事件、典型人物的有关资料；及时发现、记录和宣传在改革实践进程中的新思路、新创造、新经验，将这个伟大的时代客观、全面地载入史册，告知后人，传之久远。把质量意识贯穿于编修工作的全过程，以科学认真的态度，精益求精、一丝不苟的严谨学风，把中国精神、中国价值、中国力量阐释好，编修经得起历史检验的文化成果，为后世提供智慧支撑。始终坚持弘扬优秀传统文化，始终坚持以社会主义核心价值观为引领，弘扬以爱国主义为核心的民族精神和改革创新为核心的时代精神，为国存史，为党立言，以明德引领风尚。

第四，新时代方志文化要加强对外交流，打造开放方志，推进文明交流互鉴。

新时代方志文化要加强对外交流，服务国家文化"走出去"战略，推动方志文化走向世界。同时，不断加强与世界各国，尤其与共建"一带一路"国家高等院校、科研院所、博物馆、图书馆等机构、单位的交流与合作，广泛吸收国际优秀学术成果，在方志文献馆藏、展示、服务中提升事业发展水平，推介一批高质量方志文化成果，以在更大范围、更宽领域、更深层次上讲好中国故事，讲述中国智慧。

第五，新时代方志文化要注重学科建设，推进方志理论研究。

理论与实践是方志文化之两翼。新时代方志文化要加强学术话语阵地建设，确立一套自成系统的理论体系。要重新审视和定义已有的事物，把一些行之有效的做法、成功的实践经验转化为理论定义形式，不断形成新的制度性规范，并不断推陈出新。同时，发展形成独立系统的方志理论研究的学术团队，给实践中的方志工作者以启蒙与引领，逐步厘清构建方志学的思路和建立方志学科的目标途径，确立方志学科理论体系。

"以古人之规矩，开自己之生面。"方志文化要以时代精神激活中华优秀传统文化的生命力，推进创造性转化和创新性发展，不断改革创新，让方志文化"活"起来，努力提供更多、更丰富的方志文化成果，为增强国家文化软实力、培育和弘扬社会主义核心价值体系和核心价值观、建设中国特色社会主义文化强国发挥积极作用。

浅析方志文化传播的现状和途径

吴秋宁

（广东省吴川市人民政府地方志办公室）

一 方志是什么

方志文化是中国独有的优秀传统文化，具有"存史、资政、育人"的作用，我国的方志书籍种类丰富，数量繁多。根据《中国地方志联合目录》，1949 年以前历代编修的方志达 8264 种。[①]中国方志源远流长，包罗万象，记载了一个地区的建置沿革、山川河流、人文风俗、天文、物产、古迹、城池、人物、学校、田赋、户口等，是囊括政治、经济、文化、军事、学术等各个方面的大型地情资料书，是了解一个地区最快速方便的"窗口"。古代方志称"地方志"或"地方志乘"，《辞海》中记载方志"有全国性的总志和地方性的州郡府县两类，我国方志起源很早，如《书·禹贡》记载方域、山川、土质、物产、贡赋；《山海经》记载山川、形势、土性、怪异、古迹和道里之远近、物产之大概，皆具有总志的性质……地方性的方志如吴韦昭《三吴郡国志》、宋山谦之《丹阳记》、梁萧绎《江州记》、晋常璩《华阳国志》等"。[②]

中国古代方志是社会发展到一定程度的产物，经历了几个发展阶段。吴祖鲲在《中国古代方志及其文化价值》一文中提到"秦汉魏晋南北朝时期是方志发展形成阶段……隋唐时期是方志的发展时期……宋代是方志发展史上承前启后的重要时期……元明时期，方志继续发展，种类有所增加，体例更完备而定型……清代是中国古代方志的最后成熟期"。[③]章学诚根据修志经验，汲取各家精华，取长补短，创立了一个新学科——方志学。

而方志发展到现今，主要以修史编鉴为主，并努力向数字化、信息化方向发展，《全国地

---

① 中国科学院北京天文台主编《中国地方志联合目录》，中华书局，1985。
② 辞海编纂委员会编《辞海》，上海辞书出版社，1985，第 1544 页。
③ 吴祖鲲：《中国古代方志及其文化价值》，《吉林大学社会科学学报》1993 年第 5 期。

方志事业发展规划纲要（2015~2020 年）》中提到，到 2015 年，全国已出版 7000 多部省、市、县三级地方志书，2 万多部行业志、部门志、军事志、武警志、专题志、乡镇（街道）志、村（社区）志等，1900 多种 1.5 万多部地方综合年鉴，1000 多种 7000 多部专业年鉴，以及大量地情文献。已建成国家方志馆 1 个、省级馆 15 个、市级馆 60 多个、县级馆近 200 个、省级网站 26 个、市级网站近 200 个、县级网站 470 多个。

二 方志文化传播的现状及存在的问题

我们累积了如此繁多的方志书，"存史"及"资政"的作用已经得到很好的发挥，但是在"育人"方面的作用依然不明显，方志文化传播的深度和广度都还不够。纸质方志书存放在方志部门，受众者大多是执政者、方志机构内部人员、方志专家学者以及对方志感兴趣的民众。上海市地方志办公室在 2016 年 4 月面向全国开展了"地方志社会认知度调查"。这一调查以网络和微信调查方式进行，共获得有效调查问卷 25367 份。调查结果表明，社会对地方志知晓度较高，但使用率较低；互联网成为主要的地方志知晓渠道和使用方式；社会对地方志的认可度较高，但对地方志工作满意度不高，不同群体对于地方志的认知度存在显著差异。[1]

因为方志书籍力求客观真实性，秉笔直书，娱乐性不强，所以受众面非常狭窄，群众的阅读兴趣不高。在当今追求"眼球经济"的背景下，人们的生活节奏非常快，很少人能静下心来研读方志，只是快速阅读一些碎片化信息或者娱乐信息，这使得地方志的使用率很低。地方志与群众的距离较远，不够贴近群众的生活，导致社会对地方志工作的满意度不高，认知度存在显著差异，从而使得方志广泛传播显得尤为困难。

传统的方志传播方式主要是纸质书籍赠送、电视广播、报刊宣传、方志部门间相互交流等，现今官方修志机构除了完成二十年修一次官志和每年一鉴的任务外，开始拓宽修志范围，鼓励修镇志、村志、名产志等。

方志人为了更好地传播方志文化、教化育人，除利用传统的方志传播方式外，正努力争取建立方志馆或者方志室，为群众提供查阅方志资料的平台，拓宽传播渠道，起到与档案馆、文化馆、图书馆互补的作用。中国方志网公布的 2018 年度全国地方志系统工作机构情况统计表中共有 3135 个地方志工作机构，[2] 2018 年度全国地方志系统方志馆建设情况统计表中，全国共有 603 家方志馆[3]（这两次统计不包括辽宁省），比 2017 年的 585 家多了 18 家方志馆，但由于场

---

① 余璐：《浅议方志传播学的构建》，《上海地方志》2017 年第 3 期。

② 《全国地方志系统工作机构情况统计表（2018 年度）》，中国方志网，2019 年 4 月 11 日，https：//www.difangzhi.cn/zxfw/tjsj/201904/t20190411_ 4939904. shtml。

③ 《全国地方志系统方志馆建设情况统计表（2018 年度）》，中国方志网，2019 年 4 月 19 日，https：//www.difangzhi.cn/zxfw/tjsj/201904/t20190419_ 4939907. shtml。

地和资金的问题，全国建立方志馆的地方只有 1/5 左右。

《2019 中国网络视听发展研究报告》显示，截至 2018 年 12 月底，中国网络视频（含短视频）用户规模达 7.25 亿，占整体网民的 87.5%。其中短视频用户规模达 6.48 亿，网民使用率为 78.2%，短视频用户使用时长占总上网时长的 11.4%，超过综合视频（8.3%），成为仅次于即时通信的第二大应用类型；短视频对新增网民的拉动作用最为明显，最近半年新入网的网民对短视频的使用率为 53.2%，仅次于即时通信、网上搜索和网络音乐，排在第四位。2018 年 12 月，手机网民平均每天上网时长达 5.69 小时，较 2017 年 12 月净增 62.9 分钟。其中，短视频的时长增长贡献了整体时长增量的 33.1%，排在首位，综合视频应用亦贡献了 3.1% 的时长增量。网络视频（含短视频）用户的收看终端呈多样化特征。其中，手机终端数量为 7.25 亿，用户使用率为 99.7%，排在首位；其次是台式电脑，终端数量为 3.61 亿，用户使用率为 49.8%；笔记本电脑、平板电脑的使用率分别为 37.9%、32.4%，终端数量分别为 2.75 亿、2.35 亿。①

第十六次全国国民阅读调查报告显示，2018 年我国成年国民包括书报刊和数字出版物在内的各种媒介的综合阅读率为 80.8%，较 2017 年的 80.3% 有所提升。数字化阅读方式（网络在线阅读、手机阅读、电子阅读器阅读、平板电脑阅读等）的接触率为 76.2%，较 2017 年的73.0% 上升了 3.2 个百分点；图书阅读率为 59.0%，与 2017 年（59.1%）基本持平；报纸阅读率为 35.1%，较 2017 年的 37.6% 下降了 2.5 个百分点；期刊阅读率为 23.4%，较 2017 年的25.3% 下降了 1.9 个百分点。数字化阅读的发展，提升了国民综合阅读率和数字化阅读方式接触率，整体阅读人数持续增加，但也带来了纸质阅读率增长放缓的新趋势。②

可以看出，大众用数字化阅读方式是趋势和主流，并且短视频的使用率趋增，所以把纸质方志图书转换成数字化图书、制作微视频是趋势。

随着新时代新技术的发展，方志人也在不断探索利用新渠道传播方志文化。现在全国地方志部门大多建立起了当地的地情网站，作为宣传方志文化的网络主阵地，有条件的建立了数据库，一部分开通了方志官方微博或者微信公众号。截至 2018 年 12 月 31 日，全国地方志系统建成地情网站 602 个，建成数字方志馆（数据库）267 个，进行新媒体建设 485 个。③

笔者在 2019 年 5 月 25 日 15 时 25 分前后通过手动搜索 20 个省级以上地方志机构微信公众号查询其一级栏目和二级栏目设置情况并在西瓜数据平台查询了 2019 年 5 月 18 日至 2019 年 5月 24 日的数据，制成表 1。

---

① 《2018 年中国网络视听行业呈现 12 大特点及趋势》，广东省广播电视局网站，2019 年 6 月 4 日，http：//jinbao. people. cn/n1/2019/0528/c421674-31106710. html。

② 《第十六次全国国民阅读调查结果公布》，人民网，2019 年 4 月 21 日，http：//culture. people. com. cn/n1/2019/0421/ c1013-31041115. html。

③ 《全国地方志系统信息化建设情况统计表（2018 年度）》，中国方志网，2019 年 4 月 11 日，https：//www. difangzhi. cn/zxfw/tjsj/201904/t20190411_ 4939903. shtml。

表1 20个省级以上地方志机构微信公众号栏目设置及部分数据

序号	公众号	一级栏目	二级栏目	周发文篇数（篇）	预估活跃粉丝数（个）	头条平均阅读量（次）	头条平均点赞数（次）	次条平均阅读量（次）
1	方志中国	志说中国、微信矩阵、我要投稿	中国国情、中国地情、中国方志；行业矩阵、各县矩阵、各市矩阵、各省矩阵	11	4394	271	2	323
2	方志北京	方志工作、北京地情、志说北京	工作动态、方志要闻、领导讲话、媒体聚焦、法规规划；地方志走进新时代、疏解行动第五季、北京地情、北京地情-新；故宫有多少条龙、第一扇玻璃窗在哪、老北京燕九节、忽必烈设北京大都、皇塘差点成为明首都	6	1204	69	1	49
3	方志上海	关于我们	市方志办官网、上海通志馆官网	5	10795	246	4	120
4	重庆地方志	工作动态、市情简介		2	1380	0	2	0
5	方志河北	投票入口		20	924	65	1	36
6	史志山西	修志问道、志说三晋、史志山西	方志要闻、工作动态、晋志讲堂、志鉴选介、史志论坛；三晋沧桑、三晋人物、三晋民俗、三晋山水、省情山西；每周一域1、每周一域2、每周一域3、山西地方志网、山西党史网	28	6223	347	3	243
7	方志吉林	志鉴书香、地域文化、今古大观	长白山民俗百怪、哈达山口述文化、百年沧桑话长春；民俗风情、东北方言、吉林民族、追忆抗联；吉林人物、吉林地名、吉林之最、吉林历史上的今天、志说吉林	4	9880	352	7	194
8	史志龙江	志苑春秋、龙江党史、史志网站	修志问道、话说龙江、龙江记忆；史实回声、党史钩沉、红色龙江；中国龙志网、黑龙江党史网	6	2455	98	2	183
8	方志江苏	江苏省情、微记录、征稿启事	3月最热词汇、2月最热词汇、2月最强声音、4月最江苏、4月最强声音	8	16207	2571	30	125
10	方志安徽	方志工作、安徽省情、我要投稿	工作动态、方志要闻、领导讲话、党建园地；志说安徽、志人论志、一周要闻	1	506	34	0	0
11	方志福建	动态方志、志鉴天地、关于我们	领导关怀、成果荟萃、3D方志馆（书库）；福建地情、中国方志网、方志检索、中国年鉴网、年鉴检索；投稿、联系我们	2	1332	184	0	14

续表

序号	公众号	一级栏目	二级栏目	周发文篇数（篇）	预估活跃粉丝数（个）	头条平均阅读量（次）	头条平均点赞数（次）	次条平均阅读量（次）
12	方志江西	工作动态、方志探析、话说江西	依法修志、工作追踪、领导讲话、出版动态、媒体关注； 编纂论坛、志鉴讲堂、工作探讨、专题纵横； 江西风俗、志说江西、江西轶事、江西美食、地名由来	11	1968	99	2	70
13	山东史志	省情网、省情专题、资料库	山东省情网主页、山东史志今日头条、全省新媒体矩阵； 山东历史上的今天、地情书籍阅读、俯瞰齐鲁电子地图； 二轮省志、首轮省志、山东年鉴、省情资料库列表	8	1944	185	0	109
14	河南记忆	工作动态、厚重河南、资料库	通知公告、史志动态、领导讲话、依法修志、往期信息； 河南省情、传统文化、记忆中原； 志书、年鉴、地情书	6	556	12	0	25
15	方志广西	八桂时要、八桂风物、方志广西	党建工作、方志要闻、志鉴动态、八桂综览； 史海钩沉、人物春秋、民族民俗、特产名吃、风景名胜； 志鉴编纂、方志论坛、工作方志馆、广西地情网	4	1413	40	2	36
16	方志湖南			7	576	38	0	14
17	方志广东	广东省情网、省情荟萃、资料查询	习近平论地方志工作、广东印记系列微视频、多彩乡情、情系故里微视频、家训家风； 志书、年鉴、地情文献、家谱、特色馆藏	16	1519	98	0	52
18	琼崖史志	十九大、地方史志、精选视频	十九大、消费扶贫； 红色记忆、琼州人物、史志动态、官方网站	7	624	62	0	9
19	方志四川	四川方志、巴蜀史志、工作动态	网站首页、四川省志、四川年鉴、四川旧志、读志用志； 文化纵横、史料之窗、蜀中人物、风物名胜、《巴蜀史志》PDF 工作动态、通知通告、头条号、微博、企鹅号	56	3844	195	12	214
20	贵州档案方志	政策法规、利用服务、门户网站	档案、地方志； 惠民指南、联系我们	3	352	25	0	10

注：其中，史志山西、方志吉林、史志龙江、方志江苏、方志广西、方志湖南及琼崖史志这7个公众号是2019年5月26日至2019年6月1日的数据。这些数据都只是统计一周的情况，会有变动。

可以看出，在栏目设置上，方志北京、方志吉林、史志山西、方志江西及方志四川设置的栏目比较有趣味性，能吸引读者；在周发文篇数上，方志四川的发文数最多，其次是史志山西、方志河北；在预估活跃粉丝数上，方志江苏最多，其次是方志上海、方志吉林；在头条平均阅读量上，最多的是方志江苏，其次是方志吉林、史志山西。从整体来看，公众号设置的栏目特色性不强，发布更新的内容比较少，关注度不高，阅读量、点赞数偏少。

三　加快、拓展方志文化传播

针对以上情况，我们要考虑如何设置更具特色、更能吸引读者的微信公众号或地情网栏目，如何提高关注度，如何提高阅读量、加强信息化建设。笔者认为第一步是调查，可以借鉴上海市地方志办公室的做法，向社会民众发布调查问卷，统计群众喜欢看的方志内容类别，结合调查结果设立趣味性强的栏目，发布的文章不用太长，精练简短即可，多发布微视频内容。第二步是提高关注度，现在大多数人会加入各种各样的微信群，我们要在群里多做宣传，多转发。或者开展方志文化宣传活动，让民众扫二维码关注公众号并推荐亲朋好友关注，达到一定人数时就赠送一本图书。第三步是做好日常维护更新工作，及时推送或转发消息。很多地方开通公众号只是迎合社会潮流，但无暇顾及公众号的日常管理，方志部门要派专员管理公众号。第四步是组织力量，扫描古籍，制成数字化图书，充实地情网站和微信公众号等。

除了加强数字化、信息化建设外，在乡村振兴战略的大背景下，我们又该如何服务乡村、挖掘乡村资源、让方志文化传播到基层、加深加大方志文化的深度和广度呢？笔者认为可以从以下几个途径进行尝试。

第一，扩大方志队伍。在基层县级的方志部门，一般只有几个工作人员，地方志机构除了编史修鉴外，还有很多其他行政、组织类事务，往往因其他事务繁忙而无法专心致志读稿看稿修稿，更无精力搞开发利用。长此以往，会逐渐削弱方志部门修史编鉴的能力并违背初衷，方志部门可能想得更多的是如何完成各级各部门的任务免于被批评通报，从而忽略了或者对于做好深入传播方志文化有心无力。所以笔者认为，要想扩大方志文化的影响力和传播度，首先要解决的是人力财力问题。笔者经常参加各种会议，也会与其他县（市、区）志办的人交流，发现大家都是苦于事务繁多，身兼多职。扩大方志队伍，相信这也是广大基层方志人的心声。

第二，开发阅读客户端。方志事业是一项公益性事业，为大众服务，提供权威性的地情资料。为了提高大众的认知度和增加兴趣，更好读志用志，可以把晦涩难懂的文字转化为简单易懂的文字，加上图片注释，图文并茂，或者将一个故事用漫画的形式展示，设置不同主题，如建置沿革、历史人物、红色革命、风俗习惯等，聘请专业技术公司开发一个方志阅读的手机客户端，全国各省各市各县（市、区）都设置栏目，观众可根据自己的兴趣点击相关主题，并且根据观众的点击阅读量进行公益性图书捐赠活动。现在社会上有通过运动捐步的方式捐赠图书给困难小学等，但是很少有读者能自己拿到捐赠的图书，而我们的阅读客户端可以根据读者阅读量积累积分，根据积分的多少进行图书兑换。2015 年，广东省人民政府地方志办公室牵头进行了一次全省的自然村落历史人文普查，普查完成后，这将是非常有价值的方志资源，可以把普查的结果融入客户端，提升普通群众的阅读兴趣。

第三，结合旅游窗口向外传播方志文化。大部分游览者因为时间有限，往往在游览的时候是来也匆匆，去也匆匆，只能浅层面地领略地方文化或者走马观花般欣赏旅游景点的风光。我们可以把当地的特色文化、习俗等印制成宣传小册子，免费发放给游客，或者制作成二维码，游客扫码就可以打开相关链接，使游客能更快速直观地了解地方文化。

第四，在人群聚集的地方放置宣传架。在银行、行政服务大厅、村委会、商场等人群聚集的地方放置宣传架，按照分类如历史人物、地方方言、地方习俗等制作成不同的小册子，供群众取阅，同时也可以在宣传架上放置留言簿，让群众把自己认为有趣的地方特色文化或者感言写在留言簿上，这样能增强普通民众的文化自觉、文化认同和文化自信，也能加强政府和群众的交流，让"方志"不再"高深莫测"，不再"高高在上"。

第五，开设方志文化课堂，让方志文化走进乡村、走进学校、走进机关等。方志部门可以与团市委、文化局、镇街文化中心等部门合作，定期在村委会、学校、机关等地开设方志文化公益性课堂，让群众更直观地接受方志文化的熏陶，引起民族文化共鸣，特别是对于学生，能提高他们对"方志"的认知度和阅读兴趣，培养爱国主义情感和热情，增强地方文化自信，培养社会责任感，激发他们建设家乡、奉献家乡的热情，在潜移默化中发挥"育人"的作用。

第六，开展方志文化问答活动。联合宣传部等部门在市区或者镇街文化中心开展方志文化问答活动，可采取调查问卷形式，把方志知识融入调查问卷，现场答卷，向答对数量多的人发放一些小礼品，以此实现知识性和趣味性的结合。

第七，让方志文化扎根乡村，将农家书屋作为传播站。为丰富群众的娱乐休闲生活方式，很多村庄建立了农家书屋，方志部门可以赠送一些方志书给农家书屋，增加农家书屋的图书量，也让群众随时可以阅读方志图书，提高群众的阅读兴趣，扩大方志文化传播面和受众面，让方志服务民众、教化民众。

第八，向社会征集方志资料，取之于民，用之于民。随着城市化和城镇化的快速发展，乡村很多珍贵的方志资料和文化正在快速流失，如传统民居被拆建，重要的历史文物、遗址由于长时间得不到保护而遭毁坏，传统的手工制作技艺无人传承也少人知晓，古村落村貌逐渐变化，等等，留住和挽救这些资料和文化义不容辞。方志部门可以在当地政府门户网站、地情网站、微信公众号、报纸、杂志、电视上发布向社会征集方志资料的通知。高手在民间，现在很多人习惯用手机或者相机记录生活，会有一些珍贵的照片或视频，我们把符合要求的资料整理后放在网络上进行宣传，多加转发，这样能大大提高群众参与地方志文化建设的兴趣和积极性，让他们为宣传家乡而贡献自己的一份力量。

结　语

在新时代快速发展的背景下，我们要努力适应时代的潮流，探索更多更好传播方志文化的方式，保护、传承、发展、开发好方志文化，扩大和增加方志文化传播的范围和深度，扭转方志文化传播面窄的局面，把我国优秀的传统文化发扬光大，让其发光发亮，为社会、为民众服务。

全媒体语境下的中国方志文化传播

孙众超

（中共福建省委党史研究和地方志编纂办公室）

当今世界正处于传统媒体向新媒体转型的时代，人们在寻求更立体化、更广泛、更新颖的传播途径，全媒体就是科技进步与大众需求相互作用的产物。全媒体理论的产生与发展虽是新兴事物，但其势不可当的发展态势已经给文化传播领域带来巨大影响。这种影响，对于长期以来主要依靠传统传播方式的中国方志文化显得尤为明显。"一个国家文化的影响力，不仅取决于其内容是否具有独特魅力，而且取决于是否具有先进的传播手段和强大的传播能力。"[1] 党的十九大报告指出，推进国际传播能力建设，关键是讲好中国故事，展现真实、立体、全面的中国，提高国家文化软实力。如何在传播无处不在的全媒体语境下，充实自身内容与形式，拓展传播平台与渠道，主动融入中华优秀传统文化"走出去"战略，通过构建全方位、宽领域的中国方志文化传播格局，让中国方志文化热起来、强起来，丰富内容"走出去"，展示中国智慧，在中华民族伟大复兴、社会主义文化大发展大繁荣、维护国家文化安全的大背景下发出自己的声音，发挥应有的作用，是当前方志事业发展的重要课题。

一　全媒体的概念与特征

全媒体的概念最初来自美国一家家政公司（玛莎·斯图尔特生活全媒体），传播策略就是追求媒体的应有尽有。虽然目前对全媒体的研究方兴未艾，但其概念在学界尚未有统一论述。当前全媒体有两种定义方式：一是从媒体运营理念的角度，认为全媒体改变以往各类媒体独立发展的模式，使各类媒体内容、渠道、功能融合，创造出一种融合的全新营运模式，降低媒体

---

① 李月明：《对外文化传播与我国文化软实力的构建》，《攀登》2009 年第 2 期。

营运成本，提高市场竞争力；二是从媒体传播形态的角度，认为全媒体传播形态充分利用网络技术的发展成果，在一个平台上向受众集中展示文字、图像、音频、视频等不同表现形式的内容，能实现实时多向互动，满足各种传输渠道与载体的传播需求。

全媒体概念的提出，源于传统媒体的式微和新兴媒体的蓬勃发展，是以互联网为主导的数字化革命的必然结果。对于全媒体，并不能将其理解为多种媒体的机械相加，它并不仅仅依靠新兴媒体，在全媒体概念中，传统媒体反而是非常重要的一环。随着技术的提高，媒介逐渐走向融合的状态，新的媒体形态不断出现与变化，旧的媒体形态也没有因此消亡，而是出现了新旧融合、共同发展的局面，以信息的数字化技术、网络技术为基础，纸质的、电子的、移动的媒介实现了大联盟。毫无疑问，全媒体实践的最明显的特征，就在于它利用数字化平台，打破终端输出的封闭模式，打破重在内容采集加工的旧作业方式，打开一片新的运营天空，体现出锐意进取的姿态。[①] 全媒体从结果来看，主要表现为内容生产的多形态、产品发布的多渠道和传播介质的多终端。

二 全媒体对文化传播的主要影响

（一）受众的阅读行为与审美心理发生变化

新兴媒体尤其是网络媒体的发展使得受众可以选择的传播媒介大为增多，单一媒体已无法主宰市场，更多的受众市场被新媒体繁荣发展之后的商业媒体和自媒体占领。随着智能手机的普及和移动互联网技术的迅猛发展，受众阅读行为发生变化，受众不需要为了一篇文章抱着图书、杂志等纸媒读物，借助手机、电脑、电子阅读器等设备，"万卷书"触手可及。数字阅读正在悄然走红，据统计，2018 年全国数字阅读用户已达 4.3 亿人。[②] 信息的传播与更新速度以分秒计算，受众可以非常方便、自由地利用移动终端，获取到海量的信息，再加上当今快节奏的社会，大量即时性的浅阅读代替了传统媒体时代的深阅读，阅读行为可以发生在任何可能的场景，阅读时间更加自由化的同时也出现碎片化和多样化倾向。这种碎片化和多样化的浅阅读，无形中对受众的审美心理产生了非常重要的影响，人们容易放弃对深刻内涵的追求，忽略对理性的思考而更倾向于接受文化的直观形象和外在形式，审美的崇高性、永恒性在速食化、快餐化的消费过程中被逐渐消解，并转化为注重受众感官刺激的"瞬时性"审美，物质的功能化正在媒介的催化下显露出"符号化"的倾向。

---

① 嵇美云、查冠琳、支庭荣：《全媒体社会即将来临——基于对"全媒体"概念的梳理和剖析》，《新闻记者》2013 年第 8 期。

② 刘坤：《读屏时代，如何享受阅读之美》，《光明日报》2019 年 5 月 5 日，第 5 版。

（二）受众在文化传播中的地位发生变化

在传播渠道主要集中于文字印刷、有线电视和无线广播的时代，传播具有明显的地域性、单向性和线性。虽然受众可以选择观看和收听节目的内容、图书、报纸杂志，但这种选择面是非常狭窄的：电视、广播节目和信息的编排及获取方式相对固定，受众只能坐在收音机或电视机前按照媒体确定好的时间收听和收看节目，作为传播主体的"官方"或权威精英阶层，掌握着极大的话语权，受众的声音基本可以忽略不计。但在全媒体时代，这种状况已彻底改变。媒介技术的发展解放了被精英话语统治的普通受众。在微信、微博、各类 App 等的发展应用模式里，受众不再仅仅是信息的接受者，若是把媒介所提供的所有信息当作一顿可以自由挑选菜品和数量的"自助餐"，那么在这场盛宴中，传播者只是餐品的生产者和提供者，而选择什么样的餐品以及选择多少餐品，则完全取决于受众的需要。而且，全媒体时代的各种传播平台具有交互性，在提升传播效率的同时，颠覆了以往信息交流的方式与方向，受众充当着重要角色。个体不仅可以参与话题讨论，更可以将自己置于以新媒体为主的传播平台上，自主地发布意见和信息，平等地介入全媒体传播的系统中。这时候，所有人都是传播的主角和发起者，所有人也都是传播的受众，传播在无形之中由传播者本位转向了受众本位。

（三）文化传播的内容发生变化

在互联网技术得到广泛应用和移动终端快速普及之前，官方媒体在传播中占据主导地位，对于传播内容具有绝对话语权，传播主体负责对传播内容进行筛选和把关，传播内容以主流文化和精英文化为主。但全媒体时代多平台的文化传播，使得集流行、娱乐、消费于一体的大众文化得以飞速传播，并有向主流文化和精英文化领域迅速发展膨胀之势，其影响范围之广、受众人数之多、市场化程度之深、对大众的吸引力之大，是其他文化形态不能相比的。大众文化以其独有的快乐原则和交换逻辑，深刻地影响着当代文化的形态和运作模式。在这种模式下，文化传播内容极易呈现碎片化、娱乐化甚至庸俗化之态，再加上交互性平台的发展，颠覆了以往信息交流的方式与方向，任何人可以不受时间和空间的限制，发表自己的想法与言论，使得传播的内容鱼目混珠、真伪难辨，甚至是哗众取宠的内容更容易博取眼球。

（四）文化传播的效果发生变化

一是文化传播具有更强的时效性和更广的覆盖面。全媒体的"全"，从媒介上来说，集中了所有传统媒体与新兴媒体，并促成其有机融合。多种传播渠道，打破了因时间和空间的差异而造成的传播障碍，也解构了由等级社会观念等差异所带来的传播壁垒，使得文化产品可以在较短的时间内渗透到更广的范围，不同维度、不同身份的人可以在同一时间欣赏同一部电影，点击同一则新闻，追逐同样的流行时尚。二是文化传播具有更强的影响力。在《理解媒介——

论人的延伸》一书中，传播学者麦克卢汉在解释传播媒介的"混合能量"时认为：当不同的媒介交叉或者混合时就如同物质的裂变或聚变，往往能释放出巨大能量。传统的文化传播方式，由于不注重与传播客体的协调互动，没有受众的充分参与，并不清楚信息传达的对象，无法了解受众的真实感受，只能大致了解受众的主流需求，传播内容容易单调，传播手段容易简单粗暴，文化传播经常达不到既定目标。而全媒体带来全新的平台，运用全方位的手段，非线性的编辑模式让媒介传播的信息的内容与形态更加丰富。声音、图片、动画、视频都"跃然屏上"；交互式的平台，可以大大增强传播者与受众之间的直接联系，提升传播效果。受众开始有意无意地、自主地将从各种媒介上获取的信息整合起来，资源共享，进一步提升传播效率与效果。

三 全媒体语境下中国方志文化的传播策略

全媒体语境下的中国方志文化传播，从结果看，最终是要完成两个目标：一是拓展传播的物理空间，使方志文化不再仅仅是待在象牙塔里孤芳自赏、曲高和寡，等人开发；二是提升传播的实效性，使方志文化真正抵达受众的心理空间，获得受众心理上的认同。这两个目标的达成，需要中国方志文化根据全媒体传播的特征，转变传统的传播策略，将传播理念和传播手段充分融入全媒体传播逻辑。

（一）提高站位，增强中国方志文化传播的使命感

在全媒体时代，文化软实力的竞争日趋激烈。中国方志文化的传播，不仅仅是自身传承与发展的需要，也是中华优秀传统文化传承与发展的需要，更是国家提升软实力、提高国际竞争力、实现中华民族伟大复兴的需要，因而中国方志文化应该在全球化的竞争浪潮中，担负起自己应有的使命。一是增强国人文化自信。文化自信的底气来自中华优秀传统文化、革命文化和社会主义先进文化，地方志是这三大源泉的重要载体，要将这些文化资源挖掘好、传播好。二是塑造好中国形象。改革开放以来，中国的经济增长对世界的贡献有目共睹，但"中国威胁论""中国低端论"等言论甚嚣尘上，除了一些人有意为之外，更多的是因为国外对中国缺乏了解。方志文化要主动"走出去"，向世界展现中华文明的璀璨成果对人类社会发展所做出的巨大贡献，展示中国人民勤劳、智慧、和平、友好、互助、共荣的文化理念，向世界宣传中国的积极形象。三是助力好中国发展。国与国之间经济上的互惠、政治上的合作很大程度上是建立在有效的人文交流上，人文交流的滞后，会加深误解和不信任，影响政治、经济等领域的合作。方志文化要充当好文化交流的使者，与不同文明相互交流、互鉴融合、兼容并蓄，让世界读懂中国，在中国与他国合作交流中助一臂之力。

（二）更新理念，推动方志文化传播对象的分众化

在海量信息快速传播的网络时代，读者群体呈现"分众化"趋势。传播学中的"分众"，

指的是受众并不是同质的孤立个人的集合，而是具备了社会多样性的人群。它强调社会机构、成员具有多样性，是多元的复合体，并且属于不同社会群体的受众个人，对大众传播有不同的需求和反应。方志文化要充分把握这种分众化、差异化的传播趋势，精准定位受众，针对不同的文化受众，传播不同的文化品种、文化层次、文化特色，扩展受众范围。方志文化除了提供服务社会的主流文化产品（如志书、年鉴等），还要拓展服务范围，进机关、进企业、进军营、进校园、进社区、进乡村，在这个过程中，就要根据传播对象在年龄、学识、经验等方面存在的差异，调整传播的内容与形式，提供不同的方志文化产品。而方志文化要"走出去"，则更是要根据不同国家和地区的受众在语言习惯、生活习俗、文化消费习惯等方面的特征，平衡国际观点和中国故事的视角，转换方志文化的话语体系，以创新思维讲好中国故事，用海外读者乐于接受的方式，传播好中国声音。

（三）转变思想，促进方志文化传播内容的大众化

在长期的修志实践中，方志人习惯于埋头修志，并不过分注重将方志文化成果主动向社会推介，缺少与移动互联网时代相匹配的宣传手段和自我推销的精神。在受众有充分话语权和选择权的时代，地方志缺少与社会公众的必要互动，方志成果几乎被束之高阁，方志资源没有得到应有的开发和利用。"酒香也怕巷子深"，方志文化需要放下"高冷"姿态，转变思想，重新审视当前的传播格局，正视全媒体时代受众的阅读行为与审美心理、受众在文化传播中地位的变化，调整方志文化传播的内容、形式，通过话语转换，结合声音与图像、数字与影像，使得方志文化具有鲜明的平民化、通俗化、娱乐化、艺术化特征，让主流文化、精英文化以大众文化的姿态出现在受众面前，在强调审美性、精神性的同时，亦能有一定的娱乐性，通过"寓教于乐"的方式让受众得到启发，从而对方志文化产生心理上的认同，在求新、求同、求异、求趣的过程中亦能求知、求美。

（四）多管齐下，加快方志文化传播渠道的多元化

长期以来，方志文化主要以纸质印刷品为传播方式，文化传播的途径随着经济、信息技术的发展而越来越多元，在继续利用传统图书、报刊、电视等媒体平台传播方志文化的基础上，充分利用新媒体的即时性、互动性、海量信息等巨大优势，将多元化的传播途径编织成一个科学的传播体系，统筹各种交流渠道，使各种渠道协调发展，对于提升方志文化传播能力具有重大意义。一是继续依靠传统媒介的作用，出版各种形式的纸质地情资料，同时与电视媒体合作，制作影像志、微视频等文化产品。二是建设基于云平台的方志馆和网站。数字化时代的到来，带给方志文化传播全新的契机。云平台的搭建，使浩如烟海的方志精品有了永久存放之所，配以发达的精准检索功能，使得方志成果可化整为零，被社会公众随时按需检取，也使在全球范围内足不出户地饱览优秀方志类书目成为可能，更使方志文化利用这一先进互联网技

术，实现与世界的无缝对接。同时，充分利用现代科学技术成果，实现信息实体虚拟化、信息资源数字化、信息传播网络化、信息操纵同享化、信息供给智能化、信息展现多样化，将方志馆作为展示国情、地情的重要平台。三是利用好网络和移动终端，通过微信、微博等社交网络平台，开发相关 App，多形式、多空间主动推送，真正实现"互联网+"。四是注重重要机构、重大活动和项目对传播方志文化的意义，利用文化节展、文物展览、博览会、书展、电影节、体育活动、旅游推介和各类品牌活动，海外中国文化中心、孔子学院、各类高校、学术机构等传播方志文化。如福建省地方志编纂委员会等编纂出版的《福建家训》，作为第九届全球孔子学院大会代表读物走向世界，对福建优秀家风家训文化的弘扬起到了积极的作用和良好的效果。

（五）立足长远，培养方志文化传播的复合型人才

方志文化博大精深、历久弥新，是中华民族优秀的文化瑰宝。从内容上来说具有很强的竞争优势，但在全媒体时代，如何将这些内容转化成受众喜爱的形式，并以受众喜闻乐见的形式传播出去，复合型人才就显得尤为重要。2016 年 2 月 19 日，习近平总书记在党的新闻舆论工作座谈会上强调："媒体竞争关键是人才竞争，媒体优势核心是人才优势。"[①] 文化传播亦是。方志文化工作的全面创新，关键是要解决人才不足尤其是互联网专业人才稀缺的问题。因此，方志主管部门要把全媒体、复合型人才队伍建设提升到生存发展的战略高度予以重视，加强信息化人才培养和队伍建设，在普及地方志专业知识的同时，增加信息技术应用、网络技术、知识产权保护、传播学等知识的培训，打造全媒型、专家型人才，努力推出既有品质又易于传播的方志文化作品。

---

① 《习近平谈治国理政》第 2 卷，外文出版社，2017，第 333 页。

在继承中创新　在交流中传播

——试论方志文化在继承传统、创新发展中走向世界的路径探索

符思念

（江西省地方志办公室）

地方志，自汉代以来绵延 2000 多年，传承至今，代代编修，历久弥新，成为中华文明的独有文化现象。志书记载了中华民族自然、政治、经济、文化、社会等各个方面丰富海量的史实资料，内容丰富，博大精深，源远流长，它记载了中华民族历史发展的脉络，记载了中华儿女创造的可歌可泣的文明史诗，先辈的道德风貌可以从中得到崇尚，历代璀璨绚烂的艺术文化可以从中得到传承。地方志承载着继承中华文明、弘扬历史传统的重任，也将在记录当代中国发展历程、讲述中国故事、传播中华文化中发挥积极重要的作用。

一　传统方志文化的辩证继承

（一）地方志是记载中华文明的重要载体，方志文化是中华优秀传统文化的重要组成部分

中华文明博大精深，中华文化源远流长，留下了浩如烟海的文化典籍，其中志书是重要组成部分。据不完全统计，全国留存的古志有 8000 多种 10 万多卷，约占我国现存古籍的 1/10。新中国成立以来，地方志事业蓬勃发展，各地纷纷开展省、市、县三级志书的编纂工作，推出了数以百亿字计的地方志成果，生成了我国有史以来规模最大的社会科学成果群，成为中华文化弥足珍贵的地情资料宝库。"中华民族创造了源远流长的中华文明，薪火相传，代代相承，成为国人安身立命的精神家园。地方志反映了不同地域的自然地理、风土物产、民风习俗、文学艺术、行为规

范、价值追求等，记录了中国人民自古以来自强不息的奋斗历程，留存了丰富多彩的地域文化。在博大精深、浩如烟海的中华文化中，作为传统文化的精华，方志文化独树一帜，价值卓著，承载着传承中华文明、弘扬历史传统的重任，是中华民族延续文脉的重要载体。"① 我们要明确传统方志文化在中华优秀传统文化中的重要地位，我们要明确认识到传统方志文化是中华优秀传统文化的重要组成部分，要不断深入持久地去继承赓续不断、修志存史的传统方志文化。

2016 年 3 月，"加强修史修志"被写入国家"十三五"规划，明确把地方志工作纳入国民经济和社会发展规划当中。2017 年 1 月，中共中央办公厅、国务院办公厅印发的《关于实施中华优秀传统文化传承发展工程的意见》，明确强调要"做好地方史志编纂工作"，又一次从国家层面明确了地方志在传承中华优秀传统文化、建设社会主义文化强国中的重要作用。2017 年 5 月，中共中央办公厅、国务院办公厅印发《国家"十三五"时期文化发展改革规划纲要》，明确强调要"加强地方史编写和边疆历史地理研究。完成省、市、县三级地方志书出版工作。开展旧志整理和部分有条件的镇志、村志编纂"，再一次从国家层面明确了地方志在传承弘扬中华优秀传统文化、树立中华民族文化自信中的重要作用。一次又一次，国家从顶层设计方面，高度重视地方志工作，殷切期望地方志在传承中华优秀传统文化、建设社会主义文化强国、坚定文化自信方面担负起历史使命，发挥积极重要的作用。

（二）要以辩证客观的态度继承传统方志文化，取其精华，去其糟粕

我们要辩证客观地看待传统方志文化的优点和缺陷。编修地方志是中华民族优秀文化传统，历史悠久，连绵不断。它"历史之悠久、涵盖之广阔、品类之繁多、卷帙之浩瀚、内容之精深"，② 得到普遍认同。同时也要看到，方志文化是在特定历史条件下产生的，不可避免地会受到当时人们认知水平、客观条件的制约，也不可避免地会存在过时愚昧、腐朽落后的内容。在新的时代背景下，传统方志文化要更好地延续下去、获得新的生命力，就必须顺应新的时代环境，在保持自身特色和优点的同时，突破自身局限，扬弃那些落后愚昧的内容，以辩证客观的态度继承方志文化，取其精华，去其糟粕。辩证客观，就是要认识到传统方志文化中精华与糟粕混杂、优点与缺陷并存，不能直接照搬复制，也不能简单否定，必须全面地、辩证地、理性地看待传统方志文化。古代方志被当作"辅治之书"，是用来维护封建统治的，连篇累牍地记载"皇言""圣制""恩泽""明宦""忠烈""孝义""烈女"，宣扬皇恩浩荡，宣传忠孝节烈，都是为统治者歌功颂德，宣扬维护封建统治的伦理道德，粉饰太平，欺骗百姓。而对科学技术记载得非常少，轻视技艺，排斥技术，没有很好地反映古代自然科学发展的历程。这些方面就不能直接照搬复制了，而是要批判扬弃。

---

① 王伟光：《坚定自信　放大格局　拓展功能　助推实现中华民族伟大复兴中国梦——在"南海主权与地方志论坛"上的讲话》，《中国地方志》2017 年第 2 期。

② 黄元裕：《试谈中国方志文化的特点》，《中国文化研究》1994 年夏之卷（总第 4 期）。

（三）系统深入开展旧志整理工作，是继承弘扬优秀传统方志文化精髓的重要途径

"在中华传统文化中，地方志自成一脉，独树一帜，具有独特的魅力，成为中华民族特有的文化基因，是最具有民族特征的标志性传统文化形式之一。"① 中国的古人，以连续编修方志的形式系统记录一个地区地理、政治、经济、文化等各方面的重要史料来保存历史记忆。特别是历代政权和地方的乡绅以修志为己任，以崇高的历史责任感和高度投入的精神来修志存史，使得古代修志传统一直赓续不绝，历久弥新，留下数量庞大的经典文化典籍——旧志。

中国古代传统方志文化的精髓都蕴含在旧志当中。地方志工作机构要联合科研院校、图书档案等部门，科学系统地开展古代旧志的点校、提要、考录、阐释等工作，通过整理挖掘历代旧志蕴藏的丰富资源信息，去总结梳理一个地方的历史发展传承脉络，去了解感受一个地方的风土人情，去掌握体会一个地方的地理风物，去传承发扬一个地方的人文风骨。充分系统整理挖掘古代旧志中蕴含的中华优秀传统文化的资料要素，通过整理编纂，并通过现代知识的阐释说明，采用创新的理念，运用现代新颖多样的手段方法，去宣传推广中华优秀传统文化，去感化教育广大人民群众，让他们清楚知道中华文明历史发展的轨迹脉络，清晰感受中华文化的博大精深与源远流长和很多典籍中流传已久的精神风貌。"截至 2016 年 9 月底，年内全国地方志系统整理出版旧志 246 部，累计达 2800 多部。"② 各级地方志工作机构要继续有步骤地开展旧志整理工作，延续历史文脉，继承弘扬优秀传统方志文化的精髓。

二 方志文化的创新发展

（一）用创新发展的思维、"创造性转化、创新性发展"的原则来推动传统方志文化转化创新，使之适应不断变化发展的时代的需求

地方志源远流长，2000 余年赓续不断，是中华民族特有的文化传统。但时代环境在变，文化接受传播方式也发生了巨大变化，面对互联网技术日益发达、数字化传播方式多样化、文化价值观多元化的时代，方志文化需顺应时代的变化与需求，进行"创造性转化、创新性发展"，以便更好、更客观地全面记录中国各地历史发展的进程，更好实现存史、资政、育人的功能，为人民群众提供更多有价值的精神财富，也才能让这一古老文化传统在各个历史时期熠熠生辉，历久弥新。

---

① 王伟光：《盛世修志助力中国梦》，《中国地方志》2015 年第 9 期。
② 李培林：《全面推进地方志事业转型升级——在第一次全国地方志工作经验交流会暨 2017 年全国地方志机构主任工作会议上的讲话》，《中国地方志》2017 年第 1 期。

2017年1月，中共中央办公厅、国务院办公厅印发的《关于实施中华优秀传统文化传承发展工程的意见》把"创造性转化、创新性发展"写入指导思想，并作为必须遵循的方针原则，以其来指导传统方志文化的创新发展是非常必要和完全正确的。"创造性转化、创新性发展"，就是适应新的时代环境、紧扣社会需求，坚持古为今用、守正创新，对传统方志文化的内涵加以补充、拓展、完善，赋予新的时代内涵和现代表现形式，使传统方志文化的现实价值得到充分挖掘，切合人们的需求，以一种新的形式为人们所接受。古往今来，每一种历史悠久的传统文化，只有不断适应变化的时代环境和现实人们的需求，才能获得持久的生命力。

（二）以创新发展的思维加大方志文化、方志资源的开发利用，努力使方志文化融入现实生活，激发传统方志文化的时代活力

1. 将方志文化融入国民教育

把优秀方志文化的教育贯穿到国民教育之中，通过编写乡土教材、地方志简本、地方文化书籍，开通地情网站、方志文化微信公众号，加强地方志信息化建设，举办方志文化讲座、知识竞赛等形式，推动方志文化进校园。让学生从小就了解自己生长的地方，知道地方发展的历史，激发他们对地方文化的兴趣，培养他们热爱故乡的情感。加大传统方志文化的宣传力度，充分发挥各级方志馆的作用，吸引广大学生走进方志馆，观看地情文化的展览，翻阅方志书籍，徜徉在地方文化的海洋，营造热爱方志文化的良好氛围。

上海市徐汇区方志馆"徐汇记忆"展启动暑假期间开放接待工作，首日区内各学校约40名学生就参观了展览。徐汇区地方志办为办好这次活动，做了周密的安排。首先调整、延长参观时间，做好安全保障措施。其次丰富活动内容，增强观展体验。展厅设计了6套趣味答题卡，还邀请志愿者创作上海说唱《了解徐汇到此地》，策划"小队互动"体验区，创新展出形式，很好地把青少年学生吸引到方志馆，培养他们对方志文化的兴趣。

2. 将方志文化融入现实生活

要充分开发利用地方志资源，创新方式方法，注重把传统方志文化贯穿融入现实生活的方方面面，与传统节日、民风民俗、旅游开发、饮食服饰、旧城保护等相结合，让方志文化内涵更好地融入现实生活之中，让人民群众在生活中可以处处看到方志文化的身影。笔者所居住的南昌，老城区有些街巷，在街巷口立了石碑介绍街巷名字的由来与历史渊源，其中很多内容引用了《豫章旧志》《南昌府志》等旧志，就能很好地介绍说明一条街巷的历史由来，让居民游客了解街巷悠久的历史与文化传统，提升街巷的文化品位，提升一个地方的文化内涵，让人民群众在日常的环境中自然而然地了解本地的历史。

地方志工作机构应主动参与当地古城遗迹的规划保护，参与当地历史文化街区、文化公园的规划设计，为历史文化设施建设提供地情资源的佐证与历史文化的支撑。苏州市地方志办公室积极主动服务于当地历史名城的保护工作。"姑苏区、苏州国家历史文化名城保护区成立不久，苏州市地方志办公室组建'智囊团'，为古城保护发展提供强有力的文化支撑。"① "智囊团"的正式名称是"苏州市方志文化建设专家库"，他们查阅大量历代苏州旧志、历史书目、地情资料，为古城保护出谋划策。专家主张古城保护不仅要注重物态形貌的保护，更要注重人文风貌、历史文化的传承。在古城保护方面应注重文化片区的建设，使苏州老街小巷成为一个文化氛围浓郁的聚集地。这些建议得到古城保护部门的采纳，在古城保护工作中发挥了积极的作用。

三　方志文化走向世界

《全国地方志事业发展规划纲要（2015~2020年）》提出，"扩大学术交流与合作。采用多种形式，加强与香港、澳门和台湾地区以及国外的高等院校、科研机构、档案机构与图书馆等单位的学术交流与合作。服务国家文化'走出去'战略，推介一批高质量地方志成果，充分展示地方志的当代价值及永恒魅力，推动方志文化走向世界，增强方志文化影响力"。李培林指出，要准确认识地方志全面转型升级的基本内涵，其中一条就是将修志从囿于当地向把地方志推向全国、走向世界转变，实现地方志知识的全国化、国际化。

（一）要进一步明确方志文化在中华文化"走出去"战略中的定位

随着中国国力和影响力的日益增强及对外开放程度的日益加深，国际社会对中国了解的欲望、对中国文化的渴望越来越旺盛。其中方志文化是中国文化的重要组成部分，是了解中国国情、了解中国文化的重要窗口。"地方志作为中华民族独有的文化载体，引起了世界各国的广泛关注，包括美国国会图书馆、哈佛燕京图书馆、日本国立国会图书馆等世界各国图书馆大量收藏地方志。而作为资料性文献，志书以其横排门类、纵述史实、述而不论、生不立传等本质特征和体例规范，述、记、志、传、图、表、录等多种体裁运用的编纂形式，客观、全面地展现了事物的全貌，成为反映事物发展过程与现状的信史，体现了鲜明的继承性和真实性、全面性，为社会各界和国际社会所广泛接受。利用方志文化服务国家文化'走出去'战略，用地方志成果发声，展示中国智慧、讲好中国故事，事半而功倍。"②

（二）坚持在交流互鉴中不断提升方志文化的国际影响力

第一，加强与海外科研机构、文化机构、档案馆等的学术文化交流。通过举办国际学术交流研讨会、组织海外参观学习等活动，相互学习、相互借鉴。外国虽然没有地方志这种记述体

---

① 施晓平：《古城保护发展获得文化支撑》，《苏州日报》2010年10月27日。
② 王伟光：《坚定自信　放大格局　拓展功能　助推实现中华民族伟大复兴中国梦——在"南海主权与地方志论坛"上的讲话》，《中国地方》2017年第2期。

裁，但外国在记录地方发展历史、整理档案资料、研究地方文化、信息化建设等方面有很多先进理念和做法，都有值得我们学习借鉴的地方。当今世界是开放的世界，是一个互联互通的"地球村"，各国文化交流以前所未有的广度和深度展开。我们必须开阔视野、放眼世界，广泛借鉴吸收各国各民族文化中的有益成分，为我所用，为方志文化创新发展注入源源不断的元素与活力。

第二，牢固树立精品意识，努力提升方志产品质量，创新方志文化传播的形式，通过文化交流、文化贸易等形式输出方志文化的精品佳作，不断增强方志文化的国际影响力。"《规划纲要》明确提出要配合国家文化'走出去'战略，推介一批高质量地方志成果，充分展示地方志的当代价值及永恒魅力，推动方志文化走向世界，增强中华文化凝聚力、影响力和国际竞争力。"[①] 当然我们也要清醒地认识到，方志文化的国际传播力和影响力还很有限，推动方志文化"走出去"的路途还很漫长，所以广大地方志工作者必须牢固树立精品意识，努力提高方志产品质量，坚持质量至上的原则，筑牢方志文化发展、向外传播的根基。

地方志工作机构要牢牢抓住地方志事业发展的大好时机，主动积极配合国家推动中华文化"走出去"，推动方志文化走向世界，传播方志文化，增强方志文化的影响力。广大地方志工作者必须担负国家、历史赋予的崇高使命，坚定方志文化自信，大力弘扬方志文化，努力展现新时期方志人的精神风貌，直笔著史，修志问道，做一个传统方志文化的传承者、当代方志文化的创造者、中国方志文化的传播者。

---

① 王伟光：《盛世修志助力中国梦》，《中国地方志》2015 年第 9 期。

方志文化在中国传统文化中的作用

——以徽州方志文化为考察中心

蒲 霞

（安徽大学历史系）

中国传统文化源远流长、博大精深、灿烂辉煌，"积淀着中华民族最深沉的精神追求，包含着中华民族最根本的精神基因，代表着中华民族独特的精神标识，是中华民族生生不息、发展壮大的丰厚滋养"。① 中国传统文化内容丰富，形式多样，方志文化是一种独具特色、自成体系、中国特有的文化形态。方志文化在中国传统文化中占有重要地位，具有重要作用，以独特的形式展现中国传统文化的内涵和魅力。

一 构建中国传统文化的基础

中国传统文化内容丰富，道德文化是其基础。中国的道德观念起源于上古时期，随着社会的发展、时代的变迁，人们对于道德有了不同要求。无论道德的内容如何变化，"忠""孝""仁""义""信"都是道德的最基本规范，是道德文化最基础、最核心的内容。地方志保存了丰富的资料，阐释了中国传统道德规范的基本内涵。

临危御敌、保家卫民，是忠节的一种表现。休宁人程灵洗、汪华二公是徽州历史上赫赫有名的忠节之士，他们忠于君主和国家，并在保卫家乡、建设家乡等方面建立了卓著功勋。他们不仅得到最高统治者的褒奖，也受到了当地人民的崇敬，长久以来徽州地区一直对其进行春秋致祭。为了纪念这种行为，徽州旧志专门设立类目，如"勋贤""勋烈""勋绩"等来记录他们的事迹，歌颂他们的功绩。道光《徽州府志》即称："程、汪二公，生著勋庸，没犹赫濯，

---

① 中共中央宣传部编《习近平总书记系列重要讲话读本（2016年版）》，学习出版社、人民出版社，2016，第201页。

输忠保赤，功在生民，捍患御灾，烈垂千古。允宜特昭表异，著超群绝伦之概。谨依旧志作程、汪二公传。"① 徽州旧志中，程、汪二公的传记内容非常丰富，除传记外，徽州旧志其他相关类目下也收录了二人的情况。道光《徽州府志》除在"勋烈"一目下收录程灵洗、汪华二人事迹，还在"忠义"类目下收录了自南朝陈至清嘉庆年间130多位忠节人物的事迹。② 民国《歙县志》在"忠节"一目下收录了自南朝陈至清咸同年间140多位忠节之士的事迹。③ 对这些忠节之士相关事迹的记载和介绍，让人们知道何为"忠节"，也希望人们以他们为榜样，树立忠于国家、忠于家乡的思想。徽州地区亦不乏忠于国家、为国守节而死之人。程灵洗的儿子程文季即是徽州众多忠于国家、以死殉节的忠节之士中的一员。弘治《徽州府志》在"忠节"④ 下为程文季立传，记录了他为国死节的壮烈事迹。"忠"亦有尽心尽力做事之"忠"，亦即为官之人尽心于职守，为百姓之事、为地方之事、为国家之事费心费力，任劳任怨，不计个人得失。这类人往往多有作为，政绩颇佳，徽州旧志"名宦"和"政绩"类目下收录众多此类人物的事迹，以彰显他们的精神。袁甫、倪祖常、刘炳、陈嘉策、郑千龄、吴甸华、孙遇等是这类人物的代表，徽州旧志记录了他们的言行和政绩，反映了他们为百姓谋利、为地方谋福、尽心尽力做事的情况。徽州地区的很多平民百姓在家乡临难之时挺身而出，甚至为保卫家乡献出性命，徽州旧志也在"忠义"或"忠节"类目下收录了他们的事迹。

"孝"就要养亲、爱亲、尊亲。"孝"最基本的内涵是子女对父母的孝，但"孝"的含义又不仅限于此，"孝"既可以指子女赡养父母、晚辈赡养长辈，也包括祭祀祖先、祭享之礼。前者是"孝"的基本内涵，是人们应该遵循的最基本的道德要求；后者则是孝文化的延伸，是以一定的物质形式维系人们对于尊亲的孝。徽州是一个深受儒家思想影响的地区，徽州人认为孝是百行确立的基础，是"忠"之本，是中兴固本的基础。徽州旧志"人物志"类目下有关于孝子、孝女、孝妇、孝童的专门记载，宣传孝道，表彰行孝之人，诠释孝道的精髓，丰富孝文化的内涵。徽州地区坚守孝道、以行孝为基本行为规范的人非常多，而且行孝之人类型多样，涉及范围广泛。根据徽州旧志收录的内容，行孝之人，按个体来分有孝子、未嫁女、已婚妇、孝童，按群体来分则有一家多人尽孝的情况，如兄弟皆孝、姐妹皆孝、兄妹皆孝、姐弟皆孝、夫妻皆孝、妯娌皆孝、全家皆孝。徽州人行孝的对象不仅仅局限于亲生父母，也包括有血缘关系的祖父母、姑母等，甚至还包括养父母、庶母、继父母、继祖父母、公婆等没有血缘关系的人。由此一来，徽州人的孝就由自己的"小家"延伸到"大家"，孝得以扩展到徽州全社会。徽州人竭尽所能，用各种各样的方式行孝尽孝，如割股治病、庐墓、寻父尸骨回归故里、父犯罪愿替父代罚、外出寻父回归故里、寻访先人墓葬岁往祭拜、因父母去世悲伤过度而死、为救

① 道光《徽州府志》卷一一《人物志·勋烈》，《中国地方志集成》本，江苏古籍出版社，1998。
② 道光《徽州府志》卷一二《人物志·忠义》，《中国地方志集成》本。
③ 民国《歙县志》卷七《人物志·忠节》，《中国地方志集成》本。
④ 弘治《徽州府志》卷九《人物·忠节》，《天一阁藏明代方志选刊》本，上海古籍书店，1964。

父母而自己身亡、为孝养父母而弃官归里、因孝养父母而终身不嫁、因父母去世而自经、千里奔走归葬亡亲、修建亭堂以寄哀思等，虽然有些行为太过惨烈不能推崇，但这些孝行从另一个层面上丰富了孝文化的内涵。

"仁"和"义"是相辅相成、不可分割的。"仁义"的核心思想就是，以人为本，富有爱心，关爱他人，帮助别人，从而实现"老吾老以及人之老，幼吾幼以及人之幼"。①徽州地区的官员、乡绅、商人、普通百姓（包括妇女）均有捐资、捐物、捐田、出力帮助家乡进行基础设施建设、救灾济贫、养老抚幼、照顾孤寡残疾的行为。徽州旧志专门设立"义行""善行""尚义""质行"等类目，对于这些人的仁义行为进行记录。根据徽州旧志的记载，徽州人的仁义之举形式多样，包括捐资买田修筑陂塘堨堰、捐田出资资助贫困学子、捐资出谷设置仓廪赈济、捐山捐地设置义冢助葬、出资捐田设置义田助贫、捐资出力修筑石衢义路、捐资出力修筑桥梁河渡、捐资代偿体恤逋赋百姓、捐资助赈救助受灾乡民等。徽州人用他们的实际行动诠释了"仁义"的内涵。

地方志以其特有的形式诠释着道德文化的内涵，担负着传承中国传统文化的重任。方志文化以与众不同的方式构建起中国传统文化的基础。

二 丰富中国传统文化的内涵

地方志具有自身特殊的体例和结构，全面、系统、综合地记载一定区域内地理、经济、政治、军事、文化、人物和社会的历史与现状，反映这个地区历史发展的全过程。从秦汉时期的地记、隋唐时期的图经，到宋代定型之后的方志，到明清鼎盛发展时期的方志，再到近代转型时期的方志，地方志的体例不断变化和完善，内容逐渐丰富，成为传承中国传统文化的重要载体。而地方志作为中国特有的文献形式，以其与众不同的方式，成为中国传统文化中的一个模块，并用其独特的形态展现中国传统文化的魅力。

地方志记载的内容涉及面非常广泛，关于这一点，自古以来多有学者进行论述。司马光在《河南志序》中指出志书是"博物之书"："凡其废兴、迁徙，及宫室、城郭、坊市、第舍、县镇、乡里、山川、津梁、亭驿、庙寺、陵墓之名数，与古先之遗迹，人物之俊秀，守令之良能，花卉之殊尤，无不备载。考诸韦记，其详不啻十余倍，开编粲然，如指诸掌，其博物之书也。"②而李绂在《重修临川县志·凡例》中指出："志书载一县之事，自职制、廨舍、户役、贡赋、学校、兵卫，当悉按列史时代统辖，备细载之，庶古今沿革损益本末明白。"③

---

① 赵岐注，孙奭疏《孟子注疏》卷一，清嘉庆阮刻十三经注疏本。
② 司马光：《温国文正公文集》卷六五，《四部丛刊》景宋绍兴本。
③ 李绂：《穆堂别稿》卷四九，清道光十一年奉国堂刻本。

徽州方志记载的内容十分丰富。以道光《徽州府志》为例，记载的内容包括：地理方面的内容，如分野、建置沿革、疆域、封建、山水、形胜、乡都、风俗、古迹、丘墓等，其中既有自然地理方面的，也有人文地理方面的内容；营建方面的内容，包括学校、坛庙、仓局、公署、城池、水利、桥梁、寺观等；经济方面的内容，如赋役、恤政、物产、土贡等；军事方面的内容，包括兵防、武功；职官方面的内容，包括郡职官、县职官、武职官；选举方面的内容，如荐辟、进士、举人、贡生、武科目、例仕、封荫等；人物方面的内容，包括朱子世家、勋烈、儒林、文苑、名宦、忠义、宦业、武略、孝友、义行、隐逸、风雅、节妇、节烈、贞女、贞烈、孝妇、孝女、贤淑、才媛、流寓、方技、仙释等；艺文方面的内容，如书籍、碑刻等；另外，还有祥异、拾遗、修志源流等方面的内容。徽州地区社会历史发展过程中的基本情况都被记载在徽州方志中，徽州方志汇集了徽州文化的所有形式和基本内容。

由于中央政府加强统治的需要、地方官员对编修地方志书的重视和地方文人硕儒的积极参与，徽州地区地方志书的编修得到了充分的保障，并呈现出持续进行的状态。根据现存徽州府志、《中国地方志联合目录》以及其他文献中关于徽州府志编修源流的记载，徽州府志的编修自南朝梁开始，包括乡土志在内，到民国时期总共编修过 27 次，修成 26 部。南朝梁新安太守萧几纂成《新安山水记》，王笃纂成《新安记》。唐修成《歙州图经》一部。宋太平兴国年间奉诏纂成《（新安）广记》，大中祥符年间李宗谔奉诏纂成《新图经》，淳熙二年（1175）郡人鄂州守罗愿纂成十卷本《新安志》，嘉定壬午（1222）郡人姚源纂成《新安广录》，端平乙未（1235）教授四明李以申纂成《新安续志》，淳祐中纂成《新安广录续编》。元延祐己未（1319），郡人休宁县尹洪焱祖纂成十卷本《新安后续志》。明洪武九年（1376）郡人礼部侍郎朱同奉诏纂成《新安府志》，景泰中知府福山孙遇纂成《新安府志增编》，成化中知府吉水周正纂成《新安府志续编》，弘治十五年（1502）郡人都御史汪舜民纂成《徽州府志》，嘉靖四十一年（1562）方信私纂《新安志补》一部，嘉靖四十五年郡人都御史汪尚宁、温州知府洪垣纂成《徽州府志》，嘉靖间程瞳曾纂修《徽州府通志》。清康熙十二年（1673）高晫修成《徽州府志》，康熙二十二年林国柱修成《徽州府通志续编》，康熙三十八年郡人给事中赵吉士纂成《徽州府志》，康熙年间吴度修成《补遗郡志四考》，乾隆三十六年（1771）戴知诚修成《徽州府志》，嘉庆十年（1805）邵棠修成《徽州补正》一卷，道光七年（1827）马步蟾修、夏銮纂成《徽州府志》，道光年间黄崇惺修成《徽州府志辨证》一卷，道光年间徐起霖纂成《徽郡志记略》。1922 年，程敷锴编成《徽州乡土地理》。地方志记载的内容具有广泛性、地方性、时代性、连续性等特点，从不同层面、不同角度、不同阶段呈现中国传统文化的内涵。

中国地方志的编修历史悠久，源远流长，至迟从秦汉开始就已有地方志的编修。在历史长河中，因为各种各样的原因，曾经问世的地方志已无法统计其数量。据不完全统计，仅宋元以来历代保存下来的旧志就有 8000 余种 10 多万卷，约占全国现存古籍的 1/10，其不仅是中华民族，也是全人类珍贵的历史文化遗产。[①] 如果再加上山志、水志、书院志、文献志、寺庙志等各类专志，其数量更为庞大。

根据文献记载和现存徽州地方志书的情况，徽州地方志书包括府志、县志、乡镇志、乡土志、专志等类型，而专志中又可根据记载对象的不同分为山水志、文献志、金石志、人物志、书院志、会馆志等。徽州地方志书具有类型多样的特点。乡镇志是一乡、一镇、一村、一里之志，具有具体而微的特色。商品经济的发展促成了经济型、文化型市镇的兴起，市镇的兴起，促成了乡镇志的出现。明代乡镇志的编修规模开始增大，乡镇志也基本定型并逐渐发展。明、清、民国时期徽州地区乡镇志也呈现出发展的趋势。这一时期编修的徽州乡镇志主要有：明弘治十二年程复用纂修的《善和乡志》，清雍正元年（1723）许绪祖编修的《休宁孚潭志》，雍正十二年余华瑞编修的《岩镇志草》，乾隆四十年江登云纂、江绍莲续纂的《橙阳散志》，光绪七年（1881）程文翰编修的《善和乡志》，民国时期吴吉祜修成的《丰南志》，1937年许承尧修成的《西干志》，等等。乡镇志的出现和发展进一步增强了方志类型多样化的特点，也进一步丰富了方志文化的内涵。

地方志的基本结构是纲目体、平目体以及纲目和平目结合体，在这一基本结构之上，地方志还采用纪传体、政书体、经纬体、三宝体、章节体等形式编排相应内容。随着西方教育体制对中国产生影响，中国史书体裁发生了一些变化，章节体史书随着中国近现代教育体制的变化而开始广泛应用于编写教科书。地方志书的编写也受到了章节体史书体裁的影响，清末被初等小学堂用于进行爱家乡、爱国、忠君教育的乡土志就采用了章节体的体例形式。徽州旧志基本上是纪传体，而光绪三十四年董钟琪、汪廷璋编纂的《婺源乡土志》则采用的是章节体。该志开篇设立"绪言"，其下共设立七章，即婺源沿革、婺源建置、婺源官制、婺源宦绩、婺源人物、婺源风俗、婺源兵事，每章之下设课，共设104课。有的一课一个主题，如第一课"婺源未建置以前"、第二课"婺源既建置以后"等；有的几课一个主题，如第九至十一课都是"紫阳书院"、第七十一至七十九课都是"风俗举要"。多种结构、多种形式的编纂方式，反映了地方志体例结构多样性和变化性的特点，在另一个层面上丰富了方志文化的内涵。

地方志所承载的文化博大精深、独具特色、醇香久远，是中国传统文化中的瑰宝，以其独特的形式丰富了中国传统文化的内涵。

三　增强中国传统文化的特色

地方志以一个地区为记载单位，集中收录这一地区各个方面的情况，具有显著的地方性特点。因自然、人文等的不同，不同地区的地方志各具风貌，从不同方面反映着中国传统文化的

---

① 中国地方志指导小组办公室编《中国方志通鉴》（下），方志出版社，2010，第946页。

特色。

笔、墨、纸、砚文房四宝,是中国传统文化中的文书工具,是中国独有的文化瑰宝。文房四宝之名,起源于南北朝时期。南唐后主李煜擅长诗词、书画,酷爱徽州澄心堂纸。五代时,徽州澄心堂纸、李廷珪墨、龙尾石砚被称为"新安三宝"。南唐时的文房四宝主要指诸葛笔、徽州李廷珪墨、澄心堂纸、江西婺源龙尾砚,后三种都出产于徽州地区。宋朝以来文房四宝主要指湖笔、徽墨、宣纸、端砚。文房四宝不仅具有实用价值,也是融绘画、书法、雕刻、装饰等为一体的艺术品,深受人们喜爱,由此也形成了一个人数众多的收藏群体。

徽州地区制作的文房四宝品质精良,品种繁多,独具特色。徽州工匠心灵手巧,技艺高超。徽州的文房四宝自南唐时就引起了人们的关注,随着制作水平的逐渐提高,开发的品种日益丰富,文房四宝也成为徽州文化的一个重要组成部分。徽州地区制作文房四宝的能工巧匠人数众多,徽州旧志在"人物志"下"方技"类目中收录了这些人的传记。南唐人"李廷珪,易水人,本姓奚。其父超唐末渡江至歙,以地多松留居,造墨有名。南唐李后主赐姓李。人得其墨而藏者不下五六十年,胶败而墨稠,其坚如玉,其文如犀,写逾数十幅不费一二分。常侍徐铉初年得李超墨一挺,长不过尺,细才如筋,与弟锴共用之,日书不下五千字,凡十年乃尽。磨处边际有刃,可以裁纸,自后用李氏墨无及此者。刺史陶雅尝责李超云:'尔近所造墨殊不及吾初至郡时,何也?'对曰:'公初临郡,岁取墨不过十挺,今数百挺犹未已,何暇精好邪?'廷珪造不减其父"。① 李超、李廷珪父子都是制墨高手,他们制作的墨因质量好、耐用而得到人们的认可,向他们求购墨品的人越来越多,从每年十挺上升到每年数百挺。徽州"墨,出歙、休宁二县。五代李超及子廷珪造墨,至宋徽州遂岁以大龙凤墨千斤充贡。仁宗嘉祐中,宴近臣于群玉殿,以李超墨赐之,曰:'新安香墨。'其后赐翰林皆李廷珪双脊龙,样品尤佳。《墨谱》称:'墨之上者拈来轻,嗅来馨,磨来清。然物有盛衰,工有良苦,不能如旧。今失其传,惟出休宁城北汪氏者稍佳,其形制犹多以龙为饰。'《前志》云:'近黟、歙间有人造白墨,色如银,迨研讫即与常墨无异,未知所制之法。'"② 李超、李廷珪父子制作的龙凤墨和双脊龙墨成为贡品,进贡给朝廷。皇帝还将这两种墨作为奖品赏赐给臣子。南唐人"李少微,歙人,善作砚。南唐元宗精意翰墨,歙守献砚,荐少微,擢为砚官"。③ 因制作的砚品质精良深受皇帝的喜爱,李少微被推荐并提拔做了砚官。徽州旧志还收录了关于李氏父子制墨的小故事。"祥符中,治昭应宫用廷珪墨为染饰,有贵族尝误遗一丸于池中。逾年,临池饮,又坠一金器,乃令善水者取之,并得墨,光色不变,表里如新。"④ 这则故事充分说明李廷珪所制之墨质量上乘,即使被水长时间浸泡,品质也长久不变。

① 弘治《徽州府志》卷一〇《人物·艺术》,《天一阁藏明代方志选刊》本。
② 弘治《徽州府志》卷二《食货·土贡》,《天一阁藏明代方志选刊》本。
③ 道光《徽州府志》卷一四《人物志·方技》,《中国地方志集成》本。
④ 弘治《徽州府志》卷一二《词翰·拾遗》,《天一阁藏明代方志选刊》本。

徽州旧志里关于中国传统文化的记载，以不同的内容、从不同的角度展现了中国传统文化的精髓和特色。

四　扩大中国传统文化的影响

地方志是综合记录一个地区历史发展全过程的特殊形式的文献体裁，其内容丰富，又以一个特定的地区为记载单位，因而人们通过地方志不仅可以集中了解一个地区历史发展过程中地理、经济、政治、军事、人物、奇闻逸事等方面的情况，也可以了解这个地区的文化以及由其所折射出的中国传统文化的基本情况和内涵。相较于其他形式的文献，地方志所凝聚的中国传统文化更为集中和全面，读一志如读数书。地方志有助于拓展人们对于中国传统文化的了解和认识，在扩大中国传统文化影响方面有其积极意义。

徽州文化历史悠久、内容丰富、底蕴深厚，有其自身的特点和价值。徽商是明清时期十大商帮之一，它所承载的徽商文化是徽州文化的一个重要方面。徽州方志中有很多内容涉及徽商文化。吃苦耐劳是徽州人的传统美德，徽商多以小本起家，为了在商界站稳脚跟、开辟一片天地，大多勤俭节约、艰苦营运。顾炎武《肇域志》是这样记载徽州商人吃苦耐劳的："徽州府新都勤俭甲天下，故富亦甲天下。……而赴京试，则短褐至骭，芒鞋跣足，以一伞自携，而省舆马之费。问之则皆千万金家也。徽人四民咸朴茂，其起家以资雄闾里，非数十百万不称富也，有自来矣。"① 这里说得明白，徽商之"起家"源于"勤俭"。徽商致富后，深知创业之艰难，"勤俭不改其初"。② 清朝婺源溪头人程世德，"幼贫，长贸易江右，勤俭成家，见义不吝"。③ 清朝咸丰年间黟县人汪源，"年十五，废读而贾。赭寇扰黟，君在江西之玉山。……肆务殷繁，烽烟一月数徙，备历险艰，或竟日不食，或终夜不寝，生平精力瘁于是时，而业亦以是渐裕矣。迨大局底定，奉亲归里，买田筑室，以垂久远之规，至今家门隆盛"。④ 本着吃苦耐劳、勤俭创业、坚持不懈的精神，徽州商人逐渐积累资本，不断壮大，不少人发展成为实力强大的富商巨贾。徽州商人有"徽骆驼"精神，做任何事情都不怕辛苦，只要开始就会一直坚持下去，经商也是如此。"徽之俗，一贾不利再贾，再贾不利三贾，三贾不利犹未厌焉。"⑤ 这就是徽州商人坚持不懈、吃苦耐劳精神的写照。贾儒结合，提高了徽州商人的素质。他们善于将传统的治人、治生、治事、治兵、治国之术与商业经营相结合，在经商中获得更大成功。歙县人吴彦先"大父曰正学公，曾大父尚莹公，七世业盐策，客于淮海。贾集而器，每惟才能为

---

① 顾炎武：《肇域志》卷一一，清抄本。
② 绩溪《西关章氏族谱》卷二四，清宣统刊本。
③ 光绪《婺源县志》卷三三《人物志·义行》，清光绪九年刻本。
④ 民国《黟县四志》卷一四《杂志》，《中国地方志集成》本。
⑤ 光绪《祁门倪氏族谱》卷下《诰封淑人胡太淑人行状》，清光绪刊本。

长，而群受成焉，则咸长彦先"。明朝万历时，在两淮经营盐业的歙商吴彦先，有暇辄浏览史书，与客纵谈古今得失，因而博得群商的拥戴。他能"权货物之轻重，揣四方之缓急，察天时之消长，而又知人善任，故受指而出贾者利必倍"。① 盐商吴彦先因能明察市场的变化，善于抓住商机，往往能赚取多于他人的利润，因而赢得群商的拥戴，一切营运必奉其筹划。徽州商人恪守诚信，长久下来，不仅争取到客户的赞赏和信任、社会舆论的好评，也获得了丰厚的利润。清朝婺源官桥人朱文炽"性古直，尝鬻茶珠江。逾市期，交易文契，炽必书'陈茶'两字，以示不欺。牙侩力劝更换，坚执不移。屯滞二十余载，亏耗数万金，卒无怨悔"。② 朱文炽在珠江一带做茶叶生意，对于新茶和陈茶都明示顾客。陈茶卖不出去就会亏钱，牙人劝他不要告诉顾客，新茶和陈茶混在一起销售，但朱文炽坚决不做这样的事，即使损失数万金，也绝无怨悔之意。婺源人黄龙孙"贸易无二价，不求赢余，取给朝夕而已。诚信笃实，孚于远迩"。朱文炽、黄龙孙都是以坚守信义而经商致富的。此外，聚族而贾、远出射利、薄利多销、以义为利、乐善好施、以信接物、崇尚孝道等都是徽商文化的内涵。

历史上的徽商文化，产生过深远的影响，享誉海内外，在扩大中国传统文化的影响力方面起到了应有的作用。现如今的新徽商要弘扬老徽商精神，推动新徽商文化健康、持续和快速发展，将中国新徽商文化推向全世界，扩大中国传统文化的影响力。

五　强化中国传统文化的功能

中国传统文化经过几千年的积淀，凝聚了中国历史发展中的精华。学习和了解中国传统文化，可以增加人们对于中国历史和传统文化的了解，可以培养人们爱家乡、爱祖国的情怀，可以培养民族自豪感、民族认同感和增强民族凝聚力。中国传统文化有助于社会的稳定和发展，有助于伦理观念的形成和以德为中心的个体价值取向的确立。

方志编修者在修志实践中对方志的功能和价值有了更多的认识，也对方志功能有所总结，认为地方志主要有三方面的价值，即"存史"、"资政"和"教化"。方志的这些功能与中国传统文化的功能相契合，有助于进一步强化中国传统文化的功能。

汪尚宁对地方志的功用问题剖析深刻，他在嘉靖《徽州府志》"序"中指出："欲知民之性以制宽猛之宜，物土之利以经出入之法，察俗之尚以节丰俭之中，通一国之政如其家，当讲画详明细大不捐。然疆域殊方，风土异宜，壤地之所出，贡赋之所由生，凡所以尽人之情而极事之变。与夫建置沿革之因时，名宦乡贤之代作，足以示劝戒而系人心之好恶，其称名也，博其为类也，赜而不可厌其为术也，莫要于志。故志之为道切于民生，益于治理，以佐家国之安

---

① 吴吉祜：《丰南志》卷六《艺文志下》，抄本。
② 光绪《婺源县志》卷三三《人物志·义行》。

可不重乎?"① 汪尚宁明确指出,地方志收录的内容十分丰富,凡是关于某一地区山川河流、民间风俗、物产贡赋、建置沿革、名宦乡贤等方面的内容都会在地方志中加以记载,而这一切都是为政之人所必须了解和熟知的。既然地方志可以为治理某一地区提供如此重要的参考,那么又怎么能不重视地方志呢?

明代正德年间的叶相对方志在"教化"方面的功用尤为强调,他在志序中写道:"夫是编也,匪特写山川胜概、古今沿革而止矣。观其中所载,若孙抗之文学、程迈之政事、汪勃之贤哲、卢臣忠之忠义、江节妇之贞洁,其高风砥节,至今凛然有生气,真足以激顽懦、风后进,诚一邑所不刊之典也。於戏!是编成而黟之文献昭昭矣。后人览斯志而兴起,其于世教未必无小补云。"② 在他看来,方志不仅仅记载一个地区的山川风貌、古今沿革情况,对于文人学者、名宦官吏、名人贤哲、忠义之士、贞洁女子等人物及其行为的记载,更能够"激顽懦、风后进",激发徽州人的心气,方志在"教化"方面所起的作用非同一般。

林瀚对地方志在著录文献、保存文献记载方面的功用有过探讨,他在弘治《徽州府志》"序"中写道:"徽素为文献之邦,文献所存,郡志所存也。""惟夫郡有志,一郡之文献系焉。""则后千百载无复文献不足之叹矣。"③ 只有文献流传,某一地区的历史发展过程才能够被保存下来,并为后人所知晓。地方志在保存地方文献方面具有不可忽视的价值。

道光《徽州府志》的编修者之一马步蟾也对方志的价值做过论述:"郡邑之有志,别星野,志舆图,参稽兴废之由,综核民物之数,匪特驰骋文辞、夸示雄富而已,盖期衷诸质实,取信来兹,俾览是编者,灼然于山川、风俗、黎献、典章,足以通古今而资治化焉。"④ 方志的编修不是为了"驰骋文辞",也不是为了夸耀某一地区的富裕和发达,而是通过舆图和文字的准确记载,总结历代兴废因革的原因,核查一地民物风土的基本情况,使普通的读志者可以通晓一地古今历史发展变化的基本情况,使为官之人可以览志书而找到治理这个地区的方法。地方志书在"存史""资政"方面的价值不容忽视。

地方志将"资政"、"存史"和"教化"三大功能集于一体,最大限度地发挥了中国传统文化的功能。

方志文化以其独特的形式和丰富的内容进一步拓展了中国传统文化的内涵,构建起中国传统文化的坚实基础,增强了中国传统文化的特色,扩大了中国传统文化的影响力,提升了中国传统文化的整体功能,在弘扬和建设中国传统文化方面具有自身独特的作用,有助于进一步增强文化自信。

---

① 嘉靖《徽州府志》,汪尚宁序,《北京图书馆古籍珍本丛刊》本,书目文献出版社,1998。
② 嘉庆《黟县志》卷一六《艺文·志原》,《中国地方志集成》本。
③ 弘治《徽州府志》,林瀚序,《天一阁藏明代方志选刊》本。
④ 道光《徽州府志》,马步蟾序,《中国地方志集成》本。

丝绸之路经济带背景下新疆方志文化
对外传播交流对策研究

陈　忠

（新疆维吾尔自治区地方志编纂委员会）

丝绸之路不仅是一条贸易之路，更是一条文化之路，一条国际合作的共同繁荣、共同发展之路。丝绸之路对共建国家的影响是综合性的，但文化方面的影响是最为深入持久的。改革开放以来，特别是中央新疆工作座谈会召开以来，新疆文化建设取得显著成绩，新疆坚持把现代文化建设置于引领社会稳定和长治久安两大历史任务全局的特殊重要位置，充分发挥现代文化引领前进方向、凝聚奋斗力量、推动事业发展的重要作用，体现新疆特色的文化精品力作不断涌现，对外文化交流活动空前活跃。方志文化是中国传统文化的重要组成部分，是中国文化世代传承的千秋大业。在新疆，地方志是以现代文化为引领的重要组成部分，是丝绸之路经济带核心区建设的重要文化支点。在实施方志文化"走出去"战略中，新疆地方志承担着提升民族凝聚力、彰显社会主义核心价值观、繁荣新时代中国特色社会主义文化的使命。通过打造全域化公共文化服务网络，实现方志文化的有效供给；创新传播手段，展示地方志的当代价值及独特的文化魅力，提高方志文化在国际上的传播能力，不断推动方志文化走向世界。

一　新疆方志文化在对外传播交流中的优势

（一）新疆方志文化对外传播交流的区位优势十分明显

从对外传播的区位优势角度来讲，新疆地处我国西北、亚洲中心地带，与俄罗斯、哈萨克斯坦、吉尔吉斯斯坦、塔吉克斯坦等八个国家接壤，是中国西北距亚欧最近的区域，是连接中亚和欧洲的枢纽，为古丝绸之路的繁荣发挥过巨大作用，特别是丝绸之路经济带的共同建设，这些天然优势使得新疆对外传播的目标十分明确。新疆不但有着深厚的历史文化底蕴，而且是世界上唯一一处"四大文明"交汇地;① 不但有得天独厚的自然资源和环境,而且有风格迥异且相互融合的各民族文化。这些客观因素决定了新疆方志文化在对外传播中的重要性。

方志文化在发展和共同建设丝绸之路经济带中的优势,就在于它的"四性"。其一,独特性。地方志是中国传统文化重要的组成部分。全世界只有中国以官修志书的形式把民族文化客观而真实地记录下来,并一代一代传承下去。方志文化的独特魅力,发挥着无可替代的作用。其二,可信性。志书是众手成志,志书的资料来自各承编单位,资料可靠,数据可信。其三,可用性。志书的内容全面丰富,蕴藏着巨大的历史价值与现实价值,通过地方志书可了解当地的经济社会发展。其四,证据性。志书是信史,因此,志书可以作为评判历史事件的依据,可以帮助重现历史。地方志因上述特点,成为世界历史文化长河中最灿烂的、不可替代的文化瑰宝。在这一基础上进行文化交流,必将再次使新疆成为东西方优秀文化的聚集地,成为展示中国文化魅力、促进中外文化交流的重要区域。

(二)维护国家意识形态领域安全

习近平总书记对意识形态工作的重要地位和作用做过深刻阐述。他指出,意识形态工作是一项极端重要的工作,"能否做好意识形态工作,事关党的前途命运,事关国家长治久安,事关民族凝聚力和向心力"②。目前我国正处在一个快速发展期、社会转型期、改革攻坚期,国家的长治久安与安定和谐亟须意识形态工作发挥其特殊作用,为社会稳定提供团结奋斗的共同思想基础,为社会成员指出正确明晰的前进方向,划清是非界限,澄清模糊认识,理顺社会情绪,凝聚改革共识,最终为改革发展和社会稳定提供思想引领、舆论推动、精神激励和文化支撑。由此可见,意识形态工作围绕中心、服从大局,向全社会提供大量的凝聚人心、推动发展、维护稳定的正能量,实现国家长治久安也必须高度重视意识形态工作。

汉武帝派遣张骞出使西域,目的是"断匈奴右臂",联络被匈奴击败、驱逐的大月氏,共同打击处于扩张态势中的匈奴。可以说,这条被后人命名的丝绸之路,最初的缘起就是为了解决国家安全问题。③ 作为民族文化的地方志更是一道确保意识形态安全的屏障,在确保意识形态安全、筑牢思想文化阵地等方面发挥着重要作用。对内,它是整合民族感情的黏合剂;对外,它是抵御外来文化侵略的一道屏障。④ 在筑牢思想文化阵地等方面,正本清源,守正创新,在清除新疆历史、文化、民族、宗教等方面错误思想影响,从根本上解决长期存在的深层次问题上发挥着特殊作用。

---

① 季羡林:《敦煌学、吐鲁番学在中国文化史上的地位和作用》,《红旗》1986年第3期。
② 《在全国宣传思想工作会议上的讲话》(2013年8月19日),中共中央党史和文献研究院编《习近平关于总体国家安全观论述摘编》,中央文献出版社,2018,第99页。
③ 王湘穗:《发展与安全:一带一路的两翼》,《中国投资》2015年第4期。
④ 梁衡:《语言文字是民族生命的一部分——为〈语文学习〉200期而作》,《语文学习》1996年第2期。

（三）塑造"和平""文明"的中国形象

"和平"是中华文明几千年来的核心价值诉求之一，"和为贵"是中国人普遍的心理倾向。形象塑造是对外传播领域中提及频率较高的一个词语，成为我国对外传播的重要内容。近年来，随着我国文化强国战略的实施和中华文化"走出去"战略的拓展，中国的文化和外交等软实力对于国际的影响也在增强。习近平总书记说："要注重塑造我国的国家形象，重点展示中国历史底蕴深厚、各民族多元一体、文化多样和谐的文明大国形象，政治清明、经济发展、文化繁荣、社会稳定、人民团结、山河秀美的东方大国形象，坚持和平发展、促进共同发展、维护国际公平正义、为人类作出贡献的负责任大国形象，对外更加开放、更加具有亲和力、充满希望、充满活力的社会主义大国形象。"①

中国文化在丝绸之路经济带涉及国家的传播展示了真实的中国形象，帮助其正确了解和认知当代中国，特别是中亚地区既是我国向西开放发展经济的重要合作对象和走向欧洲的桥头堡，同时也是外部势力企图向新疆进行渗透的重要通道，是关乎中国西北边疆安全与稳定的重要区域。地方志文化有助于重点展示中国历史底蕴深厚、各民族多元一体、文化多样和谐的文明大国形象，政治清明、经济发展、文化繁荣、社会稳定、人民团结、山河秀美的东方大国形象。新疆方志文化对外传播的重要功能，就在于重塑新疆的良好形象，进而为塑造我国和平发展的国家形象提供有力支持。新疆方志文化传播的就是新疆故事，是向全世界展示中国魅力的话语体系，不仅有助于外界认清中华文化和地域文化的历史渊源、发展脉络、基本走向，了解中华文化的独特创造、价值观念、鲜明特色，更有助于塑造我国的国家形象。

（四）促进多元文化交流

文化交流是世界文化进步的一个重要条件，也是推动全球化和多样性的内在要求。随着我国不断扩大对外开放和交流，各种思想文化相互激荡、碰撞，文化市场、文化资源、文化阵地的争夺更加激烈，吸纳与排斥、融合与斗争、渗透与抵御，将更加突出地表现出来。可见，文化软实力已成为当今新一轮国家间竞争的核心所在。文化"走出去"作为文化软实力的战略高地，已成为各国的必争之地。② 特别是随着我国综合实力的增强以及构建人类命运共同体理念的提出，国际社会对中华文化的兴趣空前高涨。基于中国智慧，又能满足世界人民对和谐、共赢、进步、健康、创新、可持续发展等共同价值追求的中华文化迎来了"走出去"的绝好契机。

丝绸之路经济带顺应了我国对外开放区域结构转型的需要，加快向西开放的步伐，推进新

---

① 《习近平谈治国理政》，外文出版社，2014，第162页。
② 王琦：《论中华文化走出去的顶层设计》，《产业与科技论坛》2019年第5期。

疆的对外开放。历史上，新疆和中亚都是丝绸之路上的重要地区，两地的民族文化、宗教信仰、语言文字等相通，这些条件为新疆方志文化对外传播打下了良好基础。1983 年新疆地方志编纂委员会的成立，就引起周边一些国家的关注，像韩国《中亚研究会会报》1995 年第 5 期刊载了韩国中央大学闵丙勋先生的《近刊新疆地方志简介》一文。文章详细介绍了新疆地方志编纂委员会的情况，并提出加大新疆地方志在国际上的交流，对扩大新疆乃至中国的影响力将起到积极作用。此外，《中亚研究会会报》还详尽介绍了清朝至民国年间编纂的 35 种新疆地方志书情况，认为这些志书详细记录了新疆的历史、地理、风俗、人物、文教、物产等，可为治国理政、国际文化交流提供资政参考，[①] 是海外华人华侨了解家乡、热爱家乡、传承历史文明、建设美好家乡的重要载体，也是历来国外学者研究新疆的重要史料文献。而新疆社会主义新方志的发展，特别是信息科技及新兴媒体的兴起为方志文化对外传播提供了便捷渠道。新疆在对外交流的过程中将地方志中反映新疆行政区域自然、政治、经济、文化、社会的历史与现状传播出去，通过文化的交流，增强中亚各国对我国的好感，加深我国与中亚地区的相互了解，增进互信，为深入合作奠定基础。

（五）服务经济交往

当前，地方志融入了更多时代元素，在服务经济社会发展中日益发挥重要作用。从现实看，地方志中蕴含着大量与丝绸之路经济带建设相关的史料，可以为丝绸之路经济带建设发挥独特作用。可以说，方志文化的传播交流不仅仅限于文化层面，其全面、系统地对本行政区域自然、政治、经济、文化、社会的历史与现状的记述，必然成为满足不同需求的有效选择。正如习近平总书记指出的那样："一项没有文化支撑的事业难以持续长久。"[②] 经济上的互利有助于为丝绸之路经济带建设提供能量、注入直接动力，而文化上的互鉴则为丝绸之路经济带建设凝聚共识、提供重要土壤。张骞出使西域，开辟出一条横贯东西、连接亚欧的贸易线路和商业通道。19 世纪 70 年代，德国地理学家费迪南·冯·李希霍芬到中国考察后，首次将这条陆路贸易通道命名为"丝绸之路"。源远流长的丝绸之路，是中国历史上连接欧、亚、非三大洲的陆路通商大通道，是中国国家级黄金旅游线。2016 年，新疆提出，要发挥与周边国家地缘相近、经济互补的优势，打通东联西出的国际大通道，通过丝绸之路经济带核心区建设，带动全区经济转型升级，提升经济发展质量和效益。

丝绸之路经济带首先是互联互通。新疆作为这条大通道的主干段和枢纽地段，以其得天独厚的地理位置成为国际商贸的集散地和东西方文化交流的桥梁。以《新疆通志·旅游志》为例，该志书明确记载：以丝绸之路为中轴，以旅游城市和景点为支撑，以现代交通、旅游服务

---

① 红梅：《韩国〈中亚研究会会报〉简介新疆地方志工作情况》，《新疆地方志》1996 年第 2 期。
② 《习近平谈治国理政》，第 52 页。

设施和良好的服务为条件，东南有新、马、泰线，北有俄罗斯线，西北有中亚各国旅游线，西有东欧线路，南有巴基斯坦线路，构成了新疆旅游产业的战略体系。而当前，旅游业已成为全球经济中发展势头最强劲和规模最大的产业之一，特别是作为国民经济的新兴行业，旅游业在发展初期就明确了坚持对外开放、广泛吸引海内外各界资金的原则。毋庸置疑，《新疆通志·旅游志》在服务国际经济交往中发挥着积极而重要的作用。可见，方志文化的对外传播可以为各方的经济交往提供服务，为各国提供新疆最新、最权威的经济信息和政策信息，为国际经济交流和发展提供基础资料，展示新疆丝绸之路经济带核心区的建设成就，为丝绸之路经济带建设提供文化服务。

二 制约新疆方志文化对外传播交流的因素

（一）方志文化创新不足，吸引力较弱

党的十八届三中全会召开后，文化产业发展已上升为国家战略。新疆在2012年也出台了《关于坚持以现代文化为引领 推动文化大发展大繁荣的意见》和《关于加快自治区文化发展的若干政策》两个文件，目前还没有针对性和指导性的方志文化发展政策出台。方志文化的传播渠道比较单一、内容感染力不强、吸引力较弱，特别是以志书、年鉴为载体形成的地情书品种单一、缺乏品牌创新，缺少能够体现地域特色和人文风情并广为人知的精品地情书，社会效能还没有充分发挥出来。

（二）方志资源和地缘优势没有得到充分挖掘和发挥

一方面，地方志书动辄上百万字，内容冗长，携带不便，加之语言过于讲究客观真实，在一般读者看来显得平淡寡味，乏人问津。另一方面，地方志编修出来后往往被束之高阁，宣传报道较少，开发形式单一，发行渠道过窄，开发利用相对滞后，利用率较低。此外，在特色文化资源挖掘、文化品牌塑造等方面，对地方志资源的开发利用不足，方志在对外传播交流方面的诸多优势还没有充分发挥出来。

（三）适应国际文化交流的方志人才短缺

近年来，地方志工作通过转型升级，整体有了跨越式发展，但与日益增多的对外交流合作及文化软实力建设需求相比，还存在不小差距和不适应新形势的情况，特别是随着当今世界跨文化、跨国界的交流传播逐渐增多，地方志人才队伍中存在的思想滞后、观念陈旧、创新意识不足等问题日益凸显。尤其缺乏具有国际视野，掌握国际社会文化传播技能和拥有丰厚中西文化底蕴的复合型、专业型方志人才。

三 新疆方志文化对外传播交流的对策建议

（一）发挥"资政"作用，加强政治和意识形态宣传，树立中国负责任大国形象

"资政"是指为执政者提供治理地方的历史借鉴，资政是地方志的重要功用。在当今纷繁复杂的信息时代，如何在国际社会有效传播方志文化，树立与中国文明相匹配的鲜明形象，是地方志在新时代不得不面对和解决的新课题。就政治领域而言，文化"走出去"肩负着增强文化软实力、赢得国际话语权和参与权、提升国家形象的重要使命，要强化新兴媒体平台的协同，打破流通与传播壁垒，打破西方主流媒体对话语权的垄断，增进国际社会对中国的全面了解和客观认知，变形象"他塑"为"自塑"，展示文化中国的历史和时代风采。在历史上，地方志传到国外，影响世界，为海外了解中国文化提供了可靠途径，成为研究和沟通东西方文化的桥梁。当前，世界正处于文化互动和相互影响的"文化重组"及"文化再造"过程中，要积极利用地缘优势打造和建设在中亚拥有中华文化辐射力和话语权的丝绸之路经济带文化共同体，激发不同文化、不同国家、不同民族的认同感、凝聚力和创造力，让丝绸之路经济带建设成果惠及丝绸之路文明圈①的全体人民，为实现命运共同体和价值共同体服务，抵御敌对势力和宗教极端势力对我国的渗透。我们有责任让中国方志文化中的优秀基因贡献力量，让更多的人了解和理解中国文化，进而更多传达自己的声音，促进国际理解和沟通，树立中国的正面形象。

新时代地方志新的定位，赋予我们新的使命，要更加积极主动地推动地方志事业高质量发展。一方面，要持续不断地保存民族记忆，传承民族优秀传统文化、革命文化和社会主义先进文化，翔实记载中华民族走向复兴的伟大进程，永葆地方志当代价值和恒久魅力。由于历史、宗教、政治等差异，中华文化与世界其他国家或民族的文化或是相似相近，或是完全不同，共同形成绚烂多彩的世界文化格局，因而要用高质量的方志文化成果，传播当代中国价值观念，展示中华文化独特魅力，维护国家文化安全，为世界文化注入新的理念、新的血液。另一方面，要通过高质量的方志文化成果激发每一个中国人的民族自尊心、自信心、自豪感，激发每一个中国人的政治认同、民族认同、道路认同、理论认同、制度认同、文化认同，坚定每一个中国人的道路自信、理论自信、制度自信、文化自信。方志文化是塑造我国良好国家形象、向全世界展示中国魅力的独特话语体系，有利于增进中国与世界的相互了解和信任。

---

① 《专家观点 | 李希光：大丝绸之路文明圈的探索与复兴》，中国公共关系学会网站，2015 年 12 月 7 日，http：// www. cpra. org. cn/2015-12/07/content_ 41185187. html。

（二）培育具有国际竞争力的方志文化品牌

品牌是一种拥有对内、对外两面性的标准或规则，是通过对理念、行为、视觉、听觉四方面进行标准化、规则化，使之具备特有性、价值性、长期性、认知性的识别系统总称。地方志不仅通过文字记述来传承和彰显中华民族的历史，数千年连绵不断的地方志编修本身就是中华民族独特的优良文化传统，方志文化是中华文明的重要组成部分。可以说，地方志和地方志编修，一直是中华民族独一无二的传统"文化品牌"。就新疆地方志而言，就是要对丰富的地方志资源进行全面梳理，厘清历史发展脉络，深入挖掘有价值的素材和历史记忆，打造民族文化品牌、地域文化品牌、丝路文化品牌。在开发利用的过程中要重视对地方志本身形象的宣传和推广，从而提升地方志资源的知晓度。加大地方志文化宣传力度，通过"方志新疆"微信公众号、新疆地情网、新疆数字方志数据库、地情展示中心等新的传播渠道和媒介，以及举办方志文化展、方志征文、方志文化国际交流等形式，提升国外对地方志资源的认同度。大力开发地方志资源，将地方志文献转化为丰富的地情知识，以通俗化方式对外传播新疆发展历史和优秀民族文化，增强地区文化软实力，打造方志文化品牌，让世界各国更好地认识中国。

在经济全球化的今天，文化融合成为全球发展的大趋势。随着经济飞速发展，中国综合国力和国际地位大幅提升，中国成为西方关注的对象，文化"走出去"与经济"走出去"要由分别推进转向融合发力，发挥文化的整合和引领作用，顺应经济文化化、文化经济化的发展趋势，形塑现代化的文化强国。地方志对中国社会客观、真实的记述，成为西方读者了解中国社会现状的重要渠道。因此，推动中华文化走向世界的一个重要载体就是通过方志文化加深中国与世界的相互认同，让悠久的中国方志文化在世界范围内被更多人了解。加强方志文化宣传，推进对外人文交流与合作。

（三）抓好顶层设计，加大资金、政策支持力度，助推方志文化"走出去"

"顶层设计"是党和国家治国理政的新思维、新理念，旨在从宏观视角，在最高决策层的主导下，从战略层面对改革发展进行整体规划、长远布局，促进经济发展方式的转型升级，全面推进我国各个领域的深入改革。国家做出的关于中华文化"走出去"的"顶层设计"战略部署源自文化发展观的深层驱动，标志着中华文化"走出去"由分类突破进入融合发力的发展阶段。文化的"顶层设计"最早在党的十七届六中全会中被正式提出。2016年11月1日，中央全面深化改革领导小组第二十九次会议审议通过的《关于进一步加强和改进中华文化走出去工作的指导意见》强调，加强和改进中华文化"走出去"工作，要坚定中国特色社会主义道路自信、理论自信、制度自信、文化自信，加强顶层设计和统筹协调，创新内容形式和体制机制，拓展渠道平台，创新方法手段，增强中华文化的亲和力、感染力、吸引力、竞争力，向世界阐释推介更多具有中国特色、体现中国精神、蕴藏中国智慧的优秀文化，提高国家文化软实力。

方志文化"走出去"需胸怀世界、面向未来，主动将方志文化的理念、价值融入世界人民对进步、和谐、生态、和平与发展等共同的美好愿景之中，融入国际化标准的塑造、制定当中，潜移默化地推进世界文明的共同发展。此外，资金是方志文化"走出去"的基础。加大经费投入是方志文化对外传播的重要条件。财政部门应在将地方志经费列入经常性预算的基础上，通过设立地方志事业发展专项资金，逐年提升财政经费增长幅度，用于方志文化对外交流，为中华文化"走出去"提供保障。按照《全国地方志事业发展规划纲要（2015～2020年）》，要求各级政府将地方志工作经费列入财政预算，工作成效和经费支持形成良性互动。积极设立申报中华文化"走出去"专项扶持资金，重点支持影视方志国际推广、方志文化海外交流、方志文化产品海外展、方志文化国际学术交流以及海外方志文化平台建设等。

（四）构筑适应时代需求的地方志人才队伍体系

方志文化"走出去"离不开专业人才的支持。地方志工作迫切需要能够融通人文与科技、懂得市场与文化、兼备通识与专长的复合型人才，以推动地方志资源开发与公共文化的融合。其一，要重视培养人才。在方志学专业人才培养方面不仅应号召相关学校开设相关课程、招收学生，而且对方志学相关专业学生的培养、就业要给予更多优先考虑和政策支持。其二，以地方志发展和社会需求为导向，以专业化、职业化为核心，建立层级化人才培训规划，健全专业培训和知识普及有机结合的培训机制，主要包括培训需求评估、项目设计、培训实施和考核四方面内容。其三，打造专家型方志人才队伍，建立一支素质高、业务强、敬业精神好的善于开发利用地方志资源的复合型工作队伍；建立人才信息库，集合人才，储备人才，掌握人才，以随时开发利用；通过特殊人才引进渠道吸收具有外国语言学、历史学、国际关系学、公共管理学等专业背景的硕士生、博士生加入地方志队伍中来。其四，要借助丝绸之路经济带建设，不断加强国际交流与合作，加强地方志人才培养的国际化合作与交流，学习先进管理经验，利用好"留学中国新疆"计划，引进国际人才，吸引周边国家更多优秀人才服务地方志事业，提高地方志专业人才的国际竞争力。

（五）以信息化手段促进传播渠道多样化

首先，要用跨界思维，融合不同领域的元素，整合社会资源，组织社会力量参与，并以多种生动活泼的方式开发利用地方志资源。例如以自媒体和微信公众号的视角开展地方志信息化建设，以公共图书馆的视角建设方志馆，举办地情展览，以教育部门编写乡土教材的视角编写地情书和地情资料，与广播电视台、网络媒体或社会组织合作摄制地情专题片，开辟地情专栏，与有关学校合作举办地情知识讲座，开展国际方志学术交流。要统筹各类传播资源，形成传播合力，力求取得最大传播效果。要积极推广应用高新技术特别是数字技术、网络技术发展的最新成果，统筹国内传播与国际传播，统筹传统媒体与新兴媒体，统筹软件建设与硬件建设，努力构建统筹协调、责任明确、功能互补、技术先进、覆盖广泛的现代传播体系。其次，要充分运用"互联网+"，利用新的信息技术整合地方志资源，采用数字化方式对地方志资源进行整理加工，保存及传播优秀的方志文化，打造现代化"数字方志"平台，促进社会经济发展。要逐步打造地方志全媒体平台，努力建设方志资源数据库等一系列地方志全媒体展示平台。例如，新疆完成数量庞大的志书、年鉴及地情书的数字化建设，打造免费开放的数字方志馆，共享新疆方志资源。开通地方志的微信公众号、微博等，通过建立方志微信群，形成"数字方志"宣传矩阵，并积极打造新疆方志融媒体传播平台。

台湾方志发展

陈立文

（台湾中国文化大学史学系）

战后台湾县（市）志的纂修，始于 1946 年台北县长陆桂祥筹划纂修的《台北县志》，但并无具体成果。1950 年以后，在台湾省文献委员会的辅导下，各县（市）陆续出现县（市）志的创修、续修以及重修工作。其后，县（市）志的纂修工作，历经县（市）文献会主导修志时期、县（市）民政局主导修志时期以及学者主持修志时期三个不同阶段，成果显著，且显示出台湾县（市）志的纂修工作已迈向多元化发展。

方志的发展与政治、经济以及社会文化的发展有密切关系。战后至今，台湾在政治上经历了由威权体制往本土化、民主化演变的历程，在经济上则由农业社会转向工商业社会，在社会文化上由去日本化至强调中国化，到近年来台湾本土化意识的抬头，在在显示 70 多年来台湾经历了明显的社会变迁。这种变迁对于方志纂修所造成的影响与使其产生的转化，是本文论述的重点。

前　言

1685 年蒋毓英主修《台湾府志》，开启台湾方志纂修的序幕。[①] 据统计，在清代先后成书的台湾地方志已为数不少，若再加上清末未完成的采访册，总数约有 40 种。其中，具备方志内容，并有义例可资研究的方志，计有 21 种。[②] 日据时期，台湾总督府为治理之需要，除承续清代的修志传统编纂志书外，还编纂有惯习调查资料册、地方实况调查书以及乡土教材等不同的

[①] 清初，康熙皇帝有意纂修大一统志，曾诏天下各进其郡县之志，因而台湾知府蒋毓英在 1685 年着手主修《台湾府志》，仅历时 3 个月即完成初稿，为首部《台湾府志》。陈捷先：《清代台湾方志研究》，台湾学生书局，1996，第 19~21 页。

[②] 黄秀政：《战后台湾方志的纂修（1945~2005）》，《台湾史志新论》，五南图书出版股份有限公司，2007，第 447~449 页。

地方志。① 其中，官修地方志总计有全台志 4 种、县厅志和采访册 9 种、郡市志 6 种以及街庄志 10 种，合计 29 种。② 战后台湾沿袭修志传统，继续修志工作。70 多年来，不论是《台湾省通志》《台湾全志》③，还是台北与高雄市志、县（市）志、乡镇（市、区）志，此四级志书纂修均获得相当显著的成果。④

据 1944 年颁布的《地方志书纂修办法》，台湾展开地方志书纂修之工作。1946 年 10 月又颁布《各省市县文献委员会组织章程》，在该次修订的办法中，主要规定省志每 30 年纂修一次，市志及县志每 15 年纂修一次。⑤ 1948 年 7 月 1 日台湾省文献委员会成立，进行征集、保管文献资料以及编纂志书等工作，但直到 1951 年任台湾省文献委员会主任委员的黄纯青发动设立县（市）文献委员会推动全面修志，以及 1952 年台湾省政府转饬各县（市）政府积极设置文献委员会，俾规划纂修地方志书后，才正式开启了战后台湾县（市）志的纂修工作，并有相当成果。其后受到 1972 年精简县（市）机关员额的影响，各县（市）文献委员会被裁降为民政局所属之文献课；1983 年又将文献课裁并为礼俗文物课，导致志书纂修工作愈加困难，成果亦不显著。1990 年台湾省政府民政厅接受台湾省文献委员会的建议，将各县（市）政府礼俗文物课改称为礼俗文献课，使其在名称上略涉志书纂修的名义；1999 年台湾省政府精省后，政府颁布《地方制度法》，将地方书之纂修工作交由县（市）政府自行负责。其后，随着政治民主化、自由化以及经济发达的影响，另一股修志风潮被激起。

一 学者修志的特色阶段

之前台湾以官修性质为主的地方志成果，重点在于数量和种类。由华中师范大学政治科学高等研究院和中国农村研究院建设的"中国地方志数据库"于 2019 年 4 月 19 日正式上线。该数据库共覆盖全国 33 个省级行政区（包括香港特别行政区、澳门特别行政区、台湾地区），规模据称达到全球第一，收录量达 31483 册，共计 82735 卷，其中收录香港特别行政区、澳门特别行政区、台湾地区方志 1386 卷（但后因内部维修而停止使用，因此笔者不再多做介绍）。本文以 1990 年作为划分界线，偏向介绍 1990 年后台湾地方志的新发展特色。

1991 年以后台湾乡土意识快速发展，"本土优先"的主体性论调逐渐被彰显出来，而这一

---

① 高志彬将日据时期纂修的方志分成清志型、调查型、概况型、教材型、史志型以及三志型六大类。其中清志型、调查型以及概况型可谓传承自清修台志者；史志型与三志型则已采历史著述之析论；教材型则开启乡土教育的先声，补施政概况书之不足。高志彬：《台湾方志之纂修及其体例流变述略》，《台湾文献》第 49 卷第 3 期，1998。
② 黄秀政：《台湾史志新论》，第 450~454 页。
③ 根据台湾省文献委员会编的《台湾省文献委员会志》记载，《台湾全志》的纂修，为避免与台湾省文献委员会时期出版的《台湾省通志》《重修台湾省通志》重复，其内容以"略古详今"为原则，即 1981 年以前予以适当略述，1981 年之后则力求翔实完整。
④ 黄秀政：《台湾史志新论》，第 444~505 页。
⑤ 王世庆、郭嘉雄、廖财聪总纂《台湾省文献委员会志》，台湾省文献委员会，1998，第 50~52 页。

趋势在方志发展上显现的一个特色，就是学者修志。或许在当时由于人们对于官修历史有一定程度的排斥，或许由于社会大众认为汇集各类学科的学者所修的地方志更加客观，也或许由于经济发达的影响，地方政府部门拥有较多的资产，开始对更多的社会层面发生兴趣，愿意将经费投入于此，因而激起了一股学者修志、多面相写史的风潮。特别是1999年台湾省政府精省后，颁布规范地方志书之纂修的条令，将纂修工作交由县（市）政府自行负责。全台22县（市）政府分别设立文化局一级机关，以管理该县（市）之文化、艺术传承与发展以及文化资产的保存与维护等事项。因此，这一时期的志书纂修工作，主要由各县（市）文化局负责，呈现由县（市）政府委托专家学者集体从事志书纂修工作的局面。

20世纪90年代起，大批学者加入编纂县（市）志的行列，特别是历史学者大量参与，取代了以往文献会的主导地位。自1990年起，由学者主导修志的情况有：1990年至1999年，新竹市委托台湾清华大学历史研究所所长张永堂总纂《新竹市志》；1992年至1996年，宜兰县委托台湾"中研院"中山人文社会科学研究所研究员张炎宪总纂《宜兰县史系列》；1991年至1997年，高雄县委托台湾"中研院"民族学研究所研究员林美容总纂《高雄县文献丛书》；1992年至1996年，台南市委托台湾"中研院"近代史研究所研究员谢国兴总纂《续修台南市志》；1994年至1998年，南投县委托台湾成功大学历史学系教授黄耀能总纂《南投县志》；1996年至2005年，台北县委托台湾"中央大学"历史研究所所长张胜彦总纂《续修台北县志》；1999年至2005年，嘉义市委托台湾中正大学历史学系主任颜尚文总纂《嘉义市志》；1995年至2001年，台东县委托台湾师范大学地理学系教授施添福总纂《台东县史》；2002年至2005年，澎湖县委托台湾"中研院"台湾史研究所所长许雪姬总纂《续修澎湖县志》；2002年至2005年，新竹市委托台湾清华大学历史研究所教授张永堂总纂《续修新竹市志》；2002年至2005年，苗栗县委托苗栗县乡土学会理事长陈运栋总纂《重修苗栗县志》；2003年至2006年，花莲县委托花莲教育大学乡土文化学系教授兼人文社会学院院长康培德总纂《续修花莲县志》；2003年至2006年，台中市委托中兴大学历史学系教授兼文学院院长黄秀政总纂新修《台中市志》；2003年至2006年，桃园县委托玄奘大学讲座教授赖泽涵总纂新修《桃园县志》；2004年至2007年，嘉义县委托中正大学历史学系教授雷家骥总纂新修《嘉义县志》；2006年至2009年，南投县委托逢甲大学历史与文物管理研究所教授兼所长陈哲三总纂《南投县志》；2006年至2010年，台北市委托台湾"中研院"近代史研究所研究员朱浤源总纂《续修台北市志》；2007年至2009年，台中县委托台北大学历史学系教授兼人文学院院长张胜彦总纂《续修台中县志》等志书。①

这一时期志书的纂修工作明显采取由县（市）委托研究的方式，由学者专家来统筹和规划

---

① 李文玉：《战后北台湾县市志纂修之研究》，硕士学位论文，桃园：台湾"中央大学"历史研究所，2002，第22~26页；黄秀政、郭佳玲：《战后台湾县（市）志的纂修——以新修〈台中市志〉为例》，"国史馆"台湾文献馆编《方志学理论与战后方志纂修实务国际学术研讨会论文集》，2008，第191~192页。

修志工作。这一方式，不仅解决了政府机关人力不足的困难，结合不同学术领域的专家学者来合作撰述，还使志书的内容更加丰富。综合言之，由学者主持纂修的地方志，与以往由官方主导纂修的地方志有极为明显的不同，其一，打破了传统地方志的体例，在题材上更加多样，在撰写方式上也有更大的弹性；其二，注重有关台湾少数民族之记录，对于台湾少数民族的传统社会文化与语言，亦尽量记录，体现了保存传统的用心；其三，由不同学科的学者合作撰述，激起科际研究的火花；其四，注重口述历史与田野调查，发掘新的史料及文献，并加强对现况的调查、记录；其五，不再强调统治者或是执政者的需求。[①] 虽然很多方志仍然要配合地方首长的任期而有时间的压力，但是基本上已摆脱为统治或行政的需要而撰写方志的状态，成为越来越接近人民的历史，而不再是官方的历史。

值得注意的是，当时好几个县以"县史"命名，不用"志"，这是为了避免当时地方志必须受制式审查的干扰，由专业人员组成审查团队，依据学术常规处理，因此在体例上、内容上均可以自由发挥。这是地方志书与县史修纂方式不同的地方，也是县史兴起的原因。2003 年地方志书需送审的规定被废除，改由县（市）政府直接负责，修纂之后由地方政府自行聘请审查委员来审查，审查通过之后就可以出版。其写法上有以下优点：其一，县史由专业人员通过田野调查访问、资料搜集，再按照专业领域分门别类撰写，例如水利史、交通史等，脉络清楚；其二，在时间上，自有人类在县内活动至今日，都是县史撰述的范围，所以可以看到历史的发展脉络，并且因与县民息息相关，所以内容不仅具有连贯性，也比较亲切易懂。

以下以《宜兰县史》为例。宜兰县史馆负责推动宜兰县史的修纂工作，在工作期间，有过很多的讨论与争议，焦点在于到底要不要用过去《宜兰县志》的方式来修。经过广泛讨论，最后决定打破方志旧规，不分卷，不分志，以各领域学者之专长与研究心得，作为县史专书分类的依据，并以《宜兰县史》系列丛书方式出版。前后出版了 11 本书，依次为：

语言类：《宜兰县南岛民族与语言》/李壬癸著

政治类：《宜兰县文职机关之变革》/林玲玲著

经济类 1：《宜兰县水利发展史》/黄雯娟著

经济类 2：《宜兰县社会经济发展史》/石计生著

经济类 3：《宜兰县交通史》/戴宝村著

社会类 1：《宜兰县民众生活史》/林美容、邓淑慧、江宝月合著

社会类 2：《宜兰县基督教传教史》/陈梅卿著

社会类 3：《宜兰县人口与社会变迁》/龚宜君著

社会类 4：《宜兰县民间信仰》/游谦、施芳珑合著

---

① 李文玉：《战后北台湾县市志纂修之研究》，第 22~26 页；黄秀政、郭佳玲：《战后台湾县（市）志的纂修——以新修〈台中市志〉为例》，"国史馆"台湾文献馆编《方志学理论与战后方志纂修实务国际学术研讨会论文集》，第 191~192 页。

艺术类：《宜兰县口传文学》/邱坤良、施如芳、张秀玲、蓝素婧、郝誉翔合著

文教类：《宜兰县学校教育》/叶高树著

对于台湾学术界认识比较清楚的人，从这份目录大概就可以看出其学术价值。附带介绍一下宜兰县史馆，宜兰县史馆于 1993 年成立，隶属文化中心（现改成文化局），负责宜兰县史的修纂，出版了《宜兰文献杂志》《宜兰文献丛刊》等。因早期进行了资料搜集，与文史工作者合作，并得到县政府的政策支持，宜兰县史的修纂得以顺利展开。

总之，自 20 世纪 90 年代之后，因时空环境与体制的改变，民主化、本土化的落实，地方文献与地方史的修纂日益受到重视，学者团队和文史工作室蓬勃发展，促使县（市）政府、乡镇公所重视地方史的修纂与出版，这些外在环境的变化是台湾方志修撰值得特别重视的一次转变。

二　笔者亲身参与的《桃园县志》

前面提到了 2003 年至 2006 年，桃园县政府委托玄奘大学讲座教授赖泽涵总纂新修《桃园县志》，这是笔者亲身参与的方志撰写工作，在此提出与各位同人分享。《桃园县志》是桃园县政府委托给民间学术机构的地方志撰写项目，由于《桃园县志》旧版完成于 1969 年，距当时已 30 多年，所以新志名义上称"续修"，其实几近于重修，相对所下的功夫很大。

《桃园县志》所载重点在 1952 年至 2004 年，包含桃园县 13 个乡镇市的行政区域，除志首、志尾、大事年表外，还包括地理志、开辟志、住民志、社会志、行政志、地方自治志、经济志、交通志、教育志、沿革志、艺文志、胜迹志、宗教礼俗志、剩录志，此一架构兼具一般地方志的篇章以及桃园县的民风特色，可以作为地方志的参考。至于表述方法，乃是根据现有资料，依各学科理论、方法，整理加工，提供客观系统化信息，兼具史料搜集、考证，以作未来学术研究及施政参考之用，因此文字、图表的呈现均避免深奥艰涩，尽可能平实易懂，深入浅出，以达到雅俗共赏的目的。这也是地方志撰写最重要的一环，当时团队有共同的认识，即地方志不是学术论文，但也不是小说野史，所以在资料搜集与文字把握上，要有一定的标准。为了使这部县志具有特色，当时总召集人赖泽涵教授就要求各志的负责人除充分利用政府档案、已出版之统计资料外，还必须注意吸收有关人文社会科学研究成果，尤其是最近几年有关桃园地理、政治、经济各个方面的诸多硕士学位论文。此外，还要重视实地访查，除去田野调查与口述访谈外，也希望能够将桃园地方文史工作者近年来发表的各种成果加以吸收采纳。

由于笔者的专长在历史（包括口述历史）方面，因此负责"开辟志"部分的撰写。开辟志，顾名思义就是说明桃园县自古以来的开发历史，全志分为"史前遗址""少数民族之生态与迁移""汉人入垦""地名沿革"四章，谨概述于下：

第壹章　史前遗址

桃园县史前遗址被发现者大约20余处，分为山麓与海滨二区，属于山麓者为多，均在大溪附近，如大溪镇、头寮、枕头山麓、大料崁、冷水坑、角板山、阿姆坪、荒武山以及其他十二番社等，其余如龟山乡过溪遗址；属于海滨者有三处，均在大园附近，即尖山、草漯遗芦竹乡的中兴庄，因此本章中将分为山麓遗址与滨海遗址两节，各节中再依照遗址的分布加以分段介绍，并尽量配合寻找出土文物以及遗址挖掘的照片，以期更为生动。

第贰章　少数民族之生态与迁移

第一节　桃园地区的平埔族——南坎四社

一、南坎四社与凯达格兰族之关系

二、南坎四社之地理环境

三、南坎四社各社分布与人口

四、清代与日据时期统治下的南坎四社

五、南坎四社的文化变迁

第二节　桃园地区的泰雅族

一、泰雅族的分群

二、泰雅族的发源传说

三、桃园地区泰雅族的迁徙

四、传统领域

五、聚落的历史变迁及人口变化

六、清代与日据时期统治下的泰雅族

第叁章　汉人入垦

第一节　荷西时期与郑氏王朝时期的汉人入垦

第二节　清代的汉人入垦

第三节　后期发展

第肆章　地名沿革

第一节　桃园县地名的分类之特性与变革

一、桃园县地名分类

二、桃园县地名变革

第二节　乡、镇、市地名

本节主要介绍桃园县十三乡镇市地名之由来，对于所属行政区域之变迁做一说明，并列表以显示地名之变迁，编排顺序则依照笔画多寡为标准。

第三节　村、里、部落地名

本节主要介绍桃园县中属于（市镇）里、（乡）村与部落此一层级的地名源由。

第四节　庄、街、巷、道地名

本节主要介绍桃园县中属于庄、街、巷、道地名此一层级的地名源由。

第五节　其他地名

地名若不能大致以行政区域层级来划分者，则归属于其他地名的范围。①

从上述架构中不难看出，各章节都是依照历史的发展趋势加以说明，而在历史发展中越是早期的资料越要依靠出土文物来验证文字史料的正确性，而近期的历史则必须借助于口述历史来补充文献的不足。因此在桃园县开辟志的撰写过程中，笔者访谈的对象包括公所的官员、民意代表、地方的耆老、学校的校长或教员、地方文史工作者、祭祀公业的负责人、宗亲会的负责人、重要商家的老板、重要寺庙的管理委员会成员，这些人一般对地方都会有一定的认识，总体算下来，访问的对象不下一两百人，可以算是相当庞大的一项工作。而在整个篇幅中少数民族的部分占了约1/4，这当然也有桃园在台湾境内保有较多少数民族的原因。

三　乡土与历史结合的新修志方向

几乎在学者修志盛行的同时，另外一个同样蓬勃发展的新修志方向，就是乡土与历史结合，用台湾习惯的话语表示就是发展地方研究。地方研究大概从宜兰开始，接着传到各地区，越来越蓬勃发展。因此提到地方研究，就得从"宜兰研究"说起。宜兰研究是由宜兰县史馆和宜兰地方文史工作者共同推动的研讨会模式，第一届研讨会是在1994年，每两年举办一次，之后将研讨会内容整理出版，成为专书。宜兰研究第一届学术研讨会发表论文的均为修纂宜兰县史的专家学者；第二届则包括宜兰本地的专家、文史工作者、和外县市研究者，论文发表篇数增加到16篇。第三届以后，改采主题式的方式，诸如"眺望海洋的兰阳平原""兰阳新生命史""艺术与文化""日据下的军事与教育"等主题，目前已举办了12届。之后云林研究（1994年）、花莲与台东研究（1996年）、高雄研究、澎湖研究、彰化研究等逐一展开。

地方研究主要追求"在地化""生动化""多元化""普及化"，由地方文史工作者主导了一个和学者修志略有不同的方向。传统的地方志书是一种资料汇集式的百科全书，其意义体现在保存地方的文史资料，让当地民众能够了解所处的环境，更是为子孙后代留下珍贵的记录；但它们没有办法将历史事实和历史发展情况清楚地记载下来。学者修志在相当程度上弥补了传统志书的这一缺失，但既然是"学者"，就免不了"学术气息"，脱离不了"治史"这一"治"的范畴，讲究史料的完整与准确、口述的多元与深入，但是不够生动活泼，也不够接地气，很难科普化，而这一点正是地方文史工作者擅长的。

---

① 《桃园县志·开辟志》，桃园县政府，2009。

时空背景和地方政策对于乡土与历史的结合起着催化作用。在1990年以后,各县(市)除地方研究外,相继出版了许多专业但非制式的乡土文化丛书,如历史古迹、家族史、事件史等。这是地方志书之外,另一种记录当地文化特色、历史与发展的专书。1994年之后,文建会提出社区总体营造计划,希望每一个社区都有其特色,也就是"产业文化化,文化产业化"。当文化与产业结合,每一个地区就能凸显特色,并且以这个特色吸引外地人,使之进一步发展成为当地的观光及文化产业资源。这种构想提出之后,获得很多地方文史工作者的支持,他们纷纷成立地方文史工作室,目前全台湾大概有近300个文史工作室。文史工作室除了负责地方文史资料的搜集,还负责导览及出版。社区总体营造计划主要是为了展现社区文化特色,但间接促成文史工作室的大量出现,唤起人们对地方文史调查研究的热忱。1997年又推出"大家来写村史"的计划,将地方史的撰写对象向下延伸至村。虽然目前这项计划已不再推进,但是当时曾引起很多人的共鸣,他们纷纷投入乡镇史的编撰工作中,将社区总体营造深入村的历史撰写工作。

近年来台湾又掀起一股"地方志"热。2015年前后,许多杂志出版者透过募资平台或青年村落行动计划等补助,获得出版资源,《贡丸汤》《952》《鸡笼雾雨》等作品如雨后春笋般出现,配合近几年台湾"青年返乡""地方创生"等概念之风行,地方志常被视为其产物。大家几乎都认同,有一种当代形式的地方刊物正在出现,这类刊物大多团队编制小,发行量不大,并且大多强调某种地方精神。可以说地方志是出版产业的一环,是地方研究与商业模式结合的新方向,在网络时代下产生。推动地方志发展的《贡丸汤》主编谢尔庭提出:"讨论'地方志'时,首先我们容易与'方志'混淆。'地方志'或'方志'在中国历史脉络中由来已久,内容可能是综合性地记载某个时空下社会的各方面,也可能单一性地记载一地的产业、文化、风土水文等。这些内容通常是为了统治者的治理所需,新上任的地方官,只要查阅过去留下的地方志和相关纪录,往往能快速了解一地的现况。比起'杂志'这个现代的概念,地方志更接近于'档案'和'纪录'。对于现代读者而言,各类市志、县志如今也确实是作为历史档案般的存在。但是'地方志'的目标在凝聚地方认同,推动在地议题,我们并非出版形式上传承过去的地方志,而是不同时代的地方工作者,希望从不同的方式找回'志'这个古老的媒介。"

台湾地方志由于对在地化、普及化、生活化的追求,出现了许多新的方式和形制,也产生了许多新的工作者与团队,我们相信,传统的方志在台湾不会消失,仍将继续传承;另外,新兴的"地方史""地方研究""乡土教材""地方志",将为台湾方志发展注入新鲜的血液与新的力量。

宁波方志著录、整理和流传分布探究

包柱红 万湘容

（浙江省宁波市鄞州区人民政府地方志编研室；
浙江省宁波市图书馆）

据《太平御览》和《太平寰宇记》等文献记载，宁波地域方志可追溯至唐代的明州"图经"。有学者认为光绪《鄞县志》著录的《四明图志》及《宋元四明六志校勘记》所提《明州图志》，很有可能为"唐时旧籍，或宋初新编"，即在"宋准受诏修定诸道图经"之前编纂。北宋景德（一说大中祥符）年间又曾有《明州图经》，乾道《四明图经》即是在《明州图经》基础上编纂的新志，也是浙江省现存最早的宋代方志之一。两宋时宁波共修编方志16种，其中南宋传世方志就有4种，占全国南宋传世方志总量的1/7。元代宁波又有传世方志3种，占全国元代传世方志的1/10。明清两朝宁波留存下来的地方志书数量更多，且以内容翔实、考据精审著称，其中雍正《宁波府志》、乾隆《鄞县志》、光绪《镇海县志》和同治《鄞县志》等志书更是为后世所称道，亦在中国方志编纂史上占有重要地位。民国年间，宁波地域编有志书16种，其中的《鄞县通志》《镇海县志》《象山县志》也都堪称佳志。

方志是宁波地方文献资源体系中最具代表性、最重要的组成部分。在漫长的历史进程中，方志文献经历了天灾人祸，辗转流传后世的少之又少，或毁于虫噬蚁啮，或佚于兵灾战火，或流于异国他乡。幸传于后世的方志文献多有缺损，内容上亦多讹误，甚至部分为人所篡改。古代方志文献能完整保留下来者，凤毛麟角。目前可知的宁波方志文献中最早、最完整的古刊本，乃宋绍定二年（1229）刻本《宝庆四明志》。

据统计，宁波方志文献总计287种，散佚111种，现存176种。它们主要保存在宁波市图书馆、浙江图书馆、上海图书馆、南京图书馆、国家图书馆和宁波天一阁博物馆等公藏单位，还有不少流散于日本、美国、英国等国。宁波方志在国内已经有较详细的著录，也有一定的研究成果。随着全国古籍普查工作的推进，又有一些旧方志被发现；而近年来流散国外的宁波方志通过海外文献收藏机构编制的目录得以为人所知，尤其是日美所藏宁波方志文献，有不少孤本和宋元本值得挖掘。因此，有必要全面调查国内外藏宁波方志存佚情况，揭示和研究宁波方志的流布情况。

一 宁波方志的著录

国内有关宁波旧志著录的基本资料，在方志目录文献中最为集中。这些目录文献主要包括：《宁属各县方志目》《宁波古今方志录要》《中国地方志综录》《天一阁藏明代地方志考录》《中国地方志联合目录》《中国地方志总目提要》《稀见方志提要》《浙江方志考》《新编天一阁书目》等。上述各书，有些是内容非常简单的登记目录，如《新编天一阁书目》；有些则是内容相对比较丰富的提要目录，如《中国地方志总目提要》。从著录的版本存藏信息看，《中国地方志联合目录》、《中国地方志总目提要》和《宁波古今方志录要》资料最全。从著录的数量看，《宁波古今方志录要》著录的宁波旧志最多。有些目录书的编写具有明显的承袭关系，如《宁波古今方志录要》是在《鄞县文献展览会出品目录》之《宁属各县方志目》基础上增补而成，《中国地方志总目提要》是在参考《中国地方志联合目录》基础上考释而成。通过梳理这些目录文献，可以对宁波旧志的数量、内容、存佚等情况有一个整体的基本认识。

《中国地方志综录》《中国地方志联合目录》《中国地方志总目提要》是三种全国性志书总目。《中国地方志联合目录》是在《中国地方志综录》修订稿的基础上编纂而成的，共著录全国30个省、区、市的190家公共、科研、大专院校图书馆及博物馆、文史馆、档案馆等所收藏的地方志，著录内容包括书名、卷数、纂修者、版本、藏书单位等。该目录共著录与宁波有关的志书资料79部。对于志书的版本，除注明初刻（印）本存藏情况外，还注明后世刻（印）本、抄本或影印本等不同版本的存藏情况，而如康熙《象山县志》等流传国外的志书，由于国内传世未见，《中国地方志联合目录》中没有著录。《中国地方志总目提要》是著录宁波志书内容最详细的一部方志目录，收录宁波旧志74种（含舟山旧志）。提要内容包括方志著者及其生平、主要内容、史料价值等，但是不提供存佚情况。

《稀见方志提要》收录方志1200余种，主要根据上海图书馆藏方志著录，也参阅其他40余家公私单位的收藏，其中著录宁波旧志10种，包括上海图书馆藏嘉靖《宁波府志》、《昌国典咏》、康熙《鄞县志》、《鄞志稿列传》、天启《慈溪县志》、《观海卫志》、嘉靖《奉化县图志》、《南田志稿》、天一阁藏嘉靖《象山县志》、南京图书馆藏崇祯《宁海县志》。以上共稿本2种、明刊本5种，提要详细揭示了这10种宁波旧志的编纂者、志书内容等情况。

《宁波古今方志录要》是编者龚烈沸在经眼天一阁藏方志基础上，辑录其他方志目录而编成的，包含宁波古今方志的目录提要，共著录与宁波有关的方志达573种之多，其中旧志358种，新志215种。

《天一阁藏明代地方志考录》著录了天一阁藏的 4 种明嘉靖年间纂修的宁波方志，包括嘉靖《宁波府志》、嘉靖《象山县志》、嘉靖《余姚县志》、嘉靖《定海县志》。嘉靖《象山县志》是现存最早的象山县志，天一阁所藏为明嘉靖刻隆庆五年增补本，为海内外孤本。

《浙江方志考》著录宁波府县志 99 种、乡镇志 8 种、山水志 9 种、舆图志 9 种、海防志 3 种、古迹志 25 种、游览志 4 种、风土志 4 种、文献志 19 种。

需要注意的是，由于受编纂者个人学识所限，或者受其知见宁波旧志资料所限，或者对原始资料审读不精，上述各目录书对宁波旧志的著录存在一些不同，有些还出现了著录错误。故利用各目录书按图索骥时，对各条目资料要注意甄别。

二 国内整理刊行和收藏情况

宁波拥有悠久的方志编纂历史，这些宁波旧志大致存在两种情况。一种是仅为稿本，并未刊行或刊行不广，存本较少。如同治《象山县志》在清同治八年（1869）定稿后，因各种原因并未刊行，仅存抄本存于宁波图书馆、南京大学图书馆，较难为世人所见。另一种是虽然刊行量较大或被收于一些大型丛书之中，但这些古籍都藏于海内外公藏单位的书库和私人收藏家之手，由于种种限制，大多数古籍处于尘封状态，难以被利用。一些古籍因保存情况不善，出现了虫蛀、酸化等情况，出于对古籍的保护，也应尽可能少地利用原书。在这种情况下，对于旧志的整理、出版势在必行。而宁波旧志目前最为主要的整理形式是影印、点校、数字化三种手段。据笔者统计，传世的 183 种宁波志书中，已整理出版的有 110 余种。

（一）影印

宁波旧志当下的影印成果分为两种：一是在一些重新影印的大型丛书中有一批收入其中的宁波旧志；二是专门的影印宁波旧志的丛书和单行本。在诸如《四库全书》《续修四库全书》《四库全书存目丛书》等大型影印丛书之中，共有宁波方志 22 种。而目前最为重要的两种方志类影印丛书，一是《中国地方志集成》，二是《中国方志丛书》。在前者中，共有民国《鄞县通志》等 14 种府县志、《剡源乡志》等 9 种乡镇志，而在中国台湾出版的《中国方志丛书》中则有各类府县志、乡镇志达 31 种。而在其他较为重要的方志影印类丛书中也有一些宁波方志，如在《天一阁藏明代方志选刊》及其续编、补刊中有嘉靖《定海县志》、嘉靖《象山县志》、嘉靖《余姚县志》等 3 部宁波方志，近年来陆续出版的各大公藏单位的"稀见方志丛刊"系列之中，亦有不少较为稀见的宁波方志，如《浙江图书馆藏稀见方志丛刊》就收录了康熙《定海县志》、康熙《续定海县志》、《镇海县志备修》、《南田山杂志》、《余姚乡土地理历史合编》等 5 种宁波志书。而历来较少为人注意的历代宁波专志，如祠墓志、寺观志等，亦基本收录于《中国祠墓志丛刊》《中国佛寺志丛刊》之中。值得注意的是，在最近 10 年间，浙江省各地纷纷兴修地方文献丛书，宁波也不例外，在地方文献丛书中，宁波旧方志开始得到有序影印。譬如 2010 年起由宁波市地方志办公室主导整理的"宁波历史文献丛书"，便是宁波本地的一部方志影印丛书，自 2011 年以来影印了《宋元四明六志》《明代宁波府志》《清代宁波府志》三辑宁波旧志，所涉的方志包括清代由徐时栋编定的六部宋元时期宁波旧志、成化《宁波郡志》、成化《宁波府简要志》、嘉靖《宁波府志》、康熙《宁波府志》、雍正《宁波府志》等 11 部方志。而诸如《敬止录》、光绪《鄞县志》等甬上旧志亦有影印本出版，可以说在旧志的影印上宁波地区取得了不少成绩。

（二）点校

点校同样是方志整理的重要手段，相比于影印而言，点校可以对旧志的一些讹误，通过参校学界最新的研究成果，进行校勘、修正，可读性也更强。《宋元四明六志》的点校早在 2009 年由浙江省地方志编纂委员会整理、点校的《宋元浙江方志集成》中就已完成。而慈溪、象山等地的地方文献丛书对当地旧志多是以点校的方式加以整理。"象山县地方文献丛书"便对宋、元、明三代象山志加以汇编、点校，编成《宋元四明志象山县汇辑》，又点校了嘉靖《象山县志》、民国《南田县志》、《蓬岛樵歌》、《蓬山清话》等几部象山稀见方志，加之已经点校完毕的民国《象山县志》，可以说对象山县历代县志有了较为完整的梳理。已出 4 辑的《慈溪地方文献集成》点校完毕的方志则有道光《浒山志》、嘉靖《观海卫志》、民国《余姚六仓志》、《溪上遗闻集录》、《五磊寺志》5 种，虽然所选取的并无一部《慈溪县志》，但几部方志较为稀见，具有很高的史料价值。在一些志书选辑和人物文集之中，同样有一些对方志的点校。如《鄞州山水志选辑》选取了《四明它山水利备览》《四明它山图经》《四明山志》《东钱湖志》4 部方志进行点校，而象山籍著名学者陈汉章先生的全集之中，则收录了民国《象山县志》、《象山县志补正》、《南田山杂志》、《南田志略》4 部方志。

（三）数字化

相对于影印和点校，数字化是古籍全文浏览的大势所趋。国家图书馆、天一阁博物馆、宁波市志办、鄞州区方志办、宁波市图书馆都为数字化宁波旧志做了很好的示范。国图数字方志资源库发布了民国《鄞县通志》、同治《鄞县志》、乾隆《奉化县志》、《宁海六记》、《宁海漫记》、道光《象山县志》、《南田山志》、《余姚乡土地理历史合编》、乾隆《镇海县志》、康熙《宁海县志》、乾隆《奉化县志辑略》、《宁海四记》、《宁海三记》等，这些书大部分为国图馆藏，也有些为其他馆藏的影印本，其中最值得注意的是如《宁海漫记》、嘉靖《宁波府志》等较为罕见的方志均有全文数据。商业古籍数据库中如"中国基本古籍库"也有部分旧志全文图像。天一阁对馆藏地方志全部数字化，只是资源部分公开。宁波市图书馆建立《四明丛书》全文数据库，宁波市各史志机构建立网上方志馆，将乾道《四明图经》、宝庆《四明志》、开庆

《四明续志》、延祐《四明志》、至正《四明续志》、大德《昌国州图志》、《宋元四明六志校勘记》、《四明它山水利备览》、《东钱湖志》、《四明山志》数字化上网。

以上这些方志或原版影印，或点校出版，它们的整理为今人研究利用旧志资料提供了极大的便利，为从事宁波文史研究提供了丰富的资料，但我们也实事求是地认识到，宁波旧志的整理还需要更加精细，有些旧志版本上存在的文字或内容问题有待进一步解决，旧志整理的整体质量还有待进一步提高。目前尚无一个专门、完整的宁波方志电子全文数据库，这个数据库应该囊括所有的宁波旧志及新近整理的版本，并具有全文检索等高级功能，这应是未来的发展方向。

三　海外整理刊布存藏情况

日本、韩国、美国、英国、法国、俄罗斯等国家均藏有宁波旧方志。巴兆祥先生在对日本所藏中国地方志进行调查研究的过程中，对宁波旧志的存藏情况做过简单调查，这些学者的调查研究成果为进一步研究宁波旧志奠定了基础。国内外出版的善本目录和方志目录记载了一些宁波方志，如《日本见藏稀见中国地方志书录》《美国哈佛大学哈佛燕京图书馆藏中国旧方志目录》《欧洲图书馆藏中国方志目录》《英国各图书馆所藏中国地方志总目录》；国内外也整理出版过诸如《日本藏中国罕见地方志丛刊》及其续编等丛书。南京大学域外汉籍研究所编纂出版的《域外汉籍研究集刊》偶尔涉及宁波方志海外流播情况，但其内容非常简单，著录不全面。至今尚未有学者对海外存藏的宁波旧志进行普查和全面的研究。故对海外藏宁波旧志有深入研究的必要。

因在海外日本、美国所藏中国旧志较多，尤其日本存藏的数量最多，版本质量也最好，而且日、美馆藏中国方志目录在中国已公开出版，研究起来资料最为丰富，所以，本文暂且论述日本、美国存藏宁波方志情况，酌量分析宁波方志外流的原因。

（一）日本藏宁波方志

厘清日藏宁波方志，必须从两方面入手。一方面通过文献目录普查，利用日本国内所编制的中国方志目录，全面调查宁波方志的记载线索，包括《日本主要图书馆、研究所藏中国地方志总合目录》（日本国会图书馆参考部编，1969 年）、《东洋文库地方志目录》（东洋文库编，1935 年）、《日本现存明代地方志目录》（山根幸夫编，1971 年）、《中文地志目录》（日本天理图书馆编，1955 年）、《中国地方志联合目录》（东洋文献中心联络协会编，1964 年）。另一方面网络检索日本全国性汉籍资料库"日本所藏中文古籍数据库"，获得宁波方志的版本和馆藏信息，包括每部方志的所有馆藏和每个馆的所有方志馆藏。综合两者就能得到流传日本藏宁波方志情况。

通过普查，基本可掌握日本存藏宁波旧志的机构、种类及数量的情况。日本国立国会图书馆、东洋文库、东北大学图书馆、静嘉堂文库、东京大学东洋文化研究所、京都大学人文科学研究所、一桥大学图书馆、九州大学图书馆、早稻田大学图书馆、爱知学院大学图书馆、国立公文书馆、国士馆大学图书馆、宫内厅、前田育德会、内阁文库等 15 家藏书机构共藏有 86 种宁波旧方志。所藏旧志包括府县志、乡镇志、卫所志、山水志，涉及鄞县、宁海、象山、奉化、镇海、慈溪、余姚、定海各县，收藏最早的志书为乾道《四明图经》，最晚的为民国《鄞县通志》。收藏数量最多的机构是京都大学人文科学研究所，有 34 种，其次是东洋文库 33 种，再次东京大学东洋文化研究所 18 种，接下来是国会图书馆 17 种，一桥大学图书馆和静嘉堂文库各 10 种，国立公文书馆 6 种，爱知学院 5 种，东北大学图书馆 3 种，前田育德会、宫内厅、内阁文库、九州大学图书馆、国士馆大学图书馆、早稻田大学图书馆各 1 种（见表1）。日藏宁波方志在分布上有两个特点。第一，藏书地非常集中。藏书数量排名前四的机构已经收藏了日藏宁波方志品种的 73 种，占比 84.88%。第二，收藏机构之间品种重复率高。同一种方志一般有两个以上机构收藏，这里调查结果只著录日本大型文献机构，还有不少机构未曾著录。而且日藏宁波方志没有孤本，这些方志在中国均有机构收藏。

表 1　日藏宁波方志分布情况

书名	纂修者	版本	日本馆藏地
嘉庆《保国寺志》二卷	清余兆灏著述，陆启藩纂修，敏庵和尚编辑	冯氏伏跗室抄本	爱知图书馆
《芦山寺志》九卷	清释宗尚撰	清抄本	爱知图书馆
《五磊寺志》十卷	清冯蔚舒、洪昆编	冯氏伏跗室抄本	爱知图书馆
民国《南田县志》三十五卷首一卷	吕耀钤、厉家祯修，吕芝延、施仁纬纂	民国 19 年铅印本	爱知图书馆、京都研究所
《禅悦寺志》	释实振辑	清抄本、清光绪抄本	爱知图书馆、京都研究所
《阿育王山续志》六卷	清释畹荃编	清乾隆年间刊本	东北大学图书馆
《四明丛书》	张寿镛编	民国四明张氏约园刻本	东洋研究所
《象邑公田总簿》二卷	清倪劭撰	清道光七年（1827）刻本	东洋研究所
民国《鄞县通志》五十一编	张传保修，陈训正、马瀛纂	民国 22 年修	东洋研究所、东洋文库
《余姚六仓志》四十四卷首一卷末一卷	杨积芳纂	民国 9 年铅印本	东洋研究所、国会图书馆
光绪《余姚县志》二十七卷首一卷末一卷	清周炳麟修，邵友濂、孙德祖纂	清光绪二十五年（1899）刻本	东洋研究所、一桥大学图书馆
大德《昌国州图志》七卷首一卷末一卷	元冯福京修，郭荐纂	清乾隆间《四库全书》本、清咸丰四年（1854）徐氏烟屿楼刻本	东洋文库
光绪《慈溪县志》五十六卷附编一卷	清杨泰亨、冯可镛纂	清光绪稿本、清光绪二十五年（1899）德润书院刻本、民国 3 年重印本	东洋文库
弘光《雪窦寺志略》	明释履平撰	弘光二年（1645）刻本	东洋文库
《三茅普安寺志》二卷	清释无柱修	民国 24 年三茅普安寺铅印本	东洋文库
《雪窦寺志》十卷	清释行正纂	清木活字印本	东洋文库

续表

书名	纂修者	版本	日本馆藏地
同治《明州系年录》七卷	清董沛撰	清光绪四年（1878）刻本	东洋文库
《南田山志》十四卷首一卷	刘耀东撰	民国24年启后亭铅印本	东洋文库
乾隆《奉化县志》十四卷首一卷	清曹膏、唐宇霶修，陈琦等纂	清乾隆三十八年（1773）刻本、清光绪间活字本	东洋文库
咸丰《鄞县志》三十二卷首一卷	清张铣修，周道遵纂	清咸丰六年（1856）刻本	东洋文库
嘉靖《东山志》十九卷	明谢敏行纂	清道光六年（1826）年刊本	东洋文库
乾隆《象山县志》十二卷	清史鸣皋修，姜炳章、冒春荣纂	清乾隆二十四年（1759）刻本	东洋文库、东洋研究所
道光《象山县志》二十二卷首一卷	清童立成、吴锡畴修，冯登府等纂	清道光十四年（1834）刻本、民国4年张鹏霄活字本	东洋文库、东洋研究所
道光《甬上水利志》六卷	清周道遵纂	清道光二十八年（1848）刻本、民国张氏约园刻《四明丛书》本	东洋文库、国会图书馆
《剡源乡志》二十四卷首一卷	清赵需涛纂	清光绪二十八年（1902）剡曲草堂木活字本、民国5年铅印本	东洋文库、京都研究所、东洋研究所
崇祯《宁海县志》十二卷	明宋奎光纂修	明崇祯五年（1632）刻本	东洋文库、一桥大学图书馆
光绪《宁海县志》二十四卷首一卷	清王瑞成、程云骥修，张浚等纂	清光绪二十八年（1902）刻本	东洋文库、一桥大学图书馆
雍正《慈溪县志》十六卷	清杨正笋修，冯鸿模等纂	清雍正八年（1730）刻本、清乾隆三年（1738）许炳增刻本	东洋文库、一桥大学图书馆
万历《海防纂要》十三卷图一卷	明王在晋撰	明万历四十一年（1613）刻本	宫内厅、东洋文库
雍正《宁波府志》三十六卷首一卷	清曹秉仁等修，万经等纂	清雍正十一年（1733）刻本、清乾隆六年（1741）色超补刻本、清道光二十六年（1846）慈溪沈氏介祉堂刻本	国会图书馆
天启《慈溪县志》十六卷	明李逢申修，姚宗文等纂	明天启四年（1624）刻本	国会图书馆
民国《象山县志》三十二卷首一卷	罗士筠修，陈汉章等纂	民国14年稿本、民国16年铅印本	国会图书馆
道光《招宝山志》二卷	陈景沛纂，周道遂修校	清道光年间刊本、民国26年铅印本	国会图书馆
崇祯《天童寺志》六卷	明释通布纂	明崇祯六年（1633）刊本	国会图书馆
同治《鄞县志》七十五卷首一卷	清戴枚修，张恕、陈劢、徐时栋、董沛等纂	清同治十三年（1874）稿本、清光绪三年（1877）刻本	国会图书馆、东洋研究所
万历《新修余姚县志》二十四卷	明史树德修，杨文焕等纂	明万历三十一年（1603）刻本	国会图书馆、东洋文库
《镇海县新志备稿》二卷	董祖义纂	民国20年上海蔚文印书局铅印本	国会图书馆、东洋文库、京都研究所
光绪《镇海县志》四十卷	清于万川修，俞樾等纂	稿本、清光绪五年（1879）鲲池书院刻本	国会图书馆、东洋文库、静嘉堂文库
乾隆《鄞县志》三十卷首一卷	清钱维乔修，钱大昕等纂	清乾隆五十三年（1788）刻本、清道光二十六年（1846）刻本	国会图书馆、京都研究所

书名	纂修者	版本	日本馆藏地
万历《象山县志》十六卷	明吴学周修,陆应阳等纂	明万历三十六年(1608)刻本	国会图书馆、一桥大学图书馆、东洋文库
《先觉寺志略》一卷	清释照机纂	清康熙四十四年(1705)刻本	国立公文书馆
《甬上耆旧诗》三十卷	清胡文学、李邺嗣编	清康熙十五年(1676)胡氏敬义堂刻本	国立公文书馆
康熙《宁海县志》十二卷首一卷	清崔秉镜修,华大琰纂	清康熙十七年(1678)刻本	国立公文书馆
康熙《奉化县志》十四卷首一卷	清张起贵修,孙懋赏、刘鸿声纂	清康熙二十五年(1686)刻本	国立公文书馆、东洋研究所
《阿育王山志》十卷	明郭子章撰	明天启四年(1624)刻本	国立公文书馆、东洋文库
乾隆《镇海县志》八卷首一卷	清王梦弼、邵向荣纂修	清乾隆十七年(1752)刻本、清乾隆四十五年(1780)周樽增补印本	国立公文书馆、静嘉堂文库
康熙《姚江逸诗》十五卷	明黄宗羲、倪继宗辑	清康熙六十一年(1722)刊本、清乾隆四十一年(1776)刻本	国士馆大学图书馆
康熙《四明山志》	明黄宗羲撰	清康熙四十年(1701)刻本、民国25年张寿镛约园《四明丛书》本	京都研究所
《敬止录》四十卷	明高宇泰纂,清徐时栋编次	清道光十九年(1839)徐氏烟屿楼钞本	京都研究所
康熙《续姚江逸诗》	清倪继宗辑	清康熙六十年(1721)倪继宗小云林刻本	京都研究所
嘉靖《观海卫志》四卷	明周粟纂	清抄本、四明张氏约园抄本	京都研究所
民国《定海县志》不分卷	陈训正、马瀛纂修	民国13年旅沪同乡会铅印本	京都研究所
民国《七塔寺志》八卷	陈寥士修	民国26年铅印本	京都研究所
《姚江书院志略》二卷	清邵廷采纂	清康熙三十年(1691)刻本、清乾隆五十九年(1794)刻本	京都研究所
嘉庆《四明古迹记》	清陈之纲撰	清嘉庆二十二年(1817)刊本、民国张氏约园刻《四明丛书》本	京都研究所、东洋研究所
嘉靖《象山县志》十五卷	明毛德京修,杨民彝、周茂伯纂	明嘉靖三十五年(1556)刻本、明隆庆五年(1571)增刻本	京都研究所、东洋研究所
成化《宁波府简要志》五卷	明黄润玉纂,黄溥续纂	明刻本、清抄本、民国张氏约园刻《四明丛书》(第三集)本	京都研究所、东洋研究所、东北大学图书馆
乾隆《鄞志稿》二十卷	清蒋学镛纂	民国张氏约园刻《四明丛书》(第三集)本	京都研究所、东洋研究所、东北大学图书馆
光绪《奉化县志》四十卷首一卷	清李前泮修,张美翊等纂	清光绪三十四年(1908)木活字本	京都研究所、东洋研究所、国会图书馆
《四明六志校勘记》三十一卷	清徐时栋纂,陈子湘补纂	清咸丰四年(1854)徐氏烟屿楼刻本	京都研究所、东洋文库
《岱山镇志》二十卷首一卷	汤浚纂	民国16年定海汤氏一楳轩活字本	京都研究所、东洋文库

书名	纂修者	版本	日本馆藏地
天顺《宁波郡志》十卷	明张瓒修,杨寔纂	明成化四年(1468)刻本、清抄本、民国张氏约园抄本	京都研究所、东洋文库
民国《镇海县志》四十五卷首一卷	洪锡范、盛鸿焘修,王荣商、杨敏曾纂	民国20年上海蔚文印书局铅印本	京都研究所、国会图书馆
《四明尊尧集》十一卷	陈瓌撰	清光绪刻本	京都研究所
《溪上遗闻集录》十卷别录二卷	清尹元炜撰	清道光十八年(1848)抱珠楼刊本	京都研究所
《四明谈助》四十六卷首一卷	清徐兆昺撰	清道光八年(1828)木活字印本	京都研究所
《续甬上耆旧诗》一百二十卷首一卷	清全祖望辑	清鄮峰草堂钞本、民国7年四明文献社铅印本	京都研究所
民国《天童续志》二卷首一卷	释莲萍编	民国9年天童寺刻本	京都研究所
淳祐《四明它山水利备览》二卷	宋魏岘撰	清抄本、民国张氏约园刻《四明丛书》本	京都研究所、东洋研究所
《四明文献集》五卷	宋王应麟撰,明郑真辑	清抄本、民国张氏约园刻《四明丛书》本、民国24年约园铅印本	静嘉堂文库
泰定《甬东山水古迹记》一卷	元吴莱撰		静嘉堂文库
《甬上族望表》二卷	清全祖望撰	清嘉庆十九年(1814)刻本	静嘉堂文库
康熙《天童寺志》十卷首一卷	清闻性道、释德介纂	清康熙五十一年(1712)刻本	静嘉堂文库、东洋研究所
乾道《四明图经》十二卷	宋张津纂修	抄本、清咸丰四年(1854)徐氏烟屿楼刻本	静嘉堂文库、东洋文库
宝庆《四明志》二十一卷	宋胡榘修,罗浚、方万里等纂	明钞本、清抄本、清咸丰四年(1854)徐氏烟屿楼刻本	静嘉堂文库、东洋文库、京都研究所
开庆《四明续志》十二卷	宋吴潜修,梅应发、刘锡等纂	宋开庆元年(1259)刻本、清抄本、清咸丰四年(1854)徐氏烟屿楼刻本	静嘉堂文库、东洋文库、京都研究所
至正《四明续志》十二卷	元王元恭修,王厚孙、徐亮纂	明抄本、清咸丰四年(1854)徐氏烟屿楼刻本	静嘉堂文库、东洋文库、京都研究所
光绪《定海厅志》三十卷首一卷	清史致驯修,陈重威、黄以周纂	清光绪十一年(1885)黄树藩刻本、清光绪二十八年(1902)补刻本	九州大学图书馆、京都研究所
道光《四明形胜赋》一卷	清张得中撰	清光绪七年(1881)刻本	前田育德会
康熙《象山县志》十六卷	清李郁纂修	清康熙二十一年(1682)刻本	日本京都研究所、内阁文库
延祐《四明志》二十卷目录二卷	元马泽修,袁桷、王厚孙纂	清抄本、清咸丰四年(1854)徐氏烟屿楼刻本	一桥大学图书馆、东洋文库
嘉靖《定海县志》十三卷	明何愈修,张时彻等纂修	明嘉靖四十二年(1563)刻本	一桥大学图书馆、东洋文库
《临山卫志》四卷	明朱冠、耿宗道纂	民国3年活字本	一桥大学图书馆、国会图书馆
《明州岳林寺志》六卷	清戴明琮辑	清乾隆二十六年(1761)刻本、清咸丰七年(1857)刻本	一桥大学图书馆、京都研究所

书名	纂修者	版本	日本馆藏地
《忠义乡志》二十卷首一卷	清吴文江纂	清光绪二十三年（1897）瓻醁楼稿本、清光绪二十七年（1901）刻本	一桥大学图书馆、京都研究所、东洋研究所
嘉靖《宁波府志》四十二卷	明周希哲、曾镗修，张时彻等纂	明嘉靖三十九年（1560）刻本、民国张氏约园抄本	早稻田大学图书馆、国会图书馆

注：日本京都大学人文科学研究所简称京都研究所，东京大学东洋文化研究所简称东洋研究所，爱知学院大学图书馆简称爱知图书馆。

日本之所以藏有大量的宁波方志文献，与宁波自古至今是中日文化交流活动的中心有关。自唐以来，宁波港一直作为"海上丝绸之路"的重要港口之一，沟通中国与东亚各国尤其是日本。宋元时期，尤其是在元丰三年（1080），宋廷规定去日本的商船必须由宁波签证，"非宁波市舶司而过发过日本、高丽者，以违制论"，[①] 宁波港一度成为唯一一个进行中日文化贸易交流的港口。入宋僧人圆尔辨圆于1235年从宁波港入宋，先后在天童、净祠、灵隐等处学法，1241年回国时携带数千卷典籍，从他编纂的《普门院经论章疏语录儒书目录》中可知，他带走的典籍中就有宁波刊本《六臣注文选》21册、《汉隽》2册。

自明洪武二年（1369）实行"海禁"至清乾隆时期，宁波港成为中日勘合贸易的唯一港口，入港贡船及使者只能在宁波登陆，并按规定路线，在规定地点进行活动；宁波港成为向日本输出书籍的主要港口。德川幕府时期，日本也奉行锁国政策，长崎一港，出岛一隅成为中日贸易的中心。中国的书籍依然源源不断流向日本。这一时期僧侣已经不再是书籍东传的主要推动者，中日两国间的商船贸易成为汉籍输入日本的主要途径。不少"宁波船"携带有关宁波的"地情书"前往日本，以供日常销售。而这一时期如朱舜水等人在日本的活动，更激起了日本上层人士对宁波的好奇，从而推动了宁波"地情书"的东播。如享保五年（1720）德川吉宗开始向在长崎的中国书商订购地方志，根据《商舶载来书目》和《各省方志持渡年表》统计，在享保十年至十一年日本共引进地方志179种，以口船出发地浙江为多，有48种，几乎占了总量的1/3，其中包括宁波地区的地方志5种：《宁波府志》、《慈溪县志》、《奉化县志》、《象山县志》和《定海县志》。

在清嘉庆之前，宁波地方文献是通过文化交流、商贸采购方式流入日本的。到了晚清民国时期，包括宁波方志在内的中华典籍流入日本，则是日本学人和财阀通过巧取豪夺，侵占或低价大肆收购而去。京都大学人文科学研究所高田时雄先生说："两研究所在研究进行之中当然需要大量汉籍，但日本国内往往难以提供，因此几乎均自中国购入。"[②] 日本东方文化学院通过

---

① 《苏轼文集》，孔凡礼点校，中华书局，1986，第890页。
② 高田时雄：《近代日本之汉籍收藏与编目》，《2004年古籍学术研讨会论文集》，辅仁大学，2004，第8页。

文求堂、琳琅阁、松云堂、汇文堂这样一些专业中文典籍书店从中国大批购入地方志。1933 年6 月，京都研究所通过东京琳琅阁购得嘉靖《宁波府志》、宝庆《会稽志》等多部方志。另外，东方文化学院几乎每年都有学者、学生到中国来，如 1933 年就有冢本善隆、能田总亮、小川茂树、长广敏三、仁井田陞、青山定雄、桂太郎、滨一卫等到中国内地考察、旅行。他们在华期间，各地书肆多是其要去的场所，一部分地方志可能是他们收集得到的。京都研究所的吉川幸次郎 1928 年春到 1931 年春在北京大学留学，他常去琉璃厂购书。

因此，日藏宁波方志的来源比较复杂，具体巴兆祥在《中国地方志流播日本研究》一书中已有详细论述，此处不再进一步论述。

（二）美国藏宁波方志

美国也是宁波旧方志在海外的重要宿地。美国汉籍没有如日本那样建立全国统一的目录数据库，只能根据《美国国会图书馆藏中国方志目录》《美国国会图书馆藏中文善本书续录》《美国哈佛大学哈佛燕京图书馆藏中国旧方志目录》《普林斯顿大学葛思德东方图书馆中文善本书志》《柏克莱加州大学东亚图书馆中文古籍善本书志》《美国匹兹堡大学东亚图书馆中文古籍书录》《美国哈佛大学哈佛燕京图书馆藏民国时期图书总目》等目录统计，尽管不能全面准确了解馆藏情况，但也能得其大概。

《普林斯顿大学葛思德东方图书馆中文善本书志》《柏克莱加州大学东亚图书馆中文古籍善本书志》《美国哈佛大学哈佛燕京图书馆藏民国时期图书总目》《美国国会图书馆藏中文善本书续录》未收录宁波方志，《美国芝加哥大学远东图书馆馆藏中国地方志目录》《美国匹兹堡大学东亚图书馆中文古籍书录》尚未查阅。仅见《美国国会图书馆藏中国方志目录》著录宁波方志30 种，《美国哈佛大学哈佛燕京图书馆藏中国旧方志目录》著录宁波方志 26 种。剔除美国国会图书馆和哈佛大学哈佛燕京图书馆重复收藏，共计馆藏宁波方志38 种，两馆也是收藏宁波方志最多的美国文献机构。下面就美国主要藏宁波方志情况做些介绍。

美国国会图书馆收藏中文书籍始于 1869 年。1867 年美国国会通过了国际书籍交换法案，1868 年美国政府向清政府赠书，1869 年同治皇帝回赠包括《本草纲目》和《梅氏丛书》等在内的 10 种共 933 册中文古籍，它们成为美国国会图书馆最早的中文收藏。而有关中国方志的收藏，主要得益于施永格（Walter Tennyson Swingle，1871-1952）。施永格在研究中国植物时发现方志中关于土壤和植物的记载对他的研究极为有用，因而力倡国会图书馆搜集中国方志。从1910 年起，施永格为国会图书馆搜集中文典籍，并在 1913 年至 1937 年，数次前往中国和日本搜集中日文书籍，其中包括大量中国方志。1928 年国会图书馆成立东方部，第一任主任恒慕义和著名学者约瑟夫·洛克等继续大力搜购中国方志。第二次世界大战结束后，美国占领军没收了日本外务省、陆军省、海军省、内务省等机构大量文献资料书刊，其中南满洲铁道株式会社东京分社、东亚经济调查局、东亚研究所、蒙古研究所、参谋本部文库、陆军文库、陆军士官学校及海军机关学校等总数 10 余万件的图书资料，由美国政府陆续转交国会图书馆保存，其中又包含大量中国方志。经过几代人百余年的不断搜集，美国国会图书馆成为海外收藏中国方志数量最多的文献机构，其所藏中国方志总数不下 5000 种。

哈佛燕京图书馆是哈佛大学的重要组成部分，隶属哈佛燕京学社和哈佛文理学院图书馆，拥有数量众多的中文典籍。目前馆藏中文古籍 15 万册，其中善本古籍就有 6 万余册，特藏中有宋版 15 种，元版 25 种，明版 1328 种，清乾隆时期前之版本有 1964 种，另有抄、稿本 1215 种，拓片 500 余张，法帖 36 种 301 册。① 其中有不少在国内已失传的秘本。珍本如元至正十四年（1354）鄞江书院刻本《增广事联诗学大成》，宋明州奉化王公祠堂刻本《大般若波罗蜜多经》，存五卷。② 目前存世的中国古代方志有 8300 多种，哈佛燕京图书馆就藏有 3900 种。其中明刻本有 28 种，乾隆前刻本有 625 种，康熙《常熟县志》因有翁同龢批点，很是珍贵。

1928 年，哈佛燕京学社成立，并创立"哈佛燕京学社汉和图书馆"，中国人裘开明博士被聘为首任馆长。创馆之初，裘开明就非常重视征购中国古籍，并亲往北平监督购书事宜，同时委托燕京大学洪业教授及顾廷龙先生代为选购中国古籍。1937 年"八一三"事变后，他在中国古旧书市场高价收购善本古籍，为哈佛燕京图书馆馆藏打下了坚实的基础。全面抗战期间，哈佛燕京学社又大肆低价收购汉籍。郑振铎在《西谛书话》中记载了他在全面抗战期间坚守上海孤岛，冒着生命危险为祖国抢救古籍善本，费尽心机与敌伪周旋，与哈佛燕京学社角逐的情形："美国哈佛及国会诸图书馆，对于'家谱''方志'尤为着意收购；所得已不在少数。尽有孤本秘笈入藏于其库中。余以一人之力欲挽狂澜，诚哉其为愚公移山之业也！杞人忧天，精卫填海，中夜彷徨，每不知涕之何从！"③

1945 年抗战胜利后，哈佛燕京学社派人大量收购日本散出的公私藏汉籍，收获很大。曾经担任哈佛燕京学社社长的东方语言学系教授克利夫斯（F. W. Cleaves）在日本不仅收集到了大量汉、藏、蒙、满等多种语言的珍本图书、族谱、碑帖、墓志（其中以清代阮元收藏的铭石拓本、吴大澂收藏的 2000 余种墓志最为珍贵），而且发现了许多珍贵的日本抄本，包括明代《广舆全图》、陈祖绶《职方地图》等。日本各地散出的典籍文献流入哈佛的不计其数。

除了国会图书馆和哈佛燕京图书馆外，斯坦福大学东亚图书馆也藏有稀见宁波方志（见表2）。20 世纪 80 年代，浙江大学陈桥驿教授访问美国，获知美国斯坦福大学图书馆藏康熙二十一年刊本《象山县志》信息，并于 1988 年 1 月经乐祖谋帮助复制成胶卷带回中国。邵东方、薛昭慧在《斯坦福大学东亚图书馆及其地方志、地方文献的典藏和利用》中介绍了东亚图书馆藏 130 多部中文善本书，其中就有宁波的旧方志——《四明山志》。康熙《四明山志》九卷本由黄宗羲辑，李暾订，黄炳等校，卷前有朱彝尊序、靳治荆序、康熙辛巳年（1701）宋定业

---

① 张凤：《哈佛心影录》，上海文艺出版社，2000，第 258 页。
② 沈津：《美国哈佛大学哈佛燕京图书馆中文善本书志》，上海辞书出版社，1999，第 429、476 页。
③ 郑振铎：《西谛书话》，三联书店，2005，第 273 页。

序、黄宗羲序、康熙辛巳年黄宗裔序。首卷卷端下题"遗献黄宗羲辑/甬上后学李暾订/侄炳男百家同校"。国内多见《四明丛书》本流传，康熙刻本非常罕见。

斯坦福大学图书馆及其东亚图书馆收藏汉籍的历史并不久远。该馆 1945 年才开始收集关于近现代中国和日本的资料文献，最开始由著名的汉学家芮玛丽（Mary Clabaugh Wright）作为胡佛研究所在中国的主要代表收集中文资料，她甚至到延安收集了很多关于中国共产党的资料。东亚图书馆以地方志、地方文献收藏为主，华东地区、西南地区的地方志一直是该馆重点收藏的对象。目前，东亚图书馆收藏中文书籍差不多有 40 万卷，还有大量缩微胶卷和期刊，它也是海外收藏中国共产党公开出版物最全的图书馆。

表 2　美国藏宁波方志分布情况

书名及版本信息	馆藏地
《宝庆四明志》二十卷，宋罗濬辑，宝庆三年（1227），清咸丰四年至光绪五年（1854~1879）宋元六志本	国会图书馆
成化《宁波府简要志》五卷，明黄润玉辑，成化五年至十三年（1469~1477），民国 24 年《四明丛书》本	国会图书馆
《大德昌国州图志》七卷首末各一卷，元冯复京、郭建辑，大德二年（1298），清咸丰四年至光绪五年（1854~1879）宋元六志本	国会图书馆
道光《象山县志》二十二卷卷首一卷附文类二卷，清童立成、吴锡畴修，冯登府纂，道光十三年（1833）刻本	国会图书馆、燕京图书馆
光绪《慈溪县志》五十六卷，清杨泰亨、冯可镛纂修，光绪二十五年（1899），民国 3 年重印本	国会图书馆、燕京图书馆
光绪《定海厅志》三十卷，清史致训修，陈重威纂，光绪五年（1879），光绪十一年（1885）刻本	国会图书馆、燕京图书馆
光绪《奉化县志》四十卷首一卷，清李前泮修，张美翊等纂，清光绪三十二年至三十四年（1906~1908）刻本	国会图书馆、燕京图书馆
光绪《宁海县志》二十四卷首一卷，清王瑞成、程云骥等修，张濬等纂，清光绪二十八年（1902）刻本	燕京图书馆
光绪《剡源乡志》二十四卷卷首一卷，清赵霈涛辑，光绪二十七年（1901），民国 5 年丹山赤水洞天剡曲草堂重印本	国会图书馆、燕京图书馆
光绪《鄞县志》七十五卷，清戴枚修，张恕、董沛纂，光绪三年（1877）刻本，三十四册	国会图书馆
光绪《余姚志》二十七卷首一卷末一卷，清周炳麟修，邵友濂、孙德祖纂，清光绪二十五年（1899）刻本	燕京图书馆
光绪《镇海县志》四十卷，清于万川修，俞樾纂，清光绪五年（1879）刻本，鲲池书院藏版	国会图书馆、燕京图书馆
嘉靖《宁波府志》四十二卷，明张时彻纂修，周希哲订正，明嘉靖三十九年（1560）刻本	燕京图书馆
《开庆四明续志》十二卷，宋梅应发辑，开庆元年（1259），清咸丰四年至光绪五年（1854~1879）宋元六志本	国会图书馆
康熙《定海县志》八卷，清周圣化修，缪燧续修，康熙五十四年（1715）刻本	国会图书馆
康熙《宁海县志》十二卷首一卷，清崔秉镜修，华大琰纂，清康熙十七年（1678）刻本	燕京图书馆
民国《岱山镇志》二十卷首一卷，汤浚辑，民国 8 年，民国 16 年木活字本	国会图书馆、燕京图书馆
民国《定海县志》十六卷首一卷，陈训正、马瀛纂修，民国 13 年铅印本	国会图书馆、燕京图书馆
民国《南田县志》三十五卷卷首一卷，吕耀钤、厉家祯修，吕芝延、施仁纬纂，民国 19 年华达印刷公司铅印本	国会图书馆、燕京图书馆

书名及版本信息	馆藏地
民国《象山县志》三十二卷卷首一卷,李沃修,陈汉章纂,民国 15 年铅印本,二十册	国会图书馆
民国《鄞县通志》五十一编,张传保、赵家荪修,陈训正、马瀛纂,民国 26 年鄞县通志馆铅印本	国会图书馆、燕京图书馆
民国《镇海县新志备稿》二卷,董祖义辑,民国 13 年铅印本	国会图书馆、燕京图书馆
民国《镇海县志》四十五卷卷首一卷,洪锡范、盛鸿焘修,王荣商、杨敏曾纂	国会图书馆
民国《镇海县志》四十五卷卷首一卷附图一册,洪锡范、盛鸿焘修,王荣商、杨敏曾纂,民国 20 年上海蔚文印刷局铅印本	燕京图书馆
《明州系年录》七卷,清董沛撰,清光绪四年(1878)石印本	燕京图书馆
《乾道四明图经》十二卷,宋张津辑,乾道五年(1169),清咸丰四年至光绪五年(1854~1879)宋元六志本	国会图书馆
乾隆《奉化县志》十四卷,清曹膏、唐宇霖修,陈琦纂,乾隆三十八年(1773)刻本	国会图书馆、燕京图书馆
乾隆《象山县志》十二卷,清史鸣皋修,姜炳璋、冒春荣纂,乾隆二十三年(1758)刻本	国会图书馆、燕京图书馆
乾隆《鄞县志》三十卷卷首一卷,清钱维乔修,钱大昕纂,乾隆五十三年(1788)刻本	国会图书馆、燕京图书馆
乾隆《鄞志稿》二十卷,清蒋学镛纂修,乾隆二十一年至六十年(1756~1795),民国 24 年《四明丛书》本	国会图书馆
乾隆《余姚志》四十卷,清唐若瀛修,邵晋涵纂,清乾隆四十六年(1781)刻本	燕京图书馆
乾隆《镇海县志》八卷,清王梦弼纂修,乾隆十七年(1752)刻本	国会图书馆、燕京图书馆
同治《鄞县志》七十五卷,清戴枚修,张恕、董沛纂,光绪三年(1877)刻本	燕京图书馆
咸丰《鄞县志》三十二卷卷首一卷,清张铣修,周道遵纂,咸丰六年(1856)刻本	国会图书馆、燕京图书馆
《延祐四明志》二十卷,元袁桷辑,延祐七年(1320),清咸丰四年至光绪五年(1854~1879)宋元六志本	国会图书馆
雍正《慈溪县志》十六卷,清杨正筍修,冯鸿模纂,雍正八年(1730),乾隆三年(1738)补刻本	国会图书馆、燕京图书馆
雍正《宁波府志》三十六卷卷首一卷,清曹秉仁、万经纂修,雍正九年(1731),乾隆六年(1741)补刻本	国会图书馆、燕京图书馆
《至正四明续志》十二卷,元王元恭辑,至正二年(1342),清咸丰四年至光绪五年(1854~1879)宋元六志本	国会图书馆
康熙《象山县志》,清李郁纂修,康熙二十一年(1682)刻本	斯坦福大学图书馆
康熙《四明山志》,明黄宗羲撰,康熙四十年(1701)刻本	斯坦福大学图书馆

综上所述,海外所藏宁波旧方志是海外中国方志文献的重要内容,更是宁波古文献的重要组成部分。出于诸多原因,学界对它们了解或利用得很不够。在中外学术交流与合作日益密切的今天,我们可利用购买、文献互换或赠予等方式实现散佚海外的宁波方志原件回流,或通过合作数字化、合作缩微化、合作出版等方式实现文献复制件回归。旧志回归,既可丰富文献典藏,更有利于对其进行整理、研究和利用。

地方文化的传承与地方志书的编纂

——从南皮县现存的七部县志看地方志与地方文化的关系

赵树森　杜中洲

（河北省南皮县地方志办公室）

文化是人类在社会历史发展过程中所创造的物质财富和精神财富的总和。人类创造了文化，文化也对人类的生产、生活产生了重要影响。

南皮历史悠久，其文化同它的历史一样，源远流长、积淀深厚。炎黄时期，南皮就有人类繁衍生息，黄帝三师之一的封钜（据《汉书》）所居的"封台"即在县域内丈二桥村东。相传县内的"寒冰井"为黄帝时期穿凿，后由被舜任为虞的伯益所修。周初，姜太公垂钓于南皮邑西十里的钓鱼台，《人民日报》海外版将南皮姜太公钓鱼台列为全国十大钓鱼台之首。春秋时期，南皮先祖就已在聚落的基础上建成城邑。中国科学院藏清康熙朝、光绪朝《南皮县志》明确记载："皮之为邑三千余年矣。"春秋五霸之首的齐桓公助燕北伐山戎时，在南城修缮皮革，南城遂名南皮（清康熙朝、光绪朝《南皮县志》）。公元前221年，秦始皇在全国实行郡县制，南皮置县，迄今已有2200多年的历史。东汉刘秀建武六年（30）撤县并郡，渤海郡治由浮阳移于南皮。至东魏天平元年（534），南皮县城作为郡治达500多年。

在历史的长河中，智慧、勤劳的南皮人民创造了光辉灿烂的文化。文化的发展和文化名人的涌现，使得南皮各类传世作品众多。从西周至民国，著述、作者接连出现，有文字资料记载的名家有100余人，著述180余种，计2600余卷。其中，从明万历年间创修至1932年，南皮曾五修县志。新中国成立后，又于1992年、2011年编纂、出版了两部县志。本文试从南皮现存的7部志书出发，对地方文化的传承与地方志书的编纂问题进行探讨。

一　地方文化对地方志书的重要影响

南皮是秦代置县存留至今屈指可数的古县之一。悠久的历史带来了深厚的文化积淀，陶冶了一代代志士仁人、社会贤达的情操，千年古县、文化名县、人才大县的美誉广为传播。

南皮的文脉源远流长，魏晋时期南皮文脉在得到承袭的同时迎来一个高潮。2006 年版《沧州市志》在概述中称"南皮高韵"与"邺下风流"为千古文坛佳话。"邺下风流"在南皮的文学活动与"南皮高韵"的文学成果是南皮历史文化的一大亮点。

"邺下风流"即以邺城（今河北临漳西南一带）为中心蓬勃兴起的"建安文学"（指汉献帝建安时期的文学，后人称"建安风骨"）。建安文学继承秦汉乐府诗赋，使四言诗再度恢复风貌，把五言诗推上顶峰，同时拓宽新路孕育了七言诗。建安文学的许多特点对后来文学的发展趋向产生了重要影响。建安文学是由曹氏家族开创和维系的。曹操、曹丕、曹植、曹真、曹休等都到过南皮。曹丕未称帝时携吴质、阮瑀（阮籍之父、建安七子之一）等人曾到南皮进行文学活动。曹丕记述"时驾而游，北遵河曲，从者鸣笳以启路，文学托乘于后车"。阮瑀怀念南皮之游写下了《感旧》："念昔渤海时，南皮戏清沚。今复河曲游，鸣葭泛兰汜。"曹丕在《与朝歌令吴质书》中回忆了南皮之游："每念昔日南皮之游，诚不可忘。既妙思六经，逍遥百氏。弹棋间设，终以博弈。高谈娱心，哀筝顺耳。驰骋北场，旅食南馆，浮甘瓜于清泉，沉朱李于寒冰（寒冰井）。"曹丕、建安七子（孔融、陈琳、王粲、徐干、阮瑀、应玚、刘桢，同为建安文学代表人物）等文朋诗友在南皮的文学活动，深深地影响了南皮的文学发展，并为后世留下了成语"浮瓜沉李"，留下了胜迹燕友台（魏文帝曹丕为中郎将时，与吴质等人曾游赏、赋诗于此，即在南皮进行文学活动的地方，后称"燕友台"）。其后，众多文人墨客纷至沓来，赋诗著文，凭吊怀古，并使"南皮朝宴""南皮之游"以及"寒冰井""射雉台""燕友台"等屡屡出现在历代诗作中，成为后世文人笔端诗赋酬酢的典实。

南皮籍清道光朝丁未科状元、翰林院修撰、军机大臣、协办大学士、刑部尚书张之万在四修《南皮县志》（光绪年间）时作序曰："余家籍南皮者，垂六百年。邑虽沧瀛一隅，而燕友筑台，胜游遗迹，引经断狱，俊哲代兴。……今邑侯江苏殷君芝阶树森来莅吾邑。下车之始，慨然以纂修邑志为急务。复延搢绅先生，搜故牍，集往事，参互考订，都为若干卷。书成，介菊坨之京弟走书京师，索序于余。余维修废举坠，贤有司之德教也。矧风俗之替兴，民生之利弊，一切声名文物、政教号令胥具乎是，俾后之任兹土者，有所稽考而遵循焉。实吾乡数百年之利赖。岂第接轸前贤，备一方之文献已也。"从这个"序"中，我们也可以看出，地方文化的兴盛确确实实为地方志书提供了丰富的地情资料，而地方志书的编纂，又为后世留下了具有存史、资政、教化作用的史料，两者互相影响、相得益彰。

"南皮高韵"深受"邺下风流"的影响。西晋时期的南皮人石崇、欧阳建在金谷园（石崇别墅，在今河南洛阳东北）与名士刘琨、陆机、左思、潘岳等 24 人结社，赋诗唱和，史称"金谷二十四友"。南朝梁文学家、史学家沈约称之为"南皮高韵"。石崇既是当时的巨富，又是著名的文人、诗人，其著作甚丰，仅《金谷园集》就有十余卷。书圣王羲之写《兰亭集序》时，就曾将其与石崇的《金谷园序》相比。著名诗人杜牧、韦应物、张继等都写有与"南皮高韵"相关的诗，北周文学家庾信曾有诗云："若非金谷满园树，即是河阳（古县名，即金谷园所在地）一县花。"

"南皮高韵"的金谷大会就是效仿邺下文人集团宴游铜雀（铜雀台，在今河北临漳西南）之会产生的。"邺下风流""南皮高韵"形成了自己的风格，即唐代诗人陈子昂、李白盛赞并提倡的"魏晋风骨"。"南皮高韵"不仅影响和促进了南皮文化的发展，在中国文学史上也留下了深深的印迹。

隋朝以后，大运河文化给南皮文化注入了新鲜血液，刚猛含柔情，豪放兼婉约，使南皮文化更加丰富多彩。清同治癸亥科探花、体仁阁大学士、军机大臣兼管学部、太子太保张之洞为南皮东门张氏所定的纪世谱诗"仁厚遵家法，忠良报国恩。通津（经）为世用，明道守如（儒）珍"，反映的即是南皮传统文化的主流内涵。

正是南皮县亘古以来的文化积淀，为后来《南皮县志》的编修打下了坚实的基础，并对其产生了重要的影响。从明万历三十一年（1603）始，南皮知县李正华创修《南皮县志》，共 17 卷（今已无存）；清康熙十二年（1673），南皮知县马士琼主持重修《南皮县志》，共 8卷；康熙十九年（1680）第三次修纂《南皮县志》，由南皮知县刘址主修；光绪十四年（1888）四修《南皮县志》，由南皮知县殷树森主修，全书 14 卷；1932 年五修《南皮县志》，刘树鑫总纂，王德乾、赵文奎主修，共 14 卷。从目前能够查阅到的史料看，先后有 10 位知名人士作序或题跋。中华人民共和国成立后，南皮又于 1992 年、2011 年先后两次编修县志。由此可以看出，地域文化与地方志书是密不可分的，正是蓬勃兴起的地方文化，促使地方志的创修和发展。

二　地方志书是地方文化的展示平台

从现存的《南皮县志》（含民国版）来看，关于教育、文化、艺术等方面的记述占了其中很大的比重，在光绪《南皮县志》中，《艺文志》分为上、中、下三部分，占了 3 卷；民国时期出版的《南皮县志》共 14 卷，其中仅《文献志》就有 5 卷，这也在一定程度上彰显了南皮浓郁的文化氛围，使志书成为地方文化的展示平台。

在厚重的文化熏陶下，南皮俊哲代兴，奇杰辈出。2006 年 9 月 12 日至 10 月 11 日，中共河北省委宣传部、河北省文化厅、河北省社科院联合评选确定了"影响中国历史进程的河北十大名人"，南皮县张之洞是沧州市范围内唯一的入选者。同年9~11月，沧州市社会科学界联合会和沧州日报社评选出了"影响中国历史进程的沧州十大名人"，其中，尹吉甫、贾耽、张之洞三位入选者俱为南皮人。

据《南皮县志》记述，自隋朝兴科举至清末废除，南皮有记载的文武状元各1人，文武进士92人，文武举人289人，且都有传记。1992年版的《南皮县志》收入传记人物83人；2011年版的《南皮县志》收入传记人物82人。

据史料记载，南皮7部古今志书都予收录的周宣王内史大臣尹吉甫，"武以威敌，文以服众"，"事业文章，炳然千古"。他的诗作《崧高》《烝民》都被收入《诗经·大雅》，其中"小心翼翼""明哲保身""夙夜匪解""爱莫能助""穆如清风"等作为成语流传至今。《诗经·小雅·六月》描写他的征战武功，称赞他"文武吉甫，万邦为宪"。乾隆皇帝在乾隆三十六年（1771）春二月出巡至南皮时，命吏部侍郎曹秀先祭尹吉甫墓（其墓俗称将军坟），并立碑赋诗以志。秦朝时任嚣领兵征南为南海尉，指定赵佗（后建南越国，为王）为其继任。《畿辅通志》康熙二十二年原序记述"隽不疑、鲍宣之属皆有直声于汉"。隽不疑以治《春秋》之学闻名，为京兆尹，汉昭帝赞之"读经知史，明于大义"。鲍宣堪称铁骨铮铮。西晋大司马乐陵郡公石苞屡立战功，直至官拜司徒，死后晋武帝赐号"武"。其子石崇极富文采，惜因斗富而酿下"绿珠坠楼"的悲剧，但也留下了"十斛量珠"的成语。"扬州八怪"之一的郑板桥在南皮写过一首名为《过绿珠坠楼故址》的诗："古往今来岁月深，季伦（石崇字季伦）遗址漫登临，绿珠楼下香魂杳，径尺珊瑚何处寻。"此诗后被收录于光绪版、民国版及1992年版的《南皮县志》中。唐代贾耽曾任德宗、顺宗、宪宗三朝宰相，共计13年，政绩显赫。他在地理学、方志学上所做出的杰出贡献尤为后人赞誉和推崇。2009年版的《辞海》对贾耽的注释为："唐地理学家。字敦诗，沧州南皮（今属河北）人。……用裴秀制图法，绘成《海内华夷图》《陇右山南图》，又撰《古今郡国县道四夷述》《贞元十道录》《皇华四达记》及《吐蕃黄河录》等"。唐礼部尚书、同平章事权德舆在为贾耽撰写的墓志铭中称"博闻强识通天下之志，斯不可已。……撰《海内华夷图》及论次地理之书，凡五十有五编。贡在中禁，传于域内。言方志者，以公名家"。2006年版的《沧州市志》对贾耽的评价为"在中国方志学和地理学史上做出突出贡献"。被宋太宗、宋真宗倚重的一代廉吏贾黄中，是贾耽的玄孙，因其诵读"等身书"，后世发展、演变出了成语"著作等身"。西晋著名哲学家、诗人欧阳建著《言尽意论》，对朴素唯物主义的继承和发展做出了贡献，《晋书》称其"雅有理思，才藻美赡"。对这些历史名人及其文学成就，多部县志都有较为详尽的记载。

由此可见，文化是与史志紧密关联的，南皮作为文化名县、人才大县的特征和优势，在各部志书中得到了充分的展示。

清末南皮籍官员张之洞以清流健将、两朝重臣的身份影响了晚清政局30年。他引进西方先进科学技术，办新学、练新军、举新政、创实业，成为洋务派集大成的人物。孙中山先生称他为"不言革命之大革命家",习近平总书记称赞"张之洞,是有改革观念的一个人"。[①] 光绪版、民国版及 1992 年版的《南皮县志》中都有对张之洞的记述。2011 年版的《南皮县志》,为突出时代特点和地方特色,特设"张之洞研究",并分"生平与业绩""张之洞与南皮""张之洞纪念活动""张之洞研究活动"等 4 章 16 节记述。

编修志书的表象是记载历史,但其本质是文化建设。一部县志要体现地域特色,就必须拓展地情资料,展示地方的文化特点。

南皮地方文化的多元化发展,使传统文化彰显了多样化的特色,也使得南皮民间文化艺术形式在传承中迎来大发展、大繁荣的崭新局面。在南皮境内,文武落子、大秧歌、高跷、花狸虎、小车子会、跑驴、旱船、小竹马、龙灯、狮子舞、打击乐、吹歌、劳动号子等民间文艺形式繁多。尤其是清雍正时期兴起的南皮落子,已有近 300 年的传承历史,与昌黎的地秧歌和井陉的拉花同属河北省具有代表性的三大民间舞蹈,经历代艺人的执着追求和精心创新,艺术形式日臻完美,成为南皮独具风格的传统民间文艺形式,曾多次在国外上演,并在国际舞蹈比赛中屡获金奖。2006 年、2008 年,先后入选河北省和国家级非物质文化遗产。1992 年版的《南皮县志》已经将南皮落子作为传统文化及艺术形式的一部分进行了记载,但着墨不多。2011 年版的《南皮县志》对南皮落子进行了进一步研究和论证,将之升格为"章",突出了地情资料,彰显了南皮的地方文化特色。

对南皮武术的记述也是如此。作为沧州"武术之乡"的重要组成部分,南皮武术已传承了近 600 年,发展到拥有 14 个门派,习武者逾 2 万人,成为遍布城乡的群众性武术文化活动。为了反映这种发展与变化,二轮志书将"武术"设置为"编",并分为"起源与发展""门类与派别""武德与礼仪""竞技比赛与传播交流""组织与管理"等 5 章 20 节,详细地记述了南皮的武术、武术文化、武术文化事业、武术文化产业的历史及现状。同时,还突出了对重点武术人物的记述,如对霍殿阁、刘云樵等武术大师,都按照"以人系事、以事系人"的原则,进行了重点记述,力争见人见物、翔实生动。

2011 年版《南皮县志》始终坚持了这样的原则:记人员、记事实、记过程、记效果,突出人的作为。用一个个闪光的名字串起一段段感人至深的事迹,向读者展示南皮民风淳厚、崇文重教的县情民情。

三 地方文化的承袭与发展促进地方志编纂薪火相传

南皮地连齐鲁,又近燕赵,文化的发展呈多元化的特点。既有淳朴、刚毅、勇敢、豪迈的民风,又受齐鲁儒家思想的影响,雅重文化,耕读为业,以修身、齐家、治国为荣。

---

① 中共中央文献研究室编《习近平关于全面深化改革论述摘编》,中央文献出版社,2014,第 46 页。

明万历朝以来，南皮历届知事不仅注重创修、编纂县志，更注重其存史、资政、教化的作用。张之万在为光绪《南皮县志》所作的序中特意提出"俾原之任兹土者，有所稽考而遵循焉"。民国《南皮县志》在编修时，时任县长赵文奎亦作序曰："上稽既往，下示将来，旁搜远绍，俾昔日之良法美意自不此而隳；而一切民生利病，亦可以昭为法戒，了如指掌，殆亦剥极必复由乱而治之兆乎？"都关注和认识到了存史、资政、教化的重要性。

南皮县续志的编修更是遵循了这一历代相传的原则。时任南皮县委书记、县长联名为志书作序："修志之意，旨在告慰前人，激励后人，启迪后世，造福桑梓。志书的出版，只是刚刚完成了'认识过去'，更重要的是在于立足现在，着眼未来。"为使新编地方志更好地服务于当地经济社会发展，发挥应有的资政作用，中共南皮县委、县人民政府将县志作为对广大党员、干部、群众进行乡土乡情教育的"地情书"，以"热爱南皮、宣传南皮、建设南皮"为基本内容，广泛开展了读志用志活动。

为提高志书的品位和知名度，《沧州日报》、《南皮政协报》、南皮《古城文化》报先后编发了《南皮县志》出版发行的消息；南皮电视台制作了《谈古论今话南皮》的专栏节目，以县志资料为基本素材，连续播出了30多期专题节目，既宣传了志书，又宣传了南皮的特色和特点；为扩大志书影响，县志办公室还向省、市社科成果评审会报送志书的评审材料，并于2012年6月获"沧州市第十二届社会科学优秀科研成果特等奖"，在社会上引起了很大反响，也激发了南皮县广大干部群众阅读、研究《南皮县志》的浓厚兴趣。

为了充分展示新编县志的特点及有关内容，南皮县进行了认真的研究和部署。为了展示张之洞务实创业的精神，并为全县经济和社会事业的发展提供可资借鉴的经验和有益的历史启示，南皮县先后建立了两处"张之洞纪念馆"；县地名委员会根据县志中收录的西周时期大将军尹吉甫、唐代石金刚、明代国槐的有关史料，将县城的三条街道分别命名为"将军路""金刚路""明槐大街"；县城内则修建了"金刚公园""香涛公园""姜太公钓鱼台公园"。这些既是对南皮新编志书内容的生动再现，又彰显了古城南皮悠久的历史和勃兴的文脉，潜移默化地使人们受到启迪和教育。

如何更好地传承优秀文化，使地方志编纂做到薪火相传，南皮县在编纂县志的时候，采取大力推进部门志编修和古籍旧志整理、重印的方法，无疑是一个积极、有益的探索。近20年来，南皮县共完成《南皮县教育志》《南皮县民政志》《南皮县人民代表大会志》《南皮县政协志》《南皮县文化艺术志》《南皮县后康村志》等志书30余部，并编辑、出版了大量的史料专辑，使传统文化及珍贵史料得以保存、继承和发扬。2014年始，南皮县集中利用3年的时间，编纂出版了《南皮·千年文化古县》系列丛书，全书分为6卷，即《历史人物卷》《文学艺术卷》《文物胜迹卷》《历史事件卷》《民俗文化卷》《传统武术卷》。这样，历史文化在挖掘中得以受到保护，在保护中得以传承，在传承中得以发展，从而传承了南皮的历史文脉，弘扬了优秀传统文化。从这个意义上说，南皮对于古籍县志的整理、重印更是"功在当代、利在千秋"

的重要举措。

　　南皮县志办公室自 2007 年 6 月编修二轮志书开始，就注重兼顾旧县志的搜集、整理和重印工作。出于历史等各方面的原因，南皮古县志现存世的仅有 3 种，且都残缺不全。县志办公室先后去国家图书馆、河北省档案馆、县第一中学和私人珍藏处查阅并影印补齐，进行了原版重印。同时，又将 3 部古县志进行标点、整理、勘误后正式印刷出版。至 2012 年 8 月，南皮县旧县志的整理重印工作全部完成。而后，又于 2017 年 7 月正式出版了 3 部古籍县志的合订本。这不仅是对旧志书的一个很好的传承，而且是对地方文化事业的发展所做出的积极贡献。同时也证明，地方志是地方文化的重要组成部分，只有文化事业的繁荣和发展，才能使史志事业不断传承和创新；也只有史志的创修与编纂，才能使优秀的传统文化得以积淀和传承，两者是相辅相成、缺一不可的。

中国方志文化传播的实践探索

——区志应运向图片立体化展示刍议

王文振

（天津市河西区档案馆）

中国方志文化源远流长，堪称中华民族独特的"文化瑰宝"，传承着中华民族丰富而宝贵的历史文化财富。作为一种传统文化载体和文化传承方式，地方志在中国历史上发挥着存史、资政的作用。方志之名，最早见于《周礼》。《周礼·春官》记载，小史掌邦国之志，外史掌四方之志；《周礼·地官》记载，诵训"掌道方志，以诏观事"。中国古代第一部志书——《越绝书》始见于东汉，由袁康、吴平撰写。东晋时期的《华阳国志》是中国现存最早以"志"命名的方志。

"国有史，郡有志，家有谱"是中国方志事业发展的一个真实写照。纵观中国方志发展历史，方志文化多以志、史、谱、记等文字形式传播，进入新时代，地方志事业逐步脱离了"一本书主义"的工作思路，实现了志、鉴、库、馆等"十业并举"的重大转变。方志的作用也逐步由存史、资政向存史、资政、育人、宣传等方面拓展。2006 年，我国第一部有关地方志工作的行政法规《地方志工作条例》颁布实施。2015 年，国务院办公厅颁布的《全国地方志事业发展规划纲要（2015~2020 年）》提出"依法治志"。2018 年，天津市颁布《天津市地方志工作办法》（以下简称《地方志工作办法》），以"一纳入、八到位"为总要求，使地方志从传统单一的依法修志向依法识志、依法修志、依法研志、依法用志、依法管志、依法存志和依法传志转型发展。[①] 这为区志的图片化、立体化奠定了坚实的法律基础。

一 透析转化主旨， 馆办结合体制跨入新时代

志书立体化研究是一个比较新的历史课题。在国内甚至国际上都是一个新的历史性创举。

---

① 杨卓轩：《从唯物史观视角论依法治志的价值与作用》，《史志学刊》2018 年第 6 期。

它能清晰地将志书所反映的地区自然、政治、经济、文化、社会、生态、人物等方面的内容以实物、图片、影视资料等形式立体化地展现在受众的面前，更好地发挥志书存史、资政、教化、育人的作用，同时又能加强馆志融合，以达到机构改革的目的。

（一）直观化

就区志而言，它作为官书的一种形式，是方志文化传播的重要载体。然而，区志有其固有的特点，即政治性、历史性、专业性，所以不利于方志文化的广泛传播。展览是一种综合运用各种媒介的传播方式，是通过现场展览和示范来传递信息、推荐形象的一种常规性公共关系活动。它具有传播媒介多样性、传播过程直观化、双向沟通直接性、传播过程高效性等特点，可以快速、直接、高效地将展览的内容传递给受众，方便受众直观化地了解本地区历史文化，是一种快速传播方志文化的新的、有效的载体。根据中国地方志指导小组（以下简称"中指组"）关于做好地方志资源的开发利用工作的要求，志书的展览化有利于党政军机关、党派团体、企事业单位、学校社区等部门直观化地感受本地区历史变迁，进一步提升方志文化的社会影响力。

展览的实物化是志书艺术化的重要物质载体。在志书展览的视觉整体设计当中，展览的实物化设计是贯穿整个展览的宣传媒介与载体，是志书展览形象与品质的直观体现，不仅关系到志书展览的信息传播，而且能够对展览所呈现出的实物的价值进行映衬，进一步凸显志书展览的艺术品位与主题风格，为志书增添艺术化的属性，提高区志对大众的吸引力。

展览的情景化是志书维度化的综合演绎。展览是让观众完全集中在主题上，从而进行有效信息传递。现代展览艺术的核心内容是要通过情景化演绎将展览的主题与其他所有看似没有直观联系的元素融合在一起，使之能够围绕要传达的展示信息与观众沟通，简化沟通的过程，以产生重要的协同作用，并增强展览的有效性。[①] 志书的立体化和电影行业由最初的剧本向巨幕制作拍摄转变的过程是一样的，是由一维空间向三维立体空间转变的一个过程。而展览可以给人以身临其境的感觉，灯光、图像、实物、影像、解说、场景再现等技术与方式相互映衬，是使志书达到立体化的重要手段。展览的情景化赋予了志书一个全新的姿态，使之能以情景化演绎的形式面向大众，不再是单一的志书文本，提升了志书的辐射维度与服务质量。

展览的互动性是志书"活"起来的一次质的飞跃。在展览中，讲解员、观众、展品之间相互影响、相互交流的过程是展览互动性的集中体现。同时，展览的设计增添了很多现代化的电子查阅、情景演绎、知识竞答、卡片留言等互动环节，增添了观众对志书内容的兴趣与了解，实现了志书内容的完美传递。展览打破了关于志书冰冷的直观感受，增加了许多互动的环节，凸显了以观众为中心的设计理念，以角色转换的方式，达到了志书"活"起来的目的。

[①] 王粟：《现代展示艺术的情景化演绎研究》，硕士学位论文，鲁迅美术学院，2017。

（二）受众化

扩大志书的服务范围，增强志书对受众的影响力一直是区志工作者不懈奋斗的动力。就目前现实情况来讲，志书更多地起到了资政的作用，而教化、育人、宣传的作用还没有得到进一步的发挥，因而我们探索性地提出了志书转化为展览的设计思路，以扩大志书的服务对象，提高服务质量与水平，达到存史、资政、教化、育人的目的。

应用现代化展示艺术是扩大志书服务范围的必由之路。作为一名方志工作者，完成志书的编修只是"万里长征的第一步"，发挥志书资政、教化、育人、宣传的作用才是我们的理想。当前，我国馆办结合的体制已经形成，"为党管档，为国守史，为民服务"已经成为我们修志同人的理想信念，如何进一步加强体制融合，结出智慧的结晶是摆在我们面前的新课题。应用现代化的展示艺术，将志书以展览的形式呈现，不仅可以充分展现志书本身的内涵，同时可以加强馆志融合、档案馆与方志馆的融合，将志书的服务范围进一步延伸到千家万户，实现互利共赢。

多学科融合助推馆办服务现代化。全心全意为人民服务是党的根本宗旨，也是我们方志工作者努力的方向。目前，在方志学还未成为一门独立的学科之前，我们需要融合多学科来共同推动方志事业的发展。区志的展览化正是建筑学与艺术学、美学、摄影学、历史学等多学科融合的结果。其中，志书内照片的立体化展现，志书内容的情景化、影视化设计，历史实物的展览都为馆办的服务插上了现代化的翅膀，让我们的服务水平、宣传教育效果得到提升。

平易近人的理念是方志事业发展的新方向。区志与历史故事不同，有其自身所独有的专业性。其与自然、政治、经济、文化、社会、生活等领域各学科密不可分，是一个多学科融合的结晶。因而，区志转化为展览艺术的理念应运而生。一方面，展览中的实物与照片更为直观；另一方面，化专业为讲解的互动形式更加平易近人，更能被人理解消化，从而达到良好的宣传效果。

（三）延展化

志书作为正式的官方书籍，在书写方式上有着严格的要求。从体例到体裁再到上下限都有严格的要求。因而，志书可以说是反映一定历史时期当地自然、政治、经济、文化、社会、生活等各个方面的官方书籍。而展览的设计应用则可以突破时间、内容、空间上的种种限制，多方面、多角度、立体化、延展化地展现本地区的历史。因而，展览是志书的一面"镜子"，更是当地历史的真实写照。

向现代展示艺术方向发展是实现历史完整性的不二之选。由于编写规范及相关文件要求，一般情况下志书在编写过程中是不能突破上下限要求的。而转化为展示艺术则可以增加自由发挥的空间，打破上下限限制，从人类真正可考的活动历史，甚至神话传说讲起，回望过去，记录当下，展望未来，让一个地区的历史串联起来，纵贯古今。

史志结合、融史于志是充分展示地区文化的重要形式之一。相比于志的记录，展览可以在志书的基础上，通过融入史的内容来增加展览的完整性与可参观性，从而打破种种框架限制，实现时间、空间上的延展，让整个信息传播更有韵味，让讲故事成为整个信息传播过程的主要形式，增强宣传展览的效果。

向展览方向转化是实现空间上的多维度化的有效形式。志书转化为展览不仅能让志书进行多次"裂变"，更能让其实现由点到面，由面到多维立体的转化，使政治上的内容更加社会生活化、人文化，使文字内容更加图片化、历史化、艺术化，使传播手段更加现代化、情景化、立体化。

二 紧扣转化途径，馆志服务水平获得新提升

志书的立体化研究由于目前可参考的实践经验并不多，所以要深入挖掘转化方式、方法，多角度、多方面分析转化途径，通过新的形式提升新时代档案馆服务水平，在馆办融合的基础上，紧扣体制改革的目的，实现良性互动与业务融合，使馆志服务水平有一个新的突破。

（一）依据志书编章脉络确定展览的框架

以时间为主线确定展览的脉络。展览的设定大多以时间为脉络，要讲述好一个地区的历史，一定要确定当地的历史发展主线，贯穿始终，从古至今，将该地区的过去、现在呈现在观众面前。观众走进展厅，犹如跨越了时空的历史长廊，体会到心灵上的震撼。

在结构上确定展览的模块构成。根据中指组二轮修志编章结构设置，全国二轮志书多由以下几个板块构成：历史变迁（建置、行政区划变迁、自然环境）、经济建设与发展（城市兴起、建设、管理，工商服务业的发展、管理，财税、金融）、政治制度与政权（中国共产党、人大、政府、政协、民主党派、人民团体）、政法军事、教科文卫体发展、社会生活（衣食住行、娱乐、宗教）、人物、革命教育等。这几个板块包含当地自然、政治、经济、文化、社会、生活等方方面面，为我们设计展览的模块提供了理论与实践依据。

（二）依据志书的重点事件选定展览的内容

确定了展览的框架之后，我们需要对每个模块进行内容填充。就像动物有了骨架还不够，还要让身上有血有肉。因此，志书内的重点事件、图片资料就显得尤为重要。对志书内重要事件挖掘的深度决定了展览的效果。

多样化的构思设计是深入挖掘重点事件的有效形式。我们不仅要认真梳理区志中每个模块下的重点事件、内容，摘取有代表性的、能够切实反映本地区历史文化的内容进行深入加工，将志书语言性的描述转化为图片化、立体化、实物化、影视化的展件，最终以实物、图片、地

图、情景再现、影视资料、电子信息等形式展现在观众面前，实现展览的现代化与服务的优质化。

艺术化的筛选形式是突出区域特色的重要手段。在重点事件筛选过程中，我们不仅要凸显历史的连续性、真实性、完整性、客观性，更要兼顾展览的展示效果，突出展览的特色性、代表性、对比性、教育性、互动性。在真实客观的基础上，挖掘本地区一些有特色、有代表、能够反映历史变迁的事件，通过对比的手段，以讲故事的形式展现在观众面前，达到良好的教育目的与宣传效果。

（三）依据志书中的人物确定人像照片介绍

人物是历史活的灵魂。社会发展史，也就是个人发展史，正如马克思、恩格斯所指出的："人们的社会历史始终只是他们的个体发展的历史，而不管他们是否意识到这一点。"① 社会是个人的社会，个人是社会的个人，社会是与个人在同一历史过程中发展起来的。因此，志书中的人物是贯穿整个历史脉络的，我们应该单独将其作为一项研究内容，结合志书整体的内容与人物编介绍，将人物内容或穿插在各个模块之中，或作为一个专栏做典型介绍。

依据志书中人物的分类确定人物内容。根据志书中人物编的分类，该部分共分为传略、名录两章，详细记述了在本地区学习、生活、出生、居住、工作过的历史名人及全国、市级劳动模范、先进个人。

按时间脉络对志书中的人物进行排序。历史是由人民创造的，并一代一代延续下来，所以在转化过程中要突出人民的贡献，对于与本地区有关的对社会有贡献的人物，要将其作为代表进行展示。突出历史的延展性，以时间为主线，深入展示志书中的人物。将人物照片、简介、贡献（或危害）等内容穿插在展览中，突出人物对地区的影响。为增强转化的可操作性，方便工作的开展，要充分利用科技手段，对人物的资料进行充分搜集、整理，保持其完整性，通过信息化手段，来增强展览的互动性。

三　聚焦转化成果，方志文化魅力得到新彰显

就天津市河西区而言，河西历史展对我们的实践探索影响深远，为方志文化在传播途径上增添了新形式。实践出真知，只有将理论知识转化为实践成果才能真正对社会起到良好的促进作用。通过本次馆办融合，方志事业迎来了新机遇、新发展，给方志文化的传播带来了新形式。新时代下方志文化的传播迈上了新台阶，作为方志工作者，我们也要紧跟时代步伐，见微知著，保持活力与生机，提高方志的服务能力与水平。

---

① 《马克思恩格斯选集》第4卷，人民出版社，2012，第409页。

（一）展览的规模

地区重视程度是影响展览规模的重要因素。在实际操作过程中，要结合经济社会发展水平，与相关法律、法规、规章、文件等要求，保证合理区间，充分利用空间，增强设计感。

展览是方志文化传播的重要物质载体。受规模所限，在方志转化过程中，要突出时代特色，选出一些具有代表性的事件、人物，以及能反映本地区特色的企业、学校、配套设施等为重点介绍对象，提升方志文化的教育意义与服务水平，让方志文化在传播过程中充分与爱国主义教育的内容相结合，起到弘扬方志文化的作用。

（二）展览的效果

展览化是志书直观化的重要手段。随着科技的进步，志书的传播途径也更加多元化。志书转化为文物、照片、动画、影像、场景等实物化的内容，可以让受众更加直观地感受志书文化的魅力，更容易理解与把握志书的精华，从而更好地了解地区发展。

展览化是志书立体化的有力支撑。志书的立体化是当代方志工作者研究的一个新的课题，让志书由一本书转化为图片、情景，增强志书的直观性，突出志书的宣传效果与作用。

（三）展览的意义

志书的展览化是存史、资政、教化、育人的方式之一，是依志寻图、依志设展、依志系人的重要手段之一，是方志文化传播的途径之一，为方志馆建设奠定良好的理论基础与实践依据。

当前方志文化已经逐步影像化、智能化、科技化，地区志鉴的发展也要逐步摆脱"一本书主义"，实现多角度、多学科融合，摆脱传统观念束缚，逐步转变工作思路，加深馆办融合，实现志书与展览的深度融合、转化，由一本书的单边平面化向展览的立体化、直观化、多维度化方向发展，利用现代科技手段，使志书逐步多元化、受众化、直观化、延展化，力求为方志文化的传播提供新的不竭动力。

让地方志事业在转型升级中世代传承

——基于河北地方志发展的视角

王 蕾

（河北省地方志办公室）

地方志从周秦算起，已经有 2000 多年的历史了。2000 多年来，历史变迁，朝代更替，但是中华民族编修地方志的优良传统一直在兴衰起伏中绵延传承。地方志从图经到文字、从地理书到全面记述地情，一直在转型升级，屹立于中华传统文化之林，独树一帜。方志界老前辈董一博先生将新中国成立前的方志发展划分为以下几个阶段：第一阶段，宋以前，地方志由"图经"逐渐演变为地方志；第二阶段，宋元时期，地方志体裁和形式日趋完备；第三阶段，明朝时期，地方志进一步发展，地方志体系形成；第四阶段，清朝时期，地方志体系完全确立，这是我国封建时代地方志发展的全盛阶段；第五阶段，辛亥革命后，随着时代的发展，地方志的体裁、体系又有新突破。[①] 从这些发展过程可以看出，地方志体裁的演变以及体系的确立、发展、革新、传承，都与时代大潮息息相关，都是与时俱进的，都是历代修志者在继承传统的基础上，根据当时社会发展的需要不断完善、不断调整、不断适应、不断升级，一步高过一步地向前发展的。

近年来，党中央、国务院高度重视地方志工作，地方志事业发展处于前所未有的大好局面。习近平等党和国家领导人多次发表重要讲话，做出重要批示。国家级重要文件相继出台，2015 年 8 月国务院办公厅印发《全国地方志事业发展规划纲要（2015～2020 年）》，明确了地方志事业 5 年内的总体目标和主要任务；2016 年"加强修史修志"被写入国家"十三五"规划；2017 年 1 月，中共中央办公厅、国务院办公厅印发《关于实施中华优秀传统文化传承发展工程的意见》，在重点任务中明确要求"做好地方史志编纂工作，巩固中华文明探源成果，正

---

① 《试论中国地方志的发展》，《董一博方志论文集》，河南大学出版社，1989，第 53 页。

确反映中华民族文明史，推出一批研究成果"。这一切都表明，党中央、国务院把地方志工作提升到新的高度、摆在新的位置，对其提出新的要求，地方志工作在建设社会主义文化强国、提升国家文化软实力、实现中华民族伟大复兴的中国梦过程中的作用逐步凸显。地方志的价值和活力不仅限于修志存史，还在于对历史智慧和人类文明的记述与传承，更在于育人和资政，在于服务国家发展大局。地方志要在实现中华民族伟大复兴的中国梦的伟大进程中，发挥与其自身价值、功能相匹配的作用，就要与时俱进、顺势而为，利用多种方式和手段，充分挖掘、开发利用地方志资源，摒弃"一本书主义"，全面推动地方志事业转型升级，把地方志事业做大做强。时任中国地方志指导小组常务副组长李培林在 2017 年全国地方志机构主任工作会议上明确指出，"所谓转型升级，当下的目标，就是完成'两全'目标，长远的目标就是形成成熟的地方志事业发展综合体系，从'一本书主义'向志、鉴、库、馆、网、用、会、刊、研、史'十业并举'转型"。①

地方志从起源、发展到流传至今，每个历史阶段修志者都会自觉或不自觉地在体例、内容、形式、方法等方面对其拓展升级。笔者从河北的地方志实践中发现、体会到这些变化，并尝试对其进行描述。

一 河北地方志的起源和发展

河北的地方志萌芽于先秦，历代编修、千年传扬。代表作现今可以查找到的有两部，一部是《幽州山川屯田聚落》百余卷，东汉李恂纂；另一部是《冀州风土记》，东汉卢植纂。这两部书标志着按行政区划记述河北事物的地方志已经产生。

东汉涿郡（今涿州市）人卢植所著《冀州风土记》，是我国最早的具有地方志性质的著述之一。北魏范阳（今涿州市）人郦道元，是我国古代最负盛名的地理学家，著有《水经注》（40 卷）一书，此书是我国古代具有地方志性质的最著名的地理著述。随后，河北地方志从地理书中脱胎出来。唐代著名宰相赵州（今赵县）人李吉甫所撰《元和郡县志》（40 卷），是我国历史上第一部全国总志，其体例方法多为后人效法。宋代饶阳人李宗谔纂《祥符州县图经》（1566 卷），是一部宋代全国总志，也是我国历史上罕见的巨著。在明代，河北修志最负盛名者是容城人孙奇逢，著有《畿辅人物考》等。清代沧州人宋起凤，是河北著述方志最多的人物之一，一生纂修方志十多部。在清末民初，王树枏（曾任清史馆和民国史馆总纂）参与编纂的民国《河北通志》、《冀县志》、《新城县志》，阳原人李泰棻总纂的《阳原县志》，章学诚总纂的《永清县志》，傅振伦主纂的《新河县志》，从体例到内容，都可圈可点，是公认的名志佳作。

---

① 李培林：《全面推进地方志事业转型升级——在第一次全国地方志工作经验交流会暨 2017 年全国地方志机构主任工作会议上的讲话》，《中国地方志》2017 年第 1 期。

1931 年 9 月，河北省政府在省会天津组建河北通志馆，编修《河北通志》。先由省政府秘书长刘善锜兼任馆长，次年 3 月由新任秘书长瞿宣颖继任馆长。王树枏、张国淦任总纂，参加编修的有京、津著名学者吴廷燮、马英俊、张汝漪等 20 余人。民国《河北通志》是一部未竟著述，从 1931 年始修，至 1937 年全面抗战爆发，因战乱辍止（1993 年，河北省地方志办公室整理出版《河北通志稿》）。

河北省修志历史久、数量大、名志多，这些方面在全国可谓名列前茅。据对民国《河北通志稿·旧志源流》和一些方志书目的统计，民国之前河北省历代编修的地方志有 1400 余种万卷以上。现存有省通志，府、州、县志和其他专门志计有 800 余种 7000 卷以上，其中明朝修有 255 种，清朝修有 418 种，民国时期修有 117 种，其他朝代所修专门志，如人物、金石、关隘、水道等方面的方志著述有 50 种以上。

中华人民共和国成立以后，我国地方志事业的发展进入了一个新时期。1956 年国务院科学规划委员会设地方志小组，把编修地方志工作列入《1956~1967 哲学社会科学规划草案（初稿）》。根据中共中央的部署，中共河北省委、省人民委员会决定编修《河北省志》，于 1960 年 4 月正式成立河北省志编纂筹备委员会，编委会下设办公室，具体负责省志编纂工作。为编写河北省抗日战争和解放战争时期的大事记，编办室组织业务干部查阅档案，走访知情者，历时两年，共搜集各种资料 3000 多份，计 1000 多万字。县志的编写也有进展，1959 年 6 月《怀来新志》由天津百花文艺出版社出版，全国文学艺术界联合会、作家协会等单位的徐迟、许法新参加了编写。1960 年 7 月，河北省昌黎县县志编纂委员会、中国科学院语言研究所编纂的《昌黎方言志》由科学出版社出版。1960 年出版了《兴隆县志》。1964 年以后，河北省的方志工作开始下滑，"文化大革命"期间完全停顿。

由此可以看出，河北的地方志编修在历朝历代，直至"文化大革命"之前都不曾中断，在编纂数量、编纂质量、编纂人员、编纂机构等方面都在图变求新。

二 20 世纪 80 年代始方志事业转型升级的初级阶段

1980 年 4 月，胡乔木在中国史学会第二次全国代表大会上提出："地方志的编纂，也是迫切需要的工作。现在这方面的工作处于停顿状态，我们要大声疾呼，予以提倡。要用新的观点、新的方法、新的材料，继续编写地方志。不要让将来的历史学家责备我们这一代的历史学家，说我们把中国历史学这样一个好传统割断了。"[①] 这一建议明确提出"要用新的观点、新的方法、新的材料，继续编写地方志"，在全国得到热烈响应，河北的地方志事业重新开展起来。

从 20 世纪 80 年代开始方志实践工作来看，各地顺应时代发展，结合修志工作遇到的问题，

---

① 《胡乔木文集》第 3 卷，人民出版社，2012，第 117 页。

做了许多创新升级的有益探索，归纳起来主要有以下几个方面。

"众手成志"新格局。地方志是"官书"，修志是各级政府的职责，是"官职""官责"。修志工程庞大复杂，对组织性、协调性要求高，如此浩大的文化工程靠个人是无法完成的，只能靠政府来主持。历史上的修志行为，也是官府主持，聘请鸿儒、贤达人士纂修。河北省新志编纂形成了党委领导、政府主持、设立机构、"众手成志"的新格局，1981年10月31日，中共河北省常委办公会议决定：成立河北省地方志编纂委员会。1982年，河北省地方志办公室成立。在历经了机构归属的多次变化之后，1987年3月7日，河北省地方志办公室归属河北省政府办公厅。至今，虽然在这次机构改革中涉及地方志机构，但市、县（区）方志机构健全，专兼职人员团结协作，工作正常开展。机构的建立和稳固，是地方志事业全面转型升级进一步发展的根本保证。

体例创新升级。从方志发展的历史和新中国方志事业的进程可以看出，地方志书体例内容坚持与时俱进，不断创新升级，是方志事业世代相传的根基，也是地方志书全面记述地域社会历史发展的需要。"修志是中华民族的优良文化传统，它与生俱来就具有自我更新能力。这种能力不断要求方志在现有基础上逐步完善，实现自我更新，即在继承传统方志基本体例的基础上，能够发现和运用最大限度反映地情的新方法、新手段，丰富和完善方志的表现形式。所以，方志的创新不是摆脱传统的基本体例另行创造一种新形式，而是要不断地实现自我更新，丰富和完善记述地情的表现方法和手段，以适应不断发展变化了的地情。"① 方志体例不断创新升级符合科学不断发展、社会不断进步的要求。河北新编方志在继承旧志传统体例的基础上广泛以"章节体"为主，这种体例在总体设计上有编、章、节等层次，节下还可有目和子目，层次清楚、统领得体；在篇目的布局上，事以类聚，中编小编相结合，适应现代社会分工较细的要求，使各编之间分工明确、各司其职、互为补充；绝大多数志书仿效黄炎培《川沙县志》于卷首设立概述，形成述、记、志、传、图、表、录七体并存的志书体例。为突出地域特色，升格法、前移法在志书中普遍得到应用。

内容更新拓展。方志由先秦的国别史转向区域志，由以图为主的图经转向以文字记述为主的方志，由以记述地理内容为主的地理书转向记载一地情况包括地理与历史、人文与社会的综合性记述，都是方志内容不断创新、拓展、升级的表现。河北新编方志内容，加大经济部类的分量，注重突出"人无我有、人有我优、人优我特"的地域特色，涵盖面越来越广，真正成了一地的百科全书。至于照片、各种图表的增加，索引的编制等，更是超过了以前历代志书而成为真正意义上的工具书。

学会、刊物、理论研究。志书不是简单的资料汇编，在长期的编纂过程中，它形成了自己独有的体例和风格，具有很强的科学性。为了更好地继承方志传统、吸收旧志精华。河北省方

---

① 周慧：《从方志发展看方志创新》，《中国地方志》2014年第12期。

志办 1986 年开始出版专业刊物《河北地方志》，30 多年来，累计刊发方志理论、修志经验体会、旧志研究等各类文章 2000 余篇，以理论指导修志实践；1989 年 3 月成立河北省地方志学会，团体和个人会员近千人；此后，定期召开全省学术研讨会、续志培训会、经验交流会，采取"走出去、请进来"的方法，向兄弟省区市学习，研究探讨地方志理论问题，培训修志队伍，提高人员素质，理论与实际相结合解决修志实践中出现的具体问题，成效显著。对提高新编志书内容质量起到决定性作用。

整理利用旧志。新编地方志是由旧志脱胎而来，2000 多年的方志发展史证明了地方志具有强大的生命力。鉴于河北的旧志中名志佳志众多，为继承旧志的优良传统，河北省方志办在旧志的保存和整理方面下了大力气。至今，共征集、购买、复制外地收藏的河北历代旧志 200 余部；整理出版了《河北省地方志目录》《河北历代方志总目》《河北地方志提要》；整理点校出版了民国《河北通志稿》。同时，全省各级地方志机构还点校、影印、重印了上千部府志、县志。这些旧志资料在新编地方志工作中发挥了重要作用，整理的旧志也为新时期的经济文化发展提供了可资借鉴的珍贵历史经验，发挥了"以史为鉴"的作用。

三　方志事业转型升级的着力点

在全国地方志第二次工作会议上，李铁映同志指出："修志事业是伴随着中华民族生生息息永不尽竭的光荣事业。志书是中华民族世代奋斗兴衰荣辱的史诗画卷。伴民族、随历史，代代相继，永不断章。"地方志通过详尽地记载一个地方的历史与现状而经久不衰，代代相沿，使中华文明一代一代地传下去，不但为中华民族的发展，也为人类文明的进步做出了巨大的贡献。

国务院办公厅于 2015 年 8 月 25 日印发的《全国地方志事业发展规划纲要（2015～2020年）》明确要求：到 2020 年底，全国市、县（区）志要全部完成印刷出版。也就是说，到 2020 年底，全国的省、市、县（区）三级二轮修志任务将全部完成。这也就完成了李培林同志提出的地方志事业转型升级的"当前目标"。要保持地方志书代代相沿、永不断章，保持地方志工作长盛不衰，保证地方志事业可持续发展，我们就该开启转型升级的"长远目标"，朝着志、鉴、库、馆、网、用、会、刊、研、史"十业并举"的方向转型。要想形成"十业并举"的局面，我们方志工作者就要内外兼修，向两个方向去努力。

对内苦练内功。首先，要建立一支专业化的修志队伍。河北的首轮和二轮修志工作中，临时聘用和返聘退休人员占了很大比例，他们在修志工作中承担了相当大的文字工作量。有的地方，甚至是由退休老同志承担了全部工作，修志人才的匮乏，由此可见一斑。这种情况带来的直接后果就是"书出人散"，修志人员"断档"，修志机构"断档"，这种情况在河北省首轮志书出版之后已经显现。2000 年二轮修志工作在全省启动，绝大多数县、区级方志机构是重新建立，重新搭建修志班子。目前，受机构、人员编制的影响，河北省各级修志机构都是"小马拉大车"，人员少，任务重，难以支撑"十业并举"的方志事业发展局面。

人才是一切事业发展的基础。地方志事业的未来发展同样需要人才作为强大的支撑，没有这个基础，方志事业的发展必将成为纸上谈兵。因此，要想为方志事业的转型升级积蓄后劲，形成持续健康发展的良好局面，就必须停止临时拼凑人员、应付差事的短期行为。要围绕建立学习型、研究型、创新型、服务型方志机构的目标，开展方志机构内部政治、思想、作风、业务建设活动。必须要注意创造良好的人才成长环境，进一步建立发现人才、凝聚人才、造就人才和用好人才的科学机制，加强培训和交流，努力打造一支多学科、业务水平高、组织能力强、熟悉地情、热爱并能长期从事地方志工作的专职修志队伍。同时还要注意团结和联系我们周围在各个领域出类拔萃的专家学者为修志所用，借助外力，利用外脑，充实修志队伍，使地方志事业得到大发展大繁荣。

其次，正确认识继承和创新的关系，突出地方志书的独特性和不可替代性。二轮修志以来，河北省大力提倡志书创新，方法和手段层出不穷，在已经出版的160部二轮志书中，《秦皇岛市志》《井陉县志》《冀州市志》《南皮县志》等已在全国方志系统受到广泛好评。但是，也有部分志书（志稿）偏离方志体例，为创新而创新。编修地方志，就必须保持方志的优良传统和特点，比如总体上要把握横排竖写、述而不论、通典不录、越境不书、生不入志等特点；篇目上要注意横分门类、事以类聚、科学分类等；内容上要突出地域性、全面性、时代性、资料性等；"述、记、志、传、图、表、录"诸体并用，以志为主等。如果丢掉了这些传统和特点，那就不是地方志了，这些传统和特点是其他任何一种著作都无法取代的，是志书独有的。当然继承并不是全部照搬，而是取其精华、去其糟粕。那么，创新也是相对继承而言，是以继承为前提的，在继承的基础上根据时代、地域等的需要寻找更加适合的方式，加以更新和创造，而不是为所欲为、别出心裁地独创。任何创新都不应把千百年来方志发展中所形成的优良传统和有别于其他著作的固有特点和体例全部舍弃。如果这些都不存在了，方志这种形式也会逐渐变味以致消亡，"此方志非彼方志"，方志事业成为无源之水、无本之木，方志事业可持续发展、转型升级也就无从谈起了。

最后，在志书内容上，要更多地关注百姓所关注的事物。修志之始就必须考虑"用志"，这也是转型升级、"十业并举"的要义之一。在志书编纂过程中，我们要经常从用志者的角度进行思考，研究用志者的需要，选用那些最能反映事物本质、反映事物发展规律的资料，进行科学合理的整合。社会的进步、政体的改革、经济的发展、科技的创新、观念的更替、人民生活水平的提高等，新生事物层出不穷，要把这些内容记深、记全。要加强对人文内容的记述，要加强对百姓的记述。如某部县志稿，对县中学优秀女教师热爱教学工作、视学生为己出、克服家庭困难兢兢业业干工作，最后以身殉职的突出事迹，用上千字加以记述，但只作为"附录"入志，没有收入"人物传"；某部县志"人物传"，只记县处级以上干部，多数人只有履历而没有鲜活的事迹，使得"人物传"变成"人物录"，起不到"存史、育人"的作用。这凸显了我们方志工作者对人物入志的标准在认识上存在误区。

地方志书承载的是一个地方的社会文化，大到治国安邦，小到百姓生活，对国家和群众都是极为重要的事情，它是任何书籍都无法替代的文化资源，是经世致用的信息文库。我们需要更多地将镜头对准广大人民群众，浓墨重彩地记录英雄模范、科技带头人、致富能手、优秀园丁、文化名人等，强化志书人文记述。

对外扩大影响。长期以来，我们方志工作者习惯于埋头工作，忽视对方志成果的宣传推介，我们呕心沥血取得的成果，社会认知度很低。至今，社会上还有很多人不知方志为何物。针对这种情况，一方面我们要多出成果，出高质量的成果；另一方面我们要对志书和我们编辑的地情书加大宣传力度，利用"库、馆、网、刊"等多种载体和形式，发布志书出版信息，对志书做简要介绍，举办不同形式、不同规模的首发式。如河北省石家庄市《栾城县志》首发式，县委书记，县委常委、宣传部部长，副县长出席并讲话；各乡镇、县直各单位主要负责人、企业代表、老干部代表、学生代表等各界人士参加，还邀请省志办主任、市志办主任、原副市长及省级新闻媒体参加，起到扩大宣传、扩大影响的作用。另外，还可以就某部志书和地情书举办由领导、媒体、科研单位和大专院校代表、工人、农民等参加的座谈会，一方面扩大影响，另一方面也可以检验我们修志成果的社会反响。

修志是各级方志办的首要任务，但它并不是方志办的全部任务和最终目标。方志工作的任务，一个是编，一个是用；修志的最终目标是应用。应当看到，方志办编好志书，只是完成了自己工作的一半，另一半或者说更为重要的一半，是开发志书中蕴藏的宝贵资源，也就是"十业并举"中的"用"，把志书对于地方经济社会全面发展的潜在作用变为现实作用。面对新时期、新形势、新任务，方志已经成为推进社会主义现代化建设，做好各方面工作不可或缺的基础资料。志书编修完成之后，要积极拓宽用志渠道，加强对文献资料的专门研究，让研究成果更为广泛地服务社会。总结一些城市化、工业化、新农村建设等方面的发展规律，为党委、政府科学决策提供参考；大力开发地方志信息资源，发挥志书服务社会的作用。加快地方文献、地情资料、区域研究及课题咨询建设，更好地为社会公众提供服务。如为贴近党委政府的中心工作，为展示河北省基础设施建设取得的新成就，省方志办出版《河北省三年大变样图志》《改革开放40年史实录》，与省重点项目办公室联合编纂《河北省重点建设项目志》。11个设区市及其所属县（市、区）在做好续志和年鉴工作的同时，适时编纂出版反映本地历史或现状的地情资料，出版了《廊坊地名由来与传说》《郭小川在故乡》《中国历史文化名山——封龙山》《元氏历史文化概览》《可爱的家乡——峰峰》《秦皇岛鸟类图志》等一批地情书。

扩大受众面，加大全面建设库（地情资料库）、馆（方志馆）、网（地情网）的力度，增加地方志的使用途径。目前，河北省有秦皇岛市、保定市、昌黎县、香河县、大厂回族自治县等建立了方志馆，个别县建立了方志地情网，大部分市县建立微信公众号。要把各级库、馆、网建设成文化基础设施，集编修、研究、收藏、服务为一体，成为地方志编写中心、地情资料信息中心、地情文化研究中心、国情地情教育中心、地方文献中心、面向社会的咨询服务中心。让库、馆、网像档案馆、图书馆、博物馆一样出名、一样为众人熟知。吸引更多的社会单位和人民群众走近地方志，熟悉地方志，支持修志工作。

当代中国正处在一个新的历史起点上，中国特色社会主义进入新时代，全国人民在新时代、新阶段、新起点上为实现"两个一百年"奋斗目标和中华民族伟大复兴的中国梦而努力奋斗。在这样的历史背景下，地方志事业作为社会主义文化建设的重要组成部分，在凝聚民族精神、增强中国文化软实力等方面的地位更加突出，作用更加重要，任务也更加艰巨。人民创造历史，我们记载历史，我们要不断以新的认识、新的思路、新的举措发扬修志传统，传承方志文化，在方志事业的转型升级中，使之代代延续、亘古不灭。

坚定文化自信　巧妙破解难题

——浅议机构改革给志鉴编纂带来的影响及其对策

杨富中

（河北省邯郸市地方志办公室）

随着党和国家机构改革的不断深入，地方志工作机构的职能及供稿单位发生明显变化，给志鉴编纂带来了不小的影响，既有挑战，也有机遇，我们要坚定文化自信，巧妙破解难题，把握机遇，推动地方志鉴编纂工作的进一步健康深入持续开展。

一　把脉症结，　认真分析机构改革给地方志鉴编纂带来的影响

目前，地方志鉴基本上由地方志机构负责编纂，全国大多数地方志机构是参公事业单位。此轮党和国家机构改革的一个重要方面是将事业单位承担的行政职能划归行政机构，实行政事分开，各地不再保留或新设承担行政职能的事业单位。与此同时，人员将按照"编随事走、人随编走"的原则划转。机构改革在一定程度上给地方志鉴编纂带来了不利影响和暂时的困难。通过分析，主要有以下几点。

（一）管理体制调整带来的影响

《全国年鉴事业发展规划（2016~2020 年）》第四条"保障设施"规定："部门设置和人员编制，要与其有效履行职能、顺利开展工作的要求相适应；按照德才兼备原则和专业要求，配齐配强人员，注重稳定队伍。"志鉴编纂工作是一项专业性很强而且很清苦的工作，客观上需要完善激励机制，以促使志鉴编纂人员不断钻研业务，提高工作积极性，高质量地完成任务。首轮修志之时，国家行政机关尚未实行公务员制度，地方志工作机构作为政府主管志鉴编纂的职能部门，方志人员既享有政府机构的权利，又可晋升专业技术职务。因此，志鉴编纂人

员在追求职务晋升的同时，还可以通过晋升专业技术职务来增加相应的报酬。这种"两条腿走路"的方式，使方志工作者获得了较大的发展空间。特别是专业技术职务的评定与学术成果挂钩，无形中促使方志工作者投身业务学习、研究地方志理论，促使方志人员保持着内在强大的工作动力。而第二轮修志时，国家机关实行了公务员制度，方志工作者尽管不属于公务员，但大多数地方采取"参公"管理的做法，尽管从客观上给方志人员钻研业务的积极性和造就专家型方志人才方面带来了不利影响，但在上下协调、组织编纂方案、指导各级落实方志工作等方面有着较大优势。目前，随着党和国家机构改革的不断深入，地方志管理体制又发生重大调整。在实际工作中，由于管理体制和运行机制不尽完善，各级地方志工作机构在归属上缺乏统一性，有的归属政府，有的归属党委，有的归属地方社科院。编制上也各不相同，有的是国家公务员序列，有的是参照公务员管理单位，有的是全额事业编制。改革后地方志工作机构的职能如何界定，如何体现地方志鉴等的"官修"地位，对志鉴编纂工作的正常开展，在组织和人事方面会产生或多或少的影响。

（二）地方志机构调整带来的影响

地方志机构合并调整带来了新的变化和挑战。目前，在省级层面，辽宁、山东、山西、河南、安徽等大部分省份出台了《省直公益性事业单位优化整合方案》，地方志机构有的与档案馆合并，有的与党史研究机构合并，有的将行政职能划走，变成了研究学院。河北省目前有两个地级市的地方志机构与档案馆合并，变为纯事业单位，行政职能划归市委系统管理；一个地级市划归为市政府办方志科，纯行政编制；其他地级市方志机构暂时维持原状，等待下一步事业单位调整再进行变动。在规格上差别也很大，同为地级市方志机构，有的是正处级，有的是副处级，有的是正科级。修志编鉴是地方志机构的主业，机构合并调整后，由于机构级别不对等、工作重心不一致、认识程度不均衡，地方志鉴编纂势必受到一定的影响。如河北省地方志编纂委员会办公室为省政府办公厅直辖的正处级单位，河北省11个地级市中有5个市地方志工作机构为副处级，6个为正科级。地级市所辖的县（市、区）地方志工作机构，有的是正科级，有的是副科级，还有个别的是正股级；有的尽管有方志机构，但方志办主任同时兼任政府办公室副主任等，还负责政府办其他工作，特别是还要为相应的县级领导服务等，使包括地方志鉴编纂在内的地方志工作受到影响。

（三）供稿单位职能调整带来的影响

此前，地方志鉴的主要内容重点依靠各级党政机关供稿，本次机构改革是全面的改革，是部门职能上的大调整，包括党委、政府、人大、政协、司法、群团、社会组织、事业单位等中央和地方各层级机构。机构的大调整必然带来人员的大流动，这就增加了志鉴编纂工作联系和沟通的难度，导致信息资料收集渠道不统一，稿件内容有遗漏。机构调整初期，供稿单位由于单位人员变化和业务方面需要熟悉与磨合，稿件质量和供稿速度都会受到影响。尤其是编纂2019年卷的地方综合年鉴，需要供稿单位提供2018年单位的信息资料，而随着机构调整改革的深入，2018年的单位有的撤销，有的合并，有的分成几部分并与其他单位组成新的部门；隶属关系有的划归党委口，有的变成二级单位。对原单位的信息资料有的不知道谁管理，有的找不到谁负责。同时，志鉴编纂是项十分辛苦的工作，需要花费大量的时间和精力。而各单位的志鉴撰稿人大部分是兼职，对志鉴稿件的撰写不够用心，工作积极性不高，不愿下大功夫、花大气力。特别是新单位"新人"多等因素，势必会导致单位志鉴撰稿人对志鉴内容了解不系统、行文规范把握不到位、资料的准确性不强、叙述不明确、稿件内容缺乏创新性等问题，有可能会给地方志鉴编纂工作带来一定的负面影响。

（四）出版社政策调整带来的影响

一方面是受出版社压缩数量、提高质量政策的影响，出版社对志鉴稿件的审核越来越仔细，要求越来越严格，审核时间长，尤其是综合年鉴很难达到"一年一鉴，当年编纂，当年出版"的要求。另一方面由于全国县级以上地方综合年鉴都要求公开出版，数量越来越多，但出版社数量没有增加，且出版社审稿的要求越来越严，审稿通过需要一定时间，从而导致有的地方综合年鉴定稿后，在出版社排到数月后才能进行审核，有的甚至排到第二年出版社才能审核通过，不能完成"当年编纂，当年出版"的要求。如河北省2016年以前只有20多部综合年鉴公开出版，而目前138个县级单位的综合年鉴都要出版，一下多出了近百部，出版社很难满足要求。"出版没有保证，年年需要付出书号费用，而且多少不固定"，"这也潜伏着县级地方综合年鉴编不下去的危机"。①

二　找准定位，充分认识机构改革给志鉴编纂带来的发展机遇和动力

国务院《地方志工作条例》明确指出："地方志书，是指全面系统地记述本行政区域自然、政治、经济、文化和社会的历史与现状的资料性文献。""地方综合年鉴，是指系统记述本行政区域自然、政治、经济、文化、社会等方面情况的年度资料性文献。"二者都具有权威性、时效性、与市场经济联系紧密等特点，对于保存史料、传播信息、指导工作具有十分重要的意义。它们不仅具有资料性工具书的功能，更有"年度资料性文献"②的特质。在经济社会发展乃至人们的日常生活中发挥着不可替代的作用。从功能定位上，地方志鉴编纂应突出信息资料获取的渠道权威，内容编纂的全面准确，服务对象的"官""民"兼顾，这样才能更客观地记述本

---

① 孙进柱：《简议地方综合年鉴可持续发展的基本路径》，《第二届全国年鉴论坛论文汇编》，2018，第95页。
② 武星斗：《试论年鉴定义的表述》，《年鉴论坛》第1辑，中国林业出版社，2010，第30页。

轮深化党和国家机构改革进程中的大事、要事和特点、亮点，为将来的志书编纂提供基础、连续、翔实的年度资料。因此，地方志鉴编纂必须要适应新时期党和国家机构改革。老子说："祸兮，福之所倚；福兮，祸之所伏。"我们在看到此轮机构改革可能会对地方志鉴的编纂带来某些挑战和暂时困难的同时，更要认识到，改革将会给志鉴编纂带来重要发展机遇，给破解志鉴发展面临的诸多问题带来强大动力。

（一）地方志机构事业属性的明确，便于志鉴理论研究的深入

此次机构改革的目的就是强化事业单位公益属性，进一步理顺体制、完善机制、健全制度，充分调动广大工作人员的积极性、主动性、创造性，真正激发事业单位生机与活力，不断提高公益服务水平和效率，促进公益事业大力发展，切实为人民群众提供更加优质高效的公益服务。地方志鉴的编纂纳入各级地方志机构，参照《公务员法》管理之后，由于《公务员法》和《地方志工作条例》对从事志鉴工作人员刚性制约不足，对志鉴质量的评价监管机制、对工作的监督约束机制和人员的奖惩机制还有待完善。同时，地方志机构又是政府相对弱势的单位，机构人员流动性较差，内循环突出。近年来，志鉴工作者也面临压力减轻、热情减退、理论研究动力不足的问题。同时，全国地方志系统缺乏自上而下的志鉴职称评定体系，部分单位职称评价标准"一刀切"，评价机制趋同、手段单一，一定程度上制约了志鉴专业技术人才的成长。此次改革剥离了方志机构的行政职能，交由行政单位承担，保留的事业机构与编制，明确公益服务职能，彻底厘清地方志机构属性问题，更加突出机构的事业属性，优化突出服务保障，更加有利于全国志鉴界对理论热点和难点问题的研究。"没有革命的理论，就不会有革命的运动。"[①] 机构改革可以促进志鉴编辑人员心无旁骛地钻研地方志事业的艰深理论。

（二）机构和职能调整，便于志鉴内容整合和质量提升

此次管理体制的改革，实行政事分开，理顺政府与事业单位的关系。行政主管部门将减少对事业单位的微观管理和直接管理，强化制定政策法规、行业规划、标准规范和监督指导等职责，进一步落实事业单位法人自主权。对不同类型事业单位实行不同的机构编制管理，科学制定机构编制标准，合理控制总量，着力优化结构，建立动态调整机制，强化监督管理，减少职责分散交叉，避免多头管理，使党政机构职能分工合理、责任明确、运转协调进而实现优化协同高效。本次改革机构、职能整合力度前所未有，改革涉及的中央和国家机关部门、直属单位就超过 80 个。机构调整后，国务院设置组成部门增加 1 个，为 26 个，但减少正部级机构 8 个、副部级机构 7 个。根据这个改革趋势，省级及以下层面的机构数量应该会相应减少，志鉴的供稿单位数量也会有所减少，这在一定程度上有利于改善目前志鉴供稿单位

---

① 《列宁全集》第 6 卷，人民出版社，2013，第 23 页。

"面多、线乱、点杂"的现状。机构职能的整合，改变了过去政府管理中"九龙治水"的现象，有利于志鉴供稿内容的整合，增强其权威性，避免过去"稿出多门"，内容交叉重复和数据前后不一致的现象。

（三）机构改革收入分配制度的深化，便于充分调动志鉴工作人员的积极性

此次收入分配制度的改革，以完善工资分配激励约束机制为核心，健全符合事业单位特点、体现岗位绩效和满足分级分类管理要求的工作人员收入分配制度。结合规范事业单位津贴补贴，按照分类指导、分步实施、因地制宜、稳慎推进的原则，实施绩效工资，进一步完善了事业单位工资正常调整机制，从而改变了过去志鉴工作者干好干差一个样的"大锅饭"现象，充分调动了志鉴工作人员主动作为、高效工作的积极性。

（四）社会保险制度的改革，便于去除志鉴工作者的后顾之忧

此次推进社会保险制度的改革，进一步完善事业单位及其工作人员参加基本养老、基本医疗、失业、工伤等社会保险的政策，逐步建立起独立于单位、资金来源多渠道、保障方式多层次、管理服务社会化的社会保险体系。事业单位工作人员基本养老保险采取社会统筹和个人账户相结合的方式，养老保险费由单位和个人共同负担，个人缴费全部记入个人账户。养老保险基金单独建账，实行省级统筹，基本养老金实行社会化发放。实行"老人老办法、新人新制度、中人逐步过渡"的策略，对改革前参加工作、改革后退休的人员，要保证其养老待遇水平平稳过渡、合理衔接，保持国家规定的待遇水平不降低。建立事业单位工作人员职业年金制度。统筹考虑地方志机构离退休人员养老待遇水平，去除志鉴工作者的后顾之忧，使其把主要精力投入志鉴工作。

（五）机构改革理念作为引领，便于志鉴编纂和创新

当前志鉴编纂，尤其是地方综合年鉴编纂普遍存在框架设计不合理、内容脱离社会需求、年度特点和地方特色不突出、民生内容反映不够等问题，而这些问题的根源就在于志鉴界编纂理念陈旧僵化、创新意识不强。"中国的年鉴事业无论是往下覆盖、向外拓展，还是打造品牌、走向世界，都必须坚持创新，非创新不能有所成就。"[1] 一成不变、安于现状最终只能原地踏步甚至落后，只有不断变革和创新，才能打破原有条条框框的束缚和限制，才能实现志鉴事业的突破与发展。而此轮机构改革所释放的改革理念和原则将成为我们志鉴编纂和创新的重要理论依据和智力支持。"认真总结年鉴工作的经验教训，适应经济社会发展形势和时代需要，在遵

---

[1] 许家康：《创新是年鉴事业发展的战略性选择——第十四届全国年鉴学术年会暨中国年鉴学会组织建立 30 周年座谈会主旨发言》，年鉴网，2015 年 12 月 18 日，https：//www.yearbook.cn/？p＝4&a＝view&r＝441。

循基本规范的前提下，深化改革，准确定位，与时俱进，推动理论创新、制度创新、管理创新、方法创新。"①

三　坚定自信，巧妙破解志鉴发展面临的诸多问题

习近平总书记指出："中国有坚定的道路自信、理论自信、制度自信，其本质是建立在5000多年文明传承基础上的文化自信。""文化自信，是更基础、更广泛、更深厚的自信"。②文化是一个国家、一个民族的灵魂，文化自信是一个国家、一个民族发展中更基本、更深沉、更持久的力量。中国作为四大文明古国之一，之所以没有像其他三个古国那样消亡和式微，而是越挫越勇、历久弥坚，就是因为拥有以史、志、鉴为主要特征的独特深广、优秀实用的文化。志鉴是文化的重要载体，作为百年来在中华文化大家庭中新近崛起的文化种类之一，在中国化的发展道路上，它逐渐担负起传承和发展中华文化的历史责任，充分展示国家、地方或行业特色与个性，充分展示当下民族传统文化的传承，充分展示新时代精神内涵和文化灵魂。在坚定文化自信的大背景下，我们必须主动树立并坚定志鉴文化自信，在此基础上，增强志鉴自身文化价值，增强传承发展中华文化的自觉性，并在新时代社会主义文化建设道路上自强，弘扬民族精神，助力实现中国梦。目前，机构改革的号角已经吹响，开弓没有回头箭，中国进入新时代，全国志鉴界的首要政治任务就是要深入学习贯彻落实习近平新时代中国特色社会主义思想和党的十九大精神，瞄准新方位，围绕统筹推进"五位一体"总体布局、协调推进"四个全面"战略布局，在新的历史起点上，与时俱进、振奋精神、主动作为，以机构改革为动力，引领地方志鉴编纂和创新。

（一）调整心态，积极适应管理体制调整

面对新形势、新要求，方志人应加强学习，提高站位，调整心态，积极适应党和国家机构改革，在严格执行上级机构改革方案的基础上，积极主动谋划志鉴编纂新思路。无论管理体制怎么改，都要充分发挥地方志专职人员的"三心"（平常心、责任心、事业心）对"三苦"（清苦、辛苦、艰苦）精神，一如既往地做好修志编鉴特别是地方志鉴编纂工作，确保地方志鉴编纂工作思想不乱、工作不断、队伍不散、干劲不减。面对风云变幻，不改变我们"为文之用心"的初衷，更加坚定"雕镂龙纹"的意志。③无论是保留还是合并，无论是级别调高还是

---

① 《全国年鉴事业发展规划（2016～2020年）》，中国方志网，2017年1月6日，https：//www.difangzhi.cn/nj/njbz/201701/t20170106_4941718.shtml。

② 《文化自信——习近平提出的时代课题》，新华网，2016年8月5日，http：//www.xinhuanet.com//politics/2016-08/05/c_1119330939.htm。

③ 刘勰撰，王志彬译注《文心雕龙》，中华书局，2012，"前言"，第4页。

降低，都要自觉服从组织安排，即使涉及个人的进、退、留、转，也要无条件执行。在工作上要督促、协调各级地方综合年鉴早启动、细编纂、严把关，当年出版；采取各种措施提高编辑政治业务素质，提升地方志鉴编纂质量，推动地方志鉴编纂工作不断上水平、上台阶。在加快志鉴编纂速度，不断提高志鉴质量的同时，及时与出版社联系沟通，抢占先机，及早向出版社报送高质量的志鉴稿件，争取出版社及早审核、及早通过，为我们抢占书号打下基础。

（二）主动作为，及早应对供稿单位调整带来的影响

机构调整特别是部门整合造成的供稿单位和人员调整势必会对志鉴供稿特别是2019年卷地方综合年鉴的供稿造成一定的困难，要主动作为，及早应对，防患于未然。一是供稿职责需明确。2019年卷的综合年鉴供稿一律应由部门整合前的单位及其供稿人负责。对已经整合到位的，原则上以2018年卷的供稿单位主管领导和供稿人为准。新单位负责使其原单位的相关人员配合好2019年卷的年鉴内容供稿，供稿职责需在年鉴编纂方案上得以体现和认真执行。二是综合年鉴编纂早启动。在一些部门还未真正整合、原单位资料查找相对较易的时期，及早启动2019年卷地方综合年鉴编纂。三是多方借力觅素材。有些单位的素材可通过特定渠道更快掌握，如志鉴特载部分的内容可通过每年的地方"两会"主办机构找到，各部门、各单位的年终工作总结可通过组织考核部门找到，相关文件附录可通过文件的印发单位找到，等等。对这些工作都应及时下手，沟通协调，条条大路通罗马，就看用心有几何。同时，为保持组稿人员、编辑人员与撰稿人员之间的联系，可以建立志鉴撰稿人通讯录、志鉴QQ群、志鉴微信群等，及时发布编辑信息，在人员有变的情况下，也可以实现交流沟通。四是变被动等稿为主动采稿。多年来，一些志鉴编辑人员出于工作性质和身份等方面的原因，已形成"守株待兔"式的惯性工作思维，一般采取以静制动的工作策略，多是等稿来编、要稿来编，处于"等米下锅"的被动状态，而很少能有编辑人员真正走出办公室，主动深入社会，去积极寻求志鉴的信息。因此，要注重培养编辑人员打破惯性思维的意识，要使其像新闻记者捕捉好新闻那样，用敏锐的意识和独到的眼光，站在志鉴编纂全局的高度，发挥自身的主观能动性，平时多观察、勤思考，注重信息储备和积累。比如在网上或报纸上看到当地的大事小情，就注意留存，编写时顺手拈来，这对做好编纂工作会有很大的益处。法国著名雕塑家罗丹[①]曾说："生活中从不缺少美，而是缺少发现美的眼睛。"志鉴编辑目前不缺少才能，而是缺少积极主动深入一线去调研的动力，缺少发现。只要我们善于加强教育引导、鼓励鞭策，使其转变思想观念，就能变被动为主动，使其主动深入社会，主动去寻求志鉴的信息。

（三）多措并举，巧妙化解稿件报送不及时质量差难题

"巧妇难为无米之炊。"必须下大力解决部分部门领导不重视而造成的单位稿件报送不及时

---

① 法国伟大的现实主义雕塑艺术家，有《思想者》《手》等作品。

问题，以及机构改革造成的单位撰稿人变动、业务不熟练、稿件质量差等难题。一是借助好平台。充分借助上级部门［如各级党委办公厅、政府办公厅（室）］的威信，切实提高各单位对志鉴供稿工作的重视程度，下发红头文件和志鉴编纂方案，明确各单位所承担的供稿内容、撰稿要求、格式（含图片）和报送时限，并适时对各单位的供稿进度和稿件质量进行通报。二是业务培训面对面。为解决单位志鉴撰稿人更新快、业务不熟练等问题，可采取"化整为零，开展面对面培训"的方式，在下发志鉴编纂通知和方案后，分批、分期召开 10 人以下的面对面业务培训会，针对各单位志鉴撰稿的侧重点，以及撰稿人在撰稿中遇到的各种问题，有针对性地开展面对面的培训和指导。同时，针对每年都有新撰稿人加入的情况，在每年的志鉴编纂方案中印发关于志鉴条目写法的基础材料，供新撰稿人学习共性知识，掌握志鉴的基本写法，从而按要求上报。三是积极主动勤服务。对上级的最新地方志工作精神、本级及以下的地方志工作动态，要在第一时间向上级领导主动汇报、主动宣传、主动请示。同时，变坐等供稿单位上门送稿为主动下去催稿，不厌其烦地提醒供稿单位稿件上报的时间和供稿要求，并在电话中提供一对一的业务指导和培训。对进度迟缓但行政级别较高的单位，要不卑不亢地进行电话或上门提醒（催稿），提高其单位稿件报送的速度和质量；开展面对面培训时，要及时为单位志鉴撰稿人提供新出版的志鉴发放服务等。

（四）不断创新，增强志鉴的使用价值

《周易·系辞下》记载："变则通，通则久。"要实现志鉴的实用性，就必须进行改革创新。墨守成规不是志鉴的出路，不大胆创新，志鉴编纂将无路可走。在志鉴编纂过程中，只有坚持结合社会主义市场经济发展趋势的新特点、新问题，坚持探索志鉴使用价值并发挥其作用，地方志鉴才能充满生机，大有作为。因此，志鉴编纂应树立精品意识，强化工匠精神，在记述党和国家机构改革深入推进过程中，不仅要实录好经验、好做法，也应反映问题和吸取教训；以工匠精神，从众多资料中去粗存精，实录具有资政鉴世价值的资料，实录更多有一定指导意义和时效性、老百姓普遍关心的重大事件。在编纂时，要适时调整篇目结构，坚持稳中求变，使条目设置更加合理准确、条目标题更加精练新颖，不断做到"载体创新、内容创新、编辑创新和机制创新"，[①] 力图树立地方志鉴的品牌，突出地方和年度特色；增加指南性资料，荟萃地方性资料；倡导图文并茂的编纂理念，加强条目、图片、表格、小资料等多种传达信息手段的综合运用，做到合理搭配、相得益彰，形成志鉴表述内容的整体合力，为读者提供多方位、多视角的志鉴信息服务等。同时，提高志鉴的导向价值，发挥决策参考和战略指南作用；加强志鉴的学术价值，发挥横向联系和特殊窗口作用；增强志鉴的历史价值，发挥传播文化和积累史料作用；充实志鉴的情报价值，发挥技术指导和技术顾问作用；等等。

---

① 唐剑平：《论地方年鉴的创新》，《中国地方志》2002 年第 6 期。

"鉴者，镜也。"志鉴是一个地区整个年度自然和社会发展的客观反映。面对质量参差不齐、机制优劣互现的困难和挑战，我们要高举依法治志、依法治鉴的大纛，变不利因素为有利因素，趁机构改革和地方志转型升级这一千载难逢的历史机遇，把志鉴编纂工作推向一个新的境界。

县级地方志工作转型发展的实践和思考

任立斌

（山西省昔阳县史志研究室）

当前，县级二轮县志编纂出版工作进入收官阶段，年鉴编纂也已全面铺开，步入正轨，地方志工作掀起的新一轮高潮也渐渐进入平静期。"两全目标"实现后，县级地方志工作何去何从，是归于沉寂，关起门来过"小日子"，还是锐意进取，在新时期实现地方志事业的重大转型，成为摆在县级地方志工作者面前的现实问题。本文从县级层面就地方志转型发展谈几点思考。笔者认为，新时期，地方志工作应重点实现四方面的转型。

一　实现从单一修志向方志事业的定位转型

地方志编纂在我国有两千多年历史，是我国独有的文化传统。从两汉、魏晋南北朝的地记，到隋唐图经，再到宋代方志定型，延续到明清方志的繁荣，地方志随着时代的不同不断有新的发展和变化。[①] 新中国成立后，特别是改革开放以来，地方志事业进一步发展繁荣。党的十九大报告强调，我国发展正处于大有作为的重要战略机遇期，关键在于我们的思想认识，在于我们的工作力度。这也是地方志事业发展的实际。我们要抓住地方志事业面临的机遇，分析形势，找准定位，奋力拼搏，不断开创地方志事业发展新局面。[②] 当前，地方志事业面临的机遇有三个。一是国家层面的大力支持。党中央、国务院高度重视地方志工作。习近平总书记在考察首都博物馆时指出："高度重视修史修志，让文物说话、把历史智慧告诉人们，激发我们

---

① 王伟光：《创新驱动"地方志"事业的转型升级》，《中国城市报》2016年6月6日，第27版。
② 朱克雄：《自觉适应新形势新任务新要求　努力推动地方志事业转型升级》，《黑龙江史志》2016年第2期。

的民族自豪感和自信心，坚定全体人民振兴中华、实现中国梦的信心和决心。"① 时任总理李克强在成都视察宽窄巷子时指出："把过去的历史资料、成都志，特别是有关宽窄巷子的历史脉络梳理清楚。""宽窄巷子要有根基，要有历史的脉络。只有守住历史传统的根脉，才能打开面向世界的门窗。"② 他针对地方志工作提出"修志问道，以启未来"。③ 中央领导人系列讲话，强调了地方志工作在新的历史时期的重要作用，赋予了地方志事业新的使命，为推进地方志事业转型发展指明了方向。与此同时，国家不断加大依法治志力度，依法治志氛围越来越浓。1996 年 11 月，国务院办公厅出台《关于进一步加强地方志编纂工作的通知》，标志着我国地方志工作进入制度化阶段。2006 年 5 月，国务院颁发了《地方志工作条例》，结束了地方志工作无法可依的历史。2015 年，国务院办公厅印发《全国地方志事业发展规划纲要（2015～2020年）》，地方志工作从依法修志走向依法治志。④ 这些都为地方志事业发展提供了法律法规保障。二是方志事业蓬勃发展的良好局面。大规模的首轮修志是在 20 世纪 80 年代启动，大体在 20 世纪末 21 世纪初结束。到 2020 年，二轮修志工作全面结束。当前许多发达地区已实现从"一本书主义"向"十业并举"的华丽转身。作为县级地方志工作者，要有大局观念和全局思想，摒弃"冷衙门""软任务""单一工作"的陈旧思想，在做大做强志鉴主业的基础上，按照志、鉴、库、馆、网、用、会、刊、研、史的"大方志"理念来谋篇布局，整体推进，为方志事业做出更大贡献。三是地方经济社会转型的需求。进入新时期，地方志记载的范围更加广泛，大到一个地方的人文地理、政治经济、科学文化、工农生产，小到这个地方的风俗、方言、古迹、特产、人物等。涉及的领域无所不包，服务的范围逐渐扩大，可以为地方发展和领导决策提供依据，为地方的经济社会发展提供经验教训，为旅游文化事业发展提供人文内涵，为招商引资、宣传推介提供平台，为教化民风、传播文化提供教材，等等。⑤ 总之，地方志在服务发展、提升文化软实力上具有不可替代的作用。比如，昔阳县是大寨精神的发源地，作为史志部门，近年来昔阳县史态研究室对大寨精神的历史资料进行系统整理，用方志语言讲大寨精神，对于打造大寨的品牌优势，带动整个县域经济的发展起到了积极的作用。

二 从修志修史向读志用志的路径转型

修志的目的在于"存史、资政、育人"。长期以来，地方志工作的一个误区就是只注重修

---

① 《习近平关心文物保护：留住历史根脉 传承中华文明》，人民网，2015 年 1 月 10 日，http：//culture. people. com. cn/n/2015/0110/c1013-26360477. html。

② 《李克强夜访成都宽窄巷》，中国政府网，2016 年 4 月 27 日，http：//www. gov. cn/guowuyuan/2016-04/27/content_5068612. htm。

③ 王伟光：《盛世修志助力中国梦》，《中国地方志》2015 年第 9 期。

④ 廖运建、陈忠：《新常态下地方志转型升级实践探索》，《新疆地方志》2017 年第 2 期。

⑤ 朱克雄：《自觉适应新形势新任务新要求 努力推动地方志事业转型升级》，《黑龙江史志》2016 年第 2 期。

志而忽视读志用志，弱化了地方志在资政、育人方面的作用。而新时期在扎实推进志书编纂工作的同时，更应突出志书服务当代的重要任务，在开辟读志用志的路径上多想办法。一是加快方志馆建设。方志馆是方志走向大众、服务大众的实体平台。目前，全国各地方志馆建设方兴未艾，而县级方志馆建设相对滞后，而且功能单一，作用发挥不明显。加快方志馆建设应成为今后地方志工作的一个重点。方志馆建设定位要准确，要把方志馆建设成为"地方志和地情资料收藏展示中心、地情研究咨询中心、地方文化对外交流中心，建成爱国主义宣传教育基地"。① 笔者认为，县级方志馆要因地制宜，形式多样。可以独立建馆，也可以与图书馆、档案馆、城市展示馆、政协文史馆合作，实现资源整合利用。如果条件成熟，可以与古村名镇的开发相结合，把方志馆建在民俗院落内，既能丰富民俗资源，也能利用古村名镇的优势充分发挥方志馆服务大众的作用。方志馆要丰富馆藏内容，除搜集整理当地方志历史资料外，可以主动寻求国家、省、市方志机构的帮助，还可以与全国各地的地方志机构交换志书，丰富馆藏书籍。要丰富展示内容，在方志馆内设沙盘，配备展示地方历史的影像设备，把方志馆打造成有声音、有图片、有文字，内容丰富、形式多样的展示馆，以丰富群众的切身体验。② 真正把方志馆打造成老百姓查阅资料、了解县情、开展研究的读志用志场所。二是搭建新媒体平台。要主动加强与新媒体互动合作，善于用新媒体宣传地方志工作新成果，宣传地方优秀历史文化，开发地方志资源，放大地方志声音。比如，"昔阳史志"微信公众号开通于2017年6月，当时单位人手少，且不懂新媒体技术，于是就借助洲鑫电子商务有限公司，与昔阳县政协合作，共同打造了"昔阳史志"微信平台。"昔阳史志"微信平台的宗旨是"唤醒沉睡历史，激发乡愁记忆，传播优秀文化，推介魅力昔阳"，内容分"昔阳党史""昔阳县志""昔阳文化"三大板块，突出史志本色、地方特色。通过两年的努力，微信平台越来越受到昔阳广大百姓的关注，为老百姓了解昔阳历史、传播昔阳文化开辟了新的渠道。清博数据榜单显示，"昔阳史志"微信公众号在全国党史地方志微信影响力榜单中位居前列，起到了很好的教化育人的作用。三是开展"五进"活动。学校、机关、农村、工厂、军营是读志用志的主阵地。只有开展好"五进"活动，才能最大限度发挥方志服务社会的功能。在活动开展上要力求创新、力求实效。比如进学校活动，可以与老促会合作，通过"五老"报告会，把地方志中优秀的文化传统、优秀的历史故事，讲给学生。2018年，昔阳县史志研究室与昔阳县教育局联合发文，在全县中小学开展了"读方志·爱家乡"有奖征文活动，奖品就是《昔阳县志》等方志资料书籍。活动的开展，激发了学生了解家乡历史、热爱家乡文化的热情。又如进机关活动，可以采取座谈会、发行会等模式，向机关发放志书。与县委中心组联合，把县志中关于经济社会发展的重大事件、重要事项列入中心组学习内容，作为领导干部学习的重要内容之一。与党校、干部教育学院等

---

① 王伟光在第五次全国地方志工作会议上的报告。
② 朱永平：《市（县）地方志工作创新发展的几点思考》，《苏州地方志文化建设理论和实践研究》，方志出版社，2016，第15页。

联系，把地情资料整理成册，发放给学员，作为学员必修内容。通过捐书方式向图书馆、档案馆、干部学院等捐赠新编的地方志书籍。2018 年，昔阳县史志研究室向大寨干部学院赠送《大美苍松——社会主义实干家李锁寿》《昔阳县志》《历史见证》等书籍 200 多套，向昔阳县档案局赠送书籍 300 多套，让地方志书籍通过这些渠道服务大众。

三 从闭门造车到开门办志的方式转型

对于县级地方志机构来说，志书编纂长期以来采取的是一种较为封闭的工作模式，一志修完，万事大吉。地方志工作要实现可持续发展，必须跳出以往闭门造车式的"一本书"窠臼，寻找更为广泛的工作领域，创新修史编志工作模式，真正实现开门办志。一是善于与部门联动办志。地方志工作属于地方文化事业的一个重要范畴，它的内容不拘泥于"一（县志）两（志书和年鉴）"书，而是包含了地情、人文、民俗、人物、建筑、山水、古迹、家谱等诸多方面。开发这些资源，单单靠地方志一个部门远远不够，更不能适应现代社会发展的需求。而如果采取与部门合作的方式，将极大提高工作效率，创造出更多有益于社会的方志成果来。比如，昔阳县史志研究室与政协文史委合作，利用文史委人才多、专家多、资源多的优势，加强对历史文化资料的搜集整理。近年来，昔阳县史志研究室积极参与政协文史委文史资料的征集工作，整理出版了嘉靖、乾隆版《乐平县志》；与老促会合作出版了《昔阳抗战烽火》；与县政协、洲鑫电子商务有限公司合作打造了"昔阳史志"微信公众号。通过与诸多部门的协同联动，开门办志的深度和广度逐渐加大。二是善于调动社会资源办志。地方志工作是需要全社会共同参与的事业。地方志工作者应当调动社会各方面的积极性，吸引更多社会力量以各种各样的方式和渠道参与地方志工作。比如，针对农村合村并村步伐加快的现状，昔阳县启动了《昔阳农村简史》编修工作，采用县、乡、村三级联动的办法，通过积极宣传编纂农村简史的意义，把任务分解到乡镇和行政村，形成了村村办志的"人民战"，全县农村对于整理本村历史积极性很高，效果良好。三是善于利用优秀人才办志。当前，县级地方志工作部门的队伍还存在小、散、软的实际问题。志书编纂多采用聘用社会人员、因事择人的办志模式。而进入新时期，这种模式远远不能满足方志事业快速发展的要求。要学会"草船借箭""借船出海"，最大限度地发挥地方专家学者的人才优势，作为地方志事业人才必要的补充。当前很多退休老干部、老教师，对于家乡历史有一种特殊情怀，他们希望在退休后，能利用闲暇时间，为本村、本乡、本县在历史文化的整理方面发挥作用、贡献力量。我们要善于把这些热心于地方志工作的老干部、老教师组织起来，形成地方志专家库，为开展地方志研究编纂工作提供智力支持。比如，昔阳县成立了地方志研究专家协会，聘请有志于地方事业的退休老干部、老教师、老职工，从事地方志编纂和研究工作。聘请晋中市文联原主席陈瑞编纂了《大美苍松——社会主义实干家李锁寿》，聘请中国作家协会会员孔令贤撰写了反映昔阳抗战历史的报告《脊梁》三部曲，聘请昔阳县史志研究室退休干部史文寿编纂了《中国共产党昔阳历史》，聘请昔阳广播电视台主任王福军编纂《昔阳民俗志》，聘请老党员李恩柱编纂《昔阳农村简史》。这些人有丰富的编纂经验、满腔的工作热情，为昔阳地方志事业默默贡献力量。

四　从僵化老旧向改革创新的机制转型

长期以来，县级地方志工作多为修志、存史，工作任务相对单一，工作机制也比较僵化，成了深藏一隅"独看花月的闺楼秀女"。随着时代的发展，地方志要在服务发展上发挥重要作用，必须在体制上有更大的突破。一是强化制度保障。地方志事业发展要实现质的跨越，创新体制机制是关键。只有破除体制障碍，才能迸发出事业发展的活力。近年来，地方志工作基本形成了以依法治志为核心，党委领导、政府支持、地方志工作机构组织实施、社会各界广泛参与的工作格局，形成了纳入各地国民经济和社会发展规划、地方各级政府工作和承担修志编鉴任务的部门单位工作任务、"认识、领导、机构、编制、经费、设施、规划、工作"到位的"一纳入、八到位"工作机制。[1] 但也要看到，各地尤其是县级层面对于地方志事业在人员和经费保障上还存在不少缺位。因此，要继续加大督导检查力度。借鉴县志编纂的成功经验，推进《地方志工作条例》在县级层面的贯彻落实，推进督查地方志工作"一纳入、八到位"总要求的落实，强化地方政府法定职责理念，避免地方志工作"看钱办事""看脸色行事"的被动局面。二是提升队伍素质。事业成败关键在人才。近年来，地方志队伍建设正处于新老交替的关键时期，有些地方，尤其是县级地方志机构人员青黄不接。培养一批素质高、能力强、有担当、讲奉献的地方志业务骨干，迫在眉睫。要畅通人才流通机制。随着机构改革的不断深化和完善，要打破以前人才流入的体制机制壁垒，让更多的优秀大学毕业生进入地方志机构。要创新培训形式。除全国地方志内部系统培训模式外，省市也要开展方志系统内部培训，实现岗位业务培训全覆盖，培训工作常态化。要与科研院校建立合作关系，开设方志专业，让更多地方志工作者走入院校，进行再深造，提升他们的业务水平。[2] 要创新培训机制，实现各县区地方志负责人国家级培训、业务骨干省级培训、地方志工作者市级培训全覆盖，给地方志人才成长成才提供平台。三是鼓励改革创新。国家、省、市要出台鼓励创新、激励创新的制度，鼓励基层制度创新，鼓励大胆改革，为基层改革壮胆，允许他们失败，为他们在工作中的突破和求新开绿灯、辟新路。作为县级地方志工作者，要善于学习近年来地方志事业发展中涌现出的一些典型经验和做法，总结提炼形成适合自身发展的科学、实用的做法。比如为了推进基层修志热情，加速对地方历史资源的搜集，昔阳县出台了《地方志事业发展规划》，建立了部门志、村

---

①　王伟光：《创新驱动"地方志"事业的转型升级》，《中国城市报》2016 年 6 月 6 日，第 27 版。
②　王伟光：《创新驱动"地方志"事业的转型升级》，《中国城市报》2016 年 6 月 6 日，第 27 版。

志、专业志发展的专项资金。采用以奖代补的方式，给予编纂单位图书出版费30%的资金补助，激发了一线工作者编纂志书的积极性，加快了地方志书的编纂进度。

总之，地方志事业发展正当其时，我们要紧贴时代脉搏，紧贴人民心声，更新观念，开阔视野，大胆创新，勇于进取，抓住方志事业转型发展的良好机遇，不断开创方志事业发展新业绩。

公共文化视角下的泉州方志资源的开发利用

林荣国

（福建省晋江市委党史和地方志研究室）

一 泉州方志资源开发利用的成效

泉州市不仅有悠久的历史和鲜明的地方文化特色，其方志工作在全国也比较具有代表性。泉州市方志工作机构和修志工作者重视对"修志为用"的探索，探索方志工作融入市委、市政府中心工作的重要作用；通过助力泉州的文化强市建设，拓宽服务泉州中心工作的有效途径，整合方志资源，提升泉州的文化软实力，并取得较为明显的实效，形成了泉州市方志资源开发利用的"大方志"格局。2015 年 3 月，泉州市政府把方志工作纳入泉州市国民经济和社会发展规划。

1. 服务地方领导决策方面

泉州市史志室把直接服务党政领导和机关单位放在突出位置，编辑出版反映泉州时政的《泉州日记》和地情资料丛书。《泉州日记》、地情资料丛书、志书、年鉴并列为泉州方志的 4 个地情文献系列，成为领导了解和查找当月重要事件或是查找重要文件的一个很好的目录参考。同时，泉州市史志室联合市委党校开展地情研究，并联办市情研究论坛。在各级党校开设地方史志课程，推动史志文化和地情资料进入党校，打造党委政府的特色智库。坚持以泉州经济社会发展中存在的问题为导向，提升服务大局的水平，形成自己的专长和特色。

2. 服务地方经济发展方面

泉州市各级方志工作机构将方志资源的开发利用与服务经济建设相结合，发挥志书在地方经济发展中的作用。泉州市史志室指导编纂《泉州银行志》，为泉州市作为全国金融改革试点的探索工作提供历史数据参考，助推泉州金融改革的创新。与泉州的兄弟部门联合出版《泉州民营企业志》，通过对泉州市民营企业发展、名牌企业、著名企业家等方面的脉络梳理，为民营企业的"二次创业"提供服务，展现方志服务全市中心大局的作用。开发利用方志资源，主动服务现实社会。各县（市、区）史志室通过开展如编写《安溪茶志》《德化陶瓷志》等地情丛书的活动，助推地方经济和城市品牌的提升。石狮市委、市政府在《石狮年鉴》中设立特载或是专记，把石狮市级重点以上建设项目负责人、设计施工单位、工程监理单位、挂钩市领导名单等信息以"特载"形式编入年鉴，这成为有效落实项目建设终身责任制的一大措施，有利于服务石狮市的创业大局。这一创新做法被新华网、《福建日报》等媒体相继报道，成为泉州市实施和推动重点项目建设的新做法、新亮点。

3. 服务地方中心工作方面

泉州市方志资源的开发利用十分注重把方志资源与当代重点、热点相结合，服务社会，从而提升方志资源的使用效率，发挥其应有的价值。2015年，市方志委以服务"东亚文化之都"建设为切入点，围绕市委、市政府工作中心，结合"东亚文化之都"和"海丝名城"建设等当地的重点、热点，保护传承、合理开发利用泉州的闽南文化资源，发挥方志资源的纽带作用，提升泉州城市的知名度。2016年7月12日，所谓的"南海仲裁案"公布后，泉州市史志室第一时间组织人员从《泉州府志》等旧志文献中找出例证，证明南海自古以来属于中国；第一时间在"泉州史志"微信公众号上发布佐证史料，《泉州晚报》刊登对此事的采访报道，中指组办公室在"方志中国"官微上转载此史料，掀起了全国方志系统证明南海主权属于我国的高潮。联合市纪委等五部门编纂《泉州家训》《泉州乡规民约》，挖掘家训和乡规民约的文化内涵，弘扬优秀传统文化在资政、教化中的作用，为推动泉州的党风廉政建设和精神文明建设提供文化滋养和精神动力。通过方志资源的二次开发利用，让志书更好地为共建"一带一路"服务，使其成为各国人文交流的桥梁和纽带，服务国家文化"走出去"战略，积极推介一批高质量方志成果，让世界各国更好地认识中国。

4. 服务地方旅游事业发展方面

泉州市各级方志机构踊跃参与开发地方旅游，在宣传资料的构思、景区旅游线路设计开发等方面提供相应的服务。如晋江市将方志资源与五店市传统文化街区相结合，通过对五店市的俗语、歇后语、歌谣的挖掘，整理晋江市地情丛书系列，以文化的视角切入旅游经济，帮助提升城市的品位。同时整理出《闽南红砖文化》《泉南海物记》等，展示富有闽南尤其是晋江特色的建筑和海产。

5. 服务地方文化和精神文明建设方面

市志、文库成为市政府与各地交流的重要礼品。如《晋江市志》《晋江文库》成了晋江市政府与各地交流的重要礼品。泉州市史志室发挥方志工作在公共服务中的作用，挖掘整理泉州作为"海上丝绸之路起点"的相关史迹资料，编纂《海上丝绸之路泉州资料汇编》，通过开发利用方志和地情文化资源，进一步提升公共文化服务水平，打响方志文化品牌，记载好泉州故事，传播好泉州文化，服务泉州"文化强市"战略。泉港区以明信片的形式，将本地区的名胜古迹、风土人情、方志动态等内容以通俗易懂、自然风趣的形式呈现并分发，每月或是每季度一张，精挑细选，在宣传本地区特色的同时，也在潜移默化中教化人民和宣传方志，强化地区的特色和人民自豪感。德化县史志室将志鉴书籍摆放在书店显眼位置，供社会各界人士阅读，提高方志工作知晓率。

6. 服务社会科学研究方面

推广泉州日记、月志、年鉴、志书"四位一体"系统保存地情资料工作机制，并产生良好示范。① 晋江市史志室与《中国学术期刊（光盘版）》电子杂志社签署"收录协议书"，晋江的志书、年鉴、文库等被纳入数据库，同时，《晋江文库》系列丛书也被纳入国家图书馆的特藏馆等。晋江的市志、年鉴等地情资料进入学术领域。泉港区史志室与泉州师范学院政治与社会发展学院商谈方志课题合作及大学生社会实践基地建设，初步达成对台姓氏文化交流、民俗文化及泉港旅游发展人文资源挖掘等方面课题合作意向。

二 泉州方志资源开发利用中的不足及其原因分析

1. 闭门修志的传统方志观念根深蒂固

服务于社会的"大方志"思想观念的确立和对方志的重视是方志资源开发利用的前提。然而，地方政府的主要领导和分管领导对方志事业缺少理念、重视不足，且方志部门领导者的思想观念没有转变，部分方志工作机构领导者思想观念陈旧，在实际工作中缺乏对方志资源开发利用的热情与智慧。还有一些地方对方志资源的开发利用的重要性认识不足，只重视抓志鉴主业。有的地方补短板干劲足，其他各业开展得有声有色，社会影响也较大，但部分修志人员开发利用方志资源主动意识不够，认为方志工作机构是"冷衙门"，工作缺乏生机与活力。另外，从方志资源使用者的角度来说，他们对方志工作的认识仍不到位，依法修志意识尚未得到全社会普遍重视。有些部门对方志工作不配合，社会民众对方志了解很少，甚至部分基层干部不知有"史志办"及方志。

2. 各级方志机构人才储备匮乏

泉州市各级修志机构与队伍现状不能满足方志资源开发利用的需要。队伍整体结构不够优化，思想观念没有充分解放，缺少创新、业务钻研、理论研究精神，缺乏优秀人才、复合人才，特别是在修志用志等社会需求增长的趋势下，方志工作机构业务指导能力有待提高，技术手段还不充足。泉州市各级尤其缺乏既能编纂方志，又能组织方志资源开发，还能进行方志数字化平台建设的复合型方志人才。目前，泉州市方志队伍配备及人员素质参差不齐，专业人员不多、素质不高，被长期借用、抽调现象仍然存在。

---

① 《福建省人民政府办公厅关于印发〈福建省地方志事业发展规划纲要（2016~2020年）〉的通知》，福建省人民政府门户网站，2016年1月4日，https://www.fujian.gov.cn/zwgk/ghjh/ghxx/201601/t20160104_1136478.htm。

3. 方志开发利用平台不足

泉州开发利用方志资源的基础服务平台需进一步完善。泉州市虽然建立了泉州通网站和数据库，但其内容仍然较少，与各县市网站和数据库的互联互通仍没有完成，有一些县区甚至没有自己的方志网站，各县（市、区）差距较大。影响较大的方志学会也仅有泉州方志学会、晋江方志学会等少数几个机构。期刊的建设起步也较慢，《泉州日记》《晋江史志》获得了福建省内部刊号，其他各县市的期刊要么和党史合刊，要么是办简刊或简讯。方志书库（馆）建设较为薄弱。仅泉港区建立了泉州市甚至是福建省第一家对民众开放的新型方志馆，这是泉州市首家真正意义上的现代方志馆，并配有编制人员进行专门管理。以数字方志馆为代表的方志资源开发利用平台力量薄弱，方志资源二次开发的成效不显著。分析其原因，史志部门作为政府中较为弱势的公共服务部门，人员少，呼声低，又不容易直接产生经济效益，往往成为被忽略的一员。

4. 全社会的读志用志缺乏深度

泉州市开发利用方志的活动虽已开展，但方式方法和渠道等较单一，尤其是提供深度资政服务、建设新型智库方面有很大不足。在用志上，史志部门没有将读志用志作为计划纳入方志事业发展规划中；在向领导宣传读志用志方面，大部分只是向领导赠送志书，把每一年的年鉴和史志期刊赠送给各地的领导干部及部门的主要领导。一些部门的领导认为读志用志不属于本单位工作职责，又不会产生直接的经济效益，因此读志用志动力不足。在向民众宣传读志用志方面，也仅仅是在每年如"三下乡"等文化节日时向民众赠送志书和地情丛书，但对于如何读志用志没有进行深入挖掘。方志工作基本上处于静默状态，忽视方志资源共享和机构形象包装。方志的开发利用工作未得到党政部门和社会的广泛认同。我们分析其读志用志深度不够的原因时，固然要从方志书自身的情况出发，如时效性差、页数多、不方便随身携带、可读性较差等，这些弱化了方志的社会影响力，但最重要的还是方志资源的创新力不够。

三　方志资源开发利用的有效性对策

方志资源只有在利用时才能转化为实实在在的价值，只有在记载的资料上开发出产品，才能产生实际效益，才能服务于社会，服务于民众。我们要清醒地看到，全国各地虽有丰富的方志资源，但方志资源与市场经济联系不紧密，方志资源如果没有得到有效的开发利用，将有被时代淘汰的风险。为此，我们通过剖析方志资源开发利用的现状以及存在的问题，提出了新时期有效开发利用方志资源的对策。

（一）找准方志资源开发利用的定位

1. 全国人大以立法形式明确方志资源的定位

从国家层面的角度思考，国家应对方志资源的开发利用有更为明确的定位。《地方志工作条例》虽从政府的宏观层面对方志做了新定位，明确了其地位和功能，拓展了工作领域，但没有将其地位和应发挥的功能具体化。随着时代的发展，10多年前制定的《地方志工作条例》已不再适应，"依法修志"的定位也已不再适应，必须向"依法治志"转变，这需要全国人民代表大会以立法的形式对方志工作进行保障，从而明确史志室应承担的公共服务的法定职能。方志资源的开发利用应被纳入公共文化服务的范畴。

2. 地方政府将方志定位为公共服务产品

从当地政府的角度思考，当地政府要明确方志"是为社会提供必要的地情资料，是政府的一项公共行政职能"。地方政府要把方志纳入公共产品和服务范畴。政府要在史志机构中设置专门运作方志资源的部门，专职负责方志资源开发利用等相关工作，并尽可能地将方志的资源优势转化为文创的产业优势。要进一步完善"党委领导、政府主持、史志室组织实施"的运行机制，政府要重视方志资源的保存，更要注重宣传。当地政府应加强对方志事业的重视，将其列入政府部门绩效考核体系中。例如泉州市及晋江市政府将方志工作纳入市政府绩效考核体系，由市政府办督查室对史志工作进行督查。

3. 史志室应定位为地方公共文化建设的"主力军"

从史志室角度思考，要坚持"修以致用、修用并举"，要强化文化建设"重要部门"意识。各级史志室要更新方志观念，厘清发展思路，将方志工作纳入地方政府的中心工作中去统筹，放在促进文化大发展大繁荣的政治高度去统筹，从而明确任务，整合资源，助力繁荣中华文化，将观念从用志上升到提供公共服务的角度；方志资源的开发利用应立足民众，使民众成为方志资源利用的主体；踊跃争当地方公共文化建设的排头兵，为全社会提供公共服务。

（二）夯实方志资源开发利用的基础

1. 探索开发利用新机制

开发利用方志资源的关键在于创立系统有效的运行机制，使方志资源与市场相结合，与公共服务相结合。多渠道联合开发利用，开发厂矿志、村镇志等专题类的地情丛书，也可开发出形式多样的文创产品，提升在文化市场尤其是文创市场的吸引力和竞争力，探索面向市场的新模式。提倡联合社会各方面力量共同开发方志资源，由史志室统一规划，相关方面配合，或是由有关方面牵头，史志室参与协作。尝试将方志书摆进书店，主动与当地的知名企业、乡镇开发企业志等。

2. 打造复合型人才队伍

要重视人才。建设以专职人员为主，专兼职相结合的人才队伍，需要业务上的"专才""高才"，更需要行政、业务能力兼备的"全才""通才"。培养建设一支高素质的既能编修又能组织方志资源开发利用的复合型工作队伍，首先，要创新用人的机制。依据《公务员法》，建立适应方志事业发展的人才机制。健全人才激励机制，打造高层次、复合型的人才队伍，可通过特殊人才引进渠道吸收具有公共管理学专业背景的硕士生、博士生到方志队伍中来。其次，完善培训工作。做到用人和育人并重，做好人才培训工作。可通过公共管理学、历史学等不同学科的培养方式培养出复合型人才，建立层级化的人才培训规划。采用岗位培训、继续教育等方式做好培训工作。例如，中国地方志指导小组从 2016 年起就与中国社会科学院研究生院联合举办非全日制公共管理硕士（MPA）（方志方向）专业学位研究生班。组建兼职人才队伍，利用好《地方志工作条例》规定的方志队伍和人才政策，实行专职编纂与聘请专家编纂相结合的模式，拓宽用人视野，扩大选才范围。按项目以政府雇员的形式聘请专家学者，通过方志学会或是方志人才库，建立一支专兼职相结合的高素质方志队伍。通过推荐和合作共建等形式聘请专家加入顾问人才库。试行史志的志愿者制度，进一步提升利用开发方志资源的层次。

（三）完善方志资源开发利用的整合平台

1. 打造现代化"数字方志"平台

各级史志室要逐步打造"数字方志"全媒体平台，要充分运用"互联网+"，利用新的信息技术整合当地的方志资源。争取政府财政支持，实现三级联网，打造方志全媒体平台，努力建设方志资源数据库等一系列方志全媒体展示平台。开通方志的微信公众号、微博，建立方志微信群等，扩大社会影响，形成泉州"数字方志"的宣传矩阵。

2. 建立开放的方志馆

将开放的方志馆定位为展示地方特色的地情馆，以及提供公共文化产品和服务的公共平台。方志馆可用模型、沙盘、展板等形式形象地展示地情。各地可将方志馆建成免费开放的公共文化提供平台。同时，方志馆可作为方志资源开发利用的重要平台，成为城市文化服务设施的创新点，最好能在外观上具有民族和地方特色，从而成为地标式建筑，提升城市的文化品位。各地要力争建成集地情、国情和爱国主义于一体的方志馆。

3. 办好史志期刊

加强研究能力建设。办好各级主管的史志期刊，依托本地的方志学会，组织开展研究，并与高等院校和科研院所合作建立方志学的研究基地，培养学术人才，形成研究成果。各级史志期刊要进一步发挥地方史志期刊作为方志平台和阵地的优势，加强对方志理论的研究，打造一支包括地情作者、方志编纂者在内的有地方特色的方志人才队伍。

4. 建好方志学会

各地要踊跃建立方志学会，吸引方志方面的专家学者、史志爱好者及民间史志人才，力争通过整合使方志学会向为当地提供资政和服务的新型地情智库转变，拓展服务社会经济发展和服务民众的功能。发挥方志学会的作用，积极组织服务地方中心和社会经济发展的课题研究或举办学术交流研讨会。

（四）完善方志资源开发利用的运作机制

1. 建立市场化运作机制

随着信息化的不断深入，单靠史志室很难掌握方志的全部信息资源，所以，要构建政府采购社会服务的运作机制，实现市场化和专业化运作。要牵头组织，并引入社会力量或社会资本参与开发。如在资料搜集方面，史志室可进一步拓宽思路，通过政府购买服务形式购买民间社团或是公司的科研调查成果。探索新时期下政府主持、民间社团参与的方志资源的开发利用新模式，拓宽资料渠道，丰富方志资源数据库。方志资源开发利用也可考虑通过宣传广告筹资、向社会募捐等多渠道筹集经费。

2. 建立合作研究机制

开发利用方志资源必须整合社会上的各种力量和资源，提倡联合社会各方面力量开发，并建立与相关单位、学科、团体合作的机制。可由史志室或有关部门牵头或是统一规划，其他部门参与协作，方式可以灵活，不必拘泥于某种形式。通过已有的方志资源进行二次开发，形成方志新成果。晋江方志委和晋江市纪委、晋江市妇联共同策划选题，并共同开发、共同宣传《晋江家训选读》，掀起了读家风家训的热潮。

3. 建立品牌运作机制

方志资源是无形的品牌价值。在开发利用的过程中要重视对本身形象的宣传和推广，全部用"××史志认证"商标，从而提升各地方志资源的知名度。可利用微信公众号等新的传播渠道和媒介，加大方志文化资源的宣传力度。通过图书馆、博物馆举办方志文化展、方志文化知识竞赛等形式推广方志资源，提升民众对方志资源的认同度。形成开发有序、管理规范的长效机制。

（五）深挖和推广方志资源开发利用的成果

1. 强化资政功能

1989 年 8 月，习近平同志在福建宁德地区地方志工作会议上一针见血地指出："马上了解一个地方的重要情况，就要了解它的历史。了解历史的可靠的方法就是看志……我无论走到哪里，第一件事就是要看地方志，这样做，可以较快地了解到一个地方的山川地貌、乡情民俗、名流商贾、桑麻农事，可以从中把握很多带有规律性的东西。"[①] 开发利用方志资源，要着眼于为地方的党政领导提供当地的历史经验教训，并追寻地区发展的规律，可联合组织部门为地方领导和机关干部编写简明地情读本。为领导干部提供资政参考，要主动提供方志资料给新领

[①] 《习近平同志谈修志工作》，《修志简讯》2008 年第 17 期，福建党史方志网，http://www.fjdsfzw.org.cn/2008-09-26/content_ 45842. html。

导。新书出版要及时分送给本区域内的四套领导班子成员、部门主要领导、下一级党政主要领导。与各部门和政策研究机构专家交流研究市情，提出以服务决策为导向打造党校特色智库。

2. 找准服务地方经济社会的结合点

在以经济为中心的社会发展过程中要使志书资源商品化，向市场推销方志资源。可利用方志资源编写当地人物名录，为经济建设和社会事业提供多种社会经济或人文信息。方志资源助力开发旅游产业，探寻经济发展规律。深度挖掘方志资源，发现并依托优势地方资源，发展地方产业。吸收社会资本共同开发方志资源，发展一批富有竞争力的地方特色文创产品。史志室可以定期与文创企业合作，开展具有地方特色的文史风土沙龙活动，通过对方志资源的讲解，激发文创的灵感并指引发展方向。可以与文化创意产业及公司合作，开发富有地方特色的文化创意产品，拍摄文创电影，挖掘当地人物或是特色 IP，探索服务于文创产业的课题合作项目。也可进行文化创新，利用本地的方志资源开发文创台历，在日历版面上刊载地方历史、地理、特产等内容。还可组织不同读者撰写与方志各专题相关的二次方志产品，适应现代文化"快餐式"消费的需要。利用方志趋利避害，为防灾减灾研究提供原始资料。

3. 服务于民众教化

对方志工作机构搜集到的方志资源进行分门别类的整理，尝试独立开发或是与相关的社团、机构、文化公司等共同开发具有方志文化特色和元素的游戏、程序、影片等数字产品，传播和扩大方志的影响。同时，要积极推动方志资源成果进入社区、农村等基层组织，提升方志资源成果普及度，留住乡土记忆。与教育部门合作编写地情普及读物。运用科技和艺术成果，利用声光、色彩、线条，运用各种艺术手段，培养读者的兴趣，更形象、生动地展现历史和现实。通过与电视制作公司、网络视频公司等传统媒体及新兴媒体联合拍摄反映地情的专题片，制作专题节目，进一步强化为民众提供公共文化服务和产品的角色，弘扬符合时代的价值观。

4. 提升城市品位

方志文化是文化资源的组成部分，我们要充分挖掘方志文化资源的优势，深挖地方特色文化资源及其内涵，服务"文化强省（市、县）"战略，打造具有地方特色的城市品牌，提升城市品牌的知名度和美誉度，为文化名城建设打造根基，增强城市的软实力。进一步挖掘地方的优秀文化基因，积极主动作为，打造有地方特色的个性文化，树立有别于其他城市的文化品牌。挖掘地方上的名人典故、名胜古迹，赋予其历史文化的积淀。要有"一线部门"的意识，在创城或是申报文化遗产，甚至在申办国际重大赛事时发挥地方文化资源的优势及其不可或缺的重要作用。

5. 优化公众传播渠道

方志资源要自我宣传，优化公众传播渠道，提升方志资源的知名度。通过传统媒体或是新媒体对方志成果进行宣传，借助节假日的方志专题书展，扩大影响，提升知名度。同时，加大对方志资源的宣传力度。当志书、年鉴、地情丛书出版时，要充分运用首发式、新书研讨会等形式邀请网络、新闻媒体有效地向社会宣传。还可以在电视台、网络、微信公众号等平台上通过创办方志专栏，定期宣传方志资源，扩大知名度。要将方志资源作为服务精神文明建设和社会经济建设的有效途径。

总的来说，要高度重视方志资源开发利用的重要性与必要性，将自身定位于社会公共文化服务和产品的提供者，持续探索服务方式，拓展服务领域，使方志资源的开发成果服务社会、服务民众，为公众提供更优质的公共文化产品和服务。

基于《中国地方志》计量统计的方志学科知识体系构建研究（1994~2018）

巴兆祥　李　颖

（复旦大学）

　　方志学既是一门古老学科，又是一门年轻学科。[①] 说其年轻，主要是从现代学科学的视角而论的。近代以来，随着中国学科的现代化转型，方志学的知识体系也随之被不断重构。新中国成立后，尤其是改革开放以来，先后掀起了两次全国性的修志热潮。伴随修志工作的开展，方志学研究繁荣起来，涌现出大量的方志学研究成果，方志学科知识愈益丰富。据《中国地方志论文论著索引（1913~2007）》统计，1979~2007年有1106部论著印行出版，[②] 截至2016年有6万多篇论文发表，[③] 可谓蔚为大观。对相关的学术研究进行总结，学术界已有开展，如刘柏修《方志学科建设研究综述》[④]、李晓方《社会史视野下的地方志利用与研究述论》[⑤]、巴兆祥《2000年以来台湾的方志学研究》[⑥]、邹涛《20世纪以来晚清至民国时期乡土志研究综述》[⑦]、徐鹏《七十年来海外收藏中国方志研究综述》[⑧]、吉正芬和韩连启《西藏地区方志研究综述》[⑨]、吴晓萍和郭怡《宋代方志研究述评》[⑩]、刘丹《走向世界的中国方志文化国际学术研

———————————

① 黄苇等：《方志学》，复旦大学出版社，1993，第2页。
② 中国地方志指导小组办公室编《中国地方志论文论著索引（1913~2007）》，方志出版社，2014，第1123~1156页。
③ 邱新立：《"方志学"是否已是独立学科？》，澎湃新闻，2016年12月10日，http://www.thepaper.cn/newsDetail_forward_1577412。
④ 刘柏修：《方志学科建设研究综述》，《中国地方志》2004年第10期。
⑤ 李晓方：《社会史视野下的地方志利用与研究述论》，《中国地方志》2011年第7期。
⑥ 巴兆祥：《2000年以来台湾的方志学研究》，《中国地方志》2012年第5期。
⑦ 邹涛：《20世纪以来晚清至民国时期乡土志研究综述》，《中国地方志》2013年第4期。
⑧ 徐鹏：《七十年来海外收藏中国方志研究综述》，《中国地方志》2013年第6期。
⑨ 吉正芬、韩连启：《西藏地区方志研究综述》，《西藏大学学报》2015年第2期。
⑩ 吴晓萍、郭怡：《宋代方志研究述评》，《史志学刊》2018年第5期。

讨会综述》[①] 等。上述成果，基本属于描述性的综述，且以学术讨论会的综述为多。近年来，在图书馆学、情报学、传播学、旅游学等学科兴起了以词频分析法、计量统计法来总结前人学术进展的方法，从而推动了海量文献的数据挖掘。本文也试图借鉴这样的研究方法，在方志学领域做个尝试。

一　资料来源与数据处理

首轮修志以来，我国各界以极大热情投身修志与方志学学术研究之中，除出版各种著作、论文集、工具书外，方志学研究成果既发表在《中国地方志》《上海地方志》《江苏地方志》《浙江地方志》《史志学刊》《广西地方志》等方志系统主办的方志刊物上，也刊登于《历史研究》《史学史研究》《文献》《学术月刊》《浙江学刊》《复旦学报》《南开大学学报》等高校、科研机构主办的学术刊物之上。根据"中国知网·学术期刊"，将时间设定为1979~2018年，以"地方志"为关键词统计，约有9945条；以"方志"为关键词检索，约有5811条；以"地方志"为主题统计，约有14561条。如此海量的数据，仅靠个人在有限的时间里是很难处理的，所以本文选择以《中国地方志》为资料源。

《中国地方志》由中国地方志指导小组主办，1981年创刊。原名《中国地方史志通讯》，1982年更名为《中国地方史志》，1986年改称《中国地方志》。《中国地方志》被列入"中国人文社会科学核心期刊"，是方志系统中最高等级的专业杂志，是我国方志学研究成果发表的重要阵地，在一定程度上代表了方志学学术研究水平，以及方志学研究的发展大势。因此，本文以《中国地方志》所刊载论文为研究对象是可行的、合理的。

本文的基础数据取自"中国知网·学术期刊"所收《中国地方志》，时间为1994年到2018年，选用NoteExpress和Excel软件进行整理、分析。为提高数据的准确性，方便分析，体现学术研究情况，对"中国知网·学术期刊"资料信息做了如下处理。（1）删除不属于学术论文性质的文章、介绍，包括领导讲话、文件、工作汇报、会议纪要、工作动态、新闻报道、书讯、读者来信、序、论点摘要等。（2）作者单位，对基本属于"一套人马、两个牌子"的，或单位前后更替、并入的，或署名某机构的下属单位的，进行适当的归并与统一，如"某某地方志编纂委员会""某某地方志办公室""某某方志学（协）会"，合并为"某某地方志办公室"或"某某地方志编纂委员会"，"杭州大学""浙江大学"调整为"浙江大学"，"中国地方志指导小组办公室"及其所属"方志出版社""国家方志馆""《中国地方志》编辑部""中国地方志学（协）会"统一为"中国地方志指导小组办公室"，"萧山市志办公室""《萧山市志》编辑部""萧山区地方志办公室"统一为"萧山区地方志办公室"。（3）对原始数据中只有作者，

---

① 刘丹：《走向世界的中国方志文化国际学术研讨会综述》，《中国地方志》2018年第4期。

没有作者单位或作者地址的，通过搜索工具尽量予以补齐。（4）对论文作自定义分类。经筛选与标准化处理，共得文献 2769 篇。

二 方志学相关知识的生产主体

一般认为，知识的生产或是基于实践经验的总结，或源自理论学术的探索，它由生产者、传播者、知识内容、生产方式等构成一个完整的知识生产体系。方志学的知识生产，当然也不例外。作为方志学知识生产、传播的主要参与者，《中国地方志》一直发挥着方志学研究成果发布与传播最主要的专业平台作用。据统计，1994~2018 年共发布各类与地方志有关的论文 2769 篇，年均 110.76 篇，论文比较少的年份是 1996 年、1998 年，分别为 62、67 篇，发文较多的年份为 2003 年、2004 年、2005 年、2007 年、2008 年，分别有 151、157、140、155、145 篇，其余年份多在 60~139 篇。据图 1 所示，25 年间《中国地方志》的发文数量一直处于波动中，大体上 1996~1998 年处于波谷期，1999 年后缓慢上升，2003~2010 年属于波峰期，2011 年开始缓缓下降。

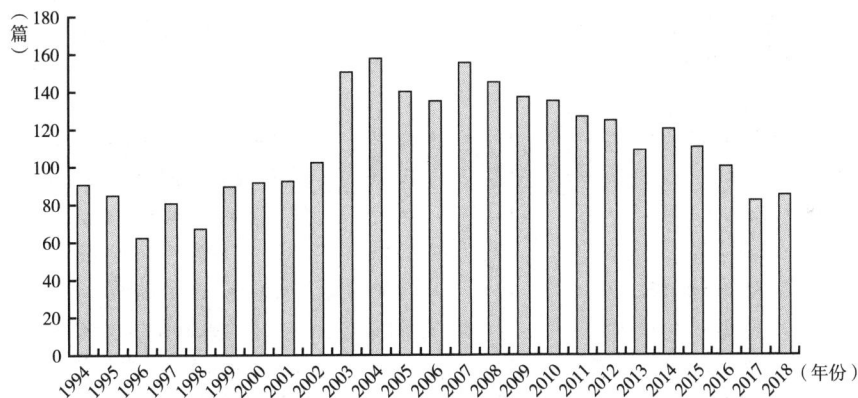

图 1 《中国地方志》1994~2018 年所载论文数量

《中国地方志》这个平台上的作者是方志学知识生产的主体，通过作者数量统计可以看出方志学知识生产者的规模状况。据统计，1994~2018 年该平台的作者共有 1687 人，人均发表论文 1.64 篇，作者比较分散。如以发文数量论，将 20 篇（只统计第一作者。下同）以上的归为第一梯队，则有王晖、陈泽泓、梅森等 6 人；将 10~19 篇归入第二梯队，则有王卫明、仓修良、巴兆祥等 21 人；其余在 1~9 篇不等，以 1 篇的居多。这里将发表论文数量前 50 位的作者列表（见表 1），他们在一定程度上算是方志学领域比较多产的作者。从作者的合作情况看，有 253 篇论文为 2 位作者合作完成，30 篇论文由 3 位作者合署，有 1 篇论文作者达 4 人。

表1　《中国地方志》作者发文数量前 50 位一览

作者	作者单位	论文数（篇）	作者	作者单位	论文数（篇）
王晖	安徽省地方志办公室	30	任根珠	山西省地方志办公室	9
陈泽泓	广东广州市地方志办公室	29	傅能华	中国地方志指导小组办公室	9
梅森	上海市地方志办公室	28	刘益龄	山西省地方志办公室	9
梁滨久	黑龙江省地方志办公室	27	刘秋增	山东省地方史志办公室	9
诸葛计	中国地方志指导小组办公室	25	孟庆斌	河北沧州市地方志办公室	9
林衍经	安徽大学	23	张凤雨	河北武强县地方志办公室	9
王卫明	河南省地方史志办公室	19	来新夏	南开大学	9
仓修良	浙江大学	15	牛润珍	中国人民大学	9
巴兆祥	复旦大学	15	王登普	河北辛集市地方志办公室	9
韩章训	浙江衢州市地方志办公室	14	胡巧利	广东广州市地方志办公室	9
范洪涛	上海市黄浦区地方志办公室	13	金雄波	浙江萧山区地方志办公室	9
陈曼平	广西壮族自治区地方志办公室	13	颜越虎	浙江省地方志办公室	9
魏桥	浙江省地方志办公室	13	姚金祥	上海市地方志办公室	8
周慧	江西省地方志办公室	12	孔令士	中国地方志指导小组办公室	8
王复兴	山东省地方史志办公室	12	张勤	浙江省地方志办公室	8
苏长春	辽宁省地方志办公室	12	戴佳臻	江西省高安市政协	8
吉祥	江苏省地方志办公室	11	许还平	河南省地方志办公室	8
柳成栋	黑龙江省地方志办公室	11	陈桥驿	浙江大学	8
郭凤岐	天津市地方志办公室	11	霍宪章	河南省地方史志办公室	8
黄勋拔	广东省地方志办公室	11	鲁德政	河南郑州市地方史志办公室	8
刘善泳	江西石城县地方志办公室	10	齐家璐	河北秦皇岛市地方志办公室	8
张世民	陕西省地方志办公室	10	李秋洪	广西壮族自治区地方志办公室	7
段柄仁	北京市人大常委会	10	杜锡建	广西青年干部学院	7
潘捷军	浙江省地方志办公室	10	赵燕秋	新疆维吾尔自治区地方志编委会	7
王广才	河北省地方志办公室	10	陈华	河南商丘市地方志办公室	7
王铁鹏	北京市地方志办公室	10	颜小忠	上海市地方志办公室	7
邱新立	中国地方志指导小组办公室	10			

对《中国地方志》论文来源于何地，我们进行了统计。除 12 篇无地址、1 篇来自美国外，全国各省、自治区、直辖市，包括台湾省、香港特别行政区、澳门特别行政区，都贡献了与地方志有关的论文，如宁夏 11 篇、青海 9 篇、海南 6 篇、西藏 3 篇，台湾、香港、澳门各 1 篇。其中，来自北京的生产者贡献最多，达 338 篇，遥遥领先于其他省、区、市，这主要是北京方志事业发达、高校多、《中国地方志》编辑部在北京之故。此外，浙江、广东、江苏、山东、安徽、上海等地贡献也相当多。方志学相关论文的作者主要分布在华北、华东、华南、华中等经济较发达、方志文化传统得到较好继承发扬的省、区、市（见表 2）。而新疆尽管修志历史晚于内地，但自 20 世纪 80 年代以来积极开展修志活动，创办《新疆地方志》刊物，积极鼓励修志人员开展方志学研究。2000 年 9 月 25～27 日举行的新疆维吾尔自治区地方志第四次工作会

议，对 1999~2000 年撰写的优秀论文进行了表彰。① 2003 年 4 月 17 日自治区召开地方志工作会议，提出"广大修志人员都要加强对续志理论的研究"。② 自治区政府的重视，自然大大促进新疆的方志学知识生产。

表 2   《中国地方志》论文贡献区域前 20 位一览

富集度	省、区、市	论文数（篇）	占比（%）
高富集区	北京市	338	12.21
	浙江省	245	8.85
	广东省	200	7.22
	江苏省	190	6.86
	山东省	168	6.07
	安徽省	159	5.74
	上海市	144	5.20
	河南省	133	4.80
	山西省	121	4.37
	河北省	111	4.01
较高富集区	福建省	92	3.32
	广西壮族自治区	82	2.96
较高富集区	陕西省	70	2.53
	四川省	70	2.53
	黑龙江省	68	2.46
	江西省	66	2.38
	云南省	60	2.17
	天津市	56	2.02
	湖北省	55	1.99
	新疆维吾尔自治区	52	1.88

方志学知识的生产，作者固然是第一位的，但作者所处的工作环境也相当重要。通过对作者单位的标准化处理，发现方志学相关论文的作者分布在 765 个单位，除去地域不明的、单位在美国以及中国港澳台的，中国各省、区、市中，安徽省 39 家，北京市 57 家，福建省 28 家，甘肃省 19 家，广东省 41 家，广西壮族自治区 14 家，贵州省 19 家，海南省 3 家，河北省 28 家，河南省 33 家，黑龙江省 14 家，湖北省 24 家，湖南省 23 家，吉林省 12 家，江苏省 53 家，江西省 16 家，辽宁省 17 家，内蒙古自治区 9 家，宁夏回族自治区 6 家，青海省 3 家，山东省 53 家，山西省 35 家，陕西省 25 家，上海市 25 家，四川省 35 家，天津市 7 家，西藏自治区 2 家，新疆维吾尔自治区 19 家，云南省 24 家，浙江省 55 家，重庆市 11 家。本文还列举了在《中国地方志》上发表论文量在 10 篇及以上的单位（见表 3）。

---

① 刘德润、殷红梅：《新疆维吾尔自治区召开地方志第四次工作会议》，《中国地方志》2001 年第 1~2 期。
② 《新疆维吾尔自治区地方工作会议在乌鲁木齐召开》，《中国地方志》2003 年第 4 期。

表3 《中国地方志》上发文10篇及以上单位一览

序号	单位	论文数(篇)	序号	单位	论文数(篇)
1	中国地方志指导小组办公室	121	26	山西大学	22
2	河南省地方史志办公室	69	27	暨南大学	19
3	山东省地方史志办公室	64	28	湖南省地方志办公室	19
4	广州市地方志办公室	63	29	陕西省地方志办公室	19
5	浙江省地方志办公室	61	30	北京师范大学	18
6	江苏省地方志办公室	56	31	浙江衢州市地方志办公室	18
7	安徽省地方志办公室	55	32	吉林省地方志办公室	16
8	上海市地方志办公室	54	33	北京大学	15
9	广西壮族自治区地方志办公室	49	34	河北秦皇岛市地方志办公室	15
10	黑龙江省地方志办公室	49	35	四川省地方志办公室	15
11	广东省地方志办公室	43	36	陕西师范大学	14
12	山西省地方志办公室	42	37	厦门大学	13
13	安徽大学	38	38	贵州省地方志办公室	13
14	南开大学	35	39	内蒙古自治区地方志办公室	13
15	复旦大学	33	40	上海市黄浦区地方志办公室	13
16	浙江大学	33	41	四川大学	13
17	中国人民大学	27	42	天津市地方志办公室	13
18	福建省地方志办公室	27	43	辽宁省地方志办公室	12
19	北京市地方志办公室	26	44	国家图书馆	11
20	江西省地方志办公室	25	45	河北辛集市地方志办公室	11
21	云南省地方志办公室	25	46	宁波大学	11
22	北京市社会科学院	23	47	贵州大学	10
23	河北省地方志办公室	23	48	苏州市地方志办公室	10
24	新疆维吾尔自治区地方志办公室	23	49	江西石城县地方志办公室	10
25	浙江杭州萧山区地方志办公室	23			

从作者单位看，中国地方志指导小组办公室成果最多，的确起到了领导与表率作用，各省、区、市地方志办公室是主力，县（市）地方志办公室的力量不容忽视，如浙江省杭州市萧山区、浙江省衢州市、河北省秦皇岛市、江西省石城县等。高校中，安徽大学、南开大学、复旦大学、浙江大学、中国人民大学、山西大学、暨南大学、北京师范大学、北京大学、陕西师范大学、厦门大学、四川大学、宁波大学、贵州大学等表现较为突出，形成一定规模的方志学相关知识生产团队。

三 方志学相关知识内容的生产与体系建构

由于方志学还是一门年轻的学科，方志学的知识体系一直受到关注。《中国地方志》作者发表论文的目的主要是总结修志经验与探讨理论心得，生产方志学相关知识，丰富方志学内容，建构方志学知识体系。关键词体现论文的主题、核心内容，是当前分析学术研究热点、发展趋势的主要路径之一。

《中国地方志》2002年开始设置关键词，2002~2018年有2113篇论文，共有关键词8854个，篇均关键词4.19个。一般而言，关键词出现的频次越高，关键词所涉主题就越受关注，创造的知识也越丰富。这里以17年间词频5次作为普通关键词与核心关键词的划分标准，共得核心关键词238个，占总关键词量的2.69%，这说明方志学相关知识生产者生产的知识点很分散。其中，排名前20位的分别是地方志（382次）、志书（248次）、方志（153次）、第二轮修志（96次）、第二轮志书（80次）、创新（72次）、修志（70次）、续志（64次）、编纂（58次）、年鉴（45次）、篇目（42次）、方志学（39次）、新方志（38次）、体例（31次）、篇目设置（31次）、篇目设计（31次）、价值（30次）、条目（29次）、清代（29次）、旧志（28次）。这些核心关键词大致可以归为以下几类（相当部分的关键词涉及多个门类，取一个为主进行归类）：（1）方志基础理论，主要有体式、定义、方志性质、著述性、学科建设、凡例、理论研究、学科、学术性等36个；（2）方志理论发展史，有方志学、章学诚、罗愿等3个；（3）方志发展史，主要有清代、明代、明清、发展、旧志、乡土志等10个；（4）方志编纂，主要有第二轮修志、篇目设计、地方特色、入志、资料、艺文志、军事志、社会部类、经济部类、政治部类、文化部类、专志、以事系人、出版、城市区志、篇幅、志稿、概述、大事记、口述史等94个；（5）方志事业管理，主要有中国地方志指导小组、地方志办公室、地方志事业、地方志工作、方志界、地方志工作条例、方志馆、地情资料、依法治志、质量、期刊、修志人员等42个；（6）方志文献，主要有版本、旧志整理、数字方志、辑佚等12个；（7）方志批评，主要有启示、河津市、奉贤区、卢氏县、县志等16个；（8）方志应用，主要有读志用志、史料价值、开发利用、读者、载体等13个；（9）年鉴编纂，有年鉴、地方综合年鉴、综合年鉴、年鉴创新等4个；（10）地方史，有地域文化、考证、地方史、补遗、晋商等5个；（11）其他文献，有地方文献、文献、家谱等3个。综上所述，2002年后地方志、志书、方志、新方志、方志学、年鉴、第二轮修志、第二轮志书、修志、续志、编纂、篇目、体例、篇目设置、篇目设计、条目、创新、价值、清代、旧志属于方志学知识生产中的热词，方志编纂学、方志事业管理、方志基础理论是方志学知识生产最为关注的领域。

有关方志学的内容，黄苇等著《方志学》总结为方志发展史、方志学发展史、继承方志遗产、向方志要材料、发展方志理论、新方志编纂原则与方法、修志队伍、国外收藏研究利用方志等八个方面，[①] 中国地方志指导小组办公室《中国地方志论文论著索引（1913~2007）》归为方志学理论、方志工作管理、方志编纂、方志史与方志学史、志书研究与评价、方志人物、

---

① 黄苇等：《方志学》，第9~14页。

方志整理与利用、方志目录及其他、修志文献等九类。对《中国地方志》所载论文内容进行分类，发现 1994 年发表 9 类论文：方志基础理论类 9 篇，方志理论发展史类 4 篇，方志编纂类 39 篇，方志事业管理类 8 篇，方志文献类 3 篇，方志批评类 14 篇，方志应用类 9 篇，年鉴编纂类 3 篇，其他文献 1 篇，以方志编纂、方志批评、方志基础理论的论文为多。2004 年发表论文增至 11 类，其中，方志基础理论类 10 篇，方志理论发展史类 3 篇，方志发展史类 7 篇，方志编纂类 57 篇，方志事业管理类 13 篇，方志文献类 5 篇，方志批评类 29 篇，方志应用类 12 篇，年鉴编纂类 4 篇，地方史类 15 篇，其他文献 2 篇，方志编纂、方志批评、地方史居前三位。2018 年共发表论文 85 篇，仍为 11 类，但地方史类升至第一位，达 28 篇，其次是方志批评类 14 篇，方志文献类 12 篇。1994～2018 年《中国地方志》作者生产的知识有 11 类，方志编纂、方志批评、地方史、方志发展史、方志基础理论、方志事业管理位居前列（见表 4），超过了黄苇等著《方志学》、《中国地方志论文论著索引（1913～2007）》所列知识内容，说明方志学知识生产随着社会发展和修志实践而不断拓展。

表 4　1994～2018 年《中国地方志》刊文内容分类统计

论文类别	论文数（篇）	占比（%）	排名	发文最多者	
				姓名	论文数（篇）
方志基础理论	194	7.01	5	王晖	9
方志理论发展史	85	3.07	10	梅森	3
				薛艳伟	3
方志发展史	238	8.60	4	诸葛计	6
方志编纂	838	30.26	1	王晖	14
方志事业管理	193	6.97	6	邱新立	5
				张敬忠	5
方志文献	156	5.63	8	蒲霞	5
方志批评	494	17.84	2	林衍经	16
方志应用	170	6.14	7	陈强	2
年鉴编纂	123	4.44	9	金明德	3
				武星斗	3
				唐剑平	3
地方史	244	8.81	3	乔素玲	3
其他文献	34	1.23	11	王卫平	3

通过关键词与论文内容的聚类分析，方志学相关知识生产者在《中国地方志》上已经建构了一个相当系统的方志学学科知识体系：（1）方志学学科核心知识体系，包括方志基础理论、方志理论发展史、方志发展史、方志编纂学、方志事业管理学、方志文献学、方志批评学、方志应用学；（2）方志学学科关联知识体系，包括年鉴编纂学、地方史学、其他文献学。

方志学相关知识的载体是刊发在《中国地方志》上的论文，论文的被下载情况在某种意义上反映了论文所生产的知识受关注的程度。根据 2019 年 6 月 4 日"中国知网"检索情况，将下载量在前 50 位的论文进行排序（见表 5）。

表 5 《中国地方志》论文下载量前 50 位统计

序号	发表时间（年）	论文标题	作者	下载量（次）
1	2011	社会史视野下的地方志利用与研究述论	李晓方	1186
2	2004	清末民初乡土志书的编纂和乡土教育	王兴亮	816
3	2007	口述史在地方志领域的地位与价值	刘善泳	756
4	2004	论明代方志的数量与修志制度——兼答张升《明代地方志质疑》	巴兆祥	737
5	2011	浅论地方志的开发与利用	柳成栋	692
6	2003	《华阳国志》浅论	卜艳军、李新伟	650
7	2009	历史学研究的新视域与传统地方志的利用——以清代云南地方志为例	祁志浩	467
8	2006	地方志旅游资料的价值及其利用	林衍经	467
9	2007	明清方志的编纂特征及其在区域土地利用研究中的价值	傅辉	451
10	2006	史学研究中利用地方志的几种方法——兼谈方志的资料性与学术性	潘高升	446
11	1999	浅谈地方志的价值与作用	刘世锋	402
12	1995	中国方志学理论的发展与现状	来新夏	389
13	2003	方志目录学刍议	巴兆祥	379
14	2005	四论方志性质与特征	王晖	361
15	1994	试论民国时期的地方志	葛向勇	355
16	2016	中国地方志发展规律述略	巴兆祥、何沛东	353
17	2005	日本藏中国方志及研究综述	米彦军	350
18	2014	地方志资源开发利用的探索与思考	陈强	341
19	2012	地方志的困境与创新	李秋洪	338
20	2007	从清代安徽方志漫谈皖江圩田	赵崔莉	332
21	1997	中国方志工具书概述	刘刚	328
22	2011	近百年来甘肃汉唐方志整理研究综述	屈直敏	302
23	2010	《北京年鉴》20 年	段柄仁	288
24	2004	方志学科建设研究综述	刘柏修	273
25	2015	《全国地方志事业发展规划纲要（2015~2020 年）》解读	邱新立	272
26	2009	20 世纪 80 年代以来方志性质研究概述	程方勇	269
27	2014	方志馆研究综述	潘捷军	264
28	2012	新时期地方志工作发展的机遇、挑战与对策	马小彬	262
29	2011	国家图书馆馆藏方志来源与书目编次	杨印民	246
30	2005	对地方志定义等基本问题的思考	胡巧利	225
31	2004	民国时期方志搜求热初探	张升	222
32	2005	我国地方志网站建设现状分析	章燕华、杨茹	221
33	2005	关于地方志若干基本概念的思考	陈泽泓	212
34	2017	明代府志对当地卫所武官群体的记载及其体例设置	杨园章	211
35	2014	地方志功能析论	陈泽泓	211
36	2005	地方志的整理与古籍整理出版事业	许逸民	203

序号	发表时间(年)	论文标题	作者	下载量(次)
37	2012	物质·制度·精神——关于方志文化建设的思考	萧艳娥	198
38	2013	20世纪以来晚清至民国时期乡土志研究综述	邹涛	197
39	2005	钱大昕方志理论与乾嘉以来方志理论研究的走向——写在方志学家钱大昕逝世200周年之际	梅森	193
40	2016	全国地方志微信公众号发展述评	赵明明、吴韵	192
41	2002	日本大学图书馆中国地方志调查记	巴兆祥	191
42	2016	论依法治志	冀祥德	189
43	1998	《中国地方志联合目录》山西篇补遗	梁锦秀	185
44	1994	史志关系论	林衍经	183
45	2012	方志文化发展改革浅探	陈曼平	180
46	2014	综论改革开放内容入志的有关问题——学习《中共中央关于全面深化改革若干重大问题的决定》的体会	潘捷军	178
47	2017	中国旧志整理与出版概况	南江涛	176
48	2015	志书中的物产资源探究——以河南地方志中的柿子为例	王新环	172
49	2005	中国现代方志学发展阶段探论(上)	许卫平	169
50	2014	从《白沙村志》到"珠三角现象"——乡村志编纂的解读与分析	颜越虎	167

据表5，在方志基础理论、方志发展史、方志理论发展史、方志文献学、方志编纂学、方志应用学等方面学术性与理论性比较强的知识关注度高，影响较大。

四　方志学知识体系的构建特点

综观《中国地方志》25年的发展历程，方志学知识的生产与体系构建有如下特点。

第一，研究主题与方志事业发展轨迹紧密相连。随着20世纪80年代新方志编修的兴起，全国方志学研究热逐步形成，研究的主题涉及与地方志相关的各个方面，从有8800多个关键词就可见一斑。不过，有一条主线是不变的，那就是围绕方志事业的需要，或者说时代的重点。到20世纪90年代，随着新编方志的逐步成书，理论总结的时机已经成熟，1994年7月中国地方志指导小组召开全国地方志工作座谈会，提出应当加强方志理论研究，这年及次年方志理论文章随之增加。1996年5月，第二次全国地方工作会议提出要在2000年完成首轮修志，着手开展续修准备，加强方志学研究，建立新方志学科，《中国地方志》刊发论文数从1999年开始逐步上升，研究主题较多总结修志经验，开展读志用志活动，开始关注如何续修方志。到2001年，全国大部分地区已经完成首轮修志任务，四川、陕西、河南等部分地区启动二轮修志工作，12月召开的第三次全国地方志工作会议要求各地适时全面启动新一轮修志工作，加大方志资源开发，随后研究二轮修志、利用地方志研究地方史成为热点。

第二，研究队伍总体以方志系统为主，高校为辅。《中国地方志》作者群体来自全国各地，从类型划分，大致有方志系统、高等院校、科研院所、文化单位、党政机关（包括人大、政协）、其他等六类。如来自安徽省的159位作者中，方志系统89人，安徽大学、安徽师范大学等高等院校61人，科研院所1人，文化单位5人，党政机关1人，其他2人；北京市338位作者中，方志系统196人，高等院校46人，科研院所44人，文化单位30人，党政机关11人，其他11人；广东省200位作者中，来自方志系统的有142人，高等院校46人，科研院所3人，文化单位1人，党政机关3人，其他5人。方志工作者、高校教师及研究生明显占据方志学研究队伍的前两位。尤其是高校研究队伍，近些年研究生的比例明显增加。从知识的生产方式看，基本属于作者的自由研究，独立完成多，团队合作较少，受基金项目支持的更少。

第三，方志学相关知识生产不均衡。与前两点紧密相关，1994~2018年统计结果显示，方志学学科核心知识生产偏重方志编纂、方志批评，分别占地方志相关论文总量的30.26%和17.84%，地方史、方志发展史、方志基础理论、方志事业管理紧随其后。而作为学科重要支撑的方志理论发展史、方志文献则研究比较薄弱。这可能与这两方面的研究需要有较好的方志学、历史文献学、图书情报学、史学理论等相关学科理论与资料积累有关。由方志学相关知识构成的方志学科所属各分支学科，自然丰富程度差异较大。

第四，作为平台的《中国地方志》日益走向规范。与全国大部分刊物一样，《中国地方志》也经历了从普通到规范的过程。1994年《中国地方志》双月刊，不设栏目，刊发的文章无关键词、无摘要、无注释、无参考文献，文末未标注责任编辑，1996年开始有个别学者（如陈桥驿）的文章加了注释。2000年始有摘要（但没有"摘要"二字），以楷体示之，文末标注责任编辑。2002年正式设置"提要""关键词"。2007年是《中国地方志》全面规范化的一年，不仅设有提要、关键词、责任编辑，而且开设约稿栏目：文件、专稿、会议文稿、第二轮志书编修、编纂论坛、方志评论、旧方志研究、乡土文化、理论探讨、修志立法、专题探讨、口述历史、年鉴编纂、方志评论、专家谈志、修志随笔、回顾与总结、流年忆旧、文化交流、鉴赏与收藏、新书介绍、来稿摘登、动态消息等。其后，又因需要增加了数字方志、读志用志、方志百科、地方志与国史研究等栏目。自2006年开始每年发表"选题参考"，对方志学相关知识的生产起到很好的引领作用。

当然，毋庸讳言，方志学科知识体系建设与其他学科相比还不够成熟，如关键词设置比较随意，论文选题新颖性还不够，重复研究的内容比较多，资料的引证还不太丰富，对前人学术成果的回顾较缺乏，重要基金项目资助课题成果投稿的占比小，这些都是方志学学科建设今后努力的方向。

"三大体系"视角下方志学一级学科建设初探

安　山

（中国地方志指导小组办公室）

导　论

2016 年 5 月 17 日，习近平总书记在哲学社会科学工作座谈会上的重要讲话中首次明确指出了"加快构建中国特色哲学社会科学"① 的问题。2019 年 5 月 7 日，中国社会科学院院长谢伏瞻在学习贯彻习近平新时代中国特色社会主义思想所局级主要领导干部读书班上的讲话，对中国社会科学院加快构建中国特色哲学社会科学学科体系、学术体系、话语体系（以下简称"三大体系"）进行了全面部署。②

地方志在传承中华优秀传统文化、挖掘历史智慧、服务新时代发展方面发挥了积极作用，日益成为增强文化自信、推动社会主义文化繁荣兴盛不可或缺的重要力量。方志学是具有重要文化价值和传承意义的"绝学"，是加快构建中国特色哲学社会科学"三大体系"的重要内容，对于发展中国特色社会主义先进文化，繁荣中国特色社会文化事业，增强文化自信，提升文化软实力具有重要意义。

鉴于地方志在中华民族培根铸魂、增强文化自信中的独特价值和重要作用，笔者认为，应明确方志学一级学科定位，大力加强方志学一级学科建设，为推动地方志事业转型升级、提高地方志发展质量奠定理论基础。

---

① 《习近平在哲学社会科学工作座谈会上的讲话》，学习强国，2016 年 5 月 17 日，https：//www.xuexi.cn/85f9408a36dedcac6ff1ccf1e722fa02/e43e220633a65f9b6d8b53712cba9caa.html。

② 谢伏瞻：《加快构建中国特色哲学社会科学学科体系、学术体系、话语体系》，中国社会科学网，2019 年 5 月 16 日，http：//www.cssn.cn/index/index_focus/201905/t20190516_4896 260.shtml。

一 方志学一级学科建设是加快构建"三大体系"的基础性工作

(一)加强方志学一级学科建设的重要意义

1. 增强方志文化自信的需要

党的十九大报告中指出,"没有高度的文化自信,没有文化的繁荣兴盛,就没有中华民族伟大复兴"。地方志是弘扬和传承中华优秀传统文化的最重要文化载体之一。方志文化是中华优秀传统文化的有机组成部分,方志文化自信是文化自信的重要体现。加强方志学一级学科建设是探索方志发展规律、指导志鉴编修、弘扬方志文化的基础性工作,是挖掘历史智慧、总结提炼中华文化精髓、培育中华民族"根"与"魂"的前导性工程,是传播方志文化、推动方志文化传承的重要举措。

2. 构建中国特色哲学社会科学的需要

方志学是中国特色哲学社会科学的重要组成部分,如何记录好新时代、书写好新时代、传承好新时代,关系到当代人和后世子孙对党领导下的中国特色社会主义建设的认识问题。因此,需要大力推动方志学理论创新,加强方志学基础研究,提升学术原创力,增强学术话语权,不断提高中国特色哲学社会科学的综合竞争力,为实现中华民族伟大复兴的中国梦贡献方志人的智慧和力量。

3. 推动地方志事业转型升级的需要

2020年第二轮省市县三级志书出版任务完成后,全国地方志系统将进入第三轮修志周期,并着手启动编修《中华人民共和国国志》。与前两轮修志相比,第三轮修志时期处于我国已经全面建成小康社会,进入全面建成社会主义现代化强国的新阶段。届时国内外发展环境将更加复杂,地方志事业面临的挑战将更加严峻,方志编修的组织模式、编纂模式、开发利用模式、管理模式一定会有很大的变革。急需加强方志学一级学科建设,总结前两轮修志的经验教训,开展相关理论研究,进行理论创新,为第三轮修志提供理论准备、组织准备和人才储备。

(二)加强方志学一级学科建设的现实基础

1. 党和国家领导人的重视支持,是加强方志学学科建设的重要前提

社会主义新方志编修启动以来,历届党和国家领导人非常重视地方志工作,多次就地方志工作发表重要讲话、做出重要批示、出席重要活动。特别是党的十八大以来,习近平总书记先后4次对地方志工作做出重要指示,原总理李克强先后3次对地方志工作做出批示,原副总理刘延东先后2次出席地方志系统会议,对包括方志学学科建设在内的地方志工作寄予了殷切期望,提出了具体要求,指明了努力方向。

2. 两轮修志的丰富实践，为加强方志学学科建设积累了实践经验

党的十八大以来，中国特色社会主义进入新时代，全国地方志事业也进入了新时代，正从传统的"一本书主义"向志、鉴、史、馆"四驾马车"并驾齐驱，志、鉴、库、馆、网、用、会、刊、研、史"十业并举"转变，全力在全国范围内实现从一项工作到一项事业的转型升级。截至目前，全国编纂完成首轮、二轮省、市、县志书 1 万多部，编修部门志、行业志、专业志、乡镇村志 2 万多部，编纂地方综合年鉴 3 万多部。海量地情资源汇聚成了规模宏大的社会科学成果群，形成了较为成熟的方志编修体系、理论研究体系、宣传推广体系、开发利用体系，为方志学学科建设积累了丰富的实践经验，为加快构建中国特色哲学社会科学"三大体系"提供了丰富的基础数据和实践样本。

3. 理论研究的丰硕成果，为加强方志学学科建设奠定了坚实基础

从提出方志学概念，到探讨建设方志学二级学科，再到提出建设方志学一级学科，方志理论工作者进行了艰辛而富有成效的探索，产生了一批著作和论文，编著了一批方志学教材，涌现出一批方志学家。据不完全统计，1913 年至 2016 年，共出版方志学专著 312 部。[①] 党的十八大以来，方志学理论研究和学科建设也相继进入了新阶段。各级地方志工作机构和地方志学会积极举办学术年会和理论研讨会，设立专项研究课题，组织优秀论文评选，编辑出版论文集，推动地方志基础理论研究、编纂理论研究、应用理论研究和工作管理研究。全国地方志系统累计出版著作、教材 180 余部。[②] 方志界通过对方志学学科建设成果梳理、方志学基础理论探讨、方志发展史探源、方志学家思想研究，初步搭建了方志学的理论框架，奠定了方志学学科建设的理论基础。

4. 高校开设的学历教育，为加强方志学学科建设进行了有益探索

高校通过开展方志学学历教育、开设方志学课程、编写方志学教材等方式，积极参与方志学学科建设。1983 年，复旦大学历史系招收一届方志大专班。1985 年，北京师范大学历史系招收一届方志学干部专修班（两年制）。1998 年起，宁波大学人文与传媒学院设立方志学本科专业，招收本科生。这是全国高校中唯一的方志学本科专业。截至目前已毕业 13 届，毕业生中有 31 人在地方志系统工作，2 人在档案系统工作。2008 年起，上海市地方志办公室与复旦大学联合举办历史文献学专业（方志学方向）研究生课程进修班。2013 年，中国地方志指导小组办公室（以下简称"中指办"）与暨南大学文学院联合举办历史文献学专业（方志学方向）硕士研究生课程进修班。2015 年起，中指办与中国社会科学院研究生院国史系联合培养中国当代方志史方向博士研究生，与中国社会科学院研究生院公共政策与管理学院联合培养方志学方向非全日制公共管理硕士（MPA）。2018 年 7 月，全国首届方志学方向博士研究生和公共管理硕士研究生顺利毕业。

---

① 根据《中国地方志论文论著索引（1913~2007）》、《中国地方志年鉴》（2009 年卷至 2016 年卷）资料统计得出。

② 《李培林在 2018 年全国地方志机构主任工作会议、第二次全国地方志工作经验交流会暨中国名山志文化工程启动仪式上的讲话》，中国方志网，2017 年 12 月 30 日，http://www.difangzhi.cn/ldjh/201712/t20171230_4944597.shtml。

（三）方志学学科建设相对滞后

20 世纪 70 年代末以来，随着社会主义新方志编修工作的不断深入，现代科学意义上的方志学应运而生，取得了长足发展。然而受"方志无学"等传统观念的影响，方志学学科定位不清晰、学科建设相对滞后。当前，方志学附属于历史学一级学科，学科定位不准确，学科体系不健全，学术体系不完善，话语体系尚未建立，与地方志事业蓬勃发展的新形势新任务不适应、不协调、不匹配，影响了方志学的健康发展，阻碍了地方志"为党立言、为国存史、为民修志"作用的发挥。

1. 学科建设的组织实施不顺

方志学学科定位不清晰，直接影响到方志学学科建设的目标任务、实施原则、实施步骤、保障措施的统筹规划，导致方志学学科建设规划一直"难产"，学科体系构建办法不多、成效不大，并且屡屡错过发展机遇，对方志学学科建设科学发展产生了不利影响，无法发挥方志学在地方志事业转型升级中的基础性支撑作用。

2. 方志学理论研究质量不高

当前地方志系统存在重编纂实践、轻理论概括，重业务指导、轻学科建设，重经验总结、轻理论创新的倾向，方志学研究"各自为战、缺少协同"，对方志学基础理论问题争鸣多，达成共识的结论少。特别是 2008 年各级地方志工作机构陆续参照《公务员法》管理后，地方志从业人员理论研究热情有所降低，对学科体系构建研究的深度不够，方志学理论研究成果质量不高。

3. 方志学人才队伍素质不强

由于学科定位不清晰，学科建设相对滞后，方志学远不是"显学"，尚未引起全国地方志系统以外专家、学者的重视。放眼全国，方志学研究领域的权威专家不多，而且缺少旗帜性的领军人物和拔尖人才，"群龙无首"。目前方志学教育没有全国认可的权威教材，没有系统完整的本科、研究生教育体系，[①] 导致方志人才队伍青黄不接、水平参差不齐。

（四）方志学学科建设迎来重要发展机遇期

2017 年 5 月，中共中央印发《关于加快构建中国特色哲学社会科学的意见》，提出加快完善对哲学社会科学具有支撑作用的学科，重点布局一批对文明传承有重大影响、同经济社会发展密切相关的学科，发展具有重要现实意义的新兴学科和交叉学科，支持具有重要文化价值和传承意义的濒危学科、冷门学科。[②] 2018 年 1 月，《国务院关于全面加强基础科学研究的若干意

[①] 目前仅宁波大学招收方志学专业本科生，尚无高校设置方志学硕士学位点和博士学位点。

[②] 《中共中央印发〈关于加快构建中国特色哲学社会科学的意见〉》，新华网，2017 年 5 月 16 日，http：//www.xinhuanet.com//2017-05/16/c_ 1120982602.htm。

见》对全面加强基础科学研究做出部署，鼓励开展跨学科研究，促进自然科学、人文社会科学等不同学科之间的交叉融合。[1]

党中央、国务院关于学科建设的一系列决策部署，为方志学学科建设指明了方向，对方志学理论研究和学科建设提出了新的更高的要求，方志学迎来了重要发展机遇期。应尽快明确方志学一级学科定位，拉长和补齐方志学"短板"，实现方志学"代有传承"，更好地发挥方志学对加快构建中国特色哲学社会科学"三大体系"的基础性支撑作用。

二　方志学一级学科的建设内容

（一）明确方志学一级学科的定位

明确学科定位是加强方志学学科建设的基础。经过改革开放40多年的发展，方志学形成了固定的研究对象，包括方志的起源发展、性质类别、功能价值、编纂理论、整理利用以及运行规律等，包括方志学、年鉴学、方志馆学、地方史学等子学科。两轮修志的丰富实践，为方志学学科体系建设积累了实践经验。理论研究的丰硕成果，形成了相对独立的理论体系和研究方法，为方志学学科体系建设奠定了知识基础。不少高校开展了较长时间的方志学学历教育和人才培养工作，为方志学学科体系建设提供了人才储备。方志学已经发展成为集政治学、经济学、历史学、法学、社会学、文学、考古学、民族学与文化学、统计学等多学科知识为一体，哲学社会科学与自然科学交叉融合的独立学科。建议把方志学从历史学一级学科中独立出来，设立方志学一级学科。

（二）确定方志学一级学科的内涵

方志学主要是研究方志的起源和发展、性质和类别、功能和价值、编纂理论、整理和利用以及运行规律的学科。从方志学的知识体系看，方志学与历史学、哲学、经济学、政治学、管理学、宗教学、公安学、文学等人文社会学科交叉融合，与数学、地理学、统计学等自然科学联系紧密。从方志学对地方志事业的支撑性作用看，方志学对地方志事业志、鉴、库、馆、网、用、会、刊、研、史"十业并举"具有基础性支撑作用，是推动地方志事业转型升级和科学发展的基石。因此，方志学不是历史学或者地理学的附庸，是一门具有综合性、交叉性、独立性的基础学科。建议抓住国务院学位办2030年前后再次调整学科目录的有利时机，提出新增方志学学科门类的申请，把方志学定位为方志学学科门类的一级学科。

---

[1] 《国务院关于全面加强基础科学研究的若干意见》，中国政府网，2018年1月31日，http：//www.gov.cn/zhengce/content/2018-01/31/content_5262539.htm。

（三）界定方志学一级学科的外延

从学科体系看，根据地方志的主要业务范围，方志学一级学科应下设方志学、年鉴学、方志馆学、地方史学四个子学科。从分支学科看，应包括方志编纂学、方志管理学、年鉴编纂学、年鉴管理学、方志馆建设学、方志馆管理学、方志保护技术学、方志事业史、方志学史、方志文化学、方志语言学、方志美学、方志传播学、方志文献学等。从核心课程看，应包括方志学通论、方志编纂理论与方法、方志应用与管理、年鉴编纂理论与方法、年鉴应用与管理、方志馆建设理论与实务、方志馆管理理论与方法、方志发展史、方志交流与比较研究等。

（四）推动方志学"三大体系"建设

1. 加强方志学学科体系建设

学科体系是方志学一级学科建设的基础。要加大对方志学学科体系建设的支持力度，出台加强学科建设的意见，进一步做好顶层设计。依托中国社会科学院大学、中国人民大学、北京大学、宁波大学等高校，扩大方志学在高校的覆盖面，形成较为完整的国民教育体系。抓住国务院学位办 2030 年前后调整学科目录的时机，力争把方志学纳入一级学科目录。

2. 推进方志学学术体系建设

学术体系是方志学一级学科建设的核心。建议大力推动方志学基础理论研究，组织编写权威的方志学通用教材，集中开展方志学重大课题攻关，形成一整套方志学学说、知识、学术、研究方法。总结前两轮修志的经验教训，推动方志学理论创新发展，提升学术原创力和水平，为第三轮修志提供理论支持、组织保障和人才储备。

3. 注重方志学话语体系建设

方志学话语体系包括用方志学解读中国实践，提炼中国方志走向世界的标识性概念，在世界范围内设置方志学议题，利用国际舞台发出中国方志的声音，引导国际学术界展开方志学研究和讨论等。建议立足中华文化"走出去"战略，加大外文版志书编译出版力度，有计划地向海外推介一批高质量地方志成果。利用世界图书馆与信息大会等平台，广泛开展国际学术交流活动。定期召开中国方志文化国际学术研讨会，宣传中国方志文化，讲述中国故事，传播中国声音。

三 方志学一级学科的建设思路

（一）方志学一级学科多元合作共建模式

在方志学学科建设的具体实践中，应以更高的层次和视野来审视方志学在整个学科体系中所处的位置，立足方志学学科建设所处的环境和面临的问题，充分调动方志学研究人员和研究机构的积极性、主动性、创造性，探索方志学一级学科"五位一体"多元合作共建模式，包括学科建设组织体系（政府领导，地方志指导机构主导，充分调动高校和专家学者的积极性）、学科建设制度体系（制定学科建设规划，建立系统完善的制度框架）、学科建设推进体系（高校发挥主体作用，地方志学会发挥平台作用，方志馆发挥资料支撑作用，相关企业发挥辅助作用）、学科建设评价体系（地方志学会方志学分会对研究成果和学科建设实践进行评价）、学科建设保障体系（政府提供资金、政策等支持）。其中，组织体系是主体，制度体系是依据，推进体系是路径，评价体系是标准，保障体系是支撑。五个体系之间既相对独立，又互为前提，既互相制约，又互相促进。

（二）方志学一级学科建设的重点

一是做好方志学顶层设计。制定方志学学科建设中长期规划，建立学科带头人制度，构建系统科学的方志学学科体系，从根本上推动方志学的长远发展。二是组织编写权威的方志学通用教材，巩固方志学学科建设的理论基础。三是组织各方面研究力量，集中开展方志学重大课题研究，研制方志学发展报告等。四是吸收借鉴其他学科建设的经验，加强与相关学科的合作交流。

（三）方志学一级学科建设的难点

一是明确方志学学科建设的目标。在"中华人民共和国史志法"立法和国家文化发展改革规划、"全国地方志事业发展规划纲要（2021~2025）"等顶层设计中明确提出学科建设的任务和举措。二是调动高校和专家学者的积极性。专家学者是开展方志学研究的主力军，高校是开展方志学教育的主体力量，如何调动他们的积极性，引导他们在方志学学科建设中发挥更大作用，是方志学学科建设中现实而紧迫的问题。三是将方志学纳入国务院学位委一级学科目录。要加强与国家教育行政主管部门的联系和沟通，对照《学位授予和人才培养学科目录设置与管理办法》设定的条件，有针对性地开展工作。

结　论

方志学是中国特色哲学社会科学的重要组成部分，也是中国特色哲学社会科学"三大体系"中的"短板"。要充分发挥政府、地方志工作机构、高校、科研机构、社会力量的积极性、主动性、创造性，大力推动方志学"三大体系"建设，努力把方志学建设成为具有广泛影响力、权威学术力和持续发展力的一级学科，为构建中国特色哲学社会科学，实现中华民族伟大复兴的中国梦贡献"志"力。

浅谈依法治志的实现路径

郭　城

（海南省地方志办公室）

地方志的编纂与修订，历史上一直保持官方颁诏修志的传统。始于 20 世纪 80 年代初的编修社会主义新方志已有 40 多年的实践。党的十八届四中全会明确了"全面推进依法治国，总目标是建设中国特色社会主义法治体系，建设社会主义法治国家。这就是，在中国共产党领导下，坚持中国特色社会主义制度，贯彻中国特色社会主义法治理论，形成完备的法律规范体系、高效的法治实施体系、严密的法治监督体系、有力的法治保障体系，形成完善的党内法规体系，坚持依法治国、依法执政、依法行政共同推进，坚持法治国家、法治政府、法治社会一体建设，实现科学立法、严格执法、公正司法、全民守法，促进国家治理体系和治理能力现代化"。[①] 社会主义法制向法治的转变为地方志的编纂与修订工作从依法修志向依法治志转变奠定了基础。修志工作一开始是一项单纯的行政事务，后来逐渐具有法治化、社会化、专业化、多样化等特征，从专属于一个部门单位的事业转变为具有辐射多个部门的统摄性的事业。[②] 在依法治志这个宏伟目标下，我们认为可以从依法治志的法律渊源、部门间权力的分配与平衡，以及地方志作为一种著作如何对其著作权进行保护等方面探讨依法治志的实现路径。

一　依法治志的法律渊源

依法治国作为一种治国理念，是我国社会主义发展到一定阶段，在社会主义法制建设基础上凝练出来的新的理论成果。"法制"与"法治"，这两个概念既相互区别又相互联系，法治作

---

① 《中共十八届四中全会在京举行》，《人民日报》2014 年 10 月 24 日，第 1 版。
② 朱佳木：《深入学习贯彻〈地方志工作条例〉　努力开创地方志工作新局面——在学习贯彻〈地方志工作条例〉经验交流会上的讲话》，《中国地方志》2006 年第 11 期。

· 153 ·

为一项治国方略，是一种价值判断，需要通过法制这个实体性载体加以体现，否则我们提出的法治理想就落不到实处，无法实现。从这个角度看，法制是法治赖以实现的基本工具；法制，也就是我们制定、颁布出来的法律制度，是一种事实判断，它可以被赋予不同的价值取向，例如保护奴隶主的奴隶社会的法制、保护封建主的封建社会的法制等。我们社会主义的法制必须旗帜鲜明地体现我们的价值立场，因此它必须体现出我们关于法治的理念、要求，使中国特色社会主义的法治思想成为我们法律制度的精神灵魂。从这个角度看，法治是法制所体现的基本原则。

基于上述法治与法制的关系，实现依法治志首先需要完善与地方志相关的系统性事务的法律规范。所谓与地方志相关的系统性事务是指从原来单纯的"修志"工作扩展到"识志""修志""研志""用志""管志""存志""传志"等一系列统筹性工作。而完善相应的法律规范就是指在这七个方面都应该有相应的可行的法律规范。在法律规范的制定过程中，既要考虑法律体系本身的等级性效力，又要考虑部门之间的权限和职能。这里我们首先考虑前者，后者在本文第二个部分加以分析。

从法律体系本身的效力而言，我国法的渊源可以分为宪法、法律、行政法规、地方性法规、规章（部门规章、地方政府规章）、特别行政区的法律、国际条约（国际惯例）。此外，在当代中国还存在着同正式法的渊源相区别的非正式的法的渊源。这些非正式的法的渊源主要包括政策、判例、习惯等，这些非正式的法的渊源不具有正式法的渊源的形式和效力，但在特定条件下可作为一种法的辅助渊源。

宪法是我国的根本大法，是治国安邦的总章程，宪法在法律体系中的地位决定了它所规定的内容是国家的根本任务和根本制度，即社会制度、国家制度的原则和国家政权的组织以及公民的基本权利和义务，至于具体的某项事务则应当通过部门法进行规范。因此，宪法并不设有关地方志的条文。但是宪法作为根本法的要义在于其所确立的基本原则是其他所有法律、法规等制定的基础，所有的规定都不能违反宪法的基本原则或者条文规定。这是我们在制定地方志相关法律规范时必须处理好的第一层法律关系。

目前，与地方志相关的法律规范中，法律效力等级最高的是2006年5月18日国务院颁布的《地方志工作条例》，以及2015年8月25日国务院办公厅印发的《全国地方志事业发展规划纲要（2015~2020年）》。严格来说，只有《地方志工作条例》可以被视为行政法规，而《全国地方志事业发展规划纲要（2015~2020年）》还不具有行政法规的法律效力，它只是对地方志未来发展的一种展望或计划，还没有具体到权限的划分、职能的行使、责任的承担。因此对于地方志的法律规范，还没有一部具有法律效力的规范性文件。

当然这种局面的形成有特定的历史背景，也符合人的认知发展过程。《地方志工作条例》作为我国历史上第一部有关地方志的全国性法规，结束了地方志工作无法可依的历史，标志着地方志编修工作从此进入有法可依、依法修志阶段。它明确规定了依法修志是各级地方政府工作的职责。其颁布及时有效地解决了地方志工作中出现的问题，使地方志工作走上法治化的轨道，是依法治国精神在地方志领域的彰显，对于我国地方志工作的有效开展具有重要作用。[①] 但是随着我国社会主义建设的逐步发展，社会实践的发展与需求对地方志事业的内容及方式提出了更高要求，例如，地方志不仅是一种静态的、消极的编纂，它也要动态地、积极地参与社会实践，从记录文明的旁观者转变为传承文明的践行者，从以前单纯的政府行政主导走向政府支持、社会广泛参与等。这些改变也正是《全国地方志事业发展规划纲要（2015～2020年）》出台的重要原因。

我们认为在建设"社会主义法治国家"的背景下，地方志事业的管理与发展需要进一步在《地方志工作条例》和《全国地方志事业发展规划纲要（2015～2020年）》的基础上制定一部具有法律效力的规范性文件——"中华人民共和国地方志法"，在地方志定位、原则及任务，地方志机构的设置及其职责，地方志主体的权利与义务，有关机构与人员的地方志职责，以及地方志违法责任查究等方面做出更加完善的规定。这是制定地方志相关法律规范时需要考虑的第二层法律关系。

"中华人民共和国地方志法"作为一部部门法，在法律效力位阶上，可以为国务院在制定相关行政法规，国务院各部门或具有行政管理职能的直属机构在制定相关部门规章，省、自治区、直辖市或较大的市的人大或人大常委会制定地方性法规，以及人民政府制定地方性规章时提供立法依据和立法基础。这也是制定地方志相关法律规范时需要理顺的第三层法律关系。同时在法律实践上，"中华人民共和国地方志法"的制定可以协助地方志事务从一项工作向一项事业转变，地方志不再仅仅涉及一个特定的单位，而是涉及多个单位，具有为社会经济发展提供重要服务的文化功能。其他单位与地方志机构不仅是一种配合关系，还应当在实际工作中考虑如何利用地方志等。

总体而言，在法律渊源上，依法治志的实现需要一套符合地方志事业发展客观规律，并能有效保障地方志事业顺利有序开展与发展的、层次分明且配套合理的地方志法律体系。法治需要借助法制，法制需要贯彻法治，因此依法治志最基本的标志是，建立完备的地方志法律体系和完善的相关配套体制机制，并最终能够使与地方志相关的法律在地方志事业的各个方面得到普遍、切实地制定及遵守，保障地方志事业的法治秩序，从而逐步实现地方志事业发展的常态化、制度化、法治化。

二　依法治志的职能设置

如前所述，依法治志在内容上从单纯的"修志"扩展为"识志""修志""研志""用志"

---

① 冀祥德：《论依法治志》，《中国地方志》2016年第5期。

"管志""存志""传志"等七项内容。要保证这些内容得到恰当的实施，就必须将这些内容转换为具体的职能，并将这些职能在不同的单位之间进行合理的分配，从而将依法治志落实到具体的既具有明确权限又彼此协调的职能框架设计之中。这里我们对于单位的界定只限于根据组织体具有的某个具体职能而进行的分类，而不是根据管理的便利、效率而对组织体内部进行的再次细分。

具体而言，"识志""修志""研志"这几项工作是原来"修志"工作的细化，充分体现了地方志编纂活动的专业性。从历史上看，方志的编纂者一直都是史官、史家，"志者，所以志一代之典章因革废兴，上以备太史之采风，下以存乡邦之掌故，使后之人征文考献观法有资"，① 因此编志作为一个专业，不是所有人都可以胜任的。它不等同于简单的记录，以"识志"为例，所谓"识"者，辨也，也就是在众多的材料、数据中应当如何收集、分类，以及收集的程序和方法。再如"研志"，"研"者，究也，这涉及对素材的分析和总结。上述三项工作不仅要求地方志工作者具有专业的史学背景，还必须具备相应的学科背景，例如法律、科技、经济等。依法治志提出后，对于方志理论研究的要求会越来越高，要求方志学者既要运用新理论、新方法，进行综合性、多学科交叉的深入研究，又要摆脱以往封闭的研究思维与羁绊，在做好传统方志理论研究的同时，创新研究理念，研究地方志转型发展中的新情况、新问题，提出新思路、新措施，着力推动方志学学科地位提升。

我们认为在职能设置上，这三项工作还是应该由原有的地方志编撰单位来承担。在依法治志的法律规范内容方面，就"识志"而言，一方面，应当确定地方志资料收集的责任主体、收集的程序与方法，促使其依法开展地方志资料收集，防止职责履行不到位、侵犯他人知识产权等行为；另一方面，应该规定相对的义务主体，要求各级党委政府、社会机构、机关团体、企事业单位积极配合和支持地方志工作，除非涉及他人的权利，若不配合、不作为，就要承担相应的法律责任。就"修志"和"研志"而言，主要是对主体进行规定，包括确定修志主体及其职责，依法确定各级政府在地方志编纂等方面的职责，以及确定修志队伍的构成。地方志编纂人员实行专兼职相结合，专职编纂人员应当具备相应的专业知识，并吸收有关方面的专家、学者参与，并逐步建立地方志专业准入制度，不断提高地方志从业门槛，通过创新地方志人才培养机制等，实现地方志事业的专业化。

从地方志编撰的流程来看，对已完成的地方志还需要进行审查验收、督导检查等工作，从而依法规范治理各类地方志活动，追究各类地方志违法行为，即上述的"管志"。在职能上，审查验收作为一项监督性工作需要与该项工作的执行区分开来。因此从机构设置上来看，"管志"的主体应当不同于上述"修志"的主体，同时出于对机构精简的考虑，不宜再行增加额外的监管机构。从参与审查验收的人员来看，合理的配置应当包括保密、档案、历史、法律、经

---

① 宣统《山东通志》，国家图书馆藏乙卯秋山东通志刊印局排印本，"序"，第1页。

济、军事、科技等方面的专家。鉴于上述考量，我们认为可以考虑在相应的各级人大设立地方志工作委员会作为"管志"的工作主体，明确其工作职责、工作程序，做到权力制约、职责到位、程序有效、监督有序，从而把各类地方志违法行为纳入法治调整范围，依法查处，确保地方志活动在法治轨道上运行。

就"存志"而言，它原本属于地方志编撰工作后续的一项辅助性工作，即将修编的方志进行存档、保存，因此也应当由专门的地方编撰单位来履行该项职能。但是存档保存方式随着数字化、信息化技术的发展，出现新的变动，产生了与现代信息技术相结合的数字化存储。这种数字化的存储方式要求地方志编撰单位拥有专业的信息技术人才。我们认为方志数字化存储的工作不宜采取外聘的方式，而应当在方志编撰单位内部专设此类岗位，任职人员应既了解地方志编撰的方法和流程，同时熟悉现代信息技术。因为这项工作已经不是单纯的数据录入的问题，而是涉及地方志的识别、分类、管理等问题，这项工作类似于图书馆管理，因此在人员的专业设置上可以定位为图书馆管理。事实上，我们在中国地方志指导小组办公室推出的"全国信息方志与数字方志建设工程"中所看到的"三网一馆两平台"建设中，也能够发现地方志存储的专业化趋势。

"用志"和"传志"蕴含着主客体之间的关系，即面对地方志，我们应当采取何种态度、何种行为，包括我们如何看待地方志和我们如何利用地方志两个方面。就地方志本身，它描绘某个区域政治、经济、文化等方方面面的样貌，对于当地人而言，它代表了这种独特文化传统的薪火相传、代代相济；对于外地人而言，它是了解该地区、理解其文化的核心资料，因此地方志的重要性毋庸置疑。但是，长期以来我们在如何利用地方志方面做得不够，地方志编撰被认为是一个"清闲的工作"，而成书后的地方志往往也被束之高阁，缺乏对地方志的开发利用。

对地方志的开发利用，实质就是因地制宜。地方志工作应当为地方经济社会的全面发展服务。任何人、任何团体都可以在法律规定的范围内利用地方志资源，因此在依法用志方面我们需要一个确定的责任主体来向全社会提供依法用志的平台。根据我国行政区划的设置，我们认为县级及以上地方人民政府有责任积极开拓社会用志途径，可以通过建设资料库、网站、微信、微博等多种方式，加强地方志工作的信息化建设，为公民、法人和其他组织利用地方志资源提供便利。同时各级政府部门在项目审批的过程中可以引导企业利用当地特定的区域资源。

当然，从广义上说，用志就是一种传志，利用的过程其实就是在传承和宣传。但是这里的"传志"有其特定的含义。中国人的人文传统是含蓄、内敛的，有种"酒香不怕巷子深"的高洁气质。但是这种性格也有一种被动的意味，在交流日益频繁的全球化浪潮中，被动就意味着机会的丧失。因此我们既要有对自身文化的自信心，又要有"走出去"的行动力。通过广泛地与中国香港、澳门和台湾地区，以及国外的高等院校、科研机构、档案机构和图书馆等单位开展学术交流与合作，向全世界推介一批高质量地方志成果，增强地方志的文化影响力。当然这项工作需要多个单位合作，这种合作方式灵活，最好能够形成一种常态，并能连续举办，这样这种传扬的作用才能发挥。我们建议可以考虑由省级的地方志编撰单位主导，每三年或五年举办一场国内外学术交流。

三　依法治志中的著作权保护

一直以来，地方志编撰都被视为一种行政行为，属于公权力的范围，这忽视了地方志的编纂作为一种创作行为，还应当被包括在著作权的外延之中，应根据《中华人民共和国著作权法》进行调整。目前，我国的地方志编纂工作是党委、政府领导下全国范围的系统工程，除各级地方志机构外，党政机关、群众团体、企事业单位组织以及个人都可以通过承担撰写任务或提供相关资料等方式，参与修志工作。因此，从权属的角度看，地方志具有以法人名义享有职务作品的法律属性。但是法人作为名义上的著作权享有者，又涉及与其内部工作人员、与提供材料人员、与委托撰写地方志的机构和人员间的法律关系。在依法治志的新框架下，原有的地方志编纂工作划分不清晰、出版权利义务不明确，从而容易形成著作权属争议和著作权纠纷的问题，这应当得到足够的重视，并且有必要对地方志的法律属性进行界定，提出相应的建议和保护措施。

从当前地方志编撰所涉及的法律主体来看，有以下几类：县级以上地方政府、县级以上地方志编纂委员会办公室、具体从事地方志编纂工作的地方志编纂委员会办公室的职员，以及其他参与地方志编纂工作的人员。从地方志作品类型的法律属性来看，它具有法人作品、职务作品、委托作品、汇编作品等属性。[①] 正是参与主体的多元性和作品属性的交叉性使得地方志著作权的法权结构产生了复杂性。我们认为在地方志著作权保护的法律规定上，不同的作品类型所导致的地方志著作权权属的矛盾和冲突，可以通过将著作权的权利内容分别赋予不同的主体来消解：地方志的署名权由参与编纂的人员享有，如果该参编人员是地方志编纂委员会办公室聘用的外部人员，其所享有的署名权由委托合同具体规定，署名权可以由权利人自行处分、转让；地方志的发表权由县级以上人民政府享有。地方志通常以所在的行政区域名称命名，未经所在地区人民政府审查、批准，编纂机构不得擅自出版、发表；除署名权、发表权之外，地方志编纂委员会办公室享有地方志著作权的其他权利。

另外，我们认为，地方志作为一种特殊的作品，在对其著作权进行保护时，在原则上应考虑充分保护创作者的利益。[②] 地方志作品带有一种强烈的行政色彩，在《地方志工作条例》出台之前，地方志的编纂工作一直是由地方志编纂委员会领导的，其下设有办公室处理具体的编纂工作。而编纂委员会的主任委员在惯例上通常是由县级以上党委书记或者行政长官来担任。

---

① 郑成思：《知识产权法》，法律出版社，1997，第208页。
② 袁蓥、郭城：《试论地方志的著作权保护》，《山西高等学校社会科学学报》2016年第3期。

很多地方存在将地方志作品的整体著作权笼统地归属于地方志编纂委员会的做法，将地方志编纂委员会作为著作权人放在印刷的地方志书的封面。即使在《地方志工作条例》出台以后，如何确立地方志著作权的主体也仍然由于这种行政色彩而不甚清晰。

这种行政上"由谁负责"的理念与著作权法"保护创作者"的精神不相符合。地方志编纂委员会在法律上不属于享有独立法律地位的法人，也没有真正具体执行地方志的编纂工作，这一笼统划分权利归属的方式显然缺乏现代法治意义上的个体权利关怀，忽视甚至漠视参与地方志编纂工作的个人利益，是有违依法修志精神的。贯彻依法治志，必须是在宪法、法律之下，即使未来"地方志法"制定颁发，也不能与著作权法的基本精神相悖，因此应当明确地方志作品的属性与权利归属，区分保护著作权人的合法权益。参与地方志作品创作的所有人员，有的人甚至为地方志成书做出了主要的、他人无可替代的贡献，却不能享有整体著作权或著作权中的某一项权利，这也是对创作者付出劳动的不尊重。

因此，凡为地方志编纂付出劳动的人，其劳动都应得到社会的尊重和地方志编纂委员会的承认，都应当依法享有著作权，并按劳动的数量和质量得到相应的报酬。从大多数国家的著作权立法来看，著作权法律关系中的权利主体首先规定为付出了创造性智力劳动的自然人；其次才是承认某些情况下法人和其他组织为著作权人。这反映了民商事立法中公民权利本位的思想。尽管各国政治、经济、文化等制度存在差异，各国的著作权法根据不同作品创作时的不同情况，对于著作权主体的规定不尽相同，对于符合特定条件的作品也未能详细规定，但是，作品的著作权保护，无一不是建立在对创作者智力成果肯定的基础上，尽可能保护创作者对于作品著作权的享有，使创作者成为著作权法律关系产生、变更和消灭的主要决定者，这样才能最大限度保障创作者创作热情的持续。

依法治志是在当前我国建设社会主义法治国家的背景下提出的，它是全面推进依法治国的题中应有之义，是依法治国的重要组成部分，是依法治国的必然要求，是依法治国在方志领域的具体展开。要实现依法治志就应当纵向地考察地方志事业相关的法律规范的效力等级，横向地划分地方志工作涉及的权力职能与权利保护，只有这样才能构建依法治志的整体法律框架，实现地方志事业从政府主导向政府支持、社会广泛参与转变，完成地方志事业所承担的巨大的时代担当与历史使命。

试论依法治国与依法治志的辩证关系

马 军

（河北省香河县地方志办公室）

"治天下者以史为鉴，治郡国者以志为鉴。"① 历史上，每逢政治稳定、经济繁荣、国泰民安的盛世时期，国家都会组织一批饱学之士潜心修史，以总结过往特别是前代治乱兴衰的经验和教训。前事不忘，后事之师。以史为鉴，以启未来。由于地方志是反映一个地方政治、经济、文化、军事等方面变迁的"一方之全史"，所以历代中央政府无不高度重视，将其编写定为地方官的重要职责之一，并出台了相关规定，因而为后世留下了浩如烟海、光辉灿烂的治志文化。

新中国成立后，党和政府高度重视地方志工作。毛泽东主席要求全国各地编修地方志，1959 年，中国地方志小组成立。随后，《关于新修方志提纲（草案）》《关于编写地方志工作的几点意见》出台，为改革开放后首轮修志的开展奠定了基础。

2006 年 5 月 18 日，国务院颁布了《地方志工作条例》，这是我国历史上第一部关于地方志工作的行政法规，结束了地方志工作无法可依的历史，堪称一件划时代的大事。2015 年 8 月 25 日，国务院办公厅印发《全国地方志事业发展规划纲要（2015~2020 年）》，进一步提出了"依法治志"的全新概念。在全面依法治国、建设法治政府和法治社会的大背景下，厘清依法治志与依法治国的关系，对于地方志事业的转型升级和健康发展，助力依法治国的稳步推进具有重要的现实意义和深远的历史意义。

马克思主义认为，宇宙间任何事物都具有既对立又统一的两个方面，它们普遍存在着相互对立、相互依存、相互联系、相互转化的关系，彼此不断地运动和相互作用，成为一切事物发展变化的根源。这个对立统一规律是唯物辩证法的实质和核心，也是我们认识一切事物的普遍方法。显然，依法治国与依法治志所具有的辩证关系也是毋庸置疑的。

---

① 杨宗气修，周斯盛纂靖《山西通志》，中华书局，2017，"序"。

一 依法治国决定依法治志

习近平总书记强调："法治是国家治理体系和治理能力的重要依托。……要推动我国经济社会持续健康发展，不断开拓中国特色社会主义事业更加广阔的发展前景，就必须全面推进社会主义法治国家建设。"①《地方志工作条例》作为地方志工作的"根本法"，是中国法治体系的有机组成部分，在中国特色社会主义伟大事业中发挥着不可或缺的作用，国家的法治越完备、越成熟，地方志工作法治特征就越明显，整个事业就越繁荣。

（一）没有依法治国就没有依法治志

多年来，每每提到法治，似乎我们就有点底气不足，好像这是西方国家的专利。其实，这实在有些偏颇，5000多年的中华文明史，"法"的存在几乎与其相始终。商代有不公开的刑书（刑不可知，则威不可测）、誓和训（王与权臣的命令、文告）三种法律形式，有以《汤刑》（商代成文刑书，也是商代法律的泛称）和《官刑》为代表的较为完备的惩治官民的法典，有司寇、正、史等司法和审判制度，特别对重案与疑案，规定除史、正和大司寇负责审理，还要三公参听，最后上报商王批准。监狱仍然称为"圜土"，而关押要犯的监狱，则称为"囹圄"。到了周代，法治建设和制度设计进一步完善和强化。春秋战国时期产生了比较系统的法家思想，代表人物是韩非、商鞅。南北朝时期南朝宋明帝下令各官吏学习和掌握法律诉讼之学。自汉以后，是否精通法律并善于运用法律手段解决实际问题，已成为中央政府考核地方官政绩的主要项目之一。"百里长吏，皆宜知律。"（《三国志·魏书·卫觊传》，又见《晋书·刑法志》、《通典》卷一六三）随着时代的发展，法律越来越完备，法治也越来越强化。

由于"史志同源"，因此地方志的发展脉络也几乎与法制的轨迹相仿佛。《世本·作篇》说："沮诵、仓颉作书。"宋衷注曰："黄帝之世，始立史官，仓颉、沮诵居其职。"殷商时期负责刻撰甲骨文的"贞人"，即彼时的史官。春秋时期，"大史掌国之六典，小史掌邦国之志，内史掌书王命，外史掌书使乎四方，左史记言，右史记事"（《史通·史官建置》）。秦汉以后，史官虽名称多异，侧重亦有不同，但设置一直延续下来。显然，中国史志文化源远流长，它始于两汉地记（学界于此观点不一，或为《禹贡》说，或为《山海经》说，或为《周官》说，但笔者以为浙江大学仓修良教授的源于两汉地记之说较为科学），成形于魏晋隋唐，成熟于宋元，盛行于明清，完备繁荣于当代。

据史料记载，早在西汉时期，中央政府就已发布与修志有关的命令。《隋书·经籍志》载："武帝时，计书既上太史，郡国地志，固亦在焉。"隋大业中，炀帝下令"普诏天下诸郡，条其

---

① 《十八大以来重要文献选编》（中），中央文献出版社，2016，第141页。

风俗、物产、地图，上于尚书"，遂成《区宇图志》1200卷，这是中国第一部官修志书。唐太宗诏令编纂《括地志》，元世祖下令编纂《大一统志》，后重修成1300卷，开明清两代创修大一统志之先河。民国初期，中央政府曾专门令各地设立方志馆、方志局，编修从省到县的三级志书，并颁布了修志的相关规定。

无论是"法"还是"志"，都是统治阶层维护统治的手段，法为刚性，志为柔性，随着法制的日益完备，法治的日益深化，志的趋法倾向也越来越明显。据《左传》记载，鲁襄公二十五年（公元前548），齐国权臣崔杼杀了齐庄公。齐国的太史便把这件事记在了史册上："崔杼弑其君。"崔杼非常恼火，一怒之下杀了太史，毁了记录。

汉武帝时期，名将李陵在与匈奴作战时不幸战败投降，按照当时的律法，"降北者身死家残"。太史令司马迁认为，李陵投降固然罪不可赦，但他是战至最后，处于绝境之时才投降的，情有可原。因此惹得汉武帝大怒，汉武帝认为他是为叛国通敌之人说情，大逆不道、亵渎法律，下令对其施以"宫刑"。

在古代，"法自君出"，触犯了国法，就可能丢掉身家性命。因而，宋代欧阳修在修《新五代史》时便大量采用了"微而显，志而晦，婉而成章，尽而不污，惩恶而劝善"（《左传·成公十四年》）的春秋笔法，清代赵翼对此看得十分清楚，"其用兵之名有四：两相攻曰攻，如《梁纪》孙儒攻杨行密于扬州是也。以大加小曰伐，如《梁纪》遣刘知俊伐岐是也。有罪曰讨，如《唐纪》命李嗣源讨赵在礼是也。天子自往曰征，如《周纪》东征慕容彦超是也。攻战得地之名有二：易得曰取，如张全义取河阳是也。难得曰克，如庞师古克徐州是也。以身归曰降，如冯霸杀潞将李克恭来降是也。以地归曰附，如刘知俊叛附于岐是也。立后得其正者曰以某妃某夫人为皇后，如《唐明宗纪》立淑妃曹氏为皇后是也。立不以正者曰以某氏为皇后，如《唐庄宗纪》立刘氏为皇后是也。凡此皆先立一例，而各以事从之，褒贬自见。其他书法亦各有用意之处。如《梁纪》书弑济阴王，王即唐昭宣帝也，不曰昭宣帝而曰济阴王者，逊位后梁所封之王，书之以著其实，又书弑以著梁罪也。襄州军乱，杀其刺史王班，不书王班死之，而以被杀为文者，智不足以卫身而被杀，不可以死节予之也。杀王师范，不曰伏诛而曰杀者，有罪当杀曰伏诛，不当杀则以两相杀为文也。郢王友珪反，反与叛不同，叛者背此附彼，反则自下谋上，恶逆更大也……"（《廿二史札记》）

这几个"法"与"志"（史）的例子清楚表明，没有真正依照法律精神治国，就不会有法治框架下的史志。

（二）有什么样的法治就有什么样的地方志

地方志为"一方之全史"，也是一个时代的缩影，更是当时法治状况的晴雨表。

众所周知，西晋史学大家陈寿著《三国志》，尊曹魏为正统，认为其直承东汉。而东晋史学家、文学家习凿齿在其著作《汉晋春秋》中则以蜀汉为正统，以曹魏为篡逆，并认为晋虽受魏，但应继承汉祚，否则晋朝国统不正。他充满敬意地评价刘备说："刘玄德虽颠沛险难，而信义愈明。势避事危，而言不失道。追景升之顾，则情感三军；恋赴义之士，则甘与同败。其终济大业，不亦宜乎！"南宋理学家朱熹在《资治通鉴纲目》中对习凿齿的这种观点极为赞同，明代张春更是称"此乃千古纲常之大论也"。这种尊蜀汉为正统的史学观一直绵延数百年，在《三国演义》里达到了一个巅峰。

两人都是晋代官员，又都是卓有成就的史学大家，为什么在如此重大的问题上会持截然相反的观点呢？按说，陈寿几乎经历了三国鼎立、分分合合的全过程，可谓历史的第一见证人，可是他认为曹魏代表了中央，为历史的正统传承者，而吴、蜀两国则为割据一方的武装集团，属于主干旁边的支权。其实，这种历史观，与其说是以实力为标准的成王败寇观，不如说是时势决定观。晋朝是在曹魏这棵树上结出的政权果实，倘若这个根都是篡逆来的、不合法的，那晋政权的基础也就不复存在了。这个历史观问题，实际上是个不容置喙的法理问题，对于刚刚取得政权不久的西晋王朝来说，绝对是一个事关生死存亡的重大原则问题，也是一条高压线。

而到了东晋，政权已经存在多年，它的合法性已经不是问题，特别是中央政府权威大打折扣，地方势力逐渐崛起，理性和客观的声音便有了存在的空间和可能，为了让自己的观点能够经得住历史的检验，习凿齿还专程去襄阳城西的隆中凭吊过孔明故宅，并撰写了《诸葛武侯宅铭》，颂扬诸葛亮志在中兴汉室，追求统一大业的功绩，赞佩诸葛亮公正无私、执法严明、有功于国家、造福人民。在《汉晋春秋》中，《后出师表》首次被收录，为后来考证《后出师表》的真伪提供了有力的佐证。

宋代由于太祖赵匡胤建国之初亲自于太庙立下不得斩士大夫的国法，故两宋出了不少敢于依理直行的士大夫。《续资治通鉴》载："帝一日罢朝，坐便殿，不乐者久之。左右请其故，帝曰：'尔谓天子容易邪？属乘快指挥一事而误，故不乐耳。'尝弹雀于后苑，或称有急事请见，帝亟见之，其所奏乃常事耳。帝怒，诘之，对曰：'臣以为尚急于弹雀。'帝愈怒，举斧柄撞其口，堕两齿。其人徐拾齿置怀中，帝骂曰：'汝怀齿，欲讼我乎？'对曰：'臣不能讼陛下，自当有史官书之。'帝悦，赐金帛慰劳之。"

而东汉时期，由于国家制度对清官的褒扬和奖赏，清官的故事便屡屡被载于史志中，颇具影响力的"时苗留犊"就是其中之一。

时苗是河北巨鹿（今邢台市平乡县）人，《顺德府志》记载："时苗，字德胄，巨鹿人也。少清白，为人嫉恶。建安中为寿春（今安徽省寿县）令。初之官，用牛牵车至县，岁余生一犊。及去留之，谓父老曰：是尔土所生也。初来无此，不可以归。"

安徽《寿县志》则曰："时苗，魏人，曾令寿春，教民有法，平昔以廉守自儆，在官之日，不外观，惟一牝牛，驾轻车而已，逾年，牝牛生小犊，苗适缓，归里，乃曰：牝牛是吾所有，小犊长育于斯土者，吾不敢携归乡闾也。民感其意，相送于道。"

另外，还有寿春邻县县志的旁记，如顺治《颍上县志》、乾隆《颍州府志》、嘉靖《寿州志》等都记载了这件事。

无论是陈寿、习凿齿，还是宋太祖、史官，抑或时苗，围绕他们的史志著作，无不有力地说明，有什么样的法治，就有什么样的地方志。

二 依法治志与依法治国相互依存

依法治志是依法治国的必然要求，是依法治国的重要组成部分，是依法治国在方志领域的具体展开。依法治国是坚持和发展中国特色社会主义、实现中华民族伟大复兴的重要保证。依法治国决定着依法治志的深度、广度和进度，依法治志独特的存史、资政、教化功能，在一定条件下和一定程度上也反作用于依法治国。彼此相互联系，相互依存，相互作用，相辅相成。

中国传统社会的治理模式，既非纯粹的法治，也非单纯的人治。多是外儒而内法，随着情势的不同而有所调节，有时法用得多些，有时又是儒居于主导地位（但其往往具有法的性质和意义），构成中国古代特有的"道统社会"模式。

《汉书·艺文志》载："古之王者世有史官，君举必书，所以慎言行，昭法式也。"地方志作为佐史、证史、存史的重要资源，历来受到为政者的高度重视。唐代宰相李吉甫谓之为"佐明王扼天下之吭，制群生之命，收地保势胜之利"（《元和郡县图志》）的辅治之书。宋代则将其作为"考定官吏俸给、赋役和刑法的依据"。[1] 明代理学家薛瑄认为："岂非政教之一助哉！"清代将其作为"天子明目达聪之助"。清代沁州知州汪宗鲁更说："治之有民志，犹医者之有方。"中国现存8500多部10万多卷地方志书，记载了丰富的经典治例与史实，为历代执政者有效治理国家做出了重要贡献。

习近平总书记对地方志的重要性有着深刻的认识，"高度重视修史修志，让文物说话、把历史智慧告诉人们，激发我们的民族自豪感和自信心，坚定全体人民振兴中华、实现中国梦的信心和决心"。[2]

在全面推进依法治国，建设社会主义法治国家的新形势下，以辩证唯物主义与历史唯物主义为指导，坚持为人民服务、为社会主义服务的大方向，立足中国史学优秀传统，弘扬"富强、民主、文明、和谐，自由、平等、公正、法治，爱国、敬业、诚信、友善"的社会主义核心价值观。以"一纳入、八到位"为总要求，使地方志从传统单一的依法修志向依法识志、依法修志、依法研志、依法用志、依法管志、依法存志和依法传志转型发展。

---

① 刘洪仁：《古代文史名著提要》，巴蜀书社，2008，第543页。

② 《习近平谈文物保护工作的三句箴言》，人民网，2016年4月13日，http：//politics. people. com. cn/n1/2016/0413/c1001-28273470. html。

依法治志，既是依法治国对地方志事业的客观要求，也是地方志转型升级的必然趋势。依法治国，能够为地方志事业的健康发展提供良好的体制和社会环境。而逐渐形成一套符合地方志事业发展规律、较为完备的法律体系和配套的体制机制，实现地方志事业的法治化，也是依法治国的标志性成就。

三　依法治志对依法治国的反作用

治国与治史历来是辩证统一的关系，传统社会如此，与其一脉相承的现代社会也同样如此。依法治国决定存史、资政、教化的依法治志，而依法治志又反作用于以史为鉴的依法治国。相互激励，相互促进，从而推动中国实现螺旋式上升。

依法治志首先是全面落实《地方志工作条例》和《全国地方志事业发展规划纲要（2015~2020年）》，到2020年，实现省省有志鉴，市市有志鉴，县县有志鉴。此外，还要认真研究、积极推进"中国地方志法"的制定，在未来适时推出。这不仅将进一步推动依法治志的深入和完善，有效解决地方志工作中的各种问题，同时也是依法治国的题中应有之义。

但不可否认的是，首先，地方志的编纂往往还是政府通过行政命令和行政手段组织实施的，在解决问题的重点、领导的主观意志等方面存在一定差异，这导致地方志工作区域发展不平衡。其次，由于地方志工作受机构及领导调整的影响较大，同一基层政府的修志政策也存在不连贯、不协调甚至不一致的现象，很大程度上阻碍了我国地方志工作的顺利开展。再次，缺乏有效法治保障的外部环境，也势必会影响材料来源的客观性，正面多，负面少，甚至一片拜年话，导致大量本应告诉后来者的宝贵教训和鉴戒没能发挥它们应有的作用，任由其悄悄地从我们的指缝间滑走，落入岁月的尘埃中，让已经发生的错误一次次地重复上演，从而让"后人而复哀后人也"的不幸循环往复。而依法治志的持续、深入发展，势必会反作用于依法治国，倒逼和促进法治政府的逐步建立、成熟和完善。否则，不够真实、准确的"资料性文献"，不可能承担起"存史、资政、教化"的重任，更不可能用"以史为鉴"的智慧宝库，助力"文明、法治、高效"的法治政府、法治社会、法治国家的顺利建成。

结　语

依法治志不是对历史的否定，更不是简单的"抛弃"，而是在习近平新时代中国特色社会主义思想指引下，实现地方志事业的转型升级。通过"六个转变"（从围绕自身工作向围绕经济社会发展大局转变，从单纯修志编鉴向多业并举全面发展转变，从依法修志向依法治志转变，从地方志机构修志向党委领导、政府主持、地方志机构组织实施、社会各界广泛参与转变，从单一纸媒体志向广泛运用数字媒体志转变，从修志囿于当地向把地方志推向全国、走向世界转变）不断夯实依法治志的基础，充实和丰富依法治国的内涵，使依法治国和依法治志相互促进，相互提高，为推动国家治理体系和治理能力现代化，建设一个富强、民主、文明、和谐，自由、平等、公正、法治的社会主义现代化国家做出方志人的贡献。

史志立法探究

林忠玉

（中共福建省委党史研究和地方志编纂办公室）

当前，地方志工作已从出版一本书变成一项为党立言的长久事业；从履行一类资料文献出版职责变成履行一类综合性法定行政职责。方志资源的开发利用在现代信息传播技术发展的推动下得到极大丰富和拓展，实现了质的飞跃。《地方志工作条例》（以下简称《条例》）实施十多年来，地方志事业发展到了一个崭新的历史阶段，地方志及其成果的社会地位和影响不断提高和增强，依法治志要进一步得到保障和落实，地方志事业要进一步发展和发挥作用，急需地方志事业实施依法治志的法律保障——"中华人民共和国史志法"（以下简称"史志法"）尽快立法并实施。本文从依法治志导向下的地方志事业成果丰硕、史志立法是依法治志的历史选择、史志立法是立体化信息传播模式下地方志事业发展的法律保障等三个方面探究史志立法。

一 依法治志导向下的地方志事业成果丰硕

习近平总书记曾经指出："优秀传统文化是一个国家、一个民族传承和发展的根本，如果丢掉了，就割断了精神命脉。"[①] 弘扬方志文化，就是向世界阐发中华优秀传统文化，传播中国话语体系，展现中华民族的"软实力"。2015 年 8 月，国务院办公厅印发了《全国地方志事业发展规划纲要（2015~2020 年）》（以下简称《规划纲要》），明确了 2015~2020 年全国地方志事业发展的总体目标，提出了全面完成第二轮修志规划任务、大力推进综合年鉴工作等 11 项主要任务，[②] 这是国家对全国地方志事业发展的顶层设计。2016 年 3 月，国家"十三五"规划正

---

① 《习近平谈治国理政》第 2 卷，外文出版社，2017，第 313 页。
② 《〈全国地方志事业发展规划纲要（2015~2020 年）〉颁行一周年取得重大成绩》，中国方志网，2016 年 9 月 5 日，http：//www.difangzhi.cn/yw/2016/201609/t20160905_4946594.shtml。

式发布，明确提出"加强修史修志"。"这是首次在国民经济和社会发展五年规划中写明'加强修史修志'的内容，明确将地方志事业作为国家战略实施在文化领域不可或缺的重要一环，纳入'四个全面'战略布局。"① 在有法可依的条件下，地方志事业已逐渐走上服务国家发展和建设的舞台，拥有体量庞大的地方志成果、丰富的资源开发平台和逐渐有序的依法治志局面。

中国地方志指导小组及其办公室（以下简称"中指组"和"中指办"）面向国家和经济社会发展着力顶层设计和地方志资源开发，全国地方志系统取得丰硕的地方志成果，依法治志在国家层面成效显著。2016 年 12 月，中指组常务副组长李培林在第一次全国地方志工作经验交流会上提出，地方志工作要"向志、鉴、库、馆、网、用、会、刊、研、史'十业并举'转型"。② 明确指出了现在和未来地方志事业的发展方向和行政职责所在。全国地方志系统发展至今，国家、省、市、县四级地情网站的开发利用成为常态，地情网站内含百亿级字数的全方位数字化地情资料，成为了解各地方地情信息的权威窗口；各级地方综合志（鉴）、行业志（鉴）、部门志（鉴）、军事志、武警志、专题志、乡镇村志及大量的地情文献资料等更是数以万计。在国家层面，中指组及中指办充分发挥对全国地方志事业发展的管理和统筹职责，除完成既定的全国地方志"两全目标"之外，为地方志事业发展做出原则性指导，设计了诸多顶层方案，出台了诸如《全国年鉴事业发展规划（2016~2020 年）》《全国地方志信息化发展规划（2016~2020 年）》《关于加强全国地方志科研工作的意见》《地方综合年鉴编纂出版规定》等规范性文件。中指组及中指办根据《规划纲要》明确的主要任务，注重和强化顶层设计，推出包括民族地区与贫困地区志书出版资助工程、中国志书精品工程、中国年鉴精品工程、中国名镇志文化工程、中国名村志文化工程、全国地方志"一体两翼"用志工程、全国信息方志与数字方志建设工程、方志馆研究建设及全国地方志专业出版基地建设工程、中国地方志学科建设与人才队伍建设工程、方志文化走向世界工程等全国地方志"十大工程"。特别是在利用信息传播技术开发和地方志资源上，中指组及中指办以国家利益为导向、以经济社会发展为中心、以服务人民为宗旨开创了中国影像方志、中国名镇志、中国名村志文化工程、"一体两翼"用志工程等。福建、浙江、上海、江苏、北京等部分省、区、市同步开展影像方志、名村名镇志等新兴工程。中指组、中指办和各级地方志机构在地方志资源的重新开发利用上，植根于党和国家领导人对中华优秀传统文化的重视，与党的十九大报告中提出的"推动中华优秀传统文化创造性转化、创新性发展"相契合，是对中华优秀传统文化重要组成的方志文化的创造性发展。

《条例》在 2006 年颁布后，有 20 多个省级政府陆续出台了相应的实施办法，使得地方志

---

① 《〈全国地方志事业发展规划纲要（2015~2020 年）〉颁行一周年取得重大成绩》，中国方志网，2016 年 9 月 5 日，http://www.difangzhi.cn/yw/2016/201609/t20160905_4946594.shtml。

② 李培林：《全面推进地方志事业转型升级——在第一次全国地方志工作经验交流会暨 2017 年全国地方志机构主任工作会议上的讲话》，《中国地方志》2017 年第 1 期。

工作第一次从国家到省级层面有了明确的行政法规保障和行政法规规定的行政职责，地方志工作开展第一次有了法律依据，依法治志得到有序和稳步推进。地方志工作在十多年的法治化治理下，在全国上下普遍形成了依法治志的工作模式和惯性，各级政府和地方志机构已经认可并习惯于开展地方志工作是法律和国家的要求，是各级政府必须承担和完成的行政职责。国务院办公厅颁布的《规划纲要》在各地已经得到较好执行，省、市、县三级地方政府都逐步重视地方志工作，二轮修志、各级综合年鉴开编和公开出版工作成为必须完成的行政任务。部分地方政府将"两全目标"列入"十三五"规划或政府年度重点工作内容，特别是在每年都有硬任务、要完成一年一鉴的年鉴工作领域。根据中指办在 2018 年 3 月的不完全统计，全国 22 个省级地方志机构出台地方综合年鉴等各类地方性文件共计 51 份，其中有 6 个省级地方志机构出台文件在 3 份以上，山西省和新疆维吾尔自治区更是分别达到了 7 份和 5 份。各地政府和地方志机构积极主动在制定各类规范性文件时依法履职，地方志事业在全国大部分区域有法可依、有法必依的局面开始形成。

《条例》颁布和《规划纲要》实施以来，地方志机构实现在法律框架下依法修志和依法治志，地方志事业实现了有法可依、有法必依的发展格局。得益于《条例》的施行，地方志进一步理顺从国家到地方各级的专业和行政指导权责，在国家层面实现了统一专业标准的制定、人才培养、资源开发及辅治资政功能的拓展和延伸。

二 史志立法是依法治志的历史选择

《条例》的颁布和实施开创了地方志事业有法可依的法治格局，让地方志工作从依靠行政命令发展到实现依法治志，并取得丰硕成果。但作为中华人民共和国成立以来地方志工作的第一部国务院条例性质的行政法规，《条例》因其制定的历史阶段和功能定位，从进一步推动地方志事业发展的角度来说，仍存在较大的历史局限性和功能性缺失。2018 年 4 月，中指组秘书长冀祥德在全国地方志系统行政管理干部培训班暨福建方志与地情文献人才培养专修班开班式上的讲话中指出，"在中国特色社会主义进入新时代以后，随着党和国家各项改革的深入推进，地方志事业面临新的机遇和挑战，《条例》作为一部行政法规，已经不能适应依法治国、依法治志的要求。基于地方志事业转型升级的现实需要，从助力中华民族伟大复兴，推动社会主义文化强国建设，维护国家安全，反对历史虚无主义，为党和国家管好史志的高度出发，迫切需要制定一部《中华人民共和国史志法》，把为党立言、为国存史、为民修志依法落到实处，为地方志事业发展提供坚强的法律保障"。[①]

---

① 《冀祥德在全国地方志系统行政管理干部培训班暨福建方志与地情文献人才培养专修班的讲话》，中国方志网，2018 年 4 月 26 日，http://www.difangzhi.cn/ldjh/201804/t20180426_4944606.shtml。

当前，国家政治、经济、文化和社会生活各方面基本做到有法可依，中国特色社会主义法律体系基本形成，并可大致分为宪法及宪法相关法、民法商法、行政法、经济法、社会法、刑法、诉讼与非诉讼程序法等七大类。"史志法"应该属于其中的行政法类。行政法类的法律是由全国人大及其常委会制定和通过的规范性文件，其效力仅次于宪法。行政法是指行政主体在行使行政职权和接受行政法制监督过程中而与行政相对人、行政法制监督主体之间发生的各种关系，以及行政主体内部发生的各种关系的法律的总称。① 它包含行政权力设定和授予，行政权力行使和监督行政权力，以及对违法行使行政权力产生的后果救济的法律。行政法规则是以国务院名义制定和颁布的，是国务院为领导和管理国家各项行政工作，根据宪法和法律，并且按照《行政法规制定程序条例》的规定而制定的政治、经济、教育、科技、文化、外事、劳动、工商等各类法规的总称，表现形式为"条例""规定""办法"，其效力上低于法律，从属于法律和宪法。②

笔者以为，"史志法"在主体内容上，应该要包含志鉴编纂、方志馆建设，地方史编写和方志资源开发利用等地方志事业主体方面的权利设定和权限规范，地方志工作的行政权力行使和监督，以及地方志工作行政相对人、行政法制监督主体之间发生的各种关系，地方志机构行政主体内部的各种关系。首先，要突出地方志事业的范畴和可能拓展的范围，特别是方志资源进一步的开发利用，为地方志事业范畴的拓展和发展提供足够的容纳空间。其次，要强化对各级政府组成部门等地方志工作中的次主体和社会组织、公民等地方志工作行政相对人的约束、监督和处罚，实现"为党立言、为国存史、为民修志"权威，体现负责任的态度。最后，要将"一纳入、八到位"明确写入"史志法"。这样可以保障和强化地方志机构的行政地位，对提高县级地方志工作机构的行政地位意义重大。

三 史志立法是立体化信息传播模式下地方志事业发展的法律保障

自周秦出现志书到清朝末年，中国地方志编修工作一直由官方承担并完成，数量巨大的方志典籍始终是地方政府最主要的官方文献。民国至今，地方志编纂机构的社会地位有所降低，同时，因文字管制放宽、印刷技术进步、信息技术发展和民众"公民意识"觉醒，以"大部头"的志书为主要表现形式的方志成果受到前所未有的挑战，并被逐渐边缘化。社会的信息传播模式和公众接收信息的方式在互联网时代已经发生了根本性的变化，传统的专题式、"沉浸"式深阅读已然被浏览式、"碎""浅""漫"式即时阅读和直观接受模式所替代。随着信息时代的发展，各种新兴媒体终端和方式陆续产生，方志文化重振活力的过程就是地方志紧跟信息时

---

① 邢亮主编《行政法学》，中共中央党校出版社，2016，第7页。
② 邢亮主编《行政法学》，第10页。

代不断变革和创新的过程。① 信息传播新技术的发展，是方志资源新模式传播的技术支持和保障，以方志资源数字化为基础，实现大数据以及光、声、电、现代影像和各类艺术化的技术在方志资源开发中的充分利用。这不是简单的信息升级和应用拓展，而是要从行政依赖向依法治志转化。

当前，在围绕中心和以服务大局为导向的方志资源开发利用上，地方志事业发展进入了新时代。但现代信息传播有着繁多的技术模式和丰富的终端类型，使得方志资源开发频繁遇到政策性问题和法律风险。同时，具有国务院条例性质的《条例》，不具备对地方志主体之外对象的约束力，所以要制定行政法级别的"史志法"，以法律的约束力来规范方志资源的开发利用，拓展方志资源开发的深度和广度。

将方志资源与社会公众喜好的艺术化和影像化的表现形式相结合，更容易走入寻常百姓家。中指组及中指办实施的"十大工程"和中国影像方志、"一体两翼"用志工程，就是利用现代信息传播技术创新性地开发和拓展资源的成功典范。2017年1月，中指组在海南海口举办"南海主权与地方志论坛"。2017年4月，中指办与中央电视台合作，拍摄《中国影像方志》。2017年9月，福建在全国率先启动《中国影像志·福建名镇》暨《八闽历史文化名镇名村影像志》拍摄。2017年9月和2018年4月，由福建省地方志编纂委员会主办的"'与历史同行'喜迎十九大'方志之夜'""与历史同行·方志进校园"文艺晚会在福建福州和宁德上演，创造性地以舞台艺术表现手法，让写在方志典籍里的知识"活"起来，融时代性、艺术性、观赏性于一体，充分展示了地方志与中华优秀传统文化和地域文化之间的深厚渊源。2018年4月，第一个全国地方志系统培训基地——全国地方志系统宁德培训基地暨福建地方志培训基地在宁德揭牌成立，并设立全国首个在高校的方志文献中心。这些创新和变革的成功案例，正是新时期地方志工作变革创新的延伸。

随着当今世界经济全球化、政治多极化和文化信息多元化趋势向纵深发展，全球性的文化交流、碰撞和融合更加频繁，文化在综合国力竞争中的地位和作用日益明显。作为中华优秀传统文化、红色文化和中国特色社会主义文化重要组成部分的方志文化和资源的开发和呈现方式必须主动适应社会变革，以法律来保障和规范地方志机构在方志文化和资源开发利用与拓展方面的权责，在法律许可的范围内主动作为、积极创新，实现方志资源获取方式的数字化、推送方式的智能化、分享方式的社会化，让方志文化真正"活"起来、"立"起来。

结　语

2018年5月，在北京召开的依法治国与依法治志论坛上，中国社科院法学研究所所长李林

---

① 林忠玉：《浅议年鉴信息化的发展态势》，《中国年鉴研究》2017年第2期。

在致辞时指出："《条例》在法律效力的位阶上，在地方志工作的定位、原则及任务，地方志工作机构的设置及其职责，地方志主体的权利与义务，有关机构与人员的地方志职责，以及地方志违法责任查究等方面已与地方志事业转型升级不相适应，亟须按照科学立法、民主立法的要求，制定一部《中华人民共和国史志法》。这不仅是地方志事业转型升级发展的迫切需求，更是新时代中国特色社会主义法治建设与文化发展的必然要求。"① 法是国之重器，完备的法律规范体系与不断完善和完备的法治过程是依法治国的基础和保障。② 制定和实施"史志法"是中国全面深化改革和进入中国特色社会主义新时代的时代需要，是信息化时代传播技术发展的需要，是地方志事业转型升级和创新发展的现实需要。

---

① 李林：《史志立法是加快国家文化立法的重要举措》，中国方志网，2018 年 5 月 23 日，http：//www. difangzhi. cn/yw/ 2018/201805/t20180523_ 4948120. shtml。
② 郝铁川：《习近平新时代法治思想的新观点、新判断及新特点》，《南海法学》2017 年第 6 期。

地方志工作法治化路径研究

吴　炎

（重庆市渝中区地方志办公室）

　　地方志是中华民族的文化瑰宝，中国已有两千多年的地方志编撰历史。地方志作为重要的历史文献，不仅是一个地区的史书，更是总结历史经验教训的教材。方志学作为中国哲学社会科学的一个重要分支，在促进社会发展、推动历史进步上起着重要作用。① 党的十八届四中全会通过《中共中央关于全面推进依法治国若干重大问题的决定》，强调要全面推进依法治国。地方志工作法治化是实现依法治国、依法治志，建设社会主义文化强国，推进地方志事业发展的重要途径。

一　地方志工作法治化的必要性分析

　　2018 年 3 月 29 日，"《关于史志立法的建议》《中华人民共和国史志法（立法建议稿）》法学专家论证会"在国家方志馆召开。这标志着我国要进一步推进地方志工作法治化。《中华人民共和国史志法（立法建议稿）》是时代发展的产物，是《地方志工作条例》的深化，是我国地方志工作法治化的重要里程碑。地方志当前的工作现状要求地方志工作法治化，地方志工作法治化是实现依法治国、依法治志的要求，是地方志事业健康发展的重要保障。因此，进一步加强地方志工作法治化是十分必要的。

（一）地方志工作法治化是实现依法治国、依法治志的要求

　　党的十五大把"依法治国"确立为党领导人民治理国家的基本方略；党的十八届四中全会

---

① 潘捷军：《立潮头　通古今　发先声——学习习近平总书记在哲学社会科学工作座谈会上的讲话》，《中国地方志》2017 年第 2 期。

确立了全面推进依法治国的指导思想、总目标和重大任务；党的十九大报告进一步把坚持全面依法治国作为新时代坚持和发展中国特色社会主义的基本方略之一。① 依法治国是我国的基本国策，依法治国的本质是崇尚法治，反对人治，确立宪法和法律在国家政治、经济、社会生活中的权威，确立法大于人、法高于权的原则。我国在全面依法治国的进程中，在政治、经济、文化、社会生活等各个方面都应该有法律这个准绳，都要实现依法治理。

地方志作为我国文化事业、哲学社会科学的重要组成部分，也必须要实现依法治理。第一，在习近平新时代中国特色社会主义思想的指引下，新时代编撰地方志又有了新的意义。一方面，地方政府要发展地方经济，不仅要了解当地的经济发展状况，还要了解当地的历史发展进程，如此才能做出科学有效的决策；另一方面，地方志事业承担文化传播的功能，编撰地方志有利于更好地传承我国优秀的传统文化，繁荣社会主义文化，促进社会主义精神文明建设。第二，哲学社会科学是人们认识世界、改造世界的重要工具，其反映了一个国家的思维能力、精神品格、文明素质，是一个国家综合国力的重要衡量标准。方志学作为中国哲学社会科学宝库的一个重要分支，在推动历史发展和社会进步的过程中发挥了重要作用。

（二）地方志工作现状要求地方志工作法治化

我国地方志事业成果丰硕，改革开放以来全国各地共出版各类志书约 3 万部。2006 年 5 月 18 日，国务院颁布《地方志工作条例》，这是我国第一部全国性的地方志工作法规。随后各地根据实际情形制定了一系列地方性法规来规范地方志工作。《地方志工作条例》对政府及其地方志工作机构应履行的职责、地方志编纂的组织与管理、质量要求等进行了一系列的规定，有力地促进了我国地方志工作的发展，同时也是我国依法治志的开端。② 2015 年，国务院办公厅印发了《全国地方志事业发展规划纲要（2015~2020 年）》，将坚持依法治志作为基本原则，体现了国家层面对于地方志工作法治化的认可。遗憾的是，到目前为止我国还未制定国家层面的地方志工作相关法律。虽然《地方志工作条例》在一定程度上弥补了地方志工作法治化的空白，但是随着地方志事业的发展和时代的进步，《地方志工作条例》已经无法满足地方志工作的需要。中国特色社会主义进入新时代，地方志事业也随之转型升级。例如，过去的地方志成果仅仅是地方志书，但现在的地方志成果不仅包括地方志书，还包括年鉴、部门志、街道志、地情书、家谱等；过去的志书、年鉴的资料来自政府部门和企事业单位，但现在的志书、年鉴的资料来源不仅包括政府部门及企事业单位，还包括外企与私营企业、非政府组织、媒体、中介机构甚至个人等。这些超出《地方志工作条例》范围的内容，没有相关的法律法规来规范与约束，难以保证地方志工作健康开展。因此，地方志工作现状要求实现地方志工作法治化。

---

① 张文显：《新时代全面依法治国的思想、方略和实践》，《中国法学》2017 年第 6 期。
② 陈强：《对地方志工作法制化的一点思考》，《中国地方志》2012 年第 4 期。

(三) 地方志工作法治化是地方志事业健康发展的重要保障

在 2006 年以前，全国地方志工作在领导体制、机构、队伍建设、经费等方面存在较大问题，同时地方志事业也存在发展不平衡、随意性大、主观性强等问题，严重制约了地方志事业发展。只有妥善解决上述问题，地方志工作才能走上良性发展轨道。1985 年中国地方志指导小组制定《新编地方志工作暂行规定》，1997 年中国地方志指导小组制定《关于地方志编纂工作的规定》，2006 年国务院颁布《地方志工作条例》。[①] 这些关于地方志工作的法规或规定在一定程度上解决了当时困扰地方志发展的问题，促进了地方志事业的健康发展。以上的历史经验表明，用法律来解决地方志事业发展中出现的问题，是最有效、最可行的。因此，制定颁布地方志工作法律，实现依法治志，进一步深化地方志工作法治化程度有利于全国地方志工作的健康发展，促进文化事业和文化产业的健康发展，为加快社会主义精神文明建设添砖加瓦。加快地方志立法，实现依法治志，紧跟时代步伐，解决地方志事业发展中出现的新问题是确保地方志事业健康发展的重要保障。

二 地方志工作法治化存在的问题

我国的地方志事业发展至今已经具备了法治化的雏形，特别是在《地方志工作条例》颁布后，地方志法治化的程度更是有所提高。但在目前的法治化进程中出现了一些问题，主要包括《地方志工作条例》立法层级较低、地方志编撰部门权责不清晰、地方志工作在实践中面临无法可依的困境等。

(一)《地方志工作条例》立法层级较低

条例是国家权力机关或行政机关依照政策和法律制定颁布实施的，针对政治、经济、文化等各个领域内的某些具体事项而做出较全面系统的、有长期执行效力的法规性公文，适用于不能及时立法的，需要先期、临时解决的某些事项。法律一般由全国人民代表大会讨论通过，依照法定程序制定、修改并颁布，是由国家强制力保证实施的基本法律和普通法律的总称，具有最高的法律效力，并适用于全国。[②] 在法律效力方面，法律的效力大于条例的效力。

2006 年，国务院颁布并实施《地方志工作条例》。虽然该部法规对规范地方志工作和推动地方志工作发展发挥了积极的作用，但是随着社会经济的发展，《地方志工作条例》已经不能满足当前地方志工作的需求。首先，随着社会、科技的进步，地方志工作涉及的范围越来越

① 邱新立：《地方志工作立法的必要性和可行性》，《黑龙江史志》2004 年第 2 期。
② 陈平军：《由模糊逐步走向清晰——地方志立法浅识》，《广西地方志》2017 年第 6 期。

广，参与地方志工作的人也越来越多，许多工作事项已经超出《地方志工作条例》规定的范围，因此现阶段亟须更高层次的法律文件。其次，与法律相比，《地方志工作条例》的效力较低，且法律的权威性不足，地方志工作无法获得国家层面法律的支持，导致相关工作规范性不强。最后，全国各地经济发展程度和对地方志工作的重视程度不同，我国地方志工作区域发展不协调，需要一部更高层级的全国性法律来进行规范和引导，以促进我国地方志事业均衡发展。

（二）地方志编撰部门权责不清晰

《地方志工作条例》规定了县级以上地方人民政府中负责地方志工作的机构主管本行政区域的地方志工作，并对主管机构的职责进行了明确。在地方志书或综合年鉴的编写过程中，几乎所有的党政机关、事业单位等都要参与，各部门给负责地方志工作的机构提供相关的资料与信息，确保地方志书的全面性与准确性。但是在《地方志工作条例》中，只是对负责地方志工作的机构的职责进行了规定，对于负责地方志工作的机构应该如何与提供资料的各部门进行协调，其他部门应当履行什么职责以及不履行职责将承担什么样的责任并没有进行规定。在实践中，由于没有法律的强行性规定，负责地方志工作的机构与其他部门之间难以有效地进行协调。无责任则无权利，对不履行职责的其他部门缺乏追责机制就使得权利落空，负责地方志工作的机构也就无法有效地协调其他部门的工作。

（三）地方志工作在实践中面临无法可依的困境

随着社会的发展，地方志工作越发呈现出复杂性和参与主体广泛性的特征，在这一过程中出现了一系列新的问题。这些新问题超出了《地方志工作条例》的调整范围，使得地方志工作在实践中面临无法可依的困境。无法可依的困境主要表现在三个方面。

第一，《地方志工作条例》仅规定相关政府机构的职责，对于其他主体的职责并未进行规定。如今，地方志工作已经不再仅仅是政府单方面的工作，越来越多的主体开始参与其中。这些主体不仅包括负责地方编撰的政府部门、事业单位等，而且包括一些民间社会团体、非政府组织、企业以及个人。这些主体开始逐渐参与到地方志工作中。民间社会团体、非政府组织、企业以及个人一方面为地方志工作提供智力支持；另一方面由于没有相应的法律对它们的行为进行规范、引导，它们在参与政府地方志工作或者独自开展地方志工作的过程中存在一定的疏忽，甚至会偏离正常的地方志编撰轨道。这种情况不仅不利于地方志工作的推进，而且不利于优秀传统文化的弘扬和社会主义精神文明的建设。《地方志工作条例》仅仅对相应的政府行为进行规制，对于其他主体编撰地方志的行为并没有相应的规定，出现法律缺位的情况。

第二，《地方志工作条例》对地方志工作过程中的侵权行为无相应的法律规制。科技的进步使得地方志的传播载体多样化，不再局限于传统的纸质文件，这就使人们很容易能够获取到地方志资料。地方志的传播载体多样化一方面有助于人们更好地了解历史,了解我国优秀的传统文化,提高地方志资源的开发利用率,实现地方志的价值;另一方面也会不可避免地导致一些不法分子对地方志的滥用,比如未经允许引用地方志里面的资料,或者擅自对地方志的内容进行修改、曲解,再或者地方志资料所有人和持有人故意提供虚假资料等。对于这些行为,现行法规并没有相应细致的规定,因此对于侵害地方志工作成果的违法行为无法进行相应的惩处。

第三,社会上一些私人编撰地方志的现象未被纳入《地方志工作条例》的调整范围之内。随着经济的发展,越来越多的民间人士参与到地方志编撰工作中,越来越多的民间资本自发地投入地方志编撰工作中。但是现有法规只涵盖了县级以上的地方志书、地方综合年鉴的编撰工作,县级以下以及针对各行业的地方志编撰工作并未被纳入调整范围,这就导致民间自发的地方志编撰工作未被纳入国家法律法规的调整范围。而这一部分地方志编撰工作恰恰具有较强的主观性,缺乏国家强制性法律的规范和引导,势必会导致部分地方志编撰工作偏离应有的轨道,不利于全国性地方志工作的推进。

三 地方志工作法治化路径建议

"法治应包含两重意义:已成立的法律获得普遍的服从,而大家所服从的法律又应该本身是制订得良好的法律。"① "中华人民共和国史志法"作为国家层面的法律文件,不仅要系统全面,而且要具有一定的可行性。我国在进一步加强地方志工作法治化的进程中要完善地方志法律体系建设,明晰相关责任部门的权责,拓宽"中华人民共和国史志法"的调整范围。

(一)完善地方志法律体系建设

完善地方志法律体系建设是地方志工作开展依法治志的前提。首先,要制定全国性的"中华人民共和国史志法"。社会的发展和科技的进步推动着地方志事业的发展,地方志工作也出现了新的变化,原有的法规已经无法适应现有地方志工作的需要,因此需要制定更高层级的法律来规范和引导地方志工作,从而更好地传承优秀传统文化,为社会大众提供文化产品。目前,《中华人民共和国史志法(立法建议稿)》正在审核当中,通过立法明确地方志工作机构的职责和相关部门的权利与义务,明确各个机构的法律责任,规定地方志违法行为种类及其处罚措施,为地方志事业发展提供坚实的法律保障。其次,各地要根据实际情形,在地方志工作中充分发挥自主能动性,总结工作中的经验及教训。在"中华人民共和国史志法"出台后,以它为基础,结合当地实际,制定相应的地方性法规及政府规章,从而将地方志工作相关内容更好地纳入法律的调整范围中,促进各地地方志工作的持续健康发展。

① 亚里士多德:《政治学》,吴寿彭译,商务印书馆,1965,第199页。

（二）明晰相关责任部门的权责

在推进地方志工作法治化过程中明晰相关责任部门的权责是关键。要以行政手段依法推动地方志工作。地方志工作是非营利性的，一般不容易引起重视，却几乎涉及所有的政府部门和事业单位，因此需要以行政手段依法推进地方志工作。首先，明确地方志工作主管部门和主管领导的职责，明确其基础性工作，将地方志工作的预算纳入政府一般财政预算。其次，要明确其他部门在地方志工作中的责任，以及不履行职责将受到的惩处。最后，将地方志工作纳入政府考核范围之内，以促进各部门负责人对地方志工作的重视，对于不配合地方志工作的机关单位或个人，应给予一定的惩处，从而更好地推进地方志工作。

（三）拓宽"中华人民共和国史志法"的调整范围

现有《地方志工作条例》仅仅对地方志编撰的一些基本概念、主管机关职责、地方志编撰程序等进行规定。不可否认的是，《地方志工作条例》在引领地方志工作走向法治化道路上发挥了不可替代的作用。但是地方志工作涉及的范围越来越广，《地方志工作条例》已经无法覆盖现有地方志工作的方方面面，因此应当拓宽"中华人民共和国史志法"的调整范围，以规范和引导地方志工作并保障地方志工作顺利推进。

首先，应当明确地方志资料所有人和持有人的责任。地方志工作不仅是对某一段时间某一地区历史的记载，更是对中华优秀传统文化的传承和发展。因此地方志资料的所有人和持有人有责任配合地方志工作部门的工作，且不得向地方志工作单位提供虚假资料。

其次，应当对擅自处理地方志资料的相关人员进行惩处。虽然《地方志工作条例》规定了个人不得将修志过程中收集的地方志资料据为己有或者出租、出让、转借，但是没有规定违反该项规定应当受到的惩罚。因此，"中华人民共和国史志法"应当对此作出规定，以作为追究擅自处理地方志资料的相关人员责任的依据。一方面，应当追究其渎职责任；另一方面，若地方志工作人员的行为给地方志工作造成的损失是可以估量的，应当进行相应的赔偿。

最后，应当将部分私人编撰地方志行为纳入法律的调整范围中。当前，越来越多的主体加入地方志的编撰中。家谱、企业年鉴、民间所修志书等，这些都是我国地方文化的组成部分，民间修志行为在一定程度上促进了地方志事业的发展。由于目前没有相应法律法规对民间修志行为进行规范和引导，部分民间修志行为偏离了地方志工作的正常轨道，因此法律当有所作为。但是也不应该对所有的民间修志行为进行法律上的规制，因为有的修志行为例如编家谱、企业年鉴等仅仅涉及个人或者企业主体，只要其修志内容符合公序良俗即可。对于民间地方志与官方志书有重合的部分要加强监管，保证民间行为沿着正常的法治轨道进行。同时，对于一些不利于弘扬优秀传统文化，以及不利于社会主义精神文明建设的民间修志行为，要严格制止，并根据具体情形追究责任人的责任。

浅析依法治志框架下设立地方志工作机构的必要性
——以重庆市武隆区为例

李才东

（重庆市武隆区地方志办公室）

习近平总书记指出，"高度重视修史修志，让文物说话、把历史智慧告诉人们，激发我们的民族自豪感和自信心，坚定全体人民振兴中华、实现中国梦的信心和决心"。[1] 党和政府历来十分重视修史修志工作。2006 年，国务院颁布了《地方志工作条例》，使地方志工作有了基本法规和根本遵循。2015 年，国务院办公厅又印发了《全国地方志事业发展规划纲要（2015～2020 年）》，对地方志事业发展的指导思想、基本原则、总体目标、主要任务、保障措施、组织领导提出了要求。国家"十三五"规划把"加强修史修志"作为"十三五"时期的重大文化工程。2018 年 9 月，中共中央、国务院印发《乡村振兴战略规划（2018～2022 年）》，明确"鼓励乡村史志修编"。重庆市"十三五"规划纲要提出了建设人文城市的目标，做出了"挖掘各类文化资源"的战略规划。对重庆市武隆区来说，抓住地方志事业发展的黄金机遇，乘势而上，主动作为，推动全区地方志事业发展，是一项重要而紧迫的任务。笔者以重庆市武隆区地方志机构演变情况为例，浅析在依法治志框架下设立地方志工作机构的必要性，以供参考。

一　基本情况

武隆始建于唐武德二年（619），距今已有 1400 余年历史；2016 年 11 月 24 日，国务院正

---

[1] 《习近平谈文物保护工作的三句箴言》，人民网，2016 年 4 月 13 日，http：//politics. people. com. cn/n1/2016/0413/c1001-28273470. html。

式批准撤县设区；2017 年 1 月 13 日，重庆市武隆区正式挂牌。全区面积 2901 平方公里，总人口 41 万；集大娄山脉之雄、武陵风光之秀、乌江画廊之幽，被誉为"世界喀斯特生态博物馆"，是全国少有的同时拥有"世界自然遗产""国家 5A 级旅游景区""国家级旅游度假区"三块金字招牌的地区之一；被中央电视台、《人民日报》等誉为"绿色崛起典范"，荣获联合国开发计划署"可持续发展城市范例奖"等多项荣誉，被生态环境部命名为"绿水青山就是金山银山"实践创新基地。

中华人民共和国成立前，武隆历史上未留存志书。中华人民共和国成立以来，区（县）委、区（县）人民政府把修志工作纳入议事日程，地方志事业取得长足进步，完成第一、二轮修志任务，正在启动第三轮志书编纂；区人民政府印发《武隆区地方志工作管理办法》，制定以区志为龙头，专业志为支撑，部门乡镇村志为抓手，年鉴编纂和地情资料收集整理为补充的"十三五"规划，逐步形成武隆地方志系列丛书的总体目标。

二　设立机构为推进新时代地方志事业发展提供动力

（一）纵向对比，落实机构更能推进地方志工作

1. 单设机构地方志工作情况（1984~2000 年）

1959 年，武隆县县志编辑委员会成立，下设办公室；1960 年撤销。1984 年 8 月 7 日，正式成立武隆县县志编纂委员会，为县政府直接领导的常设机构；下设办公室，编制 8 人（外聘编辑 8 人）。

一是编修县志。1984 年 9 月 3 日，全县召开第一次县志工作会，开始启动部门修志。11 月，制定县志纲目初稿，设 29 部分志。1985 年 3 月，武隆县志办公室印发《关于编纂武隆县志规划的意见》。1986 年 5 月，武隆县人民政府批转县志办《关于加强武隆县志编纂工作的意见》，进一步加强县志编纂工作。1988 年 1 月，开始县志总纂二稿工作，设 30 部分志。1989 年，第一轮部门修志工作全部结束，共编纂部门志 55 部，查阅档案 2.62 万卷，摘抄资料 16.99 万页，搜集资料 354.88 万字，为编写县志奠定基础。1989 年 5 月，完成《武隆县志》初稿 120 万字。1993 年 10 月，经涪陵地区行署批准印刷。1994 年 8 月，由四川人民出版社正式出版第一部《武隆县志》，共 100 万字，并由启功先生题写书名。1995 年 10 月，县委、县政府决定编修《武隆县志（1986~1995）》，并将部门志编写和资料提供纳入各单位 1996 年目标任务考核。1996 年 8 月，全县完成部门志 29 部，部门资料 63 份，共查阅档案 2.82 万卷，搜集资料 2820 万字。1998 年 2 月，由四川人民出版社出版第二部《武隆县志（1986~1995）》，共 56 万字。

二是编写年鉴。1998 年 4 月，县人民政府决定编辑出版首部《武隆年鉴》。1999 年末，

《武隆年鉴（1996~1997年卷）》编撰任务基本完成，其间，乡镇、片区、县级部门撰写年鉴稿135份，共300余万字。2000年11月，《武隆年鉴（1996~1997年卷）》由四川人民出版社出版发行，共44.7万字，全方位记述了武隆1996~1997年行政建置、自然地理、政治、经济、文化、教育、卫生等国民经济和社会发展各方面发展变化。

三是编辑专辑专刊及专业志。1985年1月，县志办公室编辑《武隆历史资料》（铅印），分为建置、自然地理、经济、政治、文化、社会6篇，共11万字。同时创办不定期刊物《武隆史志通讯》；5月，编成《武隆县苎麻史料专辑》。1987年3月，创办《武隆县大事月记》，编写《武隆县土特产品选集》。1992年，编辑出版《武隆县情》，约10万字，印5000余册。1995年，县志办编写《武隆县政府大事记》。1996年3月，编修出版《武隆县公路志》。截至1989年底，累计刊出《武隆史志通讯》40期、《武隆县大事月记》14期。

2. 二合一机构地方志工作情况（2001~2011年）

2001年全县机构改革时，将县志办与县委党史研究室、档案馆合并，组建武隆县档案修志馆，与县档案局合署办公，为县政府序列的局级机构，实行"一套班子、两块牌子"管理模式，地方志职能职责也合并到县档案局。定编13人，其中行政编制5人、事业编制8人；实有人员13人。2009年10月，设立武隆县档案局（武隆县档案修志馆），为县政府其他事业机构。

2002年4月，县人民政府办公室批转县档案局《武隆县2002~2010年地方志工作规划》。2003年9月，启动《武隆县志（1996~2005）》编修工作。县政府调整充实县地方志编纂委员会，召开全县续修地方志工作动员大会，进行业务培训。同时县政府办公室批转县档案局《关于续修武隆县地方志的实施方案》，要求各乡镇政府、县政府各部门按照"实施方案"的部署，做好乡镇、部门、单位志书编写工作。2005年，各部门、乡镇、企事业单位应编写110个单位，其中68个单位成立部门志书编纂领导小组，确定编辑人员，拟定上报审批续修志书纲目，并在编写完资料的基础上，进行志书的编撰。县志续修工作进展顺利，当年末，大事记、行政区划、自然地理、科技、人物等篇章进入初稿编写阶段。截至2011年4月，完成《武隆县志（1996~2005）》初稿80余万字。

2001年6月，由四川人民出版社出版《中共武隆县五十年历史大事记》，共92万余字。2004年3月，编写《解放初期的武隆》，共22万字。2005年，内部出版《中国共产党武隆县历次代表大会纪实》，共41万字。2006年12月，内部出版《武隆县军事志（1911~2005）》。2009年12月，内部出版《武隆县铁矿乡"6·5"鸡尾山山体垮塌抢险救援大事记述》，共10万字。2010年6月，由四川出版集团、四川人民出版社出版《武隆县教育志（1986~2005）》。2011年1月，公开出版《武隆县文物志》。其间，编写《武隆大事记》40期。

3. 三合一机构地方志工作情况（2011~2018年）

2011年4月，县委、县政府恢复县委党史研究室，与县档案局实行"一套班子、三块牌子"管理模式，增加事业编制2人，增加领导人员1人。增加后，编制为15人，其中事业编制共 10 人；实有人员 15 人。2017 年 3 月，设立重庆市武隆区档案局（重庆市武隆区档案修志馆、中共重庆市武隆区委党史研究室、重庆市武隆区地方志办公室），定编 14 人，其中机关行政编制 4 人，事业编制 10 人；实有人员 13 人，其中地方志编修科有科长 1 人、外聘人员 2 人。

2011~2018 年，启动《武隆县志（1996~2016）》资料收集工作，完成资料长编 250 余万字；内部出版《武隆年鉴（2013）》，公开出版《武隆年鉴（2017）》《武隆年鉴（2018）》；内部出版《中共武隆县历史大事记（1999.12~2007.12）》《武隆党史人物》《武隆三线企业图志》；启动武隆县地方志系列丛书工程，公开出版《武隆县志·文化委志（1949~2015）》《武隆县志·行政服务中心志（2002~2015）》《武隆县志·残疾人联合会志（1992~2015）》《土坎镇志》等 6 部志书；编写《武隆大事记》24 期。

4. 工作成效

1984~2000 年，有单独的地方志工作机构，人员编制和经费得以保障，地方志事业成效显著，先后出版《武隆县志》《武隆县志（1986~1995）》，年鉴实现公开出版，可以说是提前完成"两全目标"；2001~2011 年，由于机构合并，人员编制减少，地方志工作推进不尽如人意；2011~2018 年，经过积极争取，区政府出台《武隆区地方志工作管理办法》，保障县志、年鉴经费，推进地方志事业取得新发展。

从表 1 即可看出，单独设立地方志机构更能推进当地地方志事业发展。

表 1　1984~2018 年武隆地方志机构撤销前后对比情况

单位：部/期、人

机构名称	机构性质	编制人数	实有人数	专职人数	外聘人数	成果					
						县志	年鉴	部门志	专业志	专辑专题	专刊（通讯及大事记）
县志办（1984~2000 年）	单独	8	8	8	8	2	1	29	5	4	54
档案局（2001~2011 年）	二合一	13	13	1	6	0	0	1	2	4	40
档案局（2011~2018 年）	三合一	15	15	1	2	0	3	6	0	3	24

注：成果中部门志、专业志均指出版的志书（含内部出版）；专刊是《武隆史志通讯》，大事记为《武隆县大事月记》《武隆大事记》；专辑限为地方志办公室（档案局）编纂的，不含其他机构编写的专辑。

（二）横向对比，单设机构的区县地方志工作推进较好

2016 年 12 月，据笔者初步统计，在重庆市 39 个区县（含经开区）中，单独设立地方志办公室的区县有 22 个，设党史、地方志二合一机构的区县 13 个，设党史、地方志、档案三合一机构的区县只有 4 个。

2016 年 5 月，重庆市地方志办公室进行第二届区县地方志优秀成果评选表彰，《重庆市万州区志》等 15 部地方志书获"司马迁奖"，《万州三峡移民志》等 73 部地方志书获一等奖，《重庆市万州第三中学校志（1989~2011）》等 79 部地方志书获二等奖，《重庆市大渡口区教育志（1989~2005）》等 25 部地方志书获三等奖。在获得"司马迁奖"的 15 部志书中，单设地方志机构区县有 10 部，设党史、地方志二合一机构的区县有 5 部，设三合一机构的区县无志书获奖；在获得一等奖的 73 部志书中，设三合一机构的区县只有 4 部志书获奖，占比为 5.5%；在获得二等奖的 79 部志书中，设三合一机构的区县只有 2 部志书获奖，占比为 2.5%；在获得三等奖的 25 部志书中，设三合一机构的区县没有志书获奖。由此可以看出，三合一机构的区县地方志编纂成果确实不尽如人意。

同时，从全国来看，单设机构地区方志事业发展迅猛。2015 年 12 月 29 日，全国地方志系统先进模范座谈会在北京人民大会堂举行。人力资源和社会保障部、中国地方志指导小组隆重表彰全国地方志系统先进集体 32 家，其中单独为地方志办公室的单位有 23 个，占比为 72%；二合一机构（党史、地方志）单位有 9 个，占比为 28%。2018 年 5 月，中国地方志指导小组办公室公布第二批入选中国年鉴精品工程"中国精品年鉴"的有 5 部成果，均为各地地方志机构编纂而成。

三　思考建议

一是尽快出台"中华人民共和国史志法"，为依法治志提供法治保障。

二是按照依法治志的要求，修改《地方志工作条例》第四条。建议修改为"县级以上地方人民政府应当加强对本行政区域地方志工作的领导，将地方志工作纳入各地国民经济和社会发展规划、政府工作任务，做到机构到位、编制到位、设施到位"。

三是加强机构职能整合。2019 年，重庆市武隆区完成机构改革，将档案局行政职能划归区委办，在区委办挂档案局牌子，档案馆为区委办管理的事业单位，但对于地方志机构未能明确，建议在档案馆加挂地方志办公室（或史志编修中心）牌子，明确地方志工作职能，以保障地方志工作顺利衔接，确保"两全目标"不掉队。

"走进新时代的地方志踏上了新征程"，地方志事业发展离不开机构人员保障。只有建立适应新时代的地方志工作机构，同时按照德才兼备原则和专业要求，配齐配强地方志工作机构的领导班子，才能按照中国地方志指导小组的统一部署要求，明确目标，坚定信心，勇于担当，积极作为，完成"两全目标"任务，为全面建成小康社会贡献"志"礼。[1]

---

[1]　冀祥德：《2019 年全国地方志工作机构主任工作会议工作报告》，中国方志网，2018 年 12 月 15 日，http://www.difangzhi.cn/yw/2018/201812/t20181215_4948335.shtml。

坚定文化自信　提升方志节奏
探索"全方位""大修志"工作格局
——黑龙江省宁安市地方志事业法治化发展研究

杨　颖　包淑华

（黑龙江省宁安市志办公室）

"文化是民族的血脉，是人民的精神家园。文化自信是更基本、更深层、更持久的力量。中华文化独一无二的理念、智慧、气度、神韵，增添了中国人民和中华民族内心深处的自信和自豪。"① 文运与国运相牵，文脉与国脉相连。"没有高度的文化自信，没有文化的繁荣兴盛，就没有中华民族的伟大复兴。"② 党的十九大报告中指出，"坚定文化自信，推动社会主义文化繁荣兴盛"。中华文化代表着中华民族的独特精神标识，是民族生生不息、发展壮大的丰厚滋养。而地方志作为传承、延续和发展中华文化的重要典籍，阐发中华文化精髓，巩固中华文明探源成果，反映中华民族文明历史，维护国家领土主权，对弘扬中国精神、传播中国价值，建设社会主义文化强国，推进国家治理体系和治理能力现代化，具有重要意义。

一　千年旧志，尽展中华历史

无论多么辉煌的民族，没有史志的记载与传承，终将湮没在历史的尘埃之中。"地方志是中华民族传统文化的重要组成部分，是传承中华文明的重要载体。"③ 中华 5000 多年的文明史精髓收于宏帙，凝于笔端，绵延不辍。早在周朝方志就受到重视，《周礼·诵训》记载："掌道

---

① 《中共中央办公厅　国务院办公厅〈关于实施中华优秀传统文化传承发展工程的意见〉的通知》，《中共中央办公厅通讯》2017 年第 4 期。
② 郑海鸥：《坚定文化自信　推动文化繁荣——访著名作家、文化部原部长王蒙》，《人民日报》2017 年 11 月 27 日，第 2 版。
③ 柳成栋：《长铗文丛续编·志苑杂论》，北方文艺出版社，2013，第 16 页。

方志，以诏观事。"秦始皇统一中国，实行郡县制，郡县志书也相应发展。秦汉以后，地方志不断发展与充实，出现舆地图、图经、图志、图记、地记和郡国之书等。西汉司马迁所著《史记》被列为"二十四史"之首，是我国第一部正史，开创了中国纪传体通史的先河。东汉班固撰写的《汉书·地理志》是第一部全国性的区域志。东汉光武帝刘秀诏令撰修的《南阳风俗传》是我国官修地方志书的开端。北宋司马光主编的《资治通鉴》是我国第一部编年体通史，在中国官修史书中占有极其重要的地位，对文献学的发展产生了深远的影响，与《史记》并列为中国史学的不朽巨著。明代是我国地方志得到较大发展时期，朝廷颁布修志凡例，全国修有《大明一统志》，省有总志、通志，下有府志、州志、县志等。到了清代，我国古代方志发展进入鼎盛时期，编纂的地方志最多，现存清代志书约6000种，占现存旧志总数的75%左右。数量众多，内容丰富，具有超高的史料价值。这些代代相传的灿烂文化瑰宝，积淀了民族最深沉的精神追求，是人类文明进步的重要载体，对延续和发展中华文明、促进人类进步意义重大。

二　系列规章，保障依法治志

历史是一个民族最深刻的记忆，是人类最好的教科书。"以史为鉴，可知兴衰。"纵观方志发展的历史，可深刻领悟，凡地方志编修上乘者，均与政令难分，与"官修"难解，为后人留下了诸多珍贵旧志典籍。新中国成立以后率先起草了《关于新修方志的几点意见》，这是新中国成立以后关于新修方志编纂原则的第一个纲领性意见，对20世纪50年代新编地方志工作产生了积极的影响。后来相继起草、出台了《关于新修方志提纲（草案）》《关于编写地方志工作的几点意见》，颁布了《新编地方志工作暂行规定》《关于进一步加强地方志编纂工作的通知》《关于地方志编纂工作的规定》等一系列文件，对编修地方志做出了具体而系统的规定，对修志体制、机构、经费、体裁等普遍性问题做出了更为具体的规定。各级地方政府和地方志工作机构也相应制定了一系列的规章制度，推动了地方志工作的发展，夯实了地方志的基础。2006年5月18日，国务院总理温家宝签署第467号国务院令，公布了《地方志工作条例》。这是我国历史上第一部有关地方志工作的行政法规，结束了地方志工作无法可依的历史，标志着地方志工作从此进入有法可依的法制化新阶段和大规模、正规化修志的新时代。2015年8月，国务院办公厅印发《全国地方志事业发展规划纲要（2015~2020年）》，它意味着全国地方志从依法修志走向依法治志，从法制化迈入法治化的新阶段。党的十九大把中国特色社会主义文化的地位提高到前所未有的高度，地方志作为传统文化的重要形式，对于推进文化大发展大繁荣具有重要意义。地方志工作走依法治志之路是新时期方志发展的趋势与必然规律。

三　"三大问题"，需要依法治志

多年来，地方志编纂是由政府通过行政命令和行政手段组织实施，没有制定出台"地方志法"来规范、约束和监管，导致了地方志工作区域发展不平衡。就全国二轮修志进度来看，可谓参差不齐，难以适应新形势的需要，严重影响了地方志事业的健康发展，制约了行业功能的发挥。影响地方志事业健康发展的主要问题如下。

（一）受决策者的主观意志影响较大

由于地方志机构远离政府的中心工作，不能直接参与地方政府的经济建设，常被称为"冷衙门"，它的工作开展常受人的主观意志影响。要想有力地推进工作，需要党委、政府的力量督办、检查。纵观各地二轮修志进度即可知，凡领导重视地方志工作的市县，机构、人员、经费、设备等均有所保障，修志、编鉴的工作开展得有声有色；反之则缓慢、滞后，不尽如人意。修志工作由于时间跨度较长，常面临决策者调整，致使修志政策与工作无法连贯，因此影响了修志工作的正常开展。

（二）缺少专业的修志队伍

志书的灵魂在于质量，而志书的质量取决于人才。专业人才是决胜未来的关键，拥有一支出色的修志团队是编纂一部良志的保障。但就目前而言，在县级地方志书的编纂过程中人才匮乏已是不争的事实。第一，人才流失现象。地方志工作清贫、清苦，需耐得住寂寞，守得住初心，辍不得笔耕。地方志单调枯燥的工作使很多具备文字功底的中青年纷纷"跳槽"，造成人才流失，很多县市的地方志机构仅有1~2名修志人员，还有个别县区机构与档案局或党史办合并，没有独立的机构，更无专门从事修志的工作人员。第二，老龄化现象。很多地方志机构人员年龄大，知识更新慢，创新意识不强，专业技能提升空间小，修志积极性不高。第三，全部外聘现象。外聘人员作为修志人员的补充是一个普遍现象，但仅靠外聘人员完成修志任务，实为不妥，原因在于其责任感和主观意识不强，无法保证志书的编修进度和质量。修志人才的缺乏，造成修志的"短板"，严重影响二轮修志工作进展。

（三）缺少有力的监管体制

地方志工作没有"地方志法"赖以遵循，致使在素材、资料的真伪及数据的精准等方面出现了法规与监管的漏洞，缺少法制化的监督，或"监管失灵"，监管目标无法实现。

四 "四个纳入"，助推依法治志

法律是治国之本，而行业法则是行业规范的准绳，是行业监管的利器。随着地方志工作的不断深入，原有的"条例""意见"无法满足新时期地方志工作的创新发展，需要制定出台科学的、完善的法律保驾护航，发挥立法的引领和推动作用，并在法律的框架下严格执法，走法治化之路。

用法治思维破解发展难题，用法治手段解决问题，保障《地方志工作条例》的贯彻落实。以采用"一纳入、八到位"为总抓手，健全"党委领导、政府主持、各级地方志工作机构组织实施、社会各界广泛参与"的工作体制机制。在"中华人民共和国地方志法"正式出台前，可采用"借力"整合资源方式开展工作。黑龙江省宁安市地方志办公室在依法治志工作中做了有益尝试。

（一）纳入全市经济社会发展规划纲要

根据 2015 年 8 月国务院办公厅印发的《全国地方志事业发展规划纲要（2015~2020 年）》及《黑龙江省地方志事业发展规划纲要》，制定与本区域经济和社会发展相协调的、符合地方志发展的、具有地域特色的地方志事业体系，并将其列入当地国民经济和社会发展规划纲要，为实现"两全目标"提供持续有力保障。

（二）纳入人大视察总体部署

坚持向本地市委、市人大、市政府、市政协领导汇报修志工作情况，征求各方对地方志工作的指导性意见。黑龙江省宁安市地方志办公室为深入贯彻落实《地方志工作条例》和《黑龙江省地方志工作条例》及国家、省、市地方志工作会议精神，全面推进地方志管理规范化、科学化和法制化建设，积极申请将修志工作纳入宁安市人大视察与检查工作总体部署。宁安市志办与档案局合署办公，每年通过与市人大常委会、政府法治办联合开展常态化档案行政执法检查，对基层单位志鉴供稿情况进行检查督办，检查结果以市人民政府或政府办公室文件形式通报全市。同时，利用报刊、网络、微信等媒体，宣传修志的意义，扩大修志的影响力，走"依法治志"之路。

（三）纳入全市绩效考评体系

建立健全市委、市政府目标绩效考评体系是多角度、全方位提升政府效能，推动形成干事创业、竞相发展局面的有效措施。将志鉴工作纳入当地目标绩效考评体系，使其在绩效考评中占据一定分值，并依据绩效考评管理卡和绩效考评管理办法进行督办检查和绩效考评，对后进部门、单位实行问责制和催办制，督导推进工作落实，可有效保障志鉴编修工作效率，用法治手段解决修志过程中征稿难问题。

（四）写入政府工作报告

方志成果不断增多，地方志工作亦越来越受到重视。将志鉴工作写入政府工作报告，使其在报告中占一席之地，既能充分肯定志鉴编修成果，给市志工作者以极大的精神鼓舞，又可切实扩大地方志工作的影响力。只有全方位、多角度将方志工作提升到前所未有的高度，才能有力保障方志品牌建设顺利推进。

五　举凡之力，实施依法治志

"依法治志的基础在于形成符合地方志事业发展的客观规律，并能有效保障地方志事业顺利有序开展与发展。"① 建立完善的相关配套体制机制，逐步实现地方志事业发展的常态化、制度化、法治化。

（一）留住人才，实现专业修志

1. 引进人才

通过公务员招考接收毕业生，在专业选取上重点考虑中文、历史、文博、情报等对口专业，有效保证修志人员技能素质；选取计算机、信息技术等专业人员，使其在修志信息化工作中发挥作用。面向社会招考专业技术适用人员。地方志工作需要具备一定的文字功底，而非单纯追求高学历者，面向社会招聘人才可以着眼于实际才能，如在地方志领域工作多年的骨干力量，可适当降低学历、年龄的条件。面向事业单位抽调或借调人员。有些单位受编制所限，可采用灵活的方式聘请人才为地方志单位服务，也可根据情况在教育、文化系统内抽调或借调文字综合能力强、文学素养高的人员参与修志工作，发挥志鉴领域专家学者等人才的作用。

2. 留住人才

使懂行的、能干的、专业的人才加入修志队伍，是修志的根本，但留住人才，才能保证修志工作可持续发展。要努力营造和谐的工作氛围，解决修志人才的后顾之忧，"以感情留人"。做到因人制宜，依法保障地方志编修人员的合法权利，为修志人才提供发展和实现自身价值的空间。制定行之有效的物质激励与精神激励等机制，调动修志人才的积极性和创造性。

3. 培训人才

注重培养地方志机构本身的工作人员，挖掘和使用潜在的修志人才，保持人员的相对稳定，鼓励参加修志业务培训，组织开展修志知识论坛，选派骨干人员外出进修，适当对修志人员压担子，使其迅速成长。

由此可见，构建科学完备的依法治志体系、建设专业的修志人才队伍是一项长期的大工程，只有沿着依法治志的专业修志目标攻坚克难、持之以恒，才能培养和打造一支可持续的修志专业队伍，这是修志工作与时俱进、服务社会的现实要求。

---

① 冀祥德：《论依法治志》，中国方志网，2016 年 9 月 18 日，http：//www.difangzhi.cn/ky/xslz/201609/t20160918_4941969.shtml。

（二）协同"作战"，实现开放修志

"地方志事业是一项浩大而复杂的社会文化系统工程，利在当代，功在千秋。"① 志、鉴编纂会集百业，纵贯历史，仅靠地方志系统一己之力难以承担重任，只有借助地方志编修的法律、法规，在党委政府的重视支持下，全社会齐抓共管，才能打破传统封闭、单一的编研模式，广集社会各方优势资源和力量，引进高科技技术手段协同"作战"，形成"开放式"的"大修志"格局，发挥志、鉴信息资源的经济效益和社会效益，有效促进经济和社会发展。如宁安市志办在创编新志过程中，用法治思维突破编修"瓶颈"。"把地方志活动从狭隘的地方志系统行为转变为国家社会行为，实现地方志事业的社会化。"②

1. 与国家权威测绘部门合作

宁安市志办与国家测绘部门达成战略合作意向，合作研发，运用航空遥感技术与 ArcGis 和 Adobe Illustrator 软件平台与普查成果数据，绘制区域内山川地形、林地资源、水系分布、农业种植、水利灌溉、生态资源、旅游景区、遗址古迹、城市建设、城区街道、乡镇村落等地理信息专题地图，为编纂《宁安水志》提供综合的测绘地理信息服务和高精度数据服务，使编研成果内容精准翔实。2016 年，宁安市志办参与地理信息更新与服务软件系统集成平台项目，荣获国家地理信息科学技术进步三等奖。

2. 与质监部门合作

利用质监局暨省内高等院校实习基地的人才与设备优势，与其合作编研《宁安资源志》，运用质监系统原子吸收分光光度计、分光光度计、离子色谱仪、液相色谱仪、气相色谱仪等先进的检验检测设备，对宁安市山泉、河流、湖泊、湿地、响水米、棚室果蔬、山产品、蜜源等进行系统检验检测，出具具有法律效能的山泉水质检验报告书、农产品营养指标报告书、农药残留检验报告书，为申请相关专利提供佐证，增加志书编研成果的科技含量与实用性。

3. 与水务系统合作

市志办编研人员与水务系统专业测量人员共同深入村屯，运用 GPS 功能及专业水流量测量设备，采用规范的测量方法，测试境内 200 余眼山泉、55 条河流、14 个湖泊、21 个水库的地理坐标及水温、水流量数据，取得水资源状况及水利灌溉准确数据，用于编纂《宁安水志·水利篇》和《宁安水志·江河湖泊篇》。

4. 与摄影家协会合作

市志办人员组织带领宁安市摄影协会志愿者深入全市各乡镇拍摄图片，志愿者运用专业技

---

① 冀祥德：《论依法治志》，中国方志网，2016 年 9 月 18 日，http：//www.difangzhi.cn/ky/xslz/201609/t20160918_4941969. shtml。

② 冀祥德：《论依法治志》，中国方志网，2016 年 9 月 18 日，http：//www.difangzhi.cn/ky/xslz/201609/t20160918_4941969. shtml。

术和摄影设备，采用全新图像传感器，提供清晰度和图像品质最佳的图片，多角度、多手法展示事物状况，确保志鉴编研资料图片达到最佳效果。

5. 与相关部门合作

宁安市志办加强与高校档案馆、图书馆联系，实现史料信息资源共建共享。邀请相关专业教师或专家学者参与志鉴资源开发整合工作，共同完成研究课题。撰写的《挖掘资源内涵 服务现实需求 助推方志文化创新发展——宁安市系列志书编纂谈》论文入选中国地方志指导小组（以下简称"中指组"）年会论文集，相关代表受邀参加 2017 年中指组在常州市举办的年会。此外，邀约文化传媒、多媒体工作室等群体参与志书编研开发工作。这种大开发、大合作的工作格局为全市上下所认可，得到社会各方支持，形成了合作共赢的志鉴编修新格局。通过依法治志，宁安市志办由幕后走向前台，由默默无闻到协调各方，发挥主导和统筹全局的作用。

六 守住文脉， 坚持依法治志

旧志作为民族之瑰宝，文明之根基，堪称中华优秀传统文化之代表。地方志作为传承中华优秀传统文化的重要典籍，在编修过程中有章可循、有法可依是具有全局性、根本性、战略性的大事，也是地方志编修走向大规模、专业化的必由之路，只有坚持走依法治志之路才能有效保障地方志工作持续健康稳定发展。宁安市志办在传承文明和发掘历史智慧方面做出了历史性的贡献。

（一）搜罗整理，实现古籍"再造"

宁古塔作为清代东北边疆重镇，既是清代宁古塔将军驻地，又是清朝发遣流人的集中之所。大批流人在教书、经商之余，或结社赋诗，或著书立说，将东北边疆的历史沿革、塞外苦寒的山水民情和流徙生活的思乡悲凄之情及爱国情怀收录笔下，留下有关宁古塔的珍贵私家笔记、纪事、诗文、尺牍等。其内容丰富，形式多样，思想深奥，并以特有的时代性、特殊的地域性、浓郁的民族性，成为黑龙江地域文明的亮丽风景，不仅开拓了北疆文化新风，亦推动了东北文化的新发展，开启了地域文明之光。由于旧志、旧诗集散存于全国各地，抑或成为民间私人收藏，因此给征集工作带来极大的困难。宁安市志办先后到北京等地，历经艰辛，征集到清代流人方拱乾《绝域纪略》、张缙彦《宁古塔山水记》、杨宾《柳边纪略》、吴振臣《宁古塔纪略》、方式济《龙沙纪略》等记录宁古塔地区人文历史、山川地理、风土民情、物产资源的地方志、山水专志、地名学专著，以及方拱乾《何陋居集》《甦庵集》、吴兆骞《秋笳集》《归来草堂尺牍》等诗集、尺牍的稿本等，实施古籍再造工程。这为研究和传承宁古塔文化、黑龙江历史文化、东北地域文化提供了珍贵史料，对研究我国清代诗史、词史意义重大，为丰富边疆各地旅游文化、人文景观的历史底蕴提供了历史证鉴。

（二）广征博采，丰富编研史料

宁安市志办本着"编研、征集同步走"原则，依法开展地方志资料收集工作，已征集日伪时期资料《康德年间宁安县一般状况》，征集民国时期的《渤海国志长编》，征集《满文老档》《满族风俗考》《东北文献零拾》《东北江河纪要》《东北工业资源开发纲要》等大量文献书籍，征集已故满族故事家傅英仁老先生的《宁安史语》《宁安神话》等手稿、著作等，征集马骏在莫斯科求学时期的宝贵资料，征集多部满族家谱和村史村志。同时，加大图片、光盘等特殊载体档案征集力度，征集省级非物质文化遗产项目家族祭祀活动等声像，满族、朝鲜族舞蹈照片，民俗婚礼照片，宁安各类古迹、古民居照片千余张，留住了城市的记忆，提炼出文化经典元素，也为编研工作积累了丰富的素材。

（三）举城修志，坚守"文化之根"

以法治化修志为纲，加强法治宣传教育，增强全社会依法传承发展中华优秀传统文化的自觉意识。制定完善地方性法规和政府规章，开创依法修志新局面，真正现实"盛世修志，志载盛世"。[①] 2017年2月，宁安市志办制发宁政办〔2017〕5号《关于开展行业志、乡（镇）志、村志编纂工作的通知》，鼓励、支持有条件市直单位部门、乡镇、村屯撰写部门志、村镇志，积极引导各部门、乡镇、村屯广泛开展修志工作，先后启动续编《宁安公安志》、《宁安国土志》、《宁安朝鲜民族志》和《红城村志》等工作，指导宁安市民宗局撰写《宁安朝鲜族志》。全市42个朝鲜村屯全部启动村志编纂工作，其中《江西村志》《响水村志》已出版，《瀑布村志》已成稿，《宁安朝鲜民族志》和朝鲜族村志全面、翔实记录了宁安市朝鲜族历史变迁、风土人情及发展进程，牢牢守住宁安古城的民族"文化之根""遗迹之矿"，为市域特色文化资源的挖掘、传承与保存提供有力支撑。在市志办的大力倡导下，各行业纷纷行动，有意向编纂本部门的志书，经济局、农委、文化广电新闻出版局、质监局等多部门与市志办沟通，谋划启动编纂工业志、农业志、文物志、资源志工作。宁安市修志工作百花齐放，呈现前所未有的举城修志局面。

七　彰显价值，共享依法治志

志鉴是记载社会发展的重要佐证，为各级市委、市政府及其部门科学决策提供借鉴参考。市志工作者以信息资源的社会共享为己任，"因需选题""按需施编"，做到"围绕中心"与"适应个性"兼容并重，将静态的资料转化为社会需要的公共财富，实现其潜在价值与社会功用，让志鉴"有作为""有地位"，充分彰显志鉴的价值。

---

① 冀祥德：《论依法治志》，中国方志网，2016年9月18日，http：//www.difangzhi.cn/ky/xslz/201609/t20160918_4941969.shtml。

（一）做优生态经济

宁安市绝佳的地理优势形成了优质、独特的天然矿泉水资源，有着极大的潜在经济价值。宁安市志办凭借区域矿泉水资源优势，启动编纂《宁安水志》，并以此为据，统一规划、强化保护、大力招商，建立高起点、高科技含量、高产出、高附加值的现代企业，实施生态经济发展战略，促进经济跨越式发展。

（二）做强农业产业

宁安市属温带大陆性季风气候，拥有万年火山灰覆盖的肥沃土壤及优质无污染的水源，形成了石板稻米、有机蔬菜、绿色瓜果、生态畜牧、优质冷水鱼与特色蜂产品、山产品等远近闻名的农业品牌。《宁安市志·特色农业篇》为域内农产品论证和地理标志的申请注册工作提供了准确依据，为提高市场竞争力，打造宁安精品农业、绿色农业、智慧农业再添一张王牌。

（三）做美旅游开发

宁安市志办发挥区域旅游资源优势，挖掘旅游资源潜力，启动编纂《宁安水志·江河湖泊篇》，以富集的江河、湖泊、湿地为主线，以秀美的画面、灵动的笔触记录周边自然景观、风土人情、历史文化、特色旅游等内容，展现境内壮美的水景观，展示各乡镇的魅力，凸显特色文化底蕴与历史价值，定位城市文化品位，带动全市经济发展。

（四）做足文化精品

坚定文化自信是地方志事业发展的不竭动力，深入挖掘地方历史文化资源和多元文化内涵，以宁古塔历史、文化、旅游、民俗、英模等为内容编纂地情书籍，制作画册、光盘等，为社会提供更加丰富多元的文化产品，为中小学生提供课本，为机关、企事业部门编写干部读本，让志书走进校园、走进机关、走进企事业部门，发挥其育人功能，推动乡土文化建设，保护和延续地方文脉。根据文献资料制作满语专题片《莺歌岭传奇》《千古情韵》等影视作品，参与建设文化地标性建筑，既展示了区域文化的精髓和魅力，也体现了现代文明与历史文明的一脉相承。

宁安市志办走依法治志之路，取得了一系列丰硕的成果，对挖掘区域历史文化内涵和底蕴，提高文化竞争力与城市自信，发挥了不可替代的作用。纵观我国地方志事业的发展历史，结合一轮、二轮修志工作的实践，走依法治志之路，繁荣发展地方志事业已成为广大方志工作者的深刻共识。不断完善法制体系建设，走依法治志之路，才能为地方志事业科学发展注入无穷后劲，使地方志工作在坚定文化自信、实现中华民族伟大复兴中做出应有的贡献。

浅谈元明清《一统志》
对编纂新时期《一统志》的启示

王　慧

（方志出版社）

　　中国编修地理总志的传统，最迟肇始于魏晋时期。隋炀帝时期编纂的《区宇图志》是中国第一部官修地理总志。宋徽宗大观元年（1107），为编修《九域志》，下令设置九域图志局，此为国家设局修志之始。宋代编修四大地理总志《太平寰宇记》《元丰九域志》《舆地广记》《舆地纪胜》，这种官修地理总志的制度被元、明、清三朝继承下来。

　　元代建立疆域空前辽阔的大一统王朝，表明中国各民族已经被十分有效地纳入了多民族"大一统"国家的政治系统和行政系统之中。为展现帝国的强大，整理各地区划变迁，元代在对唐宋地理总志继承和发展的基础上，开创了编修《一统志》的先例，并为明、清两代所继承。《大元一统志》原书共1300卷，但在明代已经散佚，现仅存残本数种。明朝建立后，统治者认识到编修《一统志》的重要性，明太祖、成祖、代宗、英宗先后多次下令编纂全国地理总志，至天顺五年（1461）《大明一统志》成书，共90卷，详细记述了各府州县以及民族地区和四邻各国的风俗政事，并发展了《大元一统志》的体例规范和编修制度。明清鼎革，满族人建立新的大一统王朝，随着统治秩序不断稳固，《大清一统志》的编纂进入议事日程。《大清一统志》共有三部：康熙、雍正、乾隆《大清一统志》，共356卷；乾隆《大清一统志》，共424卷；嘉庆、道光《大清一统志》，至道光二十二年（1842）结束，共560卷。①《大清一统志》详细记录了清代前中期京师、各直省、藩部和朝贡诸国的自然地理、政区变迁、人文风俗等。

---

　　① 为行文简练，此三部《大清一统志》分别简称为康雍乾《大清一统志》、乾隆《大清一统志》、嘉道《大清一统志》。

· 193 ·

一

元明清《一统志》为我们今天方志编修及准备编纂新时期《一统志》提供了路径与方法。

历代统治者期望通过《一统志》这一载体，记录安邦治国的政治理念，为江山社稷的长久稳固服务，这体现了帝国大一统政治秩序的规划与逻辑。

至元十三年（1276），全国大规模的征服战争已基本结束，形成"北逾阴山，西极流沙，东尽辽左，南越海表"的"天下为一"的格局。① 为实施有效统治，元朝政府在各地普遍设置了行省，并确定了行省的辖区和疆界范围，管民官系统则由汉唐的郡（州）县二级变为路府州县三级。② 由于行政区划的调整，统治者迫切需要一部能反映全国各政区综合情况的总志。元世祖采纳集贤学士、中奉大夫行秘书监事扎马剌丁的建议，命其纂修大一统志，以考地名沿革、城邑建置、设官之所，取春秋大一统之义，定名"大一统志"，"所以纪疆理之大，彰王化之远也"，③ "为将来成盛事之法"。④

洪武三年（1370），明太祖即命儒臣"编类天下州郡地理形势、降附始末"，⑤ 遂成《大明志书》；后"以十二分野星次分配天下郡县"，⑥ 成《大明清类天文分野书》；又诏令撰修《寰宇记通衢书》。成祖即位后，深感《大明志书》过于简略，遂下诏纂修天下郡县志书，并于永乐十六年（1418）颁布《纂修志书凡例》，旨在编纂一部完备的一统志。景泰七年（1456）成《寰宇通志》。英宗复辟，恶其书为景帝敕修，以"繁简失宜，去取未当"为由，命李贤等另修，以"折衷群书，务臻精要，继成太祖之初志，用昭我朝一统之盛，以幸天下，以传后世"。⑦《大明一统志》书成，英宗亲自审阅，并御制序文，谓"试览阅之，则海宇之广，古今之迹，了然尽在胸中矣"。⑧

康熙十一年（1672）七月一日，保和殿大学士卫周祚上疏称：

> 各省通志宜修，如天下山川、形势、户口、丁徭、地亩、钱粮、风俗、人物、疆域、险要，宜汇集成帙，名曰通志，诚一代文献也。迄今各直省尚未编修，甚属缺典，何以襄我皇上兴隆盛治乎！除河南、陕西二省已经前抚臣贾汉复纂修进呈外，请敕下各省督抚，

---

① 《元史》卷五八，清乾隆武英殿刻本。
② 李治安、薛磊：《中国行政区划通史·元代卷》，复旦大学出版社，2017，第3页。
③ 苏天爵：《元文类》卷四〇，《四部丛刊》景元至正本。
④ 王士点：《秘书监志》卷四，清文渊阁《四库全书》本。
⑤ 《明太祖高皇帝实录》卷五九，钞本。
⑥ 《明史》卷一三五，清钞本。
⑦ 《明英宗睿皇帝实录》卷三二七，钞本。
⑧ 《明英宗睿皇帝实录》卷三二七，钞本。

聘集夙儒名贤，接古续今，纂辑成书，总发翰林院，汇为《大清一统志》。①

康熙十一年七月一日卫周祚上疏，六日皇帝颁发谕旨，二十四日礼部拟议，再次上奏，二十七日皇帝再次御批"敕郡邑有司纂修乘牒，以昭车书一统之盛"，② 发回礼部。"礼部抄录，驿传各省督抚，闰七月十五日已达两江督抚，并牌照江南、江苏等处承宣布政使司。二十四日各承宣布政使司又发牌至所属府州县衙，编撰地方志书。"③ 公文强调，"此系内阁特疏条奏，且系进呈御览事宜，该道务须加意详慎，毋得草率从事，以致遗漏舛错，自干严谴"。④ 从卫氏上疏到论议、决策与实施，前后不到两个月，可见康熙对编修《一统志》的重视。

雍正在谕旨中，对《一统志》的人物采录、编纂时限、奖惩规定等做出明确指示：

朕惟志书与史传相表里，其登载一代名宦人物，较之山川、风土尤为紧要，必详细确查，慎重采录，至公至当，使伟绩懿行，逾久弥光，乃称不朽盛事。今若以一年为期，恐时日太促，或不免草率从事。着各省督抚，将本省通志，重加修辑，务期考据详明，摭采精当，既无阙略，亦无冒滥，以成完善之书。如一年未能竣事，或宽至二三年内纂成具奏。如所纂之书，果能精详公当，而又速成，着将督抚等官，俱交部议叙。倘时日既延，而所纂之书，又草率滥略，亦即从重处分。⑤

《一统志》"卷帙繁重"，纂修工作庞杂，直到乾隆五年（1740），康雍乾《大清一统志》始成书。乾隆为其御制序文。为将新疆增入《一统志》，乾隆二十九年十月二十日御史曹学闵奏请续修《大清一统志》。乾隆御批：

《一统志》自纂修竣事以来，迄今又二十余载，不独郡邑增汰，沿革随时，理宜一一汇订。且其中纪载体例，征引详略，亦多未协。……若其他考稽失实，与凡挂漏冗复者，谅均在所不免。亟应重加纂辑，以成全书。⑥

乾隆要求对《一统志》体例、征引、考稽、详略等方面"重加纂辑"，对新志的编纂方法进行调整，要求以"《西域图志》及《同文志》诸书为之蓝本"，"照《续文献通考》例，随缮

---

① 《山东通志·序》，康熙四十一年刻本。
② 康熙《武昌县志》，张皋谟序。
③ 牛润珍、张慧：《〈大清一统志〉纂修考述》，《清史研究》2008年第1期。
④ 索之栋修纂康熙《威县志》卷首，康熙十二年刻本。
⑤ 《清世宗宪皇帝实录》卷七五，钞本。
⑥ 《清高宗纯皇帝实录》卷七二二，钞本。

随进，候朕裁定"。① 乾隆四十七年正月三十日发布上谕，对收载人物的标准提出意见：

> 昨阅进呈《一统志》内，国朝松江府人物，只载王顼龄、王鸿绪诸人，不载张照，其意或因张照从前办理贵州苗疆，曾经获罪……因而此次纂办《一统志》，竟将伊姓氏里居，概从删削，殊属非是。……张照虽不得谓醇儒，而其资学明敏，书法精工，实为海内所共推重，瑕瑜不掩，公论自在。所有此次进呈之《一统志》，即将张照官秩出处事迹一并载入。其各省志书，或有似此者，纂修诸臣皆宜查明奏闻补入，并通谕中外知之。②

丰富系统地反映各地综合情况的地理总志，能为统治者提供执政参考，正如嘉庆在嘉道《大清一统志》御制序中所言"揽斯编也，即其迹而道载焉矣"。③ 因此，元明清《一统志》编纂多由皇帝亲自督办，而其参与程度亦直接影响工作效果。正是由于皇帝对编纂《一统志》的重视，参与者不能敷衍了事、消极怠工，直接促成《一统志》编纂成书，从而推动元明清方志事业不断发展。

<h2 style="text-align:center">二</h2>

元明清三朝为编纂《一统志》均设置专门纂修机构，选择才学识皆长者承担修志重任。《大元一统志》由秘书监组织编纂：

> 至元乙酉，欲实著作之职，乃命大集万方图志而一之，以表皇元疆理无外之大。诏大臣近侍提其纲，聘鸿生硕士立局置属庀其事，凡九年而成书，续得云南、辽阳等书，又纂修九年而始就。今秘府所藏《大一统志》是也。④

据《秘书监志》记载，参与《大元一统志》编修的先后有：扎马剌丁、虞应龙、萧𤲬、陈俨、冯肯播、王俣、王益、方平、宗应星、朱孟犀、管本孙、朱谦、崔文质、余世昌、汪世荣、高季材、于天瑞、赵孟节、周世忠、刘元普、孔思逮、王琳、赵由昌、王守贞、冯贞、董可宗、赵文焕、虞志龙、赵普贤、朱宗周、李纯、高伯椿、李天任、赵素履、欧阳普寿、梁焕、辛钧、耿居仁、王彦恭、孙伯寿、盖光祖、赵宏毅、牟应复、魏谊、王时中、张晋、胡明安、冯振、屈楚材、杜敏。人员不固定，除虞应龙因主持修志长期在编外，其他编修人员多因

---

① 《清高宗纯皇帝实录》卷七二二，钞本。
② 《清高宗纯皇帝实录》卷一一四九，钞本。
③ 穆彰阿等：《大清一统志》御制序，《四部丛刊续编》，商务印书馆，1934。
④ 王士点：《秘书监志》卷四，清文渊阁《四库全书》本。

故被替换过。至元三十一年，编写于天瑞补替汪世荣，赵孟节补替朱孟犀，周世忠补替高季材；校正刘元普补替管本孙。大德五年（1301），牟应复替胡明安，魏谊替冯振，王时中替屈楚材，张晋替杜敏。① 此外，同时在编者仅 20 人。虽然《大元一统志》以虞应龙《统同志》为蓝本，相较成书后 1300 卷的繁多卷帙，元代修志"用人甚少，其所以历年甚久而始成书者，亦由此也"。②

《大明一统志》以《寰宇通志》为基础"重加编辑"，仅"三阅寒暑"成书。在编修成员的选择方面，前者亦在后者的基础上进行增减。除总裁官易人由李贤担任外，其余人员如总裁官彭时、吕原，副总裁官林文、刘定之、钱溥，纂修官万安、李泰、孙贤、刘珝、陈鉴、刘吉、童缘、牛纶、李本、邱浚、彭华、尹直等皆参与《寰宇通志》的纂修。余 9 人则为新入翰林院的进士：黎淳、徐琼、陈秉中为天顺元年新科一甲三名，邢让为正统进士，王俨、戚澜、杨守陈、徐溥、张业为景泰进士。王剑英《明代总志评述》认为编修人员皆为进士出身，却不精通地理之学，导致《大明一统志》质量不高，相较于《寰宇通志》未有显著改进。③

康雍乾《大清一统志》由一统志馆负责编修。一统志馆由总裁官、副总裁官、纂修官等构成。康熙二十五年四月初次任命大清一统志馆总裁官 7 人、副总裁官 6 人、纂修官 20 人，共 33 人。

> 命纂修《一统志》。以大学士勒德洪、明珠、王熙、吴正治、宋德宜，户部尚书余国柱，左都御史陈廷敬为总裁官。原任左都御史徐元文、内阁学士徐乾学、翰林院学士张英、詹事府詹事郭棻、翰林院侍读学士高士奇、庶子曹禾为副总裁官。翰林院侍读彭孙遹，编修黄士埙、钱金甫、田需、吴涵、史夔、许汝霖、周金然，检讨徐嘉炎、吴任臣、金德嘉、吴苑、王思轼，中允米汉雯，赞善黄与坚，候补中允胡会恩，吏部郎中颜光敏，大理寺评事高层云，见修《明史》食七品俸姜宸英、万言二十人为纂修官，并命陈廷敬、徐乾学专理馆务。④

此时编修工作主要由徐乾学负责，纂修官依据徐氏所拟凡例，分工撰写。

康熙二十九年春，徐乾学因故携带纂修资料回到苏州，设《大清一统志》书局。其间，先后有姜宸英、黄虞稷、胡渭、顾祖禹、顾士行、秦亲、阎若璩、唐孙华、吴暻、黄仪、陶元淳、沈佳、吕澄、裴琏、徐善、查慎行、李良年、吴乔、刘献廷、邵长蘅、王原、邵远平、王源等人在苏州志局参与《一统志》的纂修。

① 王士点：《秘书监志》卷四，清文渊阁《四库全书》本。
② 张国淦编著《中国古方志考》，中华书局，1962，第 119 页。
③ 王剑英：《明代总志评述》，《中国历史地理论丛》1991 年第 2 期。
④ 《清圣祖仁皇帝实录》卷一二五，钞本。

王大文根据内阁大库档案等资料，共辑出总裁官（包括副总裁官）、纂修官、提调、收掌、供事、誊录、纸匠等总计169人。[1]

乾隆《大清一统志》未专门设馆，由方略馆承办，该馆设于军机处之下，亦是乾隆时期的修书机构。《一统志》的编修人员多选自翰林、中书等官员。无专职总裁官，设有总纂、满汉提调、收掌、纂修、校对、誊录、译汉官、供事等，分工协作，共同编修。[2] 书成后，大多数人员在议叙后即被裁撤或调离。

嘉道《大清一统志》由国史馆承办。据王大文统计，共有709人先后参与嘉道《大清一统志》的重修工作，其中包括提调、总纂、纂修、校对、额外汉校对、收掌官、协修、誊录、供事等。[3]

康雍乾《大清一统志》编修者的学术水平较高，近九成为进士和博学鸿儒。其中更有顾祖禹、胡渭、阎若璩等舆地学者，黄虞稷等文献学家、藏书家。同一统志馆的纂修官相比，方略馆的纂修官选自多个部门，在舆地学方面专业性相对不足。纂修官在一统志馆修志时间难以保证，这是三部《大清一统志》进展缓慢的最主要原因。《一统志》纂修者往往身兼数职，参与多个修书项目，一统志馆除《一统志》外，《明史》《平定三逆方略》同时进行；方略馆在编修《一统志》的同时，还承担了《平定准噶尔方略》《清朝开国方略》《剿捕临清逆匪纪略》《平定两金川方略》《兰州纪略》《石峰堡纪略》等多部修书工程。还有的纂修者受朝廷其他行政事务的调派，有的因故被调离、革职，有的因病退出志馆，导致编纂者变动频繁，无法保证在馆时间，编修力量分散，使得任务进度难以得到保证。

三

《大元一统志》以虞应龙所编《统同志》为蓝本，除沿用该志所辑资料外，据金毓黻考证，《大元一统志》所用之资料，大抵不出"一《元和郡县志》、二《太平寰宇记》、三《元丰九域志》、四《舆地纪胜》、五宋元所修地方志乘、六图册"。[4] 赵万里在《元一统志》"前言"中曰："所引资料，凡大江以南各行省，大半取材于《舆地纪胜》和宋、元旧志，北方等省，则取材于《元和郡县图志》、《太平寰宇记》和金、元旧志居多。"[5] 大德五年（1301），依据云南、辽阳等地呈送图志，对《大元一统志》进行增补校勘，又"纂修九年而始就"。[6]

---

① 王大文：《文献编纂与"大一统"观念：〈大清一统志〉研究》，方志出版社，2016，第97~101页。
② 和珅：《奏请议叙大清一统志总纂满汉各官员等事》，录副奏折，中国第一历史档案馆藏，档案号：03-1155-038；国家清史编纂委员会资料数据库，缩微号：082-1733。
③ 王大文：《文献编纂与"大一统"观念：〈大清一统志〉研究》，第136页。
④ 金毓黻：《大元大一统志考证》，《辽海丛书》第十集，辽沈书社，1985，第3613页。
⑤ 孛兰肹等撰，赵万里校辑《元一统志》，中华书局，1966，第1页。
⑥ 王士点：《秘书监志》卷四，清文渊阁《四库全书》本。

续有辽阳、云南远方报到沿革及各处州县，多有分拨陆改不同去处，除将《至元大一统志》重行校勘，添改沿革外，须选拣通儒能书人员，通行写静进本，以备御览。①

在编修体例方面，元贞二年（1296）、大德五年先后颁布《四至八到坊郭凡例》②和《大一统志凡例》，全志设十三目：某路，建置沿革，各州县建置沿革，本路亲管坊、郭、乡、镇，本路至上都、大都并里至，各县至上都、大都并里至，名山大川，土山，风俗形胜，古迹，寺观祠庙，宦迹，人物。③志稿修纂过程中，体例变易调整，最终《大元一统志》仿《元和郡县志》《太平寰宇记》《舆地纪胜》成例，以行中书省为纲，"每省分路或府，路、府下有属州，大抵以一州为一卷，其事迹多者，或分为二卷、三卷。每州之分目凡十，曰建置沿革，曰坊郭乡镇，曰里至，曰山川，曰土产，曰风俗形势，曰古迹，曰宦迹，曰人物，曰仙释，亦不必各目皆备"。④余元盦参考《经世大典》"赋典""都邑"篇、《元史·地理志》，将《大元一统志》各省排列次序及所占卷数，推清汇录：（1）总序1卷，（2）凡例1卷，（3）目录4卷，（4）中书省269卷，（5）河南江北等处行中书省212卷，（6）甘肃等处行中书省24卷，（7）陕西等处行中书省110卷，（8）四川等处行中书省133卷，（9）江浙等处行中书省168卷，（10）江西等处行中书省95卷，（11）湖广等处行中书省143卷，（12）云南诸路行中书省110卷，（13）辽阳等处行中书省30卷。⑤

《大元一统志》体例严整，卷帙庞大，正如吴骞所言："其书于古今建置沿革及山川、古迹、形势、人物、风俗、土产之类，网罗极为详备，诚可云宇宙之巨观、堪舆之宏制矣。"⑥

明朝皇帝重视一统志的资料积累，明成祖"仍命礼部遣官，遍诣郡县，博采事迹及旧志书"，⑦英宗亦诏令征集郡邑志书，"以备采录"。⑧《大明一统志》资料征引更为丰富，据巴兆祥统计，大致有历代总志，历代方志，图册，正史政书、类书，题记、诗词、文集等。⑨

《大明一统志》仿照《大元一统志》及《寰宇通志》体例，按现行行政区划，以南北两京和十三布政使司为纲，以府州为目；每府下设建置沿革、郡名、形胜、风俗、山川、土产、公署、学校、书院、宫室、关梁、寺观、祠庙、陵墓、古迹、名宦、流寓、人物、古迹、列女、仙释等；于京师、南京、中都下增设城池、坛庙、山陵、苑囿、公署等五门；另附外夷两卷，

---

① 王士点：《秘书监志》卷四，清文渊阁《四库全书》本。
② 金毓黻：《大元大一统志考证》，《辽海丛书》第十集，第3525页。
③ 王士点：《秘书监志》卷四，清文渊阁《四库全书》本。
④ 金毓黻：《中国史学史》，商务印书馆，2012。
⑤ 余元盦：《大元大一统志卷次之推测》，西北民族文化研究编辑部编《西北民族文化研究丛刊》第1辑，西北民族文化研究室，1949，第19页。
⑥ 吴骞：《愚谷文存》卷四，嘉庆十二年刻本。
⑦ 《明太宗文皇帝实录》卷一一〇，钞本。
⑧ 刘启东等纂修嘉靖《高淳县志》卷首顿锐序，明嘉靖刻本。
⑨ 巴兆祥：《试述〈大明一统志〉的刊本及其历史贡献》，《中国地方志》2015年第1期。

记各国沿革、风俗、山川、土产、古迹、名宦、人物等内容。

《大元一统志》（据残本）以路府所辖之州及行省直辖之州为目，多一州一卷，甚至一州三卷；而《大明一统志》以府州为目，多一府州一卷，甚至合并多府州为一卷。《大明一统志》记事甚简，全帙九十卷，在三朝《一统志》中，篇幅最少。

编修《大清一统志》材料来源主要如下几种。（1）前代史地典籍，包括历代地理总志、正史地理志、历代方志。（2）各省新修通志，皇帝曾多次诏谕各地为《一统志》而接续编修志书以备采择，并颁布《河南通志》《陕西通志》款式，依例纂修。州县志成而修府志，府志成而修通志，自下而上、逐级汇纂。（3）各地档案图册，如各地上报的地情资料，包括户口册、田赋册、孝子节妇事实册、舆图等。（4）清廷官修典籍，如《日下旧闻考》《热河志》《盛京通志》《平定准噶尔方略》《西域同文志》《西域图志》《平定金川方略》《天下舆地全图》等。①（5）正史、政书、文集、笔记等文献。

各地新修通志保证了《大清一统志》修纂的材料来源，然而，个别通志遇到阻碍，进展缓慢，也是《大清一统志》久未成书的原因之一。由于《大清一统志》的纂修，方志日益被学界重视，渐被看作著述立言、学术经世的一种形式，许多文人学者自觉参与编纂志书，形成方志史上的高潮时期。②

《大清一统志》体例，"自京师以下，每省有统部，总叙一省大要。各府厅直隶州，自有分卷，凡所属之州县入焉。蒙古各藩，统部分卷，悉照各省体例。其中间有新增者，谨另标出"。③"志中编次，首京师，次直隶，次盛京，次江苏、安徽、山西、山东、河南、陕西、甘肃、浙江、江西、湖北、湖南、四川、福建、广东、广西、云南、贵州，次新疆，次蒙古各藩部，次朝贡各国。"④ 卷首绘皇舆全图，各统部先冠以图表，次分野、建置沿革、形势、职官、户口、田赋、名宦等。而府、厅、直隶州各为立表，下系各县。每县所载内容分二十三门⑤：疆域、分野、建置沿革、形势、风俗、城池、学校、户口、田赋、山川、古迹、关隘、津梁、堤堰、陵墓、祠庙、寺观、名宦、人物、流寓、列女、仙释、土产。嘉道《大清一统志》立盐课关税专条，增"课税"一门。

《大清一统志》志风审慎严谨，对山川古迹"成讹袭习传不察者"，皆"审辨讹舛"，"改纂并历叙旧文，加案语声明于后"；"辽金元史中人名地名见于志者，均遵新译改正并注明原作

---

① 和珅等修《大清一统志》卷首凡例，清光绪二十八年上海宝善斋石印本。

② 巴兆祥根据《中国地方志联合目录》统计出三修《大清一统志》期间各地区所纂方志的总量，分别为 1518 部、291 部、710 部，共计 2519 部。作者认为由于方志散佚情况的存在，保守估计，这一时期修志总量约为 5000 种。详见巴兆祥《论〈大清一统志〉的编修对清代地方志的影响》，《宁夏社会科学》2004 年第 3 期。

③ 穆彰阿等：《大清一统志》卷首凡例，《四部丛刊续编》。

④ 穆彰阿等：《大清一统志》卷首凡例，《四部丛刊续编》。乾隆《大清一统志》于蒙古各藩部之后增设新疆藩部，专记新入版图的新疆，"以昭大一统之盛"。嘉道《大清一统志》则将其提至蒙古各藩部之前。

⑤ 《钦定四库全书提要》记乾隆《大清一统志》各县内容分为二十一门，据笔者统计，另有"疆域""祠祀"二门，当为二十三门。

某今译改等语于各条之下，奉天及蒙古西域等山水地名并照新译字样登载"；"援引各书俱于每卷首见之条"；"增列著书人姓名，以便考览"；其有前志所载未考证字句，"未醇及疏略者逐一校订改补以期无缺无漏"。① 《大清一统志》所采录的资料皆依各省簿册，确保资料准确可靠，新建之城池学校、州县入学之额数，职官之增设裁汰，土司官员之裁汰停袭等，"详悉咨查各省，照来册备载"。② 因此，嘉道《大清一统志》为清三部《一统志》中质量最好的一部。

《一统志》取材于各地上报的舆图和方志，"集四方之志于一志"，出于行政管理和政治统治的需要绘制舆图，强化中央和地方的沟通联系，加强全国的有效统治，建立行之有效的地方行政系统。编纂《一统志》需要收集全国各地资料，为保障这一重大文化工程顺利完成，历代统治者往往动员国家行政力量。元明清《一统志》均为皇帝下令，国家设局编修，当时的政要大儒均积极参与其中。统治者期望通过这一载体，记录安邦治国的政治理念，为江山社稷的长久稳固服务。历代方志文化的最高成就体现在《一统志》的编纂上，《一统志》的体例规范，对各地方志编纂有一定的指导意义和借鉴价值，提高了当时地方志书的编纂水平。

余 论

元明清《一统志》的意义在于把封建国家意志贯穿到地理总志的文本书写中，强化"大一统"的国家地理观念与"多元一统"的民族发展理念。因此，编修《一统志》是一项国家重大文化工程，历代《一统志》正是在最高统治者的直接推动下，才得以完成。新时期《一统志》应体现中华民族向往统一、反对分裂的思想观念，并客观真实地记载统一多民族国家的发展历史与现状，其工程必将更加浩大。《一统志》成书仅靠编纂机构本身也是无法完成的，需要在人事、物力、财务调拨等方面和众多中央机构进行广泛合作，需动员包括党中央、国务院、各省区市、军队以及各个行业的力量，其难度可想而知。因此，建议成立高规格编纂机构，由权威人士牵头，以统筹调动各方资源。

建议吸收各行业、部门中既有方志编纂经验，又熟悉行业、部门情况的专业人士，以及地方志系统、高校和科研机构的方志专家，组成专业编纂队伍。建立灵活的奖惩机制，对于在项目中表现出色的参与者，给予奖励，以调动其积极性；对于在项目中敷衍塞责的参与者，对其造成的损失予以追责。

大量的志书、年鉴、旧志整理成果，包括中央部委、解放军、武警部队的志鉴成果，全国行业分志分卷；全国地方志系统已组织编纂出版的省市县三级综合志书，行业志、部门志、专业志，地情书；由地方志工作机构负责编纂的地方综合年鉴、专业年鉴；整理出版的历代方

---

① 穆彰阿等：《大清一统志》卷首凡例，《四部丛刊续编》。
② 穆彰阿等：《大清一统志》卷首凡例，《四部丛刊续编》。

志；等等，为《一统志》编纂提供了重要的历史、现实资料。同时，充分利用《当代中国》《中华人民共和国史稿》《中华人民共和国史编年》，以及各种白皮书、统计报告等社会科学权威成果。

在《一统志》编纂过程中遇到的诸如边界、民族宗教、涉外事件、历史事件、人物入志标准等争议话题，都应该提交相关权威部门，或提交上一级单位裁决。《一统志》所记内容即代表中国政府的主张与立场。新时期《一统志》可仿《大明一统志》《大清一统志》例，收录周边国家，以记述对外交往关系。

《一统志》应该有分量，有深度，具有权威性和示范作用，其政治价值更重于学术价值。应以严谨的修志态度，周密考订、鉴别、审校，编纂出经得起历史和实践检验、代表国家水准的精品志书。

浅谈《清史》工程与《中国长城志》编纂为新时期一统志编纂带来的启示

卢博文

（锡林郭勒盟党史地方志编纂委员会办公室）

中国有纂修地方志的悠久历史，地方志文化中官方修纂全国性总志始于隋代《区宇图志》，历经发展，元代创修《大元一统志》，明清两代各自纂修《大明一统志》和《大清一统志》。纂修一统志或全国性总志是中华文化延续和地方志事业发展的必然结果，而且目前纂修一统志的时机与条件都已十分成熟，中国地方志指导小组（以下简称"中指组"）也开展了新时期一统志编修可行性论证工作，可以说新时期一统志编修已提上日程。鉴于此，笔者考察了由国家组织管理、典志接近半数的新修《清史》工程和由学术团体与社会出版机构联合修纂的《中国长城志》，分析了编修过程中的经验和创新举措，总结出可能为新时期一统志编修带来启示的几个方面，不足之处还望方家指正。

一 加强统一领导，理顺工作机制

新时期一统志编纂的组织管理方面非常接近新修《清史》工程，一者是组织国家层面的官方修志；另一者是修纂清代正史，两者都是对中华民族悠久历史和优秀传统文化的传承。因此，新时期一统志编纂在组织管理方面可以在很大程度上借鉴新修《清史》工程。

新修《清史》工程的组织管理工作实际上分为两个层面：《清史》修纂的学术业务方面工作由国家清史编纂委员会全面负责，国家清史编纂委员会由清史研究领域的专家、学者组成，并由中国人民大学戴逸先生任国家清史编纂委员会主任；《清史》修纂的管理、协调、监督等领导方面工作由国家清史纂修领导小组全面负责，文化部相关司局、国家清史纂修领导小组办公室、国家清史编纂委员会、故宫博物院、国家图书馆等相关单位为成员单位。①

根据新修《清史》工程的经验，在开展新时期一统志编纂工作前，可以设立"一统志修纂领导小组"和"一统志修纂委员会"。"一统志修纂领导小组"由直接参与一统志修纂或为一统志修纂提供协助的部门组成。作为志书修纂的"直接负责人"，中国地方志指导小组、中国社会科学院、中华人民共和国文化和旅游部都是可以直接参与一统志修纂的部门，而需要为一统志修纂提供协助的其他部门，也要积极加入"一统志修纂领导小组"中。比如管理档案资料的国家档案局。档案因其原始性、系统性、可靠性等诸多特点，一定会成为编修新时期一统志的重要参考资料，而且新时期一统志由于其时代特点，大量的一手资料与可佐证材料都存在档案之中，这也就需要国家档案局加入领导小组以更好地协调档案查阅工作，打破垂直管理模式，为一统志修纂提供便利。在初步决定一统志修纂领导机构后，就要组织"一统志修纂委员会"以便修志业务的具体开展。"一统志修纂委员会"主要由志书修纂方面的专家、学者组成，内部可以设置多个业务工作部门，比如可以根据凡例、述、记、志、传、图、表等分成各业务组，分工负责各个具体业务的学术组织、协调和修纂工作；同时也需要设置文献资料、档案、编审、出版等基础部门和辅助部门，这些基础部门和辅助部门主要负责除业务外的各项事宜，比如审核一统志编修者名单，协调和监督各类项目的进展，审读每个项目的出版物，等等。整个一统志的修纂，可以像《清史》工程一样细分为数百个较小项目，这些项目的负责人人选由公平、开放的竞争决定，既可以是修志行家，也可是相关领域的知名权威学者。

值得注意的是，在《清史》工程中，具体的编纂、学术问题，一般是由学者直接决定，但是一统志是官方修纂，代表国家意志，在一些问题的探讨上，必须仔细与谨慎。

二 充分利用信息技术手段为一统志修纂服务

在网络时代，信息技术手段已经深入社会各个领域，利用信息技术手段为一统志修纂服务一定可以取得很好的效果。在文化事业中，《清史》工程是比较早也比较成功的利用信息技术手段为自身服务的尝试。《清史》工程的信息技术手段应用主要集中在两个方面，一是作为辅助性工程的"中华文史网"，② 二是作为基础性工程的档案数字化建设。③ "中华文史网"主要是为社会各界了解《清史》工程提供了便利的窗口，同时通过文献资源电子化在网站上共享资源，方便了研究者查阅相关资料，为其节省了大量时间和精力。档案数字化主要是指通过《清史》工程档案扫描上传、编制著录的方式实现信息化共享，这既可以方便编修者查阅档案，同时还实现了文献资源的系统化，使整个研究编纂工程变成整体。两种措施都对新时期一统志的

---

① 马大正：《清史纂修简述》，《社会科学战线》2009 年第 11 期。
② 戴逸：《"中华文史网"发刊词（外二则）》，《清史研究》2004 年第 2 期。
③ 邹爱莲：《档案整理利用在清史纂修中的地位和作用》，《社会科学战线》2006 年第 3 期。

篆修工作启发良多。

1. 建立新时期一统志编纂专用门户网站

新时期一统志编纂专用门户网站可以作为中国方志网的二级网站，由中国地方志指导小组办公室统一维护，网站建设的主要目的就是发布新时期一统志编纂的相关新闻、编纂进度、研究动态以及各类资料和信息。新时期一统志编纂专用门户网站的主要作用在于两个方面：一方面可以为社会各界提供充分了解新时期一统志的窗口，与此同时也可以借助网站互动性特点促使新时期一统志编纂者更好地得到社会各界对编纂工作的反馈；另一方面可以为新时期一统志编纂提供现代化的技术支持，首先是为众多编纂人员提供信息服务，了解整个编纂工作的情况及各方面的通知等信息，其次是提供一个资源共享平台，以利于编纂人员查阅各种资料，提交编纂进度或者研究成果等。基于此，新时期一统志编纂专用门户网站可以设立新闻资讯、编纂研究、文献资源以及成果提交等栏目。

2. 建立新时期一统志编纂数据库

近二十余年，社会科学研究领域数据库建设有着突飞猛进的发展，[①] 技术与学术研究的结合越发成熟，这为新时期一统志编纂的数据库建设奠定了基础。新时期一统志编纂的一大优势就是资料众多，包含已出版各省市县志书、档案资料和研究性书籍等，可谓数不胜数。基于此，新时期一统志编纂的数据库建设可以围绕三个方面进行。第一，建立基本资料索引库。所谓的基本资料，指的是在修篆一统志过程中，所能用到的最基本、最常用、最重要的资料，包括全国一轮、二轮省市县地方志、档案等，这一举措是为了方便篆修人员检索、利用各类资料。如果条件允许还可以将资料整体电子化，比如内蒙古自治区，已经将各盟市一轮志书电子化，以光盘储存，利于查阅交流，同时还可以节省大量经费。第二，建立专题资料索引库。所谓的专题资料，指的是从基本资料中按照某一规则、规律或者要求，同时依托现有研究成果从基本资料中辑录的某一集合，比如各地的地名库、名人库等。这一举措可以尽可能覆盖某一专题的全部内容，覆盖面较为集中，专业与特色比较鲜明。当然专题资料库往往建立在基本资料库非常完善的基础上。第三，建立档案资料索引库。关于志书修篆和档案的关系，在李刚《浅议地方志编纂与档案工作的关系》[②]、《档案与地方志的特点及联系》[③] 和王悦《浅述地方志与档案的关系》[④] 等文章中已有详细论述，故不再赘述。要编修一部科学、完备、可称为信史的传世之作，绝对离不开对档案资料的充分利用，所以要充分利用档案资料，拓宽资料查阅范围，也急需在各级档案馆资料电子化的基础上，建立档案资料索引库，但关于涉密档案等其他问题，还需详细讨论。

---

① 梁晨、董浩、李中清：《量化数据库与历史研究》，《历史研究》2015 年第 2 期。
② 李刚：《浅议地方志编纂与档案工作的关系》，《黑龙江史志》2014 年第 17 期。
③ 李刚：《档案与地方志的特点及联系》，《兰台内外》2014 年第 4 期。
④ 王悦：《浅述地方志与档案的关系》，《新疆地方志》2014 年第 2 期。

现代信息技术手段能为一统志编纂带来的改变显而易见。在现代信息技术手段的辅助下，修纂人员往往能针对某一方面尽可能"穷尽资料"，并且资料获取的时间肯定会尽可能缩短，获取方法也必然更为便捷。信息技术手段不仅能为新时期一统志修纂带来帮助，更可能为我国以后的地方志编纂带来巨大的改变。

三　新时期一统志修纂前整体性的确定

中国有五千多年文明史，幅员辽阔。一统志编纂中涉及了历史、地理、民族、军事、经济、地理等众多领域，这些领域的专家分散于全国，优中择优的编纂人员也来自全国各地的机构，这无疑给一统志编纂增加了难度。要严密分工，又要亲密合作；体例要规范，各卷又要有鲜明特色。在这种组织工作困难、保证质量更困难的情况下，尽早确定与一统志编纂整体性相关的问题显得尤为必要，否则修纂人员开始查阅资料进行编修，若因为整体性问题再返工，会极大影响一统志编纂进程。非常明确的是，作为志书，一统志必然要按照方志撰著的要求与规范，采取述、记、志、传、图、表、录七种体例，如实记录政治、经济、军事、文化、地理等方面的情况，同时尽力展现各学科长期以来最新的研究成果。针对这一问题，同样涉及长时段、大地域、多学科的《中国长城志》的修纂前整体性的确定可为一统志修纂带来许多启示。

《中国长城志》的整体性问题，是在中国长城学会会长董耀会同志的主持下，多次召开编辑委员会和专家委员会之后确定的。经过多次会议，基本上解决了《中国长城志》编纂中存在的时间（即修纂断限）、空间、局部和整体等比较重要的整体性问题。① 第一，《中国长城志》明确了编纂的范围，这成为编纂的首要基础，很好地避免了超越范围的撰写，基本不会出现不必要的重复。《中国长城志》编纂委员会多次强调修纂人员要有全局观念。每一卷都不是独立的书，都是《中国长城志》的一部分，树立起全局观念，就能处理好这个问题。第二，《中国长城志》明确了编纂的断限。《中国长城志》是首部关于长城的志书，所以上限始于长城修建，下限经过多次讨论，基本确定为清末，但可根据各卷内容适当调整，比如军事卷中，长城若作为冷兵器时代的防御性建筑，下限定在清末是合适的，但抗战时期的内容就会被排除在下限之外，基于此，可以将军事卷下限延长至抗战胜利；再如关于长城的考古发掘报告，如果鲁莽地按照既定下限编写，那么编纂过程中新出的甚至可以推翻过去结论的考古成果没能被利用起来，就会造成编纂内容的不准确，所以关于考古卷则将下限定在了搁笔之前。第三，始终明确《中国长城志》是志书，编纂工作要严格遵照志书修纂原则。《中国长城志》严格按照以类系事、按类别横排为主的原则，主要内容有《总述·大事记》《环境·经济·民族》《边镇·关隘·堡寨》《建筑》《遗址遗存》《军事》《文献》《文学艺术》《人物》《图志》。全志采用篇、

---

① 董耀会：《〈中国长城志〉编纂工作总结》，《中国长城博物馆》2017年第1期。

章、节的结构，这种结构具有突出特色和详略得当的优点，结构比较严谨，纵深感和系统性都能得到较好的突出。《中国长城志》的经验为一统志编纂带来很大启发。

1. 时间和空间的关系

一统志虽然与我国已经进行的两轮地方志书同属志书体裁，但一统志有明显的特殊性。省市县三级综合志，首先在区域上是有明确区别的，县级就是从县的角度看问题，市级就是从市的角度看问题，省级就是从省的角度看问题；其次在时间上也非常明确，第一轮上限定于建制沿革活动开始的古代，第二轮续修之。一统志作为国家性质的志书，涉及对目前我国固定区域的纂修，比如名川大山中，喜马拉雅山脉肯定会写到，而在纂修喜马拉雅山脉时，不能只写喜马拉雅山脉整体和北坡相关情况，位于尼泊尔等国境内的南坡部分也要照顾到，但是具体涉及多少，还要再仔细讨论。同时一统志的时间问题也很复杂，比如涉及非物质文化遗产部分，不仅要去研究某一非物质文化遗产在不同区域的历史，还要纂修非物质文化遗产的保护现状，甚至是开发利用情况。如果在这种类目的时间断限问题上一刀切，那么就没办法反映出事物的全貌，更不能清晰地认识现状。所以新时期一统志修纂如何处理空间和时间的关系，是个首要问题。

2. 分卷和全书的关系

分卷和全书的关系也就是局部和整体的关系、交叉与重复的关系。分卷和全书的关系具体到经济、军事、民族等类目设置中，细分的程度到底该如何把握？比如民族，内蒙古自治区的蒙古族、新疆维吾尔自治区的蒙古族和云南地区的蒙古族，其语言、生活习俗乃至文化都有一定程度的不同，这些不同要如何体现？过去在省级志书中，这些问题可以说不构成问题，但是在全国视角下，如果将这个问题分拆到与民族同级的文化、习俗、方言等类目中，就会导致在全书任何地方都无法呈现蒙古族的整体性；而如果将这些内容全部放在民族卷中，那么在与民族同级的文化、习俗、方言等类目中是否要提及这些内容？如果提及，要提及多大部分，会不会造成大量的交叉与过多的重复？其实从分本上讲，诸如民族与文化、军事与地理等内容实际上都是有机联系的整体，其中各门类都不是孤立的，而是相互作用和相互关联的，在很多方面都不可避免地要发生交叉。所以一定要秉持既充分表现各方面的有机联系，又尽力避免不必要的重复的原则，要确定好归属与侧重点，然后在其归属篇目中详述，在其他篇目中则简单叙述。当然还需要具体问题具体分析，尽早将涉及的内容做好分类。

3. 各区域之间的关系

从一统志的视角去看待各个区域问题，要比省市县志修纂的难度高上很多。区域的修纂如果是单纯的线性，当然很好理解，但是区域和区域之间是有很多联系的。比如新中国成立后的三线建设，将经济相对发达且处于国防前线的沿边沿海地区的先进企业迁入三线，它涉及的人口迁移、方言、政策等问题，界限就变得很模糊了。再如纂修长江相关内容时，怎么去界定长江流域？如果单纯地将长江经过的地方划定为长江流域，那么怎么去解释长江经济、生态等方面的辐射？这些内容是不是需要扩展，如果扩展，是否牵涉面积过大？这些都急需探讨。

四　新时期一统志著述性的提升

地方志的根本属性就是资料性，但是如果过于强调资料性而不重视著述性，那么会不会降低方志作为书籍的可读性？会不会降低方志本身的学术意义？会不会造成修纂方志变成资料堆积？《中国长城志》作为一部由史学家编纂的地方志，在著述性方面有诸多"新尝试"，[①] 这对新时期一统志修纂有很大的启示意义。我们所希望修纂成书的新时期一统志一定是一部经得起时间和实践的检验，具有科研价值、科普价值、文化价值和社会价值的"名志"，那么首先就要保证新时期一统志纂修内容的正确性。毫无疑问，可以为修纂内容正确性提供保证的，就是严格按照史学研究方法对存疑资料进行考证，这种资料整理正是新时期一统志修纂的重要支撑。其次，在一定程度上运用比较成熟的史学笔法，可以增强新时期一统志的可读性。只有这样，将来修成的一统志，才是真正面向全社会的方志文化工程。

《中国长城志》的修纂者大部分是史学家，因此史学笔法在《中国长城志》中运用得非常成功，其措施主要有以下几点：第一，对收集的资料进行校勘、辨伪和考证，最大限度保证运用到修纂中的资料的正确性；第二，适度运用史学笔法，尽可能地做到深入分析长城的出现、发展、变化的主要原因和背景，揭示长城与其他事物的关系，对所有与长城相关事物的记述，都要交代过程和最后结果，还要揭示出规律性，以期加强对长城及其相关事物整体的认识。

1. 注重对资料的整理与考证

不论是志书还是史书，都有一个很重要的基本点，那就是非常重视基本资料，历史学称之为史料。史料是历史学研究的基础，也是志书编纂的基础。史料的整理是历史学的重要部分，也是志书编纂的重要支撑，这是两者非常重要的共性。这个共性决定了志书资料的整理完全可以按照史料考证的方法进行。为修纂一统志所搜集的资料，有可能会在流传过程中发生各种错误，甚至是已经修纂完毕的省市县三级志书，其内容也未必完全正确，更何况相当数量的二手资料。因此，运用传统的本证、旁证、理证等历史学考证方法进行必要的校勘、辨伪和考证是必要的工作。

但值得注意的是，一统志修纂必须有资料整理与考证的步骤，但绝不能反映在修纂出来的内容上，绝不能用史体取代志体。

2. 适当运用史学写作方法增强可读性

增强新时期一统志的著述性，从根本上讲就是在方志的框架下，充分发挥史学笔法的长

---

① 董耀会：《〈中国长城志〉编纂工作总结》，《中国长城博物馆》2017 年第 1 期。

处。如果运用得当，是可以极大增强志书的可读性的。比如在反映事物发展过程时，以史学笔法叙述这一过程，也就是用以时系事的方法，使事物变化的主线更加清晰地呈现出来，让人更容易理解、接受；在所撰内容中涉及"人"的影响时，可以用史学笔法着重描绘"人"的活动，凸显鲜明的个性，更直观地看待"人"的历史作用。

虽然一统志作为志书，有"述而不论"的传统，但在最前面的总述、各分卷的概述中，都可以对全书、各卷的内容进行综合性宏观记述，并对重要因果关系做必要的总结和议论，概括总结历史发展的规律，揭示历史事件之间的内在联系等。这也使志书"存史、资政、育人"的历史使命可以得到更好的发挥，能够极大提高新时期一统志的著述性和学术价值。

新时期一统志的修纂是中华悠久历史和优秀传统文化的延续，是一次全面、系统的国情调查，是最为权威的国情展示，同时也是中华人民共和国成立后方志文化事业的最高集成。当然，新时期一统志的修纂难度也是前所未有的，本文谨希望以微薄之力为新时期一统志修纂做出贡献。

从《中华一统志》的编纂说起

梁滨久

（黑龙江省地方志办公室）

中国有编纂全国性总志的传统，隋有《区宇图志》，唐有《括地志》《元和郡县图志》，宋有《太平寰宇记》《元丰九域志》，元明清三朝则编修《一统志》。近年来，方志界也对编修《一统志》颇感兴趣，热议不断，呼声甚高，认为其是对修志传统的继承与发扬。邵长兴先生呼吁编修《中华人民共和国一统志》，[①] 范同寿和张乃格先生主张编修《中华一统志》，[②] 苏长春先生提出编修《中国一统志》。[③] 在几次全国省级地方志机构主任年度会议上也有人提出编修一统志的倡议。方志界人士之所以对编修一统志感兴趣，是期望一统志的编纂能够带动地方志事业的更大发展，正像元明清五修《一统志》带动了地方志编修事业的大发展一样。

上述呼吁均是方志学者的个人意见，而从国家层面提出编修一统志的是第五次全国地方志工作会议和《全国地方志事业发展规划纲要（2015~2020 年）》（以下简称《规划纲要》）。在第五次全国地方志工作会议上，王伟光同志的工作报告建议中国地方志指导小组办公室（以下简称"中指办"）与相关部门沟通协调，组织方志界专家学者，做好编修一统志的可行性研究工作。《规划纲要》提出："总结历代一统志编纂经验，开展编修一统志的可行性研究。"中指办已开过几次编修一统志可行性的相关会议，如 2017 年 8 月 22~29 日，由中国地方志指导小组办公室主办、内蒙古自治区地方志办公室协办、中共通辽市委史志办公室承办的第二次全国地方志科研工作会议暨中华一统志编修可行性论证会议召开，与会同志认为，编修《中华一统志》，对传承中华文化、保证国家统一和领土完整，探索治国理政之道，弘扬社会主义核心价

---

① 山鹰主编《邵长兴方志文存》，河南大学出版社，2001，第 35 页。
② 范同寿：《时代呼唤的文化工程——〈中华一统志〉编纂倡言》，《中国地方》2002 年第 6 期；张乃格：《方志科学发展三论》，《第二届中国地方志学术年会论文选集》，中国城市出版社，2013。
③ 苏长春：《关于编纂国家志的构想》，《黑龙江史志》2004 年第 6 期。

值观，都有重大意义和价值，对何时出台和如何确定内容和形式，均需做进一步的论证，做到周全和严谨。① 到是年底，一统志的编修已不再是进行可行性研究论证的问题，而是被纳入了中国地方志指导小组的工作规划之中。李培林同志在 2017 年 12 月 26 日召开的全国地方志机构主任工作会议、第二次全国地方志工作经验交流会暨中国名山志文化工程启动仪式上的讲话中提出："到 2020 年地方志系统将全面完成第二轮修志规划任务，实现省、市、县三级综合年鉴全覆盖，即'两全目标'，是一个近在咫尺即将实现的短期目标。这个目标完成后，我们将着手开展中华一统志编修工作，争取到 2030 年左右，全面建成国志、省志、市志、县志、乡镇村（社区）志、居民小区志和综合年鉴从中央到基层社会的完整志书体系和数据库，这是一个长期目标。"②

与此同时，中国地方志指导小组（以下简称"中指组"）又提出《中华人民共和国志》的编纂问题。李培林同志指出："继续开展《中华人民共和国志》可行性研究。《中华人民共和国志》是国家兴盛在文化领域中的充分体现，是涉及多部门、多系统的浩大工程，必须有科学的理论指导、周密的计划部署、详细的规划论证、完备的实施方案才能正式启动。目前该项目已经开过两次可行性论证会议，但是方案还很不成熟，还需要加大调研论证力度。"③ 冀祥德同志则满怀激情地憧憬，"到中华人民共和国成立一百周年，我国建成富强民主文明和谐美丽的社会主义现代化强国之时，《中华人民共和国志》精彩面世，石破天惊领风骚"。④

关于编纂《中华一统志》和《中华人民共和国志》，谢伏瞻同志在 2019 年全国地方志机构主任工作会议暨第三次全国地方志工作经验交流会上的讲话中，提出了适时启动《中华一统志》和《中华人民共和国志》编纂工作，他说："编修《中华一统志》《国志》十分必要与迫切，尤其对中国'强'起来盛世修志，意义重大，影响深远。《中华一统志》《国志》编修是一项巨大而浩繁的文化系统工程，启动的重要前提就是要形成一套完整成熟、切实可行的论证报告。"⑤

从中指组三位领导同志同时部署《中华一统志》与《中华人民共和国志》编纂工作来看，《中华一统志》与《中华人民共和国志》显然是两种不同类型的志书。

元、明、清《一统志》的编纂都是在统治者的直接干预下，动用国家的行政力量来完成的一项重大文化建设工程。自然，《中华一统志》也将是由国家组织编纂的地方志书。按照全国性总志包括元明清《一统志》的传统体例，应是断代为志，而且是"分地记载，合为一志"，

① 《第二次全国地方志科研工作会议暨中华一统志编修可行性论证会议情况及要点》，《湖北方志》2017 年第 4 期。
② 李培林：《以习近平新时代中国特色社会主义思想为指导　为实现地方志"两个一百年"目标而奋斗》，《中国地方志》2018 年第 1 期。
③ 李培林：《以习近平新时代中国特色社会主义思想为指导　为实现地方志"两个一百年"目标而奋斗》，《中国地方志》2018 年第 1 期。
④ 冀祥德：《我有一个梦想——2018 年新年寄语》，《中国地方志》2018 年第 1 期。
⑤ 谢伏瞻：《高举习近平新时代中国特色社会主义思想伟大旗帜　努力开创新时代地方志事业高质量发展新局面》，《中国地方志》2019 年第 1 期。

即将各地各方面主要情况按照一定的体例汇辑起来，成为体现整体的《一统志》。如清嘉庆修《大清一统志》，按行政区划二十二统部为纲，志首为京师，次为盛京，后为各省，如新疆、乌里雅苏台、蒙古、青海、西藏等。首列图表，继为总叙，再以府、直隶州、县分卷，列有疆域、分野、建置、沿革、形势、风俗、城池、学校、户口、田赋、税课、职官、山川、古迹、关隘、津梁、堤堰、陵墓、祠庙、寺观、名宦、人物、流寓、列女、仙释、土产等门类，皆专载统括一省之事。由于是分地记载，汇为《一统志》，所以许多史志专著如白寿彝总主编的《中国通史》、来新夏主编的《方志学概论》、黄苇等著《方志学》、沈松平著《方志发展史》等，都将《一统志》归类为地方志。正如清康熙朝"一代廉吏"于成龙所说："夫修志之役，必始于县。县志成，乃上于府，府荟集之为府志。府志成，上之督抚，督抚荟集之为通志。通志归之礼部，然后辑为一统志。"①

也有人如谭其骧、仓修良等先生认为，包括《一统志》在内的全国性总志不是方志。林衍经先生则指出："总志（或一统志）是记述整个国家的地理区域的，隋《区宇图志》、唐《元和郡县图志》、宋《太平寰宇记》、元《大元一统志》、明《大明一统志》、清《大清一统志》等均是这一类。对此，有人认为以全国为记载对象的不能叫地方志；既然如此，自然也就不能归为地方志的一类了。但是持这种看法的人忽视了一个事实，即：上述总志（一统志）都是以地为纲然后分目记载的，与省、府、州、县志的记载并无分别，只不过包括的区域范围扩及全国而已。所以，将其列为地方志的种类之一，是可以的、合理的、科学的。"② 这就是说，《一统志》虽然是由国家组织编纂的，但实质上仍是记述地方情况之志，即地方志，并非真正意义上以国家为记述对象的志书。

"方志中国"网站2018年4月13日报道，由中国地方志指导小组办公室主办的"方志大讲堂"第十七讲在国家方志馆一楼学术报告厅举行。中国人民大学历史学院教授、博士生导师牛润珍主讲《一统志》纂修传统与《中华一统志》纂修，提出未来编修中华一统志的设想：编纂体例为"事以类聚，以时叙事；重在当代，注重实用"；内容板块为①综合，②分省、区、市，③海疆，④国外。这基本上还是沿袭元明清纂修《一统志》的路子，不过是增加了海疆与国外的内容，说明编纂《一统志》是有特定内容与体例的。

对于说全国性总志不是地方志，笔者认为，《一统志》从由国家组织编纂的意义上才能算是"国志"，就其实质而言，还是地方志，因包括《一统志》在内的总志是分地记载的，很难说是记述国家层面的志书。

既然《中华一统志》是地方志，那还要不要编纂呢？笔者以为，还是应当编纂的。第一轮新方志的编纂工作已经完成，第二轮的续修方志到2020年也将完成，各省、市、县（区）的

---

① 于成龙等修，张九征等纂康熙《江南通志》，"序"。
② 林衍经：《方志学广论》，安徽大学出版社，2017，第10~11页。

资料已很完备，由中指组按照统一、规范的内容和体例，充分调动各省、市、县（区）的修志力量，是可以完成这一工作的。李培林同志之所以把《中华一统志》的编纂时间定为 2021~2030 年，仅 10 年时间，是认识到在编写条件具备的情况下，这一工程是能够实现的。不过，需要考虑的是如何编写台湾地区内容的问题。显然，由台湾人组织编写比较适宜，而如何动员他们参与编写以及如何编写，是一个需要关注的问题。

《中华人民共和国志》则是以中华人民共和国为记述对象的真正的国家志书。除了涵盖各个地方的内容以及海疆之外，还要从国家层面记述自然、政治、经济、文化、社会等各领域的内容，各种专业分志将占较大部分，地方各分志占较小部分。《中华人民共和国志》也是可以编写的。笔者于 1988 年提出："我们应逐步改变用地方志来泛指一切志书的习惯，把地方志看做是志书中的一种。相应地，我们应建立志学学科，而把方志学看做是志学的一个分支。"[1] 提出"志书""志学"概念，是把全球志、洲别志、国别志、中国国家志、地方志、专志等层级不同的志都纳入总体的志书概念之中。地方可写志，那么作为一个实体的中华人民共和国当然也可写志。实际上，史书与志书是对应的，有地方史，就有地方志；有专史，就有专志；有《中华人民共和国史》，就应有《中华人民共和国志》；有《中国通史》就应有《中国通志》。

但笔者认为，与其编纂《中华人民共和国志》，不如编纂统合古今的《中国通志》，理由如下。

首先，编修《中华人民共和国志》，必然以中华人民共和国为对象，记述其成立以来的情况，这将是断代志，不能反映中国自远古以来历史与现实发展之全貌，至多是简要地追溯一下历史，主要是追溯为新中国成立打基础的历史。就像《关于建国以来若干历史问题的决议》有一段对新中国成立之前历史的叙述一样。而中国有五千余年的文明史，自夏朝已作为国家存在，到秦朝形成统一的大帝国，以后多次经历统一和分裂，经汉唐发展到元明清，终于使统一的多民族国家得到确立和巩固。历代王朝，不管是汉族还是少数民族作为统治阶级，其疆域均属"中国"范畴。当政的少数民族和汉族统治者也都自认为是"中国之君"。如北魏在中国北部建立封建王朝，以"中国"自称，南朝亦以"中华正统"自居，金与南宋都自称"中国"。即使是少数民族在边疆地区建号称王，也不自外于中国，并常以作为中国的一部分而自豪。如公元 10 世纪时，在以突厥人居统治地位的喀什噶尔（今新疆西部）建立的喀剌汗王朝，认为自己是中国的西部，其汗往往加"桃花石汗"的称号，即"中国之君"的意思。之后统一的王朝，虽都不以"中国"为国名，但以"中国"通称。清康熙二十八年（1689）订立《中俄尼布楚条约》，这是中国与外国划定边界的第一个主权国家间的条约。签订此条约的一方是清政府，但使用的国名是"中国"。辛亥革命后，废除了封建统治，建立了中华民国，"中国"是其简称。1949 年中华人民共和国成立，"中国"仍是其简称。如果以《中华人民共和国志》为

---

① 梁滨久：《应建立志学学科》，《山西地方志》1988 年第 3~4 期。

名，写成断限几十年的断代志，就反映不出中国悠久璀璨的文明，失去泱泱大国厚重的历史感，也与新方志"统合古今"的设想不符。与其以"中华人民共和国"为名，写成断代志，不如以"中国"为名，写成贯古通今的《中国通志》。

其次，我们已经编纂了"当代中国"大型丛书，再编纂一部《中华人民共和国志》不具迫切性。"当代中国"大型丛书是由胡乔木倡议，中共中央书记处批准，中共中央宣传部向全国各部委办局及各省、区、市部署编写出版的大型图书，于 20 世纪 80 年代初开始编写，有 10 万人参与，至 1999 年完成，历时 17 年。丛书全套分 24 大类，共计 152 卷 210 册，总计 1 亿字，插图 3 万幅，系统、全面、完整地记录了新中国 50 年的发展历史。1999 年 6 月 30 日，"当代中国"丛书暨电子版完成总结大会在北京人民大会堂召开。该丛书内容涵盖范围广，从各省、区、市到各个行业和领域，展现了当代中国国情的全貌。如果再编纂《中华人民共和国志》，当然体例、内容会有所变化，断限也会加长，但与"当代中国"丛书所记范围大体一致，所动员的各方面力量也几乎相同，纪实风格亦是一致的，不过是多写了一些年，志书体例更纯正而已。这样编纂而成的国家志书的意义、作用会逊色于编纂一部通古今、达四方、涵盖各行业与领域的《中国通志》。

最后，即便编成了《中华人民共和国志》，将来也还是要编一部统合古今的《中国通志》，以与《中国通史》成为双璧。与其先编一部《中华人民共和国志》，再编统合古今的《中国通志》，还不如一步到位，直接编纂《中国通志》。这样可以省却重复运作所耗费的大量人力物力财力。《中国通史》与《中华人民共和国史》不存在重叠问题，而《中国通志》与《中华人民共和国志》则存在重叠问题，这是要考虑到的。

也许有人以为编纂一部纵贯五千年历史的国志太难，而编纂断限仅几十年的《中华人民共和国志》比较容易，以现有的中国地方志指导小组及其办公室调动各地方和国家各部委办局的力量就可以组织编写完成，而且已有组织编纂《汶川特大地震抗震救灾志》等大型志书的成功经验。实际上编纂一部国家通志并非难上加难。其一，社会科学界已积累了丰厚的中国政治、经济、文化、社会等各方面的史志研究资料与著作。如《中华文化通志》，是中华民族历史上第一部对中华文化由古到今、分门别类、全面系统进行编写的巨型志书，分为序卷和十典百志，共 101 卷 4000 余万字，全国近 200 位专家历时 8 年完成，由上海人民出版社于 2010 年 12 月出版。该书贯通中国五千多年文明史，涵盖十大文化领域，分为历代文化沿革典、地域文化典、民族文化典、制度文化典、教化与礼仪典、学术典、科学技术典、艺文典、宗教与民俗典、中外文化交流典，每典十志。该书会为《中国通志》文化部类的编写奠定良好的基础。其他如中国自然地理、中国经济、中国政治、中国社会等通稿，也是可以编写成功的，从而为《中国通志》的编纂打下基础。

其二，从 20 世纪 80 年代初开始，水利、铁道、能源、气象、民用航空、体育等系统各部委办局陆续开始编修志书，在编或已出版的有《中国煤炭志》《中国民用航空志》《中国海关通志》《中国烟草志》《中国武警志》《中国共产党通志》及艺术三大集成等，这些就是中国通志的分志雏形。各部委办局还编写了很多大事记、概览、专史、国情书等，也提供了将来编修《中国通志》各分志的大量资料。

其三，向中共中央、国务院提出编修《中国通志》，指出编修之繁难，正是宣传需要在国务院内成立中国国家志编纂委员会办公室的理由，这是在原中指办机构基础上提升规格的绝佳理由。由国家志编纂机构来编纂国家志也名副其实，还可由此延揽大批包括历史学、地理学、社会学、语言学等各方面的专家和学者。国家志编纂机构兵强马壮，不但能编纂出高质量的《中国通志》，对地方志的指导也会更加有力。笔者曾提出以国家志为龙头、地方志为龙身、专志为龙尾，一条志书巨龙腾飞的构想。[①] 有了国志龙头的带动，地方志事业的发展会更加繁荣昌盛。如果编纂断代的《中华人民共和国志》，志书巨龙构想就会因国志与地方志首志的断限不一致而打一定的折扣，带动地方志事业发展的作用也将会减弱很多。编纂《中国通志》还有一个长远构想，就是从一部国志将来转型成为国家志一项大事业，而编纂断代的《中华人民共和国志》会像编纂"当代中国"丛书一样，止步于一部书而已。

总之，以一步到位编纂《中国通志》替代先编《中华人民共和国志》再编纂《中国通志》，应是最佳选择。

---

① 梁滨久：《中国国家志编纂的伟大意义》，《黑龙江史志》2003 年第 2 期。

《一统志》编纂刍议

任根珠

（山西省地方志办公室）

早在 20 世纪 90 年代首轮社会主义新方志编纂成果迭出之时，就不断有学者和方志界人士呼吁启动编纂中国国家志的重大议题。进入 21 世纪后，中国国家志的研究文章逐渐多了起来，其中尤以梁滨久先生发表的研究论文为多。[①] 梁先生从编纂中国国家志的伟大意义、编纂依据、时机条件、取名、运作等方面做了比较全面的论述。2013 年 10 月，在广东东莞召开的第三届中国地方志学术年会——两岸四地方志文献学术研讨会上，笔者撰写的《方志的历史文化价值与忧患意识——民国时期日本人编纂两部山西志书给我们的启示》[②] 一文，亦提出启动编纂中国国家志一事。2019 年 4 月，中国地方志指导小组办公室（以下简称"中指办"）在《第二届走向世界的中国方志文化国际学术研讨会暨第九届中国地方志学术年会征文通知》中，首次将"新时期《一统志》编纂研究"列入征文选题范畴，由此可见《一统志》编纂工作已被正式列入中指办的议事日程，令人倍感欣慰。社会主义新方志编纂已进入第 40 个年头，二轮修志已进入扫尾阶段，不失时机地启动国家《一统志》的编纂，可谓正当其时。

一　编纂国家志的条件已成熟

编纂国家志，目前具备了极为有利的条件。

[①] 梁滨久的论文有：《编纂中国国家志取名之议》，《中国方志通讯》2003 年第 23 期；《中国国家志编纂的伟大意义》，《黑龙江史志》2003 年第 2 期；《中国国家志编纂的时机与条件》，《黑龙江史志》2003 年第 3 期；《谈编纂中国国家志》，《广西地方志》2003 年第 3 期；《从一统志谈及国家志的编纂》，《陕西史志》2003 年第 5 期；《国家志不宜取名一统志》，《黑龙江史志》2005 年第 2 期；《我们的思想不能停留在编修一统志上》，《安徽地方志》2014 年第 1 期。

[②] 任根珠：《方志的历史文化价值与忧患意识——民国时期日本人编纂两部山西志书给我们的启示》，《第三届中国地方志学术年会——两岸四地方志文献学术研讨会论文汇编》，中华书局，2014。

其一，盛世修志，志载盛世。在中国共产党的正确领导下，在马列主义、毛泽东思想、中国特色社会主义理论指导下，中华人民共和国成立70多年来，社会主义现代化建设蓬勃发展，特别是经过40多年的改革开放，综合国力大大增强，国家安定，民族团结，人民安居乐业，国家正处于历史发展的黄金时期，在人力、物力、财力等方面可为编纂《一统志》提供强力保证。

其二，中国有重视大型文化建设工程的传统，历朝历代尤其重视史志典籍的编纂，传承中华优秀传统文化是国家的既定国策。中国又有集中力量干大事的传统，全国政令统一，发扬社会主义制度的优越性，编纂《一统志》完全能够成功。

其三，经过40年两轮三级志书的编纂，新方志编纂理论基本成型，培育出一大批方志专业人员，积累了丰富的地情资料，国家志的编纂可以借鉴地方志的理论、编纂经验与方法；同时，随着自然科学和社会科学的蓬勃发展，我国已经在各学科形成了高水平、高素质的专家队伍，完全可以从中遴选出大批杰出的编纂人才，为编纂《一统志》提供人力保证。

其四，国家各部委办局的领导干部多数有主持地方志编纂工作的经历，由地方志而议及国家志，可获得领导层的鼎力支持，同时也完全能承担起编修各个分志的任务。就目前而言，一大批全国性专志及专业史、年鉴、大事记和各类国情书的编纂，亦为编纂《一统志》积累了部分资料。只要一声号令，国家各部委办局和各行各业付诸行动，编纂出可供《一统志》选择的全国性各类专志，《一统志》成书即为顺理成章之事。

其五，编纂《一统志》适逢绝佳的时间节点。编纂国家《一统志》，选准下限时间关节点尤显重要。选准关节点，利于准确把握国家经济社会发展的各类数据，既可为新中国70年的社会主义现代化建设做一次全面的梳理、总结，又是一次国情的广泛调查，实可为今后国家的经济社会发展提供决策依据。2019年恰逢中华人民共和国成立70周年，《一统志》下限定于该年，有利于收集各级各类修志资料，资料数据的准确性、真实性能够得到确切保证。同时，大力弘扬全体中国人民在中国共产党领导下取得的辉煌成就，当能鼓舞人民奋力奔向更远大的目标。

编纂《一统志》，是中华人民共和国成立70多年来规模宏大的文化建设工程，耗时之长，花费之巨，参与编纂人员之众，自不待言，需动员社会各界的力量参与其中，才能玉成此事。首要任务是得到国家的认可并尽快立项；而立项的首要条件，是制订出切实可行的《〈一统志〉编纂方案》。《〈一统志〉编纂方案》出台之时，便是申报立项之始。中指办作为指导全国修志工作的最高领导机构，承担《一统志》编纂的筹备任务义不容辞，名正言顺。中指办需先成立《〈一统志〉编纂方案》筹备小组，汇集国内方志界的领导人员和专家，社会科学界与大专院校的相关学者，着手研究制订《〈一统志〉编纂方案》。

二　《〈一统志〉编纂方案》的内容

《〈一统志〉编纂方案》的内容，大致应包括以下几项。

（一）伟大意义

编纂《一统志》意义十分重大。梁滨久先生曾把编纂《一统志》的伟大意义归纳为五点。其一，它是治国大典。国家志是最全面、最详细的国情调查，内容纵贯五千年，涉及百科各业，资料特别丰富，是最为权威的国情书。其二，它是爱国教材。国家志展现华夏五千余年的文明史，其博大精深的内涵，足可以作为爱国主义的良好教材，可使广大人民群众，特别是青少年增强民族自豪感。其三，它是资料宝库。《一统志》贯古通今，横及百科，资料极其丰富，不仅各级领导可用，各门学科，尤其是社会科学，都可从中找到翔实珍贵的研究资料，国史和国情研究更能大受其益。其四，它可展示泱泱大国形象，促进中华民族的大团结，增强中华民族的感召力、凝聚力，促进祖国的和平统一。其五，它是中国志书编纂史上的伟大创举，可由此形成以国家志为龙头、地方志为龙身、各种专志为龙尾的志书系列。伴随东方巨龙的腾跃而起，一条文化巨龙也将飞舞，由此开创国家志编纂新事业。

梁先生的归纳十分到位，同时，我以为还可以增加几条。其一，它可增强国民的忧患意识，为建设社会主义强国而努力奋斗。志书有优劣并书的传统，随着改革开放向深层次发展，化解矛盾、改善环境、促进经济与社会快速健康发展，成为当政者的重要任务。而编纂《一统志》就是对中国国情进行的一次极其广泛、深入、细致的大调查，探究其根源与症结所在，为当政者提供决策依据。国家兴衰，匹夫有责。志人的职责就是编纂方志，这一历史责任无法推卸。其二，它可加大方志在社会各界的宣传力度，促进方志学科的早日建立。《一统志》编纂工程浩大，涉及百科百业，须组织国内众多专家学者、专业人员参与其中，这样可形成宣传方志、研究方志的良好氛围。社会各界高层次人才的积极参与，既可扩大方志在大众中的知名度与影响力，又可推动方志事业大踏步向前发展，进而将方志理论研究提升到一个新的层次与高度，对促进方志学科的早日建立是一件大好事。

（二）指导思想

《一统志》编纂当以马列主义、毛泽东思想、邓小平理论、"三个代表"重要思想、科学发展观和习近平新时代中国特色社会主义思想为指导，坚持辩证唯物主义和历史唯物主义立场、观点、方法，遵循实事求是、秉笔直书原则，借鉴现代科学理论和方法，全面、系统、翔实地记述中国从自然到社会、从历史到现状的发展历程，做到思想性、科学性、资料性、著述性的统一。

（三）组织机构

《一统志》编纂须有强有力的组织机构，包括《一统志》编纂领导机构（《一统志》编纂委员会）、编纂实体机构（《一统志》编辑部）、评审机构（《一统志》审定委员会）、分志编纂机构

（各分志编纂委员会及分志编辑部）。

《一统志》编纂委员会：建立高规格的《一统志》编纂领导机构。国家批准立项之后，应下发红头文件，以便动员各级各类单位、部门、机构、团体、组织等积极参与、协助。

《一统志》编辑部：编辑部设在中指办，配备专门编纂人员，下设总编室、办公室，以及按大编体设置的分卷编辑室。编辑部人员配置可根据实际需要来定。在编纂工作进入紧张阶段后，还可抽调国内知名出版社的干练编辑人员参与加工修改志稿，保证编纂工作顺利进行；也可与国内知名高校文史专业的研究生、博士生培训点联系，参与部分志稿的撰写、修改等编纂事宜。

《一统志》审定委员会：由中国地方志学术委员会成员、高校及社会科学界知名专家学者组成。审定委员会分设小组，与编辑部相关编辑室协调一致，便于对口指导、审阅、把关。审定委员会的专家学者可定在 50 人左右，其中驻会专家可选定在 10 人左右（按大编体内容对口安排人选）。

各分志编纂委员会及分志编辑部：委员会由各分志承编单位相关领导及编纂人员组成，编辑部编纂人员、审定委员会专家学者对口入列其中。

（四）总体框架

总体框架包括总志（分志）数、总字数、各分志分割字数、篇目设置。依笔者设想，《一统志》采用小编体框架结构，总设分志数当在 120~150 部。一般情况下，每部框定在 200 万字以内，即以装订为 1 册为限度；涵盖面较广的分志，可根据事物记述的实际需要，增加"编"一级的分册，每"编"篇幅亦限定在 200 万字以内。"编"一级分册既可以是实名的，如"省区市概况"分志可列为"北京编""山西编""西藏编"等；也可以分为"上编""中编""下编"或"上编""下编"，如"民族""宗教"等分志难以实名标示者。"编"一级的分册定稿后，可优先出版。全志总字数当控制在 4 亿~5 亿字。笔者以为，如此规模比较妥当。

篇目设置是《〈一统志〉编纂方案》中最为重要且难度最大的项目，须反复研讨。笔者主持编纂《山西大典》时，就篇目设置花费了整整一年的时间，邀请省内各界专家学者多次研讨，篇目设计经过反复打磨，才最终定稿。其间，还针对相同类目的条目，撰写了多种模本，对加快编纂进度，保证参与单位撰写初稿一步到位、少走弯路起到了重要作用。与《山西大典》的编纂实践相较，《一统志》规模要大得多，故在编纂难度上，前者与后者不可同日而语。笔者以为，能用 2 年左右的时间完成《〈一统志〉编纂方案》的制订，当为高效。《一统志》的篇目设置，首先需要方志界反复研讨、制定方案，进而与承编单位协商修改。磨刀不误砍柴工。篇目框架制订得全面、科学、严谨、合理，便于组织编纂，尽快成稿，是《一统志》编纂中的第一要义，直接关系到志书的编纂进度与质量，切不可等闲视之。

就篇目设置，笔者大致完成了一份初稿，望能起到抛砖引玉的作用。首设总述、大事记，内设地理志（山脉编、河流编、湖泊编、海洋编等）、建置志、省区市志（北京编、上海编、天津编、重庆编、黑龙江编、吉林编、辽宁编、河北编、河南编、山东编、山西编、陕西编、甘肃编、青海编、四川编、贵州编、云南编、湖北编、湖南编、安徽编、江西编、江苏编、浙江编、福建编、广东编、海南编、台湾编、内蒙古编、新疆编、宁夏编、西藏编、广西编、香港编、澳门编）、环境保护志、气象志、测绘志、勘探志、交通志（公路编、水运编、铁路编、航空编、航天编）、邮政快递志（邮电编、信息网络编、快递编）、水利志、电力志、港口志、农业志（种植业编、养殖业编、农业机械编）、畜牧业志、林业志、渔业志、开发区志、矿业志（黄金编、煤炭编、石油编等）、冶金工业志、机械工业志、船舶工业志、汽车工业志、化学工业志（盐业编、化肥编等）、电子工业志、纺织工业志、造纸业志、建材志、房地产业志、财政志、金融志（银行编、保险编、证券编）、税务志（国税编、地税编）、商业志、外贸志、供销社志、服务业志、扶贫志、经济综合管理志（计划编、统计编、审计编、工商管理编、物价编、商品检验编等）、海关志、中国共产党志、中国国民党志、民主党派与工商联志（民革编、民盟编、民建编、民进编、农工党编、致公党编、九三学社编、台盟编、工商联编）、人民代表大会志、人民政府志、人民政协志、社会团体志（工会编、妇联编、共青团编等）、军事志（解放军编、武警编、公安编、兵团编）、审判志、检察志、司法志、外事志、精神文明建设志、教育志（初等教育编、中等教育编、高等教育编）、科学技术志、社会科学志、卫生志、医药志（中药编、西药编等）、体育志、文学志、文物志、艺术志（音乐编、舞蹈编、绘画编、书法编等）、档案志、旅游志（景区编、红色文化编、博物馆编、纪念馆编、宾馆编等）、非物质文化遗产志、方志志、传媒志（报业编、广电编、期刊编、出版编、网络编）、人口志、民族志（上编、中编、下编）、民政志、宗教志（上编、中编、下编）、人事志、劳动志、侨务志、方言志、社会管理志、社会保障志、人物志（上编、中编、下编）、附录等。

前期的篇目研讨会，为节省经费，可采取互联网交流的方式，先在方志界内部研讨，继而在社会各界广泛征求意见，然后召集社会各界的专家学者、参与编纂的相关部门和单位进行深入研讨，最后形成定稿。

（五）编纂规定

《一统志》编纂是一项规模宏大的文化建设工程，为确保编纂质量和编纂进度，需制订志书编纂体例、体式、行文等各项规定，以及编纂运行过程中各个环节应遵循的规则、规定。编纂规定，包括凡例、初稿验收规定、志稿评审规定、稿费规定、志书版式规定等。志书体例方面的各项规定，如志书的断限（上限不等高，下限一刀切）、分志"总述"的篇幅、编章之首"小序"的篇幅、图片的配置、表格的配置、"附录"内容的裁定、入传人物的标准等，都须一一制订完善。这些规定均以"附"的形式放在《〈一统志〉编纂方案》之后。两轮省市县三级修志，创造出许多行之有效的经验，就志书体例、体式的规则、规定，以及对编纂运行各环节把控、保证的规定等，吸取各类范例、模本的优长，足可为制订《一统志》编纂所需的各项规则、规定提供强有力的技术支撑。

（六）承编单位

依据篇目需要，确定承编单位。以表格形式加以展示。详细分列各分志名称、分志承担单位和部门，以及各分志卷数、字数，初稿完成时间等。对分志承编单位机构的设置（分志编纂委员会）、编纂人员（分志编辑部）的选用提出明确要求。同时指定指导专家，与编辑部分管编辑一起，参与该部分志的编纂全过程。少部分无承编单位的分志，可联系相关的科研单位、各类协会学会、高等院校、对口专业工作者以及编辑部内部人员等，采取项目承包的方式。各级方志办、档案馆、图书馆要积极配合。

（七）编纂流程

《一统志》编纂工程量浩大，总体编纂时间可定为 10～15 年。编纂流程及方法，要充分吸收和利用两轮修志的编纂经验，最大限度地保证和提升《一统志》的编纂质量。如建立对志稿的三审评议制度，每次评审会都要有方志专家、行业专家、编辑部人员等参与，从而保证每次评审会收到应有的效果，逐级提高志稿的编纂质量。

编纂流程，先由编辑部派出方志专家，对分志参编人员集中培训，使分志参编人员了解、熟悉方志体例、撰写规则等编纂业务技能。鉴于现时网络发达、便捷，利用网络培训，效果更佳。在此基础上，各承编单位编写初稿，初稿完成后召开内部评审会（初评），并根据评审意见修改志稿；此项工作完成后，志稿送《一统志》编辑部，由编辑人员审改志稿。审改志稿完成后，召开编辑部评审会（二评），并根据评审意见修改志稿。编辑部定稿后，志稿提交审定委员会审定；审定委员会审定后，送交《一统志》编纂委员会，由领导成员审阅、签字，最后定稿付印。志书采用分册出版方式，完成一册（分志或分志所辖"编"）即出版一册。

（八）经费预算

《一统志》总预算经费应包括：人员编制经费、外聘人员经费、配置设备经费、日常办公经费、撰写稿费、校对经费、评审经费、印刷经费、考察经费、资料经费、旅差经费、会议经费、范本印刷经费等。

按"分志""编"同类计算，内文四色套印，全志合计 250 册左右，印刷费（每册印 1 万册）既要计算每部分册的预算费用，也要计算整套《一统志》所需的预算经费。

稿费（包括文字、图片稿费，校对费、评审费、编辑费、主编终审费等）既计算每部分册的预算费用，也要计算整套《一统志》所需的预算费用。

编辑部与评审委员会总计多少人，外聘多少人，两者总计多少人，既要计算每人每年的经费，也要计算每年所需的总经费，以及 15 年总计所需的经费。

设备与办公经费，根据编纂人员配备电脑、打印机等设备，日常办公用品消耗等，计算一次添置设备、日常办公用品消耗的经费，15 年总计所需的经费，以及上述两项总计所需的经费数额。

旅差经费，编纂、评审人员到外地办理编纂事宜、评稿审稿，以编辑部每年多少人次出差、评审人员每年多少人次出差，计算每次每人旅差的经费预算，每年所需的旅差经费预算，15 年总计所需旅差经费的预算数额。

会议经费，包括编辑人员培训会议、篇目审定会议、志稿评审会议等。编辑人员培训会议分阶段、分步骤召开，预计召开大型培训会议多少次，每次与会人员数多少，会期天数多少，每次会议需食宿费、交通费、讲课费、会场占用费、资料费多少等，据此计算每次会议所需的经费，多次会议总计所需的经费。篇目审定会议，根据每册志书召开会议的次数、每次与会人员数、会期天数，计算每次会议所需的经费，每册志书多次篇目审定会所需的经费，以 250 册志书计，总计需要篇目审定会的经费预算。志稿评审会议，与篇目审定会议相同，计算总计需要的经费。上述三项合计，总计所需的会议经费预算数额。

范本印刷经费。为了使初稿编写少走弯路，对相同类目的内容（如省区市概况、人物传记等）提前撰写出范本，使相同类目的撰写人员有章可循。模本的撰写，需集体研究探讨，切实可行。此类模本数量庞大，初步预计有数百种之多。计算每本撰写稿费、印刷费等经费，以及该项总计预算数额。

其他预留费用。包括编辑部办公场所租赁费用，评审委员会人员、外聘人员在京的住宿费、交通费、资料收集费等，以及其他不可预知的费用，约计需预留经费数额。

以上诸项合为《一统志》编纂总预算经费数额。

经费预算只是笔者的初步设计，与实际花费项目还有较大的差距。《〈一统志〉编纂方案》的各项经费预算，均需详细列表，各项费用要与当今社会的实际消费水平相符，一丝不苟，达到让财政管理人员审核无误的标准。财政经费按编纂进度的需要，采用分阶段、分项目分年拨付的形式，列出逐年较详细的经费使用数额。

（九）质量保证

两轮修志为编纂《一统志》储备了充足的人才与理论基础。可借鉴两轮省市县志书的编纂经验，制订志书稿件三审制度。审定委员会专家成员从制订篇目、收集资料、培训人员、撰写初稿、稿件评审、定稿付印、印刷出版等方面，全程指导、跟踪，直至完成编纂出版任务。制订编辑人员职责、主编职责、总纂职责、审定委员会专家成员职责等规章制度，以及志稿三审规则、要求等规章制度。

对志书中相同类型的内容，可采用先编范本的形式，确定各类型的编写要素和撰写要求，保证相同类型内容编写要素的一致性，避免返工浪费时间和延误编纂工期。此类内容在志书中多见，各类范本的编写，在立项之后、初稿撰写之前完成即可。

（十）完成时间

《一统志》自国家批准立项之后，用10~15年时间完成编纂任务。详列各部分志完成编纂和正式出版时间，先易后难，集中人力合力攻坚克难，确保高质量完成编纂出版任务。

《一统志》编纂的前期准备工作，即《〈一统志〉编纂方案》的制订，须由中指办组织国内方志界的专家学者拿出初稿，方能邀请界外其他方面的专家学者加以修改、补充，经中国社会科学院领导层认可，直至最后定稿，达到申报国家立项稿的要求。

三　编纂人员配置

《一统志》编纂人员的配置，一定要放眼全国。40年两轮省市县三级修志，涌现出一大批专业修志人才，他们的方志理论和实践经验丰富，是参与编纂《一统志》的主力军。笔者以为，《一统志》编辑部中的半数人员，可从各省区市方志系统的中年骨干中选拔；另外半数的人员，可从中指办骨干人员中选拔，并招聘一批文史博士等新生力量。评审委员会的人员，以中指办编辑骨干和中国地方志学会学术委员（学术委员凡身体健康、有意参与者，尽量吸收进来）为基本班底，再从国内方志界和社会各界遴选一批。这样可形成老、中、青结合的编纂人员结构，既利于保证志书质量，加快编纂进度，又利于以老带新，促进修志人才的培养。

组建强有力的编纂组织机构，制订志书编纂流程，依据篇目，由中央和国务院有关部门、各民主党派与社会团体、各省区市相关部门、兵团解放军武警、大专院校、各类社科组织机构等承担相应的编纂任务。

四　志书名称的确定

早在20世纪90年代首轮社会主义新方志编纂成果迭出之时，就不断有学者和方志界人士呼吁启动编纂中国国家志，但其所提志书的名称多种多样。就方志界所提的名称而言，就有《中华总志》（欧阳发）[1]、《中华人民共和国一统志》（邵长兴）[2]、《中华一统志》（范同寿、张乃格）[3]、《中国一统志》（苏长春）[4]、《中华人民共和国志》（朱文根）[5]、《中国通志》（梁滨

[1]　欧阳发：《关于方志及方志工作的思考》，欧阳发、何静恒：《方志研究与评论》，方志出版社，1995。
[2]　山鹰主编《邵长兴方志文存》，河南大学出版社，2001，第35页。
[3]　范同寿：《时代呼唤的文化工程——〈中华一统志〉编纂倡言》，《中国地方》2002年第6期；张乃格：《方志科学发展三论》，《第二届中国地方志学术年会论文选集》，中国城市出版社，2013。
[4]　苏长春：《关于编纂国家志的构想》，《黑龙江史志》2004年第6期。
[5]　转引自章慧丽《古代方志名家研讨会提出创修〈中华人民共和国志〉》，《安徽地方志》2014年第4期。

久）等。现中指办文件称之为《一统志》。作为国家级的志书，其名称还需要广泛征求意见，进而形成共识。国家志的志书名称，既要贴切，又要响亮，朗朗上口，便于提振民心，还可为今后续编国家级志书提供借鉴。

在众多专家学者中，尤以梁滨久先生对国家志名称的研究较有深度。他提出三条不取《一统志》之名的理由。一是从元到清的《一统志》，都是断代志，如果还修《一统志》，很可能会沿袭旧《一统志》的编纂路子，即以中华人民共和国为记述对象，以中华人民共和国成立作为断限依据，记中华人民共和国成立之后的事情。这也是一种需要，但是编一部贯通古今的综合性的国家志，对于全面、系统了解和掌握国情更有必要，意义更重大。二是《一统志》是汇编全国各地情况、自下而上编纂的，如清乾隆八年（1743）刊印的《大清一统志》，就采取了分省叙次的方法，每省先立统部，冠以图表，有分野、建置沿革、形势、职官、户口、田赋、名宦等门类，皆专载统括一省之事，而府、直隶州各为立表，下系各县。每县所载内容分二十一个类目，有分野、建置沿革、形势、风俗、城池、学校、户口、人物、流寓、列女、仙释、土产等。这实际上是省府州县志的浓缩汇编，但我们迫切需要的不是地情的总汇，总汇得再好也难以承担记述国情的任务，我们需要的是独立形态的国家通志。三是编纂《中华人民共和国一统志》，人们会从政治态势和理念出发，他认为在中国尚未实现统一之前，不必急于编纂，统一之后再编不迟。而《中国通志》的编纂现在就可以谋划、论证、筹备。

笔者赞成梁先生不采用《一统志》名称的观点，但称之为《中国通志》《中华总志》等，似有与历代省级志书同名之嫌。省级旧志多用"通志"冠名，如《山西通志》有明成化、万历、嘉靖，清康熙、雍正、光绪等版；《广东通志》有明万历、嘉靖，清道光等版；亦有以"总志"冠名的，如明成化《河南总志》、嘉靖《四川总志》、万历《湖广总志》等。新编国家志以"通志""总志"冠名，似有与省级志书同名之虑。

笔者以为，可选取中华人民共和国名称中的"中华"二字，称之为《中华全志》，似乎更好一些，既可避免与省级志书同名之嫌，又能契合编纂贯通古今的国家志的要求。退一步讲，上述多种名称总体比较起来，《中华全志》《中华总志》《中国通志》三选其一，较其他称谓似乎更契合新编贯通古今的国家志要求。

中指办将"新时期《一统志》编纂研究"列入论文征集的范畴，证明《一统志》编纂事宜已正式列入中指办的议事日程。这一策划，非常切合当今中国经济社会发展的大形势，又符合党中央继承中华优秀传统文化的要求，在社会主义新方志发展道路上具有里程碑式的意义。编纂国家一级的《一统志》，是中指办义不容辞的历史责任。及早成立《一统志》编纂筹备小组，着手研究、制订《〈一统志〉编纂方案》，进而获得党中央和国务院的立项批准，是广大修志工作者翘首以盼的。

修志规则综论

韩章训

（浙江省衢州市地方志办公室）

所谓修志规则（或原则）即指那些约定俗成的修志规矩。古语曰："不以规矩，不能成方圆。"（《孟子·离娄章句上》）修志也得有规则，否则所修之书就不一定是志书。我国志书之所以代代相传，从学术层面讲，就是靠那些约定俗成的修志规则来维系的。正因为如此，历代志坛都不断研究和讨论修志规则问题，当代志坛也不例外。20 世纪 80 年代以来，许多方志学和方志编纂学专著都设有"修志规则"专目，中国地方志指导小组 2008 年颁发的《地方志书质量规定》第五章"记述"就专讲修志规则问题，至于研究修志规则的单篇论文就更不胜枚举了。时代在发展，修志在前进。为了共同促进对修志规则的研究，这里仅就其中几个主要规则略述鄙见，以求教于方家。

一　越境不书

所谓"越境不书"或"不越境而书"就是要求志书不要记载超越本区境域的事。

1. 源流

"越境不书"规则滥觞于汉。东汉佚名《三辅黄图·序》首先提出越境不书的要求。其文曰："在关辅者著于篇，曰《三辅黄图》云，东都不与焉。"[①] 此即后世越境不书规则的思想源头。至南宋，"越境不书"的规则正式确立。确立者就是今江苏淳祐《玉峰志》作者。该志"凡例"规定："凡事旧在昆山，而今在嘉定者，以今不逮本邑，今皆不书。"又曰："凡叙人物，有本邑人而今居他所，本非邑人而今寓居者，今皆载。"这里前一段话是直接说明"越境

---

① 《三辅黄图》，《四库全书》本，"序"。

不书"规则的内涵,后一段则是从人缘和地缘相统一的角度,进一步说明"越境不书"规则的外延。对此规则,历代修志皆沿袭不辍。至明代,随着各级政区志普遍编修,更加迫切需要解决相邻政区志书间的无谓重复问题。有鉴于此,彼时许多学者主张修志当施行"越境不书"规则。如嘉靖《耀州志·凡例》规定:"辽亦有耀州、宜州。耀在渤海,宜在辽西。宋亦有宜州,在广南。金亦有顺义军,在朔州,皆非今耀州地,事皆不书。"后徐师曾还有精要的概括,他说:"志载一邑之事,事非境内,法不得书。"① 章学诚亦有明确概括,他说:"志笔不能越境而书。"② 民国张俊颖亦曰:"(修志)以一定地域为原则,非境内之事,方志不宜载也。"③ 当代一般修志者也都奉行此规则。《地方志书质量规定》要求:"(修志)以本行政区域为记述范围,越境不书。"若修志不执行"越境不书"规则,那么就会损害和削弱志书的地方性。

2. 论辩

早在民国时期,胡适就叮嘱家乡《绩溪县志》编者曰:"县志应重邑人移徙经商的分布与历史。县志不可只见小绩溪,而不见那更重要的'大绩溪'。若无那大绩溪,小绩溪早已饿死了,早已不成个局面。"④ 由此可见,在胡氏看来,本地人在外地干的事,本地修志书时理当予以记载。21世纪以来,有的学者以当代社会横向联系频繁为依据,认为新一轮修志当摒弃"越境不书"旧规则,而采用"越境而书"新规则。如王登普就曾在《黑龙江史志》2005年第9期上发表题为《"越境而书"应是二轮志书编纂的一项通则》的文章。这种观点似是而非,实际上是对"越境不书"规则机械理解的结果。以地缘与人缘相统一的观点去审视,"凡本地人在本地干的事、本地人在外地干的事、外地人在本地干的事,均属应记范围"。⑤《地方志书质量规定》也曾指出:"交代背景,反映与本行政区外的横向对比、联系等,不视为越境而书。"在这里,还得补充几个问题。其一,有时在志文中常要做点以"我"为中心的横向比较,而这种横向比较就必须越境而书。其二,志书总得说明本区地理位置。如编修县志就得说明本县城到所属市城区、到省会、到首都的距离,而这种说明也必须越境而书。其三,按照人物传体要求,必须说明传主出生地,而说明非本籍人物的出生地同样要越境而书。

二 越限不书

所谓"越限不书"就是志书记事不要超越既定时间断限。"断限"旧称"限断",系指修志记事的上下时限或起讫时间。

---

① 曹一麟修,徐师曾等纂嘉靖《吴江县志》。
② 章学诚:《章学诚遗书》外编卷第十《永清县志五·政略》,文物出版社,1985,第487页。
③ 冉晟修,张俊颖纂民国《兴仁县志》,"序"。
④ 朱文根主编《方志编纂培训讲义》,黄山书社,2008,第152页。
⑤ 韩章训:《方志写作学基础教程》,西泠印社出版社,2010,第82页。

1. 源流

修志设置叙事上下断限滥觞于东晋。彼时常璩编纂《华阳国志》就沿袭旧史例，设置记事断限。常璩曰："（本志所载）肇自开辟，终乎永和三年。"① 即该书叙事肇自"开辟"，止于"永和三年"。自宋以降，修志多设有断限。明正德《新城县志·凡例》曰："建县自宋绍兴始，故县事采自绍兴以下。惟科第人物未析县已生于其乡，故采自宋淳化以下。"这里所言就是断限问题。清孙诒让认为，修志必须设置断限。他说："彭城《史通》，首论限断，地志书目，盖亦宜然。"② 民国《灵川县志·凡例》亦曰："相近略远，史家例然。灵事自宋以上，荒昒莫考，泛引通志桂属各事，既类叠床，尤失限断。"民国时期，虽多数人赞同修志设置断限，但也有个别学者反对续修志书设置断限。如黎锦熙就主张编修续志不设置断限。他说："窃谓今日修志，宜限至'搁笔'之时止，故曰'叙事不立断限'，盖等于无断限也。其法：某类材料，如采访但及前岁，则该类编次即以本年为断限。总之不可立一总断限。"③ 当代修志普遍设有断限。中国地方志指导小组 1985 年颁发的《新编地方志工作暂行规定》指出："新方志的年代断限，上限不做硬性的统一规定，下限一般情况下可暂定断至 1985 年即第六个五年计划结束之时，也可断至该志脱稿之日。"

2. 论辩

自宋以降，修志大多设有断限。其中创修志书多仿效《华阳国志》，上限不做统一规定，而下限多有统一规定。修志设置断限有两个实际意义。一可统一本志记事的起讫时间，二可避免前后志间的无谓重复。虽然当代修志普遍遵循"越限不书"规则，并多在凡例或行文规则中确定本志叙事断限，但各地情况有别，故各志所定断限并不一致。一般来说，确定续志断限必须顾及两方面，一方面要力求相对统一，另一方面也不能不顾各地情况差异而搞一刀切。有鉴于此，中国地方志指导小组于 1997 年颁发的《关于地方志编纂工作的规定》规定："首届志书的断限，各地可根据实际情况自行确定。续修志书时，每届志书的下限力求统一。"近时编修续志设定上限已出现两种不同做法：一种做法是沿袭传统之例，以前志下限时间为上限，这种做法比较普遍；另一种做法是为了完整反映国家施行改革开放政策的历程，故不以前志下限时间为上限，而以改革开放开始时间为上限。这两种做法都是可以的。一般而言，志书正文写作必须严格遵循既定上下限，否则就是言行不一和自乱体例。但有时为顾及所记重大事物发展的完整性，酌延下限也是必要的，只是延长后对事物的记载务必施以简笔。《地方志书质量规定》强调："时间界限明确，不随意突破志书的上限和下限，严格控制上溯或下延。"在这里得补充几个有关断限的具体问题。其一，本志既定断限只适用于志书正文，不适用于志书辅文。如卷首序言、凡例、综述等，卷中小序、注释等，卷末附录、编后记等。举例来说，卷中小序必须

---

① 《华阳国志》卷一二《序志》。
② 孙诒让：《温州经籍志》，上海社会科学院出版社，2005，"叙例"。
③ 黎锦熙：《方志今议》，商务印书馆，1940 年影印本，第 9 页。

有承上启下的作用，如果要求写小序不突破上限，那这种小序就只有启下作用，是不合格的。只有突破上限，才能写出具有承上启下作用的合格小序。其二，在志书所记事物中，有些事物本身就没有明晰的起讫时间，如地质、风俗、方言等。其三，志书所设人物传，按人物传体要求，必须说明传主生年及简要履历，而这种说明也往往要突破上限。

三　越级不书

所谓"越级不书"或"不越级而书"，就是要求下级政区志书不要单独记载上级政区的事。此规则是对"越境不书"规则的一个必要补充。

1. 源流

修志执行"越级不书"规则始见于明。因明代各级政区都有自己的志书，产生了上下级志书间如何避免无谓重复的问题。明嘉靖《仁和县志》作者认为，下级政区志书不应记载上级政区的事，书中说："县志止载一县之事，不敢少涉司府，以蹈僭越。"万历《新修南昌府志》作者认为，各级政区志书记事皆当以记本级为主，上下级政区之事一般不必涉及，书中说："志各有体。郡志志郡也。非敢略于上，以有省志在。非敢略于下，以有县志在。故各款一以郡为主。"至清代，方志学界已明确提出"越级不书"规则。如康熙《茂名县志·凡例》曰："邑志不敢上纪郡事，犹郡志之不敢上纪臬司也。"同治《巴县志·凡例》亦曰："志以邑名，示有限制，不得侵府志、省志。自分里设江北厅后，并不得侵厅志，甚不可鸿文无范，漫矜博雅。"清章学诚曾批评曰："今之通志与府州县志，皆可互相分合者也。既可互相分合，亦可互相有无。书苟可以互相有无，即不得为书矣。"[1] 由此可见，彼时修志界就不曾解决好越级不书的问题，导致上下级志书在内容上"既可互相分合，亦可互相有无"。2010 年，拙著《方志写作学基础教程》在论及修志规则问题时，也曾把"越级不书"作为一个基本规则提出来。"越级不书（或不越级而书）是对越境不书规则的补充。所谓越级不书就是要求各级志书在内容记载上必须立足本级，不要随便去记载属于上级的人、事、物。此规则是根据当代各级政区普遍修志的实际而提出来的。"[2]

2. 论辩

总结古今修志经验，欲正确执行"越级不书"规则，必须处理好两个关系。其一，要把握好本级与上级的关系。对于那些本级与上级密切关联的事，本级志书必须予以记载。其中有两个常见问题当正确处理。一是要正确处理上级政府与本级政府的同城问题。对此问题，本级政区修志当按详内略外规则，略载上级政府的驻城情况。二是要正确记载某些与上级密切相关的

① 《章学诚遗书》卷一四《方志略例》，"方志辨体"。
② 韩章训：《方志写作学基础教程》，第 84 页。

事。总结古今修志经验，对于此类问题不要单独去记载，而要把上级事作为本级事的背景去记载。如某新编县志"党派群团"篇写道："民国26年'七·七'事变后，国共再次合作，黄□□在再次任□□省政府主席前，接受周恩来关于国共团结合作、发动民众抗日的主张。同年12月初，黄□□来本县，容纳了……"在这段话中，在"同年12月初"之前的几句，均属国家级和省级的事。这里用相对独立的几句话来表述，就有悖"越级不书"规则。倘若把这段做这样的改写："民国26年'七·七'事变后，□□省政府主席黄□□接受周恩来关于国共团结合作、发动民众抗日的主张，并于同年12月初来到本县，容纳了……"这就把上级事融入本县事的背景中去了，就不违背"越级不书"规则了。其二，要把握好本级与下级的关系。虽然下级政区也属本级政区范围，但为避免本级与下级志书间的无谓重复，故本级政区修志必须遵循择要而书原则。所谓"择要"主要包括两层意思。一是要简略记载下级各镇区的基本情况，二是要从下级政区中选择那些在本级政区范围内具有典型意义的人、事、物，而后加以记载。这里要特别强调一点，那就是不能因为本级资料不够，就随手拿些上级或下级资料来凑。

四　常事不（略）书

所谓"常事"系指经常发生的常规性事情，所谓"不书"就是要求志书不去记载部门单位的一般情况和日常工作。所谓"略书"是对"不书"的继承和发展，其含义有二：一是说对那些毫无存史价值的常事就略而不书，二是说对于某些有一定存史价值的常事简略而书。联系古今修志实际，"常事略书"说要比"常事不书"说更为准确，更加符合修志实际。

1. 源流

"常事不书"本为传统撰史规则。如宋孙觉《孙氏春秋经解》云："盖《春秋》常事不书，其非常者则书。"自明始，有些学者才把此规则移用到修志领域。例如，弘治《抚州府志·凡例》曰："各县山川、胜迹以及制度、仪文，唯书其大者、要者……孝子、节妇，洪武以前非见名贤纪载不书，洪武以后非异不书。"这些规定就明显含有"常事不书"的要求。嘉靖《归州志·凡例》则明确提出"常事不书"规则。其文曰："事属微小者，从常事不书例。"许多清人继承传统志例，也主张修志要遵循"常事不书"规则。如徐铣引徐进语："郡邑有志以书事，与史同。按《春秋》法，常事不书，非常则书。岩故邑而今州，非常矣。不辑志以书其事，可乎？"[①] 光绪《故城县志·例言》亦曰："典礼、公式二门系通常事例。前志不载，令仍之。"民国有的学者也主张修志要遵循"常事不书"规则。如民国《厦门市志》作者曰，修志当如孔子作《春秋》那样，"常事不书，非常事则书"。当代学者对执行"常事不书"规则有更精到的理解，认为修志有别于作史。作史可只书非常事，修志则往往非常事、常事兼书。

---

① 张廷球修，徐铣纂乾隆《龙岩州志》，"序"。

有鉴于此，许多学者主张把"常事不书"改为"常事略书"。在上一轮修志中，虽未明确提出"常事不书"或"略书"规则，但在一些志书凡例中也常有"常事不书"或"略书"的思想。如四川人民出版社 1991 年版《崇庆县志·凡例》规定，本志记事"不平均用力，注重详事业，略机构；详关键，略过程；详典型，略一般；详首创，略常见；详独具，略共有"。这些话就明显含有"常事不书"或"略书"的意思。2010 年，拙著《方志写作学基础教程》在论及修志基本规则问题时，也曾把"常事不书"或"略书"作为一条基本规则提出来。其文曰："（修志）如果不能即持'常事不（略）书'规则，那不仅造成志书篇幅的冗长，且还会使志书的精彩内容被大量'常事'所淹没。"①

2. 论辩

在当代修志界，也有一些人对"常事不书"规则持有异议。他们认为，如果修志不记常事而专记非常事，那就没有多少事可记了。这种理解是有偏颇之嫌的。因为"常事"与"非常事"的区分标准本来就是因时因地而异的。因此各地修志完全可以从本地和本志编修实际出发，来确定哪些属于常事，哪些属于非常事，故无论何地修志都不存在没有多少事可记的问题。上一轮修志就是因为没有明确建立和严格执行"常事不书"规则，才导致这样一种弊病，即大量记载部门、单位的一般情况和日常工作，从而降低了志书的实用价值。有的学者也曾批评某些新志曰："各级志书记'政府行为'、'部门工作'的痕迹很深。"② 诸如此类都是其作者没有执行"常事不书"规则的结果。修志者在执行"常事不书"规则过程中，首先必须在深入调查研究的基础上，区分出哪些属于常事，哪些属于非常事，否则就不能贯彻好"常事不书"规则。

五　通典不录

所谓"通典"就是指那些各地都一样的典章制度，所谓"通典不录"就是要求修志不要去专门记载那些各地都一样的典章制度。

1. 源流

要求修志遵守"通典不录"规则始见于明。嘉靖间，贾咏率先主张修志要做到"通典不录"。他在嘉靖《临颍县志》中说，志书"纂述有法，品评有伦。事涉常而通乎天下者，则略之而不书"。嘉靖《耀州志·凡例》还有更精要的概括，其文曰："凡事涉国典、海内共有者，不书。"嘉靖《光山县志·法例》、嘉靖《兰阳县志·凡例》、嘉靖《淳安县志·凡例》等亦皆有类似规定。至清，"通典不录"规则已为许多学者所认同。如张之洞曰："典礼、则例非专为顺天设者不

---

① 韩章训：《方志写作学基础教程》，第 86 页。
② 四川省地方志编纂委员会编《方志编纂实用教程》，方志出版社，2004，第 402~403 页。

录，如文庙、祭器、乐章之类。"① 有些民国学者也主张修志要遵循"通典不录"规则。如余绍宋说："凡通行制度典章，若文庙配享先祭礼乐章，以及从前庆贺、接诏、履任、救护、迎春、鞭春、行耕、坛祭、雩神、送学、宾兴、乡饮等仪注，乃至保甲编户之属，方志每多载入，兹以事非专行于龙游，且多废罢，一律削而不录。"② 民国《上林县志·序例》也规定："全国通行之典礼概弗之录。"有的当代学者也赞同修志遵循"通典不录"规则。如梁耀武曰："方志记一地之事，宜守地域之界，一般不宜越境而记。对于全国通行之典章制度、文件规定，方志多记其实施结果，不必详其规定原文。古代志家，对此已有明确之见解，目前新志编修中仍应坚持这一要求。"③ 2003 年，拙著《方志编纂学基础教程》在论及修志规则问题时，也曾把"通典不录"作为一条基本规则提出来。其文曰："古人已经提出'通典不录'的主张，今天看来，这个观点还是正确的。因此新编方志也应继承这一做法。"④

2. 论辩

昔人关于"通典不录"的主张迄今还是正确的，但在新编志书中，并不乏通典照录的现象。如某新编县志"货币·流通币种"节近 2000 字，其中大部分皆为全国性的普遍可见的内容。如其末段曰："解放后，统一使用由中国人民银行发行的人民币，面额有 1 元、5 元、10元、20 元、50 元、100 元、200 元、500 元、1000 元、5000 元、1 万元、5 万元等共 12 种……1987 年，发行面额为 1 角、2 角、5 角、1 元、2 元、5 元、10 元、50 元、100 元等 9 种新版人民币。"新志编修为什么会出现这种"通典照录"现象呢？主要原因有二：一是彼时方志学界未曾广泛宣传"通典不录"规则，故许多修志者根本就不知修志还有此要求；二是技术操作层面的问题，即不知如何记载通典的问题。这里虽强调修志要做到"通典不录"，但这并不等于修志可不记通典。经验表明，按照上级所颁"通典"办事，无疑是一个很现实和很严重的问题。因此恰当记载各类"通典"，无疑也是修志的应有之义。那究竟该怎样记载通典呢？有的学者曾总结新志记载"通典"经验曰："总的来说，在某些内容中，'通典'不可不有，但又不可照录，关键在于融'通典'精神于事物发展演变之中，做到浑然一体，而又详于记述实施结果。"⑤

六　详今略古

详今略古又称详近略远。提出此规则，旨在正确处理古今关系。

---

① 周家楣、缪荃孙编纂光绪《顺天府志》，"志例"。
② 余绍宋纂修民国《龙游县志》，"叙例"。
③ 梁耀武：《方志学举要》，云南人民出版社，1995，第 177 页。
④ 韩章训：《方志编纂学基础教程》，方志出版社，2003，第 224 页。
⑤ 梁耀武：《方志学举要》，第 179 页。

1. 源流

北宋赵彦若率先倡导修志要做到"详今略古"。他说："远者谨严而简，近者周密而详。"① 元黄邻在至正《诸暨志》中评郡乘曰："诸暨自秦汉以来代为县，而今为州，上下千有余岁，而志书无述。其登附于郡乘，十不能一二，盖由其悉近而略远也。"这里所言"悉近而略远"意即详近略远。元吴师道认为，修志按照详近略远规则是由世人见闻喜好所决定。他说："夫人之见闻，详近而略远。志图所纪唐，视汉为详，于秦已略，周则泯泯无考矣。"② 吴氏此说颇具学术见地。明彭韶认为，修志必须处理好古今关系，否则后人就会"病之"。他说："郡邑有志尚矣，而一藩全志昉于近时。去离为合，寓繁于简，是亦一道也。然统属既广，该括难周。作者或详近而略远，或萃古而遗今，或为己而忘他人，观者病之。"③ 清章学诚认为，修志同作史一样，必须遵循"详近略远"规则。他说："史部之书详近略远，诸家类然，不独在方志也。"④ 民国方志学界也大多主张修志要遵循"详今略古"规则。如《沙河县志》就反对修志"详古略今"："吾国方志向多详古略今，殊不足资应用。"民国《灵川县志·凡例》亦曰："详近略远，史家例然。"当代修志更是普遍遵循"详今略古"规则。中国地方志指导小组 1985 年颁发的《新编地方志工作暂行规定》指出："新方志要详今略古，古为今用。"若修志不执行"详古略今"规则，那么就会损害和削弱志书的时代性。

2. 论辩

在上一轮修志前期，修志界曾出现"略古"不当的偏颇。彼时有些志书记今弃古，使得许多事物沿革不清，脉络不明。为纠正此偏颇，魏桥曾提出"详今明古"（后魏氏改为"明古详今"）的新主张。他说："编修社会主义时期第一代新方志，我们要求志书的记述贯通古今，详今明古。'明古'就不能采取简单化的办法对待历史，而是要求用严肃的态度，审慎地对待历史资料，把历史上发生的事件尽可能弄个明白，弄清事物的发端、发展和变化，而不是一问三不知。"⑤ 在彼时特定社会背景下，魏氏提出"详今明古"规则是有针砭时弊意义的。在上一轮修志中，有人主张以"明古详今"取代"详今略古"。如浙江人民出版社 1996 年版《绍兴市志·凡例》就这样写道："记述时限，按照明古详今的原则，上限尽可能追溯事物发端，下限一般到 1990 年……"有人反对此做法。如徐则浩说："用详今明古代替详今略古，虽只一字之差，但无论在逻辑上、含义上都欠准确。"⑥ 对于这些不同学术见解，我们现在不必也不可能对它们做出孰是孰非的判断，只有让学术界做进一步研究，进行修志实践的进一步检验，最终才能明辨是非。最后还得补充一个问题，那就是"详今略古"规则并不适用于当下续志编修。

---

① 宋敏求纂熙宁《长安志》，"赵彦若序"。
② 吴师道：《钦定四库全书荟要·礼部集》卷一八《长安志图后题》，吉林出版集团有限责任公司，2005，第 276 页。
③ 黄仲昭纂修弘治《八闽通志》，"彭韶序"。
④ 《章学诚遗书》卷一四《方志略例》。
⑤ 魏桥：《志苑十二年》，浙江人民出版社，1995，第 189 页。
⑥ 徐则浩：《续修志书几个问题的探讨》，《中国地方志》2003 年第 6 期。

因为当下续志记载时限多为近 20 年。在此 20 年左右的时间里，根本就不存在"古与今"的问题。

由上所述可知，修志规则问题是一个比较复杂的学术问题，它总是因时因地而易。历代相传的修志规则，作为传统文化的一个组成部分，在其形成和发展过程中不可避免会受当时认识水平、时代条件、社会制度的局限，而在不同程度上带有一些陈旧过时或已成糟粕的东西。习近平主席曾经指出："要坚持古为今用、以古鉴今，坚持有鉴别的对待、有扬弃的继承……使之与现实文化相融相通。"① 我们今天之所以要对往昔修志规则进行梳理和研究，其目的就是要遵循习近平主席指示，从中总结出一些经验教训，以为新世纪修志提供某些借鉴。

---

① 《努力实现传统文化创造性转化、创新性发展》，《习近平谈治国理政》第 2 卷，外文出版社，2017，第 313 页。

发掘　规范　创新　打造精品志书

缴世忠

（河北省大城县地方志办公室）

二轮修志进入广收成果的金秋季节，下一轮修志启动在即。国务院办公厅于 2015 年 8 月 25 日印发了《全国地方志事业发展规划纲要（2015～2020 年）》，提出了"两全目标"：到 2020 年，全面完成第二轮修志规划任务；实现省、市、县三级综合年鉴全覆盖。中国地方志指导小组办公室同年 10 月底下发了《关于实施"中国志书精品工程"的通知》，提出"全面提高志书质量""打造精品佳志"要求。修志者应当在实现"两全目标"，在总结二轮修志经验的基础上，广泛发掘地方文化，切实讲究志书规范，继承修志优良传统，创新修志工作机制，全力打造新一轮精品志书。

一　发掘地方文化

文化，是一个地方政治、经济、社会等各方面状况的综合反映，编纂地方志书应当广泛发掘地方文化资源，据实打造地方文化品牌，助推地方各项事业发展。

（一）遗产文化

中华文化源远流长，中国有世界文化遗产 21 项，世界非物质文化遗产 31 项。但是，"由于种种原因，多数文明的发生、发展和传承，还有许多往往被历朝历代正史忽视，被野史戏说，或被有意无意遗忘、遗弃和失传。这不仅是外国人，而且是许多国人认同中国有 5000 年历史，但置身处地于现今中国城乡，却感觉不到 5000 年的历史"[1] 的现象并不罕见。如海上瓷器

---

[1] 邓敏杰：《"一带一路"推陈出新与方志文化"双传"导向》，《广西地方志》2015 年第 6 期。

之路在北宋时期通过冶、滚、微、滹沱、漳等内河，把河北井陉、定、邢、磁四大瓷窑的精美瓷器水运到渤海岸边海丰港，再海运至朝鲜、日本，或转至我国东南沿海港口，拼配商品，远涉重洋运抵东南亚和印度洋、波斯湾、地中海沿线各国；① 分布在永清、固安、霸州、雄县东西长 65 公里，南北宽 10~20 公里，分布面积 1300 平方公里的"宋辽边关战道"② 同样有待深入考察研究和继续开发；等等。需要发掘的遗产文化各地都有，方志人应该担当起发掘遗产文化的历史使命。

（二）村落文化

村落，是我国先民在农耕文明进程中以宗族集居的聚落，是出于生产、生活需求而自行构建的规模不同但相对稳定的社会基本单元。传统村落可视为牢植于中华民族沃土之中的"深根"。

中华民族的"根"文化——传统村落文化，是一部囊括政治、经济、建筑、文学、历史、考古、文物、习俗、方言、宗族、宗教等有形、无形文化的"百科全书"。但是，传统村落文化的发掘与研究长期缺乏科学系统的协调运作，使传统村落文化仅仅成为各个学科各取所需的"仓储"：传统村落中的宗祠、庙宇、民居被民族学、建筑学学者关注；婚嫁、丧葬、节令、礼仪风俗被民俗学、社会学学者采集；祭祀、信仰被纳入宗教学、人类学、民族学等研究范畴；传统村落中发掘的大量文物引起诸多考古学学者的研究、论证、鉴定；而历史学学者更把传统村落文化的悠久历史作为着重研究的课题。虽然各个学科都取得了一定的研究成果，但是，传统村落文化被割裂得零落不整。③

为了繁荣国内村落文化、畅通国际传统文化交流，地方志作为联通多学科的文化事业，理应以编纂者复合型的文化素质，承担起全面收集、遴选资料、编著传统村落志书的重任，以全面整合本行政区域的传统村落文化，把各领域、多学科的学术研究资料汇集于村志之中。中国地方志指导小组已经向全国隆重推出了首批 11 部名镇志，④ 而且正在启动中国名村志文化工程，方志人理应虚心学习编纂名镇志经验，致力于启动和指导编修村志，以弘扬传统村落文化。

（三）城市社区文化

城市社区，是人类居住的基本形式之一，是指大多数人从事工商业及其他非农业劳动的社区，是一定区域内人群所组成的相对独立的社会共同体。城市社区文化，是城市社区居民在长

---

① 梁勇、石丽娟等编著《京津冀挽起"一带一路"》第 2 册，河北美术出版社，2016，第 272~373 页。
② 《永清县志》，方志出版社，2012，第 403~415 页（文后附图、照 4 幅）。
③ 黄彦弘：《重视对传统村落文化的学术研究》，《光明日报》2015 年 11 月 1 日，第 7 版。
④ 王丹林：《首届全国名镇论坛暨中国名镇志丛书出版座谈会在人民大会堂举行》，2016 年 5 月 12 日，"方志中国"微信公众号。

期生活过程中形成的鲜明群体意识、价值观念、行为模式、生活方式等文化现象的总和。它具有引导价值观念，传承文化成果，规范行为方式，增强人的满意度、归属感、凝聚力等重要作用。所以，中共中央曾明确提出要"全面开展城市社区建设……健全新型社区管理和服务体制，把社区建设成为管理有序、服务完善、文明祥和的社会生活共同体"。[1]

但是，我国城市社区文化建设的实践和研究起步 20 多年来，存在许多需要认真探索、实践、改进、提高的部分。诸如社区党、政管理机构与物业公司的关系，物业公司与业主的关系，社区宣传教育，社区经济实体，社区监管与帮教，社区治安，社区养老，社区服务，社区文化娱乐活动，社区整体维修与更新，等等，都需要在实践中不断总结、改进、提高。在此形势下，二轮志书中的城市区志，多数对城市社区建设记述不到位，甚至缺位。笔者翻阅过十几部二轮城市区志，都没有城市社区建设的内容。在参加评审 5 部设区市的区志稿时，曾经提出增加社区建设编（卷）的建议，未被采纳。仅在全程跟班指导编修《廊坊市广阳区志》时，主持设立了《社区建设》编，下设 9 个一级目（相当于章）、30 个二级目（相当于节）、85 个三级目、53 个四级目、1 个表格、8 幅彩照，翔实记述了全区 5 个街道 54 个社区的建设情况和初步成果。[2]

《廊坊市广阳区志》是设区市的区志中为数不多的记述社区建设的二轮城市区志。面对记述社区建设不到位或缺位的现象，方志人应当拓宽视野，据实创新城市区志的编纂格局，着力记述城市社区建设中的起步、举措、历程、初步成果，以资区政府城市建设、城市管理之治，为社会、经济、建筑、历史、民俗等学科研究，为城市社区文化的繁荣发展和社区文化交流提供信息资料。

二 切实讲究规范

地方志书编纂，是一项政治性、思想性、学术性很强的文化工程，需要有明确的规范条款，更需要对规范条款的严格遵循。在地方志书整个编纂过程中，必须始终一丝不苟地遵循修志规范条款，才有可能打造出经世致用的精品志书。

（一）标目规范

地方志书篇目中各级标目的规范原则是："事以类聚""类为一志"，妥当处理"科学分类与现实社会分工（现行管理体制）、全志整体性与分志相对独立性的关系"，"结构严谨，归属得当，层次分明，排列有序。类目的升格或降格，使用适当"，"标题简明准确，题文相符，同一门类各级标题不重复"。[3] 地方志书拟定篇目的基本要求是各级标目要尽量精练简洁，"要惜

---

① 党的十六届六中全会 2006 年 10 月 11 日通过的《中共中央关于构建社会主义和谐社会若干重大问题的决定》。
② 《廊坊市广阳区志》，方志出版社，2012，第 102~129 页。
③ 中国地方志指导小组 2008 年 9 月 16 日《地方志书质量规定》第十二条。

墨如金，能用两个字表达的不用三个字，能用四个字表达的不用五个字"。① 只要理通意顺，指事明确，合乎现代语体文规范，让本地人清楚、外地人明白，标目字数越少越好。两轮志书标目冗长现象可概括为以下 5 种。（1）不注重使用名词或含有名词的词组立目，而采用形容、比喻、夸张笔法命题。例如，"夏季暴雨特别多""优美宜人的自然环境""丰富独特的人文资源"，可简练为"暴雨""风景""人文资源"。（2）以时间、历史时期命题，拉长了志书标目。例如，"中华人民共和国建国初期的行政区划"，16 个字太长了，不符合以类立目的原则，可改用"区乡""区乡区划"。（3）标目中使用不必要的"和、与、及、以及"和顿号，这些字和标点可以删去。（4）不注意使用共识的缩略语，例如"工商业联合会"可写为"工商联"，"妇女联合会"可写为"妇联会""妇联"，"最低生活保障"可写为"低保"。（5）使用不必要的缀字，例如某区志"新能源开发"节下"推广节柴节煤灶""开发沼气能源""太阳能综合利用" 3 个一级目，可去除缀字，简练为"节柴节煤灶""沼气""太阳能"。各级标目的剪裁、雕琢，是一部志书质量的标志之一，不可等闲视之。

（二）行文规范

志书行文记事的基本原则是：使用规范的现代语体文记述，不用总结报告、新闻报道、文学作品、教科书、论文等写法。要行文严谨、朴实、简洁、流畅。

以第三人称记述，不用第一人称。使用规范的汉字，用词概念准确，符合现代汉语语法规范。不使用模糊、空泛词句。②

祛除公文格调。夹杂在志书中官腔浓厚的字、词、句式，例如"联产承包后农民积极性大增，种植效益大幅度提高"，"改革开放后，工农各业长足发展，经济效益提高，城乡居民收入成倍增加，人民生活从'基本温饱'到'衣食无忧'，再到'鱼肉奶酒''汽车高楼'，充分体现了改革开放的辉煌成果"，等等，此类公文格调的话语混杂于志书之中，并不妥当。

删除议论评说。地方志书包括"述、记、志、传、图、表、录"等体裁，而以"志"为主体，根本就没有"论"体。所以行文记事的突出特点是：用事实说话，而不是用说话代替事实。无用、无益的议论评说，以及所谓"策论式""展望式"笔法，与地方志书体裁不相一致。"人们的认识过程是要转移的，理论、观点也是会改变的。往往在彼时彼地是正确的，而却在此时此地是错误的。反之亦然。而经过核定的事实本身是稳定的、守衡的，因而它也是比较有说服力的。所以，我们在撰写志稿时，一定要让事实说话，防止乱加帽子。"③ 因此，修志应当以坦坦荡荡据实记事、"寓褒贬于记事之中"为上。

厘清基本概念。地方志书事涉百科，修志者必须懂得每一条资料所涉及事物的基本概念，

---

① 欧阳发、丁剑：《新编方志十二讲》，黄山书社，1986，第 54 页。
② 中国地方志指导小组 2008 年 9 月 16 日《地方志书质量规定》第二十六至第二十八条。
③ 毛东武：《方志语言学》，方志出版社，2010，第 447 页。

不能想当然地随意使用某些称谓。诸如"街道、社区、村"与"街道办事处、社区居委会、村民委员会","灾害性天气"与"气象灾害","植被"与"栽培植物","国营"与"国有","民营经济"与"民营企业","混合所有制"与"合资企业"……都需要首先厘清基本概念，而后才能准确地使用于志书中。

莫以正文为附。志书附文是把应该编纂入志的资料都收进志稿后，剩下少量有存史价值的资料，难以设节立目融入正文，就在相关章节条目后设置"附""附记""附录"，收录有存史价值的资料。优秀的志书，都坚持以正文记事为主体，不会把应该融入正文的内容变为附文，更不应当追求"以附文取胜"。

制定行文规范。在地方志书行文规范方面，《汶川特大地震抗震救灾志》的编纂为我们做出了示范。在志书编纂启动之初，编委会办公室就制定了详尽的《〈汶川特大地震抗震救灾志〉行文规范》，共 8 个方面，41 款 27 条细则，[1] 从语言文字、数字、量和单位、图表照片到格式、表述，都做了具体规定，为这部恢宏巨著跻身精品工程前列奠定了学术基础，堪供志界效法。

（三）图、表规范

图，包括地图、示意图、图表、照片、图画等，是志书的重要组成部分，方志界素有"一图胜千言"之说。所以，入志的图片必须"注重典型性、资料性""无广告色彩""制作规范，要素齐全""主题明确，图像清晰"。[2]

表，志书中的表格包括表序、表题、表体和必要的表注等。绘制志书中表格的基本要求是"设计合理，要素齐全，内容准确，不与正文简单重复"，"全书表格样式、编号统一"。[3]

图文对应。志书正文中插印的图片要与左近的志文内容相对应，收到文引图出、图彰文义的效果，而不能插印与志文无关或关系不紧密的图片。

图注清楚。《地方志书质量规定》第二十二条明确规定，入志照片要"注明时间、地点、事物、需要说明的人物的位置及时任职务等"。照片说明词要简洁但不能简略，不能缺少基本要素。例如，仅注以"雹灾"二字而不注明时间、地点，仅注以"农村街道"四字而不注明时间、村名，仅注以"著名企业组图"而不注明时间、企业名称等，这样的照片会有什么资料价值呢？应当把说明词的时间、地点、事件、人物等要素附注齐全，以提高图像资料的价值。

地图正规。志书收录的卫星影像图、政区图、区位图、地形图、交通图等，应当经过省以上测绘部门或有关专业部门绘制或审定，不使用没有审批文号或没有签注专业测绘部门名称的

---

① 汶川特大地震抗震救灾志编纂委员会编《〈汶川特大地震抗震救灾志〉编纂工作文件汇编》，2012 年 7 月，第 29 ~ 40 页。

② 中国地方志指导小组 2008 年 9 月 16 日《地方志书质量规定》第十一条（五）、第二十二条、第三十七条、第十一条（六）、第三十七条。

③ 中国地方志指导小组 2008 年 9 月 16 日《地方志书质量规定》第十一条（五）、第二十二条、第三十七条、第十一条（六）、第三十七条。

地图。但"示意图"只需要意向明确即可，不苛求必须有审批文号和专业测绘部门绘制。

表格要则。志书中所有表格的标目要做到"时间、范围、主体内容和表格性质等要素齐全"。[①] 不缺要项，不使用欠规范的词语。表内数字取齐于个位，保持横平竖直，与志文记述的数字完全一致；表内文字取齐于左，保持精练简洁；序号、计量单位、接转下页、表下注释等均合乎规范。表格的纵、横栏目都应当精练简洁，不要虚设不必要或可有可无的栏目。

表改图表。志书中插印表格的惯例是"1 行数字不成表，1 至 3 行改图表"。所以凡 1 至 3 行的数字表格均可酌情改绘为折线型、柱状、饼状等形象、直观、便于识读的图表。图、表，与文字记述一样，对于党政领导机构决策、施政，对于各行各业各个学科的规划、研究、发展，都具有重要的资治作用，更是对外文化交流中抢眼的重要资料。所以，在志书编纂中，要严格规范好志书的图、表，其有着其他文化产品不可替代的作用。

三　善于继承创新

地方志书在世世代代编修实践中形成的传统要则，需要认真继承下来，传承下去。地方志书性质的地方性、资料性、历史性、实用性、著述性，地方志书的存史、资政、教化功能，决定了它的信史地位。地方志书如此重要，必须代代传承。但继承不是照搬，不能泥古而窒息地方志事业，同时也不能否定地方志传统。有不了解地方志常识的人，在一部志书中摘录了几十个专题，辑印成册，名曰"经典"，要据此"寻求《史记》与县志的中间之路"，[②] 此举偏离了继承，也误解了创新，所以志界无人响应。

继承修志优良传统的核心不可移易。核心中凝聚着地方志书的性质、功能等传统要则，诸如"地方性、资料性、实用性""事以类聚""类为一志""横排纵写""据事直书""述而不作""惜墨如金""言简意赅""寓褒贬于记事之中""图文并茂""三不越"等，都需要修志者遵其法度，守其要义。如果不讲继承，而改法度，易要则，变要义，那就改变了地方志书的基本性质和功能。

盘点两轮修志历程和经验教训，可知地方志事业是在不断继承和创新中保持和增进生命力的。"创新应该是在继承基础上的创新，两者不能执其一端有所偏废。"[③] 创新的基本点是与时俱进，是在继承前提下的以时创新、因事创新。

（一）创新工作机制

两轮修志 30 余年来，地方志事业已经"形成了志（志书）、鉴（年鉴）、库（地情数据

---

① 中国地方志指导小组 2008 年 9 月 16 日《地方志书质量规定》第十一条（五）、第二十二条、第三十七条、第十一条（六）、第三十七条。
② 谈歌：《探寻〈史记〉与县志中间之路》，《光明日报》2011 年 1 月 2 日。
③ 陈泽泓：《关于志书篇目体式的思考》，《中国地方志》2009 年第 5 期。

库）、馆（方志馆）、网（地情网站）、刊（期刊）、会（学会）、研（理论研究）、用（开发利用）等多业并举的新格局"。① 在新的格局下，地方志书编纂不再是地方志事业唯一的业务，各地也必须遵照中国地方志指导小组办公室 2015 年 10 月下发的《关于实施"中国志书精品工程"的通知》中"全面提高志书质量""打造精品佳志"的要求，编纂出新形势下的精品志书。这就要求修志者适应"十业并举"的新格局、新形势，创建新型修志机制。

树立新的观念。头等重要的是牢固树立"为人民修志的思想观念……有了为人民修志的雄心壮志，有了这样的正确方向，就能够甘坐冷板凳，才能干成地方志事业"。② 这是修志者的根本，不能偏离，否则难出精品佳志。有的地方领导人分管却不过问，那是因为我们没有创出足以触动他的修志成果，修志者"要把自己当回事，有为才有位。你干事，领导才重视你；你不干事，领导怎么重视你呢？"③ 只要修志者主动作为，取得瞩目成绩，必会赢得支持。

坚持调查研究。转变修志理念，注重调查研究。向浙江省杭州市萧山区，河北省安国市、涉县、黄骅市等方志办学习，摆脱旧框框的束缚，不单纯依靠各单位提供资料稿，克服重重困难，走出办公室，进入各类企业、农村、社区、学校等单位，接通地气，做好扎扎实实的调查、统计，获取鲜活、管用的第一手资料，为创编富有时代气息和地方特色的精品志书搜集足够的真材实料。

优化修志队伍。首先是制定并遵守铁定的学习制度，坚持行之有效的培训、考核制度，不断提高人员素质。其次是各级各地修志队伍实行老、中、青三结合的优化结构，老专家学术指导、定向把关；中年人中流砥柱，分工负责；青年人具体操作，承担基础工作。河北省《秦皇岛市志》《邯郸市志》《井陉县志》《涉县志》《黄骅市志》《永清县志》《廊坊市广阳区志》《安国市志》等多地志书的成功经验证明，老、中、青三结合是颇见实效的优化组合。

实行招聘制度。修志工作在党委领导、政府主持下，积极主动地引入招聘、招标、承包、质检等适应新形势的运作模式。大力倡导专家修志，选聘得力的专家小组负责各级志稿的抽查、质检、终审把关。

（二）创新方志语言

语言文字是地方志书的主要构成材料。两轮各级志书有语言规范、质量较好的志书，但也有"一些粗制滥造、杂恶烦芜的志书"。④ 我们自己不注重方志语言的创新和方志语言学的构建，把地方志语言文字局限在工作总结、大会报告、宣传报道的窠臼里，可是方志界外各路文人都有一定的语言文字水平，粗略浏览一部志书，就能够很快发现语言文字错讹等弊病，所以

---

① 王伟光：《志书古今 启迪未来》，《人民日报》2016 年 5 月 27 日，第 7 版。
② 王伟光：《在上海市地方志工作调研座谈会上的讲话》，2015 年 6 月 5 日。
③ 王伟光：《在上海市地方志工作调研座谈会上的讲话》，2015 年 6 月 5 日。
④ 毛东武：《方志语言学》，第 1 页。

有人以新方志中的一些语言文字缺点撰文作论，发表到了《光明日报》上，甚至有的学科撰写学术论文不准引用新编地方志书中的资料。如此状况，亟待"清新、准确、精练、简洁、朴实、淡雅"的方志语言脱颖而出。浙江省江山市方志专家、八旬高龄的毛东武先生积多年方志编纂和理论研究成果，著述出版了开拓之作《方志语言学》，有志于提高方志语言质量、打造精品志书的同人师友当勠力同心，共创"清新、准确、精练、简洁、朴实、淡雅"的方志语言体系。

（三）创新志书内涵

二轮修志十几年来，由于一些地方因袭首轮志书或较早出版的二轮志书篇目模式，把志书时限内出现的大量贴近百姓的深层次事物排斥在志书篇目之外；也由于这些贴近百姓的深层次事物大都没有专门管理并能提供基本资料的单位，欲获取这些方面翔实可靠的资料，必须实行辖域内的普遍调查和各种典型的专题调查，而高质量、高效率的调查，必须具有一定的人、财、物保障才能成功。所以在人、财、物保障匮乏情况下编纂出的二轮志书，出现记事单薄、表面化的泛泛之作，那就在所难免了。

秉着创新志书内涵原则的河北省安国市志办公室，据实拟定了涵盖全市的 500 个调查专题、148 种调查表。统一调度，深入城乡各行业基层，见人见物，实地调查各种文字、数字、图片、实物资料。他们的足迹遍及全市，已收集资料 200 盒、2000 万字。这些鲜活、生动的资料，绝非各单位提供的工作总结式资料稿可比。他们依据内涵丰厚的调查资料编纂成书的《安国市志》，在河北省"四审制度"的四级评（终）审中，一路"绿灯通行"，各级审稿人员一致认为，这样求实求是、深刻生动的志稿令人醒目提神，均称赞志稿不仅充分突出了中药材"药业"，围绕药业详细记载了"社会管理""重要举措"，而且浓墨重彩地记述了贴近百姓的"居民生活""信息网络""人物"以及"下岗工人创业""手机普及与更新""电子商务""网络科技服务""磁卡、IC 卡应用""物流""快递""农民工进城""留守老人与儿童""食品安全""婚价上涨""农民的困惑""消失的旧事物"等。安国市志办公室堪称创新志书内涵的模范，《安国市志》有望成为二轮修志中名副其实的精品志书。

以上仅属个人浅见，水平所限，难免不当甚至谬误，敬请专家师友教正。

地方志能否既回答好"是什么", 又回答好"为什么"问题的探索

范洪涛

(上海市黄浦区地方志办公室)

一 问题的提出

20 世纪 80 年代首轮新方志编纂工作全面展开时,方志界流行一种相当普遍的观点,认为地方志的第一任务只是回答"是什么",并不担负回答"为什么"的任务。如《中国地方志》1999 年第 1 期《实施战略战术两个三部曲,稳步跨入二十一世纪》一文中,作者说:"知道历史状况是什么(保证质量,修好志书)—说明历史过程为什么(积极开展地情研究)—推动历史发展干什么(主动当好领导参谋)。这就是史志工作的战略三部曲。"很明显,作者认为修好志书保证质量的任务就在于回答好"是什么"。至于"为什么""干什么",那是志书出版以后的任务。有的学者认为"方志不可能完成'总结经验教训,探索历史规律'这个力不胜任的任务","回答'为什么'是历史学承担的任务,地方志必须坚持'述而不作'原则,只提供史实材料,不发议论,让读者自己下判断,自己下结论"。到了 21 世纪初全面展开第二轮新方志编纂工作时,不少修志人总结了首轮志书编纂的经验教训,认为"修志者要有目的地选择材料,精心编排记述,将自己的立场观点倾向通过选用的史实材料予以反映,'寓观点于材料之中'"。有些修志者进一步认为"必要时,在适当的地方可以用'画龙点睛'的方法,作少量的精炼的直接议论,直接分析"。这种观点比前述观点有所松动灵活,但并没有明确回答地方志究竟应否承担回答"为什么"任务这个重要问题。

地方志应否担负回答"为什么"任务,就是地方志应否担负"总结经验教训,探索历史规律"任务这个涉及方志功能作用的方志学科建设的基本理论问题。近几年来,方志学术界对地方志如何实践"修志问道"发表了不少论文,但直接阐述地方志究竟是否应当承担回答"为什

么"任务，怎样承担这个任务，是不是只有历史学才能发表史论回答"为什么"的论文很少见到。修志人员在这些问题上仍存在不同观点。进一步从理论和实践上探索澄清这些问题，对加强方志学科建设，进一步明确方志功能作用这个基本理论问题有重要意义。

二 古今方志学者对方志功能作用的论述肯定了方志应该承担回答"为什么" 任务

方志应否承担回答"为什么"任务，必须从古代方志的功能作用说起。

梁启超在《论方志》中说："最古之史，实为方志，如《孟子》所称晋《乘》、楚《梼杌》、鲁《春秋》，《墨子》所称周之《春秋》、宋之《春秋》，《庄子》所称百二十国宝书。由今日观之，可谓方志之滥觞。"① 古代方志的功能作用，最早见于《周礼·诵训》："掌道方志，以诏观事。掌道方慝，以诏辟忌，以知地俗。"② 班固在《汉书·食货志》中说："理民之道，地著为本。"③ 东晋出现体例比较完备的《华阳国志》，作者常璩在《序志》中提出："夫书契有五善：达道义、彰法戒、通古今、表功勋，而后旌贤能。"④ 宋代是古方志基本定型时期，对方志的功能作用论述较多。陆垲云："志苟不作，则古往今来，事事物物，皆无所考，其所关系，岂区区记名氏而已，而后知此书不可一日无也。"⑤ 董令升云："相与检订事实，各以类相从……岂特备异日职方举闰年之制，抑使为政者究知风俗利病，师范先贤懿绩，而承学晚生，览之可以辑睦而还旧俗，宦达名流，玩之可以全高风而励名节。"⑥ 留元刚说："水利何为而便，役法何为而病，是非得失之迹，废兴沿革之由，安危理乱，于是乎在，一言去取，万世取信。"⑦ 明人论方志之作用，强调"考兴亡，辨是非，求隐赜"。⑧ 清代方志大师章学诚从志即是史观点出发，立三书（即志、掌故和文征），提出："史志之书，有裨风教者，原因传述忠孝节义，凛凛烈烈，有声有色，传百世而下，怯者勇生，贪者廉立。……况天地间大节大义，纲常赖以扶持，世教赖撑拄者乎！"⑨ 又说："方州虽小，其所承奉而施布者，吏、户、礼、兵、刑、工，无所不备，是则所谓具体而微矣。国史于时取材，方将如《春秋》之籍资于百国宝书也，又何可忽欤。"⑩ 民国时期，梁启超对方志的功能讲得更明确："故夫方志者，非直一州一

① 曾星翔、李秀国编《中国方志百家言论集萃》，四川省社会科学院出版社，1988，第6页。
② 曾星翔、李秀国编《中国方志百家言论集萃》，第40页。
③ 曾星翔、李秀国编《中国方志百家言论集萃》，第40页。
④ 常璩辑撰《华阳国志》，重庆出版社，2008，第419页。
⑤ 陆垲：《语溪志序》，张国淦编著《中国古方志考》，中华书局，1962，第343页。
⑥ 董令升：《严州图经序》，张国淦编著《中国古方志考》，第397~398页。
⑦ 留元刚：《永宁编序》，张国淦编著《中国古方志考》，第406页。
⑧ 《宁夏新志序》，转引自彭静中编著《中国方志简史》，四川大学出版社，1998，第324页。
⑨ 章学诚：《文史通义外篇·答甄秀才论修志书一书》，章学诚著，仓修良编注《文史通义新编新注》，浙江古籍出版社，2005，第841~842页。
⑩ 章学诚：《文史通义外篇·方志立三书议》，章学诚著，仓修良编注《文史通义新编新注》，第829页。

邑文献之寄而已。民之荣瘁，国之污隆，于兹系焉。""夫方志之学，非小道也。吾侪诚欲自善其群以立于大地，则吾侪夙昔遗传之性质何若，现在所演进之实况何若，环境所熏习所殴引之方向何若，非纤细周备，真知灼见，无以施对治焉。舍历史而言治理，其言虽辩无当也。"因此"有良方志，然后有良史，有良史，然后开物成务之业有所凭借"。① 黄炎培1937年在主编的《川沙县志·导言》中提出："史之为用，明因果而已。一地方之治乱盛衰，往往根于其国运，苟地位特殊，或且进而随世界大局以为转变。治方志者仅仅着眼于所在一隅，而不驰神全国乃至全世界，则所窥见之因果关系，必失之偏隘，而莫能真确。"② 当代方志学家董一博主编的《中国方志大辞典》"方志功用"条目归纳了古代、近代方志专家论述，指出："历史上总结志书的作用有三：一曰'资治'，即辅佐政治之用。称之为'辅治之书''资政之书'；二曰有裨'风教'之书，即宣传教育之用；三曰'存史'，即保存历史资料。"③ 这个归纳已成为当今方志学术界的共识。在20世纪80年代兴起的全国范围编纂社会主义新方志热潮中，对地方志的功能作用的认识有了进一步提高。1987年2月13日，董一博在常州市修志人员大会上的报告中明确提出："地方志的自身基础条件决定了它的本质特性，也就不言而喻地形成了它的功能作用。第一，为建设有中国特色的社会主义，提供史情、现情、国力、地力的信息，为抉择最优方案作参考；第二，为体现经验教训，反映客观规律，提供借鉴和规戒；第三，为爱国主义、社会主义和共产主义教育，发扬中华民族的优良文化道德传统，提供乡土教材；第四，为一代一方自然、社会、人文及百科之业的历史、现实建立资料总库；第五，为一世一地的文化、科技、物质、生活、生产活动、科学实践、百科之业的发展水平以及方言民俗等等，树立断代里程碑。"④

随着第二轮社会主义新方志编纂工作的全面展开，绝大多数修志人能全面认识地方志的功能作用是"存史、资政、育人"，但至今仍有部分学者认为："方志的主要功能、第一功能是存史，没有提供真实资料，何来其他功能。""地方志并不承担，也不可能承担总结经验教训，探索历史规律任务。"这种观点也即是地方志的第一任务只是用资料来回答"是什么"，并不担负回答"为什么"的任务。修志人从不否认"提供资料和存史是基础"，但"提供资料和存史"并不是修志的最终目的。方志应社会需求而生，修志和修史一样，其最终目的是"经世致用"。离开了"经世致用"，志书、史籍最多不过是一堆死资料，起不了推动社会发展的作用。

总之，从古代、近代、当代众多方志学者有关方志功能作用的论述看，地方志绝不能仅仅只起保存史料、提供史料，让读者自己下判断，自己下结论，或者仅仅停留在回答"是什么"

① 梁启超：《龙游县志·序》，民国14年铅印本。
② 黄炎培主编《川沙县志》，1937。
③ 《中国方志大辞典》，浙江人民出版社，1988，第100页。
④ 曾星翔、李秀国编《中国方志百家言论集萃》，第69~70页。

的任务上,而要自觉担负起回答好"为什么"的任务,努力在"体现经验教训,反映客观规律"上下功夫。

三 方志的资料性科学著述基本属性确定了方志应该承担回答"为什么" 任务

主张方志只承担回答"是什么",不承担回答"为什么"任务的另一个主要依据是,只承认方志的基本属性是资料性而否认方志是一种资料性科学著述。早在 200 多年前,清代以章学诚(1738~1801)为代表的撰著派和以戴震(1724~1777)为代表的纂辑派发生了一场大论争。前者主张"无语不出于己",后者主张"无语不出于人"。戴震是清代考据学派的集大成者,在所修志书中,经常用"正史"中的有关材料做依据,尤重地理沿革之变。章学诚批驳戴震"志以考地理"的观点,提出方志立"三书",即"志""掌故""文征"。他说:"凡欲经纪一方之文献,必立三家之学,而始可以通古人之遗意也。仿纪传正史之体而作志,仿律令典例之体而作掌故,仿《文选》《文苑》之体而作文征。三书相辅而行,缺一不可,合而为一,尤不可也。"三书当中,"志"是主体,"夫志者,志也,其事其义之外,盖有义焉",它是"词尚体要""成一家言"的著作。他还说:"有典有法,可诵可识,乃能传世而行远。故曰:志者,志也,欲其经久而可记也。"①

1986 年 12 月 24 日,胡乔木在全国地方志第一次工作会议闭幕会上指出:地方志"是一部朴实的、严谨的、科学的资料汇集","还是一部科学文献"。地方志要成为一部资料性科学著述,就必须以大量丰富翔实的资料为基础,经过严格筛选,按照合理的篇目结构,进行精心编排,通过修志者的撰写成为一部完整的、系统的能真实显示客观实际、彰明因果关系,从总体上反映事物发展规律的地方志。这完全是一种新的创作,使原来分散的、缺乏内在联系的资料上升转化成一部全面的、系统的科学著述。根据方志的基本属性是资料性科学著述,地方志不仅要承担正确回答"是什么",而且必须进一步承担回答"为什么"任务。

四 地方志应该"述而有论", 运用"述体" 回答好"为什么"

主张方志只承担回答"是什么",不承担回答"为什么"任务又一个依据是,认为地方志必须坚持"述而不作"的原则,只完成提供史料、保存史料的任务,不发议论,让读者自己下判断、下结论。这种观点至今在方志界仍有一定影响。孔子确实在《论语·述而》中提出过:"述而不作,信而好古。"孔子编写的《春秋》作为鲁国之"春秋",依鲁君十二公在位顺序,

---

① 章学诚:《文史通义外篇·方志立三书议》,章学诚著,仓修良编注《文史通义新编新注》,第 829 页。

记述鲁隐公元年至鲁哀公十四年共242年的大事，是按年编纂成书的最早史书，被视为中国编年史开端。《春秋》所记地域范围，以鲁国为主而兼与周王室和其他诸侯国与周边少数民族。全书内容约1413条史实，完全逐年记事，而且按年、月、日、时的顺序排比。"所记内容以征伐比重最大，包括逐君、弑君、争位等约占全书2/5的篇幅；其次为会盟、访聘，两项内容所占篇幅与征伐大体相当；再次为自然现象，日蚀、月蚀、星陨、山崩、地震、霜雪、冰雹、水旱、虫灾以及怪异等，约为全书1/10；其他，祭祀、婚丧、城筑、宫室、蒐狩、土田等，与记自然现象篇幅大体相当。"① 孔子在记述这些内容时，是"述而有作"的。如对于周王和诸侯国国君的死亡，孔子就根据不同性质，分别选用"崩、薨、卒、（被）弑"来表述。诸侯各国之间的征战，更是按性质和战情仔细地分别选用"伐、侵、取、克、灭、战、围、救、入、败"来表述，充分显示了他的立场观点。对《春秋》的评价，最早见于《左传》。"《春秋》之称，微而显，志而晦，婉而成章，尽而不污，惩恶而劝善，非圣人谁能修之？"② 孟子说："世衰道微，邪说暴行有作，臣弑其君者有之，子弑其父者有之。孔子惧，作《春秋》。《春秋》，天子之事也。是故孔子曰：'知我者，其惟《春秋》乎！罪我者，其惟《春秋》乎！'"③ 司马迁说："《春秋》之义行，则天下乱臣贼子惧焉。"④ 我们对孔子的"述而不作"要全面理解，而不能断章取义，借此作为地方志不能进行议论的依据。任何一部志书、史书，作者都会在字里行间反映自己的立场、观点、倾向，孔子也不例外。可以说，地方志中，即使所有记述内容完全转用他人所写的材料，全部有出处，但经过编纂者之手形成的一字一句仍然渗透着作者的立场、观点和倾向性。那种"修志者在志书中只能用材料来说话，不带自己的任何观点、倾向，让读者自己去判断、作结论"的说法是根本不存在的伪命题。

方志中"述体"的出现和运用，从体例上使地方志更好地担负起回答"为什么"的任务。最早正式提出"述体"是在民国时期。黄炎培于1937年主编的《川沙县志》中，破除陈规，在20卷卷首都设了"概述"。他认为："一般方志，偏于横剖，而缺乏纵贯，则因果之效不彰。"⑤ 黄炎培的"概述重在简略说明本志内容之大要，而不尽阐明义例"。⑥ 虽然在内容上还不够完善、全面，但应视为方志体例上的一次重大突破。古方志中没有今日严格意义的"述体"，但今日之"述体"也是有源流的。古代方志最早用"地理沿革"或"沿革"来总揽全貌，一定程度上起了"概述"的作用。早在东晋常璩所纂《华阳国志》中就设了"总叙"和"序"。虽然宋代以后的许多古方志中未能普遍继承发展"叙""序"体裁，但仍有一定进展。南宋淳祐《临安志》在各篇之首设了"小序"。元朝袁桷所纂《延祐四明志》，全书20考，考

---

① 谢保成主编《中国史学史》，商务印书馆，2006，第110~111页。
② 《左传》成公十四年。
③ 《孟子·滕文公章句下》，《四书全鉴》，天津人民出版社，2015，第314页。
④ 《史记·孔子世家》。
⑤ 黄炎培主编《川沙县志》，"导言"。
⑥ 黄炎培主编《川沙县志》，"导言"。

考有短序。明代万历《会稽县志》全志 16 卷，分 4 类 19 门，类有总论，门有分论。清代章学诚首创"三书"，突出"志体"，把著述性质的"志"和资料汇集性质的"掌故""文征"合成一部完整的方志，解决了著述和资料的关系，又前进了一大步。但古代方志中的"总叙""前言""总论""分论""小序"等，或陈沿革，或交代背景，或点明意义，或提示要点，或揭示面貌，或阐述义例，大都是从某一角度，对全志从纵向予以浓缩提炼而已，离通达道义、彰明因果的要求还有很大距离。

随着时代的进步、科学的发展，现代社会专业分工越来越细，社会生活越来越丰富，各类事物的联系更为密切。20 世纪 80 年代兴起的全国范围的首轮编修社会主义新方志，其容量和篇幅较古方志大为增加，门类众多，内容复杂，一般要纵跨多个时代，横涉多种学科、行业。地方志的体裁如不随着时代的发展而创新，势必跟不上形势。许多方志学家大力提倡在志书中运用"述体"，尤以董一博关于设置"概述"的主张为要，奠定了当今"述体"运用的基本学术思想。他主张：通过概述，打破园圃，使门内外比比相通；通过概述，明确各类事物之间的相互联系和因果关系，揭示规律；申大势大略，跳出旧体例的雷池规范，叙而有论；显示特色，为扬长避短、开发优势求训致用。他还说，"概述"编是"综论全志，网罗各篇，构成纵横贯通、综合利弊、勾勒特点，概其盛衰荣枯之因，述其优势长短之势，以多维关系立体鸟瞰全貌"。[①] 1985 年 4 月中国地方志指导小组发布的《新编地方志工作暂行规定》，虽然在地方志体裁这一条中没有提到"述体"，但 20 世纪 80 年代出版的志书已经普遍运用了"总述""综述""概述""序"一类体裁。不少志书已形成三级"述体"体系，即"全志有总述，篇章有概述，节目有无题小序"，并概括出"述体"的三大功能，即"概总貌、概特点、概轨迹"。1997 年 5 月修订后新发布的规定第十三条，已明确写上"地方志的体裁，一般应包含述、记、志、传、图、表、录等"，并且把"述体"放在七种体裁之首，说明"述体"在方志理论和实践上又有了进一步的发展。从方志学的发展看，地方志应该"述而有论"，并充分运用"述体"这一体裁，更好地完成回答"为什么"任务。

五　地方志回答好"是什么" 是进一步回答好"为什么" 的基础

"是什么""为什么"是一对广泛适用于各领域的常用词语，并非专门的学术术语，但当它们与哲学、社会科学、自然科学各专门学科担任的学科研究任务结合起来时，就会产生特定的学术内涵。2006 年公布的《地方志工作条例》第三条明确规定"地方志书，是指全面系统地记述本行政区域自然、政治、经济、文化和社会的历史与现状的资料性文献"。这就明确了地方志回答"是什么"的内涵就是要用全面、翔实的资料全方位、全领域地正确记述本行政区域

---

① 董一博：《董一博方志论文集》，河南大学出版社，1989，第 263 页。

包括自然、政治、经济、文化和社会的总貌、特点、性质、发展程度（阶段）、制度（体制、机制）、起制约作用的环境和起决定作用的人物群体。也明确了地方志回答"为什么"的内涵就是要在讲清楚"是什么"的基础上，进一步从总体上阐明本地域从历史到现状所以发生变化的动力、内因、外因及其发展规律。

任何事物、任何学科学术研究对象的"是什么"和"为什么"往往连在一起，融为一体。要科学地认定某一事物，阐明某一学术研究对象"是什么"和"为什么"，并不是一件轻而易举的事，尤其是复杂的人文社会活动，大规模的群众运动、革命运动，社会的革新、改造、转型升级活动，多变的经济活动和生态变化，多元的社会意识形态变化，社会阶级阶层的变化，处于萌芽状态的新生事物，等等。如果不是深入实地调查观察，占有大量翔实资料，进行刻苦研究，准确地进行剖析，是很难说清楚"是什么""为什么"的。"是什么"和"为什么"虽然是有密切联系的融为一体的两个方面，但它们之间还是有区别的。"是什么"相对而言是比较显性的、形象的，看得见、摸得着，并且有层次，是由微观、中观、宏观逐层叠加的。而"为什么"相对而言是比较隐性的、抽象的，看不见、摸不着，但又是确实存在，而且往往体现在宏观层面上。世界上没有"为什么"的"是什么"是不存在的，同样，没有"是什么"的"为什么"也是不存在的。"为什么"就隐藏在"是什么"之中，从这个意义上讲，说清楚"是什么"是说清楚"为什么"的基础、前提，而说清楚"为什么"是说清楚"是什么"的升华和提高。两者缺一不可，如果说说清楚"是什么"很难，那么说清楚"为什么"更难，但它又是各门学科进行科学研究，造福于人类、造福于社会的最终目的。

地方志几千年发展过程中积累了极为丰富的如何说清楚"是什么"的经验，归结起来，有"三句话，十二字"，即"确定对象，找准依据，正确判断"。

第一，"确定对象"。即明确整部志书要回答"是什么"的范围、方面和容量。作为资料性科学文献，必须先有一个科学的、合理的总体框架（篇目结构），即著述之纲。根据本行政区域地情特点和社会发展的分工，从横断面将志书要记述的内容加以分门别类地划分，从整体到局部分层次地进行安排。从古到今，地方志篇目结构总体容量有一个由简到繁、由少到多的发展过程。如古方志，东晋的《华阳国志》是方志史上最早一部结构相对完整的志书，全书共11万字余，分为《巴志》《汉中志》《蜀志》《南中志》《公孙述、刘二牧志》《刘先主志》《刘后主志》《大同志》《李特、雄、期、寿、势志》《先贤士女总赞》《后贤志》《序志并士女目录》等12卷，以地理志、编年史及人物志三者结合的形式，记述了从上古直到东晋初年以益州为中心的西南地区的历史、地理及现状。与后世方志相比，该志在结构上属于方志发展初期，较简单。地方志发展到宋代基本定型，至明清进入全盛时期，志书结构由简到繁。以上海地区自宋代至民国编纂刊印106部，现留存64部府志、县志而言，可分四个阶段。第一阶段，北宋大中祥符年间（1008~1016）至元朝结束，约360年。编纂12部，留存仅1部，为《云间志》。属小篇结构，分上、中、下三卷，记述环境资源、土地人口、疆域政区及建筑工程、经济门类17

篇,教育类、社会类 19 篇。其中,人物和艺文约占 40%。第二阶段,明洪武三年至明朝结束(1370~1644),270 余年。编纂 31 部,留存 13 部。其中中篇结构 7 部,中类志(篇)最多 16,最少 8;门(目)最多 70,最少 39。小篇结构 6 部,只分小类,门(目)最多 70,最少 28。其内容比例,经济类事物占比最高,为 40% 左右,最低为 25% 左右。其余政治、军事、教育、社会、艺文、人物类中,人物仍占重要地位,有的人物类高达 40% 左右。第三阶段,清顺治四年至清朝结束(1647~1911),260 余年。编纂 49 部,存 37 部。其中,中篇结构上升至 26 部,中类志(篇)最高 17,最少 6;门(目)最多 99,最少 40。小篇结构下降至 11 部,只分小类,门(目)最多 70,最少 25。其内容比例,经济类事物最高,为 40% 左右,最低占 25% 左右,但总体比明代有所下降。其余政治、军事、教育、社会、艺文、人物类中,人物仍占大头,几乎与经济类相当。如清乾隆《类县志》全志 30 卷,人物 12 卷,占 40%。第四阶段,1915~1949 年,为 34 年。编纂 14 部市、县志,存 13 部。其中,除《上海市自治志》按"城厢总工程局""城自治公所""市政厅"3 编,下分 21 目,属于特殊类型外,中篇结构有 11 部,约占 90%。中类志(篇)最多 25,最少 9;门(目)最多 229,最少 40。小篇结构只有 1 部,约占 8%,即民国《奉贤县志稿》,有小类 32 目。① 进入现代社会后,20 世纪 80 年代兴起全国范围编纂社会主义新方志热潮,志书结构更有新的发展,门类更多更细。首轮《上海通志》卷首设总述、大事记,下列建置沿革、自然环境、人口、政治、经济、科技文化、社会、人物、专记、特记等 46 卷共 1083.6 万字,并同时编纂县志 10 部、区志 12 部、专业志 93 部,② 成为通志下面三大系列志书。从 12 部区志的篇目结构看,除一部为条目体外,其余 11 部均为小篇结构。门类和文字最多的是《黄浦区志》,有 44 篇 212 章 704 节,220 万字;最少的是《闵行区志》,有 28 篇 121 章 353 节,82 万字。上海市城市区志志书内容比例上,经济类占比最高,而且门类分得很细,其次为政治,再次为科教文。与古代方志相比,人物在志书中的比重大大下降。艺文方面虽有"文化"专篇,但不再登录文章和作品。以《黄浦区志》为例,经济方面设 14 个门类,计有:商业、饮业、服务业,对外经济贸易,金融,工业,城市规划,市政建设,房地产,房屋建设,特色建筑,环境,交通邮电,财政、税务、审计,劳动,工商行政、价格、标准计量。内容占全志的 41.48%;政治方面设 13 个门类,内容占 22.08%;科教文卫体设 5 个门类,内容占 7.92%;社会设 4 个门类,内容占 5.6%;人物列传记、事略共 312 人,占比为 7%。

不同种类志书要回答"是什么"的范围、方面和容量也是不同的。全国性"一统志",如隋炀帝下令编纂的《区宇图志》(我国第一部官修总志)、唐太宗四子李泰主纂的《括地志》、元世祖下令编纂的《大元一统志》、明太祖下令编纂的《大明一统志》、清康熙谕旨编纂的

---

① 《上海方志提要》,上海社会科学院出版社,2005,第 2~87 页。

② 《上海方志提要》,第 17、20~87、90~222 页。

《大清一统志》，都是范围、体量极大的志书。至于省（郡）、州、府、县、镇志，由于行政辖区范围不同，其容量也依次递减。不同上下年限的通志（从事物起始至当代，一般历经多个朝代）、断代志（清代规定60年，当代规定20年），其容量也不同。

第二，"找准依据"。根据志书篇目结构，制定详细的搜集资料提纲，下大功夫，有目的地找到说明"是什么"的依据。做好资料工作是完成回答"是什么"任务最重要的基础，是一项艰巨的系统工程。首先，必须确保真实性。坚持贯彻"存真求实、实事求是"的原则是正确回答"是什么"的关键，也是志书的生命线。资料工作的基本要求就是"不伪""不漏""不偏"。资料的真实性与资料来源有密切关系，凡是历史活动当时形成的实物、图像、影像资料，真实性最高；当时形成的官方档案、相关单位档案，真实性也很高；当时亲身经历的当事人、相关人的记述、回忆，真实性较高，但也可能夹杂个人主观看法或回忆有误；当时报刊的报道和民间人士的记录、回忆、传闻及后人的追述和相关著作，只能做旁证参考。方志资料的一个重要来源就是修志人员亲自深入第一线调查、访问。一般来讲，已搜集的资料真假混杂的往往比较多，或者虽属真实，但不一定准确。因此，所有原始资料都必须经过鉴定并达到"去粗取精，去伪存真""不唯上，不唯官，要唯实"。弄清一个史实，一般要有直接证明材料，可做旁证的材料和可做反证的材料，要坚持"无证不信，孤证不收"。

其次，还必须确保资料的完整性、全面性、连续性、系统性、层次性。对于比较复杂的事物，要注意资料的完整性，必须包含时间、地点、相关环境（物质条件），过程和结果（包括数量上的确定），相关人物在其中的活动和作用。应该是宏观、中观与微观相结合的资料群；是全面和重点相结合的资料群；是起始、各个发展阶段和现状联结成线的资料群；既有反映事物质的特殊性资料，又有反映其程度的量（数据）的统计资料；既有必要的背景、物质（环境）条件的资料，又有起决定作用的人物活动的资料；既有全局性、总体性、系列性的集合资料，又有典型性、代表性、方向性的个体资料。总之，只有大量的具有上述特点的资料群，才能说清楚复杂事物究竟"是什么"。

第三，"正确判断"。有了详尽真实的资料，如何将其运用到志书之中，修志者还有一个认真筛选、正确判断、精准表述的过程，才能最后完成回答好复杂的历史活动"是什么"的任务。这取决于修志者的精神境界和学术修养。古代史学家、方志学家对修志人的要求很高。"良史以实录直书为贵""史之叙事也，当辩而不华，质而不俚，其文直，其事核，若斯而可也"。① 卫周祚提出："尝闻作史有三长，曰：才、学、识。修志亦有三长，曰：正、虚、公。"② 钱大昕说："史者纪实之书也。"③ "史家纪事，唯在不虚美，不隐恶，据事直书，是非

① 刘知幾：《史通·鉴识》，上海古籍出版社，2008，第149页。
② 转引自彭静中编著《中国方志简史》，第368页。
③ 钱大昕：《潜研堂文集》卷二《春秋论二》，上海古籍出版社，2009，第21页。

是见。"① 章学诚进一步强调志是史书,修志人必须"识足以断凡例,明足以决去取,公足以拒请托","忌详略失当,忌偏尚文辞,忌妆点名胜,忌擅翻旧案,忌浮记功绩,忌泥古不变,忌贪载传奇","要简要严,要核要雅"。② 当代全国范围开展的首轮、二轮编纂社会主义新方志过程中许多修志人员意识到,能否编纂出一部良志,除了要有详尽的资料外,最根本的前提在于有正确的指导思想,修志者自身的世界观、历史观、价值观的正确程度决定其在选用材料、做出判断方面的客观公正程度。

六 地方志回答好"为什么" 是回答好"是什么" 的升华和最终目的

地方志回答好"为什么",说到底就是要实现"修志问道,以启未来"。就是在用大量翔实资料说明"是什么"的基础上,从总体上进一步分析、寻找、探索、总结出本地域从历史到现状(包括重大历史事件、历史活动)所以发生变化的动力、内因、外因、结果及其发展规律,以启发、引导人们更好地推动社会向前发展,实现"经世致用"的最终目的。

"道"是多义词,有多个义项。作为哲学概念,最早出自黄帝时期《广成子·自然经》,与汉字同在,与中华文明同在。《说文解字》说:"道,所行也,事也。"大意是万事万物的运行轨道或轨迹,也可说是事物变化运动的场所。老子在《道德经》中说:"道可道,非常道。名可名,非常名。无名,天地之始,有名,万物之母。"意思是说:大道是永恒的存在,天地万物的本源,不是用一般语言或名称能说清楚的。他接着说:"故常无,欲以观其妙。常有,欲以观其徼。此两者同出而异名,同谓之玄,玄之又玄,众妙之门。"意思是说,当出现各种名称的时候,就是宇宙本源开始演化的时候,要考察其内孕状态和无穷变化的生机,找出大道演变内在的根本原因。清代方志大师章学诚主张"六经皆史""志即是史",重点在于表达"以史明道""以志明道"的观念。他说:"嗟乎!道之不明也久矣。《六经》皆史也。'形而上者谓之道,形而下者谓之器。'孔子之作《春秋》也,盖曰:'我欲托之空言,不如见诸行事之深切著明。'然则典章事实,作者之不敢忽,盖将即器而明道耳。其书史以明道矣,笾豆之事,则存有司,君子不以是为琐琐也。道不明而争于器,实不足而竞于文,其弊与空言制胜华辩伪理者,相去不能以寸焉,而世之溺者不察也。太史公曰:'好学深思,心知其意。'当今之世,安得知意之人与论作述之旨哉!"③ 他的意思就是说"道"存在于"器"(典章事实、行事),不能停留在"器",必须"器而明道"。

有些修志者坚持志书只能担负提供史实资料,回答"是什么"的任务,不可能回答"为什么",这是没有搞清楚"修志问道"的特定内涵,误认为要像哲学书那样回答整个社会的历史

① 钱大昕:《十驾斋养新录》卷一三《唐书直笔新例》,上海书店出版社,2011,第254页。
② 章学诚:《文史通义外篇·修志十议呈天门胡明府》,章学诚著,仓修良编注《文史通义新编新注》,第856页。
③ 章学诚:《答客问上》,章学诚著,仓修良编注《文史通义新编新注》,第253页。

发展规律，要像政治学那样为当政者提供"策论"，像经济学那样提供经济发展规律论文，或者像历史学那样对每个重大历史事件都要发表"史论"。方志当然不可能担负起哲学和各门社会科学的学术任务，但修志者绝不能妄自菲薄，降低或放弃自己应该担当的修志问道、修志明道的责任。

中国古籍中有 1/10 是地方志，许多正史大量引用地方志材料。地方志具有资料性、地方性、全面性、系统性、连续性、著述性等特征。与史书一样，不但能回答好"是什么"，更能回答好"为什么"。从总体上阐明一个地域（包括重大历史事件、重大历史活动）发展变化的因果关系和演变规律。首轮、二轮社会主义新方志编纂中不乏较好的实例。如上海租界是一个复杂的历史事物。上海市黄浦区境内的租界，又是在近代上海乃至中国租界史上，被殖民者开辟最早、时间最长、影响最大、殖民统治体制最完备的租界。首轮新方志《上海市黄浦区志》从四个方面加以记述。首先在地理建置编中专辟一章"租界"，下分三节四目一个附录。

第一节　英租界（后为"公共租界"）
　　一　英租界在本境的形成与扩张
　　二　英租界（公共租界）行政机构
第二节　法租界
　　一　法租界在本境的形成与扩张
　　二　法租界行政机构
第三节　收回租界
附录　道光二十五年（1845）江南分巡苏松太兵备道监督海关宫慕久与英国首任驻沪
　　　领事巴富尔签订的《上海土地章程》

其次，在人口、经济、政治、文化、社会各相关编章中，对自 1843 年 12 月正式建立租界至 1945 年 11 月正式收回租界整整 102 年中租界境内的历史状况，特别是如何形成中外贸易中心、商业服务中心、金融中心、近代工业中心、中外文化交流中心，数以万计的洋行、商店、银行、使用机器生产的工厂，以及文化、教育、宗教活动等均有详尽记述。再次，在人物传记和名人事略中记载了 312 人（包括英法外国人士）在租界境内的活动。最后，在上述三方面材料的基础上，于志首"总述"中用高度概括的语言阐述了黄浦区浦西老城厢外原是人烟稀少、浜河纵横、芦苇丛生的荒滩，在 100 多年中是如何演变成为远东金融中心、商业服务中心、中西方文化交流中心，拥有当时最现代化的城市设施和管理水平的国际大都市的。由此，既深刻揭示英法殖民者设立"工部局""董事局"行政机构，并将租界逐渐演变为集立法、行政、司法、警务权和武装力量于一体的"国中之国"，在中国国土上实行殖民统治长达百年之久，又着重指出上海人民在中国共产党领导下如何在租界区内与殖民主义和国内反动势力抗争，并利用租界特殊条件积蓄发展革命力量;既深刻揭示鸦片战争后,由于清政府的极端腐败,国门被列强用坚船利炮轰开,整个国家沦为半殖民地半封建社会,而租界实质已沦为殖民地,又着重指出在被迫对外开放的大背景下,中国既受殖民者的豪取强夺,同时也引入了西方先进的科学技术文化和新的市场经济运行方式,中国经济受此刺激,得到快速发展。①

在首轮、二轮社会主义新方志编纂中,既能较好回答"是什么",又能较好回答"为什么"的志书很多。从这些志书积累的经验看,以下四个方面十分重要。

第一,深刻认识新时代党和国家对地方志的新要求,提高使命感和责任感。习近平总书记早在福建工作时就指出:"过去,我无论走到哪里,第一件事就是要看地方志,这样做,可以较快地了解到一个地方的山川地貌、乡情民俗、名流商贾、桑麻农事。可以从中把握很多带有规律性的东西,可谓'开卷有益'。"② 2014年2月25日,习近平总书记考察首都博物馆时强调:"搞历史博物展览,为的是见证历史、以史鉴今、启迪后人。要在展览的同时高度重视修史修志,让文物说话、把历史智慧告诉人们,激发我们的民族自豪感和自信心,坚定全体人民振兴中华、实现中国梦的信心和决心。"③ 2015年8月23日,他在致第二十二届国际历史科学大会的贺信中指出:"人事有代谢,往来成古今。历史研究是一切社会科学的基础,承担着'究天人之际,通古今之变'的使命。"④ 从党和国家领导人对地方志的一系列殷切期望看,新时代的修志者必须确立强烈的担当精神,努力完成党和国家赋予的神圣使命。

第二,深刻认识地方志在新时代的历史定位,提高文化自信,自觉地承担起为广大人民群众提供历史智慧的重任。党的十八大提出"五位一体"的总布局,文化建设在建设中国特色社会主义中的地位更加明确。"中华文明绵延数千年,有其独特的价值体系。中华优秀传统文化已经成为中华民族的基因,植根在中国人内心,潜移默化影响着中国人的思想方式和行为方式。"⑤ "在中华传统文化中,地方志自成一脉,独树一帜,具有独特的魅力,成为中华民族特有的文化基因,是最具有民族特征的标志性传统文化形式之一。"⑥ 中国地方志指导小组组长谢伏瞻指出:"地方志纵贯古今、横陈百科,汇集了各地自然、人文、社会、经济的历史和现状的全面、系统、客观的资料,显示了一定区域内历史发展轨迹和事业盛衰起伏的全过程……地方志事业关乎历史延续、文化传承,关乎当前建设、未来发展,是社会主义文化事业的重要组成部分,是党和国家工作全局中的重要组成部分。"⑦ 新时代的修志者必须牢固确立文化自信,

---

① 《上海市黄浦区志》,上海社会科学院出版社,1996,第1~12、103~112页。
② 《习近平同志谈修志工作》,《修志简讯》2008年第17期,福建党史方志网,http://www.fjdsfzw.org.cn/2008-09-26/content_45842.html。
③ 中共中央党史和文献研究院编《习近平关于社会主义精神文明建设论述摘编》,中央文献出版社,2022,第214页。
④ 《习近平致第二十二届国际历史科学大会的贺信》,《人民日报》2015年8月24日,第1版。
⑤ 《创造中华文化新的辉煌》,《人民日报》2014年7月9日,第15版。
⑥ 王伟光:《盛世修志助力中国梦》,《中国地方志》2015年第9期。
⑦ 谢伏瞻:《高举习近平新时代中国特色社会主义思想伟大旗帜 努力开创新时代地方志事业高质量发展新局面》,《中国地方志》2019年第1期。

充分认识地方志在整个国家和文化建设中的地位和作用，承担起用翔实资料反映一定地域内的历史发展轨迹，以及修志问道的任务。

第三，高举习近平新时代中国特色社会主义思想伟大旗帜，确立正确的世界观、历史观、价值观。苦练基本功，提高"修志问道"的能力。要有在总体上把握历史发展大势的能力；要有洞察重大历史事件（活动）发展的内因、外因及其结果的内在联系的能力；要有在宏观、中观、微观结合的基础上综合探索整个地域自然、经济、政治、文化、社会等方面的特征及其体制、机制和影响力的能力；要在众多非本质的、单一的、偶然的事物中，掌握揭示真实历史活动发生、发展、演变的全过程及其规律的能力；要确立人民群众是历史创造者，人民群众是真正的英雄的根本观点，重视人物在历史活动中的作用，防止见物不见人。

第四，熟练运用千百年来积累的地方志特有的表达体裁和"先横后纵，纵横结合"的方法。既琢磨好史实，又锤炼好文字。特别在述体运用上，要十分重视在"述"中归因、问道和求义。要跳出"述而不作"的思想束缚，善于"以述代作，述中寓作，述而善作，述中求作，作由述成。原因探索要用述史的方法来完成，规律寻求也要在述史的过程中用事实来表达，意义追求也要用述史的方法让事实说出其意义所在"。①

本文各种见解，只是笔者一孔之见，请方志界有识之士批评指正。

① 韩锴：《"修志问道，以启未来"——学习李克强总理关于地方志工作重要批示的体会》，《中国地方志》2015 年第8 期。

论志书体例和形式的创新

王习加　曾牧野

（湖南省长沙市地方志编纂室）

引　言

《全国地方志事业发展规划纲要（2015～2020 年）》明确把"坚持改革创新"作为一条基本原则，要求深化改革，与时俱进，推动理论创新、制度创新、管理创新、方法创新。这一原则，实际上也是对地方志工作者在志书编纂实践中需求的一个呼应。

创新是一个民族进步的灵魂。我们在坚定文化自信的同时，也必须坚持文化的创新发展。2019 年 3 月 4 日，习近平总书记在参加全国政协十三届二次会议文化艺术界、社会科学界委员联组会时指出，要"把握时代脉搏、聆听时代声音，坚持与时代同步伐"，"承担记录新时代、书写新时代、讴歌新时代的使命……为时代画像、为时代立传、为时代明德"。① 志书，作为传统文化的一种重要形式，无疑也有着同样的使命。如何履行好这一使命，习近平总书记的讲话指明了方向——"坚持与时代同步伐"。文章合为时而著，歌诗合为事而作，志书也该合为时、事而修。

有人认为，方志作为中国独有的一种传统文化，千百年来发展出了独有的体例和形式，"发凡起例，已有端绪，前人之说备矣，体制详矣，萧规曹守，事半功倍"，否则，志将不志。面对这种观点，我们不妨回顾一下方志的发展历程。"应该懂得，方志这种著作形式，是在长期的历史发展过程中逐渐形成的，它从最初的地记，历经图经，到定型称志，内容和体例都一直在'变'。即使是定型标志以后，也还是在不断变化着。"② 由此可见，方志的诞生与发展就

---

① 《坚定文化自信把握时代脉搏聆听时代声音　坚持以精品奉献人民用明德引领风尚》，《人民日报》2019 年 3 月 5 日，第 1 版。

② 仓修良：《方志学通论》，齐鲁书社，1990，第 595 页。

伴随创新，从"亦地亦史"到介于史地之间的边缘学科，再到另立门户，发展成方志学，本身就是在创新中发展，在发展中创新。所以，志书的体例和形式，并非一成不变，而是合为时、事而变化。

与此同时，世易时移，方志不得不适应时代要求自我变革创新发展。我们如今处在一个亘古未有的时代，新中国砥砺奋进的70年，国家发生了天翻地覆的变化，中华民族迎来了从站起来、富起来到强起来的伟大飞跃。无论是在中华民族历史上，还是在世界历史上，这都是一部感天动地的奋斗史诗。方志具有"存史、资政、教化"的功能，如何把这一部奋斗史诗科学地记录下来，并且加以分析研究，深刻解读新中国70年历史性变革中所蕴藏的内在逻辑，讲清楚历史性成就背后的中国特色社会主义道路、理论、制度、文化优势，为党和人民继续前进提供强大精神激励，这些要求方志必须自我革新。再者，面对新媒体的蓬勃兴起、信息化的快速推进，传统综合性志书的部头过大、时效性差、检索不便、语言干瘪等弱点日益彰显，不变革创新，则可能会被数字化时代所淘汰。

一 创新原则

创新不是把方志当作一个小姑娘，随心所欲地加以打扮，而是要秉承几条基本原则。

首先，创新必须坚持以人民为中心。这是解决为谁修志、为谁立言的问题，是一个根本问题。人民是历史的创造者，一切成就都归功于人民，一切荣耀都归属人民，一切发展都依靠人民。方志编纂，同样需要扎根人民，了解百姓生活状况，把握群众思想脉搏，着眼群众需要释疑解惑。只要是适应时代需要的、人民渴求的、实践可行的，都可以进行尝试。要把人民群众的需求作为创新的出发点和归宿。人们觉得志书体量庞大，不妨考虑缩篇减量，出版简志；人们觉得志书"高大全"而于特色不彰，不妨考虑编纂特色志；人们觉得志书语言单一，缺少吸引力，不妨考虑适当改变某些志书行文风格……通过人民群众喜闻乐见的形式，让志书走入千家万户。

其次，必须在继承的基础上创新。"创新，则是对继承而言，而不是无依据的凭空创作，是以继承为前提，在继承的基础上根据时代的需要加以发展。"① "批判地继承旧志优良传统，古为今用，创造新体，拟定篇目，百家争鸣，不拘一格。"② 由此可见，我们对方志形式体例的创新，首先要保持方志在长期发展中所形成的优良传统，诸如真实客观，横分门类、纵向记述，述而不论，生不立传等。如果把这些特点都丢掉了，那也就不成其为地方志了。

最后，创新要注重时代性。一定的学术文化是一定社会政治经济在观念形态上的反映，同

---

① 仓修良：《方志学通论》，第592页。
② 《傅振伦方志文存》，黄山书社，1988，第84页。

时又反过来作用并影响一定的政治和经济。"任何一种学术文化思想，都在不同程度上打上时代的烙印，反映时代的精神。方志作为学术、文化的组成部分，自然也不例外。任何一种方志，都必然具有时代性，在某种意义来说，它所具有的时代性比之于其它著作更加来得明显，特别是所记载的内容，所用的语言文字，大多能反映出每个时代的精神面貌。"① "志者，社会之写真也。"② 可见，一个时代的志书，必须反映时代的特点、体现时代的社会风貌，若不能反映出一个时代的特点和社会风貌，自然就将失去它存在的价值。

二　创新路径

在坚持上述原则的前提下，我们究竟以什么样的路径来实现创新的目标，这就需要我们进一步解放思想，深入研究社会现实，深入研究人民群众需求。

从志书的表现形式来看，创新的步伐从未停止。从文字辅以极少量图画的主流表现形式，发展出了图文并茂，甚至以图为主的图志；由纸质的主流阅读方式，发展出了声、形、色一体的影像志等。

中国地方志指导小组办公室（以下简称"中指办"）制定的《中国名镇志文化工程实施方案》《中国名村志文化工程实施方案》指出，"志中随文配图，图文并茂。图、照选用应注重典型性、资料性、艺术性，无广告色彩，无个人标准像。全志图照与文字比例不低于1∶4"。这些图照，或展示独特风景，或呈现地方民俗，或记录古迹遗址，或展现乡村新貌……如此之多的图照，形成了有别于传统志书的鲜明特色，也使得志书对普通读者更具有吸引力，对名镇名村地情文化传播起到了良好的作用。

太原市政府地方志办公室编纂的《太原图志》，以丰富、翔实、生动的图片资料为依据，以图照独具的写实形式，将太原百余年的历史真实地展现在世人面前，具有珍贵的史料价值，体现志书存史、资政、教化的功能。沈阳水务集团编纂的《沈阳城市供水百年图志》，收录473张不同历史时期的珍贵照片，再现了沈阳城市供水百年历程。这些图片形式的志书，对读者的吸引力就远超文字了。

随着传播技术和手段的丰富，人们对信息的获取，早已不局限于图、文的视觉感受，而上升到视觉和听觉的结合；由静态的图画感受，上升到了动态的影像追求，于是影像志也就应运而生。中指办和中央电视台联合推出的《中国影像方志》，成为用影像手段来修志的首创。《中国影像方志》借鉴了地方志的体例来构建节目，分成引言、地名记、地理记、人物记、风俗记、手工记、后记等多个板块。每一集遵循略古详今、略远详近的原则，讲述一个县独有的、最具特色的风土

---

① 仓修良：《方志学通论》，第609页。
② 《傅振伦方志文存》，第25页。

人情、地域特点、风俗习惯、建筑、美食,展现当地的传统文化在当代的传承与发展,记录中华民族生生不息、勤劳质朴、聪明勇敢的伟大实践,讴歌改革开放以来尤其是党的十八大以来中国人的创造精神和奋斗精神。《中国影像方志》自推出以来,受到了观众的热烈欢迎。

长沙市地方志编纂室首创并着手实践一种创新方式——画志。该种志体类似于图志,只是不以照片而以图画为素材来编纂志书。其实图画作为修志素材由来已久,志书7种体裁之中就有"图"这一种。而古时之图毫无疑问就是手工描摹之图画,只是后来影像技术发展起来,照片以真实这一最大特征取代了图画。但不可否认,照片除了真实再现这一特点之外,对情景的表现还是存在很大不足的:首先是取景问题,受取景框的限制,照片总是反映某个局部,就算现在有了全景相机,但对象也会扭曲;其次是难于集中体现对象的潜在特点,即"神韵";再次,在现今修图盛行的时代,美颜、滤镜等方式被大量采用,照片也就成了"照骗"。反观图画,取景只受画家的思维限制;能突出表现对象的特点,很好地传达对象的神韵;相对自然真实,更具有艺术真实;等等。借用这些特点来编纂志书,不失为一种突破。以编写《洞庭湖名鸟志》为例,假设红嘴蓝鹊这种鸟,摄影家们一直没有在湖区拍摄到,那是不是就要放弃呢?或者用其他地方拍摄的红嘴蓝鹊照片替代?显然都不合适。那我们不妨用画的红嘴蓝鹊来表现,将红嘴蓝鹊置于洞庭湖的背景之下,更加鲜明地表现红嘴蓝鹊的鸟类特征。又譬如《岳麓山志》中要表现"霜叶红于二月花"的景色,我们往往难以选到合适的照片,有的人就动了修图的念头。我们何不尝试用图画的形式呢?既能有岳麓山全貌的自然真实,更能凸显"层林尽染"的艺术真实!按此思路,长沙市地方志编纂室拟设立长沙画志社尝试"画志"这种形式的研究与探索。

从志书的编修内容上来看,志书内容随着社会的发展而不断丰富。经济社会发展的一个重要特点就是社会分工越来越细,行业越来越多。旧时所谓360行,虽非实指,也可见行业不算太多;而到了现代,特别是改革开放40多年来,社会分工细化到了每一个角落,2015年版《中华人民共和国职业分类大典》明确记载的有1481个职业,每一个职业都体现了重要的社会信息,是全社会立体画卷的组成部分,都客观地反映着历史的一个层面,有着存史的价值。特别是有一些新兴行业,是创新性发展出来的,如IT、电竞游戏、电商等,这些行业深刻地影响着经济社会的发展。所以,相对于旧志,乃至于第一、二轮志书来说,现在能入志的内容广之又广,可谓凡事皆可入志。基于修志内容的拓展,出现了名镇名村、名山名水、名特产等志书。如中指办就推出了中国名镇志、中国名村志、中国名山志、中国名水志、中国名酒志等一系列文化工程,且成果丰硕。截至2018年12月,共有三批次65部志书入选中国名镇志丛书。类型涉及传统文化名镇、历史军事重镇、革命历史名镇、民族特色名镇、特色经济名镇、旅游景观名镇等;共有两批次46部志书入选中国名村志丛书,类型涉及历史文化名村、新农村建设示范(试点)村、其他特色村等,还延伸至拍摄宣传片和名镇名村影像志。① 可以预见,全国

---

① 中指办:《中国名镇志文化工程阶段性工作报告》《中国名村志文化工程阶段性工作报告》。

或地方性的诸如名木志、名花志、名小吃志等名特志书将会如雨后春笋，大批量出现。

经过近百年的历史变迁，封建宗法制度消亡，聚族而居的状况发生了根本改变，地方志中最贴近老百姓的形式——家谱也在发生着新的变化。"从旧时代的大家庭到现代的小家庭，家庭的本质没变，中国人重视家庭的观念没变。家庭由过去为家族的一分子，变成社区、行政村的一分子。社区、行政村以家庭为基础，构成了新型的、现代的邻里关系和人与人的关系……社区志、行政村志编修取代族谱，让普通人都有载入史册的机会。社区志、行政村志取代族谱，发挥在社会主义核心价值观体系建设中的作用，可以取代千百年的家谱继续发挥对普通中国人的影响力。"① 从易介南、任国瑞的研究中不难看出村志、社区志对家谱的创造性转换与创新性发展。在此基础之上，我们不妨再大胆设想，由聚族而居发展到聚小区而居，那么以血缘作为修谱内核的家谱，是否也将发展到以地缘为修志内核的小区志？这种小区志以人民生活和人物家庭为主要内容，从而实现"存史资政、兴利除弊、激励警示"的功能。实际上，长沙浏阳已经开始了这一方面的尝试，正在着手编纂《梅花小区志》，这或许将成为开先河之作。

志书编纂形式也在不断突破。如首轮新方志编修，稀见借鉴年鉴的条目体，但二轮新方志编修中，采用条目体或章节体与条目体结合形式的志书已有一定比例。特别发展到中国名镇名村志编纂，"在坚持志体的前提下，体裁运用、篇目设置、资料选择等作适当创新"。"有选择性地记述域内自然、政治、经济、文化、社会、生态的历史与现状，重在突出名镇'名'与'特'的内涵，从而达到执简驭繁、文约事丰、易于阅读、利于传播的目的。"② 从这些编纂要求中，我们不难发现，"中国名镇（村）志"在篇目设置上不求面面俱到，内容取舍上极力凸显"名"与"特"，使各地区在文物胜迹、古村保护、特色文化、旅游名胜、村域经济、新农村建设等方面因地制宜、大放异彩。《中国名村志文化工程阶段性工作报告》指出，"其编纂体例、篇目设计等不同于以往传统志书，是地方志事业创造性转化、创新性发展的示范工程"。如《同里镇志》为突出"名"与"特"，概述提炼了同里镇的五个特点，即人文荟萃、醇正水乡、古迹遍布、经济强镇、历史悠久。类目设计紧紧围绕这五个特点展开。人文荟萃方面设人物、名门望族、艺文等。醇正水乡方面设水乡古镇、古镇保护，记述市河、街道、弄堂、老宅、桥梁、驳岸、河埠七个要素，形成同里古镇特有的水乡格局。古迹遍布方面设文化遗产、古迹胜景、世家老宅、旅游等，世家老宅中记述与水有关的老宅建筑风格，旅游方面记述古镇游、生态游、乡村游，商、旅、文融为一体。经济强镇方面虽只设经济建设，在历史上同里也是经济发达的古镇，概述中提到隋唐时期这里已为吴地最富庶的地区之一，原称"富土"；宋、元、明三代，同里已是吴中巨镇；清代，"苏同白"约占上海全部食米的1/12。对历史悠久方面的记述融合在概述、人文荟萃、古迹遍布之中。又如《李庄镇志》，紧紧围绕李庄镇独特的

① 易介南、任国瑞：《论从家族修谱到社区、行政村修志的现代转换》，《中国地方志》2018 年第 1 期。
② 中指办：《中国名镇志文化工程实施方案》。

抗战文化展开，单独设"文化抗战"一章，篇幅占了全书的40%，描写了抗战时期内迁宜宾李庄的高等学府、科研机构，赞扬了大师学者们"国难不废研求"的人文抗战精神，以及李庄前辈们国难时期可歌可泣的爱国精神和无私奉献精神。

"中国名镇（村）志"在志书体例上也有新的创设。一是变传统的大事记为大事纪略。大事纪略以纪事本末体形式，纵向记述域内的历史大事、要事，亦能给读者简单勾勒出该镇（村）发展的历史轨迹。二是人物载录设"历史名人"和"名人与名镇（村）"两个分目。"历史名人"遵循生不立传原则，选录对本镇（村）发展有重大影响的历史人物，与传统志书的人物传相仿。"名人与名镇（村）"则收录在政治、经济、文化、社会等方面有重大影响的著名人物，记述其在本镇（村）的活动和对本镇（村）发展所做的贡献，记载的多为域外人物，较好地弥补了传统志书不记、难记域外人物的欠缺。

方志编纂的创新，篇目设置和体例选择是关键，是牵一发而动全身的牛鼻子。抓住这个牛鼻子，就抓住了创新的要义，而没有篇目设置和体例选择上的创新，志书编纂创新也就是个伪命题。"'中国名镇（村）志'的大胆探索和实践，确实是编纂思想的大解放，为我们做了很好的表率和示范。"[①]

从志书行文风格来看，也可以有不同的选择。方志在行文上不同于总结报告、新闻报道、文学作品、教科书等，它要求使用独特的志体文字，在追求真实性、客观性的同时，确实也造成了志书的语言相对平淡、乏味，缺乏可读性。如何解决这一问题呢？这需要我们编纂者解放思想。《中国名村志文化工程实施方案》就对该类志书行文风格进行了规定：朴实、严谨、简洁、流畅、优美、可读性强。优美、可读性强的行文要求在《地方志书质量规定》等文件中都没有提及，这也是"中国名镇（村）志"的首创。突出志书行文的流畅、优美和可读性强，对志书的传播起到的作用将不可估量。

我们不妨摘引一段《甪直镇志》的文字来感受一下：

如果说水是甪直明亮的眼睛，那么，桥便是眼睛上弯弯的眉毛，眉目传情，情深意长。站在桥上，过往的面庞，飘去的背影，惊鸿一瞥，思念慢慢发酵，擦肩而过便成了没齿难忘。那悠悠长长的河道，大大小小的桥梁，历尽了桨声灯影和吴歌悠扬；那高高矮矮的民房，宽宽窄窄的街巷，送往迎来，忘不了的仍是那"撑着油纸伞如丁香一样的姑娘"。若能静下心来，漫步街头，各式石桥便尽收眼底，连同水中的倒影，两岸的人家，都是人生旅途的丰富典藏。清风明月，灯火人声，多少故事已随风而逝，而小桥流水人家，还在伴随不老的时光，坚守历久弥新的风尚。

---

① 朱永平：《新阅读时代地方志书编纂创新漫议——由〈中国名镇志〉编纂引起的话题》，《黑龙江史志》2015年第22期。

这样的文字，我们之前在别的志书上应该从未见过。其实述、记、志、传、图、表、录七种方志体裁，我们对每一种体裁的使用都可以做一些新的选择。譬如前文就对"图"的使用做了一些阐述，"述"也不一定就得做传统的老夫子。随着统计学的进步和统计工具的发展，统计图表也早已不是从前的图表了，其所占分量也可以随着修志的需要而做一些增加。

结　语

志书体例和形式的创新，都属于形式层面，更为重要的还是内容，形式是为内容服务的。我们编纂一地的志书目的何在？20 世纪 80 年代，傅振伦先生就论述道："占有大量资料，作科学分析、鉴定，系统地、完整地、深刻地显示历史事件个性或特点，以及它们之间的联系与作用，从中探索问题，提出结论，找出事物发展的规律，为我们今后的工作和建设提供宝贵的借鉴。"[①] 时任总理李克强批示："修志问道，以启未来。"[②] "直笔著信史，彰善引风气。"[③] 习近平总书记则指出："以史鉴今，启迪后人。要在展览的同时高度重视修史修志，让文物说话、把历史智慧告诉人们，激发我们的民族自豪感和自信心，坚定全体人民振兴中华、实现中国梦的信心和决心。"[④] 由此可见，方志存史、资政、教化这三大功能是全面的概括，特别是资政，具有重要地位。我们在编纂志书的过程中，把握了提供历史镜鉴这一准绳，注重了存史、教化的要求，就可以采取更加灵活的形式，更加新颖的体裁，来使方志推陈出新，常编常新。

---

① 《傅振伦方志文存》，第 225 页。
② 《第五次全国地方志工作会议召开》，《人民日报》2014 年 4 月 20 日，第 1 版。
③ 《关心和支持地方志事业发展　为当代提供资政辅治之参考　为后世留下堪存堪鉴之记述》，《人民日报》2015 年 12 月 30 日，第 4 版。
④ 《立足优势　深化改革　勇于开拓　在建设首善之区上不断取得新成绩》，《人民日报》2014 年 2 月 27 日，第 1 版。

方志艺术论

江 雷 陈 钰

（湖南省长沙市地方志学会；湖南第一师范学院）

2019 年 3 月 4 日，习近平总书记看望参加全国政协会议的文化艺术界、社会科学界委员时指出，"为时代画像、为时代立传、为时代明德"。[①] 时代的传记，需要用心用情用功来书写。作为方志工作者，要从当代中国的伟大创造中发现创作的主题、捕捉创新的灵感，自然离不开文化艺术的有效融合与创作。用艺术为时代立传，是方志人需要回答的时代课题。

一 方志艺术的时代内涵

一个时代有一个时代的文化艺术，一个时代有一个时代的精神。方志承担记录新时代的历史使命，"要坚定文化自信、把握时代脉搏、聆听时代声音"，[②] 对方志风格和形态加以引导、整合，在方志领域为人民做出贡献。

（一）用艺术为时代立传

方志和艺术，似乎各行其道，互不相关，其实它们有着共同的基础——人类的创造力。从宏观方面来看，方志是中国创造的优秀传统文化之一，艺术是"人类情感符号形式的创造"。[③] 从微观来看，修志不仅是修志，还是"内修心而外益世"，"志者，社会之写真也"，[④] 具有

[①] 《坚定文化自信把握时代脉搏聆听时代声音　坚持以精品奉献人民用明德引领风尚》，《人民日报》2019 年 3 月 5 日，第 1 版。

[②] 《坚定文化自信把握时代脉搏聆听时代声音　坚持以精品奉献人民用明德引领风尚》，《人民日报》2019 年 3 月 5 日，第 1 版。

[③] 苏珊·朗格：《艺术问题》，滕守尧译，南京出版社，2006，第 57 页。

[④] 《傅振伦方志文存》，黄山书社，1988，第 25 页。

"存史、资政、育人"的作用。艺术，如影像、书画、音乐等，是以创新的手法去唤起人们的意识或潜意识中已经存在的情感，"艺术是对生活的提纯"，① 艺术无国界，是人类共同的语言。综合来看，方志和艺术追求的目标都是人类社会的真、善、美。因此，方志和艺术是紧密相连的，方志艺术也是构建人类命运共同体的重要组成部分。提到方志艺术化，或许志界同人有疑问，如是不是会打破志书体例和行文规范。从行文方面看，志书文体的严肃性特质与行文艺术化表现有一定的冲突，一般来讲，方志文体采用规范语文体，文风严谨，如果使用夸饰成分较大的文学体可能会变味走样。然而，笔者以为，整体的严谨与局部的艺术化处理并不矛盾。关键需要指出的是，艺术性的"分寸感"是极其重要的。如何在有限的、不破体例的前提下获得方志艺术感和品位，才是需要研究解决的问题。单从方志语言而论，其艺术的生动主要体现在文化、风俗、人物等方面，在其中适当加入文学艺术性，可以有效打破志体"呆板"之风。志书中能适应文学艺术手法的地方不限于此，文后论之，此处不赘。

（二）用美学为方志立论

马克思在《1844 年经济学–哲学手稿》中有句著名论断："人类也依照美底规律来造形。"这正说明艺术美是方志发展的必然规律。古往今来方志人一直没有停止对方志艺术和美的追求。清代方志学大师章学诚在《修志十议·呈天门胡明府》中提出，方志"要简、要严、要核、要雅"，并指出"辞不雅驯，难以远行"，意指方志的内容要简明、体例要严谨、史料要核实、文字要典雅，要有自己的美学标准和美学追求，要在"雅"上做文章，不然就难以为社会所接受。这些其实就是从方志的艺术与美学角度来立论的。早在 20 世纪 80 年代，方志界就有人提出"方志美学"的概念，认为"一部完美的历史书，是历史的科学性与历史的艺术性的统一。编纂史志书，既应注意科学性，又要重视艺术性，使二者尽可能地达到一致"。② 《中国地方志》1997 年第 3 期刊发霍宪章《关于建立方志学的若干思考》一文，在论及方志学理论体系构成问题时曾提出方志艺术这一论题。霍宪章认为方志学应该"研究收集、整理、利用资料的方法艺术，旧志整理的方法艺术，志书编纂的方法艺术，地情开发利用的方法艺术，修志协作的方法艺术，从结构形态上划分方志艺术学等"。2015 年陈有清《方志美学散论》由南京出版社出版，堪称是从美学和艺术角度深入考察方志学的首部专著。

（三）用匠心为地情立言

方志作为资料性文献，除应具有较高的科学实用性外，还必须具有匠心精神和艺术性，使方志更具表现力和张力。方志艺术匠心主要体现在两个层面：一是方志文本内部的艺术化，即

---

① 卢晓侠：《审美超越：艺术的旨归》，《广州师院学报》2000 年第 2 期。
② 赵吉惠：《史学概论》，陕西师范大学出版社，1990，第 263 页。

在传统志书、年鉴编纂的基础上,强化方志文本内部的艺术表达,如方志语言符号、结构形式、图照配置等;二是"方志+艺术",如方志与影视、书画、音乐等艺术融合,创造新的方志形态。如中指办与中央电视台合作拍摄的《中国影像方志》,堪称方志艺术化的一个重要标志。影像方志采用志体横排的方式谋篇布局,通过影视蒙太奇艺术表现手法,进行方志模块化叙事和艺术处理,分为引言、地名记、历史记、文化记、手工记、美食记、音律记、建筑记、创新记等类别,展现地情亮点和特色,并伴以音乐和解说,产生视觉冲击和听觉震撼,将方志叙事展现得淋漓尽致,让方志不再是单一媒体的志书编纂,而是集合多媒体手段的影像艺术品创作。并且,更体现方志艺术匠心的地方就是,在影像方志传播过程中贯穿了新媒体时代"微传播"理念,还将每一模块单独制成"微视频",长则七八分钟,短则三四分钟,重新排列组合,新设"不论在哪,最爱还是家乡味""来看看,这是咱老祖宗的手艺""旅游达人看过来!山美水美我家最美"等影像方志专题,这一系列地域文化"微名片",言简意赅,适应不同平台的传播特点,满足了快时代、慢记录、微传播的需求。这个过程是对方志载体的一次革命,更是对方志编纂与传播形式的艺术创新。一方面体现方志记述载体的艺术化走向,由纸介质转为纸、磁、光、电等多介质;另一方面体现方志编纂和传播形式的艺术化走向,突破语言文字和民族的边界,融合方志与影视艺术,生动形象、直观、多元化,增进了不同文化背景和社会群体之间的交流与理解。

二　方志艺术的价值体认

方志是中华文化瑰宝,是世界独特的历史文化资源,在方志文化"走出去"的历史进程中,寻求方志艺术价值,凸显方志文化荣耀,无疑是方志文化自信的重要内容。方志艺术主要有"三大价值"。

(一) 历史价值

方志艺术实践活动其实是一种方志学术研究和人民群众读志用志传志工程,属于高雅文化的范畴,不同于通俗文化,不能用通俗文化的标准来衡量它的价值,历史价值是方志艺术追求的首要目标。越是历史的,越是现代的。在当前社会生活急剧变化的时期,寻求方志出路,使方志文化能够生存、延续、发展和繁荣,使方志在中华优秀传统文化和文化复兴中获得一席之地,我们要格外倚重方志艺术及其历史价值,因为它们无疑是中华优秀传统文化的标识。开发具有文化标识作用、走向世界的方志文化精品,须挖掘方志艺术的历史价值。方志艺术是不可逆的历史文化财富,在方志创新发展过程中,如果不注意方志的历史价值,仍然搞"一本书主义",让方志在古籍里"沉睡",将会与方志的社会功能和"以人民为中心"的发展理念不相匹配,以致带来被边缘化等"弊病",使得方志作为存史、资政、育人的主渠道和主要载体的历史地位逐渐被削弱、分化或淡化。"艺术是活的，而对活性的另一个解释就是适应性，这也是个进化论概念。"① 随着时代变迁和历史文化条件发生变化，方志的功能和历史地位也应随之主动或被动发生适应性变化。现代社会大众传媒日益多元化、信息化、平民化，各种信息的传播速度和范围远非昔日官府和修志人可以想象。在这种背景下，方志人不得不自省：在当今信息网络中，方志还是唯一或者最重要的存史载体吗？方志一直是资政的重要工具，但今天它依然是不可取代的资政工具吗？方志的教化育人功能一直为方志人所自豪，但为什么很难成为人们自觉的行为？已有学者指出，方志功能说和"一方全史"说在当代方志实践中遇到的困难是不可否认的。于是，方志的历史价值自然成了方志不可动摇的文化坐标和主心骨。

（二）商业价值

从本质上讲，方志艺术不是商品，不能以市场为导向，但因为方志艺术是精神文化和物质文化的复合体，所以方志艺术有可能商品化，成为方志文化的精品产业。不过，方志艺术是一种特殊商品，它既具有商品性，又具有非商品性。所谓商品性就是指方志文化价值的物化，非商品性就是指历史价值等。方志文化价值在实现过程中，表现为商业价值和历史价值。其商业价值就是方志艺术品的交换价值；其历史价值就是真实地、具体地反映地情，再现社会历史的资源优势。笔者认为，市场经济背景下，方志艺术首先不以赢利为目的，但不排除产生适当的商业价值，将文化软实力转化为经济硬实力。可与新闻、影视、书画等媒体或基地合作，将志书文本资料转化成生动的、形象的传统文化艺术作品，并通过交换中介实现价值，满足方志消费者和人民群众读志用志传志的需求。方志机构应支持文化艺术产业实体，采用政府主引、专业支撑、公众参与、市场运作的方式，共同开发利用方志艺术资源，有条件的方志机构或可成立二级机构，如创办方志文化艺术中心、志鉴编纂服务中心等，可办成产业和事业，扩大方志资源的辐射范围和影响力。

（三）人文价值

方志发展的核心理念是以人民为中心，人文价值是核心价值，主要体现在以人为本，满足人的审美需求方面。方志不是纯艺术所追求的审美，但它可以在地情记述和志书传播过程中不同程度地体现艺术美。方志文本美的观照要从内容和形式两个方面来考察。内容上，方志应该全面、翔实，囊括一方自然、社会的历史与现状，具有时代性和地方特征，是真实美与充实美的统一。形式上，主要体现在篇目结构、语言、图照、装帧等方面。读者读志与欣赏方志，首先接触的是方志的形式，然后才是内容。方志形式的美与不美，直接影响读者的第一印象。形式不美，不堪入目，吸引力差，自然会失去众多的读者。现在有的志书、年鉴如同一个模子套

---

① 张激：《人类的"艺术基因"》，《中国美术学院学报》2018 年第 9 期。

出来的，千篇一律，索然无味，并且越编越厚，查看和携带极不方便，"大部头书"已经吸引不了读者，需要在内容和形式上进行美化处理。志体美的观照体现在三个方面：一是志书记载内容的真实美，在数据的使用上追求第一手材料；二是志书内容和形式辩证统一的和谐美，内容上追求深厚的文化内涵，意境上追求浓郁的乡情乡韵，做到科学性与著述性的和谐统一；三是志书语言文字的行文美，丰富、鲜明、准确的语言形式是记述史实科学性的基础，志书的语言力求准确、凝练、典雅，文质相符。刘勰在《文心雕龙》中说："结言端直，则文骨成焉；意气骏爽，则文风生焉。"就是指有感染力的文章语言才有风骨，才能体现出美的观照。

三　方志艺术的实践旨归

通过对方志艺术的时代内涵和价值进行透析，不难发现其中蕴含着丰富的理论所指与现实能指，在国际语境下，以实践为视角，分析和探究方志艺术的所指与能指，是方志界深刻诠释用艺术为时代立传的实践旨归。

（一）方志语言艺术

整体严谨与局部艺术相统一。志界同人或有疑问，方志是资料性著述，不是文学作品，方志语言只需要朴实达意即可，不需要追求艺术性和意境。也有人说，方志语言艺术化可能会影响方志客观地记述自然和社会，可能会打破志书体例和行文规范。因为志书文体的严肃性特质与行文艺术化表现似乎有一定的冲突。然而，笔者以为，整体的严谨与局部的艺术化处理并不矛盾。关键是把握"度"，即艺术的"分寸感"。

1. 方志语言的四个层次

笔者以为，方志语言至少可分为四个层次：一是词不达意，二是达意而已，三是蕴含意境，四是闪现哲理。质量上乘的方志，应该在语意语境和哲理艺术等方面都引人注目。

2. 把握艺术"分寸感"

生硬的公文感在首轮志书中表现比较突出，这显然与现代读者的审美情趣相背离，只能产生机械、呆滞感，极大地影响人们读志用志传志。志书毕竟要服务大众，是供人们阅读的书籍，当然也得接受历史与人民的审美考验。《史记》能够成为千古绝唱，绝不是因为它拘于史书的板滞之风，恰恰相反，《史记》中"人物传"用了多种创作手法，艺术能感染人，化人于无形。志书有教化育人的功用，如果全是不动声色、平白叙事，如何化人？

3. 炼出"句眼""文眼"

想想为什么古人写美人，常常着力写一双明眸、一泓秋波，对其他特征不显的部位虽用墨不多，或者说只是勾勒而已，却可以收到形神毕肖的效果。这个道理告诉我们，遣词修志，对所记事物特征不显的部分，完全可以简写，对最富特征的部位，有必要泼墨似的渲染，即在

"眼"上细下工笔，炼出"句眼""文眼"，使整句或整篇文章既简练又富意境。如此，便可一改以往志书记事平淡的语言风格，增添方志语言的艺术性和魅力。因此，把朴实与文采有效统一起来，是志书应有的一种艺术追求。

4. 实现简洁美

实现方志语言简洁的美感并不容易。简洁的音乐美、节奏感，产生精致气韵。实现简洁美的途径：一是在长句中减少不必要的修饰性描写；二是适当增加短句；三是长短相间，气韵相合。综合来讲，就是要艺术化处理行文的长与短、浓与淡、远与近、宏与微、平与奇、空与明的关系，把它们巧妙地糅合在一起就形成章法起伏错落之美。另外，还要适当添加引文与注释，以增强志书深度与可信度。注重使用简洁、新颖、醒目的标题，这样能揭示正文的主旨，给予读者较强的视觉冲击力。

5. 文以载道，志载盛世

方志语言的哲理艺术主要体现在述体文章里，如总述、概述、简述等，闪现出哲学与专业理论的睿智，蕴含着发人深省的道理，事理结合，据事取人，以理育人，揭示事物发展的客观规律。对于综述、概述、序言等纵线叙述历史或总结开篇的章节来说，文字的深度加工特别重要，当如中国山水画一样有艺术感和意境，寥寥数笔也可传神，必须注意文采。笔者以为，远景，因详今略古原则，宜简，用字要少，但需大气高渺，文采横出，首选大势大略，提纲挈领；近景，宜丰宜实，需要历史层次感。另外，强化远近详略的分寸感，也可使志书有张有弛。其中，主编"一支笔"统稿十分重要。志书是众手成书，用词用句难免分散。因此，主编的用笔是关键。如果主编用笔不稳、不准，缺乏文采和艺术性，通篇必失简洁和美感，严重影响志书质量和艺术品质。因此，要想提升志书整体质感，首先主编应是一个有艺术品位和文采之人。

（二）方志形质艺术：形式置换与同质异构相统一

形质，顾名思义是外形和内质。随着时代的发展，方志传统的形质受到严重冲击，已经不能满足人民群众日益增长的精神文化需求。坚持以人民为中心，在遵循志体形态基本原则的前提下，创新表现形式，是方志转型升级的重要途径。

1. 形式置换

在方志艺术创作中，形式置换将是重要的艺术思维和表现策略，可以将其理解为在某种特写情境和主题下，在互不关联的事物间，找寻和发掘出相似、相近或可替代的表现因子，这种因子或为塑造的形状，或为表达的内涵，或为其他，然后用一方交替另一方的方法进行重构。它的价值在于通过场域的置换解放表现维度，超越固有艺术思维逻辑，使一些司空见惯的客观存在经由形式置换后，在新的艺术语境下形成新的艺术形态，从而形成耳目一新的艺术体验和审美价值。置换其实是以一种轻松的方式表述较为严肃的课题，如以轻松、直观的影视和书画艺术表现严肃的方志课题，置换的作品能传达出生活和艺术最为本真的体悟和质感，返璞归真，复活方志。例如《中国影像方志》用轻松愉悦和喜闻乐见的视听艺术表述方志，既具历史厚重感和人文气息，又产生视觉冲击和听觉震撼。福建省方志系统在全国首开用文艺晚会形式表现方志的先河，使方志文化艺术走进百姓生活，其经验值得借鉴。长沙方志系统着手实践一种方志创新形式——画志，如《洞庭湖名鸟志》，拟请知名画家用图画鲜明地表现红嘴蓝鹊等洞庭湖鸟类特征；在《岳麓山名胜志》中，拟用山水画和书法的形式表现"霜叶红于二月花"的岳麓地情风貌。由此，还可设想依照《清明上河图》的创作思路，用书画艺术甚至音乐、舞蹈等元素创作《湘江图志》《浏阳上河图志》等。

2. 同质异构

同质异构看似与形式置换有些相似，但二者有质的区别。形式置换侧重于"形"，而同质异构侧重于"意"。后者是指将同一方志产品按主题分类、整合，进行"模块化、故事化"异构处理，展开新的方志叙事与再叙事，以适应新的时空语境和现代人的艺术审美需求。当然，重构过程并不是与叙事的全部细节一致，而只是与它们的整体意象一致，是"笔不周而意已周""抒胸臆以振斯文"。

一是模块化。方志工作要顺应互联网时代的发展趋势，适应手机端模块化阅读习惯，改变方志高高在上、枯燥乏味的刻板形象，发展艺术化志书、微视频方志等，积极推进网络、微信、微博等模块化方志的加工利用，让方志可看可用、可亲可近，积极利用网络、微信、微博等新媒体形式做好企业等群体的方志宣传及服务工作，让方志接地气、有温度。如对市志或县志进行模块化艺术处理，类分出《民俗方言志》，制作方志有声读物或年鉴音频化条目，每个条目时长 2~3 分钟，以说、唱等形式，体现原汁原味的民俗文化。尝试从看志向听志转变，为公众提供便捷、周到的读志用志服务。如按主题和热点分类，模块化或细化方志微信公众号或志书、年鉴 App，面向社会提供主题鲜明、可移动的服务，受众可通过手机终端随时随地在线浏览、查阅方志文献和影像、音频等资料。

二是故事化。以方志真实性为前提，使用讲故事的手法，增强方志叙事的艺术张力和吸引力。首先，看某个故事最吸引人的东西是什么，把最吸引人的亮点先从方志中发掘出来并对其进行策划，然后去讲。根据不同主题，选择和处理信息，使其更具故事性，以满足人们对故事的热爱和需要。故事化的内在特征就是提炼出"大主题"，然后细化主题，在每一个分支里把信息情节化，而一个故事好坏的关键在于如何用典型人物串联故事，人物是故事的核心。寻找人物志、年鉴中的典型人物，了解他们的人生轨迹，展现其独特个性，用一个个生动的人物故事来阐述主题，引起共鸣。可协同教育文化系统从志书中发掘小故事，出版连环画和动漫作品等，以图文并茂的形式、浅显易懂的内容，编纂中小学校辅导课本或课外读本，让方志文化代代相传，告诉人们这就是方志告诉我们的故事，方志记载你我身边的历史。注重故事的细节，细节叙事胜过千言万语。人们印象深刻的往往是某些让人感动或震撼的细节，细节能够营造特写氛围，这就是记忆留痕功能的体现。因此，故事的生动形象离不开深入人心的细节。如《福建名镇名村影像志·边城培田》，创作者查阅民国版《长汀县志》时看到，关于培田武进士吴拔桢的记载有这样一句话："吴拔桢于光绪十八年壬辰会试取中进士，殿试钦点三甲第八名蓝翎侍卫。"然后创作者进行史料挖掘与艺术创作。通过"一句话"排"一出戏"，值得借鉴。

（三）方志传播艺术

方志叙事与艺术转化相统一。方志要扩大传播范围和影响力，打响"走向世界的中国地方志"品牌，必须首先解决一个问题，即"桥"的问题。这个"桥"，通往方志和艺术，通往文化和生活，继而推动文化交流以及与世界各国、各领域之间跨界或跨文化交际。

1. 开拓方志与世界对话的新模式

第一，搞好调研，了解和认识不同地区文化传统、价值取向和接受心理，根据不同需求设计方志艺术"菜单"，进行有针对性的输出，吸引受众眼球。第二，探索"中国元素、世界表达"的新形式，从西方读者的角度和话语体系去建构传播内容和策略。第三，重视对方志文化艺术作品的翻译，尽力做到译文语句流畅、意境高远，甚至可以采用诗文或图文结合的形式，吸引西方读者。如《中国名镇志·乌镇志》以文章《有一个故事，叫乌镇》开篇，涵盖古诗词等传统文学作品，推出中英文双语版，亮相于世界互联网大会（乌镇峰会），作为特别礼物赠予参会的国内外重要嘉宾，这是极具中国特色的方志传播方式。近年来，文化传播方式的多元化趋势更为明显，志书的表现形式也应因时而变。目前方志创作者在确立某种方志艺术类型时，一般会融合其他类型的元素，这是方志创新值得关注的新趋势。尝试突破纸质文献的局限，与电视"湘军"、长沙马栏山国际视频产业园、《声临其境》栏目和"喜马拉雅 FM"等合作，制作音频或视频化《艺文志》《人物志》《民俗志》等，应用电子书、微信《微志》等表达方式，让志书生动起来，"移动"起来，积极走向方志艺术化、大众化。

2. 重视艺文志编纂与传播

越是民族的，越是世界的。方志有艺文志由来已久。遗憾的是，有些新方志将这些内容减少或删掉了。笔者查阅 200 余部新编市县志后发现，保留艺文志的仅 70 余部，约占 30%，而独立成篇真正可称艺文的几乎没有，大多为一节或一目，能在文化篇中有一章已经不错了，有的还是放在最后的附录里。笔者认为，艺文志是方志必不可少的内容。艺文、民风民俗、方言、歌谣与谚语等地域特色文化能够反映当地城市独特的民俗风情。如长三角明清《竹枝词》是唐代流行于四川、湖北一带的民歌，以反映地方风情为主要内容，诗词中保存了大量各地的民俗历史情况，记载了各地的特产、风俗习惯，开启了将诗歌与史料结合写地方概况的先例，是一种既有艺术价值更有史料价值的"方志诗"。湖南卫视《歌手 2019》节目中，歌手龚琳娜准备将中国优秀的传统诗词做成民歌系列，不断推出"神曲"，让全世界知道中国古诗词的美。这或许也将成为极具艺术价值和史料价值的"方志歌"。

3. 开发方志艺术比特 App

比特是表示信息的最小单位，可以看成是一种艺术基因。比特币是一种电子货币，可以购买现实生活当中的物品或艺术品。艺术比特，是一个服务当代艺术收藏群体的 App。方志艺术比特 App 可以立足积累资源、口碑，以及人脉，如方志艺术收藏家群体，通过独立的客户端展示和微拍艺术作品，满足多样化的艺术鉴赏和方志需求。方志要走进生活，走向世界，就需要研究解决历史价值与商业价值、艺术转换与创新表达的结合问题。若仅满足于方志素材本身，没有转换与创新，依旧是公式化、概念化、呆板化地呈现，方志作品自然会面临市场接受与艺术标准的双重否定。艺术比特 App 可作为传播中介或第三方平台，解决这一问题。该 App 基于人工智能科学理论的观测、建模和再现，可以突破方志"一本正经"的体例框架和文字表述，将艺术资料背后的方志背景、传统工艺等文化内涵传递给观众，并配合动画、解说、微拍或交易等处理，带给观众超越传统的文化艺术体验和需求。方志艺术比特 App 还可与 VR 概念兼容，进行生活和艺术"提纯"，让虚拟回归现实，提升作品价值及艺术比特值，使当代艺术的方志叙事与虚拟现实表达互相融通。

续志资料长编中应体现人民"美好生活需要"

马艾民

（吉林省地方志编纂委员会）

一　什么是人民"美好生活需要"

党的第十九次全国代表大会做出了中国特色社会主义进入了新时代，我国社会主要矛盾已经转化为人民日益增长的美好生活需要和不平衡不充分的发展之间的矛盾等重大政治论断。关于"人民"的概念，笔者做了查询和梳理。在中国古籍中，人民指平民、庶民、百姓。在近代，"人民"的概念被广泛使用，但往往与公民、国民等词混用，泛指社会的全体成员。现代一般认为，人民是指全体社会主义劳动者、社会主义事业的建设者、拥护中国共产党和中国特色社会主义的爱国者和拥护祖国统一的爱国者。总而言之，人民指作为社会基本成员主体的劳动群众。

"美好生活"是一个动态概念，如同"幸福"一样。人民所向往的"美好生活"是一个因时、因地、因人而异，很难有客观统一标准的概念，而且它还是一个涉及每个人内心感受的概念。

综合学者的观点，"人民日益增长的美好生活需要"表现在三个方面。第一，物质性需要，也叫生理性需要。它是人类基本的需要或本能需求，是人类为满足人体饮食、消化、生殖等各部分器官正常活动的需要，也就是人类为满足"求生""求偶"的需要，如食物、衣服、住房和种族繁衍等。第二，社会性需要。社会性需要是在物质性或生理性需要基础上形成的，包括社会安全、社会保障和社会公正等方面的需要。社会安全需要如生命安全、财产安全、食品安全、药品安全、空气安全等方面的需要。社会保障的需要如工作保障的需要、教育保障的需要、健康保障的需要等。社会公正的需要如希望社会是有序的、稳定和谐的，政府是公正、清廉、阳光的。第三，心理性需求。包含两方面：一是尊重的需求，二是自我实现的需求。[①]

---

① 何星亮：《满足人民日益增长的美好生活需要》，《人民论坛》2017 年第 A2 期。

上述观点与美国心理学家亚伯拉罕·马斯洛在 1943 年提出的理论殊途同归。这一理论将人类需求从低到高按层次分为五种，分别是：生理需求、安全需求、社交需求、尊重需求和自我实现需求（见图 1）。

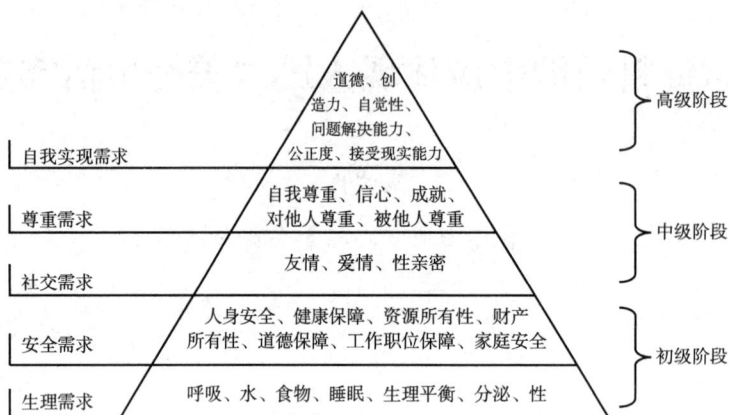

图 1　马斯洛需求层次理论

与物质文化需要相比，人民的"美好生活需要"内容更为广泛。它不仅包括物质文化需要这些客观"硬需要"的全部内容，还包括其衍生的获得感、幸福感、安全感和尊严、权利等具有主观色彩的"软需要"。既有的"硬需要"没有消失并呈现升级态势，人们期盼有更好的教育、更稳定的工作、更满意的收入、更可靠的社会保障、更高水平的医疗卫生服务、更舒适的居住条件、更优美的环境、更丰富的精神文化生活；新生的"软需要"则表现为对民主、法治、公平、正义、安全、环境，对共同富裕，对人的全面发展、社会全面进步都提出了相应要求。[①]

由此可见，专家、学者对人民的"美好生活需要"已经做出了充分的解读和阐释。方志人需要做的，一是加深对人民"美好生活需要"含义的剖析和理解，二是认真思考以下几个问题：在现实生活中，在我们的身边，人民的"美好生活需要"到底包括哪些方面的内容？各种需求的满足程度如何？人民的"美好生活需要"在历史的特定阶段是怎样得到满足的？人民的哪些需要还没有受到应有的重视，没有得到有效的满足？

二　二轮志书中人民生活记述的缺失

笔者以为，我们编修的地方志书是一地的百科全书，是一部部断代史，而"人民是历史的创造者"，中国共产党要"坚持以人民为中心"，"坚持人民主体地位……执政为民，践行全心

---

① 辛鸣：《正确认识我国社会主要矛盾的变化（思想纵横）》，《人民日报》2017 年 11 月 3 日，第 7 版。

全意为人民服务的根本宗旨……把人民对美好生活的向往作为奋斗目标，依靠人民创造历史伟业"。① 所以，人民应该而且必须成为志书中的"主角"，如此才能让志书"活"起来，有声有色、有滋有味、堪存堪鉴。离开了对人的思想观念、行为习惯、所作所为的客观记载，志书便没了灵魂，也就失去了修志的意义。

纵观已经出版的二轮志书，多数并没有把人民的生活状况全面、立体地展现出来，在人口、姓氏、婚姻、家族、习俗、方言、民族、宗教、住房、消费、社会保障、就业就学就医等方面，存在着诸多记述缺失或不到位的问题。笔者翻阅全国和吉林省部分市县志书，发现在人民生活方面的记述主要存在以下问题。

1. 人民生活方面的内容不全面、不充分

吉林省出版的一部市志记述了 1989~2000 年的"社会生活"，在该篇之下仅设三章，分别为"人民生活""宗教""民俗与方言"。其中的"方言"占了超过一半的篇幅，即 51 页中的 28 页记的是当地方言。而"人民生活"一章，只设了"收入""消费""生活质量"三节，所占篇幅约为 1/9，即 6 页；涉及的内容有城市、农村居民收入，城市、农村居民消费，城市、农村居民生活质量，最后是一张表格——"1989~2000 年××市居民生活水平情况一览"。以"生活质量"中城市居民衣着的全部记述为例："1991 年……城区居民每百户拥有毛皮大衣 11.3 件，呢子大衣 61.2 件，分别比 1990 年增长 8.7%、5.7%"，"1997 年……城市居民在衣着方面服装数量由'一衣多季'变成'一季多衣'，服装款式由'多季一款'变成'季季多款'"，"1998 年……城市居民的衣着消费发生了深刻的变化，质地、色泽、款式、品种不断更新"。

仔细查阅所记的内容，发现事关人民生活的"衣着"内容读来并"不解渴"。一是记述量小，关键节点年份、下限年份没有记述；二是记述比较抽象、笼统，不具体，缺乏个性特点，如果把这些内容放在省内其他城市的志书里，似乎也没有什么不妥。再看住房消费、交通消费、食品消费等体现生活质量的内容，也存在上述问题。

在这部志书中，关于"空巢"家庭、留守儿童、外来务工人员等社会成员的生存状态的记述是缺位的，对于生活新元素着墨不多，如娱乐方式、养老方式、待客方式、节假日的休闲方式、健身方式、做家务的方式等。二轮志书中人民生活内容不全面、不充分的类似事例随处可见。

2. 涉及生活的内容记述缺乏深度

有些内容志书中有所涉及，也有相关的数据，但是缺少应有的深度。比如概述中提到改革开放以来人民生活发生翻天覆地的变化，但缺少对变化的主要原因的阐释；志书中记述了断限内人口的出生、死亡、迁移数字，但看不出城乡社会阶层结构因此而发生的变化，也看不到人

---

① 习近平:《决胜全面建成小康社会　夺取新时代中国特色社会主义伟大胜利——在中国共产党第十九次全国代表大会上的报告》，人民出版社，2017，第 21 页。

口与经济发展、与就业的关系；有婚姻登记的记述，却没有离婚原因的分类、离婚年龄的分析、离婚人口中性别的划分等；有人民物质生活的记述，却很少见到对精神生活的记述，导致读者透过数字只能得出生活水平在提高的模糊结论，却看不到这一时段人们的主流思潮、所思所想、所爱所好。

人民生活的记述缺乏深度，主要原因是编纂人员仅停留在表层，缺少对资料的进一步挖掘，没有向读者展示事物的深层次信息。

3. 记述角度有偏差

有些志书对于社会、人民、生活均有记述，但是读者看到的并不是这些，而是政府如何如何、××局如何如何、××行业如何如何、××单位如何如何。比如在一部县志中有这样的表述：1998 年，××县"开展农村低保工作……县政府下发……办法，确定年人均收入低于 535 元的贫困户每人每年补助 235 元。所需资金由县、乡镇和村按……比例承担。……2002 年……将全县特困人口 2645 人纳入救助范围。……由民政局中按各乡镇实际人数拨到乡镇。2004 年……增加救助人数 59 人，共 2704 人，救助资金 63.5 万元全部由县财政筹集"。志书中该部分内容的主体不是人民，也不是生活，而是"有关部门"，社会、人民、生活被湮没在有关部门的"工作"和"政绩"下，成了陪衬和配角。这是编纂者记述角度偏差带来的问题。

产生上述几个问题的原因，笔者以为可以归结为以下三点：一是编纂者在"官书"思想的影响下，不自觉地在编修中表现出了"官本位"，重官轻民，导致人民生活的篇幅普遍过短，记述量有限；二是修志资料中缺少关于人民、关于生活的内容，造成"无米之炊"的局面，在客观上限制了修志人员编纂意图的实现；三是编纂人员缺乏操作技巧，导致人民生活方面的资料运用不合理、不科学，记述角度产生偏差，客观上弱化了对人民生活的立体描绘。

三 如何在资料长编中体现社会矛盾的转化

地方志书的资料长编是在志书正式编写之前，对收集到的资料进行归纳、整理和筛选，确定可以入志或提供参考的资料，再进行鉴别、核实，按篇章节目分类，按时间顺序编排整理，编写成志书初稿之前的初级产品。可以毫不夸张地说，资料是志书的生命，它直接决定着志书的质量。把分散的资料变成有序的志书，中间必经的阶段是资料长编。如何在资料长编中体现社会矛盾的转化、呈现人民的"美好生活需要"，决定着一部志书能否体现"以人为本"，能否全面、充分地反映断限内社会发生的深刻变化和创造历史的人民在断限内的生存、生活状态。笔者以为，应该从以下五个方面入手，面向三轮修志，从资料收集到长编编写，在每个步骤中都把人民的"美好生活需要"作为重点加以考虑。

1. 在指导思想上，要有意识地收集关于"人民日益增长的美好生活需要"的资料

志书编纂人员不能只把眼光放在政治、经济、文化这些大的方面，要更加关注社会建设、

人民生活。引导资料承报单位的工作人员不仅要有"官书"思想，还要心中有人民，"坚持以人民为中心的发展思想"，① 有意识地收集社会、生活类鲜活资料，逐年逐项地呈现普通人的生活状态，这样才能让未来的志书以人民群众为主角，充分展现人民多姿多彩的生活画卷，洋溢着浓郁的生活气息，刻画"人"的喜怒哀乐。

2. 在志书资料长编篇目设置上，突出记述"美好生活需要"

我们知道，从现在到 2020 年，是全面建成小康社会的决胜期。也就是说，到 2020 年第三轮修志启动之时，中国已经全面建成了小康社会。此前的 20 年，即 2000 年到 2020 年，则是为小康社会建设目标不断奋斗的 20 年。就吉林省而言，2000 年是多数二轮市县志书的下限，目前开展的资料长编工作，收集的多数是 2000 年至 2020 年的资料。在小康社会建设的进程中，人民生活肯定会一年上一个新台阶，志书可收集的资料也会越来越丰富。因此，笔者认为，资料长编在篇目设置上，完全可以把"人民生活"提升到"篇"的位置，其下设章、节、目。同时，把涉及"生活"的内容统合到该篇之中，加以集中记述，避免以往分散记述带来的散、乱、杂。

3. 在收集资料阶段，注意从多个侧面加强对"美好生活"方面资料的征集

习近平总书记列举了"美好生活"的部分内容："我们的人民热爱生活，期盼有更好的教育、更稳定的工作、更满意的收入、更可靠的社会保障、更高水平的医疗卫生服务、更舒适的居住条件、更优美的环境，期盼孩子们能成长得更好、工作得更好、生活得更好。"② 可见，教育、就业、收入、社保、就医、住房、环境等方面的材料，都涉及人民生活，都是需要着意收集的。

此外，小康社会建设的每个目标都事关人民生活，所以这些资料都在收集之列。小康社会是由邓小平在 20 世纪 70 年代末 80 年代初提出的战略构想。③ 国务院提出的小康社会的内涵确定了 16 个基本检测和临测值，这些为收集志书资料提供了线索，主要包括：人均国内生产总值、城镇人均可支配收入、农民人均纯收入、城镇人均住房面积、农村钢木结构住房人均使用面积、人均蛋白质摄入量、城市每人拥有铺路面积、农村通公路行政村的比重、恩格尔系数、成人识字率、人均预期寿命、婴儿死亡率、教育娱乐支出的比重、电视机普及率、森林覆盖率、农村初级卫生保健基本合格县的比重。

4. 在资料归纳和整理时，注意发现人民生活方面资料的不足

各资料承报单位按照要求收集、报送长编资料，各级地方志办公室负有审查、验收之责。这就要求工作人员在对资料进行归纳整理时，留意人民生活类资料的数量和质量，对照资料收集清单和上述资料征集线索，及时发现缺失和不足，及早加以补充完善，避免时过境迁资料散

---

① 习近平：《决胜全面建成小康社会 夺取新时代中国特色社会主义伟大胜利——在中国共产党第十九次全国代表大会上的报告》，第 19 页。
② 《习近平谈治国理政》第 1 卷，人民出版社，2018，第 4 页。
③ 《邓小平文选》第 3 卷，人民出版社，1993，第 64 页。

失，难以补充，影响"人民生活"篇的质量。

5. 在资料长编编写过程中，注意运用多种资料呈现人民"美好生活需要"

"美好生活需要"是全方位的，在原来"物质文化需要"的基础上有所延展，形成较为全面的"需要"，包括民主、法治、公平、正义、安全、环境等方面的需要。地方志工作者要关注我国社会主要矛盾变化，各地统筹推进经济建设、政治建设、文化建设、社会建设、生态文明建设，努力抓重点、补短板、强弱项以及精准脱贫、防治污染等，这些与人民生活息息相关，要把第一手资料收集上来并编写到长编中。

笔者认为，在资料长编编写过程中，"人民生活"方面的内容应侧重两大方面的记述：社会事业的发展进程，人民群众获得了什么。在选取和运用资料时，编纂者要放眼全局、胸怀人民，在全面掌握地情的基础上，客观、真实地反映当地人的生活面貌。比如《萧山市志》，在资料准备阶段，编纂者列出了以下有关人民生活的内容：城市居民对工作状况的满意度、农村居民对农业状况的满意度、居民住房状况、居住环境、家庭生活状况（包括夫妻之间的理解度、婚姻生活的满意度等）、人际关系状况、闲暇状况、生活时间分配、生活水平状况、健康状况、社区生活参与状况、居民休闲娱乐消费状况、社交礼仪、出行状况、车辆拥有与使用情况、吃穿用情况、家庭教育观念变迁情况、妇女社会地位、百岁老人情况等。[①]

收集志书资料的过程，是解决资料从无到有的过程；鉴别、核实资料的过程，是解决资料从粗到精的过程；整理、运用资料的过程，是解决资料从乱到治的过程。在这些过程中，如果编纂人员始终把人民的"美好生活需要"放在心上，那么有关人民生活的资料就不会被忽视、被湮没、被丢弃，志书"人民生活"篇自然能够与自然、经济、政治等平起平坐、齐头并进。如此，志书资料长编也就完成了对人民学有所教、老有所得、病有所医、老有所养、住有所居等方面新进展、新气象的记述。

---

① 《萧山市志》第 1~5 册，浙江人民出版社，2013。

依法治理地方志书资料缺失问题的思考

——以某市及其所辖县市区两轮地方志书编修实践为例

陆再奇

（安徽省宣城市委党史和地方志研究室）

文章千古事，得失寸心知。地方志书是前人留给今人、今人留给后人的精神财富，也是后人研究前世的钥匙，其真实性直接影响后世对前世的分析判断。

志属信史而为传世之作，贵在资料全面、系统、真实、准确。在我国古籍中，地方志书以资料价值的优势在历史文化的长河中显示出独有的魅力。方志界在总结首轮修志时，一致认为缺乏修志经验积累，资料收集整理不够扎实细致，致使有些志书中存在资料不全、不准、不系统等问题，直接影响了志书的可信度和利用价值。朱佳木同志在 2008 年第四次全国地方志工作会议上指出，目前出版的二轮志书，"其质量虽不能说都不高，但可以说对质量的评价标准普遍不高"。坦率地讲，由于受时代局限、资料发现时间早晚等因素叠加影响，任何一部史志类图书，包括《史记》、《汉书》和《后汉书》等二十四史都存在这样或那样的缺点和不足，谭其骧主编的《中国历史地图集》也不断有学者指出其不足。但是，这些都不能否认我们地方志工作所取得的辉煌成绩。对于那些通过努力可以避免的问题和不足，特别是彰显地域特征和时代特色的资料缺失，如果不加以总结、排查和反思，依法治理，有可能会在第三轮志书编修中继续存在。笔者 20 世纪 90 年代中后期，在其他部门工作时曾为某市第二轮地方志书提供过稿件；2005 年到某市地方志部门工作后，曾参加该市二轮地方志书的修改完善工作以及部分志书评议工作。从笔者的工作经历和掌握的情况来看，地方志书资料缺失，既有通过努力可以解决的问题，又有超越了地方志工作部门职责，即使努力也解决不了或效果不理想的问题，解决新编志书资料缺失问题唯一的路径就是开展依法治志。

一　新编地方志书资料缺失表现

2006 年 5 月，国务院颁布施行了《地方志工作条例》，标志着地方志工作从长期依靠行政命令推动到实现有法可依，开启了依法修志、依法治志的新局面，之前可以说无专门法可依，之后的一段时间虽然有法可依，但是市县第一轮地方志书已全部公开出版发行，第二轮地方志书也均已进入分纂、总纂、评议、出版发行等阶段，再另起炉灶几无可能，因此，志书的质量有待商榷，有的虽然拿到了中指组或省级地方志办工作机构颁发的特等奖或一等奖，但是，假如读志用志者熟悉地方志书所记述该行政区的历史和现状，就会发现其中有不少彰显该行政区地域特征和时代特色的资料缺失，列举两例如下。

（一）新编志书未能充分体现区域内厚重的历史底蕴

某县 1992 年版县志"概述"称，该县人民重教好文，素有兴学育人的民风。从建县（唐宝应二年，763 年）到清末，学有成就者代不乏人，仅有姓名可考证者就有举人 206 人、进士 142 人，其中状元、榜眼、探花各一人。"民既谋生拮据，纷纷经营贸易，散之四方"，尤其是乾隆以后，掀起了经商热，从商成为时髦的职业，仅江氏一族在外埠者就有 60 余家，"商店则如恒河沙数，自京师以至各行省，而以大江南北最多"。以及该县志第二十七章"文化·民间艺术"载，民国时期，该县仅剔颙名手就有百余人，号称"一百零八把刀"。相应的章节无具体材料对其加以佐证，让人难以信服。

（二）新编志书重大事件漏记或记载过于简单比较普遍

以上海在某市境内的"小三线"企业为例。据《上海轻工业志》《上海机电工业志》《上海电子仪表工业志》载，20 世纪 60 年代至 80 年代，上海在皖南的 53 家"小三线"工厂，在该市境内有 27 家。20 世纪 80 年代，某县接收的"小三线"固定资产原值 5729.4 万元，核算后接收到的固定资产净值 2416 万元、流动资产 617.4 万元，分别是县原有国营工业固定资产原值 1682 万元的 3.4 倍和 1.8 倍；某县接收的"小三线"工厂固定资产净值 2007.3 万元、流动资产 493.3 万元，两家行政事业单位固定资产原值 189.8 万元，同时期的县国营工业固定资产 1600 万元；某县接收的"小三线"固定资产净值 6385.15 万元，国拨流动资金 1910.13 万元，同时期县国营工业固定资产净值 3198.6 万元。上海的"小三线"企事业单位在一定程度上影响和改变了该市域的经济、社会、文化、科学、技术及人民生活、思想观念，加快了该市工业化进程，但是，相关行政区域的第一轮和第二轮地方志书对"小三线"记载普遍简略。某县 1992 年版县志第十七章"工业"第三节"三线企业"的内容，连标点符号在内不足 500 字；某县 1997 年版县志第九篇"工业"第四章"省（市）地属企业"虽然专设"上海市'小三线'企业"一节，但主要是采用列表形式反映"县属工业利用改造'小三线'情况"；市里编修的第一轮、第二轮地方志书干脆只字不提。有同志解释是因为当时"小三线"档案处于保密状态，没有资料来源。"小三线"档案解密时，第二轮地方志书编修工作正在进行中，这些档案资料又保存在所在地的档案馆内，资料完全，不存在问题。

其他如新编第一轮志书与域内最后一旧志断档期的资料普遍存在缺失，邻近县的地方志书对同一历史事件记载存有明显差距等事例，不再枚举。

二　新编地方志书资料缺失产生的原因

这些问题的产生具体来讲，可以从以下几个方面展开。

（一）从笔者曾是地方志书初稿供稿者的工作经历来看

（1）志书篇目设计不合理，是志书资料缺失的首要原因，也是最关键的因素。基础不牢，地动山摇。篇目是志书的纲，对志稿供稿人来说，篇目是资料搜集的向导，"你"提供什么篇目，"我"就按提供的篇目来搜集资料进行撰写。笔者曾查阅了众多志书篇目设计的论文、专著和经验做法。关于篇目的设计，这些作品阐述精辟，思维缜密，经验丰富，但总的感觉是很少有提到要深入供稿单位一线，开展调查研究，掌握并消化第一手资料再来进行篇目提纲的设计。几个人甚至个别人在小范围内，凭经验，或参照其他志书，或凭借查看相关部门和单位零散而不是系统全面的资料，设计出来的篇目（行业志或部门志例外）一定不能够涵盖该部门和单位的最主要工作内容。"你"不点题，绝大多数供稿人不会也不可能主动提供篇目以外的内容。可以说，地方志书在篇目设计阶段，如果不深入研究和挖掘彰显本行政区地域特征和时代特色以及需要浓墨重彩记录的内容，依据此篇目设计编修出来的地方志书肯定没有深度和厚度。

（2）志书资料搜集培训工作不到位，初稿供稿人即使想做好也没有能力做到。资料搜集培训工作是志书编纂最基础性的工作，也是最容易被忽视的环节。志书中需要的具有存史价值的资料，并不是每年的工作总结或汇报材料所能全部涵盖的。这些资料大多存放在单位的档案室或移交所在地的国家综合档案馆，查找起来需要一定的技巧。这些技巧需要经过一定的业务培训获得，并不是人们想象得那样简单。笔者的体会是，培训要有针对性和可操作性，要让参加培训的人员掌握资料搜集、整理、考证的方式方法，认为经过培训确实从中能够学到有用的知识，亲身感受到培训确实管用，对他的工作很有帮助。这就对培训老师的实践经验提出了很高的要求，千万不能是那种只有理论水平没有实践经验的辅导者。参加培训的撰稿人都是掌握一定知识、有一定写作能力的人。如果培训的内容空洞乏味，或者从网上搜索些"方志的起源与发展""方志的作用"等随处可见的材料，又或者讲课的内容跑题走调，让人觉得"你"没什么真本事，水平不过如此，甚至觉得还不如他，只是个会纸上谈兵的滥竽充数者，不过是在地方志部门工作有机会站在这里讲课而已，可以想象他们会尽心尽力地去搜集资料吗？或者他们想尽力去搜集资料，能知道从哪里入手吗？这样的初稿质量能有多高，不说也明白。打个比方，绣花能手能在破抹布上绣出精美图案吗？

（二）从笔者在地方志部门工作十多年了解的情况来看

（1）客观形势的变化。相对于第一轮地方志书编修，第二轮地方志书编修资料搜集难度更大。笔者所在的市第一轮地方志书编修工作大多在20世纪80年代初启动，90年代中后期基本完成。众所周知，第一轮地方志书需要相关部门提供的志书资料主要集中在新中国成立后至20世纪80年代末这个时间段内，这个时期我国的经济体制以计划经济为主，经济社会活动的主要方面是由各级政府部门和承担行政职能的企事业单位、国有企业、集体企业来履行，政府职能囊括了社会生活的主要方面，部门情况基本上涵盖了整个行业的情况。以行政命令的方式获取的志书资料，从理论上来讲基本上涵盖经济社会发展的主要内容，用句通俗的话讲，符合"抓大放小"的要求。第二轮地方志书编修工作大多在2000年前后启动，记载的内容主要是反映改革开放以来经济社会发展的情况。从地方志书编修所面临的形势来看，随着社会主义市场经济体制的确立和逐步完善，政府职能转变，原来由政府直接管理和赋予行政职能的各类社会组织，有的变成了自主经营的市场主体，有的职能缩小，有的合并或被撤销。政府职能部门和公有制性质的业务部门，其业务内容不能够涵盖全行业的基本情况。地方志书编修的资料来源渠道由第一轮修志的相对集中单一变为分散多元。依赖行政命令的方式获取的修志资料，不仅覆盖面由原来的"大而全"变为"小而散"，而且有的单位以内容保密为借口，有的以人少事多为借口，有的以经济效益为第一目的，有的提供资料的存史价值低，有的干脆不提供，非公有制单位和企业更不用说。因此，仅从面上来看，第二轮地方志书的资料来源就缺失政府部门难以掌握的行业和社会资料。

（2）从供稿单位对志稿资料搜集的态度来看。第一轮地方志书编修期间，由于各单位的业务比较单纯，人员相对较多，多数供稿部门和单位成立了专门班子，进行资料搜集。第二轮地方志书编修面临的形势更加复杂，"全民招商"是许多地方压倒一切的首要任务；机构精简，工作人员减少；存在政府阶段性"中心工作"人员抽调等各种主客观因素。部分供稿部门和单位将供稿作为任务来完成，有的部门和单位将任务领回后，按科室职能进行再分配，至于质量如何，很少有人过问；更有甚者，志稿完成后，领导连看都不看，直接交差完事。

（3）从参与地方志书编修人员的素质、心态、敬业精神来看。首先，参加过第一轮地方志书编修的老同志几乎全部退休，承担第二轮地方志书编修的多是该单位或部门新招考的大学生、秘书，或从事宣传的同志，这些同志多是兼职，对本单位或本部门长达十多年的情况并不熟悉；即使是个别在该单位或该部门长期工作、熟悉情况的老同志，由于供稿工作对该部门或该单位来讲并非主要职责，供稿人员青灯黄卷、没日没夜地工作，却很难引起领导的重视和得到领导的表彰，长此以往，从心里感到自己的付出得不到应有的回报（笔者有此感受），积极性大减，只求能够过关。其次，从市县级地方志办公室来看，多属合署办公。多数的县级地方志办公室除领导之外，仅有一至两名从事地方志工作的人员，多为"半路出家"，并非科班出身，很少经过系统培训，难以胜任修志重任。此外，从事地方志工作的同志职业荣誉感不强，认为从事地方志书编修工作处在边缘位置（事实也是如此），缺少展示才能的平台，难出成绩，不愿钻研业务，满足于完成工作。最后，从聘用人员素质来看，由于市县级地方志办公室自身的经费有限，不可能拿出更多的资金，解决聘用人员的待遇问题。高素质的人才难以聘用，即使聘用成功，又难以确保其全身心地投入工作。

（4）从两轮地方志书编修实践来看。普遍沿用第一轮地方志书编修的方法，也是现行地方志编修体制下唯一能够运用且最管用的方法，即以政府的名义召开志书编纂会议，然后发文给各相关单位，要求提供相关资料，对相关单位提供的资料进行适当的加工补充；资料不完善或不符合要求的退回补充，或请领导出面召集会议，进行再动员、再部署，如此反复打转转；实在要不到资料，或放弃，或将此无存史价值的资料收录进来凑数，然后，根据评议、审读、审批、出版发行程序，完成领导和上级业务部门交办的任务，皆大欢喜。因此，第二轮地方志书的记载很少有实地调研、采访、考证的内容，多是手头有多少资料就记述多少内容。客观原因是，市县地方志部门就那么几个人，不仅要做好地方志书编修工作，而且有大量的事务性任务需要完成，不可能也没有精力去搜集地方志书编修所需的社会资料。

（5）社会公众对地方志工作认识存在偏差。历史上，地方官员一般只做三件事：收税、判案和修志。地方志书编修人员在社会上享有较高的地位，且参加地方志编修的多数是地方上的知名人士。随着经济社会的发展进步，地方志书编修越来越边缘化，除去外部原因，地方志书记述的内容似乎多与社会公民个体的切身利益无关，短期内对社会贡献不大，这也是社会层面对地方志书认可度不高的重要因素。因此，参与地方志书编修的积极性大打折扣。

（三）从笔者参加志稿评议会和有关志稿评议的文章来看，很少提及资料缺失的问题

志稿评议是弥补和提升志稿资料质量的关键环节。笔者所在的省地方志办公室2007年6月18日印发的《安徽省市、县（市、区）志稿评审暂行规定》中评议内容重点之一在评议稿的"资料史实"，而此项在实际工作中并没有得到有效落实。参加评议会的对象一要"知情"，二要"懂行"。"知情"从某种角度来讲比"懂行"更加重要，千万不能凑数。如某省地方志办负责同志所讲，我们认为"质量很好"的地方志书，在一些大量使用地方志书的学者眼中觉得"不怎么样"；我们认为"不怎么样"的地方志书，在那些大量使用地方志书的学者眼中却认为是一部"质量很好"的志书，理由是他们认为把资料都保存下来了。"知情"就是要熟悉被评议地方志书所记述的行政区范围内的历史和现状，"懂行"就是对地方志书编纂要有一定的见解和实践经验。因工作需要，笔者认真学习并反思过众多志稿评议的文章，也参加过所管辖县的志稿评议会。就笔者参加的志稿评议会讲，总体感觉是参加志稿评议的同志多是被评议的志稿牵着鼻子走，在志稿圈子内打转转，这个章节不应这样设计，那个文字表述不妥当，这个升格不当，那个排序先后不妥，等等（就是指出的这些方面也严重不足，否则，经过层层初审、评议、审读、审批的志稿，送到出版社初审，还存在行文规范达不到出版要求的情况，这又怎么解释？出版社反馈的初审稿逐一指出错误所在，让人不得不心服口服）。定性的内容多，定量可操作的内容少，比如，对志稿中"大事记"的评议，简单举一两个事例后，用"大事不大"来概括；更有甚者，有的评议稿有70%以上部分是通稿，换个标题到哪里都能用，讲的多是"大事不大"这类自身立于不败之地的"正确的话"。笔者曾参加一个县的志稿评议会，该县有两个人物。一位是70多岁的退休老人，从1998年起，开始为农村留守儿童撑起一片蓝天。2007年2月，中共中央政治局领导对其先进事迹做出重要批示，予以充分肯定；《人民日报》、新华社等中央19家新闻媒体集中宣传了他的事迹；2008年3月，中影集团公司拍摄的以他为原型的故事片《春风化雨》在全国公映；2009年，他荣获全国道德模范荣誉称号。另外一位是个农民，曾被联合国专家称赞为"农民环保专家"。笔者认为这两个人物的事迹应该收录（该志稿的时间界限为1988年至2005年），评议会上除笔者之外无人提起。当然也可能是笔者不懂"生不入志"之惯例。若死搬教条，第三轮修志时，这两个人们眼中的"小人物"的事迹可能就永远被埋没。

（四）从地方志书稿件审读环节来看

部分志稿审读人员机械地理解中国地方志指导小组2008年印发的《地方志书质量规定》中有关"时间界限"的规定。如有的送审稿，为了交代背景资料，或让读者对某一事件有一个比较清晰、全面的认识，对志书的上限或下限进行了适当的突破，在审读人那里统统地将其删除。笔者看过很多已出版的二轮志书，假如该部志书的上下限是1988年至2005年，很多章节的篇幅抬头就是1988年如何如何，结尾是2005年如何如何，中间虽也有描述，但人为地将事物发展全貌割裂。如笔者上文所提的为农村留守儿童撑起一片蓝天的退休老人的事迹，假如，只记载他1988~2005年的事迹，20年后再修第三轮志书，再记述其2006年至其死亡时的事迹。这样做看似符合《地方志书质量规定》，但是其弊端不言自明。类似的问题二轮修志中多采取回避的办法。

（五）主编对地方志书资料取舍不当也是地方志书资料缺失的一个不可忽视的重要因素

如从某县新编志书纂修始末介绍来看，1983年以来，该县地方志办公室先后派出60余人次，前往北京、上海、南京、宁波、合肥、安庆、芜湖、屯溪、宣城、绩溪、泾县等地及本县各乡搜集资料，先后查阅了各类档案、文献、书籍4000余卷（册），复印资料3000多万字，手抄资料 200 多万字，采访、征集乡土口碑资料 10 多万字，制作各类资料卡片 2000 多张。1983 年秋、1985 年夏和 1986 年春，分别在北京、南京、上海和安徽省图书馆复印、手抄了清顺治本、明万历本和清乾隆本该县县志，使这些流落在外的文化遗产得以回归。可惜下了这么大功夫，但在该县志书中没有相应的记述。

地方志书是"历史与现状的资料性文献"。地方志书要"为后世留下堪存堪鉴之记述"，核心也是资料。没有翔实的资料，再科学的体例也只是徒有形式的空洞之物。资料收集工作是地方志书编修最重要、最基础的工作。一部地方志书如果不尽可能想方设法地占有资料，不在搜集资料上穷尽功夫，其价值就会大幅降低，其重要性就不可能得到彰显。新时代解决地方志书资料缺失的问题，只有而且必须依据法律法规，没有其他路径可遵循。

三 依法治理新编地方志书资料缺失路径思考

强化法治意识，克服依靠行政命令推动工作的老思维、老习惯，转变思维模式、工作方式，坚持用法治思维来突破发展瓶颈，破解发展难题，切实提高依法治志的自觉性和主动性，在自己的可控范围内应做好以下几方面工作。

（一）依法提前做好入志资料的搜集整理工作

各级地方志工作部门应充分汲取前两轮地方志书编修的教训，在地方志书启动编修之前就应主动、及时地搜集资料，特别是那些涉及非公领域、政府部门难以掌握的行业和社会资料。一要充分利用现有的网络、媒体、书刊等提供的资料线索，主动搜集；二是采取政府"购买服务"面向社会公开征集。总之，资料搜集宜早不宜迟，应力求"全而不漏""详而无阙"，切忌采取"守株待兔"的工作方式，坐待稿件上门。

（二）依法把握好地方志书篇目设计关

事先要尽可能多地搜集资料，千万不能不假思索地模仿别人，或干脆照搬照抄前志的篇目。已有志书的篇目可以借鉴，一定要结合本行政区的地域特色和时代特征，先拿出一个初步的篇目提纲，明确拟好编写的内容和所需资料的清单，主动上门到供稿部门或单位征求意见和建议，如此反复多次，一次肯定比一次效果好。征求意见和建议的对象不能只局限于该单位专门从事文字工作的人员（笔者认为，一个单位专门从事文字工作、不承担具体业务的人，写出来的材料多飘浮在表面），要主动征询该部门或单位从事具体业务的人员的意见和建议。如此反复几次，该部门或单位具有存史价值的业务活动和资料基本上就能够掌握了。在此基础上再拟定篇目提纲，方可交供稿单位组织人员撰写。

（三）依法做好资料搜集培训工作

培训的内容不仅要讲清楚资料的概念，还有资料所包含的时间、地点、事件、人物、过程要素，文字、图表、照片、音像、实物等资料载体的表现形式，文稿、信札、日记、谱牒、档案、书刊、实物等资料载体的存在实体，资料搜集的原则和范围，资料搜集的方法，资料鉴别、整理的方法等理论知识，更要就每一项内容提出几个很好的搜集资料的办法，才能够收到事半功倍的效果。

（四）依法提高地方志书资料的可信任度

从已出版的两轮志书来看，绝大部分资料基本上不注明出处，此乃世人质疑新编地方志书质量的关键，既是地方志书资料缺失的一种表现，也给随意编造者提供了可乘之机，同时也是地方志书编修者自降地方志书可信度的一种表现。地方志书使用的资料注明出处，以备查证，不仅可以增强地方志书编修者严谨的治学态度和务实的工作作风，更主要的是增强志书可信性和学术尊严。

（五）依法将资料的完整性、准确性和系统性作为志稿审核和评议的首要任务

志稿审核和评议的重点和难点是志稿资料的完整性、准确性和系统性，也是参加志稿初审和评议的人员有意或无意竭力回避的问题。因为这需要具体事例，需要参加志稿审核会和评议会的人自己去发现、去查找，不像其他问题，诸如体例方面设计混乱；内容方面详略不当，深度不够，界限不严；技术方面行文不规范，宏观把握高度不够，综合性、概括性差；等等。从现有稿件中，列举几个事例，以自我为标准，随便说几句，专家的角色便扮演了。因此，有必要多请熟悉地方历史和现实情况的人员参加志稿初稿审核会和志稿评议会，虽然他们的理论不如专家，但起码他们可以保证资料的完整性。参加志稿初审和评议的同志，要摆脱稿件的约束，要从稿件中走出来，要多在志稿的"资料史实"上下足功夫。在撰写评议意见之前，应多查找一些审核、评议对象的相关资料。当然，志稿的"政治观点、体例结构、行文规范、内容保密"也不应忽视。

（六）鼓励将地方志工作"创造性转化、创新性发展"纳入依法治志轨道

从某个角度来看，志书篇目是整个社会架构的缩影，志书体例是志书相应时代的产物，随着时代的发展，对志书的体例也应及时做出调整。新中国成立后的第一轮志书在体例上相对于旧志有了很多创新。第二轮志书应适应时代变化的要求，进行大胆创新。就志书的资料性来讲，由于志书的出版周期很长，应尽可能多地将超越志书下限的有存史价值的资料，从方便查阅的角度采取"延伸阅读"或"链接"的方式及时收录进志书中。同时，建议能够对中国地方

志指导小组 2008 年 9 月 16 日印发的《地方志书质量规定》第 16 条"时间界限明确，不随意突破志书的上限和下限，严格控制上溯或下延"条款进行适当修改。

（七）将地方志工作部门增加服务社会主动性、提高服务的质量纳入依法治志轨道

应充分利用地方志具有的百科全书的特点，利用自己掌握的既具有权威性又具有广泛性的信息资源，主动为党委、政府的中心工作提供服务，为社会各行各业提供服务，为显现的和潜在的需求对象做好服务，更为资料搜集创造宽松的环境。

现代通志编纂常见问题（一）

——以《湖南省志（综合本）·报业篇》初稿为例

周　涌

（湖南省地方志编纂委员会）

盛世修志，古今皆然。编修地方志已成为中华民族独特的优良文化传统之一。地方志作为全面、客观、系统记载历史和现状的资料性文献，是具有其不可替代的功能和作用的。新中国成立后，先后启动了第一轮志书、第二轮志书的编纂，个别省（区、市）已将第三轮志书的修志工作提上议程，正在开展前期准备工作。由于第一、二轮志书各有自身的断限，所记述之内容在各自断限范围内，均属于有时限范围的省志。本文所言之通志，意味着其起始上限为该省（区、市）事物发端之初；下限范围不止于第一轮省志的时间下限，可达第二轮省志的下限，根据实际需要甚至可超出第二轮省志的下限。

目前，省（区、市）编纂一本贯通古今、横陈百科的全面反映本省（区、市）自然、经济、政治、文化、社会等方面的通志，并将其打造成一张向全国乃至全世界推介本省（区、市）的精品名片，成为方志历史发展的必然。当下编修通志，在实际编纂过程中必然离不开第一轮志书和第二轮志书。在第一轮志书和第二轮志书的基础上编纂通志，必须抓住一条主要原则：注重竖写，贯通古今，重在当代，抓住历史发展的主线。

《湖南省志（综合本）》正是这样一本贯通古今、重在当代的通志。通过审阅一些分篇初稿，笔者发现在第一轮省志和第二轮省志的基础上编纂省志通志，有许多常见的问题，而解决这些问题实际上非常简单。下面，笔者以《湖南省志（综合本）·报业篇》（以下简称《报业篇》）初稿为例，剖析现代通志编纂过程中常见的问题。

一　史实错误问题

在第一轮志书和第二轮志书的基础上进行通志编纂，若第一轮志书和第二轮志书本身史实是正确的，则从第一轮志书和第二轮志书而来的史实也必然是正确的。但是，在初稿的实际撰写过程中，相关问题层出不穷。《报业篇》所记述之史实，基本沿用了第一轮志书《新闻出版志·报业》和第二轮志书《报业志》的史实。经过与《新闻出版志·报业》和《报业志》的文字内容比对，发现《报业篇》在史实错误方面存在三种类型，也是编纂通志过程中在史实方面存在的三种典型错误。

（一）删减文字内容但未注意上下句意的衔接

第一、二轮志书的文字内容全面、详尽。通志撰写，突出的是主线，着重的是综合记述，必然要对第一、二轮志书的内容进行删减，再重新组合。在此过程中，删减再重新组合文字内容时不注意句意和上下文的衔接，就造成了一些错误的出现。如《报业篇》初稿第14页第6段"民国28年底他们合刻两幅《抗战门神》"，从该段文字来看，此句之前该段出现过《观察日报》总编辑黎澍、社长刘岳厚，从文字内容及上下句意来看，很容易误认为"他们"指的就是黎澍与刘岳厚。第一轮省志《新闻出版志·报业》第178页载："另一特色是对木刻的倡导。在茶陵时由李桦、温涛合编，出过副刊《抗战木刻》和《诗与木刻》，共9期。民国28年底他们合刻两幅《抗战门神》……"根据第一轮省志，"他们"指的应是李桦和温涛。可见删减使用第一、二轮省志的文字内容时，若不注意上下文意的衔接，就不可避免犯这种错误。

（二）文字错讹或错漏

现代撰写通志，基本是通过电脑输入志稿的文字内容。在进行电脑输入时，若文字输入操作过快而未回头核查，就极容易造成文字错讹，导致史实错误。如《报业篇》初稿第1页第2段第2行"民国25年（1936）国民政府内部统计"，第一轮省志《新闻出版志·报业》第1页载："民国25年国民政府内政部统计。""内部统计"，说明是统计数据供内部使用，不予对外公开。"内政部统计"，说明由内政部门负责统计数据，而非其他部门。两者非同一含义。这种漏字，就造成现在的句意与原本的史实严重偏离，影响志书史实质量。

（三）对第一、二轮省志的文字理解出现偏差

在使用第一、二轮省志时，对记述某些内容的句子句意的把握或对某些文字的理解，未深究或仔细辨别，由此造成了句子改编时偏离了原来的意思，导致错误的出现。如《报业篇》初稿第10页第8段第1行"衡阳：北伐之初，以《通俗报》及衡阳《民报》为主"，第一轮省志《新闻出版志·报业》第104页载："民国9~10年孙中山倡议北伐之初，《通俗报》及衡阳《民报》为主……""北伐之初"与"民国9~10年孙中山倡议北伐之初"，明显是两个不同的时间概念。由于对文字理解的偏差，出现了与第一轮省志不同的记述。

二 时间断限问题

志书是有时间上下限的。第一轮省志的上限是事物产生之初，下限一般为 1978 年；第二轮志书的上限一般是 1978 年，下限一般是 2002 年。省（区、市）通志作为志书，同样是有时间上下限的。上限是事物产生之初，这是毫无疑问的。下限根据实际情况，各省（区、市）有各自的实际规定，但是无论如何，还是有时间下限的。如《湖南省志（综合本）》按照最初的设计，其时间上限为事物产生之初，时间下限为 2002 年。《报业篇》也必然要遵循这一规定。《报业篇》时间上限为湖南报纸《湘学报》出现的时间（1897），时间下限为 2002 年。但是，在实际撰写过程中，仍然出现了时间上限问题，导致某些内容缺失；也出现超过时间下限或未及时间下限的问题，并未严格按规定叙述。

（一）时间上限问题

通志贯通古今，但重在当代。在撰写过程中，往往重视了"重在当代"，忽视了"贯通古今"。这与编纂人员意识不强有关，也存在因必须参看二轮志书后才能进行撰写，编纂人员嫌麻烦的可能。如《报业篇》初稿第二章，由于只参考了第二轮省志《报业志》，其时间上限未突破《报业志》的时间上限。但是第二章中的许多事物其产生之初并非在 1978 年之后，故而未将第一轮省志《新闻出版志·报业》的相关内容糅合进去，导致记述内容不完整。

（二）时间下限问题

通志都有时间下限的规定。在通志撰写过程中，时间的下限问题一般有两种。

1. 未及时间下限

第二轮志书受当时一些因素的局限，会有一些事物的记述时间下限未及规定时间下限。在编纂通志时，对于这些内容，应再次收集到时间下限的资料或数据，但是并没有开展这项工作，导致未及时间下限问题的出现。《报业篇》的时间下限为 2002 年，在资料允许的情况下，还是应该将文字内容或有关数据记述至 2002 年。如《报业篇》初稿第 19 页第 3 段第 5~6 行"到 2001 年底，集团总资产达 4.7 亿元，年销售收入 1.78 亿元"。第二轮省志只记述到湖南日报社 2001 年的数据，但是已时隔多年，现在再写《湖南省志（综合本）》时，在资料允许的情况下，还是应该将有关文字内容或数据更新至 2002 年。

2. 突破时间下限

在未涉及事物叙述完整性的情况下，通志编纂是不宜突破时间下限的，应严格按照统一标准来执行。这个问题又可分为四小类别。

（1）因涉及事物叙述的完整性而突破时间下限。为确保事物叙述的完整，明晰其沿革源流，而突破时间下限，但又未超出过长的时间，这种情况下建议保留。如《报业篇》初稿第45页第5段第2行"2003年8月，《购物参考》停刊"。为将《购物参考》的起止变化历程说清楚，而突破了时间下限，但又不长，是可以的。

（2）未涉及事物的完整性而突破了时间下限。在未涉及沿革源流完整的情况下，只是叙述与事物完整核心无关的部分，这种情况应严格按照统一规定来执行，超过时间下限的内容必须予以删除。如《报业篇》初稿第40页第2段第6~7行"2003年开始，改为每周一、四出版"。这里只是叙述《文萃报》到2003年每周出版时间的变更，根本不涉及其核心要素。这种叙述属多余，应予以删除。

（3）本应叙述至时间下限，忽略了时间下限而造成突破时间下限的状况。在参考第一、二轮志书资料时，忽略了时间下限这一因素，且又因突破的时间不长，没有引起注意；又或者，可能由于手头资料有限，未及时补充、更新相关资料。这多种因素综合之下，就出现了这种问题。对于这种突破时间下限的问题，建议将时间定格在时间下限当年，重新采集资料。如《报业篇》初稿第63页第1段第4~5行"至2003年，全省约有一半的县（市）办了报纸"。第二轮省志《报业志》给的数据是2003年的有关情况，本篇沿用，故而出现此类问题。还是应更换成2002年的有关情况，严格遵守规定。

（4）某种新事物是在原来某种事物的基础上演变而来，其出现时间刚好在超过时间下限的第一年。某些新事物的出现是以原来的事物为基础，又由于多种因素的综合，突破时间下限。对于这种情况，建议对超过时间下限的新出现事物不予记述，而改为记述原来的事物。如《报业篇》初稿第65页第6段第1行"《长沙理工大学报》是长沙理工大学党委机关报，2003年4月创办"。《长沙理工大学报》的创办时间已经超过了本篇的时间下限，对《长沙理工大学报》不应予以记述，而应分别记述《长沙交通学院学报》与《长沙电力学院学报》的沿革源流。

三　漏载关键信息或重要信息问题

通志在实际编纂过程中，记述要横竖结合，但应以竖写为主，重点在记述各类事物沿革源流的发展变化。不然，阅读该篇时，遇到这样的事物，要搞清楚其沿革源流，还要再重新查找翻阅该事物在第一轮或第二轮志书中有记载的地方。

现代编修通志，可能有一定的字数要求，但是在记述各类事物时，首先应该确保的是在规定的时限范围内事物沿革源流的清晰与完整。以第一、二轮省志的文字内容作为底本，在对其进行文字内容的选择时，应删减得当，保留其发展变化的主线，即事物发展变化大的方面的沿革源流。但在实际操作中，还是出现了许多因删减文字内容不当而漏载关键信息或重要信息的问题，造成了事物沿革源流不清晰、不完整的弊病。这方面主要有三种典型的问题。

（一）漏载事物源头信息，造成发端关键信息的缺失

记载事物源头时，应抓住四要素：时间、地点、人物（机构或组织等）、具体事情。时间、人物（机构或组织等）、具体事情，这三个要素必须具备，地点这一要素视具体情况而定。漏载事物源头信息，主要是漏载时间、人物（机构或组织等）、具体事情这三个要素中的一个或多个。究其原因，一是在于其主要记述文字内容在某轮省志中，但该轮省志是有时间上限的，而其源头又在上一轮省志中已经出现，故在记述该事物时，只使用某一轮省志的有关内容，而忽略了上一轮省志的内容，就有可能漏载事物源头的某些关键信息。如《报业篇》初稿第79页第1段第1~3行"湖南省的新闻社团主要是湖南省新闻工作者协会（省记协）、湖南省新闻学会。这两个组织均是在省委领导下由湖南省新闻界组成的群众团体。1982年1月14日恢复（'文化大革命'以前曾成立过湖南省新闻工作者协会，主要参加外事活动，'文化大革命'中中断）……"这里的文字内容均是从第二轮省志而来，但第二轮省志并未言说其成立时间，致使缺失成立于何时这一关键源头信息。二是某一轮省志对某种事物的叙述是较为完整的，源头信息也是十分明确的。但是可能受篇幅的限制，或者在撰写过程中，没有明确哪些信息为关键或重要信息，致使选择时随意择取，造成了事物发端的关键或重要信息、内容的缺失。如《报业篇》初稿第62页第5段在记载《中国老区报》时，其原文如下："《中国老区报》是由中国老区建设促进会、湖南省革命老根据地经济开发促进会主办，湖南省民政厅主管。2000年6月，湖南省民政厅将报纸整体移交给湖南日报社主管主办，并更名为《现代消费报》。"第二轮省志《报业志》第306页载："《中国老区报》的前身为《老区建设报》，由湖南省革命老根据地经济开发促进会创办，1985年10月18日试刊，王首道题写报名，1986年10月30日正式出版发行，1987年5月1日改为周报。"从本篇文字来看，无法获知《中国老区报》的前身是什么、创办时间、创办或主办单位等关键信息。

（二）漏载发展变化中的某些信息，造成误解

事物是由诸多要素构成的，这些要素是有可能在不断发展变化的。在记载该事物时，选择了某些要素，若中间这些要素出现变化而不予记述，就会造成数据链的不完整，从而导致在阅读这些信息时出现误解，以为该事物的这一要素并未出现变化，或者以为从某一变化直接转变到另一变化，但实则中间还有发展。对这些不加以修改，就会让读者误读。《报业篇》在记述某些事物时，就犯了这种毛病。这可分为两小类。一是涉及事物本身发展变化中的关键信息，即对事物的存在、起落、具有质变性的变化、灭亡起关键作用的有关内容。对于《报业篇》而言，报纸、记者站、通讯社等创办以及停刊、复刊、停办等时间为关键信息，若漏载这些关键信息，则会引起对事物本身发展变化的误解。如《报业篇》初稿第56页，记述《湖南工人报》创办于1950年2月3日，同年8月合并到在武汉出版的《中南工人报》，1956年11月1日在

长沙复刊，1960年4月停刊，1989年元旦又一次复刊。从记述来看，《湖南工人报》自1960年4月停刊后，到1989年元旦才再一次复刊，停刊时间近29年之久。但是根据第二轮省志《报业志》第256页所载，从1960年4月停刊到1989年元旦再一次复刊，中间还经历了一系列的变革，并未有如此久的停刊时间。二是虽不涉及事物本身发展变化中的关键信息，但是若选择事物中的某些要素予以记述，则不应跳跃式记述，否则容易造成误解。《报业篇》在记载某些事物要素时，就因跳跃式记述而漏载信息，造成某些小方面给人以错觉。如《报业篇》初稿第57页第4段："1993年，《湖南经济报》由对开周2报改为对开周3报……1999年元月，《湖南经济报》改为对开周4刊大报。2001年元月，改为周5刊。"《报业篇》在记述《湖南经济报》时，选择了周几刊及报纸印刷纸张规格这两个信息要素，则应予以完整记述时限范围内的变化。报纸印刷纸张规格这一信息要素，只有1999年记有，创办时及几次变更未记。周几刊这一信息要素，记载有三次，从文字内容来看，至少创刊时的这一信息要素未记。根据第一轮省志《新闻出版志·报业》第348页和第二轮省志《报业志》第260页所载，从创刊时的周2刊四开1张到2001年的周5刊8版，关于周几刊及报纸印刷纸张规格的发展变化，不只《报业篇》所记的这些。若跳跃记载，则可视为1993年之前该报纸印刷纸张规格未发生变更，实则不然，给人以误解。周几刊，是指一周出版几次。本篇写到1993年《湖南经济报》由周2报改为周3报，即1993年由一周出版2次改为一周出版3次，之前未有相关记述，意味着1993年之前一直是周2报。但是根据第一轮省志《新闻出版志·报业》第348页和第二轮省志《报业志》第260页所载，创刊时为周2刊，1986年由周报变为周2报，1990年由周2小报变为周2大报，说明1993年之前还是存在变化的，并非一直不变。这些信息要素为非关键信息要素，可不记；如果记述，则应保持其数据链的完整性，不要只记其中的某一个或几个阶段。

（三）漏载事物的终止信息，造成假象

在规定的时限范围内，应该在该事物发展变化的最后一个时间后记载其终止信息，不然，会造成两种假象。第一种假象是阅读者在浏览或阅读该事物的文字内容时，看到最后记述是有关其停止的信息，这时就会让阅读者以为该事物就此终止，不会再有任何发展变化。如《报业篇》初稿第12页第9段记述了《霹雳报》的有关内容，其创刊时间是民国11年（1922）10月，接着记述了其发展变化过程中的一件事情，即民国23年11月21日因发表社论《今日湘南人民》，被罚令停刊并处罚金。记述《霹雳报》到此为止，这时阅读者就会误以为《霹雳报》因此事而停刊，不会再有其他任何发展变化。但根据第一轮省志《新闻出版志·报业》所载，其最后的停刊时间是民国27年。《报业篇》将所记时限分为几个时间段，每个时间段又分为几个小的阶段，在小的阶段下记述该时间段湖南省范围内具有代表性或有一定影响力的报纸，虽然该报纸停办时间不在这个小阶段范围，但是在最后还是应该记一笔其停办时间，确保其源流的完整。第二种假象是阅读者在浏览该事物的文字内容时，看到最后记述是其发展变化中的某

些内容，在志书的下限时间范围内并未提及有关其终止的信息，实则在志书下限时间范围内已经终止，这时阅读者就会以为该事物仍然存在了很长时间，甚至超出了该志所规定的时间下限，造成其继续存在或超出志书时间下限仍然存在的假象。《报业篇》根据报纸的创办时间将其放置于各个时期内。如《报业篇》初稿第 7 页第 2～4 段是记述《大公报》的，在记述"此后，《大公报》走向倒退和没落，特别是蒋介石'围剿'红军时，报纸更是卖力反共，在每个关键时刻都发表评论，为国民党出谋划策"后戛然而止。《大公报》创办于北洋政府时期，记述的主要内容也放在北洋政府时期，最后记述的有关内容超出了北洋政府时期，但是对其终止时间并未记述。这就让读者产生疑惑，甚至造成中华人民共和国成立后仍然存在《大公报》的假象。

四　详略不当问题

记述的详略，是通志撰写过程中必须要处理好的问题。历代志书都强调要详略得当，并形成了"详近略远""详今略古""详独略同"等共同原则。本文所言之省志通志，是记述一省之内自然、经济、政治、文化、社会等多方面事物从发端之初到志书规定时间下限范围内的综合性志书，是在第一、二轮志书的基础上编修的，而第一、二轮志书已经较好地处理了这些问题，故在这些应共同遵守的原则方面，原本是没有多大问题的。但是由于各种志书收录范围、阅读对象和功用的不同，其详略的要求也有所不同。在第一、二轮志书的基础上编修的省志通志不能简单地将第一轮志书、第二轮志书以"剪刀+糨糊"的方式拼凑起来，而要注重全省综合性记述，站在宏观角度记述史实，写好事物的起点、转折点和终点，确保事物发展的完整性、系统性，这是通志必须详写的；略的是横向的具体事例的记述。具体来说，是未处理好以下几个详略问题。

（一）未处理好发展主线与具体事例记述详略的问题

发展主线，是通志记述的主体。具体到某一事物，其发展主线，即事物的发端，事物在发展过程中对改变原来方向、形势起决定作用的变化，事物的终点。具体事例，则是对某一点进行解说、论证的例子。如《报业篇》侧重记述的是各报纸发展变化历程和整体的发展概貌，但在记述某些报纸时，发展主线与具体事例没有详略之分，甚至出现具体事例的记述大大超过了发展主线记述的情况。如《报业篇》初稿第 43～44 页对《长沙晚报》进行记述时，后面所举一则新闻报道及其有关的内容占了近一半的篇幅，导致主线不突出，详略失衡。并且在这里，对于《长沙晚报》新闻业务方面的记述，就只提了注重对社会新闻的报道，其他方面未提及。这就会引起阅读者猜测，难道《长沙晚报》就只注重社会新闻的报道，其他方面的新闻不注重？所以，还是应该注重叙述发展主线的完整性、系统性。另外，在记述突出其主线的某一方面内容时，事例以一个为宜，不宜过多。如《报业篇》初稿第 49 页第 12 段在对《怀化日报》注重典型宣传进行记述时，用了两个新闻报道事例，造成篇幅过长。故而所用事例，以一个为宜，且要简洁。

（二）未处理好各具体事物篇幅长短的问题

省志通志，事涉百科，内容丰富。就其基本框架而言，依然是以一种部门志集合的形式，各部门负责各自所涉门类志书的编写。各门类是由一个个具体的事物构成的，故而各门类志书在编写过程中，除该门类总体的、综合性的记述外，必然要牵涉对具体事物的记述。在该门类发展变化的历史过程中，在"详近略远""详今略古"等共同原则的指导下，对近代尤其是新中国成立以后的事物的记述较为详细，这是没有问题的。但是新中国成立以后，各门类下的众多事物发展有快有慢，成绩有好有差，日积月累，某些事物逐渐成为该门类下的主流，在一省之内占据主导地位，甚至在全国也占有一席之地。这就导致在记述时，对该事物详尽、全面的记述，占据了志书的很大篇幅。这在各轮省志的编写中，是没有问题。但是，在省志通志的编纂中，这是行不通的。省志通志注重的是主线的记述，这是通用的原则。可能在该门类下占主导或重要地位的事物，其发展主线会复杂、多面一些，但是与非占主导或重要地位的事物相比，与记述发展主线所占的内容篇幅，不会形成天壤之别。如《报业篇》初稿记述了湖南历史上存在的诸多报纸，但是有些报纸记述的篇幅过长，如《湖南日报》记述篇幅达 21 页，占了整篇篇幅的 1/5 到 1/4；有些报纸记述的篇幅则很短，仅仅两行文字。这虽然是由其在行业中的地位所决定的，但是作为通志，侧重的是事物发展的主线，且文字内容不应全盘照录第一、二轮省志的内容，而是要根据各事物发展主线记述的需要进行删减选择，并进行组合和综合提炼。从这一角度出发进行记述，篇幅不应有如此之大的差别。

省志通志的编纂，是一项系统的工程，需要修志人员的艰苦努力，辛勤耕耘。而修志人员数量的多寡、水平的高下，直接关系到志书编纂的质量好坏。"路漫漫其修远兮，吾将上下而求索"，要编纂一部高质量的、经得起历史检验的志书，是一条漫漫长路，修志人员必须要耐得住清贫，坐得住板凳，守得住初心，以科学、严谨、审慎的态度做好方志的编修工作，杜绝低级的错误。

志书篇目拟定时常见问题浅析

——以某部志书"文化编"篇目为例

蔺志茹

（天津市宁河区档案馆）

各省市二轮修志工作已进入冲刺阶段，有好多区县因完成"两全目标"，又在开展镇志、村志编纂工作。笔者负责的镇志也在紧锣密鼓地进行着，"文化编"初稿完成后，笔者以中国志书精品工程的某部志书"文化编"为范本，对其篇目及内容进行学习，受益匪浅，但也隐隐感到其在篇目拟定时仍存在一些问题，回想以往看到的志书篇目中也常见到这样的问题，可见都是修志人拟定篇目时常忽视的问题。因此，笔者以该志书"文化编"篇目（以下简称"篇目"）为例，粗浅地分析一下篇目拟定时的常见问题，并提出修改意见，或许能抛砖引玉，对修志人有所启发。

一 未遵循"事以类从，类为一志"的编纂原则

笔者认为志书篇目拟定时未遵循"事以类从，类为一志"的编纂原则，主要又体现在以下两个方面。

（一）未打破行政隶属关系的束缚

"省志、市志和县志都设有若干专业分志，它们是一部志书的主体"，[①] 专业分志的资料来自各个部门，"一些部门又往往不仅管本部门的业务，还有和其他部门交叉的内容（如几乎每一系统都有专业教育、业余教育），还有自身行政管理等，按机构分类，易写成小而全的部门

---

① 王复兴：《方志学基础》，山东大学出版社，1987，第251页。

志，许多内容势必重复；同一事物分记在好几个地方，难以看清全貌，也不便查阅"。①

"篇目"中将"文化市场管理"设为第一章"群众文化"的第六节。"文化市场管理，是指国家文化行政部门，在有关行政主管部门（公安、工商、税务、物价、城管等）支持配合下，对文化产品的生产、经营、销售以及劳务服务等活动和经营性文化单位，进行引导、规划、组织、调控、激励、监督的行为"，② 可见"文化市场管理"是公安、工商、税务、物价、城管等多个部门"交叉的内容"，"文化市场管理"内容在"群众文化"章中记述，即是"按机构分类"，"拟订新方志篇目必须打破这种行政隶属关系的束缚，不管其隶属关系如何变动"。③

"此前工商局负责的市场建设和市场培育工作及实绩（各类市场数、投资额及市场面积），还是应在市场管理中单设条目记述。"④ "篇目"的第十八编第五章"工商行政管理"，设第二节"市场监督管理"，笔者认为"文化市场管理"归入该节较恰当，不应分记在"群众文化"章下。

"专业分志不独立成书，只是一部志书的组成部分，因比它要求'专'，即只记本类事物的内容，而避忌'小而全'。""同一事类置于不同的分志中，由不同部门编写，记述上还可能出现矛盾。"⑤

因此，公安部门负责的"人口变动"等内容归入"人口编"记述，水利部门负责的"供水与排水"内容归入"城乡建设编"记述，交通部门负责的"城市公共交通"归入"城乡建设编"记述等，这些均是打破行政隶属关系的束缚，只有这样才可做到"事以类从，类为一志"。正因如此，省志、市志和县志的有些篇章是由多个部门提供的资料编纂而成，如"自然环境编"等。"总纂一支笔"不仅仅体现在文体文风等方面，也应体现在篇目的拟定上，"统为一体"。

（二）未按事物性质划分章、节、目、子目等

"志书的篇目，是靠属概念和种概念的排列而反映出志书的性质的。拟目，实际上是对于概念的划分。划分，就是把一个属概念划分为几个种概念，就是把志书记述对象分成几个较小的类。划分有三个要素：母项、子项和划分根据。母项是被划分的属概念，子项是划分所得的各个种概念，划分的根据就是借以进行划分的标准。编修地方志，编、章、节、目的设置，'章'是对'编'的划分，'节'又是对'章'的划分，余者类推。这种根据对象本质属性而

---

① 王复兴：《方志学基础》，第 184 页。

② https://baike.so.com/doc/7889629-8163724.html.

③ 山东省地方史志办公室编《方志学基础教程》，中华书局，2000，第 164 页。

④ 中国地方志指导小组办公室编《当代志书编纂教程》，方志出版社，2010，第 255~256 页。

⑤ 王复兴：《方志学基础》，第 254 页。

进行的自然划分，也叫分类。"①

"篇目"中第三章"文学艺术"第六节设为"文学艺术界联合会"。"文学艺术"是指"借助语言、表演、造型等手段塑造典型的形象反映社会生活的意识形式，属于社会意识形态，它包括语言艺术（诗歌、散文、小说、戏剧文学）、表演艺术（音乐、舞蹈）、造型艺术（绘画、书法、雕塑）和综合艺术（戏剧、戏曲、曲艺、电影）等"。② 该章"书法 篆刻 摄影""音乐 舞蹈 曲艺"等节，就是对"文学艺术""属概念"划分的"种概念"。而"文学艺术界联合会（文联）是由一地各文艺家协会组成的人民团体"，③ 不是"文学艺术"的"种概念"。"篇目"第二十三编"民主党派 群众团体"设"群众团体"章，"我们国家的群众团体分为人民团体和社会团体"，④ "文学艺术界联合会"是"人民团体"，应归入"群众团体"章。

"篇目"中第四章"历史文化遗产"第一节"物质文化遗产"中"古遗址"目设"贝壳堤遗址"等子目。"古遗址：古代人类各种活动留下的遗迹。既包括人类为不同用途所营建的建筑群体，以及范围更大的村寨、城堡、烽燧等各类建筑残迹；也包括人类对自然环境利用和加工而遗留的一些场所。"⑤ "遗址：毁坏的年代较久的建筑物所在的地方。"⑥ "贝壳堤是由海生贝壳及其碎片和细砂、粉砂、泥炭、淤泥质黏土薄层组成的，与海岸大致平行或交角很小的堤状地貌堆积体。形成于高潮线附近，为古海岸在地貌上的可靠标志。"⑦ "贝壳堤"不是"古代人类各种活动留下的遗迹"，也不是"建筑物"，因此不是"古遗址"的"种概念"，作为"古遗址"的子目不妥当。"贝壳堤是几十年来科学家研究的重要对象，在国际上的海洋、第四纪地质、古气候、古环境研究领域占有重要位置"，⑧ 应归入第二编"自然环境"第一章"地质地貌"中记述。

"篇目"中第一章"群众文化"第五节"民间收藏"设"区首届民间艺术收藏展览""民间收藏选介"2个目，笔者认为欠妥当。从"收藏"概念来看，"本义为收集保藏、保存的意思。收藏又分为国家收藏和民间收藏，国家的收藏品保存在博物馆中。民间收藏的质量也在逐年提高，藏品的年份也越来越久远。收藏是一种对于物品的搜集、储存、分类与维护的癖好。收藏家的收集对象通常是有价值的古董，但也可能是其他的小物件。如书画、集邮、火柴盒贴画与明信片是较为主流的收集项目"，⑨ 因此"民间收藏选介"目的"藏书集邮""文物收藏""酒瓶、钟表收藏"3个子目，设为第五节"民间收藏"的3个目较好。

① 李明：《新方志编纂实践》，上海人民出版社，1988，第19页。
② https：//baike. so. com/doc/6194455-6407714. html.
③ 中国地方志指导小组办公室编《当代志书编纂教程》，第369页。
④ https：//baike. so. com/doc/2095008-2216177. html.
⑤ https：//baike. so. com/doc/6366692-6580334. html.
⑥ 中国社会科学院语言研究所词典编辑室编《现代汉语词典》第6版，商务印书馆，2015，第1536页。
⑦ https：//baike. so. com/doc/7603464-7877559. html.
⑧ https：//baike. so. com/doc/7603464-7877559. html.
⑨ https：//baike. so. com/doc/125411-132476. html.

"类是一个概念,代表着一组在性质上彼此相同的事物。一类事物,就是一组在某种性质上彼此相同的事物",① "区首届民间艺术收藏展览"与该章第三节"文化活动"设的"艺术展演""万民同乐大联欢""青年歌手大赛"等目是"一类事物",同属于"文化活动",归入"文化活动"节中较恰当。

"篇目"中"戏剧""音乐 舞蹈 曲艺"分别设为第三章"文学艺术"的第四、五节。由上文提到"文学艺术"的概念来看,"音乐""舞蹈"属于"表演艺术",与"曲艺"不是"一类事物";"曲艺"与"戏剧"是"一类事物",同属于"综合艺术",应归并一节。

"专业分志应按事物的性质来划分,事以类从,类为一志。一个分志只记某一方面或某一范围的内容,各分志界限分明,互不统属。"②

二 子项互相包含或交叉, 不相排斥

"划分后的各项应当互相排斥,而不能互相包含或交叉。如果子项不互相排斥,就犯了'子项相容'的错误,也会引起概念混乱。"③

"篇目"中第一章"群众文化"第四节"民间文艺"设"民间艺术""民间文学"2个目,"'民间艺术'的领域很宽广,而且也不乏很多'绝活',像皮影、剪纸、编织、绣花、狮子舞等等,都是很著名的民间艺术,也是中华文化的瑰宝。按照制作技艺的不同,又可以将民间艺术分为剪刻类、塑作类、织绣类(包括印染类)、编织类、绘画类、雕镂类、扎糊类、表演类、装饰陈设类等",④ 因此,"民间艺术"目设"民间花会""剪纸""雕塑""车船模型""绝活、传统戏法"等子目,是符合对属概念划分的。"民间文学是指民众在生活文化和生活世界里传承、传播、共享的口头传统和语辞艺术。从文类上来说,包括神话、史诗、民间传说、民间故事、民间歌谣、民间叙事、民间小戏、说唱文学、谚语、谜语、曲艺等",⑤ 因此,"民间文学"目设"民间故事""民间谚语""民间歌谣"等子目,是符合对属概念划分的。

但"民间艺术"目中"雕塑"子目,也可移入第三章"文学艺术"的"书法 篆刻 摄影"节中,因"雕塑:造型艺术的一种",⑥ 与"书法""篆刻""摄影"是"一类事物";第三章"文学艺术"中"曲艺"也可移入"民间文学"目中,因"曲艺"也属于"民间文学"范畴。因此,两章内容互相包含、交叉,犯了"子项相容"的错误。

① 中国地方志指导小组办公室编《当代志书编纂教程》,第108页。
② 王复兴:《方志学基础》,第254页。
③ 李明:《新方志编纂实践》,第20页。
④ https://baike.so.com/doc/5399213-5636699.html.
⑤ https://baike.so.com/doc/5889944-6102829.html.
⑥ 中国社会科学院语言研究所词典编辑室编《现代汉语词典》第6版,第299页。

三 隶属不科学、排列无序

"篇目是一个完整的科学体系,各级类目之间存在着一定的逻辑关系,这种关系即是篇目的次第性与等级性。所谓的篇目次第性是指类目的展开具有一定的等级顺序关系,也就是说上位类要有准确的概括性,能包容下位类,它们之间的关系是从属关系。例如,以章节体志书为例,编、章、节、目之间的关系即为从属关系。如图1所示(其中A代表编、B代表章、C代表节)。所谓的篇目等级性是指同位类之间的关系是并列关系,即同位类之间的地位是对等的,互相排斥的。以章节体志书为例,篇目的等级关系如图2所示(A代表编,B1、B2、B3代表编下诸章)。"①

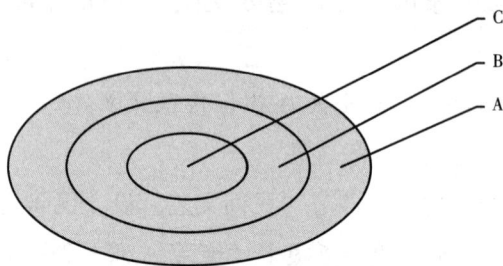

图1

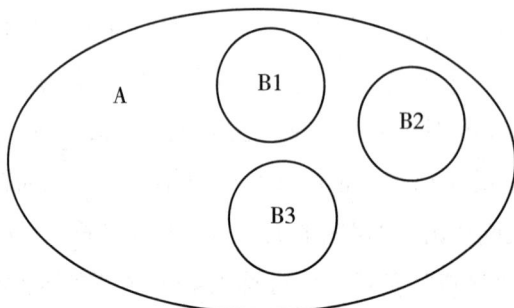

图2

"篇目"中第七章"史志"第二节"地方志编研"设"志书编修""年鉴编撰""地情资料整理"3个目。"地方志:方志",②"方志:记载某一地方的地理、历史、风俗、教育、物产、人物等情况的书,如县志、府志等。也叫地方志",③"方志:地方志的简称。是以一定体

---

① 王德恒、许明辉、贾辉铭:《中国方志学》,文化艺术出版社,1994,第306~307页。
② 中国社会科学院语言研究所词典编辑室编《现代汉语词典》第6版,第283页。
③ 中国社会科学院语言研究所词典编辑室编《现代汉语词典》第6版,第366页。

例反映一定行政单位的政治、经济、军事、文化、自然现象和自然资源的综合著述，一个地方的百科全书"，① "年鉴：汇集截至出版年为止（着重最近一年）的各方面或某一方面的情况、统计等资料的工具书，一般逐年出版，如世界年鉴、经济年鉴"。② 由"地方志""年鉴"的概念可知，上位类"地方志"不能包容下位类"年鉴"，它们之间的关系不是"从属关系"。

《地方志工作条例》第三条规定"本条例所称地方志，包括地方志书、地方综合年鉴"，由此可知，"地方志"仅包括"地方综合年鉴"。而"年鉴编撰"目的记述内容，不仅有属于地方性年鉴的"地方综合年鉴"，还有专业性（专科性）年鉴内容的记述，"子项之和可以小于母项或是等于母项，但不可以大于母项"，③ 因此"年鉴编撰"设为"地方志编研"的目不妥当。

"地方史志编纂主要记述当地各级各类地方志书、年鉴、地方史、地情书的编纂出版活动及成果"，④ 从"地情资料整理"记述内容看，"地情资料"即是地情书，与"地方志"是并列关系，不是"从属关系"，"地情资料整理"内容也不应在"地方志编研"节中记述。

笔者将其关系以图3展示（其中A代表"地方史志"，B代表"地方志编研"，C1代表"年鉴编撰"，C2代表"地情资料整理"）。

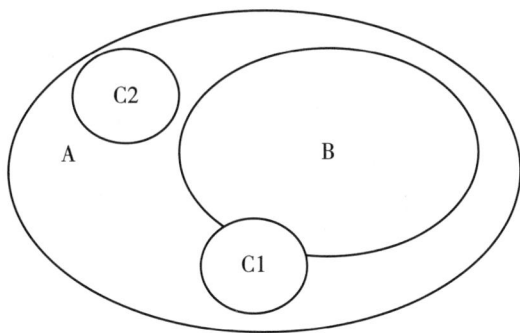

图3

"史志"章"地方志编研"节"志书编修"目设"区志编修""镇村志、专业志编修"2个子目。"志书：以地区为主，综合记录该地自然和社会方面有关历史与现状的著作，又称地志或地方志"，⑤ 可知"地方志编研"与"志书编修"无包容或统辖关系，是等于关系。"志书的种类：1. 综合全国情况的总志和一统志；2. 地区性方志，如省志、州志、县志、厅志、乡土志等；3. 专志，指山水禅林、寺庙、书院、游览胜迹、人物、风土方面的志书。"⑥ 综上所述，笔者认为第七章"史志"第二节题目可拟作"地方志编纂"（"编研"改为"编纂"，下文

---

① 黄苇主编《中国地方志辞典》，黄山书社，1986，第372页。

② 中国社会科学院语言研究所词典编辑室编《现代汉语词典》第6版，第947页。

③ 中国地方志指导小组办公室编《当代志书编纂教程》，第113页。

④ 中国地方志指导小组办公室编《当代志书编纂教程》，第405页。

⑤ https：//baike. so. com/doc/24923-25962. html。

⑥ https：//zhidao. baidu. com/question/1897635027508910620. html。

会说明），设"地区性方志编修"、"专志编修"（"专业志"改为"专志"，下文会说明）2 个目，其中"地区性方志编修"目设"区志编修""镇志编修""村志编修"3 个子目。

"篇目"中第一章"群众文化"第一节"文化设施""图书馆（室）"目，设"区图书馆""区少儿图书馆""镇图书馆""农家书屋"4 个子目。"农家书屋是为满足农民文化需要，在行政村建立的、农民自己管理的、能提供农民实用的书报刊和音像电子产品阅读视听条件的公益性文化服务设施"，① "书屋：①旧时供读书用的房子，现也用于书店的名称。②指公共阅览室，是公益性的文化设施：开设农家~"，② "农家书屋"是"公益性文化服务设施"。公共文化基础设施包括"文化广场、电影城、书城、博物馆、图书馆"③ 等，因此，"农家书屋"与"图书馆"均属于"文化设施"，两者不是"从属关系"，而是"并列关系"。

笔者将其关系以图 4 展示［其中 A 代表"文化设施"，B 代表"图书馆（室）"，C1 代表"区图书馆"，C2 代表"区少儿图书馆"，C3 代表"镇图书馆"，C4 代表"农家书屋"］。

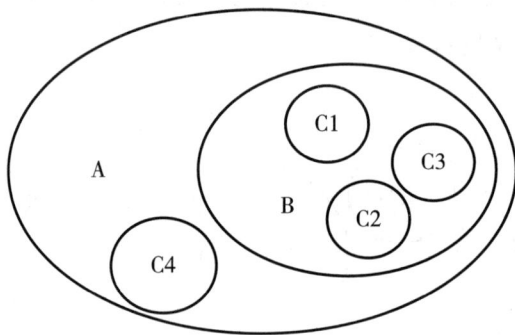

图 4

"无论是大的部类，中间的类目，还是小的分类目，哪个在前哪个在后，哪个在上哪个在下，都不是随意的，都是有讲究的。社会上的主要事物之间是有联系的，或并列或从属，因此还需要讲究排列的位次。如雷坚在《对续志简目创新的思考》一文中指出：'排列必须有序，或先主后次、先重后轻……或按一定的逻辑关系。随着时代的进步，主次、轻重、先后……的划分都在变化之中。要做到排列有序，思想必须跟上时代的发展，反映最新地情。排列是活的，可以有多种方法，合乎规律、合乎逻辑就是有序，符合地情即可取。'"④

因此，笔者认为从纵、横两个方面，处理好篇目的"次第性"和"等级性"，篇目的排列才有序，设计、编排才科学合理。

① https：//baike. so. com/doc/5537200-5755309. html.
② 中国社会科学院语言研究所词典编辑室编《现代汉语词典》第 6 版，第 1204 页。
③ https：//wenda. so. com/q/1362540239065200？src=150.
④ 中国地方志指导小组办公室编《当代志书编纂教程》，第 114 页。

四　横分门类未把握好分寸、存在缺项

"把握好分类的分寸，所谓分类的分寸，是指横分门类分到哪一层次再纵述为宜。"①

"篇目"中第七章"史志"第二节"地方志编研""年鉴编撰"目未设子目，该目记述内容中有"专业性（专科性）年鉴"的介绍，如教育局编写的教育年鉴、区规划和国土资源局编写的年鉴；又有"地方性年鉴"记述，如区地志办编写的地方综合年鉴等。笔者认为有些内容若混在一起记述，层次不明，交代不清楚，也很容易造成"横缺项"，建议"年鉴编撰"目设"专业性（专科性）年鉴""地方性年鉴"等子目，"便于纵述"。②

"新编地方志要求横陈'百科'、纵述历史，'百科不可或缺一科'……横不缺项是拟订新方志篇目要遵循的一项重要原则。方志最基本的特征之一，就是一个'全'字。所以，称它为方之全书。它所记载的是一地、一行业之全貌，举凡一地自然、经济、政治、文化、社会、人物等等，无一不在方志记述范围之内，缺一项就不成其为方志。特别是随着经济的发展、社会的进步、科学的发达，当今社会分工越来越细，行业越来越多，社会结构越来越复杂。我们在拟订新方志篇目时务必深入研究，熟知地情，做到尽其所有，无所不包，广辟类目，注重科学，也就是务必做到横不缺项。"③

"篇目"中第七章"史志"第二节"地方志编研""年鉴编撰"目中有专业性（专科性）年鉴、地方性年鉴内容的记述，"《年鉴学概论》把统计性年鉴从专业性年鉴中分出来，独立成一类，即分成四大类：综合性年鉴、专业性（专科性）年鉴、地方性年鉴、统计性年鉴"。④从中国年鉴数据网可知，该区有"统计性年鉴"的编纂，⑤因此该目缺少"统计性年鉴"内容的记述。笔者翻阅"篇目"第十八编"经济行政管理"第二章"统计管理"，该章也未交代清楚"统计性年鉴"内容。因此，笔者认为在"年鉴编撰"目应增加子目"统计性年鉴"。

五　类目的标题用词未做到准确、规范

"类目的标题不仅是类目的称名，而且它也概括了这一类事物的内容范围，关系到志书篇目是否得体，质量高下的重要因素。民国李泰棻在《方志学》一书中曾说：'纂志之道固多，

---

① 山东省地方史志办公室编《方志学基础教程》，第166页。
② 山东省地方史志办公室编《方志学基础教程》，第166页。
③ 山东省地方史志办公室编《方志学基础教程》，第152~153页。
④ 张尚金、杨汉平编著《年鉴学浅议》，方志出版社，1997，第36~38页。
⑤ http://www.shujub2c.com/product.asp? proid=3959.

而门目标题则为首要。'这说明标题是否得法，是篇目设计中一项很重要的工作，不可等闲视之。"①

（一）标题用词未做到准确

1. 名词的使用未做到准确

"把握用词的准确性。选词立目时，要首先弄清词语的含义和含量，使其能准确涵盖它所领属的内容。"②

"篇目"中第一章"群众文化"第三节"文化活动"设"广场舞"等目，"广场舞是居民自发地以健身为目的在广场、院坝等开敞空间上进行的富有韵律的舞蹈……广场舞是人民群众创造的舞蹈，是专属于人民群众的舞蹈……广场舞是人们普遍参与的健身舞，舞蹈元素多种多样，包括民族舞、现代舞、街舞、拉丁舞等等"，③ 因此"广场舞"属于"舞蹈"。而"群众性的文化活动有知识竞赛、歌咏比赛及演出、书画展览、时装表演、文艺汇演、戏曲票友演出、广场及社区文化活动、才艺表演等"，④ 该节"艺术展演""万民同乐大联欢""青年歌手大赛""焰火晚会"等目，属于"文化活动"，与"广场舞"不是"一类事物"。根据"广场舞"目记述的内容，拟题"广场舞大赛"即可。

"篇目"中第三章"文学艺术"设"文学创作""美术""书法 篆刻 摄影""戏剧""音乐 舞蹈 曲艺"等节。"文学创作是一种特殊的复杂的精神生产，是作家对生命的审美体验，通过艺术加工创作出可供读者欣赏的文学作品的创造性活动"，⑤ 与"书法 篆刻 摄影""戏剧""音乐 舞蹈 曲艺"不是"一类事物"，从上文提到的"文学艺术"概念看，"文学创作"改为"诗歌、散文、小说、戏剧文学"更恰当，因为"文学是指以语言文字为工具形象化地反映客观现实、表现作家心灵世界的艺术，包括诗歌、散文、小说、剧本、寓言童话等"，⑥ "诗歌、散文、小说、戏剧文学"也属于"文学"的范畴。

"篇目"中第三章"文学艺术"第二节"美术"设"现代民间绘画""中国画""油画、烙画、钢笔画"3个目。"美术：泛指创作占有一定平面或空间，且具有可视性的艺术，就叫做美术。它的划分有多种，一般地包括四大门类：绘画、雕塑、设计、建筑。现代有些学者也把其他的归纳入主个门类里，例如：书法、摄影等。"⑦ 上文中提到"文学艺术"包括的造型艺术有绘画、书法和雕塑，《现代汉语词典》第884页"美术"概念是："①造型艺术；②专指

① 王德恒、许明辉、贾辉铭：《中国方志学》，第313页。
② 山东省地方史志办公室编《方志学基础教程》，第175页。
③ https://baike.so.com/doc/3799467-3990523.html.
④ 中国地方志指导小组办公室编《当代志书编纂教程》，第421页。
⑤ https://baike.so.com/doc/484928-513530.html.
⑥ https://baike.so.com/doc/5389292-7345283.html.
⑦ https://baike.so.com/doc/1025954-1085040.html.

绘画。"因此，笔者认为"篇目"拟题时取"美术"的第二种解释，但为避免与该章第三节"书法 篆刻 摄影"造成"父子同辈"的现象，最好将"美术"改为"绘画"，因"绘画：造型艺术的一种，用色彩、线条把实在的或想象中的物体形象描绘在纸、布或其他底子上"，① 能涵盖领属"现代民间绘画""中国画""油画、烙画、钢笔画"3 个目的内容。"绘画"与"书法""篆刻""摄影"同属于"造型艺术"，是"一类事物"，因此两节可合并为一节，"现代民间绘画""中国画""油画、烙画、钢笔画"设为"绘画"目的子目。

"篇目"中第三章"文学艺术"第四节"戏剧"设"京剧""评剧""河北梆子"3 个目。"戏剧，指以语言、动作、舞蹈、音乐、木偶等形式达到叙事目的的舞台表演艺术的总称。文学上的戏剧概念是指为戏剧表演所创作的脚本，即剧本。戏剧的表演形式多种多样，常见的包括话剧、歌剧、舞剧、音乐剧、木偶戏等"，② 而"中国的戏曲与希腊悲剧和喜剧、印度梵剧并称为世界三大古老的戏剧文化，经过长期的发展演变，逐步形成了以'京剧、越剧、黄梅戏、评剧、豫剧'五大戏曲剧种为核心的中华戏曲百花苑。中国戏曲剧种种类繁多，据不完全统计，中国各民族地区地戏曲剧种约有三百六十多种，传统剧目数以万计。其他比较著名的戏曲种类有：昆曲、坠子戏、粤剧、淮剧、川剧、秦腔、沪剧、晋剧、汉剧、河北梆子、河南越调、河南坠子、湘剧、湖南花鼓戏等"。③ 因此，"戏剧"改为"戏曲"或"中国的戏曲"更为恰当。

"篇目"中第七章"史志"第二节"地方志编研""志书编修"目设"镇村志、专业志编修"等子目，笔者查阅一些资料，如《现代汉语词典》《辞海》等，均未发现收录"专业志"这个词。"专志：地方志种类之一，相对通志、总志而言。专记某一项或主要记述某一项内容的志书"，④ "专志是地方志书的重要组成部分，是专门记述某一事物或某一事业的历史与现状的著述，包括专门志、专题志、部门志、行业志等独立于综合志书之外的志书"，⑤ 因此，由"专业志编修"目记述内容来看，"专业志编修"改为"专志编修"较好。

"篇目"中第八章"档案"设"档案馆（室）""档案管理服务"两节。"档案：分类保存以备查考的文件和材料"。⑥ "档案"分类有多种，如"根据档案的性质，可分为立法档案、行政档案、军事档案、外交档案、经济档案、科技档案、艺术档案等"，⑦ 很明显，"档案馆（室）""档案管理服务"不是按事物性质划分的节，不是"档案"的"种概念"。"档案事业主要记述当地各级各类档案机构（局、馆、室）和活动，包括档案的征集、收藏、整理、研

① 中国社会科学院语言研究所词典编辑室编《现代汉语词典》第 6 版，第 583 页。
② https：//baike.so.com/doc/5372694-5608640.html.
③ https：//baike.so.com/doc/2457075-2597207.html.
④ 黄苇主编《中国地方志辞典》，第 355 页。
⑤ https：//baike.so.com/doc/793398-839405.html.
⑥ 中国社会科学院语言研究所词典编辑室编《现代汉语词典》第 6 版，第 262 页。
⑦ https：//zhidao.baidu.com/question/215123086.html.

究、利用等",① 能涵盖领属"档案馆（室）""档案管理服务"。因此，笔者认为第八章的题目"档案"改为"档案事业"较妥当。

2. 动词的使用未做到准确

"篇目"中第七章"史志"第二节"地方志编研"设"志书编修""年鉴编撰""地情资料整理"3 个目，《现代汉语词典》《辞海》等未收录"编研"一词，到目前为止，仅国家档案局所编的《档案编研概论》给出如下定义："以馆（室）藏档案资料为主要物质对象，以主动提供或报导档案信息内容为主要目的，在深入研究的基础上，围绕着一定的题目范围，对档案文献进行收集、筛选和不同性质、不同层次的加工，使之转化为不同形式的出版物，供社会或有关方面利用。"② "编撰：意思是编辑、撰写。强调在编辑整理的过程中，可以添加自己的观点",③ "编纂：编辑，撰述；按照一定的题目、体例和方法编辑档案文献的活动，多指资料较多、篇幅较大的著作（不要和'编撰'混淆）。"④ "地方志""年鉴"均遵循"述而不论""寓褒贬于记述之中"的基本原则，且有其独特的体例，因此，用"编纂"较好。"编修：①编纂（多指大型图书）……②古代官名，负责编纂国史等书籍。"⑤ 用"编修"也可。

（二）名词术语等使用未做到规范

"所谓的规范，即标题要符合标准法式，用规范化的自然语言标示。"⑥

"篇目"中第七章"史志"设"党史编研""地方志编研"两节，笔者查阅一些资料，如《现代汉语词典》《辞海》等，均未发现收录"史志""党史"这两个词，"中共党史是中国共产党历史的简称。是中国共产党从 1921 年 7 月 1 日成立以来整个发展过程的全部历史。"⑦ 笔者认为"史志"改为"地方史志"、"党史编研"改为"中共党史编研"更恰当。

"习惯用语或缩语是受一定地域和时间影响的，此地的习惯用语可能在彼地就不通行，同样当代通行的缩语可能后世就很费解。新编志书是传世之作，不能不考虑当代和后世能否普遍理解的问题。有人强调类目标题要简单易懂，但是这种简单易懂首先是在保证标题规范化的前提下力争的目标，两者不可兼得之时，首先保证标题规范化，不能舍本求末。"⑧ 因此，笔者认为类目的标题应慎用简称、习惯用语或缩语等。

以上就是笔者以中国志书精品工程的某部志书"文化编"篇目为例，粗浅分析的志书篇目拟定时常见的一些问题，一家之言，如有不当，还请同行批评指正。

---

① 中国地方志指导小组办公室编《当代志书编纂教程》，第 405 页。
② 国家档案局编《档案编研概论》，档案出版社，1994，第 3 页。
③ https://baike. so. com/doc/1695482-1792723. html.
④ https://baike. so. com/doc/673588-712993. html.
⑤ 中国社会科学院语言研究所词典编辑室编《现代汉语词典》第 6 版，第 77 页。
⑥ 王德恒、许明辉、贾辉铭：《中国方志学》，第 314 页。
⑦ https://baike. so. com/doc/2212566-2341156. html.
⑧ 王德恒、许明辉、贾辉铭：《中国方志学》，第 314~315 页。

地方志述体的发展：方志文学和非虚构写作

齐迎春

（内蒙古自治区地方志办公室）

近年来，方志文学和非虚构写作作为一种新的书写文体，或者说文化现象，逐渐走入人们的视野。以这两种文体书写的作品大量涌现，并且得到社会各界的广泛关注，特别是在文学及新闻学领域，对方志文学和非虚构写作已经从实践上升到了理论研究的高度。也正是在对这两种新文体的不断探索之中，它们与地方志在学科内涵上的一致性逐渐显露出来，甚至直接以"方志小说"为其命名。非虚构写作目前虽然尚未直接和地方志联结，但从写作对象和方式等方面来看，与地方志的一致性也日益凸显。

值得方志界注意的是，与社会各界对方志文学与非虚构写作的高度关注相比，方志界对这两种新文体的反应却相当冷淡。这一现象不但反映了地方志在学科理论研究上的薄弱和局限，也反映出地方志事业在应用与开发方面仍然"任重而道远"。

本文试从方志文学与非虚构写作的产生及发展，地方志对方志文学、非虚构写作的影响，方志文学和非虚构写作是地方志述体发展的必然结果三个方面阐述方志文学、非虚构写作和地方志的关联，以期更多地引起地方专家及工作者对这一领域的关注，从而更多地开展关于地方志述体发展趋势以及地方志开发利用领域的研究。

一 方志文学与非虚构写作的产生及发展

（一）方志文学

方志文学（方志小说）的出现，大致是从陕西作家贾平凹的"商州三录"（《商州初录》《商州又录》《商州再录》）和长篇小说《商州》开始。例如《商州初录》开篇其实就相当于一篇志书里的概况，内容包括地理位置、自然环境、物产矿藏、风俗习惯等，全书的书写顺序也非随意设置，而是以与丹江的位置距离为序铺陈开来，类似于志书中"横排竖写"的编纂方法，可以说，"商州系列"其实就是一部带有文学色彩的关于商州地区的地方志书，也有人称之为商州地区的"风情志"。因此，有人开始以"新方志小说"或"新方志文学"为此类作品命名，此后，"方志小说"不论从数量上还是形式上都愈加丰富起来。有的是直接利用当地的志书进行书写，例如贵州作家欧阳黔森的《看万山红遍》，以《万山志》《铜仁志》作参照写作，万山地方的建置沿革及山川地理、舆图、城池、关梁、人文、经济、风物、传说等，在作品里时见征引。① 还有直接套用了志书的名称以及框架结构的，如阎连科的《炸裂志》，除了小说的标题直接叫作"志"，全书的谋篇布局也参照了志体，如书中所设章节包括舆地沿革、人物、政权、传统习俗、综合经济、自然生态等。2017 年 8 月，在中国南部 5 个不同地方的村落，还开展了一项"方志小说联合驻村写作计划"，发起近 30 位写作者和嘉宾参与在地写作，从方志与小说两种不同的方向去探索对地方经验的表达和书写。

目前，对方志文学的基本定义是"对地方性知识整体性、结构性、历史性变迁的文学性、时代性、连续性、史志性表达"。当然，这里的"地方"不仅指行政区划，还包括特定的行业或领域，类似于地方志的区域志和行业志。

（二）非虚构写作

非虚构写作的概念源于 20 世纪 60 年代的美国，"与虚构相对，非虚构写作是一种边界宽泛的文体概念，这种文体以'忠于事实，还原真实'为准则"。② 2017 年英国学者芭芭拉·劳恩斯伯里总结了非虚构写作的特征：第一是记录性，第二是详尽研究，第三是场景，第四是细致写作。③ 由此可见，非虚构写作的核心其实就是对社会微观现象的客观记录，而地方志的核心也正是翔实的客观记录。

作为一种新的文化现象，近年来非虚构写作风头强劲，从杂志业、图书业、新媒体到影视业对非虚构写作都宠爱有加，传统文学杂志如《人民文学》，新闻杂志如《南方人物周刊》，新媒体平台如"腾讯谷雨""网易人间""澎湃湃客""在人间""单读"等，历史学、社会学甚至自然科学的知识传播均借鉴了非虚构写作，非虚构写作在各领域逐渐成为一种新型的叙事模式。"（非虚构）如同突然从地底下冒出来的泉水，我们意识到的时候才发现湿透了很多地方"，④ 这个"湿透的地方"自然也包括地方志领域。

非虚构写作范围广阔，上通天文，下达地理，记述内容包括科学、哲学、新闻、历史、人

---

① 杜国景：《为新时代方志文学喝彩》，《文艺报》2018 年 10 月 24 日，第 3 版。
② 张涛甫：《非虚构写作：不可缺席的记录者》，《青年记者》2017 年第 34 期。
③ 刘蒙之、张焕敏：《非虚构何以可能：中国优秀非虚构作家访谈录》（Ⅰ），中国社会科学出版社，2018，"序言"。
④ 刘蒙之：《非虚构写作不是什么》，《长江文艺》2019 年第 7 期。

物、纪实、专访，林林总总，包罗万象，但无论记述什么内容，都有一个共同原则——基于事实、述而不论。

二 地方志对方志文学、非虚构写作的影响

虽然方志文学与非虚构写作有如此之多且并非偶然的一致性，但是从学理研究的角度看，方志小说与非虚构写作仍然存在着诸多待解的问题，比如它的理论谱系、书写范围、学科属性和社会功能等，迄今仍未得出令人信服的答案。

目前，对方志文学和非虚构写作的研究与探索尚主要囿于文学和新闻学领域。其中有学者从社会功能的角度考察，认为非虚构写作需要向更深层次的问题和更高的象征性意义挖掘，非虚构写作可以超越具体的社会热点和事件，以道德伦理教化众生，以世情百态熏染人心；也有些学者更注重对非虚构写作的知识谱系的勘察，他们从"舶来品"这一概念入手，细致辨析了非虚构写作的历史脉络和发展方向问题，认为非虚构作为一个词语或许会过时，但中国当代转型时期丰富的实践，是非虚构写作的永动机，尽管可能会以另外一个名称或面貌出现在读者面前。笔者认为，这些看法其实正暗合了地方志的几个基本特征，因此，本文试从地方志学科的视域下对二者做一个初步的探索。

从已经发表的方志小说和非虚构作品，以及目前我们对二者的研究成果来看，方志文学和非虚构写作在以下几个方面呈现出与地方志在本质属性上的一致趋势。

（一）以"地方"和"微观"为书写对象

志书、方志小说、非虚构作品都是以某个特定地方为书写对象，如一县、一镇、一乡、一村，甚至是一条街、一家店，非虚构作品更是细微到某个群体、某一个人……从近年方志文学和非虚构写作实践来看，此类作品重视宏大叙事下被忽略的一些边缘题材。有的关注一地，如梁鸿的《中国在梁庄》；有的关注某一地域的某个行业，如萧相风的《词典：南方工业生活》，这部作品在写作方法上甚至类似于年鉴的条目体编纂方法；有的关注某一个群体，如张彤禾的《打工女孩》。

"史宏志微"，地方志与传统史书相比，注重微观，聚焦民生的自身特性，事实上正是方志小说和非虚构作品萌芽和成长的土壤。"贴近乡土、贴近人本"才会打动读者，发挥作品的感染力，从而真正发挥出"教化""育人"的效能。传统史书"从上到下"的视角，遮蔽了大量微观的鲜活的事实，随着"全球化"发展，已经有更多的人意识到抢救地方传统、探寻边缘群体的重要性。志书、方志小说、非虚构作品"从下至上"的视角，最大的优势就是将对"面"的观察细化为"点"，将大量微观事物带入了读者的视野。

（二）以"述而不论，揭示规律"为书写准则

方志小说是一种文学表达形式，其本质是小说，是小说就有虚构的成分。但与传统小说不

同，方志小说将自己置于观察者的角度，作者不动声色地进行写作，叙述的过程中尽量不做主观评判，力求忠于现实，还原真相。其实在中国文学发展史上，这种旁观者的写作方式并不少见，例如笔记类小说。《红楼梦》之所以对历代读者保有如此大的魅力，也是作者没有直接表达观点，事实真相也只能由读者自己凭借事物的表象去挖掘。非虚构写作更是追求做一个记录者，记录和呈现一切现实元素。作者不只是一个历史的参与者，更是记录者。这些特点与地方志"述而不论、寓观点于事实的记述之中"的编纂原则实则一脉相承，因为三者有一个共同的目的——客观呈现。

此外，与传统的文学作品和新闻作品不同，方志文学和非虚构写作十分注重结构设计，热衷于对叙述内容进行分类，目的在于将表面似乎不相关的事物，通过结构设置与文字技巧，把他们内在的逻辑与因果规律揭示出来。非虚构写作基于现实，但并不一定是时下热点，它注重的是文章所揭示的现象或问题在一个阶段里呈现出的趋势和规律，美国非虚构作家何伟主张用非虚构唤醒人类经验。志书既写其然，又写其所以然，既写出客观现实性，又揭示客观规律性，为读者正确认识一地的历史和现状提供科学的依据，起到鉴古知今的作用。① 显然，用事实发声，探索规律总结经验，是地方志、方志文学、非虚构写作共同遵循的一个编纂准则。

（三）以"真实和客观"为书写特征

真实是方志文学和非虚构写作的首要特点和基本标准。讲真实故事正是方志文学、非虚构写作一经问世便得以迅速传播的核心因素。

近年来，中国文坛创作出一批优秀的方志小说和非虚构作品。《人民文学》2017 年第 12 期推出"新时代纪事"栏目，欧阳黔森的《花繁叶茂，倾听花开的声音》《报得三春晖》《看万山红遍》，郑风淑的《金达莱映红山岗》，范继红的《溢绿园》等作品陆续在栏目刊登，这些作品专注于老百姓的美好生活需要，写出全面建成小康社会的历史意蕴和时代特征。非虚构作品方面，梁鸿的《出梁庄记》、慕容雪村的《中国，少了一味药》、乔叶的《拆楼记》、郑小琼的《女工记》等，都是建立在真实之上的作品，这些作品的成功印证了"真实"的强大感染力。

方志界常讲，地方志就是要讲好中国故事，地方志讲的故事必须以"真实、客观"为前提条件，而"真实、客观"亦是方志文学和非虚构写作诞生的前提条件，也是二者存在的最大价值。

（四）以众手成书为书写方式

"方志小说联合驻村写作计划"发起近 30 位写作者和嘉宾参与在地写作，且主办方希望让

① 朱永平：《例谈志书述而不论与揭示规律的关系处理》，《广西地方志》2011 年第 4 期。

更多人参与。这一现象说明方志小说正在由一种个体写作的模式向群体写作发展，每个人写一个部分，最后再合在一起构成一部完整的作品。

非虚构写作活动也注重大众参与性，非虚构写作突破传统文学写作主要由作家主导的模式，主张让普通人成为写作主体。由凤凰网推出的非虚构写作平台"有故事的人"，对非虚构写作的理念是"每个人都有故事，都可以写出故事"。近年来，越来越多的、业余的大众参与非虚构写作，记录自己身边的人和事。

这种书写模式与地方志采取"众手成志"一致，主要有两个原因：一是更广泛地占有资料，二是多视角呈现事实。方志小说和非虚构写作的生命力就在于对地方或某一群体的书写并不是单线的描述，而是运用大量的资料或者细节进行佐证，因此亦决定了这样一种事实：越是占有大量翔实材料的作品，叙事角度越是多元化，其作品的感染力、震撼力就越是强大。

三　方志文学和非虚构写作是地方志述体发展的必然结果

以上论及的关于地方志与方志文学和非虚构写作的共同特征，有人认为是出自对地方志的一种借鉴，这种借鉴既包括书写内容上的，也包括书写形式上的。但笔者认为，这两种"新文体"出现与迅速传播并非偶然，与地方志的关系也并不仅仅是"借鉴"，事实上，二者是地方志"述体"发展的必然结果。

（一）地方志述体的发展沿革

地方志从单纯的"地志、地记"发展至"图经时代"，开始有少量的记述文体出现并不断演进，在记述内容和文辞方面也日渐丰富，特别是《山海经》，内容包罗万象，囊括了地理、民俗、神话、医学、科学等各领域资料，除了重要文献价值外，还具有极高的文学价值，因此对后世影响也非常大。清代章学诚在编纂《永清县志》等志书时，开始设置例议、序例、总论、考序等，例如《永清县志·舆地图序例》。这些序例、总论、考序及各类目小序等，极大地推动了地方志述体的发展，为现在新方志记述体的形成奠定了基础。社会主义新方志形成了完整的述体系统，在新方志中，述体大致分为总述、综述、概述、无题述几种类别，述体的类型主要包括鸟瞰式、浓缩式、横展式、纵贯式、轴心式、简介式、提要式、策论式等。随着地方志编纂创新，还出现了"专记""特记""调查报告"等新文体。地方志述体的不断发展，使各类地方志文献在阅读和利用两方面变得更加直观、更加便利，也因此越来越引起社会各界对地方志的关注。

（二）由地方志述体发展而来的新文体

方志文学是一些具有"乡土情怀"的作者，因传统小说书写中地域背景模糊、情节完全虚构的局限性，不足以寄托和表达"乡愁"，便将目光转向地方志。他们从地方志文献中撷取某个地方、某个领域的真实资料，再辅以诗意的书写，使得此类作品比志书更生动、更有可读性，比传统文学更真实、更具感染力。

非虚构写作亦是如此。喻国明认为："非虚构呈现现实的手段，如果做得好的话，其实从很多角度看比虚构的手段更能产生震撼力，使得情景具有更巨大的力量，这是非虚构的力量。"非虚构写作有着超越传统新闻写作的丰富阅读体验，比传统的新闻写作更具有可读性与启发性。

这两种新文体在我国的兴起，反映了读者对传统文学或传统新闻学反映社会生活的锐度、广度与深度不满意，渴望一种新写作方式反映当下的社会生活，而地方志恰好为这些新的书写方式提供了全新的视角和源源不断的源泉。从这个意义上讲，随着地方志述体和方志数字化的不断发展，地方志的未来发展必将呈现出多元化的趋势，除了方志文学和非虚构写作之外，还会有其他的书写形式出现，但只要其符合对某一特定地域或领域的客观书写，就基本上可以认定为地方志述体的某种"变体"，因为万变不离其宗，这个不变的"宗"就是对某个地域或某个个案的客观呈现。

结　语

中国地方志指导小组秘书长、中指办主任冀祥德在 2019 年全国省级地方志工作机构主要负责人培训班讲话中指出，"地方志已形成世界上最大的社会科学成果群"，值得深思的是，这一成果群所蕴藏的"矿藏"包罗万象，不仅是关于自然、地理、经济、社会、文化、人物等方面的静态记述，在世代绵延不断的记载之中，这些资料和数据按照它们自身的属性与发展，自发地产生联结、融合，从而生发出不可预计的变体和变量。

地方志成果群并不是一座"死火山"，或许它表面曾长期呈现出某种静止状态，以致方志界仍有不少人认为地方志文献的开发和利用率很低，但事实上，地方志文献并非处于我们通常所认为的低应用状态，相反，在社会科学甚至自然科学领域，对地方志的利用一直呈现出有增无减的趋势，只是方志界对此反应较为迟滞，甚至很多地方志产品出现时，我们辨认不出其来源。究其原因主要有二：一是长期的学术不自信令我们低估了地方志的价值；二是学科建设薄弱，理论研究长期滞后于修志实践，限制了方志界对自身学科的认知。

方志文学与非虚构写作的持续走热，提示了在方志界即将展开的可能是一场关于地方志的"新记录运动"，方志界亦要提高自身的学术敏锐性，开阔学术视野，从地方志编纂到应用的各个环节中探索规律，发现规律，加快地方志学科建设步伐，树立方志自信，在中华民族伟大复兴的进程中主动担当其必然的历史使命。

志书自然部类易错点及解决方法

常洁琼

（方志出版社）

每个时代的志书的地理志部分，都受到当时地理水平的制约，具有浓重的时代性。中国传统方志中地理是人文地理与自然地理的混合体，宋代之前主要是地记与图经。晚清西方地理学传入中国，形成新的中国地理学，方志地理内容也逐渐发生变化，到民国晚期，志书主要记述地理内容，少有地质内容。中华人民共和国成立之后，在继承民国志书地理门类的基础上，志书运用了大量新地理学技术和手段，部分增加了地质部分。到20世纪80年代开始的首轮新方志编纂，方志中自然地理的要素已很全面，仅使用地理门类不能完全囊括所包含的内容，因此地理门类逐渐转变为"自然环境志"。[①] 至2006年，国务院颁布的《地方志工作条例》规定："地方志书，是指全面系统地记述本行政区域自然、政治、经济、文化和社会的历史与现状的资料性文献。"其中"自然"排在第一位。《中国方志通鉴》则采取了"自然部类"这种叫法。[②] 现代方志中，自然部类为第一编，主要记述一地地质概况、地形地貌、山川河流、气候水文、土壤植被、生物资源等要素，记述环境变化特征，是研究自然变化的宝贵资料，是了解一地的重要途径之一。

然而，自然部类涉及很多学科，常用的术语、单位、代号很多，笔者通过对一些志书的审稿和阅读发现，自然部类在这方面存在着很多"硬伤"。本文中，笔者以地质专业的角度提出一些现在修志过程中容易出错的问题及解决办法。如能正确、规范地使用这些术语、单位、代号，不但可以提高志书的科学性和质量，不至于被专业人士诟病，还可以减少对一般阅读者的误导，加强志书的可读性。

---

① 梅森：《自然环境志编纂之历史演变》，《中国地方志》2015年第8期。
② 中国地方志指导小组办公室编《中国方志通鉴》，方志出版社，2010，第980页。

一 地质年代单位及地层单位错用

志书中地质内容一般为对本地地层、构造、地形地貌等的简要介绍，因此易错点主要是一些概念性的问题及术语使用不当，其中最为明显的、出错频率最高的是地质年代单位和地层单位的错误使用。

地质年代单位（geological age unit）指地质时期中的时间划分单位，表征地壳上不同年代的岩石形成的时间和顺序，又称地质时间单位，一般分为宙、代、纪、世、期五个层级。志书中最常使用的是"纪"和"世"这两个层级。

地层（strata）为层状岩石的统称。《国际地层指南》指出：广义上地球上各类岩石——沉积的、火成的、变质的、固结的和非固结的，都属于地层的研究范畴。地层单位（stratigraphic unit）则是根据岩石所具有的特征或属性划分出并能被识别的一个独立的特定岩石体或岩石体组合。岩石某一特性或属性在地层位置上的变化，不会与其他特性或属性的变化相一致。单独用一类地层单位表示地层体所有的特性是不可能的，要客观、全面地揭示某类地层体特征，就需要有不同类型的地层单位。[1] 志书中常涉及的地层单位有年代地层单位和岩石地层单位。其中年代地层单位（chronostratigraphic unit）是指依据岩石体形成时间划分的地层单位，分为宇、界、系、统、阶五个层级；岩石地层单位（lithostratigraphic unit）是指依据岩石体的岩性特征划分的地层单位，一般分为群、组、段、层。

简单地讲，地质年代单位指不同的地质时期，年代地层单位指不同时期沉积的地层，地质年代单位和年代地层单位是相对应的（见表1）。二者有相对应的关系，都是在特定的地质年代后加上不同后缀，但是表述的主体不同，这也是使用者容易出错的主要原因。

表1 主要地层单位及地质年代单位

地层单位	主要地层单位术语					相应的地质年代单位					
年代地层单位	宇					宙					
		界					代				
			系					纪			
				统					世		
					阶					期	
						亚阶					亚期

---

① 张克信等：《地层单位与全球界线层型：概念、术语、有关规定与研究实例》，《地质科技情报》2012年第5期。

续表

地层单位	主要地层单位术语				相应的地质年代单位				
岩石地层单位	群								
		组							
			段						
				层					

这部分使用了很多专业术语，一方面非专业者编修时容易误用，另一方面在审稿编辑过程中不易发现错误。笔者阅读一些志书的自然部类时，发现存在以下几种情况的误用。

（一）地质年代单位及年代地层单位使用混乱

对地质年代单位及年代地层单位的使用中经常存在不统一的现象。志书中地质年代单位与年代地层单位的问题一般是"宇"和"宙"、"系"和"纪"混用，后者最为常见，表述时间使用地质年代单位而表述地层使用年代地层单位。例如"白垩纪时，该地沉积了大套红砂岩"，表述的是距今1.45亿~6600万年的时间内发生的事情，而"该地大部分地区被第四系覆盖"，表述的是该地区被第四纪这段时间内形成的沉积物所覆盖。然而在实际使用中经常会出现类似"白垩系时，该地沉积了大套红砂岩""该地大部分地区被第四纪覆盖"等表述。再例如志书中经常出现"该地区出露地层有某某宙、某某纪等"，错把地质年代单位用作年代地层单位，正确的应为"该地区出露地层有某某宇、某某系等"。

（二）地层单位的重叠使用

地层单位的重叠使用在自然部类中也经常出现。一般常见错误用法是在年代地层单位和岩石地层单位之后再加"地层"二字。例如"泥盆系（年代地层单位）地层""铁岭组（岩石地层单位）地层"等。地层单位的主体是地层，再在其后加上"地层"二字则是重复使用，"泥盆系地层"就等于是"泥盆纪时沉积的地层地层"，正确的应为"泥盆系""铁岭组"。

（三）前缀使用不当

地层的描述中容易出错的还有前缀的使用。地质年代单位依据时间，因此在"纪"进行划分时在"世"前加"早"、"中"或"晚"；年代地层单位依据地层，因此在"系"进行划分时在"统"前加"上"、"中"或"下"。不能错用如"早泥盆统""晚白垩纪"等，应使用"早泥盆世""晚白垩世"。应该注意的是，上、下和早、晚的对应是相反的，上指地层上部，一般形成时间较晚，因此对应晚；而下指地层下部，一般形成时间较早，因此对应早。以泥盆纪为例（见表2），表述时间，则使用泥盆纪、早/中/晚泥盆世，而表述地层，则使用泥盆系、下/中/上泥盆统。

在加前缀的时候还应注意一点，地层划分随着研究的深入有所变化。以 2018 年国际年代地质表为例，奥陶系、泥盆系、三叠系、侏罗系可以分成下、中、上三个统，而寒武系、志留系、石炭系、二叠系、白垩系、古近系、新近系、第四系已不使用下中上三统划分（见表3）。那么在修志和编辑过程中一定要注意，可以下载与志书时限一致的国际地质年代表进行对应。

表2　以泥盆系（纪）为例的年代地层单位与地质年代单位对应关系

年代地层单位			地质年代单位		
系	统	阶	期	世	纪
泥盆系	上泥盆统	法门阶	法门期	晚泥盆世	泥盆纪
		弗拉阶	弗拉期		
	中泥盆统	古维特阶	古维特期	中泥盆世	
		艾菲尔阶	艾菲尔期		
	下泥盆统	埃姆斯阶	埃姆斯期	早泥盆世	
		布拉格阶	布拉格期		
		洛赫考夫阶	洛赫考夫期		

表3　2018 年国际地质年代表（部分）

第四系	全新统	三叠系	上三叠系	志留系	普里道利统		
	更新统		中三叠系		罗德洛统		
新近系	上新统		下三叠系		温洛克统		
	中新统		乐平统		兰多维列统		
古近系	渐新统	二叠系	瓜德鲁普统	奥陶系	上奥陶统		
	始新统		乌拉尔统		中奥陶统		
	古新统	石炭系	宾夕法尼亚亚系		下奥陶统		
白垩系	上白垩统		密西西比亚系	寒武系	芙蓉统		
	下白垩统	泥盆系	上泥盆统		第三统		
侏罗系	上侏罗统		中泥盆统		第二统		
	中侏罗统		下泥盆统		纽芬兰统		
	下侏罗统						

（四）并列条件下使用混乱

容易混淆的还有并列条件下同时使用年代地层单位和时间地层单位，例如"侏罗纪和寒武系""泥盆系和晚白垩世"，并列关系时应确保前后使用的同为时间或者同为地层单位。因此，应在表述时间时使用"侏罗纪和寒武纪""泥盆纪和晚白垩世"，在表述地层时使用"侏罗系和寒武系""泥盆系和上白垩系"。

（五）使用废除的地质年代单位及地层单位

根据 2001 年新修订的《中国地层指南及中国地层指南说明书》①、《中国区域年代地层（地质年代）表说明书》②，一些地质年代单位及地层单位已被废除，采用了新的分法或者叫法（见表 4）。而笔者发现，一些 2001 年之后的志书年鉴，仍然存在使用旧单位的现象，其中频繁出错的是"第三纪"、"第三系"并未变更为"古近纪""新近纪"、"古近系""新近系"。需要注意的是，随着地层学的发展，国际地质年代表每年都在更新，一些地层的划分每年都有变化。虽然志书对此并不需要非常精确，但是在编修志书过程中应该对自然部类的新研究、新规定有一定了解，不能使用过于陈旧的表述方法和内容，否则不仅使志书的时效性受到影响，也会使读者对志书的科学性产生怀疑。

表 4　2001 年地质年代单位及地层单位变更

	2001 年之前	2001 年之后
年代地层单位	太古界、上太古界、下太古界；元古界、上元古界、下元古界；第三系、上第三系、下第三系	太古宇、始太古界、古太古界、中太古界、新太古界；元古宇、古元古界、中元古界、新元古界；古近系、新近系
地质年代单位	太古代、早太古代、晚太古代；元古代、早元古代、晚元古代；第三纪、早第三纪、晚第三纪	太古宙、始太古代、古太古代、中太古代、新太古代；元古宙、古元古代、中元古代、新元古代；古近纪、新近纪

（六）地层代号使用错误

不同年代地层单位有不同的英文代号。志书中使用年代地层单位英文简写的情况并不多，但出错率很高，出错点主要是简写错误、字母大小写错误、数字未下标。例如"系"一级，如 O、C、D 等，分别表示奥陶系、石炭系、泥盆系等；"统"一般是在"系"的代号右下角标注阿拉伯数字顺序，如 O_1、C_2 等，分别代表下奥陶统、上石炭统，特殊的是第四系，用 Q_p 和 Q_h 表示更新统、全新统。

（七）地层单位省略不当

当我们用文字表述多个地层组合时，有时会出现各地层的单位不一致，此时各层单位不应省略，常见错误如"泥盆—早二叠世""石炭—上三叠统"，不应省略"纪""系"，应改为"泥盆纪—早二叠世""石炭系—上三叠统"。修改时要注意上文所提到的问题——并列条件下前后单位使用一致。

---

① 全国地层委员会编《中国地层指南及中国地层指南说明书（修订版）》，地质出版社，2001。
② 全国地层委员会编著《中国区域年代地层（地质年代）表说明书》，地质出版社，2002。

二 使用过时的理论及专业术语

类似于使用废除的地质年代单位和地层单位，志书中还存在使用已经废除的理论和专业术语的情况，比较典型的就是"地台""地槽"的使用。槽台学说（地槽地台学说）是传统的大地构造学说之一，19世纪60年代从欧美开始出现，到20世纪60~70年代逐渐被板块学说取代，曾经在地质学界占据统治地位。我国一轮修志始于1980年，当时很多地质资料依然使用槽台学说的内容，因此在一轮志书中存在"地台""地槽"的表述。然而笔者发现在二轮修志中仍然有地区志书使用"某某地台""某某地槽"，究其原因，是部分修志者认为地质变化是相对静止的，后期进行志书编修时照搬了之前志书的内容，并未对自然部分进行修订。笔者认为，编修志书自然部类时应对自然科学的进展有大致了解，积极寻求自然科学工作者的帮助，修订改正一些过时的理论及术语的使用。

三 生物属种名称错误

一般科技论文中，按照国际命名法规，属和属级以上的名称可以采用单名，即用一个拉丁词命名，首字母大写；属种名称采用双名法，即"属名+种的本名"，属名在前，种名在后，种、亚种及变种本名首字母小写；属和属以下，需用斜体，属以上使用正体。

一些志书自然部类会记录当地生物种类，就会涉及生物拉丁文名称，由此出现一些不规范的问题，例如拉丁文名称与中文名称不匹配、属种名写法不正确、属种名没有斜体等。笔者认为，由于志书并不属于科技论文，在编纂过程中无法确定生物拉丁文名称是否正确的情况下可将其删去，但在涉及中文属种时一定要确保属种名正确，并且要使用其学名而不使用俗称，例如"家雀""知了""土豆"应改为"麻雀""蝉""马铃薯"。此外，一些生物的中文属种名使用了一些生僻字，甚至有一些字是研究者创造的，在编修过程中应注意用字正确。

笔者在审稿过程中还发现，有个别志书对生物进行了一些简要描述，在描述中使用大量带有主观色彩的词语，例如形容狐狸"生性狡猾"，描述昆虫时使用"益虫""害虫"等词语。这种记述方式是不正确的。首先，志书要秉承"述而不论"的原则，此类描述词语均带有定位的意味，这是不妥的；其次，从环境上讲，任何生物都有自己的生态位，具有存在的合理性，以人类的视角去定性生物是否有益是过于主观的、不正确的。

四 不体现参考文献

由于志书并非科技论文，一般是不加参考文献的。笔者在审稿中遇到过"作者-年份制"

注释格式的使用，但后文没有标注参考文献。一般编辑处理方式是将文中这样的注释删掉，并且不要求作者在文后附参考文献。此外，自然部类中大段大段地引用科研工作者的研究成果是十分常见的，也并不会对此有所介绍。笔者认为此种做法并不合理。自然部类包含很多科技论文的研究成果，引用这些内容一方面可以记录下人类对自然的了解进程，另一方面可以将这些研究者的工作记录下来。编纂人员中一般不会有这些科研人员的信息，那么在正文中丝毫不提及则是对他们工作成果的不尊重。笔者认为在编修自然部类的过程中，应该在章节之后或文中注明涉及了哪些科研工作者或团队，有哪些新的研究成果。这样一是对科研工作者研究的认可，二是让读者有据可查，提高志书的资料性和科学性。

结　语

除了文中提到的几个常出错的问题，自然部类还存在一些岩石名称、专业术语的书写错误，如"糜棱岩"写为"麋棱岩"，"变余砂岩"写作"变质砂岩"，"上覆地层"写为"上伏地层"，"下伏地层"写为"下覆地层"，"二叠"写为"二迭"；还存在缩写不规范的问题，如"裸子植物门"缩略为"裸子门"等。由于这些问题出错频率并不高且无通性，无法将此一一归类。但是文中这些错误、混淆都是志书相关编修人员对自然科学不够了解造成的。笔者认为，自然部类记述的内容专业性强，其科学性与编纂者、审核者的学术背景紧密相关。编者通过学习仅可以解决一些简单的易错点，但是对范围广泛的自然科学来讲还是沧海一粟。术业有专攻，在专业领域，志书编纂、编辑者确实不可能同时具备足够的专业能力，只有积极地让自然科学的研究者参与志书的编纂、审阅过程，志书的表达才能更精准，措辞才能更得当，才能有效利用新的研究成果，提高志书的质量和科学性。

关于续志中方言篇几个问题的思考

张卓杰

（浙江省诸暨市史志研究室）

新时期志书方言篇的编纂乃是摸着石头过河，因其相对于其他篇目具有更高的专业性。在编纂过程中，有一些问题被反复提及，部分专家有不同意见；有一些问题虽然未见不同声音，然仔细思考仍有待商榷。笔者就其中四方面略陈管见，以求教于方家贤者。

一　关于续志是否设置方言篇的问题

这个讨论从第二轮修志开始就已存在。笔者认为，不仅二轮修志要设方言篇，今后三轮、四轮乃至若干轮，都要设方言篇。一方之志，须记一方之音。方言是民族语言的地域变体，理应成为地方志不可或缺的内容。二轮修志已进入尾声，从已出版的各地志书来看，也都设置了方言篇，这是一个很好的现象。

但笔者仍然不时听到"杂音"，有的还在修志会议上公开提出。这些声音无外乎认为，二轮修志基本上是基于首轮志书的狭义"续修"，认为首轮志书设置方言篇的地区，近一二十年来，该地区方言不可能有大的变化，续志如果继续记述就造成简单重复。这种认识是片面的，方言的演变确实是缓慢的，但并不意味着没有变化。中国的方言传承着中国的古老历史文化，反映一个地区的开发程度、行政区划、风物、习俗观念等。方言是长期存在的重要的社会现象，在整个生存的过程中，其受所处社会家庭生活状况、经济生活状况、地理环境状况、共同语普及状况等影响，不断发生演变，续志应真实、及时地记录下当地方言的这一变化。方言的不变是相对的，而它的变化则是绝对的。方言时刻发生演变，只是人们并未察觉而已。人类认识外部世界是永无止境的，比如心灵有了新的感悟，便需要新的词语来表达，无限的语义就想要不断冲破已有的语音、语法结构的限制。只要是存活在社会生活之中，演变就必然要持续发生。每轮修志一定会有新的方言社会背景，因此一定会有新的调查发现，一定会有新的理论成果，总之一定有新内容可写。可以描写志书境域内有差异的内部方言分支，可以记述新时期产生的新词、新语法的变异，有多种民族语言流通的地区，还可以把各民族语言的使用情况写清楚，等等。怎能说没有新东西可写？笔者在参与修志的过程中，还有少数同志以推广普通话为由对方言入志提出异议，这是把方言和共同语（普通话）对立起来的错误观点。周恩来在《当前文字改革的任务》中对推广普通话和保存方言的关系做了说明："我们推广普通话，是为的消除方言之间的隔阂，而不是禁止和消灭方言。"这是对两者关系的最好解读。他还说："方言是会长期存在的。方言不能用行政命令来禁止，也不能用人为的办法来消灭……相反地，只会说普通话的人，也要学点方言，才能深入各个方言区的劳动群众。"① 阐述了方言和共同语并不相悖。方言也并不会妨碍共同语的规范，方言与共同语存在的对应关系甚至能够帮助方言区的孩子说好共同语。20 世纪 50 年代的方言普查之后，各地确实编过这类对应字表，只是后来没有应用于教学。

近二三十年来，社会变化日新月异，走南串北的人多了，能读会写的人也多了。整个社会的语言生活是缓慢地，但持续地趋向于整合地演变。我们应该明白，方言已逐渐式微。"语言的整化趋势，到了现代社会里，只有不断增强而不可能削弱回头的。其根本原因就是社会生活的需求。试想在经济一体化、经营社会化、技术现代化的浪潮中，空间距离的意义日趋淡薄，而作为空间距离的附着物——方言则越来越成为人们交往和发展经济的隔阂。不同方言区的人面谈尚可借助身手的比画，达到沟通目的，在电话里，方音太重就无法交际了。"② 这形象地解释了方言式微的原因。尽管方言的整合并不代表着方言会消亡，但方言的式微、语言的整合成了任何人都无法阻挡的历史潮流。笔者正在参与编修的二轮志书，曾对方言生存状况做过一些调查，调查结果说明方言的生存空间已然非常狭窄，有些地方方言甚至已经成为年长者的家庭语言，有点"无可奈何花落去"的味道。《浙江省语言志》后记颇有感触地写道："编写浙江语言志的主要素材，是 1964~1966 年浙江方言调查组全体人员实地调查的 70 多个县市的方言资料……当时的浙江还有不少地方'鸡犬相闻，老死不相往来'，方言比较纯真。记下这些鲜活的口语，如今看来，实际上是抢救了当时浙江各地的方言。因此这些语言资料是弥足珍贵的，现在将他整理编撰成书，保存起来，传承下去，其现实和历史的文化意义是不言而喻的。"③ 所以，即使从记录和保护历史遗产的角度看，我们也应该利用好每次修志的机会，让方言入志，记录其各时期的面貌。

二 关于方言篇记述主体三要素地位认识的问题

20 世纪 50 年代，中国科学院语言研究所与河北昌黎县志编纂委员会合作编纂的《昌黎方言

---

① 周恩来：《当前文字改革的任务》（1958 年 1 月 10 日在政协全国委员会举行的报告会上的报告），《文字改革》1958 年第 2 期。
② 李如龙：《汉语方言学》，高等教育出版社，2001，第 27 页。
③ 傅国通、郑张尚芳主编《浙江省语言志》，浙江人民出版社，2015，"后记"。

志》，按语音、词汇、语法三大体系记述方言，成为后来新编方志记述方言的基本模式。但有的志书方言篇舍弃其中某一要素内容，或者只记述其中某一个要素（特别是语音），比如："有的方言志涉及语音、词汇、语法三部分，有的方言志只有语音、词汇两部分，有的方言志甚至只有语音一个部分。"①笔者认为，第二轮志书不管方言篇的纲目如何变化，语音、词汇、语法始终是其整体的核心的记述主体。论及方言乃至语言，语音、词汇、语法都是必须讨论的要素，三者是方言篇必须继承的基本内容，是现代方志准确记录方言这个古代语言活化石必须具备的三个方面。语音、词汇、语法就好比石榴籽一样紧紧抱在一起，关系紧密，地位相同，构成了一地方言的全貌、方言的整体。舍弃要素、偏废方言篇基本内容造成方言资料不完备、不系统，影响其使用价值。我们描写方言，必须从整体上去考察，必须注意语音、词汇、语法三者之间的关系，比如有些方言音节只见于有音无字的词里，在对词汇未做全面调查前要叙述声韵调组合关系，统计音节数，就会出现差错。方言篇纲目的第一层次要列出语音、词汇、语法这三方面内容。举些方志编纂书籍的例子，如《方志学》根据地方志特点，拟出方言篇第一层次的编目：第一章语音系统，第二章同音字汇，第三章分类词表，第四章语法举隅，第五章谚语。② 又如《新方志编纂学》中编写志书方言篇的基本篇目（第一层次）拟为：语音、词汇、语法、方言俗语。③ 笔者认为，少什么也不能少语音、词汇、语法三要素的内容，至于其他的内容诸如谚语、歌谣等，可根据各地实际情况酌情处理，有当然更好，锦上添花，若因时间紧迫、人员紧张、资料紧缺等种种原因一时难以搜集也不必强求，没有与语音、词汇、语法平起平坐的必要。

有的志书方言篇舍弃语音、词汇、语法三要素中某一要素，或者只记述某一要素（特别是语音），其原因可能是对语音、词汇、语法差异的认识存在误区。如陈泽泓认为："反映方言特征中，区别最大的因素是语音，其次是词汇，最小是语法。"④这其实有待商榷。不同的方言存在的差异表现在语音、词汇、语法各方面。只是人们最容易感觉到的是语音，平时所说"土腔""土调"就是指这方面的差异，但并不意味着词汇和语法的区别就是小的。究竟有多少区别，研究还有多少空白，都无法下定论。比如，在语音上客、赣方言差异小，但在词汇上客、赣方言差异却大。⑤ 李如龙教授持这个观点："经常听到这种说法：汉语方言之间差异最大的是语音，其次是词汇，语法差异不大。随着调查研究的深入，这种说法引起了很多人的怀疑。如果说，汉语方言的差异首先表现在语音，是有道理的，因为人们接触中首先感觉到的是语音。至于词汇，如果是书面语、现代政治经济生活中的用语，确实区别不大，但日常生活用语则差异甚大。至于语法，从近几年的研究材料看，汉语方言在语法方面的差异也是不小的，特别是最常用的虚词，各方言分歧很大。"⑥之前大

① 杨永成：《续修方言志刍议》，《中国地方志》2009 年第 7 期。
② 黄苇等：《方志学》，复旦大学出版社，1993，第 818 页。
③ 沈松平：《新方志编纂学》，浙江大学出版社，2014，第 136 页。
④ 陈泽泓：《新方志记述方言的思考——以首轮广东省县区志为例》，《中国地方志》2013 年第 9 期。
⑤ 练春招：《从词汇看客家方言与赣方言的关系》，《暨南学报》2000 年第 3 期。
⑥ 李如龙：《汉语方言学》，第 2 页。

概各地区方言特征研究得不够，尤其是方言的词汇特征和语法特征研究得较少，使得方言篇词汇、语法的内容较为薄弱。这些年方言学界逐渐重视词汇、语法的研究，研究力度得到了加强。志书方言篇目前大多采取专家外包的形式撰写，一般不存在学养不足问题，应该可以避免类似情况发生。

要注意，虽然语音、词汇、语法三要素具有重要关系，但并不能因此拔高其整体地位而降低其他诸如俗语、谚语、歌谣之类的地位，正如前述方志编纂书籍拟方言篇第一层次时，均把俗语、谚语、歌谣等融为一体，同归为第一个层次一样。各地编纂方言篇，除非不记述，如果有这些内容，完全可以把它放在语音、词汇、语法后面，大胆地设为第一层次记述。笔者认为最新出版的第二轮志书《绍兴市志（1978~2010）》在方言卷俗语节后设置"附记"来记述"新顺口溜"①的做法值得商榷。先从体裁上来讲就有不妥之处，有正文地位，能归入分志序列的应是"专记"，没有"附记"体裁一说，附录更不能放入分志序列。"当下专记的名目称谓可谓五花八门，就名称而言，专记是志书的一种基本体裁，属于志书的正文，名目归一，只能使用'专记'或'专题记述'的名称，除此之外的'特载''附''附记''杂记''丛录'等称法，都不符合专记在志书中的地位，不应该继续使用。尤其是取名'附''附记''丛录'尤不可取，有失专记属于志书正文的地位。"②从分类上来讲也不妥，各地顺口溜无论是新的还是旧的，都是一种口承方言，和歌谣、谚语等俗语一样，属于有门可归、有类可系的，也不存在因分志体裁、篇幅或篇目限制而无法展开充分记述的情况，所以应该和其他几种口承方言同节记述，共同与语音、词汇、语法形成第一层次。

三　关于方言篇编纂如何看待专业性和通俗性的问题

方言篇在整部志书中专业性相对较高。正因为其专业性较高，所以针对性的受众相对较小。但是方言篇又自带本地亲切属性，因而受到的关注不少。很多读者在翻阅志书时总是喜欢翻一翻方言篇讲了些什么，有时看到记录的一些有意思的日常生活用语，还会会心一笑。方言篇是一个典型的矛盾体，普通读者的阅读率较高，但阅读体验不佳，真正能读懂的很少，大多数仍是停留在"外行看热闹"的阶段。目前有的专家在谈到方言篇编纂时，会提到专业性和通俗性的问题。学界基本赞同保持专业性，有的也认为要同时注意通俗性或可读性。赵则玲谈道："在专业性的基础上，对于词汇和语法部分增加普通话对照内容以及在方言字的注释等方面尽量使用通俗化的语句，增加方言卷的可读性。"③这实际上并没有解决方言篇可读性的问题。因为无论是使用通俗化的语句还是增加普通话对照内容，第二轮志书方言篇已经能够做到，将来也一定会成为共识，但是无论做出何种努力，方言篇还是那个没有"表情"的"高冷"的方言篇，它的内心毫无波澜。

① 绍兴市地方志编纂委员会办公室编《绍兴市志（1979~2010）》第4册，浙江古籍出版社，2018，第2341页。
② 沈松平：《新方志编纂学》，第164页。
③ 赵则玲：《浅议第二轮志书中的方言卷》，《中国地方志》2009年第2期。

方言篇必须坚持使用国际音标注音,这是基本常识,对于所有并不了解国际音标的读者来说,仅此一条便足以降低方言篇的可读性。对他们来说,各方言条目的标音仍然是"天书"。就好比英文著作写得再通俗,不懂英文的读者照样读不懂,而要读懂英文著作,必须懂英文。要读懂方言篇,懂得国际音标是基础中的基础。看得懂国际音标才是正确打开方言篇的方式,这还只是万里长征第一步。因此笔者认为,通俗性问题的讨论应该暂时搁置,所有基于专业性描写的通俗都是专家眼中的通俗,而非普通读者眼中的通俗。鉴于此,方言篇的专业性才是承编者应该更加用心用力之处,切不可因顾忌通俗性,使得方言篇面目全非、不伦不类,否则就可能闹出诸如有志书用汉语拼音来代替国际音标这样的笑话了。

方言篇要在专业性上下功夫,就必须重视专业人士在编纂过程中的作用。编写方言篇是门技术活,打铁还需自身硬。聘请专家承担部分专业性较强的内容编纂这种传统方式,目前仍是一种可行和有效的修志方式,也是目前方志界广泛采用的方式。一个学养深厚、见识不凡、沉稳有力的专家,对于提升方言篇品质乃至整部志书的质量有着非常重要的作用。专家长年打磨而成的理论深度、视野广度、思想远度以及与时偕行的理论创见和对新研究方法的把握、对最新理论成果的吸收使他们的立意、思考、决断能力出众。当然对方言篇专家的挑选仍需要制定标准、提出要求。撰稿人应是对本地方言素有研究的专业教学科研人员或语言文字研究者,最好是以本地方言为母语或熟悉本地方言的人,方言篇的编纂者以母语为本地方言的专业人士为最佳选择。如果本地范围内实在难以找寻合适的人才,选择的地域范围可以适当扩展到熟悉本地方言的非本地人,一般是同一方言小片周边区域的,比如临绍小片绍兴地区内的柯桥若没有合适的专业人才,可以找同片区的熟悉方言专业知识的越城人来撰稿或审校,诸如此类。再不济,退而求其他地区的学养足的专家也是可以的,但最好完稿后再请人审阅,避免一些简单的认识错误。有的专家认为:"应该加强对方言志编纂工作的认识和业务指导,这方面工作主要有:……举办方言调查与写作培训班,培训方言志工作人员和方言调查撰稿人员。"①其实,修志部门自己培养方言工作人员和方言调查撰稿人员是非常困难的,短时间内无法达到目的。比如前文提及方言篇必须使用国际音标注音,要会调查与撰稿必须学习国际音标,而国际音标这种口耳之学,自学相当不易,必须经过老师严格的语音培训。万献初教授回忆青年时学习国际音标"一个一个地发音,练习了近一个月",②现在的大学则要花费一个学期的时间来上课,系统传授相关知识,而这也只是一个学习的开端。因此认为举办几次方言调查和写作培训班就可以自己培养撰稿人才,可能是把问题想简单了。当然,并不是说修志部门不能培养自己的专业人才,从长远看,如果能挑选内在动力足、学习劲头大、集体荣誉感强的人培养起来肯定是件好事。地方志工作者如果想要参与方言篇的编纂,不让自己置身事外,目前来看可能没有更好的办法,只能从志书编纂要求规范、篇目行

---

① 杨永成:《续修方言志刍议》,《中国地方志》2009 年第 7 期。
② 万献初:《音韵学要略》,武汉大学出版社,2008,"后记"。

文符合体例、收集材料反映特色等角度入手加以指导。因为即使是专业的内容,也是志书的内在组成部分,必须在指导思想、框架结构、资料编排、文字表述等各方面整体、统一、有机地融合于志书整体。

四 关于方言篇记述新内容的问题

所谓"新"的内容,就是传统方言记述主体即方言系统描写以外的内容。方言篇在把握好方言系统描写的基础上,可以有新的内容记述,可以反映方言研究的新手段、新方法、新成果,可以适当拓展到相关的方言历史研究、方言地理研究、方言的社会语言学研究等诸多领域,可以适当创新体裁运用,诸如适当增加图表、建立语音库(音档入志)等。如此不但可以从微观上记录本地的语言现象,详细描写方言面貌,还可以从宏观上反映方言发展演变的脉络与轮廓、趋势与规律、研究成果等。新的记述内容有很多,比如说社会方言方面的内容。方言分地域方言和社会方言两大类。一般志书中记述的方言就是不同地域变体的地域方言,对于社会方言记述很少,比如说使用同一种地域方言的人,因职业、阶层、年龄、性别、语用环境等的不同,语音、措辞、谈吐也不同,方言篇可以关注这方面的内容。第二轮志书《绍兴市志(1978~2010)》中有新派、老派方言的特点的比较,虽然缺少新派、老派发音人的材料,部分观点有待商榷(如[ȵ][ŋ]声母的进一步脱落是否属语音的演变),也可以看成是一种记录年龄层次不同、方言特点不同的社会方言新内容的尝试。笔者曾在浙江诸暨当地报纸上看到一种蓑衣匠行业语的报道。"行业语也属社会方言,作为全民语的一种补充性的交际工具为自己的社群服务。"①蓑衣匠行业语结合当地口音把蓑衣称为"披佬"、衣领称为"爬山过"、布称为"三占里"等,有百余种词,可以用以交流,但只流传于蓑衣匠行业内部,外人无法听懂,由从事蓑衣匠行业的村民出于自我保护的目的长期积累演变而成,已有至少150年的历史。然而访问后得知,蓑衣匠行业已随着时代发展而消亡,其编织手艺只存于个别老师傅,年轻人已不愿再学习。附着于蓑衣匠行业的行业语言也失去了生存的土壤,濒临消亡。而在当地另如箍桶匠的行业语实际已经消亡,无人传承,如果没有报纸报道恐怕已无人关注。像这种蓑衣匠行业语,代表了一批行业语的生存状况,造血功能不足,生命力较弱。方言篇有责任发挥存史的担当,记录下其语音面貌,留住那一抹乡愁。当然,新的记述内容还可以有很多,笔者提供的仅是一种思路。方言篇可以增加新的内容,有的专家认为方言篇要避免写成教科书和学术论著,笔者认同这个观点,但是认为不必过分担心,这是由志书的体例决定的。假如写成了教科书或学术论著,恐怕整部志书体例的规范性都要打个问号了。方言篇自身就是地方特色鲜明的板块,新的记述内容还能体现时代特征,值得探索。

---

① 侯精一:《山西理发社群行话的研究报告》,《中国语文》1988 年第 2 期。

新方志科教文卫类别编纂的经验和反思

——以《福州市志（1995~2005）》为例

张 灵

（中共福州市委党史和地方志研究室）

经十四年编纂，《福州市志（1995~2005）》于 2018 年正式出版发行，标志着福州市第二轮新方志编纂取得阶段性成果。这部断限仅有十一年的方志，记载的是福州市发生波澜壮阔变化的改革开放重要时期，福州市的城市面貌、经济总量、产业机构、社会生活等都发生了巨大的变化。以一部志书来记录这个过程，既是一个机遇，新的时代赋予了古老的方志体裁以新的活力，让方志在现代生活中扮演重要角色；也是一个挑战，现代经济社会的信息量从深度到广度都有爆炸式的增长，人们使用方志的需求也发生了变化。方志能否在保持核心价值的基础上做出适应发展的改变？所进行的改变尝试是否达到了时代的要求？所形成的成果是否达到传统上权威性地方文献的标准？对这些问题进行探讨和反思，有利于我们今后在新方志编纂中少走弯路，多出成果，形成门类齐全、质量上乘、使用方便的地方志文献体系。现以《福州市志（1995~2005）》为例，探讨在新方志科教文卫类编纂中的经验和不足。

一 《福州市志（1995~2005）》中科教文卫类基本情况

《福州市志（1995~2005）》科教文卫类集中在第 5 册，分为"教育""科学技术""社会科学""文化""广播电视""卫生""体育""旅游" 8 篇，约计 80 万字。其中，"社会科学"以补述的形式记录了 1980 年以来福州市社会科学的发展和变化，其余篇章皆是以续志形式严格记述 1995 年至 2005 年的情况。

对比首轮《福州市志》，《福州市志（1995~2005）》在篇章结构上有着较明显的沿袭，其中，"教育""体育""广播电视"等篇章与首轮志书有着较强的延续性，而因为时限内资料不足以独立成篇等，首轮志书中部分独立篇章在第二轮志书中进行了合并，如"新闻出版""语言民俗""文物"归并到"文化"，"医药"并入"卫生"。第二轮志书中还新增了"社会科学"，所以，从整体比例看，第二轮志书和首轮志书的沿袭、变化、新增的比例约为5：3：2，较好地体现了续志的框架和特色。

为了反映改革开放的时代特色，《福州市志（1995~2005）》在部分篇中特设了"体制改革"章，如"科学技术"中的"科技体制改革与管理"，"文化"中的"文化体制改革与机构管理"，"卫生"中的"卫生体制改革"，这种将改革内容集中起来的思路既体现了一段时期内方志人对地方志如何反映时代特色的思考，也是方志如何围绕党委、政府中心工作进行记录的尝试。总之，如此突显的"体制改革"记述已成为《福州市志（1995~2005）》的一大特色。

二 《福州市志（1995~2005）》中科教文卫类编纂的成功经验

《福州市志（1995~2005）》启动编纂较早，和首轮《福州市志》有着比较好的衔接，启动编纂时大部分的编纂人员也沿用自首轮，所以，很多首轮《福州市志》行之有效的经验也沿用下来。随着编纂的深入，面对之前未遇的问题，编纂人员尝试创新，用新的方法来解决问题。而上级指导思想的变化、编纂人员的调整、资料征集的情况，也使得在编纂中需要应用新的方法来解决问题、化解矛盾，从而形成第二轮方志编修的新经验。可以说，大批第二轮志书的成功出版既表现了新中国方志编纂，特别是首轮综合志书编纂的经验依然具有强大的活力，也说明方志编纂人员在面对问题时的应变之机敏和用功之踏实，其中的经验是今后我们从事方志编纂的重要财富。

1. 分篇主编在资料征集、篇章编纂中的核心作用

志书的门类包罗万象，即便进行分册编纂，每一册所包含的大门类也在十个左右，要求各册主编拥有如此全面系统的专业知识显然是不现实的，所以每一篇就需要有一个专门的负责人员。而这个分篇主编对该项事业的掌握程度、对资料的理解能力，往往决定了该篇编纂成果的水平。现以《福州市志（1995~2005）》中"教育""社会科学"两篇为例说明分篇主编的重要性。

"教育"篇主编为教育局退休老同志，常年主持《福州教育年鉴》编纂，并参加过首轮《福州市志》编纂，对教育事业发展情况、所拥有的资料程度有着极为明晰的理解，能够根据实际情况有条理地开展"教育"篇编修。而"社会科学"篇主体内容是由社科院组成班子编写，负责人为其办公室主任，因人事变动而多次调整，对资料掌握起伏极大，一方面提出"需要收集（社会科学）的八个专业方面材料"，另一方面却只能编纂出一个方面材料，形成了较大的落差。所以，虽然"社会科学"篇编写团队在规模和行政级别上都优于"教育"篇，但因主编对资料掌握、方志体例熟悉等的差距，最终成文的"教育"篇远优于"社会科学"篇。

而且，对该项事业足够熟悉的主编在编纂中更有定力，能够实事求是地解决问题。在2010年

《福州市志(1995~2005)》篇目重新调整的过程中,面对上级业务部门较为激进的修改意见,"教育"篇、"文化"篇的主编能够有理有据地反映问题,从实际出发进行篇目调整;而"社会科学"篇、"科学技术"篇虽然由行政领导负责,但不够熟悉资料,对篇目大规模调整所需的材料不甚了解,导致篇目调整后无法组织相关篇章,后来编纂过程中又反复修订多次,编纂进度、质量都受到了一定影响。

因此,在《福州市志(1995~2005)》编纂中再次印证了新方志编纂以来广受认同的分篇主编的重要性,分篇主编选择的适当与否决定了该篇成败的一半,其最需要的核心能力是对该项事业历史、现状和趋势的熟悉程度,这项能力决定了该主编在编纂中站位的高度、框架的设计、资源的分配、材料收集的孔道、对时限的把握,以及在编纂中遇到难题时的应变和适当的择善固执。这项能力应作为选择分篇主编的最优先级考量,也是其最难以替代的价值。这个经验有理由在今后的专业志书、部门志书、乡镇村志和将来的第三轮修志中得到传承和发扬。

2. 资料长篇的支撑作用

资料长篇作为新方志编修之前的最重要资料准备,在首轮《福州市志》编纂中发挥了重要作用,但在《福州市志(1995~2005)》编写前,因多种原因未形成全书的资料长篇,而是由不同篇章的负责机构根据实际情况和自身需要编纂资料长篇。参考最后的修志成果,可以看出有无资料长篇对志书的质量有着非常大的影响。现试以"文化"篇和"科学技术"篇为例阐述资料长篇的作用。

"文化"篇的主体部分由文化局一位参加过首轮修志的年轻同志负责,其先编纂资料长篇,后逐步修改,是相对晚交出初稿的篇章,但成稿后,质量过硬,历次评稿会上均未有大的修改意见;而"科学技术"篇则未编纂资料长篇,由各业务部门分块提交材料,再根据篇目进行拼接,初稿形成较快,但因质量参差不齐,在多次评稿会上受到较为猛烈的批评,最后的成稿亦不尽如人意。

由此可见,资料长篇在目前的综合志书编纂中依然具有举足轻重的支撑作用,相当于志书编纂的"脊骨"。将资料长篇做好,即便在今后编纂中出现一定反复,也能够较合理、迅速地解决。而没有资料长篇的志稿很容易因为篇目调整、资料征集困难等骤然塌陷,既容易将志书编纂拖进"马拉松"的进程,也会让最后的成书质量大打折扣。所以,方志工作者对资料长篇这个修志"利器",不仅应该稳持在手,更要时时拂拭,勿惹尘埃。

3. 扁平化管理的众手成志

《福州市志(1995~2005)》与首轮《福州市志》相比有个重大特点,即行政机关不全面掌握资料的社会事业大大增加,如物流、证券、楼宇经济、民间文艺市场等,用传统的行政主导方式收集资料比较困难。为应对这方面的问题,福州市绕开传统的行政方式,采用直接带领编写组的方式,进行扁平化管理,集中资源在较短时间内解决部分瓶颈问题。

"文化"篇中的"新闻出版"章,原定为独立篇,但机构改革等造成档案资料流失和无人负责志书编纂的局面。根据这一情况,福州市成立专题编写组,将初步形成的一些稿件和档案局相关资料进行汇集,并向新成立的文新局收集资料进行编纂。根据统合的资料情况实事求是地将其降为一个章,相对顺利地完成了该项事业的史料编纂。"科学技术"篇的"科技研究"章,在评稿会上被指出相当多的不足,福州市集合了方志编纂专家和相关研究机构的人员,以编写组的形式重新开展该章撰写,取得了一定成果。"大事记"中的科教文卫内容,原先以历年政府公报进行剪辑,评稿会上提出其中有较多内容缺失,福州市将报社、档案局、方志系统的人员混合成一个工作组,专门进行大事记摘抄,比较迅速地解决这一问题。此外,福州市还在根据总评意见修订相关内容、平衡全书结构、清除书籍硬伤的过程中多次组织工作小组,取得了一定成果,推动《福州市志(1995~2005)》编纂出版。

总体上,《福州市志(1995~2005)》编纂中的扁平化管理还是对强时限任务、瓶颈问题的应急反应,不是常态化的形式。在今后的工作中,可以更主动、更规范、更有规律地采用这种方式进行方志编纂。因为这种形式的灵活和机动相对于传统的行政主导,更能够适应现今社会的实际情况,无论是资料征集、初稿编纂,还是全书复核,都有着更快的速度和更好的质量。所以,众手成志不仅是一个有效的经验,更是一个可以开拓的方向,不断探寻其应用领域和使用方式,从实际出发加以应用,将极大推动方志工作在现今社会中获取资源和开展成果运用。

4. 服务外包的初步尝试

在《福州市志(1995~2005)》编纂中,已经出现了很多需要由非体制内专业人员来全面负责的章节。不同于先前的延聘专家,方志机构和专业人士通过契约形式建立关系,以明确的合同规定相关内容的完成时限、质量,并据此进行监督和追踪,保证了相应章节的质量和时效性。

"文化"篇的"民俗"节,通过固有的渠道所收集到的资料几近于无,后通过向社会广泛征集得到些较为零碎的材料,且有大量为重复首轮《福州市志》的记载。鉴于此,福州市开始寻求将此项目整体外包,先后与在榕高校、民间专家团队等开展合作商谈,后确定由参加过首轮修志的一位专家组织团队撰写,经半年时间完成该项任务。"地域特色文化"章是修订篇目后新增的重要内容,内容庞杂,时限较紧,福州市也采用将整章外包给专家的方式完成撰写。

外包的另一种形式是由承编单位对所编纂内容进行外包,"广播电视"篇由福州市广电集团将全部编纂业务外包给一个专家团队,其中数名专家参加过首轮修志,在体例认识、资料理解等方面都有较深功底,根据广电事业发展的情况,在体例结构上略做调整,更适合表达广电发展,其成果在历次评稿会上均得到不错的评价。

《福州市志(1995~2005)》中运用服务外包的领域较小,采用的方式也相对单一。今后的方志工作将面向变动更为快速的社会,将有更多采取服务外包的机会,不只在综合志书编纂领域,在方志馆建设、乡镇村志编纂、信息化建设等方面均可以有更多方式的服务外包尝试,将其作为方志的常态化工作之一,打开方志与社会的接口,使信息流通更便捷,资源配置更合理,成果转化更有效。

三 《福州市志（1995~2005）》中科教文卫类编纂的不足和反思

《福州市志（1995~2005）》的编纂经历了完全沿袭首轮《福州市志》、反映特色增订篇目、压缩篇幅等几种指导思想，这些都在成文中留下了痕迹。而旧有经济社会事业变迁、新兴经济社会事业体制不同、政府行政职能转变、档案制度变动等造成的新行业资料的整块缺失、社会变化反映的不足、全局性资料的缺乏等问题也都存在于《福州市志（1995~2005）》中，对编纂人员的专业知识不足、体例认识不透彻、编纂方法单一造成的遗憾也不必讳言。整体上说，《福州市志（1995~2005）》记录了一个时代，其本身也是时代的产品，镌刻上了时代的印章，它的成绩反映了福州市地方志事业所到达的高度，其不足也深刻地体现了福州市地方志编纂能力的内在缺陷。充分认识到不足之处和其形成的原因，做好相关的完善工作，有助于厘清思路，确定好行进的轨迹，为将来的地方志事业发展扫清障碍，使方志能够继续保有权威性地方文献的地位，并为经济社会发展做出更多、更有价值的贡献。

1. 编纂思路上厘清社会事业"大""小"的关系

在《福州市志（1995~2005）》科教文卫类的编纂中，始终困扰编纂者的一大问题就是"大""小"，即究竟是全福州市的情况，抑或是承编单位所能掌握的情况，也就有了所谓"大社科""小社科"，"大体育""小体育"，"大科技""小科技"的论争和落差。

从基本原理上说，方志所记载的社会事业需要的是全市的总体情况，包括市属行政机关管辖的资料、国家和省级在榕部门的材料、民间经营社会事业的资料等。但由于目前的编纂体制依托于各个行政部门，分篇志稿中有着强烈的部门志痕迹，而且民间资料收集存在较大困难，所以很多社会事业在编纂过程中就逐渐向部门掌握资料的"小"方向发展。这种编纂思路上的"大"和编纂成果的"小"的矛盾就成为全书各种缺陷的源头之一。

《福州市志（1995~2005）》的"科学技术"篇、"社会科学"篇在框架搭建时，都着眼于"大"，特别是"社会科学"篇，意图补首轮志书之未述，开列了八个方面的清单进行资料征集，但在编纂开始后，发现大量高校资料汇编的断限和全省域统合方式很难与福州市的资料要求相吻合，而行政体系的限制又使其配合福州市重新梳理材料的意愿不高、难度极大。民间社科研究方面，因其自主性较高且档案资料保存的意识较薄弱，很多材料只能呈现散乱的点，而无法连成脉络。于是，"社会科学"篇的编纂是一步一步地往后缩，退回到社科院本身掌握的材料。虽然同步不断修改篇目，然而"大帽子小脑袋"的局面却难以根本扭转，可以说一开始未能实事求是的编纂思路造成了"社会科学"篇的编纂工作事倍功半。

"科学技术"篇也走过了类似的路径，编纂思路是试图将福州市自主研发的科技、落户福州的新技术、产学研综合体的成果进行全景描摹。然而根据不完全估算，这些资料用来编写出一本《科学技术志》尚有富余，根本不是一个篇章可以容纳的。而各企业和研究机构对全面介绍本身科学技术有一定保守态度,他们愿意做一些亮点宣传,但对成系统介绍则基本是回避态度。所以当初"科学技术"篇着眼如此"大"的范围有些好高骛远,在编纂过程中回归到"小",于是在结构、体例、数据应用、文本编写上都有着"大""小"的矛盾,虽历次修改但无法完全调和。

由此可知,一本地方志书作为权威地情文献,追求全面表述的基础是实事求是,目前的行政体系、商业模式、资料系统不会因为方志编纂而进行彻底重构,所以方志编纂要根据这种情况脚踏实地开展工作。在最初的编纂思路设计上,要根据资料长篇或初步资料估算,对篇章的"大""小"进行定调,踮着脚尖能达到"大"可以责成编纂人员努力工作,过分的、不可企及的"大"只会徒然消耗编纂的资源,造成时间的拖沓和人力的浪费。编纂思路应该从"小"入手,从眼前的资料做起,尽可能往"大"的方向去努力,这样能够保持篇章结构的完整紧凑,容易形成连贯脉络,使得篇章不"垮"。所以,《福州市志(1995~2005)》编纂思路在"大""小"上的失误和错位,造成了部分篇章的遗憾,在这些教训中总结出的思考,有助于提高今后方志编纂的进度和质量。

2. 篇目结构上传承和创新的平衡

造成《福州市志(1995~2005)》在编纂时间上漫长和部分篇章散乱的一大原因是两次篇目制定上的变化幅度太大。2005年启动修志时的篇目,几乎沿袭首轮《福州市志》,除部分篇章降格外,全书71篇与首轮的差别率不到7%。而2010年,上级业务指导部门在"反映时代特色、地域特色"的指导思想下,全面推翻了2005年篇目,下发的篇目相当于重起炉灶,与原篇目差别率在70%以上,相当于将已经进入全书总纂的《福州市志(1995~2005)》推倒重来。后经编纂人员、承编单位的多次沟通,再对下发篇目进行了调整,最终定稿的篇目与2005年篇目差别率依然在50%左右。而经过3年的资料补充和总纂修改,大量的创新篇章无法落实到资料,于是又往回修改,最后成书的篇目与2005年篇目相比,差别率已经不到20%,相当于走了一圈回到原点旁一厘米。而很多资料经过十余轮的分解、补充和重组,产生了大量的错漏和口径不一的现象,于是又花了大量时间和资源进行重新梳理和文表校核。比较遗憾的是,因此而投入的海量人力和资源并没有给《福州市志(1995~2005)》带来根本上的创新和质量提高。

方志篇目是在不断变化的,明正德《福州府志》和清乾隆《福州府志》在"选举""风土"等篇章中都有一定变化,民国的方志更因为近代的测绘、制图、统计等技术的引进而在篇目上产生了不小变动,较明显的有民国《永泰县志》。所以说方志篇目是始终随着时代而进行创新和改变的,但是要在传承和创新之间掌握好平衡是需要站位高度和对本地市情的熟悉,沿袭太多则见不到发展,改变太大则难以着手编纂。就《福州市志(1995~2005)》而言,紧接着首轮《福州市志》开展编纂,市情并未发生颠覆性改变,编纂人员基本沿用,骤然以70%的差别率进行篇目设计显然太激进了。

地方综合志书20~30年编纂一次,25%左右的篇目创新度是个较有弹性的比例,既能够延续上一轮的历史记载,又能够体现所书年代的特色。这种创新比例越往基层越可以放大,越小的境域在20年间发生跨越式发展的可能性越高。考虑到省级综合志书多为分册的《金融志》《审计志》《交通志》等集合的志书系统,不是统一篇目,地级市的综合志书实际上是整体篇目最大的志书,其稳定性需要比基层志书来得高。而全书资料长篇能够在篇目制定中发挥指引性作用,哪些地方需要创新、哪些地方需要稳定都可以通过资料长篇得出答案。

3. 编纂体例上需要相应变通

新方志的横排书写体例极具个性,是让人一眼可以辨识为方志的特点。然而现今一个城市之大,综合志书所记载内容之庞杂,恐怕不是一种体例从头套到尾就能显示完整的。应在整体上保持新方志体例的基础上容纳一定的变通,而非见到"纪事本末体""编年体"等就全盘否定。

其实,在旧志中即有纪事本末体的例子。《三山志》中记载占城王国宰相来福州温泉疗养,治愈疥疮,事后立两块越南文石碑以纪感谢:"占城遣其国相金氏婆罗来道里,不时遍体疥疮,访而沐之,数日即瘳。"①可以看出方志历史上对各种体例并无排斥之处。

《福州市志(1995~2005)》科教文卫类在初稿编纂中容纳了一些比较有趣的故事,然而在多次评稿会上,通过一轮一轮"体例不符"的筛查,最终很多可以点睛的故事从志稿中消失。例如"教育"篇中一位华侨捐资建校的故事被分解成一条条记录,"旅游"篇中"陈氏五楼"的故事让位于建筑的描述,都让志书失去了不少生机和灵动。

在今后的科教文卫类志书编纂上,不可避免地会遇上一些故事,完全摒弃之,会让志书显得过于生硬和呆板,故事太多则容易使志书偏离最根本的记述方式。如何在其中找到平衡,很考验编纂者对志书的理解。一个精彩的故事能够起到几页数据都替代不了的作用,过多的故事却又是《故事会》,画龙点睛而不能周身是睛。把故事和典故作为"随文""专记"有机地安排进严整齐一的志书,能够让方志的可读性和亲和力都大大增加,从而为方志运用创造出一个新的局面。

4. 对"反映特色"的再思考

《福州市志(1995~2005)》科教文卫类编纂中着重强调要体现记述时段内的地域特色、时代特色,有些地方甚至形成了篇篇有改革章、章章有改革节的局面。这种机械式、运动式的"突显"方式,说明方志编纂从理论到实践上依然有着相当大的局限,没有成熟的方法来充分征集、运用材料,不能通过正常的结构安排来反映改革脉络和特色亮点,造成了特色和志书在风格上的不协调。

而这种"特色"造成了一系列问题。一是内容的割裂,对特色的突显常被泛化为在每一篇都塞入"××体制改革"章,诸如科技体制改革、卫生体制改革等。这样使得原来相对完整的记述结构被破坏,部分内容被前置,造成了记述的碎片化,著述的完整性受到影响,更有一些章节内容变动,导致材料不足,难以支撑原来的结构。二是为追求"特色点",影响了志书的记述和断限。《福州市志(1995~2005)》对超下限材料严格不予采用,但是因时限内某项特色的内容不足以成篇成章,为了写到"特色点",经常用"准备该项工作""营造社会氛围"等托词突破时限。三是过于一

① 梁克家修纂《三山志》,海风出版社,2000,第529页。

致的"特色"反而抹平了各地方志的个性。在第二轮志书的时限内,全国都在进行体制改革和城市化建设,而各地又都将其作为重要的特色来进行突出记述,反而造成各地志书的千篇一律。很多所谓特色变成"全国第一次""全省第一起""处于××前列"的分类标识,失去了方志本身的特性。

真正的"反映特色"要站在记述历史的高度,以足够广大的视角来审视特色,使之在著述中占有与其重要性相适应的分量。一个地方的时代特色、地域特色所应考虑的不仅是其在断限内的地位,更应该全面考察其在地方历史上的定位。"改革"在第二轮志书中的确是一个涉及面大、具有连续性的重大事项,但其相对于近代开端的"三千年未有之变局"、抗日救亡的民族战争、1949年新中国成立,那就未必具有特别突出的地位。那么既然五口通商、抗日战争、解放战争可以分解在各个篇章节目中正常记述,为何改革却总要在原有记述外独自板结成一块才能体现其重大和特别? 历史的重大转折也是通过一系列具体事件来展示的,通过对篇目的编排和对史料的梳理能够反映出历史事件的全貌,不一定非得将"突出名词""独立篇章"作为反映特色的必要成分。

方志学术的繁荣离不开相应的自由空间,允许各地以不同方式、不同认知来处理"反映特色"这样的共同目标,尽量减少指令性干预,尤其那种塞一个"大框框"去按图索骥是尤不可取的,命题作文写不出真正的特色。鲜活的特色不是一个被泛用的名词,或者固结成块的条框,而应该是能吸引广大读者的故事,是能勾起群众深沉回忆的史料,是能让孩子眼里产生憧憬的时代印记,只有做到这一点才能说方志的理论和实践在反映特色上取得了成功,才真正地将一个恢宏的时代收录进所编写的书籍中。

5. 图照收集工作需先行

《福州市志(1995~2005)》科教文卫类的图照收集有着相当的遗憾,很多重要事件和重点建筑没有拍摄较好的图片,大部分是行政机关提供的工作图照,从镜头语言上说,美感和震撼力大不如一些专业的摄影。其中"旅游""文化""体育"三篇若有一些高质量的图照来和内文进行互相对照会取得很好的效果,然而最后的图照只能算事事有记录,无法达到提升和烘托的效果。

这其中的原因,一是图照收集启动过迟,是在总纂稿基本定型后才开始的,这时距断限的时间已过去七年,很多当时的照片已经散佚或因记录不全无法使用。二是认知上没有把图照当成志书重要的组成部分,不断打磨文字的同时,没有照顾好图照,有些已进入最后筛选环节的图片还是像素小到一经放大就出现方格。尽管在一开始就强调各册要按64码以上来配图,但最后没有一册可以达到要求。三是过分依赖承编单位的图照,而承编单位的图照又以其内部活动为主,往往发来几十兆,能用的没几张。其实,通过社会渠道收集的图照要比承编单位提供的质量高得多。以《福州年鉴》编纂为例,每年向社会和专业摄影家征集的图照比例在50%以上,保持了相当高的质量,这条渠道完全可以在方志编纂中运用起来。

通过对《福州市志(1995~2005)》科教文卫类图照收集工作的反思,解决的关键点集中在一个"早"字上,早启动,早铺开,早落实渠道,早审核补充,即在方志编纂尚未全面启动的阶段,就可以随着资料长篇的编纂开展图照收集。有些是作为可以使用的图照,有些则是指向更好图照的线索。例如,在编纂资料长篇中,得知某风景区建设是很有价值的信息,即可将能收集到的图照尽量收集,找到兼具最多要素的图照,再以此为线索找到此类图照中最有美感的。启动得早也表示收集图照的时间离发生事件的时间更接近,会有更多尚存的图照可供选择,而时间点的接近也会使得摄影者本人记录的记忆更清晰,对图照的说明文字的细节会更准确,能够获得更高质量的图照和更加完整的信息。目前,方志编纂中图照收集不存在机制上的阻碍,只要早动起来,多看,多筛选,就能够获得高标准的成果,这也是快速提高现今方志质量的一条捷径。

结　语

　　《福州市志(1995~2005)》已经作为记录了福州 2200 多年文明史一部分的著作进入了福州市的史籍,它的成果将在今后人们对这段历史的研究中被一次次地检索、使用和考问,其运用领域已不再局限于方志,将成为有助于政治、经济、社会、文化生活的重要历史文献。而对其编纂过程的反思和总结将是福州市方志人的一大课题,如何将行之有效的经验与今后的福州市实际情况结合起来,形成能够解决一线实际问题的方法? 如何把造成文献缺憾的诸多问题总结成让后来者能少走弯路的"手绘地图",使今后的方志编纂更为顺畅,成果在前人的肩膀上更进一步? 这是参与第二轮方志编修工作者的一项历史责任。

　　从科教文卫类的编纂实际中,我们已经知晓方志不是万能文体,有其专长和短板,其并不适合记录非常专业的工艺流程,也不适合记录复杂的管控程序,而是在以事系人、地理记载上有独到的优势。所以,在编纂思路上要扬长避短,将社会事业的"大""小"清晰定位,使方志更能够发挥所长。在篇目设计和编写体例上,要设定可以企及的目标,划定需要完成的时限,尽量在时代特点、历史记述、材料征集、资源边界之间达到动态平衡。新方志是历史典籍在今日的延续,需要有所固执的定力;也是面向群众的地情文献,需要与时俱进的从容。这之间的准衡就要靠方志编纂者日积月累的认知、经验、眼界和魄力。

　　在今后的方志编纂中,无论是通志、续志,还是专业特色地情书,都需要有快速向信息平台转化的模块化设计,主动地参与信息源的竞争是方志获得活力的重要途径。在形式上与最强大的媒体语言保持共进的脚步,在内容上保持传承千年的文化个性,这是古老体裁在今天和未来获得活力的不二法门。为了能向这些目标迈进,就需要我们更好地从《福州市志(1995~2005)》的编纂过程中吸取经验和教训,将经验化为台阶,拾级而上,把反思作为动力,迎难而前,避险而行。千年之前,在白鹿洞书院,朱熹邀请论敌陆九渊开讲后,对书院士子说道:"熹当与诸生共守,以无忘陆先生之训。"学习这种谦恭开放的反思精神是今后方志能够不断前行的坚强保障。

对二轮省志封面的若干思考

张　军

[安徽省委党史研究院（安徽省地方志研究院）]

　　全国二轮省志已经出版过半，编纂工作基本接近尾声。因为工作，笔者经常要借鉴其他省志编纂所长，见到已经出版的二轮省志，可谓精品佳志迭出，各具特色，令人喜不自胜。在百花齐放的同时，也略显差异，偶有微瑕。封面是一本书的脸面，承担了全书内涵表达的重任，鲜明、直观的封面，能将书籍文本转变成可见的视觉化形象，充分展示书籍的内在属性和个性。封面"是与文本相呼应的书籍内容精髓的再现"。① 封面是读者对书籍产生的第一印象，如同人际交往，第一眼的印象非常重要。世界纷繁芜杂又多姿多彩，没有两片完全相同的树叶。志书要体现地方特色、行业特色、时代特色，作为封面自然也有如此要求和表现，因此，各地省志封面可谓千姿百态，形式万千。不是说整齐划一、千人一面就是唯一的好，而是在适合自己的基础上，一些必要的规范和形式还是要遵守和统一的。作为国务院《地方志工作条例》中规定的层次最高的省志，由于具有宏观、综合、全省的特点，加上要遵守2005 年 3 月 1 日起施行的新闻出版总署《图书质量管理规定》、2016 年修订的《出版管理条例》，其封面个别要素还是应该趋同的，甚至还有再提升的空间。笔者就见到的 26 部已经正式出版的省志封面（见表 1），从对比异同中略做述评，不存在厚此薄彼，更无意评说对错，只是讨论差别。

　　封面，一般分为面封（封一）、封二、封三、底封（封四）、书脊五个部分。封面文字一般包括面封文字、书脊文字、底封文字。面封包括书名（加副书名）、作者名、出版者名（加丛书名、卷次），引进版还有作者国籍加译者名。书脊包括书名、出版者名（可加作者名和卷次）。底封包括定价、书号、条码。一本优秀的志书封面会让读者产生无限的遐想，会吸引读

---

① 吕敬人：《吕敬人书艺问道》，《美术之友》2009 年第 4 期。

者去阅读和理解。"使读者透过封面的表情和神态，感受到书籍内容所传达的信息，封面也因此达到体现书籍内容与精神的目的。"

表1　部分出版省志面封信息一览

省志名称	分志名称	时间断限	著作权人	出版社	出版时间	卷数	丛书	开本	地图	说明
北京志	北京奥运会志上、下		北京市地方志编纂委员会	北京出版集团公司北京出版社	2012年8月			889mm×1194mm		版权页有汉语拼音
天津通志	民俗志		天津市地方志编修委员会办公室 天津市老城博物馆 编著	天津社会科学院出版社	2006年9月			850mm×1168mm		
山西省志	人事志		山西省地方志办公室 编	中华书局	2011年9月			889mm×1194mm		封面"山西省志"下有汉语拼音
内蒙古自治区志	宣传志			内蒙古出版集团 内蒙古人民出版社	2015年11月		内蒙古自治区地方志丛书	787mm×1092mm		有蒙古文,在版权页中署"作者 内蒙古自治区党委宣传部"
辽宁省志	人民代表大会志	1986~2005	辽宁省人民政府地方志办公室 编	辽宁民族出版社	2014年12月			210mm×285mm		版权页有全大写拼音
吉林省志	工会志	(1986~2000)	吉林省地方志编纂委员会编纂	吉林人民出版社	2014年11月			889mm×1194mm		版权页有"吉林省志""工会志"汉语拼音
黑龙江省志	土地志	(1988~2005)	黑龙江省地方志编纂委员会	黑龙江人民出版社	2014年8月	第六卷		889mm×1194mm		
上海市志	交通运输分志港口卷	1978~2010	上海市地方志编纂委员会 编	上海交通大学出版社	2018年3月			889mm×1194mm		
江苏省志	审计志	1978~2008	江苏省地方志编纂委员会	江苏科学技术出版社	2013年11月			889mm×1194mm	有	文字全竖排
浙江通志	盐业志		《浙江通志》编纂委员会 编	浙江出版联合集团浙江人民出版社	2017年4月	第四十七卷		889mm×1194mm		
安徽省志	交通志	(1986~2005)	安徽省地方志编纂委员会办公室	方志出版社	2014年7月			889mm×1194mm	有	"安徽省志"和"交通志"都有英文翻译
福建省志	农业志	1991~2005	福建省地方志编纂委员会 编	社会科学文献出版社	2012年11月		中华人民共和国地方志	787mm×1092mm		"福建省志农业志"文字为竖排
山东省志	工商行政管理志	1991~2005	山东省地方史志编纂委员会 编	山东出版集团山东人民出版社	2007年12月			184mm×260mm		出版社名称在版权页里,纸张大小在开本后括注

续表

省志名称	分志名称	时间断限	著作权人	出版社	出版时间	卷数	丛书	开本	地图	说明
湖南省志	民政志	1978—2002	湖南省地方志编纂委员会	珠海出版社	2009 年 1 月			850mm×1168mm		32 开
广东省志	水利卷 城乡建设卷 人民生活卷	(1979~2000)	《广东省志》编纂委员会 编	方志出版社	2014 年 8 月	5	"十二五"国家重点出版物出版规划项目	787mm×1092mm		
广西通志	地质矿产志	(1988~2000)	广西壮族自治区地方志编纂委员会编	广西人民出版社	2012 年 11 月			(889mm—1194mm)		
海南省志	环境保护志	(1950—2010)	海南省地方志办公室 编	方志出版社	2015 年 11 月			889mm×1194mm		32 开
重庆市志	电力志	(1986~2005)	重庆市电力志编纂委员会 编纂	西南师范大学出版社	2012 年 10 月			889mm×1194mm		版权页有汉语拼音
四川省志	旅游志	1986~2005	四川省地方志编纂委员会编	方志出版社	2014 年 9 月	第四十卷		889mm×1194mm	有	封面有汉语拼音
贵州省志	铁路	(1978~2010)	贵州省地方志编纂委员会 编	贵州出版集团 贵州人民出版社	2017 年 12 月	卷二十一		889mm×1194mm		
甘肃省志	建制志	(春秋时期~2008)	甘肃省地方史志编纂委员会编纂	甘肃人民出版社	2017 年 9 月			787mm×1092mm	有	
西藏自治区志	国民经济综合志		西藏自治区地方志编纂委员会 总编《西藏自治区志·国民经济综合志》编纂委员会 编纂	方志出版社	2015 年 12 月		中华人民共和国地方志丛书	889mm×1194mm		有藏文
陕西省志	国土资源志	(2001—2010 年)	陕西省地方志编纂委员会 编	陕西出版传媒集团陕西科学技术出版社	2015 年 1 月	第二卷自然	陕西地方志丛书	787mm×1092mm		
青海省志	财政志	(1986~2005)	青海省地方志编纂委员会 编	陕西出版传媒集团三泰出版社	2014 年 1 月			880mm×1230mm		
宁夏通志	军事卷		宁夏通志编纂委员会编	方志出版社	2004 年 2 月	十五		787mm×1092mm		
新疆通志	宗教志		新疆人民出版总社 新疆人民出版社		2016 年 12 月	第 84 卷	新疆维吾尔自治区地方志丛书	787mm×1092mm		内扉页中标著作权人：新疆维吾尔自治区地方志编纂委员会《新疆通志·宗教志》编纂委员会

一　关于省志的名称

二轮省志的名称以省志、通志为多，以自治区志、市志为少。称通志的有《天津通志》《浙江通志》《广西通志》等；称自治区志的有《内蒙古自治区志》《西藏自治区志》等；称市志的有《上海市志》《重庆市志》等。"省志。以省为单位撰修的方志，也称通志。明代始有省志，清代各省都编有通志，如《畿辅通志》《河南通志》《山西通志》等。辛亥革命后有《黑龙江通志》《绥远通志稿》《河北通志稿》等。省志也有俗称'大志''全志'等的。"① 通志，"地方志的一种。记载省级地方的历史、地理、风俗、人物、文教、物产等。如《畿辅通志》《四川通志》《江苏通志稿》"。② 一轮志通贯古今，全为通志。国务院《地方志工作条例》规定，"地方志书每20年左右编修一次"，因此，现在二轮省志多为断代志。浙江是省级地方志书一轮、二轮合并编纂，记述始于事物发端，所以名为《浙江通志》。山西最初制定编纂工作实施方案时，也称《山西通志》，后来改为《山西省志》。自治区、直辖市都是省级行政区划，称自治区志、市志与省志名称无异。北京是首都，是全国政治、文化中心，冠《北京志》比《北京市志》更能涵盖诸如中央机关等更为广泛的内容。

二　关于分志的名称

省志属套书，各分志名称要不要加志？无论是从修志传统，还是今天修志的实践来看，绝大多数省志分志名称冠以"志"名。《广东省志》是卷，其采用的是多卷综合体形式，共分43卷，较为特殊。只有《贵州省志·铁路》没加"志"。

为了便于编纂任务的落实，省志多为中篇结构，但是各分志还是要以科学分类为主，不能写成部门志。如辽宁的分志名称是《人民代表大会志》，山东的分志名称是《工商行政管理志》。

书名是全书内容的高度概括，要与实际情况和全书内容相贴合。仅举一例，各省关于中国共产党分志的书名，北京、福建、山东、湖南、陕西、甘肃、青海分志名称都是《共产党志》，山西、江西、安徽、云南都是《中共××省委志》，吉林、江苏、四川都是《中共志》，浙江、海南、重庆都是《中国共产党志》，湖北、广西、贵州都是《中共××地方组织志》，天津称《中国共产党天津志》，辽宁称《中共地方组织志》，黑龙江称《省委志》。不同的省志结构和分志内容肯定会出现不同的分志名称，如果把握住记述对象和本质，不至于如此复杂。

副书名要用不同字体或字号与书名区别，也就是说分志名与省志名一定要有所区别。

---

① 《中国方志大辞典》，浙江人民出版社，1988，第2页。
② 汉语大词典编辑委员会汉语大词典编纂处编纂《汉语大词典》第10卷，汉语大词典出版社，1992，第920页。

三 关于时间断限

因国务院《地方志工作条例》规定志书 20 年左右一修，加上二轮省志多为一轮省志的续修，所以二轮省志各分志中多有时间断限。但是，关于时间表述多有不同。

吉林、黑龙江、江苏、重庆等的时间连接号都是"～"，海南、陕西、湖南都是"—"，而湖南版权页上是"～"。2008 年 9 月 16 日印发的《地方志书质量规定》指出，续修志书名称标明上下限年份，如"××县志（××××～××××）"。2012 年 6 月 1 日实施的《标点符号用法》4.13 指出："标示下列各种情况，一般用一字线，有时也可用浪纹线：a）标示相关项目（如时间、地域等）的起止。示例 1：沈括（1031～1095），宋朝人。"还有一例："2015 年 8 月，国务院办公厅印发《全国地方志事业发展规划纲要（1986～2005 年）》。"

由于多数省志各分志时间断限不一，所以相关信息多标注在分志后面。部分省份坚持一套省志全部分志前后断限完全统一，因此将时间断限标注在省志后面。如，江苏所有分志记述时限都是从 1978 年到 2008 年，所以标《江苏省志（1978～2008）·审计志》，吉林、广东、湖南、贵州也属同样情况。

《关于〈天津通志〉第二轮编修工作的规划（2006～2015 年）》规定："续修志书采用统一称谓'天津通志·××志（××××～××××）'；上限起于事物发端的志书，采用统一称谓'天津通志·××志'，不需括注断限起止年份。"有的已经出版的市志、县志在时间断限上标明"（ ～2005）"，属画虎类狗，因为上限起于事物发端的就是通志，就不需要标注时间了。

吉林、黑龙江、安徽、广东、广西、海南、重庆、贵州、甘肃、陕西等在时间范围外都有括号。陕西是唯一在括号内加年的。《标点符号用法》"4.13 连接号"对年份间连接号的用法有明确示例，"4.13.3a 鲁迅（1881～1936）"。《辞海》"文天祥"条作"文天祥（1236～1283）"。①

四 关于著作权人

署"××地方志编纂委员会"的有北京、吉林、黑龙江、江苏、福建、湖南、广西、四川、贵州、陕西等。署"××地方志办公室"的有天津、山西、安徽、海南等。署"《××志》编纂委员会"的有浙江、广东等。刘延东在第四次全国地方志工作会议上的讲话指出："确立了党委领导、政府主持、各级地方志编委会组织实施、专家参与的工作体制。"② 由于地方志书是地方

---

① 辞海编辑委员会编《辞海》，上海辞书出版社，1990，第 1733 页。
② 刘延东：《在第四次全国地方志工作会议上的讲话》，《中国地方志》2008 年第 11 期。

志编纂委员会组织实施的，故著作权人为编委会。

　　封面上要印载作者姓名（集刊一般标编辑），一般不超过 3 名。不但要署完整的作者名字，还要标清著作方式，如著、编著、主编、译等，翻译图书应在原作者名前标明国籍。如 2011 年的《清华大学出版社图书封面设计规范》指出："封面上印载的著作方式，只能从我社 NC 系统中所列出的著作方式里选择，并在印载时必须和 NC 系统中选择的编著类别一致。具体类别有：著、编著、编、译、编译（或译编）、译注、主编、编辑、辑、注（或注释）、改编、搜集整理、口述、记录整理、执笔、绘、摄。"在著作权人后面加"编"的有山西、浙江、福建、山东、广东、广西、海南、四川、贵州、陕西等。在著作权人后面加"编纂"的有吉林、重庆、甘肃。

　　"编著""编纂"有明显区别。编著指："编撰著录。《韩非子·难三》：'法者，编著之图籍，设之于官府，而布之于百姓者也。'《后汉书·皇后纪序》：'向使因设外戚之禁，编著《甲令》，改正后妃之制，贻厥方来，岂不休哉！'"[1] 编纂指："①古代书籍汇集成册的方法，除专门著作外，古籍多由编纂而成。所谓编纂就是古书中说的述和作，'述'是经过整理、删修、注释、解说、汇编等而成书，'作'是首创立言成文。据中国史书记载，自秦代《吕氏春秋》由一人主编、多人执笔撰述（二十余万言）的编书方式开始，至唐宋已发展为由一人主编、多人分工编纂的方式编成如《艺文类聚》《太平御览》《册府元龟》《资治通鉴》《百川学海》等巨帙大书，编纂已成为古代集体编书的一种独特的方式。②现一般指篇幅较多、资料众多的图书（如词典、年鉴、百科全书等）的编撰活动。编纂一部大书通常总要延聘一定数量的专家学者分别担任主编、副主编、编委及主要撰稿人，并组成编辑委员会；另外还有编辑部人员负责具体工作。参加编纂的人往往既是编稿者又是撰稿者。编者在编纂过程中起主导作用，首先是对整部图书进行设计和策划，然后组织撰稿人（有的图书，其主编、副主编、编委也参加撰写）按确定的编辑方案、写作要求，去搜集和参考众多的资料写成条文或文稿，最后由编者把多人撰述的文稿汇总进行修改加工，按一定的结构、体例、编排方式整理成书。编纂一部书工作复杂繁琐，难度也较大，在出版界是一项大工程。"[2]

　　天津署了"天津市地方志编修委员会办公室　天津市老城博物馆　编著"，西藏署了"西藏自治区地方志编纂委员会　总编""《西藏自治区志·国民经济综合志》编纂委员会　编纂"，署两个著作权人的不多见。新疆和内蒙古封面都没有出现著作权人，新疆在内扉页中标著作权人"新疆维吾尔自治区地方志编纂委员会《新疆通志·宗教志》编纂委员会"，内蒙古在版权页中署"作者　内蒙古自治区党委宣传部"。吉林版权页里没有著作权人。

---

①　汉语大字典编辑委员会编纂《汉语大词典》第 9 卷，汉语大词典出版社，1992，第 948 页。
②　王伯恭主编《中国百科大辞典》(1)，中国大百科全书出版社，1999，第 401 页。

五　关于出版社

面封不可缺少书名、作者名、出版者名三要素。这既是宣传，也是责任。

北京、内蒙古、浙江、山东、贵州、陕西、青海都标了出版社所属集团，出版社与其是隶属和包含关系。如北京标注"北京出版集团公司　北京出版社"，北京出版集团是北京市最大的综合性出版机构，2009 年由北京出版社出版集团转企改制而成立，是拥有包括北京出版社在内的 8 家专业出版社、5 家杂志社和 11 家子公司的大型文化企业。"十三五"规划教材、雷蕾主编的《管理学》（2017 年 6 月第 1 版），也是标"北京出版集团公司　北京出版社"。再如，孙景森等编著的《乡村振兴战略》（2018 年 10 月第 1 版），也是标"浙江出版联合集团　浙江人民出版社"。

六　关于卷次

多卷（册）书必须在封面上标明第×册、第×卷等字样，黑龙江、浙江、四川、贵州、陕西、新疆都标了。《第二轮〈贵州省志〉编纂工作方案》指出："第二轮《贵州省志》各卷冠名为《贵州省志》（1978～2010）卷××，如《贵州省志》（1978～2010）卷一　总述大事　政区。"四川卷号外加了鱼尾号。陕西加了名称，如"第二卷　自然"。另外广东、宁夏只有一个数字。广东改首轮按部门分类为按行业立卷，将省志分为 43 卷 33 册。

七　关于丛书字样

内蒙古是"内蒙古自治区地方志丛书"；福建在左上角有"中华人民共和国地方志"；广东在左上角标"'十二五'国家重点出版物出版规划项目"。2014 年 7 月，广东二轮省志成为全国唯一入选"十二五"国家重点出版物出版规划项目的地方志书，给予特别标识。

凡属丛书的一种或系列书的一个分册，必须在封面上印载丛书或系列书总名及分册的序号。丛书，"又称丛刊、丛刻、汇刻书，即汇辑多种零星单本而冠以总名，并赖此保存了许多容易散佚的古籍。丛书由唐代的类书演变而成。……自宋丛书流行以后，沿及明代，除刊刻宋元丛书外，明人汇编丛书日繁。清代丛书取择较严，入集必取完书，注意校雠，刊刻精良"。① "①或称丛刊、丛刻、汇刻书，即编印多种单独著作而冠以总名的书。……②近来有些新编丛书，事前并无一定计划，往往随编随出，甚至版式亦不相同，徒有丛书之名，实与单行本无异。成

---

① 中国大百科全书总编辑委员会等编辑《中国历史百科全书》，中国大百科全书出版社，1994，第 47 页。

为一种整体性不强的散装丛书。③有些文章汇编或性质相近的论文集，是一种不定期出版的连续出版物，其性质介于期刊与多人文集之间，也有称之为丛书、丛刊的。丛书作为一种文献类型，从内容到形式都在不断发展变化中。"①

八 关于颜色

色彩是反映书籍内容、性质和精神的视觉要素，能体现时代特色和地方特色，同时又体现图书的不同性质和门类特点。福建、广西、黑龙江、山东、安徽等整体上色彩简单，大气厚重。广东、山东、贵州、甘肃也令人印象深刻。海南丰富多彩，充分体现旅游岛的特征。北京为山茶红，福建、山东为湛蓝，甘肃为黄绿，广东为日晒色，广西为钢青色，贵州为古董白，黑龙江为钴蓝色，湖南为孔雀蓝色，山西为暗红色。不同的颜色带来的感官体验是不同的，也能够带来不同的遐想。出版界中，历史类书籍多运用黑、白、灰这三种颜色，主要是因为这类书籍记载的内容都是真实可信的，使用这几种颜色会给读者带来庄重严肃的感觉，让人心生崇敬之感。

马克思说："色彩的感觉是一般美感中最大众化的形式。"② 省志封面中主体颜色要集中或分散地占有相对较大的面积，而次要颜色则是起调和作用或构成呼应对比关系，其比重当然不能超过主色。甘肃和四川在这方面做得较好。

九 关于字体

地方志是存史、资政、教化的资料性文献，总体上在厚重保守的前提下，可略有活泼。隶书、宋体、仿宋体、新宋体、楷体、小楷等，笔画可粗可细，或轻或重，能拙能巧，字体或拉斜或压扁。而在封面字体的排列上，有严肃、刚直的垂直排列，也有平静、稳重的水平排列。

字体要保持统一整体的风格，粗黑体显得严肃且庄重，宋体给人端庄典雅的感觉，幼圆体给人轻松活泼的感觉。字的高度宽度、字与字的间距对比，在变化中要均衡，能体现感染力和张力，达到形式和内容的统一。整体上，各省志在字体上都能既遵守规则，又有美感和个性。

封面上的书名、作者名、出版社名等文字设计，其字体、字号的选择除了要考虑各自的重要性外，还需要兼顾整个书籍封面的尺度和比例关系。通过字体点横撇捺竖的设计、点线面的字体节奏，给读者的视觉产生感染力。画面上主体的形象、文字除了要放在显要位置外，还要求比例相对大些。字体大的靠前，小的退后。

---

① 赵国璋、潘树广主编《文献学辞典》，江西教育出版社，1991，第287页。
② 《马克思恩格斯全集》第13卷，人民出版社，1962，第145页。

十 关于横排与竖排

志书作为特定体例的资料性文献，具有自己独特的性质。《江苏省志》封面文字全是竖排。福建的封面上"福建省志农业志"文字也为竖排。竖排凸显了古典文化气质，既要革故鼎新，又要有所扬弃。竖排可以用，但要谨慎，否则会弄巧成拙。

实践在发展，社会在前进。黑格尔说："每种艺术作品都属于它的时代和它的民族，各有特殊环境，依存于特殊的历史的和其它的观念和目的。"① 1955 年 1 月 1 日，《光明日报》由原先的"竖排右书"改成了"横排左书"。之后，郭沫若、胡愈之等人一同撰文指出眼睛横看比竖看要宽，阅读的时候眼睛和头部的转动较小，自然省力，不易疲劳，同时也提高了纸张的利用率。1956 年 1 月 1 日，《人民日报》也改为横排，此后，全国响应。今天，文字横排已被普遍采用。

十一 关于开本

不同书籍通常有不同开本。工具书中的百科全书、《辞海》等厚重渊博，一般用大开本，如 16 开。文学书籍常为方便读者而使用 32 开。《地方志书质量规定》指出："采用 16 开本（889×1194mm），文字横排。"26 部分志只有天津、山东、宁夏 3 部是在《地方志书质量规定》实施前出版的。纸张大小严格遵守这一要求的有北京、山西、吉林、黑龙江、上海、江苏、浙江、安徽、广西、海南、重庆、四川、贵州、西藏。

北京、陕西标为"16 开本"，湖南、海南标为"1/32"，其他全是"1/16"。一个是文字，一个是分数，略有不同。

山东标"16 开（184mm×260mm）"，明显是开本后尺寸，而不是原纸张大小。湖南是唯一采用"850mm×1168mm"这种标示法的。

十二 关于图形

图书内容应与形式相统一，使用价值应与审美价值相统一。江苏、安徽、四川、甘肃封面都有轮廓地图，地域特点明显。贵州每卷下用最简洁的图形标示此卷名称，特别形象，小图形体现大智慧。

各分志封面有图形的不多。书籍封面图形符号承载了浓厚的地方历史文化底蕴，图形表意

---

① 黑格尔：《美学》第 1 卷，朱光潜译，商务印书馆，1979，第 346 页。

含蓄内敛，巧妙传达了书稿内容及其核心意义。有的动静结合，虚实互补，不同性质的形式要素结合一起，形成一种秩序感和韵律美，组成一幅绚丽多姿的画面，给人一种稳定、和谐的感觉。

十三　关于汉语拼音

山西、四川在封面上同时标注了汉语拼音，北京、吉林、辽宁、重庆标注在版权页上。1992 年颁布的国家标准 GB 3259—92《中文书刊名称汉语拼音拼写法》中规定："国内出版的中文书刊应依照本标准的规定，在封面，或扉页、或封底、或版权页上加注汉语拼音书名、刊名。"同时规范了书名汉语拼音的排列格式："中文书刊名称拼写基本上以词为书写单位。每个词第一个字母要大写。因设计需要，也可以全用大写。"全用大写的是北京、山西、辽宁、重庆，但是山西、辽宁全连在一起，重庆则是以字为单位各自分散的。

值得一提的是，安徽是唯一有英文翻译的。封面上的中文书名与外文书名要双书名排列时，如为中文书，按照排列要求中文书名要在前（上），外文书名在后（下），外文书名的字号必须小于中文书名的字号。

结　语

总之，越到修志后期，对志书质量的要求越发严格。同时，越到后期，也越容易借鉴别人所长。封面的总体要求是统一性，其构成要素间不应是孤立的，而是相互影响、相互依存和相互制衡的。省志封面既要有时代和地方特色，也要遵守图书出版的相关规定和要求。再重温一下，2005 年 3 月 1 日起施行的新闻出版总署《图书质量管理规定》第六条规定："图书的整体设计和封面（包括封一、封二、封三、封底、勒口、护封、封套、书脊）、扉页、插图等设计中有一项不符合国家有关技术标准和规定的，其设计质量属不合格。"2016 年修订的《出版管理条例》规定："出版物必须按照国家的有关规定载明作者、出版者、印刷者或者复制者、发行者的名称、地址，书号、刊号或者版号，在版编目数据，出版日期、刊期以及其他有关事项。出版物的规格、开本、版式、装帧、校对等必须符合国家标准和规范要求，保证出版物的质量。出版物使用语言文字必须符合国家法律规定和有关标准、规范。"通过比对已经出版的 26 部省志封面，方志人在坚持质量第一的原则下仍然要有如履薄冰的心态。

地方志书英文目录常用术语翻译述评

——以上海市级专志为例

赵明明

（上海市地方志办公室）

地方志作为我国特有的文化展示载体，是对外传递中华传统优秀文化的重要渠道之一，在跨文化交流过程中起着不可替代的重要作用。志书通常是大部头作品，翻译整本的情况并不多见。因此，从对外交流的角度来说，志书英文目录显得尤为重要，体现了志书的水平，更关系到跨文化交流的效果。笔者以近两年出版的上海市级专志为例，分析探讨其英文目录存在的问题，并尝试对其中部分常用术语的翻译提出粗浅的看法。

一 现状与问题

上海二轮修志工作于 2010 年启动，具体任务包括《上海市志（1978~2010）》、上海市级专志以及上海市区县志。上海市级专志（又称"实体志"）记述和编纂主体是能够代表或体现上海行业、事业特点的大型企业集团和重点院校、科研院所、医疗院所等事业单位。和首轮修志不同，上海二轮修志启动伊始便对志书英文目录做了明确要求：志书目录必须与正文标题、页码相符，并采用中英文对照，中文目录居前，英文目录居后。目录标题一般到正文节以下第一级类目的标题，特殊的重要内容也可不受此限，包括放置重要图表的标题和附录文献的标题。

截至 2018 年 8 月，上海市级专志出版 7 部，分别是《上海海洋大学志》（华东师范大学出版社，2016 年 11 月）、《上海东浩国际服务贸易（集团）有限公司志》（上海社会科学院出版社，2016 年 12 月）、《中共上海市委党校志》（上海人民出版社，2017 年 9 月）、《上海银行志》（上海社会科学院出版社，2017 年 9 月）、《瑞金医院志》（上海科学技术文献出版社，

2017 年 9 月）、《上海建工集团志》（上海社会科学院出版社，2017 年 10 月）、《交通银行志》
（上海社会科学院出版社，2018 年 1 月）。7 部志书均设有中文目录和英文目录，中文目录均设
"篇""章""节""目"4 个层级，2 部英文目录设"篇""章""节""目"，5 部设"篇"
"章""节"。限于篇幅，本文仅列举 7 部志书中英文目录中若干常用地方志术语，详见表 1。

表 1　《上海海洋大学志》等 7 部上海市级专志目录常用术语中英文对照

中文	英文
目录	CONTENTS，Contents
序	Preface by…，Preface
凡例	Explanatory Notes，Notes，General Statement，Guide to the Use of This Book，General Notices
总述	Overview，Sketch
概述	Summary，Brief Introduction，Introduction，Overview
大事记	Chronicle of Events，Historical Events，Chronicles
第一篇[1]	Article One，Part One，Part 1
第一章	Chapter 1，Chapter One，Chapter I
第一节	1.1.1[2]，Section One，Section I，Section 1，1.
第一目	1.，1.1[3]
人物[4]	Personages，Personage，Personalities，Significant Figures，People
人物传（略）	Character Biography，Historical Biography，Deceased Vice-principals，Biography
人物简介	Introduction to the Characters，Personalities' Introduction，Outstanding Figures in the Field of Teaching and Research，Biography，Introduction
人物表（录）	Personages List，Staff Name-list，Outstanding Figures，Selection of Personages，Figures Lists
专记	Special Events，Special Subject，Special Notes
附录	Appendix，Appendixes
索引	Indexes，Index
编后记	Afterword，Postscripts，Postscript

注：[1] 关于篇、章、节、目的表述，此表均以"第一……"为序。
[2] 1.1.1 表示的是第一篇第一章第一节。
[3] 1.1 表示的是第一节第一目。
[4] 上海市级专志设人物篇，篇下一般设人物传（略）章、人物简介章以及人物表（录）章。

从表 1 可以看出，在上海市地方志办公室的统一规范和要求下，目录、序、凡例、总述、
大事记、概述、人物、人物传（略）、人物简介、人物表（录）、专记、附录、索引、编后记以
及篇、章、节、目等志书目录中常用术语的中文表述能基本保持一致，但对应的英文翻译则明
显"各自为政"，甚至没有一例是 7 部志书完全一致的。有些部分居然出现 5 种不同的翻译，
如凡例、人物简介等。需要说明的是，目录、序、凡例、总述、大事记、概述、人物、人物传
（略）、人物简介、人物表（录）、索引、编后记是上海市级专志必设要素，专记、附录为非必
设要素。以专记为例，7 部志书中只有 3 部设专记，然而其对应的英文翻译也有 3 种。

二 探讨与商榷

笔者在此抛砖引玉，拟就上文列示的若干地方志书目录常见术语的英文翻译问题，提出一点粗浅的看法，以求教于方家、行家。

（1）目录："书刊上列出的篇章名目（多放在正文前）。"① Contents，"the different sections that are contained in a book"。② 中英文对应的释义较为明确和统一，分歧在字母大小写。按照惯例，应为"CONTENTS"。

（2）序：相当于"序文""序言"，"一般写在著作正文之前的文章。有作者自己写的，多说明写书宗旨和经过。也有别人写的，多介绍或评论本书内容"。③ Preface，"an introduction to a book，especially one that explains the author's aims"。④ 中英文对应的释义较为明确和统一，分歧在序作者的位置。根据上海市级专志中文目录的格式，建议统一将序作者姓名置于行末。

（3）凡例："书前关于本书体例的说明"，⑤ "说明著作内容和编纂体例的文字"。⑥ Explanatory，"giving the reasons for sth；intended to describe how sth works or to make sth easier to understand"，⑦ "intend to explain"。⑧ Note，"a short comment on a word or passage in a book"，⑨ "a remark added to a piece of writing and placed outside the main part of the writing"。⑩ General，"affecting all or most people，places or things"。⑪ Statement，"something that you say or write that gives information or an opinion"。⑫ Notice，"a sheet of paper giving written or printed information，usually put in a public place"。⑬ Guide，"a book，magazine，etc. that gives you information，help or instructions about sth"。⑭ 综上，笔者认为 Explanatory Notes 含义为"解释性说明文字或者注释"，Notes 含义为"注释"，General Statement 含义为"总的说明"，General Notices 含义为"总的通告或声明"，Guide to the Use of This Book 含义为"本书的使用指南"。可以看出，对"凡例"的翻译分歧最大，5 种翻译都有一定的道理，但又似乎均未能体现其中文含义的奥妙和精髓。

① 中国社会科学院语言研究所词典编辑室编《现代汉语词典》第 5 版，商务印书馆，2005，第 971 页。
② 《牛津高阶英汉双解词典》第 8 版，商务印书馆，2015，第 321 页。
③ 中国社会科学院语言研究所词典编辑室编《现代汉语词典》第 5 版，第 1539 页。
④ 《牛津高阶英汉双解词典》第 8 版，第 1608 页。
⑤ 中国社会科学院语言研究所词典编辑室编《现代汉语词典》第 5 版，第 375 页。
⑥ 《辞海》第 6 版，上海辞书出版社，2009，第 463 页。
⑦ 《牛津高阶英汉双解词典》第 8 版，第 721 页。
⑧ 《朗文当代高级英语辞典》（英英·英汉双解），商务印书馆，1998，第 517 页。
⑨ 《牛津高阶英汉双解词典》第 8 版，第 1404 页。
⑩ 《朗文当代高级英语辞典》（英英·英汉双解），第 1025 页。
⑪ 《牛津高阶英汉双解词典》第 8 版，第 870 页。
⑫ 《牛津高阶英汉双解词典》第 8 版，第 2037 页。
⑬ 《牛津高阶英汉双解词典》第 8 版，第 1405 页。
⑭ 《牛津高阶英汉双解词典》第 8 版，第 934 页。

笔者囿于水平，也无法提出更理想的翻译。"凡例"一词的英文翻译需进一步探讨。

（4）总述和概述：总述和概述在含义上交叉重复较多，需要对照翻译。考虑到它们各自在志书中的位置，翻译必须遵守的一个原则就是总述的英文含义须比概述的英文含义更宏观。《辞海》和《现代汉语词典》均未收录总述一词，根据字面，笔者认为总述的含义是"总的记述、描述和叙述"。《现代汉语词典》对概述的释义为"大略地叙述"，[①]《辞海》没有收录该词。Overview，"a general description or an outline of sth"。[②] Sketch，"a short report or story that gives only basic details about sth"。[③] Summary，"a short statement that gives only the main points of sth，not the details"。[④] Introduction，"the first part of a book or speech that gives a general idea of what is to follow"。[⑤] 综上，Overview、Sketch、Summary 均有 "概述" 的含义，但相对而言，Overview 含义更宏观一些（内含 general），而 Sketch、Summary 更强调其 short 的特点。Introduction 则更侧重于 "引言""引导" 的含义。因此，笔者认为，总述宜翻译为 "Overview"，概述翻译为 "Sketch" 或 "Summary" 均可。

（5）大事记："把重大事件按年月日顺序记载，以便查考的材料。"[⑥] Chronicle，"a written record of events in the order in which they happened"。[⑦] Event，"a thing that happens，especially sth important"。[⑧] Historical，"connected with the past"。[⑨] 综合来看，Historical Events 缺少 "按年月日顺序" 的含义，Chronicles 未能体现大事、要事的特点，Chronicle of Events 最恰当。

（6）篇、章、节、目：这部分属于层级划分，互相之间在含义上具有一定的交叉。篇，"成部著作中的一个组成部分"。[⑩] Article 并无与之对应的含义，Part（a section of a book[⑪]）更适合。单独的 "章" 和 "节" 在词典中并未找到对应的释义，词组 "章节" 含义为 "文章的组成部分，通常一本书分为若干章，一章又分为若干节"。[⑫] Chapter 的相关释义为 "a separate section of a book，usually with a number or title"，[⑬] Section 的相关释义为 "a separate part of a document，book，etc."，[⑭] 对应章、节，没有分歧。"目"，因为难以找到匹配的英文词语，目前只能用阿拉伯数字来表示。综上，笔者建议第一篇、第一章、第一节、第一目分别用 "Part

---

① 中国社会科学院语言研究所词典编辑室编《现代汉语词典》第 5 版，第 438 页。
② 《牛津高阶英汉双解词典》第 8 版，第 1469 页。
③ 《牛津高阶英汉双解词典》第 8 版，第 1944 页。
④ 《牛津高阶英汉双解词典》第 8 版，第 2091 页。
⑤ 《牛津高阶英汉双解词典》第 8 版，第 1107 页。
⑥ 中国社会科学院语言研究所词典编辑室编《现代汉语词典》第 5 版，第 256 页。
⑦ 《牛津高阶英汉双解词典》第 8 版，第 346 页。
⑧ 《牛津高阶英汉双解词典》第 8 版，第 702 页。
⑨ 《牛津高阶英汉双解词典》第 8 版，第 997 页。
⑩ 《辞海》第 6 版，第 1432 页。
⑪ 《牛津高阶英汉双解词典》第 8 版，第 1493 页。
⑫ 中国社会科学院语言研究所词典编辑室编《现代汉语词典》第 5 版，第 1716 页。
⑬ 《牛津高阶英汉双解词典》第 8 版，第 324 页。
⑭ 《牛津高阶英汉双解词典》第 8 版，第 1863 页。

One""Chapter One""Section One""1"来表示。

（7）人物：根据上海市级专志的实际内容来看，人物篇一般既记载"在某方面有代表性或具有突出特点的人"，① 也记录普通的员工、职工。Personage，"an important or famous person"。② Personality，"a famous person, especially one who works in entertainment or sport"。③ Figure，"a person of the type mentioned"。④ People，"persons；men, women and childen"。⑤ 综上，Personage、Personality 过于强调 important、famous 的含义，People 的含义又过于大众化，因此，笔者认为人物篇宜翻译为"Figures"，但无须前缀"Significant"（有重大意义的，显著的）。

（8）人物传（略）：《现代汉语词典》对传记的释义为"记录某人生平事迹的文字"，对传略的释义为"比较简略的传记"。⑥《辞海》中对传记的释义为"或单称传，记载人物事迹的作品"，⑦ 未收录传略一词。从志书实际内容来看，该部分篇幅有限，无论其名为"人物传"还是"人物传略"，其实质都是"传略"。Biography，"the story of a person's life written by sb else"，⑧ 基本符合传记的含义，但没能体现篇幅小和记述简略的特点。Character 相关含义为"令人讨厌或古怪的人""有趣的或不同寻常的人""书籍、戏剧、电影中的人物或角色"，⑨ 作为前缀，不妥；Historical 含义为"历史的、历史题材的"，⑩ 作为前缀，实无必要；Deceased Vice-principals 含义为"已故副校长"，查询该志，内容的确是记述学校已故常务副校长、副校长的生平，但笔者认为作为对应的中文目录"人物传"的翻译，Deceased Vice-principals 过于直白，不妥。综上，笔者认为"人物传（略）"宜翻译为"Brief Biography"，增加了前缀"Brief"（using few words，简洁的、简单的⑪）。

（9）人物简介：《现代汉语词典》对简介释义为"简要地介绍"，⑫《辞海》没有收录该词。Introduction to the Characters 没有体现"简要"的含义，且 Characters 上文已探讨过，不适合作为人物的翻译；Personalities' Introduction 也不妥，原因同上；Outstanding Figures in the Field of Teaching and Research，意为"教学和科研领域的杰出人物"，过于直白，且地方志行文朴实的特点也须体现在英文翻译上，尽量不用 outstanding 等溢美之词；Biography 是传记的意

① 中国社会科学院语言研究所词典编辑室编《现代汉语词典》第5版，第1148页。
② 《牛津高阶英汉双解词典》第8版，第1526页。
③ 《牛津高阶英汉双解词典》第8版，第1526页。
④ 《牛津高阶英汉双解词典》第8版，第771页。
⑤ 《牛津高阶英汉双解词典》第8版，第1517页。
⑥ 中国社会科学院语言研究所词典编辑室编《现代汉语词典》第5版，第1791页。
⑦ 《辞海》第6版，第2528页。
⑧ 《牛津高阶英汉双解词典》第8版，第186页。
⑨ 《牛津高阶英汉双解词典》第8版，第324页。
⑩ 《牛津高阶英汉双解词典》第8版，第997页。
⑪ 《牛津高阶英汉双解词典》第8版，第243页。
⑫ 中国社会科学院语言研究所词典编辑室编《现代汉语词典》第5版，第668页。

思，不妥；Introduction，"the act of making one person formally known to another"，① 含义接近，但没有体现简要的特点。综上，笔者认为人物简介宜翻译为"Brief Introduction"。

（10）人物表（录）：表，始创于司马迁《史记》，是纪传体史书的组成部分，用表格形式记述历史大事。根据地方志实际内容来看，"表"就是分类排列记录事项的表格。录，根据地方志实际内容来看，就是"名录"，含义为"登记人名或其他事物名称的簿子、名册"。②《牛津高阶英汉双解词典》对 List 的相关释义为"a series of names，items，figures"，③ 基本能够表达表、录的实际意思。Personages List 中的 personages 不妥，上文已探讨，不赘述；Staff Name-list 特别强调 name——姓名，实际上表格里常常不只有姓名，还有其他诸如职务、任职年限等内容；Outstanding Figures 意为杰出人物，不能涵盖全部人员，且不宜在地方志中使用 outstanding；Selection of Personages 意为被选中的人物，含义与人物表（录）相差较大，不妥。综上，笔者认为 Figures Lists 是相对最适合的翻译。

（11）专记：《现代汉语词典》和《辞海》均未收录该词，中国地方志指导小组《地方志书质量规定》要求"专记设置因事制宜，选题严格，数量适度"（中指组字〔2008〕3 号），《方志编修教程》中解释为："专记，或称专题记述，是就某一事件展开深入记述的一种体裁……专记是纪事本末体在志书中的具体运用。"④《牛津高阶英汉双解词典》对 Special 的相关释义为"organized or intended for a particular purpose"。⑤ Special Events 含义为特设的大事，Special Subject 含义为特设的主题、题材，Special Notes 含义为特设的记录（但这个记录指提醒自己的记录，或者在听讲、读书时的记录⑥）。相比较而言，Special Events 较为接近专记的中文含义。

（12）附录："附在正文后面与正文有关的文章或参考资料。"⑦ Appendix，"a section giving extra information at the end of a book or document"。⑧ 中英文对应的释义较为明确和统一，分歧在单复数。附录数量通常超过一个，建议用复数 Appendixes。

（13）索引："旧称'通检'或'备检'，也据英语 index 音译为'引得'。检寻文献资料的一种工具。"⑨ 索引的翻译无争议，分歧在单复数。志书设置的索引种类通常超过一个，如主题词索引、人名索引、表格索引等，建议用复数 Indexes。

（14）编后记：《现代汉语词典》和《辞海》均未收录该词，《方志编修教程》中解释为

---

① 《牛津高阶英汉双解词典》第 8 版，第 1107 页。
② 中国社会科学院语言研究所词典编辑室编《现代汉语词典》第 5 版，第 954 页。
③ 《牛津高阶英汉双解词典》第 8 版，第 1216 页。
④ 上海市地方志办公室编著《方志编修教程》，方志出版社，2004，第 120 页。
⑤ 《牛津高阶英汉双解词典》第 8 版，第 1997 页。
⑥ 《牛津高阶英汉双解词典》第 8 版，第 1404 页。
⑦ 中国社会科学院语言研究所词典编辑室编《现代汉语词典》第 5 版，第 427 页。
⑧ 《牛津高阶英汉双解词典》第 8 版，第 81 页。
⑨ 《辞海》第 6 版，第 1814 页。

"对志书编纂工作从开始到完成的整个过程的高度概括和总结，是研究方志的重要辅助史料"。①
Afterword，"a section at the end of a book that says sth about the main text, and may be written by a
different author"。② Postscript， "extra facts or imformation about a story, an event, etc. that are
added after it has finished"。③ 相比较而言，Afterword 更接近编后记的中文含义。

三　分析与建议

笔者结合自身学习与工作实践，认为上海市级专志英文目录不同程度地呈现翻译不统一甚
至失准的状况，主要原因有以下几点。

第一，翻译与编纂脱节。翻译是一门精深的学问，既要有扎实的外文基础，也要与时俱
进，对翻译对象有充分的认识和了解，了解相关学科、行业的历史和发展情况。然而据笔者调
查，这 7 部志书的英文目录均非出自一线编纂人员之手，都是由承编单位擅长英文的工作人员
临时客串志书翻译。这些人员的英文水准毋庸置疑，但他们对地方志可能缺少了解。因为是临
时客串的工作，也难以苛求他们花时间、花精力去熟悉志书内容。在一不了解地方志学科、二
不熟悉志书内容的前提下，出现翻译不统一甚至失准的状况是难免的。

第二，翻译与评审脱节。地方志主管部门在理论和实践上均未重视地方志书英文目录的翻
译问题。理论上，无论是中国地方志指导小组的《关于第二轮地方志书编纂的若干意见》（中
指组字〔2007〕1 号）、《地方志书质量规定》（中指组字〔2008〕3 号），还是上海市地方志办
公室的《上海市地方志书评审验收办法》（沪志办〔2014〕43 号），均未对地方志书英文目录
做出质量规定，也未将英文目录列入评审验收的审查范围。以《上海市地方志书评审验收办
法》为例，对地方志书评议审定验收内容和重点都做了较为详细的规定：内部评审侧重点为志
稿内容有无重要缺漏，有无记载不实和偏颇；评议重点为志稿内容是否正确反映区域、行业和
部门发展历史脉络和特点特征，是否符合地方志书体例和行文规范；审定重点为志稿内容对重
大历史事件、重要人物等的表述是否准确；验收重点为志稿内容是否按照审定意见修改，是否
同意批准出版。但这些规定均未涉及译文部分。实际上，根据笔者的亲身经历，在评审、验收
过程中，从未见过专家对英文目录提出意见。

第三，翻译与学术脱节。关于地方志的学术文章很多，但研究地方志翻译的并不多，探讨
志书目录英文翻译的就更稀少了。据笔者通过"中国知网"的不完全调查与统计，《中国翻译》
1996 年第 1 期刊登了杨全红、李文涛的《"地方志"英译名刍议》一文，探讨"地方志"一词

① 上海市地方志办公室编著《方志编修教程》，第 144 页。
② 《牛津高阶英汉双解词典》第 8 版，第 37 页。
③ 《牛津高阶英汉双解词典》第 8 版，第 1596 页。

的英译问题。整整 7 年以后，才有学者做出回应。① 其后，相关论文也是寥若晨星。

众所周知，近年来地方志事业发展迅速，无论志书编纂，还是学术研究，都取得了长足的进步。全国二轮修志如火如荼，方志学正在积极申报国家一级学科，任何环节都不能拖后腿。有鉴于志书英文目录目前相对"拖后腿"的状况，笔者建议全国各级地方志主管机构加强对志书英文目录的评审把关，一方面，尝试建立统一且具有可操作性的翻译质量规定和评判标准；另一方面，在遴选评审专家时，注意选取 1~2 位具有评审志书英文目录能力的专家。《中国地方志》《上海地方志》等学术刊物可以将"目录翻译研究"列入论文选题参考范围，积极营造学术研究的氛围。志书承编单位也应高度重视目录的翻译问题，在志书编纂工作启动时，就须为编纂班子选配至少 1 名具有较强英文功底的人员，不能总是临时抱佛脚，以"凑合""将就"的心态应对英文目录。

---

① 傅昭桂：《"地方志"不能译成 Gazetteer 吗?》，《五邑大学学报》2003 年第 1 期。

翻译汉文志书应注意的问题

——以蒙古文翻译汉文行政区域综合志书为例

芙 蓉

（内蒙古自治区地方志办公室）

翻译汉文志书是中国方志文化走向世界的桥梁之一。人类的语言不仅是人类交流的工具，而且是一个民族历史文化的载体。翻译不是一个语言与另一个语言之间的简单转换，而是一种文化与另一种文化之间的交流。翻译是一项复杂的工作，其专业性非常强，文学、民俗、文化、司法、文件等都有各自的专业翻译要求。一个地方的行政区域综合志书是该地的百科全书，涉及该地的方方面面。志书的翻译可谓专业翻译中的专业翻译。目前，关注志书翻译的论文不多。笔者在本科、硕士研究生、博士研究生期间学的专业是蒙古语言文学，研究方向是蒙古族民间文学。在内蒙古地方志办公室用蒙、汉两种语言从事地方志工作25年，特别是近几年内蒙古自治区人民政府开展蒙古文编译汉文志书的工作，并将其列入地方志"三全目标"之后，笔者作为业务主打者组织参加多部蒙古文编译汉文志（稿）的评审、验收，也参加过个别志书的蒙古文编译工作。下面，以蒙古文编译汉文行政区域综合志书为例，以点带面，谈翻译汉文志书应注意的几个问题。

一 加强编译工作组织管理

地方志工作体制是党委领导，政府主持，地方志机构组织实施，社会各界广泛参与。翻译汉文志书是地方志工作的重要内容，要加强依法翻译志书。首先由地方志机构牵头组织相关人员成立编译汉文志书委员会（组），下设翻译汉文志书办公室，给该工作提供组织保障。在严格把关翻译人员的翻译资质的同时，对他们进行专业培训，培训内容包括政治、法律、翻译、地方志等相关方面。杜绝由一人来承担翻译任务，分自然、政治、经济、文化、社会等部分由专业翻译者承担翻译任务，加强主译一支笔统稿。通过上级地方志机构评审验收之后，交由出版部门审核出版。同时，把翻译出版的志书放置在国家、地方的方志馆、图书馆，面向社会发行，发挥其"存史、资政、育人"的作用。目前，内蒙古蒙古文翻译汉文志书工作，基本上按照上述要求在进行，但是也存在翻译名词术语不统一等问题。尽快吸纳相关专家学者，成立内蒙古地方志翻译学会，用集体智慧解决上述问题迫在眉睫。

二　注意政治站位

地方志是官书，有政治性，翻译汉文志书也由官方进行。翻译的志书必须有翻译说明，翻译说明里必须交代其指导思想。蒙古文翻译汉文志书时，要在翻译说明里注明：以马列主义、毛泽东思想、邓小平理论、"三个代表"重要思想、科学发展观、习近平新时代中国特色社会主义思想为指导，坚持辩证唯物主义和历史唯物主义，严格遵守国家的有关法律法规。陶克陶胡是清末进行抗垦武装起义的领袖之一。过去，对陶克陶胡的定论有争议。第一轮《巴林左旗志》出版比较早。该志书把陶克陶胡起义队伍在巴林左旗活动记述在"匪患"中。现在国家有关部门从历史唯物主义和辩证唯物主义角度出发，认定陶克陶胡为抗垦民族英雄，"陶克陶胡项目"被列入国家级非物质文化遗产。笔者在审读蒙译《巴林左旗志》时，建议将陶克陶胡起义队伍在巴林左旗的事迹正面记述，这样，有利于贯彻执行党的民族政策，有利于民族团结。

三　把握地方志翻译要求

地方志书，是指全面而系统记述本行政区域自然、政治、经济、文化和社会的历史与现状的资料性文献。一本行政区域综合志涉及该地区的方方面面，各方面都需要专业翻译。一个合格的地方志翻译者必须具备以下几个条件：一是熟悉专业内容；二是熟练掌握翻译所需语言文字；三是有翻译学的理论素养和实践经验；四是有一定的地方志专业知识，熟悉方志体例体裁；五是政治站位要正确。地方志的记述是客观记述，地方志翻译是专业翻译中的专业翻译，这是地方志翻译的重要特点。掌握地方志翻译特殊要求是做好地方志翻译的一个重要技巧。

四　要坚持忠于原著的原则

清末新兴启蒙思想家、著名的翻译家严复在《天演论》中的"译例言"讲到，"译事三难"：信、达、雅。信指忠于原文。现代著名文学家、翻译家鲁迅主张翻译"宁信而不顺"。信就是忠实传达原文的思想内容和语法结构，忠于原文是翻译汉文志书生命力所在。前些时候，察哈尔右翼中旗地方志办公室组织相关人员蒙译第一轮《察哈尔右翼中旗志》，送审稿为汉文志书的简译本，原著至少1/3的内容被忽略掉了。审稿人员一致认为，选择性翻译通常是不忠于原著的表现，有损于志书的整体性、严肃性、权威性。目前，此事在磋商之中。离开忠于原著原则，谈论翻译汉文志书等同于谈论无源之水。译本中放置原著汉文目录，不仅是忠于原著的好办法，也方便汉文读者查阅。

五　准确理解原著原意

在进行翻译之前必须准确理解原文原意。第一轮《临河市志》（汉文）第 6 页中有"绿荫覆盖率"，蒙译者将其错误理解成树荫的覆盖率进行翻译，笔者审读蒙古文志稿纠正其为绿化率。在第一轮《鄂伦春自治旗志》（汉文）中有"楚哈来……"。蒙译者将其错误理解为由三个字组成的人名。楚哈是内蒙古自治区地方志办公室原副主任，现已去世，笔者审读蒙古文志稿时纠正其为"楚哈来到……"，并指出楚哈的蒙古文准确写法。把握字词的准确意思必须将其放在句子甚至语境中理解。第一轮《松山区志》（汉文）中出现五代十国的五代，蒙译者将其错误理解成五代人的五代，笔者审稿时纠正其为朝代划分中的五代。翻译汉文志书要准确理解原文原意，翻译者的汉语必须达到一定水平，同时，历史文化知识要丰富，综合能力要强。

六　要注意纠正原著错误

志书是资料性文献，资料翔实是志书的生命。出于多方面的原因，一些已出版志书存在史实错误。第一轮《赤峰市志》第 3000 页中记述道，蒙古民族与藏传佛教发生关系始见于元朝。这时喇嘛教属于宁玛派，即红教，实际蒙古人和藏传佛教发生联系始于窝阔台的儿子阔端时期，忽必烈的帝师是藏传佛教萨迦派的八思巴。笔者审读蒙文志稿时指出，要纠正上述记述。第一轮《赤峰市志》（汉文）中常出现伪满康德××年，笔者审读蒙文志稿时指出，年代划分要和国家年代划分一致。翻译汉文志书时必须纠正原著错误。

七　原著有些内容需要核实

第一轮《赤峰市志》（汉文）第 3084 页中记述，元代景教碑上方两侧各书一行八思巴文，下方两侧各书三行回鹘文。笔者审读蒙文志稿时结合前后内容分析这里的回鹘文有可能是回鹘式蒙古文，建议蒙译者核实。有些原著的资料前后矛盾，如单个数据和合计数不符，记述同一个少数民族语地名时采用不同的译法等。翻译汉文志书时要核实处理上述情况。

八　对原著不确切内容和不必要翻译内容不进行翻译

第一轮《赤峰市志》（汉文）第 3048 页中记述蒙古语言发展经过，但其总结不符合蒙古语言发展历程。笔者审读蒙文志稿时指出，应删掉上述内容。第一轮《根河市志》（汉文）概述开端记述道，根河市蒙古语"葛根高勒"的谐音，意为清澈透明的河。笔者审读蒙文志稿时建议删掉此内容，因为在蒙文志里没有必要这样解释，用蒙文写成"葛根高勒"就能明白其意思。汉文志书中的汉文索引在翻译汉文志书时不出现。原著中过多的教科书式的解释语言、描述语言等翻译时都可以删去。

九　补充原著漏项、缺项

有些已出版的志书遗漏了重要内容，翻译汉文志书要尽量补记。在蒙古文《巴尔虎左旗志》志稿评审会上，地情专家提供了汉文旗志所遗漏的很多重要内容。蒙文志稿将其分别充实在大事记等有关部分，丰富和提升了原著，达到了编、译的效果。蒙古文翻译汉文志书时，为突出民族特色和地区特点，在志书中可尽量补充蒙古族民俗文化方面内容。

十　把握翻译难点

1. 翻译人名

汉文志书中有些人名和姓氏是以多音字记述的。如音译匈奴的单于时必须翻译成"chan yu"，如果按"dan yu"音译就错了。翻译汉文志书的有些少数民族语人名也有难度，因为入汉文志时，他们已经历了一次翻译，蒙古文翻译时属于二次翻译。汉文《赤峰市志》人物中有诺力嘎扎布，蒙古文翻译它时必须音译成"rolagrzhabu"。蒙古文翻译汉文志书中出现的外国人名时，必须按外国语的发音音译，如蒙古文翻译日语人名佐藤时必须根据日语发音音译成"sa tuo"。

2. 翻译地名

汉文志书中的少数民族语地名已经历一次翻译，有些地名在这个过程中已失去原意，翻译者不熟悉地情的话很难做到准确翻译。扎鲁特旗北部特金罕山自然保护区，汉文旗志中记述为特金罕山。该山因有野生动物"tg"而得名，蒙古文翻译旗志时将其音译成"tg yin han wula"。蒙古文翻译汉文志书时，应尽量恢复蒙古语地名的蒙古语名称。

3. 翻译历史、文化、宗教、民族、医学方面内容

中国是由多民族组成的国家，文化多样丰富，蒙古文翻译汉文志书时比较难翻译之处就是历史部分。蒙古文《巴林左旗志》中，把历史上的突厥民族翻译成了"turke"（土耳其的音译）。汉文志书记述的少数民族历史是已经历一次翻译了，蒙古文翻译它时面临二次翻译。资料翔实是志书的生命，保持资料的原汁原味很重要。笔者审读《鄂伦春自治旗志》蒙译稿时，建议蒙古文翻译鄂伦春族宗教、民俗、文化等方面的一些名词术语时直接从鄂伦春语音译。

4. 翻译新兴的事物名称和科技方面的名词术语

上述方面的有些名词术语在蒙古语中没有对应词。目前，很多人把云计算的云理解为云彩的云，进行蒙古文翻译，很滑稽。正确理解原文名词术语的原意是翻译该名词术语的关键点。

十一　要按方志体例体裁行文要求进行翻译

翻译汉文志书，要按地方志最新规定规范进行。第一轮《鄂伦春自治旗志》（汉文）将大事记设置在卷末，把人物列入章节。笔者审读蒙文志稿时建议将大事记放在卷首概述之后，发挥其"全书之纲"的作用；人物单设，不列入章节，体现志书几种体裁的平等运用。有些汉文志书表格标题不规范，译本要尽量做到表格标题有时间、地点、事件等要素。译本必须增加翻译说明、翻译始末、书眉、篇（编）名或章名页等，在篇（编）名或章名页上要有志书名称。如果志书是篇章体，上述页码上还要出现篇（编）名和章名。如果志书是章节体，上述页码上还要出现章节名。对汉文志书以人系事出现的反面人物姓名进行翻译时，姓氏后面加某就可以。

十二　掌握翻译技巧

1. 从实际出发，灵活、综合运用音译、直译、意译

翻译汉文志书的人名、地名一般情况下运用音译法多些，有时结合运用音译法和直译法。翻译志书大部分内容要按照每个部类的翻译专业要求，需要综合运用直译法和意译法。当然，运用哪种译法，关键是让翻译真正达到"信达雅"。

2. 要采用拓展翻译法

翻译汉文志书缩略语、简称等时必须运用上述翻译法。蒙古文翻译"中共××地方委员会"时，必须按"中共"的全称翻译。有部蒙古文志稿把"燕长城"翻译成"燕子的长城"，笔者审读志稿时指出，这里的"燕"需要音译，"长城"要直译。并且在"燕"的后面加"国"字翻译，即"yan olos yin ortu chagn herem"。

3. 遵照翻译语言的习俗翻译

汉语产生的土壤是农耕生产生活，汉语词汇中农业方面的词多些；蒙古语产生的土壤是游牧生产生活，蒙古词汇中畜牧方面的词多些。每个民族语言都有它独特的习俗，如汉语的白天、白酒在蒙古语中就成了黑天、黑酒。蒙古文翻译汉文志书时，要尊重蒙古语言的习俗。在蒙古语中不用量词的情况很多，蒙古文翻译汉文志书时，有些量词要慎用。蒙古文翻译汉文志书中蒙古族历史、文化、宗教内容时，要参考、利用相关蒙古文资料，准确翻译。

此外，翻译语言没有对应词时，可音译或根据内容翻译。

　　总之，翻译是人类沟通的桥梁。翻译汉文志书是意义重大的文化工程，是讲好中国故事的一个窗口，是地方志工作的重要内容。从翻译学的角度讲，不论用其他国家语言文字还是国内少数民族语言文字翻译汉文志书，翻译理论是大同小异的。在中国共产党民族政策的指导下，内蒙古蒙古文编译志书工作在有序地开展。笔者作为老方志人，战斗在一线的同时，把工作中的感想梳理出来，撰写了本文，目的是抛砖引玉，和志界同人共同关注翻译汉文志书的有关问题。

见微知著：论口述史与民间文献在地方志书中的应用

——以《时光里的家园——上海市静安区社区微志选辑》为例

吴 笛

（上海市静安区地方志办公室）

　　编修地方志是中华民族优秀的文化传统。地方志经过新中国两轮修志实现了旧志到新志的转变，随着城市化和现代化的发展，区志、乡镇志、村志、专业志将地方志向纵深方向扩展。《时光里的家园——上海市静安区社区微志选辑》（以下简称《社区微志》）是上海市静安区方志办在地方志书内容和形式上创新的探索和尝试，通过立足于城市中的基本单元——社区，运用口述史和民间文献的方式收集整理资料，采用方志体例撰写而成。全书旨在以多维度的全新方式呈现地方历史，多角度地展现、还原普通市民的生活，体现具有市井气息的人文主义情怀，让民众有寻求文化归属感与精神家园的渠道，以期作为若干年后研究上海本土民风民俗变迁的第一手资料。在编写《社区微志》的过程中，全书大量应用口述史与民间文献的跨学科方法，对于推进地方志资料收集多元化尤其是方法论的思考值得不断总结和反思，以期增强地方志资料搜集的渠道和路径，推进地方志的学术对话能力。

一　《社区微志》的学术价值：　内容与特点

　　近年来，乡镇志、村志在国内方志领域蓬勃发展。截至 2016 年 9 月底，全国累计已出版乡镇志、村志 4700 多部，[①] 同时，相继推出"中国名镇志丛书""中国名村志丛书"。

[①] 李培林：《全面推进地方志事业转型升级——在第一次全国地方志工作经验交流会暨 2017 年全国地方志机构主任工作会议上的讲话》，《中国地方志》2017 年第 1 期。

作为城市的基本单元——社区，与乡镇、行政村同为社会的组成单元，均有修志的逻辑需要。"社区"（community）一词，起源于 1887 年德国社会学家滕尼斯的《社区与社会》。美国、英国、日本等大量的社会学家重视社区研究，中国的费孝通、李培林等也重视社区研究。相对于乡镇、行政村，社区具有更浓郁的现代化方向、更丰富的历史信息，社区尤其是成熟的城市社区的历史有着较高的资政价值。但是，以社区志命名的文化产品仅有几本，如《江苏盐城大孙居志》《潞城市西街社区志》《东莞市长安镇涌头社区志》等。不过，这些社区志框架目录与村志有较大的竞合和相似处。虽然社区志宗旨是传承基层历史、彰显地方特色，但是单纯地套用三级志书的功能特点以及写作体例是不够的。作为城市居住区，面积比较小，一般难以将气候、河流山川、建置沿革、政治经济等常规内容入志。同时，由于社区是"想象的共同体"，不是行政单位，因而不足以被官方档案、文书单独记述。所以，社区志在内容与材料收集上需有自身特点。

《社区微志》选取上海市静安区的 21 个住宅小区为写作标的，有现存小区，也有拆除的小区。全书写作对象选择准入标准为：（1）反映该区域内普通民众日常生活特点的小区；（2）反映该区域自上海开埠以来城市发展轨迹的小区；（3）具有该区域阶段性发展鲜明特色的小区；（4）其他具有存史价值的小区。在写作体例上，每个社区（居住区）通篇采取"N+X"模式：N 为常规的必写元素，包括居住区名称、地址、建成年月、四至、占地面积、建筑风格、设计理念、户籍人口、沿革、大事记、地图（行号图）等；X 为该小区的特色内容，比如，自然小区形成原因（如行业聚集等）、房屋加层、物业管理、自治组织（业委会）、道路、交通、周边设施、人物、新闻报道、人员抽样（姓氏、人员构成、籍贯比例）、家庭收入支出（记账、货币比率）、日常细节（水站、老虎灶）、儿童教育（体育）、成人休闲方式、养老看病、社会团体等；同时，设各种专记，如加装电梯等现代物业管理中可借鉴的案例。在资料收集方面，既有首次披露的部分民国户籍、道契等珍贵档案，也有通过采访居民、居委会工作人员、物业工作人员等获得的口述资料，以及深入基层搜集到的账簿、地契、信函、日记、笔记、照片等民间文献。与乡镇志、村志以及其他类型的社区志相较而言，《社区微志》有以下特点。

一是就记述内容而言，全书将官方档案文献记载和民间大众记忆相结合。全书既有来自官方的记录，也有反映民间日常生活、社会变迁、文化活动等方面的记载；既有关于区域变迁的宏观叙述，也有关于百姓社会生活的微观描述；通过多元的叙述方式相结合，将不同的历史记忆予以综合。以往的地方志书内容多以上层的、书写的文本资料为入志来源，关注点在社会上层，因而比较注重利用官方档案、文书等所谓"上方"资料；而《社区微志》将记述视角转向社区和民众，随着重心的下移，将目光向下，更加注重反映社会和市民生活的"下方"资料。因此，全书的创新首先表现在资料范围、记述内容的开拓与重心转移。比如，日记、账本、契约等资料因其多是从个人微观视角记录社会某一方面，在传统地方志书编纂中不受重视。而从编纂《社区微志》实践角度看，书中多篇文章运用从民间收集到的账本、地契、照片等资料，这些资料贴近社会和民众生活，反映出民间声音。例如，书中记述象山小区的篇目中，作者通过对记录三十余年个人家庭开支的账本的分析和研究，体现出改革开放以来居民收入和生活水平的提高、消费的多元化以及恩格尔系数的减小，以此反映出小区居民生活方式的变迁。同时，由于记述的社区是城市中的最小单元之一，档案、文书等官方资料鲜有以此为记述对象的，因而书中资料多是通过实地考察、参与观察以及深入访谈等方式收集的最原始的资料。书中所记述的每个社区均采用口述史的方式收集资料，通过访谈所在社区的"原住居民"或相关工作人员，获得该社区最直接、鲜活的重要资料，包括地理环境、日常生活、社会文化等各方面，增强资料的现场感，更接近社区原生态的社会环境和文化氛围。

二是就编写人员而言，全书强调公众参与，突出组织模式的多元性和开放性。地方志资料搜集运用社会资源的方式目前仍不够普遍，公众的参与可以促进方志资料的多元和开放，增强其历史内涵的丰富性和多样性。《社区微志》中大多数作者是通过静安区方志办的微信公众号"静安方志"平台招募的，此举鼓励社会上热心城市记忆留存事业的人们参与这项创新的工作。他们有不同的专业背景、行业经验，有建筑设计师、医生、律师、作家、文史工作者、报刊主编、记者、电视台台长以及文化志愿者等。通过对其培训，使其掌握口述史访谈的工作方式和民间资料的收集整理规则，利用自身行业优势收集和整理资料。

概言之，《社区微志》既是对城市社区撰写志书的实践，也是开拓地方志书资料收集视角和途径的尝试。运用口述史与民间文献跨学科方式，是《社区微志》记述区域发展轨迹、还原市民生活的关键所在。

二 《社区微志》资料收集整理的认识论：具体个案与多元性观照

《社区微志》的资料收集过程中，大量运用口述史和民间文献。虽然在其他地方志书中也有采用口述史和民间文献的案例，但是从总体的情况来看，尚处于尝试与探索阶段。相对于口述史和民间文献在中国现代史、当代史、民族学、社会学、民俗学、家族史、艺术史、城市建筑史等研究领域的应用而言，还有许多工作要做。[①]

纵观口述史与民间资料的发展现状，这两者均在各自领域发展出新的方向。目前，就当代口述史研究对象而言，涉及颇广，包括土改、抗美援朝、反右派斗争、"大跃进"、人民公社、"文革"、知青、赤脚医生、农业生产责任制等。[②] 从口述史的类型来看，主要分为带有社会学、人类学倾向的口述史，比如清华大学在 1997 年开展大型研究项目"二十世纪下半期中国农村社会生活口述资料收集与研究计划"，用口述史的方式记录 20 世纪后半期中国农民的生活变迁轨迹，

① 张英聘：《口述史与方志编纂》，《史学史研究》2014 年第 2 期。
② 郑清坡：《中国当代社会史资料建设的现状与反思》，《历史教学》（下半月刊）2014 年第 4 期。

整理立足文学的口述史、自传体口述史和政要人物口述史。① 就民间文献而言，其多产生、留存于田野、基层社会和普通民众的日常生活中，包括契约、文书、账簿、信函、日记、笔记等，主要反映底层社会的日常生活以及政治、经济、文化状况等内容。② 随着民间文献的学术价值逐渐被发掘，搜集、整理的队伍和范围也在不断扩大，其中成就突出、尤其值得关注的当数山西大学、华东师范大学、复旦大学和南开大学。山西大学在山西各地已搜集到集体化时期 100余个村的民间文献，华东师范大学将搜索范围从村扩大到城乡，复旦大学成立专门收集民间社会生活资料并在此基础上从事学术研究的"当代中国社会生活资料中心"，南开大学收集河北、山西一些村落的档案文书和工作笔记。

从上述口述史与民间文献的研究成果可以看出，两者的研究成果较为集中在乡村，对于城市尤其是城市中的社区研究成果不多，地方志书可在城市地情资料开发方面有更多作为。运用口述史与民间资料的方式挖掘更全面、更多元的资料，可以使之成为地方志事业发展的一个新趋势。

从编写《社区微志》的实践看，城市社区资料的收集有其特点，必须充分照顾并维护其多元性和系统性，使资料能够全面客观地反映出区域发展的脉络以及地方历史。作为一个随着上海开埠就开始现代化进程的区域，静安区既有由历史保护建筑组成的社区，也有随着城市扩展而新建的现代小区；既有随工业区建立的工人新村，也有民国房产商开发的旧式石库门。这些风格迥异的社区在资料收集过程中有不同的侧重点以及路径，需要在运用口述史和民间资料收集地情资料时探索不同的方法。例如，在工人新村中，需访谈工业区的相关工厂人员，了解房屋建设的过程以及当时的分配情况；通过访谈历届居委会负责人，了解居民自治组织的变迁；在旧时石库门，对于其历史脉络，可搜集当地居民的地契、照片、账簿等民间资料。

诚然，从具体而微的社区个案入手，是编写社区志的不二法门，是研究社区的必经之路。这与"个案研究"类似，"个案研究"的概念来自社会学，是社会学的一种基本方式，指对某一特定的个体、群体或组织在长时间里进行调查，广泛系统地收集有关资料，从而进行系统的分析、解释、推理，以求发现其社会普遍性意义。③ 社区志的编写需要从具体的社区收集资料，但是对于社区呈现的经济社会关系需有对社区的多元性与系统性的反映，包括社区产生的逻辑与脉络、对社区生态文化等的观照与把握。同时，社区资料的收集有较强的多元性要求，单个的社区资料与孤立的资料收集于编写社区志意义不大，而且单一类型的社区也无法体现社区的全面性与客观性。因而，要充分认识到撰写社区志在资料收集方面追求全面性与多元化的意义。

---

① 邓群刚：《当代中国民间文献史料的搜集、整理与利用现状综述》，《中共党史研究》2011 年第 9 期。
② 郑清坡：《中国当代社会史资料建设的现状与反思》，《历史教学》（下半月刊）2014 年第 4 期。
③ 李长莉：《近三十年来中国社会史研究方法的探索》，《南京社会科学》2015 年第 1 期。

三　方法与路径的反思：　口述史与民间文献的应用

地方志具有地方百科全书的性质，需要全面、客观地反映当地的历史和现状。为体现志书的权威性，官方文献在地方志中占据重要的地位。就目前修志资料来源来看，首轮修志与第二轮修志的体制是党委领导、政府主持的，资料征集大多依靠政府发文，由各行政单位提供。随着城市化进程推进、政府机构改革以及职能转变，一些原先隶属政府的机构改制，修志完全依赖政府部门提供资料的机制出现了"短板"，政府发文征集的修志资料不能涵盖所有行业，尤其市民生活、城市社区、公共文化等方面资料更易缺失。因此，"依靠政府部门提供资料的模式已不能满足方志对资料的需求"，而且"部门资料带有明显的管理工作痕迹，不能全面反映改革开放的真实情况和发展进程"。① 所以，运用口述史与民间文献作为资料补充，借鉴口述史与民间资料的理论方法，应用其资料和成果，对于地方志事业的发展有重要意义。

从广义看，口述史指"历史工作者利用人们对往事的回忆而写成的历史"。现代口述史兴起于 20 世纪中后期。1948 年，阿兰·内文斯在美国哥伦比亚大学建立口述历史研究室，标志着现代口述史学的产生。此后，现代口述史学在美国得到发展，并逐步流行于世界。中国也有着悠久的口述记史的传统，早在周代即有"动则左史书之，言则右史书之"。孔子作《春秋》，司马迁撰《史记》，都应用大量的口述史料。民国时修志也重视口述史和民间资料的使用，如黎锦熙在《方志今议》中谈方志资料的来源，首列调查采访，其次为档案整理，再次为群书采录。现代意义上的口述史是中国传统口碑资料的升华，通过录音、录像等现代记述手段，将人带入历史的真实场景，使人能了解当时的历史事实，感受历史氛围，增强历史学研究解决现实问题的功能。② 因此，口述史资料是除档案资料、文献资料之外的另一重要史料。方志编修一方面可以借鉴口述史平民化、大众化的特点，更多关注普通群众的生活，关注平凡的社会，实现记述内容的创新；另一方面可以借鉴口述史民间行为的特点，探索各种有效的组织模式，实现编纂组织的创新。

民间文献记载着大量有关区域的历史沿革、生态环境、社会经济、风土人情、社会生活等各方面的资料，对其整理、归纳可以弥补官方文献内容和形式单一的不足。例如族谱，记载了地方宗族的兴衰、世系分支变化、家族迁徙流向、人口繁衍、族人的功名业绩以及家规伦理等；又如村落文书、契约文书、簿册文书和碑刻等，在一定程度上可以复原当时的地理环境、土地山川资源利用状况，同时也是探讨地域文化特征和地理环境演变的重要史料。③《社区微志》的编写利用大量民间搜集的照片、账簿、日记等，以还原社区从无到有的发展脉络，以及

---

① 王熹：《论口述历史资料与二轮方志纂修》，《当代中国史研究》2013 年第 6 期。
② 吕克军：《口述史和中国现当代史研究》，《濮阳职业技术学院学报》2010 年第 5 期。
③ 张延贤、王梅：《民间文献的使用价值与中华文化的历史传承性》，《农业网络信息》2017 年第 4 期。

百姓生活的变迁。地方文献理论的开拓者杜定友先生认为了解一地文化，最简便、最有效的方法就是从地方文献入手。① 民间文献蕴藏着丰富的历史文化传统和思想情感，对民间文献的收集、利用，可以使其中的文化精神再次焕发生命力。历史与现代息息相通，民间文献和城市文化也息息相关。《社区微志》可以从民间文献的利用中发现其新的历史价值，感知城市文化。因而，对于官方资料记载不足的社区而言，民间资料亦成为编写社区志重要的资料来源。

从《社区微志》的实践来看，跨学科的应用可以改变传统方志编纂的方式，呈现出开放性以及多元性，使所写内容不仅局限于体现官方意志的政治史、经济史等宏观方面，还可包括社会生活、底层百姓以及普通人的经历，弥补大众参与的文化史、社会史资料难以获取的不足，将民众的思想、情感和历史作为资料保存，尽可能全面、系统、客观地反映区域的变迁和现状。

因此，《社区微志》中对于口述史和民间文献的开发利用，是对地方志编纂新的路径和方法的探索及实践，对于建立并发展地区特有的口述史、民间文献应用与解读有一定的探索意义，在提升方志记述内容的客观性、多元性方面做出大胆的尝试。这一方法和路径富含重要的方法论价值，并带有一定的学术发展方向，有益于促进方志学与其他学科、领域的沟通和交流，从而使自身发展获得更加丰富的资源和来自多方面的积极推动。口述史和民间文献的利用不仅在地方志资料收集、应用层面上有重要的方法论意义，而且在更广泛而深刻的层面上，对于创新地方志的理论模式与概念体系，以及整个地方志学科建设，都可带来重要的探索和启迪。

---

① 李敏：《杜定友先生图书馆学学术成就初探》，《图书与情报》2007 年第 2 期。

改革开放志与改革开放史编研初探

——以深圳编研实践为例

周　华

（深圳市史志办公室）

　　1978 年 12 月召开的党的十一届三中全会拉开了改革开放新时期的序幕，迄今已逾 40 年。正如习近平总书记指出的，"改革开放是决定当代中国命运的关键一招，也是决定实现'两个一百年'奋斗目标、实现中华民族伟大复兴的关键一招"。① "深圳是我们国家最早实施改革开放的城市，也是影响最大、建设最好的经济特区。"② 40 多年来，众多专家学者对改革开放持续关注研究，关于深圳改革开放的研究也有不少论著。有关改革开放的著作主要有文献汇编、专题性资料、亲历者回忆资料、思想研究、理论探索、经验总结、大事记、专题研究、专志、通史等，其中有关改革开放的专志与通史虽有编写方式及体例结构等诸多不同，但其研究编纂的对象及目的基本一致，改革开放志与改革开放史在编修实践中可以相互借鉴，互为补充，彼此融合，史志结合有助于全景式、立体地展示改革开放事业的整体面貌。本文拟结合《深圳市志·改革开放卷》与《深圳改革开放四十年》的编研实践，探讨改革开放志与改革开放史的关系，以期促进相关地方志编纂与地方史研究的互补与融合，推动史志研究编纂的创新发展。

一　改革开放志的编纂凝聚着改革开放史研究的成果

　　深圳经济特区是改革开放的产物，改革、创新是深圳的灵魂。1998 年 6 月，深圳市全面启动首部城市志——《深圳市志》的编纂工作。市史志办公室组织全市 100 多家承编单位、1000

---

① 中共中央文献研究室编《习近平关于全面深化改革论述摘编》，中央文献出版社，2014，第 3 页。
② 肖意：《南海之滨又东风》，《深圳特区报》2012 年 12 月 14 日，第 A01 版。

多名修志人员投入市志编纂工作。2014年底，完成《深圳市志》九大卷的出版工作，合计约1200万字。改革开放卷为市志的第2卷，约157万字。回顾《深圳市志》的编纂过程，实际上也是对深圳历史，特别是对改革开放史研究不断深入的过程。

第一，《深圳市志·改革开放卷》的设立是在改革开放史研究基础上的创新之举。《深圳市志》的最初设想是全志分五大卷，规模控制在300万字左右，记述时限为1979年1月至1998年底，共78个分志，其中在第1卷设立开放志与改革志。随着编纂工作的深入，发现这个设想的规模与框架难以全面容纳特区迅速发展且复杂的地情内容。《深圳市志》的记述时限处于中国改革开放新时期。深圳是中国建立最早的、最典型的经济特区，其改革与发展已突破传统体制，沧桑巨变令世界瞩目，传统的志书框架结构已难以适应发展变化的新事物、新内容。一切从深圳的市情出发，这是建构《深圳市志》框架的现实基础。"市志大框架的建构是否符合城市的本来面貌，关键是看其是否能够准确地把握和体现城市的功能定位。因此，在总体设计时，须对城市在建设和发展中获得的定位及其演化过程有一个明确的认识。"① 在对特区发展史，尤其是改革开放史深入研究的基础上，《深圳市志》也在编纂实践中不断加以修正和完善。2000年11月将《深圳市志》的下限延至2000年12月。2001年底，《深圳市志》转入总纂合成阶段，总体设计进行了调整。全志按综合、经济、政治、文化和社会的逻辑次序编列为九大卷，即基础建设卷、改革开放卷、第一二产业卷、第三产业卷、经济管理卷、政党政权卷、法制政务卷、教科文卫卷、社会风俗卷，共84个分志。《深圳市志》的谋篇布局，着重反映深圳作为中国最早建立的经济特区的历史地位，突出改革开放"试验场"和"窗口"的先锋示范作用。其总体框架的设计，"依据深圳市的城市功能定位和各行各业历史发展的实际，紧扣深圳作为经济特区所担负的历史使命，重点突出经济建设和经济发展；把握产业结构不断调整、优化升级的趋势，重点突出关乎深圳经济命脉的支柱性产业；围绕建设区域经济中心城市、现代化国际性城市的长远目标，重点突出城市规划、建设和管理，环境保护，科教兴市、依法治市和精神文明建设等内容"。② 1998年，深圳在全国新方志编纂史上较早提出设立改革志与开放志。2001年，《深圳市志》专门设立改革开放卷，旨在反映全市范围内牵动全局的改革开放政策、思路与举措，对大改革大开放进行宏观勾勒。《深圳市志·改革开放卷》是深圳地方志编纂的创新之作。

第二，《深圳市志·改革开放卷》反映了改革开放史研究的阶段性成果。改革开放卷的承编单位包括市经济体制改革办公室、市委政策研究室、市保税区管理局、市高新技术产业园区领导小组办公室、市经济贸易局、市外事办公室、市口岸办、市社保局及市委宣传部等20多家

① 陈宏在：《关于〈深圳市志〉的总体设计问题》，深圳市史志办公室编《深圳史志研究文集》，海天出版社，2007，第13页。
② 深圳市地方志编纂委员会：《〈深圳市志〉总纂方案》，深圳市史志办公室编印《深圳市地方志工作文件汇编》，2007，第62页。

部门。该卷是 100 多人长期协作、众手成志的结晶，历时 16 年完成出版，含"改革志""开放志"等 10 部分志。改革开放卷反映了深圳各相关部门改革开放史研究的阶段性成果。一是研究国情，把握改革开放的时代特征。1978 年以来，中国加快了由传统农业、农村社会向工业化、城市化的现代社会转型，由计划经济体制向社会主义市场经济体制转轨。新时期的主题是改革开放，这也是《深圳市志》与旧志截然不同的时代背景。"改革志"与"开放志"从宏观角度勾勒出深圳改革开放的大势大略。二是研究地情。深圳有其独特的地域特征，毗邻香港、口岸齐聚、华侨众多、海域辽阔，这是深圳有别于其他地区的区位优势，也是《深圳市志》需要着力反映的地情特征。"口岸志""深港关系志"分别反映了深圳作为口岸城市的特色和深港两地的特殊历史渊源；"开发区志""保税区志""高新技术产业园区志"等分志记述了蛇口、南油、华侨城等开发区，沙头角、福田、盐田港等保税区及深圳高新技术产业园区在改革开放浪潮中产生和发展的历程。三是研究民情，深圳是个典型的移民城市，聚集了一批敢冒风险、敢于承担、勇于创新的改革家，他们在特区创造性地运用中央赋予的特殊政策和灵活措施，以"杀出一条血路"的勇气，创造了中国乃至世界城市发展的奇迹，逐步形成了一种勇于创新、善于创新、协作包容的深圳精神。"社会保险志""精神文明建设志""经济协作志"从不同层面反映了深圳社会状况及民众的精神面貌。总体而言，《深圳市志·改革开放卷》展现了 1979 年至 2000 年深圳改革开放的时代特征、地域特色及精神风貌。

第三，《深圳市志·改革开放卷》尝试体例创新，提升志书的著述性。传统的志书编修要求横排门类，各类别篇目变化不大，强调志书的资料性与"述而不作"，寓观点于记述之中，这在长期较为稳定的社会结构中是合理的，也是可行的。但在改革开放新时期，编修改革开放志没有先例可循，各地情况也不一样，因此需要因地制宜并在体例上有所创新。深圳在编纂实践中进行了探索。一是篇目上突出改革开放的时代特色。例如"改革志"下设十章，其章节的标题选用深圳改革开放的重要举措，如价格改革与市场体系建设、土地与住房制度改革、农村经济体制改革、对外经济体制改革、社会中介组织改革、社会保障制度改革、行政管理体制改革、政府经济管理调控体制改革等，具有浓厚的时代气息。二是运用述体展现整体面貌与发展轨迹，史论结合，揭示经验教训。《深圳市志》的所有分志均设概述，并在章下设无题序。概述与无题序一般在叙述史实的基础上加以议论，述而有作，论从史出。如"改革志"的概述先是提纲挈领记述 1980 年经济特区创立至 2000 年深圳的改革历程，之后总结改革实践中创造的八条主要经验，同时还指出深圳在改革探索的过程中值得深思和记取的一些挫折和教训。[①] 该概述坚持实事求是的原则，展现了深圳 20 年改革开放的历史脉络与发展成就，在此基础上总结经验教训，史论结合，述而有作，提升了志书的著述性。

志书是一个地方自然与社会之历史与现状的反映，因而地方志书建基于地情实际。方志编

[①] 深圳市地方志编纂委员会编《深圳市志·改革开放卷》，方志出版社，2014，第 3~10 页。

篡过程，也是由准确认识地情到准确表述地情的过程。深圳因改革开放而崛起，在中国改革开放史上写下了辉煌的一页。深圳改革开放志的编篡以改革开放史研究为前提，通过专题调查研究，从比较中发现特色事物和事件，从而认识和把握时代特征和地方特色。深圳改革开放志的编篡凝聚着改革开放史研究的成果。

二　改革开放史的编写是对改革开放志的拓展与深化

2015年下半年，深圳市史志办公室开始酝酿编写改革开放史。2018年适逢改革开放40周年，市史志办抽调业务骨干约10人组成课题组，加大力度抓紧写作。当年3月组织研讨，确定写作提纲。4月起集中力量撰写文稿，6月初完成初稿。7月组织修改统稿，随后征求各部门意见并报上级审核。2018年8月至12月，根据上级领导及各部门意见进行多次修改。经过广泛收集资料，充分征求意见，数易其稿，2019年初完成《深圳改革开放四十年》的写作任务。该书稿记述时限为1978年初至2018年12月底，全书约25万字，被中共党史出版社列为庆祝改革开放40周年重点图书项目，并于2021年出版。《深圳改革开放四十年》是对《深圳市志·改革开放卷》的拓展和深化，在地方改革开放史编写领域进行了一些探索。

其一，《深圳改革开放四十年》将历史的书写延伸至当下，从而完整地反映了深圳改革开放40年的历史轨迹。长期以来，史志编修人员对"隔代修史、当代修志"的做法习以为常，"隔代修史"强调"隔代"，强调过去，强调历史的沉淀，因而当代人写当代史的著作相对较少。《深圳市志·改革开放卷》为《深圳改革开放四十年》1979~2000年时段的编写提供了较翔实的文献资料。在此基础上，《深圳改革开放四十年》初稿的记述时限进一步延伸至2018年初，在其后的审核修改过程中，记述下限又多次后延，由2018年初延至当年6月、10月直至定稿之时的12月底。"当代修志"，面临当下时段文献资料缺乏、专题研究不足等诸多困难。笔者参与编修《深圳改革开放四十年》，执笔撰写其中的第五章（2012~2018年），在编写实践中尝试借鉴了志书编修的理念和方法，尽可能拓宽资料来源，及时收集和整理资料，特别是第一时间收集市委市政府重要会议材料、相关部门工作总结、新闻媒体报道等资料，分类辨析研究以厘清思路，并及时融入当下的写作。《深圳改革开放四十年》在《深圳市志·改革开放卷》的基础上，补充了当代深圳改革开放的相关资料，特别是着重反映了2000年之后深圳探索科学发展新路以及率先建设中国特色社会主义先行示范区的历史进程。《深圳改革开放四十年》的记述延伸至当下，较完整地勾勒了1978~2018年深圳改革开放的历史脉络，是对《深圳市志·改革开放卷》记述时限与记述内容的拓展。

其二，《深圳改革开放四十年》的篇目结构遵循史体，同时有所创新，时代特点和地方特色较为突出。2018年初，课题组经多次讨论拟定篇目大纲，并召开研讨会征求专家意见，决定以改革开放为主线，依据深圳改革开放的缘起、探索、推进、深化的历史发展来谋篇布局。全书设五章，按照深圳改革开放的历史进程划分阶段，分别记述深圳建市与经济特区初创、率先探索市场经济体制改革、率先建立社会主义市场经济体系、探索科学发展新路以及新时代全面深化改革的历程。该书总体上遵照史书体例，按时间顺序分阶段记述深圳改革开放的历史发展。第五章的记述时限为2012~2018年，记载的是各方关注的当下历史，内容相当丰富，篇幅约占全书的30%。依据上级部门与专家意见，第五章在编写期间多次调整篇目，为体现新时代深圳改革开放的特点，在体例方面不拘一格，有所创新，采用了纵横结合的编排方式设置四节。其中第一节为"习近平赋予深圳新使命"，将习近平总书记视察深圳及有关指示、批示等集中记述，主要包括2012年党的十八大召开后习近平总书记离京首站视察深圳、2015年与2017年对深圳工作做出重要指示、2018年4月赋予经济特区新的战略定位、2018年10月再度考察要求深圳建设先行示范区、2018年12月再次对深圳工作做出重要批示等，集中记述有助于彰显新时代的特点，突出深圳在全国改革开放中的历史地位和作用。其后的第二节"在'四个全面'中创造新业绩"、第三节"增强粤港澳大湾区核心引擎功能"和第四节"坚决扛起建设先行示范区主体责任"基本是按照时间顺序纵述史实，记述深圳当下的改革开放重大举措，主要有统筹推进供给侧结构性改革、打造具有世界影响力的创新创意之都、构建推动经济高质量发展的体制机制、建设现代化经济体系、形成全面开放新格局、建设法治中国示范城市、构建共建共治共享社会治理格局、打造党的建设"精彩样板"等。文稿记述着力体现时代特点与地方特色，反映深圳贯彻落实习近平对深圳工作的重要指示精神，按照党中央的决策部署和省委的工作安排，大力践行新发展理念，努力在实现"四个全面"中创造新业绩，在新时代走在最前列，在新征程中勇当尖兵，奋力朝着建设中国特色社会主义先行示范区的方向前行，努力创建社会主义现代化强国的城市范例。

其三，《深圳改革开放四十年》总结了深圳改革开放实践历程与创新经验，具有一定理论深度。改革开放是党的一次伟大觉醒，是中国人民和中华民族发展史上的一次伟大革命，创办经济特区是我国实行改革开放的一项伟大创举。深圳因改革而生，因开放而兴，发挥改革开放和社会主义现代化建设的重要"窗口"、"试验田"、"排头兵"和"示范区"作用，创造了世界工业化、现代化和城市化发展史上的奇迹，闯出了一条从计划经济向社会主义市场经济转型的改革之路、从封闭半封闭到参与全球竞争的开放之路、从传统农业社会迈向现代文明社会的发展之路，把中央改革开放的战略设想变为了生动现实，成为我国影响最大、建设最好的经济特区，成为中国改革开放和社会主义现代化建设的精彩缩影。《深圳改革开放四十年》在记述中，注重将党中央的决策部署与深圳本地的贯彻落实相结合，每一项重大改革开放举措，都既有宏观层面的政策背景，也有地方党委政府的贯彻部署，以及基层社会组织的具体实施，宏观与微观相结合，从而立体、生动地展现深圳在改革开放中崛起的历史图景。例如，该书较为翔实地记述了深圳的科技创新与经济高质量发展。深圳建市之初堪称"科技荒漠"，科研、教育、人才等资源均严重缺乏。从20世纪80年代开始，深圳从兴办华为等科技型企业起步，先后经历了大力发展高新技术产业、实施自主创新"主导战略"、建设国家创新型城市和自主创新示范区等多个阶段，率先构建以企业为主体、以市场为导向、产学研深度融合的技术创新体系，打造了创新引领的"深圳效益""深圳质量""深圳标准"。特别是党的十八大以来，深圳坚定不移地践行新发展理念，构建推动经济高质量发展的体制机制，推动产业结构转型升级。华为手机、比亚迪汽车、大疆无人机等现代化科技产品，是深圳新时期产业高质量发展的生动诠释。从早期"三来一补"的单一产业结构，到打造高质量发展示范区，深圳逐步形成具有世界级竞争力的现代产业体系。此外，结束语对深圳改革开放40年的历史经验进行了提炼，总结了坚持和加强党的全面领导、坚持社会主义市场经济改革方向、以广阔胸怀接轨国际拥抱世界、持之以恒抓好创新驱动发展、加强社会主义法治建设、发扬敢闯敢试敢为人先埋头苦干的特区精神、发挥经济特区辐射带动示范作用等七条经验。该书的编写吸纳了相关领域的研究成果，宏观与微观相结合，具有一定的理论深度，较全面地展示了深圳改革开放创新发展的历史脉络。

三　史志互补与融合的若干思考

地方志与历史学有着天然的密切联系。地方志源于历史，它作为"一方之全史"，与历史学有着深厚的渊源。清代学者章学诚指出："且有天下之史，有一国之史，有一家之史，有一人之史。传状志述，一人之史也；家乘谱牒，一家之史也；部府县志，一国之史也；综纪一朝，天下之史也。比人而后有家，比家而后有国，比国而后有天下。惟分者极其详，然后合者能择善而无憾也。谱牒散而难稽，传志私而多谀，朝廷修史，必将于方志取其裁。"[1] 至今仍有一些学者把方志学视为历史学的分支学科。实际上，现代方志学已从历史学中分离出来，成为一门独立的学科。2006年，国务院颁布《地方志工作条例》，明确指出"地方志书，是指全面系统地记述本行政区域自然、政治、经济、文化和社会的历史与现状的资料性文献"，"地方志书每20年左右编修一次"。根据这一规定，当前地方志编修所要记述的内容，将和当代史，特别是地方当代史研究的内容，越来越趋于一致。正如改革开放志与改革开放史，其编研的对象乃至标的基本是一致的，二者各有长处，可以互相促进，相辅相成，但不可互相取代。正因为地方志编修与当代史编研之间具有既有联系又有区别的特殊关系，各地当代史研究与地方志编修工作的互补与融合，便具有更大的现实可能性和加强合作的必要性。

一方面，拓宽资料来源，多元化收集与利用各类资料，实现史志资料共享，各取所需，互通互补。地方志书的本质属性是资料性，而翔实的资料也是历史学科及其学术水准的根本基础，资料的收集整理是编史修志的前提和基础。长期以来，档案作为核心资料，是编史修志最

---

[1] 章学诚：《州县请立志科议》，高国抗选注《章学诚方志论文选注》，岭南美术出版社，2009，第200~201页。

重要的资料来源。但就近十年的史志编修而言，因大量的部门文件尚未形成正式的档案或是不宜公开，难以查阅利用，故而需要另辟蹊径，拓展资料来源，多元化收集与利用各类资料，实现史志资料共享。一是报刊资料，包括报纸与期刊，"尤其是各地各级的官方报刊全面深入地展示了党和国家的重要指导思想和政治政策在各地各领域内的执行与落实情况"，"涵盖了国家与社会的几乎所有层面，涉猎面完整无遗"。① 二是网络资料，是指以互联网为载体而存在的资料，包括官方网站、网络数据库、自媒体平台等，内容丰富，查阅便捷，同时也需要加以甄别、考证。三是口述资料，改革开放时期的大量亲历者都还健在，及时收集、整理其口述资料可以有效弥补档案文献的不足。四是影像资料，包括纪录片、短视频及照片等。当代影像资料大量出现，改变了媒介途径和人们的接受习惯，日渐成为当代史志编研不可或缺的资料来源。五是实物资料，包括遗址、遗迹、文物、碑刻等有资料价值的实物等，可通过实地实物考察、测绘而获得。资料工作是史志编研的基础性工作，也是极为繁重的工作，需要多渠道广泛收集资料，运用科学的方法整理、考证、利用资料，实现史志资料共享、互通互补。

另一方面，理顺工作机制，整合人力资源，优势互补，协同攻关，促进史志事业创新发展。一般而言，地方史编修机构可以独立地按照编写方案，把所有任务承担下来并最后完成，投入的人力较少，编写周期相对较短；地方志编修机构的任务则相对复杂，投入人力较多，即使这样仍然不能够承担全部任务，还需要大量政治、经济、社会、文化、史学、科学等方面专家、学者配合，方能完成任务，编修周期较长，所谓"众手成志"即是这个道理。机构、人员与社会力量结合是做好地方志编纂工作的重要因素。在1993年的机构改革中，深圳市委党史研究办公室与深圳市地方志办公室合署办公，统称深圳市史志办公室，党史与地方志工作机构合二为一，党史业务与地方志业务既有分工，又有协作。《深圳市志》编纂工作全面启动后，党史处业务人员参与了地方志工作；其后，地方志业务人员亦参与《中国共产党深圳历史》《深圳改革开放四十年》等重大课题的编研工作，在史志编修实践中协同攻关。深圳市辖11个区（含9个行政区、大鹏新区、深汕特别合作区）的党史与地方志工作机构也都是合为一体。2018年5月颁布的《广东省地方志工作条例》正式将地方史纳入地方志工作范畴，地方志工作的范围进一步扩大，面临的任务日益繁重，机构人员编制严重短缺，队伍素质与能力亟待提升。2018年，深圳市史志办公室发扬特区改革创新精神，进一步理顺地方志工作机制，探索建立博士后创新实践基地，实施购买岗位（员额）制度，有效整合内部资源，以课题为纽带整合外部资源。2018年12月，市史志办获批设立博士后创新实践基地。2019年，市史志办与南开大学、中山大学等高校合作，联合招收培养博士后，借助高校的科研力量，合作开展地方志文献整理与地方史课题研究，如深圳地区旧志点校与深圳科技创新史专题研究等，同时为第三轮修志奠定基础。通过理顺工作机制，整合史志系统内外的人力资源，推进高素质专业化人才队

---

① 吴志军：《从易见史料的多元化加强改革开放史研究的实证性》，《中共党史研究》2017年第6期。

伍建设，促进史志事业的创新发展。

综上所述，改革开放志与改革开放史既有联系，又有差别。改革开放史研究为改革开放志编纂提供新的观点和视角，改革开放志编纂则为改革开放史编研奠定扎实的资料基础，双方的资源优势在互补中可得到充分发挥。史志同源，编史修志是中华民族的优良文化传统，每一代人都有其薪火相传的文化使命。新时代面临新机遇、新挑战，地方志编纂和当代史研究工作任重而道远，需要加强合作，相互促进，融合发展，共同发挥存史、资政、育人的作用，为实现"两个一百年"奋斗目标、实现中华民族伟大复兴中国梦做出新的更大贡献。

历史新视界：影像创新让地方志
搭上文化传播的"高铁"

欧长生　吴朝庭

（中共福建省委党史研究和地方志编纂办公室）

引　言

近年来，以《百家讲坛》《记住乡愁》《中国诗词大会》《国家宝藏》等为代表的一批现象级文化类节目，让中华优秀传统文化踏入"时尚界"，圈粉无数。中共中央办公厅、国务院办公厅于 2017 年初印发《关于实施中华优秀传统文化传承发展工程的意见》，要求"善于从中华文化资源宝库中提炼题材、获取灵感、汲取养分，把中华优秀传统文化的有益思想、艺术价值与时代特点和要求相结合，运用丰富多样的艺术形式进行当代表达"。[①] 地方志，古称地志、地记、图经、方志等，是指全面、系统地记述本行政区域自然、政治、经济、文化、社会的历史与现状的资料性文献。[②] 作为传承中华文明的重要载体，地方志翔实记述了不同时代、不同地区、不同民族的历史变革、社会发展和时代变迁，包括各地的气候、地貌、城镇、人口、名胜、矿产、动植物分布等内容与发展情况，形成了独特的方志文化。经过历史的沉淀，地方志在中华优秀传统文化中占据了重要地位，是一座重要的资料宝库、文化宝库、知识宝库。深入挖掘地方志资源宝库，突出其自身优势，将对延续和发展中华文明、促进人类文明进步发挥重要作用。然而，"养在深闺无人知"，地方志的社会认知度并不是太高，使用率更是偏低。随着经济、社会的发展，影像方志另辟蹊径，为方志文化传播带来新动力，同时也激发了对方志文化创新发展的发散性思考。

[①]　中共中央办公厅、国务院办公厅：《关于实施中华优秀传统文化传承发展工程的意见》，http：//www.gov.cn/zhengce/2017-01/25/content_ 5163472. htm。

[②]　中国方志网，http：//difangzhi. cssn. cn/sygk/zjfz/201908/t20190828_ 4963579. shtml。

一　地方志书的古老传承

盛世修志，是中华民族的优秀文化传统。秦汉时期建立统一封建国家之后，随着政治、经济、文化发展到一定阶段，出现了完整意义上的地方志，至今已存续了 2000 多年。

（一）地方志体量庞大

历代以来，编修完成的地方志体量庞大，准确数量已经难以统计。据 1985 年出版的《中国地方志联合目录》，国内 190 个较大的图书馆共有 1949 年以前编纂的省、市、府、州、县、乡镇志等古志、旧志 8264 种，约占全国古籍总数的 10%，其中还不包括港澳台地区的馆藏及私人收藏。根据相关记述，1985 年统计的台湾地区 12 家图书馆收藏方志达到 4530 种。① 同时，我国地方志还大量流失国外，世界上主要国家的重要图书馆几乎都藏有中国地方志，以美国、日本为最（各有 3000 多种古志、旧志），部分流失的志书国内甚至已无保存。②

新中国成立以后，党和国家领导人对地方志高度重视，方志编纂工作逐渐进入了前所未有的全盛时期。尤其 2006 年国务院颁布了《地方志工作条例》，这是我国第一部地方志行政法规，对地方志事业的发展具有里程碑意义，正式开启了"依法治志"的新时期。如今，二轮修志工作已近尾声，全国方志工作进入丰收期，各级综合性志书、各类专业性志书正以"下饺子"的速度陆续出版。窥一斑而知全豹，以著名的香港大学冯平山图书馆为例，其最新统计的新旧方志收藏种类已超过 1 万种。③ 目前，地方志迈入了创新发展的新时代，已从一件工作转变为一项事业，在全国方志同人勠力同心、悉心照料下，方志这棵参天古树越发地枝繁叶茂、郁郁葱葱。

（二）地方志意义重大

地方志是传承中华文明、发掘历史智慧的重要载体，本身更是作为一项系统、全面、持续、浩繁的传统文化工程，成为中华文明的重要组成部分，具有存史、资政、教化的显著作用。编修地方志具有重大意义。

其一，编修地方志是政治建设的需要。在人类社会历史发展进程中，社会政治制度（国体、政体、法律和行政体系等）的发展状况和进步历程，在地方志中都有翔实记述。《旧唐书·魏徵传》载："以铜为镜，可以正衣冠；以古为镜，可以知兴替。"通过对历朝历代的一切政治成果及与其相对应的社会意识形态等进行详尽的比较总结，地方志可为新时期的政治文明

---

① 顾力仁、辛法春：《台湾地区公藏方志的存藏留传与利用之调查（上）》，《广州史志》1987 年第 6 期。
② 乔俊：《地方志文化资源价值及开发利用研究》，硕士学位论文，南京农业大学，2008。
③ 冯平山图书馆网站，https://lib.hku.hk/fpslib/chi/collections.html。

建设指引一条向着光明的道路。

其二，编修地方志是经济建设的需要。地方志记载的经济资料十分丰富，涉及社会经济的每一个方面，无论是生产、分配、交换、消费等各个环节，还是农业、工业、商业、财政、金融、交通等部门经济的情况都有所反映，是推动地方经济发展与资源开发的重要参考书。以"一带一路"为代表的伟大构想，绝对不是凭空想象而来，而是在深入的历史实践和扎实的文献总结的经验基础上提出的。地方志正是这么一个久经沉淀的智力工具，旧志中对"丝绸之路"的系统性、延续性记述为"一带一路"伟大构想勾画了雏形。

其三，编修地方志是文化建设的需要。地方志全面反映了一个地方的区域文化全貌，上至社会上层建筑，下至一般民间风俗，广泛、细致地记录了区域文化的发展变迁。同时，编修地方志本身就是一项重要的文化工程，其中记载的大量高尚情操和模范事物，是人们进行二次创作最真实、最有生命力的原始素材。通过对地方志的创新创作，形成丰富多彩的艺术文化精品，推动区域文化发展，引导时代潮流，给全社会带来生机与活力。

其四，编修地方志是社会建设的需要。社会建设以民生为本，加强社会建设是社会和谐稳定的重要保证。"治郡国者以志为鉴"，地方志的资治功能十分强大，通过对社会民生、民俗风尚、乡土亲情、民族认同等方面进行系统梳理，查摆社会治理弊病及其原因，提出新举措。"下车问志"是南宋时期朱熹赴任江西时传下的美谈，更是地方志与社会治理重要关系的经典解读。

其五，编修地方志是生态文明建设的需要。地方志蕴藏着极为翔实的自然、地理、气候、山川、水利、资源等生态环境资料，并对旱涝灾害、地质灾害均有详细记述，为地方生态的保护与发展提供了重要参考与指引。例如，在历代方志记载的基础上，中央气象局气象科学研究院编成《中国近五百年旱涝分布图集》，对相关地区的旱涝灾害预防与治理起到重点支撑作用。

（三）地方志传播局限

国有史，地有志，家有谱。说到"历史""家谱"，大家往往不会陌生，而地方志则不然。上海市方志办曾于2016年在全国率先对地方志的社会认知情况进行调查，调查结果显示：完全不知道"地方志"的占31%，知道但从不使用的也占31%。① 非常直观的调查结果表明地方志的社会认知度有待提高，地方志的开发利用更是到了急迫状态。任何事物，"认识"必然是"使用"的前提，就社会对地方志认知度不高、使用率较低这一结果而言，原因自然是多种多样的，但方志文化传播工作者责无旁贷。纵览发展历程，传统方志文化传播可归结为"高""冷"二字。

---

① 上海市地方志办公室：《地方志：从"象牙之塔"走向社会大众》，http://www.shtong.gov.cn/dfz_web/DFZ/Info?idnode=88801&tableName=userobject1a&id=140262。

地方志"官修官用"是为"高"。一方面，从隋唐时期开始，逐步确立了史志官修制度，此后历代都把修志作为一种官职、官责，并颁布政令对修志进行统一规范，至宋代大体定型，及清代达到鼎盛。时至今日，《地方志工作条例》也明确规定由县级以上地方人民政府成立专门机构，负责本行政区域的地方志工作。"官修""官编"为地方志工作的推进提供了根本保障，同时也确保了志书的真实权威性、系统全面性，却也多了一分高高在上的味道。另一方面，传统地方志多以资政为己任，编修的初心便是"为官服务"，加之出版印刷不易，发行量极少，更限制了地方志唯"官用"一途，普通民众自是缘悭一面。新中国成立以来，地方志虽同为"官修"，但初心已然调整为"为民服务"，可是在传统"官用"思维的影响下，地方志虽公开出版却没有真正走向市场，普通民众仍是少有接触。

地方志"曲高和寡"是为"冷"。地方志是"一方之全史""地方之百科"，信息含量极其丰富，文字精练、有一定深度，属于知识密集型产品，相对晦涩难懂，对读者的学识水平有一定要求。除资政参考、学者研究以外，地方志与普通民众并没有太多交集，缺乏市场化的群众基础。因此，在上海市方志办的认知度调查中，有近1/3的调查对象对地方志闻所未闻，这是合乎实际的。地方志是"冷衙门"埋头修炼的"高""冷"产品，虽是不可多得的宝贝，但缺少曝光度，也不够接地气。市场培育非朝夕之功，方志文化的传播推广与开发利用大有成长空间和可为之处。

二 影像方志的别开生面

影像方志作为典型的历史文化纪录片，底蕴深厚，涵育人心，逐渐发展成为一种传承中华文化基因的大众传播新模式。

（一）影像方志之出道

早在1997年，时任中国地方志指导小组组长的李铁映就强调"志书要提高质量、重视使用"，呼吁要充分利用光盘、音像、网络等现代科技成果和手段来开拓志书新领域，提升志书的影响力和使用率。[①] 自此，全国地方志书编纂与信息化建设踏上征程，地方志与科学技术的结合渐入轨道。进入21世纪，随着信息技术日新月异，地方志实现了由黑白到彩色、由无声到有声、由平面到立体的升级，切实地"活"起来、"立"起来、"传"开来。2007年，文化部主导拍摄了《中国节日影像志》，这是首次对全国各地区、各民族的代表性节日（包括庙会、歌会、祭典等重要活动）展开全面研究，并探索通过影视手段进行梳理记录和展示，开创了我国影像志先河。2008年，中国地方志指导小组组织拍摄《方志中国》专题纪录片，中央电视台

① 《李铁映在全国地方志颁奖大会上强调志书要提高质量重视使用》，《人民日报》1997年8月22日，第5版。

播出后，全国各地兴起创制影像方志的浪潮。广西壮族自治区方志办率先推出《广西古建筑志》，并陆续推出《广西之最》《广西名胜志》《广西节庆志》等一批同时配备了纸质版、电子版、影像版的地方特色志书，通过创新举措扩大志书影响。内蒙古自治区方志办与广播电视台合作，录制了《方志内蒙古》大型史志纪录片，全面梳理展现内蒙古草原文化发展脉络。江苏省苏州市以历史文化艺术为主要题材，拍摄《苏州史记》纪录片，使古城形象得到了很好的现代传播。到 2017 年，中国地方志指导小组与中央电视台合作拍摄《中国影像方志》，以历代地方志为基础，运用现代影视手段对县或县级市进行拍摄，充分展现其整体风貌及地方特色。随后，以《中国影像志·福建名镇名村影像志》为代表的乡镇村志编纂与影像志拍摄工作顺势推进，通过梳理当地典故与珍贵史料，形象展现乡村历史人文、山水名胜和传统民俗，留住乡愁。① 至此，方志文化搭乘上影像"高铁"，着实"火"了起来。

（二）影像方志之根本

阅读"影像方志"数遍，轻易便可发现这四个字的核心还是在于"方志"，影像只是记载和传播手段，是方志创新升级和开发利用的重要途径。为此，影像方志在制作过程中，要坚守地方志之根本原则。

一是存真求实。秉笔直书著信史，地方志的第一要义就是如实记述和保存客观存在的事物，不以人的意志为转移。同时，要做到去伪存真，多方考证、核实已经收集到的资料。影像方志首先也必须存真求实，选题、选材要做到"以志为凭"，所有拍摄内容都有同一个基本门槛——真实。

二是述而不论。地方志是忠实记载区域范围内特定时期自然和社会的历史与现状的资料性著述，是记叙文体，原则上不做议论，寓观点于资料记述当中。述而不论也是志与史的显著区别之处。影像方志要以真实的镜头，客观展现具体事物，不做直接评论，寓观点于影像话语当中。

三是详今略古。这是地方志编纂传统和原则，在记述一地从古至今的地情资料时，要做详略处理，详记近今地情，略记远古之事。影像方志不是回忆录，要运用科学的影像手段做到详略得当，在梳理清楚事物的远古发展脉络基础上，重点呈现事物的近今传承与现状现貌及其创新发展成效。

四是生不立传。地方志只为已故重要人物立传，这与史书具有统一性，"生不立传"是二者共同的编纂原则。在世人物有突出事迹的，可以在有关篇章中采用以事系人的方法记述。影像方志也要注意这个原则，对在世人物不过分展现其个人风采，而采用以事系人的方法，通过对具体事件、实际成效的呈现，间接对人物加以记述。

---

① 王丹林：《影像史学的新实践——中国影像方志的创作和发展》，《中国地方志》2019 年第 2 期。

五是敏感问题记述要谨慎。地方志编修过程中，总是存在一些篇幅占比不是很大，但重要性和影响力巨大的敏感问题，如军事、外事、侨务、港澳台事务、民族、宗教等重点事物，记述的时候往往是严阵以待、小心谨慎，坚持做到既保持事物的客观存在，又不影响社会稳定。影像方志在涉及敏感问题时，也要特别注意拍摄影像的导向与解说，要严格按照党和国家的各项规定，守好政治性、保密性的关口。

（三）影像方志之前路

影像方志是经济社会发展的必然产物，与传统地方志相比，具有普及率高、易于理解、有效信息集中、传播速度快、传播平台多样化等多方面优势。有学者在探讨影像志时，表示"无论是自然资源还是人文资源一经影视媒介的表达就具有了符号意义，成为认知的导航仪"。[①] 通过以点带面的方式，影像方志可加速提高地方志的社会认知度，促进方志文化传播，扩大方志文化影响力。总体来看，影像方志需在遵循地方志相关原则的基础上，充分运用影视手段进行叙事，找准方志文化原汁原味传承与文化传播形式创新之间的完美平衡点。

第一，影像素材要与志书记述内容统一。影像方志要记述的主题人物、历史故事、地理沿革等内容，必须以志书记载为准，"有志可考"是相关素材入选的先决条件，尤其民俗风物、民间传说等内容必须有志书佐证才可采用。

第二，拍摄制作要与影视传播规律契合。影像方志从地方志书的记述内容中精选拍摄主题，一定要避免落入"照本宣科式地简单堆砌资料"这个大坑，可通过解说、同期声、音乐、航拍、特写、剪辑等影视手段，从多个角度去深入挖掘和细致刻画主题故事，制作出观众喜闻乐见的精品，种下"地方志"的种子，最终达到按图索骥、引人入"志"的效果。

第三，影像方志要与"互联网+"渠道接轨。"养在深闺无人知"，除了在制作过程中要真诚面对历史外，影像方志还要深情走向观众。如今，互联网技术发达，文化传播平台多样化，影像方志要立足电视平台，全面开拓网络影音平台、微电影、小视频、微博、微信等渠道，力争实现传播对象全覆盖。

三 方志传承的发散思考

创新是这个时代最大的特点，习近平总书记关于宣传、文化工作方面，提出了理念创新、手段创新、基层工作创新"三个创新"的观点，对传统文化的传承与传播具有重要指导意义。[②]"三个创新"强调要转变思维方式，积极探索有利于破解工作难题的新举措、新办法，并把创

---

① 张海云：《影像志与"青海学"交叉研究的探讨》，《青海民族研究》2012 年第 4 期。

② 习近平：《胸怀大局把握大势着眼大事 努力把宣传思想工作做得更好》，《人民日报》2013 年 8 月 21 日，第 1 版。

新重心放在基层一线。就方志文化而言，开发利用是最好的创新传承，要进一步强化"编用并举"的指导理念，加速推进方志文化传播，聚拢人气，在地方志的开发利用这个前沿阵地上解放思想，大展拳脚。

（一）方志融入艺术，绚丽绽放古老底蕴

此前，福建省举办的"与历史同行·方志之夜"文艺晚会，在全国首开用文艺晚会形式展现方志文化的先河。通过朗诵、歌唱、舞蹈等形式，写在方志典籍里的文字"活"起来，以艺术表现手法充分展示地方志与福建省红色文化、坊巷文化、闽台文化、海丝文化、茶文化等地域文化之间的渊源关系，观众可感受方志的文化内涵，触摸方志的文化根脉。这是地方志与文艺融合的经典范例。同时，地方志记述了地方戏曲、民族舞蹈、传统乐器等传统艺术形式、艺术项目及其相关内容的发展与演变，系统梳理和挖掘地方志有关艺术方面的资源，将对具体艺术项目的传承起到重要支撑作用。

（二）方志开拓文创，勇敢突破自我设限

文化创意产品一般以文化、创意理念为核心，是人的知识、智慧和灵感在特定行业的物化表现。以故宫文创为启示，地方志其实正是一个文创素材的魔法宝库，一座座廊桥、石塔、古厝在样式、尺寸、工艺、材料方面的详细描述，是等比模型的最佳来源；人物传记、碑文箴言、家风家训等也都是文化创意的不竭源泉。深度发掘方志文化中的特色亮点，以"脑洞大开"的文创产品形式，让"沉甸甸"的志书文化与现代生活"对上眼"。创造出一款以方志文化为基础的精雕细琢的"网红"爆品，能够瞬间点燃人们对地方志的热情，达到全面宣传普及传统优秀文化的实效，同时也能实现方志文化的商业价值，为进一步的开发利用提供经费保障。

（三）方志依托科技，全面升级文化传播

经济社会的高速发展带来了科技进步与文化繁荣，人工智能 AI、虚拟 VR、全息影像等高科技成果正逐步走进现实，已在科技馆、博物馆、文化馆得到不同程度的推广应用。"科技兴志"是方志发展的必由之路。以方志馆建设为代表，要想成为文化场馆的"后起之秀"自当借助科技力量升级超车，充分考虑全书电子转化及搜索、影像方志拍摄与诠释、名人箴言展示、经典故事情境再现、人物角色 VR 代入等新技术在方志编纂与方志文化推广传播过程中的全面应用。

结　语

在浩瀚的历史长河中，中华文明的种子乘坐"方志之舟"，迎着风霜雨雪急流勇进，凝练

不同时代的民族智慧，成就了博大精深、灿烂辉煌的中华优秀传统文化。党的十八大以来，习近平总书记站在中国特色社会主义发展全局的战略高度，深入思考社会主义文化问题，多次从不同角度、不同层面深刻阐述了文化自信的基本内涵、重要意义，凸显了文化自信的时代价值。[①]"盛世修志，志载盛世"，地方志作为中华民族特有的文化基因，是优秀传统文化的"主心骨"，方志文化自信也是中华民族文化自信的"主打歌"。新时代方志文化传承与传播要跟上创新的脚步，构建有效路径，推进宣传与交流，扩大地方志话语权与影响力，"唱响"方志，"智造"历史。

---

① 冀祥德、宋丽亚：《论方志文化自信》，《中国年鉴研究》2017年第1期。

行政区划撤销后的修志实践与探索

秦海轩

（山西省晋城市地方志办公室）

改革开放以来，随着城市化建设的进展，各地的行政区划发生了重大变化，特别是市管县体制改革后，撤县设市、撤县设区等，使一些行政区划撤销了，一些区划的名称变更了。新修地方志工作开展以来，一些地方只注重新设区划的修志工作，而原来存在几百年，甚至上千年的行政区因区划撤销，其修志工作鲜有过问，形成了这些地方史志记载的空白。如山西省晋东南地区原辖 17 个市、县、区，1985 年实行市管县体制改革，撤销晋东南地区，其辖区分属长治市和晋城市两个省辖市；晋城县原是山西省的名县、大县，晋城市建立后，晋城县辖区分为晋城市的城区和郊区（后改为泽州县）。晋东南地区和晋城县因行政区划撤销，修志工作多年无人问津。

笔者曾任山西省晋城市地方志办公室主任，从事史志事业 29 年，有幸主持完成了晋城市的两轮修志任务，先后主编了 20 多部市志、区志、县志和地情资料书，2006 年获"十名全国地方志系统先进工作者"荣誉称号，受到国家人事部和中国地方志指导小组的表彰奖励。在笔者主编的各类志书中，最使笔者感到骄傲的是《晋城县志》和《晋东南地区志》，因这两部志书是在其行政区划撤销多年后才编修完成的，并且是笔者主动请缨完成的，具有特殊的修志意义。其意义不在于形式上出版了两部志书，而是收集整理了本区域内的相关史料，抢救了一批即将消失的珍贵资料，填补了史志记载的空白。

一　主持编修《晋城县志》

晋城县始建于秦汉，唐之前称高都县或阳阿县，唐代始称晋城县。清雍正六年设泽州府，治所晋城，晋城县改称凤台县，辛亥革命后复称晋城县。晋城历为三晋巨邑、州府节镇之治所，一直是山西的名县、大县，在历史上留有光辉灿烂的一页。1983 年，晋城撤县改市。1985年实行市管县体制改革，晋城又升格为省辖地级市，原晋城县（市）辖区划分为城区和郊区。至此，历史悠久的晋城县就消失了。1996 年，晋城市郊区又改建为泽州县。但无论城区、郊区还是泽州县，都是晋城县这块古老的土地的延续和发展。如果不把晋城县的历史完整地记载下来，现在的城区、泽州县岂不是无源之水、无本之木？基于这样的理念，笔者萌生了编修《晋城县志》的想法。

1996 年在主持编修《晋城市志》时，笔者就开始了《晋城县志》的准备工作。《晋城市志》记载晋城市管辖的城区、泽州县、阳城县、高平市、沁水县和陵川县等 6 个县（市、区）的历史和现状，而《晋城县志》记述城区和郊区分设之前晋城县的历史，不把晋城县的历史底子搞清楚，怎么能编修好《晋城市志》呢？这两项编修工作是相辅相成的，且资料可以互补共享。

于是，笔者就协调联系晋城市及城区和泽州县政府领导，使三方领导达成共识，成立了以市领导为主、城区和泽州县有关人员参加的晋城县志编纂委员会，负责协调编修工作，落实业务经费，并成立了以晋城市地方志办公室为主、联合城区和泽州县史志办公室的晋城县志编纂办公室。组织机构形成后，笔者又邀请原晋城县的老领导、熟悉晋城县情且热爱修志工作的文化人参加修志工作。各项准备工作就绪后，就正式展开了《晋城县志》的编修工作。

晋城县已撤销 10 多年了，机构变革，人事沧桑，资料散失，档案无着，编修工作的困难可想而知。晋城市委党校原校长王守信、原晋城县志办主任侯生哲、晋城文化名人栗守田、马甫平等编修人员硬凭着对历史负责、对社会负责、对后人负责的态度，克服种种困难，不讲待遇条件，不畏严寒酷暑，搞外调，找档案，查史籍，想尽一切办法，征集各方史料。通过多方努力，在不到两年的时间内就完成了 200 多万字的初稿。经省内外的专家学者评审，又经一年多时间的修改定稿，于 1999 年 6 月，编修工作告竣，110 多万字的《晋城县志》由山西古籍出版社出版发行。因《晋城县志》是在晋城县撤销 10 多年后编修成的，社会反响较大。地方志专家曹振武先生称，"此举全省第一，全国罕见"，是为晋城办了一件"利今世惠后人"的善事。此项工作因多种原因，还有许多不尽如人意的地方，但总算是做了一件弥补历史空白的事业，保存和抢救了一批重要的历史资料，是非功过自待后人评说。

二 主编《晋东南地区志》

晋东南古称上党，因"其地极高，与天为党，故曰上党"，是中华文明的重要发祥地之一。晋东南地区是 1949 年 9 月建立的山西省辖的行政区划，初称长治地区，总面积 23386 平方公里，辖 17 个市县。1985 年实行市管县体制改革，撤销晋东南地区，其辖区分属长治、晋城两个省辖市。

　　晋东南地区在抗日战争和解放战争中做出过巨大贡献，在社会主义革命和建设中取得过辉煌业绩，留下了丰厚的经济基础、灿烂的文化和宝贵的历史经验。晋东南地区撤销后，作为一个行政区划，它已逐渐在人们的思维中消失，留下的仅是地域概念。晋东南地区撤销时，档案无人管无人要，甚至要当废品处理，晋城市一位有见识的领导，克服种种困难，才把这些档案保存下来，其中就有抗日战争和解放战争时期的珍贵档案。《晋东南地区志》编修之前，晋东南地区大量的历史资料、珍贵的文化遗存，仅散见于有关市县的志书中，没有一个完整、全面、系统的记述和总结，形成了晋东南地区史志记述的空白。如果任由这种现象继续下去，将留下无法弥补的历史遗憾，更愧对曾经为之奋斗、牺牲、创造出灿烂文明的晋东南先人。由此，笔者便萌生了编修《晋东南地区志》的念头。完成晋城市的第二轮修志任务后，笔者已到了退休年龄，但史志工作者的责任和使命，让笔者编修《晋东南地区志》的愿望有增无减，成了一大心愿。晋城市委原常委、宣传部部长赵魁元，晋城市委党校原校长王守信和许多在晋东南地区工作过的老同志都很支持笔者的想法。笔者曾和赵魁元、王守信等老领导多次探讨《晋东南地区志》的编修设想。正愁于难以启动之时，李茂盛出任山西省地方志办公室主任。李茂盛主任是晋城市沁水县人，对晋东南地区有割舍不断的情感，又是知名的史志专家，深知修志的重要，笔者向他汇报《晋东南地区志》的编修设想时，和他一拍即合。在他的组织协调下，很快成立了以省人大常务副主任申联彬（曾任晋东南地区的团委书记、长治市市长、晋城市委书记）为主任，李茂盛和长治、晋城两市的领导为副主任的《晋东南地区志》编纂委员会，聘请白清才、王绣锦、李振华、范堆相、宸耀光、李玉臻、成葆德等10多位曾在晋东南地委任职的老领导为顾问。经研究，成立了以笔者为编辑部主任、长治市志办副主任马书岐为副主任的编辑部，负责具体编纂工作。李茂盛主任多次到长治、晋城找主要领导协调落实编修经费，启动编纂工作。

　　2012年5月21日，在太原召开了《晋东南地区志》编修工作会议，李茂盛主持会议，宣布启动《晋东南地区志》编修工作。省政协领导出席会议，强调了编修《晋东南地区志》的紧迫性和重要性。省人大常委会原副主任李玉明出席会议，他从修志存史、资政育人的角度阐述了编修工作的现实意义。省地方志办公室和长治、晋城两市的有关领导及主要编纂人员出席会议，会议通过了《晋东南地区志》的编修方案和编写计划。

　　晋东南地区已撤销30多年，现在修志并无提供资料的主体单位，查找史料如大海捞针。编纂人员通过查阅档案，征集长治、晋城两市及所属各县的志书和党史资料，参考省里已出版的史志书籍，实地调查采访原在晋东南地区工作的老领导，记录口述资料，把片断的史料归纳梳理，编辑成册。晋东南地区的档案存放时间太久，受各种防腐防蛀剂的腐蚀，查档人员身上起了一片片的红斑，当时正是数伏天，出汗后疼痒难耐，10多名查档人员硬是不怕难，不怕苦，完成了查阅档案的任务。

　　为确保史料的准确性，有时为核实一件史实，编辑人员不惜千辛万苦，顺藤摸瓜找当事人查实。如晋东南地委、行署的办公大楼是当时晋东南地区的标志性建筑，可查遍档案也没有找到其详细资料，王守信通过各种关系找到当时分管基建的副秘书长冯先林，才找到原始记录，弄清了地委大楼的建筑面积、占地面积、建筑规模、建筑材料等方面的详细资料。再如，"文革"时期晋东南发生了多起恶性案件，有些一直是疑案、无头案，通过调查采访，找到当事人弄清了事情的来龙去脉，对这些事件才有个确切的记载。

在篇目设计方面，考虑到时隔30多年之后修志，详细资料欠缺，采用大篇章体结构。每章前有个小序，追溯该事物的发端及发展和概况，以现本章全貌。又考虑到晋东南及古上党地区是一个特殊的地理环境，历史上发生过许多惊天动地的大事件，涌现出许多杰出的人物，但这些在史志书籍里还没有完整的记述，故把综述、大事记、人物部分的上限延至有史记载，下限至1985年，以现晋东南历史的概貌。其余各章节的主体内容，均设上限在1949年长治地区建立，下限至1985年晋东南地区撤销。

在李茂盛主任的指导下，《晋东南地区志》的编修工作进展比较顺利。经过一年多的努力就写出大部分初稿。带着这些初稿，我们先后拜访了原晋东南地区老领导，一方面征求意见，另一方面征集相关资料。首先拜访了原晋东南地委书记、百岁老人王绣锦，并请王老为《晋东南地区志》作序，王老欣然应诺。随后还拜访了原晋东南行署专员李振华、宸耀光，老专员都很关心《晋东南地区志》的编修工作，认真审阅相关稿件，提供手头的有关资料。还拜访了原晋东南地委副书记邢德勇，原晋东南地委宣传部部长成葆德，原晋东南地区文化局局长李才旺，原晋东南地委副秘书长刘振刚、王守信、乔随根等，他们对编修工作都提出了宝贵的意见，并提供了珍贵的史料。

征求各方面意见后，我们对初稿进行了反复的补充修改，于2014年初完成了送审稿，呈送省地方志办公室专家学者进行评审，并给编委会主任申联彬送去评审稿，征求其对编辑和评审工作的意见。在申联彬主任的关心支持下，我们认真开展了评审定稿工作，2015年6月终于完成了修改定稿任务。

《晋东南地区志》的编修工作历时四年完成，320多万字的志书于2016年7月由方志出版社出版发行。回顾艰难的工作历程，真是酸甜苦辣，五味杂陈。值得欣慰的是，此举填补了晋东南地区有区无志的空白，满足了许多晋东南人的史志情结，为山西省地方志全覆盖的完整性做出了贡献。

三　行政区划撤销后的修志之难

修史修志的主要功能就是存史、资政、教化。笔者从事史志编纂工作多年，深感史料的珍贵和重要，深深体会到修志这项不被人重视的工作的重要性。特别是看到一些撤销了行政区划的修志工作无人关照，任由其档案资料散失，心里就更为着急。要对历史负责，对后人负责，就必须关注行政区划撤销后的修志工作，才能做到新修地方志工作的全覆盖。在第一轮和第二轮的修志工作中，有许多现行区划的修志都困难重重，多方努力也完不成任务。行政区划撤销后，再行修志又谈何容易？在主编《晋城县志》和《晋东南地区志》的过程中，笔者体会到主要有如下几个方面的困难。

一是组织协调难。行政区划撤销后，如何协调几个县区共修一部书，由谁来协调组织，都是有讲究的。如果没有几位有影响力的领导出面协调，这类好事是很难办成的。《晋城县志》就是由晋城市领导出面协调城、郊两区的领导才落实修志经费，组织完成编修任务的。《晋东南地区志》则是由省志办李茂盛主任联系省领导牵头，协调晋城、长治两市出资修志。如果没有这样热心修志的领导奔走呼号，组织协调落实各项事务，再好的修志想法怕也很难实现。

二是查找档案难。行政区划撤销后，原来的档案有的无人管理随意处置，有的就地散失下落不明，尤其是"文革"期间档案丢失破坏非常严重。编《晋城县志》时，几乎没有找到多少原始档案。晋东南地区的档案在长治与晋城分家时也无人问津，多亏晋城市成立后，几位有见识的领导把地区档案从长治搬到晋城，现在也只有在晋城市档案馆才能查到晋东南地区的档案了。特别是20世纪80年代以前的档案资料大多是复写文字或是手工刻蜡版印出的资料，年代久了字迹模糊，不是当事人或那个年代过来的人，还真认不清是什么内容。档案资料缺失，是修志不可逾越的障碍。

三是征集资料难。修史修志历来是政府行为，史志资料应由政府各组成部门及各党派群团来提供。而行政区划撤销后，没有提供资料的主体，靠行政命令是不能解决问题的。这就得依靠修志人员调查采访知情人，收集整理已有的各类史志资料，以及一些文化人零星的记录和一些有心人的个人收藏，从中梳理提炼出有用的史料来。

四是物色修志人员难。世人皆知修志是文字工作中最苦的差事。行政区划撤销后，既无硬性的修志任务，又无充足的修志经费，谁来干这又苦又难的"傻"事呢？笔者长期和文化人打交道，还真发现了一些不图名利、铁心修志的"傻人"。笔者是编修《晋城县志》和《晋东南地区志》的发起者，在编修工作中自然应身体力行，同时，还要选用一批有文字功底又热心修志的编纂人员。在20多年的修志实践中，笔者结交了10多位文化学者，如前文提到的王守信、马书岐、侯生哲等，还有马甫平、李文福、张启才、杨秉聿等。笔者与他们合作多年，完成了20多部志书的编纂工作，他们既熟悉地情，又学识渊博，都可独自承担编辑和总纂任务，但从不讲名利、计报酬。只有和这些人合作攻关，才能完成如此艰巨的修志任务。

五是筹集经费难。政府修志自然应该由政府出资，而原行政区撤销后分解为两个或几个新的行政区，这个修志经费应如何筹集呢？如遇一些有见识的领导，政府出资修志是顺理成章的事，笔者就遇到几位这样的领导，使两部志书顺利完成。而一些领导急功近利，不看重这些既不是上级下达的硬性任务，又不显政绩的"琐事"，尽量搪塞推诿，使承办者三番五次找上门也不解决问题。

　　总之，修志是一项又难又苦的差事，而行政区划撤销后再来修志，就是更苦更难了。各级领导都应关注行政区划撤销后的修志工作，修志工作者更应有这方面的使命感和责任心。承担这样的苦差事，真需有一些司马迁著《史记》的精神，要下定决心坚持到底，排除困难，创造条件，才能完成如此艰巨的修志任务。

县级图书馆志编写刍议

——以《桐城市图书馆志》为例

程大立　吴苏琴

（广州工程技术职业学院；安徽省桐城市图书馆）

一　县级图书馆志编写现状

地方志有地域志、专志两种类型，分别以地域、专项事物或人物为记述对象。图书馆志属专志，县级图书馆志即记述县级图书馆事业发展历史的专志。

我国一直高度重视地方志编纂工作，1985 年、1997 年和 2006 年中国地方志指导小组、国务院分别发布《新编地方志工作暂行规定》、《关于地方志编纂工作的规定》和《地方志工作条例》。2017 年，中共中央办公厅、国务院办公厅印发《关于实施中华优秀传统文化传承发展工程的意见》，强调："做好地方史志编纂工作，巩固中华文明探源成果，正确反映中华民族文明史。"在党和国家高度重视下，地方志编纂工作取得了突出成绩。然而，作为文化事业最重要的组成部分，图书馆志编纂却是一个弱项。新中国成立后的 30 年间，中国图书馆史（志）的专门论著"处于空白状态"。[①] 改革开放后，除一些省级大型公共图书馆、极少数经济文化较发达的地市级图书馆外，大部分公共图书馆没有自己的馆志和馆史，尤其是县级图书馆史（志）的编纂和研究还相当薄弱。笔者在中国知网"期刊"论文中，以"图书馆志"为题名进行检索，获得论文 29 篇，其中以县级图书馆志为研究对象的仅 4 篇；而在"硕博"学位论文中，有关"图书馆志"研究论文为 0。同样，笔者通过多种渠道搜索统计，自 1982 年至 2018年的 37 年间，全国共有 18 个县级图书馆编纂了馆志，大部分为非正式出版物；正式出版发行的仅 1 种，为 2012 年云南人民出版社出版的《石屏图书馆志》（见表 1）。由此可见，我国图书

[①]　谢灼华：《评建国以来中国图书馆史研究》，《图书与情报》1989 年第 3 期。

馆志编纂和学术研究还相当薄弱，"尤其是对区域性、高校类"图书馆史（志）的系统研究，更是"亟待深入展开"。[①]

表1　1982~2018年县级图书馆志编纂情况

序号	志名	编纂年度	出版或发表方式	出版社或发表期刊
1	山东省平度县图书馆志	1982	未见发表和出版	
2	无锡县立图书馆志	1983	以文章形式发表	《江苏图书馆工作》1983年第3期
3	江宁县图书馆志	1986	以文章形式发表	《江苏图书馆学报》1986年第1期
4	扬中县图书馆志	1987	以文章形式发表	《江苏图书馆学报》1987年第2期
5	昆山县图书馆志	1988	以文章形式发表	《江苏图书馆学报》1988年第1期
6	慈溪县图书馆志（初稿）	1988	非正式出版	
7	奉化县图书馆志（初稿）	1988	非正式出版	
8	温岭县图书馆事业志	1989	非正式出版	
9	武都县图书馆志	1992	非正式出版	
10	浙江省云和县图书馆志	1993	电脑排版油印本	
11	大邑县图书馆志	1998	非正式出版	
12	福建省平潭县图书馆志	2006	彩色印刷，非正式出版	
13	湖南省祁东县图书馆志	2007	未见出版	
14	射洪县图书馆志	2008	印刷，非正式出版	
15	石屏图书馆志	2012	正式出版发行	云南人民出版社
16	重庆市酉阳土家族苗族自治县图书馆志	2013	非正式出版	
17	四川省苍旺县图书馆志	2016	非正式出版	
18	象山图书馆志	2018	2021年正式出版发行	宁波出版社

县级图书馆是我国公共图书馆体系中的基层图书馆，不仅承担着县域政治、经济、社会、文化和生态文明建设的文献资源保障职能，还承担着传播和弘扬中华优秀传统文化、中国革命红色文化、社会主义先进文化和科学技术文化的历史使命，承担着保护和传承地域优秀传统文化的历史使命。安徽省桐城市（县级市）是省级历史文化名城，有"文都"美誉。起源于1935年的桐城市图书馆，是安徽省最早的县级公共图书馆之一、国家县级一级图书馆，更是清代散文流派——桐城派和明清以后鼎盛于全国的桐城文化的文献资源主要产生地、聚集地和保存地，对保护、传承和弘扬优秀传统文化资源发挥了重要历史作用，正在并将继续为优秀传统文化资源在新时代创新性发展和创造性转化发挥重要作用。桐城市图书馆发展历史和经验总结，仅见于1995年、2012年编纂出版的《桐城县志》和《桐城市志（1978~2000）》，该二志均未全面、深入、清晰地记录桐城市图书馆事业发展过程。《桐城县志》仅在第十八章"文化"第五节"图书　档案"中简要介绍了1949年至1987年县图书馆体制沿革、馆舍、人员、

---

① 原小平：《区域图书馆史研究的新开拓——评〈河南省师范院校图书馆志略〉》，《图书情报研究》2012年第2期。

部门和馆藏情况、读者人数和日接待量，仅 300 余字。[①]《桐城市志（1978~2000）》的第二十一章"文化"第五节"图书"中，接续《桐城县志》对 1964 年至 2000 年县图书馆进行了简要介绍，增加介绍桐城文库、新馆建设、图书下乡服务以及古籍整理和编目等情况。除了县（市）志，桐城市图书馆网站上仅查到自 2009 年以来的"工作动态"，2013 年以来的工作计划、总结和大事记。这些资料只能片断地、不完整地反映桐城市图书馆自 20 世纪末以来的部分情况，因此，编纂《桐城市图书馆志》非常必要。

二　县级图书馆志编写意义

地方志的功能主要体现在存史、资政、育人三个方面，其意义为传承文明、史存资政。县级图书馆志既是县域文献发展史的真实记录，也是地域社会文化建设的重要缩影，对于传播图书馆精神、激发县域人民文化自豪感和自信心，有着重要的意义。编纂《桐城市图书馆志》，既是对流传古今、绵延千载的桐城文化资源脉络的全面梳理，也是对桐城文化传承历史和经验的系统总结，"贵在史实，重在致用"；[②] 既可以"为当代提供资政辅治之参考"，又可以"为后世留下堪存堪鉴之记述"。[③] 具体说来有三个方面的意义和价值。

（一）揭示规律，资政辅治

桐城市图书馆起源于民国时期的桐城县民众教育馆图书室，设立初衷是保存地方文献、服务民众对科学文化知识学习的需求。新中国成立以后，桐城县图书馆前身——桐城县人民教育馆一度成为安徽省安庆地区中心文化图书馆，积极发挥着图书文献服务功能，在扫盲脱盲、文化教育等方面发挥了重要作用。1964 年桐城县图书馆单独建制，成为名副其实的县级图书馆。1968 年桐城县图书馆并入文化馆；"文化大革命"期间，古籍被焚毁近 10 万册。1978 年，桐城县图书馆重新恢复建制，图书文献资源建设和服务逐步进入专业化阶段。1996 年 8 月，桐城县撤县建市，桐城县图书馆改建制为桐城市图书馆。随着 2006 年新馆落成，桐城市图书馆在地方文献建设、古籍整理、自动化建设、读者服务等工作上取得进展，发展成为安徽省规模最大、设备最先进的县级图书馆之一。党的十八大以来，桐城市图书馆在国家珍贵古籍名录申报、信息自动化与文化共享工程建设、全民阅读活动开展、"文都讲坛"开设、免费开放、评估定级、图书下乡与分馆建设、少儿与残疾读者服务等方面均取得了出色成绩。

桐城市图书馆史是桐城市政治、经济、文化、教育和社会发展的缩影。新中国成立后特别

---

① 桐城县地方志编纂委员会编《桐城县志》，黄山书社，1995，第 628 页。
② 李克强：《关心和支持地方志事业发展　为当代提供资政辅治之参考　为后世留堪存堪鉴之记述》，《人民日报》2015 年 12 月 30 日，第 4 版。
③ 《李克强总理重要批示》，《中国地方志》2016 年第 1 期。

是改革开放和党的十八大以来，桐城政治昌明，经济发达，则文化兴盛，图书馆兴旺；反之，战乱年代、"文革"时期，桐城社会动乱，经济萧条，则文化衰败，图书馆遭殃。优秀志书"不仅要求史料丰赡翔实，而且还应能够对其叙述对象的现实发展起到借鉴与教育等方面的推动作用"。① 县级图书馆志，可以描绘县域图书馆事业发展进程和现状，"探求其历史轨迹，观察其发展脉络，揭示其运行规律"，② 既对图书馆资源开发利用、图书馆事业史研究具有理论和实用意义，也能让人们感受社会主义文化建设的成就，体现社会主义制度的优越性，启示地方政府重视图书馆建设，促进文化事业发展，提升文化水平与文明程度。

（二）凝练精神，发展创新

作为基层图书馆，县级图书馆发展条件受国家政策、地方经济和行政观念影响。尽管如此，县级图书馆仍有一支理想远大、志向坚定、甘于奉献、久久为功的馆员队伍，他们在平凡的岗位上为图书馆和地方文化事业的发展做出自己的贡献。桐城市图书馆走过的80多年历史生涯中，有多位默默无闻的"守望人"，无论是独立建制的桐城县图书馆，还是与文化、广播、影视、科技等部门合并后的图书室，他们一直坚守在本职岗位上，低廉的待遇、不被重视的地位和清贫的生活，从未让他们有过改弦易辙的想法。这些老馆员的坚守和努力，体现了图书馆人"爱馆敬业的奉献精神，求真务实的科学精神，锲而不舍的进取精神，开拓创新的创造精神，团结协作的凝聚精神"，这就是图书馆精神。③ 县级图书馆志的编写，就是要书写图书馆的灵魂和精神、图书馆人的初心和使命。这是图书馆生存和发展的精神支柱，也是新时代图书馆创新发展的不竭动力。

（三）传承文化，增强自信

作为历史文化名城的文化资源高地，桐城市图书馆一直把传承优秀地域文化、弘扬当代先进文化作为使命。《桐城市图书馆志》可以真实、全面、完整地记述80多年桐城文化典籍创造、收藏和保护的历史，记述桐城人对典籍热爱、利用、创新的历史，记述文献资源对桐城经济社会、文化教育事业发展的重要作用和巨大贡献。"直笔著信史，彰善引风气。"④ 启示当代桐城人，增强文化自信，接续文献资源建设和利用工作，为新时代桐城经济腾飞、文化繁荣和社会进步做出新的努力。

---

① 原小平：《区域图书馆史研究的新开拓——评〈河南省师范院校图书馆志略〉》，《图书情报研究》2012年第2期。
② 苏全有、史晓明：《我国省级图书馆志研究的华丽篇章——评〈河南省图书馆志〉》，《公共图书馆》2016年第1期。
③ 苏全有、史晓明：《我国省级图书馆志研究的华丽篇章——评〈河南省图书馆志〉》，《公共图书馆》2016年第1期。
④ 《李克强对全国地方志系统先进模范座谈会作出重要批示》，2015年12月29日，http://news.xinhuanet.com/politics/2015-12/29/c_1117616965.htm。

三 县级图书馆志编写思想与原则

县级图书馆志编写要在正确的政治思想和学术理论指导下，坚持志书编写的基本原则，体现地方性专志的特色。

（一）人民中心，时代主题

县级图书馆志编写要以习近平新时代中国特色社会主义思想为指导，"坚持社会主义先进文化前进方向，坚持以人民为中心，坚持以社会主义核心价值观为引领，传承发展中华优秀传统文化，继承革命文化，发展社会主义先进文化"。① 认真总结县域文化事业成就，积极宣传图书馆人奉献精神，大力弘扬科学思想和社会主义精神文明。

（二）尊重史实，全面客观

以"史"为据、以"事"为实是地方志编写的基本原则。县级图书馆志记述县域图书馆发展史实时，既要"贯彻求真存实的方针"，做到"思想性、科学性和资料性的统一"，也要"强调全面客观"。② 作为桐城派文化古籍基地的桐城市图书馆，既有文化典籍汗牛充栋的骄傲，有成功申报国家级古籍珍藏名录的荣耀，也有"文革"时期古籍被焚毁、以废纸出售的情况，还有旧馆易主搬迁、新馆迟迟未成前古籍尘封的辛酸历史，因此，在涉及有可能影响图书馆声誉和形象的细节和重要事件时，也要据实直书，不能避讳粉饰，隐短显长。真实地记录图书馆荣辱，正是为了让后来人了解桐城市图书馆的历史原貌，既为文化盛世庆幸，也要防止历史悲剧重演。

（三）述而不论，意蕴其中

图书馆志的功能是通过记述历史和现状，为图书馆理论研究提供事实材料，因此，县级图书馆志"本身并不具备总结经验和探索规律的功能"，也就没有必要对所写事物进行评价、议论和阐释。③ 编写过程中不必对桐城市图书馆在各个历史时期发挥的文化功用和历史价值进行揭示，包括"文革"时期大量古籍被毁，也没有必要对其历史原因和社会影响进行剖析。图书馆志编写者大多是图书馆员，对亲身经历的事有自己的看法，但作为资料性著述，编写者仅仅是一个"局外人"，不可以直白地写出自己的观点，只能将著述态度隐含在文字中，或体现在史料选择、剪裁之中，还要保证"这种态度和倾向性要源于事实、客观公正"。④ 如 2008 年 4

---

① 《中华人民共和国公共图书馆法》，2017 年 11 月 4 日，https://news.qq.com/a/20171104/059766.htm。
② 《关于地方志编纂工作的规定》，《中国地方志》1998 年第 1 期；原小平：《区域图书馆史研究的新开拓——评〈河南省师范院校图书馆志略〉》，《图书情报研究》2012 年第 2 期。
③ 姚兰：《〈江苏公共图书馆志〉简评》，《新世纪图书馆》2015 年第 12 期。
④ 原小平：《区域图书馆史研究的新开拓——评〈河南省师范院校图书馆志略〉》，《图书情报研究》2012 年第 2 期。

月桐城市图书馆申报的三部古籍均入选第一批《国家珍贵古籍名录》，为全国县级图书馆所不多见，这不仅体现了图书馆员的慧眼识珠，也是对桐城市图书馆文献水平和价值的高度肯定。编写者只要写清楚这件事就可以了，贡献、价值和情感只能蕴藏于文字之中。

四　县级图书馆志编写内容与方法

县级图书馆志编写要以图书馆事业发展为主要内容，以《中华人民共和国公共图书馆法》对公共图书馆职能、运行、服务目标的界定为中心，以志书编写通例为规则，保障馆志内容的系统性、完整性，体例和方法的科学性、合理性。同时，根据县级图书馆工作重心和特色服务，县级图书馆志在内容写作上应该有个性化和重点选择。

（一）安排体例，设计内容

县级图书馆志编写既要遵循图书馆志编写通例，又要根据县级图书馆功用和特色有个性化地安排体例和设计框架。"有义法，有条贯"，① 分别从思想和内容两个方面对地方志写作提出要求。章节设置要"合乎科学分类和社会分工实际"，馆志体例包括述、记、志、传、图、表、录、照片等，"要突出时代特点和地方特色"，即结合县域政治、经济尤其是文化特色来设置，以彰显县级图书馆工作在社会主义建设事业中的影响和作用。总的来说，要"做到门类合理，归属得当，层次分明，排列有序"。②《桐城市图书馆志》可以做如下设置：

一、综述（介绍特征和成就）

二、沿革（成立时间、隶属关系变化、馆名变更）

三、机构、人员（机构设置及其变化、工作人员增减）

四、经费、馆舍（历年拨款数、文献资源建设费用、馆舍地址变更、主要工作设备和设施）

五、运行

1. 规章制度（图书馆章程、管理制度、安全应急制度、重大改革措施、免费开放制度）

2. 文献资源建设（图书文献资源采购、分类法使用、目录系统、藏书增量、古籍整理、桐城文库、桐城派研究资料中心、民国古籍图书目录电子化）

3. 现代信息传播技术建设（自动化系统、公共电子阅览室、共享工程设备、电子借阅系统）

---

① 梁启超：《清代学者整理旧学之总成绩》，商务印书馆，1999，第100页。

② 《关于地方志编纂工作的规定》，《中国地方志》1998年第1期。

4. 总分馆建设（乡镇、社区分馆）

5. 馆际交流与协作［安徽省图书馆联合编目、馆际互借，与安庆市及区（县）图书馆、桐城师专图书馆的资源共享］

6. 图书馆评估

7. 业务辅导与指导（对乡镇图书室、在城机关和企事业单位图书馆工作人员的业务培训和工作指导）

六、服务

1. 读者服务（办证人数、年入馆量、流通量、流通率、上机人数、读者联谊会）

2. 文献资源借阅（通借通还、入馆量、借还量、借阅率、流动借阅网点、桐城派研究等古籍资料查阅量）

3. 空间和数字网络服务（文化共享工程县级支中心、数字图书馆在线服务、图书馆网站建设、官方微信公众平台、移动图书馆 App）

4. 公益性讲座、培训、展览（"文都讲坛"，面向市民、农民和行业员工的技能培训，各类展览）

5. 阅读推广活动（全民读书月、文化共享助春耕、绿书签行动、"书香桐城"读书会、"4·23"经典诵读之夜）

6. 儿童和残障人员的服务（少儿阅览室、残障人士阅览室）

七、附录

1. 大事记

2. 历任馆长

3. 古籍珍藏本名录

4. "文都讲坛"名录

上述设置，紧密结合县域图书馆服务城镇社区、农业和农村的基本文化职能，突出了桐城市图书馆在古籍保护、整理和利用以及优秀地域文化传承和服务上的杰出贡献。

（二）事以类聚，横排竖写

图书馆专志编写要根据图书馆职责、功能和作用，将图书馆工作特征进行分类归聚，确立"章"的名称（下称"章目"）。章目采用横排原则，即章目名称之间是并列关系。每章之中应包含若干个独立的事物，还可以进行二、三级分解，形成"节"。最后一个层次的"节"便是竖写单元，"要抓住事物的发端，纵叙事物发展变化过程"。① 县级图书馆志编写，既要遵循

---

① 志人：《图书馆志编修中几个问题的探讨》，《江苏图书馆学报》1991 年第 5 期。

图书馆发展规律，又要结合办馆特色有所侧重。横排章目不必过细，除常规的综述、沿革、机构、人员、馆舍、经费外，可以借用《中华人民共和国公共图书馆法》"运行"和"服务"等章目，将图书馆基本职能和服务囊括其中。横排门类，纵写史实。县级图书馆志竖写"节"的内容也可以有侧重和个性化。桐城市图书馆则可以将评估定级、古籍整理与服务、公益性讲座等最能体现特色和成就的内容列为竖写重点。

（三）隐时显事，详今略古

图书馆史的写作强调有明晰的时间起讫，图书馆志则不同，除了综述部分以时间为标志概述图书馆发展脉络，各"章"下面竖写"节"的内容则是以写事为主。桐城市图书馆在 1998 年、2009 年、2013 年、2018 年全国市、县公共图书馆评估中先后被评为"三级图书馆""一级图书馆""一级图书馆""一级图书馆"。"评估定级"一节要重点记述桐城市图书馆由三级馆蜕变升级为一级馆的积极举措和努力工作，重点描述一级图书馆在基础设施、先进设备、文献资源和特色服务上的亮点和成就，没有必要以时间为节点，逐一记述四次评估过程和结果。这就是志书"隐时显事"的编写原则。隔代修史，当代修志。"编纂志书强调厚今薄古，就是要掌握详今略古、古为今用的原则"，[①] 其目的是通过对历史线索的梳理，突出当下事业的进展和贡献，以利于后续发展。桐城市图书馆有 80 多年的发展史，应重点写改革开放以后，特别是党的十八大以来的情况，这样才能更好地突出新时代在"以人民为中心"思想指导下，在经济发展、文化繁荣、公民素质提升的社会背景下，桐城市图书馆飞速发展并取得三次蝉联"国家县（市）级图书馆一级馆"的突出成就。

（四）广集材料，重点剪裁

县级图书馆志编写质量很大程度上取决于材料。要依据篇目范围着手搜集资料，要求做到"全、实、细"。[②] 材料来源有三类：一是出版物，包括著述、新闻报道、回忆录、县志等；二是官方或私人档案，包括文件、会议文集、原始账单、年鉴、图表、日记、信函等；三是调查材料，包括口碑资料、访谈记录等。要特别关注口述历史和图片资料。口述历史（简称"口述史"）就是储存在当事人、知情人记忆之中各个历史时期的人和事，通过访谈整理记录。口述史"可以成为正史资料的重要裨补，通常被称为'活的历史'，因此有着独特的史料价值和学术意义"。[③] 桐城市图书馆有多位健在的退休老馆员，还有不少新中国成立以来不同时期的热心读者，他们的口述史是经过时间沉淀的非常重要和珍贵的历史资料，不仅能还原当时的真实原貌，还能通过多份口述材料的互补，完善重大事件发展进程和细节，体现事件的性质、价值和

---

① 苏全有、史晓明：《我国省级图书馆志研究的华丽篇章——评〈河南省图书馆志〉》，《公共图书馆》2016 年第 1 期。
② 靳密森：《浅谈县图书馆志的编写》，《黑龙江图书馆》1985 年第 3 期。
③ 苏全有、史晓明：《我国省级图书馆志研究的华丽篇章——评〈河南省图书馆志〉》，《公共图书馆》2016 年第 1 期。

意义，是官方资料难以表现的。图片也是历史证据的一种重要形式，是最直观的历史记录。[1] 来自官方媒体、档案的资料多从正面记录，来自个人收藏的资料更能体现事物的侧面，两者互证能增强馆志的"真实性、地域性、时代性、可读性"。[2] 桐城市图书馆历届馆员中的摄影爱好者，在每一个重大事件和重要活动中都曾用相机记录；还有报社记者，他们记录的一些大场面图片已公开发表，保留的都是细节和幕后图片，征集过来是非常有价值的。

丰富的材料是基础，编写的"功夫"却在于材料选择和组织。"如把征集资料比作'增肥'的话，整理资料便是'减肥'了。"[3] 减去与编写思想、原则不相关的材料，减去与重大事件、重要特色不相关的细枝末节。《桐城市图书馆志》要抓住各"节"之事，有效选择和组织材料，比如阅读推广活动，写好改革开放尤其是免费开放以来倾力打造的全民读书月、文化共享助春耕、绿书签行动、"书香桐城"读书会、"4·23"经典诵读之夜等活动，写出活动的组织策划、读者的热心参与以及活动产生的阅读效应、社会反响等。

（五）重点展示，彰显特色

1. 县域特色：服务"三农"文化建设

县级图书馆是离农村和农民距离最近的图书馆，其主要使命是服务"三农"。县级图书馆志应以农业生产和产业发展为立足点开展文献资源建设，深入农村零距离服务农民阅读文化需求，重点介绍乡村振兴事业中县级图书馆发挥的文献支持和文化服务功能。桐城市图书馆于1996年在8个乡镇建立图书借阅点，是较早尝试建立乡镇分馆的县级图书馆。2008年至2012年相继开展"全民读书月"向乡镇图书馆捐赠图书、"文化共享工程县级支中心"中心机房和电子阅览室村级基层点全覆盖、村级文化共享工程基层服务点与农村党员远程教育基层服务点共建、"文化共享助春耕"送科技文化光盘到村庄、农家书屋图书联采、图书流动和管理联动等服务"三农"品牌活动，取得突出成效，《桐城市图书馆志》要通过重点工作、中心事件和翔实数据来介绍县域图书馆特色。

2. 地方特色：传承优秀地域文化

优秀地域文化是中华优秀传统文化的有机组成，县级图书馆有责任、有义务通过保护、整理、利用来创造性转化和创新性发展优秀地域文化。桐城市图书馆藏有古籍1万余种，是安徽省古籍藏量最多的县级公共图书馆、全国桐城派研究资料中心。2008年申报的三部古籍入选第一批《国家珍贵古籍名录》；同年参加全国《中华古籍总目·安徽卷》编纂工作，整理古籍经部300余部；2014年朱红副馆长等主编《桐城古代散文选》，对桐城古籍进行现代性阐释；2015年民国古籍图书目录电子化，4部古籍文献入选《安徽省珍贵古籍名录》，2018年分别参

---

① 彼得·伯克：《图像证史》，杨豫译，北京大学出版社，2008，第9页。
② 原小平：《区域图书馆史研究的新开拓——评〈河南省师范院校图书馆志略〉》，《图书情报研究》2012年第2期。
③ 志人：《图书馆志编修中几个问题的探讨》，《江苏图书馆学报》1991年第5期。

与中央电视台《中国影像方志·安徽桐城篇》、安徽省图书馆《中国茶文化资料集成·安徽卷》拍摄和编纂工作。在古籍整理和保护的同时，加大桐城派及桐城文化资源建设和社会服务工作。1994年建立"安徽桐城文库"，2010年建立"桐城籍名人长廊"，2011年开设"文都讲坛"，2019年编排选送男声独唱《六尺巷》参加省级表演，等等。基于上述工作，《桐城市图书馆志》要以古籍保护和利用为线索，写出县级图书馆传承优秀地域文化的地方特色。

3. 时代特色：积极开展技术革新

科学技术是第一生产力，也是县级图书馆现代化服务的根本保证。自21世纪以来，计算机网络技术和信息数字化发展促进县级图书馆自动化建设、电子文献资源建设和共享服务，"极大地改变了现代图书馆的运行方式与整体面貌"。[①] 桐城市图书馆也不例外。2007年完成馆内局域网建设，采用图书馆自动化集成系统（ILAS）实现了图书馆业务的自动化管理；2008年重要部室安装视频监控，设置烟感探测器和红外线报警器；2009年门户网站正式运行服务；2010年完善报刊书目数据库的构建，实现图书、期刊一卡通借阅；2012年完成公共电子阅览室建设任务，更新"力博图书管理"系统，实现电子文献检索、视听服务、网上自助查询等便捷服务；2015年新置歌德电子书借阅机，手机扫一扫，电子书带回家；2017年启用官方微信公众平台和"移动图书馆App"，实现图书馆网络服务到移动终端服务的无缝对接。《桐城市图书馆志》要精准记录每一个有质的飞跃的新技术、新设备应用历史，让人们看到一个县级图书馆从"人工"、"自动"到"智能"服务的美丽蜕变过程。

县级图书馆及其分馆是党的富民政策、文化知识和科学技术在新农村的加油站，是服务当代新型农民学知识、学文化的"最后一公里"，必将在新时代乡村振兴大业中起到文献支持和知识服务作用。《桐城市图书馆志》要以"自觉的专业精神、责任意识，严谨的治史态度、翔实的历史资料和科学的工作方法"[②] 为县级图书馆志的编写提供成功范例，也要通过对桐城市图书馆历史记述和发展规律的揭示，为当代图书馆事业兴旺发达提供借鉴和参考。

---

① 原小平：《区域图书馆史研究的新开拓——评〈河南省师范院校图书馆志略〉》，《图书情报研究》2012年第2期。

② 马德静、徐雁：《执着敬业：体现图书馆文化和专业主义精神的〈河南师范大学图书馆史稿〉》，《河南科技学院学报》2015年第9期。

以信史为念，详县志所略，
为消失的自然村修志留史
——以上海闵行《褚家塘志》为例

褚半农

（上海市闵行区莘庄镇修志办公室）

褚家塘是上海西南的一个自然村，也是原上海县莘庄公社下属的一个生产队，在城市化进程中于 1993 年起开始动迁，至 2010 年结束，并最终全部拆除老宅，村民分批搬迁至各个新村小区。几乎在村庄最终消失的同时，笔者完成了《褚家塘志》① 的撰稿。该志书被列为闵行区非物质文化遗产丛书，于 2010 年 12 月由上海人民出版社出版发行，这也是当时上海乃至全国唯一一部以自然村（生产队）为记述范围的志书。复旦大学蒋凡教授赐序说："我曾因工作需要，翻阅数百种各省通志、府志、县志、山志之类，但遗憾的是，很少见到一部真正的自然村志。而褚半农先生的《褚家塘志》，正好填补这一学术空白，嘉惠学林，开拓之功不可没。"在2012 年上海市第三届地方志优秀成果评选中，《褚家塘志》获得志书类三等奖。《中国地方志》2017 年第 11 期和 2019 年第 2 期上，张军、黄建安两位专家的论文中也都提到《褚家塘志》，归为"学者型村民"修志。②《褚家塘志》后被列入莘庄镇"莘文化"丛书，于 2019 年 4 月出版增补较多内容的第 2 版。③

笔者感谢各位的关心和抬爱。在这之前，笔者一直在思考一个问题，即面对当前各地出现的村庄大量消失、社会形态发生重大变化等新情况，以记载历史为重任的史志工作者可做些什么。落实到笔者身上，一是要不要修部《褚家塘志》？二是怎样撰写自然村志？三是出版增订

---

① 褚半农：《褚家塘志》，上海人民出版社，2010。
② 张军：《康熙〈杏花村志〉对名村志编纂的借鉴》，《中国地方志》2017 年第 11 期；黄建安：《论"村落终结"时代的村志编纂》，《中国地方志》2019 年第 2 期。
③ 褚半农：《褚家塘志》（第 2 版），中西书局，2019。

版的意义何在？或者归结到一点，就是为什么要编修村志和如何编修好村志。这也涉及村志编修理论和实践等诸多问题。

一 村庄自身的史料价值和研究价值决定要撰写《褚志》

《褚家塘志》（以下简称《褚志》）是褚家塘自然村的村志，也是褚家塘生产队的队志。它记录的是一个自然村（生产队）的情况，保存的却是一个历史时期中国江南农村的生产、生活画面，从中可看到一个时代的许多历史细节。

每个村庄都是农村社会的一个缩影，有各自的历史和特点。要了解农村，了解中国社会，就不能不关注一个个具体的村庄，尤其是一个个自然村，它们也是一个个社会细胞，众多的细胞组成了农村的天地、社会的形态。这三四十年来，城市化进入了人们的生活，由此，很多地方的生产队撤销了，老宅基拆迁了，土地征用了，村民变成市民了，村委会变成居委会了。原来种植水稻、棉花、油菜、蔬菜等作物，农民赖以生存并年年可为城镇居民提供生活必需品的农田，成片成片地退出了种植领域，代之以工业区、开发区、商务区、住宅区。一种存在了几百年甚至更长时间的社会结构、生活形态消失了，几十年前建立的经济体制、生产方式也不复存在，依附于其上的生活方式、民风民俗、传统方言等也都不同程度地走在消失的路上。不仅是城市近郊的村庄大量消失，远离城市的村庄也大量消失了。这种全局性、大范围甚至特大范围里的变动，在中国历史上从未出现过，它在极大改变社会形态和格局的同时，对家庭结构、村民生活、户际关系、民风民俗乃至心理认同等已开始产生影响。这种改变也正在对中国的现状产生着一系列影响，并将对中国今后的历史产生影响，有些影响可能是今人无法预料的。变化前后的村庄历史还都将成为社会学家、历史学家长期研究的课题，他们需要实际事例，需要具体材料。尽早、尽快地为消失或将要消失的村庄留存历史，记录下的不仅是某个村庄聚落的历史与现状的反映、变化的进程，它既可为人们了解社会、认识社会多提供一份素材，也可为将来的历史学家、社会学家等保存今天看来十分常见、将来可能罕见或空缺的基层社会日常生活的资料，它的意义和价值会随着时间的推移逐渐凸显。

笔者撰写《褚志》，不仅是因为褚家塘是历史上褚姓人自行聚居、自然形成的一个自然村，村名在清乾隆年间编修的《娄县志》中已有记载，还因为她是生我、养我的家乡，除了当兵六年外，笔者一辈子没有离开过，现在还和褚家塘人一起，住在上海西南乡下一个动迁小区里。笔者熟悉褚家塘的每一间房子、每一户人家，这里有笔者的亲人，也有本家、族人和朋友，笔者叫得出每个人的名字，也知道他们的性格脾气，熟悉每个人在不同情况下会讲些什么闲话和会用什么口气说话。笔者曾和他们在一起做工活，寻工分，汗水流到过褚家塘的每一塘田里。生产队虽小，但它有其特定的基因，就像古老闲话讲的，麻雀虽小，五脏俱全。社会上的阴晴冷暖，在褚家塘也都会有反映。这块小小的土地上有过狠抓到底的阶级斗争，有过彩旗飘扬的大干苦干，有过喜上眉梢的粮食丰收，有过牵动人心的喜怒哀乐。几十年中这里发生的一切，笔者参与，笔者知道，笔者熟悉。笔者有责任和义务把自家宅基的历史整理、撰写出来，以保存一个自然村真实的社会形态资料和研究价值颇高的微观史资料。在城市化进程中，这样的自然村、老宅基会越来越少。远处的不说，笔者所在的莘庄镇原共有 87 个生产队 155 个自然村，这些存有丰富历史、建筑、风俗等信息的老宅基在最近二三十年的时间里先后被全部拆除而消失了。我们的后代、后代的后代，再也不会有自己的祖地、祖居而成无源之水，无本之木，这更显示出记录、留存相关文字的迫切和重要了。

现在出版并标以《××村志》的志书，从记述范围看，其实都是行政村志，里面包括若干个自然村，其前身亦即是原人民公社下属的一个生产大队，下面分有若干个生产队。有的确是一个自然村，但由于村子过大，组织起来后会划分成若干个生产队。这样的村志，说到底还是属于行政村志。以一个自然村、一个生产队为记述范围的志书，就笔者的阅读范围和网上搜索看，尚未见到。为一个自然村（生产队）修志，难度很大，最主要难在资料缺乏。因为大量的馆藏档案资料，基本上是以人民公社为单位的，生产大队（行政村）的内容已比较少了，生产队内容在馆藏档案中更是相当有限，如仅靠采访资料和口碑资料，是无法支撑一部志书的。笔者敢撰写《褚志》，就是因为手头有足够多的书面资料。几十年中笔者有几十万字的原始记录，还注重收集、保存了不少。笔者从 1959 年起就有生产队大事小情的详细记录，如"三年困难时期"缺粮情况、社员评工记分制度演变、"文革"中割资本主义尾巴等内容，都是难得的可用资料。笔者手头还有 40 多年前亲手绘制、刻印的包括褚家塘在内的全大队地图册，有多年缴售农产品、出售生猪的原始发票，土地承包责任书，生产大队编印的几百份"战报"，以及自家拍摄的录像带、老照片等，现在都变得唯一而珍贵了。这些资料原都是笔者为文学创作积累的原始素材，都是村（队）事的真实记录，是无意中留下的，但因记述时客观、真实、具体，编修《褚志》时派上了用场，为撰稿带来了很多意想不到的方便。几十年前的事情别人可能说不清楚，可志书都会有明确记载。

1983 年 2 月，笔者从学校被抽调出来，有幸参加了上海第一轮编修地方志工作，在编修《上海县教育志》（后任主编）的同时，还担任《上海县志》几个章节的撰稿，持续有八年多时间。应该说，对编修地方志，笔者多少有些实践体会。后来，虽然转为文学创作、研究上海方言和明清吴语，但对各类地方志书尤其是村镇志，仍一直关注着，还忙里偷闲，收集和阅读过几十部本市及外地的村镇志。另外，生产队的资料虽然缺乏，笔者仍到处寻找和采访，正式的收集工作前后达三年之久。《褚志》就是在这种背景下撰写出来的，意图只有一个，利用这个载体，保存一个自然村的政治、经济、文化、家庭、风俗等方面资料，为这个生我养我的小村庄留下自己的历史，为这个最小的"社会细胞"留下真实历史。在城市化进程中，褚家塘消失了，她的历史留在《褚志》中。

二 以信史为念，详县志所略，撰写好《褚志》

如果从省市志、区县志，到乡镇志，再到行政村志排列起来，那么自然村志在最下面，是第七个层面的地方志书，虽是名副其实的小志，却历来是志书家族中不可或缺的重要成员。同上位的各级"大志"相比，两者自然有相同之处，但更多的是同中有异，有大异。因此，从一开始谋划时，笔者就没有向大志"看齐"，而从有利于记录，补充上位志书无法详细、具体记载的农村经济、社会情况出发，并根据小志特点与自然村实际情况立卷设节。那么，《褚志》中要记载哪些内容呢？或者说，志书为褚家塘留下了哪些历史呢？全书共十六卷，卷下设节，卷目为概况、政事、土地、经济、农业、住房、人口、物产、风俗、方言、人物、艺文、事录、杂记、文献、附录并附索引，字数近25万字。与上位志书重要的不同之处在于各卷内容的选择、记载。除了志书的基本要素，如经济、社会等必要的记述、数字外，其余都是上位志书中没有的内容，却是自然村志必须记载的内容，真正做到详县志所略，详其他上位志所略。笔者还对自己有个要求，即在撰稿中做些努力，吸取诸志优点，避免资料的堆砌、罗列，并想在深度、广度上有所突破。

重大历史事件的记载不能有遗漏。重大历史事件是改变农村历史走向、决定农村历史命运的大事，对每一个自然村（生产队）以及各个家庭都产生过重大影响。将几十年中的重大历史事件连续记录起来，就是一部活生生的农村社会发展史。这些事件既有农村生产关系变革的土地改革、农业合作化、人民公社等整体性大事，也有"大跃进""农业学大寨"等特定阶段中衍生出的大事。这些重大事件同国家的政治、经济形势紧密相关，且是在统一号召下各地的"规定动作"，因而具有普遍性，这是共性。但每个村庄、每个生产队，都会有不同的内容，这就是个性，是"这一个"。自然村（生产队）志的重点就是要处理好共性和"这一个"的关系，记载好"这一个"的内容。《褚志》卷三"土地"中记有土地改革后，土地性质有变化，"共有土地面积427.953亩（其中国有142.151亩，私有285.802亩），宅基地面积15.744亩"等，并按户列表展示当时各家庭占有土地与房屋情况。志书对土地改革中两种不同性质土地的记载是："政府将没收、征收的地主土地分配给无地或少地的农户，对这部分土地发给国有土地使用证；对仍保留产权的农民和其他阶层（不含地主）的私有土地、房产发给土地房产所有证。留给地主居住的房屋及基地，地权归国有，发给土地使用证，在使用证上注明房屋归其所有。"对颁发土地证的记载是："农户分别领到了上海市政府颁发的《上海市国有土地使用证》和《上海市土地房产所有证》。"（第19~21页）并在表格中全部列出土改后各家拥有的国有或私有土地、房屋情况等，全村45户中有5户领到《上海市国有土地使用证》，15户领到《上海市土地房产所有证》，25户既领到《上海市国有土地使用证》，也领到《上海市土地房产所有证》（第19~21页）。这样完整、准确记载的这段历史，恰恰在其他大小志书中从未有过。而大量的上位志书中居然出现了记载错误，甚至基本知识如土地证有两种都分不清，也不记载或记载不全，《褚志》的记载还历史本来面目。为此，笔者还撰写了《论析县志中土地证记载错误》一文，发表于 2013 年第 11 期《中国地方志》上。

阶级斗争是当年长时期坚持的头等大事，其中划分家庭成分是 1949 年新中国成立后最先施行的重大政事，也是此后开展阶级斗争的依据和前提，在一个自然村里又是怎样的呢？20 世纪 50 年代初期的土地改革和 60 年代中期的"大四清"运动中，全国农村曾两次划分阶级成分。而家庭成分对每个人员又极为重要，尤其是地主、富农，乃至上中农等高成分将直接影响、限制、拦阻其家庭成员的入学、参军、工作、婚姻、入团、入党、提干等。这项政策对整个社会、每个家庭、每个家庭成员都产生过重大影响，并连续实施了 30 多年。除少数志书对第一次划分轻描淡写地用一两句话带过外，对"大四清"中的第二次划分，为数众多的志书都不记载，特别是乡镇志、行政村志也都不记载，连"大事记"中也不提一句，好像从未发生过，客观上造成历史割断，导致大事失记。《褚志》卷二中用"运动""成分"两节完整记录土改评定各家阶级成分后，到"大四清"时重新划定家庭成分及接着出现的新情况，如"五类分子"子女增加等，"共有地主 2 户，富农 5 户；地主分子 2 人，富农分子 2 人，坏分子 1 人，右派分子 1 人。另有富农成分、不戴富农分子帽子者 3 人"，以及"'五类分子'子女 31 人（其中男 18 人，女 13 人，含第三代 8 人）"。① 卷一三"事录"中有生产队历年多次批判"四类分子"，还发动群众批判其他人等记录，当年处于阶级斗争形势下的农村基层情况和农民生存状态一目了然。志书对两次划分阶级成分等重大历史事件做了客观记载，记于志，存于史，反映一方地情，为人们留下可供研究、评论的资料。卷一五"文献"，则保存了 1966 年"褚家塘生产队四清运动总结"、1975 年"农业学大寨、普及大寨县"几十条标语口号等内容。对于"文革"前夕的农村"四清"运动以阶级斗争为纲的实质，以及"文革"中"农业学大寨"的精神面貌，都有具体的反映，都是宝贵的第一手原生态史料，可资做史者参考借鉴。

志书卷一三不取"大事记"而取"事录"之名，是笔者思考再三后的定位。这样立目，记录的内容可更贴近村民生活，记载也可更详尽。从 1942 年至 2009 年，"事录"共收记录 497 条，除了有阶级斗争、大批判这类当年的头等大事外，还记有村民战天斗地、粮食丰收等时的具体事项和喜怒哀乐，既记事、记物，又记人，可读性强，大多是档案资料中不可能找到的资料，却是一个村庄历史中的重要内容，均来自笔者当年的原始记录。如 1958 年"大跃进"时深翻土地、密植种秧，评工记分时小包工、大寨式，人民公社办食堂的出饭率，连农业合作化后拖拉机第一次来耕地，第一次使用电动脱粒机，购买第一台手持拖拉机，第一批退休的农民，最后一位乘坐花轿的新娘，以及何时始用电灯、始通自来水等，因有原始记录而在志书中

---

① 农村中一般只有"地富反坏""四类分子"，褚家塘在 20 世纪 60 年代初期一名"右派"返乡，"大四清"中身份暴露后被监督劳动，这才有了"地富反坏右""五类分子"，故志书中有时称"四类分子"有时称"五类分子"。

都记载明确。"事录"材料扎实，内容鲜活，记录连续，桩桩件件皆褚家塘独有，连起来就是这个村几十年的历史，从中却可看到一个时代的许多历史细节。这种记载不仅仅是一个村庄聚落历史与现状的综合反映，而且具有超出其本身价值之外的一般性意义，为人们了解社会多提供一份素材，也可为上位志书补充详细、具体、鲜活的农村经济、社会资料，还可为将来的历史学家保存一个特定时期最基层的社会日常生产、生活资料。

卷一四"杂记"有日本侵略军罪行，反动标语事件，老宅出土银圆事件，小包工、大寨式评工记分，黄金瓜种植法、制作法（五则）等9节，内容各自独立而五花八门，作为资料却弥足珍贵。写作上则采用纪事本末体，客观纪实，穷其因果，明其始末。如"出饭率"有明显的时代特征，这是1958年人民公社建立食堂后出现的新词，指一斤米能烧出多少斤饭。食堂初办时，吃饭不要钱，让大家放开肚皮吃，不需要出饭率。很快粮食紧张，每人重定口粮标准，101天后即按出饭率给各家分饭。食堂为解决缺粮问题，让大家能吃饱，千方百计提高出饭率，就往米中大量掺入卷心菜、胡萝卜等，志书有当年的11条出饭率记录。如1960年1月12日"事录"记载："本来食堂一斤米烧二斤七两饭，现在陈进余试验成功一斤米烧五斤饭！比过去整整多了一倍。社员个个笑逐颜开。"此节又补充记录："一斤米烧出五斤饭，是先将米放在蒸笼里蒸一下，淘洗后放在碗里，再放进蒸笼里蒸熟。"其实这种饭松如米花而不耐饥。另记到因粮食不够吃，家庭做饭则掺入精饲料，甚至杂草等，都是当年的真实情况。《褚志》"杂记"的各条记载材料具体，过程明晰，还同有关章节前后照应，内容互补，既能为研究者提供有价值的资料，也避免了村志记述千篇一律、雷同化的通病。

三　城市化中自然村的消失过程需完整记录

《褚志》被列为闵行区非物质文化遗产丛书，由上海人民出版社出版发行，两年后在上海市第三届地方志评比中又获得优秀成果（志书类）三等奖。既是如此，那为什么还要出版第2版呢？

1995年，因集体土地被全部征用，区政府已批准撤销褚家塘生产队建制，接着开始核定村民农龄和生产队集体资产，于1999年完成撤队分配，《褚志》第1版下限便定在1999年。2009年又批准东吴村撤销行政村建制，启动撤村工作，至2012年改制成立股份合作社，动迁后的失地村民入股成股民，并同步完成了村级集体资产量化及撤村分配。2010年褚家塘老宅也因动迁而全部拆除。撤销生产队和撤销行政村意味着当地作为农耕社会的历史彻底结束，从志书编纂角度而言，这又是个天然断限，这段历史必须记入《褚志》，一个自然村的历史才完整。因此，第2版的下限定为2014年，增补、出版顺理成章，这也是撰写的出发点和原动力。笔者以保存完整原生态信史为念，再次收集、调查生产队有关情况和城镇化进程中消失的全过程资料。这也符合笔者对编修《褚志》的追求：用心解剖，精心打磨，让志书成为资料翔实、史实准确、体例完备、特色鲜明、图文并茂、文风端正的上海市乃至全国最好的自然村志。

《褚志》的增补是为完善志书体例和提供更多的记载内容，使志书结构更加完整，内容更丰富，是为志书本体服务的，体现了笔者的一种追求。如增写的概述和无题小序，可略窥全貌并起导读作用。自然村（生产队）里的事情无不与家庭有关，写好家庭内容就是要解剖好这个细胞，挖掘和记录更多可以存史的底层资料。为此，"人口"卷目调整为"家庭"，还添加了户别、谱系、辈分和死亡等节目，又因内容众多而分作两卷，容量增加了一倍，记述自然会更完整，留存的资料也更丰富，还可查阅到各家的资料。由于老宅历史上无族谱等，各家三代以上的祖先现已无法追溯，而如果不趁志书增修的机会把当今的情况记载下来，那么，我们的后代、后代的后代，对自家祖先情况的不了解还将继续，或将永远"糊涂"下去。对于笔者，则是愧对列祖列宗和父老乡亲，为此特地增写"谱系"一节。笔者必须尽力做好这件事。厘清了各家的脉络，实际上也为褚家塘后人提供了新家谱。

资料性是志书的本质属性，志之重要在于资料。这类有价值而完整的典型资料还有绞圈房子，它本来是当地、上海乃至苏南地区长期存在，且比石库门建造年代更早、更有农耕特色的一种古建筑，也是应该列入非物质文化遗产名录，可以进入上海建筑史、中国建筑史的住宅建筑。但它至今不仅未被人们重视，而且由于种种原因，在这三四十年中几乎全被拆光了。各种县志、村镇志虽有记载，但因记述者对其缺乏感性认识，熟悉程度不高，记载都过于简单，甚至名称写法也因记音而不正确。20世纪80年代时，笔者第一个将"绞圈房子"写入《上海县志》，[1] 但限于体例，记载不能详尽。前几年笔者在研究上海方言查阅明清资料时，发现了清光绪九年（1883）上海出版物上的明确记载材料，而且名称写法、所指内容同笔者写在县志中的完全一样。这样，卷六"住房"就详细记载了消失不久的特色住宅，并绘制了五开间两进式绞圈房子平面图，另有建筑词语例释，配以若干幅局部照片。如此详尽、完整、具体的资料，在其他大小志书中从未有过，也是不可能有的，既真实反映实际情况，恢复其应有的历史地位，也可为研究者提供确凿证据和方便。前几年上海掀起"绞圈房子热"，媒体对笔者采访、报道，报刊发表研究文章，作者都点明资料采自《褚志》。

最重要的是增设一卷"调查"，有社会调查6篇。如按常规的篇章节目撰稿，好多内容会被简化、省略，而用社会调查的形式，选择几个既能反映地情特征又有时代特色的专题予以详细记述，既可保留更多有价值的内容，又能提高志书记述深度和学术品位，但前提是对这类专题要有敏感度，还要掌握比较多的资料。笔者具备这个条件，手头备有深入民间、亲自调查得来的各类详细素材。20世纪80年代第一轮修志时，笔者撰写的《褚家塘社会概况调查》收入《上海县志》，此为全国地方志中唯一一篇社会调查，曾有多名专家在论文中提及，最近的如浙

---

① 上海县县志编纂委员会编《上海县志》，上海人民出版社，1993，第1119页。

江萧山区志办的沈迪云、莫艳梅。[1] 第二轮修志中笔者应邀为《闵行区志》续写了《褚家塘社会概况调查（1992~2011年）》，为此，笔者再次调查自然村情况，详细记录褚家塘在城镇化进程中消失的全过程及出现的新情况。两篇社会调查使一个自然村（生产队）在县志、区志中有连续、完整的历史记录，这可能在全国也是唯一的。调查中自然村的微观资料、历史细节，都是社会形势在自然村内产生影响的具体反映。以婚姻、生育为例，出现了网络相亲而结婚以及婚前同居普遍等现象，还特地记录了第一代独生子女陆续进入婚嫁期后出现的"两面登"新形式，即婚后在男方家、女方家都设婚房，夫妇双方"两面登"（登，方言动词，多义，此处为住宿，即男家和女家两边都可是家，不存在谁"出嫁"或谁"入赘"）。当地原只有出嫁、入赘两种传统形式，女方嫁入男家后，娘家只是亲戚而已，如是男方入赘女家，其娘家也只是亲戚而已，这样，独生子女婚后总有一方要成无子女家庭。"两面登"后解决了问题，但也带来另一个问题，即婚后所生子女从谁姓？实际情况是协商解决，既有从父姓的，也有从母姓的。生育最大的变化是孕妇剖宫产人数剧增，53名（其中独生子女51名）新生婴儿中，顺产15人，占28.3%，剖宫产38人，比例高达71.7%，而1992年前可忽略不计。

志书中的自留地调查，切入点极小，反映的倒是大问题。自留地本是我国农业合作化和人民公社时，由农业经济组织按国家政策规定和家庭人口数，分配给各家自由种植、长期使用的小块土地。社员经营自留地原是一项家庭副业，可以充分利用剩余劳动力和劳动时间，生产各种农副产品，满足家庭生活和市场需要，增加收入，活跃农村经济，自留地生产也是集体经济的必要补充。但它从出现不久就遭曲折、反复和折腾，分了收，收了分，共有3次，"文革"中还割自留地上所谓的"资本主义尾巴"。自留地充满历史沧桑，而每次的反复，都同当时的政治气候、经济形势有关，同政策有关。笔者不仅曾两次参与分配自留地（用算盘计算面积），还记录有当年的政策规定、分配标准等，并保存了下来。这些内容或是被修志者忽视，或是修志者不了解、不掌握情况，因而在其他大小志书中是看不到的，却记录了当年农村真实的情况，具有重要而独特的存史价值，也可为当代提供资政辅治之参考，为后世留下堪存堪鉴之记述。后来，笔者还据此撰写论文《从方志、档案记载看承载历史沧桑的自留地——以上海闵行区褚家塘生产队为例》，发表于2017年第1期《上海地方志》上。

承蒙地方志专家、华东师范大学终身教授王家范关心、厚爱，他为《褚志》（第2版）赐跋，现引用一节：

> 最底层如"自然村"里最普通百姓的"社会史"，特别是他们的思想史、心态史，又何曾见得？凭借这些珍贵原始资料，当代中国农民的社会生活变迁以及社会心理实态，这样一个宏大而重要的社会史研究课题，至少能够以褚家塘"个案"的形式，完成得非常踏

---

[1] 沈迪云、莫艳梅：《社会调查在二轮修志中的应用》，《中国地方志》2011年第1期。

实可靠。读后，你一定会后悔以前为什么没有注意到这本拥有少见而独特的民间史料的褚氏"乡村史志"？为此，兹向当代史研究者隆重推荐。

历代修志，资料来源主要是采访。现代修志，则大量依靠档案，辅之以采访及口碑资料。修志前辈、上海浦东陈行的秦锡田曾慨叹："修志之难，不在于纂辑，而在于采访。"① 笔者也采访过，自然也碰到过此类"修志之难"。而笔者修志，除充分利用档案外（尽管生产队资料并不多），还得益于平时大量的原始记录，也可以说是积累的私人档案，为此也减轻了"修志之难"的程度。那些都是生产队里的实时记录，有时间，有地点，有事实，有当事人，有的笔者还是参与者，也是记录者，感受的是真实生活，记录自然比采访得来的资料要可靠、准确得多，正如俗话所说的"好记性不如烂笔头"。基层社会的记录当是社会最真实、人类最重要的记录，这些档案中不可能有的资料，却也是村志必需的基本资料。胡适先生曾说，"真正的历史都是靠私人记载下来的"。② 从这个角度说，《褚家塘志》记录一个自然村、一个生产队几十年中的经历，就这样被笔者用"私人记载"以地方志的最佳形式保存了下来，这是这个村庄一部真正的、真实的历史。

---

① 民国《南汇县续志》序二，上海市地方志办公室等编《上海府县旧志丛书·南汇县卷》（下），上海古籍出版社，2009，第1042页。

② 胡颂平编著《胡适之先生晚年谈话录》，新星出版社，2006，第166页。

浙江乡镇村志书的编修及其特点
与价值（1949~2018）*

张　勤

（浙江省地方志办公室）

　　浙江素称"方志之乡"，其地方志编纂具有悠久的历史，始自宋代的乡镇志（含乡、镇、村、里等志）编纂也有着优良的传统。现存最早乡镇志常棠《澉水志》（1257 年刊布）就产生于浙江海盐。明清时期随着乡镇经济的发展和人文教化的繁盛，乡镇志作为府县志的基础被大量编修，民国时期编修的乡镇志也为数不少。从 20 世纪 80 年代开始，伴随首轮修志的大规模开展，以及乡镇经济的迅速发展，乡镇志编修开始进入兴旺期。首轮修志中，浙江省是全国出版乡镇志最多的省份。进入 21 世纪以来，随着城镇化进程的不断推进、地方志事业的不断发展、民众历史文化意识的不断增强，乡镇村志书的编修发展迅速。

　　浙江乡镇志不仅历史悠久、数量众多、延续性强，而且质量上乘、价值可观，历来居于全国前列，备受瞩目与称道。对于浙江乡镇志，国内外学术界主要以之为研究的基础和史料资源，进行关于各时期江南市镇经济、人文以及基层社会等方面的研究。这类研究多利用包括浙江乡镇志在内的地方文献，成果数量众多、积淀深厚。此外，学术界对浙江乡镇志文献本体的研究，主要有三个方面。一是文献学方面的查考著录与整理研究，主要是对浙江乡镇志进行查考著录、编纂提要与汇编整理；二是从史学史的角度对乡镇志进行研究；三是相关史学专题研究方面的成果，主要体现在跨学科的综合考察以及从编纂学角度进行的分析探索。在后两类研究中，浙江乡镇志被置于乡镇志的整体框架内，作为十分重要的研究对象。同时，学术界目前的主要关注点，在于乡镇志的史料价值、所体现社会职能等问题。

　　这些研究多以乡镇旧志为资料或对象，关乎中华人民共和国成立以来的乡镇新志的研究则

---

　　* 本文系 2018 年度浙江省哲学社会科学规划一般课题"浙江乡镇志考录提要与整理研究"（18NDJC244YB）阶段性成果。

相对较少。① 中华人民共和国成立后编修的浙江乡镇村志体量蔚为大观，涉及的人力物力颇为可观，但截至目前，浙江乡镇村志书编修的总体状况尚不明确，志书的整体质量与编修效果不甚明晰，志书编纂与乡村发展和乡村研究之间的关系亦未得到足够的关注，存在很多需要厘清的问题。因此，在乡村振兴战略已定并大力开展、乡镇村志编修以前所未有的速度推进的今天，对新修乡镇村志的编修状况及其特点价值做出适当的回顾总结和探索研究，不论是对浙江乡镇村志编修本身，还是对乡村的建设与发展，都是必要的。

一　编修概况

在历史的长河中，浙江乡镇志的编修呈逐步递增的发展趋势，宋—明—清—中华人民共和国，呈阶梯式增长模式。根据现有资料，并经整理和考证，我们统计出浙江乡镇志书各时期的数量分别为：宋代 4 种，存 1 种；明代 27 种，存 7 种；清代 127 种，存 71 种。另据全省地方志系统、图书馆系统以及相关研究资料统计，② 浙江省在中华人民共和国成立至 2018 年间，共编修乡镇村志书（以下简称"镇村志"）约 700 种，其中乡、镇、街道志约 300 种，村志约 400 种。

中华人民共和国成立以来的镇村志编修大体可划分为两个阶段。改革开放前的第一阶段中，镇村志编修为数不多，且多未公开刊出；受"文革"影响，有较长时间的空白期。改革开放以来的第二阶段中，伴随新方志首轮修志的大规模开展，镇村志编修开始步入兴旺期；21 世纪起，镇村志编修保持发展态势并在近年加速发展。

（一）20 世纪五六十年代的镇村志

中华人民共和国成立初期，新方志编纂被纳入国家哲学社会科学发展规划，全国许多省、市、县纷纷抽调人力、设立机构，积极开展新方志编纂，掀起了社会主义时期第一次修志热潮。但由于特殊的历史原因，"1967 年以前编出全国大部分县市（包括少数民族地区）的新的地方志"的规划并没有持续贯彻下去，新方志编纂也陷入停滞状态。③ 据现有确切资料，这一

---

① 在浙江以外，已有部分省市志办通过对当地新中国成立后的镇村志编修展开调研，并形成调查报告，如上海市志办的《上海市乡镇街道村志编修调查》、广州市志办的《改革开放以来广州地区村志的编修》等。

② 如《湖州方志提要》（沈慧编著，中国文史出版社，2013），《衢州方志提要》（衢州方志办编，方志出版社，2017），《台州方志提要》（台州方志办编，中国文史出版社，2015），《传承·前行——宁波市地方志发展纪略》（宁波方志办编，宁波出版社，2014），等等。

③ 《1956~1967 哲学社会科学规划草案（初稿）》于 1956 年拟定后，由于整风运动、反右派斗争等被搁置。1958 年 2 月，国务院科学规划委员会征集有关方面的意见修改形成《1956~1967 哲学社会科学规划纲要（修正草案）》。参见王张强《浅述 1956~1966 年中国新方志的编纂规划、模式及程序》，《中国地方志》2019 年第 1 期。

时期浙江省有 8 个市县启动新方志编纂，编成 2 部新方志初稿，没有正式出版新方志。① 20 世纪五六十年代的镇村志更是较少编修，以私人修撰为多，多以稿本形式存在，较少刊印。因存世少且散失多，这一时期的乡镇志数量尚无统计。浙江现存仅见 4 部，均系未刊本，其中 2 部私修，依成志时间先后分别为丽水的《锦溪乡志》（1957），嘉兴的《嘉兴县惠民人民公社社志》（1959），湖州的《"双一"简志》（1961）、《南浔小志》（1966）。

丽水龙泉林福生所纂《锦溪乡志》②成稿于 1957 年 7 月，系横排竖写本，有 69 页，1 万余字。设本府县乡历朝沿革、村落形状、古岁时礼制、河流水利、社殿寺庙、人物志 6 个部分。林福生民国时曾任《浙江通志》纂修的采访员，所以此志实承民国修志之余绪。张和孚编《南浔小志》，1966 年稿本，未刊，2 册共 4 卷。此志在周子美所赠《南浔镇志稿》基础上纂辑，上限为 1912 年，下限为 1948 年，分机关、团体、水利、桥梁、祠墓、寺庙、古迹、学校、蚕丝、金融、灾荒、兵事、风俗、土产、园林、人物、列女、金石、艺文等 20 类。《嘉兴县惠民人民公社社志》，③ 1959 年 4 月编印，16 开油印本。此志首设前言，正文设工交、农业、文卫、财贸、政法 5 章，约 4.4 万字，主要由 55 张示意图、23 张表格组成，文字叙述很少，也无体例可言。从严格意义上讲，这部由中共嘉兴县惠民人民公社委员会和嘉兴县惠民人民公社管理委员会档案室所编的社志，更像是一本档案资料汇编。湖州安吉县《"双一"简志》是一本村志，由中共安吉县递铺公社双一生产队支部、安吉县档案馆合编，1961 年 1 月印行，38 页，简装 32 开本。志首序、双一生产队全图。正文分为：建队沿革；区域、界至和面积；地理概况；气候；土壤；土壤冲蚀和保持；人口与土地；政治；贯彻过渡时期总路线总任务；全民整风和反右斗争；互助合作运动；贯彻建设社会主义总路线和"大跃进"；人民公社化运动；农林业；文卫福利事业；风俗习惯。篇目的名称、内容的安排、文字的表述，都带有鲜明的时代特征。④

虽然 20 世纪五六十年代现存浙江乡镇志数量很少，但类型丰富（有乡志、镇志、社志、村志），篇目、体例、内容也不相类似（《锦溪乡志》多依旧志写法，《南浔小志》则兼有民国之风，而另两部志书时代烙印深刻），修志的主体亦不相同（既有私纂，也有公社、村组织编写），因此，在一定程度上反映出这一时期浙江镇村志编纂的多样性，呈现出总体上不活跃但也并不沉寂的状况。

而 1980 年成稿的《菱湖新志》无意间成为跨越 20 世纪 60~80 年代的一部特殊志稿。姚志卫纂《菱湖新志》，16 开本，复写稿本，252 页，约 10 万字。此志编纂始于 1964 年 4 月，"文革"开始后一度中断，1978 年完成初稿，1979 年 2 月开始重订，1980 年 2 月成稿。志书下限为 1978

---

① 据王张强先生提供的资料。这 8 个市县分别为衢县、安吉县、桐乡县、桐庐县、富阳宁海县、丽水县、龙泉县、舟山专区。

② 今在龙泉市方志办留存手写复印本。

③ 因 1958 年 11 月至 1961 年 7 月嘉善县并入嘉兴县，这期间原嘉善县区域设 6 个人民公社，惠民人民公社是其中之一，故该志不称嘉善县，而称嘉兴县。当时的惠民公社地域包括原惠民、大云、大通 3 个乡，俗称"惠民大公社"。

④ 此志的编纂是为了配合在双一生产队召开的全国林业现场会议，给与会代表现场视察做书面向导。

年，重点记载清光绪《菱湖镇志》之后的 80 年历史。全志分概论、地理、经济与物产、文化、人物、风俗、旧闻拾遗、大事纪略等 8 章 41 节。此志与上述四志的体例篇目迥然不同，是这些志稿中最有新志气息的一部。此志的编纂反映出新志渐自成形的过程。

（二）改革开放以来的镇村志

中华人民共和国成立后，乡镇成为行政区划中的一级政区，也是最基层的一级政权组织。虽然政府（包括 2006 年颁布的《地方志工作条例》）仅对县级以上行政区域修志做出明确规定，但乡镇志的编修仍逐渐普遍。20 世纪 80 年代开始的社会主义第一代新方志编修，无论从志书的内容、修志的规模，还是参与的人数来说，都远远超过往昔。据估算，仅至 20 世纪 90 年代初，全国省、市、县志成书之后总计约有 30 亿字之多。20 世纪 80 年代初，全国已出版的 30 部新编乡镇村志，仍多集中于南方，特别是江浙地区。首轮修志中，浙江省已是全国出版乡镇村志最多的省份，据 1992 年不完全统计，其已出版的新编镇志有 68 种、村志 46 种，镇（乡）志、村志成为浙江新志的两大系列。① 20 世纪 80 年代以来，乡镇经济迅速发展，在浙江经济中呈现出"三分天下有其二"的格局，镇村志的编纂则与之交相辉映。浙江省将镇村志的编修、出版纳入浙江省名镇志集成、浙江省名村志集成与浙江乡村社会研究系列丛刊。至 1999 年，浙江省出版新编镇（乡）志 69 种，② 仍为全国出版乡镇志最多的省份。进入 21 世纪以来，随着城镇化进程的不断推进和地方志事业的不断延伸，③ 乡镇村志的编修发展迅速。2015 年起，为助力全国城镇化建设和乡村振兴战略，推进乡村文化振兴，中国地方志指导小组办公室持续实施中国名镇志文化工程、中国名村志文化工程，全国的乡镇志、村志编修更是高潮迭起。仅 2018 年，全国出版乡镇志、村志 330 多部。④ 至 2018 年底，浙江累计出版乡镇街道志和村志共约 700 部。中华人民共和国成立之后的乡镇村志的编修数量超过中华人民共和国成立之前的总量。

乡镇志与府、县志不同，自宋至民国，浙江镇志修纂的分布状况极不平衡，大多分布在当时富饶的杭嘉湖地区和宁绍平原。有的镇还一修再修，连绵不断，如明、清、民国间曾 14 次编修濮院镇志、11 次编修双林镇志。虽然镇志的编纂范围在不断扩张，但是总体而言，浙江其他地区的镇志修得很少，历数百载而付之阙如的绝非少数。⑤ 镇村新志的编修不再像乡镇旧志编修那样限于部分经济发达乡镇，呈现在全省遍地开花的局面，各市都开展了或多或少的编修活动。很多市县出现了从少到多的趋势。镇村志的编修虽然有了扩散性的发展，但从地域分布

---

① 邱新立：《中国新编地方志二十年成就（二）》，《中国地方志》2000 年第 3 期。

② 《浙江方志述论》编写组编《浙江新编地方志目录》（增订本），方志出版社，1999。

③ 李培林："修志工作往社区、乡镇和村延伸。"见《在江苏省调研地方志工作时的讲话》，《中国地方志》2014 年第 6 期。

④ 冀祥德：《坚定信心 凝心聚力 为全面建成小康社会贡献"志"礼——2019 年全国地方志工作机构主任工作会议工作报告》，《黑龙江史志》2018 年第 12 期。

⑤ 魏桥主编《浙江省名镇志》，浙江人民出版社，1991，"前言"。

看，各市所修镇村志数量差距较大，且各市内部的覆盖面也大小不均，有的县区已实现"镇镇修志"，有的正在启动编修，有的尚处于空白之中，仍存在地域差异。11 个地级市中，温州、嘉兴、杭州的乡镇志数量位居前三，金华、绍兴、杭州、宁波的村志数量居于前列，其中金华以 147 部遥遥领先，[1] 占全省村志总数的近 40%。

不过，相比于全国镇村的数量，镇村志的覆盖率并不算高。至 2010 年底，浙江省共有乡级行政区划单位 1512 个（其中：341 个街道、728 个镇、429 个乡、14 个民族乡），累计出版的乡镇街道志 193 部，表明有约 12.76% 的乡镇街道编修了志书。村志的统计当远远小于实际数，[2] 正在编纂的村志数量亦是不少，但从现有数据看来，编纂出版的村志也大大少于三级志书，与村的数量相比，更是九牛一毛。2018 年 1 月，浙江省统计局发布数据，浙江省第三次农业普查共登记了 2.8 万个村级单位、1302 个乡级单位，普查的标准时点是 2016 年 12 月 31 日。以这个数据计算，至 2018 年浙江省有约 22.8% 的乡镇街道编修了志书，约 1.4% 的村编修了村志（见表 1）。

表 1　1957~2018 年浙江省乡镇村志数量对比及总量

单位：部

志数	杭州	宁波	温州	湖州	嘉兴	绍兴	金华	衢州	舟山	台州	丽水	合计
乡镇街道志数	42	30	59	29	50	29	13	16	10	10	9	297
村志数	52	47	18	6	5	58	147	18	7	11	24	393
总计	94	77	77	35	55	87	160	34	17	21	33	690

注：凡以村志命名者不论其体例内容多予收录；村史均未记入；因统计时间截止到 2018 年，尚有部分已出志书未能收录；因搜集渠道有限，尚有部分私修志书未能收录。

资料来源：浙图及各市县图书馆馆藏志书；各市县方志办提供的志书与材料；部分作者和收藏者提供的志书与材料。

二　编修特点

中华人民共和国成立以来的浙江镇村新志编修，与浙江的乡镇旧志一样，也有着起步早、起点高的优势。新中国成立以来的浙江镇村志编修仍然居于全国前列，并出现了许多新事物，也创造了许多"先例"。比如：早在 1988 年，中国人民大学历史系教学实习队的师生就在温州大桥镇开展了镇志编纂；2003 年出版的天台《水南村志》是中国较早由村民个人修撰、公开发行的村志，由许亦江主编；毛东武、毛兆丰两度主编的《白沙村志》，为中国较早以村为单位单独出版的村志与续志，得到时任浙江省委书记习近平、赵洪祝的关注。魏桥主编的《浙江省名镇志》（1991）按市、地区分块共收录 161 个建制镇，《浙江省名村志》（1994）收录全省行政村总

---

①　这 147 部并非都是真正意义上的村志，有不少是谱借志名者。

②　孙达人：《中国农民史的价值和意义——兼论族谱、村志的社会功能》，《社会学研究》1994 年第 6 期。

数的 1.4% 共 604 个村，记述各镇村的历史和现状，是乡镇志编纂的一种特殊形式；2007 年，浙江省第一部新编街道志且全彩印刷的《采荷街道志》出版。具体而言，浙江镇村新志的编修经历了形式、内容上的巨大变化，在编修出版、体例内容、组织方式等方面都有着鲜明的特点。

（一）连绵不绝，编修出版呈现旺盛生命力

1. 编修延续性强，修志续志渐成常态

正是在多方协力的基础上，浙江乡镇志编修自 1982 年起，村志自 1987 年起，从未中断，总体平稳，每年都有一定数量问世，且随时间推移，数量有所增加，展现出很强的延续性与生命力。其中乡镇街道志，20 世纪 80 年代有 27 部，1990~1999 年有 77 部，2000~2009 年有 77 部，2010~2018 年有 113 部；10 部以上的 14 个年份中，10 个年份出现在 2005 年（含）以后，2017 年达到一个小高峰，有 20 部乡镇志出版。村志，20 世纪 80 年代有 12 部，1990~1999 年有 75 部，2000~2009 年有 147 部，2010~2018 年有 156 部；且自 1996 年起，每年都在 10 部以上，再未少于此数；2003 年、2014 年、2015 年均在 20 部以上。

镇村新志中，既有纵贯古今的通志，也有接续前志的续志，以编修通志为主，这既是传统使然，又因多数乡镇村是首次修志。间隔时间较短又连续修志的乡镇，以某个时段为时限编修续志，这种情况虽为少数，却逐渐增多。参照国务院《地方志工作条例》每 20 年左右修一次志的规定，又在经济社会变化速度加快，电子图书、纸质图书保存条件日益改进的条件下，编修续志也可能逐渐成为乡镇村修志的常态。自 20 世纪 80 年代起，《余杭镇志》《马站镇志》《盐官镇志》《西塘镇志》《练市镇志》《六横志》《钱清镇志》等都有过两次编修，《龙港镇志》《南浔镇志》更是数修。村志也是如此，天台《西张村志》于 1997 年和 2007 年两修，仙居《大路村志》于 1988 年和 1997 年两修，江山毛东武、毛兆丰于 1991 年和 2012 年两度主编的《白沙村志》还得到时任浙江省委书记习近平、赵洪祝的关注。

2. 出版形式多样，公开精装电子化占据主流

就出版形式而言，乡镇志由油印稿到内部出版，再到正式出版，乃至兼出电子本。20 世纪五六十年代或 80 年代早期，有不少油印手写稿本。之后志书有公开出版的，也有非公开出版或印刷的，且公开出版日益增多。宁波市 2001~2010 年出版的 6 部乡镇志，公开与非公开出版的比例约为 2∶1。杭州 42 部乡镇志中有 30 部公开出版，且自 2008 年起全部正式出版。2010~2018 年的全省乡镇志共 104 部，其中仅 10 余部是内部印行的。装帧方面，也表现为由简本到精装本，由 32 开本到 16 开本的发展趋势。曾经流行于 80 年代和 90 年代前期的 32 开精装本，自 90 年代后期起已很少见到。印数方面，私纂的印数较少，以至于有些志书现已难见到原本，只留存复印本，如丽水《锦溪乡志》；由政府组织修纂的印数多在一千册以上，多至两三千册，更有 1995 年出版的嘉兴《南浔镇志》印数已达 4000 册，2018 年出版的 203 万字的杭州萧山《戴村镇志》印数则高达 11000 册。此外，自 2007 年《采荷街道志》采用全彩印后，有 10 余

本乡镇街道志采用了高成本的全彩印刷，正文中的彩图、彩色照片配合文字，观感更佳，存史价值也更高。

随着信息化程度的不断提高，阅读与获取信息的方式不断改变，许多乡镇志不再只印刷纸制本，也制作了电子本发行，随书附赠光盘，甚至上传至网站，为读者提供了更为便捷的读志用志方式。如浙江地方志网站的数字方志馆有《浙江省名镇志》《浙江省名村志》可读，杭州数字方志馆有10余部乡镇志电子资源上传供阅读，舟山网上方志馆上传所有本市已出乡镇村志电子资源，并可直接下载。

3. 修志领域拓展，旧志整理等成果迭出

就乡镇志的修志领域而言，已从单一的编修新志，进一步拓展到对原有旧志的整理。如湖州新市镇自古以来多次修志，从明正德十一年（1516）至清光绪二十八年（1902）约400年间有《仙潭志》《仙潭后志》《新市镇续志》《新市镇再续志》，另《仙潭文献》，共有5部；中华人民共和国成立后又有1988年的《新市镇新志》与2009年的《新市镇新志》先后出版。新志出版时，新市镇旧志被一起重新装订印刷，成为《新市镇志集成》系列。

又如清道光《渔闲小志》于《中国地方志联合目录》《中国地方志总目提要》《浙江方志考》等诸多目录提要书中皆未著录，且国内外其他图书馆皆未有别本收藏，实为清代孤本乡镇志书。及至2000年，嘉兴市地方学者俞国林等据北京师范大学图书馆古籍善本部所藏志书稿本进行抄录，并影印复制了文献，此志方得重回故里。2008年，嘉兴市南湖区余新镇人民政府组织编委会，推出了由吴上德、杨耀祖等人整理的道光《渔闲小志》校点注释本（暨画册一本），印行1000册。后来此志原稿影印本收入学苑出版社2009年版《北京师范大学图书馆藏稀见方志丛刊续编》第四册。

再如台州市方志办影印了民国《路桥志略》，慈溪市方志办出版了王清毅、岑华潮的《余姚六仓志》标点本（杭州出版社，2004），上虞区方志办出版了夏军波校续的民国《松夏志》（中国文史出版社，2018），等等，旧志整理工作在乡镇志领域得到了更多的关注，出现了更多的成果。

此外，中国名镇志文化工程（桐乡）《乌镇志》（方志出版社，2017）出版之后，英文版也随之问世。《乌镇志》（英文版）是海内外第一本英文版志书，涵盖《乌镇志》（中文版）除"翰墨清芬"篇目中古诗词等传统文学作品之外的所有内容。2017年12月3日，《乌镇志》中英文版亮相世界互联网大会，并作为特别礼物赠送给与会重要嘉宾，开志书助力国家重大国际会议的先例。

（二）编纂得法，志书质量呈现整体优势

1. 体例体裁更为完善

乡镇旧志的私纂性质使之带有浓厚的私家著述色彩，新编乡镇志较旧乡镇志，其非区划性、私纂性的特点逐渐消失，与省、市、县（区）志一样，具有区划性和官修性。乡镇已成为我国最基层的一级行政区，其行政区划十分明确，新编乡镇志的记述地域范围也以本辖区为限，不再"越境而书"。以官修居多的乡镇新志，在体例、篇目设计上减少了随意性，体例结构更接近县志，更为整齐划一。多数志书采用章节体，前置概述、大事记，后有附录、跋、编纂始末，采用记、志、传、图、表、录等体裁来记述区域内自然、政治、经济、文化和社会的历史与现状。套用市、县级志书的框架结构、篇目设置，对于志书内容的完整性有一定助益，当然，若大量出现，也会产生面目单一、微观资料缺失等问题。

在笔者统计的约 300 部乡镇街道新志中，有 90% 以上设有大事记，80% 以上设有概述、凡例，70% 以上设有后记，设置人物等常规章节（或篇或章或节）的占比亦在 80% 以上，约 80%的志书收录了照片、地图，采用了表格，约 50% 设有丛录或附录。诸体并用，体例更加完善，体裁更加完整。

相比而言，因村与行政建置的距离略远，村志的编修内容较多体现出以本地村民为主体的特征。私人纂修也使村志体例内容呈现出更为多样、不拘一格的面貌，有的志谱结合，如《（永康）连枝村谱志》；有的自创新体，如《（江山）六家志》；有的则随意不羁，内容更是繁简悬殊。有些村志将志与谱做了很好的结合，如永康的《河头村志》。21 世纪以来，随着村"两委"更多地介入修志，政府主导模式渐占主体，村志体例也出现了一种向县志看齐的趋势。

2. 内容体量颇为可观

21 世纪以来的大部分镇村志的内容涵盖面广，凡涉及区域内的自然、政治、经济、文化和社会的内容均有收录。各志所设篇目的规模、数量不同，但其构成大都涉及自然环境、镇村建制、姓氏人口、土地、交通、商业、农业、工业、财税金融、镇村建设、党派群团、基层政权组织、军事治安司法、教育科技卫生、文化广播电视名胜、社会生活、方言、人物、丛录等。如杭州市萧山区《义桥镇志》除概述、大事记外，志书主体分自然环境与镇村建制、姓氏人口、土地、交通、商业、农业（含水利）、工业、财税金融、镇村建设、党派群团、基层政权组织、军事治安司法、教育科技卫生、文化广播电视名胜、社会生活（含民政、社会保障、风俗、宗教）、人物共 16 篇，志末设丛录（含方言）。架构的完整程度，以及内容的丰富程度，与县志相比毫不逊色。

要承载这么多内容，镇村志的单本规模和体量必然大幅增加，文字量由数万字向数百万字扩张。21 世纪以来，100 万字以上的镇村志已屡见不鲜。以杭州市为例，1980~2000 年出版的《梅城镇志》《瓜沥镇志》《长河镇志》《临平镇志》《塘栖镇志》《余杭镇志》《富阳镇志》《新登镇志》《桐庐镇志》《浦沿镇志》《西兴镇志》等均为数十万字，最多的是《桐庐镇志》66 万字，而之后出版的《衙前镇志》（2003）、《党山镇志》《临浦镇志》《许贤乡志》（均为2008 年）、《杭州四季青志》（2011）、《戴村镇志》（2014）、《寿昌镇志》（2016）、《乾潭镇志》（2017）、《鸬鸟镇志》（2018）均超百万字。丽水市 1990 年内部出版的《龙泉城北区志》

有 9 万字，2009 年出版的《青田县鹤城镇志》则有 123.8 万字；湖州市 2009 年出版的《菱湖镇志》有 240 万字。目前所见篇幅最大的是 2017 年出版的金华浦江《黄宅镇志》，共 5 册，327.6 万字。若将新中国成立后新修乡镇村志合并计算，约有数亿字的篇幅。

3. 镇村特色得到提炼

乡镇虽小，却往往因地理、历史等方面的特殊原因形成自身的特色，能把这些特色归纳提炼，正是志书最具使用价值之处。所以镇村志编纂者在提炼特色上不遗余力，努力突出地方特色，讲好地方故事。

虽然体例向县志的趋同会削弱乡镇志的地方特色，但由于镇村新志的记述层次较低，内容较为丰富，涵盖的范围较广，一些富有地方特色的内容往往会以升格、详记的方式加以突出，使志书仍能保持一定的地域特色与时代特征。如海盐县《澉浦镇志》除概述、大事记外，主体部分共设 11 卷，计 603 页，其中旨在反映地方特色的卷、章就达到了 332 页。因我国唯一集山、海、湖于一体的风景区——南北湖坐落在澉浦镇，该志特设"南北湖风景区"1 卷，浓墨重彩地记述其独特的自然风貌；澉浦镇靠海，古代为著名的"海防要津""海塘重镇""贸易良港""产盐重地"，虽为"贸易良港"（因明初禁海及日渐淤塞而成为历史的记忆），但海塘和海盐仍是澉浦最为显著的地域文化特征，故在卷二"农业、水利"中继"种植业""林果业""畜牧、水产""水利"章之后设置了"海塘""盐业"两章，彰显了澉浦的地方特色。[①]王志邦编著的《浦联村志》，设村域、村民、村区组织、土地、基础设施建设、种植业、养殖业·林业、企业、农业集体化时期社会分配、村办企业时期社会分配、村民生活、村民观念、丛录等编，开拓浙江村志编纂的新模式。该志获得第八届（1995~1996 年度）"浙江省哲学社会科学优秀成果奖"三等奖。劳乃强主编的《龙游沐尘乡志》在专题篇设置了 5 个专题，即红色足迹、畲乡风情、余绍宋在沐尘、沐尘水库和诗文选辑，每个专题相当于一个分志，分别记述沐尘畲族乡的重要特色。如此结构，在体例设置上为记叙该乡的特色内容留下了充分的空间，使之得以详细记载，充分展现。其他如常山《球川镇志》注重发掘浙西重镇和革命老区的主要特色，《江山城关镇志》突出城关为市（县）治所在地和地处浙闽赣三省交界的边界城镇这一地方特色，《小营巷街道志》对 1958 年 1 月 5 日毛泽东主席视察小营巷卫生工作做了专门记述，[②] 2015 年版《双林镇志》因双林是绫绢古镇将"蚕丝 绫绢 丝绸"升格为编，等等，都使镇村志的特色得到了提升。

4. 编纂方法更为扎实

浙江镇村志的编修者有着可贵的求真、探索精神，在社会调查、资料考证方面不遗余力。早如 1957 年成稿的丽水龙泉《锦溪乡志》，其编纂者林福生曾于民国 33 年（1944）被指派为

---

① 沈松平：《关于当代乡镇志编修的思考》，《广西地方志》2016 年第 5 期。
② 杭州小营巷街道是当时毛泽东主席唯一视察过的街道。

浙江修志馆龙泉西乡一带的采访员。不久纂修馆停办，修志之事搁置。十余年后，林福生"检出旧日采访名胜，又查纲鉴及县府旧志所载，未充足者补之，所缺者加之"，终成此稿。林福生在《锦溪乡志·新编锦溪乡乡志起略》（即林福生自序）中称，他在采访时是对应着县志体例，"摘要遵依省府颁定各县修志事例概要"，"以广多采，不厌求详"。后编乡志时，"对凡在本乡之名胜及历代沿革以来照依县志科目所举，便如古时风俗、科学、祠庙等等所见所闻，汇集锦溪纲纪一册"。因此，该志对乡情考察颇为细致，搜罗颇广，资料来源颇丰，于府志、县志、山水志、家谱、童话、传说都有采用。近如 2018 年出版的《温州市瓯海区南白象街道志》，随文配置了 129 个表格，在涵盖事物各方面的同时，化繁为简，文约事丰，集中表现了事物数量动态变化的状况，扩大了志书资料的容量，提升了其使用价值，实现了志书表体功能的最大化。难得的是，大量表格下方标注有"资料来源于实地调查""数据来源于民间调查"，如南白象的农贸市场分布、商品超市分布、旅馆分布、汽车修理厂分布、加油站分布、道路情况、桥梁情况、古井情况等，都是编纂者亲予采集的。

对于搜集到的各类资料是否入志，编纂者也有一定的考量。如 1994 年出版的《浦沿镇志》，其有关历史部分的叙述，是在查阅了大量的方志宗谱等历史文献资料后写作的，一般详细地注明了资料来源，不仅注明了书名，而且注明了卷次和门类。引用的资料都尽最大可能采用第一手资料。不像某些志书，或仅举书名不及卷次，或信手拿来不问第几手资料。对于某些没有明确结论的问题，《浦沿镇志》详细引录了前人所说，不匆忙得出结论。① 这样的做法，体现了志书的科学性和可靠性。

同时，镇村志的编纂借鉴了传统方志和社会主义时期首轮修志实践的经验，编纂者在修志的步骤、方法上也越来越有章法。如通过各种渠道搜集资料，不仅按惯例查阅报刊、档案、县市志、旧志、家谱等资料，请相关镇村部门提供资料，还征集私人收藏（如乐清《黄华镇志》等），走访乡民或召开老干部、乡民座谈会（如《温州市瓯海区南白象街道志》等），发布征集资料文告（如宁海《长街镇志》等），赴兄弟镇村学习交流，有的还采用三级志书编修中的初审、复审和终审（如建德《寿昌镇志》）等多个环节，听取意见，以期提高志书质量。

（三）多方参与，共同推动镇村志发展

1. 政府重视修志，担当修志主体

与乡镇旧志相比，乡镇新志的编修，从编修主体看，政府修志取代私人修纂已成主要趋势，方志工作机构介入指导更成为常态。从具体操作看，一般由乡镇政府或党委、政府共同组成编纂委员会，负责指导、协调和保障等工作。下设编委办或临时的修志办，选定主编和副主编，具体负责修志业务工作。此种做法，已属于官修。私纂而成的乡镇新志相对较少，并有减

---

① 李志庭：《浦沿镇志·序》，中国商业出版社，1994。

少的趋势。至 2010 年，浙江湖州已成书的 25 部乡镇志书中，由政府作为主体承担修志的有 13 部，占 52%。2018 年全省出版的 15 部乡镇志，则全部由政府作为主体承担修志。

村志的编修略有不同，其多由县一级修志机构主导或村民自发编修，编修区域主要集中在经济发达的乡镇村，或者是城中村。但随着修志逐渐被纳入乡村文化建设的范畴以及方志机构的深度介入，由村委会出资、方志机构指导的修志模式逐渐占据主要地位，只是不如乡镇志那样显著。

在大多数"官修"镇村志的卷首，有乡镇（街道）党委书记、乡镇长（街道办事处主任）或村领导为志书作的序，有些志书中还有上级区县、市领导为之所作之序，以及全国人大、政协或省部级领导为志书所作的题词。这些序和题词中的恳切话语，体现出党委政府对修志的重视与支持，对盛世修志之举的赞誉，以及对镇村发展的骄傲自信，充满了修志存史之意和爱乡爱国之情。

2. 民间基础深厚，学者乡民携手

深厚的史志编纂底蕴，悠久的乡镇志编修传统，发达的区域经济，良好的人文环境，使浙江民间的镇村修志基础十分坚实。镇村小志，它不仅记载历史，更凝聚着众多修志人多年的心血，热心文化、热爱乡土的乡民村民、学者专家等纷纷参与修志。

乡民修志。如湖州《南浔小志》（1966 年稿本）的编者张和孚①，南浔镇人，民国年间是工厂会计，中华人民共和国成立后，曾就职于马腰乡完小、南浔酒厂等。《南浔镇新志》（民国部分）（1982 年油印本）、《南浔镇志（1252~1980）》（1988 年油印本）等 12 部志书的编者朱从亮，小学毕业文化程度，1949 年后曾任里林乡人民政府农协会副主任、南浔区公所生产助理、南浔人民法庭庭长等职。嵊州《谷来镇简志》（2009）、《横路坑村志》（2009）的编者马善军是一位在杭工作的"80 后"，谷来镇马村外横人，编有多种乡土书籍，并自费印制免费发给村民阅读，他热心乡里文化建设等事迹被多家媒体报道。②《象山东门岛略》是由几位退休教师和干部发起编写的；《大赤堪村简志》是由 4 位耄耋老人合力编写的，老人最大的 86 岁，最小的 81 岁……由当地人或近乡人编写镇村志的情况不胜枚举。虽然他们都是比较熟悉地情的乡人，但要写成志书，并不是单单靠查找些资料、凭借自己的经历和记忆就可以的，很多信息需要编纂者实地考察核实。如《新碶镇志》的编纂者，他们随身携带皮带尺，测量桥梁的长度和河道的宽度；他们开着车子轧海塘，根据行驶里程来记录海塘的长度；他们在地图上画线，通过比例尺换算来计算北仑港新碶段的岸线长度；他们曾一条街一条路挨个记录新碶主要街路的

---

① 张和孚，原名亮基，南浔镇人，1925 年起先后在南浔、杭州、上海、震泽、菱湖等工厂任会计，沦陷期间在上海南浔公会任干事，与周子美共同编纂南浔镇志。

② 如嵊州新闻网的《走在回家的路上——记谷来镇马村离乡青年马善军》（2009 年 12 月 2 日）、浙江文明网的《嵊州籍青年马善军被评为杭州市学雷锋标兵》（2012 年 3 月 14 日）、城报的《谱牒文化与乡土情——一位 80 后青年的 20 年坚守》（2018 年 3 月 9 日）等。

商铺分布情况；他们拿着烈士名谱，到烈士陵园一个个核对名录；他们曾辗转找寻一位横浦村的老船长，弄清楚新碶渔港下三山浦道的运输情况，并画出浦道的示意图。^① 有些编纂者身体不好，躺在病床上还不忘查阅手稿。除了走访知情者，编纂者还会开座谈会，听取镇里有阅历、有经历的老人家的意见，广征博采。涉及相关部门的，会请各部门审阅手稿。几经修改，最终才定稿，送出版社出版。他们为修志付出了极大的努力。

学者修志。如浙江师范大学历史系副教授龚剑锋 1989 年撰嵊州《开元镇简志》，只有 19 页内文，约 1.4 万字，文省赅，内容精练，所记事物特色鲜明，辑考较备。成书于 1988 年的《桥头镇志》是中国人民大学历史系 37 位师生接受镇委和镇政府的委托历时一年编修而成的。他们将修志列为实习内容，探索教学改革，目的是使历史学科为社会现实服务。1988 年 5 月他们到桥头镇后广泛调查，收集资料，通过座谈深入研讨，存真求实，数易其稿。还在永嘉、北京分别召开镇志征求意见稿评审会，请市县有关领导和专家、教师给予指导，并且听取人大方志学培训班 35 位学员（来自 19 个省份的市、县志主编和编辑人员）的意见。师生们本着实事求是的精神，力求对志书体例有所创新，增设了一些新的章目。毕业于杭州大学历史系，曾担任杭州大学历史系古建筑研究所副所长、浙江大学浙江地方文化研究中心副主任等职的俞日霞，编纂了《宁六村志》、《富强村志》、《杨川村志》、《荷湖村志》、《上窑村志》、《蜀风村志》（合著）等数部绍兴村志。诸暨《枫桥史志》（1998）主编陈炳荣系枫桥镇人，抗日战争时就读于国立西南联大，毕业于边务研究所，1949 年后在诸暨学勉中学任教，系中国地理学会会员，有《诸暨地理》《诸暨县简志》等著作 70 余万字。萧山《长河镇志》《浦沿镇志》的主编王炜常，是浙江省历史学会会员、中国谱牒学研究会会员。还有很多方志工作者同时也是地方文史研究方面的学者，他们积极地投身于镇村志的编修。更多的学者参与修志的方式，不是直接编纂，而是为之提供资料或意见，为之作序或题词（见表 2），为之评论或宣传。他们也起到了重要的作用。

表 2　部分著名学者为浙江镇村新志作序跋情况一览

学者姓名	学者身份	作序镇村志名
陈桥驿	浙江大学教授，历史地理学家、郦学家	《崇福镇志》、《东浦镇志》、《枫桥史志》、绍兴县志丛书镇村志系列（含 14 部镇志 6 部村志）、《盛陵村志》
傅振伦	中国历史博物馆研究员，历史学家、方志学家、博物学家与档案学家	《富阳新登镇志》
葛剑雄	复旦大学教授，历史学家	《笕桥镇志》

----

① 《〈新碶镇志〉差错多后续：不应凭一家之言否定志书价值》，中国宁波网，http://www.cnnb.com.cn/xinwen/system/2015/05/05/008311348.shtml。

续表

学者姓名	学者身份	作序镇村志名
黄良余	上海交通大学教授，全国铸造学会学术委员会委员，铸造业专家	《朱桥地方志》
金普森	浙江大学教授，历史学家	《南岸村志》《富强村志》
来新夏	南开大学教授，历史学家、目录学家、方志学家	《洲泉镇志》
李裕民	陕西省文史研究馆馆员，宋史学家	《崇福镇志》
李志庭	浙江大学教授，《浙江通志》总纂，历史地理学家	《浦沿镇志》
林衍经	安徽大学副教授，方志学家	《江山市长台镇志》
毛昭晰	浙江大学教授，全国人大常委会原委员，历史学家	《笕桥镇志》《凯旋街道志》
孙达人	浙江大学教授，农民史专家	《象塘村志》
魏桥	浙江省社科院（省地方志办公室）编审，方志学家	《鸠坑乡志》、《衙前镇志》、《采荷街道志》、《余杭镇志》、《湍口镇志》、《爵溪镇志》、《横河镇志》、《龙港镇志》、《澉浦镇志》、《乍浦镇志》、《崇福镇志》、《枫桥史志》、《长乐镇志》、《女埠镇志》、《清湖镇志》、《华埠镇志》、《蜀阜志》、《泽国镇志》（2部）

注：按学者姓名拼音为序。

3. 方志部门介入，助推成效显著

从首轮修志始，浙江的方志部门就对镇村志的编修给予了很大的关注。省方志办人员少，无法顾及乡镇志，于是采取支持修志但不做规定要求的态度，并创新了乡镇志的编修模式，开展了《浙江省名镇志》和《浙江省名村志》的编纂。

20世纪90年代初，浙江省地方志编纂室筹划编写名镇志。当时是出于以下考虑。一是镇数量相对市县数量是个巨大的数目，如果普遍编纂镇志，人力和财力会有一定的困难。二是市、县志不能包括镇的历史和现状，一些具有重大影响、特色鲜明的镇略而不记，是为方志之不足，且不利于海内外学者对浙江乡镇的继续研究。于是选择了全省161个各具特色的集镇，既有历史上的传统名镇，又有中华人民共和国成立以来特别是改革开放以来新崛起的城镇，给予各有侧重的记述，汇成一书，蔚为大观，不仅延续了浙江编修乡镇志的文脉，而且对后来乡镇志的编纂起到了积极的推动作用。[①] 以《浙江省名镇志》和《浙江省名村志》为起点和代表，全省先后编纂了《东阳名村志》《湖州市名村志》《嘉善县乡镇志》《文成乡镇志》《2015开化乡村图志》等集镇、集村型的镇村志，往往一卷在手，即可了解、研究浙江或相关市县城

① 颜越虎：《浙江方志事业的领头雁——访原浙江省地方志办公室主任魏桥》，《中国地方志》2006年第7期。

镇的现状、历史和各地方经济、文化发展的轨迹。编纂者匠心独具，被收入志的名镇各呈异彩。① 而我们可以看到，在书成之后的二三十年里，浙江的乡镇经济、社会、文化进一步发展，当时这些汇编在一起的名镇都纷纷单独修志，内容丰富，特色鲜明，更为细致地记录了乡村发展的历史脉络、成败得失。如有着800年历史的绍兴雅张村，在《浙江省名村志》中仅占3000字的篇幅，1999年编修的《雅张村志》则有42万字，不仅记其大势大略，还详述事物发展之因果。这就好像由一束花培育出的万紫千红，政府、志办、学者、乡人，多方协同，齐心努力，令浙江省的乡镇志编修之花更加多姿多彩，结出丰硕的果实。

此外，1995年，浙江省地方志学会与永康市河头村在永康联合召开中国乡村文化研讨会暨《河头村志》出版发行会议，探讨村志编纂模式。浙江这种农民自发地开展村志编修，被中国农民史学家称为"农民觉醒的一个标志"。这次会议对之后浙江村志的编修产生了重大影响。

而2012年发布的《浙江省实施〈地方志工作条例〉办法》是唯一将乡镇村志编纂正式列入部署的地方法规。该办法第二条规定："本省行政区域内地方志、其他志书和年鉴的组织编纂、管理、开发利用工作，适用本办法。……本办法所称其他志书和年鉴，是指机关、社会团体、企业事业单位、其他组织及个人组织编纂的专业志、乡镇志、村志和专业年鉴等资料性文献。"对《地方志工作条例》的内容进行了延展，在地方志工作与乡镇村志编纂之间架起了制度化的桥梁。地方志部门介入程度越来越高，发挥的作用越来越大。

市县志办则更为深入地介入乡镇村志的编修中。尤其是21世纪以来，在市县第二轮大规模修志的过程中，有些县（市）方志办主动将乡镇志编修纳入常规工作，大力推进，效果明显。如2007年嘉善县在由县委办、县府办合发的《续修〈嘉善县志〉工作实施方案》中要求："各镇、各有关部门和单位要续修或新修乡镇志与专业志（规划名单附后），有条件的镇要选择一个村编村志。"并附编修镇志规划11部：魏塘镇（续修）、西塘镇（续修）、干窑镇、大云镇、丁栅镇、洪溪镇、姚庄镇、陶庄镇、惠民镇、天凝镇、杨庙镇。截至2018年，这11部志书全部完成出版。柯桥区史志办则构筑区、镇、村三级修志体系，全域编修镇村志，抢救乡村记忆，先后牵头完成《钱清镇志》《兰亭镇志》《福全镇志》等14部镇志②的编修，实现"镇镇有镇志"，其中《钱清镇志》入选首批"中国名镇志"；村志编纂自2012年始，史志办制定编修规范，培训编撰人员，审核修改稿件，实施财政补助，多轮发动，至2018年底，计有29部

---

① 这些名镇，有的因历史悠久而著称，如自五代后晋天福二年（937）之后，"簪缨相继，日渐殷富，遂成巨镇"的王店镇；有因反侵略战争和革命斗争而著称的，如击毙英法洋枪队头子华尔的地点慈城镇；有历来兵家争战之地，号称"东南第一关"的定海城关镇；有浙东人民革命斗争的根据地梁弄镇；有的因特殊的人事内容而著称，如蒋介石父子故居奉化溪口镇、浙东侨乡宁波大碶镇、越剧之乡嵊县城关镇；有的因特殊的地理条件而著名，如天下奇观、万马奔腾的钱江潮的观赏地盐官镇；有避风良港、联台窗口如象山石浦镇；有海防重地、屯兵之所的三门健跳镇和"贾利及时夸富有，只因鱼米胜桑麻"的渔港沈家门镇；有水乡以桥多称著的绍兴东浦镇，以及自明清以后商业繁盛、人文发达的南浔镇。此外，还有的是新兴的名镇，如著名的小商品市场义乌稠城镇、因经营纽扣而崛起的永嘉桥头镇等。

② 绍兴县志丛书（含《齐贤镇志》《夏履镇志》《陶堰镇志》《福全镇志》《漓渚镇志》《杨汛桥镇志》《钱清镇志》《富盛镇志》《马鞍镇志》《孙端镇志》《平水镇志》《稽东镇志》《兰亭镇志》等）。

村志出版。平湖、上虞、泰顺等地也实施了乡镇村志编修计划，其中泰顺的《罗阳镇志》《仙稔乡志》《洲岭乡志》《南院乡志》《碑排乡志》《下洪乡志》《岭北乡志》几乎同时于 2018 年出版。

　　同时，方志工作者亦在镇村志编修中施展专业之长，主持或参与了大量志书的编纂（见表3）。有的担任主编、副主编、总纂，有的担任顾问、评审，有的为志书写序，有的提供资料。如省方志办的魏桥曾先后为十余部镇村志作序，永康市志办的应宝容担任十余部村志顾问。也有的以县志编纂的"原班人马"集体承担镇村志编修，如诸暨市地方志办公室抽调骨干成立编纂委员会，多方搜集整理资料，历时两年编成《岭北镇志》。仓修良先生在《方志学通论》中指出，修志人员的素质决定着志书的质量，主编得人是一部志书成功的关键。主编既要有较高的文化素质，也要有很强的责任心和敬业精神。方志工作者将市县志编纂的方法和经验带入镇村志编纂，对镇村志的体例篇目、编纂方法等产生较大影响，为保证浙江镇村志的整体质量打下了良好的基础。

表3　部分浙江方志工作者担任镇村志主编情况一览

姓名	主编的镇村志	就职的方志部门	曾主编的其他志书
王志邦	《义桥镇志》《许贤乡志》《浦联村志》《东冠村志》《武义柳城镇志》《山后村志》《三盈村志》	浙江省方志办	《宋元浙江方志集成》（主编之一）、清雍正朝《浙江通志》标点本（总编）、《浙江省市场志》（常务副主编）等
贾大清	《下姜村志》	杭州市志办	
陈志根	《戴村镇志》《工农村志》	萧山区志办	《萧山市志》（副主编）、《萧山围垦志》等
孙平	《笕桥镇志》	杭州市志办	《淳安县志》
周如汉	《姚家堍村志》（总纂）	余杭区志办	《余杭县志》
王庆	《鸬鸟镇志》	余杭区志办	《余杭市志》《余杭军事志》等
杜建海	《徐东棣村志》《天宫庄园湾底村志》	鄞州区志办	
林志龙	《爵溪镇志》	象山县志办	
竺桂良	《石浦镇志稿选编》《石浦镇志》	象山县志办	
杨志林	《大门镇志》《东岙顶村志》	洞头区志办	《洞头县志》
徐启豆	《宜山镇志》、《龙港镇志》（2003）、《龙港镇志》（2011）	苍南县志办	
施明达	《泰顺县莒江乡志》	泰顺县志办	《泰顺县志》
王健飞	《澉浦镇志》	海盐县志办	《海盐县志》
俞尚曦	《洲泉镇志》《崇福镇志》《凤鸣街道志》《乌镇志》	桐乡市志办	《桐乡县地名志》等
余方德	《湖州市名村志》	湖州市志办	《湖州人物志》
陈景超	《乾元镇志》《新市镇新志》《禹超镇志》	新市镇志编委办公室	
何鸣雷	《钱清镇志》（2016）、《祝家村志》	柯桥区志办	
许林章	《店口镇志》	诸暨市志办	
童文贤	《古丽镇志》	永康市志办	《永康市志》

姓名	主编的镇村志	就职的方志部门	曾主编的其他志书
劳乃强	《沐尘畲族乡志》	龙游县志办	《龙游县志》
毛东武	《清湖镇志》《白沙村志》《坂头村志》《六家志》	江山市志办	《江山市志》（副主编）
祝龙光	《廿八都镇志》、《峡口镇志》、《淤头村志》、《大桥镇志》（特约主编）	江山市志办	《江山市志》
朱云亨	《江山城关镇志》、《大桥镇志》、《峡口镇志》（特约主编）	江山市志办	《江山市志》（副主编）、《江山民政志》
蒋文波	《六衡志》《展茅镇志》	普陀区志办	《普陀县志》《普陀区志》《普陀县地名志》
邬永昌	《南岙村志》	普陀区志办	
洪关旺	《界首村志》	松阳县志办	

注：按工作单位行政区划先后排序。

    当然，镇村志的编修存在不少问题。有的对资料审核不严，错误较多；① 有的内容极简，空有志名；② 有的志书不定例规，随意安排各篇章及其上下限；有的缺乏基本史识，对传闻不加考证照搬入志；有的不重史德，恣意采录与己相关的文章；有的不认真采集资料，在很短的时间内编就；等等。各种问题造成志书不严谨、不规范、质量难以保证，以至于不可信、不可用，价值难以发挥。同时，在编修出版方面也存在一些困局，或因重视不够，或因经费不足，或因人手缺乏，影响了编修和出版。有的村民自发编纂后没有能力出版，如萧山邵家塔村志；③ 有的志稿已成却终未能集结印行，如黄岩城关志稿；④ 有的数次动议，终未能开展编修；有的编修进展缓慢，时间跨度长达十余年。修志之难，令一些编修过市县志的老主编发出这样的感慨："编乡志并不比编县志容易，而且受种种条件制约，要想编出一部有分量的乡志似乎比编一部县志更难。"志书的收藏利用也有一定的局限。浙江图书馆一直很重视地方志的收集，长期以来，借助省市县各级图书馆系统收藏了大量镇村志，存有新修浙江乡镇志近200部，村志近100部。各市县图书馆也有一定的存量，但多寡有别。方志系统则相对较少，但近年来逐渐

---

① 如曾有关于宁波《新碶镇志》的报道，《〈新碶镇志〉错误太多 为避免以讹传讹最好销毁》，中国宁波网，http：//news.cnnb.com.cn/system/2015/03/25/008286929.shtml。后新碶镇予以回应，《〈新碶镇志〉差错多后续：不应凭一家之言否定志书价值》，中国宁波网，http：//www.cnnb.com.cn/xinwen/system/2015/05/05/008311348.shtml。

② 如金华的不少村志，志的内容往往只有数页，余者皆谱，名不副实。一些乡村修谱，欲通过族谱的方志化来获得族谱的社会认同，家谱以村志的形式出现，以村志冠名，开篇谈志书内容，但后面大多数篇幅则用以述族谱内容，如浙江永康市的《俞溪头志》《寮前村志》《下徐店志》，名义上是村志，实则为俞、骆、徐三姓之谱。还有一些地方在送审村志时，只递交村志部分，而将族谱部分留下，待审查通过后，再将其补入。只是借用志名，而志的内容只走形式、过于单薄的，得不到方志界的认可。当然，因为这些村志代表了一个类型，是族谱向村志发展的一种表现，而且其中有不少很难以是"志"还是"谱"加以界定，所以，本文在统计分析中仍然将它们包含在内。

③ 《萧山邵家塔村84岁老人邵水春花6年时间写下80万字村志》，杭州网，http：//hznews.hangzhou.com.cn/shehui/content/2012-11/06/content_ 4462548.htm。

④ 该志稿由黄岩城关镇志编纂办公室编，1989年12月至1990年12月内部印刷，一套8册，共5编（史地沿革、经济概貌、政事撮要、文化纪略、乡情荟萃）。

重视，存本有所增加。虽然如此，有的志稿现在只能见到存目，无论是图书馆还是方志机构，都没有收藏，如乐清志；有的私修志书，甚至街道乡镇组织编纂的志书，也只有作者和村委各有存本，公共机构中无法找到。存藏不足，电子化不够，必然造成用志的局限性，影响志书价值的发挥。

三 编修价值

乡镇志是记载县以下相应基层区划综合情况的志书，是地方志书中的一个重要类别。乡镇志作为较小区域单位的方志，许多具体内容为州府志乘所未备，有拾遗补阙的作用；有的一再纂辑，延续数百年，积累了丰富的材料，更具有独特的史料价值与学科价值，在中国方志史上占有一席之地。乡镇旧志的价值已经得到充分认可和发挥，新修镇村志的价值则正在显现和等待发掘，并将随着时间的推移得到更为全面的体现。

镇村志编修意义重大，价值无限，已有学人从不同角度做了较为全面的分析。本文就不再面面俱到，而是取其文献价值做一简要关注，并略及其社会价值和文本价值。

（一）文献价值

毋庸置疑，方志是历史研究的基本资料来源和立论基础，具有很高的文献价值，历来受到学者的重视。在编纂者扎实勤勉的工作下，新中国成立后浙江省编修的大部分镇村志内容丰富，史料充沛。其中保存的文献资料，已经成为并将继续成为社会经济、风俗文化、地方学术等各方面研究的重要材料。

1. 各类研究的重要材料

社会经济研究。中国地域辽阔，受各种因素的影响，各地经济发展往往存在很大的差异。要想研究某一地具体的社会经济史，就不可避免地要到当地的地方志书中去寻找相关的史料。因此，乡镇旧志对于社会经济史研究来说，是不可或缺的重要文献。中华人民共和国成立以来，革故鼎新，社会巨变，社会经济的发展变化日新月异。相比旧志，新修的各类地方志对于社会经济情况的记载本就更为重视，镇村志也不例外，并在更为基础的层面为我们了解和研究现当代的社会经济发展保存了大量的史料。"经济""社会"是常设篇目，工业、农业、商业、金融等经济内容，社区服务、社会治理、计划生育、社会主义精神文明建设等社会内容，在镇村志中多有体现。在镇村志中，相关资料的收集也较为全面和细致。如1959年编印的《嘉兴县惠民人民公社社志》简要记录了新中国成立初期10年间嘉兴县的发展历程，收录了很多经济史的数据资料。通过这部志书，读者可以大致了解到20世纪50年代嘉兴县工业处于萌芽状态，社志中记载1958年惠民公社有10家工厂，其中农械厂、农具厂、砖瓦厂、粮食加工厂、被服厂、食品加工厂、造纸厂、钢铁厂各1家，土硝厂2家，共有职工1939人，其中钢铁厂就有 1320 人，呈现出"大跃进"时期大炼钢铁的鲜明场景。又如 1983 年油印的《南浔镇备志》（新中国成立三十年部分）保存了较完整的统计数据，如 1949~1980 年南浔区土地面积、南浔区户口与耕地亩产量、南浔区粮食产量、1958~1980 年南浔区社员分配情况、1951~1980 年南浔区合作化——人民公社发展概况、1949~1980 年南浔区全年蚕茧总产量。土地改革类目中有全区 12 乡 1950 年农民协会组织情况、各阶层户数、各阶层人口数、土改前各阶层占有土地面积、土改后各阶层占有土地面积、没收征收四大财产的分配情况、各阶层分得土地的户数及分得土地面积数等。改革开放中的经济改革、经济建设是 20 世纪八九十年代以来镇村志书记载的重点，大经济与细资料在镇村志中的结合，使这一历史时段内的经济状况得到很好的记录，改革成效得到很好的彰显。有的镇村志中设有"社区志""人物志"，它们不但记录了昔日的农村如何发展为城市、昔日的农民如何变身为市民的过程，而且向读者展示，昔日的集体经济如何孕育出一批在今日市场竞争中具有举足轻重地位的企业，如何培育出一批叱咤风云的创业者、实干家。这些人物和他们的创业史入志，是社会经济发展的微观表现，为后来者提供了丰富的实践案例。

风俗文化研究。风俗文化，是民族和国家文化的重要组成部分。风俗文化研究主要关注的是风尚服饰、饮食文化、社会生活、婚丧嫁娶、舟车行止等与生活密切相关的方方面面。地方志中就有许多关于这方面的细致又琐碎的记载，如明代地方志大多有专门的"风俗"内容，在"寺观""土产""镇市"等门类下也夹杂着大量的风俗记载。乡镇志书对风俗的记载则往往比其他史书中更为详细和具体。乡镇旧志中，就载有和人民生活息息相关的礼仪民俗，如冠礼、婚礼、丧礼、祭礼等，也有与传统农业社会中十二个月份相关的岁时民俗。新修镇村志对风俗文化的记述更加重视，在篇目设置上几乎没有缺漏"风俗"或"民俗"的，内容也占较大的比例。"尤以一乡习俗，琐细之事，民风礼俗之变易，由此可鉴。"① 一地的谚语反映着当地的民风。镇志中收录了大量地方谚语，从中可以窥见独特的民风。如《横河镇志》中，倡导做人不可平庸，要"出山"（奔前途），办事要"看山色"（视情况而定）、要"活络"（灵活处世），提倡"侬有一掌金，我有定盘星"，"宁可掼掉三亩稻，勿可掼掉鲫鱼脑"，主张"嘴巴扛在肩上"（到处谋生），并以"游过三关六码头，吃过串筒热老酒"为荣。这些谚语流行于民间，激励着当地人千方百计、千山万水、千辛万苦地大胆创业。② 浙江镇村志中蕴含的大量地方风俗，包含了非常丰富的社会内容，涉及底层人们的生活，是当地风俗文化史研究不可或缺的珍贵材料，同时也是江南地区风俗的缩影，能为中国风俗文化史的研究提供地域性的案例。

地方志研究。镇村志包含的地方志内容，具有一定的文献价值，并常常成为研究的线索，有益于方志发展史的研究。许多志书中整理和保存了当地的历代修志情况，如《塘栖镇志》收

① 吴藕汀《南浔小志·序》赞张和孚 1966 年所编《南浔小志》"续周氏以清末为断，数十年来，陵谷沧桑，可以见其梗概"，与汪、周之志可成鼎足。
② 魏桥：《横河镇志·序》，方志出版社，2007。

录历代修志简况；《新市镇新志》"文献卷"中收录历代修志情况、历代志书内容提要、历代志书序跋文；《南浔文献新志》（2000年4月内部印发）有历代镇志编纂附录；《双林镇志》有双林历代及当代镇志一览表，收录自明万历《双林笔记》起的16部镇志；等等。此外，通过温岭《新河镇志》（中华书局，2016）记录的内容，可得知前有清代贡生沈文露撰《新河志》2卷（已佚）、1991年西门梁绍文撰《新河镇志参考稿》，按这个线索，增补了清代浙江乡镇志已佚志书一部，及当代浙江乡镇志稿一部。

其他研究。镇村志对于史前史研究等亦是重要的资料。《笕桥镇志》"建置志"把本地的社会史追溯到良渚文化时期，贯通古今，"民俗志""文体志"中记载了关于防风氏的传说和纪念活动，这对于杭州史前史的研究有重大价值。此外，地方志中不仅会撰写与本地有关的人物传记，有些还会收录文献目录、诗文和逸事等。如清代学者李富孙，曾师从卢文弨、钱大昕、王昶、孙星衍等人，经学深湛，而其事迹除了见于《清史稿》卷四八二、《清史列传》卷六九之外，还可以在光绪《梅里志》卷一〇、宣统《梅里备志》卷四中找到其传记，这样就能补足正史传记中的不足。地方志的记载有时候比正史文献的记载更加翔实，有的甚至还能校正其他文献的错误之处。浙江镇村新志不仅在人物篇章下对当地名人搜罗颇全，介绍颇细，还在"艺文"类目下，为了彰显本地的文教成果，突出本地的文教氛围，收集了本地学者的大量诗文和著作。通过对这一内容的梳理，我们可以充实对学者的认识，补充其完整的图书目录，这样对其学术思想进行研究时才会更加全面具体。尤其是研究学术界中具有代表性的人物的学术活动、学术著述、学术思想，除了在人物的自传、作品集中收集和整理资料，地方志也是不可忽视的。

2. 基层社会的生动缩影

浙江镇村新志多数贯通古今，穿越时空，记述了今日繁华的悠远历史。如"采荷这一方宝地，历经沧海桑田。隋唐时期，这里为滩涂湿地。吴越国修筑'钱氏石塘'，村落初成。到宋明时期人烟凑集，'田畴万顷，一望无际，黄花万亩，白藕千池'。清代及民国盛传'草桥门外菜担儿'、'清泰门外盐担儿'、'太平门外粪担儿'等口传的历史都一一记入志书，使人们窥见今天已经消逝的往迹，留住历史，增加了志书的厚重"。[1] 又如笕桥镇本是以农耕为主业的近郊镇，在改革开放以后才迅速城市化。清代诗人屠倬所描写的笕桥农村春冬的景象——"荷锄有黄发，采桑多绿鬟"，"田树余桑柘，村居半药笼"，如今已经看不见了。但是该志的编撰者仍然记忆犹新，他们忠实地记录下笕桥镇的农耕文化，不仅见于"土地志""农业志""土物志""民俗志"，还散见于"社区志""人口志"。这是一幅生动的历史画卷，给寻根的新一代笕桥人和海内外赤子做了交代，给了凭据。[2] 兰溪《女埠镇志》（方志出版社，1998）重视基

---

① 魏桥：《采荷街道志·序》，研究出版社，2007。
② 毛昭晰：《笕桥镇志·序》，中华书局，2016。

本地情，用重笔记述社会、人文部类，对政区、山水、土地、居民、氏族、风俗等立专卷做过细的记述。其中专设氏族卷，① 使全镇 55 个主要氏族之源流、迁徙、构成、聚落、族规、宗祠、家谱、家训等得存。临海《杜桥志》除卷前彩页之外，还于卷末设置了"历史留影"，收录各类老照片 194 帧，生动地展示了各时期人民的生活，很是珍贵。而大多数镇村志中记录了本镇本村老百姓的吃穿住行娱，用文字、图片、表格等展示出基层社会的原貌。如遂昌《界首村志》记录着 1982 年界首村实行家庭联产承包责任制，分田到户；这一年，村民购买了村里第一台电视机；1986 年，界首安装了自来水管；第二年，村里装上了第一部固定电话；1999 年，村道机耕路变成水泥路；2003 年，村里建成防洪堤坝；2004 年，界首村和浙江其他村庄一样，免缴农业税，10 多位"五保"老人免费住进了敬老院；2005 年，村民参加农村医疗保险，是年，投资 35 万元在村中建起休闲公园……志书记录着人们的幸福日子，点点滴滴，平凡朴实，有着浓浓的生活气息。恰如《绍兴县志》主编傅振照在《柯桥区村志丛书·总序》中所说，村志有四个特点："一是最接地气。它是府（市）、县、镇（乡）志的基础，是地理地名、山水名胜、方物名产、民俗风情的源头。二是最有人气。这一个村庄、数个聚落，一个姓氏、数户人家，祖祖辈辈，薪火相传，都清楚明白。因事出本地，原原本本，故人人关心。三是最聚文气。这一山一水、一草一木、一砖一瓦、一桥一路，往往有一个典故，或一种传说，有着深厚的历史文化内涵，翔实可信。四是极富生气。本地人写本地事，记古代，如数家珍，犹如历历在目；记现代，桩桩件件，都觉鲜活如生；记眼前，暗露自信，充满前瞻性。"②

（二）社会价值

数量众多的乡镇志，为留住乡土记忆、接续传统文脉创造了一个新的平台，为乡村的可持续发展提供了历史参考与文化动力，获得普遍认同并越来越受到重视。

1. 记录经验教训，以资借鉴

"理解昨天是把握今天的一把钥匙，昨天的经验和教训是避免今天重蹈覆辙的最好借鉴。"③ 历史发展道路曲折，社会主义建设过程也不是一帆风顺的，其中有许多经验教训，需要做历史记录，以资后人借鉴。

浙江镇村志不仅翔实地记录了历史，更着重记录了当代现实。记述中华人民共和国成立以来，人们扬眉吐气、当家做主的史实，同时又如实记录了在一些政治运动中由于"左"的干扰，割断了历史，束缚了村民的手脚，挫伤了经营的积极性，走过了一条曲折而艰辛的道路。有的镇村志专设"文化大革命"章节，较为详细地叙述了"文革"中发生的事件，描述了阶级斗争宽泛化的现象；有的镇村志对人民公社期间的农业经营、工分制度、粮食分配、社会生活

① 此前氏族卷县志仅见于《龙游县志》，在一般市县、乡镇志书中少见，该志所设"道德"章、"地名"章，更属少见。
② 傅振照：《柯桥区村志丛书·总序》，可见于《杨家桥村志》（浙江人民出版社，2014）等志书。
③ 张乐天：《告别理想：人民公社制度研究》，东方出版中心，1998。

等做了全面记述，对大办集体食堂、三年困难时期出现的问题等做了如实记录。如《鸠坑乡志》中述及鸠坑茶，在唐代"睦州鸠坑"已是贡茶；1958 年"大跃进"期间，脱离实际，实行"四季采茶"，使茶叶产量倒退；直到改革开放后才重创辉煌。小小茶叶的兴衰史是乡村整个经济发展的缩影。① 改革开放以来，思想解放，传统继承，在党的正确领导下，浙江人借天时，乘地利，迎潮而上，迅速登上时代快车道，走在全省的前列。浙江镇村志书突出地记述了改革、开放、体制转轨和社会转型的详细过程。对于改革过程中出现的政策偏差、环境污染等各种问题也没有回避，而是基于确凿的历史事实，运用详尽的统计资料，记录于志书之中。

如今，对镇村悠久的历史很多人并不深知；对新中国成立以来的经历，不仅年轻人有所不知，就是年长者也逐渐淡忘。然而，历史和现实的经验教训是一部十分难得又无法替代的生活教科书。有学者这样说，镇村志最有价值、最应当引起编撰工作者和一般学者重视的优点就在于：它充分记录该村所取得的成绩之时，没有忽略过去和现在所存在的问题。② 在 2019 年第 11 期《求是》杂志上，中共中央总书记习近平发表重要文章《把乡村振兴战略作为新时代"三农"工作总抓手》，文章指出，实施乡村振兴战略，首先要按规律办事。这个规律，就来源于实践与总结。因此，一部部纵贯古今、明古详今、内容充实、体例完善的镇村志问世，其价值和意义是长效的，是无法估量的。③

2. 发掘经济人文价值，服务社会

镇村志的丰富内容，不仅是学者探索研究的宝库，而且有着能够服务于现实社会的实用价值。

如位于松阳和遂昌交界处的界首村，依山傍水，风水上佳，村庄依偎在松阴溪北岸，呈现一条腰带形状。村中保存着一条完整的古驿道，以驿道为主线，两边坐落着驿站、祠堂、学堂、民居、禹王宫、圆拱门、牌坊等明清古建筑。2006 年，界首村被省政府批准为第三批省级历史文化村，当年村民自发，并由县方志办的洪关旺主编了 18 万字的《界首村志》，这是松阳县第一部村志，在界首村的日后发展中起到了重要作用。村"两委"依据村志记载，对村庄进行整体规划和开发，保护并恢复古驿道和明清古建筑群，保留了古村落的历史格局和传统风貌，美化了环境，带动了旅游，增加了村民收益。2013 年 6 月，界首村被列入第二批国家传统村落保护名录，2014 年被列入浙江省第二批历史文化村落保护利用重点村。又如嘉兴《余新镇志》④ 中对"源大"米行史料的记载，帮助"源大"成功申请为浙江省老字号。"源大"米行是原嘉兴县余新镇北街西市上岸的老字号米行，创立于民国 30 年（1941）。赵建祥是米行的第三代传人，之前一直想申请浙江老字号却口说无凭、无法提供相关申请资料。赵建祥得知余新

---

① 魏桥：《鸠坑乡志·序》，浙江大学出版社，2003。
② 孙达人：《论族谱——村志的当代意义》，东阳市象塘村志编纂委员会编《象塘村志》，2000。
③ 魏桥：《横河镇志·序》。
④ 2007 年内部印刷。

镇政府编纂的《余新镇志》中有对"源大"米行相关信息的详细记载，并且书中记载的"源大"米行老板就是赵建祥的爷爷赵泉有。之后，镇政府给赵建祥出具了有关"源大"米行的资料档案。凭着这张档案证明，"源大"成功申请到了浙江省老字号。现在，赵建祥在老的米行的基础上成立了一家农产品合作社。合作社专门成立品牌管理部，主要任务就是管理"源大"珍贵档案、编写"源大"史志、开展各类培训以使合作社社员充分了解老字号的品牌价值以及承担申报名牌产品、知名商号等一系列与品牌有关的事项。① "源大"是《余新镇志》记载的"建国初期余新镇商铺 139 家"中第一家恢复经营并成功申报浙江老字号的品牌，也是第一家来源于嘉兴市南湖区乡镇志的品牌，更是嘉兴市第一家申报浙江老字号的农民专业合作社。今后，或许会有更多的品牌从志书中走出来、活起来，创造出更为可观的经济效益和社会效益。

3. 培养地情专家，培育爱乡情怀

镇村志的编修对于培养地情专家、激发爱乡情怀也有着积极作用。通过镇村志编修，集聚了一批熟悉和了解乡镇村情况的基层工作者，这对于他们尽快熟悉地方情况，厘清当地的历史脉络，制定出今后的发展规划，是很有帮助的。而且修志中培养出来的存真求实、严谨细致的工作作风，重视调查研究的工作方法，亦将有益于参编者从事地情研究和其他工作。

在镇村志编修过程中，大量乡民参与其中，接受采访，提供资料，给予资助；有不少村志收录每一位村民姓名、家族的变迁情况，甚至为每家每户拍摄留影或留下话语，村民被一一书写于志书之中。如《临安市三口镇志》（2004）的编写人员均系各条战线离退休老同志，为修志不计报酬，完稿时只花去 1700 元资金；为编写遂昌《后山村志》，80 岁高龄的朱月明主动奉献自己撰稿的"后山村史"初稿，未领一分稿酬，还捐出 1000 元资助村志出版；为编写《大田村志》，退休的程万能查历史、翻档案、寻资料，甚至上山找寻祖坟遗迹，心甘情愿为编写村志"跑腿"，还开始每天写大田日记，记下村中大事留给后人，希望再过 10 年，年青一代能续写村志；为能提供翔实资料，对界首村历史人物、掌故相当熟悉的刘为绾老人特意从遂昌搬回老家，当起村志编撰小组的"活字典"……编修的过程与成志的结果，让更多关注"小家"的乡民融入"大家"之中，充分感受到家乡发展，爱乡之情油然而生，强烈的参与感与自豪感激励着他们更加关心镇村集体的发展，更加热情地投入家乡的建设之中。所以，金普森在《南岸村志·序》中说："小志记载的资料，较之在志来说，更具体、翔实，更亲切、感人，在教育人、鼓舞人、引导人方面更具激励作用，甚至超越大志。"

（三）文本价值

虽然方志的文献属性与文献价值一直得到充分肯定，但在近年的研究中，"文献"经常被当作"文本"来看待，地方志亦作为"文本"为研究者所关注。若将镇村志作为文本看待，仅

---

① 《一份档案证明米行 70 多年历史》，见嘉兴档案局网站。

考察其序跋，就可以看到志书的文本价值至少表现在以下两个方面。

1. 镇村志文本表现的方志学发展与争鸣

前文提及，有许多学者为浙江镇村志书作序。作为文本中重要的组成部分，志书的这些序跋中包含着非常丰富的学术思想，从其关于志书质量、编纂方法、志书价值等问题的讨论中，可以考察到方志学发展状况与学者之间的理念争鸣。

关于乡镇志的编修规模。严济慈在《浙江省名镇志·序》（1991）中称："有此一编足可抵百部之乡镇志也。此亦为编纂新方志之一创举，以免乡乡镇镇修志，徒费人力物力。"魏桥在《柳城镇志·序》（1988）中称："社会主义时期的新镇志，现在并不要求普遍编修，应从各地实际情况出发，量力而行。"葛剑雄在《笕桥镇志·序》（2016）中指出："改革开放以来，我国大多数乡镇经济发展迅速，面貌焕然一新。尤其是发达地区的乡镇，不少乡镇的经济实力已超过一般的县市，文化教育水平也不输城市，编纂新志的条件已经具备，出版传播更不成问题……新编乡镇志无论是数量还是质量都有待增加和提高。"陈桥驿则在《盛陵村志·序》（2005）中明确提出："当今的科学研究，从自然到人文，在地域上已经发生了愈益细致的趋势，则地方志的续修概念，除了市县志本身以外，还应兼及市县境内的镇村聚落。从比较长远的要求来说，每一个市县除了市县志的修纂以外，还应该做到镇镇有志，村村有志。"可以看到，对于乡镇志书总体规模的把握，有不同的意见在志书中呈现，且随着时代的变迁，经济、社会、文化的发展，以及修志事业的发展和志书价值的展现，逐步有了更为深入的认识。正如钱永兴在《溪里方村志·序》（2008）中所说，改革开放解决了村志编修的思想和观念问题，一轮修志为村志编修提供了舆论和理论支持，而村集体经济的壮大和村民经济收入增加则为村志的编修提供了物质上的保障。一轮修志以后大批村志的编修出版，正是这个时代发展的一个必然结果。

关于现有志书的编修质量。有很多学者在镇村志中对志书质量进行了客观评价和原因分析。如傅振伦在《富阳新登镇志·跋》中从整体到篇章细致地分析了志书的优点与不足，实际上也是对他心目中的佳志做出了期待。他认为："斯志详今略古，侧重记注文书、档案、文物、口碑各方面的史料，如民族郡望、人物著作、文征逸事等，采访周详，既可资治垂鉴，又备征文考献之用。详于经济与城镇建设，体现时代精神与地方特点。《概述》一篇勾勒地情及地方利病，言简意赅，亦便'节时捷取'，实非同凡响。'社会'一词有广义、狭义之分，今人修志或一仍旧贯，或标风俗、民情，今为《生活》篇，似可考虑。《历代诗文选》所附旧志考略、民国志正误，亦颇精审。《人物》篇附录《新登县志·人物传》简录亦佳，惟事见'正史'及前志者，可注明其出处。《生活》篇导言论社会风气既有传统美德，也提到应行改革之处，皆亦可资法戒。《方言》章所记语音、词汇及谚语的注释说明，均佳。惟农谚仍可广事收罗以增入之。"同样，李志庭在《浦沿镇志·序》中指出了该志的特点，对有些志书随意采用资料提出批评，对佳作提出了基本要求，一是具有科学性和可靠性，二是具有全面性和系统性。葛剑雄在《笕桥镇志·序》中，对地方志与地方史的属性功能做了分析，对乡镇志的历史渊源与价值做了阐述，对新编乡镇志的质量不佳提出了委婉的批评并分析了主要原因。他说："即使是在经济文化相对发达的时代和地区，真正内容丰富、质量上乘而又能传世的乡镇志还是少数。一方面，本乡镇的人才毕竟有限，本乡镇的人才中愿意并能够踏踏实实为本地编志书的人更少。另一方面，编成的志书未必能出版，也未必能引起外界的重视，能够流传至今的只能是其中的一小部分。……改革开放以来……并非所有的乡镇政府都能重视，也并非所有的乡镇都能找到称职的主编和编纂人员，因而新编乡镇志无论是数量还是质量都有待增加和提高。"

关于志书官修和私修。陈桥驿在《枫桥史志·序》中提出"修志当然以官修为主，但私修也值得提倡"，并指出了官修志书的弊端。他说，"我们也应该看到，历来官修之弊，在某些地区，某种程度上仍然存在。主要的是：第一，公费办事，消耗巨大，有的市县修志机构臃肿，人员冗杂，但学识渊博、经验丰富者不多。而在修纂过程中，审稿会反复举行，收效并不很大；志书出版时，又往往举行首发式，为造声势，不惜破费。第二，专家参与修志者甚少，这是志书质量不高的重要原因"。有些志书的编纂者缺乏必要的科学知识，"像这样一类的志书，徒然浪费大量人力物力，既无学术意义，也无实用价值，首发式以后，实际一切完结"。

关于志书的范本问题。在志书的序与评论中，经常可以看到其在评析志书的优点之后，给出此志"堪称典范"、可以作为"范本"的评价，作为一种赞赏，也是一种期待，但也有人认为村志"永远不会有什么'样板'或'范本'，没有情况相同的村，也决不会有具体内容类似的村志"。① 后者的观点看似标新立异，实则二者并未针锋相对，而是各有所指。前者鼓励志书努力提升质量，达到一定的规范，后者则鼓励志书努力提升特色，反对"千志一面"的照搬照抄。

2. 镇村志文本展现的主观建构与客观反映

有学者认为，各种地方文献既是地方历史的记录，也是地方历史的重要组成部分。地方志固然是区域社会经济变动和地方势力升降的客观反映，但它的内容、形式及出台、流传的过程本身有主观建构与叙述的成分。②

体现主创思想。"文本化"的志书包含着作者个人的价值判断。志书的主创（团队）各有其修志宗旨、编纂思想，在志书中以不同的篇目设置、内容安排来体现，渗透于志书的每一个角落。对同一历史时期、同一事物的发展给予详略不同的关注，对事件、人物等的记述做出轻重不同的安排，是编纂者的主观建构在志书文本中的客观反映，也体现出不同编纂层级③对修志内容的掌控和影响。

① 吴世春：《何麻车村志·序》，浙江教育报社，1998。
② 参见谢宏维《文本与权力：清至民国时期江西万载地方志分析》，《史学月刊》2008 年第 9 期。
③ 除了纯粹私修的志书以外，很多志书有着多层级的编纂组织。如编纂领导小组、编纂委员会、编纂单位、编纂室等，它们对志书形式和内容有着不同程度的掌控和影响。

即便如志书资料的来源这样的小细节，也有着不同的诠释方式。镇村志资料来源广泛，一般志书仅于凡例中简要说明，交代主要来源于档案、史志、谱牒、口碑、调查等，但具体源于何处不得而知。浙江乡镇志自《蒲岐镇志》（1993 年 9 月内部印行）开始，有具体信息的参考资料列于志末，至 2018 年共有 10 余部仿照此例，即《爵溪镇志》（中国书籍出版社，1997）、《枫桥史志》（方志出版社，1998）、《女埠镇志》（方志出版社，1998）、《安华镇志》（2009 年 6 月印刷）、《龙山志》（2009 年 9 月内部印刷）、《杜桥志》（浙江人民出版社，2009）、《钟公庙街道志》（宁波出版社，2011）、《练市镇志》（方志出版社，2012）、《双林镇志》（方志出版社，2015）、《岭北镇志》（中国文史出版社，2017）、《溪口镇志》（宁波出版社，2017）、《箬横镇志》（中华书局，2017）、《双林镇志》（方志出版社，2018）。还有极少量志书在内文中引用资料时直接注出来源，如《温州市瓯海区南白象街道志》。这些志书在出书时间、所属地域、出版形式等方面并无明显规律，因此大致可以知道，参考资料设置与否、注释到何种程度，主要是依据志书主编或编修团队对资料来源价值的判断。

引导修志观念。志书所具备的历史文本属性施加给人们的影响力是长远而深入的。以村志为例，改革开放以来，中国农村发生了深刻的变化，其中一个巨大的变化是村域经济得到了迅猛的发展。村域经济的发展，唤醒村民的村域价值意识和文化意识。关注本土经验，重视乡土民生，弘扬村域文化，成为村干部和村民的共同追求。村志，作为村域文化重要、典型的载体，自然受到青睐和重视。于是村民逐渐形成了这样的观念，一个村不但要有家谱和宗谱，以载述一家一族的历史，而且还要有村志，以载述一村的全史。一种观念在一个群体中仅用短短数十年就培育初成，是很不容易的，足见村志与社会发展、人们需求的高度契合。通过大量的修志活动、志书的传播和内容的引导，村志或许能作为一种集体记忆的表达方式，长久地伴随村庄发展，根深蒂固于村民的思想之中。由此可见，文本有着强大的力量。

综上所述，中华人民共和国成立以来，浙江的镇村志得到了长足的发展。如今不论是数量、质量，还是影响力，镇村志都可算得上是一个相当有分量的志书品类和文化产品，因此，本文做抛砖引玉之谈，期待今后有更多学者对镇村志进行深入的整理、分析和研究。

乡村志编纂手记

——对乡村志编纂与乡村建设关系的思考

司念堂

（湖北省文化和旅游厅地方志工作处）

湖北省于 2014 年启动全省乡村志的编纂工作，中国地方志指导小组启动全国名镇名村志文化工程后，湖北积极响应和参与。由此，与乡村志编纂的千头万绪相缠绕。乡村志编纂与乡村振兴战略有什么样的关系、对乡村振兴能发挥怎样的作用以及应将乡村志编纂置于什么样的地位等问题，是开展这项工作的主要问题，需要对此有清晰的认识。基于此，笔者结合这几年的实践，梳理一点头绪试做探讨，以就教于方家。

一 乡镇村志是什么

这个问题看似幼稚，简单回答当然是志书。在实践中则并非如此简单，没有一个明确的认识，后续工作则是千难万难。

可以说，乡村志是全新的志书，是对传统方志继承和发展的新形态。

作为志书的一种，乡村志具备传统志书的所有基本要素；作为新编社会主义新方志，也完全具备第一轮新修方志"三新"（新的观点、新的方法、新的材料）和"三性"（思想性、科学性、资料性）的特质。

在此基础上，当下新编乡村志还有以下全新的特质。

1. 全新的时代背景和指导思想

湖北全面启动乡村志编纂基于全新的时代背景和指导思想：在坚持正确的政治方向前提下，抢救性地挖掘丰富、细致的乡土文化资源，记录乡村历史文化脉络和发展成就，使老百姓在志书成果中望得见山、看得见水、记得住乡愁，彰显厚重乡土文化，增强人民群众的文化自信心、文化自豪感。为践行五大发展理念，为可持续发展提供历史和现实借鉴，为坚持文化自信在优秀传统文化的基础上做开拓性的发掘。

2. 全新的编纂体例和技术规范

全国名镇志名村志的基本内容要求是：基本镇情村情加特色，而以特色为主。这一要求体现于志书体例，在"事以类从"的前提下，对传统志书基本体例"横不缺项，纵不断线"形成突破——可以缺项，也可断线，在基本镇情、村情清晰的前提下，重点突出本域独有的特色，有则记之，无则缺之，无须面面俱到。对志书文字表述，在"述而不作，事必有据"的前提下，语言风格较传统志书可以更灵活、生动，注重可读性。对地图和图片的要求，更是传统志书所未有过的新规范。

3. 全新的材料

乡村志能资利用、参考的文献性资料极为有限，尤其是村志，文献性资料更是稀少。有些乡村，其文化还处在远古时代口耳相传的原始模式，只有传说，并无系统性的文字记载。在这种现实条件下编纂乡村志，只能以实地勘查、采访的方式搜集主体资料。以《三阳镇志》为例，在列入全国名镇志之前，该镇镇志已有初版和续编版，而按名镇志突出特色的内容要求，此前的镇志只具备基本镇情的资料，特色性的内容，尤其是生态建设内容，全部要重新搜集整理，做了大量现场勘查和采访。这些新材料，是在新的指导思想和新的编纂要求指导下所得，全是第一手资料。其珍贵性体现于成书的价值较传统志书有大幅提升，其视野（思想性）更开阔，史实更丰富且准确，可考性更强，因而存史、资政、育人的功能更为突出。

4. 全新的队伍

参与乡村志编纂的队伍中，既有方志系统内的专业人员，也有大量社会贤达。就乡村志编纂而言，这两方面的人员都是全新的。因新的指导思想和新的体例要求，带来对资料搜集的方式方法、撰写中的材料驾驭等方面的新要求，大量长期从事地方志工作的"专家"有极度的不适应感，认为新要求不是志书之法的质疑不断；而社会各方面的贤达，原本就没有参与过志书编纂，对志书基本体例规范知之甚少，加之新的编纂原则要求在语言文字方面相对灵活，刚上手之时，贤达们表现为天马行空，不反复多个回合，难以合成规范的志书。面对这样全新的队伍，组织方式和业务指导方式都需要创新，需要有针对性。

二 乡村志能提供什么

探讨乡村志编纂与乡村建设的关系，核心实质是要考察乡村志在乡村建设中能提供什么样的条件，以及能发挥什么样的作用。离开这一核心实质，任何探讨都会显得空洞。乡村志编纂在乡村建设中的作用主要体现在对乡村文化建设的促进上，至少在如下两个方面可发挥独特的作用。

（一）志书之内的智慧

传统志书"存史、资政、育人"的基本功能，乡村志也全部拥有，这是基础。在内容提供上，相较于传统的通志、府志、县志，新编乡村志的功能更突出。

1. 基础内容完整、清晰、准确

乡村地域范围有限，乡村志对地域内情况记述清晰，基本无含糊之处。而传统的通志、府志、县志和新编的省、市、县志，很多记述的模糊系数较乡村志高得多，区域范围越大，模糊系数越高。通观已出版的全国名镇名村志，包括湖北已出版的 8 部名镇志和 3 部名村志，以及正在编纂的《唐崖镇志》，其基本镇情村情部分，文字简练，基本情况可证可考，且较为系统完整，自然、经济、文化、社会无一遗漏。这是乡村的基础坐标，是真实准确的家底，也是所有建设可供参考的原点。有此基础，一切规划和方案才有更可靠的依据，因此也就会多一些科学性和可行性，少一些拍胸拍脑的豪气。这是所有志书最基本的功能，但在乡村志中体现得更突出、更直接、更立竿见影。

2. 特色内容翔实、丰富、独有

名镇名村志以突出地域特色为重点，这对于传统方志也是一大突破。湖北已出版的名镇名村志中，这些特色内容较传统志书更微观、更具体细致，无论从经济还是文化的角度观察，这些细致、详尽的记述，都有解剖经济细胞、文化细胞的功效，其社会学研究价值极高。不同的乡村，其优势和特色各不相同，这样客观细致的记述，使乡村志的整体内容极为丰富多彩，避免了千篇一律的单调。而特色内容最丰富的部分主要是自然环境、人文历史、民俗风情等方面。在乡村文化建设中，这些内容的地位和作用更为显著。方志本身就是中华民族独有的传统文化，其内容最精彩者也是文化所属。美丽乡村建设中，不可或缺的是文化之魂。从湖北已出版名镇名村志看，志书中文化特色内容占比最高，而乡村文化建设不是空中楼阁，其能接地气的精华，可以说尽在志中。因此，乡村志是乡村文化建设最好的、可靠的底本或脚本。离开这个底本，拿出一些连自己都不信的东西哄人，要别人相信，是伪文化。在当前乡村文化建设和旅游开发中，这种现象确有存在。乡村志对此有正本清源之效，有照妖之功能。从已出版的名镇名村志看，其所载历史文化、民俗风情，详尽而准确，特色鲜明而突出。

3. 不可替代的第一手资料

前述全新的资料，是乡村志最大的特点。这些全新的资料，也都是第一手资料，具有不可替代性。对很多乡村而言，是因乡村志的编纂才有第一次系统的搜集整理，进而形成志书。特别是在城镇化进程中，对于即将消失的村镇，这种系统性的搜集整理还带有抢救性。仅资料的搜集整理就已是乡村文化建设中的一项功德无量的基础性工作。只有在这第一次的基础之上，才会有以后的日积月累。

（二）志书之外的平台

志书的编纂，是一项系统性的文化工程，环节多，流程长，影响面广，是乡村文化建设十分理想的平台。这个平台，具有以下主要特点。

1. 参与度高

志书编纂，不仅需要财力的投入，更需要人力的投入。乡村志编纂所投入的人力，正是上述之全新的队伍。这支队伍中，乡村贤达所占比重较大。从湖北的实践看，已出版的名镇名村志，社会贤达参与度都较高，既有人数，更有热情。乡村贤达在乡村社会中有较大影响力，是乡村文化建设中最活跃也最有战斗力的成员。在没有任何平台集合的情况下，这支力量潜隐无踪，既没有活力，也不会有什么影响。编纂乡村志，实际也是搭建了一个文化建设的平台。通过这个平台，集合起这支潜隐的力量，可以产生意想不到的正向效果。虽然社会贤达刚入手时，不了解修志业务，但经过几次反复，他们既熟悉了志书文化（这也是对地方志文化最好的宣传和普及），同时又完成了对乡情的搜集和整理，加深了对乡情的了解和把握。他们的活动，也是对民众的一种宣传和引导，不仅会形成最终的文献性成果，更在过程中丰富了民众的文化生活，通过他们使乡土文化对广大民众产生更大影响。因此，乡村志编纂不仅是编一部书的事情，其编纂过程的意义远大于编成一部书的结果。

在乡村文化建设中，参与度与客观效果呈正相关。没有高参与度的活动，也不会有什么效果和影响。在乡村志编纂过程中，积极吸引社会贤达和民众参与，可集合起星散于各方的社会力量，也使远离故土的精华能有效回归，且这种回归能产生持续的影响。

2. 喜闻乐见

乡村文化建设最大的特点是，无论什么样的活动，一定要是民众所喜闻乐见的，要能接地气。

地方志作为中华民族独有的传统文化，民众对其有较高的知晓度，也有无可置疑的信赖。在乡村，一般民众可能会志、谱（家谱、族谱）不分，将其视为一体，但对志、谱十分敬重，不敢轻亵。在民众的认知中，志书和族谱的记载都是可信的事实。这正是乡村文化的深厚土壤。因此，以志书记载乡村之事，也是民众所喜闻乐见的方式。有乡村贤达参与志书资料的搜集整理、参与对民众的采访，民众能得知志书所记为自己身边之事、与自己相关之事，会感到自信和自豪，更会提升关注和参与的热情。形成这样的文化氛围，正是乡村文化建设所应追求的目标和效果。

通过乡村志编纂，乡村民众都能进入志书，能在志书中找到同族谱一样的归属感、自豪感，使乡村的凝聚力、向心力递增，从而实现真正的和谐美丽乡村。

3. 影响深远

上述全新的资料和平台，是乡村志所带来的直接影响。实际上，乡村志成书之后，其影响还远不止于此。对很多乡村而言，编纂志书是开天辟地的事情。从此，乡村有了较为系统而完整的文字记载，乡村记忆不会随着时间的推移而湮没，而且能在这一草创的基础上，日积月累，延绵不断，并不断丰富、生动起来。而对于在城镇化进程中即将消失的村镇，更具抢救性意义，是永久性的记忆。

乡村志编纂是乡村文化建设的本源，更是旅游开发的活水。乡村志这一乡村文化建设底本，用于旅游开发具有点睛之效。旅游之魂在于文化，凭空的杜撰只可能哗片刻之宠，长盛不衰的旅游景点，一定是有白娘子的西湖、有红孩儿的火焰山、有孟姜女的长城、有诸葛亮的隆中、有周瑜的武赤壁、有苏东坡的文赤壁……也即一定有深厚积淀的文化。从湖北已出版的几部名镇名村志看，最丰富的也正是这一类的内容。志书记载的这些内容，不是杜撰，可证可考，是历史的积累。

除开作为乡村经济、文化建设的底本外，乡村志对本乡村的民众而言更是永久性的文化教材，是知乡爱乡的最佳载体。

三　乡村志编纂在乡村振兴战略中的地位

通过以上的梳理，乡村志编纂在乡村振兴战略中的地位，大致可简述如下。

乡村志编纂，其实就是对乡村基本情况和历史文化的挖掘和整理，这是一切保护、开发、利用的基础和前提；

乡村志挖掘的深度和完整度可以影响保护、开发、利用的高度和广度；

乡村志编纂的成果是乡村各项建设可资参考利用的基础；

乡村志成果形成的过程本身，是一项系统性的文化建设工程，是一个重要的文化建设平台、重要的阵地，可以引领乡村文化建设方向，也是政府推进乡村文化繁荣发展的重要抓手。

镇志村志编修对乡村振兴的重要意义

——以湖南省浏阳市为例

杨　钢

（湖南省浏阳市档案馆）

"国有史，邑有志。""盛世修志。"方志文化是中华优秀传统文化的重要组成部分，具有存史、资政、育人的重要功能。中国地方志编修始于先秦，宋朝以后开始盛行，明清时期向郡县普及，中华人民共和国成立以来先后实施了两轮大规模志书编修，形成了比较完善的志书体系。特别是近年来，乡（镇）志、村（社区）志编修在不少地区蔚然成风。党的十九大提出了实施乡村振兴战略，而地方志编修，特别是镇志村志编修，对于乡村振兴战略的实施将起到重要的文化引领与示范作用。

湖南省浏阳市位于省会长沙的东部，面积 5007 平方公里，人口 149 万。浏阳市委、市政府历来高度重视地方志事业，于 2007 年在全省率先完成了二轮修志，《浏阳市志（1988 ~ 2002）》记录了 15 年间浏阳经济社会的重大变革与发展。为反映域内经济社会的微观变化，浏阳又启动乡镇（街道）志、部门行业志普修，至 2008 年 4 月，101 部共 2000 多万字的乡镇（街道）志、部门行业志相继付印发行。近年来，为推进乡村振兴战略和全域乡村旅游，浏阳又大力实施名镇志名村志文化工程，组织大瑶镇、大围山镇等 7 个乡镇和东门村、楚东村、神仙坳社区等 8 个村（社区）编修特色镇志、村（社区）志，并在全国率先组织编修小区志——《梅花小区志》。在对原有乡镇志的开发利用和名镇志名村志编研中发现，镇志村志编修对于乡村振兴战略实施的文化引领示范作用越来越凸显。

一　记住乡愁，　为讲好乡土故事提供史料支持

乡村振兴战略和城乡融合发展不是为了消灭农村文化，而是为了进一步繁荣发展农村特色

文化,丰富人民群众的精神文化生活。《人民日报》曾经发表专家评论《农村文化建设要讲好乡土故事》,特意指出"农村文化建设不能满眼仰望城市的琳琅,而要反躬寻觅乡土的根脉"。①要善于挖掘农村各地的风土人情,创作根植于乡土、讲述农民自己的故事的文艺作品。随着乡村振兴战略的加快实施和新型城镇化的加速推进,广大农村正经历深刻变革,保护和传承乡土文明,留住历史根脉迫在眉睫。

一是自然村落在消失。中华人民共和国成立以来,特别是改革开放以来,我国进行了多次农村区划调整和管理体制改革。随着农村交通基础设施的不断完善,并镇并村成为大势,许多自然村落逐渐消失。浏阳市在1987年启动一轮修志时,全县设11个区、2个区级镇,下辖65个乡(镇),共有1008个村、21个居民委员会。到2002年启动二轮修志时,全市设11个乡、25个镇、4个街道,共有753个村、75个居民委员会。2018年设2个乡、26个镇、4个街道,共有322个村(社区)。20余年时间共撤并了707个村。

二是农村人口在流出。随着我国工业化和城市化的发展,许多农村人口正加速向城市和园区转移。农村许多地方的年轻劳动力外出务工,不少小孩子也跟着父母到了城市就学,虽然他们在农村可能还有户籍、房屋和田土(多数流转给大户统一耕作),但实际上仅剩父母等空巢老人。《浏阳年鉴》登载的浏阳市年度国民经济和社会发展统计公报显示:1987年浏阳市农业人口为117.72万人,占全市人口的93.19%;2002年农业人口为118.08万人,占全市人口的89.04%;2018年农业人口为78.24万人,占全市人口的52.38%。农村人口净流出近40万人(如果剔除人口自然增长因素,加上户口虽然还在农村,但实际在城镇生活的这一批人,农村人口实际流出70万人左右)。

三是乡土风情在弱化。随着城乡融合加快,现代城市的生活方式正在冲击恬静、淡雅的田园生活,一些具有浓郁地方特色的民俗、歌舞、技艺等也因大量年轻人的外出和老一辈人的更加年老或去世,而未能得到很好传承,逐渐消失。浏阳作为千年古县,又是一个移民的城市,其民间特别是广大农村蕴含着丰富的民俗文化,例如东乡的客家山歌,南乡的花炮文化,西乡的皮影戏,北乡的耕读文化、夜歌等。但这些丰富多彩的优秀民俗文化正在淡出民众生活,如客家山歌、皮影戏等,除非是地方党委、政府组织,群众很少自发开展活动了。

农村人口的加速转移,让大量自然村落逐渐消失,各村落所蕴含的历史文化信息在加快流失,一些风土人情正淡出村民日常生活,相关的民俗文化开始散落在分散居住的空巢老人家里。对这些宝贵的历史文化资源进行抢救性保护利用刻不容缓,也成为乡镇党委、政府和村(居)义不容辞的责任。地方志是传承保护历史文化资源的最有效载体之一,要善于借助镇志、村志等地方志书的编修。一是完整记录好一个地方的发展演变历程,包括区划调整、人口流动、管理体制改革、经济产业发展和民生事业改善的历程等;二是归集整理好重要的史志资

① 郭静:《农村文化建设要讲好乡土故事》,《人民日报》2014年12月15日,第5版。

料，包括珍贵的影像、手笔和知名人士的回忆录等，为研究当地的经济和文化提供可靠的真实依据；三是传承好历史文脉，将一个地方的风俗、文化的缘起与发展演变过程在志书中完整展现，特别要摘录好一些重要民俗文化的原作、歌词等，为讲好乡土故事提供一手史料支持。2018 年浏阳市开始编纂《浏阳历史文化丛书》，包含简史、名人、名胜、文物、非遗、民俗、诗文等七大篇章。得益于浏阳志书体系的完善，特别是很早启动镇志和部分村志编修，诸多历史文化资料可以从各类志书和年鉴中找到。最近，浏阳创新推进农村党建带创建（创建全国文明城市），不少镇村从志书中挖掘特色文化资源，创办了一些党史馆、道德馆、家风家训馆、耕读文化馆等，用真实史料为当地老百姓讲好乡土故事。

二 以史为鉴，为推动改革发展提供智力支持

中华人民共和国成立以来，我国农村进行了几次大的改革，尤以农村家庭联产承包责任制改革影响最为深远。每一次大改革都推动了农村经济面貌的巨大变化。中央实施乡村振兴战略，是在新时代从更大范围、更宽领域、更深层次推动农村的全方位改革创新，旨在从根本上解决"三农"问题，实现农业发展、农村繁荣、农民富裕。我国面积大、人口多，地方发展不均衡，而且农村底子薄，在深化农村改革创新过程中，必将面对各种纷繁复杂的矛盾和制约，需要借鉴好不同地方不同时期改革创新的成果和经验。在全国推动镇志村志编修，完整记录好各地不同时期不同发展阶段农村改革创新的正反两面的经验教训，能够为深入推进乡村振兴战略提供很好的借鉴作用，而且正当其时、意义重大。

首先，以古鉴今，过去的经验教训可以为当前的改革发展提供借鉴。每一个地方都有其独特的人文环境，这种人文环境是在这个地方的地理、人口构成和经济发展水平等多种因素长期作用下形成的。自上而下的改革政策如果不能和这个地方的人文环境有机融合，改革成效往往事倍功半，甚至是适得其反。要善于发现和把握这个地方人文环境形成的文化缘起与发展脉动，再因地制宜、顺势引导，推动改革政策在当地的落地生根、开花结果，这样就能收到事半功倍的成效。镇志、村志编修就能很好地发挥这一功能，利于改革决策和实施者比较准确地把握当地人文环境的发展脉动。浏阳市大瑶镇是世界闻名的花炮文化重镇。2007 年 5 月成书付印的《大瑶镇志》比较系统地记载了大瑶镇从 1949 年 7 月浏阳解放到 2002 年的地理、人口、经济、社会、文化等方方面面的情况，从志书中可以清晰地看到大瑶人那种"敢为天下先"的改革创新精神。例如，20 世纪 90 年代，大瑶人紧盯安全生产的要求，率先推动花炮产业由传统手工操作转向建立规范化的现代厂房，实现了花炮产业发展的工厂化、规范化、标准化，为浏阳进一步奠定全球"花炮王国"地位做出了巨大贡献。基本在同一时期，大瑶镇敲响"三湘乡镇土地拍卖第一锣"，探索出"立足耕地保护，以地生财，以财建镇"的城镇建设发展模式，将大瑶建设成全国小城镇建设示范镇。正是基于大瑶镇这种敢于改革创新的人文环境，浏阳市

甚至是湖南省、长沙市都把许多农村改革创新的政策在大瑶镇先行试点。2012 年，中央编办正式批复湖南省浏阳市大瑶镇等三个镇纳入经济发达镇行政管理体制改革试点。正在编修的名镇志《大瑶镇志》，比较系统地记载了大瑶镇作为湖南省首批经济发达镇行政管理体制改革试点的全过程，必然能够为大瑶镇今后的改革发展和浏阳其他地方的改革发展提供很好的借鉴。

其次，他山之石，外地的成功经验可以为本地的改革发展提供借鉴。我国改革开放四十余年来，除了东南沿海发达地区以外，中西部地区同样有不少县、镇、村，依托其独特的地理、人文、资源等优势，大胆改革创新，一跃成为全国知名的百强县、名镇、名村等。他们的改革发展经验，能够为我国广大中西部地区其他类似的县、镇、村的乡村振兴提供很好的借鉴。中国名镇志名村志文化工程于 2015 年初启动以来，全国先后出版发行了《周庄镇志》《第一关镇志》《中洪村志》《仁里村志》等几十部名镇志、名村志。这些名镇名村包含有改革试点镇（村）、经济强镇（村）、旅游名镇（村）、文化大镇（村）、新农村建设示范镇（村）、全国文明镇（村）等，每一个镇（村）都至少在一个方面甚至多个方面创造了全国经验。名镇志名村志文化工程创新镇志村志编撰模式，在完整记录好一个镇（村）的人文、地理、区位、经济等基本情况的同时，更多突出"特"和"名"，重点撰写好当地一项或多项全国典型经验的改革创新历程，具有很强的借鉴意义。2018 年初，浏阳市地方志办购买了一批名镇志、名村志图书，在一次名镇志名村志文化工程交流座谈会上发给了与会的镇村负责人，大家深感震撼，纷纷表示书编得很好，各地的先进经验更好，深受启发。

三 传承文明，为凝聚磅礴动力提供精神支持

乡村振兴是一项伟大工程，需要充分调动广大城乡人民的创新创业激情，凝聚起最广泛的合力。地方志是中华民族最传统最深厚的文化软实力之一，是重要的精神动力源泉。编修镇志、村志，能够有效地挖掘推介地方的文化精髓，激发家乡情怀，形成强大的改革创新动力。

一是政治导向力。深化农村改革首先要统一好农民群众的思想，让广大农民始终相信党，听党的话，跟党走。地方志本身具有鲜明的政治导向和时代特征，镇志、村志编修必须坚持以马列主义、毛泽东思想、邓小平理论、"三个代表"重要思想、科学发展观、习近平新时代中国特色社会主义思想为指导，坚持正确的唯物史观。在编修镇志、村志时，要善于将习近平新时代中国特色社会主义思想贯穿始终，将党的政治理论和当地优秀文化有机融合，用鲜活的人物和事例，用本土方言讲好乡土故事，在潜移默化中贯彻好党委、政府的决策和部署，彰显社会主义道路、理论、制度和文化的优越性。

二是文化引领力。地方志是弘扬和发展中华民族传统美德的重要文化资源，是践行社会主义核心价值观的重要推动力量。编修镇志、村志时，要善于用通俗易懂的乡土语言，记载好当地各个历史时期的典故、文化、名人等，特别是在不同历史时代，村民为追求美好生活而不懈

奋斗的典型故事，以及当地爱岗敬业、助人为乐、孝老爱亲、见义勇为等方面的典型人和事，以此激发人们热爱祖国、热爱家乡、热爱事业的热情，树立和弘扬真、善、美的正能量。近年来，浏阳市从各类志书中挖掘出一批爱国爱家、勤政廉洁、担当作为的典型人和事，用微视频和小故事的形式在干部群众中巡讲，收到了很好的教育效果。同时，市、镇、村各级都开展"浏阳好人"、地方好人的评选活动，用各种方式来推介和褒奖发生在人民群众身边的好人好事。我们的镇志、村志就要将这样的人和事收集好、记载好、宣传好。

三是精神凝聚力。中国人历来有深厚的家乡情怀。一方水土养一方人，地方志就是记载着一方水土上的优秀人和事，传承着当地的优秀文化根脉，是一方人的精神家园。在编修镇志、村志时，一般会采取座谈会、个别采访等多种方式收集归纳资料，这本身就是对一个地方优秀的人和事的宣扬过程，更能够激发他们的家乡情怀。在志书中记载下他们为建设家乡所付出的努力，更能增强他们的自豪感和家乡荣誉感，从而更广泛地凝聚起建设美丽家园的合力。浏阳市在编修镇志、村志时，不仅记载好在当地的优秀的人和事，而且注重记载虽在外地，但心念家乡、时刻不忘支持家乡建设的优秀的人和事。近年来，浏阳以各种方式"引老乡，回故乡，建家乡"，邀请在外地的能人志士回来参加镇志、村志编修座谈会就是其中之一。

新时代，新征程。全国人民都在为实现中华民族伟大复兴的"中国梦"不懈奋斗，在这个成就事业的时代，各级地方志机构同样大有可为。要善于加强引导，统筹协调，强化培训，组织好、推动好镇志、村志编修，为乡村振兴做出应有贡献。

一是加快推进名镇志名村志文化工程。两项工程均被纳入国务院办公厅印发的《全国地方志事业发展规划纲要（2015~2020年）》，是国家级文化工程。各地党委、政府都相继启动并实施两项工程。一方面，各乡镇党委、政府和村（居）要肩负起主体责任，组建专门的组稿和撰稿人员队伍，并从时间、资金、精力等各方面给予保障。另一方面，县级地方志机构要加强指导、协调和评审，在推动更多名镇、名村编修志书的同时，确保编纂质量。另外，县级人民政府要积极给予财政资金补助。

二是鼓励普修镇志村志。在经济条件比较好、群众基础比较好、镇（村）积极性比较高的地方，鼓励普修镇志、村志。县级人民政府和地方志机构要加强领导，组建督导队伍和专家团队，加强督促、指导、培训和评审，确保顺利推进。在普修村志条件还不成熟的地方，可以先普修镇志，将所辖村（居）的重要历史事件和特色文化、风俗在镇志中记载下来，防止随时间流失。

三是支持拓展农村志书编修范围。在许多地方志事业比较发达的地方，不少行业协会、企业、家族开始自发编修行业志、企业志、家族谱等。这些企业、家族很多本身就在农村，跟农村有千丝万缕的联系，这些志书的编修与镇志、村志编修相互补充，相得益彰，能够有效、广泛地记载好广大农村改革发展的成果，传承好历史文脉和乡土风情。

　　四是做好镇志村志开发利用文章。镇志村志不仅要记载历史，留住乡愁，传承文明，更要发挥好教化育人的作用。要善于挖掘志书中的优秀人物和典型故事，结合农村党建和文明创建，结合道德馆、好人馆、美丽屋场等场馆建设，用生动语言和典型事例，讲好发生在农民身边的故事，以此培养一方好的民风和家风，为乡村振兴创造良好的人文环境。

关于村志编修为什么写、写什么、如何写
若干问题的探究

——摭谈涉县村志编纂实践

樊春楼

（涉县地方志办公室）

　　村庄，是华夏民族乃至全人类的根脉所在，也是人类文明的发轫和滥觞。然而，在"国有史，郡有志，家有谱"① 浩繁的史志典籍中，村志编修尚为薄弱环节。在史志文化这棵参天大树下，作为最基层、最接地气的村志编修不但不应缺席、断垄和荒芜，而且必须引起各级领导、地方志部门及社会各界的高度重视。按照习近平总书记"保留乡村风貌，留得住青山绿水，记得住乡愁"② 等一系列新时代建设美丽宜居乡村思想和党的十九大提出的实施乡村振兴战略目标，加快推进和落实国务院关于"乡镇街道、村（社区）做好志书编纂工作"③ 的要求，大力弘扬村志文化、扎实推进村志编写工作势在必行而且迫在眉睫。然而，目前全国所纂村志的数量和质量不容乐观，究其因，是对村志编修的意义认识不足，有的村志内容及排列顺序离经叛道，编修方式不规范，在低层次徘徊等。这就要求，一方面加强对村志编纂的顶层设计和宏观指导；另一方面，应组织全国广大专家学者展开专题研究，制定出切实可行而详尽的村志编修方案，杜绝不合格村志出版。笔者不揣浅陋，结合自己亲手编纂 20 余种又审查 20 余种涉县村志的实践，试从村志编修的意义、体例和写法三个方面，即对村志编修为什么写、写什么、如何写的若干问题略做粗浅探究，以求专家及广大修志同人赐教。

---

①　郑满：《宗谱序》，1905。
②　习近平：《坚决打好扶贫开发攻坚战　加快民族地区经济社会发展》，《人民日报》2015 年 1 月 22 日，第 1 版。
③　《全国地方志事业发展规划纲要（2015~2020 年）》，2015 年 8 月 25 日。

一 深化对村志编修认识，即解决为什么写的问题

英国著名历史学家汤因比认为：一个人如果能身处在历史感悟之中，他就一定是获得真知的人，因为历史的经验是最为丰富的一座智慧之库。① 史志文化是一个民族及其每一个成员的灵魂和精神寄托，而村志则是史志文化参天大树的根须，是史志文化万丈高楼的基石，是史志文化奔腾江河的源头，就像人体不可或缺的毛细血管和神经末梢。但时至今日，人们对乡村志书编写的重大意义的认识尚存误区。下文将从村志的存史、资政、教化三个方面的重要意义来厘清和简析之。

（一）村志的资治价值

志书被称为"辅治之书"，② 其重要任务是资治。我们通过编写村志这一滴水，可反映中国文明历史的彩虹。通过一个村庄波澜壮阔而艰难曲折的血泪史、奋斗史、辉煌史，可以看出执政为民、注重生产力的发展，就呈现兴隆发达的社会局面；相反，则给百姓带来无尽灾难。如在明代洪武年间，大量移民从山西洪洞县迁至涉县，到全县许多村定居，对开发利用当地资源有利，如《涉县赤岸村志》载："郝姓，洪武年间由山西洪洞县迁至涉县南庄村，后又迁来。"③ 而同样是明代，"崇祯六年本乡备寇……到十一月十七日大营上涌齐来屯占，井店、下庄等北十一村房屋灰烬、尸骨如山，井店杀绝者四五百家"。④《常乐村志》《宋家村志》等40余种志书均不同程度地记载了土地改革、"大跃进"、"三反"、"五反"、"四清"、"文化大革命"、家庭联产承包责任制等政治运动和农村经济体制改革的过程及结果，为当前和今后决策者提供了直接和间接的历史佐证。

（二）村志的存史价值

中国唐代史学家刘知幾的《史通》载："史官之作，肇自黄帝，备于周室……武帝又置太史公，位在丞相上，以司马谈为之。"⑤ "上古之书有三坟、五典、八索、九丘，其次有《春秋》《尚书》，梼杌、志、乘。自汉以下，其流渐繁，大抵史名多以书、记、纪、略为主。"⑥ 中国的史志记载和推动着五千余年的文明历史。汉代司马迁《史记》"究天人之际，通古今之

---

① 阿诺德·汤因比著，D.C.萨默维尔编《历史研究》，郭小凌等译，上海人民出版社，2010。
② 李奉翰：《乾隆永平府志·序》，1766。
③ 涉县赤岸村志编纂委员会编《涉县赤岸村志》，河北人民出版社，2017，第109页。
④ 涉县更乐镇志编纂委员会编《涉县更乐镇志》，新华出版社，2001，第270页。
⑤ 刘知幾著，张固也注译《史通》，中州古籍出版社，2012，第216页。
⑥ 刘知幾著，张固也注译《史通》，第76页。

变，成一家之言"，① 被中国新文化运动主将鲁迅誉为"史家之绝唱，无韵之《离骚》"。②《汉书》《后汉书》等二十四史交相辉映，形成灿烂的史志河汉。"志者，一域之重典；修志，一方之盛事。"村志作为整个史志文化的根基，不但不应缺席，而且必须被奠牢。因为村庄是人类的诞生地，英国诗人库伯写道："上帝创造了乡村，人类创造了城市。"③ 说明村庄是人们向往和敬畏的地方。然而，农村面貌"三十年河东，三十年河西"，④ 尤其是在日新月异的现代化建设中，许多乡村以惊人的速度改变其本来容貌。为了"记得住乡愁"、留得住历史，村志编写人员必须以抢救资料、拯救历史的责任心和使命感，只争朝夕地尽快编写村志，给世人留下稍纵即逝且永远不会再生的历史文化遗产。如涉县原本为全山区县，为了建设美丽乡村和实现城镇化目标，在涉县城边建了关防移民村；2004～2005 年，因扶贫搬迁，先后有寺峪、庙峧、青羊背、赵峧、的水 5 个村搬至已迁走的第五机械厂原址组成"峪峧新村"。中国传统村落涉县东鹿头村的江家大院，古建林立，文化深厚，作家曹钢勤所著《江家大院》一书的封面上写有《联合国教科文组织发展纲要》中的"各民族在他们的遗产中发现了自然和文化的遗产……这是我们找到他们自身和灵魂源泉的钥匙"。⑤ 作者在后记中写道，面对被改造的古建筑，"我们推倒的不仅仅是一座老屋，而是一段文化历史的见证……我们毁掉的是民族文化延伸在鹿头村的根须……是民族文化的末梢走向断裂……正是这种悄然无声的断裂和毁灭，激起了我一种强烈的呵护之欲"。⑥ 正因为《江家大院》一书出版，《东鹿头村志》中的资料才能大部分得到保存。另外，斗转星移，村中老人"活字典"也不会一直健在，《河四村志》编辑人员的平均年龄是 74 岁，主编最年轻 72 岁，80 岁以上有两位。《连泉村志》由主编和副主编 2 人完成，他们均已年届古稀，前者住院治病多次，后者也到上海医院做了手术。《王堡村志》的第一编辑樊保生老人家没有等到书出版而万分遗憾地离世。村志编写刻不容缓！

（三）村志的教化作用

中华民族以礼仪之邦著称，中国五千多年灿烂文化的核心之一就是"礼"。"夫礼者，所以定亲疏，决嫌疑，别异同，明是非。"⑦ "仁者，人也，亲亲为大；义者，宜也，尊贤为大。"⑧ "夫君子之道焉：其行己也恭，其事上也敬，其养民也惠，其使民也义。"⑨ 古往今来，人们把"孝"视为人类一切道德规范的核心，唐玄宗亲自为孔子著的《孝经》注解、作序并将其刻在碑

---

① 《汉书》卷六二《司马迁传》，中华书局，1962，第 2735 页。
② 鲁迅：《汉文学史纲要》，人民文学出版社，1973。
③ 库伯：《上帝创造了乡村》，《库伯诗集》，1864 年伦敦版。
④ 吴敬梓：《儒林外史》，人民文学出版社，1982。
⑤ 曹钢勤：《江家大院》，内刊，2010。
⑥ 曹钢勤：《江家大院》。
⑦ 《礼记·曲礼上》，孔子等著，明德译注《五经全解》，第 331 页。
⑧ 孔子等著，思履主编《四书全解》，中国华侨出版社，2013，第 2 页。
⑨ 张燕婴译注《论语》，中华书局，2006。

上，是为"石台孝经"。"夫孝，天之经也，地之义也，民之行也。天地之经，而民是则之。"[1]并形成"求忠臣必于孝子之门"[2]的传统。亚圣孟子进一步推己及人，提出："老吾老以及人之老，幼吾幼以及人之幼。"[3]涉县在村志编修中十分注重教化，在"村民"编中除了传记、人物简介和人物名表之外，特设"村魂"一章，把本村古今可歌可泣的人物予以大书特书。如《连泉村志》第70页，记录了为保护村民利益，冒险涉水被洪峰卷走的刘际唐事迹，村里为他立碑建亭。《王堡村志》第71~72页，记录了杀敌英雄樊四带领民兵保卫129师司令部和与国民党军队英勇战斗的事迹。《原曲村志》第134~137页，记述了姚相挽救晋冀鲁豫边区政府的事迹，他在被日军严刑拷打而血肉淋漓时，挣脱爬回边区政府报信，避免了抗日根据地边区政府的损失。特别是《南岗村志》的"村魂"分"节孝持家""儒学盛举""大智大勇""爱国爱民""仗义疏财"5节，每节集中写多位感人至深、催人泪下的英雄模范人物。南岗村在科举时代考取贡生及以上有百余人，新中国成立后考取本科以上学生222人。1959年，王庭厚售粮万斤，全省第一。樊姓家族在明代为乡亲打井遇到漫天大石后不惜倾家荡产而毅然付出"凿一升石屑、付一升铜钱"的高额代价，忍痛变卖了大部分房产和土地，使原本富裕的家庭沦为贫困户，终于为村里打出甘甜井水。涉县村志中着力写这些灿若繁星的优秀人物，力求使世人潜移默化地"见贤思齐"。

二 遴选村志编修的体例，即解决写什么的问题

村庄在全世界有多少，难以说清；村志主要写什么，莫衷一是。从古到今的村志所记内容，五花八门，残缺和赘冗互见，局促和放任兼施。那么村志作为一地的典籍文化到底写什么呢？东汉荀悦从宏观上指出应记内容："立典有五志焉：一曰达道义，二曰彰法式，三曰通古今，四曰著功勋，五曰表贤能。"[4]东晋史学家干宝释五志："体国经野之言则书之，用兵征伐之权则书之，忠臣烈士孝子贞妇之节则书之，文诰专对之辞则书之，才力技艺殊异则书之。"[5]荀悦和干宝提出了志书应写的主旨及范围。那么，村志具体写什么内容？截至目前尚无确切指向而众说纷纭、各行其是。从2003年开始的"中国历史文化名镇名村志"工程，提出"基本村情+特色"的模式，这种强调特色、压缩村情的写法，突出"名"的效应可能达到了，但村志中应有的其他内容被湮没了，恐怕不适合广大农村跟进。浙江省《白沙村志》十分注重创新并加重人文等内容的占比，有很多优长值得学习借鉴，但志体设"天人""产业""政俗""世系""文韵"五环，从内容上说，环境与村民捆绑，政治和民俗杂糅，产业小概念代替了经济

---

① 孔丘等：《中华国学传世藏书》第1卷经部，线装书局，2010，第1100页。
② 孔丘等：《中华国学传世藏书》第1卷经部，第1100页。
③ 焦循：《孟子正义》，中华书局，1987，第74页。
④ 荀悦：《汉纪·高祖》，中华书局，2002，第1页。
⑤ 刘知幾著，张国也注译《史通》，第169页。

大概念；从形式上说，五环不合志体应并列而非交叉的逻辑要求。笔者经过长期潜心对比研究，认为村志的体例采取"新三宝体"为宜。其基本编目如下：

第一编　地理。设建置沿革、自然环境、自然资源、历代村庄建设、基础设施等章。

第二编　村民。设人口与计划生育、村民生活、婚姻与家庭、民俗宗教语言、家族世系、村魂、人物等章。

第三编　经济。设农村经济体制改革或生产关系变革、农业、林果业、工业建筑业、商贸服务业等章。

第四编　政治。设党支部、村民自治组织、政治运动、群团组织、兵事等章。

第五编　文化。设教育科技、卫生体育、民间艺术、碑刻、艺文等章。

笔者编纂的 20 余种涉县村志大部分的体例是以此为框架的（当然内容的多寡和轻重及其写作特色还必须因村制宜）。其理论依据和实践包括以下几个方面。

（一）继承中国史志文化的结构形式

"新三宝体"源于《孟子·尽心章句下》："诸侯之宝三：土地、人民、政事。宝珠玉者，殃必及身。"[1] 地方志所纂内容——地、人、事非常适合于村志编写，即应将山川土地作为村志第一部分，再就是将村民作为重心而加重笔墨详尽写，然后政事部分可分为经济、政治、文化。地上产生村民，村民去做事（经济、政治、文化），事再反过来影响地理和村民，这就像国粹戏剧先搭戏台，再找演员，然后表演一样。历代方志达人将这种结构形式作为地方志的主要体例框架，不断有对"新三宝体"的专家论述。[2] 中国人民大学历史学院教授牛润珍等发表文章指出"'新三宝体'是地方志纂修体例的正宗"。[3] 通过古今村志比较研究可以看出，"新三宝体"的体例将一个村庄的所有内容完整而科学地组成了要项齐全、相生相促、依次推进、循环往复、交互提高、协调发展的得体流畅而活力涌动的有机整体。而国学教材《千字文》的开头"天地玄黄，宇宙洪荒"[4] 也是从地理（或环境）写起的。《周易》曰："有天地，然后有万物，有万物，然后有男女，有男女然后有夫妇，有夫妇然后有父子，有父子然后有君臣，有君臣然后有上下，有上下然后有礼仪……"[5] 地、人、事的乡村志书的体例同样是符合"天人合一""道法自然"等无数先哲所研创的博大精深的民族文化所蕴含的科学规律的。

---

① 焦循：《孟子正义》，第 1001 页。

② 韩章训：《"新三宝体"方志构想》，《方志研究》1989 年第 5 期。

③ 牛润珍等：《志体因创与"新三宝体"的纂修实践》，《中国地方志》2016 年第 3 期。

④ 周兴嗣：《千字文》，中国人民大学出版社，2005。

⑤ 王辉：《周易全书》，三秦出版社，2012，第 438 页。

（二）竭力丰富史志文化传统

中国作为一个文明古国，始终把史志文化作为安身立命、治国兴邦的灵魂和要务。"三宝体"纂志方法经历了漫长而不断完善的演变过程。从地方志书成型的宋代开始，"三宝体"即应运而生。宋绍兴三年（1133）太守孙杍捷等人纂《永嘉谱》，设年谱、地谱、名谱、人谱，可以说此为"三宝体"滥觞。至明万历《曲阜县志》设土地志、人民志、政事志、文献志，"三宝体"已成雏形。光绪年间夏敬颐修《浔州府志》分成纪地、纪人、纪事三纲，"三宝体"已经成熟。民国时期出版的《台湾通志稿》前三志即土地志、人民志、政事志，[①] 宝岛台湾与大陆同文同种。"古往今来，质文递变，诸史之作，不恒厥体。"[②] "三宝体"村志当然也要不断完善和提高。在志苑百花竞艳并不断更新之时，将"新三宝体"作为村志编修体例应该是主流和首选。涉县村志大多采用之，受到学界普遍认可和领导及广大村民的赞同。

（三）恪守以人为本的传统

亲民、爱民是人类文明的主旨和灵魂，也是中华民族的优良传统。如原始部落首领女娲母仪天下、呵护人民；黄帝教民播五谷创医药；孔子的"仁者，人也，亲亲为大；义者，宜也，尊贤为大"；[③] 孟子的"仁政""王道""民为贵，社稷次之，君为轻"；[④] 墨子的"兼爱、非攻、尚贤、尚同、非乐、节葬、节用"；[⑤] 荀子的"水能载舟，亦能覆舟"；[⑥] 中国革命先行者孙中山的"民有、民治、民享"；[⑦] 中国共产党的全心全意为人民服务、实现共产主义；等等。古往今来的志书，写人占绝大部分，而村志的主角绝对应该是村民，村志理应视弘扬村民的人性、人道、人格、人文、人本、人权为己任。涉县村志编纂把村民放在第二编，置于中心位置。笔者编辑的20余种村志，极尽笔墨写村民。首先写人口的数量、构成，包括计划生育，再写各家族世系（有的是家族村，如宋家村等），再写吃、穿、住、行、用及民政、劳动保障，再写婚姻家庭状况，再写民俗、宗教、语言，再写村魂，最后写人物，即凡是与村民切近的内容均收录于此编中。这就是中国9亿农民特有的专享的人权！其中《涉县赤岸村志》在彩页部分存2000多人的"全村福"，《庄上村志》为全村23个村民小组分设23张表，将每户户主、性别、家庭成员全部收录，使全村每一位村民都在村志中占有一席之地。

---

① 欧阳发：《志苑笔耕录》，内刊，2009年。
② 刘知幾著，张固也注译《史通》，第22页。
③ 孔子等著，思履主编《四书全解》，第2页。
④ 孔子等著，思履主编《四书全解》，第414页。
⑤ 孔子等：《中华国学传世藏书》第6卷子部。
⑥ 王先谦：《荀子集解》，中华书局，1988。
⑦ 《孙中山全集》第8卷，中华书局，2006，第572页。

（四）符合系统论

有人认为编村志就是"甲乙丙丁，开中药铺"，[①] 萝卜、土豆、南瓜、豆角一篮子扛，将林林总总的内容拼凑成一本书而已。而系统论则要求其应为"由若干要素以一定结构形式联结构成的具有某种功能的有机整体"。[②] "系统"一词，来源于古希腊语，是由部分构成整体的意思。美籍奥地利生物学家贝特朗菲强调："任何系统都是一个有机的整体，它不是各个部分的机械组合式简单相加，每个要素在系统中都处于一定的位置上，起着特定的作用。要素之间相互关联，构成一个不可分割的整体。"[③] 这与笛卡尔"单项因果决定论"[④] 的观点不同。公元前384 年出生的古希腊哲学家、思想家亚里士多德就提出"整体大于部分之和"。[⑤] 恩格斯说："当我们深思熟虑地考察自然界或人类历史或我们自己的精神活动的时候，首先呈现在我们眼前的，是一幅由种种联系和相互作用无穷无尽地交织起来的画面。"[⑥] 列宁强调要"从事实的全部总和、从事实的联系去掌握事实"。[⑦] 然而有些村志结构紊乱，荒腔走板，如有一种村志将并不很有特色的"地名""文物"等分项小概念与"党政群团"集合大概念并列作为一级目来写，还有不少村志中把"人口"前置、"人物"殿后，将"村民"内容割裂得很远。笔者非常认同韩章训先生的观点，他将传统志体"三宝体"中的地、人、事三大块解释为：地产生人，人再去做事，事又反过来促进地和人的发展，指出其相对独立又相互联系的辩证关系。[⑧] "三宝体"村志完全符合系统论的"有机整体"的科学机制。

三 优化村志编修方法，即解决如何写的问题

（一）历史文明与新时代精神交融

村志作为地方志最基层一级的志书，它像树木的根系一样吸收着泥土中的养分。在村志中，必须首先直接或间接地体现中华民族的历史文明。《山海经·北山经》载："女娃游于东海，溺而不返，故为精卫，常衔西山之木石，以堙于东海。漳水出焉，东流注于河。"[⑨] 涉县娲皇宫是全国肇建时间最早、规模最大、最具研究价值的供奉华夏民族始祖——母系氏族首领女

---

① 毛泽东：《反对党八股》，《毛泽东选集》第 3 卷，人民出版社，1951，第 838 页。
② 钱学森：《论系统工程》，上海交通大学出版社，2007。
③ 贝特朗菲：《一般系统论》，秋同等译，社会科学文献出版社，1987。
④ 汤姆·索雷尔：《笛卡尔》，李永毅译，译林出版社，2010。
⑤ 安诺澜：《亚里士多德的〈形而上学〉》，曾怡译，华东师范大学出版社，1965。
⑥ 恩格斯：《反杜林论》，《马克思恩格斯选集》第 3 卷，人民出版社，1972，第 60 页。
⑦ 列宁：《统计学和社会学》，《列宁全集》第 23 卷，人民出版社，1958，第 279 页。
⑧ 韩章训：《"新三宝体"方志的构想》，《方志研究》1989 年第 5 期。
⑨ 刘歆著，张艳娇注译《山海经》，三秦出版社，2012，第 109 页。

娲的古建筑群。常乐村就在女娲所在中皇山脚下,《常乐村志》收录了《涉县常乐方言 nia 音与女娲的关系初探》①、《常乐泉与女娲传说》② 等文章,增加了村志的深度。该村志还收录有中国国家图书馆四大镇馆之宝之一的《赵城金藏》,1946~1949 年其在常乐村保存并由此护送到北京。③ 中华民族历史文明与习近平新时代中国特色社会主义目标是一以贯之而不能割断的。"中国要强,农业必须强;中国要美,农村必须美;中国要富,农民必须富。"④ 常乐村作为河北省美丽乡村重点村,呈现出历史文明与现代建设完美交融的局面。

(二)恪守传统与不断创新并行

自黄帝建立史官以后,中国史志文化作为中华文明生生不灭、砥砺前行的见证和支撑,起到了不可替代的引擎和旗帜的作用。当前,博大精深的史志文化转型升级,由一本书到一项工作再到"十业并举",即志书、年鉴、方志馆、地情网、数据库、地方志资源开发利用、期刊、学会、理论研究、地方史等全方位开展、深化和提升。《周易》曰:"穷则变,变则通,通则久。"⑤《吕氏春秋》说:"世易时移,变法宜矣。"⑥ 村志编纂更要在恪守和弘扬传统精义及其要领的前提下,与时俱进、开拓创新。涉县村志编纂从理论到实践始终把研究创新置于首要,并取得了一定效果。

(三)阶级性与人民性同在

中国是名副其实的"诗国",中国第一部诗歌总集《诗经》就表达了尖锐的阶级对立:"硕鼠、硕鼠,无食我黍,三岁贯汝,莫我肯顾。"⑦ 在《国风·豳风·七月》中,奴隶与奴隶主生活对比鲜明:奴隶"无衣无褐,何以卒岁?""七月食瓜,八月断壶";奴隶主"载玄载黄……为公子裳","朋酒斯飨,曰杀羔羊"。⑧ 涉县村志全方位地记载了在漫长的旧社会中农民的悲惨生活,尤其是在遭受自然灾害时的场景惨不忍睹。但是,也不乏开明人士,《东鹿头村志》江家富人在灾荒时设粥场救活本村及附近村民甚众。⑨《南岗村志》富户樊氏族人因为村里打井而不惜耗尽家财沦为贫民。⑩

---

① 王金梅:《常乐村志》,内刊,2018,第 218 页。
② 王金梅:《常乐村志》,第 232 页。
③ 王金梅:《常乐村志》,第 178 页。
④ 习近平:《在中央农村工作会议上的讲话》(2013 年 12 月 23 日),中共中央文献研究室编《十八大以来重要文献选编》(上),中央文献出版社,2014,第 658 页。
⑤ 王辉:《周易全书》,第 412 页。
⑥ 吕不韦编,许维遹集释《吕氏春秋集释》,第 392 页。
⑦ 孔子等著,明德译注《五经全解》,第 40 页。
⑧ 孔子等著,明德译注《五经全解》,第 55 页。
⑨ 曹钢勤主编《东鹿头村志》,内刊,2018。
⑩ 王何义主编《南岗村志》,内刊,2018,第 172 页。

（四）要素齐全与个性丰满兼具

包括篇章节目内容要素和序、凡例等写作要素必须齐备。第一部分地理（环境），包括自然地理和人文地理，前者是每个村庄天然形成的山川、资源等，后者包括村庄建筑以及路、水、电、通信设施等。第二部分村民是中心和重心，"古今方志半人物"，村志更要凸显之，如《南岗村志》在"家族世系"章中重点写"三杨两王一老冯"比较显赫的家族，在第三节写祖祠、祖案、祖楼。在"村魂"章中分五节重点写了几十位先进人物。为 73 名去世人物作传记，为 71 名在世人物作简介，人物名表共设 10 张表格登载各类人物信息，分别收录烈士 26 人、军人立功受奖人员 57 人、获县级以上奖励人员 33 人、人大代表 13 人、政协委员 6 人、研究生 20 人、本科生 161 人、专科生 164 人、中专生 37 人、在外工作人员 857 人。① 第三部分经济放在第四部分政治之前，是因为"人们必须首先吃、穿、住、行，然后才能从事政治、科学、艺术、宗教等等"。② "国多财则远者来，地辟举则民留处。仓廪实而知礼节，衣食足而知荣辱。"③ 各村村民都是以生产生活为基础而安身立命的。第四部分政治重点写中国共产党在该村的党支部的诞生及领导村民改变命运的历程，反映这一翻天覆地的历史巨变。《中华人民共和国村民委员会组织法》第二条关于"村民委员会办理本村的公共事务和公益事业"的规定，体现了村民自我管理、自我教育、自我服务的自治性，涉县村志设"村民自治组织"章节，而非其他不少地方村志错设为"政权"章节，因为乡镇已经是"政权"的最低层级了。第五部分文化写教育、科技、卫生、体育、文化、艺术、碑刻、艺文等内容。文化在最初时以及整个进化过程中所起的根本作用，首先在于满足人类最基本的需要。④ 村志虽小，五脏俱全，序、凡例、概述、大事记、志文、村之最、后记俱全，其中《南岗村志》《龙虎村志》《胡峪村志》《涉县赤岸村志》均设概述、编下序、章下序三级序，尽可能做到严谨周全。三级述体即使在县级及其以上的志书中也不多见。志书若无特色就不称其为地方志了，村志更要因村制宜，尽量做到"人有我新，人新我特"。

（五）一般民俗与特色信仰兼记

"光宗耀祖""显亲扬名"是一般民众的普遍心理，并形成相应的风俗，因为"一人之心，千万人之心也"。⑤ 然而，刘知幾认为："盖闻三王各异礼，五帝不同乐，故《传》称因俗，《易》贵随时。"⑥ 说明风俗习惯和民间信仰也是随时随地变化的。法国群体心理学的创始人勒

---

① 王何义主编《南岗村志》，第 272 页。
② 恩格斯：《在马克思墓前的讲话》，《马克思恩格斯选集》第 3 卷，人民出版社，2012，第 1002 页。
③ 郭沫若等：《管子集校》，科学出版社，1956。
④ 马林诺夫斯基：《文化论》，费孝通等译，中国民间文化出版社，1987，第 90 页。
⑤ 杜牧：《阿房宫赋》，《樊川文集》，上海古籍出版社，1978。
⑥ 刘知幾著，张固也注译《史通》，第 108 页。

庞断言：信仰的力量在人类所有的一切力量中最为巨大。① 在涉县村志编写过程中，以 20 世纪 80 年代为一个转折点，人们不再把民间信仰看成是"迷信"来对其打击排斥。中国古代"国之大事，在祀与戎"，② 祭祀被看作与军事战争同等重要的国家大事。祭祀是"讨其欢心，使其息怒"，③ 英国著名人类学家泰勒认为，祈祷"是一个精灵向另一个精灵的祈求"。④ 美国社会学家杨庆堃指出祭祀的进步意义是"提高人的精神境界，使之脱离凡俗世界的自私和功利，给人以更高的目标，使之与周围的人团结并和睦相处"。⑤ 在编纂涉县村志过程中，发现无庙不成村，人们对神灵信仰笃诚之至。如中国传统村落河北省历史文化名村原曲村有三寺、九庙、十八堂，另有五阁五券，均为供奉各路神仙之地。⑥ 女娲信仰在涉县根深蒂固，除了被列入国家级非物质文化遗产名录的娲皇宫"女娲祭典"外，娲皇阁、宫、庙等在全县星罗棋布，其中原曲村就有娲皇阁。女娲造人立极与德国诺伊曼所写的"大母神"⑦ 以及《圣经》中的亚当、夏娃相似，体现了人类思维和思想感情的共通性和兼容性。笔者在编写系列村志的民俗时对此深有感触，勤劳善良的涉县人民对娲皇圣母的感恩和对女娲精神的传承，深藏和溶于每一个人的心灵深处和血脉中。

综上所述，村志编修意义重大，前景广阔而任重道远，这也为我们提供了一个报效国家和施展才华的平台。村志的体例以地、人、事"新三宝体"为宜、为佳、为尚。村志的编修方法有待于我们不断优化和创新。这就要求每一位方志工作者都需具备"仓廪无宿储，徭役犹未已"⑧ 和"秀麦连冈桑叶贱"⑨ 的爱民忧民情怀，具备"开荒南野际，守拙归园田"⑩ 和"昼出耘耔夜绩麻"⑪ 的苦干实干精神，这样才会迎来"山重水复疑无路，柳暗花明又一村"⑫ 和"开轩面场圃，把酒话桑麻"⑬ 的村志文化累累硕果。若此，村村都有志，家家都有谱，而质文并茂的乡村史志文化就会伴随习近平总书记提出的"产业兴旺、生态宜居、乡风文明、治理有效、生活富裕"⑭ 的乡村振兴战略，助力中国梦的实现。

---

① 古斯塔夫·勒庞：《乌合之众：大众心理研究》，戴光年译，江西人民出版社，2010，第 102 页。

② 《春秋左传正义》，北京大学出版社，2000。

③ 詹姆斯·乔治·费雷泽：《金枝》，徐育新等译，大众文艺出版社，1998，第 48 页。

④ 爱德华·泰勒：《原始文化》，连树声译，广西师范大学出版社，2005，第 690 页。

⑤ 杨庆堃：《中国社会中的宗教：宗教的现代社会功能与其历史因素之研究》，范丽珠等译，上海人民出版社，2007，第 34 页。

⑥ 秦文定主编《原曲村志》，内刊，第 287 页。

⑦ 埃利希·诺伊曼：《大母神：原型分析》，李以洪译，东方出版社，1988。

⑧ 韦应物：《观田家》，彭定求等编《全唐诗》，中华书局，1960，第 1976 页。

⑨ 范成大：《蝶恋花》，唐圭璋编《全宋词》，中华书局，1965，第 1613 页。

⑩ 陶渊明：《归园田居·其一》，《陶渊明集》，中华书局，2007。

⑪ 范成大：《四时田园杂兴》，《宋代名家诗词赏析》，吉林出版社，2017。

⑫ 陆游：《游山西村》，《剑南诗稿》，上海古籍出版社，1985。

⑬ 孟浩然：《过故人庄》，《唐诗三百首》，吉林大学出版社，2010。

⑭ 习近平：《决胜全面建成小康社会　夺取新时代中国特色社会主义伟大胜利——在中国共产党第十九次全国代表大会上的报告》（2017 年 10 月 18 日），中国政府网，2017 年 10 月 27 日，https://www.gov.cn/zhuanti/2017-10/27/content_5234876.htm。

论析村志编纂与乡村振兴融合发展

朱彩云

（韶关市人民政府地方志办公室）

村落是中国传统文化的根基所在，积淀着人类发展演变的历史文明。农业是国民经济的基础，党和国家历来十分重视农村建设，特别是改革开放 40 多年来，高度重视社会主义新农村建设，党的十九大首次提出实施乡村振兴战略。这个战略成为党中央在全面建成小康社会决胜阶段的重要农业发展战略。中国各地农村抢抓机遇，不断深化改革，乡村面貌美丽，村民生活富裕，农业产业发展壮大。农村在全面建成小康社会和乡村振兴的发展道路上提供了许多富有时代精神、地域特色的新鲜经验。在乡村振兴战略实施过程中，继承传统文化精华，挖掘历史智慧，记述发展历程，原汁原味地留住乡音、乡风、乡思、乡情的村志编纂成为极其重要的工作。本文就村志编纂和乡村振兴融合发展进行分析探讨。

一　村志编纂对于乡村振兴的意义

编纂村志，是全面翔实记录新型城镇化进程、总结农村改革发展建设宝贵经验、促进农村经济社会发展的重要举措。它将为推进社会主义新农村建设，加快全面建成小康社会提供现实借鉴；为挖掘保护、开发利用村落文化、旅游资源和宣传名村，延续传统文脉提供历史依据；为开展相关学术研究，探索农村发展经验提供学习范本；为延伸地方志工作触角，充分发挥志书的存史、资政、教化功能提供借鉴模式。编纂村志是新时代的要求，具有重要的现实意义和深远的历史意义。[①]

---

① 富宏博：《浅析村志的编修》，《黑龙江史志》2018 年第 1 期。

（一）历史价值：为乡村振兴提供历史借鉴和依据

村志是以自然村或行政村为记述范围，系统梳理村庄发展历程和现状，汇集乡村文化资源，展现地域文化特色，记录农业文明和乡村文化的资料性著作。[①] 村志是地方志书的重要组成部分，是省、市、县三级志书的延伸和补充，是村民品味乡情、安放乡愁的窗口。村志记载的内容详细、具体，可在一定程度上弥补县志因记述范围大、具体细节记述粗略之不足。[②]

在党的十九大提出的实施乡村振兴战略的"产业兴旺、生态宜居、乡风文明、治理有效、生活富裕"20字方针中，乡风文明是乡村振兴战略的灵魂，是加强农村文化建设的重要举措。乡风文明是中华民族文明史的基础主体，乡村文化是乡风文明的根基，是凝聚在各地整体文化中并通过村民体现出来的最精微的思想基础。村庄是传统中国的根脉所系，是乡村文化的载体，"中国文化是以乡村为本，以乡村为重，所以中国文化的根就是乡村"。[③] 乡村承载着丰富生动的历史记忆。每一个村庄的历史变迁，都从侧面反映着一个时代社会历史发展的轨迹。村志重点记载村庄的历史沿革、物质文化、村俗文化及谱牒文化，这是最接近中国社会发展变迁的国情、地情记录。村志为挖掘保护乡村文化、开发利用旅游资源、延续传统文脉、宣传乡风文明等提供历史依据，其历史、文化价值不可低估。村志可为乡村振兴提供历史借鉴。

（二）现实意义：为乡村振兴提供文化遗产，丰富乡村文化内涵

随着社会的发展，很多村落的原貌发生由量变到质变的巨大变化。不仅许多古人遗留下来的古迹正在消失，村落中许多古老的传说，曾经鲜活的乡村文化和民间艺术、传统民俗，随着一批一批老人的去世也将失传。一些古老的村落在现代文明的进程中逐渐被湮没、被遗忘，如果不及时抢救这些传统历史文化的遗存，必然会造成不可挽回的历史遗憾。[④] 全国政协委员、中国文联副主席冯骥才在2015年指出："最近十年，我们国家消失了90万个村落"；"保护古村落，不仅仅是留下村落本身，更重要的是留下村落里生活的人，留下传承的民风"。[⑤] 随着改革开放和商品经济的发展，社会的价值观念和价值取向发生了很大变化。农民受环境影响，其价值观呈现多元化特征。[⑥] 一方面，农村传统的忠厚老实、勤奋劳作、节俭持家、孝敬老人、与人为善的道德观念日渐淡薄，而贪图利益、封建迷信、游手好闲、聚众赌博等不健康的思想观念及不良风气却在不断浮现。另一方面，传统文化教育的不足造成农村居民向往城市及外来文化，忽视乡土优秀文化。再加上城镇化建设使乡土优秀文化日渐

---

① 黄凯端、盖含悦：《村志编纂的几点思考》，《福建史志》2019年第2期。
② 黄凯端、盖含悦：《村志编纂的几点思考》，《福建史志》2019年第2期。
③ 梁漱溟：《乡村建设大意》，《梁漱溟全集》第1卷，山东人民出版社，1989，第610页。
④ 王建设：《村落文化——亟待纂修的民俗遗存》，《中国地方志》2015年第9期。
⑤ 冯骥才：《保护古村落 留给我们无处安放的乡愁》，中国网，2015年3月11日。
⑥ 董建华：《习近平乡村振兴战略思想的内涵及其意义》，《经济研究导刊》2018年第27期。

消失，其结果是原本留存在上千个典雅而质朴的古村落中的传统文化不断消亡。无论是古村落的消失还是村落里生活的人的外流，都造成了宝贵的乡土物质文化和非物质文化的断裂。①

党的十九大报告中指出："文化是一个国家、一个民族的灵魂，文化兴国运兴，文化强民族强。"② 村志编纂既是时代变化发展的需要，也是对清代以来村志编修传统的继承与弘扬。通过村志编纂，全面、系统记述村落历史发展变化过程，可以为后人留住文化遗产；在城镇化进程中为人们记住乡愁、留住乡情，教化村民，增强村民团结；为实施乡村振兴战略，探索农村发展经验提供科学素材。村志编纂可丰富乡村振兴文化内涵，助推乡村振兴。③

二　乡村振兴对于村志编纂的意义

乡村振兴包含文化振兴，乡村振兴可为村志编纂提供政策保障，助推村志编纂发展繁荣。

（一）乡村振兴为村志编纂提供政策保障

党的十九大报告中提出要建设乡风文明，而乡风文明的本质是弘扬社会主义先进文化，保护和传承中华优秀传统乡土文化。党对建设乡风文明的重视和强调，势必推动各级组织在农村大力弘扬社会主义先进文化，并以之教育和引导农民认同社会主义核心价值观；势必推动各级组织对农民进行传统文化教育，在思想上坚定文化自觉和文化自信，在行动上保护和传承好优秀传统物质文化和非物质文化。乡村振兴，复兴乡土文化是重要方面。乡村振兴若没有文化做支撑，那就很难振兴，物质再发达、再丰富，也只是一个躯壳，没有内涵，缺乏灵魂。④ 村志编纂具有抢救村庄文化遗产、记住乡愁的作用，其作为复兴乡土文化的手段之一，基层政府势必会投入资金和资源支持，这为村志编纂提供了政策资金保障。

（二）乡村振兴助推村志编纂发展繁荣

编修村级志书，是开始编纂社会主义新方志以来一大创造性的探索与尝试，是开拓性的工作。从实践看，编修好村志存在四难。一是资料征集难。国务院《地方志工作条例》明确规定全国都要编修省、市（地）、县（市、区）三级地方志。县（市、区）级以上行政单位都有档案部门、行业主管部门、统计部门和志书承编单位，资料相对好征集，而村级单位既没有档案部门、统计部门、行业主管部门，又没有下属承编单位，本村修志本村承编，"巧妇难为无米

---

① 董建华：《习近平乡村振兴战略思想的内涵及其意义》，《经济研究导刊》2018 年第 27 期。
② 习近平：《决胜全面建成小康社会　夺取新时代中国特色社会主义伟大胜利——在中国共产党第十九次全国代表大会上的报告》（2017 年 10 月 18 日），中国政府网，2017 年 10 月 27 日，https：//www.gov.cn/zhuanti/2017-10/27/content_5234876.htm。
③ 黄凯端、盖含悦：《村志编纂的几点思考》，《福建史志》2019 年第 2 期。
④ 刘奇：《乡村振兴与乡村文化建设》，《中国发展观察》2018 年第 C1 期。

之炊"，资料征集是一大难题。二是没有村史积累和事实依存，准确度难以把握。从社会调查看，绝大多数村从建村以来，对建置沿革、发展历程、村域经济、社会文化等村史资料没有积累。即使采访口述，许多村级领导和知情人员几十年来，或作古，或远走他乡，随着一届一届的变化，追忆起来的事实难以保证"踏石留印，抓铁留痕"，给入志事实的真实性、准确性带来难题。三是村级本身修志人员难选。地方志，特别是村志类基层志书，需要由具有较高政治素质、业务素质、事业心强且文字功底较强的人员来主修编纂，而绝大多数村行政区域范围小、层级低，具有大专以上文化水平的人才相对较少，甚至少数村屯大部分年轻人外出打工，老年人和妇孺比例较高，难以找到合适的修志人才。四是可借鉴的经验十分有限。地方志编研的立足点和重心都是省、市（地）、县（市、区）三级志书，村级志书的编修是很少涉及的领域，对于村级志书的研究和实践很少，可借鉴的成熟经验十分有限，这些都增加了编修的难度。综上所述，编修好一部村志比编修县（市、区）志还要难。① 正是这些难题的存在，阻碍了村志编纂的发展，而乡村振兴的实施能帮助解决这些难题。在资料征集方面，可以借助行政手段找寻。在村史积累和事实依存准确度不够方面，可以用社会调查、口述采访的方法，尽量提高资料的准确度。在修志人员缺乏方面，争取村志专项经费，借助外力，以打包服务的方式承包给文化公司，争取县、市等史志机构的专业人员及退休文化干部参与其中，解决村志编纂人员不专的难题。在编纂村志经验不足方面，可以多学习其他地方编纂村志的成功经验，拜访已编修完村志的村探讨交流，邀请编得较好的村志的专业工作人员上门指导授课，邀请村志专家对村志稿件进行评议，提高村志编纂的质量和效率。乡村振兴战略可推动村志的大发展大繁荣。

三 乡镇村志编纂服务乡村振兴发展

村志编纂服务乡村振兴发展可通过多种形式，如提高编纂质量，开发多元化的村志产品，村志编纂录入数据库服务平台，村志等方志教育进课堂，等等。

（一）提高村志编纂质量

村志服务乡村振兴发展，为领导者提供决策依据，丰富乡村文化内涵，带动旅游等产业发展。提高村志编纂的质量可以更好地服务乡村发展。村志编纂要提高质量就要在内容全面、规范准确、有特色、正反方面都要记载等上面下功夫。

1. 内容全面

村志编纂中自然地理、历史沿革、经济建设、社会事业、民族人口、党政机构、古今人物、人民生活等方面内容，一定要涵盖全面，内容详尽，条理清晰，图文并茂。村志编写委员

---

① 富宏博：《浅析村志的编修》，《黑龙江史志》2018 年第 1 期。

会的成员往往是本村村民或对本村非常熟悉的人。在编写村志中一定要客观公正地记录真实的一面，该记的一定要记录在册，不能以自己的喜好对历史材料进行私自取舍。这样就会造成对重要人物和事物的遗漏，留有遗憾。编委会成员可能与本村某个姓氏家族有过矛盾，那么涉及这一部分的内容要交由其他成员编写，这样就避免了志书的遗漏或更改。①

2. 规范准确

村志编写应遵循志书编纂"以年代为经、以事件为纬，横排门类、纵述史实，资料翔实、前后贯通，不缺时限、不漏大项"的基本原则。2014年，中国地方志指导小组启动中国名村志文化工程，要求村志在"横不缺项（要项），纵不断线（主线）""述而不论""越境不书""生不立传"的基本原则下采用纲目体编写，设类目、分目、条目三个层次，除要求必设的类目外，其余类目可根据各村实际，依照突出时代特色和地方特色的原则自行安排。②

当代志书的篇目排列顺序基本是自然环境、行政区划与建制、人口状况、农业、工业、商贸、文化、教育、卫生、科技、政治、军事、社会生活、民俗、宗教、人物、附录等；其次是辅文，即在卷前有序、彩图、前言、凡例、大事记、总述（或概述），卷后有索引和编后记等。村志纲目分类时必须打破村级现行管理体制的界限，以事物的本质属性为主谋篇设目，适当体现现代社会分工性质。③

方志体例就是表现方志内容的特有形式，当代志书体裁包括述、记、志、传、图、表、考、录、索引等，以志文为主。

资料征集必须首先做到"先近后远、先内后外、先活后死、先易后难、先急后缓、先面后点"，然后广征博采，做到"五见底"，即档案、图书报刊、历史见证人回忆、前人旧史料和社会调查见底。资料的选用，首先，以能够充分反映本乡镇村发展历程和发展成就的资料为主。其中，以主题资料为主，以背景资料为辅，力求反映事物的发端、发展和变化的全过程。其次，优先选择能够表现本乡镇村亮点的典型资料、特色资料和动态资料，以及能够前后对比的资料。再次，力戒资料的重复使用。④ 入志的资料应准确，经得起本地村民的检验。

3. 记载的内容有特色

编写村志的目的，是真实地记录自己村寨发展的历史，同时展示现代村庄的物质文明和精神文明，让更多的人了解本村的过去和现在。具体到每一个村寨，都是从过去的羊肠小道发展到今天的水泥公路，从徒步跋涉到乘公共汽车或自驾小轿车出行，从煤油灯到电灯，从听"戏匣子"到看数字电视，从书信到手机……如果这样编写村志就流于俗套了。编写村志，要首先想到本村的特色，即想方设法把本村不同于其他村的地方找出来，写出自己村庄的特色，特别

---

① 何明来：《浅析村志的编写》，《档案天地》2017年第8期。
② 黄凯端、盖含悦：《村志编纂的几点思考》，《福建史志》2019年第2期。
③ 毛运海：《创新乡镇村志编纂方法 开拓大众学志用志途径》，《襄阳职业技术学院学报》2018年第3期。
④ 毛运海：《创新乡镇村志编纂方法 开拓大众学志用志途径》，《襄阳职业技术学院学报》2018年第3期。

是在自然环境上要确实发现与众不同的特点，为旅游增添活力。①

4. 正反面都要记载

人具有适应环境的能力。环境既有自然环境，也有社会环境。洪荒年代主要是适应自然环境，谁适应了自然环境谁就生存发展下来，反之则被淘汰。而现代社会多要适应社会环境，很多对社会有贡献的人适应了社会环境，从而生存并发展壮大。那些在社会压力下做出与思想伦理道德相违背的事，甚至危害他人、危害社会的人就是没有适应社会环境。坏人从他的出生到走向失败的历程，反映了一些重要的经验教训，村志中记录他们就是要找出他们不适应社会环境的根本原因，从而给本村的后人以警醒，启发后人如何在现代社会中适应本村的小环境和社会的大环境。在编写志书时要体现反面人物，要如实记录他们的悲剧结局，从而对一代又一代的人起到警醒的教育意义。事是因人而起的，好事固然值得宣扬，坏事亦可以用来借鉴，给后人以警醒，起到"鉴"的作用。在村志编纂中应如实记录一些错误的做法，以让后人有所借鉴。②

（二）开发村志中的多元产品

开发口述村志、专业村志、影像村志等村志的衍生品。虽然村民文化水平不高，但他们的记忆中蕴存着大量有价值的第一手资料，通过口述访谈，把村民口耳相传或亲历亲见的村落历史、经济生产、风俗习惯、家庭兴衰、文化生活、乡村非物质文化遗产等内容，有"温度"、有"维度"地展现给读者。这些口述资料可以是村志的一部分，更可以把它们直接编成一部口述村志，为该村保留一份宝贵的历史文化遗存。③ 全面编修乡村专业志，需要充分挖掘乡村传统文化、民间特色资源，以及乡村振兴过程中的重大事件、典型故事等，全面、客观、翔实地加以记录。如古街、宗祠、宫庙、古民居，民俗活动，历史变迁，以及对乡村振兴建设具有深远影响的重大决策、典型事例等，它们代表一代人甚至几代乡民的集体记忆、劳动成果和历史智慧，都是乡村专业志值得记录和必须记录的。通过纂修专业村志，深入挖掘乡村的特色文化，可以让乡民不忘来路，树立文化自信，更好地构筑未来。影像村志运用现代电子媒介，以视频、声音和照片作为表达方式，立体、直观地再现乡村历史场景，并赋予抽象的村志典籍以具体可感的生动形象，使乡村文化更容易被记住，改变了以纸质媒介为载体的传统村志记载形态。用影像村志"活"化乡村传统文化，以更加形象、生动、直观的表现形式，记录乡村的历史发展轨迹和人们的奋斗历程，为时代而歌，为人民立传。用影像村志实现望得见山、看得见水、记得住乡愁，提高乡民读志用志的兴趣，扩大读志用志的受众规模，抢救、保护和弘扬民间优秀传统文化。④

---

① 何明来：《浅析村志的编写》，《档案天地》2017 年第 8 期。
② 黄凯端、盖含悦：《村志编纂的几点思考》，《福建史志》2019 年第 2 期。
③ 黄凯端、盖含悦：《村志编纂的几点思考》，《福建史志》2019 年第 2 期。
④ 田保家：《试论地方志服务乡村振兴战略的途径》，《中国地方志》2018 年第 5 期。

（三）为乡村振兴提供信息化地情资源

当前，全国地方志系统正在加快地方志信息化建设，积极推进地方志事业与信息化技术融合发展，其中包括村志数据化，为乡村振兴战略提供信息化地情资源支撑。

1. 数据库信息平台

编好的村志可以通过纳入中国方志库、中国数字方志库、省（市、县）地情数据库等数据库平台，将村志记载的文献资料信息化、互联共享，为服务乡村振兴战略充分发挥信息化平台优势。一是"活"化典籍。把传统村志典籍转化为数据，并收录和运用语音、图片、视频等乡村地情信息资料，让传统村志典籍"活"起来。二是共享资源。数据库资源运用日益广泛，可将一地村志乃至全国的各种志书数据库联网整合，实现资源共享；还可以节省成本，提高用志效率，扩大受众范围。三是提供地情信息空间数据库。运用计算机三维模型、VR 等技术实现地情资料的空间立体储存和运用。① 用计算机三维模型、VR 等技术可实现对乡村地形、文物、古迹等多角度、全方位的展示。这些都是传统志书无法实现的功能。

在建好地方志数据库的同时，还可建立以地情信息、学术研究等文献资料为主的信息库，并以地方志数据库、地情研究信息库庞大的历史资料和地情数据为基础，借助云计算平台和OLAP（Online Analysis Processing，联机分析处理）等数据库系统的主要应用，建立基于决策的支持系统，以为政府决策提供精确、高效的信息支撑。②

2. 移动智能终端

智能手机，被称为超级媒体和万能终端。相比于城市居民，乡村百姓获取信息资源和社会交流活动最主要的途径之一便是使用智能手机。因此，开发移动智能终端的应用功能用于地方志服务乡村振兴战略，具有重要的前景和价值。如开发地方志 App，把村志文献集成于移动智能终端上的一个图标，轻轻点击便可轻松获取数据库中的文献资料，使读志用志变得更加便捷。移动智能终端还可以实现互动，为修志者获取地情资料提供更为广泛的途径，为志书勘误等工作提供广博的群众智慧。③

3. 扫码功能

扫码功能，即运用智能手机等移动终端，扫描人们为某件事物所制作的条形码、二维码，以实现某种互动（如支付、查阅事物信息等）的功能。当前，扫码功能已得到普遍应用。如通过手机扫描商家的二维码可实现无现金支付功能；扫描书本上相应的二维码可实现延伸阅读；等等。把扫码功能用于地方志服务乡村振兴建设中，将收到事半功倍的效果和作用。比如，把村志中记载的文化古迹、民俗活动等乡村旅游产品的信息，制作成二维码附在相应的地方，游

---

① 田保家：《试论地方志服务乡村振兴战略的途径》，《中国地方志》2018 年第 5 期。
② 田保家：《试论地方志服务乡村振兴战略的途径》，《中国地方志》2018 年第 5 期。
③ 田保家：《试论地方志服务乡村振兴战略的途径》，《中国地方志》2018 年第 5 期。

客只需用手机等智能终端扫一扫，就可以方便、快捷地查阅该旅游产品最系统、最权威的资料，① 从而提升旅游产品的文化内涵，促进旅游业的发展。

（四）提供教化育人平台

教化育人是地方志的重要功能。村志可为乡村教育和繁荣乡村文化等提供教化育人的平台，实现以文化人。

1. 建设方志书屋

当前，农村人均图书拥有量相对较低。农村在精神文化生活方面和城市还有一定差距，想读书却没有书读的情况普遍存在，人均阅读量处于较低水平。建好方志书屋，让民族文化扎根乡村，可为地方志服务乡村精神文明建设发挥文化平台作用。② 一要打造文化阵地。可由方志部门联合当地政府建立方志书屋，为百姓提供各类方志书籍、历史典籍和书刊等；积极协调各民间组织、名门望族及各姓氏，将族谱、家风家训、乡规民约等优秀的民间传统文化资料进行整理加工，纳入方志书屋，打造乡村文化阵地。二要提供文化活动平台。结合各乡村建设实际情况，定期举办方志文化节、读书节、家风家训展等活动，营造浓厚的乡村文化氛围。同时，方志书屋可作为民间艺术、传统工艺等的陈列展示平台，让泥塑、年画、剪纸、脱胎漆器、软木画等文化遗产得到弘扬和传承。三要提供信息化终端服务。将方志书屋作为地方志数据库服务乡村建设的信息终端，让地方志资源在乡村得到共享，充分发挥地方志资源全面、权威等独特优势，服务乡村建设。③

2. 开办方志讲堂

以方志书屋、乡村文化活动中心、校园等场所为方志讲堂的基础平台，定期为乡村群众开展历史文化、家风家训、非物质文化遗产传承等公益授课，培育村民的文化自觉和文化自信。让地方志走进乡村，融入百姓的工作生活，引发情感共鸣，在潜移默化的熏陶和影响中发挥教化育人的作用，激发群众在乡村振兴建设中的内在动力。授课人员可由各级方志机构选派专家、当地有名望的乡贤，以及非物质文化传承人等组成，结合各地实际制订授课计划。一是传播优秀历史文化。将厚重的方志典籍"碎片化"，化整为零；针对乡村群众的文化水平和特点，把高雅的民族文化与大众文化有机结合，用平民化的语言讲解艰涩难懂的历史文化知识；适当穿插历史实例，实现深入浅出、雅俗共赏。展现传统文化的丰富内涵，激发群众的民族自尊心和自豪感。二是培育良好家风。中国传统社会以家庭或家族为基本组织单元，历来注重家训和家风，它们是传统伦理道德的重要组成部分，作用和影响非常广泛。通过教授经典家训，可弘扬传统美德，培育良好家风，提升乡风文明程度。三是传承非物质文化遗产。把方志讲堂作为

① 田保家：《试论地方志服务乡村振兴战略的途径》，《中国地方志》2018 年第 5 期。
② 田保家：《试论地方志服务乡村振兴战略的途径》，《中国地方志》2018 年第 5 期。
③ 田保家：《试论地方志服务乡村振兴战略的途径》，《中国地方志》2018 年第 5 期。

"非遗"传承人的讲授平台，将世代相传的表演艺术、传统技艺、民俗活动等各种传统文化全面、系统地传承和创新，使乡村百姓能够从传统文化中找到历史认同，促进乡村文化的多样性，激发群众的创造力。

3. 繁荣方志文艺

方志文艺，即用文艺的形式表现方志所承载的民族文化内涵，这是广大人民群众更易于吸收、更乐于接受的文化传播形式。创作方志文艺，有利于深入挖掘、传承和弘扬乡村的优秀传统文化；寓教于乐，使人们在文化的熏陶中提高内在素质，提升文化自信。2017 年 9 月 20 日，福建省方志委在福州举办"与历史同行，喜迎十九大'方志之夜'"文艺晚会；[①] 2018 年 4 月 19 日，举办"与历史同行——'方志之夜'进校园"文艺演出。[②] 运用方志元素展示优秀的传统文化，集艺术性、观赏性和地方志的民族文化特性于一体，让观众从全新的视角感受民族文化的魅力。方志文艺是地方志事业发展的创新之举，为服务乡村振兴战略开辟了可行途径。将民间戏剧、曲艺、音乐、舞蹈、武术、杂技等民间艺术形式的方志文艺传播给村民，可以繁荣乡村文化，对于满足乡村群众多层次、多样化的文化需求，提升乡村群众的凝聚力和创造力具有不可替代的作用。

四 乡村振兴助力村志编纂

乡村振兴通过对村志编纂的重视支持、提供经费保障、督导、促进开发利用等方式助力其繁荣发展。

（一）重视支持村志编纂

乡村振兴战略实施中，各级领导特别是村级领导要重视支持村志编纂，给予村志编纂政策上的支持。在文件下发、人员经费的保障、资料征集、村志进展的督促方面给予必要的支持。以行政资源力促村志编纂顺利开展，编委会人员中要有该村领导，以此增强编委会、编纂人员的合力，加大组织保障力度，提高村志编纂的质量和效率。开展好本村志书的宣教工作。采取灵活多样的形式，开办学志用志讲堂，发动群众提供志书资料和实物素材。

（二）为村志编纂提供经费保障

村志编纂以往都是靠热心人士牵头自发组织，经费大多自筹。乡村振兴战略的实施，可以

---

① 《与历史同行，让方志"活"起来，喜迎十九大"方志之夜"文艺晚会在榕举行》，"方志福建"微信公众号，2017 年 9 月 25 日。

② 《福建省方志委实施"开门修志"，在全国率先开展"方志文化进高校"系列活动》，"方志福建"微信公众号，2018 年 4 月 20 日。

改变经费不足的现状。在村志编纂工作正式启动之前，利用政府公告、宣传栏广告、报纸、刊物、广播、电视、网络等媒介，积极向全社会，包括个人、机关团体、社会组织、企业等，争取钱、物、村志资料等方面的捐献捐助。所得捐献捐助，全部优先用于村志编纂，如所得捐献捐助已足够支付村志编修和出版所费，则不再申请使用财政所拨专项经费。同时，从社会所得的全部捐献捐助，应由政府部门逐一登记在册，并保证其被合理合法地使用。整个过程应公开透明，接受全社会监督。村志出书以后，实行上级对本级村志经费使用的审计审查。

（三）督导村志编纂

村志编纂工作琐碎、细节多，需要乡村文化工程的带动推动。在村志编纂中，要严把每个工作环节的质量和进度。人员分工、资料征集、初稿总纂、核稿评议、初审、复审、终审等环节都需要乡村领导的大力支持。编纂过程中遇到的问题可在行政保障下通过一次次评议、交流得到解决。这会给编纂人员编好村志的信心和勇气，使他们在编纂村志中共同学习和进步。

（四）促进村志开发利用

若村志中的地情资料被乡村振兴经济、文化建设、政治建设所借鉴，村志就发挥了在乡村振兴中的作用。这就会促进领导更加重视支持村志编纂，也可增强村志编纂人员编好志书的信心。让村志进村组、进社区、进家庭、进学校，让人民群众能够真真切切地看到自己的历史、自己的成就、自己的希望和未来，从而使本村志成为爱家乡、爱祖国最生动最鲜活的教材。充分发挥村志服务地方经济建设的地情资料作用，开展有针对性的地情调研、咨询和引导工作。[①]

在农业、农村现代化发展进程中，乡村文化建设起着积极的推动作用，可为乡村振兴战略的实施提供保障。村志编纂也属于乡村文化建设的内容，可为乡村振兴提供历史依据，而乡村振兴又为村志编纂提供政策支持和物质保障，两者融合发展，共同加快农村建设。

---

① 毛运海：《创新乡镇村志编纂方法　开拓大众学志用志途径》，《襄阳职业技术学院学报》2018年第3期。

乡镇村志助推乡村振兴的几点思考

高 艳

（黑龙江省牡丹江市委史志研究室）

地方志作为"地方之全史"，中国农村发展历史进程是地方志的重要记述内容，这是经济社会发展的必然要求。地方志工作应当主动作为，积极对接，关心关注地方经济社会发展，为农村发展提供精神动力和智力支持。党的十九大报告提出，"实施乡村振兴战略"。要坚持农业农村优先发展，按照产业兴旺、生态宜居、乡风文明、治理有效、生活富裕的总要求，加快推进农业农村现代化。《中共中央 国务院关于实施乡村振兴战略的意见》从提升农业发展质量、推进乡村绿色发展、繁荣兴盛农村文化、构建乡村治理新体系等方面对乡村振兴工作进行安排部署。

修志的目的在于应用，利用地方志成果是修志的出发点和其价值的最终体现。《全国地方志事业发展规划纲要（2015~2020 年）》明确指出，要充分发挥地方志工作在我国经济社会发展和社会主义文化强国建设中的重要作用，为全面建成小康社会做出更大贡献。中共中央、国务院《乡村振兴战略规划（2018~2022 年）》也明确提出"鼓励乡村史志修编"，助力乡村振兴战略实现，加大新时代地方志工作开拓创新力度，配合实施国家重大战略，让地方志"用起来""活起来""立起来""热起来""强起来"。

乡镇村志是地方志书的重要组成部分，是省、市、县三级志书的延伸和补充，承载着一个乡镇、一个村的历史和智慧，构成内容丰富的乡村地情资源宝库。乡镇村志全方位记述自然、历史、经济、民俗、文化、教育、物产、人物等，因此有着特殊的历史价值、经济价值、文化价值和现实意义。笔者试从拓展乡镇村志的功能方面，谈谈乡镇村志助力乡村振兴的几点思考。

一 全国乡镇村志编纂如火如荼

康熙《杏花村志》开编纂村志之先河，并成为唯一收入《四库全书》的村志。"在各种类型的地方志编纂中，村志编纂古已有之，但从未进入国家层面的地方志编纂序列。"中国地方志指导小组前任组长王伟光在中国名村志序中这样说过，可见过往乡镇村志无论在重视程度、编写数量还是普及率、利用率上，都是不理想的。

中国传统文化的根与魂在农村。为村存史，以志为证。记载根脉，记住乡愁。随着国家城镇一体化建设，大批传统村落和文化渐次消失，村民成为居民。积极编纂乡镇村志无疑是一场历史的拾遗。习近平总书记在关于浙江《白沙村志》的讲话中就明确要求，村志要"调动一切力量"连续编修。

据中国方志网"在线统计"，2018 年 1 月 1 日至 2018 年 12 月 31 日，全国出版乡镇村志 434 部（包括街道社区志），其中上海 49 部，最多；其次湖北 48 部；浙江 39 部。2016 年 10 月 1 日至 2017 年 12 月 31 日，全国出版乡镇村志 590 部（包括街道社区志），其中上海 120 部，最多；其次河北 85 部；山东 79 部。短时期内，乡镇村志编写硕果累累。

2015 年中国名镇志文化工程启动，第一批 11 部、第二批 26 部名镇志相继出版；2016 年中国名村志文化工程启动，第一批 27 部名村志出版。第二批名镇志中的《乌镇志》翻译成英文版，经中央网络安全和信息化领导小组批准，被纳入第四届世界互联网大会的必备会议材料推介给与会代表，同时在加拿大英属哥伦比亚省出版发行，成为第一本在海外出版发行的中国名镇志。《周庄镇志》《枫泾镇志》也有英文版问世。

2018 年，《乌镇志》被列入国家"一带一路"出版工程，作为唯一一部江南水乡古镇志成功入选国家"丝路书香出版工程"，将被翻译进入越南、泰国等"一带一路"共建国家。

值得一提的是，2010 年上海金山区由政府组织发动全面启动全区性村志编纂工程，在全国先试先行。同时指导推动《枫泾镇志》《中洪村志》分别成为上海首部、全国首批的"中国名镇志""中国名村志"。2017 年末，金山区村志编撰工作全面完成，2018 年完成修订。历时八年，涉及 124 个行政村，总字数超过 2500 万，参与人数 356 人，实现"一村一志"。2019 年 5 月 29 日，金山村志系列丛书集中发布，是全国唯一一套全区域覆盖村志，为全国村志编纂做出了示范。

与此同时，中国影像志名镇、名村系列启动，中国地方志指导小组办公室发布《关于开展中国影像志·名镇、名村系列影像志制作的通知》，要求各地积极参与，把名镇、名村通过影像志形式"立"起来，"活"起来，成为对外宣传乡村的文化名片。编修中国名镇志、名村志为乡村振兴战略做出了新探索、新引领、新示范。

乡镇村志是庞大的地情资源，充分利用好乡镇村志，切实发挥志书记述历史、传承文明、服务当代的作用。为服务乡村振兴战略提供历史借鉴和智力支持，为助推乡村经济发展和文化繁荣贡献方志力量。

二 乡村振兴，乡镇村志佐证地理标志保护产品申报

实现乡村振兴，产业兴旺是基础。加快推进农业农村现代化，走中国特色社会主义乡村振

兴道路，让农业成为有奔头的产业。乡镇村志记述地域特色，尤其重点记述农业经济发展中的乡村"名特优"，以及自然条件对特色物产的影响，如"烤烟之乡""西瓜之乡""木耳之乡"等，对地方经济的促进作用不言而喻。乡镇村志记述地方特色物产，在申请地理标志商标中是不可或缺的佐证。

国家知识产权局商标局《申请注册证明商标或集体商标》第九条"地理标志申请注册的注意事项"明确规定，地理标志注册申请，除提交集体商标、证明商标所需材料外，还应提交以下材料：

......

（二）有关该地理标志商品客观存在及信誉情况的证明材料（包括：县志、农业志、产品志、年鉴、教科书、正规公开出版的书籍、国家级专业期刊、古籍等）并加盖出具证明材料部门的公章。

（三）地理标志所标示的地域范围划分的相关文件、材料。

相关文件包括：县志、农业志、产品志、年鉴、教科书中所表述的地域范围，或者是地理标志所标示地区的人民政府或行业主管部门出具的地域范围证明文件。

......

那么，具体说什么是地理标志保护产品，申报地理标志商标有哪些现实价值呢？

（一）地理标志保护产品

地理标志保护产品是指产自特定地域，所具有的质量、声誉或其他特性取决于该产地的自然因素和人文因素，经审核批准以地理名称进行命名的产品，并进行地域专利保护。地理标志保护产品有以下两种：一是来自本地区的种植、养殖产品；二是原材料来自本地区，并在本地区按照特定工艺生产和加工的产品。如广为人知的黑龙江"响水大米""五常大米""东宁黑木耳""北大仓酒""宁安大蒜"、河南"信阳毛尖"、新疆"阿克苏红枣"、浙江"龙井茶"、江苏"阳澄湖大闸蟹"等。

2000年1月31日，绍兴酒成为中国第一个受到保护的地理标志产品，即地理标志保护产品。自1999年实施地理标志产品保护制度以来，范围涉及农产品、白酒、葡萄酒、黄酒、茶叶、水果、花卉、工艺品、调味品、中药材、水产品、肉制品以及其他加工食品等多个领域，产地遍布全国。

（二）申报地理标志商标的价值

地理标志是提升特色产品质量、促进地域经济发展和对外贸易的有效手段，在参与国际竞争中发挥着越来越大的作用。截至 2019 年，我国地理标志保护产品总数有 1900 多个，地理标志产品专用标志使用企业有 1 万多家，生产总值估算 1 万多亿元，获保地理标志产品平均增值效益在 15%～20%。[①]

1. 提高产品的经济附加值

地理标志是一种识别标志，表明产品的地理来源，但更重要的是作为特定产品的品质证明。一个产品贴上了特定的地理标志，就与特定的地理和人文因素联系起来，成为该产品质量和品质的最有力证明，从而使产品具有了其他同类产品所不具备的独特优势。[②]

黑龙江省穆棱晒烟于 2010 年 3 月 28 日注册地理标志证明商标。2016 年，晒烟种植面积 1.5 万亩，覆盖 5 个乡镇 32 个村 2800 户烟农，主要销往黑龙江中烟、河南中烟、四川卷烟集团等卷烟企业，促进了农民增收、农业增效和特色农产品产业的规模化发展。东宁黑木耳种植历史悠久，工艺优良，产品质量好，销售领域广，于 2013 年 10 月 21 日注册地理标志证明商标，其品牌辐射作用、精准扶贫作用、产业拉动作用日益凸显。2015 年、2016 年、2017 年，农民人均黑木耳纯收入分别达到 13816 万元、14560 万元和 15295 万元，分别占农民总收入的 70%、72% 和 73%。[③] 2012 年，章丘大葱节暨章丘名优农产品展示展销会首次在济南举行，10 斤装的章丘大葱售价 60 元，2 斤重的精品鲍芹售价高达 180 元。由此可知，同种类的产品，是否有地理标志的证明价格悬殊。另外，地理标志产品都产自某一特定的区域或地点，这就决定了其总体产量的有限性。独特的品质和稀少的产量大大提升了地理标志产品的经济附加值。

2. 增强地区文化效应

除了特定的自然因素以外，地理标志还与特定的人文因素密切相关。地理标志不仅具有经济价值，也代表了一个地区、一个民族的文化形象，具有文化价值，它们共同构成了地理标志的信誉。几乎每个地理标志产品都承载着当地厚重的历史，这些历史和文化提高了产品的品位，而产品则成为地方名片。

中国的历史名茶大多有着动人的故事和传说。如苏州的洞庭碧螺春茶有"碧螺姑娘"的传说，西湖龙井与乾隆皇帝的传说。这些美丽的故事和传说，是这些历史名茶文化底蕴的重要组成部分，提升了品饮名茶的品位。另外还有"安顺蜡染""潍坊风筝""南京云锦"等，都形成了独特的地理标志文化。这些商品带着中华民族光辉灿烂的传统文化走向世界，因为文化赋值，提升了"中国品牌"的国际形象和地位。

3. 促进国际贸易

我国作为世界上最大的发展中国家，对外贸易对经济增长起到了巨大作用。但是近年来欧

---

① 鹿凌辉：《重视宣传地域产品　打造地理标志品牌》，东方财富网，2019 年 4 月 22 日，https：//caifuhao. eastmoney. com/news/20190422223137184526980。

② 章红平：《如何擦亮这张新名片——浅谈申报地理标志产品对促进地方经济发展的意义》，中国质量新闻网，2011 年 7 月 15 日，https：//www. cqn. com. cn/zgzlb/content/2011-07/15/content_ 1281642. htm。

③ 《关于牡丹江市地理标志商标现状与发展对策的调查报告》，牡丹江市市场监督管理局，2018 年 7 月。

盟、美国、日本等国针对我国出口产品采取了大量的反补贴、反倾销和贸易壁垒措施。而地理标志产品具有其他产品所不具备的特定的品质和声誉，极大地提高了产品的竞争力。首先，地理标志产品具有特定的品质和声誉，因此其价格较高也就合情合理，这就使其很难成为反倾销和反补贴的规制对象。其次，地理标志产品在生产过程中特别注重对环境的把控，并且其生产技术也具有较高的科学性，这就使其很难成为贸易壁垒的规制对象。所以，保护好、开发好、利用好地理标志产品这一独特的资源，有助于促进相关农业经济的发展。[1]

陕西省汉中市运用地理标志商标激发农业发展内生动力，持续加大培育指导力度。城固柑橘、城固蜜橘远销日本、韩国、俄罗斯，实现销售收入 3.2 亿元。因此，可以说地理标志是打开国际市场的一把钥匙。

三 乡村振兴，乡镇村志留根塑魂，记得住乡愁

随着国家新型城镇化和新农村建设的深入推进，乡村行政区划不断发生改变，传统村落及村落文化正在大规模消失。乡镇村志不仅梳理乡村起源沿革和发展轨迹，对已经"消失"和正在"消失"的村落而言，乡镇村志的寻根留史意义尤为重要，它是一项乡村文化抢救工程。

上海金山 6000 多年前就已成陆地，孕育了朱泾、枫泾、张堰、亭林等千年历史名镇，以及一批历史文化名人。金山区在编修村志过程中，追溯乡村历史渊源，以挖掘、抢救的态度来积极进行搜集和整理，记录下每一个村落的历史脉络。他们将消失的古镇——西仓，重新挖掘出来。西仓最早名为官塘滩。南宋时期，武举陈龟年迁居于此，修建"陈泰油作坊"，这里产出的菜籽油远销至真腊（今柬埔寨）、满剌加（今马六甲海峡两岸）等地。那时这里商人云集，街上车水马龙。明朝时期，官塘滩更名为西仓市，后屡经战火，到 1949 年新中国成立前仅剩几间破房屋。后来，西仓被征地建厂，到 2003 年，连地名也消失了。像西仓这样，繁华一时，如今连地名也没有的古镇不在少数。山阳镇长兴村有个甸山，村志记载：这里原是上海第一个县海盐县的所在地。甸山现今已湮没，但悠久的历史可以挖掘。村委会打算在甸山建一座文化公园，彰显长兴村的文化底蕴。亭林镇油车村原来有其名而不知其因，这次村志编写摸清了家底。原来在清朝雍正年间，这里就有一家榨油坊。到了民国初期，村里又有一家榨油坊，其规模都很大，相传磨坊里的大石磨要用八头牛来拉，河道里等着装菜油的船要排上 100 多艘，就此这里因油车而得名。为使村里的标志更明显，村里把当年榨油坊的大石磨置于村口，成了油车村的新标志。[2]

北京朝阳区高碑店乡高碑店村地处京杭大运河北端的通惠河畔，是元代、明代、清代漕运

① 《国家地理标志产品的作用和经济价值》，搜狐网，2018 年 1 月 21 日，https：//www. sohu. com/a/194939015_99933657。

② 《历时八年，2500 万字全区域 124 部上海金山村志发布了!》，"i 金山"微信公众号，2019 年 5 月 29 日。

码头，是皇粮、木材等商品集散地，有着悠久的历史，有深厚的文化底蕴。《高碑店村志》作为中国名村志文化工程的首批志书，系统记述了千年漕运古村的因河而兴、因河而变的曲折发展历程。①漕运、码头深深地影响着高碑店村一代又一代人的生活，同时也反映了高碑店村在新型城镇化进程和社会主义新农村建设中取得的突出成就。

这些都是留住乡愁的成功典范，让乡民不忘来路，树立文化自信，更好地建设乡村未来。

四　乡村振兴，乡镇村志传承文脉，实现文化引领

在中华传统文化中，地方志自成一脉，是中华民族特有的文化基因，也是最具有民族特征的标志性传统文化形式之一。乡村振兴，文化为魂。"乡村的发展与振兴离不开地方志对民族文化的传承，地方志是使乡村文化走向繁荣兴盛、焕发乡风文明新气象的内在需要和文化支撑。"②乡镇村志在延续文脉，弘扬乡土传统文化，提升乡村精神风貌，以及为乡村文化建设提供科学决策等方面具有不可替代的作用。

（一）推动乡村文化复兴

乡村文化是中华民族文化的根和脉。乡村传统文化的复兴就是让全社会特别是农民能分享更多的精神文化和物质文化成果，让每位农民都有足够的获得感，并作为一个社会共同体凝聚起来。在当代，社会从农耕经济主导的乡村社会向工业经济主导的城市社会转型，农村传统文化资源流失严重，农民精神文化需求短缺，导致了乡村文化的空心化、虚无感。乡镇村志是乡村文化建设的基础工程。有了村史村志，才能讲好故乡的故事，讲好乡土中国的故事。以乡镇村志为载体，认真梳理乡村传统文化发展和文化价值，记载乡村历史文化事件，还原完整乡村历史，复兴乡村文化，是乡村振兴的前提之一。

（二）保护传统文化基因

保护和传承好乡村历史文化基因，挖掘历史智慧，为乡村战略提供文化内涵支撑。由于经济社会的快速发展，近百万的自然村消失，各村落所蕴含的历史文化信息流失，抢救性保护刻不容缓。乡村各具特色的自然环境、生产方式、风俗习惯、民居建筑等是传统乡村文化资源的代表，应重点予以传承保护。自2014年起，住建部、文化部、财政部和国家文物局一共公布了4批4157座传统村落保护名录，各地也相应公布地方性传统村落保护名录。③除此之外，大量

---

① 《北京举行"志载千年——让地方志延续历史文脉"发布会》，中华人民共和国国务院新闻办公室网站，2016年9月22日，http://www.scio.gov.cn/xwfbh/gssxwfbh/xwfbh/beijing/document/1632045/1632045.htm。
② 田保家：《试论地方志服务乡村振兴战略的途径》，《中国地方志》2018年第5期。
③ 邓水燕：《地方综合年鉴助力乡村振兴战略的一点思考》，"年鉴之家"微信公众号，2019年5月20日。

的物质文化遗产、非物质文化遗产都散落在乡村，它们是中国传统文化的重要载体，也是保护传承民族传统文化的重要抓手。编写乡镇村志，不仅可厘清村里的起源沿革和发展轨迹，还可收录反映农村生产情况和生活趣事的民间谚语、婚丧习俗、民间传说和历代人物等。上海金山区枫泾镇新义村《杨家庵的由来》、张堰镇秦山村《秦始皇登山望海》和朱泾花灯、亭林腰鼓等传统文化都被收集整理入志，极大地丰富了金山本土传统文化的历史内涵。

（三）推动乡村文明建设

地方志是弘扬和发展社会主义核心价值观的重要精神资源。中华优秀传统文化是中华民族的精神命脉，是涵养社会主义核心价值观的重要源泉。"爱国之道，始自一乡。乡土教育对于拓宽学生知识面，丰富学习经历，培养社会探究能力，激发青少年爱家爱乡爱国热情，培育社会责任感，传承祖国优秀传统文化，具有重要意义。"① 一部地方志就是一方人的精神家园，几代人的集体记忆。乡镇村志提供教化育人的平台，承载着传统道德教育文化信息，通过记载各个历史时期的乡村典故、文化遗产、乡风民俗、乡贤和成功人士、宗谱、家风祖训等，宣扬传统文化，引导村民、淳化民风，传承完善村规民约、文明公约，弥补乡村文化发展之不足。这种记录既是文明引领，守护村民的精神家园，让乡村百姓从传统文化中找到历史认同、乡土认同，同时又可激发人们热爱家乡的情怀，激发群众在乡村振兴中的责任感、参与感。历史和现实证明，以文化人，乡镇村志以独特的优势在教化人心、培育良好乡风文明、提高乡村文明程度、凝聚乡村振兴的精气神中有不可替代的积极作用。

---

① 刘雪芹、张玉叶：《地方志与乡土教育——以上海中小学生乡土教育现状为个案的研究》，《中国地方志》2017 年第 9 期。

试述新时代名镇（村）志编纂
与镇（村）的发展研究

臧秀娟

（江苏省常州市地方志办公室）

从中国名镇（村）志编纂到江苏省名镇（村）志编纂，一次次审视名镇（村）的昨天，也从文献和实地调研角度思考名镇（村）未来的发展。常州地处江南腹地中心，明代万历《武进县志》称，常州"在今为巨邑，人文盛于海内"。① 常州文化既是江南文化的一部分，同时由于其自然、地理环境及本身特有的精神血脉，也有着属于自身的鲜明特色。2016 年，常州所属国家历史文化名镇——孟河镇、国家经济百强镇——湖塘镇、国家历史文化名村——焦溪村分别参加江苏省名镇（村）志编纂，一年半时间完成终审稿。笔者在指导上述名镇志、名村志编纂中，立足"名""特"，挖掘乡土文化资源，记录历史，同时，对于新时代名镇（村）志编纂的方法以及镇（村）未来发展，进行了一定的思考。

一 名镇（村）志编纂的现实意义

常州乡（镇）在 20 世纪 80 年代中后期，完成近百部乡（镇）志的编纂，为第一轮市（县）志的编纂提供了有力的支持。随着第二轮修志启动，2010 年前后，常州经济强镇和文化名镇陆续进行镇志续修、出版，为县（区）志和市志编纂出版打下了良好基础，也为 2017 年江苏省启动名镇（村）志编纂活动做了充分的准备。

中国人素有"家国情怀"，乡镇（村）是无数中国人生命的底色和成长的摇篮。编纂一部

---

① 晏文辉：《万历武进县志序》，万历《武进县志》卷首，《南京图书馆藏稀见方志丛刊》第 63 册，国家图书馆出版社，2012。

全面梳理乡镇（村）历史人文，"名""特"突出的镇志，挖掘文化特色，让老百姓亲身感受本土本乡自然的优美、历史的醇厚、人物的优秀，对培育人民群众的爱乡爱国情怀意义重大。①而且在全面实施乡村振兴战略的当下，把握村落发展的历史逻辑，不仅有助于揭示中华文化的源与流，夯实文化之基，更可为乡村振兴提供文化滋养和智慧支持。可见名镇（村）志编纂，不同于普通的镇（村）志编纂，也不是镇（村）概览式介绍。新时代赋予名镇（村）志编纂新的现实意义。

1. 打造名镇（村）品牌

利用中国独有的文化载体——地方志书来记录乡镇，记录新型城镇化历程，是中华优秀传统文化与现代化建设对接的重要尝试，也是提升新型城镇化文化内涵的重要举措。无论是孟河镇、焦溪村，还是湖塘镇，作为国家历史文化名镇（村）和经济强镇，参与名镇（村）志编纂，一是可以将所在镇、村与其他同类镇、村进行横向比较，发现差距；二是可以进一步提升镇（村）的品牌效应。

孟河镇，是南北朝时期齐、梁两朝萧氏皇族的祖居地，也是名冠天下的"孟河医派"的发源地。焦溪村，保存有古宅、古街、古巷、古道、古物、古河、古桥，具有形制完全、古朴典雅的传统街巷，黄石半墙、南地北风的建筑风格。湖塘镇，境内的春秋淹城遗址是中国最古老、保存最完好的地面城池；其经济发展迅猛，以"织造名镇"闻名天下，是"苏南模式"发祥地之一。这三个镇、村特色鲜明，富有影响力。

无论是遵照镇（村）原有文化特色构建起来的镇（村）品牌，还是依据镇（村）发展现状和需求构建出的具有创新形态的镇（村）品牌，其现实目的都是通过文化的感染力增强镇（村）内部居民的荣誉感，通过文化的吸引力增加镇（村）外部居民对镇（村）的认识和了解，通过文化的包容性和多样性满足人们对镇（村）不同的诉求和需求。通过编纂名镇（村）志，在全面分析、研究镇（村）文化历史的同时，可以进一步营造镇（村）文化氛围，成为镇（村）发展和升级的关键点。像孟河镇孟河医派的传承和发扬、焦溪村的古街巷修复、湖塘镇的织造工业提升等，都是通过镇（村）修志活动构建更具特色的品牌。

2. 加强名镇（村）保护

编纂名镇（村）志，围绕名镇（村）的"名""特"，反映名镇（村）发展道路并揭示发展规律，是厘清家底的过程。名镇（村），本身是一个品牌。品牌竞争的实质是差异化竞争，地域文化品牌构建的实质是提炼出不可替代、不可复制的地域文化特点要素。这个提炼过程也是对镇（村）文化提纯的过程，继而进一步落实加强对镇（村）的保护。

李培林在首届全国名镇论坛暨中国名镇志丛书出版座谈会上指出，在快速发展的当今社会，许多社会文化现象正在消失，而名镇志对这个时代做了翔实客观的记述，所以中国名镇志

---

① 李培林：《努力打造中国名镇志文化品牌——在中国名镇志丛书编纂业务培训班上的讲话》，2015年7月1日。

文化工程也是文化抢救工程。名镇（村）志出版，使镇（村）更加意识到本区域的优势文化，呈现"人与镇（村）"共生、共存、共融、共美的和谐关系，有助于重视镇（村）特色文化的保护和发展。

二 名镇（村）志资料搜集的注意点

名镇（村）志作为全面、权威的地情资料文献，是完整记录乡镇历史、留得住乡愁的重要载体。在名镇（村）志编纂过程中，要突出本地最有特色、最能反映当地特点的内容，做到"人无我有、人有我特、人特我优"。让读者一书在手，就能感受到本乡本镇的特点，把握住脉搏。① 名镇（村）志编纂，前期资料搜集是工作的重中之重。

史料的存在被视为研究的基础条件。史料在单方面并不能构成历史研究，因为史料本身不能自动解释历史问题。史料在掌握它、运用它、解释它的史学家出现之前，并不具备叙述历史的功能。历史学开始的条件之一是资料，另一条件是历史学家本身：他们的兴趣、观念、环境和经历。史学研究者和史料的共同参与，是历史研究得以成立的两大前提。为此，在名镇（村）志的资料搜集中，作为史学研究者的编纂人员除参与常规文献资料征集外，还要重视社会调查和口述史访谈。

1. 社会调查

为客观记述名镇（村）的发展全貌，反映现实生活中的新人新事，突出具有地方特色的风俗民情、文物胜迹、土特产品等，名镇（村）志编纂可以将历史文献与实地调查并重，将田野调查方法与历史学的文献研究方法相结合。

现存的历史档案大多只提供地方历史的某个片段，或者只保留个别历史人物的相关资料，或者仅是单个团体、机构的记录，仅凭这些零散而残缺的档案资料无法对一个地区尤其是一个微观社区的历史形成连续性和整体性的认识。对于聚焦于社会历时性变化的田野调查来说，历史资料本身的上述缺陷无疑会对研究造成局限。对于缺乏档案记载和收集制度的微观社区——比如村庄——来说，要追溯数十年前的历史事件，文献研究的可行性无疑是不足的。此外，尚存的档案文献中，有关历史过程的记载往往有所缺失，研究者仅凭这些档案无法"重建"事件的完整经过。②

编纂一部乡镇志，实际上等于对中国农业、农村、农民问题做了一次深刻的调查研究和个案分析。田野调查往往进入调查地点并与调查对象面对面地交流，能够获得直接的、具体的、微观的、细节性的第一手资料，并通过与调查对象的深入交流，了解并理解隐藏在表面现象之

① 李培林：《努力打造中国名镇志文化品牌——在中国名镇志丛书编纂业务培训班上的讲话》，2015年7月1日。
② 董建波：《史学田野调查：方法与实践》，上海辞书出版社，2013，第75页。

下的深层的历史因素。① 征编《湖塘镇志》时，编纂人员重视"织造名镇"的发展历程和现状分析，多方进行社会调查，充分呈现"苏南模式"发展的艰辛和辉煌成就，领悟到湖塘镇农民治贫致富的经验。同时，在设置《湖塘镇志》篇目时重视其综合信息库的作用，除"镇情概览"篇，还设有"织造名镇""商贸重镇""物产美食"等篇。编纂人员有步骤地走访调查各个时期的经济发展信息，包括当地生产力布局、生产力发展水平、工农业比例和内部结构、土特产品等，促进当地优势资源作用的发挥。编纂《孟河镇志》时，专门走访孟河医派传人了解其传承脉系、典型医方等。通过调查，挖掘出深埋在被访人记忆深处的历史"资源"，补充因为文献记载遗漏而缺失的历史环节、历史侧面、历史细节，使研究者了解到更加完整、丰富和细微的历史。

历史文献与田野调查资料的对读与互证不仅有助于编纂者更准确和深入地理解历史文献，同样有利于编纂者理解田野调查中获得的访谈资料，一些地方性的传说与故事也需要通过与历史文献的对读去深入理解。

2. 口述史访谈

乡土文化承载着重要的历史信息，对我们的价值观、生活方式有极为深刻的影响。口述史料能够解释一个社区的经济发展，并引导研究者探讨经济发展的途径及背后的动因，包括它与外部世界的联系如何影响社区的经济与社会变动，使研究者关注那些对社区社会变迁具有关键作用的地点、事件和人物。而这些具有重要价值的口述史料往往要靠深度访谈才能获得。②

名镇（村）志启动时，没有现成的、系统的史料，许多重要的事件没有留下文字记载。在政治运动频繁的年代，文献和报道侧重于政治层面，而对经济、文化、社会生活层面的实际情况、重要事情则语焉不详。涉及的要事，也打上那个时期的烙印，往往有诸多禁忌，只记下"自上而下"的决策、部署和"自下而上"的拥护、表态，"报喜不报忧"，听不到不同的声音，看不到历史的细节和民众的真切感受。加上当代史档案的公开范围和程度不足，单凭文献和报章来研究一些历史，有很大的局限性。一些潜藏在亲历者头脑里的信息，是隐形的、不可再生的、非常珍贵的资源。尤其在古镇（村）保护、民俗传承方面，抢救历史记忆刻不容缓。

而且描绘各阶层民众及其生活的方方面面，综合地、立体地观察和展示整个社会，需要大大地拓展、延伸历史的视域，多方面挖掘真实、丰富、鲜活的史实，口述史访谈将扩充当代史的信息资源。编纂者以文献档案、实物和口述史料为三重证据，相互参照、核对、印证，有助于名镇（村）志搜集更完备的史料。

费孝通认为："研究者直接深入社会、亲自观察人们的实际生活，通过不同形式的深度访谈获得研究资料。这样得到的资料一般是比较客观的、可靠的，经过科学的整理和分析，就可

① 秦懋：《对人类学田野调查方法的几点思考》，《群文天地》2009 年第 2 期。
② Mary Ann Villarreal，"Finding Our Place：Reconstructing Community through Oral History，" *The Oral History Review*，2006，33（2）：45-64.

能得出正确的认识和科学的结论。"① 孟河镇启动名镇志资料搜集时，有目的地采录齐梁故里的确切位置、民间齐梁逸事和传说，孟河医派四大医家的传闻等，以丰富的史料提升了《孟河镇志》的影响力。

三　名镇（村）志编纂内容的侧重点

名镇（村）志编纂与一般镇（村）志编纂不同，"编著名镇（村）志，正是对传统志书体例和表现形式的突破与创新，使区域性地情资料能更好地发挥现实作用。换言之，是使'故纸堆'迅速融入和助推经济社会建设，给地域带来更大的经济和文化效应"。② 对接受众需求，主动适应群众多样化、分众化的精神文化需求，在选题更精准、表达更精准、对接更精准上下功夫，增强供给对需求变化的适应性、灵活性，以优质文化产品供给赢得受众、赢得口碑、赢得效益。

1. 通俗性

名镇（村）志的受众是各层次的人，通俗才能达到普及的目的。通俗对于普及方志读物很重要，但也有难度。"深入"才能"浅出"，"贯通"才能"简俗"。名镇（村）志通俗化是一种学术活动：一是对历史材料的辨析要有学术造诣；二是对古今史料的运用要有学术功底；三是对历史人物、历史事件的描述要有学术见解；四是对历史场景的反映要有学术语境。

2. 特色性

乡村孕育了人，人滋养了乡村。乡村如其人，有她的筋骨和灵魂，也有她的喜怒哀乐与文化性格。人同此乡村，在漫长的岁月中，浸润出质朴、平和、开润、智性的独特气韵。编纂名镇（村）志，必须突出反映镇（村）的"名""特"。

3. 整体性

名镇（村）志属于史学范畴，在形式上是古今贯通、前后衔接的，具有系统性、整体性的特点。"在一个特殊社区之内，社会生活的各方面都密切地相互关联而成一个整体。在研究任何一方面时，必须研究其他各方面的关系。因此，研究一个社会中的经济生活，若不同时考虑它和家族或氏族组织……及社会制度等的相互关系，就不能完全明了它的经济方面。""在研究'风俗'或'信仰'时，必须把社区看作一个统一的体系，然后来定它在整个社会生活中所占的地位。"③ 在纷繁复杂的历史中，打通政派与学科之间、宏观与微观之间、历史与现代之间的隔阂，在宽泛的视野中，寻找中国乡村建设特有的演进逻辑与内在规律。名镇（村）志编纂突出"通识"意识，有助于揭示名镇（村）发展规律、提供发展启示。

---

① 徐平：《文化的适应和变迁——四川羌村调查》，上海人民出版社，2006，"总序"第3页。
② 张殿成：《普通镇村志与名镇村志异同谈》，《天津史志》2019年第1期。
③ 徐平：《文化的适应和变迁——四川羌村调查》，第9页。

4. 发展性

镇（村）志将镇（村）本身视作研究对象，关注镇（村）如何从历史中走来，即镇（村）如何变成现在这个样子。以分析阐释为主，从镇（村）是什么的外在记述转向对镇（村）由何构成以及如何构成的内在探讨，揭示镇（村）发展的复杂性。不同的切入点产生不同诉求的现代名镇（村）志，或解释镇（村）发展的独特性，或与国家建构、经济全球化等宏大主题相勾连，譬如政治、人口、市政、商业、交通、高雅文化、通俗文化、住房、族群以及空间拓展等。以发展的思维对待名镇（村）志编纂，避免将名镇（村）志变为静止的概览式介绍丛书。

四　名镇（村）志与镇（村）发展路径研究

梁漱溟曾提出："乡村建设，实非建设乡村，而意在整个中国社会之建设，实乃吾民族社会重建一新组织构造之运动。"[①] 中国镇（村）建设的兴起与展开直接关联着中国社会的转型与剧变。编纂名镇（村）志，也是将镇（村）的民间民众建设史与革命史、现代化进程等相联系，以更宽泛的视野，综合、整体探究镇（村）的发展。"要想完整深刻地认识一个民族的文化，必须追溯这种文化逐渐形成的过程，而历史学为我们提供了基本的观点和方法。回顾历史，我们可以清楚地看到民族文化传统的积累、演进过程。特别是在历史文化变迁上，更需要深邃的历史洞察力，一个民族文化的更新，总是在传统文化基础上的更新。抛开昨天，不可能很好地认识今天。"[②] 文化作为人类社会的本质特征，只有升华才能构成文明。名镇（村）志可以多层次、多侧面、多角度地研究农耕文明、工业文明和生态文明之间的关系与演进机理，进一步总结和提炼镇（村）建设的实践经验和教训，同时为镇（村）建设的路径、方法和未来镇（村）社会发展的方向提供借鉴。

1. 规划与设计相协调

名镇（村）志立足镇（村）社会文化，着重记载镇（村）"名""特"，像《孟河镇志》以齐梁故里和孟河医派为重点内容，《湖塘镇志》以春秋淹城、织造名镇、商贸重镇为重点内容，重视以特色为导向的各种元素高度关联的综合性规划，切忌"千镇一面"。

文化是名镇（村）发展之源，其规划要注重挖掘文化底蕴。文化是名镇（村）的灵魂，需深入挖掘和精心打造。文化要做足，影响大且深远，才能形成良好的镇（村）品牌。要注重保护历史和传统文化，提炼升华镇（村）精神，形成镇（村）文化认同。故设计时，要重视传承独特的民俗活动、特色餐饮、民间技艺、民间戏曲等传统文化类型，保护好文化遗址、历史街区、传统建筑等物质文化遗存，支持传承人及非遗文化活动的持续开展。

---

① 《梁漱溟全集》第 2 卷，山东人民出版社，1989，第 161 页。
② 徐平：《文化的适应和变迁——四川羌村调查》，第 5 页。

设计时，还要注重多元融合。以产业、项目规划，引导名镇（村）空间规划的功能组织与布局。以文化特色、生态资源为导向，在空间、风貌、项目、活动、环境等方面进行落实。

2. 历史与现实相统一

名镇（村）是一个人文生态和自然生态高度契合的有机系统，既要保护它的人文生态——包括建筑、服饰、物种、梯田以及歌舞传说、节庆民俗等非物质文化部分，同时也要保护它的自然生态——包括村落和周边的山川、河流、森林、地貌等。

确立历史与现实相统一的保护观，"使乡村运转起来"，重在其精神价值和观念价值，重在文化延续和生态发展。名镇（村）志记载传统村落所承载的文化，包括生产生活内容，传统村落有形的建筑肌理、景观空间等，都是无形的思想观念的外在表现。在保护历史文化遗产的同时，必须使无形的文化遗产在现实中鲜活起来、传承下去。像传统村落的营造技艺以及传统工艺，其传续发展直接关系民居建筑的修缮与维护，也为村落长远发展提供富有特色、具有文化附加值的元素和动力。

《湖塘镇志》"特色艺文"篇下设"诗词选录"章，录有恽南田、赵翼等名家的作品；"风土民情"篇下设"家风家训"章。《焦溪村志》"精神文明"篇下设"家训家规"章和附"乡规民约"，"诗文书画"篇下设"美文"章，录有古代散文、当代散文、文集萃英。这些都有利于推动乡村德治，继承和发扬古代乡村治理的优秀传统，发挥乡规民约、乡贤文化的示范引导作用。

又譬如名镇（村）志记载了许多老地名。地名如人名，与生于斯长于斯的一代又一代人息息相关。地名，承载着丰富的文化信息，接续千百年的情感，一个长期形成的地名，就是那个地方的符号，是那个地方所有人情感所系的标志。名镇（村）志所记载的古宅、城墙、书院等，如果仅仅保存在志书中，那文化的"道"很可能要走进博物馆了，而不是存在于百姓的生活中。所以我们不能放弃保护古镇古村古建的责任，要想方设法留住"活"的形态，让文化的种子能留存、生长。

3. 文化和旅游相结合

名镇（村）志梳理了名镇（村）的文化资源，志中记载的山水风光、地形地貌、风俗风味、古村古居、人文历史等内容，成为融合风貌、文化、旅游等多元要素的新载体，为进一步壮大旅游产业提供了条件。旅游不是核心目的，但有一定的旅游功能做支撑，名镇（村）才会有生命力。

《孟河镇志》设置齐梁故里、孟河医派、名胜古迹、古镇保护、镇村建设、中国汽摩配名镇、非物质文化遗产、风土民情、名镇名人等板块，《焦溪村志》设置古村风貌、古村保护、乡村建设、特产美食、诗文书画、村落文化、方言风俗、望族宗祠、名村名人、杂记掌故等板块，保存古镇（村）文化的印记和发展脉络。

2017年底中央农村工作会议指出，实施乡村振兴战略，传承发展提升农耕文明，走乡村文化兴盛之路。编纂名镇（村）志，也应注重对地域文化的挖掘与传承，将文化元素植入镇（村）风貌建设的各个方面，指导建筑、街区、空间、环境等多维度的风貌建设，形成具有文化底蕴的特色风貌，增强文化认同感，同时促进特色旅游发展。开放的文化旅游循环中，文化和旅游是主体，但非唯一的存在，也要重视经济、社会、生态等一系列社会要素的有机结合。

陈作霖修志实践对当下镇村志编纂的启发

李琳琳　　徐智明

（南京市地方志办公室）

陈作霖（1837~1920），字雨生，号伯雨，晚号可园老人、重光老人等。祖籍河南，"始迁江宁者，名栋，字锦菴"，清康熙初年"占籍就试，补诸生"，家学渊源即始于此。至曾祖陈授，"力学于诸昆中，尤杰出，耆古能文，并工楷法"，死后入祀乡贤祠。其父陈元恒，字葆常，致力于搜集乡邦文献，"上采六朝，下稽明史，旁及诸名家之记载，以至碑版文字，凡有关于乡邦掌故者，皆刺取之"。[①] 陈作霖秉承父志，博通乡故，几十年如一日搜集南京乡邦文献，保存了许多极具价值的地方史料，为南京地方志书的编纂做出了极大贡献。他曾担任上江两县志局分纂、江宁府志局分修、编译官书局分纂等职，在积极参与官修志书编纂的同时，又私家编纂了《金陵通传》《金陵通纪》《上元江宁乡土合志》《运渎桥道小志》《凤麓小志》《东城志略》《金陵物产风土志》《南朝佛寺志》等地方志书。其中后五种小志在1900年辑为《金陵琐志五种》刊刻传世，立足于"志无大小，惟要于可信"，[②] 从小处着眼，聚焦地域特征，偏向民生、民俗，彰显其对家乡故土的热爱，引起读者共鸣。而《金陵通传》《金陵通纪》是对南京历史文化贯通式的研究，尤其是《金陵通传》以世传的形式纂写人物，以家族为统领，以血脉为纽带，以旨趣和事件为关联，把不同时代有影响的家族人物集中立传，详略有度，穷源述今，在今天仍有积极的意义和影响。

一　修志先修心，　资料为第一

搜集资料，对地方志编纂非常重要。梁启超在《清代学者整理旧学之总成绩》中写道：

---

① 陈作霖：《金陵通传·叙传》，《江苏人物传记丛刊》，广陵书社，2011，第525~530页。
② 陈作霖、陈诒绂：《金陵琐志九种》（上），《南京稀见文献丛刊》，南京出版社，2008，第6页。

"夫方志之著述，非如哲学家、文学家之可以闭户瞑目，其理想而遂有创获也。其最主要工作在调查事实，搜集资料。"① 可以说没有丰富翔实的资料基础，地方志编纂就成了无源之水，无本之木。从陈作霖《冶麓山房丛书》中或可对其搜集、整理地方史料之功窥得一二。

《冶麓山房丛书》是台北联经出版事业公司 1976 年根据台湾"中央图书馆"藏陈作霖手稿影印出版。"原收书 37 种，其中如李元度《国朝先正事略》，金鳌《金陵待征录》，阮镛《蝶仙诗钞》，王章《静虚堂吹生草》等，已先后刊行，去而不印，近选未刊者得 18 种书"，② 包括《金陵文征小传》《上江二县采芹录》《金陵传记杂文钞》《金陵前明杂文钞》《冶麓山房藏书跋尾》《宋文杂选》《近人诗录》等，或是自撰，或是抄录，内容多与南京相关，分 12 册收入《明清未刊稿汇编初辑》刊行。刘兆佑在丛书《叙录》中称其为"罕观秘笈，甚为珍宝"。

陈作霖夙好乡邦文献，资料搜集亦侧重于此，"陈篇往籍，有关于金陵掌故者，必搜采之"，③ "复恐乡邦文献久而无征，益肆力钻研"，④ 可见其搜集资料的方向十分明确，针对性非常强，而且态度坚决。《冶麓山房丛书》有题记，有书跋，记述资料来源、编写年份、收藏缘由、内容提要等，其中第 7 册《冶麓山房藏书跋尾》汇集了陈作霖所藏资料的题跋，从中尽览其搜集资料的历程。"同治丁卯岁"（1867）于方子涵处借得《金陵文征》，于是"举乡先生小传录为一册，以备志乘之采择"，⑤ 是为《金陵文征小传》。太平天国期间，避乱苏北宝应，于周葆濂处借得王相（号惜庵）所辑《友声集》，从中抄录了顾槐三诗，后来又在甘元焕处看到《然松阁集》，"因并抄为一册"，⑥ 成《然松阁诗钞》。周葆濂，"字还之，江宁人，诗才清丽……著有《且巢诗存》"，⑦ 彼时他正在宝应训导任上。顾槐三，字秋碧，江宁人，《金陵通传》卷三一有其传，称其"为文极敏，诗才博赡，生平不拘小节，气尤豪迈"。⑧《金陵诗文近录跋》中说，"予喜抄近人诗什而于金陵人则别录之"，"久之遂成二册"。⑨ 凡遇金陵人诗集、文集，绝不放过，正如其所言，"必搜采之"。

翻阅丛书发现，陈作霖所撰题记中亦多有"以后随案而增，无穷期矣"，⑩ "随所见而录之，不拘一体，久之成帙"，⑪ "俟得全集再补录之"⑫ 等文字，可见其搜集乡邦文献并非一时

① 梁启超：《清代学者整理旧学之总成绩（三）——史学、方志学、传记及谱牒学》，《中国近三百年学术史》，《饮冰室合集》第 10 册，中华书局，1996，第 311 页。
② 《冶麓山房丛书·叙录》，联经出版事业公司，1976，第 1 页。
③ 陈作霖：《可园老人自撰墓志铭》，陈诒绂辑《哀思录》，民国 9 年（1920）刻本。
④ 陈诒绂：《府君行述》，陈诒绂辑《哀思录》。
⑤ 陈作霖：《金陵文征小传跋》，《冶麓山房丛书》，第 2397~2398 页。
⑥ 陈作霖：《然松阁诗钞题记》，《冶麓山房丛书》，第 3576 页。
⑦ 陈作霖：《金陵通传·吴杨李陈王传第一百八十九》，《江苏人物传记丛刊》，第 494 页。
⑧ 陈作霖：《金陵通传·龚顾传第一百三十七》，《江苏人物传记丛刊》，第 201 页。
⑨ 陈作霖：《金陵诗文近录跋》，《冶麓山房丛书》，第 2577 页。
⑩ 陈作霖：《上江二县采芹录题记》，《冶麓山房丛书》，第 245 页。
⑪ 陈作霖：《金陵前明杂文钞题记》，《冶麓山房丛书》，第 1083 页。
⑫ 陈作霖：《宋文杂选题记》，《冶麓山房丛书》，第 2659 页。

之兴，而是有意识的，并且"无穷期"，始终在持续不断地完善，只有进行时，没有完成时。比对同一内容，不同时期撰写的题记与跋文，观其前后文字的增减与变化，即可看出不断完善、补充的地方。例如，《金陵文征小传跋》比题记文字多了一句"初集为上元张熙亭师鄜所辑，续集则其从子沂元曾踵成之"，① 说明此书有初集和续集两部分，先后借阅抄录而成。《上江二县采芹录》是上元、江宁两县新考入的秀才名录，起自康熙元年，止于光绪末年科举废止时，时间跨度240多年，陈作霖"随案而增"，并在跋尾处加粗线增补一句话"至光绪废科举之年，广陵散于是绝"。很显然，题记写作于前，题跋定稿于后，两相比较，跋中增补的文字充分说明陈作霖搜集资料非常注重连贯性、完整性，有始有终。

另外，第3册《金陵传记杂文钞》题记，与《冶麓山房藏书跋尾》中的《国朝金陵传记杂文钞跋》内容基本一致，第8册《宋文杂选》题记亦与《冶麓山房藏书跋尾》中的《朱马二先生文钞跋》内容基本一致，但是彼此书名均不同，说明随着资料的日积月累，内容也日渐丰富，最先拟定的书名已不能准确地涵盖全部资料的内容，所以有了后来的新名称。其在《金陵传记杂文钞》题记中的一句话，或可以看作一个比较合理的解释。他说，"既录明代杂文矣，复抄存国朝诸作"，② 有了国朝、前明的分别，为了防止混淆，在统一编著"跋尾"时又根据资料内容重新拟定了书名。

资料是编志的基础。如果资料准备不足，则"大儒不敢开口，良史无法下笔"。陈作霖收集的资料价值之高，不仅对当时之学术研究大有裨益，更是为后来的地方志书编纂贡献巨大。《金陵诗文近录跋》写道："光绪乙酉岁（1885）翁铁梅长森集资刊《金陵诗征》，曾采及之。"③《金陵待征录跋》说："嘉庆以后金陵志乘久未纂修……迨同治光绪间，两修府县志，皆于是书有所刺取。"④ 丛书第12册《军兴轶事》收录陈作霖在太平天国期间的见闻，咸丰五年（1855）记"镇江贼""正阳贼"，咸丰八年（1858）记"英夷寇粤东"，咸丰十年（1860）记"李中丞始末""温金两观察始末"，同治元年（1862）记"滕军门始末""英夷成合议"，同治三年（1864）记"金马圩""苗沛霖李世宗始末""六伪王始末""江军门始末"，等等，内容可补官方档案资料的不足，"足为治近代史者征文考献之资"。⑤《稀龄撮记》一书，为陈作霖父亲陈元恒自撰年谱，起自嘉庆二十三年戊寅（1818），迄光绪十六年庚寅（1890），对考证时事大有帮助。

陈作霖生于1837年，逝世于1920年，一辈子以教书、编书谋生。终其一生，到底搜集了多少种资料呢？丛书第7册《冶麓山房藏书跋尾》或可解惑。该书采用四部分类法，分甲部、

① 陈作霖：《金陵文征小传跋》，《冶麓山房丛书》，第2398页。
② 陈作霖：《金陵传记杂文钞题记》，《冶麓山房丛书》，第709页。
③ 陈作霖：《金陵诗文近录跋》，《冶麓山房丛书》，第2577页。
④ 陈作霖：《金陵待征录跋》，《冶麓山房丛书》，第2435页。
⑤《冶麓山房丛书·叙录》，第4页。

乙部、丙部、丁部四大类，大类之下又分小类，如乙部下分为"古史类""编年类""纪事本末类""传记类""奏议书札类""地舆类""名胜类""评古类""校拾类""演义类""传奇类""书目类"等12个小类，足见其涉猎之广、藏书之富。粗略统计，收录各类书籍520余种。另据《可园备忘录》，光绪十五年（1899）时，"跋冶麓山房藏书约有三千卷"，① 可见"跋尾"初稿完成于1899年，那时就"约有三千卷"了，其后当然还有增加。陈作霖所处的时代，印刷业尚不发达，很多书籍的流传仍然靠手抄。陈作霖"搜罗史乘暨诸家传记，凡有关于金陵掌故者，有所得辄手自抄撮，积数十年"，"手录之稿几百余册"，② 可见"约有三千卷"要花多少时间和毅力啊。陈作霖之子陈诒绂在《府君行述》中称，除了借阅手抄，陈作霖还购置图书亦"不下千卷"。

"纂修既欲其备，搜访不厌其详。"丰厚的资料积累，为陈作霖著述提供了极大的方便。据其曾孙陈鸣钟《可园老人著作目录》，③ 陈作霖一生著述29种（不含参与纂修的各种方志），其中多为南京地方史志著作，如《运渎桥道小志》《东城志略》《金陵通传》《金陵通纪》等，是今天研究南京历史发展的重要史料来源。

二 志无大小，惟要于可信

常棠《澉水志》、殷聘尹《外冈志》、钱敬亭《续外冈志》是中国方志史上非常有名的三部小志，"所记不过一隅，而父老之旧闻，乡先生之嘉言懿行，与夫里巷、街衢、沟渠、桥梁、祠宇、园林之变易，人情风俗之今昔异宜，已櫽括于篇"。④ 据此，清末南京著名学者秦际唐提出了"志无大小，惟要于可信而已"的观点，并进一步引申说道，《运渎桥道小志》亦是此类作品，可信而可近，可近而可亲，可亲而读之"愀然"，"使人人生桑梓敬恭之思"。⑤ "桑梓敬恭之思"，用今天的话说，就是难以忘怀的乡愁乡恋，难以割舍的故土情结。

陈作霖先生金陵诸种小志，善于抓住细节，从自己熟悉的"桑梓敬恭之地，童时钓游嬉戏之所"爬梳、整理，把那些典型而富有地方特色的资料，归类入志。正如其所言，"一邱一壑，极意搜探，甘为不贤者之识小"。⑥《运渎桥道小志》中记圆通庵："稍东，道北有圆通庵，夜半钟声，闻从枕上，动人猛省之思焉。"⑦ 只要听到"夜半钟声"，无论身居何处的游子，思乡之情都会油然而生。《东城志略》写"湖鱼"亦是异曲同工，"稍东为双塘，塘旁园户缚盆为

① 陈作霖：《可园备忘录》，广陵书社，1986。
② 何允恕：《清授文林郎三品封典赀封通议大夫陈先生行状》，陈诒绂辑《哀思录》。
③ 陈鸣钟：《可园老人著作目录》，陈颐主编《金陵陈氏家谱》，第46~47页。
④ 陈作霖、陈诒绂：《金陵琐志九种》（上），《南京稀见文献丛刊》，第6页。
⑤ 陈作霖、陈诒绂：《金陵琐志九种》（上），《南京稀见文献丛刊》，第7页。
⑥ 陈作霖、陈诒绂：《金陵琐志九种》（上），《南京稀见文献丛刊》，第109页。
⑦ 陈作霖、陈诒绂：《金陵琐志九种》（上），《南京稀见文献丛刊》，第16页。

船，冬月入夜取鱼，谓之湖鱼，味尤鲜美焉"，① 充分调动起人们的味蕾，以舌尖上的美食刻画乡情民俗。《南朝佛寺志》记述大报恩寺塔的前世今生，语言通俗形象，如"塔顶上盖似大铁釜"，② 以"大铁釜"比喻塔顶的盖，贴切生动，令人神往。《金陵物产风土志》中有"本境食物考"，详细记述了节令食品，诸如元旦祀神用的发糕、年糕，元宵节的汤圆，端阳的粽子、五毒菜，中元盂兰会夜市的白果，等等，既是民俗也是一种乡土的认同感。"独在异乡为异客，每逢佳节倍思亲。"逢年过节，仅仅是那份节日的味道就足以让在外乡奋斗的人们触景生情。

其实，在陈作霖心里，"桑梓敬恭之思"中还蕴藏着大义。他曾上书当政《整顿金陵善后事宜议》，提出四条建议，其中一条就是"修志乘"："忠义节烈之事可歌可泣，尤足以激顽起懦。"③ 编纂志书，记述当代可歌可泣之人、之事，可以更好地激发竞争、自强精神，唤醒愚昧和软弱的人，使人产生爱乡爱国之情。这一想法，在先生金陵诸种小志中也有体现，如《凤麓小志》"记倡义"一篇，记载了"太平天国定都南京之初张继庚等人勾结清廷图谋里应外合推翻天朝政权之史实细节"④ 的历史事件。"身与其事，非仅得诸传闻"，使这一史实得以相对真实地保存下来。先生像是隐身于书后的长者，讲述他的所见、所闻、所感、所考，娓娓道来，引人入胜，让人"读竟掩卷，良用怃然"，⑤ "心向往之"。⑥ 濮文暹在《金陵通传·序》中说："通传者，传金陵也，传金陵何以云通也，其事其人通乎金陵，其义则可通之天下也。"⑦ 这句评语亦可用于陈作霖金陵诸种小志。

当下，我们正在编修名镇名村志，陈作霖金陵诸种小志的编纂非常具有启发意义。不同地域，特色有别，人文各异，在志书中也应有不同的表现形式。《运渎桥道小志》"以水为经，以桥为纬"，"远述旧闻，近稽时事"，考证周边里巷、街衢、桥梁、祠宇、园林的变迁以及人情风俗的变化。《凤麓小志》《东城志略》分别讲述旧时南京繁华地区老城南门东、西两个片区的自然和人文景观、掌故逸闻，前者以南冈（今周处读书台一带）为中心，"志地""志人""志事""志文"，后者以凤凰台（今花露岗一带）为中心，"志山""志水""志街道"，"古迹所在，足备考稽"，"右文稽古，尤重通今"。⑧《金陵物产风土志》则以专志的形式，"条其所产之独，与民生日用饮食之质"，⑨ 分为植物、动物、矿物、食物、用物五大类，记述南京人所食、所用、所产。《南朝佛寺志》亦是专志，考订六朝佛寺，分上下两卷，按东吴、东晋、宋、

---

① 陈作霖、陈诒绂：《金陵琐志九种》（上），《南京稀见文献丛刊》，第 117 页。
② 陈作霖、陈诒绂：《金陵琐志九种》（上），《南京稀见文献丛刊》，第 158 页。
③ 陈作霖：《整顿金陵善后事宜议》，《可园文存》，宣统元年（1909）刊本，第 105 页。
④ 马振犊：《金陵一代地方文献学家陈作霖》，转引自陈颐主编《金陵陈氏家谱》，第 41 页。
⑤ 陈作霖、陈诒绂：《金陵琐志九种》（上），《南京稀见文献丛刊》，第 104 页。
⑥ 陈作霖、陈诒绂：《金陵琐志九种》（上），《南京稀见文献丛刊》，第 5 页。
⑦ 陈作霖：《金陵通传》，《江苏人物传记丛刊》，第 3 页。
⑧ 陈作霖、陈诒绂：《金陵琐志九种》（上），《南京稀见文献丛刊》，第 37 页。
⑨ 陈作霖、陈诒绂：《金陵琐志九种》（上），《南京稀见文献丛刊》，第 125 页。

齐、梁、陈六朝鼎革的时间顺序，收录佛寺226所，"古人著作，必推原其所本"，① 对每一座寺庙都做了缜密的考证。

相比于皇皇巨册的县区志、市志，镇村志体量肯定小得多，属于小志无疑，除了"惟要于可信"之外，还要注意地域特色的把握，千万不能千志一面，没了风格和灵性。

三　世传记人，凸显郡望人脉

《金陵通传》"以史法作"，上自成周，下至清光绪庚子年（二十六年，1900），45卷，196篇，凡2000多年间江宁府属七县（上元、江宁、高淳、六合、江浦、句容、溧水）3000余可传人物均收入其中。嗣后，陈作霖又撰《补遗》四卷，收录《金陵通传》遗落之人。《补遗》以时代先后为序，上起五帝之一的帝喾高辛氏，下至清同治朝，最后附录其子陈诒绂《金陵通传姓名韵编》，光绪三十年（1904）合刊付梓。《金陵通传》借鉴史书"合传""世家""立表""论赞"之例，结合"金陵多世族"的地域特点，采用了"世传"的写法，"立体也约而为用也博，其所别白也严而其所取善也宽"，目的是促进亲族和睦，维护社会秩序，"复世道于承平"。② 正如濮文暹在《金陵通传·序》中所言："若夫矜式乡国，其父兄有所以为教，其子弟有所以为法，则风俗厚而伦纪修矣。放而准之四海，风俗无不厚，伦纪无不修，而天下大同矣，斯通之极致也。"③

陈作霖很早就有了采用世传的形式纂写地方志人物传的想法。同治九年（1870）陈作霖34岁，"科试举二等，乡试报罢，始有著述之志，先辑《金陵通纪》"。④ 同治十三年（1874），他参与编修《上江两县志》，其时就留心乡邦文献，"意欲创为世传，成一家言"。⑤ 光绪四年（1878），始辑《金陵通传》。光绪六年（1880）四月，府志开局，陈作霖任分纂。《冶麓山房丛书》有《江宁府志续刊续纂二部跋》，其中写道："余因自任人物一志，与朱明经桂模，搜讨联络，暗寓世家之意于其中，考谱系者或有取焉。"⑥ 如何做到"暗寓世家之意"呢？就是采用世传的写法，以家族为统领，以血脉为纽带，以旨趣和事件为关联，为不同时代有影响的家族人物集中立传，详略有度，穷源述今。《金陵通传》卷四五《叙传》中，陈作霖仿班固《汉书》之例，自述家世、生平，并依托两篇写给汪士铎的书信，⑦ 阐发人物传编纂旨趣、体例等。《与汪悔翁先生论府志体例书》中，陈作霖提出"籍贯宜严去取""氏族宜穷源流""先正传宜

---

① 陈作霖、陈诒绂：《金陵琐志九种》（上），《南京稀见文献丛刊》，第141页。
② 陈作霖：《石埭桂氏族谱序》，《可园文存》，第148页。
③ 陈作霖：《金陵通传》，《江苏人物传记丛刊》，第3~4页。
④ 陈作霖：《可园备忘录》。
⑤ 陈作霖：《上元徐氏族谱序》，《可园文存》，第145页。
⑥ 陈作霖：《江宁府志续刊续纂二部跋》，《冶麓山房丛书》，第2430页。
⑦ 《可园文存》亦收录，分别是《与汪悔翁先生论府志体例书》《与悔翁先生论志事第二书》，《金陵通传》收录时文字略有改动。

分界画""乡贤忠义传宜商增减""古今人表宜为补立"等关于人物传收录标准和体裁、写法的五点建议。其中"氏族宜穷源流"的提出正是其世传思想的体现。《与悔翁先生论志事第二书》中,他不仅直接提出要在府志人物传中采取世传写法,更强调了世传的好处,即"世传之作有三善",分别是"祖孙父子不至倒置""大传之中可包小传""孝友文苑诸传借以疏通"。

在《上元徐氏族谱序》《石埭桂氏族谱序》《江宁府志续刊续纂二部跋》以及《金陵通传·凡例》等文章中,陈作霖进一步从地方志的角度阐释地方志书采用世传纂写人物的缘由。

首先,采用世传写法是针对金陵地域特点做出的选择。地方性是方志的首要属性,突出地方特色是方志编纂的第一追求。金陵多世族,非常具有地方特色,"陶氏、纪氏、甘氏导源汉晋之间尚已,明祖定都江左,应天实为首善之区,英俊云兴、攀龙附凤者不可胜数,勋臣军卫之子孙蔚为郡望"①。《金陵通传·王氏传第六》收录南朝"王谢"二族中的王氏家族,"始兴华胄冠冕,中兴五代,相承至唐末未替"② 共69位成员,起自王导之子王恬,止于唐开元间王昌龄。《金陵通传·朱氏传第一百九》收明代始迁金陵江南大族朱氏家族,藏书甲于江浙的开有益斋主人朱绪曾即出此族。另外还有邓廷桢、梅曾亮、甘福等世家大族的传记。

其次,将世族谱系收入地方志书有其现实需求。古代中国宗族在基层社会治理中发挥着重要作用,而伦纪纲常需要借助家乘宗牒来维系。经历了太平天国运动之后,"昔之聚族而居者,仅有遗子,后生小子,数典而忘祖,五服之亲,觌面若不相识,甚至争田讼宅,蔪为仇雠",更有甚者"舍其弟而谓他人弟,舍其昆而谓他人昆,灭绝伦常,伏戎于莽"。针对混乱的社会状况,陈作霖提出,"欲散乌合之党,先连骨肉之恩",必须借助家谱"敬宗收族"。③ 况且战后社会秩序混乱,大量家谱若不及时搜罗,可能散失甚至陨灭。

最后,地方志人物传采用世传写法,是对以往志书人物传写作的继承与发展。前志人物传中儒林、敦行、仕绩、文苑诸传各标品目,"人物各从其类,不溯祖宗之所出,不究子孙之所归",④ 导致地方志书出现"父子各见忠孝""兄弟分编"等罔顾人伦、祖孙倒置等情况。可在地方志人物传的编纂中仿《史记》世家之例,模李延寿列传之规,选择族中"最著之贤"为传主,上推祖宗、下延后代,子孙从祖,以安人心。《金陵通传·吴氏传第三十二》,收录自吴正肃起名望的吴氏家族成员。吴正肃传中上溯其祖先,并述及始迁溧水父辈,其子吴渊、吴潜、吴泳各传中随附各自子孙,足见其"子孙繁衍,历元明而未替,根深叶茂"。⑤

有继承才有创新。陈作霖《金陵通传》人物记述的方式、方法,在今天仍有积极的意义和影响,对于今人修志,特别是当下广泛开展的名镇名村志编修,不无滋养。名镇名村志人物传

① 陈作霖:《上元徐氏族谱序》,《可园文存》,第145页。
② 陈作霖:《金陵通传》,《江苏人物传记丛刊》,第73页。
③ 陈作霖:《石埭桂氏族谱序》,《可园文存》,第147页。
④ 陈作霖:《金陵通传》,《江苏人物传记丛刊》,第535页。
⑤ 陈作霖:《金陵通传》,《江苏人物传记丛刊》,第194页。

的编写，不应禁锢于以生卒年排序的方式罗列地方人物，还应考虑社会基层的世族传承、家族特色，还原真实的生活、生产场景，真正做到记得住乡思、留得下乡愁、听得见乡音、传承下乡俗。

以上是对陈作霖修志实践的一些粗浅认识和探讨，使我们明白修好志书必须首先做好资料搜集这一基础性工作，在此前提条件下，辨析史料，"惟要于可信"，放心入志，最后是弄通郡望人脉，厘清人物流变的关系，写好志书人物传记。联系当下的修志工作，特别是正在进行的名镇名村志的编纂，重新认识和探讨陈作霖的修志实践，非常具有现实意义，值得修志工作者予以关注，从中汲取营养，匠心独运，创新发展，编纂出特色鲜明、烙印清晰、乡愁浓郁的新时代方志成果。

浅议处理好编纂村志的几个关系问题

林进辉　　朱黎川

（泉州市泉港区地方志学会）

随着改革开放的深入，传统文化弘扬力度的加大，村志编纂越来越被重视，并被提到议事日程。2015 年 8 月，国务院办公厅印发的《全国地方志事业发展规划纲要（2015～2020 年）》中明确提出："重视军事、武警及其他各类专业志鉴、民族地区地方志、乡镇村志和地方史编纂工作。""指导有条件的乡镇（街道）、村（社区）做好志书编纂工作。"

2017 年 1 月，中共中央办公厅、国务院办公厅印发《关于实施中华优秀传统文化传承发展工程的意见》，提出："挖掘和保护乡土文化资源，建设新乡贤文化，培育和扶持乡村文化骨干，提升乡土文化内涵，形成良性乡村文化生态，让子孙后代记得住乡愁。"

两份文件从顶层设计明确了村志编纂的重要性。承载着乡愁的村志编纂迎来了春天，各地编纂村志的热情高涨，成果不断呈现。在收获丰收的同时，我们也要清醒地看到村志编纂过程中存在的一些不足。本文拟就如何提高村志编纂水平谈谈拙见，以起抛砖引玉之效。

一　村志编纂过程中存在的问题

从目前搜集的《香寮村志》《钟厝村志》《路口村志》等多部村志看，相当一部分没有按照志书的体例进行编纂，随意性较强，主要存在以下几个问题：一是以事为志，编的是村志，内容却是事件的堆砌，讲的是历史发展；二是以谱为志，志中大量体现族系家谱内容，以偏概全；三是以传为志，志中用较大篇幅记录某些人，从生到死，事无巨细；四是以人为志，志中大量记录为村志编纂捐资的单位或个人，成为一些人的事迹介绍。

存在以上问题的原因，主要有五个方面。第一，最根本的是编纂者大多为乡村中的热心文化人，纯粹凭一腔热情组织编纂，对什么是"志"理解不够、不透，主观因素较强。第二，绝大多数的村志编纂征集资料困难，素材有限，巧妇难为无米之炊。为凑字数，增加篇幅，放低了入志门槛。第三，村志编纂是新生事物，可借鉴的经验比较少。怎么编、编什么，几乎没有相关的指导性文件及规范性要求。相当一部分村志只能参照县志体例进行编纂，普遍存在特色不鲜明、篇幅不大的现象。第四，编纂行为大多为村中热心人士发起，因经费来源无保障，有求于工商界人士等以保证出版等。为体现对出资者出资行为的肯定，篇中或大量添加相关广告，或大篇幅赞誉出资者，使入志标准尤其是人物选取标准降低。第五，村志编纂在方志规划纲要出台之前属边缘项目，一般不纳入县一级志办的管理范围。各村各自为政，体例各式各样，印制五花八门，志书的严肃性、规范性和价值性很难体现。

二　村志编纂应把握的三大重点

每一个村庄的变迁，都印证着一个时代社会、历史发展的轨迹。新中国成立以来，尤其是改革开放以来，变化最大的是农村，感受最深的也是农民。以志的形式记录农村的发展变化，总结乡村发展进程中的经验教训，追溯乡村的历史渊源，可以填补文献空缺。以史为鉴，在新时代下贯彻落实党的十九大报告提出的乡村振兴战略，提升乡土文化内涵，形成良性乡村文化生态，村志编纂在留住乡愁、联络乡情、凝聚民心等方面具有深远的意义。

虽然村志是地方志书的重要组成部分，是省、市、县三级志书的延伸和补充，但由于村志的地域局限、资料有限，与上一层级的志书相比，应体现"大同小异"。大同，即村志虽小，但谋篇布局，应与县志大体相当；小异，与县志不一样，村志充满浓厚的乡土气息，可以反映普通人的生活、情感，谋篇布局可以采用"基本村情+名、特、情"的框架来展开。重点要把握以下三个方面。

（一）突出村事

村志是一种记录也是一种传承，是全村人的家谱，是村庄发展、变化的历史见证。要突出"草根性"，原汁原味地记录村庄的历史进程、发展变迁、人物故事，以及风俗掌故等，把那些村民看得见、摸得着的日常生活事例鲜活地保留下去，使那些村民感到特别亲切、特别有说服力和感染力的政治生活、经济活动、文化娱乐情景再现，总结自己村庄的独特文化和品格或推动其形成，正确而又适度地调动村民的恋乡恋地情结，这样既可教育今人，又可启迪后代，还可联络海内外亲人情感。

（二）突出村人

人口姓氏的记录是村志的重头戏。追根溯源，往往一个村庄更多由一个家族开始，或由几个人开始，更有甚者由一个人开始。创村伊始的勤劳精神、拼搏作风、崇文传统、淳朴民风贯穿村庄的发展，影响后代子孙，这些宝贵的财富正是我们需要传承发展的，也是社会发展的根之源、源之泉。这些创始者以及后代，绝大多数是默默无闻的，但每个人的生活又与时代大背景相联系，其生产活动、生长发展深受村庄文化的影响，又在一定程度上影响村庄文化，这正是村志的独特性所在。村志在村人的编纂上可以浓墨重彩，因为，村民在经济社会发展过程中是积极的参与者、实践者、建设者，每家每户都有贡献，应尽量做到每家每户都有人、事、物上志。在编纂中，可"以人为本"为主线记述，可以打破"生不立传"之说，入传人物尽可能不以"生""死"为论，以其对社会历史发展的作用及影响作为入传标准，让那些在村庄文化传承发展中起重大作用的人物事迹留存下来，弘扬社会主义核心价值观，培育村民的爱乡爱国情怀。留名立传形式也可以打破"传、录、表"的模式，不局限于以往只表现个体人物的传表形式，多考虑表现群体的体例形式。

（三）突出村俗

村俗，即民俗信仰，它是一个村庄重要的精神支柱，是一个村庄在长期的生产实践和社会生活中逐渐形成并世代相传、较为稳定的文化事项，与村庄的经济生活、社会结构、群体心理、信仰、艺术、语言等文化传统息息相关。从其仪式的内容与象征意义看，它表达着民众的心理期待与文化人格的要求。从当前的农村看，这些民俗信仰不仅丰富了村民的生活，还增强了村庄的凝聚力和海内外亲人的认同感。了解它，就很容易了解村庄的发展轨迹及人文精神。因此，编纂村志必须深入考究民俗信仰，讲清讲透渊源变迁，这正是村志的独特性所在。同时，要坚持辩证思维，对这种世代相传的文化现象去芜存菁，让公序良俗代代相传，不断地继承下来。

三　编纂村志要注意处理好八大关系

从村志中，我们可以看到上一层级志书中看不到的东西，这为研究当时社会最底层的政治、经济、文化以及风俗、生活状况等提供了可贵的历史依据。可以说，村志是十分珍贵的历史遗产，有着特殊的历史价值、文化价值和学术价值，具有其他书籍不可替代的功能。

（一）处理好与上一层级志书的关系

上一层级志书，主要指县志、乡志，反映一个行政区域内所有的人、事、物；村志是反映一个村庄内所有的人、事、物。因而，两者在管理权限、服务范围、工作成效等方面有明显不同。但二者有一个共同点，即均要全面反映本区域内自然、政治、经济、文化、社会等方面具有意义的史实，都必须遵循编纂的原则和要求。

上一层级志和村志的不同点如下。一是定位不同。县、乡志统辖村志，层级高于村志；县、乡志要从宏观上把握，而村志却从微观上体现，是县、乡志的有益补充。二是表现形式不同。县、乡志要突出全面性、完整性，强调求全；而村志则体现局部性和从属性，强调求特。三是编纂侧重点不同。县、乡志侧重体现各行各业在社会经济活动中发挥的作用，即服务情况；村志侧重于记述执行上级决议和落实党的方针政策，做具体落实工作，即贯彻情况。四是资料权威性不同。县、乡志资料来自旧志、古籍、年鉴、月志等专门书籍和文件资料，体现编纂的权威性；村志资料绝大部分来自文字档案和口述资料，地方色彩浓厚，其权威性不如上一层级志。因此，村志是上一层级志书的延伸，其编纂必须服从、服务于县志。需要注意的是，从村志的编纂实践看，作为村志的重要来源，口述资料十分珍贵，各村需抓紧挖掘、整理和保存。

（二）处理好与村史的关系

村志全面盘点村庄地理、历史、经济、风俗、文化、教育、物产、人物等方面的状况，是严谨的历史性文献资料，需经得起时间和历史的考验，确保所有的资料都有据可查，有根可寻。村史是对本村历史演变的总结，充分体现史实，以议论为主。从记录对象来看，两者记叙对象相同，关系密切，互为渗透，互相补充，史中有志，志中有史。

但两者毕竟不同，从记录方式看，村史侧重记叙过去的人、事、物，村志则以记叙现状为主。村史侧重以大事为主要线索展开，志则分门别类，应记全记。从记录内容看，村史侧重于史实，内容包括历史沿革、时代变迁、生产生活用品更新和变化等，主要记录社会现象；村志记录自然环境、历史沿革、人口姓氏、村庄建设、各业生产、党政群团、精神文明、教科文卫、村风民俗、文物古迹等方面内容，涉及自然现象和社会现象，更规范、更全面、更完整。从文体及意义看，村史的体裁接近于纪事本末体，以时系事，重在探索一个村的历史规律；村志侧重用志书体，以类系事，重在反映一个村的历史规律。

（三）处理好与族谱的关系

村志是全面记载农村历史的一个重要载体，全面盘点一个村庄地理、历史、经济、风俗、文化、教育、物产、人物等方面的状况。族谱只反映一个家族在本村发展进程中形成、繁衍、发展的整个过程，侧重于人和家族的活动。村志内容包罗万象，是人、物、事的全覆盖；而族谱只局限于人和族群的情况。但族谱中蕴含着大量有关人口学、社会学、民俗学、民族学、经济史的内容，是村志编纂的重要资料来源。族谱的有些资料亦可弥补村志的不足。

村志在吸收族谱的资料时，务必要认真做好严格考证的功课。相当一部分族谱为炫耀本族历史之悠久、血统之高贵，随意上溯，趋附名门，攀缘望族，冒接世系，乱认先祖的统宗统系现象十分泛滥。所以，对本支始迁祖以上祖先历史的回溯很可能是不可靠的。族谱内容也真伪掺杂，主要体现在谱序、行状、传记、墓志铭、艺文部分，大致是明以前谱序作者可疑者居多，明以后谱序作者较为可信。除墓志铭内容的可信度较高外，其他部分也要慎重取舍。

（四）处理好与乡村文化的关系

村志，是一项十分重要的乡村文化建设工程，是乡村地域文化的集大成者，作为一种文化软实力，促进着地方经济发展。村志和乡村文化之间是相互作用、相互促进、相互影响的，推动着乡村社会的全面进步。乡村文化的繁荣和发展，为方志工作提供了记述的原始资料，丰富了村志内容。村志是一部百科全书，真实地反映当地各方面的大文化状况，记述本地文化与其他地域文化的不同之处、特色之点，能够帮助乡村决策者和管理者准确了解村情民意，从而找到符合当地实际发展的思路和工作方法。

乡村文化是一个不断发展的过程，只有起点，没有终点，而村志则不同，必须有下限；乡村文化是动态的，丰富多彩的，村志不能面面俱到、点点皆记地反映这个动态，要重点记录乡村文化活动中那些大众的、有特色的、有影响的活动。

（五）处理好编纂的常规性与抢救性关系

常规性工作，就是村志编纂的资料收集、整理、归类和存档，形成资料长篇，进行反复修改并定稿。

抢救性工作，就是"与推土机抢空间，与阎王爷抢时间"。随着乡村的巨大变化，城镇化步伐的加快，一些承载乡村历史文化信息的实物与资料在消失或变化，特别是口述资料在日益减少。如何有效地把这些信息记录保存下来，成为村志编纂的当务之急，而且要排在第一位。这项工作不仅是一个乡村的事，也是文化部门包括各级方志工作机构的事。因此，在村志编纂过程中，必须"两手抓两手硬"，要统筹兼顾、未雨绸缪，一手抓常规性工作，一手抓抢救性工作，尽可能完整地记录乡土文化和民俗文化，让百姓记得住乡思、留得下乡愁、听得见乡音、传承下乡俗，让乡村能够传承文脉、重塑特色。

（六）处理好继承与创新的关系

体现地方特色是村志编纂的第一要求。为此，要以与时俱进精神，跳出"就志说志"的思维定式，创新编纂特色。在体例上可以选择纲目体，在篇目安排上体现地方特色，凸显地方的独特性，在特色产业、特色资源、人文资源等方面下功夫。体裁运用上，可以增加图片、表格的使用，增强可读性。在行文方面，既要求使用规范的现代语体文记述，又要求文字朴实、严谨、流畅、贴切，更接地气。考虑到一般村志的记述比较平淡，可创设与之内容相对应的"附文"这一体例，让正文、附文相互呼应和印证，并体现文采。针对村志编纂人才欠缺问题，可采取社会化运作方式，通过服务外包向社会、高校聘请专题撰稿、文字编辑、责任校对、图片摄影等人才，推进编纂进度，保证编纂质量。

(七) 处理好内容与形式的关系

村志要记载村庄的方方面面，内容十分丰富，要详略得当，在具体要求和实践中，应在以下三方面侧重记录。一是村庄状况，要记载好村庄的基本概况和原本情况。硬件部分为村周环境，与哪些村相邻，山丘、河流、树木、道路、沟渠、桥梁、街道胡同；姓氏、住户、人口分布；房屋建筑、院落布局、古井、古建筑、宫庙、祠堂等；旧村改造、新村建设，全村土地总面积、人均情况，经济作物、粮食作物，耕种方式、产量分配等；第三产业、家禽、家禽养殖、集体生产、土地承包、计划生育、合作医疗、社会保险；等等。软件部分为村庄整体规划、村"两委"的选举、机制建设、决策实施等。二是村民生活。新中国成立前后比较，实行农业合作社、人民公社化、三年困难时期、"文化大革命"、改革开放等重要阶段民众的生活水平情况。三是家谱世系。旅外侨亲、港澳台同胞十分重视族谱编修，近年来掀起寻根谒祖热潮，正说明了这一特点。村志中要有较大篇幅记录姓氏人口变迁，并适当展开。

内容决定形式、体例，以篇章节或章节目形式设计，能较好反映本村的具体事物，可体现村志结构的形式美以及系统性、整体性和地方性。在具体安排上，前有序、凡例、概述、大事记，后有附录、编后语。根据各村具体情况，可以创新，灵活运用。

在写作风格上，村志要以微观记述为主，记事、记人、记物要尽量具体、详细、深入，只要有意义、有特点、有创新的内容都要涉及。同时，不能放弃细节，细节写得越具体越能吸引人。在记述中要写清楚来龙去脉、发展过程及结果，尽量写丰富、写饱满，全景式反映乡村的发展变化，突出时代特征和地方特色。

在编辑人员的安排上，要精干。小村庄一般 3~5 人，其中主编 1 人，本地有文化、有热心的方志人 2~4 人；大村庄可扩至 5~8 人，主编 1 人，本地有文化、热心方志工作的同志 2~5 人，拍摄 1 人，打字兼校对 1 人。在时间安排上，以 8 个月至一年半为宜，编修时间过长无法满足村民的企盼。要达到这个要求，前提是村"两委"的高度重视和手中拥有丰富的第一手资料，否则很难实现。

(八) 处理好自发与自觉的关系

村志是乡村的一个基本文化符号，也是文明建村、文化兴村的一项基础性工作。一部村志，渗透着浓浓的家乡情怀，是远离家乡的游子认识家乡、了解家乡的一份特殊礼物，也是后辈缅怀先辈、寻根觅祖的重要依据和重要资料。因此，编纂村志是一项重要的工作，是与村里修路筑桥一样具有重要意义的大事。但编纂村志需要发愿者、记录者、传承者，这项工作是一份良心活，更是一种责任。村志编纂人必须迎难而上、秉笔直书。首先要提高思想认识，要有一种使命感，将编纂村志作为一种传承文化、修身养性的事业加以坚持，不能简单认为只是一种爱好，光凭热心就行。其次，必须自觉遵循修志原则，坚持实事求是精神，有不畏难不放弃的韧劲，千方百计收集和挖掘资料。再次，要有高度的责任心，每句每段都要精益求精。高质量的村志才有说服力和影响力，才能真正留存乡愁，取得良好的社会效果。最后，注重人才培养。坚持编纂过程与培养人才相结合，使村志编纂过程成为培养修志人才的过程。

编纂村志是新任务、新内容，其优势十分明显，但遇到的困难也不少，首先最大的困难在于文字资料奇缺，熟知村情的老人越来越少，记忆的东西逐渐变少，细节方面也变得模糊；其次是村"两委"和村民重视程度参差不齐，有的领导认为这不是村里紧迫的事可以推后来办，有的认为这是文化人的事与发展经济无大关联，有的村民有编写能力却不愿意去推动，图自己清闲过日子，不愿奉献余热等。但不管怎样，编纂村志大有可为，也势在必行，这不仅可以为后辈留下一笔珍贵的精神财富，同样也是传承乡村文脉、为乡民办实事的大事要事，必须加以引导和推动。

广东历史上乡镇村志编纂与乡村建设

张丽蓉

（广州市人民政府地方志办公室）

  乡镇村，作为中国基层行政组织，其政治经济、社会文化的变迁，对于理解和处理城乡之间的关系以及传统中国的现代化转型，具有重大的观察意义。以乡镇村为记述对象的地方志书，全面反映一基层行政单位各方面事物的发展变化，正是观察乡村社会变迁进而推动乡村社会建设的最好对象。广东，地处南海之滨，南方乡村社会高度发达的商业经济与大量留存的文化传统相生相长，相映成趣，并在现代化过程中展现出鲜活的文化调适与自我更新能力，构成独具一格的广东乡村文化。历史上，广东乡镇志编修在编纂宗旨、编纂模式、内容建构等方面形成强烈的地域特点和时代特征，对当前广东乡村振兴具有历史的借鉴意义。

一　广东历史上乡镇旧志编纂概况

  本文所称之乡镇村志，在当代主要指以行政区划的镇、乡、村为记述对象的地方志书，有学者将之归于当代中国乡村志。[①] 历史上的乡镇村志中，部分乡镇旧志记述对象所称之"乡"，主要指"乡里"之乡，并非严格意义上行政区域中之乡镇，故本文所研究之广东历史上的乡镇旧志，主要指冠名为乡志、镇志的地方志书，但不包括冠名为乡土志、乡村志的地方志书。冠名为乡土志的志书，虽主要也记述清末民国之乡村社会，"于历史则讲乡土之大端故事及本地古先名人之事实；于地理则讲乡土之道里、建置及本地先贤之祠庙、遗迹等类；于格致则讲乡土之植物、动物、矿物"，[②] 但主要以县域为观察对象，其目的主要是为各地学校提供乡土启蒙

---

  ① 颜越虎：《从〈白沙村志〉到"珠三角现象"——乡村志编纂的解读与分析》，《中国地方志》2014年第10期。
  ② 田雨：《清学部颁〈乡土志例目〉》，《社会科学战线》1985年第4期。

教材。^① 如清蔡垚燨《新会乡土志》，^② 与真正意义上的乡镇志还是有很大差别；冠名为乡村志的志书，如清光绪三十四年抄本《南海乡村志》，记述对象仍然为县域。考虑到本文研究范围的特定性，未将上述乡土志、乡村志纳入论述对象。

中国乡镇村志编修，始自南宋。《中国方志大辞典》"澉水志"条云："〔绍定〕澉水志　南宋罗叔韶修，浙江海盐常棠纂。为海盐县澉浦镇志，绍定三年（1230）修，宝祐四年（1256）刊本。"这是"开先河之作，亦成为后世其他乡镇编纂镇志所效仿的先例"。^③ 此后苏南、浙西一带，乡镇村志编纂开始兴盛。据《中国地方志集成·乡镇志专辑》所录，南宋至民国时期的乡镇志共计253种，其中，江苏86种、浙江70种、上海47种，而广东仅为10种。这组数据，虽无法包含已散佚或难以统计的乡镇村志未刊稿，但各地编修数量及地域分布的差距已一目了然。2015年出版的大型历史文献丛书《广州大典》，在史部地理类中，增录了广东省中山图书馆藏清毛维铬、赵廷宾修，陈炎宗等纂的《佛山忠义乡志》11卷、首1卷，及清温肃纂修的《龙山乡志稿》（抄本）两种乡镇志稿。^④ 结合《中国地方志集成》目录与《广州大典》所辑乡镇村旧志书目，笔者整理出广东乡镇村旧志共计15种，具体见表1。

表1　广东乡镇旧志一览

志名	编纂者	卷数	刊本
《南海九江乡志》	黎春曦纂	5卷	顺治十四年（1657）刊　抄本
《佛山忠义乡志》	李侍问	仅存《序志》《小引》	已散佚
《佛山忠义乡志》	毛维铬等修 陈炎宗等纂	11卷、首1卷	乾隆十九年（1754）刻本
《龙山乡志》	温汝能纂	14卷、首1卷	嘉庆十年（1805）金紫阁刊本
《佛山忠义乡志》	吴荣光主修 冼沂总纂	14卷	道光十年（1830）刊本
《九江儒林乡志》	朱次琦等修 冯栻宗等纂	21卷	光绪九年（1883）刻本
《顺德龙山乡志》	佚名纂	5卷	民国15年（1926）龙江双井街明新印务局铅印本
《龙江志略》	龙江儒林书院纂	4卷	稿本
《龙江志略》	佚名纂	不分卷	清抄本
《龙山乡志稿》	温肃纂修	稿本	稿本
《佛山忠义乡志》	汪宗准修 冼宝榦总纂	19卷、首1卷	民国15年（1926）刊本

---

① 王兴亮：《"爱国之道，始自一乡"——清末民初乡土志书的编纂与乡土教育》，博士学位论文，复旦大学，2007。
② 光绪三十四年粤东编译公司铅印本，中山图书馆藏。
③ 《中国方志大辞典》，浙江人民出版社，1988，第3页。
④ 陈建华主编《广州大典》第34辑《史部地理类》第10册、第11册、第12册，广州出版社，2015。

志名	编纂者	卷数	刊本
《潮连乡志》	卢子骏纂	7卷、首1卷	民国35年(1946)香港林瑞英印务局铅印本
《茶山乡志》	袁应淦编	13卷、首1卷	民国24年(1935)铅印本
《番禺县古坝乡志》	韩锋纂	不分卷	民国26年(1937)铅印《南华月刊本》
《湘阴县高明乡志》	黄绍琼编	16章	民国27年(1938)稿本

从表1中15种广东历史上的乡镇旧志,可知广东清代、民国乡镇志修志的地域在南海、顺德、番禺、东莞一带,尤以清代广州府下辖之南海县佛山忠义乡、九江乡,顺德县龙江乡为最,粤北山区、粤东西两翼地区尚未发现。修志时间不早于清初顺治年间。出现多次续修现象,佛山忠义乡、顺德龙山乡、南海九江乡先后多次续修乡志,最典型者如《佛山忠义乡志》,先后经过四次编修。始自清康熙五年(1666),由李侍问主编,称康熙志或李志;其后清乾隆十九年(1754)由陈炎宗总纂,称乾隆志或陈志;第三部是清道光十年(1830)由吴荣光主修,称道光志或吴志;第四部是民国12年(1923)由冼宝翰总纂,又称民国志或冼志。《九江儒林乡志》《顺德龙山乡志》亦在清朝两次编修。

作为方志,上述乡镇旧志多采用平目体,极少加入带有个人感情色彩的论断或解释性语言,较好地保留了传统方志的体例,在此前提下,尽可能详细地记载乡情地理,保存经济生产史料,载录民俗,记述地方重要人物。同时,在体裁运用和篇目设置上,体现出乡镇这一记述对象的特殊性。如清温汝能所纂《龙山乡志》,全志14卷、首1卷,卷首设序目、凡例、图经、总论,其余14卷分别为乡域志、乡事志、乡俗志、食货志、乡学志、乡防志、选举志、人物志(2卷)、艺文志(3卷)、杂志、祥异。该志专设图经卷目,其内分置龙山全图、三十六图、八十一图、八十二图、金紫光阁图、乡约图、大冈墟图,并辅之以文字"图说",是谓"使览者合观之而如见其山川,分观之而如行其里巷;观紫阁而如登其祠坛,观大墟而如入其市里,观乡约而如亲其轨物矣"。① 道光吴荣光所纂《佛山忠义乡志》,载录有"忠义乡域图""五十口司属全图""佛山形势龙脉图""灵应祠图""佛山八景全图"等。② 乡志大量使用图,并辅之以文字,客观上保存了大量的乡村具体而微的信息,例如龙山乡紫光阁、忠义乡灵应祠,在府志县志中难以窥见。清黎春曦纂《南海九江乡志》,纲目设形胜、疆域、道路、里社、山川、潮候、风候、气候、堤围、闸宾、桥渡、墟市;牌坊、庙寺、祠第、馆围、风俗、岁时、生业、税饷、哨守、急递、古迹、名墓、物产、事纪、灾祥;选举;先达列传、贡元列传、封赠列传、文学列传、杂职列传、潜德列传;上寿、见寿、移居、贞烈、贤淑、

---

① 温汝能纂《龙山乡志》卷首《龙山乡志序》,清嘉庆十年金紫阁刻本,载陈建华主编《广州大典》第34辑《史部地理类》第11册。

② 吴荣光纂修《佛山忠义乡志》,清道光十年刻本,载陈建华主编《广州大典》第34辑《史部地理类》第11册。

寿母、志异；附乡议7则（敦古崇俭公约）。① 其中"急递""堤围""馆围""哨守"以及乡议全文的载录，体现出浓郁的乡村特色。

当然，亦有例外。有因循府志、县志之体例，缺乏乡村特色的篇目设置，少有新意。如清朱次琦等修《九江儒林乡志》，纲目设舆地略、建置略、经政略、古迹略、金石略、艺文略、职官略、选举表、列传、耆寿表、贞烈表、杂录，② 悉以黄通志、阮通志为准，而参以新旧府县志之例，虽称有变通，不离其宗。

二 齐之以教：地方乡绅主导下的乡镇旧志编纂

这批乡镇旧志，反映了广东特别是珠三角农村自清朝开国之初到民国时期的乡村社会与乡村生活。深入各部志稿，从修纂者身份及地位、编纂动因、记述内容等方面，可一窥清以降华南乡村社会的诸多现象。

（一）修纂者

上述乡镇旧志多由乡居官宦主修或总纂。乡居官宦，科大卫在《皇帝和祖宗——华南的国家与宗族》一书中这样定义："在珠江三角洲，高级官员住在家乡，利用自己的关系和特权来维护本地社区……为当地事务出力……"③ 乾隆《佛山忠义乡志》总纂陈炎宗，乾隆年间进士，曾任太史馆太史。道光《佛山忠义乡志》主修吴荣光，嘉庆年间进士，授武英殿编修，曾官至湖南巡抚兼湖广总督。民国《佛山忠义乡志》总纂冼宝榦，进士出身，曾任湖南省沅陵县知县。顺治《南海九江乡志》主纂黎春曦，曾官至刺史。同治《九江儒林乡志》主纂冯栻宗"自京华薄宦"，"赐进士出身，加四品卫刑部贵州司主事前吉林理形"。④ 均为辞官归乡后主修或总纂乡志。

在乡镇旧志编纂之初，地方士绅成为主要力量。《九江儒林乡志》倡修者主要为九江当地有影响力的三位乡绅：赐同进士出身赏给五品乡卫前署山西襄陵县知县朱次琦、赐同进士出身三品封典议叙选用同知前直隶即用知县明之纲、举人二品封典内阁中书卫尽先选用教谕冯汝棠。⑤ 而编修乾隆《佛山忠义乡志》，当地乡绅商议重修乡志，曾委托里人李绍祖任总纂。但李绍祖以年老有病推辞，推荐毛维锜为主修。毛公务本极为繁忙，迎送西洋通贡大使，奔走澳门，几年后方返居乡里，但众乡绅恭候多年，仍盛情邀请。"……乡之绅士咸以斯志来请，予

① 黎春曦纂《南海九江乡志·目录》，顺治十四年刊，载陈建华主编《广州大典》第34辑《史部地理类》第10册。
② 朱次琦等修《九江儒林乡志》，清光绪九年粤东省城学院前翰元楼刻本，载陈建华主编《广州大典》第34辑《史部地理类》第10册。
③ 科大卫：《皇帝和祖宗——华南的国家与宗族》，卜永坚译，江苏人民出版社，2009，第181页。
④ 朱次琦等修《九江儒林乡志·序》，载陈建华主编《广州大典》第34辑《史部地理类》第10册。
⑤ 朱次琦等修《九江儒林乡志·序》，载陈建华主编《广州大典》第34辑《史部地理类》第10册。

俗吏也……乡太史云麓陈先生文章，宗匠具良才且世居其乡，见闻尤切，宜肩厥任正，相与商确，以始其事会。"①

　　修纂者多为士绅，士绅社会地位和经济地位的不同，也影响着修志风格。顺治《南海九江乡志》主纂者黎春曦，又名黎梅映，"端方宏文，自返初衣，即绸缪桑梓，至是加意乡乘……"黎春曦官至刺史，且以诗文见长，故《南海九江乡志》保存了大量地方艺文，记述八景、山、岛、洞、石、海等形胜时，阐明地理要素之后，常常随文摘录文人咏叹的相关诗文。②《龙江志略》由龙江儒林书院纂修，具有浓郁的书院气质。全稿共4卷，第1卷设述典、山川、桥梁、津渡、古迹、坊表、祠墓、坊里、物产、氏族、编年、冠裳；第2卷为选举；第3卷设封赠、武职、文荫、武荫、吏材、宦迹、忠义、文苑、行谊、隐逸、耆寿；第4卷为艺文、典籍、杂著。③ 其中，冠裳、述典、典籍、杂著的设置，充分彰显了编纂者的书院气质，特别是"冠裳会"的收录，反映出书院文人对于传统的刻意追求。"冠裳会"自明万历四十一年（1613）开始举办，意在"以文会友，以友辅仁"，参加者"不问职之崇卑但以年齿为序，以同道为朋，是以共励于操修，由来尚矣"。④

（二）修纂动因

　　各部乡志，尽管修纂者不同，时期各异，但修纂初衷大同小异。毛维锜在乾隆《佛山忠义乡志》序言中说道："每于月旦集绅士耆老讲读圣训，毕凡兹乡之土俗民风、山川物产以及忠孝节廉，遍访而周询之。"修志之本意原来在于"讲读圣训"时遍询村情。道光《佛山忠义乡志》主修吴荣光自序云："同人以佛山乡志体例未协，采辑未广，且前志迄今已七十余年，嘱余续辑。"⑤ 即续修之本意一在于补前志体例、选材之不足，二在于续未尽之七十年。顺治《南海九江乡志·序》云："是志者，益敦风化，美伦纪，修身立名，大发扬于斯世，使山川草木咸被休光。""益敦风化，美伦纪。"正是反映了士绅阶层欲对乡里齐之以教的愿望。⑥

　　翻阅各部志稿，笔者还发现一个有趣的现象。地理位置邻近的乡、村，往往在编修乡镇村志上相互影响。南海九江乡"东界顺德龙山堡"，⑦ 换言之，九江乡、龙山乡比邻。九江乡志在清代前后编修两次，龙山乡志亦先后在清代续修。续修动因为何？《九江儒林乡志·序》中谈到续修的缘由："黎梅映刺史惧其日久湮没不彰……前志成于国朝顺治丁酉，迄同治甲戌又历二百一十八年，事阅沧桑，中经变乱，废兴随运，损益因时。""哲范英声人寿女德尤多，可传

① 陈炎宗等纂《佛山忠义乡志·序》，清乾隆十九年刻本，载陈建华主编《广州大典》第34辑《史部地理类》第11册。
② 黎春曦纂《南海九江乡志》，载陈建华主编《广州大典》第34辑《史部地理类》第10册。
③ 龙江儒林书院纂《龙江志略》，载陈建华主编《广州大典》第34辑《史部地理类》第11册，第751页。
④ 龙江儒林书院纂《龙江志略》卷一《冠裳》，载陈建华主编《广州大典》第34辑《史部地理类》第11册。
⑤ 吴荣光纂修《佛山忠义乡志·序》，载陈建华主编《广州大典》第34辑《史部地理类》第11册。
⑥ 黎春曦纂《南海九江乡志·序》，载陈建华主编《广州大典》第34辑《史部地理类》第10册。
⑦ 朱次琦等修《九江儒林乡志》卷一《形胜》，载陈建华主编《广州大典》第34辑《史部地理类》第10册。

可表，即杂事亦多可录，皆不可不志也，虽通志及府县志已有采入，然略而不详，士论欠详。"① 此外，九江乡志的续修动因，还在一定程度上受到邻近佛山忠义乡的影响。"夫设官之意谓乡不可不志，志不可不续，顾佛山仅广七里袤十里耳，犹汲汲以志为事，况我九江地域冠南海……"② 九江乡志续修，从序言可知，至少有两个诱因：其一，府志、县志对本乡贤达略而不详；其二，九江不能在修志之事上落后于附近的佛山忠义乡。邻近乡、村在修志事宜上相互影响，这种现象在改革开放后的珠三角仍然存在。以广州黄埔区横沙村为例，2009 年，横沙村着手城中村改造，许多宗祠、家塾面临拆迁或异地搬迁，村领导遂以此为契机，外聘主纂人员，及时拍照、采访，在原有村志初稿基础上重新编修村志。③ 在横沙村的影响带动下，附近兄弟村如下沙、双沙、姬堂等，亦纷纷自发重修村志。

为什么珠三角特别是南海、顺德、番禺地区会出现一乡（村）修志，邻近乡（村）相继修志的现象呢？《龙山乡志》卷三《氏族》中首条即记道：陈氏，出颍川武王，求舜后为满，封于陈，因以为氏族，乡计十一族。④ 而《南海九江乡志》虽未设"氏族"一目，却在"祠堂"条目下详细记载了乡中规模较大的宗祠，陈氏宗祠赫然名列其上。由此可推断两乡陈氏均为当地望族。上文提到的今广州横沙、下沙、双沙，亦是同姓宗族兄弟村，且姓氏在村中占据主要地位。这种现象，可从修志这一角度证实科大卫的研究结论，即"到了 17 世纪，宗族与宗族礼仪意见在珠江三角洲落地生根，这意味着，不仅政府深受文人影响，社会所有阶层的仪容、风格，也都深受文人影响"。⑤ 乡村宗族特别是地方大姓，通过推动乡镇村志的编修，影响地方的文化表达。

（三）记述重点

如上所述，士绅阶层积极推动、参与编修乡志，成为华南乡土社会一个十分明显的特征。如果说士绅通过"公局"等权力机构控制乡村基层社会⑥、通过宗祠组织等控制乡村财产⑦，那么编修乡镇村志，齐之以教，则是士绅阶层在乡村社会控制文化话语权、影响地方文化传统的一种重要形式。这一点，可在旧志中初见端倪。《南海九江乡志》设先达列传、贡元列传、封赠列传、文学列传、杂职列传、潜德列传，附乡议 7 则（敦古崇俭公约），对人物的记述占据大量篇幅；道光《佛山忠义乡志》在考虑篇目设置时"增乡禁一门，全载告示以别艺文"，并且"析官典为祀典、官署两门以归典"，增设"祀典"一门，其下包括祝文、祭器、题刻、

① 朱次琦等修《九江儒林乡志·序》，载陈建华主编《广州大典》第 34 辑《史部地理类》第 10 册。
② 朱次琦等修《九江儒林乡志·序》，载陈建华主编《广州大典》第 34 辑《史部地理类》第 10 册。
③ 广州市黄埔区横沙社区编纂委员会编《横沙村志·序》，未刊稿。
④ 温汝能纂《龙山乡志》卷三《氏族》，载陈建华主编《广州大典》第 34 辑《史部地理类》第 11 册。
⑤ 科大卫：《皇帝和祖宗——华南的国家与宗族》，第 229 页。
⑥ 邱捷：《晚清广东的"公局"——士绅控制乡村基层社会的权力机构》，《中山大学学报》2005 年第 4 期。
⑦ 科大卫：《皇帝和祖宗——华南的国家与宗族》，第 218 页。

明御笔匾联、祀产、各铺庙宇、寺观，详细记载了忠义"乡人之祀正神者"的祭典及祝文，而祝文则是"道光某年岁次某某仲望日承祭官广州府佛山海防同知某钦承谕旨致祭"，[①] 显然，祀典的内容、方式、流程是遵从官方"谕旨"，纂者特设"祀典"一门，反映乡绅与政府在某种程度上达成了一致，即意欲从"正统"塑造乡民的精神世界。乾隆《佛山忠义乡志》记述时令节诞时，"字里行间充满了士绅的鄙薄，愚昧无知的百姓们在正月初六抬着北帝及诸神巡游，以为只要摸摸这些神灵，就能改善命运。而在同一天，本地家庭的士绅，则在社学祭祀文昌"。[②] 乡规民约的辑录则在一定程度上体现了地方士绅乡村治理的思路。恰如清吴荣光在《佛山忠义乡志》卷一三《乡禁志》卷首所云："乡禁者……取其有关一乡利弊，苟不志之，营利者将恶其害，已而去其籍也，不志前明遵现行功令也，条条赫赫，碑石林林，使人有所畏而不敢为。"[③] 温如能在《龙山乡志》中，更是将"乡约"列于卷六"乡防志"一门，与兵馆、更楼、壮丁、更练相提并论。[④] 民国汪宗准、冼宝榦纂修《佛山忠义乡志》被志界公推为善志，其志内文依次为舆地、水利、赋税、教育、实业、慈善、祠祀、氏族、风土、乡事、职官、选举、人物、艺文、金石、乡禁等，并列有《修志述义》《修志纪年议》，议论修志宗旨、修志四要、论志书自注等见解。[⑤] 当然，尽管这些乡镇旧志编纂者各异，但所提倡的齐之以教、由爱乡之情而形成爱国观念，则是共同的编纂宗旨。

三 继承与重建：方志视野下的乡村振兴

考察历史上广东乡镇村志编纂的情况，对推进乡镇村志编纂，认识华南乡村社会进而更好地推进乡村振兴，具有很好的借鉴意义。如何继承与重建？在笔者看来，要通过乡镇村志编修以推动乡村振兴，至少有三点基于现实的思考路径。

第一，应高度重视乡民共同意识的构建。如上所述，华南乡村社会，传统上是一个宗族化的社会，乡里、村庄往往是由一个或几个姓氏、宗族聚居而成。这一点在珠三角地区的村落，体现得尤为突出。溯其根源，在于珠三角大多数村庄始建于南宋，开基的主要姓氏大多为南宋珠玑巷移民。珠三角地区诸姓族谱多载有罗贵率97户到珠三角定居下来，开枝散叶。[⑥] 以新会县的个案分析，亦足见南宋末这次珠三角人口的大规模迁移。[⑦] 在某种意义上，对于同一姓氏

① 吴荣光纂修《佛山忠义乡志》，载陈建华主编《广州大典》第34辑《史部地理类》第11册。
② 科大卫：《皇帝和祖宗——华南的国家与宗族》，第229页。
③ 吴荣光纂修《佛山忠义乡志》卷一三《乡禁志》，载陈建华主编《广州大典》第34辑《史部地理类》第11册。
④ 温汝能纂《龙山乡志》卷首"目录"，载陈建华主编《广州大典》第34辑《史部地理类》第11册。
⑤ 汪宗准、冼宝榦：《佛山忠义乡志》，民国15年刊，载《中国地方志集成·乡镇志专辑》第30册，江苏古籍出版社，1992。
⑥ 曾昭璇等：《珠玑巷宋代居民罗贵南迁事件》，黄伟宗、周惠红主编《良溪：后珠玑巷》，中国评论学术出版社，2008；《南海康乐罗氏宗谱·豫章世系源流记》，《罗氏族谱》，广州市黄埔区横沙社区藏。
⑦ 刘兴亮、郭声波：《道光〈新会县志·图说〉所载姓氏分布之研究》，《中国地方》2016年第7期。

聚居的村庄而言，人们可在族谱、村志中得到血缘认同和宗族认同。对于不同姓氏聚居的村庄而言，村中常由几大主要姓氏构成，几百年来共居一地，早已凝聚为地域认同。所以，乡镇村志的编纂，在血缘、宗族、地域几个层面上，可进一步推进乡民在精神认知上的高度融合，对构建乡民的共同意识具有强大的凝聚功能。因此，家谱与村志之间如何交融值得方志界进一步研究。当然，来自血缘和地域的共同认知，从文化哲学意义上理解，是一种根源意识的体现，也是对这个归属和根源的亲和感，这种归属感是人的民族文化认同的基础，所以爱国之道，始自一乡。乡镇村志的编纂，不仅在血缘、宗族、地域上构建人们的共同意识，而且在文化认同上内化为一种家国情怀。

第二，应充分吸纳地方乡贤的参与。对于传统中国的乡村社会结构，费孝通先生在《乡土中国》中创造性地提出"差序格局"，人与人之间的社会关系网络，像把石头丢在水面所形成的同心圆水纹一样，[①] 远近亲疏有别，身份等级由血缘以及血缘的扩大决定，宗族统治是其集中体现。直到现在，"差序格局"理论在华南乡村社会依然有生命力。珠三角各地保存完好的祠堂以及围绕祠堂举行的各种活动，例如清明祭祖、龙船饭、耆老会等，无不从细节之处显示出传统宗族文化的力量。尽管城市化的加剧带来乡村主体也就是乡民的流动性，但至少从社会空间的地方性、社会关系的熟悉性两个维度来看，今天的乡村社会总特质并未改变多少。[②] 如上所析，传统的乡绅、士绅充当着乡民与国家之间的桥梁，在"差序格局"的血缘体系中，他们所具有的家族威望和文化修养，奠定了他们在乡村宗族社会中的地位。还有经济雄厚者，由于乐善好施，经常造福乡梓，对乡民有巨大的个人影响力。不管哪种原因，他们都为乡民所熟悉，并获得乡民的认同。这成为乡贤履行教化功能、带动乡村振兴的社会基础。

第三，应切实发挥乡规民约的作用。从上文所析可知，在传统乡村社会的治理中，乡规民约发挥着重要作用。不管是《南海九江乡志》所设"乡议七则"，还是《佛山忠义乡志》所设"乡禁"，无不体现乡村治理的思想。社会主义新时期的乡镇村志，同样收录了大量的村规民约，并根据新时代做出变革调适。这些乡规民约的辑录，一方面体现着乡镇村志的乡土性和地方性，另一方面，也为当前乡村治理提供了参考借鉴。乡规民约在乡村治理中的积极作用集中表现在保障基层民主、管理公共事务、分配保护资产等 11 个方面，[③] 具有汇集民意、聚集民智、化解民忧、维护民利的独特作用，并得到乡民的广泛认同，能够增强他们的主体意识和责任意识，从而成为解决新时代乡村矛盾的有效途径。

---

① 费孝通：《乡土中国》，北京大学出版社，2012，第 22~23 页。
② 此为费孝通先生赋予乡土性质的三个主要维度，参见李建兴《乡村变革与乡贤治理的回归》，《浙江社会科学》2015 年第 7 期。
③ 陈寒非、高其才：《乡规民约在乡村治理中的积极作用实证研究》，《清华法学》2018 年第 1 期。

杭州市桐庐县开门编修"微村志"的探索实践与经验启示

李海伟

（浙江省杭州市桐庐县地方志办公室）

村庄，数千年来维系并寄托着人们对土地的敬畏和与天然的亲近，一粟一枝，在离别后都长成了一棵没有年轮的树，永不老去。这便凝成了乡愁，一种极易激发共鸣、形成共通的情感需求。这些极细腻的情感与现代人对这些真挚情感的需求，成了"微村志"编修的内在动力。桐庐县地方志编纂委员会办公室（以下简称"桐庐县地方志办公室"）正是抓住"乡愁"这一共通的情感，以"乡愁"聚人心，以史实为支撑，鼓励并吸引大学生、退休老同志、媒体记者、大学生村官等各方人士参与采写、编修"微村志"。

桐庐"微村志"，"微"是表现形式（篇幅短小、切入口小），是发布途径（微博、微信）；村，是采写范围；志，则是本性，是修志工作者的本职。其编修从"微"字着手，本着"见微知著"的原则，既创新志书的体例，又遵循修志的原则，存真求实，结合各村实际，深入挖掘其特色，从不同视角切入不同村庄的独特文化传承载体，并以具象的表达凝练游荡在意识中的乡愁，为桐庐乡村制作了别开生面、极具吸引力与可读性的图文短史。

一 桐庐县开门编修"微村志"的三次探索实践

2014年5月以来，桐庐县地方志办公室以史实为支撑，以乡愁拢风物，借助高校和社会力量，探索开门开展"微村志"编修，历经起步摸索、全面推进、深化提升三个阶段，逐步发展、完善和成熟。

（一）第一次探索实践（起步摸索阶段）

作为"中国最美县"的桐庐，其许多村庄特别是精品村庄有着几百年的演变发展历史，从自然村到行政村，社会变迁留下的示范作用还在持续发酵，尤其是自 2012 年以来，经过美丽乡村建设，农村经济方式转变，经营理念转型，人力持续外流的状况开始改变。为了进一步捕捉这一进程，为村庄修志在桐庐成为水到渠成之事。2014 年 5 月，为了更好地服务桐庐县委、县政府中心工作，助力美丽乡村建设，助推全域旅游发展，结合当代人获取信息、传续文化的行为特点，桐庐创造性地发起"微村志"的采编工作。由于"微村志"尚处于起步摸索阶段，无先例可循，桐庐县地方志办公室首先就怎么写村志、写什么村志、写哪些村庄等进行前期研讨、交流，并向分管县领导汇报相关情况。7 月，在时任桐庐县副县长颜鹂（为浙江大学教师，挂职桐庐锻炼）的组织推动下，桐庐县地方志办公室与浙江大学党委学工部暑期社会实践团（以下简称"浙大实践团"）合作，先行借助高校力量探索"开门修志"。首先选定 8 个乡镇（街道），指导浙大实践团走访其中的 13 个行政村，并向其提出针对 10 个行政村（精品村）进行深入调研，鼓励他们以有别于调研报告的散文类形式尝试采写"微村志"。15 天内浙大实践团完成走访任务，开始编写"微村志"。在编写的过程中，经桐庐县地方志办公室和分管县领导的多次指导与修改，浙大实践团于同年 8 月底编修完成首批梅蓉、鸿儒、环溪、儒桥、茆坪、君山、翙岗、母岭、金牛、子胥等 10 个乡村的"微村志"。2014 年 8 月 27 日，"桐庐微村志"微信公众号申请成功，并于当天上线开始发布首批 10 个村的"微村志"，由此桐庐"微村志"编修拉开序幕。

（二）第二次探索实践（全面推进阶段）

"桐庐微村志"编辑推送的首批 10 村"微村志"获得了大批读者的喜爱，但也陆续收到不少人士的意见和建议。桐庐县地方志办公室及时总结起步摸索阶段与浙大实践团合作编修的相关经验、教训（比如，"微村志"形式创新是可行的，但浙大实践团对村庄内容发掘不深、不全，相关文史资料查找不足，语言较口语化，书写质量有待提高，等等），并广泛吸收相关人士的意见和建议，于 2014 年 10 月尝试借助社会力量"开门修志"。先期从桐庐县历史文化研究会成员中挑选 10 人启动第二批"微村志"采写，由此开启"微村志"编修全面推进阶段。

为使"微村志"编修成果发挥更大的社会效应，桐庐县地方志办公室决定于 2016 年启动编辑出版《桐庐微村志》（第 1 辑），并以此为契机，广泛发动和利用社会力量，开启第三批"微村志"采写。邀请桐庐县历史文化研究会成员撰写一批、新闻媒体记者征集一批、大学生村官编写一批等，不断扩大"微村志"的修编范围，争取实现"四个全覆盖"，即所有乡镇（街道）全覆盖、所有精品村全覆盖、所有中心村全覆盖、所有历史文化名村全覆盖。依据体现完整性、突出特色性、体现可读性等原则筛选收录，后经过多次研讨、修改，确定收录 30 个村（浙大实践团队采写 10 个村、社会力量采写 20 个村）的"微村志"，于 2016 年 10 月由方志出版社出版发行。

《桐庐微村志》（第 1 辑）出版后，广受好评。桐庐县地方志办公室及时总结《桐庐微村志》（第 1 辑）编修的好经验和好方法，并结合时代发展形势，特别是党的十九大之后，增加

"微村志"编修内容，围绕助力桐庐乡村振兴，挖掘乡土文化等，向有关单位建议并争取将"微村志"融入村史馆、农村文化礼堂、农村图书馆等的建设之中，以及桐庐乡村振兴战略规划之中。2018 年 10 月，由方志出版社出版《桐庐微村志》（第 2 辑），收录 30 个村。

（三）第三次探索实践（深化提升阶段）

《桐庐微村志》（第 1 辑、第 2 辑）的出版共计收录 60 个村，约 1/3 的村庄"微村志"已编修出版，再加上桐庐县历史文化研究会成员、新闻媒体记者、大学生村官等不间断地批量采写、编修，截至 2018 年底又完成 40 余村的"微村志"编修（其中 30 个村收录到第 3 辑，2020 年出版）。

需要注意的是，已完成"微村志"编写的 100 余个村是桐庐有着深厚历史底蕴的村庄，内容比较好写，但是剩余的 80 余个村，历史底蕴相对缺乏，元素较少，比较难写。面对这一阶段的情况，桐庐县地方志办公室研究决定不采用成批量的方式公开征集采写，于 2019 年启动第四批"微村志"采写工作，采用点对点、面对面的方式，邀请熟悉村庄的老同志，落实专人，进行一对一指导，发掘村庄资料，集中攻克编修难题。

综上所述，《桐庐微村志》自 2014 年 8 月 27 日微信公众号推送以来，特别是 2016 年 10 月《桐庐微村志》（第 1 辑）出版之后，相继受到中国地方志指导小组秘书长、杭州市政府主要领导、桐庐县领导、专家学者以及广大群众的喜爱与赞扬，《浙江日报》《杭州日报》《今日桐庐》等均予以报道，认为这是地方志工作部门在服务党委政府中心工作，尤其是服务"美丽浙江""美丽杭州"建设中的重大创新和重要成果。同时，随着《桐庐微村志》传播和影响力的不断增强，杭州市周边区、县（市）等陆续来交流学习"微村志"编修经验。2018 年 6 月，《桐庐微村志》（第 1 辑）荣获杭州市社科联第十二届社科优秀成果三等奖，实现桐庐志书编撰获奖零的突破。2019 年 2 月，在审计署委托杭州市审计局审计桐庐县乡村振兴工作情况时，《桐庐微村志》受到其关注和赞扬，被认为是桐庐县乡村振兴战略规划和实施中的亮点和独特创新之处。

二 桐庐县开门编修"微村志"的创新之处

为适应现代人的生活工作节奏，桐庐"微村志"主要采用精美的图片展示桐庐美丽乡村，再配以短小精致的文字反映村庄自然、政治、经济、文化和社会的历史与现状，力争做到短小精悍，能用简短的语句吸引阅读者，同时又能体现出桐庐各个美丽乡村的地方特色。其在创作上采用图文并茂的形式、见微知著的表达方式、借助高校和社会力量开门办史的模式，以及通过新媒体直接向公众推送服务的传播方式，在探索实践中做到了编纂风格、传播方式、关注对象、平台设计四个创新，可以说是浙江省乃至全国首创的以碎片化采编和新媒体传播来修志、用志的新方式。

（一）编纂风格创新

桐庐"微村志"的编修从"微"字着手，本着"见微知著"的原则，不拘体例，不细分门类，既创新志书的体例，又遵循修志的原则。结合各村实际，从小视角切入不同村庄的独特文化传承载体，并以具象的表达凝练游荡在人们意识中的乡愁。

（二）传播方式创新

桐庐"微村志"的传播，坚持开放式传播理念。"桐庐微村志"微信公众号每周定期分批推送"微村志"，并在"桐庐发布"、桐庐县广播电视台、"同乐汇"微信公众号、桐庐新闻网、《今日桐庐》等媒体上发布"微村志"，吸引更多人士参与村庄历史的挖掘、传续，听取社会人士的意见和建议，然后进行修改、补充和完善。截至2019年6月，"桐庐微村志"微信公众号发布100余个村庄"微村志"，代表着该项工作向社会全面开放及可持续完善与深化的努力从未停歇。

（三）关注对象创新

关注传统志书的一般为新到地方领导、史志研究者、爱好者等，一般社会群众认为志书枯燥无味，对志书的关注度往往不高。创新性地为乡村编修"微村志"，又借助当下流行的新媒体，尤其是微信公众号，让广大普通民众只要用手机，轻松扫扫二维码就可以阅读"微村志"，这可以使远离家乡的游子随时了解家乡的情况，寻找记忆中的故土，有利于在更大范围内宣传、推广桐庐，吸引更多人来关心乡村、关心家乡、关心桐庐。内容与形式的创新结合，可以大大扩大对志书关注的群体，志书再也不是人们印象中那枯燥乏味的古文酌字，同样也可以成为广大老百姓探讨的热门话题。

（四）平台设计创新

桐庐"微村志"的编修是创新史志编修新模式、开门办志的新探索。首先是借助高校大学生的力量，其次是借助社会力量（桐庐县历史文化研究会成员、新闻媒体记者、大学生村官等）。并且，"微村志"的编修是开放式的，在内容设计上，坚持开放式功能规划，力求每一幅图志作品说清一件或一项史实的前提下，长期吸收不同的创作人进一步续修村庄图志。同时，已入选村庄的信息可以持续修订，完善和补充村庄元素，以形成村庄的完整概念。

三 桐庐县开门编修"微村志" 的实践经验与启示

桐庐"微村志"是文化、乡愁的承载物，要吸引更多的人回归村庄，让文化心理在乡愁上有具体的落脚点。修志的最大目的就是为人所用、以史鉴今，"微村志"的推出，既满足了大众对史志的需求，又体现了修志为用的宗旨。它将古老厚重的历史幻化为一个个美丽灵动的故事，描绘成一幅幅绚烂多姿的风景画，展示桐庐乡村的深厚底蕴和无限魅力。透过它，人们望得见山、看得见水、寻得到根、记得住乡愁。透过它，仿佛又回到了曾经无比熟悉的家园。

（一）实践经验

经过以上三个阶段的探索实践，桐庐"微村志"编修内容基本形成，主要有 13 项，分别是：基本概况，包括地理位置、村居情况、村级组织等；村史沿革，包括村名来历、村庄变迁等；乡贤人才，包括历史人物、当代人物、道德模范、人物行略、人物简介、人物事迹等；文化古迹，包括摩崖石刻、墓葬、寺观宫堂、桥亭水库、古树古井以及诗词文化、中医药文化、隐逸文化、爱莲文化、孝义文化等；历史传说，包括民谣、口述、逸事、传说等；民风民俗，包括饮食、服饰、特产、节日、仪礼、艺术（舞龙、竹马、花灯、武术）等；家规家训，包括各种家谱、家规、家训等；美丽乡村，包括村庄建设、文教社保、衣食住行、领导重视等；风景名胜，包括各类旅游景点等；特色产业，包括农业、工业、服务业各方面；自然风光，包括山峰洞岭、瀑泉河潭、沙石路树等；历史建筑，包括古建筑、历史遗存等；非遗项目，如高空狮子、绣花鞋、剪纸、越剧等。

需要着重强调的是，桐庐"微村志"的编修，虽然打破了传统修志概念中以难懂的宗谱为资料来源、以严肃有余而亲和略逊的厚重笔法为体例的修志范式，但志稿资料的真实性，志书的地方性、多样性仍是坚持的根本。而这，正是开门编修"微村志"的难点所在。桐庐县目前正式出版的村志（史）数量极少，大量的村庄历史四处散落，部分存在于县志、乡镇志中，部分收集在非遗故事中，但更多的是在民间口口相传。如果任由各村作者自行完成，最后形成的可能是"微村事"，而不是"微村志"。

为此，桐庐县地方志办公室坚持以史实拢风物，逐步探索形成了因地制宜法、典型引路法、一抓到底法三种主要编修方法，以及做好前期规划、采写指导、完稿审定三方面的工作。

1. 前期规划

由于"微村志"属全新概念，没有范例可循，在探索阶段，桐庐县地方志办公室采用具体问题具体分析的因地制宜法，尽可能收集并查阅《桐庐县志》《桐庐县地名志》《桐庐民间传说故事集》等涉及村庄历史的各类书籍资料，列出建议采写名单及采写方向。如：综合篇，主要介绍村庄地理位置、历史沿革等；历史传承篇，挖掘民风民俗、名人履踪、姓氏寻源、家谱、逸事、古迹文物等，彰显当地厚重的文化底蕴；经济发展篇，抓住工业、农业、城镇建设、三产发展过程中的重要节点，选择有代表性的重点工业企业、企业家、特色农业、标志性建筑物等；社会发展篇，突出民生与旅游，包括美丽乡村建设、环境整治、农家乐等。

2. 采写指导

编修"微村志",借助的是切合现代人喜好的图文说事等新媒体手段,这之前没有范例可以借鉴,因此,桐庐县地方志办公室摸索出"解剖麻雀、以点带面"的典型引路法。首先选取桐君街道梅蓉村精心采编十组图文,对整个采写过程做到心中有数。在指导浙大实践团队时,逐个解读每一幅作品,强调文字稿的客观真实与地方性,并特别注重图文配合与叙事方式的多种解读与传授。同时,在工作开展之初就微小主题图片的拍摄技巧进行专门的技术培训。后续几批采写时,根据作者实际情况,采取文字稿与图片稿分开处理的方式。对文字稿作者,要求参照第一批范例,在把握史料真实性的前提下,保持各自的文字风格。走访部分村,与作者一起探讨该村"微村志"的具体采写内容。图片稿,根据文字稿内容采用征集方式完成。

3. 完稿审定

首批"微村志"采写,采用"一村一审"制,集中对过程质量进行控制与纠正。由于是浙江大学大学生实践团队作业,稿件风格相对统一。后续几批采写,多是个体作战,年龄跨度大、阅历各不同,鉴于此,桐庐县地方志办公室尽可能物色合适的人来写"微村志",即对村志有一定了解,有一定采访功底,有较高文字水平的人。完稿后,组织统一审稿和修改。桐庐县共有 183 个村,编修"微村志"的工作不能成为一阵风式的运动。不同的村庄虽然有相同的历史进程,但是却拥有各不相同的文化底蕴。宗族文化、迁移文化、政治变迁赋予每个村庄独特的基因,且不曾在山水间随岁月隐没。为此,桐庐县地方志办公室摸索出"一锤一锤钉钉子"的一抓到底法。试点工作设计之初就定下不能有"毕其功于一役"的成果观念,制定了开放式功能规划,长期吸收不同创作人进一步续修"微村志",使每一个村庄都得到同样的关照与实际的创作支持。

（二）实践启示

党的十九大报告指出,要"推动中华优秀传统文化创造性转化、创新性发展"。每一个村庄都是一部历史,都有着独特文化和品格,承载着人们挥之不去的乡音乡韵乡愁。步入新时代,志书成果运用也将达到前所未有的广度和深度,呈现多样化、多层次等特征。编修"微村志"更需要与时俱进,及时融入新时代因素,适应新时代的发展趋势,积极主动拓展领域、延伸触角、走进千家万户,实现与现实的相融相通。

2019 年,桐庐县推动省部共建乡村振兴示范县,创新构建"1+N"的乡村振兴规划体系(其中要求做好规划好乡野、经营好乡业、激发好乡意、守护好乡情"四篇文章")。为此,桐庐"微村志"后续的编修要着重在激发好乡意、守护好乡情这两篇文章中下力气,在更大范围内宣传、推广桐庐,突出"中国最美县"的美丽乡村建设、乡村生态文明建设和全域旅游发展经验,助力桐庐乡村振兴,助推"诗乡画城·潇洒桐庐"城市品牌和"乡村振兴 桐庐先行"目标的打造与宣传。综合以上相关实践经验及新时代新要求,对于后续"微村志"的编修,得到如下启示。

1. 夯实修史修志工作，记细、记活"微村志"内容

完善探索开门修志的途径与手段，整合地方文化力量与挖掘村庄变迁发展等资源，进一步"抓具体、具体抓"，把"微村志"工作做优、做强、做全面，为人们保留当初的风景，保留最初的感觉，保留历史的文脉，保留乡村的味道，让人们看到"微村志"时油然而生一种回归原始的情怀。积极向智能化、移动型方向发展，使广大民众能更便利地通过信息化、智能化查询反馈系统获取"微村志"或者提出完善的意见、建议，增强志书的可读性，发挥其价值。广大农民对美好生活的追求是编修"微村志"的最好素材，考虑在后续修订中实时增加党风廉政建设、农村文化礼堂、农村图书馆、村史馆、党群服务中心，以及桐庐大地艺术节等相关实践与经验，在所有村庄"微村志"编修完成后，争取打造一本高质量的《桐庐微村志合订本》，以飨读者、以启来者，为探索桐庐发展道路和模式提供历史智慧和现实借鉴，为"美丽中国""美丽浙江""美丽桐庐"建设等动态社会发展存志传史。

2. 加强理论学习研究，提升、深化"微村志"水平

吸收借鉴先进地区、先进同行在编修名镇名村志中的好经验、好方法，加强跨学科综合研究，开展系统调查和口述访谈，充实短缺的社会内容资料。挖掘美丽乡村文化，厚植"微村志"乡土内涵，记述好村民生活，补充和深化县志内容，不断提升桐庐"微村志"的认知视野和理论高度，谋求新发展，实现后续编修新跨越。党的十八大以来，以习近平同志为核心的党中央对农村的未来发展提出了全新的理念、思路，从精准扶贫，到乡村振兴战略的实施，乡村正在经历新一轮的发展、变迁，"微村志"编修更要突出乡村的变迁，讲述农村政策与发展思路的变迁、农民生产和生活方式的变迁、农村经济结构从单一到多元的变迁、农村文化和习俗的变迁等，突出不同乡村的变迁脉络、内在个性。例如，新业态在乡村日益增多，经济作物、特色种植业、林果业、花卉业及乡村民宿等不断涌现，都要求我们把农民生活的改变过程记述到位，把承载农村文化和习俗的老物件、传承人等发展变化情况交代到位。

3. 加强修志用志宣传，做实、做好"微村志"传承

加大走进乡村、走进群众，充分利用群众力量，有效宣传推广"微村志"，使其入群众心、入群众脑，吸引更多群众参与编修和传承"微村志"。同时，摒弃精英史观的影响，多多宣传乡村普通劳动者中的各类代表人物，突出人民群众是乡村历史的创造者和书写者。此外，加强与其他部门合作，在桐庐大地艺术节、桐庐（国际）快递业发展大会、科技人才周、招商推介会等平台上进行动态宣传，在农村文化礼堂、农村图书馆、村史馆、党群服务中心等场馆载体中进行静态宣传，不断扩大桐庐"微村志"宣传范围和覆盖面，增强"微村志"作为一种文化力量服务乡村、服务群众的价值和意义，传承乡村历史文化，助推乡村振兴，特别是乡村文化振兴和乡村生态文明建设与发展。

"互联网+村志"走数字乡村建设之路研究

——从掌上凤凰村志说起

莫艳梅

（杭州市萧山区委党史和地方志编纂研究室）

一 掌上凤凰村志让凤凰故事插上数字的翅膀

有人说，志书是用来存史的，就像茅台，醇香珍贵，除了好好品鉴以外，十分适合珍藏。

杭州市萧山区凤凰村自新中国成立以来，没有出过一本公开出版物，直到 2019 年 6 月，231 万字的《凤凰村志》由中国社会科学出版社出版，内有图照 1700 多幅，表格 778 张，[①] 图文并茂地反映了凤凰村千百年来的发展变化，还鲜活地反映了当代村民的所思所想所盼。

村志中的姓氏编，篇幅最大（408 页），占全志版面篇幅（1366 页）的 29.9%，内有一户一个基本情况表，配以一户一幅全家照，一户手写一句最想说的话。

村志中篇幅第二大的是村民访谈编（198 页），内有新老照片 157 幅，占全志版面篇幅的 14.5%。篇幅第三大的是凤凰村民未来期待调查编（96 页），内有数据图 17 幅，村民生活照片 19 幅，占全志版面篇幅的 7.0%。

这些都是在这次修志中产生的第一手资料，生动地讲述了凤凰村昨天的故事和对明天美好生活的向往。

[①] 《凤凰村志》设有总述、大事记、大事纪略、第一编村庄、第二编姓氏、第三编人物、第四编村民访谈（原为"口述历史"编，后根据出版社要求改名"村民访谈"编）、第五编凤凰村民未来期待调查、第六编衙前农民运动、第七编村政、第八编村区建设、第九编农业、第十编工业建筑业、第十一编商业服务业、第十二编村级经济收益分配、第十三编村民生活、第十四编教育卫生、第十五编文化体育、第十六编艺文、第十七编风俗、第十八编文献、索引、参考文献、后记，计 18 编 76 章 240 多节。共有 231 万字，图照 1700 多幅，表格 778 张，分上下册，全彩印刷。

全彩印刷，装帧精美，定价888元。

这成了广大村民的心头肉，也成了领导干部、专家学者的心头好。"太珍贵了，太厚重了，里面记载有咱家故事，我一定好好珍藏！"一位村民触摸志书，感慨万分地说。志书虽好，但让人又爱又恨。不方便携带是其一，价格太高是其二，动辄上百万字查阅起来耗时费力是其三。

如何让志书变薄、变轻、价廉物美又来得快？

《凤凰村志》除了有电子光盘与纸质书同步发行以外，还有"掌上凤凰村志"与纸质书同步发行。在村志内页上就印有小程序码。电子光盘是赠品。只需交付1元钱就可以永远随时随地在手机上阅览和检索掌上村志。这不仅降低了金钱成本，还降低了时间成本，不仅方便了读者品读、阅览、检索、复制等，也适应了当代人碎片化、快速化的阅读习惯，大大提高了志书的利用率与传播率。志书从此由珍贵品藏的茅台，变成人人可喝、爱喝、常喝的农夫山泉。

《凤凰村志》与村史馆花开并蒂！

凤凰村史馆，总投资130多万元，建筑面积450多平方米，2019年6月竣工。馆内设有村民老物件、老照片展示厅，还有村庄新风貌、新成果以及电子沙盘展区等。《凤凰村志》的内容包括图照、表格，以及征集来的大量实物，成了村史馆布展的主要内容，成了乡村记忆的重要载体。

在这里，你可以读到凤凰村由穷变富、建设美丽乡村的动人故事。凤凰村的故事也借助互联网、手机快速传播到千家万户。人们不用出门，不用跑路，只要轻轻一点就可以阅读，还可以以小见大，从一个村庄、一部村志看到中国乡村以及乡村振兴的中国故事。

二　村志编修是数字乡村建设的基础工程

2018年9月26日，中共中央、国务院印发《乡村振兴战略规划（2018~2022年）》。2019年5月16日，中共中央办公厅、国务院办公厅印发《数字乡村发展战略纲要》，提出数字乡村是伴随网络化、信息化和数字化在农业农村经济社会发展中的应用，以及农民现代信息技能的提高而内生的农业农村现代化发展和转型进程，它既是乡村振兴的战略方向，也是建设数字中国的重要内容。而村志编修是建设数字乡村的基础工程。

（一）村志文化是乡村优秀文化资源的核心

乡村是中华文明的基本载体，乡村振兴的核心是乡村文化的振兴。乡村振兴，文化建设要先行，核心是要传承发展中华优秀传统文化。首先要立足乡村文明，传承保护乡村传统文化，包括保护好文物古迹、传统村落、传统建筑、农业遗迹，传承传统建筑文化，使历史记忆、地域特色、民族特点融入乡村建设与维护中，传承好乡村优秀戏曲曲艺、少数民族文化、民间文化，进而挖掘乡村特色文化资源，使之活起来，兴起来。其次是立足文化惠民，为村民提供更多更好的公共文化产品和服务，丰富村民文化生活。

地方志是中华优秀传统文化的重要组成部分，是全面系统记述本行政区域自然、政治、经济、文化、社会历史与现状的资料性文献，重在突出地方特色和时代特色。村志是中国地方志的重要组成部分，是记述一村之村情、村史、村貌的资料文献，是一方优秀文化资源的集大成者。一方面，它承载了所有的地方文化资源，尤其重点记载了富有地方特色的文化资源，留住了乡愁记忆，守住了乡村文化的魂，是乡村文化资源的核心。另一方面，它为乡村提供了优秀的文化产品，通过赠书、网络传播，开展读志、用志活动，既可以丰富乡村文化生活，激发乡村文化自信，还可以推动乡村文化的传承与开发，助力乡村振兴。

（二）村志编修是乡村振兴战略的实施内容

乡村兴则国家兴，乡村衰则国家衰。我国要全面建成小康社会和社会主义现代化强国，最艰巨最繁重的任务在农村，最广泛最深厚的基础在农村，最大的潜力和后劲也在农村。2017年10月，党的十九大报告提出实施乡村振兴战略，并且写入党章。2018年1月2日，《中共中央国务院关于实施乡村振兴战略的意见》印发。2018年9月26日，中共中央、国务院印发《乡村振兴战略规划（2018~2022年）》，细化实化工作重点和政策措施，确保乡村振兴战略落实落地。规划明确，实施乡村振兴战略是传承中华优秀传统文化的有效途径，要"鼓励乡村史志编修"。这是党的十八大以来，习近平总书记、李克强总理强调要编史修志之后，又一个顶级的重磅政策，堪称村志的最顶层设计。

实施村志编修，全面系统地记述乡村的历史与现状，客观真实地反映乡村存在的矛盾和问题，从中找出乡村发展的经验教训和演进规律，找出解决当前矛盾和问题的方法与途径，更好地传承弘扬优秀传统文化，合力建设中华民族共有的精神家园。修志存史问道，意义非同凡响。

数字乡村是乡村振兴的战略方向，村志编修是乡村振兴战略的实施内容。毋庸置疑，村志编修是数字乡村建设的重要方面，不容忽视。

（三）村志数据资源是乡村大数据的基础

21世纪，伴随信息技术和互联网的爆发式发展，人类进入大数据时代，数据成为国家基础性战略资源。谁能下好大数据这盘棋，谁就可能在未来竞争中抢占先机。党中央、国务院高度重视大数据在经济社会发展中的作用。2015年，党的十八届五中全会提出"国家大数据战略"，国务院印发《促进大数据发展行动纲要》，全面推进大数据发展，加快建设数据强国。①

----

① 2015年，农业部印发《关于推进农业农村大数据发展的实施意见》；2016年，国务院印发《政务信息资源共享管理暂行办法》；2017年，工业和信息化部印发《大数据产业发展规划（2016~2020年）》，落实国务院《促进大数据发展行动纲要》。

乡村大数据是国家大数据的基础和重要组成部分，是当今中国乡村的关键要素。对乡村大数据的运用，是破解农业发展难题和实现农业现代化发展的重要途径，也是党政领导、生产经营者科学决策、出奇制胜的重要法宝。

"数从哪来，数谁来用？"这是当前乡村大数据发展的突出问题和薄弱环节，至今没有很好地解决，底数不清、核心数据缺失、数据碎片化、信息不对等问题普遍存在。

村志编修可以为乡村大数据提供最基础、最丰富的村情、村史、村貌数据。而这些历史数据、基础数据正是乡村大数据短缺的亟须应用的数据，是真实、可靠、系统的数据。

从志书内容来看，涉及百科、涉及古今，故志书又被称为"一地之百科全书""一方之全史"，具有存史、资政、教化等功能。从志书体裁来看，述（概述）、记（大事记）、志（专志）、传（人物传）、图照、表、录（附录）、索引等多种体裁并用，以志为主，实事求是地记述，横不缺要项，纵不断主线，没有水分和虚构。

如《凤凰村志》设专志18编76章240多节500多条目，内容包罗万象，涉及各行各业、方方面面，是乡村大数据采集的最好的基础数据。

仅以《凤凰村志》图照为例，入志1700多幅，其中地图3幅、示意图6幅、数据图27幅、全家照500多幅、村民最想说的一句话扫描500多幅、其他新老照片600多幅，这些绝大多数是在这次修志中原创和首发的，展示了凤凰村古今风貌，成为乡村数字博物馆、凤凰村史馆布展的重要内容，也成为乡村网络文化传播的优质内容，为广大群众所喜闻乐见。

例一，图说千年历史沿革。村名的由来、隶属沿革，复杂多变。在编修村志前，村民有的也知道个大概，但不清楚详情。在这次修志中，不仅设置了建置、村名由来、隶属沿革、自然村落等章节，还制作了秦汉至2016年凤凰村域隶属沿革情况表，制作了凤凰村历史沿革示意图（原图为村志环衬，8开大），直观地展示了村庄千年的变迁。

例二，图说百年村庄演进。村庄演进有历史沿革的演变、地理环境的演变、居民生活方式的变迁、基础设施变迁以及各行各业发展变迁等。过去，村民走路或划船进城，现在平均每户有1辆私家车，乘坐高铁、飞机出行是常有的事。村民住宅从茅草房、平房、楼房到别墅，几经更新换代。在这片土地上，延续了上千年的传统农业劳作的插秧、耘田、除草、收割"四弯腰"（弯腰操作），早已不见踪影，代之而起的是机械化劳作，后又被林立的厂房、店铺所覆盖。至2000年，凤凰村内已没有了耕牛。至2016年，凤凰村内已没有水稻种植，没有生猪饲养，也不再养殖淡水鱼，而有工业企业68家、街道门店399家、专业市场2个，昔日贫穷的农业村如今演变为富裕的工业村。志中有大量反映百年村庄演变的新老照片，配以征集来的实物（新老物件），在村史馆中陈列出来，成为历史的见证。

例三，图说40年改革开放。《凤凰村志》的时间下限是2016年，有的根据需要可下延至2018年。如总述的后面，原有两幅数据图：2005年、2010年、2016年凤凰村经济总收入与工农业收入的数据图，2005年、2010年、2016年凤凰村与全国农村居民人均纯收入的数据图。

之所以选择这几个年份的数据，一方面是 2005 年 3 村合并前的交通村、卫家村的档案数据不齐全，仅用凤凰村小村的经济总收入与工农业收入数据，与 2005 年后凤凰村大村的数据比，是不可比的。另一方面是时间下限为 2016 年，前后 3 个年份，也可以看出几个阶段性年份、代表性年份的发展变化。再者，2018 年底志书定稿付印时，2018 年度的数据尚未出来。

后来，在三校的过程中，主编考虑再三，还是将这两幅数据图替换成了 1978 年、1990 年、2000 年、2010 年、2018 年几个年份凤凰村经济总收入与工农业收入的数据图，1978 年、1990 年、2000 年、2010 年、2018 年几个年份凤凰村与全国农村居民人均纯收入的数据图。一方面是为了今后用志，因为改革开放 40 年，1978~2018 年这 40 年间的数据变化更有说服力，更容易为专家学者所采用。如凤凰村民人均纯收入从 1978 年的 138 元增加到 2018 年的 59978 元，是全国农村居民人均纯收入的 4.1 倍，这样既有纵比，又有横比，直观性较强。另一方面，要说明 1978 年、1990 年、2000 年的数据包括 3 村合并前的凤凰村、交通村、卫家村的数据，这样才与 2010 年、2018 年的数据有可比性。为此，主编专门到萧山区档案馆查阅历年衙前镇（人民公社）农村统计年度总结报告表，发现有的年份数据不完整，但这几个年份的这 3 个村的指标数据都还有，于是，将这 3 个村的数据相加，制作了新的数据图。从图 1 和图 2 可以看出，1978 年凤凰村工农业收入分别占村经济总收入的 2.6%、82.1%，至 2018 年分别占比 96.9%、0.3%，这是农村产业结构大调整、大变化的图示，直观鲜明。村史馆在布展的时候，又将之醒目地展示出来，向观众亮出亮眼的成绩单。

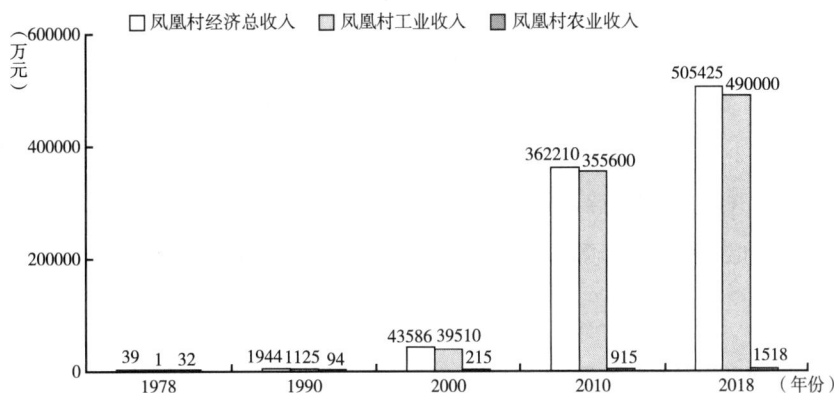

图 1　1978~2018 年部分年份凤凰村经济总收入与工农业收入情况（1978 年、1990 年、2000 年数据包括交通村、卫家村数据，农业包括种植业、林业、牧业、渔业）

例四，图说名人与文物胜迹。凤凰村历史名人较多，尤以民国时期的沈定一家族与衙前农民运动的人物居多。这两类人物，在全国都有名。如沈定一，是中共早期党员，中国现代农民运动的发轫者，也是国民党一大代表，孙中山称其为"浙江最有天赋的人"。沈定一主编的上海《星期评论》，与北京的《每周评论》被誉为"舆论界中最亮的两颗明星"。沈定一创作的

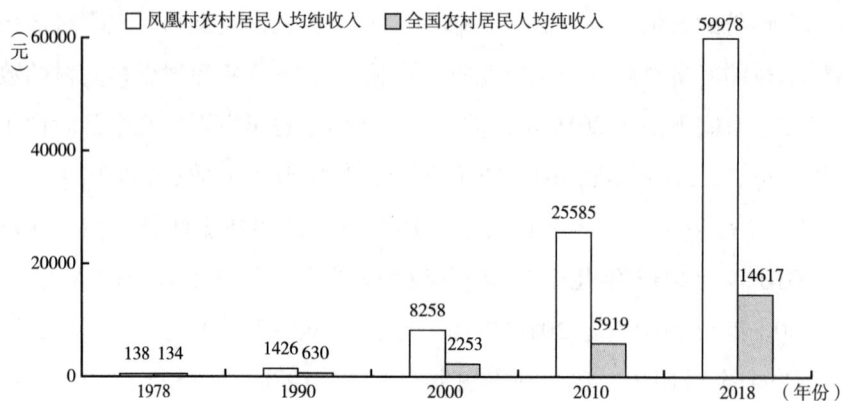

图2　1978~2018年部分年份凤凰村与全国农村居民人均纯收入情况

长诗《十五娘》被朱自清称为"新文学中第一首叙事诗"。孙中山手书"天下为公"的横幅赠给同盟会会员沈定一，今存于广东省博物馆。而在家乡，沈定一不仅发起了中共领导的第一次有组织有纲领的农民运动，创建了第一所免费的农民子弟学校，还兴办了浙江省第一个信用合作社、浙江省第一例乡村自治会，建起"悟社""任社"的组织，成为杭州、萧山社会主义青年团的最早雏形。

村志中的人物编、衙前农民运动编、文化体育编、艺文编，分别插入了不少历史名人、衙前农民运动及其文物胜迹的图照。这些历史名人、历史事件、历史文献的图照，以及文物胜迹、纪念活动、纪念设施的图照，成为乡村数字博物馆、凤凰村史馆宣传和布展的重要内容。

入志的上千幅照片，绝大多数为专业的摄影人员和摄影爱好者拍摄，质量较高，要素齐备，加上排版设计又花了一番心思，整部村志图文并茂，具有一定的资料性和观赏性。

在编修《凤凰村志》之前，凤凰村没有出过一本公开出版物。如果没有编修《凤凰村志》，仅凭借零散的不完整的档案资料，是不会全面系统地挖掘和记载千年来凤凰村自然、政治、经济、文化、社会的历史与现状的。有了《凤凰村志》，就能为乡村大数据平台及其应用提供丰富可靠的数据资源，解决乡村底数不清、核心数据缺失、数据碎片化、信息不对等问题。

（四）政府主导村村修志是当务之急

1. 国家鼓励修村志

在国家颁布的文件法规中，省、市、县三级志书列入了中国地方志指导小组主持制定的有关规划中，乡镇志和村志属于"鼓励编修"的范畴。2015年8月，国务院办公厅印发的《全国地方志事业发展规划纲要（2015~2020年）》提出："指导有条件的乡镇（街道）、村（社区）做好志书编纂工作。"2017年5月，中共中央办公厅、国务院办公厅印发的《国家"十三五"时期文化发展改革规划纲要》提出："完成省、市、县三级地方志书出版工作。开展旧志整理和部分有条件的镇志、村志编纂。"2018年9月，中共中央、国务院印发的《乡村振兴战略规划（2018~2022年）》提出："鼓励乡村史志编修。"已有部分省、市、县区地方志工作部门发文全面启动村村修志。如广州市天河区、上海市金山区等，基本实现了村村修志、村村有志的盛况。

2. 村村修志的必要性

据不完全统计，至2015年，全国已出版的新村志600多种，虽然成绩斐然，但与中国实际村庄数量相比，实为占比很少。因此，政府主导村村修志需提上议事日程。一是实施国家大数据战略、乡村振兴战略的现实需要。二是挽救村落文化的需要。随着国家城镇化和新农村建设的不断推进，传统村落正在大规模的衰落和消失，仅2000~2010年10年间就减少了80万个自然村，平均每天消失200多个自然村："它们悄悄地逝去，没有挽歌、没有诔文、没有祭礼，甚至没有告别和送别，有的只是在它们的废墟上新建的文明的奠基、落成仪式和伴随的欢呼。"① 记录即将消失和抢救已经消失的村落历史文化，是当务之急。三是留住乡愁记忆的需要。四是存史和交流的需要。

3. 政府主导不可少

大多村庄自发修志，由本土秀才和热心人士编纂，有的没有经过业务培训指导，有的没有邀请专家评议审查，导致村志质量参差不齐。有的虽名为"村志"，实际上不像志书，体裁五花八门，随心所欲，缺失志的体例规范，也不像该村的"村"志，内容东抄西袭，全是放之四海而皆准的网络知识，曰之"百科全书"。其实这是个误区，地方志是地方百科全书，是汇集一方（一村）基本知识和系统资料的地方百科全书，但不是一切基本知识的百科全书，忽略了"地方"二字，地方志就不是地方志，该村志也不是该村志了，文字水分多了，可用的信息量就少了。例如笔者主编的《凤凰村志》，之前是由一位退休老师编写了3年，有80万字，但涉及该村的有用的内容不足8万字，还是拼盘式的，不符合志体规范，但他不愿意接受志体规范，最后只得换主编重新编写。从2017年1月开始另起炉灶，至2018年底定稿付梓，2019年6月公开出版，总计231万字。

因此，地方志工作部门指导与评审很重要，政府主持、专家学者参与、村民全力配合的修志模式较为可行。

政府组织的村志编修模式，具有动员范围广、成书效率高、内容较为全面、体例较为规范等优势。当然，部分经济落后的地区，村志编修经费可纳入乡镇、街道一级财政预算。也可在启动村志编修之前，通过政府公告、宣传广告、报纸杂志、广播电视、手机微信、QQ等媒介，向全社会包括个人、机关团体、社会组织、公司企业等，争取钱、物、村志资料等方面的捐献捐助。所得捐献捐助，全部优先用于村志编修，若所得捐献捐助已足够支付村志编修出版经

---

① 李培林：《村落的终结：羊城村的故事》，商务印书馆，2010，第1页。

费，则不得再申请使用财政所拨专项经费。同时，从社会所得的全部捐献捐助，由政府部门逐一登记在册，并保证其被合理合法地使用，整个过程应公开透明，接受全社会监督，做到取之于民，用之于民，形成"全民修志，志为民修"的良好氛围。①

4. 突出当今中国乡村特色

一是要突出乡村性，灵活且不失规范地记述村情、村史、村貌、乡音、乡俗、乡人，让人感受到浓浓的乡村气息，留住乡愁记忆。二是要突出当代性，生动细致地描写当今乡村的社会变迁，从微观中洞见深刻。

如《凤凰村志》中，不少村民口述历史说道：原先是村民争着当工人，许多人农转非，把户口迁出去了。20世纪90年代后，农村大有可为，不少人又把户口迁回来了。如今想转农村户口都转不进来，因为要控制农村户口，推广农转非。如今农村户口可吃香了，有田有地有房屋。原先1万块钱可以买一个居民户口，现在花10万块钱买一个农村户口，还买不到。② 原先是农民户好，后来是居民户好，农民比不上工人，现在又是农民好了。③ 村民集体福利连续多年排名萧山各村（社区）第一，不仅每年年终有分红，大米食用油还可以免费拿，令周边居民非常羡慕。

这就是时代特色，是城乡关系的重大变迁。另外，村庄环境的重大变迁、农村经济结构从单一到多元的变迁、生产生活方式的重大变迁、乡村文化和习俗的重大变迁、城乡关系的重大变迁、农村政策与发展思想的重要变迁等，都是村志编修需要记述的重点。

相对而言，专家学者主编的村志，质量较高，资料性、著述性较强。如褚半农著《褚家塘志》、毛东武主编《白沙村志》《坂头村志》、刘豪兴主编《开弦弓村志》。《凤凰村志》大规模的社会调查、口述历史、图表入志，在全国村志中少见，不仅增强了志书的资料性、著述性和原创性，还增强了志书的村民性、乡愁性和可读性，并为志书的体例创新做了有益的尝试。

三 "互联网+村志"， 走出数字乡村建设别样精彩之路

中国拥有世界上最多的互联网、移动互联网用户。2019年2月中国互联网络信息中心（CNNIC）第43次《中国互联网络发展状况统计报告》显示，截至2018年12月，我国网民规模达8.29亿，普及率达59.6%，手机网民规模达8.17亿，网民通过手机接入互联网的比例高达98.6%。数字乡村建设离不开"互联网+"，如"互联网+农业""互联网+乡村文化""互联网+政务服务""互联网+党建""互联网+社区""互联网+教育""互联网+医疗健康""互联网+小农户"等，"互联网+村志"是开发利用村志资源、服务经济社会发展的重要手段。

---

① 黄建安：《论"村落终结"时代的村志编纂》，《中国地方志》2019年第2期。
② 莫艳梅主编《凤凰村志·村民访谈》，中国社会科学出版社，2019，第513页。
③ 莫艳梅主编《凤凰村志·村民访谈》，第579页。

（一）数字化有利于村志文化资源的传承和开发

随着数字化技术与新媒体技术的迅速发展以及计算机、智能手机与网络的大范围普及，数字化深刻影响着社会的各个领域，改变着人们的生产、生活、学习、工作与交往和娱乐方式，这成为当今乃至未来社会的显著特征。

数字化成为保护和开发村志的重要举措。传统的纸质志书难免有老化失真的那一天，数字化不仅能安全和长久地保存这些文化资源，把村志内容通过数字化加工以标准电子文档资料格式存储和管理，利于全文检索、浏览、复制、粘贴、编辑、修改、下载、打印等，还可以通过虚拟现实技术，将声、光、电产生的效果，全方位、多视角，或平面显示，或全景、立体空间复原再现，使人们享受村志文化带给的视觉冲击和愉悦，有效地传承、传播与开发利用村志文化资源。

（二）掌上村志让书变薄变轻，插上数字的翅膀

通常村志字数在 100 万字左右。如果一个乡镇、一个县区、一个省市的村志集中起来，那将是多么壮观的场景，也是多么令人敬畏的重量级图书。如何携带方便，如何快捷地从海量的数据中查阅到自己需要的东西，是大问题。

掌上村志可以让书由厚变薄，由重变轻，变得就如同我们的超轻薄手机，可以随身携带，随时点击，可以随时随地轻松地享受乡土文化大餐。

掌上村志也让地方志文化插上数字的翅膀，飞入寻常百姓家。它不再是束之高阁的珍藏品，不再是跑断腿仍一书难求的限量版。有了掌上村志，轻轻一点可知古今，你想要了解的人物、事件、故事就会映入眼帘，原本沉寂的历史就会活起来、立起来，从而提升了地方志的生命力和影响力，增加了志书的利用率和传播率。

至今，掌上村志与纸质书同步出版发行的，全国并不多见。《凤凰村志》与掌上村志同步发行，在引领村志数字出版、数字传播方面做了有益的尝试。在此之前，萧山发行了掌上萧山志（萧山县志、萧山市志）、掌上萧山年鉴，这不仅为萧山地方志文化的传承与传播插上大数据的翅膀，也为萧山地方志文化资源的开发利用插上了飞翔的翅膀。

（三）免费共享让村志文化甘霖滋润网络空间

2019 年 6 月 17 日，《人民日报》刊登文章《国家网信办持续整治网络突出问题 今年已清理有害信息逾亿条》，文中提到，2019 年 1 月至 6 月 12 日，国家网信办共清理淫秽色情、赌博诈骗等有害信息 1.1 亿余条，注销各类平台中传播色情低俗、虚假谣言等信息的违法违规账号 118 万余个，关闭、取消备案网站 4644 家，并及时向公安机关移交一批涉黄赌毒案件线索，等等。

又据 2019 年 2 月中国互联网络信息中心（CNNIC）第 43 次《中国互联网络发展状况统计报告》，截至 2018 年 12 月，我国网络购物用户规模达 6.10 亿，年增长率为 14.4%，网民使用率为 73.6%；短视频用户规模达 6.48 亿，用户使用率为 78.2%；网络视频、网络音乐和网络游戏的用户规模分别为 6.12 亿、5.76 亿和 4.84 亿，使用率分别为 73.9%、69.5% 和 58.4%。

乡村网络传播及网管任重道远。要加强乡村网络文化引导，大力传播乡村优秀文化，占领乡村思想宣传的阵地，就要大力传播村志文化资源，它是乡村优秀文化资源的集大成者，而且是原创的正能量内容。免费共享，让村志文化甘霖滋润网络空间，推动优秀传统文化网上传承，以优秀传统文化凝聚人心、教化群众，弘扬和壮大网络正能量，遏制封建迷信、攀比低俗等消极文化的网络传播，不断净化网络空间，为青少年营造积极健康的网络环境。

（四）"互联网+村志"讲好中国故事，助力乡村振兴

《乡村振兴战略规划（2018~2022 年）》《数字乡村发展战略纲要》均提出要营造良好氛围，讲好乡村振兴中国故事，为乡村振兴国际交流合作贡献中国智慧和中国方案。中国地方志讲的就是中国故事，是向全世界展示中国智慧与中国魅力的话语体系。地方志工作者要提高国际传播能力，就要把地方志书编修好，把地方志书推介出去，这样才能把中国故事讲好并传扬出去。

讲好中国故事、助力乡村振兴是当今村志编修的意义所在。"互联网+村志"，走出数字乡村建设、助力乡村振兴、促进世界文化交流合作的别样精彩之路。中国地方志，大有可为。村志编修，正当其时。

"方志+"助力即墨乡村文化振兴

王洪涛

（山东省青岛市即墨区史志研究中心）

党的十九大报告提出"实施乡村振兴战略"的新理念，这是今后一段时期统领我国农村发展的总纲领。2018 年 9 月，中共中央、国务院又印发了《乡村振兴战略规划（2018~2022年）》，明确提出"保护利用乡村传统文化，鼓励乡村史志编修"。实施乡村振兴战略，必须带头振兴乡村文化，推进乡村文化繁荣兴盛，以激发乡村发展的内生动力和活力。

一 从党和国家层面看地方志

新中国成立后，地方志工作是在毛泽东主席的倡导下开展起来的。1956 年国务院科学规划委员会在制定《1956~1967 哲学社会科学规划草案（初稿）》时，提出编写地方志的任务。国务院科学规划委员会下成立了地方志小组，以加强对修志工作的领导。1958 年 3 月，中共中央工作会议在成都举行，毛泽东主席一到成都就立即调阅了《四川通志》《华阳国志》《灌县志》等志书，并选辑其中部分内容，印发给与会领导，提倡利用地方志提高领导水平，倡议编修地方志。

1958 年 8 月，周恩来总理在关于整理善本书的指示中指出：要系统整理县志及其他书籍中有关科学技术的资料，做到"古为今用"。10 月，国务院科学规划委员会地方志小组向全国发出了《关于新编地方志的几点意见》，明确指出："方志是我国一项独有的文化遗产"，"历代续有编修"，新方志可分为省、市、县、社等 4 种。这是新中国成立以来，关于地方志编纂原则的第一个纲领性文件。到 1960 年，全国已有 20 多个省、自治区、直辖市的 530 多个县建立了修志机构，250 个县完成了志书初稿。至 1966 年，全国有 20 多部志书正式出版。"文化大革命"中，各地修志工作被迫中断。

党的十一届三中全会以后，邓小平同志提出"摸清、摸准我们的国情对社会主义现代化建设的极端重要性"，为新方志编修指明了方向。1983 年 4 月，中国地方志指导小组成立，具体负责指导全国的修志工作。1985 年 4 月 19 日，国务院办公厅以国办发〔1985〕33 号文件，转发了《中国社会科学院关于加强全国地方志编纂工作领导的报告》，要求各地对地方志编纂工作进行检查，进一步加强领导，充实人员，加强队伍建设，切实解决地方志编纂工作中的问题。这个报告经国务院办公厅转发，表明地方志工作已正式纳入各级政府的工作日程，标志着全国修志工作进入一个新的发展阶段。这也就代表着一轮修志的开始。

1987 年江泽民同志在上海地方志编委会成立大会上发表重要讲话，指出："编纂社会主义新方志是两个文明建设的组成部分，是社会主义文化建设的系统工程，是承上启下、继往开来、服务当代、有益后世的千秋大业。"他特别强调，在各项工作十分繁忙的情况下，修志工作是一项不容易引起重视的重要工作，各级领导要把修志工作当作一项重要事业来抓，并且切实抓好。[1] 为进一步加强新编地方志工作的领导，1995 年 6 月，在党中央和国务院的关怀下，由中共中央政治局委员、国务委员李铁映出任中国地方志指导小组组长，中国社会科学院原党组书记、副院长郁文，中国社会科学院党委书记、副院长王忍之和中共中央办公厅副主任、国家档案局局长王刚担任副组长；在指导小组成员中增加了一些省市主管地方志工作的领导和各学科的著名专家学者，充分体现了党中央和国务院对新编地方志工作的重视和关心。

1996 年 5 月，国务院召开全国地方志第二次工作会议。李鹏总理在中南海接见全体代表，并做了重要指示："新编地方志是社会主义文化建设事业的一个组成部分，一定要认真做好。"李铁映同志在会上做了重要讲话，明确指出："修志工作绝不是可有可无的事，而是各级政府的职责，主要是省、市、县三级政府主要领导同志的职责，是两个文明建设的重要组成部分。"还指出："方志事业要连绵不断，代代相济"，"一届志书完成之日，就是新一届志书开修之时"。[2]

2014 年 2 月，习近平总书记在首都博物馆考察工作时说："高度重视修史修志，让文物说话、把历史智慧告诉人们，激发我们的民族自豪感和自信心，坚定全体人民振兴中华、实现中国梦的信心和决心。"[3]

2014 年 4 月 19 日，第五次全国地方志工作会议在京召开。中共中央政治局常委、国务院总理李克强做出重要批示，指出："地方志是传承中华文明、发掘历史智慧的重要载体，存史、育人、资政，做好编修工作十分重要。五年来，全国广大地方志工作者执着守望、辛勤耕耘，地方志工作成绩斐然，这项事业呈现良好发展势头。谨向同志们致以诚挚问候！修志问道，以启未来。希望你们继续秉持崇高信念，以更加饱满的热情、以求真存实的作风进一步做好地方

---

① 江泽民：《在上海市地方志编纂委员会成立大会上的讲话》，《中国地方志》2002 年第 5 期，第 3 页。
② 《我国新编地方志成果辉煌》，《光明日报》1999 年 10 月 22 日，光明网，https://www.gmw.cn/01gmrb/1999-10/22/GB/GM%5E18217%5E8%5EGM8-2209.HTM。
③ 中共中央党史和文献研究院编《习近平关于社会主义精神文明建设论述摘编》，中央文献出版社，2022，第 214 页。

志编纂、管理和开发利用工作，为弘扬优秀传统文化、服务经济社会发展作出新的贡献。"① 全国地方志系统先进模范座谈会于2015年12月29日召开，李克强总理又做出重要批示，指出：全国广大地方志工作者赓续传统，创新理念，涌现出一大批优秀人才。谨向受表彰的先进集体和先进工作者表示祝贺！方志流传绵延千载，贵在史识，重在致用。各级政府都要关心和支持地方志事业发展，也希望地方志工作者继续发扬方志人精神，志存高远，力学笃行，直笔著信史，彰善引风气，为当代提供资政辅治之参考，为后世留下堪存堪鉴之记述。②

2017年1月25日，中共中央办公厅、国务院办公厅印发《关于实施中华优秀传统文化传承发展工程的意见》，指出：加强党史国史及相关档案编修，做好地方史志编纂工作，巩固中华文明探源成果，正确反映中华民族文明史，推出一批研究成果。2018年9月，中共中央、国务院又印发了《乡村振兴战略规划(2018~2022年)》，明确提出"保护利用乡村传统文化，鼓励乡村史志编修"。

正是在这样的形势之下，党的十八大以来，中国特色社会主义进入新时代，地方志事业也进入了新时代。新时代的地方志和以前相比，也发生了深刻的、巨大的变化。

二　助力乡村文化振兴的有效途径

(一)修志为用，编纂可读性较强的简明历史读物

为克服编史修志工作周期长、服务时效性差等不利因素，即墨在完成修志主体任务的同时，围绕即墨区委、区政府的中心工作、重点工程，定向编修短、精、新的历史文化读物，为即墨乡村文化振兴提供历史文化支撑。

一是围绕青岛蓝色硅谷核心区建设，对鳌山湾的地理、历史、民俗、文化、历史人物等进行全面系统的搜集整理，编纂出版《鹤山志》《温泉街道志》《鳌山卫志》。对海洋海岛现状进行梳理，争取国家海洋局青岛北海分局支持，获取了准确翔实的海岛资料，编纂出版《即墨市海洋与海岛志》。这四本书的编纂出版传播了海洋文化，使海洋强市理念深入人心，有力配合了蓝色硅谷核心区的开发建设。

二是围绕即墨古城恢复重建，聘请专家深入挖掘，推出了《史记即墨》、《即墨世纪掠影》(画册)与《即墨掌故》、《古今即墨城》、《即墨古城望族文化丛书》等，在古城规划改造过程中发挥了重要的资政服务作用。其中，在2015年春节迎春文化灯展上，《即墨掌故》中总结的

① 李克强：《修志问道　以启未来》，中国政府网，2014年4月19日，https://www.gov.cn/guowuyuan/2014-04/19/content_2662855.htm。
② 李克强：《关心和支持地方志事业发展　为当代提供资政辅治之参考　为后世留下堪存堪鉴之记述》，中国政府网，2015年12月29日，https://www.gov.cn/guowuyuan/2015-12/29/content_5029291.htm。

11个地方成语故事,如联袂挥汗、一鸣惊人、弹冠相庆等,被直接搬上了灯展文化平台。《即墨古城望族文化丛书》(1函5册)以家族为研究视角,选取明清时期即墨"周黄蓝杨郭"五大望族,每家自成一书,每书20万字左右。丛书于2018年7月正式出版发行。在丛书首发式上,即墨区长吕涛充分肯定该丛书价值,指出丛书的出版发行对传承城市历史文脉、凝聚城市精神具有重要意义,并希望在全市、学校加以推广,让更多人从望族精神中汲取到优秀家风文化和家国情怀,传承良好家风,培育淳朴民风,为即墨城市发展提供源源不断的文化支撑和精神养料。

三是围绕即墨精神文明建设有关历史文化进校园的要求,编纂校园通俗读物《可爱的即墨》,为全区青少年量体编写,简明扼要、真实生动地记述即墨的历史渊源以及革命和建设历程,展示光辉的未来。该书以即墨历史为重点,突出史料性、可读性,配以图片,语言风格以通俗易懂、趣味性为主,做到篇篇都是趣味性和知识性相结合,尽显即墨本土特色。该书2015年出版,印刷1万册,发送到全区中小学校和村庄文化大院,有力地普及了地情历史和乡土教育。

(二)聚力镇村志编纂

自2015年即墨开展镇村修志工作以来,前两年打基础,2017~2018年是镇村修志成果年。至2019年共出版村志13部,另有10余部镇村志形成初稿。

一是采取奖补政策提升村庄修志热情。修志工作是一项长期而繁杂的工作,尤其是在村庄,编纂人才相对匮乏,资料征集比较困难,修志资金不足。为提升村庄修志热情,史志办争取市财政设立镇村修志奖补专项基金,对拆迁村庄修志并出版的实行以奖代补,每村1万元;对非拆迁村庄修志,由各镇给予奖励。有条件的镇街等可增加奖励补助。

二是分片指导,面对面授课,提升修志水平。先后组织人员多次去段泊岚镇、温泉街道、蓝村镇、龙山街道水蛟村等,通过面对面授课、纸质资料传播等方式对地方志基础知识进行普及,对党和国家领导人以及上级部门精神进行传达,对志书编纂规范与程序进行指导,从而进一步增强镇村对地方志工作的了解和热情,提升基层编修人员业务水平。已指导完成《温泉街道志》《新民村志》等20余部镇村志的初稿编纂。

三是典型带动,试点先行。2016年,经过酝酿,选择文化底蕴深厚、经济基础较好、地域特色突出的温泉街道和南选村作为试点,从志书的编纂方案、编纂思想、编纂任务、编纂体例、工作步骤、工作要求等方面予以指导并做了明确要求。经过近3年的努力,《温泉街道志》已形成征求意见稿。《南选村志》已正式出版发行。在此基础上,通过实地调研,2017年又选取蓝村镇、段泊岚镇作为第二批试点单位,以带动全区镇村志编纂工作的整体提升。

四是从专业角度对镇村志出版进行严格评审,确保质量。2018年,审阅批复《官场村志》《新民村志》《南选村志》《水蛟村志》。现4本村志均已出版。

（三）突出即墨"红色文化"，讲好"即墨故事"，打造新时期即墨党性教育基地

一是编纂出版《即墨抗日根据地和解放区志》。该书客观记录即墨 1931~1949 年的历史，包括大事记、环境、政治、军事、经济、文化、教育、人物、纪念地、重要文献等，力求反映即墨抗日根据地（解放区）的历史全貌，同时强调突出即墨地域所特有的事件和人物，旨在用志书的形式全面系统反映即墨抗日根据地和解放区建立、发展的光辉历程，讲好即墨的抗战故事，激励人们以史为鉴、开创未来，继承和弘扬伟大的抗战精神，更好地服务经济文化强区建设。在《山东抗日根据地志》和《山东解放区志》资料征集的基础上，2018 年下半年启动志书编修。7 月完成篇目审定，8~10 月进行资料搜集，11~12 月进行初稿编纂。篇目确定后，根据篇目明确到个人，个人根据篇目在现有资料基础上，又深入即墨、青岛、烟台、莱阳档案馆等查阅相关史料，现已形成初稿。

二是助力打造即墨红色教育基地。2018 年，即墨区委组织部牵头在全区打造红色教育基地，重点打造即墨县委纪念馆、即东县史馆、袁超旧居纪念馆、即墨县委成立旧址等 4 个红色教育基地。史志办从即墨红色教育资源摸排、纪念馆打造以及布展等方面全程参与，为其提供全方位的文化服务和智力支持。

（四）积极发挥民间学术团体的作用，注重乡情历史研究，走出一条官修与民办相结合的乡情历史研究之路

借助外脑，为我所用，举即墨全市之力开展历史研究，走出一条官修与民办相结合的历史研究之路。鼎力支持即墨区谱牒研究会的工作，协助解决经费问题和网站问题。即墨谱牒研究会于 2011 年 8 月 28 日成立，其主要工作有四。一是征集族谱——位列全省谱牒馆藏之最，有效保存即墨地情资料。截至 2018 年 11 月，研究会档案库存总数达到 167 个姓氏，768 种 2222册。二是指导修谱——引发修谱热潮，演绎传承新家风。先后对大金家金氏、牛齐埠董氏、袁家屯袁氏等 60 多个续修族谱的家族进行业务指导，帮助其了解族谱编修知识及更新思想。三是帮助寻根——架起文化交流共享平台。至 2018 年 12 月，全国各地到谱牒研究会查阅利用谱牒资料的共 402 人次，966 册次；接待外地寻祖者 388 人次；电子邮箱接收到寻祖信息 396 人次。四是编研地情资料——实现研究成果社会化。编纂出版《即墨村落姓氏概况》《即墨姓氏述略》《家和万事兴》等图书 11 部，出版发行《即墨谱牒》13 期，撰写了地情文章 300 余篇。

（五）发挥史志优势，帮助编纂镇村志，打造村史馆（乡村记忆馆），深挖村庄文化

文化是精，文化是魂。乡村振兴离不开文化振兴。随着我市农村变城市、村庄变社区、农民变居民进程的加快，部分村庄已经或正在消失，可以说镇村修志势在必行。一是"盛世修志"是经济社会发展的历史必然。在生存和温饱成为一个民族的"当务之急"的时候，是不可

能产生"寻根""修志"的渴望的。许许多多因为贫困而远走他乡的人，只有在发家致富之后才会回到家乡"寻根""续家谱"。因此，"村村修志"符合事物发展的规律。而符合发展规律的东西，就会有生命力，就容易发展起来。二是大气候十分有利。中央提出乡村振兴战略，其中之一就是要做到文化振兴，并多次提到要加强编史修志力度，这为地方志事业的发展提供了难得的历史机遇。三是小环境十分有利。即墨区委、区政府对地方志十分重视，并给予经费上的支持，为工作的开展提供了条件保障。

现阶段，乡村振兴比较时髦的方式是以文化旅游为载体来带动乡村经济的发展，因此村史馆的打造势在必行。村史馆并不单单是记录村庄的历史，更应该能让村民通过村史馆意识到自己的文化，明白历史传承的价值和意义，对自己本村的文化产生认同感，增强文化自信。因此史志办从资料搜集、展陈方案到布展打造等方面全程参与，参与金口镇、经济开发区、移风店镇等历史文化资源摸排与展厅布展工作，为其提供历史文化支持。

此外，为青岛鳌山湾未来城编纂历史文化集锦，深入挖掘未来城地域特有的历史文化资源，如民俗文化、王侯文化、卫所文化、海盐文化、宗教文化、红色文化等，可为其招商引资提供智力支持。帮助温泉街道、金口镇、蓝村镇、通济街道、创智新区等挖掘本土文化品牌，凝聚乡村文化振兴新功能。在市场监督管理局牵头为即墨乡村农产品，如即墨海参、即墨茶叶、即墨滩湾大蒜、即墨旗袍、即墨白庙芋头等申请地理标志过程中帮助其查阅历史资料，审核把关申报资料等，并在志书、年鉴中留存资料，为其申请地理标志提供官方依据。

三　地方志在助力乡村文化振兴中的短板与对策

地方志在乡村文化振兴中发挥了不可替代的作用，但依然存在不少短板。如编修力量不足；修志经费短缺，尤其在村庄修志中因为没有修志经费导致很多村庄志编修流产；信息化与多媒体建设滞后，基层人才总量不足；一些年纪较大的基层文化干部在传统活动方式上有经验，但对如何利用新媒体开展文化工作不熟悉，而年轻工作人员普遍有学历但没实践经验，不熟悉群众工作，缺少方法手段；史志宣传培育力度不够，基层镇村修志人员往往是兼职，志书编纂出版就算完成任务，没有太多时间从事史志宣教；有些镇村注重招商引资，把史志当作可有可无的清闲工作。

为了解决以上问题，笔者提出以下几点对策与读者共同探讨。

首先，探索科学合理的人员管理模式。一是按照区编办要求，坚持"有进有出，有退有补"，保障史志队伍建设。二是适度实行"政府购买服务"，坚持"开门修志"原则，邀请一些地方志专业人才和爱好者参与到编纂工作中，集思广益，不断提升志书质量。三是探索建立区—镇（街道）—村三级文化志愿服务体系，整合社会力量，开展以宣讲理论政策、培育文明风尚为主要内容的志愿服务活动，定期进村入户开展志愿服务。四是联合文化、教育等部门，发挥艺术类院校的优势，建立面向基层的文化人才定向培养机制，为乡村文化培养信息化与多媒体人才。

其次，保障经费落实到位。一方面学习其他省市先进经验，加大地方志财政投入力度，从预算阶段就扩大其额度的"基本盘"；另一方面，注重创新驱动，建议由区委（或委托地方志编修委员会）统一制定相关规定，由地方志办公室负责测算核准，并根据各种志书不同情况落实到位，由本级财政按照相关规定和惯例拨付，奖勤罚懒，做到责、权、利统一。

再次，加大创新力度，增强乡村文化发展新动能。引入市场机制，以优惠政策和良好服务吸引外来企业发展乡村特色文化产业，推动区情史志文化教育基地建设。充分发挥农村民间力量作用，探索设立民办非企业性质的农村文化礼堂独立法人理事会，通过社会化运作，为文化礼堂提供多样化的公共服务。

最后，注重宣传培训，提升基层文化队伍的素质和能力。建立分层分类培训辅导机制，对宣传委员、宣传干事、信息员、文化员和文化骨干进行分类、分主题培训，选派业务骨干参加志书、年鉴培训班。瞄准农村文化活动带头人、文化志愿者、大学生村官等群体，制定专门化培养措施和个性化培养方案。建立结对帮带机制，定期邀请地方志专家和优秀师资进行授课指导。

中西年鉴比较研究

——以 *The Old Farmer's Almanac*（《老农夫年鉴》）与中国省级综合年鉴为例

游桃琴

（江西省地方志办公室）

年鉴作为一个"舶来品"，在这一百余年的发展中深深地打上了本土化的烙印，中国也成为当之无愧的年鉴大国。那么中西方年鉴是否存在一些共同的规律或范式呢？西方年鉴有哪些可供我们借鉴的呢？笔者立足于 *The Old Farmer's Almanac 2014*、*The Old Farmer's Almanac 2016* 和国内部分省级综合年鉴的对比，力图从年鉴自身的编纂规律出发揭示出两者的特点。

一 中西年鉴框架结构比较

对于中西年鉴框架结构的比较，主要立足于中西年鉴的一级目录，也就是西方年鉴中 Table of Contents（目录）下出现的栏目和中国省级综合年鉴的类目。通过年鉴类目设置的横向和纵向比较，寻找年鉴编纂中的规律性。

（一）*The Old Farmer's Almanac 2014* 和 *The Old Farmer's Almanac 2016* 比较

表1　*The Old Farmer's Almanac 2014* 目录

To Patrons	Calendar：September 2014	Region 10 Forecast
2014 Trends ◆	Calendar：October 2014	Region 11 Forecast
Food：A Life of Pie ★	Calendar：November 2014	Region 12 Forecast
Winners in the 2013 Beet Recipe Contest ◆	Calendar：December 2014	Region 13 Forecast
Gardening：Beautiful to Look At，Delicious to Eat ★	Get Ready for the Best Comet Ever	Region 14 Forecast

续表

How to Hook'em	Nature: A Flight of Fancy	Region 15 Forecast
Astronomy: Sky Fire	Best Fishing Days and Times	Region 16 Forecast
Weather: A Strange Ringing Sensation	What are the Three Most Important Words for Vegetable Gardeners? ★	100 Years of Weight Loss ★
Weather: Maps	Nature's Avengers ★	Winners in the 2013 Essay Contest ◆
2013 – 14: The General Weather Forecast and Report	The Wholly Grail of Whole Grains ★	Mind-Manglers ◆
The 2014 Edition of The Old Farmer's Almanac: Masthead	Table of Measures ◆	Gestation and Mating Tables
Astronomy ●	When Inspiration Strikes, Take Notes ★	Putting the World Right ★
How to Use This Almanac	How We Predict the Weather	How To Get Bitten by a Pet ★
Calendar: November 2013	Weather Regions	Frosts and Growing Seasons
Calendar: December 2013	Region 1 Forecast	Planting by the Moon's Phase
Calendar: January 2014	Region 2 Forecast	Secrets of the Zodiac
Calendar: February 2014	Region 3 Forecast	Best Days for 2014
Calendar: March 2014	Region 4 Forecast	Plants That Repel Pests ★
Calendar: April 2014	Region 5 Forecast	Tide Corrections
Calendar: May 2014	Region 6 Forecast	Time Corrections
Calendar: June 2014	Region 7 Forecast	Anecdotes & Pleasantries ◆
Calendar: July 2014	Region 8 Forecast	Special Supplement, A Reference Compendium ★
Calendar: August 2014	Region 9 Forecast	

表2 *The Old Farmer's Almanac 2016* 目录

To Patrons	August 2016	Region 9 Forecast
2016 Trends ◆	September 2016	Region 10 Forecast
A Brewer's Bounty in Bloom ★	October 2016	Region 11 Forecast
When a Splice Is Nice ★	November 2016	Region 12 Forecast
Marvelous Journeys Made by Seeds ★	December 2016	Region 13 Forecast
Little-Known Legumes ★	Holidays and Observances	Region 14 Forecast
Winners in the 2015 Dips and Spreads Recipe Contest ◆	Tidal Glossary	Region 15 Forecast
You're a Gem! ★	Glossary of Almanac Oddities	Region 16 Forecast
Jet Streams ★	Best Fishing Days and Times	Region 17 Forecast
Winter/Summer Weather Maps	Angling Advice for Anyone Anywhere ★	Region 18 Forecast
The General Weather Report and Forecast 2015-16	The Love of Your Life ★	Weather Phobias ★
Eclipses ●	How Clean Is Your Kitchen? ★	Heating with Wood ★
Bright Stars ●	Table of Measures ◆	A Horse Is Not Just a Horse ★
The Twilight Zone ●	Reuse, Recycle, Renew, Refresh ★	Gestation and Mating Tables
The Visible Planets ●	Sandals, Soles, and Shoe-perstitions ★	Moose Understood ★
Astronomical Glossary ●	10 Peculiar "Laws" That Explain Everything ★	Creatures from Hell ★

续表

The Biggest Moon of Our Lives	Frosts and Growing Seasons	The Most Dangerous Woman in America ★
Three Year Calendar	How We Predict the Weather	Put Away the Shovel! ★
How to Use This Almanac	How Accurate Was Our Forecast Last Winter?	Planting by the Moon's Phase
November 2015	Weather Regions	Secrets of the Zodiac
December 2015	Region 1 Forecast	Best Days for 2016
January 2016	Region 2 Forecast	Maddening Mind-Manglers ◆
February 2016	Region 3 Forecast	Winners in the 2015 Essay Contest ◆
March 2016	Region 4 Forecast	Tide Corrections
April 2016	Region 5 Forecast	Time Corrections
May 2016	Region 6 Forecast	Anecdotes & Pleasantries ◆
June 2016	Region 7 Forecast	Special Bookstore Supplement ★
July 2016	Region 8 Forecast	Handy Tools on Almanac. com ★

The Old Farmer's Almanac 是世界上连续出版最久的年鉴，至今已有 200 多年的历史。2014 年和 2016 年的年鉴均在封面显著的位置印刷着 "Fitted for boston and the New England States, with special corrections and calculations to answer for all the United States. Containing, besides the large number of astronomical calculations and the farmer's calendar for every month in the year, a variety of new, useful, entertaining matter"（"年鉴的读者定位是全美和新英格兰各州，年鉴内容除了大量的天文计算和每年每个月的农夫日历外，还包括各种各样新的、有用的、有趣的东西"）。除开篇的 To Patrons（致顾客）外，2014 年年鉴设置栏目 67 个，天文、农夫日历相关栏目 47 个，其他栏目 20 个。这些栏目既有一些实用性的生活生产技巧，也有娱乐性信息、知识性信息。2016 年设置栏目 83 个，天文、农夫日历相关栏目 57 个，其他栏目 26 个。这些栏目既有一些实用性的生活生产技巧，也有娱乐性信息、知识性信息。从 The Old Farmer's Almanac 内容定位看，其最核心的部分就是天文、农夫日历的内容，相关栏目基本在 50 个左右，2016 年的 Eclipses、Bright Stars、The Twilight Zone、The Visible Planets、Astronomical Glossary 则由 2014 年 Astronomy 的二级目升格而来（表 1、表 2 中用"●"标注）。另外，2016 年年鉴增加的 Region 17 Forecast、Region 18 Forecast，是阿拉斯加（Alaska）和夏威夷（Hawaii）的天气预测。其他栏目设置中，这两年年鉴共有 6 个延续性的类目（表 1、表 2 中用"◆"标注），2014 年与 2016 年相关度不高的类目则用"★"标注。可见，The Old Farmer's Almanac 75%的类目具有延续性，这一方面体现出其框架结构具有稳定性，另一方面又体现出其包容性，根据读者需求和社会发展可适当调整部分栏目的设置。

（二）国内部分省级综合年鉴目录·类目比较

表 3　《江苏年鉴（2015）》目录·类目

图片专题	特载	重要文献	大事纪要	省情概览	政治
法治	公共管理	经济结构	制造业	服务业	农业
开放型经济	境外交流	基础设施	城乡发展	区域发展	生态环境
科学技术	教育	文化艺术	大众传媒	医疗卫生	体育
人力资源	收入与消费	社会保障	公共安全	军事	市县建设
附录	索引				

表 4　《江苏年鉴（2017）》目录·类目

图片专题	江苏省第十三次党代会专辑	文献	大事纪要	省情概览	政治
法治	公共管理	经济结构	农业	制造业	服务业
开放型经济	境外交流	基础设施	城乡发展	区域发展	生态环境
科学技术	教育	文化艺术	大众传媒	医疗卫生	体育
人力资源	收入与消费	社会保障	公共安全	军事	市县发展
附录	索引				

表 5　《江西年鉴（2002）·创刊号》目录·类目

卷首	特载	江西百年大事记	2001 年大事记	江西概览	中共江西省委员会
江西省人民代表大会	江西省人民政府	政协江西省委员会	中共江西省纪律检查委员会	民主党派	人民团体
军事	法治	民族　宗教	港澳台和华侨事务	农业	工业
非公有制经济	信息化建设	开发区和工业园区	旅游业	国内贸易	对外贸易经济合作
国内经济技术合作	市场建设	交通运输	经济管理与监督	金融	保险
城乡建设	水利	环境保护	自然观测	教育	科学技术
社会科学	文化艺术	史志档案	新闻出版广播电视互联网	医疗卫生	体育
居民生活	社会保障	民政	市县区概况	人物	专录
主要统计资料	彩图　赣鄱风采				

表 6　《江西年鉴（2017）》目录·类目

特载	大事记	专记	江西概览	中国共产党江西省委员会	江西省人民代表大会常务委员会
江西省人民政府	中国人民政治协商会议江西省委员会	中国共产党江西省纪律检查委员会	民主党派	人民团体	军事

续表

特载	大事记	专记	江西概览	中国共产党 江西省委员会	江西省人民代表 大会常务委员会
法治	港澳台事务	外事侨务	国家区域 发展战略★	农业	工业
交通运输	金融	财政税收	经济管理与监督	城乡建设	水利
自然观测	环境保护	教育	科学技术	社会科学	文化艺术
档案与 地方志	新闻出版 广播电影电视	卫生	体育	居民生活	人力资源
社会保障	社会救济	基层政权 和社区建设	社会事务管理	优抚安置	妇女儿童
老龄事业	残疾人事业	民族宗教事务	精神文明建设	市、县（区）	人物
专录	统计资料	索引			

从省级综合年鉴纵向发展来看，每省的年鉴框架结构变化不是很大。《江苏年鉴》跨越2年，除调整类目的顺序外，维持了整体框架不变；《江西年鉴》跨越15年，看起来增加了10个类目，但对照年鉴内容会发现，新增加的“人力资源”类目是从“社会保障”类目中析出的；新增加的“社会救济”“基层政权和社区建设”“社会事务管理”“优抚安置”“老龄事业”等类目均是“民政”类目下的分目升级而来；“妇女儿童”“残疾人事业”类目，也是从“人民团体”类目下的分目“残联”和“妇联”升级而来；“精神文明建设”类目则是由“江西概览”类目下的“江西省精神文明创建工作”分目升级而来。因此，《江西年鉴》真正增加的类目只有1个，就是“国家区域发展战略”类目。

窥一斑而知全貌，通过上述省级综合年鉴纵向对比，可知省级综合年鉴在框架结构上是具有稳定性的，随着时代的发展，各种新事物新现象的不断涌现，它可能会出现微调，但是整体推翻重建的概率较小。而这种特性，有利于展示本行政区域内事物发展的脉络和变化。

省级综合年鉴记述范围为某一特定的行政区域，记述内容为区域内的自然、政治、经济、文化、社会等各方面的情况。从理论上来讲，平行行政区域的类似事物是具有可比性的，也就是说，各省的相同领域或行业的情况在省级综合年鉴中应该是可以进行横向比较的，甚至集中各省的同类事物发展情况，也可以看出该事物某一个年度在整个国家的发展脉络和演变轨迹。

从上述两省年鉴的类目设置来看，《江苏年鉴》《江西年鉴》各有自己的特点。类似这种各自为政的类目设置，基本是省级综合年鉴的普遍现象，毫不夸张地说，没有两部省级综合年鉴的类目是完全相同的。另外，在编纂过程中，省级综合年鉴供稿主体的身份和承担的社会职责的高度类似性，也决定了省级综合年鉴在筛选和收录资料过程中的相似性。从理论上来讲，各承担编纂任务的省级地方志机构具备在年鉴类目设置中实现同一模式的可能性。

托马斯·库恩在《科学革命的结构》[*The Structure of Scientific Revolutions*（1962）]中没

有给出"范式"的确切定义，只大致从三个方面进行阐述：一是作为一种信念、世界观，这是哲学范式或元范式，是范式的核心；二是作为一种科学习惯、一个具体的科学成就，这是社会学范式；三是作为一种依靠本身成功示范的工具、一个解决疑难的方法、一个用来类比的图像，如教科书、经典著作等，这是人工范式或构造范式。① 按照库恩的观点，科学进步和发展的基本模型应当是：前科学（没有形成范式的阶段，即没有系统理论的阶段）—常规科学（出现了系统的、得到普遍承认的理论，即形成了范式）—危机（该范式的动摇）—科学革命（出现了新的范式）—新的常规科学，依次循环反复。

就当前中西年鉴目录（类目）设置来看，年鉴自身编纂规律和体例中存在一种范式化的表达，赋予年鉴在历史维度上的意义，使其中所记载的事物、数据具有现实和历史双重意义。

The Old Farmer's Almanac 经过 200 多年的发展，已经进入常规科学阶段，形成了范式。中国年鉴编纂仍处于前科学阶段，还没有形成大家公认的且能依靠自身成功的示范，无范式限制为新一批实践者留下了有待解决的种种问题。正因为年鉴学范式的缺失，众说纷纭，各省级综合年鉴在类目设置上才没有相应的规范，分目和条目的设置更是五花八门。虽然相对来讲，多数省份的省级综合年鉴大致是按照政治、经济、文化、社会的线索来进行类目划分和框架设计的，但是具体类目的设计和排列也是各不相同。有些类目、分目和条目的设置逻辑关系混乱，层级不清，界限不明。

当前年鉴理论研究成果已经比较丰富，解决年鉴实际编纂过程中的理论问题操作性也很强，这是形成年鉴学科范式非常好的时机。一方面，要加强对外交流和学术研讨，使更多地方志工作者从根源上对年鉴产生清晰的思想认识和理论范式；另一方面，在此基础上，加强年鉴编纂理论的交流和碰撞，让各种不同观念在理论论证的过程中得到证实或证伪，在实践过程中得到运用，并形成公认的年鉴学术语、共同的研究方法、共同的研究课题，最终形成年鉴学范式，也就是托马斯·库恩所说的"人工范式"或"构造范式"。

二　中西年鉴内容选材和表达方式比较

（一）*The Old Farmer's Almanac* 选材和表达方式

该年鉴年度性内容约占整本年鉴篇幅的 70%，其余内容均不是年度性的。*The Old Farmer's Almanac 2014* 共有 Food：A Life of Pie（食物："派"的生活），Gardening：Beautiful to Look At, Delicious to Eat（园艺：好看，好吃），How to Hook'em（怎么吸引它们），Astronomy：Sky Fire（天文学：天空之火），Weather：A Strange Ringing Sensation（天气：一种奇怪的震颤感觉），

---

① 托马斯·库恩：《科学革命的结构》，金吾伦、胡新和译，北京大学出版社，2003。

What are the Three Most Important Words for Vegetable Gardeners?（对于蔬菜园丁来讲最重要的三个词是什么?）、Get Ready for the Best Comet Ever（准备迎接史上最棒的彗星）、Nature：A Flight of Fancy（自然：想象的飞行）、Nature's Avengers（大自然的复仇者）、The Wholly Grail of Whole Grains（全粒谷物）、Table of Measures（测量表）、When Inspiration Strikes, Take Notes（当灵感出现时，记笔记）、100 Years of Weight Loss（减肥百年史）、Mind-Manglers（狂想者）、Putting the World Right（用老方法来纠正世界）、How to Get Bitten by a Pet?（怎么被宠物咬伤的?）、Plants That Repel Pests（能击退害虫的植物）、Anecdotes & Pleasantries（奇闻逸事和笑话）等 18 个栏目选材不是年度性的。

The Old Farmer's Almanac 2016 共有 A Brewer's Bounty in Bloom（酿造者的丰收）、When a Splice Is Nice（什么时候嫁接好）、Marvelous Journeys Made by Seeds（种子的奇妙旅行）、Little-Known Legumes（鲜为人知的豆类）、You're a Gem!（你是一颗宝石!）、Jet Streams（喷射气流）、Astronomical Glossary（天文学术语表）、Three Year Calendar（3 年日历）、Tidal Glossary（潮汐术语表）、Glossary of Almanac Oddities（历书大月词汇表）、Angling Advice for Anyone Anywhere（给在任何地方钓鱼的人的忠告）、The Love of Your Life（你生命中的爱）、How Clean Is Your Kitchen?　（怎么清洁您的厨房?）、Table of Measures（测量表）、Reuse, Recycle, Renew, Refresh（循环利用，再更新）、Sandals, Soles, and Shoe-perstitions（凉鞋、鞋底、制鞋人）、10 Peculiar "Laws" That Explain Everything（解释任何事情的 10 条特殊"法则"）、Weather Phobias（天气恐惧症）、Heating with Wood（木材的热值）、A Horse Is Not Just a Horse（马不仅仅是马）、Moose Understood（认识驼鹿）、Creatures from Hell（来自地狱的生物）、The Most Dangerous Woman in America（全美最危险的女人）、Put Away the Shovel!（把你的铲子收起来!）、Maddening Mind-Manglers（令人发狂的狂想者）、Anecdotes & Pleasantries（奇闻逸事和笑话）等 26 个栏目选材不是年度性的。

换言之，除核心部分的天文、农夫日历的内容是年度性信息之外，其余内容的选材并不拘泥于某一年度，而主要以实用、有趣、新鲜且读者感兴趣为标准，以读者为中心。

就对内容的处理来看，表达方式非常多样，文字、图表、线条、色块、照片等灵活转换。以文字表达为例，有文章体、条目体、数字说明、引用原文等多种方式，既可以是一篇个人经验性文章，也可以是某种操作性步骤，或者某一来源的数据等。栏目标题也可以带有明显的感情倾向，How（怎么做?）、What（什么?）、When（什么时候?）等操作性、建议性的标题在书中屡见不鲜。

这一方面是体制原因，The Old Farmer's Almanac 没有来自政府财政的支持，盈利对 Yankee Publishing Inc（扬基出版集团）来讲至关重要，读者的选择和支持直接关系到其年鉴事业的可持续发展，读者无疑就处于内容选材的核心维度。另一方面，该年鉴设置了很多与读者的互动，如 Winners in the 2013 Beet Recipe Contest（2013 年甜菜配方大赛获奖者）、Winners in the

2015 Essay Contest（2015 年作文大赛获奖者），同时正文中还有一些推理题，内容是与全书主题相关的农耕、烹饪或运动的谚语等，答案能在书中找到。

可以说，*The Old Farmer's Almanac* 是一部既保持自身独特风格，又明确目标读者定位，且坚决围绕读者兴趣来对内容进行编辑选材的年鉴。一言以蔽之，"你想要的，正是我可以提供的！"就是 *The Old Farmer's Almanac* 的选材标准。

（二）国内省级综合年鉴选材和表达方式

国内省级综合年鉴在内容的选择上基本上严格遵守一年一鉴，时间跨度基本为当年的 1 月 1 日至 12 月 31 日。内容选材上则主要是反映各条块一年来取得的成就和经验，偶尔记述些不足或明显失误。对于群众关心的社会热点问题，更多的是从官方的角度来记述，内容选材侧重于"政府想告诉群众什么"，基本可以称作"政府年报"。以《江西年鉴》为例，唯一跨年度的就是"专记"类目。如《江西年鉴（2018）》的"专记"包括《江西法院搭建"法媒银"平台纪略》《打造国有企业改革"江西样板"纪略》《江西省深入推进国家生态文明试验区建设纪略》，分别涉及 2015～2018 年、2016～2018 年、1982～2018 年，都是从事物发端写起，保持了事物的完整性。"专记"类目约占类目总数的 1.8%，篇幅占总篇幅的 1.3%。

就内容表达方式来看，省级综合年鉴基本以条目体为主，辅以少量的文章体，且文章体的内容主要在"年度关注""特载""专记"等少量栏目中。为了保证记述的客观性，类目、分目和条目标题基本不带明显倾向，但由于选材角度、供稿者身份等因素的影响，年鉴通篇都带有明显的官方色彩。另外，图片、照片、表格的使用量相对较少。

这一方面是体制原因，省级综合年鉴基本由政府主办、财政拨款，供稿主体基本是行政和事业单位，强调权威、全面，官办色彩比较浓重。另一方面，也与年鉴中国化的发展过程紧密联系。在西方，年鉴被看作二手资料，其理论研究并不是很系统。而在中国，研究年鉴的相关理论很多，虽然还没有形成一个可供复制的成功"范式"，但"年度性"是省级综合年鉴的一个重要标签。

三　中西年鉴版式设计比较

（一）*The Old Farmer's Almanac* 版式设计

2014 年和 2016 年两本年鉴在版面设计上都非常灵活，除日历和天气这两个板块保持每年版式相对一致外，其余页面设计不尽相同，但几乎没有哪一页是纯粹的文字。

从开本看，该年鉴历来都发行 32 开精装本和普通本。精装本套有护封，并在勒口上刊登该书主要内容简介，封面使用硬皮，内文色调对比强烈，字号比普通本稍大。普通本为瘦长型，开本略小，便于携带和翻阅。其封面以黄色为底色，扉页为木版雕刻的版画，充满田园风光，强调丰收的喜悦。

（二）国内省级综合年鉴版式设计

国内省级综合年鉴基本以文字为主，只有少量图片和表格。以《江西年鉴（2018）》为例，除年度要览外，整本年鉴共有 580 多页，其中图片 58 幅，每幅图片占每个版面的 1/5 左右，且图片基本为补白；表格 28 个（最占篇幅的是统计资料），占整个篇幅的 1/10 不到。《江苏年鉴》《广东年鉴》图片的使用量比较大，但是占比也不超过 1/30；表格的使用量也不是很大。其余表现方式基本没有。

从开本看，省级综合年鉴基本是 16 开精装本，有的有护封，大部分没有。其封面也各不相同，有的以本省的标志景点为底色，每年变化；有的直接就是用某一单色为底色，每年变化；还有的几年变化一次。内文有的使用四色印刷，有的双色印刷。正文字号普遍较小。

结　语

习近平主席在联合国教科文组织总部的演讲中曾说："文明因交流而多彩，文明因互鉴而丰富。文明交流互鉴，是推动人类文明进步和世界和平发展的重要动力。"一种文化在充分把握自己特点的基础上，通过交流可以吸收其他文化的优秀成分，对自己原有文化进行创造性阐释，进而产生新的更具有包容性的内容，同时也能增强对其他文化的理解和包容。省级综合年鉴的功能定位是存史、资政、育人。就当前来看，省级综合年鉴的主要功能也许还是存史，且由于选材角度、时间维度、记述方式的局限，可能某一事物的横向比较和纵向发展的轨迹还有所欠缺。*The Old Farmer's Almanac* 的内容选材和版式设计受到读者欢迎是已经被证实的，也就是说，这种编纂方式是行之有效的，这是一个成功的"范式"。由于体制机制原因，我们不可能照搬照抄这种模式，但是借鉴其中的长处，并实现中国化不失为一种文化自信的体现。

《世界年鉴》与《江西年鉴》比较浅析

张志勇

（江西省地方志办公室）

在现代年鉴发展史上，《世界年鉴》具有重要的历史地位和政治意义，是美国出版历史最悠久、最畅销的年鉴。《世界年鉴》几易书名，初创时为《世界年鉴》（*The World Almanac*），1894 年改名为《世界年鉴及百科全书》（*The World Almanac and Encyclopedia*），1923 年后改为现名《世界年鉴及信息工具书》（*The World Almanac and Book of Facts*），但国内习惯称为《世界年鉴》。至今，《世界年鉴》已出版近 150 卷，并被翻译成日文和意大利文，累计发行过亿册。《世界年鉴》的框架设计、编排次序、记述时限、选材角度与中国综合性年鉴相比呈现出不同的特点。本文主要以《世界年鉴（2017）》（以下略去年份）和《江西年鉴（2017）》（以下略去年份）为比照，兼顾其他年鉴，通过对比取长补短，以期为中国年鉴事业发展尤其是提升年鉴服务大局能力提供参考。

一 《江西年鉴》与《世界年鉴》比较

（一）框架设计

《世界年鉴》主体内容最多分部类、类目、分目、条目 4 个层次，其中部类 14 个、类目 63 个、分目 14 个、条目数千个。各级框架中，有的只有两级目，如犯罪、军事既是部类也是类目，直接跟条目；有的是四级目，如"2016 年度专题和年度回顾"部类中下设"2016 年美国总统大选"类目，再下设"选举结果及亮点""选票分布"等 7 个分目，"选举结果及亮点"分目下继续设置"特朗普赢得总统宝座，共和党仍然控制着国会""特朗普 vs 克林顿""秋季竞选"等条目；其余为三级目，即部类、类目、条目。总体上各层次缺乏统一的格式，难以看出其规律性，但同一类目中条目之间是有规范的，如世界各国、美国各州、美国各城市内容中，国家之间、州与州之间、市与市之间的结构形式、撰写方式是统一的。

《江西年鉴》主体内容分为类目、分目、条目3个层次。根据全省2017年经济建设和社会发展的实际情况，该卷年鉴设56个类目，在类目之下又根据实际内容需要，设置数量不等的分目。大部分类目下设有"综述"，分目下设有概况（简况），对本类目、分目的记述内容进行概括性记述。各级框架层级清晰，级别明确，一目了然，力求全面反映全省政治、经济、文化、社会以及生态文明建设等各方面的情况。

（二）编排次序

《世界年鉴》在书的各部分内容之前设有总索引和快速索引，然后各部分内容按照读者感兴趣程度以及信息重要程度来排列，将重要、读者兴趣度高的信息放在前面，读者群稍小且较为专业的资料内容放在后面。比如将2016十大新闻、世界一览、2016选举等完全反映2016年内容的最新信息放在索引后，篇幅占全书约8%。将既有历史资料，又有当年的情况，既有基本常识，又有新的发展的对比性资料的经济、科技、艺术、体育等放在稍后位置，篇幅占全书约92%。

《江西年鉴》内容分为综合情况、动态信息和辅助资料三大部分。书后设有主题索引。综合情况设特载、大事记、专记、江西概览4个栏目。动态信息共50个栏目，大致按照政治、经济、文化、社会顺序编排，辅助资料设专录、统计资料2个类目。在卷首有政区图、交通图、旅游图、年度要览，全部为彩图。年度要览按照政治、经济、文化、社会、生态顺序编排，全面展现江西各方面发展取得的成绩及亮点。

（三）记述时限

《世界年鉴》在2016年11月出版，年度虽为2017年度，但数据上下限并不统一，有追溯到1790年的，也有到1890年、1990年的，截止时间也不拘泥于2016年，有的是2010年，还有2009年的，有的还突破了下限，到2020年。以"经济"类为例，设有美国国内生产总值（1930~2015）、美国经济追踪（1960~2015）、美国消费价格指数（1915~2015）、美国国债（1946~2020）等几十份表格，从中可以看出，表格上下限不尽相同，美国国债2017年、2018年、2020年三年的数据还是估算数据。此外，数据呈现出纵横交织、生动立体的体系。以"贸易"类为例，既有横向的美国与不同国家的进出口额比较，又有纵向的1790年到2015年美国对外贸易趋势分析；既有宏观的美国国际贸易产品和服务类别，又有微观的港口进出货运量。

《江西年鉴》于2017年10月出版，资料记载时限为2016年1月1日至2016年12月31日，上下限规范统一，极少部分条目因内容需要对比，时间适当追溯。数据由统计局，供稿的省直单位，各市、县（区、市）政府提供，关注行政区域内经济指标下各分项的数据，一般只显示 2016 年或者 2016 年统计完毕的数据，大部分与上年比较，与国际、国内同类城市的同一经济指标的横向对比较少。

（四）选材角度

《世界年鉴》内文以短文、统计图表、小资料为主要表现形式。读者定位于普通民众，内容侧重各种实用信息。全书记载了与民众切身相关的就业、健康、环境、运动等信息，其中还单独设立了"消费者信息"部类，下设邮政信息、社会保障、税收、教育、电话簿等消费者最需要的资料，突出实用性的便民信息。而政府工作则以"第 114 届国会的重大决定和关键信息""最高法院决定"等形式，仅用 2 页文字简明扼要地加以介绍。

《江西年鉴》内文以条目、统计表格为主要表现形式，辅以小资料。读者群体定位于党政机关工作人员、科研人员、专家学者、企事业单位的管理人员以及编史修志人员等。资料大部分由省直各单位提供，内容更侧重全面、系统、翔实地记录江西经济和社会发展的各行各业的基本情况。

二 《世界年鉴》与《江西年鉴》不同点的原因分析

从以上对比中可以看出，《世界年鉴》与《江西年鉴》小同大异。以《世界年鉴》为代表的国外年鉴实用性更强、面对的读者面更广，而类似《江西年鉴》的国内年鉴与国外年鉴相比呈现出更全面、更系统、更官方的特点。在说明产生不同点的原因之前，有必要对中西方年鉴的发展做简单回顾。中西方年鉴的原始形式都为记录天文潮汐具体数据、事实以及宗教祭祀的历书，"这一点无论中国还是外国的看法基本上是一致的"。[①] 经过漫长的岁月，历书在西方民间流传越来越广泛，变成民间通俗读物，并逐渐在西方演化成了近代意义上的年鉴——Almanac（以下简称Al），随后又出现了 Yearbook（以下简称 Yb）、Annual、Factbook（book of facts、fact book）等形式的年鉴，但基本以 Al 和 Yb 两种形式为主流。西方不同形式的年鉴逐渐趋向同合，但由于历史出身不同，它们仍然有着各自的特点。以 Al 和 Yb 两种主要年鉴形式为例，不同点如下。

（一）读者对象不同

Al 针对的读者是以农民和城市平民为主的普通大众，内容具有生活实用性，科普、新闻、娱乐性，通俗性，是一部大众便览手册。Yb 主要为各行专业人士服务，内容大多含有专业性，综合性的带有百科全书性质的 Yb 几乎没有。

---

① 程磊：《中国年鉴史话》，《广东图书馆学刊》1985 年第 2 期；《外国年鉴简史》，《赣图通讯》1985 年第 2 期。

（二）内容时限不同

Al 由历书演化而来，是西方年鉴最早出现的年鉴形式，其资料回溯性比较强，时间上下限不定，既可以反映去年和历史上的事情，也可以预报今年或今年以后的事情。Yb 比 Al 发展的历史要短，一般只反映上年度发生的事情，提供上年度各种数据。

（三）体例版式不同

Al 内容表现形式基本以表格、图表为主，文字叙述大都为条目体，信息呈现"多、繁、碎"的特点，索引细致，开本通常为 32 开，便于携带。Yb 大多是文章体和条目体相结合，内容整齐划一。

（四）出版周期要求

Yb 逐年出版，周而往复。绝大多数 Al 按年度出版，但也有一些 Al 可能几年为一期，其内容可涵盖未来几年；现代有些 Al 是双月刊。[①]

（五）编辑人不同

Al 由个人或非官方色彩的编辑部编辑出版。Yb 一般由政府或权威机构主持编辑。

国内年鉴中的"年鉴"一般译为"Year Book"，而《世界年鉴》中"年鉴"英文名为"Almanac"。结合以上五点可以推测，国内年鉴应当比《世界年鉴》具备更多的官方色彩，专业性更强，而《世界年鉴》更多注重大众化及实用性，这可能也是国内年鉴一般译为"Year Book"，而不是其他英文名的原因之一。

另外，历书在中国没有演变为年鉴，在于中国与西方文化不同。在中国，历书和志书一样，属于"官书"范畴，历代统治者对历书的颁行控制都很严。唐文宗曾下令规定历书必须由皇帝本人"审定"，不准私印。为此，历书又被称为"皇历"。统治者对皇历的这种高度控制和专为满足封建帝王一己私利之所用，限制了历书向社会发展为世人所用的可能。[②] 清末民初，伴随西学东渐潮流，西方年鉴开始传入中国，发展至今前后总共 100 年左右。最初从翻译和模仿西方年鉴起步，于民国时期形成一定规模，但随后中止，中华人民共和国成立后至改革开放前有过缓慢发展，直到 1980 年才又开始复兴。当时国内刚进行经济改革，社会发展形态单一，计划经济仍然占据人民生产生活主要部分，政府是社会经济活动的策划者和指令者，也是社会信息资源的掌握者和拥有者。这种社会经济形态决定了我国年鉴编纂模式大多采用官书式编纂

---

① 杨永成：《西方年鉴的起源与发展》，孙关龙主编《年鉴论坛》第 1 辑，中国林业出版社，2010。
② 李洪安：《中西年鉴实用性之比较》，《年鉴信息与研究》1998 年第 4 期。

方法，从政府工作报告中收集资料，再把这些资料编成年鉴，为政府决策或社会研究提供服务。

总之，不同的社会文化造就了中西方年鉴的不同，前面所列出的不同点只是表象，内在原因则是不同的发展背景使得年鉴编辑的角度和落脚点不同。中国综合性年鉴一般把视点落在政府一边，反映或介绍政府部门做了一些什么样的工作，以及怎么样去做这些工作，做出了什么样的成绩，内容偏向供政府部门阅读参考。《世界年鉴》等不同形式的年鉴虽然各有自己的特点，但大都从社会一般读者的需求出发来反映和记载信息资料，更多的是考虑读者想要什么信息，包括国内外重大事件、各种常识性的知识、生活指南、各方面数据等，内容安排上针对多数读者或者专业人士，受众人群比国内年鉴要广。

三　对《江西年鉴》等国内年鉴提升服务能力的思考

《全国地方志事业发展规划纲要（2015～2020年）》提出"坚持改革创新""坚持修志为用"，年鉴作为全面、系统、准确地记述上一年度事物运动、发展状况的资料性工具书，因其年度性、资料性等特点，相比编纂周期较长的地方志书要更加注重"为用"，不断扩大读者群体，提高全社会读鉴用鉴水平，提升年鉴服务大局、服务社会的能力。要充分发挥年鉴功效，仅靠地方志机构通过赠书等方式加大宣传显然不够，唯有"坚持改革创新"，在自身做好宣传工作的同时，让广大读者主动读鉴用鉴才是根本出路。西方年鉴的实用性、拥有广泛的读者群体恰恰是国内年鉴所欠缺的。他山之石，可以攻玉，西学中用，吸取《世界年鉴》等西方年鉴的长处十分必要。结合双方各自的特点，《江西年鉴》等国内年鉴可从以下几方面进行改进。

（一）强化数据实用性

包括《江西年鉴》在内的我国大多数地方综合性年鉴所载数据大都为记录当年度本地区数据，大都为两年一比，即"比上年"，少数逢五年规划结束的年份，会有五年、十年的数据比较。国内仅有《广西年鉴》《南京年鉴》《广东年鉴》等少数年鉴在书末设置了与其他同类别地区、城市的经济指标比较，对于在内文中就某一方面的经济指标进行全国乃至全球性比较的，并不多见。这固然有统计指标体系不稳定的原因，但也在一定程度上反映出年鉴编纂存在的创新不足问题。有鉴于此，在数据采集中，可以考虑适当突破时间上限、下限，根据实际情况，选择不同区间的数据，以反映某个行业、某个指标整体的系统性运行态势。比如将具有典型意义的年份的数据作为参照系，或者与国内外同行业同地区的数据进行比较。这样一方面可以对往年年鉴刊载的信息进行再处理、再增值，避免资源浪费，另一方面也可为年鉴读者提供更宏观、更系统、更立体的指标数据。

（二）适当增加表格、图片

《江西年鉴》正文内有插图 30 余幅，都为黑白照片。正文前有插图 70 余幅，正文及附录表格约 50 个。《世界年鉴》插图 110 余幅，其中彩图 70 余幅，黑白插图 40 余幅，各种类型的表格上千个。相比较而言，《江西年鉴》正文字数较多，图片、表格较少，国内部分年鉴也有类似情况。字数多，记述虽然会更加全面，但读者不一定有耐心阅读，可读性会受影响。《世界年鉴》插图虽然数量不算多，但装帧精美，彩图都是大幅插图，拍摄水平较高，注重对人、物以及现场的刻画，视野微观、写实，几乎没有大项目、大工程、大会议的特写照片。黑白插图也基本如此，大都为历史事件场景、人和相关文物。表格使得记述内容一目了然，非常直观简洁。《江西年鉴》等一些国内年鉴可以适当增加表格、图片，压缩文字规模，比如《广东年鉴（2016）》正文内附插图 160 余幅，正文前有插图 110 余幅，两者都为彩照，正文内及附录共有各种表格近 200 个。《江西年鉴》正文插图与前面的年度概览等图片角度可以有所区别。年度概览里的图照可以比较宏观，带有一定的宣传性质，但正文内的插图要将视野放小，图片内容要更具体，从某个侧面、某个角度、某个人、某物、某个现场来生动、直观、写实地反映条目的内容，尽量不选用内容过于笼统，无实质性内容或者与条目内容不相关的照片，比如一些工作布置会议、运动会开闭幕式照等可以不用。图照、表格的内容要有代表性，要紧扣栏目内容，全面深入挖掘年度资料。就《江西年鉴》来说，可以增加国家地理标志保护产品图照或名录、国家级非物质文化遗产图照或名录、古村落图照或名录、"一县一品"品牌图照或名录、全省主要报刊发行量一览表、出版畅销书名单、产业集群分布图、重大科研项目表等。总之，能用表格的尽量用表格记述。

（三）充实年鉴内容，创新年鉴形式

年鉴内容要更加"接地气"，在体现"官书"的同时兼顾"民需"。适当增加社会服务性内容，如商品价格的变化、办事指南以及生活咨询等亦可适度选载；增加风土人情，包括节日、婚俗、服饰、饮食、物产、礼仪、移风易俗、方言词汇等。这部分内容目前还没有年鉴涉及，应当对年内的最新变化情况给予记述。[①]

对年鉴内容再提炼、浓缩，把可读性强的部分给提取出来。何为可读性强的部分？主要是大事记，社会各领域、各行业，百姓生活、工作、学习、娱乐，社会热点、时尚潮流、科学前沿，风俗文化等能吸引普通大众阅读兴趣的部分，并对这部分内容文字进行再加工，使文字简明扼要，避免空话套话，压缩水分，多用表格和图片。对当年出现的新事物、新建设、新产品、新举措可适度展开知识性介绍。有的资料性强的条目在时间上也不必拘泥于某一年度，可

---

① 周慧：《地方综合年鉴社会部类分类、标题及记述范围——以中国年鉴精品工程 2018 年卷申报年鉴篇目初稿为例》，《中国年鉴研究》2018 年第 3 期。

以向前向后做不同程度延伸。这部分提炼出的内容可用类似年鉴简本或者其他类似形式出版，这种简本出版周期要快，最好在本年度内或者下一年度上旬前出版，要印刷紧凑，简单实用，价格低廉，缩小开本，方便携带，主动融入普通大众。如果没有条件或者时间不允许，也可考虑通过地方志网站、地方志公众号等途径向社会进行推广，编辑好一条就向社会推送一条，最大限度地发挥年鉴的时效性和实效性。

当然，以上做法对年鉴供稿渠道、选材角度、资料筛选、信息核对都提出了更高的要求，对年鉴编辑的专业素养提出了更高要求，要求编辑以立足全局、着眼长远的眼光来精选信息，筛选出最具含金量的资料。唯此，才能打造出具有时代特色的精品，践行年鉴的历史使命。

年鉴编纂思路和途径的调整与创新

——以《广西年鉴》和《桂林年鉴》为例

张 凯

（桂林市临桂区地方志编纂委员会办公室）

综合性地方年鉴，作为一个特定城市和地区综合信息资料的载体，与其他城市和地区的年鉴既有共性，遵循着年鉴编纂的普遍规则，又必须有个性，要突出当地的特点和特色。因此，如果年鉴编纂中共性的、普遍的内容大于个性的、有特点和特色的新内容，那么年鉴资料记载至少是无特色、无新颖、无感染力的。只有年鉴记载个性内容大于共性的内容，地方性综合年鉴编纂内容才能各具特色，才能突出当地年鉴的特点，地方年鉴才能与时俱进，常编常新，更好地适应经济和社会发展的需要。这就要求在年鉴编纂工作实践中，从以下五个方面来对年鉴编纂思路和途径进行调整与创新。

一 控制好当地一些重要的特色内容在年鉴框架栏目内的比例

当前，有的地方年鉴不考虑自身地域特色、经济结构优势和历史文化特点，机械地套用志书篇章结构，或者照搬套用一些优秀年鉴的框架结构设计，造成年鉴出版"千鉴一面"的现象。如果只看目录，不看封面，看不出是省级、市（州）级还是县（区）级的年鉴，也看不出是哪个地区、哪个城市的年鉴。因此，需要在年鉴框架设计上进行特色化、个性化尝试，以专题的形式予以记述。同时，在保证综合性地方年鉴内容全面、系统、翔实的基础上，年鉴框架内容应该是：一次文献保持相对稳定，二次文献比例适当增加，三次文献全面而且丰富。这样才能形成较为合理的年鉴框架结构体系，从而更加符合年鉴框架的规范要求。从历年出版的优秀地方年鉴来看，《广西年鉴》《桂林年鉴》等结构比例比较合理。因此，在选题时，其一要抓住首次发生的、反映事物发展方向、发展阶段的新事；其二要抓住具有里程碑性质的、具有标志性意义的事；其三要抓住国家和地方重大政策的调整、变化；其四要抓住社会关注的热点、焦点；其五要抓住在当地举办的重要国际会议和地区会议等来选篇设目，这就是当地的重要特色内容。例如，《广西年鉴（2017）》中设立的"改革创新释放活力""开放合作纵深推进""收入分配制度和社会保障制度改革""新型城镇化建设"等条目，《桂林年鉴（2017）》中设立的"国际旅游胜地建设加快推进""桂林喀斯特世界自然遗产地保护""桂林市创建国家生态文明先行示范区实施方案获自治区批复""国家低碳城市试点推进力度加大""'歌从漓江来'2016 端午特别节目在桂林录制""桂林首部实体法《桂林市石刻保护条例》出台""'六证合一'正式启动""传统村落和历史文化名镇名村保护""全面推开'营改增'试点""第十届中国—东盟社会发展与减贫论坛在桂林举行""2016 中国—东盟博览会旅游展在桂林举行""桂林国际山水文化旅游节举行艺术巡游"等条目，都是很好的范例。因此，在年鉴编纂工作中，要切实围绕当地年度的中心工作、重点工作和当地经济社会发展中的大事、新事、特事、要事等进行选题设目，真正使年鉴成为记载当地经济社会发展的重要信息载体。这是调整与创新年鉴编纂的一条重要路径。

二　保持年鉴框架结构相对稳定的前提下逐年有所调整

年鉴编纂需要根据当地经济社会发展中与众不同的优势特点，结合年度内发生的大事、要事、新事、特事进行分类，以分目和条目的形式进行记述，逐渐减少无新意、无特色、可有可无的分目和条目在年鉴中的比例。同时，条目记述的时间、地点、人物、事件、数字、简要经过、结果等要素应表述一致，不可任性，要严格遵守条目编写的规范要求。近年来，《广西年鉴》《桂林年鉴》等优秀年鉴，在坚持年鉴框架与内容创新的同时，年鉴资料的表现形式也有大胆的调整与创新，分别采用条目、图片、表格等形式来呈现资料，使年鉴内容的呈现效果新颖而易见。例如，《广西年鉴（2017）》在经济篇目中设立"分类经济""投资开发与经济协作""扶贫开发""对外经济贸易和合作"等分目，在"固定资产投资"条目中附"各市固定资产投资情况"表，在"扶贫开发综述"条目中附"2012～2016 年贫困人口对比"表，在"对外贸易"条目中附"主要出口市场情况"表、"主要进口市场情况"表、"外商直接投资变化情况"表、"出口额 1 亿元以上的主要商品"表、"进口额 1 亿元以上的主要商品"表等，并在"广西北部湾经济区开放开发""左右江革命老区振兴规划与建设""扶贫开发"等条目中附插彩图与文字介绍。《桂林年鉴（2016）》在"城市建设与管理"篇目中，设立"推进清房专项整治活动""推进保障性住房及棚户改造建设""加强公共租赁住房管理""推进转型城镇化建设""推进特色名镇名村建设"等社会热点和读者关注的新内容；在"社会生活"条目中设立"城镇居民收入稳步提高""农村居民收入较快增长"条目，比较全面地说明提薪是城镇居民收入增长的主渠道，转移性收入是一大补充，经营性收入是新动力，并附表格，前因后果说明完整，是年鉴条目设立和记述的一个很好的案例。这些都是调整与创新年鉴编纂的重要规则。

三　突出年度特点，　体现时代特色，　彰显地方优势

年鉴编纂工作者在年鉴编纂工作实践中应与时俱进，及时更换和设立新的栏目，淘汰过时和守旧的栏目。例如，过去经常提到社会主义"物质文明、精神文明、政治文明、生态文明"及"经济建设、政治建设、文化建设、社会建设、生态建设"。党的十八大之后，党中央提出"协调推进全面建成小康社会、全面深化改革、全面依法治国、全面从严治党"的"四个全面"战略布局，同时提出"创新、协调、绿色、开放、共享"五大发展理念。党的十九大进一步明确经济建设、政治建设、文化建设、社会建设、生态文明建设"五位一体"总体布局和"创新、协调、绿色、开放、共享"五大发展理念。因此，需要与时俱进地设置年鉴框架栏目。例如《广西年鉴（2017）》在概念篇目中设立"经济与社会发展""政治文明建设""精神文明建设""生态文明建设"等分目，在"经济与社会发展"分目中设立"改革创新释放活力""开放合作纵深推进""区域城乡发展协调性增强""人民群众获得感持续提升"，在精神文明建设分目中设立"和谐创建""文明创建"，在"生态文明建设"分目中设立"生态农业发展""生态林业发展""海洋生态环境保护"等条目，介绍广西各方面的发展，紧跟时代主题。年鉴在记述资料时，不可事无巨细、面面俱到、有闻必录，应该记述年度性的大事、要事、新事、特事，必须充分考虑资料的史料价值。《广西年鉴》抓住 2004 年起在南宁举办一年一届"中国—东盟博览会"和"中国—东盟商务与投资峰会"的契机，在经济篇目类下增设分目，连续记述，成为《广西年鉴》一个招牌式的栏目，其资料价值也是独一无二的。《桂林年鉴》近两年的框架栏目特别设立"桂林国际旅游胜地建设"篇目，着重凸显国际旅游胜地建设在桂林市经济和社会发展中的突出地位和桂林市的城市定位，其资料价值也是独特的。另外，供给侧结构性改革，经济新常态，新材料、新光源、新能源等新兴产业的发展是我国今后经济结构调整和改革的方向。《广西年鉴（2017）》在产业篇目类工业分目中设立"工业供给侧结构性改革扎实推进""工业产业结构持续优化""创业创新能力显著增加""绿色工业可持续发展"等条目，对这方面内容进行了很好的记述。同时，在旅游业和环境保护、节能减排、社会生活等方面分别开设分目和条目，进行较为详尽的记述。例如，《广西年鉴（2017）》在旅游业分目中设立"旅游发展体制机制不断创新""广西特色旅游名县及全域旅游示范区创建取得新成绩""旅游重大项目建设加快推进""旅游扶贫开发成效显著""乡村旅游规模和品质提升"等；在环境保护分目中设立"环境影响评价""环境监测""环境综合治理""环境监察""农业环境保护"等；在电力工业条目中设立"清洁能源开发""电力工业节能减排"，交通邮政条目中设立"铁路节能环保"，公路运输业条目中设立"交通运输科技与节能减排"等；在社会生活

篇目中设立"大众创业""住房保障""社区""社会保障"等有关中国梦建设的内容。使年鉴编纂的年度特点和时代特色更加突出。

四 抓住当地地方行业的强项，着重突出当地地方行业特色

抓住当地地方行业的强项，抓住当地地方行业的独到、独特之处。在这方面，《广西年鉴》是很好的范例。例如，《广西年鉴（2017）》在经济篇经济分目内设立"西部大开发""珠江—西江经济带建设""广西北部湾经济区开放开发""左右江革命老区振兴规划与建设"等条目，在扶贫开发分目中设立"精准扶贫"条目，在对外经济贸易和合作分目中设立"广西'一带一路'建设""中国—东盟自贸区建设""大湄公河次区域合作开发""泛北部湾合作开发"等条目；在产业篇旅游分目中设立"旅游节庆活动"；在文化篇目内设立"南宁国际民歌节"分目；等等。这些都是根据当地的经济和社会发展变化科学、合理地调整框架结构，力求做到规范与创新相结合，共性和个性相结合，是非常好的范例。又如，"特色工业""特色农业""特色经济""人文特点"等栏目的设置。《广西年鉴（2017）》在产业篇目的工业分目内设立"制糖工业""有色金属工业""电力工业"等，在农业分目内设立"休闲农业""现代特色农业示范区建设""粮食绿色高产高效创建活动""农业资源可持续高效利用实验示范""农村能源建设"等；在经济篇目内设"沿边开发开放成效凸显""珠江—西江经济带产业转型升级""西江千里生态廊建设""左右江革命老区特色优势产业不断壮大"等；在民族篇目内设立"少数民族地区经济""少数民族文化""少数民族生活民俗"等分目。这些都是反映地方行业特色的很好范例。尤其值得注意的是新兴产业不是按照原来的分类放在"工业"的各个栏目中，而是按其自身内容分类，例如"信息产业""商贸物流业""文化产业""体育产业"等内容的调整与创新。

五 根据当地行业分类标准，科学合理地设计年鉴框架栏目

科学合理的框架栏目设计是年鉴框架设计调整与创新的一个非常重要的原则，它涉及年鉴框架设计的方方面面。年鉴编纂的科学合理性首先表现在框架结构上比较科学，有条不紊，各个门类的归属合理，没有重复或交叉。科学合理的年鉴框架设计应遵循"事以类从，以类为鉴"的分类原则，把各门类的划分和领属的确定建立在科学合理的基础之上。以《广西年鉴（2017）》为例，目录分别设特载、概况、政治、法治、军事、经济、产业、国土资源·建设·环保、教育、科学、文化、医疗卫生·计划生育、体育、民族、社会生活、市县（区）、人物、大事记、统计资料、附录、索引等篇目。科学合理地将国土资源·建设·环保、医疗卫生·计划生育各归类为一个篇目；因广西为民族自治区，将民族单独设立为篇目，同时将教

育、科学、文化、体育、大事记等单独设为篇目；设立经济篇目，将分类经济（国有经济、集体经济、个体私营经济、股份制经济、外商和港澳台商投资经济），投资开发与经济合作（西部大开发、珠江—西江经济带建设、广西北部湾经济区开放开发、左右江革命老区振兴规划与建设、国内经济技术合作），扶贫开发（扶贫开发综述、精准扶贫），对外经济贸易和合作（对外贸易、利用外资、国际经济技术合作、广西"一带一路"建设、中国—东盟自贸区建设、大湄公河次区域合作开发、泛北部湾合作开发、国际贸易促进），中国—东盟博览会和商务与投资峰会（中国—东盟博览会、中国—东盟商务与投资峰会），财政·税务（财政、国家税务、地方税务），金融（金融综述、银行、证券·期货·上市公司、保险），经济管理与监督（宏观经济管理、经济体制改革、国有资产监督管理、劳动管理、物价管理、工商行政管理、审计、统计、经济社会调查与监测、海关、口岸管理、海事管理、质量技术监督、出入境检验检疫、食品药品监督管理、烟草专卖·盐业管理、安全生产监督管理）等分目进行科学合理的归类设立；设立产业篇，将农业、林业、畜牧业、渔业、工业、交通邮电业、商贸物流业、旅游业、信息产业、房地产业、广告业等分目进行科学合理的归类设立。另外在国土资源·建设·环保篇目建设分目中设立重点建设、村镇规划和建设条目。以上这些科学合理的框架栏目设计，对今后年鉴编纂工作中进行科学合理的栏目框架设计来说是一个很好的范例，同时对于年鉴编纂思路和途径的调整与创新也有很多的启发。

年鉴编纂思路和途径的调整与创新是一项高屋建瓴、知识面较广、技术性很强的工作，年鉴编纂工作者既要了解年鉴的体例特征，又要熟悉国民经济行业的合理分类和当地机构设置与变动、各项事业发展变化等情况，这就需要我们不断学习、思考和研究，并且要与时俱进，大胆创新，更要依靠集体的智慧，集思广益，这样才能使年鉴编纂思路和途径更加科学、合理、规范，更具有地方特色和时代特点，才能不断提高年鉴编纂的质量和水平。

浅析地方综合年鉴图片的选编

杨　莲

（重庆市合川区党史地方志研究中心）

地方综合年鉴，是系统记述本行政区域自然、政治、经济、文化、社会等方面情况的年度资料性文献，[①] 具有资料性、系统性、信息性、权威性、科学性、连续性等特点，具有存史、资政、教化的功能和"资政辅治之参考""堪存堪鉴之记述"的作用。

图片是年鉴的重要组成部分，是年鉴体裁之一，编纂图文并茂的年鉴已成为年鉴编纂单位的共识。虽然笔者进入地方志工作系统仅 2 年时间，但因负责《重庆市合川区志（1986~2010）》《合川年鉴（2017）》《合川年鉴（2018）》《合川年鉴（2019）》图片的选编工作，积累了一定的经验。而且在编纂过程中，多次请教重庆市地方志办公室和相关区县地方志系统的领导和专家，参考了相关区县综合年鉴图片的编排，研读了关于地方综合年鉴图片选编的一些文章，就地方综合年鉴图片的功能和作用、图片的征集、图片的筛选和图片的组织编排等有了一些粗浅认识。特撰写本文，呈请各位同人参考，并批评指正。

一　年鉴图片的功能和作用

图片，指"用来说明某一事物的图画、照片、拓片等的统称"。[②] 年鉴中的图片，主要包括卷首专题图片、随文图片。[③]

图片具有纪实、直观、醒目、形象等特点，有较强的感染力和美化、点缀版面的作用。年鉴图片是"无言之史"，以其纪实性、直观性、形象性而在年鉴中有着文字所不可替代的作用，

---

① 中国地方志指导小组：《地方综合年鉴编纂出版规定》第一章第二条，2017 年 12 月 21 日。
② 中国社会科学院语言研究所词典编辑室编《现代汉语词典》第 7 版，商务印书馆，2016，第 1325 页。
③ 中国地方志指导小组：《地方综合年鉴编纂出版规定》第四章第二十五条，2017 年 12 月 21 日。

具有较强的新闻价值、史料价值和审美价值。张晓虹在《年鉴图片资料的征集与选用》（《年鉴信息与研究》2002 年第 4 期）中说："图片是年鉴必不可少的信息资料，它与文字资料相结合，能够使读者对一个地区、一个部门、一个学科、一个行业的真实情况有更为直观醒目的了解，达到事半功倍，相得益彰的效果。"屈洪斌在《年鉴信息的选择定位与表现形式》（《年鉴信息与研究》2004 年第 4 期）一文中说：有价值的形象直观化的可视图片，有"一图抵万言"的功效。因此，一部精品年鉴，往往会用丰富多彩的图片抓住读者的眼球，集中展现本地地情、民风、政治、经济、文化、社会等各方面的情况。

在年鉴编纂过程中，各地地方志同人越来越重视图片的运用。如《北京年鉴 2015》收录图片 1500 余张。《上海年鉴》2011 年卷图片数量从 2009 年卷的 160 张增加到 479 张。《广东年鉴 2014》卷首彩页图片 261 张，内文彩色插图 163 张。《广安年鉴 2017》卷首专题图片 112 张，内文彩色插图 307 张。《长寿年鉴 2017》卷首专题图片 156 张，随文图片 165 张。《合川年鉴》自 1999 年创办以来，卷首彩页图片在 2016 年前常年保持在 30 余张（不含广告宣传彩页）；2017 年卷首专题图片达到 109 张；2018 年卷图片增加到 134 张，其中卷首专题图片 91 张、随文图片 43 张。由此可见，图片在年鉴中已成为不可或缺的组成部分，其重要性在业界已形成共识，并被广泛应用于年鉴编纂中。

二 年鉴图片的征集

年鉴所需的图片范围十分广泛，涵盖一个地区的政治、经济、文化、社会、生态等各方面，需要从各方面、各渠道收集。纵观各地，征集年鉴图片的方式主要有以下几种。

（一）向提供年鉴资料的单位征集

这是最主要，也是最重要的征集方式。年鉴编纂单位在下达年鉴编纂工作任务时，对图片报送提出明确要求，要求各地、各部门、各单位在上交文字材料的同时，须提供与本辖区、本部门、本单位有关的，能够反映上一年度本区域政治、经济、文化、社会、生态等方面取得的建设成就，以及群众关心的热点问题等图片 3~10 张，图片须达到相关要求，还须处理好版权问题。因此，这种方式也是最便捷、最安全的组稿渠道，既使征集到的图片具有一定的广泛性，又不涉及版权问题。

（二）向摄影家协会会员征集

随着中国摄影事业的发展壮大，目前，摄影家协会在全国遍地开花。以合川区为例，就有 2 家摄影家协会，会员 400 余人。协会会员拍摄的图片范围极广，尤其是反映城市建设、风景名胜、民俗风情的居多，而且图片质量较高，多有获奖。因此，每年图片组稿的时候，编纂单位就从他们手中征集图片，按照《地方志编纂稿酬支付标准》所规定的"每幅照片 20～50 元（个人收藏片按上限付酬）"标准给付稿酬。合川区在征集《区志》和年鉴图片的时候，就从摄影家协会会员手中征集了大量珍贵的、存史价值较高的、高质量的图片。

（三）向社会各界征集

由于年鉴图片涉及内容的广泛性，现在，越来越多的编纂单位采取向社会各界征集图片的方式。如山东省肥城市地方史志办公室向广大摄影爱好者征集在肥城境内拍摄的反映 2012～2016 年肥城经济社会发展中的大事、特事、新事、要事的相关照片。中共江苏省海门市委党史工作办公室、海门市摄影家协会面向全社会征集 2015 年度海门市政治、经济、文明、生态以及社会事业、民生实事、文化建设等诸方面取得的新成就、发生的新变化、突出的新亮点的摄影作品。《宝鸡年鉴》编辑部面向社会公开征集 2018 年卷《宝鸡年鉴》彩页照片。甘肃省临夏回族自治州永靖县地方史志办公室面向各界人士征集《永靖年鉴（2018 卷）》图片。下一步，合川区史志研究中心也将面向社会各界征集年鉴图片。

此外，有的编纂单位与本地报社、大型网站合作，建立征集图片的稳定渠道。这种方式很不错，但需要雄厚的经济基础作为后盾。有的编纂单位采取编辑人员自己拍摄图片的方式。这种方式带有一定局限性，一则绝大多数方志机构人手严重不够；二则拍摄效果也可能不尽如人意。还有的从网上下载图片。在笔者看来，这种方式不太可取，一是涉及版权问题，须联系原创作者；二是分辨率无法达到印刷要求。

三　年鉴图片的筛选

年鉴图片的选用直接关系到年鉴质量的高低，影响到年鉴的可读性和年鉴作用的发挥。因此，必须对年鉴图片进行严谨、审慎的筛选。在笔者看来，筛选主要从图片数量的确定、图片的选用原则和图片的质量要求三个方面入手。

（一）图片数量的确定

一部地方综合年鉴选用多少张图片，目前中国地方志指导小组没有硬性的规定。但是作为卷首专题图片，还须考虑一下体量和数量的问题。

所谓体量，就是卷首专题图片专栏所占全书的比重。笔者比较认同专栏页数控制在总页数的 1/10 的说法。这样的体量，既体现了图片专栏的重要性，又不至于喧宾夺主。

关于卷首专题图片的数量问题。如果数量太少，制了信息量，发挥不了专栏吸睛的作用；如果图片太多，使页面显得拥挤局促，让人视觉疲劳。在确定了专栏页数的情况下，再确定每个页面图片的数量。有一部地方综合年鉴，有 2 个页面均登载了 12 张图片，有 6 个页面均登载了 8 张图片，导致有的图片尺寸过小，根本看不清楚画面。而且，图片太多，花花绿绿一片，令人眼花缭乱。数量过多效果不好，数量过少也不合适。有的年鉴满版只放 1 张图片，甚至多处出现。在笔者看来，这样处理过分强调了外在形式，忽视了年鉴图片展现年鉴内容的功能，弱化了年鉴的存史、资政、育人功用。综合各地年鉴来看，每个页面放置 2~3 张图片者居多，笔者对此也予以赞同和认可。

（二）图片的选用原则

《地方综合年鉴编纂出版规定》第四章第二十五条规定，图片选用注重典型性、资料性，突出反映重大事件、重要成果和热点问题。除此之外，笔者认为，年鉴图片还要能够展现独特的地方特色，反映人民群众的生活，同时还要兼顾存史价值、文献价值、新闻价值与审美价值的和谐统一。

一要主题鲜明。主题鲜明是图片的灵魂，只有主题明确、突出，才能反映出图片所要表达的真正含义和中心议题，才能体现图片存在的价值。一幅完美的图片，不仅可以将历史性事件完整地、形象地表现出来，而且可以拓宽读者的想象空间。

地方综合年鉴筛选图片的侧重点宜放在图片的资料性上，选用一些主题突出、画面信息量丰富的图片，尽量避免重领导、重上层，轻基层、轻群众的现象。既要反映领导的政务活动，也要反映基层的工作和人民群众的生活。

二要彰显特色。年鉴图片宜优先选取具有地方特色、行业特点和浓郁生活气息的图片，诸如能够反映党和国家重大决策在本地区贯彻执行情况的图片，能够反映本地区经济社会发展中的大事、要事、特事和五个文明建设中取得的优秀成果的图片，能够反映新技术、新工艺、新产品研究开发等的图片。《合川年鉴 2017》选取"2016 年 9 月 13 日，合川区举行龙舟拔河比赛"的场景图，彰显了合川作为"龙舟之乡"的特色内容。

三要创新内容。在选材上，除"要瞄准当地经济社会发展中的年度大事、特事、新事、要事做文章。比如……具有重大现实和历史意义的会议、重要的外事活动和纪念活动、重大项目建设、重要的商贸活动、有影响的文化和体育赛事、杰出的先进模范人物、重大科技成果、突发性事件"[1] 外，还要放宽眼界，广泛收集那些反映新生事物，反映社会主义新道德、新风尚，接"地气"、有"人气"，读者喜闻乐见的图片。《合川年鉴 2017》选取了"LNG 船舶'泰鸿 1 号'全国内河航运中首艘纯天然气动力船舶在合川投入运行"的图片，充分展现了新生事物的诞生。

四要慎用少用领导人、会议照片。[2] 就各地年鉴来看，有的使用了党和国家领导人照片，

① 马艾民：《年鉴卷首彩页的策划与编排》，《年鉴信息与研究》2008 年第 5 期。
② 中国地方志指导小组：《地方综合年鉴编纂出版规定》第四章第二十五条，2017 年 12 月 21 日。

如《广安年鉴2017》等；有的使用了省部级领导和本级四大班子主要领导的照片，如《璧山年鉴2016》等；有的仅用了本级四大班子主要领导的照片，如《合川年鉴2017》《荣昌年鉴2017》等；有的没用领导人的照片，如《重庆年鉴2017》等。笔者比较趋向只用本级四大班子主要领导的照片，既有存史价值，又可规避一些潜在的风险，还不至于过多过滥。要选用领导视察调研等参与政务活动的照片，而且尽量选用领导处于画面的中心或黄金分割点区域内的照片。此外，除人物介绍外，忌用人物标准照。[①] 这是地方志书的规定，也是年鉴图片之大忌。对于会议照片，笔者偏向于尽量少用会议照片，只选用具有重大意义的会议照片，而且选用全景式，照片要明快、清晰，构图和视角美观。

此外，《地方志书质量规定》[②] 第三章第十一条规定：照片无广告色彩。因此，年鉴图片中除有偿收费的广告彩页之外，不能采用带有明显广告色彩的图片。如果刊登带有明显广告色彩的图片，则有损年鉴的权威性和公信力。

（三）图片的质量要求

图片的质量决定了年鉴的质量。在笔者看来，图片的质量包括以下三个方面。

一是内容真实。真实是图片的灵魂，也是年鉴的生命，要确保每一张年鉴图片的真实性和可靠性。首先，图片所反映的内容原则上是上一年度本辖区的自然景观、人文景观或发生的真实事件，且具有为现实服务的价值和存史的价值。[③] 其次，年鉴主要辑录上一年度的资料，一般不上溯下延。[④] 因此，年鉴图片原则上也只收录上一年度拍摄的图片，不跨年度使用。最后，为确保图片的真实性，不能使用电脑多媒体技术对原始图片进行合成、添加等技术处理，但可以对图片做亮度、对比度、饱和度的适度调整，以弥补图片画面过暗、层次过少等技术缺陷。

二是画面清晰。清晰度是决定图片质量的关键要素。画面模糊、有重影、画面过暗、曝光过度等图片坚决不能收录。要优先选用那些拍摄效果好、清晰度高、赏心悦目的图片，分辨率原则上达到印刷所要求的300dpi精度。而且，以人物为主体的图片，要注意人物形象是否端庄，主要人物、近景人物面部表情是否自然等。切忌主要人物表情不自然，眼睛闭着，头部没拍完，或者只拍到手腕、没拍到手指等现象。

三是构图简洁。要着重选用那些构图合理，有一定表现技巧和一定章法，能够充分反映主题的图片。为更好地表现主题，必要时可在不违背真实性原则的基础上对图片进行适当的后期加工处理，如裁剪、调色、去除冗物等。把最有用的东西、最能传播有效信息的内容留下来，把那些与主题无关的信息裁剪掉，增强图片的视觉冲击力，吸引读者的眼光。

---

① 中国地方志指导小组：《地方综合年鉴编纂出版规定》第四章第二十五条，2017年12月21日。
② 中国地方志指导小组：《中国地方志指导小组印发〈地方志书质量规定〉的通知》，2008年9月16日。
③ 中国地方志指导小组：《地方综合年鉴编纂出版规定》第三章第十六条，2017年12月21日。
④ 中国地方志指导小组：《地方综合年鉴编纂出版规定》第三章第十五条，2017年12月21日。

四　年鉴图片的编排

年鉴图片编排总的要求是围绕主题，突出特色，遵循规范性，体现艺术性，做到排列有序，设计灵活，亮点突出，吸引读者。

首先，对图片进行分类整理。确定哪些图片作为卷首专题图片，哪些图片作为随文图片，要注意避免发生交叉重复现象。对于重要的部类和特事、大事、要事等要以卷首专题图片展现，而且要选用摄影艺术角度、美学角度、色彩角度最佳的图片。确定之后，再把卷首专题图片按照篇目分类的顺序进行编排、编号。需要注意的是，图片归类要准确得当，否则给人杂乱无章之感，影响图片专栏的"窗口"形象。

其次，对卷首专题图片和随文图片进行编排。前面已经探讨过，卷首专题图片过多、过少都不妥。一般来说，一个页面放2~3张图片，最多不超过4张，每张图片周围要留出足够的空白。随文图片的编排根据内容的需要、图片的多少来确定版式，可"一页一图""一页多图""双页一图"。对于"一页多图"，笔者认为满版不宜超过3张，否则也会影响阅读和美观。同时需要注意的是，不能把人物照片放在满版中间，以免把人物分为两半，这是大禁忌。随文图片应根据文字条目的位置就近摆放，应摆放在同一个页面。如遇版面原因不能摆放在同一页面时，可将图片和文字条目同时调整到下一个页面，确保图片和文字条目的有机统一体。

再次，对每张图片加注文字说明。图片是视觉语言，读者不能直接从图片画面里准确读出事件的基本要素。因此，要对选用的每张图片加注真实、准确、简洁、明了的文字说明。大事类、政务活动等图片的说明必须完整、详尽，不仅要有时间、地点、人物、事件等要素，而且必须注明主要领导人物的职务、姓名及在图片中的位置。同时，要标注图片供稿单位及摄影人名称，以便保护拍摄者的知识产权。如果图片要素不全，在排版配图的时候就可能产生与史实的出入，或者出版后给读者造成错误认识。所以无论是供稿者还是编纂单位，一定要反复核对文字说明和图片内容，确保其真实性和准确性。

最后，版面设计要灵活多样。在设计方法上，可采取灵活多样的设计技法，最大限度地活跃版面，制造"亮点"，吸引读者的眼球。就卷首专题图片而言，要充分利用点、线、面、色彩等设计元素来排版，使版面美观大方。一个页面，不能所有的图片一样大小、一样高低、一个模子，要有大小、高低、前后之别。要在画面中巧妙地施以圆并实现方圆巧妙搭配，使画面显得灵动鲜活，《长寿年鉴2017》就是很好的例证。就随文图片来讲，可在每一部类的标题上设置衬底照片或色块，使主题突出。《广安年鉴2017》《武胜年鉴2017》就采用了这一设计方法，效果比较好。

目前，研究地方综合年鉴图片选编的同人比较少。仁者见仁，智者见智，以上仅是笔者的一得之见。期盼越来越多的方志同人研究探讨年鉴图片的选编工作，推动地方综合年鉴图片选编工作迈上更高层次，推出越来越多的年鉴精品，进一步提升年鉴的吸引力和影响力，维持年鉴旺盛的生命力，更好地发挥其"存史、资政、育人"的独特作用。

浅谈如何突出地方综合年鉴的地方特色

——以《大田年鉴》编写为例

陈源发

（中共大田县委党史和地方志研究室）

地方综合年鉴是记述本行政区域内自然、政治、经济、文化和社会发展等方面情况的年度性、资料性文献，具有地方性、综合性、资料性等特点。地方性是承编单位当地自然、政治、经济、文化、社会特色在年鉴里的客观反映，显示地方特色是年鉴生命力的源泉。一个地区地理环境、资源条件、人文因素的体现，历史发展的沉淀及其相互交融的复合体，可分为自然特色和社会特色两大类。自然特色包括自然条件、自然景观、地理属性、区位作用。社会特色包括经济特色、文化特色、工作特色，经济特色又包括资源、特产、经济状况，文化特色包括人文景观、社会习俗、风土人情，工作特色包括工作思路、工作重点、工作策略等，这些特色在不同地区有着不同的禀赋和表现。地方综合年鉴就是要坚持"反映地情、体现特色、打造品牌"的思路，将本地区的这些优势、特点充分地反映出来，展示自己的个性，形成地方特色。年鉴的地方特色越明显，乡土气息越浓厚，就越具有生命力，没有特色的篇目大纲必然导致年鉴质量平庸。突出地方综合年鉴的地方性，显示地方特色，尤为重要。

《大田年鉴》开编时间较早。1983 年 8 月，县委办编印《大田年志（1982）》，铅字印刷，内部发行；1984 年 8 月，编印《大田年鉴（1983）》，1987 年停办。第一轮修志完成后，1997 年正式出版《大田年鉴（1993~1996）》，公开发行，一年一鉴，至 2016 年卷，已是第 20 卷。1999 年 1 月和 2000 年 1 月，《大田年鉴（1997）》《大田年鉴（1998）》分别在中国年鉴研究会学术工作委员会、《年鉴信息与研究》杂志社举办的第三届、第四届全国年鉴编校质量检查评比中获优秀奖。2000 年 11 月，《大田年鉴（1997）》和第一轮《大田县志》、《大田烟草志》及读者用志事迹彩图展板在第二届全国地方志成果展展出。2007 年 8 月，《大田年鉴（1999）》获省地方志优秀成果评选二等奖。2010 年 11 月，《大田年鉴（2007）》获全国地方志系统第二届年鉴评奖活动二等奖。2014 年 12 月，《大田年鉴（2012）》被省、市方志委选送参加全国地方志系统第三届年鉴质量评比活动。2016 年，《大田年鉴（2015）》获福建省三明市精品年鉴奖，被省、市方志委选送参加全国精品年鉴评比。

　　总结《大田年鉴》的编写，我们的体会是，突出地方特色是衡量地方综合年鉴质量的重要标准之一，要修出高质量的年鉴，就必须在规范编写的基础上，始终把时代特色和地方特色彰显出来，从共性中显示出自己的个性，避免千鉴一面。坚持地方特色，是年鉴常编常新的永恒话题。现笔者围绕《大田年鉴》中所蕴含的山区特色、人文特色、经济特色以及编纂特色，总结、介绍其在突出地方特色方面的做法和经验，抛砖引玉，引发方志同人的共同思考，以提高年鉴地方特色方面的编写水平和编纂质量。

一　围绕大田自然特色编写

1. 山区特色

　　大田是典型山区，"九山半水半分田"，海拔千米以上的山峰有 175 座，最高的大仙峰海拔 1553 米，山地占总面积的 79.4%，人均耕地面积仅 0.6 亩，近半为坡度 25°以上的梯田。大田峰峦叠翠、林幽谷深、山峻水秀、风光旖旎，森林覆盖率达 75%，享有福建"绿色宝库"之誉。为此，《大田年鉴》从自然风貌、气候、地理区位优势等方面记述、反映了本地自然环境特色。《大田年鉴》在"概况"栏目中设"建置沿革""自然地理""自然资源"等分目，其中"自然地理"分目记有"地理位置""面积""地形地貌""年度气候"等条目内容，让人对大田的山区特色印象深刻。

2. 矿区特色

　　大田是南方重要的矿区，矿产资源得天独厚，素有"闽中宝库"之称，是福建省主要矿产地、全国首批百个重点产煤县之一，已发现和探明的矿产有煤、石灰石、铁、铜、铅、锌和瓷土等 37 种，矿产种类、储量和价值居福建省前列、三明市首位。为彰显矿区特色，我们在年鉴"工业"栏目设"矿业"分目，今后还要提升为"矿业卷"，以突出大田矿业这个重点和特色，并给予浓墨重彩的记述。

3. 区位特色

　　大田，别称"岩城"，地处闽南沿海腹地，戴云山脉西侧，土地面积 2233 平方公里，辖 10 个乡、8 个镇、265 个行政村和 8 个居委会，总人口 42 万人。泉三高速、国道"纵五"线、长泉快铁、吉永泉铁路、湄渝高速、莆炎高速等穿境而过或即将开工建设，大田成为闽西北连接闽南沿海、拓展腹地的交通要道，成为闽南沿海"一小时经济圈""后花园"。对此，《大田年鉴》在"大田概貌"栏目的"基本情况""交通邮电"分目中，进行了详尽记载。

二 围绕大田人文特色编写

1. 民俗特色

大田原为尤溪、永安、漳平、德化分辖之地，地处三市七县接合部，在长期多元区域文化的激荡交融中，形成了包容宽厚、兼容并蓄、勤劳善良、民风淳朴的地域文化，山海接合的文化特色明显。大田分有前路、中路、后路，各地语言、风俗、信仰不尽相同，并随时间推移而有所变化。大田每年都会举办"民俗文化周"活动，岩城广场上锣鼓喧天、人潮涌动，数万群众齐聚一堂，一同观看和参与民间戏剧展演、狮王比赛、旌鼓、茶艺表演、龙腾盛世、花灯迎春、猜灯谜、对春联、迎板灯龙、民俗风情摄影展等极具地方特色的民俗表演。大田板灯龙被列为国家级非物质文化遗产，大田土堡群被列入国家级重点文物保护单位。朱坂村"阔公戏"源于宋代，繁荣于元代，因融说白、唱曲、武术、杂技等多种表演形式为一体而谓之"杂"，已通过省非物质文化遗产评估，是目前国内仅存的宋代杂剧，可谓"21世纪戏剧界的重大发现"。相传大田汉剧有三四百年历史，传承于陕西地方剧，繁衍于明末清初。特别是新中国成立后，百废俱兴，通过继承与发展，汉剧艺术得到长足发展，成为大田地方文化中的一朵奇葩。因此，《大田年鉴》围绕底蕴深厚的大田文化，从当地传统历史文化方面着手，对最具地方特色的部分，如地域文化、居民生活、传统习俗、文物名胜、风俗民情等，在"大田概貌"栏目的"文化体育"分目的"群众文化"和"文物"条目中进行了重点记述，突出其地方特色。在"文化体育"栏目中，还设有"文学艺术""公共文化""校园文化""群众文化""群众体育"等分目内容。

2. 人物特色

大田人杰地灵、英才辈出。在人物记载方面，《大田年鉴》从当地名人文化着手，注重以事系人、人随事出。在"社会生活"栏目中，突出"社会新风""老龄工作"等分目；在"人物"栏目中，设有"领导人物""先进人物""新闻人物""逝世人物"等分目。2007年以来，《大田年鉴》收录包含客籍年度先进人物270人，其中处级以上领导23人，高级以上职称76人，模范、先进人物171人。《大田年鉴》还注重表现平凡小人物在经济生活与社会建设中的作用，如《大田年鉴（2015）》收录了"通缉犯刘某某投案自首""范长载著作出版""田仲小说发表"等条目，《大田年鉴（2017）》收录了"4位老人加入中华诗词学会""大田小伙拾金不昧受赞誉""肉身佛像、章公祖师"等平凡小人物的活动，内容生动，可读性强，也体现了编者关注民生、以人为本的思想。

3. 苏区特色

大田是中央苏区县，1929年初，时任共青团厦门市委书记的大田籍青年叶炎煌，受中共厦门市委的委派返乡组建中共大田特支。1929年8月，朱德率红四军出击闽中，开辟了大田红色区域。1930 年 1 月，大田被全苏区域代表大会列为"全国苏维埃区域"，是福建省最早的苏维埃县份之一。在艰难的革命斗争年代，大田县有林鸿图、林大蕃等 76 位革命先烈为人民解放事业英勇献身。1958 年 1 月，朱德亲笔为大田烈士陵园题词"为革命事业而牺牲的烈士们永垂不朽"。2009 年，大田县开展申报中央苏区县工作，2013 年 7 月中央党史研究室正式确认大田县为原中央苏区范围县，享受国务院《赣闽粤原中央苏区振兴发展规划》的各项优惠政策。为了彰显苏区特色，《大田年鉴（2014）》在"国民经济和社会发展"分目和"党史研究"分目中重点、全面地加以记述，并编写了《大田县申报"中央苏区县"专记》，配予相关图照，对整个"申苏"过程给予记载。《大田年鉴（2018）》记载了红军村评选建设情况，以便推进苏区红色文化建设，做好红色基因传承。

三　围绕大田经济特色编写

1. 产品特色

除大田高山茶外，还有石牌"猪骨头"肉美食、大田肉兔、早兴"风吹茶油"、建设"山宝"糟菜、均溪"九层粿"、武陵"雪山"萝卜、前坪"金峰"生姜、梅山"福梅"辣椒等名优土特产品，"镇石牌"破碎机、"开心一百"生活用纸等知名工业产品，这些就是大田的特产、名片。为了将这些特色体现出来，《大田年鉴》增设"特色产业"条目，每年集中介绍 1~2 个产业产品。一方面，是为了宣传、推介、促销本地特产；另一方面，为申报国家地理标志和绿色食品服务。2015 年，大田县被中国营养协会授予"中国高山硒谷"称号，2016 年，"大田高山茶"被农业部定为国家级农产品地理标志示范样板。

2. 茶业特色

大田是茶区，高山茶历史悠久，现有高山生态茶园 66 平方公里，茶叶加工厂 2400 多家，年产量 8000 多吨，涉茶产值可达 10 亿元，是福建省十大茶区之一、中国高山茶之乡、东方美人茶重点产区。大田先后被评为全国茶叶优势百强县，第六批全国绿色食品原料（茶叶）标准化生产基地创建县，被中国茶叶流通协会评为"2010 年全国重点产茶县"，被中国经济林协会命名为"中国高山茶之乡"。大田高山茶被原农业部批准为国家地理标志登记保护农产品，此外，江山美人茶和仙顶、允宣高山茶亦远近驰名。为彰显茶区特色，突出这一重点农业产业，我们把"茶叶"从"种植业"分目中升格，设"茶业"分目进行专门记述。通过在"茶业"中记述大田高山茶的产业规划、栽培种植、采制营销、品牌建设以及茶事活动、茶文化发展等，在"旅游"中记述"雾·海·茶"人家、闽湖、象山、土堡群、"灵动济阳"等风景名胜的旅游线路、主要景点、旅游产品等，在"质量监督管理"中记述金观音乌龙茶、大田高山美人茶等 2 个省级茶叶农业标准规范，在"工商行政管理"中记述茶市场的规范、管理等，使大田高山茶产业在《大田年鉴》的记载更加丰满、全面、鲜明，富有特色。

3. 县域经济特色

近年来，大田成为省级加工贸易梯度转移重点承接地，经济发展迅猛，初步形成了机械铸造、矿产品深加工、轻纺新型面料、高山茶等产业集群，京口工业项目区被省政府批准为省级经济开发区。2011～2013年，大田县连续三年荣膺全省县域经济发展"十佳"县。为此，《大田年鉴（2012）》增设"推进县域经济""特色优势农业产业""城乡建设""项目带动战略实施""平安大田建设"等年度特色栏目，在"基本情况"分目着重记述县域经济发展情况，同时，选择全省县域经济发展"十佳"县授牌仪式做封面，并设专门条目记载。

四　围绕大田编纂特色编写

1. 年鉴质量管理及体例创新方面

《大田年鉴》在编校质量管理方面实行强管理、严要求，落实编写责任制和审稿责任制，使责任落实到人。在编纂上坚持"五四三"程序与步骤，即编辑、协纂、副主编、总纂、主编"五级编审"，协纂、副主编、总纂、主编"四级审改"，承编单位主笔、分管领导、主要领导"三校稿"，县编委成员、统计、保密部门"三核查"制度。审稿在"压""保""增"三字上下功夫，"压"是压水分、压广告，"保"是保基础信息，保基本资料，"增"是有选择地适当增强记述深度、广度，以把握、反映地方特色。《大田年鉴》注意表现手法的灵活与创新，吸取别人经验，结合自身实际，在不违背年鉴总体体裁、结构的前提下，大胆探索，创新编纂体例，彰显个性和地方特色。在确保年鉴传统类目、分目的设置下，积极探索适应新形势发展的体例章法、篇目结构，将选题立目的重点放在突出地方特色上，既不忽略一般共性的东西，又充分体现大田的一地之情，利用本地独有的、特有的或具有突出地位的人、事、物，彰显自己的风格和特点。

2. 用好图表及增设特色栏目方面

图片，能够形象、直观地表达信息。《大田年鉴》所选用的图片注重典型性、资料性，突出反映重大事件、重要成果和热点问题。在文前以一页两幅或一页一幅编排有关大田高山茶产业发展、土堡群风光、民俗活动等图照30～40幅，体现编者的特色意识和匠心独具；表格因其直观性和合成性而有"一表胜千言"之誉，能让读者一目了然。《大田年鉴》善于利用表格，以统计数据来反映地域经济社会发展情况，用数据说话，增强可信度，不仅避免了行文的繁复，还方便读者阅读和检索。《大田年鉴（2018）》设有32张表，以表说文，全面反映大田城乡概况、工业基本情况、国民经济主要指标完成情况和经济社会发展变化情况；还增设"卷首语"、"前鉴勘误"及"专记"等。"卷首语"包含多元的信息诉求与价值考量，体现编者主体意识，可以强调重点，交代背景，使篇章更醒目，编辑意图更清晰，起到号角和引领作用。"前鉴勘误"体现编者实事求是、严谨治鉴的态度。"专记"是设立专门的门类记载典型事物、重要史实，利用这一形式记述重要事件，突出了大田的特色。

3. 重点选题和条目设置方面

在重点选题方面，《大田年鉴》选择有年度特点、有史料价值、有标志意义的大事、要事、新事、特事等作为重点选题和地方特色题材立目，对某些做了必要的升格、前置或扩幅处理，进行放大式、拓深式的反映处理，年鉴的地方性进一步得到提高。《大田年鉴（2018）》采取"栏目—分目—条目"三级框架结构，设31个部类200个分目1015个条目。2016年卷增设"市场监督管理"栏目，把之前"综合管理"栏目的"工商行政管理""质量技术监督""食品药品监督管理"3个分目，改设为"综述""工商""质监""食药监"4个分目。2011年卷，"广播电视"栏目并入"文化体育"栏目作为分目，"大田概貌"增设"特色产业"条目，"金融"栏目增设各金融机构分目。2012年卷，从"农业"栏目"种植业"划出设"茶业"分目，"卫生"栏目增设"红十字会"分目，"社会生活"栏目增设"水库移民"分目。2013年卷，在"县委"栏目增加"精神文明建设"分目，"工业"栏目增设"生物医药工业"分目。2014年卷，"社会团体"栏目增设"关工委"分目。2015年卷，"社会"栏目增设"国际贸易促进会""老体协"分目，"工业"栏目"食品工业"改为"粮食与食品工业"。编纂者与时俱进，对《大田年鉴》条目精心设计，凸显了大田自己的特色。

实践证明，特色就是优势，特色就是效益，特色就是生命。突出地方特色，是提高地方综合年鉴志书质量的重要环节和必要途径。怎样突出地方特色，是一个值得研究的问题，值得我们努力探索和不懈追求。我们编纂地方综合年鉴，应当从资源优势中反映地方区域特色，从历史文化底蕴中张扬地方人文特色，抓住与众不同的内容，精心设计年鉴的框架，突出年鉴的地方特色。只有将地方特色的个性因素研究明白、认识清楚，并且按照科学规范的框架体系，将其恰如其分地记录下来，才能把年鉴的地方特色展示出来。以上所述，只是笔者在《大田年鉴》编纂过程中的一些粗浅体会，不足之处，请专家斧正！

浅谈县级年鉴创新发展

牛艳红

（河北省邯郸市肥乡区地方志办公室）

一　当前我国县级年鉴编纂的现状

中国是有 960 万平方公里陆地国土面积的大国，县级行政区数量达到 2800 多个。各地资源环境各不相同，经济社会发展水平不一，风土人情丰富多彩，呈现出多样的个性和特色。既有山区县，也有平原县；既有沿海地区，又有内陆地区；既有经济发达地区，也有经济欠发达地区；有的历史文化底蕴深厚，有的民族风情浓郁多彩……要认识、把握一个地方的情况，光了解地方之间共性的东西显然是不够的，更重要的是要深入探索一地特有的事物和现象并挖掘其背后的根源。年鉴是地情的载体，框架结构是年鉴编纂工作中的蓝图，它决定着年鉴的性质、选题范围及选材方向。框架结构设计得越科学合理，年鉴的信息总汇性就越强，其信息资源的利用率就越高，实用功能也就越大。县级年鉴框架设计不能简单照抄照搬省市年鉴的，而是要从各地实际出发，在研究把握地情的基础上，千方百计突出地方特色，张扬个性。要强化地方的强项和优势，有所侧重，有所为有所不为。要善于抓住地方的强项、独到、独特之处，合理设计栏目，并适当安排版面，使年鉴富于浓郁的"乡土味"。年鉴只有体现地方特色，才能避免千鉴一面。如农业大县要侧重反映农业发展情况，旅游大县要突出旅游接待、景区建设管理、旅游文化活动等内容，少数民族自治县则要在民族区域自治、民俗风情等方面多做文章。要对地情做深入研究，将人无我有、人有我优的事物作为重点内容进行强化反映，增强年鉴的可读性、资料性和实用价值。

但实际上，年鉴普遍存在结构死板、条目教条化、内容单一等现象，创新性不强。孙关龙在《铸造中国年鉴事业的第二次辉煌——在中国年鉴研究会第七届学术年会上的报告》中指出："至今，真正有自己风格和特色的年鉴较少，地方年鉴更是这样。讲特色，讲风格，应是我国年鉴由数量规模型为主要特征向优质高效为主要特征的阶段性转移的重要内容，是抓年鉴质量、出年鉴精品的一个着力点、突破口。目前，中国年鉴界存在最普遍的问题是缺乏个性化、特色化、风格化。地方年鉴的框架栏目除特载、概述等外，大多套用政治、军事、经济、科学、教育、文化、体育、卫生、各区或各县市的模式，或套用三个产业（农业、工业、金融财贸等业）分目，然后再列政治、军事……雷同现象十分普遍，模式化到了机械的地步，似是克隆而成的。结果是城市年鉴与省域年鉴的框架栏目大同小异，位于西北高原不发达地区的省域年鉴与东南沿海发达地区的省域年鉴在框架栏目上是一个模式，历史文化名城年鉴在框架栏目上没有历史文化名城的个性和特色，矿业城市年鉴在框架栏目上没有矿业城的特色和风格，港口城市年鉴在框架栏目上没有港口城市的个性和风采……。精神产品的生产是一个创造性的劳动，力戒模式化，它不可能大批量生产，也不应机械化操作，更不能克隆。借用一句有名的格言，'愈是民族的，才愈是世界的'。那么，我们的年鉴愈是个性化，才愈是大众的；愈是特色化，才愈有普遍性；愈是风格化，才愈有生命力。"[①] 当前，我国年鉴尤其是县级年鉴创新性不强，具体表现在以下几个方面。

（一）选题选材上有明显的内向性

"所谓选题选材的内向性是指选题选材以内部读者为主要对象，宣传性、事务性、工作总结性特征明显。这类题材内容上照搬单位工作总结和工作报告，多是些既不具备利用价值，也没什么存史意义的机关单位日常事务、行政的过程、管理的措施、取得的成绩等等，而应该大书特书的经济变化情况、事业发展情况、生产经营情况、存在的困难和问题等，却反映不多。"[②] 如一部县级市年鉴的"外事侨务"分目，下设条目为：机关作风建设、联络接待工作、海外联谊活动、办公楼置换搬迁、挂钩与扶贫，并附上市外事侨务局负责人名单。这类题材的社会价值不大，难以满足社会读者的信息需求。县级年鉴收录的内容多与单位的工作职能相对应，条目选题多为反映某项职能工作的稳定性选题，如概况、任务目标完成情况、安全和稳定情况、学习和自身建设等，而许多出现的新事物、新现象、新做法等有新意、有价值、有特色的题材被湮没，没有收录进去。如各地各单位改革创新举措、美丽乡村建设新做法、农业园区建设发展新模式等。

（二）框架结构缺乏特色

县级年鉴大都照搬省市年鉴的框架，内容教条，资料单一，缺乏个性和特色。一是分类过细，部类太多。县一级建制虽五脏俱全，但有些事务功能很弱，如科技、军事、外事侨务等，

① 孙关龙：《铸造中国年鉴事业的第二次辉煌——在中国年鉴研究会第七届学术年会上的报告》，《年鉴信息与研究》1999 年增刊。
② 曹忠生：《增强年鉴实用性初探》，《年鉴信息与研究》2006 年第 6 期。

没有必要面面俱到地全部设立部类。二是地方特色和年度特色不鲜明。框架设置规范化，只有千篇一律、大同小异的"规范化"的栏目，看不到地方的特点和独特优势。县级年鉴的栏目长期稳定，缺乏新意。年鉴框架设计不能做到与时俱进，年度特征不明显，这就背离了年鉴的宗旨。

（三）条目标题内容不实

单纯依赖单位工作总结进行撰稿，概括性、浅层次的记述多，有深度、有特色的内容少。具体表现为以下两个方面。一是概况条目内容单薄，内容要素残缺不全。不少县级年鉴的概况条目对反映部门、行业、地区基本情况不规范甚至不一致，对部门报来的材料没有进行合理规范的整合加工，对条目标题提炼不准确，导致条目过于简单，不能概括所列内容，或者条目与内容不符，不知所云。编者就稿编稿，造成基础信息相当不稳定，基本情况和重要指标数据缺乏应有的连续性和可比性。例如，一部县级年鉴的"财政概况"条目：2016 年，××财政地税部门按照"保增长、扩内需、调结构"的总体要求，认真落实各项宏观调控政策，积极推进财税管理创新，促进了区域经济和社会平衡协调发展。条目内容仅 80 多字，内容空洞虚无，缺少财政收支等基本指标，不能反映本地本年度财政增减情况，根本起不到存史资政的作用。

二是记事条目内容空泛。概括性地列出工作措施做法，缺少反映完成情况的指标数据，有时有过程、有措施、无结果，有时对资料价值大、实用性强的事件、活动只记录结果，具体要素不详，导致年鉴的实用性大打折扣。

（四）图表偏少

许多县级年鉴没有统计资料类目，条目附属的表格也不多。如一部县级年鉴全书 40 万字，450 多页，表格不超过 10 个。表格偏少，给读者利用统计指标数据带来不便，读者要从密密麻麻的文字中找出批量列写的指标数据非常困难，也不便于做横向和纵向的对比。同时，不少县级年鉴的配文图片也偏少。图表偏少的结果，是年鉴内容表现形式单一、版面死板。图片不仅能美化版面，还是提供形象资料的有效方法。图文并茂是代表现代工具书编纂水平的重要指标，一幅好的图片能起到"一图胜千言"的作用，图片偏少无疑会降低年鉴的可读性和实用性。

二 县级年鉴创新性不强的原因

（一）对年鉴的性质功能认识不清

县级综合年鉴基本上由地方志部门编纂，很容易出现以志书意识编纂年鉴的现象。针对方志和年鉴的关系问题，年鉴界很早就有人撰文探讨。中国版协年鉴工委会原副会长孙关龙先生2010 年也专门做过论述，提出"方志不能年鉴化，年鉴不能方志化"。从《中国大百科全书》《辞海》等权威辞书对年鉴的定义来看，年鉴在性质上属于年度资料性工具书。作为资料性工具书，框架结构要与时俱进，体现时代精神和年度特点；个性鲜明，具有地方、行业特色。内容表现形式以条目为主，强调条目的独立性、年度性和资料性；条目题材新颖，记述重点突出，基础信息和大事要闻反映充分；有统一的内容要素规范，有统一的记述程序要求；检索手段完备，有详至条目的目录和检索信息丰富的主题索引。

年鉴要求的是年度的信息性资料，地方志要求的是编纂周期内体现或反映规律性的史实性资料。改革开放后，经过 40 余年的编纂实践，有的地区仍然混淆年鉴和志书的性质，将年鉴志书化，使得年鉴框架结构死板、年度特征不明显，影响年鉴创新。在功能作用方面，年鉴与志书也各不相同。地方志作为志书，主要功能是供人们系统阅读，自古以来被认为具有存史、资政、教化的功能。年鉴作为工具书的主要功能是传播信息、服务大众，存史仅仅是年鉴的从属性功能。有的地区将年鉴功能定位方志化，单纯地以为地方志积累资料作为宗旨，将存史、资政、教化作为年鉴的功能，以此指导年鉴编纂，在框架设计、条目选题、内容选择与组稿编辑中，只注重存史、资政、教化，必然使年鉴的思想内容和表现形式僵化，缺乏创新性。

（二）年鉴组织编纂手段行政化

县级综合年鉴是政府组织编纂的公益性公共文化产品。2006 年 5 月 18 日，国务院《地方志工作条例》（以下简称《条例》）颁布施行。《条例》规定：地方志，包括地方志书、地方综合年鉴。地方志工作所需经费列入本级财政预算。以县级以上行政区域名称冠名的地方志书、地方综合年鉴，分别由本级人民政府负责地方志工作的机构按照规划组织编纂，其他组织和个人不得编纂。这使地方综合年鉴编纂成为政府行为，并具有排他性。各地认真贯彻落实《条例》精神，依法编鉴。地方综合年鉴具有浓厚的"官办"色彩。多数年鉴设立由政府领导挂帅的编纂委员会，依靠行政手段组织编纂，经费由财政安排，这与市场化运作的西方年鉴截然不同。党政机关成为年鉴主要供稿渠道，社会力量参与程度不够，作用有限。虽然，近年来在不断努力拓宽组稿来源，但来自行业协会、中介组织、网络传媒等的稿件只占年鉴全书稿件的极少部分。党政机关提供稿件多侧重汇报重点部门内部重点工作，宣传政绩性特征明显，考虑不到读者的需要，对公共社会事务记录很少甚至没有记录，这在很大程度上阻碍了年鉴创新的进程。

（三）编辑力量和知识储备不足

受人员编制的限制，县级地方志工作机构人员较少，普遍只有 3~5 人，有的还和党史、档案机构合并。一直以来，地方志工作机构工作重点在修志，对编纂年鉴重视程度不够，年鉴编纂知识的学习培训欠缺，理论研究更显不足。许多县级年鉴是在基本完成修志任务后才开始着手编纂，也有不少则是在《地方志工作条例》颁布后，在上级地方志部门的要求下才开始编纂，上马更显仓促。有的甚至弄不懂年鉴的构成要素，不知道编纂要求，走的是"拿来主义"、边干边学、先出书再逐步提高的路子，这样编出来的年鉴自然是十分死板、教条、机械化，千鉴一面，缺乏创新。而年鉴是工具书，编纂年鉴是一项技术性很强、业务要求很高的工作。在人手紧缺、知识准备不足、只为完成任务的情况下编纂出来的年鉴，质量自然难以保证，创新性不强也是必然的结果。

三 如何推动县级年鉴创新

（一）框架结构要创新

年鉴框架结构应当与时俱进，逐年从实际出发更新一些栏目。一部年鉴，既要有综合反映一个地方、行业情况的宏观信息，也要有反映某一侧面、所属区域情况的中观信息，还要有反映具体单一事件的微观信息；既要有综合概括的全面反映，也要有具体细致的典型记述；既要有相对稳定的内容，也要有年度动态信息。如年鉴中反映一个地方情况的分目，首先，列出概况条目，收录这个地方所处位置、建置沿革、行政区划、面积、人口、资源状况、人文特色、主要经济社会指标、领导人等资料，不管有无变化，年年反映。其次，设立一组反映年度发展变化的记事条目，提供动态信息。如地方特产、旅游景点的介绍。地方特产、旅游景点既是一个地方的代表、地方的名片，也是广大读者感兴趣的内容。注重反映地方土特产基本情况及生产、开发、经营情况，可以看出行业的兴衰起伏、时代变迁。对旅游景点甚至旅游线路的介绍，也是宣传推广一个地方的有效途径。尤其是伴随当前旅游业发展的热潮和美丽乡村的建设与推广等，在年鉴中介绍一地的特产和旅游景点比一般性地记载旅游规划和开发、旅游宣传和推广、旅游行业管理等内容，更具实用性。地方风土人情、民俗节庆，是一个地方的文化符号，也是一种文化传承。县级年鉴通过详细记载活动仪式、说唱内容、服饰道具，并配以活动图片，图文并茂地进行记载，不仅创新了年鉴编纂形式，使年鉴的地域性特征更为明显，而且对地方习俗和文化也是一种传承和发扬。

（二）选题选材要创新

年鉴是公共文化产品，其实用程度如何要由读者决定，而读者具有社会广泛性。年鉴要满足社会广大读者对地情信息资料的需要，内容就应具有社会价值和资料价值；选题设目应考虑到读者的检索愿望和检索习惯，尽量选择读者普遍关注、查检率相对较高的题材设立条目，将关注度低、无人检索或难以查考的题材排除出去；记述重点由以部门日常事务和工作成绩为主向以基础信息和大事要闻为主转变。许家康在 2012 年 9 月第十三次全国省级年鉴研讨会上专门对此做了论述。"基础信息+大事要闻"是读者关注的重点，也是年鉴的内容重点。所谓"基础信息"，就是读者了解年鉴对应范围基本情况必须掌握的重要资料，是读者进一步调查研究的基础和重要参照。它由两个方面的资料构成：一是基本情况，二是基本指标数据。以地方综合性年鉴为例，凡调查了解一个地方必须掌握的基本资料，如历史、地理、环境、气候、水文、资源、物产、人口、民族、语言、宗教、政治、经济、文化、社会，以及所属行政区域和各行各业的概况及相关数据，就是基础信息。所谓"大事要闻"，就是年度重大事件、重要新闻。如 2017 年邯郸市肥乡区"移风易俗、抵制彩礼"就是年度重要事件，这一新事物就可以作为选题载入年鉴，对这一事件的出现原因、推进情况、社会反响的记载就能反映出当时的婚姻习俗和社会新风尚。这一选材不仅是形式上的创新，更是内容上的创新，不仅能真实、客观地反映当时的社会风尚，更能吸引读者的眼球，增强年鉴的可读性和趣味性，是对婚礼简办风俗的宣传发扬，对高价彩礼这一低俗的传统是一种颠覆。以基础信息和大事要闻作为年鉴的记述重点，要避免以部门日常事务和工作成绩代替基础信息和大事要闻的情况。

地方综合性年鉴以地方为记述对象，全面反映地方的自然、政治、经济、文化、社会等各个领域的情况，既然要全面反映，选题选材就应当放眼全社会，兼顾各行各业。要对资料价值高、有代表性和标志性、读者比较关注的内容进行深度挖掘和拓展，把事物描述得深刻，把问题揭示得透彻，提高年鉴资料的利用价值和借鉴作用。如反映"信访"情况的条目，既要反映信访部门受理群众来信来访数量，群众到省信访情况、群众到北京上访情况等总体情况外，还应重点反映群众信访反映的主要问题。近几年群众信访反映的问题包括：国土资源管理问题、劳动社保问题、涉法涉诉问题、"三农"问题、城建拆迁问题、环境污染、代课教师"代转公"、国有企业改制遗留问题、部分复退军人生活困难等。对这些问题用翔实的事实数据分项记载，就能为领导决策、学者研究、了解民情等提供难得的资料。年鉴内容不应停留在工作层面、工作事务的记载，更应总结、呈现事物发展的特点和规律，多提供给人以启发、深思的资料，做到"把握时代性，体现规律性，富有创造性"，发挥年鉴的镜鉴作用和实用功能。同时，应当坚持年鉴的实用性、检索性原则，按照读者对信息资料的关注程度考虑选题设目，以读者检索频率相对较高的大事要闻为记述的重点，择新择特，择大择要，求真求实，实现年鉴由重点记述政绩向重点记述大事要闻的转变，这样也就实现了年鉴选材的创新。

（三）组稿方式要创新

首先，要扩大信息来源。除了对传统供稿单位征稿外，可以将征稿面扩大到一些企业、社团、专业协会，并聘请特约撰稿人，进行专项调查，写出一些有深度、高价值的调研文章载入年鉴，提升年鉴的理论高度。尤其是县级，由于区域不大，对地域和人员都相对了解，方便寻找相关人员走访查找资料和搞调研。其次，充分利用媒体信息。报刊、广播、电视和网络媒体是年鉴稿源基础之一，县级年鉴也不例外，年鉴编辑部要注重利用这种信息，将这些资料收集、整理、汇编，将有价值的信息收录进去。最后，要做到采编结合，在以编为主的基础上适当增加自撰稿。"守株待兔"式的惯性工作方式，容易导致一些珍贵资料的缺失。由于部门能力水平不一，导致供稿水平参差不齐，一些部门无法提供涉及全局性、综合性的条目，一方面年鉴编辑部应当利用自身的工作敏感度和责任心，加大约稿力度，建立一支特约撰稿人队伍；另一方面年鉴编辑人员可以亲自组织采写，形成第一手资料，载入年鉴。

（四）表现形式要创新

利用表格。表格分数字统计表和事类表。数字统计表用数字填写，有利于读者从数字的变化、比较、分析中，了解事物的发展变化。事类表是用形式整齐的文字来表述事物状态的表格。县级年鉴表格偏少，要改变数字文字化的写作方式，尽量完善统计指标体系。适当增加一些工业、农业、交通运输、邮电业、旅游服务业、固定资产投资及城市建设、建筑业及房地产开发、对外经贸、财政、金融保险、科教文卫等社会事业各方面的统计资料，并注意价格可比、口径可比。数据对于真正使用年鉴的人来说是非常必要的。用数据、表格的形式表述可以节省一定的篇幅，使我们的年鉴"虚"的东西减少，"实"的东西增多。县级年鉴更应注重提供实用价值高的事类表。同样的事物，如学校、医院、工程、获奖项目等，在省市层面由于面广、量大，一般难以具体列写，只能概括反映。而到了县级层次，由于数量不多，则可一一反映。如学校情况，2017年某县有学前教育机构516所、小学422所、普通中学309所，就可以在"教育"类目收载"某县中小学、幼儿园基本情况表"，详细反映学校和幼儿园名称、地址、创建时间、教职工、在校学生、学校级别等内容。这些表格方便了群众查询和利用相关数据，具有很高的资料价值和实用价值，同时也创新了年鉴编纂的内容和形式。

完善检索系统。作为工具书，检索系统对读者查检利用年鉴资料的作用不言而喻。中国地方志指导小组办公室制定的《地方综合年鉴编纂出版规定（试行）》第三十条规定：年鉴具有工具书性质，应有完备的检索系统。条目是年鉴内容的主要表现形式，是读者查检的主要单元。目录应详至条目，这样的目录才有检索价值。索引能将全书相同或相近主题的资料集中排列，并能揭示条目中的隐性主题。索引是利用资料便捷高效的手段。县级年鉴篇幅不大，加上可利用文字处理软件进行编辑和排序，应编制查全率、检准率高，有相当检索深度的索引。索引不应是将条目的重新排序，年鉴更不应没有索引。

（五）思想意识要创新

意识是人的头脑对客观物质世界的反映，是感觉、思维等各种心理过程的总和，其中的思维是人类特有的反映现实的高级形式。而年鉴是经过编辑的审稿、组稿和校对最终完成的，年鉴千鉴一面的客观存在就反映了年鉴编辑创新意识的缺失。年鉴事业要创新发展，首先要求编辑自觉培养自身的创新意识。县级地方综合年鉴是系统记述本行政区域自然、政治、经济、文化、社会等全面情况的年度性资料文献。无论从资料文献的定义出发，还是从存史、资政、教化等功能来看，年鉴都应当具有资料的真实性、准确性、权威性、可靠性。因而主编要具有"史胆文心"，秉笔直书，坚持实事求是的原则，尊重事实的本来面目，还原事物的真实状态，客观地进行记述、取舍和合成。经过四十多年的发展，年鉴已经形成了自己相对稳定的套路，如框架设置、条目制作、文字规范、装帧设计、图文搭配等都基本成型，为年鉴的发展奠定了一个较好的基础。但轻车熟路、按部就班，往往容易使人产生一种职业疲劳或工作惰性，其结果便是满足现状、不思变革。思想是行动的先导，只有具有创新意识和创新自觉，才能进行创新的实践，编辑的创新意识要与具体编辑实践结合起来，在具体编写中要敢于突破传统观念的束缚，主动进行有益的实践创新尝试，才能突破年鉴的僵化模板。年鉴以"年"为记录时限，必须因每年情况的变化而变化，必须随时代的进步而进步。用创新意识指导年鉴内容、形式等各方面，坚持与时俱进，年鉴才能创新发展，不断进步。

From Documentation to Access and Exhibit: Common Issues Related to Local History Collections

Cecilia Lizama Salvatore

(Dominican University)

Definitions and Background

In the United States, "archives" and "special collections" including "rare books and manuscripts" have been in existence in libraries-academic (college or university), public, corporate or business. These collections, and the records, artifacts, and documents within them, are distinguished from each other as well as from local history collections.

Archives

The archival profession in the United States borrowed from the archival profession in Western Europe, particularly the functions and purpose of the profession that emerged in France after the French Revolution (Posner, 1940; Panitch, 1996). Following the French Revolution, the notion of a centralized government archives that would be accessible by the public emerged. Thus, there were calls for records that emerged from the country's, the state's, or a local community's government activities and agencies to no longer be scattered throughout various entities and no longer be inaccessible by the public. A definition of the archival profession is further provided by the Society of American Archivists (SAA). It states that the profession seeks to organize and preserve "materials created or received by a person, family, or organization, public or private, in the conduct of their affairs and preserved because of their enduring value contained in the information they contain or as evidence of the functions and responsibilities of their creator, especially those materials maintained using the principles of provenance, original order, and collective control" (Society of American Archivist, 2016). The archives of Dominican University where I work, for example, would include the materials and records that emerge as the administration, faculty, and staff, and even students conduct their university-related affairs. And so, let's say that you wish to gather, organize, and preserve the materials and records-i. e. , the archives of this conference. Some of the records that you would include are those from the meeting in which the idea for the conference was first discussed, the letter inviting presenters, scholars and researchers, and dignitaries to the conference, the paper and artifacts that came out of the planning for the conference, the conference program, etc. These records would be placed with other records and archives of the conference host institution or organization. They will be part of a records hierarchical structure that will be illustrated in a "finding aid" placed with other finding aids of the institution or organization. Materials in archives hold historical value and thus, are closely protected and preserved often by limiting physical access to and use of them.

Distinguished from "archives," are "special collections" which contain "materials characterized by their artifactual or monetary value, physical format, uniqueness or rarity, and/or institutional commitment to long-term preservation and access" ("Guidelines on the selection···," 2007). At the University of Chicago, for example, special collections include late 19th-and early 20th-century sheet maps of Asian cities (such as one titled, "Fujian shenghui chengshi quan tu/ Hu Donghai hui"; from sometime between 1860 – 1911), as well as documents, photographs, and ephemera from the 1893 World's Columbian Exposition (The University of Chicago Library, n. d.).

Materials in special collections are collected, acquired, or donated because of their special value. They are closely protected and preserved often by limiting physical access to and use of them because of their historical and monetary value.

In the United States, local history collections have traditionally been part of a community's or state's historical society collections. Cognizant of the need to preserve the state's or community's history and cultural and collective memory, one or more members of the community would gather and organize his or her or their documents and stories and donate them to a group that would become the historical society in that state or community. This was true of the Massachusetts Historical Society (MHS), the oldest historical society in the United States (Massachusetts Historical Society, n. d.).

In the United States, historical society has a longer history than archives. The Massachusetts Historical Society was formed in 1791 (Tucker, 1990), while the National Archives and Records Administration (NARA) was established by Congress in 1934, although it would be several years later before a building to process, maintain, and store archival records would be built (Worsham, 2009).

The sustainability of state historical societies varies from state to state. The MHS, largely due to its significance as the first historical society in the United States and the historical and valuable records and materials it owns, such as those from early United States history, has garnered visibility, support, and an important status. This is not the case with most state historical societies, however. Doyle points out that lack of adequate funding and formally-trained personnel presents a harsh challenge for state historical societies as they seek to keep up with current strategies for effective and sustainable management (2012). This is as true today as it was in 2012.

Along with state historical societies, community historical societies also maintain the history collections of their local community. Outside of the city of Chicago in the state of Illinois, for example, many of the communities or villages have their historical society. Similar to state historical societies, the organizational stability of the historical societies varies, according to the support that it receives. Generally, these organizations also have-and perhaps even more so than state historical societies-inadequate funding and support. They rely heavily on the work of part-time workers and volunteers. Additionally, they have limited hours and are thus inaccessible to many members of the community.

While state and local community historical societies are underutilized and are at risk, there is, nevertheless, an increase in the formation of local history collections elsewhere, such as in public libraries. To be sure, the waning of state and local historical societies does not mean that there is parallel waning in interest in the preservation of local history. In fact, it is perhaps this interest in history that has fueled the call for establishing adept institutions for the processing, maintenance, and preservation of historical records.

Note: Museums will not be discussed here. Generally, museums serve a different purpose-i. e. , they aim to acquire, collect, showcase and exhibit collections for the enjoyment and education of their visitors (International Council of Museums [ICOM], n. d.).

Issues in the Development and Expansion
of Local History Collections

As pointed out earlier, the Massachusetts Historical Society has the privilege of being the first historical society in the United States and thus having the status and support that most local historical societies and collections do not have. It has risen up to become more than a state historical society. The society has become an important center for colonial and early American history with collections and manuscripts like those on the China Trade and the United States' early international commerce history and with letters like those that document the lives of those who served in the French and Indian, Civil, and Revolutionary Wars (Massachusetts Historical Society, n. d.). In many lesser-known state and local historical societies, however, workers are more frequently involved in negotiating professional, social, cultural, legal, and ethical issues as they conduct their business.

Professional Issues

For those working with local history collections, the question of what professional standards they should adhere and conform to is a crucial one. In the United States, those working in "archives" - e. g. , in university archives, corporate archives, etc. −can refer to professional standards set forth by the Society of American Archivists (SAA). The Society of American Archivists is often informed by the International Council of Archives (ICA), such as in the development of metadata standards-e. g. , descriptive metadata standards, like DACS, and structural metadata standards, like EAD3. Furthermore, SAA insists on a formally-educated archivist to manage archival records and collections and follow professional standards for using modern archival tools and technology, conserving and preserving materials, and creating access points to these materials. It is expected that the archivist has at least a Master's degree (Society of American Archivists [SAA], n. d.).

In "special collections," it is also generally expected that a formally-educated professional is in charge of managing and maintaining materials. Many special collections are in academic libraries managed by special collections librarians or curators who are knowledgeable about the historical context of the materials and in preserving and conserving these valuable records. They have at least a Master's degree. Archivists and special collections librarians and curators in academic libraries may also hold university or college faculty status ("Guidelines: Competencies⋯," 2008).

As discussed earlier, local historical societies are usually formed or developed by one or more members of the community who had the desire to preserve his or her community's history or to preserve a particular historical event within the community. The Massachusetts Historical Society, for example, was formed by a Reverend Jeremy Belknap and his collaborators with a donation of their own family papers, books, and artifacts (Massachusetts Historical Society, n. d.).

It is not uncommon for the members of the community who have a personal stake in the papers and materials at the historical society to serve on the governing board of the society. This frames an organizational structure that is tenuous, nebulous, and sectarian. The work that is prioritized at the society is prone to be mandated at the whim of these members of the board. I ask, what would impress a formally-educated archivist or special collections librarian or curator to seek employment at such an institution or organization?

State and local historical societies may have full-time professional staff, but they do rely more on part-time staff and volunteers. The association that provides resources to historical societies-the American Association for State and Local History (AASLH) -even boldly contends that providing resources to volunteers is part of its mission. Even so, many of the volunteer staff at these historical societies lack the formal training necessary for the effective management of the local history collections (American Association for State and Local History, n. d.).

Social Issues

In 1977, the historian and social activist, Howard Zinn called on archivists to actively collect all the records of society and not just those deemed appropriate by historians and other scholars (Zinn, 1977). This was the beginning of the postmodern approach within the archival profession, where diverse voices, especially the voice of the marginalized, are sought. Many called for archivists to go out and find records of immigrants and minority populations, for example. Today, this is illustrated in the social justice framework that emanates from major archival journals as Duff, Flinn, Suurtamm, and Wallace reveal (2013).

Similarly, in libraries and special collections, diversity, inclusivity, and cultural competence are embraced. The ACRL provides guidelines for diversity and cultural competence to its members ("Diversity Standards…," 2012).

To be sure, the AASLH calls for the advancement of diversity and inclusivity in the history field (American Association for State and Local History, n. d.). Due to the organizational structure of a local historical society, however, how much influence can we expect the AASLH to have? When a collection is governed by individuals with strong personal interests on that collection, one may ask if there is room for ensuring that diversity and inclusivity are part of the functions of the collection. Furthermore, if the purpose of the historical society is to preserve the historical records of the community, and if there is unease that the community is changing so that the majority group is dwindling rapidly and if members of the governing body belong to the majority group, how much interest will they have on preserving the historical records of the minority group?

As people have moved to the United States, how will their history and story align with those of the majority community? For example, as Pacific Islanders whose homelands are affected by climate change, have integrated into communities in the United States, will their story be part of the story of the community that they have their home? Similarly, many Asians have moved to the Pacific Islands. Will their story be part of the story of the Pacific Islands?

Cultural Issues

Let's say that a particular indigenous community has a tradition in which men gather in "men's houses" for comradery, conversation, and other activities. According to cultural tradition in the community, women are prohibited from entering these men's houses and seeing what takes place in them. Let's say that a researcher donated photographs and other materials he had gathered when he was conducting research on the men's houses to the local historical society's collections. Aiming to gain visibility of the collection, a staff member now wants to digitize the photographs from the researcher's collection and post them on the society's social media site.

When materials come from diverse communities, cultural issues will inevitably emerge when those materials are processed and organized, exhibited, and made accessible. In the example, above, the staff member's action would be harmful to the culture of the minority community. By posting the photographs online, women in the community may unknowingly find them and be able to see them at the outset.

The *Protocols for Native American Archival Materials* describes a set of guidelines and best professional practices for the care and use of American Indian archival materials held by non-tribal organizations (Protocols..., 2007). It is an eloquent example of guidelines that focus on cultural tradition. The fact that SAA did not endorse the *Protocols* until its annual meeting/conference in August, 2018 illustrates the complexity of the place of culture in the handling of cultural records and materials. SAA explains that the reason for the delay in endorsing the *Protocols* is that "many of the original criticisms of the Protocols were based in the language of cultural insensitivity and white supremacy" (Society of American Archivists, 2018). At the meeting where the *Protocols* was finally endorsed, SAA apologized for not endorsing it sooner.

Legal and Ethical

Now that protocols for the care and use of Native American archival materials have been endorsed by SAA and other groups, including the AASLH, we can expect less infringement of cultural traditions by historians and those charged with the care and handling of Native American archival materials. But we can only expect this if historians and other users of the collections, and more importantly, staff and administration, agree to abide by the protocols. Not all elements of the *Protocols* are law. For example, one of the protocols suggests that those handling Native American materials must consult and work with the Native American community regarding culturally sensitive information that they have. This protocol would be helpful to the staff mentioned earlier who wanted to scan photographs of men's houses and post them on the organization's social media site. However, if after reading the protocol, the staff member still does not follow it and posts the materials online without consulting with the elders in the community of which the pictures were taken, his action will be *unethical*, but it will not be *illegal*.

What will be illegal will be actions that infringe on copyright and creator rights related to access, publishing, and exhibiting. In the United States, copyright law is the Copyright Act of 1976, which is title 17 of the United States Code (Copyright Law of the United States, n. d.). Copyright law is complex and continues to be updated especially as the nature of information and the medium used to access and exhibit it continues to change. Nevertheless, copyright law provides guidelines with regards to how materials in archives, special collections, and local history collections are accessed, published, and exhibited. Unfortunately, not everyone who works in these institutions, especially one not formally-or professionally-trained understands or keeps up with copyright law.

Let's say that you work in a local historical society and you decide to put up an online exhibit related to a major celebration that your city is having. You want to put up an image of a family because the image will be relevant to the celebration. However, that image was from a collection that was given to you by a distant relative of that family using a "deed of gift" document that did not give the local historical society full intellectual control of the materials, including the image. You will need permission from that family before you can use the image in the exhibit.

Let's say that you are writing a book for publication and you wish to use an image that is found in a local history collection. You must know the permissions policy of the institution that owns that image.

A professionally-managed and adequately-staffed unit, such as the University of Chicago Special Collections unit has policies in place and would have provided you some guidance. These policies are easily-accessed on the unit's website. Compare that to the Nevada Historical Society, for example. It lacks policies related to access, use, and re-use on the association's website (Nevada Historical Society, n. d.).

A sample policy statement at the University of Chicago includes one for "publishing/reproducing material under copyright." It states, in part, "With a few exceptions…. the University of Chicago does not hold the copyright to archives, manuscripts, and printed materials in Special Collections. This includes writings and correspondence of faculty members and other individuals … . Because the University does not hold the copyright to such materials, it cannot grant permissions for reproduction or publication…. It is the researcher's sole responsibility to identify the copyright holders in the materials and to obtain any necessary permission from these copyright holders that is required under United States copyright law" (The University of Rochester. Special Collections Research Center, n. d.)

What Next for Local History Collections?

As pointed out earlier, there is increasing interest in local history collections, and now more and more public libraries are taking part in their development. At Highland Park, Illinois, north of Chicago, the Highland Park Historical Society operated with very limited staff and funding and, in turn, with limited hours, for many years. In March 2019, the documents, photos and artifacts at the historical society were transferred to the Highland Park Public Library. The Highland Park government deemed that the two entities should work together to help stabilize the finances of the historical society, and inevitably, the public library. But the transfer also made the records more accessible to the community and researchers as now the collections are open to the public for more hours as the library is also open in the evenings and on weekends. An additional potential benefit in the transfer is that the collaboration between the archivists and the larger library staff brings-such as in applying for grants and in programming (Berkowitz, 2015).

On the other hand, in Rochester, New York, earlier this year, the historical society furloughed its staff and suspended all programming just earlier this year (Katz, 2019). This is not surprising when one considers that the historical society was founded in 1860 and it was only in the year 2000 that it hired its first professional staff (Rochester Historical Society, n. d.).

No matter where local history collections end up, there are fundamental factors to consider as will be explicated here. Borrowing from guidelines provided by the American Library Association (ALA) and its affiliate, the Reference and User Services Association (RUSA) ("RUSA Guidelines…," 2008) and based on my research and experience, the factors are described below:

1. Fiscal considerations for maintaining the collection including, a) having adequate staff, particularly formally-educated and-trained staff, b) having adequate facilities, such as the correct environment for the preservation of the materials, and c) having the budget for new tools and technology, equipment, and workspace.

2. Identifying and developing the scope of the collection and developing a collection policy for the future of the collection. No local history collection can include every material that is donated or offered to the holding institution.

3. Working with and engaging in dialogue with other institutions who may have similar collections or interest in similar collection topics. It may be that institutions will have to share resources for fiscal considerations and sustainability. It may also be that programming and exhibits at the institutions could be enhanced with such collaboration.

4. Identifying and developing policies for acquiring and accepting collections (e. g. , the "deed of gift"), including policies for removing materials in the collection, should it become necessary to do so.

5. Developing policies that are in line with state and federal policies and law (such as copyright

law) related to access, use, digitization, publishing, and exhibiting, and revisiting these policies from time to time, as laws, such as copyright law, changes.

6. Ensuring that the community that are served by the local history collections are aware of policies that are relevant to them as they use the local history collections.

Reference

American Association for State and Local History. (n. d.). Retrieved June 20, 2019, https://aaslh. org/.

Berkowitz, K. (February 6, 2015). Historical society records to be digitized, moved to library. Highland Park News. Retrieved June 20, 2019, https://www. chicagotribune. com/suburbs/highland-park/ct-hpn-history-move-tl-0212-20150206-story. html.

Copyright Law of the United States. (n. d.). Retrieved June 20, 2019, https://www. copyright. gov/title17/.

Diversity Standards: Cultural Competency for Academic Libraries. (2012). American Library Association. Retrieved June 20, 2019, http://www. ala. org/acrl/standards/diversity.

Doyle, D. A. (2012). The future of local historical societies. *Perspectives on History.* Retrieved June 20, 2019, https://www. historians. org/publications-and-directories/perspectives-on-history/december-2012/the-future-of-local-historical-societies.

Duff, W. , Flinn, A, Suurtamm, K. E. , & Wallace, D. (2013). Social justice impact of archives: A preliminary investigation. *Archival Science, 13* (4), 317-348. DOI 10. 1007/s10502-012-9198-x.

Guidelines: Competencies for Special Collections Professionals. (July 8, 2008). American Library Association. Retrieved June 20, 2019, http://www. ala. org/acrl/standards/comp4specollect#back.

Guidelines on the Selection and Transfer of Materials from General Collections to Special Collections. (April 19, 2007). American Library Association. Retrieved June 20, 2019, http://www. ala. org/acrl/standards/selctransfer.

ICOM: International Council of Museums. (n. d.) Retrieved June 20, 2019, https://icom. museum/en/.

Katz, B. (January 8, 2019). Rochester's 150-Year-Old historical society hit hard by lack of funding. Smithsonian. com. Retrieved June 20, 2019, https://www. smithsonianmag. com/smart-news/rochesters-150-year-old-historical-society-hit-hard-lack-funding-180971176/.

Massachusetts Historical Society. (n. d.) Retrieved June 20, 2019, https://www. masshist. org/.

Nevada Historical Society. (n. d.). Retrieved June 20, 2019, http: //nvculture. org/ historicalsociety/.

Panitch, J. (1996). Liberty, equality, posterity?: Some archival lessons from the case of the French Revolution. *The American Archivist* 59 (1), 30-47.

Posner, E. (1940). Some aspeccts of archival development since the French Revolution. *The American Archivist* 3 (3), 159-172.

Protocols for Native American Archival Materials. (2007). Retrieved June 20, 2019, http: // www2. nau. edu/libnap-p/protocols. html.

Rochester Historical Society. (n. d.). Retrieved June 20, 2019, http: //www. rochesterhistory. org/.

RUSA Guidelines for Establishing Local History Collections. (2008). American Library Association. Retrieved June 20, 2019, http: //www. ala. org/rusa/resources/guidelines/guidelinesest ablishing.

Society of American Archivists. (2018). SAA Council Endorsement of Protocols for Native American Archival Materials. Retrieved June 20, 2019, https: //www2. archivists. org/statements/ saa-council-endorsement-of-protocols-for-native-american-archival-materials.

Society of American Archivists. (2016). *A Glossary of Archival and Records Terminology*. Retrieved June 20, 2019, https: //www2. archivists. org/glossary.

Society of American Archivists. (n. d.) Retrieved June 20, 2019, https: // www2. archivists. org/.

Tucker, L. L. (1990). *Clio's Consort: Jeremy Belknap and the Founding of the Massachusetts Historical Society*. Boston: Massachusetts Historical Society; distributed by Northeastern University Press.

The University of Chicago Library. (n. d.) *Asian Cities-Late* 19th-and early 20th-century *maps*. Retrieved June 20, 2019, https: //www. lib. uchicago. edu/collex/collections/asian - cities - late-19th-and-early-20th-century-maps/.

The University of Chicago. (n. d.). Special Collections Research Center. Retrieved June 20, 2019, https: //www. lib. uchicago. edu/scrc/visiting/permissions.

Worsham, J. (2009). Our Story, how the National Archives evolved over 75 years of change and challenges. *Prologue Magazine*, 41.

Zinn, H. (1977). Secrecy, Archives, and the Public Interest. *Midwestern Archivist* 2 (2), 20-21.

Improvements of the Linkage among the Distributed Digital Collections of Local History Materials in Libraries

Takashi Nagatsuka

(Tsurumi University)

The Science Council in Japan published a proposition to improve and strengthen the functions of digital library in university libraries in 1996 (Science Council, 1996). The proposition by the Science Council has impacted university libraries in Japan to start up a service of digital collections on their website before public libraries did. The proposition by the Science Council is considered as one of the reasons why the academic libraries started before the public libraries did.

The university libraries in Japan possess many rare books and old documents. They promote the digitalization of rare books and old documents which are kept in their libraries and then put the metadata and image data of rare books and old documents on their Web site. Currently, many university libraries put the metadata and image data of the rare books and old documents on their Web site. They make many of these digital collections searchable on their Web site.

The service for digital collections in public libraries started with the class of prefectural library which is a main library in each prefecture in the mid-2000s (Kubo, 2008). In the United States, virtually every public library offers public Internet access. However, all libraries are not equal with rural public libraries lagging behind libraries in more populated areas in providing technology services (Real, et al., 2014). The public libraries in Japan face a similar situation as the public libraries of the United States: the gap of technology services between rural areas and cities. The number of public libraries providing their resources on the Web was 121 in 2007 (Kubo et al., 2008). This figure is quite low compared to 3111 public libraries of the same year in Japan. The proportion of public libraries providing their resources on the Web is 43. 5% of the total number of prefectural libraries. The large public libraries such as prefectural libraries started to provide the collections of digital archives on their Web in the mid-2000s.

During the ensuing decade, most prefectural libraries currently provide the service of digital collections on their websites. Since the city, town and village libraries are relatively small size, if these libraries and institutions begin to start the service of digital collections individually, the service might not start lightly (Nagatsuka, et al., 2017).

The rapid transformations of libraries have undergone in recent years. In a larger social context, one of the reasons is thought of as follows. The development of the library is consistent with the three modes of culture from 1.0 towards 3.0: public patronage, marketisation and active cultural participation (Jochumsen, et al., 2015). Currently, libraries play an important role as part of the digital, smart, knowledge and creative infrastructures of modern societies (Mainka, et al., 2013). Moving towards the field of digital preservation in our societies, the research in digital libraries and digital preservation has progressed side by side for nearly two decades, both with the same broad mission to make digital information accessible and useable to the user community of the present and future (Chowdhury, 2010).

This paper introduced the current status of digital collections at libraries in Japan and described the relationships and linkages among the digital collections at libraries. The future directions about the digital collections at libraries were discussed. Since this study is in the early stage of making an analysis on the relationships and linkages among the digital collections at libraries, more research will be needed to understand the advanced service of the digital collections at libraries in the future.

The Digital Collections of University Libraries, Public Libraries and National Diet Library

The university libraries in Japan offer two types of digital collections, which are institutional repositories and digital archives created by them from their special collections. The institutional repositories mean "digital archives of research findings", and the digital archives mean "digital archives of collected materials" (Research Report, 2009). Many university libraries have already introduced institutional repositories for providing their research findings and related materials to the public. The IRDB (Institutional Repositories DataBase) serves the metadata of digital collections which is collected from each institutional repository of university library to the users (Fig. 1).

In the case of university libraries, the metadata of institutional repository operated by each university library is collected into IRDB and served to the users through IRDB. IRDB supplies the metadata of digital collections from institutional repositories to the NDL Search. On the other hand, the metadata of digital archives which mean digital archives of collected materials in each university library put on the NDL Search very little.

The users can retrieve the metadata of digital collections that libraries provided to the NDL Search as shown in Fig. 1. Recently, the NDL Search is enlarging the number of libraries and aggregators which supply their metadata to the NDL Search. However, the metadata which was acquired by the NDL Search is not all of what the digital collections served by libraries in Japan (Nagatsuka, 2018).

About 10 years ago, we could only access the digital collections separately through each website of library and there were linkages from the websites of libraries only linking to the external databases such as the "National Diet Library Digital Archive Portal" (PORTA) in NDL and the "National Archives of Japan Digital Archive" in National Archives of Japan. There are great differences between the prior status 10 years ago and the present status to access the digital collections as shown in Fig. 1.

In 2019, Japan Search Beta (https://jpsearch.go.jp/) shown in Fig. 1 has started a trial service which links digital archives in the publications, cultural properties, and media arts fields and organizes metadata of varying of contents preserved by Japanese institutions and organizations. Japan Search Beta aspires to become "national, integrated and cross-sectoral portal website". Aside from providing searchable aggregated metadata, Japan Search Beta provides metadata in a user-friendly format and also plays a vital role as a foundation for promoting content utilization (The Direction, 2017).

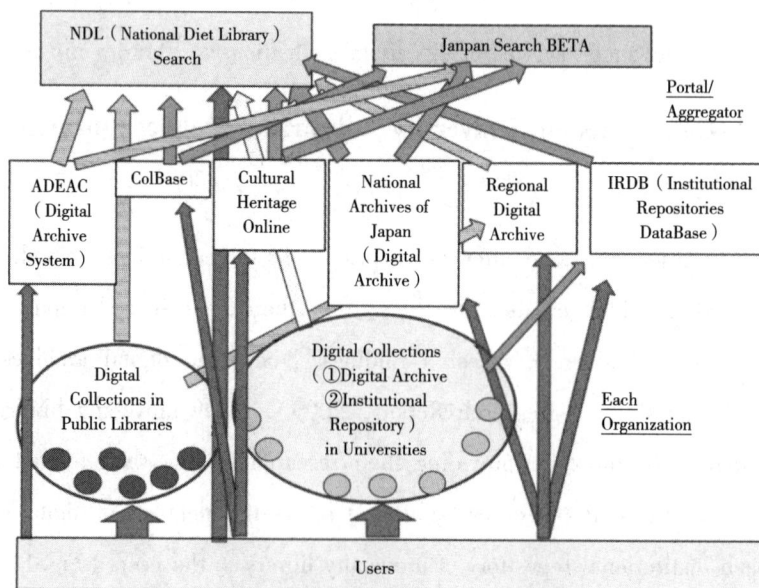

Fig. 1　The digital collections of university libraries,
public libraries and National Diet Library

The Digital Collections of Local History Materials in Libraries

The search by "地方史" and "郷土史" as Japanese terms which mean "local history" on NDL Search was done on June 12, 2019 as shown in Table 1 and 2. The numbers of search by "地方史" on NDL Search listed their results separately for each database which supply their metadata to the NDL Search shown in Table 1.

Table 1　The number of search by "地方史" as a Japanese term which means "local history" from NDL Search

Search Term (Japanese)	地方史	Aggregator
Total number of search	16975	
The number of records in the category of Digital Materials	5790	
Database name	Number of Search	
NDL Digital Collections	2060	
IRDB	1634	○
Akita Prefectural Library Digital Archive	1336	○
CiNii Articles	202	
National Diet Library publication	92	
Others	92	
NDL Digital Collections (Online publications)	77	
Nation al Diet Library	76	
Japan Knowledge	51	○
Nation al Institute for Japanese Language and Linguistics	50	
Nation al Institute of Japanese Literature	50	
Nation al Museum of Japanese History	50	
Web Archiving Project (WARP)	50	
Digit al Okayama Encyclopedia	50	
Nation al Museum of Ethnology	50	

* The search on NDL Search was done on June 12, 2019.

Table 2　The number of search by "郷土史" as a Japanese term which means "local history" from NDL Search

Search Terms (Japanese)	郷土史	Aggregator
Total number of search	27280	
The number of records in the category of Digital Materials	9436	
Database name	Number of Search	
NDL Digital Collections	3876	
Akita Prefectural Library Digital Archive	2913	○
Eichi no Mori Web (Miyagi Prefectural Library)	1325	○
Japan Knowledge	572	○
IRDB	169	○
NDL Digital Collections (Online publications)	53	

续表

Search Terms（Japanese）	郷土史	Aggregator
CiNii Articles	51	
Digital Archive System ADEAC	50	○
Nation al Museum of Japanese History	50	
Web Archiving Project（WARP）	50	
Digital Okayam a Encyclopedia	50	
Nation al Museum of Ethn ology	50	
Nation al Institute of Japanese Literature	50	

* The search on NDL Search was done on June 12，2019.

Digital Collections of Local History Materials in the Portal and Aggregators

The NDL search as a portal and aggregators of digital collections in the libraries are growing recently（Fig. 2）. The NDL Search is enlarging the number of libraries and aggregators which supply their metadata to the NDL Search. However，the metadata which was acquired by the NDL Search is not all of what the digital collections of local history materials served by libraries. The users should also access the digital collections separately through each website of the library and also access to aggregators of digital contents directly. The main aggregators are described as below.

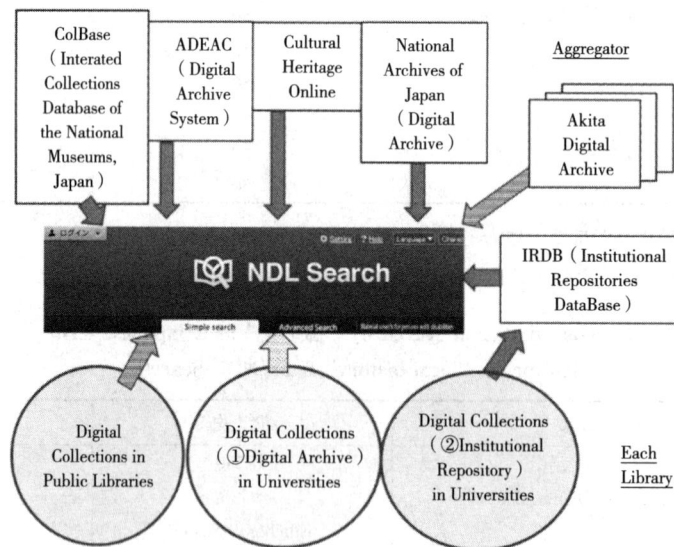

Fig. 2　The NDL Search as a portal and aggregators of digital collections in the libraries

1）NDL（National Diet Library）Search

The NDL Search（http：//iss. ndl. go. jp/）has enlarged the number of libraries and aggregators which supply their metadata to the NDL Search in recent years (Fig. 2). How and where does the NDL Search collect the metadata? It is shown in Fig. 1. The NDL transmits the information to each user or group for a purpose through the use of API. Each user or group can build a special collection by the metadata which was acquired from the NDL through the use of API. Currently, users can retrieve the metadata of digital collections that libraries are serving themselves in the NDL Search. As described above, the NDL Search is enlarging the number of libraries and aggregators which supply their metadata to the NDL Search recently. However, the metadata which was acquired by the NDL Search is not all of what the digital collections served by public libraries and university libraries in Japan. Remarkably, the metadata of digital archives collected materials in each university library put on the NDL Search very little.

2) IRDB (Institutional Repositories DataBase)

IRDB (https://irdb.nii.ac.jp/en) provides academic information such as journal articles, theses or dissertations, departmental bulletin papers, research papers, etc. which are accumulated in institutional repositories being run by university libraries in Japan to the users (Fig. 3). The users can search the metadata from all institutional repositories in Japan in a cross-sectoral manner. As of March 2019, IRDB allows about 2968978 contents in 703 institutional repositories to be searched for.

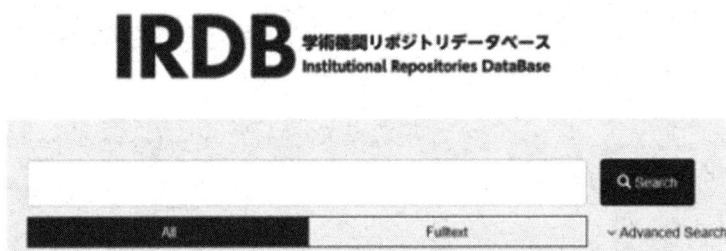

Fig. 3　IRDB (Institutional Repositories DataBase)

3) Cultural Heritage Online

The Cultural Heritage Online covers both tangible objects such as paintings, buildings and other artefacts, and intangible objects including theatre performances and dance, as well as art that creates artefacts. The key issues in system design are mechanisms for continuous search-and-navigation through a combination of content-and structure-based retrieval (Fig. 4). The metadata of digital contents created by the Cultural Heritage Online provides to the NDL. As of June 24, 2019, Cultural Heritage Online allows about 262520 contents in 1005 organizations to be searched for.

4) ADEAC (Digital Archive System)

The ADEAC (A System of Digitalization and Exhibition for Archive Collections) as a cloud service

Fig. 4　Cultural Heritage Online

for digital collections started in 2013. The ADEAC (https://trc-adeac.trc.co.jp/) has a lot of view and search functions for the digital collections such as multi-display, simultaneous display, 3D display screens, high-resolution display, full-text search and cross search (Fig. 5). The relatively small size public libraries such as city, town and village library had come to provide the service for digital collections on the platform of ADEAC because the ADEAC approach for digital collections is less expensive than the development of whole system for digital collections or archiving. As of June 28, 2019, ADEAC allows about 72056 metadata, 30067 image data and 77896 full-text data in 94 organizations to be searched for.

Fig. 5　ADEAC (Digital Archive System)

5) Regional Aggregators

A website of digital collections named "Akita Prefecture Digital Archive" (http://da.apl.pref.akita.jp/lib/), which is constituted by Akita Prefectural Library, Akita Prefectural Museum, Akita Museum of Modern Art, Akita Prefectural Archeological Center, Akita Prefectural Life-Long Learning Center, Akita Literature Center and Akita Prefectural Archives (Fig. 6).

The website of "Akita Prefecture Digital Archive" is a good example of the network of digital collections among many types of cultural organizations such as public libraries, museums, archives, archeological centers and life-long learning centers at a prefectural level. The Akita Prefectural Library Digital Archive within Akita Prefecture Digital Archive is only serving the metadata of digital collections

Fig. 6 Akita Prefecture Digital Archive

to the NDL Search (Fig. 6).

The second is a website of "Eichi no Mori Web" which is run by Miyagi Prefectural Library (http：//eichi. library. pref. miyagi. jp/) (Fig. 7). The website being set up the bibliographic data of local history, newspaper index related local materails published on local newspapers, newspaper index related libraries published on local newspapers and digital collections housed old materials in Miyagi Prefectural Library is a typical instance of serving the bibliographic data and digital contents related with local historical collections and news by a local government body. The "Eichi no Mori Web" is one of representative examples of which digital contents related to local historical collections serve on the Web.

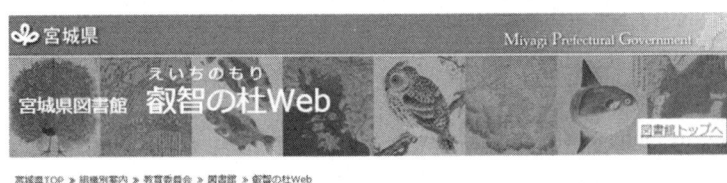

Fig. 7 Eichi no Mori Web by Miyagi Prefectural Library

The third is a website of "Digital Okayama Encyclopedia" which is run by Okayama Prefectural Library (http：//digioka. libnet. pref. okayama. jp/en/) (Fig. 8). The Hometown Information Network in Digital Okayama Encyclopedia is as a navigator to local history materials in Okayama prefecture and also provides the digital contents of local history materials in Okayama prefecture.

The fourth is a website of digital collections named "Northern Regions Literature Digital Library" (http：//www3. library. pref. hokkaido. jp/digitallibrary/), which is provided by Hokkaido Prefectural

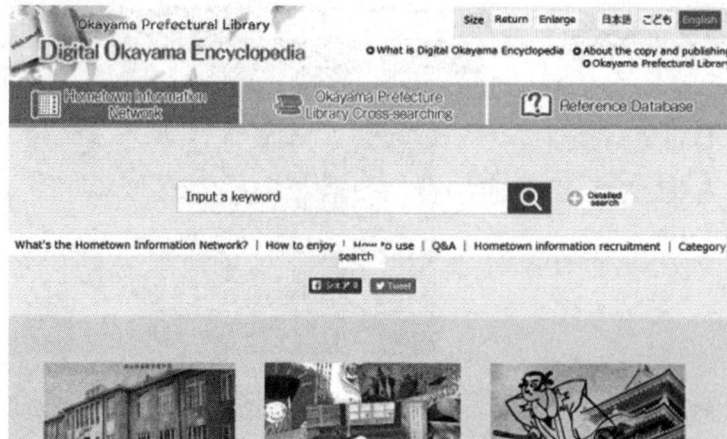

**Fig. 8　Digital Okayama：A Large Encyclopedia by
Okayama Prefectural Library**

Library, The Archives of Hokkaido, Hokkaido Archaeological Operations Center and City Libraries (Fig. 9). The website of "Northern Regions Literature Digital Library" is an example of the network on digital collections among cultural organizations such as archives and archaeological operations center, and prefectural and city public libraries at a prefectural level.

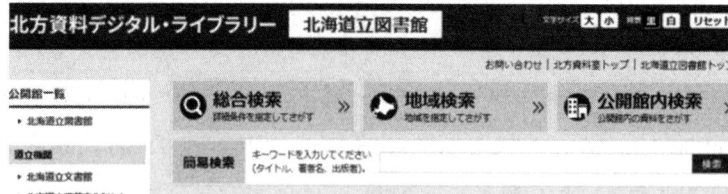

Fig. 9　Northern Regions Literature Digital Library

Nowadays, most prefectural libraries provide the service of digital collections on their websites. The libraries in many designated cities or core cities have already begun to start the service of digital collections, and some libraries in towns or villages have also started the service of digital collections. The number of libraries which are offering the service of digital collections has been on the increase recently. Previously, the service of digital collections in each library was served separately in many cases.

Different Forms of Serving Digital Collection of Local History Materials

The best practices of digital archiving projects conducted by public libraries in Japan were surveyed by the National Diet Library (NDL) in 2010. The NDL surveyed 23 domestic public libraries actively conducting digital archiving projects to provide contents and/or information about their regions, including 3 local governments. In this survey, interviews by e-mail were conducted about the start of digital archiving projects, contents, process and framework for construction of digital archives, daily work and issues, participation of regional residents, cooperation with other institutions, use of commercial services, future prospects, etc (Digital Library Division of NDL, 2010). The prefectural libraries play an important role as a digital collection center within a prefecture for serving the digital contents such as local history and others. The role of prefectural libraries might be increasing in the future.

The university libraries offer two types of digital collections which are institutional repositories and digital archives held by them as described earlier. One is the institutional repositories that mean "digital archives of research findings", and the other is the digital archives that mean "digital archives of collected materials" (Research Report, 2009). Many university libraries have already introduced institutional repositories for providing their research findings and related materials to the public. The IRDB serves the metadata of digital collections which is collected from each institutional repository of university library to the users.

A typical example of the digital archives of local history materials in a university library is Wakayama University Library. The Local Collection Digital Archives of which the local collections are held by Wakayama University Library are to provide the widest possible public access through one of the aggregators named ADEAC already introduced in the paper (https://trc-adeac.trc.co.jp/WJ11C0/WJJS02U/3071055100) (Fig. 10). The metadata of ADEAC is provided to the NDL Search.

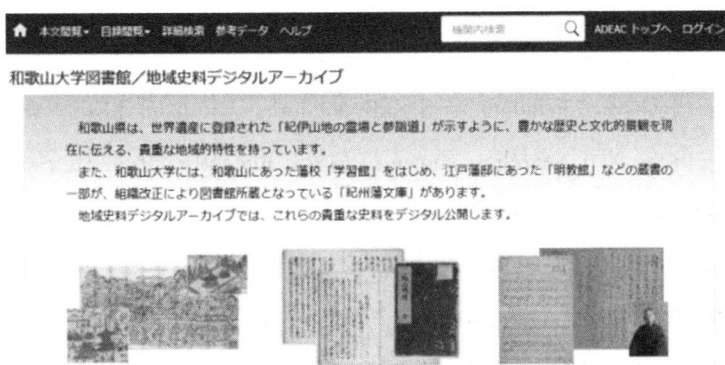

Fig. 10　Local Collection Digital Archives by Wakayama University Library

The Relation between the NDL Search and Digital Collections of Local History Materials in Libraries

Nowadays, most prefectural libraries provide the service of digital collections on their websites. The libraries in many designated cities or core cities have already begun to start the service of digital collections, and some libraries in towns or villages have also started the service of digital collections. The number of libraries which are offering the service of digital collections has been on the increase recently. Previously, the service of digital collections in each library was served separately in many cases.

The university libraries offer two types of digital collections which are institutional repositories and digital archives held by them as described earlier. One is the institutional repositories that mean "digital archives of research findings", and the other is the digital archives that mean "digital archives of collected materials" (Research Report, 2009). Many university libraries have already introduced institutional repositories for providing their research findings and related materials to the public. The IRDB serves the metadata of digital collections which is collected from each institutional repository of university library to the users.

The National Diet Library (NDL) Search has enlarged the number of libraries and aggregators which supply their metadata to the NDL Search in recent years. How and where does the NDL Search collect the metadata? It is shown in Fig. 1. Currently, the users should also access the digital collections separately through each website of library and also access to aggregators of digital contents directly (Fig. 2). Nevertheless, the NDL Search is enlarging the number of libraries and aggregators which supply their metadata to the NDL Search recently, the metadata which was acquired by the NDL Search is not all of what the digital collections served by libraries in Japan.

Discussion

The users can retrieve the metadata of digital collections of local history materials that public libraries are providing to the NDL Search as shown in Fig. 1. Recently, the NDL Search is enlarging the number of libraries and aggregators which supply their metadata to the NDL Search. However, the metadata which was acquired by the NDL Search is not all of what the digital collections of local history materials served by public libraries in Japan.

The "Akita Prefecture Digital Archive" is only providing the metadata of Akita Prefectural Library Digital Archive to the NDL Search (Fig. 6). The metadata of other digital collections of local history materials that Akita Museum of Modern Art Digital Archive, Akita Prefectural Museum Digital Archive and etc. can not retrieve on the NDL Search.

Users now have multiple access pathways to the digital collections of libraries as shown in Fig. 1. The first pathway is to access each website of library searching and/or reading the digital collections directly. The second pathway is to access the digital collections through the "NDL Search" as a portal site for library users which collects metadata (Ohba, 2015). The third pathway is to access the digital collections through a cloud service as ADEAC which expands the access points to the digital collections such as cross-search and full-text search and also provides a wide variety of display functions such as multi-display, simultaneous display, 3D display screens and high-resolution display. Nowadays, users should approach the digital collections at libraries through using several strategies.

Nowadays, there are over 3000 public libraries and over 750 university libraries in Japan. It is considered that the number of libraries which provide the digital collections of local history materials to the users should be necessary to increase further in the future (Fig. 11). At the same time, when we try to access the digital collections of local history materials, the one-stop access point of digital collections of local history materials such as the NDL Search is a very important factor to receive relevant search results from the digital collections of local history materials in libraries (Tanaka, 2016).

Finally, we hope more digital collections of libraries are able to be accessed through the NDL Search, and the digital collections of local history materials which are served by libraries will expand the range of the collections in the future. It will yield more abundant fruit for people.

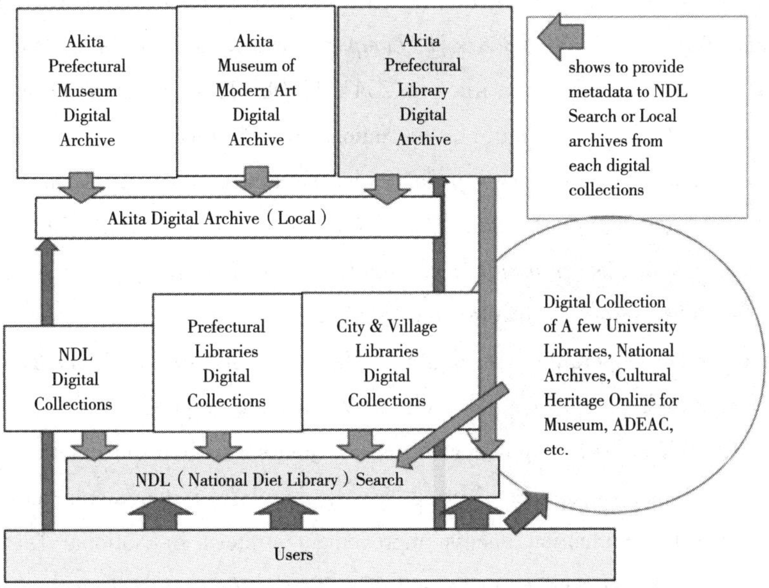

Fig. 11   A future direction on how to search the digital collections of local history materials

Reference

Chowdhury, G. (2010). From digital libraries to digital preservation research: the importance of users and context. *Journal of Documentation*, 66, 2, 207–223.

Digital Library Division, Kansai-kan of the National Diet Library. (2010). Survey on best practices of digital archiving projects conducted by public libraries in Japan (2010): overview. http://www. ndl. go. jp/en/aboutus/pdf/Survey2010_ overview_ E_ .

Jochumsen, H., Skot-Hansen, D., & Rasmussen, C. H. (2015). Towards Culture 3.0 – performative space in the public library. *International Journal of Cultural Policy*, http://dx. doi. org/10. 1080/10286632. 2015. 1043291.

Kubo, J., & Sugimoto, S. (2008). Digital Resources Published on the Web by Japanese Public Libraries. *Journal of Information and Media Studies*, 7, 1, 15–31. (Japanese)

Mainka, A., Hartmann, S., Orszullok, L., Isabella P., Anika S., & Wolfgang G. S. (2013). Public Libraries in the Knowledge Society: Core Services of Libraries in Informational World Cities. *Libri*, 63, 4, 295–319.

Nagatsuka, T., & Ishikawa, T. (2017). A Progress on the Digital Collections of Local History at the Public Libraries and Other Memory Institutions in Japan. *IFLA WLIC 2017—Wrocław, Poland*. http://library. ifla. org/1702/1/S0 3–2017–nagatsuka–en.

Nagatsuka, T. (2018). The Relationships and Linkages among the Digital Collections at Libraries in Japan. *IFLA WLIC 2018—Kuala Lumpur, Malaysia-Transform Libraries, Transform Societies in Session S08*, http://library. ifla. org/2341/1/s08–2018–nagatsuka–en.

Ohba, T. (2015). The Past and Future of the National Diet Library "Digital Archive" Projects. *Japio year book*, 20–27. (Japanese) http://www. japio. or. jp/00yearbook/files/2015book/15_ a_ 03.

Real, B., Bertot, J. C., & Jaeger, P. T. (2014). Rural Public Libraries and Digital Inclusion: Issues and Challenges. *Information Technology and Libraries*, 33, 1, 6 – 24. https://ejournals. bc. edu/ojs/index. php/ital/article/view/5141/.

Research report on the operations of digital archives at cultural and academic organizations. (2009). http://current. ndl. go. jp/files/research/2009/research_ report.

Science Council (1996). The proposition to improve and strengthen the functions of digital library in academic libraries in Japan. (Japanese) http://www. janul. jp/j/documents/mext/kengi. html.

Tanaka, H. (2016). Information access improvement strategy in National Diet Library-Current status and issues of the "Mission and Objectives 2012–2016". *Journal of Information Processing and Management*, 59, 5, 305 – 314. https://www. jstage. jst. go. jp/article/johokanri/59/5/59 _ 305/_ pdf/–char/ja.

The Direction of Digital Archive Promotion in Japan. *Coordination Committee of Digital Archive-related Ministries and Agencies and the Practitioners' Council*, *April 2017*. https://www. kantei. go. jp/jp/singi/titeki2/digitalarchive_ kyougikai/houkokusho.

构建"一体三级"体系 形成史志统修机制

史天社

（陕西省地方志办公室）

史志是我国历史文化遗产中弥足珍贵的部分，是推动中华文化繁荣发展的资料宝库、知识宝库、智慧宝库，是传承和彰显中华文明、发掘历史智慧的重要载体。新编社会主义地方志经过两轮的编纂实践，提出研究规划编纂国家志的历史课题，也正在推进着史志一体化的进程。在新时代中国特色社会主义文化建设中，应统筹规划史志事业，促进史志一体协同发展，建立包括国家一级通史、通志，中华人民共和国国史、国志，地方史、地方志的三级史志结构体系，形成"一体三级"史志统修机制。

一 史志一体化

史志同流共体，形式相异，本质相同。修志、修史看似不同，它们实则是一业之两个作物，一作物之两个品种，一品种之两个形态。适应新时代的要求，打破史志分家僵局，促进史志一体协作协同发展，成为历史的现实的迫切需要。

（一）史志属性宗旨的体现

史志同根同源，都是对自然、社会存在及其变迁的意识形态的反映。史志求实，以信为本；史志求真，以义为体；史志求用，以例为从，从而全面体现它的价值追求。

史志是社会历史文化的重要载体，具有存史、资政、教化的功能，以服务当代、有益后世，启迪问道、传承文明为之能是。我国从元代起编纂一统志，体现了国家一统的政治理念，是中国大一统历史观的集中体现。历代的史志乃至其具体的编修活动，都是当时社会一定的政治经济在观念形态上的反映。志书既是那个时代客观形式的产物，也是那个时代特点的反映。

· 587 ·

地方志两千多年的存在发展，证明了它的价值作用，显示了它极强的生命力和巨大的影响力。

中国历史上的史志编修，总是适应着各个历史时代的客观要求，连绵不断地发展延续，这也可以说是我国史志事业的一个基本特点和发展规律。今天，史志事业的政治特征、时代特征更加鲜明。史志要传世留存，要更具活力，就必须适应新时代发展要求，通过记述历史事实来揭示历史的真谛规律和经验智慧，为党和人民立言，服务中国特色社会主义事业。这应该就是中国特色社会主义史志的基本价值观。

新时代，史志一体共性的特征更为显著，史志发展具有一体化趋势。史志的属性要求及其价值的趋同性，决定并推动着史志的一体化进程。可以说，一体协同协作发展是史志存在及其运动的本征形态，体现着适应史志属性宗旨需求的内在规定性。

（二）交融参补共存的关系

史志一家，各有特性；既有联系，又有区别。清人章学诚认为，志属信史，方志为一方之全史。他说"志乃史体"，"部府县志，一国之史也"，"志乃史裁"。① 明人李东阳认为，"志，史类也，大则史小则志，兼行而互证也"。清人金铉认为，"志者，一方之史；史者，天下之志"，其区别在于详略、简繁不一。李铁映说："志书是一种特殊的史书，是'官修'的地情书……新编地方志不同于一般的史书，不是一家之言，不是史家的专著，不是史料汇编、资料大全，也不是百科全书，而是一种有特殊体例的著述，是汇集我国各地区自然、人文、社会、经济的历史和现状的全面、系统、科学的国情资料。从一定意义上说，志是史的基础。"②

史志在记述对象、记述角度、体裁体例、编写方法、表述方式等方面存在差别，但它们不是对立分割的关系。史志本义相同，流如江、汉两源，汇之实则一体。史志如同一棵大树的两个分枝，各据空间，各展形态，各有侧重，各领风骚。梁滨久说："从理论上说，大千世界，从宏观到微观，任何事物，如果有必要，都是可以用志书的形式加以记载的。因为世界上的凡是独立存在的事物，都有历史发展的过程，同时，也都作为系统的事物存在。如果我们从事物的发展过程的角度去记，那就是史，成书就是史书；如果我们从事物系统存在的角度去记，那便是志，成书便是志书。所以，凡是能写史的，也都可以撰志。有世界史，也就可以有世界志；有洲别史，也可以有各洲志；有国别史，也可以有各国志，有地方史，就有地方志；有各类专史，也有各类专志。志书完全可以形成和史书的庞大体系相抗衡的同样的庞大体系。"③ 这样"一体双星"的史志交融参补共存关系，既使史志协同一体，又能使史志各具特色，保持活力，繁荣发展。

史志交汇融合，才能适应全面记载历史和反映现实的需要。国史、方志、家谱历来被称为

---

① 章学诚：《文史通义》，上海古籍出版社，2015，第292、198、327页。
② 李铁映：《求真存实 修志资政 服务当代 垂鉴后世》，在全国地方志第二次工作会议上的讲话，1996年5月7日。
③ 梁滨久：《志书分类谈》，《广西地方志》1995年第1期。

中国社会历史记录的三大支柱。地方志全面系统地记述本行政区域自然、政治、经济、文化和社会的历史与现状，可以把其编纂视作一种历史记载。尽管自古至今，地方史和地方志是同时并存的，不能强求合并、统一为一种体裁，但仍可以说，修志就是著史，地方志书可以视作史书的一种。这种记载反映客观现实的史志的融合，既是客观现实的必然要求，也是丰富多彩地反映客观现实的需要。

（三）史志事业发展的需要

我国历朝历代一贯重视编修史志，特别是统一王朝史志兼修，代代不辍；史志双全，不废不弃。国史、天下之史及其以外的地方史、一家之史、一人之史，记载尤其广博，著作如汗牛充栋，数不胜数。特别是从汉代司马迁《史记》至民国《清史稿》形成的二十六史，记载了上起传说中的黄帝（约前2550年），下至1912年清朝灭亡的4400多年的历史。近现代有郭沫若《中国史稿》下限到1840年，范文澜《中国通史》从远古写到清嘉庆时期，翦伯赞《中国史纲要》从远古写到1919年五四运动前夕，中国社会科学院近现代史研究所中华民国史研究室《中华民国史》记述1912~1949年的全部历史。至于历代地方志书，更是作为当地的地情资料、官方文献，赓续修纂，著作丰盈。据不完全统计，全国现存历代志书8000多种、10多万卷，约占现存古籍的1/10。尤其是元、明、清三朝的一统志及其以前朝代修纂的志书，如隋《区宇图志》，唐《括地志》《元和郡县图志》，北宋《太平寰宇记》《元丰九域志》《舆地广记》，南宋《舆地纪胜》《方舆胜览》，等等，提纲汇要，已经具有了国家地理总志的意义，堪称文史大观。

历史证明，一体化是新编史志融合的大势所趋，也是一条光明的发展坦途。地方史、国史可以借用国家修志体系机制，地方志需要借鉴国家历史研究的体系模式。对地方志机构而言，承担地方史编研职能还是一个新任务新课题，必然离不开历史学的指导和历史研究机构的襄助。目前，全国第二轮地方志书编纂就要结束，第三轮修志启动在即，火热的地方志编修实践相对显现出国家志编修体制的滞后或缺失，促使提出启动编修国家志的历史课题。将来，国家志、总志编修更需要国史的指导和国史研究编修机构的襄助。同时，地方史、国史编研也从来没有离开过对方志资料的借鉴和利用，方志对于历史研究的基础支撑作用会愈加重要。

但是，历代地方志、历史书编修都还具有很大的局限性。特别是史志分离、各自为政的情况，有悖于史志一体化的趋势要求，阻碍史志事业的进步和发展。中华人民共和国的史志编修，在国家和地方两个层面、社科和地方志两个系统分别进行；史志分属两个学科，各自构建体系，各自建立标准规范和组织机构，相互分隔、互不来往，需要加快协调融合发展。相对而言，新中国以往的地方史、国史编研由国家社科研究机构组织实施，是一个比较封闭的研究体系，至于学者个人著史、民间著史、野史杂记更会有一定的局限性。在修史领域，国史编修得到重视，国家安排专门的社会科学研究机构组织实施，成果比较系统规范；但地方史的编研编修主体还没有完全确立起来，修史的自发性较强，持续性、系统化、法治化不足。经过两轮的修志实践，建立国家修志、规划修志、依法修志、社会化修志、开放式修志、各地各级修志、专家修志、众手成书等机制模式，形成以修志、编年鉴、编修地方史为主体的"十业并举"地方志事业格局，成就地方志这个宏大的社会文化事业。地方志事业发展对史志一体化提供着经验，同时也提出了需求，开辟着道路。

二　三级史志编修体系

地方志的地域性、整体性、全面性鲜明突出，国家总志同样具有这种属性。地方史、国史的学术性、论著性、系统性则比较突出。据此，国家修志修史，应注意史志体系的系统性、完整性、全面性，形成包括国家一级通史、通志编修，中华人民共和国国史、国志（以下简称国史、国志）编修，地方史、地方志编修的三级史志编修体系。笔者提出关于志书、史书系列分类的设想如图1所示。

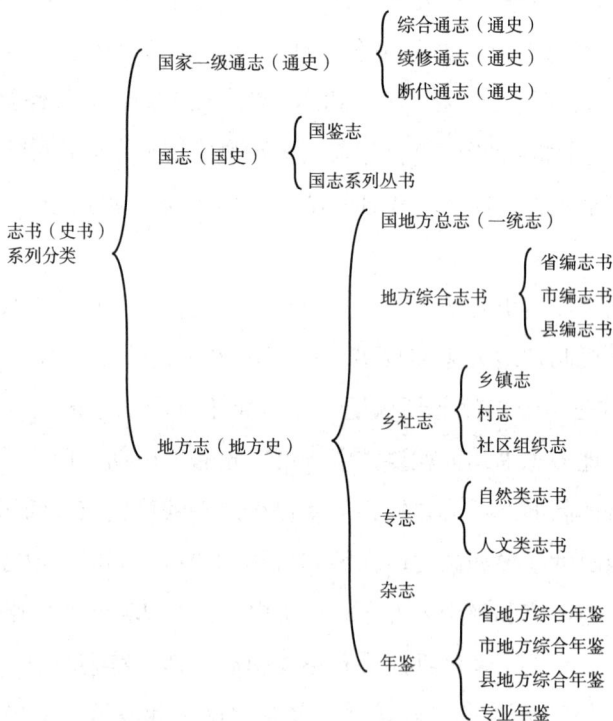

图1　志书（史书）系列分类

（一）国家一级通史、通志

国家一级通史、通志，包括国家分别编修的各个朝代的通史、通志和国家编修的历史上贯通古今的通史、通志两个大类。其中，国家通史编修及成果相当成熟，形成了学术理论、体例体裁、叙事文风和制度规范等；但由于历史上以往的国志的形式为一统志，它还只是封建王朝的地理总志、地方总志，实际只是一种全国地方志的汇总志，所以从严格意义上说，国家一级通志编修至今仍是一个空白。

国家一级通史立足于对国家整体历史的研究，其体例结构，可以参照或沿用历史通史的体例结构。

国家一级通志也着眼于国家的整体历史及状况，是整体国家层面的综合性通志，其构成种类包括各个朝代的通志（断代通志）、贯通古今的国家通志、续修的国家通志三种。其中，断代通志以朝代命名；贯通古今的国家通志、续修的国家通志因其有直接的传承关系，故以《中国通志》《中国通志（时期）》命名。

国家一级通志，都应为综合类通志。其志书结构可以参照地方综合志书的通志，上升到国家层面来进行设计。一般可有两种结构组织形式。

一是统编国家综合通志。确定一个整体的纂修体例及篇目结构，由一个机构承担组织编纂，使志书成为一部统一的、结构严谨的通志。例如，参考《〈陕西通志〉纂修方案》（1982年10月制定，未实施）设计的《陕西通志》的结构。《陕西通志》结构形式，包括述、记、志、传、图、表、录等体裁，由首卷至末卷，以综述、大事记、各专志、人物传记、杂记等构成有机整体。《陕西通志》结构的主体为专志，专志以行业为篇章，以时、以地、以具体专业为篇目。《陕西通志》注意综合与专题两种体裁的合理运用，要求具有高度的著作性和资料性；它不是旧通志的续编，更不是重复，而是创新的、反映时代特点的、重新编纂的一部新省志。

二是统编丛书类国家通志。其纂修体例及篇目结构设计和要求与国家综合通志一致，由国家地方志工作机构承担组织编纂，成为一部达到统一规范要求的通志系列丛书。整部通志丛书的结构由"基础综合志+分类专业志"组成。其中，基础综合通志由国家地方志机构直接组织编纂，分类专业通志由国家相关部委机构承编。全套通志丛书的所有基础综合志、分类专业志各成一部志书，统一编制分类及序号，独立出版发行。例如，参考新编《陕西省志》的结构，第一轮《陕西省志》1部，由82册（部）基础综合分志、专业分志组成；第二轮《陕西省志》1部15卷75册，其75册（部）基础综合、专志由72个单位分别承编，单独书号公开出版发行。

新编地方志以来，一些国家部委组织编纂了本行业、本系统的专业志书，如《中国民用航空志》《中国煤炭志》《中国煤炭教育志》《中国文物志》《中国植物志》《中国动物志》《中国沙漠植物志》《中国小麦品种志》《中国戏曲志》《中华文化通志》《中国矿产志》等，为国家一级通志的"专志"编纂进行了积极有益的尝试和铺垫。特别是方志出版社出版的《汶川特大地震抗震救灾志》，是新中国成立以来第一部由国家层面组织、针对特大自然灾害编纂的专题性事件志书，设《总述》、《大事记》、《附录》和分志等共11卷13册，系统客观地记述了汶川特大地震灾害，全景式地展示了抗震救灾和恢复重建的历史过程。全国 50 多个部委、有关省市政府和单位参加编纂工作，堪称国家修志的一次实际路演。

另外，国家一级通志的凡例、体裁、体例、行文规范以及质量规定等，可以参照规范的地方综合通志，在其基础上进行研究确定。

（二）国史、国志

国史、国志，在这里指的是中华人民共和国国史、国志。国史、国志属于断代史、断代志，也是当代史、当代志，现代史、现代志。

作为通史时，国史可以归入国家一级通史之下，进行整体史、综合史和通史性研究，深入总结当代中国历史发展及其经验规律；作为专门史、局部史、方面史时，应该当作国史研究著作的主体，注重历史进程和现实性问题研究，深刻揭示事物的性质和规定性。例如，《中华人民共和国史稿》是关于国史的通史著作；中国社会科学院当代中国研究所"中华人民共和国史研究丛书"是专门史著作，包括《中华人民共和国政治史（1949~2012）》《中华人民共和国经济史（1949~2012）》《中华人民共和国文化史（1949~2012）》《中华人民共和国社会史（1949~2012）》《中华人民共和国外交史（1949~2012）》等。例如，《中华人民共和国经济史（1949~2012）》，该书以生产力与生产关系、经济基础与上层建筑的关系及其对应的生产、交换、分配、消费为基本问题，以基于生产方式的矛盾运动展开的中国特色社会主义经济发展道路的探索形成和不断完善的历史轨迹为主线，以互为演变条件的发展目标、实现路径、绩效为研究写作框架，对中华人民共和国成立起至党的十八大前的中国经济发展历程进行了全面系统的梳理，从历史研究视角对中国为什么选择公有制为主体、多种所有制经济共同发展的基本经济制度，为什么选择社会主义市场经济，为什么能突破"贫困陷阱"而成为世界第二大经济体等重大实践和理论问题进行了阐释，为增强中国特色社会主义道路自信、理论自信、制度自信、文化自信提供了历史依据。

国志是中华人民共和国的国家综合志书，是全面系统地记述国家层面自然、政治、经济、文化和社会的历史与现状的资料性文献，是全面、系统的国政书、国务书，主要记述国家重大政策、重大变革、重大事件、重大成果。编纂国志的作用，在于解决国家通志体裁庞大、卷帙浩繁、资料驳杂、编纂周期过长等问题。国志是国家层面的综合志书，从一定意义上说，国志也是介于国家通志、国家总志和国家年鉴之间，提供资料、弥补不足的特种"快餐式"国家志书。国志可以定名为"中华人民共和国鉴志"，它的结构体例，可以借鉴地方综合志书和地方综合年鉴来设计确定。国志应该独立一体成卷，以顶层、概要、简洁、时效为要。国志也应有相对稳定的结构体例，以便及时进行续修。续修时间可比年鉴长，比综合地方志书短，20 年间可以多修，还可以根据需要，灵活修纂。国志可以增设附属的"国志系列丛书"，经过审批，一些不便编成年鉴的国家层面的行业、部门、产业、事件等可以列入国志系列丛书。

（三）地方史、地方志

国务院规划安排将编修地方史归入了地方志机构的职责范围，虽然地方史的概念范畴比较明确，而地方志系统对地方史的管理、编修、使用等问题却还不够明确。可以理解，地方志与地方史相辅相成，研究开发的领域极其广阔，前景十分光明。这是地方志促成史志协作融合一体发展的策略实招。地方史中的省、市、县级通史，应该同国家通史一样，作为国家制度安排进行统一规划部署；其他史书只要符合党和国家方针政策，适应编修主体需要，即可不禁体裁、放活体例、不拘一格、不定时限地进行编修。

新编地方志基本成熟。《地方志工作条例》规定，"地方志，包括地方志书、地方综合年鉴。地方志书，是指全面系统地记述本行政区域自然、政治、经济、文化和社会的历史与现状的资料性文献。地方综合年鉴，是指系统记述本行政区域自然、政治、经济、文化、社会等方面情况的年度资料性文献"。面临新时代第三轮修志的启动，地方志应抓住创新突破发展的历史机遇，在《地方志工作条例》规定的省（自治区、直辖市）编纂的地方志，设区的市（自治州）编纂的地方志，县（自治县、不设区的市、市辖区）编纂的地方志三级体系的基础上，增加国家总志（一统志）、乡社志、各种专志、杂志等，使之扩大到更大的范畴。其中，乡社志、各种专志、杂志应该本着修志为用的原则，不拘一格、百花齐放。此外，地方志包括地方综合年鉴，也应考虑将专业年鉴包含进去。

同时应该积极筹划开展中华人民共和国总志（以下简称"总志"）的编纂工作。总志的定位是国家的一统志、国情书，全面记述反映全国范围的综合地方历史以及全国各地的基本状况。"方志为国史要删"。[①] 总志是全国地方志成果的大汇撷，可作为国家的地方总志。总志内容资料的来源，在于容纳采集全国地方综合志书，特别是省市地方综合志书的特色信息资料。总志与国志的关系，国志是国家层面的国情要览，总志是全国地方总志；总志与国志配套，全面记述中华人民共和国历史和现状。

一统志，属地方志的一种。按照记述范围不同来划分，其记述全国地理、地方事务，故叫作一统志。我国一统志的编纂，比较权威的说法是始于隋朝，此后历代都有编修。元代以后的总志正式以一统志命名，从元至清的一统志都是断代志。元、明、清三朝的一统志及其以前朝代的通志，体例沿袭相承，成就志书的重要一脉。"一统志是记载全国性的总志，称地方总志或地理总志，它取材于各地上报的舆图和方志，集四方之志于一志"，[②] 形成了全国性总志自下而上编纂、汇编各个地方的情况的编纂路子。总志应继承历史上国家一统志的结构体例。

一统志的编纂体例和省、市、县地方志差不多，内容包括全国各地的疆域沿革、风俗、物

---

① 章学诚：《文史通义》，第 316 页。
② 张英聘：《论〈大明一统志〉的编修》，《史学史研究》2004 年第 4 期。

产、城镇、人物、名胜、古迹和艺文等。从隋唐宋代的总志到《大元大一统志》，许多好的体例原则和规范形式，为明代及以后的一统志编修者所遵循和发展。唐宋所修的几部总志有三个共同之处：一是按当时行政区划为纲分述，二是着重地理建置与沿革，三是户口田赋、风俗形胜、人物古迹、艺文等内容逐步增多。[①]

元代一统志编纂，确定以元代行政区域路州县为纲目。《大清一统志》是继隋唐宋元明一统志以后的集大成之作。清修一统志共三部。康熙《大清一统志》体例：每省皆先立统部，冠以图、表，次述分野、建置沿革、形势、职官、户口、田赋、名宦；诸州府又各立一表，次述分野、建置沿革、形势、风俗、城池、学校、户口、田赋、山川、古迹等二十一门。乾隆《大清一统志》较之康熙志，"门目仍其旧，而体例加详"，修订讹舛，增补内容，反映版图扩充及政区变迁、职官汰增等变化。嘉庆《重修大清一统志》内容增辑至嘉庆二十五年，绘《皇舆全图》于卷首，新增税课等门，边疆地区改动、增补尤多。

新编总志，应该分省设卷，各设统部，再以市县为纲，分门设目记述，使之成为记载全国地方自然地理和基础环境的突出特色亮点的全国地方总志。总志应规范设计撰写内容条目提纲，在强调各地一致性的同时，照顾各地特点，采集取裁资料，避免千篇一律、纷繁杂芜。

三　国家史志统修机制

随着地方志事业的发展，特别是国家志、中华人民共和国总志的规划编修，应该在国家层面上提出规划、协作、统修国家史志的任务和要求，形成史志一体化统修机制，促进国家史志事业的发展。所谓史志一体化统修体制，一言以蔽之，就是建立实现国家史志"学、修、管、用"统一化的体系机制。史志一体化，是促进史志事业联动协调发展的规划布局和方略措施。

（一）加快史志事业法治化进程

研究起草制定"中华人民共和国史志法"，将修史修志一并纳入法治轨道。"中华人民共和国史志法"规范全国的史志编纂、研究、管理、利用等活动，具体的调整对象为国志编纂、第三轮修志、史志编修、乡镇村史志编修等，建立国家史志编修管理机制体制。

应将构建史志一体化体系作为立法、法治的一个重要理念、目标任务和政策措施，通过立法执法，建立国家对全国的史志事业统筹规划、组织协调、统一制度、监督和指导的法治体系。

（二）建立史志学科建设管理机制

史志在学科建设上，具有一体性的亲缘关系。在史志学科建设中，首先应明确目标，界定史志概念、属性，共同构建史志文化知识体系，将史志学作为马克思主义哲学社会科学及意识

---

① 张英聘：《论〈大明一统志〉的编修》，《史学史研究》2004 年第 4 期。

形态层面的一级学科。同时加强史志学术体系、话语体系建设。

应打破惯性思维理念和封闭保守僵化的门户之见，重点解决史志相互分割的问题。单独构建一个地方志学科体系，是一个浩大的工程，也是一个很难完成的事情；如果利用史志各自已有的知识、理论及学科建设成果，将史志学构建整合成一个系统的社会历史文化知识体系，归属到人文哲学社会科学范畴，必将广泛开拓史志知识理论研究领域及史志学科建设发展空间。

举全国史志学界之力，克服单打独奏、五花八门、遍地起灶的分散主义，设计方向目标，确定方法路径，发布指南，选题立项，纳入研究项目管理工程，鼓励大家共同添砖加瓦，出智献力，努力奋斗，襄成史志学科建设盛事。

（三）建立健全史志标准规范制度

从学术专业的角度和立场出发，重点制定推广指导、约束史志编修的专业性、行业性标准规范，促进提高史志专业化、学术性水平，保证史志成果的质量。

总结弘扬史志编修的历史经验，坚持党委领导、政府主持、史志工作机构组织实施、社会各级广泛参与的机制，制定保证做好规划管理、编研指导、专业规范、成果审定、人才激励等工作的政策措施，全面落实"一纳入、八到位"，保障新时代中国特色社会主义史志文化事业的繁荣和发展。

（四）加强做好基础性和重点工作

当前全国地方志最基础性的工作，是刻苦攻关、按时完成国家规划的第二轮修志和编纂出版地方综合年鉴的"两全目标"任务。在此基础上，地方志围绕中心、服务大局，修志问道、以启未来，才能有所作为、守住阵地、取得成绩，也才能抓住并创造机遇，实现转型升级。地方志事业在转型升级中守正创新，勇于作为，壮大发展，具备挑头担当的实力和水平，才能开辟国家志编修的新领域，创出史志融合协同发展的新路子。

可以考虑先从志书、地方史编纂、读志用志、开发利用、传播使用等方面，积极寻求社科、高校等历史文化科研机构的配合支持，以课题协作、项目委托等方式，联合组建史志队伍"军团"，多出史志产品成果，进而通过国家规划，配置史志资源和专业人才力量，组织建设史志一体化协作平台，逐步推进史志一体化进程。

国家方志工作机构应突出工作重点，组织研究基本理论，确定国家志结构体系、体例体式，制定国家志总体规划，优先推进《中华人民共和国总志》编纂工作；继承编修国家通史的优良传统和编纂地方志通志的有益经验，研究国家一级通志、通史编纂方案及有关工作；做好全国第三轮地方志编纂规划，及时组织启动实施；争取设立中国地方志指导小组办公室下属的国家史志研究院，同中国社会科学院系统的人文哲学社会科学特别是历史文化研究院所配合，开展国家史志和地方史志的研究编修工作。

地方志工作机构承接、推进地方史编写探究

陈　磊　周日杰

［山东青岛莱西市委党史（史志）研究中心］

党的十八大开启了中国特色社会主义新时代。为推动新时代地方志事业科学发展，根据国务院《地方志工作条例》、《全国地方志事业发展规划纲要（2015~2020 年）》与中宣部办公厅、国家新闻出版广电总局办公厅联合印发的《关于进一步做好地方史编写出版工作的通知》和相关出版规定精神，在全国范围二轮修志基本结束的省（自治区、直辖市）、地（市、州、盟）、县（区、旗），承接、启动并推进由当地党委领导、政府主持、地方志工作机构组织实施、社会各界参与的地方史编写工作，是拓展地方志事业的一项重要任务。现就地方志工作机构承接、启动地方史编写工作并如何推进落实做一粗浅探究。

一　地方史编写纳入新时代地方志工作范畴

新时代的地方史、志工作，是彰显文化自信的重要方面，在我国经济社会发展和文化强国建设中发挥着越来越重要的作用。地方史编写工作，引起中央领导人和决策层的高度重视。2015 年 5 月 8 日中宣部办公厅和国家新闻出版广电总局办公厅联合下发《关于进一步做好地方史编写出版工作的通知》（新广出办发〔2015〕45 号），明确"地方史编写与地方志工作密切相关，要加强与本地区地方志工作机构的沟通协调，具备条件的，可将地方史纳入地方志工作范畴，统一规范管理"。2015 年 8 月 25 日，国务院办公厅印发《全国地方志事业发展规划纲要（2015~2020 年）》，明确要求各级地方志工作机构"具备条件的，可将地方史编写纳入地方志工作范畴，统一规范管理"。2016 年 3 月，《中华人民共和国国民经济和社会发展第十三个五年规划纲要》中明确提出"加强修史修志"，将地方史、志编修工作全面纳入了国民经济和社会发展规划。2017 年上半年，中共中央办公厅、国务院办公厅接连印发《关于实施中华优秀传统

文化传承发展工程的意见》《国家"十三五"时期文化发展改革规划纲要》，明确要求："加强党史国史及相关档案编修，做好地方史志编纂工作，巩固中华文明探源成果，正确反映中华民族文明史，推出一批研究成果"，"加强地方史编写和边疆历史地理研究"。这表明，地方史编写已有了指向标式的顶层设计，它与地方志编修同样引起高层重视，是地方各级党委、政府当前和今后一个阶段内一项很紧要的任务，应当作为地方志事业的一个组成部分，纳入地方志工作范畴，统一业务规范和行政管理。

可喜的是，引领改革风气之先的广东省在全国率先设立地方史工作机构。2015年11月，广东省机构编制委员会明确广东省地方志办公室内设机构为人事秘书处、方志处、年鉴处、地方史处、方志资源开发处。这是按照《全国地方志事业发展规划纲要（2015~2020年）》提出的目标任务和工作要求所做的调整，顺应了地方志事业全面发展的要求，拓展了省地方志机构的工作范围，明确省地方志机构指导全省行业志、部门志、乡镇（街道）志、村志、行业年鉴、部门年鉴、乡镇（街道）年鉴的编纂，管理与指导省地方史编纂工作，将地方志工作职能延伸到行业和村，把地方史编纂纳入省地方志机构的工作范畴。与之相匹配，广东省人大常委会于2018年5月31日审议通过的《广东省地方志工作条例》明确规定："广东省行政区域内志书、年鉴及地方史的组织编纂、管理与开发利用工作，适用本条例。"据了解，即使2018年以来进行了全国范围的自下而上的党政机构改革，但广东省地方志办公室仍为广东省政府的直属机构，并未与其他机构合并或合署。

无独有偶，河南省地方史志办公室、省新闻出版广电局于2017年6月联合印发《关于进一步做好地方史志编纂出版工作的意见》，明确要求："地方史志机构要将地方史编写纳入工作范畴，统一规划、统一管理，切实加强对承担编纂任务单位（包括参与修史修志的社会力量）的业务指导和监督检查。"随后，河南省机构编制委员会同意省地方史志办公室内增设地方史理论规划处和地方史编修指导处，强化了地方史理论研究和编纂职能，这对进一步做好地方史志工作、更好地服务经济社会发展起了重要作用。据了解，有的省也有此内设机构。

为具体贯彻落实中宣部等关于"地方史编写要加强与地方志工作机构沟通协调，统一规范管理"的要求，2017年4月，中国地方志指导小组办公室召开《关于做好地方史编写工作的若干规定（讨论稿）》征求意见会。会议指出，把地方史编写纳入地方志工作范畴，这是地方志拓展功能、扩大平台、围绕国家中心工作实现转型升级的重要机遇。与会专家认为，制定地方史编写规定意义重大，为今后地方志事业的扩展提供了很好的平台。同年11月，中国地方志指导小组办公室就草拟的《地方史工作规定》《地方史编写基本规范》等基础性文件召集专家、学者征求意见。与会者认为，地方史相关工作是地方志工作开疆辟土的崭新领域，要从贯彻落实党的十九大精神与习近平总书记关于文化建设和文化自信的论述的高度认识制定地方史工作规定等规范性文件的意义，对其指导文件的出台既要做到"好看"，更要做到"好用"，以提高规范性文件的科学性和可行性。

中国地方志指导小组办公室着手起草的《关于做好地方史编写工作的若干规定》，或是《地方史工作规定》，自然要涉及地方史志机构的内部设置、队伍建设、人员分工、任务目标、工作规范等事项，虽然做了调研、座谈、讨论，但涉及 2018 年以来全国自上而下的机构改革，地方史志机构也要顺应改革的大势。在党中央、国务院的统一部署下，近一年来，全国各地纷纷出台省级及市（地）、县深化机构改革方案，统筹设置相关机构和配置相近职能，加大地方各级党政机关合并设立或合署办公力度，整合优化力量和资源。除广东、浙江、江苏、上海、江西、陕西、四川、重庆、广西、河南、河北、甘肃、新疆、青海、内蒙古等相当一部分省级的地方志机构仍是独立设置外，大多数省、市（地）、县的做法基本趋于一致：地方史志机构与同级的党史研究机构、档案馆职能整合，集中合署办公，个别地方（如湖北省）是融合到同级文化旅游部门中。这一职能整合和机构合并趋势，是对地方史志机构的加强，是对地方史志队伍的调整和充实，有利于将地方史纳入与地方志机构业务相通、职能相近的部门中来。

新时代推进史志立法，是全面推进依法治国的重要组成部分，是史志工作进入法治化轨道、实现法治化的必要举措。在十三届全国人大常委会五年立法规划即将启动之际，2018 年 3 月 20 日，中国地方志指导小组办公室召开地方志立法专家论证会。会上，法学专家和地方志专家分别从法学角度和地方志编修实践角度出发，对立法的必要性、紧迫性、可行性提出了有价值的建议。3 月 24～25 日，在"中华人民共和国史志法"立法建议稿专家研讨会上，与会领导与专家提出：要从助力中华民族伟大复兴、反对历史虚无主义、维护国家安全的高度认识史志立法；要站在为党和国家管好史志的高度看待立法，摒弃部门本位主义，把为党立言、为国存史、为民修志落到立法实处；要彻底清除地方志"一本书主义"影响，按照新时代史志事业发展要求，科学界定史志内涵与外延；要处理好史志立法与《地方志工作条例》的关系，对现行法规不是抛弃，而是扬弃；要明确权利义务关系，增加"法律责任"专章，确保史志法的有效性和实操性。3 月 29 日，在"中华人民共和国史志法立法建议稿"法学专家论证会上，与会专家从立法技术角度对史志法立项工作提出建设性意见，对其结构、篇幅、论证及具体法条提出建议和意见。5 月 18 日，时任中国社会科学院副院长、中国地方志指导小组常务副组长李培林在"依法治国与依法治志论坛——《地方志工作条例》颁行 12 周年座谈会"上做了题为《全面推进依法治志加快史志立法》的致辞。他要求，提高史志立法的针对性、及时性、系统性、可操作性，确保史志立法质量，扩大公众有序参与，深入推进科学立法、民主立法，全面整合系统上下、专业内外的资源，加快史志立法进程。

在 2019 年 3 月召开的十三届全国人民代表大会第二次会议上，全国人大代表、中国社会科学院学部委员卓新平与社科界的几名代表一起提出了关于制定"中华人民共和国史志法"的建议。建议指出，将史志事业法治化，有助于更好地实现中华民族伟大复兴的中国梦、维护国家文化安全、建设社会主义文化强国、完善法律体系。目前，我国国志编纂、第三轮修志、史志编修、乡镇村史志编修等亟须立法予以保障、规范。习近平新时代中国特色社会主义思想是史志工作坚实的政治基础；近年来史志理论研究取得的丰硕成果是史志立法坚实的理论基础；党和政府颁布的一系列文件为启动史志立法提供了重要的政策依据；《中华人民共和国国民经济和社会发展第十三个五年规划纲要》《全国地方志事业发展规划纲要（2015～2020年）》的出台，为启动史志立法奠定了坚实的工作基础。此外，《关于实施中华优秀传统文化传承发展工程的意见》《国家"十三五"时期文化发展改革规划纲要》等一系列中央重要文件也明确要求加强修史修志工作，为启动史志立法提供了政策依据，营造了有利的社会环境。地方法规体系的落实完善也为史志立法提供了程序、方案和举措等方面可供参考的操作思路和实践经验。基于此，建议国家制定"中华人民共和国史志法"。

鉴于上，地方史纳入地方志工作范畴与统一规范管理的配套文件和史志工作统一立法已计日可期。

二 地方史编写纳入地方志工作范畴的内在逻辑与外在条件

地方志与地方史都是总结过去，真实地记录历史，再现和反映历史的原貌，所以两者的根本目的和任务是相同的，都是为了以史鉴今、资政育人、服务当代。编史修志皆为用。地方志"存史、资政、教化"功能同样适用于地方史。如果从更高层次认识，两者都是历史文化永续利用的基本载体，发挥着历史文化的积聚、传承作用和建设先进文化的基础性作用。古人云，治天下者以史为鉴，治郡国者以志为鉴。总之，地方史与地方志，都是文化积累的产物和记录历史的主要载体，都是人类文明延续的纽带，是一种文化现象。世界几大文明中，只有中华文明没有中断地延续发展至今，与我国各地连续不断地编史修志发挥的重要作用分不开。

（一）从发展趋势上看，由官修官志到官修官史是社会发展的历史必然

官修官史、官修官志是中华民族特有的优良文化传统。在两千多年的发展历程中，史和志薪火相传、延绵不断，既是客观的文化载体，又是厚重的文化积淀，对中华文化的形成有着主导性、主体性、引领性、凝聚性的重要价值。史和志的社会功能都是存史、资政、育人，志比史更客观、更全面，但史比志更集中、更概括、更鲜活、更突出，尤其是史比志资政性能更强，育人作用更大。改革开放40多年来，地方志事业日新月异、蓬勃发展，积累了体量惊人的文献资料，为编修地方史奠定了雄厚的文献、资料、史实基础。修志是国家行为，再前进一步，将修史发展为国家行为，既是盛世载道的时代呼唤，又是民族复兴的历史必然。

（二）从史志特质上看，史和志都是向后看的工作，探究对象具有一致性

从概念和范畴的字面意思分析：志要记载自然，超出了狭义历史记载的范围；志要记载现状，又冲破了广义历史的范围。表现在体例上：史，主要展现方式是纵向记述，以时系事；

志，主要展现方式是横向记述，以类系事，也就是横排竖写的方式，它要全面综合一个地区的地理、经济、政治、军事、文化、物产、风俗、民情等方面史料。表现在记述内容上：志广于史，史专于志；史以继往，志以开来，即史书侧重记载往事，志书则侧重记载现状，但又统合古今，溯古通今。体现在选材取舍上：史的内容举大弃小，志的内容宏微俱备。表现在方法上：史着重于厘清基本史实，发现事物发展轨迹，探求事物发展规律，一般以史论为主；志则以记述为主，将发现、了解的史实一五一十地记述下来，一般是述而不论。由此可以看出，志不仅是史的基石，而且是社会同自然、过去和现在信息联结的载体，它突破历史的记述范围，容量硕大无比。正如方志学家章学诚所说："方志能补史之缺，参史之错，详史之略，续史之无。"尽管史、志有如上诸多区别，但其记载对象是一致的，都是记述、记载以往既发的事物、事件、人物、现象。所以史和志是一体的、一致的，最起码是同根异株、根源毗连的。

（三）从工作前景看，地方志工作机构承接地方史编写应是数利叠生

一是地方志工作机构承担地方史编纂任务，将极大提升机构的权威度，扩大机构的话语权。从此，地方志机构不只是国家与地方单一的存史资政机构，而且将逐步上升为意识形态方面的主导性机构；不只是单纯完成国家与地方存史、修志任务的机构，而且将逐步上升为承担史志编纂与审查双重任务的隶属党政的关键机构，其行政统领功能将更凸显，权力清单将更殷实，资政意义将更重大，服务作用将更显著。二是承担地方史编写任务，能充分发挥方志机构浩如烟海、存量宏大的地方志文献、资料的基础作用，把好钢用在刀刃上，精心打造各级地方通史这篇贯古通今的时代华章。三是承担地方史编写任务，有利于地方志系统提高素质、锻造队伍。单纯修志是件很辛苦的事情，但技术含量并不是很高，抽象思维也用得很少，属于次简单劳动，不利于提高队伍的概括能力、思辨能力和创新能力。如果既承担修志任务，又承担修史任务，不仅要记述，还要论述；不仅要拟定篇目，还要谋篇布局；不仅要求全，还要求精；不仅要立足史实，还要追求文华。这两项工作同时进行，既发掘了史料，又升华了史论，点"史"成金，铸成"史书"；既探究了人文地理历史，又"史"海淘金，铸成"志书"。如此，必定造就一大批如章学诚所说的具有史才、史学、史识和史德的高素质史学大家。

（四）从专业队伍上看，地方志系统能够担负起地方史编写这项重任

首先，地方志工作机构是官办机构，人力、物力、财力有保障。其次，地方志队伍政治素质过硬，经过几十年培养，党、国家和人民信得过这支队伍。再次，经过一二轮修志及日常编鉴等工作，这些年来地方志系统厉兵秣马，整体业务素质也有了很大提升。另外，新一轮的机构改革，出现地方志机构与同级的党史研究机构职能整合、合并办公的趋势，这是对地方志机构和单一人才队伍的调整、充实和提升，使他们不仅自信敢于、勇于，而且有能力善于、专于担当这项重任。

三 地方志工作机构承接、 推进地方史编写有"题" 待破

目前，在全国层面，仅有地方党史机构及从业规定和从业人员，而地方史却没有专门的法律规范，无专门管理机构和专职从业人员；《地方志工作条例》作为政府规章，无法规范党委、人大、政协等有关机关、团体的修志工作，无法涵盖国志、专业志、乡镇村志、居民小区志等志书范围。从史、志工作来看，历史上国史、国家一统志的编纂，均由国家层面牵头，建立全国性的编纂体制，而目前国家没有设立史志工作专司机构（中国地方志指导小组受中国社会科学院委托开展地方志指导工作，不具备行政管理职能），行政规范管理职能缺位，国史、国志编纂无法可依。同时，基层史志编修社会化也亟须规范管理。那么，地方史编写纳入地方志工作范畴并统一规范管理，如何推进，如何尽快落到实处，这是应该直面的"新"话题，也是多年来的"老"问题，亟待有识之士来"破"题。

（一）地方史与地方志编写有共通性更有不同性，工作上不能"强求合一"

从概念上来分析，"史"与"志"都是记载某一地区自然界和人类社会过去的事件和行为，可以说，记载的对象基本一致，也叫史志同源，这是地方史与地方志最大的相同之处。二者的不同之处有以下几个方面。一是编纂方式不同。地方志"重在记述，述而不论"，通过记述把观点让给读者理解，不加议论，即"寓观点于记述之中"，突出"资料性"特征；地方史则是要在记述的基础上通过诠释和研究来反映过去人类社会活动情况，即"述中有论"，蕴含"探析性"特征。这就是两者不能统一为一种语言体裁的主要原因。二是体例结构不同。地方史基本上是以纵为主，纵横结合。在设立篇章节目时，一般按不同历史时期划分为篇章，再按各时期社会发展的主线安排中心内容，用节、目的形式详其首尾过程。而地方志则是先横后纵，以横为主，横排纵写。具体做法是先将自然和社会的各种事物横分门类为篇章节，再按该类事物的发端发展依时而叙成目，也叫纵述史实。三是叙述方法不同。地方史通过记述历史，侧重探索历史规律，编写时一般以历史事件或历史人物为中心轴线，在真实记述历史发展过程的同时，运用历史唯物主义的观点和方法，采取叙论结合、夹叙夹议、先叙后议等编写手法，对历史进行全面的分析、研究。地方志强调用事实说话，采用记叙文体，记载而不论述，语言上开门见山，言简意赅，反对夸张描写，更反对随意褒贬，而是寓褒贬于叙事之中。自古至今，地方史与地方志这两种语体一直是同源并流，异途同归，同时并存，共同发展，既有共性，又各有特点，不能强求合并。地方史编写纳入地方志工作范畴，说起来顺理成章，做起来难题不少。

（二）地方史与地方志工作统一规范管理有优势更有劣势，工作上不能"无法无规"

优势就是本文讲的地方史编写纳入地方志工作范畴的内在逻辑与外在条件。劣势也是客观

存在、有目共睹的：一是在地方史编写上，虽然地方史、志的内在逻辑联系十分密切，但《地方志工作条例》并没有明确规定，如今仅在高层政策指引或行政规划层面纳入地方志工作范畴，依法规范和顶层设计缺位，像上面提到的全国仅有广东、河南等省级层面"打擦边球"式的创新和探索是不够的；二是目前"地方史编写"没有国家层面专门的法律规范，无专门机构和从业人员，更没有具体的操作规范，仅仅明确将这项业务纳入"地方志工作范畴"，那么"地方史编写"仍存在法律空白、资源空缺和监管"盲区"；三是在现有的环境条件下，制约地方志事业发展的现实因素很多，地方志工作机构如何推进地方史编写仍是"纸上谈兵"，没有现成的工作经验可供借鉴与参考。地方史纳入地方志工作范畴统一规范管理，实际上是"规范"缺位，"管理"无序。

（三）地方史与地方志工作沟通协调机制有"自动性"更有"强制性"，工作上不能"轻率盲动"

进入新时代，在全面深化改革、全面依法治国的大背景下，职能相近、性质相似、工作相通的业务合并归一或合署办公，是自然可行、顺理成章的，但在现有的机制体制下，如何推进"地方史编写纳入地方志工作范畴统一规范管理"落到实处？地方史工作机构及相关业务处室是否能够及时依规明确？专司这项业务的人力、物力、财力的配备能不能及时到位？调整和招聘的人员能不能很快适应工作岗位和业务要求？随着政府职能转变，不少事项转为社会化管理，地方史、地方志资料搜集与组织编纂、开发利用等工作如何与之适应？上级主管部门如何予以指导与服务？这都需要扎扎实实地做好前期调查与研究，工作推进上绝不能随意而为、轻率而动。这也说明，在依法治国、依法治志、依法治史的今天，迫切需要一部专门法来规范国家与地方史志工作机构职能及史、志层面的相关活动。可喜的是，2018年上半年，中国地方志指导小组办公室在北京、福州、哈尔滨、扬州等地多次召开史志立法调研、座谈和推进会，就"中华人民共和国史志法"建议稿广泛征求意见，并积极争取列入新一届全国人大立法规划，及早提交审议，以推进全国层面的史志工作立法更上一层楼。还值得一提的是，全国人大代表卓新平等在十三届全国人大第二次会议上强烈呼吁，建议国家制定"中华人民共和国史志法"。史志工作一旦能够立法施行，那么相关法人、其他组织、公民则可依据"中华人民共和国史志法"开展史志编纂、研究、管理、利用等活动，助力中华民族伟大复兴，反对历史虚无主义，维护国家文化安全，更好地为我国社会主义文化强国建设服务。

四 地方志工作机构承接地方史编写要主动推进、担当作为

曾几何时，地方史编写是当地政府的短期性、阶段性工作，大多由当地政府专项拨款，责请社会科学机构搭建班子或筹组临时业务班子组织代编代写，属"急就章"。如今，地方史编

写纳入地方志工作范畴并统一规范管理，属中央高层的政策设计和国家行为安排，地方志工作机构应主动担当，尽职尽责，努力而为。

一是地方志工作机构要主动推进地方史编写工作。既然中央高层政策设计和决策安排，将地方史编写纳入地方志工作范畴并统一规范管理，也算是"尚方宝剑"了，不要等"立法先行"了。各级地方志工作机构要尽快将地方史业务列入自身的职能范围和工作日程，主动承接、推进地方史编写业务。即使暂时的人力、物力不足，业务机构不健全，也要像河南省史志办公室那样，安排机构和人员代管、代办这项业务，同时，抓紧制定政策、培训、招录、引进专门人才，逐级逐步解决编制不足、机构不全、人才短缺等问题，并遏制现有人才流失。

二是地方史资料的搜集要全面细致、厚积薄发。在编纂地方史工作中，地方志工作机构具有天然优势，现存大量而且门类齐全的地方志，毫无疑问是编写地方史的宝贵资料库，为写史提供了坚实的基础。可能也有观点认为，地方史志工作部门的同志长期从事修志编鉴工作，如果要编修地方史，会存在一定的难度，因为在体例的把握、资料的掌握等方面都可能不会得心应手，这确实是一个现实问题。因此，绝不能单纯地依赖现有志书这个资料库，而是应当从更多渠道对相关资料做详尽的收集。同时，也可以尝试从编写专门史、断代史、简史、专题汇编等较为简单的史书入手，逐步积累经验、积累资料，厚积薄发，水到渠成，这样，史志工作者一定会编出既通俗适用又经得起历史检验的权威性史书。

三是对于地方史的篇目设计、章节撰写要聘请专家学者和专业人士研讨论证。地方志编修强调的是"众手成志"（初编）、"一人成书"（统编），而地方史的编修虽是"众手成史"，但编修的主体与主导是历史与人文科学的专家与专业人士。不同的专家、学者研究历史的侧重点不同，应充分发挥每个专家、每个编辑的特长，分工编写地方专门史或断代史的相关篇章。对专业性很强的行业专门史，则要以科研机构的专家或专业院校的师生为主导力量来完成，这样才能以专业的视角来记述每个历史阶段。

四是地方史编写要突出"爱祖国、爱家乡"的情怀。由地方志工作机构承担并负责推进地方史的编写，史志工作者不仅要对当地的历史发展脉络进行梳理，还要使新编的地方史成为传承地方优秀文化、弘扬爱国爱家情怀的重要载体。应当充分发挥史论的指引导向作用，对当地历史人物、历史事件恰当地做出高瞻远瞩的评价；应当自觉地将传统优秀文化贯穿其中，直笔突出描述当地真人真事的模范引领作用，以本土先进人物事迹教育人、启迪人，激发家乡人的自豪感与荣誉感；还应当在新编地方史中强调"正史"意识，突出史实的可靠性和权威性。

五是地方史的编写不能仓促上马，急功近利。编修地方史与编纂地方志一样，要编制长、中、近"三期"规划，并与地方志事业的发展规划接轨、并轨，如此才能相向而行、相得益彰，方得始终；不仅事业要并轨转轨，人员也要转轨并轨，要加大编史业务培训，肯下真功夫，练就真本领，在实践中提升素质能力，精准发力，精心写史，精细加工，避免"生米不煮饭就熟了"；要以质量取胜，力求出精品，避免一蹴而就的"急就章"。特别是地方通史的编写，是一项浩大工程，需要调动社会各方资源来完成，绝非一日之功，防止一哄而起的"一窝蜂"行为。

综上，新时代，地方志事业从"一本书主义"向志、鉴、库、馆、网、用、会、刊、研、史"十业并举"的新局面转变。在地方志事业迈向"一纳入、八到位、十业并举"的今天，地方志工作机构承接、推进地方史编写是相辅相成、相得益彰的，同时，国家层面应尽早出台史志工作的法律规范，不仅必要，而且非常紧迫。

新时代地方史编纂操作路径探索

孟学武

（阳泉市委党史研究室）

编史修志是中华民族优秀文化传统，历史悠久，连绵不断。中华人民共和国成立后特别是改革开放以来，中国地方史志工作取得了丰硕成果。随着二轮志书编纂收官，"两全目标"相继完成，由方志工作者在完成志书的编写任务后，利用修志所收集的大量资料编写一部新时代的地方史，是社会发展和各地经济建设的需要，也是中央"把地方史纳入地方志工作范畴"对我们方志人提出的新要求。

当前，"面对各省（区、市）地方政府机构改革，地方志工作机构或与档案部门合并，或与党史研究机构合并，有的将行政职能划走，管理体制和运行机制还不完善……"[①] 开始编纂新时代地方史面临诸多现实困难，特别是地方史理论研究滞后于编纂实践，研究成果学术含金量不高。我们虽有修志积累的大量资料和经验，但新时代地方史编纂还是一项全新工作，需要不懈努力和积极探索。

开展地方史编纂工作，首先要厘清其基本内涵。"将历史学视野和方法集中于一定地域空间，或以通史体例编纂，或以门类事项——如自然地理、山川河流、政治、经济、文化、社会生活等——进行地方特征的专题考察。"[②] "有天下之史，有一国之史，有一家之史，有一人之史。传状志述，一人之史也；家乘谱牒，一家之史也；部府县志，一国之史也；综纪一朝，天下之史也。"[③] 综上，我们可以看出，地方史是划分时期阶段记述一定地域内社会变革的历史记

---

① 谢伏瞻：《高举习近平新时代中国特色社会主义思想伟大旗帜　努力开创新时代地方志事业高质量发展新局面——在 2019 年全国地方志机构主任工作会议暨第三次全国地方志工作经验交流会上的讲话》，《中国地方志》2019 年第 1 期。

② 郝时远：《中国地方史、区域史、民族史研究》，张海鹏主编《中国历史学 30 年（1978~2008）》，中国社会科学出版社，2008。

③ 章学诚著，仓修良编《文史通义新编·州县请立志科议》，上海古籍出版社，1983。

录，是事实、褒贬与文采相结合的文献工具书，"划分时期、纵排横写"是其编纂体例的特点。地方史编纂的目的，就是运用马克思主义唯物史观，从研究地方本身出发，记录地方人类社会进化发展的真实过程，总结地方各方面实践的历史经验，揭示地方整体进程中的规律，提供推动地方社会整体向前发展的借鉴。

一 新时代地方史编纂要提升政治站位，围绕顶层设计有序开展

"欲知大道，必先为史，灭人之国，必先去其史。"① 地方史编纂的重要性不言而喻。大到其国，小到郡县，每个地方有每个地方的历史，地方史应该而且可以成为还历史以本来面目的最有力的武器。"站立在960万平方公里的广袤土地上，吸吮着中华民族漫长奋斗积累的文化养分，拥有13亿中国人民聚合的磅礴之力，我们走自己的路，具有无比广阔的舞台，具有无比深厚的历史底蕴，具有无比强大的前进定力。"② 无疑，这正是地方史给予我们力量的真实诠释。

历史是过去的现实，现实是未来的历史。新时代地方史编纂首先要提高政治站位，自觉以习近平新时代中国特色社会主义思想为统领。坚持"双线"作战、齐头并进，既要研究好"过去"，做好地方史资料的搜集、整理、抢救和研究等工作，摸清地方史"家底"，用足用好地方史资源，又要记录好"当下"，及时跟进、记载当地进行伟大斗争、建设伟大工程、推进伟大事业、实现伟大梦想的丰富实践，不断拿出精品力作，以史鉴今、资政育人，为当地经济建设提供地方史方面的经验借鉴和精神动力。

重视学习借鉴地方史，是习近平同志治国理政的一个鲜明特点。党的十八大以来，习近平总书记围绕学习、研究、借鉴历史多次发表重要讲话。这些重要讲话站在开辟未来的战略高度，以历史唯物主义的深邃视野，深刻回答了以什么样的态度和方法学习、研究、借鉴历史的问题，为发展21世纪中国马克思主义史学提供了科学指南。

2015年，党中央、国务院对地方史志工作提出了新任务新要求。5月18日，中宣部办公厅、国家新闻出版广电总局办公厅联合印发了《关于进一步做好地方史编写出版工作的通知》，明确"地方史编写与地方志工作密切相关，要加强与本地区地方志工作机构的沟通协调，具备条件的，可将地方史编写纳入地方志工作范畴，统一规范管理"。8月25日，国务院办公厅印发的《全国地方志事业发展规划纲要（2015~2020年）》与该通知做了对接，将有关条款写入条文中，并将规范管理"地方史编写"的任务赋予地方志工作机构。"这既是对地方志工作推出大批地情成果的认可，又是党和国家在实施'四个全面'战略布局大背景下作出的一种制度

---

① 龚自珍：《定庵续集》卷二《古史钩沉二》。
② 习近平：《在纪念毛泽东同志诞辰120周年座谈会上的讲话》，《人民日报》2013年12月27日，第1版。

性安排。"① 纂史与修志、编鉴三足鼎立，为地方志事业恒久发展注入了新鲜活力。2017 年 1 月，中共中央办公厅、国务院办公厅印发《关于实施中华优秀传统文化传承发展工程的意见》，其第三部分重点任务的第一项"深入阐发文化精髓"中明确强调："加强党史国史及相关档案编修，做好地方史志编纂工作，巩固中华文明探源成果，正确反映中华民族文明史，推出一批研究成果。"又一次从国家层面明确了地方史在建设社会主义文化强国，增强国家文化软实力，实现中华民族伟大复兴中国梦中的重要作用；同时也是地方史事业发展进程中一件载入史册的大事，对在全国范围内全面推进新时代地方史具有十分重要的指导和创新意义。

当前，全国大部分地区的第二轮修志工作已进入后期阶段，全面编纂地方史将成为方志同人的又一项光荣使命。地方志、地方史都是中华民族优秀文化的有机组成部分，是传承中华文化、弘扬历史传统的重要载体，承担着教化育人、资政佐治的重要功能。改革开放 40 多年来，地方志事业日新月异、蓬勃发展，积累了体量惊人、享誉中外的经史典籍，为编修新时代地方史奠定了雄厚的文献基础、资料基础、史实基础。在广泛修志的基础上，进一步发展为广泛修史的国家行为，既是盛世修史的时代呼唤，又是民族复兴的历史必然。

2017 年 4 月 9 日，《关于做好地方史编写工作的若干规定（讨论稿）》征求意见会在北京召开。11 月 15~16 日，《地方史工作规定（征求意见稿）》征求意见会在北京召开。中国地方志指导小组秘书长，中国地方志指导小组办公室党组书记、主任冀祥德在讲话中指出：地方史相关工作是地方志工作开疆辟土的崭新领域，对其指导文件的出台要谨慎认真，踏实走好第一步，既要做到"好看"，更要做到"好用"。

应该说，中央关于地方史编纂的顶层设计在紧锣密鼓地筹划，各地在首轮通史、简史、史话基础上，只有紧紧围绕中央部署，积极行动起来，科学有序地开展地方史编纂，才能事半功倍，发挥地方史"存史、资政、育人"的功效。

二 新时代地方史编纂要资源互补， 立足于地方志资料作支撑

地方史编纂可以为地方志编纂提供新的观点和视角，地方志编纂反过来可以为地方史编纂奠定扎实的资料基础，双方资源优势在互补中可得到充分发挥，可谓同源同功。中国社会科学院原副院长、中国地方志指导小组原常务副组长朱佳木曾说："历史研究的任务在弄清历史事实的基础上，揭示历史变化的原因，探寻历史发展的规律，总结历史得失的经验，因此，史书的特点是述论结合，夹述夹论，以述带论，而志书是资料性文献，地方志编纂的任务是客观全面系统记述特定区域自然与社会的历史和现状。因此，志书的特点是述而不论，寓观点于记述

---

① 邱新立：《〈全国地方志事业发展规划纲要（2015~2020 年）〉解读》，《中国地方志》2015 年第 11 期。

之中。正因为史志之间有这种区别，更显出二者加强联系和合作的必要。"① 编写地方史虽要取材各种资料，但应主要立足于其断代时限所对应的各种志书资料。

"史志同源"决定了地方史要立足地方志资料。近代史学家和思想家梁启超认为："最古之史，实为方志。"② 从古迄今的地方志书可以说就是地方的详史。在编纂实践中，志书离不开史的叙述，特别是当代志书都设置了"大事记"，"大事记"就是地方史的史纲。史志均具有"存史、资政、教化"功能，史为"志纲""志书之约"，志可"详史""佐史""补史""辨史""正史""参史"，二者互补共融。史志均以时间为经，以史事为纬，据实述论和记述。史志的史性、功能、对象等共性，必然形成史志取材的趋同性，所以地方史必然要立足于方志资料。

"史料构成"决定了地方史要立足地方志资料。如《山海经》《周官》等典籍，其主要史料是疆域、山川、政区、道路、土贡、人物、物产、异闻等，记述和论述广泛，史书也可以说是志书；《禹贡》中有"九州志"，《汉书》中有著名的"十志"，《旧唐书》中有门类齐全的"三十志"，志书资料直接成为史书资料；注重从志书类"实录""起居注""奏议""纪""传"等资料中直接取材用于史料的也比比皆是、不胜枚举。古今以志成史的经验与规律，决定了编写地方史必然要直接或间接取材于志书资料。

"志为信史"决定了地方史要立足地方志资料。作为资料性著述，地方志内容广博宏富，出于"官修"，资料权威，正是编写地方史求之不得的资料主要源泉。"方州虽小，其所承奉而施布者，吏户礼兵刑工，无所不备，是则所谓具体而微矣。国史于是取裁，方将如《春秋》之借资于百国宝书也。"③ 地方史离开地方志资料这一主渠道就会成为无源之水，无本之木。胡乔木说："地方志的价值，在于它提供科学的资料。"因此，志书资料既可成为史论观点与论点的导向，又能为史论观点与论点的确定提供可靠的依据，也能保障地方史的编纂质量。

"地方史一条线，地方志一大片，史简而志繁"说的就是这个道理。④ 地方史资料的收集还可从地方党史正本、名人回忆录、文史资料选辑、人物传记及各种有关地方史的专题研究文章着手，只要认真收集，无论古今，皆有价值。

三 新时代地方史编纂要兼收并蓄，综合运用不同体裁完善内容

早在20世纪90年代，山东、陕西、山西等省份就开始了地方史的编纂，且各具千秋，蔚

① 戴佳臻：《浅谈地方史研究与地方志编纂》，中华人民共和国国史网，2011年10月20日，http://www.hprc.org.cn/gsyj/yjjg/zggsyjxh_1/gsnhlw_1/sjgslw/201110/t20111020_162442.html。
② 梁启超：《中国近三百年学术史》，上海三联书店，2006。
③ 章学诚：《文史通义》卷六《外篇一·方志立三书议》，上海古籍出版社，2015。
④ 高金山：《地方史与地方志简论》，当代中国研究所编《中国当代史研究与地方志编纂——第十届国史学术年会论文集》，当代中国出版社，2011。

为大观。据实而言，其共同特点就是综合运用多种体裁来反映当地历史，对推动当地经济社会发展有着深远的历史和现实意义。如《山东通史》是在 1994 年版基础上增订的，在体例上吸收古今中外各种体裁优点，分为前言、通纪、典志、传记、图、表 6 个部分，8 卷 10 本 600 万字，是一部体例新颖、史料翔实、内容丰富、论证严谨、图文并茂，集科学性、思想性与可读性于一体的鸿篇巨制。① 《陕西通史》共 14 卷 300 余万字，分为通史和专史两部分。通史卷按历史朝代分为原始社会、西周、秦汉、魏晋南北朝、隋唐、宋元、明清、民国、中华人民共和国 9 卷，专史卷按专史性质分为革命根据地、经济、历史地理、民族、思想 5 卷。该书主体为章节体，全书有一总序，总述编书主旨，卷末有一大事年表，备列全卷所述大事。书中配有地图和插图，另有一些彩色图版，为读者提供了阅读史书的感观形象。② 《山西通史》共 10 卷 486 万字，在编撰体例上每卷分作上、下两编。上编为记述编，侧重于对历史过程的客观描述，全面记述各该时代的山西政治、经济、军事、文化、教育、科技等历史的发展，并运用史论相结合的方法，给予必要评析，着力于通俗性和可读性；下编为专论编，侧重对富有山西特色，又具全国意义的历史专题进行比较翔实而深入的研究，着力于理论性和学术性。③

此外，全国一些市、县也编写了市史、县史，如《黑河简史》《肇东简史》《利津县史》等。这些地方史书绝大部分采用了章节体较为单一的叙事方法。值得注意的是，有的也采用了综合体裁。如《邹平通史》前言之后，分古代、近代、人物三编，后随大事记与三则附录——《评九扈有扈之争》《伏生籍贯之辨正》《关于段（氏）成式籍贯考证》。这样，该书就运用了纪事本末、传体、纪体和考体。④ 《阳泉史话》分史事篇、人物篇、风物篇、钩沉篇，后附有人名录、统计表、文献和资料索引等，也可视作多种体裁的综合运用；⑤ 在其基础上修订完善的《三晋史话·阳泉卷》亦诸体兼用，图文并茂，可谓地方史编纂中的一次探索。⑥

运用综合体裁编写地方史，是对中国史学史传统的继承，有久远的历史。现存最早的史书《尚书》以记言为主，《金縢》《顾命》是纪事本末体，《禹贡》是地志。而司马迁的《史记》是纪传体，体裁上综合运用本纪、列传、世家、书、表五体，使该书成为一部多体裁综合运用的精典范本。荀悦纂《汉记》，"谨约撰旧书，通而叙之，总为帝纪，列其年月，比其时事，撮要举凡，存其大体，旨少所缺，务从省约，以副本书，以为要纪"⑦。由于他扩充了编年体的叙事范围，增强了叙事条理性，《后汉书》称其"辞约事详，论辩多美"。近代以来，一些新史学的提倡者提出采用综合体裁的设想，如章太炎的《中国通史略例》运用表、典、记、考纪、别

---

① 安作璋主编《山东通史》，人民出版社，2010。
② 张岂之、史念海、郭琦主编《陕西通史》，陕西师范大学出版社，1998。
③ 山西省史志研究院编《山西通史》，山西人民出版社，2001。
④ 曲延庆：《邹平通史》，中华书局，1994。
⑤ 孟宏儒编著《阳泉史话》，中共党史出版社，2007。
⑥ 杨永生主编《三晋史话·阳泉卷》，山西人民出版社，2017。
⑦ 荀悦：《两汉纪》卷一《高祖皇帝纪》，张烈点校，中华书局，2002，第 1 页。

录等五种体裁阐明历史,梁启超的《中国史叙论》主张以年表、载记、志略、传志四种体裁撰写历史。当代更有运用多种体裁撰写史书的实践,如罗尔纲撰写的四卷本《太平天国史》,全书由叙论、纪年、表、志、列传五种体裁构建历史。白寿彝总主编的《中国通史》也综合运用了多种体裁,各卷以"序说"开宗明义,以"综述"叙述重大事件,以"典志"剖视历史现象,以"传记"记载人物群像。

地方史的内容虽比不上国史繁杂,但"麻雀虽小,五脏俱全",要既想厘清历史发展的线索,还想容纳更为丰富多彩的内容,就可以用多种体裁综合运用的写法。比如,在以章节体叙述历史事件的基础上,可设人物传表,书后可有"大事年表"及各种统计图表,还可以附有艺文和考证文章等。多体裁的运用,能够丰富地方史书的内容,弥补史书横贯不足的缺陷。形式上多样化,也能增强史书的表现力和可读性,从而赢得更多的读者。

四 新时代地方史编纂要立足地方,遵循"三个实践"操作路径

新时代地方史编纂毕竟是个全新的事业,从地方的角度讲,国内尚无可遵循的典型范例和样本。我们在实践中,必须立足地方,因地制宜遵循"三个实践"操作路径。

一是在编纂原则上,要遵循从精英转向多领域民众的呈现。"人民是历史的创造者,是真正的英雄。用唯物史观考察中国历史,就会得出中国历史是由中国人民创造的,中国人民是中国历史上的真正英雄的必然结论。"[1] 从现有的地方史类书籍看,研究对象的转变得到了很好的体现。具体来说,就是把历史研究与社会史、文化史结合起来,把关注的焦点由过去只注重精英史转向关注地方各领域的杰出民众,通过对大量人物的记述来丰富和完善地方史。在坚持"生不立传"原则的同时,注意发挥好"以事系人"的记事方法,把在当地有影响的人物尽量多得吸收进地方史。在坚持入史人物以原籍为主的同时,又要考虑地方实际。中国史学一直有以原籍为立传标准的传统,编写地方史应有所变通,要让收录进地方史的人物能更好地反映地方的历史,丰富地方史的内容。例如由中共党史出版社出版的《阳泉史话》和山西人民出版社出版的《三晋史话·阳泉卷》的作者都注意到这个问题,运用一定篇幅集中介绍了近现代阳泉各领域中的杰出人才,包括在本籍建功立业的外籍人士,使其更富有立体感鲜活感,更贴近基层贴近群众,起到了"聚人气、接地气、鼓士气"的教化作用。从这个基点来看,阳泉地方史的初纂具有重大的开拓意义,不仅扩展了历史学的研究范畴,而且增加了历史学的研究对象,丰富了历史学研究方法。阳泉地方史的编纂是理论方法的"开疆辟土",是打造地方文化名片的"破冰之举"。

二是在编纂过程中,要遵循多学科参与建构地方史。近年来,受考古学、人文学、民俗学

---

① 颜晓峰:《伟大民族精神是我们的底气和根本力量——人民是历史的创造者》,《求是》2018年第9期。

等学科的影响，地方史研究一方面注重与新出土文献资料相结合，及时修复重大历史叙事中的一些观点；另一方面，开始采纳各种非正式民间文献（包括契约文书、碑刻、手抄、家谱、账本等）以及口述史料作为纂史的依据，使地方史的纂修难以靠单一学科来完成，必须关注其他学科的研究成果，并思考如何把其他学科的研究成果融入地方史叙事。"20世纪80年代以来，西方现代口述史理论和方法的传入，极大地推动了中国当代史学的发展，口述史成为当代史学发展的一个新方向，为史学发展开辟了新的研究领域。"① 而口述史资料及其成果在地方史纂修中的应用尝试，更凸显了其重要价值和作用。通过与当事人的面对面交流，记录历史当事人的口述，以这些个体鲜活的口述资料，勾勒出历史风貌，以此来窥探整体的历史发展脉络。朱佳木曾指出："历史领域和地方志编修中的当代部分，特别需要口述史。"②

三是在编纂角度上，要遵循地方社会历史的综合性阐释。"二十四史非史也，二十四姓之家谱而已"③ 直指传统治史角度之弊。历代统治者虽然赋予史官秉笔直书的权力，却又牢牢地掌控着历史话语权。因此，官修史书只能服务于政治，这也就是为什么千百年来的正史都是一部帝王将相史。社会主义新时期特别是改革开放后的地方史，其转向的一个显著特征就是从政治史的叙事为主转向地方包括政治在内的经济、社会、文化等各方面的总体呈现。最近几年，随着经济的快速发展，地方社会对于历史文化的重视是地方史发展的契机，作为地方当政者，在"千城一面"的造城运动中，他们迫切需要通过对地方特色的发掘来打造独具一格的文化名片，而地方史的编纂恰恰能起到缓解长期离乡离土的社会大众对于本土的疏离感和浓浓的乡愁。"如何在城镇化进程中，留得住乡愁，记得住乡音，忘不了乡思，事关城镇化进程的人文关怀和文化保护，事关文化血脉的传承。"④ 在这一点上，编纂地方史无疑是最直接、最重要、最便捷的方式。

综上所述，新时代地方史编纂要提高政治站位，围绕顶层设计有序开展；要资源互补，立足于地方志资料；要兼收并蓄，综合运用不同体裁完善内容；要立足地方，遵循"三个实践"操作路径。如此，相信各地在地方史编纂中，方能纲举目张，有的放矢，为新时代地方史编纂书写新的辉煌。

① 徐国利、王志龙：《当代中国的口述史学理论研究》，《史学理论研究》2005年第1期。
② 中国地方志指导小组办公室编《当代志书编纂教程》，方志出版社，2010，第137页。
③ 梁启超：《中国之旧史》，陈书良编《梁启超文集》，北京燕山出版社，2009。
④ 李培林：《传承历史文化 留住乡愁记忆》，《光明日报》2016年5月12日，第2版。

试论贵州地方史研究的任务

车秀琴

（贵州省地方志办公室）

地方史研究鲜明的时代性，使之相比于史学领域的其他学科，对现实社会具有更直接、更明显的借鉴作用、指导作用。立足现实，关注现实社会的需要，努力从历史的角度对现实社会的重大理论和实践问题做出回答，是当代地方史研究的重要特点，也是当代地方史研究能够较快发展的重要原因。[①]

一 贵州地方史研究的背景

党的十一届三中全会的胜利召开，标志着党的实事求是思想路线的重新确立和政治思想领域的拨乱反正，各项事业百废待兴。中国社会科学院顺势而为，组织全国史学工作者，制定中国史学发展规划，要求各地早日编写出地方史。从1983年秋开始，各省、自治区、直辖市编写并陆续出版"当代中国"丛书地方卷，把地区性研究推进新阶段，贵州地方史研究随之活跃起来。贵州省委、省政府一方面为了对广大贵州人民群众进行爱国主义教育与乡土教育提供全方位的教材；另一方面为加快与推动贵州的对外宣传，促进改革开放与西部大开发，于1991年启动《当代贵州简史》的编纂工作，1992年启动《贵州通史》的编纂工作，将贵州地方史研究推向了更深入、更广泛的研究领域。党的十八大以来，习近平总书记就重视历史、研究历史、借鉴历史发表了一系列重要讲话，他在2014年2月考察北京首都博物馆时强调，要"高度重视修史修志"，"把历史智慧告诉人们，激发我们的民族自豪感和自信心，坚定全体人民振兴中华、实现中国梦的信心和决心"。2015年6月，中共中央宣传部办公厅、国家新闻出版广电总

---

① 钟启泉主编《当代地方史概论》，电子科技大学出版社，2007，"前言"。

局办公厅共同印发《关于进一步做好地方史编写出版工作的通知》，明确指出"地方史编写出版是社会主义文化建设的重要组成部分，在书写历史、反映现实、资政育人、推动经济社会发展方面具有重要作用"。2015 年 9 月，国务院办公厅印发《全国地方志事业发展规划纲要（2015~2020 年）》，明确提出"重视地方史"工作。2016 年，"加强修史修志"写入《中华人民共和国国民经济和社会发展第十三个五年规划纲要》。2018 年 12 月，中共贵州省委办公厅、贵州省人民政府办公厅印发《贵州省档案馆（贵州省地方志编纂委员会办公室）职能配置、内设机构和人员编制规定》，明确设立地方史工作处，标志着贵州地方史研究步入新的发展阶段。

二　贵州地方史研究取得的成果

（一）明清时期贵州地方史研究的成果

地处祖国西南的贵州，历史文化悠久，贵州各族人民对缔造伟大的中华民族文化做出了杰出的贡献。仅就民国《贵州通志·艺文志》记载，自汉经魏、晋、唐、宋、元、明、清至辛亥革命前约二千年间，贵州籍及流寓贵州而终的前贤名家著述就有 1932 部;[①] 自明永乐十一年（1413）设贵州承宣布政使司以来，黔境史志兴盛，不但官修志书逐步增多，私家撰述的介绍贵州历史的专著也丰富起来。明代现存的较具代表性的地方史专著有：以游记形式系统全面介绍贵州山川疆域、人文掌故、风俗物产的《黔志》，作者为明代著名学者王士性，"从《黔志》末尾叙及其弟王士琦任重庆知府，赴松坎审问播州杨应龙事来看，此书完稿于杨氏正式举兵反叛，即万历二十五年（1597）之前"。[②] 成书于明万历三十一年（1603）的《黔记》，是时任贵州巡抚的郭子章感慨黔地"文献阙焉，地奈何得重"，利用公务之余多方搜求文献，编纂而成;《黔记》多达 60 卷，记、传、志、表诸体俱全，内容丰富、资料翔实，保存了许多珍贵的文献，是明代贵州历史地理和政治经济状况的史料总汇，对研究明代贵州价值极高。随着政治经济的发展，清代贵州地方史类专著不仅在数量上有了提升，而且类别不断丰富。如田雯的《黔书》、张澍的《续黔书》、李宗昉的《黔记》、檀萃的《黔囊》、吴振棫的《黔语》、爱必达的《黔南识略》、罗绕典的《黔南职方记略》等；有些游记类型的，如章恰燕的《之黔日记》、崔应阶的《黔游记程》、蒋攸铦的《黔轺纪行集》、李哲明的《黔辖集》、陈鼎的《黔游记》、刘书年的《黔行日记》、谢阶树的《贵州道中记》、黄元治的《黔中杂记》、张澍的《黔中纪闻》等；还有专记各少数民族风习民情的，如田雯的《黔苗蛮记》、陆次云的《峒溪纤志》、潘匡鼎

---

① 《黔书　续黔书　黔记　黔语》，罗书勤、贾肇兴、翁仲康、杨汉辉点校，黄永堂审校，贵州人民出版社，1992，"前言"。
② 黄万机：《客籍文人与贵州文化》，贵州人民出版社，1992，第 242 页。

的《瑶侗传》、方亨咸的《苗俗纪闻》、贝青乔的《苗俗记》、龚柴的《苗民考》、徐家干的《苗疆闻见录》、童振藻的《黔中苗乘》、严如煜的《苗疆风俗考》《城堡考》等。这些著作从多个侧面反映了贵州的历史、山川、物产、风土民情等状况。①

（二）民国时期贵州地方史研究的成果

民国时期，由于时局动乱，贵州学术艰难地继续发展；同时也由于贵州地处大后方的战略地位，文化西迁使得贵州地方史研究在这一时期呈现出新的气象，主要表现在《黔南丛书》的编辑出版及乡土教材的兴盛。

民国8年（1919），续修贵州通志局成立；民国25年改为贵州文献征辑馆，任可澄任馆长、杨覃生任副馆长，文献征辑馆的主要工作一是续修《贵州通志》，二是创办《贵州文献季刊》，三是编印《黔南丛书》。《黔南丛书》的编辑始于民国11年，主要收集了明清两代黔人和宦黔官吏、旅黔人士所著，其中所收著述文献包括贵州各民族的民俗风情，各阶段历史文化记述和研究，个人诗词文章以及历史典籍的研究等；其中，明代作者8位，著述10种；清代作者39位，著述46种；民国作者3位，著述5种；该书共6集174卷，分装77册，230余万字，由贵阳文通书局出版。此外，民国时期出版的较具代表性的贵州历史著作有：《牂牁丛考》《贵州史地丛考》《贵州土司沿革考》《鬼方考》《今日之贵州》《贵州民俗概况》《贵州经济概况》《贵州农业概况》《贵州古迹名胜概况》《贵州矿产纪要》《贵州司法概况》《贵州新闻事业概况》《贵州田赋研究》等，内容涵盖了贵州政治、军事、经济、文化、社会等方方面面。

文化西迁给贵州带来了一批文化名人及学者，其中不乏社会学家及历史学家，例如：罗荣宗、凌纯声、吴泽霖、陈国钧、梁瓯第等。多民族聚居的贵州，对他们来说无疑是研究社会学、民族学、历史学的宝藏，他们来到贵州后急需贵州省市县三级地方史资料，特别是县一级。在续修《贵州通志》及贵州文献征辑馆的推动下，贵州全省共修县志90余部，但是由于当时历史条件限制，只有炉山、威宁、毕节、遵义等县完成了县志编修，其余大多是志稿、乡土调查、访册、资料、概况等，正是这些县情概况、乡土调查等成为民国时期贵州不可多得的地方史资料，为研究民国贵州提供了宝贵的文献资料。较有研究价值的有：《定番县乡土教材调查报告》《榕江县乡土教材》《册亨县乡土志略》《水城乡土历史地理》《贵州地理志稿》等。

（三）中华人民共和国成立后贵州地方史研究的成果

中华人民共和国成立后，贵州社会科学发展有了广阔的实践空间和理论创新条件，特别是党的十一届三中全会召开后，贵州地方史得到蓬勃发展，主要表现在两方面：一是整理并出版了大量的地方史专著，二是在研究方法和研究对象方面均有较大扩展。

---

① 黄万机：《客籍文人与贵州文化》，第250页。

党的十一届三中全会召开后，贵州地方史研究领域产生了一批兼具时代性、地方性和民族性的地方史专著，比较具有代表性的有：《贵州史专题考》（王燕玉，贵州人民出版社1980年1月出版）、《贵州古代史》（周春元、王燕玉、张祥光、胡克敏编著，贵州人民出版社1982年2月出版）、《贵州地戏简史》（高伦，贵州人民出版社1985年11月出版）、《贵州抗日救亡运动史》（范同寿、熊宗仁，贵州人民出版社1986年5月出版）、《贵州傩戏》（高伦，贵州人民出版社1987年4月出版）、《贵州近代史》（周春元、何长凤、张祥光主编，贵州人民出版社1987年9月出版）、《贵州军阀史》（贵州军阀史研究会、贵州省社会科学院历史研究所，贵州人民出版社1987年10月出版）、《贵州金融货币史论丛》（贵州金融学会、贵州钱币学会编，中国人民银行贵州省分行金融研究所，《银行与经济》1989年3月出版）、《贵州古代民族关系史》（侯绍庄，贵州民族出版社1991年5月出版）、《贵州民族地区开发史专论》（史继忠，云南大学出版社1992年10月出版）、《贵州航运史（古、近代部分）》（夏鹤鸣、廖国平，人民交通出版社1993年6月出版）、《贵汽春秋——贵州汽车制造厂发展史（1936～1993）》（刘智毅、叶发芳，改革出版社1994年出版）、《贵州当代史》（何长凤、李北杓、杨开宗、沈德海主编，西南师范大学出版社1995年12月出版）、《贵州革命史研究》（沈德海，贵州人民出版社1996年3月出版）、《贵州抗战时期经济史》（熊大宽，贵州人民出版社1996年8月出版）、《贵州六百年经济史》（《贵州六百年经济史》编辑委员会编，贵州人民出版社1998年12月出版）、《贵州少数民族天文学史研究》（陈久金、杜升云、徐用武，贵州科技出版社1999年3月出版）、《贵州航运史（现代部分）》（廖国平，人民交通出版社1999年7月出版）、《贵州青年运动史（1919～1998）》（中国共产主义青年团贵州省委员会组编，贵州人民出版社1999年9月出版）、《贵州汉文学发展史》（黄万机，贵州人民出版社1999年10月出版）、《20世纪贵州戏剧文学史》（王颖泰，贵州民族出版社2000年1月出版）、《贵州妇女运动史（新民主主义革命时期）》（梁桂宝，贵州人民出版社2000年6月出版）、《奇异的石头——世界贵州岩石载体文化》（王正贤，贵州教育出版社2000年8月出版）、《贵州彝学》（贵州省彝学研究会编，民族出版社2000年8月出版）、《贵州通史》（《贵州通史》编委会，当代中国出版社2003年1月出版）、《贵州古代教育史》（张羽琼，贵州教育出版社2003年8月出版）、《贵州戏剧批评史》（王颖泰，贵州人民出版社2006年3月出版）、《贵州土司史（上、下）》（田玉隆、田泽、胡冬梅等，贵州人民出版社2006年4月出版）、《诗魂与酒魂——贵州酒文化掠影》（蒋南华、张伦学、蒋楚麟，贵州教育出版社2006年10月出版）、《清代贵州商品经济史研究》（何伟福，中国经济出版社2007年1月出版）、《贵州青年运动史（1998～2009）》（中国共产主义青年团贵州省委员会组编，贵州人民出版社2010年出版）、《贵州少数民族口述史研究》（蓝东兴，民族出版社2010年5月出版），《国际视野中的贵州人类学——苗族史》（《国际视野中的贵州人类学》编委会编，萨维纳，贵州大学出版社2014年

7月出版)、《贵州法制史(古、近代卷)》(吴大华,贵州人民出版社2015年6月出版)、《神秘代号背后的建设人生——黔南三线人口述史》(陈剑虹,贵州人民出版社2015年出版)、《贵州省地矿局局史(2007~2016)》(贵州省地质矿产勘查开发局编,贵州人民出版社2017年1月出版)、《贵州世居少数民族哲学思想史(上下)》(贵州省民族宗教事务委员会、贵州省科技教育领导小组办公室编,贵州民族出版社2017年10月出版)、《贵州书院史》(张羽琼,孔学堂书局2017年11月出版)、《贵州科学技术发展史纲要》(李巍、缪坤和,知识产权出版社2017年12月出版)等。

从以上所列著作分析,党的十一届三中全会后,贵州地方史研究呈现以下四个特点。第一,贵州地方史研究层级增多,不再局限于专业的历史研究机构,例如贵州省社会科学院历史研究所;参与研究的机构增多,既有像贵州省彝学研究会、贵州军阀史研究会、贵州金融学会等这样的专业性群众团体,也有像贵州省招生考试院、贵州省民族宗教事务委员会这样的政府机构,还有像中国石油贵州销售分公司这样的企业,更有为了集中专家优势而组建的各种编委会,例如:《贵州图史》编委会、《贵州六百年经济史》编辑委员会、《贵州通史》编委会等。第二,贵州地方史研究的专家学者不再局限于历史学科,出现了百家争鸣的繁荣景象。从所列上述著作的作者我们可以看出,贵州地方史研究领域既有像史继忠、黄万机、范同寿、熊宗仁、王燕玉这样的历史学的专家学者;也有摄影家,例如徐宏力;天文研究员,例如陈久金;文化工作者,例如黔南州图书馆馆长陈剑虹;法学家,例如吴大华;民族历史研究员,例如王正贤;涵盖了各行各业的专家学者、文化工作者、研究员等。第三,贵州地方史研究方法不再局限传统的历史分期研究,出现了学科性、行业性的地方史研究。20世纪80年代,贵州地方史研究方法主要是以传统的历史分期为依据来研究各个历史时期中贵州的历史状况,例如《贵州古代史》《贵州近代史》;进入90年代,研究方向向专业化、行业化、民族化发展,更加注重历史视野下专业、行业、民族的发展特性,例如:《贵州六百年经济史》《贵州航运史(古、近代部分)》《贵州航运史(现代部分)》《贵州汉文学发展史》《贵州少数民族天文学史研究》《贵州民族地区开发史专论》《贵州彝学》;进入21世纪,贵州地方史的研究对象呈现细化、小众的趋势,例如:《贵州教育考试史》《中国石油贵州销售组织史资料》《贵州戏剧史》《清代贵州商品经济史研究》《贵州书院史》《贵汽春秋——贵州汽车制造厂发展史(1936~1993)》《贵州傩戏》《奇异的石头世界——贵州岩石载体文化》《诗魂与酒文化——贵州酒文化掠影》。第四,贵州地方史的表现形式不再仅仅局限于传统的文字记述方式,出现更直接的表现方式——图照,如《贵州图史——600年贵州大事记》《贵州摄影史1846~1912》;出现了更生动的表现方式——口述历史,如《神秘代号背后的建设人生——黔南三线人口述史》。

三　贵州地方史研究存在的问题

一门学科要想得到发展，必然要不断对自身进行反省和认识，并把这种反省和认识逐步发展成为一门系统的知识体系，为进一步发展提供自觉的理论指导。①

（一）在贵州历史教学中，对地方史关注较少

据笔者从"电子课本网"查询到的贵州省贵阳市的义务教育阶段的历史教学教材情况来看：一年级至六年级无历史教学课本；七年级至八年级历史教学采用的教材为《中国历史》（人教版）；九年级采用的是《世界历史》（人教版）；高中一年级至二年级，历史学科为必修课，采用的教材是《历史　1、2、3》（人教版）；高三年级历史学科为选修课，采用的教材为《历史　20世纪的战争与和平》（人教版）、《历史　中外历史人物评说》（人教版）。从所列历史教学课本可以看出，在小学、初中、高中的历史教学中，侧重的是世界历史、国史的教学，对地方史的关注较少。

（二）地方史资源整合、共享不足

目前贵州省级进行地方史研究的机构主要为：中共贵州省宣传部、中共贵州省委党史研究室、贵州省地方志编纂委员会办公室、贵州省文史馆、《当代贵州》编辑部等，但是这些单位在资源共享与资源整合上明显不足。以对村史的研究为例，贵州省地方志编纂委员会办公室对村史的研究主要依托于《中国名村志文化工程》，截至目前大约出版了《隆里所村志》《肇兴村志》《魁胆村志》3部；除了村落的历史文化、政治经济等方面，着重记述村落本身的"名"与"特"。《贵州传统村落》由贵州省住房和城乡建设厅编，2016年3月由中国建筑工业出版社出版；这套丛书主要介绍贵州传统村落的数量、种类、分布、价值及其生存状态。《贵州传统村落全景录》由单晓刚主编，贵州人民出版社于2016年出版，记述了雷山县10个传统村落的历史沿革、人口、交通、建筑、民俗、风情等。管中窥豹，我们可以想见，在这些丛书中，虽然记述的角度、表现的侧重点不同，但是村落的基本信息必然是一致的，这对于村落的人力、物力、财力都是存在浪费的。

四　贵州地方史研究应努力的方向

（一）开发地方史资源，培养贵州人民家国情怀素养

地方史资源是所有历史资源中最具人文特色、最能贴近人民群众本身的史料资源，贵州地

---

① 李振宏、刘克辉：《历史学的理论与方法》，河南大学出版社，2008，"绪论"。

方史工作者目前最紧迫的任务应是开发地方史资源以培养贵州人民家国情怀素养。据笔者了解，贵州目前没有统一的、官方的、系统的贵州地方史教学教材，贵州地方史研究部门应联合相关单位，一方面针对在校学生进行地方史校本课程资源开发；另一方面针对机关干部、事业单位工作人员等进行地方史读本课程资源开发，为贵州地方史教学、为贵州家国情怀的培养提供理论支撑。

（二）整合、共享资源，打造贵州历史文化品牌

城市文化建设作为城市竞争力的一种持续动力，早已成为城市建设者们的共识，贵州早在20世纪90年代推出的夜郎文化品牌，一方面由于缺乏系统的、确凿的史实而走入了与周边省份相争的尴尬境地；另一方面贵州推出多彩贵州这一品牌后，取得了一定的影响力与效果，但是随着时间的流逝，人们需要更加多元化、个性化的历史文化品牌，这就要求贵州地方史研究者整合、共享资源，不断推陈出新，打造更多具有影响力的贵州历史文化品牌。

任何一个地方的发展都离不开它的历史，都或多或少的受到历史的影响。历史对现实的影响，除了时间上的关联性，更取决于现实对历史文明的继承性。[1] 贵州地方史与贵州发展的关联性自不待言，贵州地方史工作者应通过对贵州地方史的深入研究，努力接近贵州历史进程的方方面面，尽可能恢复贵州各行各业历史发展面貌，从浩瀚的史料中，整理出具有历史价值、比较完整的贵州地方史资料；总结出贵州发展的重要经验与教训，为贵州发展提供重要的历史依据。

---

① 钟启泉主编《当代地方史概论》，第7页。

地方史与地方志辩证关系探究

——以上海市《金山区村史简编》与秦皇岛市《海港区村镇志》为例

沈永清

（上海市闵行区地方志办公室）

不论是国家按照法律而设立的农村基层管理单位——行政村，还是自然形态的居民聚落——自然村，都可视作中国最基层的社区单元。近年来，在快速城镇化进程的冲击和开发性破坏下，中国的农村经历了急剧的变迁，传统村落日渐式微，农村村庄和村均人口数量不断减少。"第二次农业普查数据显示：2006 年，中国有自然村 330 万个。而据国务院参事冯骥才调查，2011 年自然村只剩下 270 万个，每天以 80~100 个的速度消亡。"① 据此，当今全国自然村数量锐减是不争的事实。中国农村至今保持着极为丰富的历史记忆、根基脉络以及丰富的文化遗存，就这样让村落如流星一样坠落得难见踪影，漠视现存村庄的历史轨迹，"日用而不知，习焉而不察"地对待百姓生活，则会在将来留下更多的遗憾。同时，村庄不仅有量的变化，更有质的变化——随着新农村建设的深化，城市化进程的加快，有的村尽管名字还在，但已难见旧有的痕迹。乡村的巨变，迫切地要求人们以村志、村史的形式留住地理、历史、经济、风俗、文化、教育、物产、人物等方面的状况，迫切地要求村志、村史细致地反映当代乡村向城市化演进的过程。值得庆幸的是，史志界的有识之士早已开始行动，使村志、村史成为回顾历史与展望未来的有效载体。

---

① 冯骥才：《还有多少村庄等待消失?》，《中国建设报》2014 年 2 月 19 日，转引自黄凯端、盖含悦《村志编纂的几点思考》，《福建史志》2019 年第 2 期。

一　上海市《金山区村史简编》 与秦皇岛市《海港区村镇志》

本文以上海市《金山区村史简编》① 和秦皇岛市《海港区村镇志》② 为例，从编修目的与指导思想、编修体制、编纂体例、资料选择、价值取向等方面进行比较，旨在探究地方史与地方志的辩证关系，为村史乃至地方史编纂提供可借鉴的实践经验。

（一）编纂目的与指导思想

《金山村史·序》指出："跨入新时期后，我们高兴地看到，朝着国际化大都市迈进的上海农村，正呈现一派繁荣兴旺景象，与此同时，新时期新阶段的上海郊区，也还有许多急待解决的深层次矛盾和问题。《金山区村史简编》对于我们深入研究农村问题，无疑具有一定参考价值。"③ 这里阐明村史编纂目的是为深入研究上海农村问题提供史料依据，并以此为鉴。《金山村史·凡例》指出："本书以马克思列宁主义、毛泽东思想、邓小平理论和'三个代表'重要思想为指导，坚持实事求是和简明扼要原则，力求思想性、科学性和史实性相统一。"

《海港村志·编后记》指出："《海港区村镇志》是根据河北省政府地方志办公室关于抓好乡镇村志编写的有关精神和海港区农村建设步伐的实际情况……编写反映全区村镇自然面貌和社会历史发展变化的权威性专著。"明确编纂村志旨在为海港区新农村建设提供资料性文献。《海港村志·凡例》指出："本志坚持以马列主义、毛泽东思想、邓小平理论、'三个代表'重要思想和科学发展观为指导，坚持辩证唯物主义和历史唯物主义观点，实事求是地记述海港区118个行政村建村以来的政治、经济、文化、社会等方面的历史与现状。"

可以看出，两者编纂目的明确，《金山村史》为深入研究上海农村问题提供真实可信的历史依据，并以此为鉴，为新农村建设做贡献。《海港村志》则为建设社会主义新农村提供翔实可信的资料性文献，旨在存史与为现实社会服务。指导思想准确，核心是实事求是地记述全区各村的历史发展脉络和现状。

（二）编修体制

《金山村史》是"金山区农村党建研究室以村为着力点开展的简史修编工作，开了全市史志编修工作的先河"④，"是记述金山村情的第一部基础性工具书。区内各镇、村撰稿，《金山区村史简编》编纂委员会主持编纂。自2003年12月下旬成立编辑部起，历时三月，三易其纲

---

① 《金山区村史简编》委员会编《金山区村史简编》，汉语大词典出版社，2004，下称《金山村史》。
② 秦皇岛市海港区地方志编纂委员会编《海港区村镇志》，方志出版社，2011，下称《海港村志》。
③ 冯小敏：《金山村史·序》。
④ 冯小敏：《金山村史·序》。

目，四改文稿，于 2004 年 3 月脱稿。……区委、区政府领导的高度重视和关心，各镇党委和政府的大力支持，各村干部的积极参与和配合，市、区史志行家的指导帮助。……终于 2004 年 3 月定稿，并报送区领导审阅后送汉语大词典出版社出版"。① 由此可见，《金山村史》的承编单位是金山区农村党建研究室，由《金山区村史简编》编委会和编辑部具体组稿编辑，在区、镇领导重视关心下，村委会参与配合，镇、村撰稿员搜资撰稿，市、区史志行家参与指导，是上海市第一部公开出版的合编型村史，版面文字 192 万字，启动至出版问世仅用时 4 个月。

《海港村志》"由秦皇岛市政府地方志办公室指导，海港区政府地方志办公室牵头，会同海港镇、东港镇、北港镇、海阳镇、北部工业区、临港物流园区，组织有关人员编写的一部反映全区镇村自然面貌和社会历史发展变化的权威性专著，也是秦皇岛市，河北省乃至全国第一部合编形式正式出版的村镇志。……2010 年 4 月，《海港区村镇志》编纂工作开始启动……2011 年 11 月，纂成《海港区村镇志》送审稿。……得到市区领导、专业人员的大力支持"。② 由此可见，《海港村志》是由海港区政府地方志办公室和所属镇、园区组织有关人员编写的志书，市区领导、专业人员予以支持。这是河北省第一部公开出版的合编型村志，版面文字 85 万字，从启动至出版问世用时 1 年 7 个月。

从编修体制来看，（1）均为官修体制，分别由金山区党建研究室、海港区地方志办公室主纂，下属镇、村史志人员撰稿，区、镇领导重视，村委支持配合，史志专业人员参与指导。（2）均属领导、村民、史志专业人员三方结合的"众手成史成志"。（3）均为合编型模式，《金山村史》是上海市第一部公开出版的合编型村史，《海港村志》是河北省第一部公开出版的合编型村志。（4）均四易其稿，《金山村史》版面文字共计 192 万字，用时 4 个月；《海港村志》版面文字共计 85 万字，用时 1 年 7 个月。

（三）编纂体例

1. 框架结构

《金山村史》以版权页、《金山区村史简编》编纂委员会、《金山区村史简编》编辑部、《金山区村史简编》各镇组稿负责人名录开卷。卷首彩页按枫泾镇、兴塔镇、朱泾镇、新农镇、松隐镇、亭林镇、朱行镇、漕泾镇、山阳镇、金山卫镇、张堰镇、廊下镇、干巷镇、吕巷镇顺序排列，一镇一页，每镇设彩照 4~6 帧，计 14 页 69 帧照片，形象再现各镇特点与风貌，其后为 8 开版金山区地图，左下角有图例，右上方为金山区在上海市的位置图。序为中共上海市委组织部副部长、中共上海市党史研究室主任冯小敏撰。凡例 6 条，包括指导思想、记载范围、上下时限、体式、入史人物、史料来源等；目录、概述、正文按卷首彩页各镇顺序设枫泾镇到

---

① 《金山村史·编后记》。
② 《海港村志·编后记》。

吕巷镇等 14 编，共计 190 万字，为全书版面文字的 99.0%，记载各个行政村自 1949 年 5 月至 2003 年 12 月 31 日的演变脉络，以此呈现金山区 156 个行政村的简史。卷末编后记，记其编纂始末。

《海港村志》以版权页、海港区地方志年鉴编纂委员会、《海港区村镇志》编辑部、资料提供人员等开篇。其后凡例 10 条，内容有指导思想、上下时限、范围、体裁、纪年、计量单位、地名、人物、资料来源等。序为中共海港区委书记冯志乐、海港区人民政府区长冯国林合撰。目录设类目、分目二级。正文为总述、海港镇、东港镇、西港镇、北港镇、北部工业区、海阳镇临港物流园区、风俗、方言谚语、附录等 11 个类目，共计 83.6 万字，为全志版面文字的 98.4%。卷末编后记，记其编纂始末。

从框架结构来看，相同之处在于：（1）框架结构完整、布局科学合理；（2）用凡例规范全书编纂方法；（3）各以村史、村志为主体；（4）序与编后记为全书的导读；（5）编委员、编辑部、撰稿、资料员置于版权页后，明其著作权。不同之处在于：（1）《金山村史》卷首彩页紧扣村史主题，以镇为板块再现各村镇特色与时代风貌，《海港村志》在目录、总述、海港镇、东港镇、西港镇、北港镇、海阳镇北部工业区、临港物流园区、风俗类目中附有 9 幅 5 厘米×3 厘米的图片，内容不同，色彩各异，使读者从目录上对海港区和各乡镇的标志性建筑物有所了解，再现镇情特色；（2）《金山村史》卷首设《金山区村史简编》各镇组稿负责人名录，记各镇组稿负责人 2 人，计 28 人，正文内各镇文末均有"撰稿人×××"，一镇一名撰稿人，共 14 人，重视撰稿者的著作权，《海港村志》卷首有"资料提供人员"，以姓氏为序收录资料提供人员 130 余人，体现众手成志。

2. 篇目设置

《金山村史》采用编章节体。全书以概述开篇，各编首介绍各镇概况并附有镇域图，以下按村为章，章首设概述，每章分类设有村级经济、基础组织、社会事业、社会生活、文明创建、人物、大事记等 7 节。表格随文插入有关章节，例如第一编枫泾镇，先述其概况，后为 16 开版枫泾镇区域图，然后按村设章节；第一章新元村，先概述其村况，后设村级经济——农业经济、工业经济以及其他行业或特色、村级收入，基层组织——党支部建设、村级服务、群众团体，社会事业——科教文卫体、环境建设、综合治理，社会生活——村民生活、村民福利，文明创建，人物，大事记 7 节。为编、章、节、目、子目 5 个层次，分别在目或子目层次纵写历史。随文表有农业、工业经济发展情况表，村级收入情况表等 3 张，为文字之补充。"所记范围主要为各村现行境域，按'略古详今'的叙述方法，上限追溯到 1949 年 5 月 13 日金山解放，因兼顾事情的肇始，解放前的相关史实也略加记叙，下限至 2003 年 12 月 31 日，重点记叙党的十一届三中全会以后特别是 1997 年 5 月 12 日金山撤县建区以来的情况。"① 为详今略古的断代史。

---

① 《金山村史·凡例》。

《海港村志》采用类目体。全志以目录开篇，其后设有总述、海港镇、东港镇、西港镇、北港镇、海阳镇、北部工业区、临港物流园区、风俗、方言谚语歇后语、附录11个类目，其中海港镇、东港镇、西港镇、北港镇、海阳镇、北部工业区、临港物流园区类目之首设有综述，下设分目。例如海港镇，综述之后为范家店村等21个村庄分目；分目下设方位、沿革、环境与设施、村级机构、农工副、村民生活、风物传说、名人能人等条目；能人名人条目下设细目记录所记人物，并有随文照片3~4张，示意图1幅。风俗、方言谚语歇后语、附录则记录范围为海港区境域，其中风俗之首设200字无题序，下设生产风俗、生活风俗、礼仪风俗、节日风俗分目，分目下分设条目；方言谚语歇后语下辖序言、谚语、歇后语分目，分目下设条目；附录设文件、文稿、家谱分目。除附录类目外，均为类目、分目、条目、子目4个层次，分别在条目、子目层次上纵写历史与现状。"记述范围为海港区5个镇、2个工业园118个行政村。记述内容贯通古今，详近略远，重点记述新中国建立后，尤其是中共十一届三中全会后的内容。上溯追溯事物发端，下限于2010年，视记述事项的需要，少数记事内容适当下延。"[①] 为详今略古的通志体。

从篇目设置来看，（1）《金山村史》采用章节体，《海港村志》为条目体，二者均能层层统辖，逻辑严密。（2）记述重点同为新中国成立后，尤其党的十一届三中全会之后，即详近略远。《金山村史》为断代史，《海港村志》为通志体。（3）《金山村史》文表相辅，增加信息量；《海港村志》图文并茂，增强审美情趣。（4）《金山村史》章节设置整齐划一，以村史为主体；《海港村志》类目设置灵活，以反映村情为主，镇情区情为辅。

篇目是史书志书设计的蓝图，是撰写的提纲，也是搜集资料的向导。《金山村史》《海港村志》的篇目为记述村史、记录村情提供了科学平台。

3. 体裁运用

《金山村史》采用述、记、志、传、图、表、录7种体裁，以志为主。

述体有卷首概述、各镇无题序、各村概述，形成宏观、中观、微观3个不同层次的述体系统，12.6万字，为全书版面文字的6.6%，记述金山区、镇、村3个不同层面的境域、经济、政治、文化、社会、人文之发展轨迹。

记体为各村的编年体大事记，上限起自1950年，止于2002年，上下记事50余年。明各村之演变、发展的历史脉络，16万字，为全书版面文字的8.3%。

志体先为"横分门类"，后为记事"纵写"实体，86.4万字，为全书版面文字的45.0%。

传体为人物传略，记已故人士，按生年为序。例如，"范亚琴（1932~1953）新元村人。1953年7月13日在朝鲜江原道淡原部战场英勇牺牲，为革命烈士"。传略785篇，记传主785位，21万字，为全书版面文字的10.9%。

---

① 《海港村志·序》。

图体由地图与照片构成。照片集中于卷首，为一镇一页的 69 帧照片，形象再现各镇特点与风貌。地图由卷首照片集后的 8 开版金山区地图和各编无题概述后的 16 开版的"××镇区域图"组成，地图图面标示清晰，右下方配有 7 厘米×4 厘米方框图例，以示用图之规范。区域图共 14 幅，即一镇一幅，3.8 万版面文字，为全书版面文字的 2.0%。

表体由各村"农业经济发展情况表""工业发展情况表""村级收入情况表"等 468 张表组成，12 万字，为全书版面文字的 6.3%。文表互补，增加信息量。

录体由"××村历届党支部名录"和"××村历届行政领导名录"等 312 张表式名录组成，42 万字，为全书版面文字的 21.9%。

《海港村志》体裁为述、记、志、传、图、表、录等 7 体，志为主体。

述体由全区总述、镇综述二层次构成，3.15 万字，为全志版面文字的 3.7%。简要记述海港区、镇、村自然与社会的历史与现状，明其演变轨迹。

记体有"交通要冲范家店"等 21 篇随文"附记"，3.1 万字，为全志版面文字的 3.6%。

志体先"横分门类"，后为"纵写"实体，49 万字，为全志版面文字的 57.6%。

传体为各村所列"名人能人"条目，全书记载各村名人能人 300 多人，4.7 万字，为全志版面文字的 5.5%。

图体为随文图片和绘制的村庄示意图，9.1 万字，为全志版面文字的 10.7%。其中"××村示意图"一村一幅，共 118 幅，计 3.6 万字，为图体的 29.5%，6 厘米×8.5 厘米彩色图片 600 幅，计 4.5 万字，为图体的 60.5%。

表体散见于各镇综述的"2003~2010 年××镇村庄划转情况表"和"2010 年××镇村基本情况表"等 16 张表，0.9 万字，为全志版面文字的 1.1%。

录体为附录类目，由文件、文稿、家谱构成，16.4 万字，为全志版面文字的 19.3%。其中文件 9.1 万字，为录体版面的 55.5%；文稿 1.4 万字，为录体版面的 8.5%；家谱 6 万字，为录体版面的 36%。

从体裁来看，（1）均运用述、记、志、传、图、表、录 7 体，均为以志为主的传记体。（2）述体运用，《金山村史》为区、镇、村三个层次，记述量为全史版面的 6.6%，由此提升著述性，体现史之属性；《海港村志》为区、镇两个层次，记述量为全志版面文字的 3.7%。（3）《金山村史》各村有大事记，述其发展脉络，强化史体。（4）《海港村志》设有随文图片，其所占全志版面的为 10.7%，图文并茂，增强审美效应。（5）《海港村志》录体运用规范，《金山村史》的录体是名录，实际上是表体。

（四）资料选择

《金山村史·凡例》指出："本书资料主要来自档案馆及乡、镇档案室有关文书记录，并参阅新编《金山县志》，各乡镇志，以及各镇、村提供的资料调查所得的口碑资料，文内一般不注明出处。"《金山村史·编后记》指明："各镇编写人员深入各村，走访村民，采录口碑资料，查录档案史料，广泛收集资料，分类汇总，为《金山区村史简编》的编纂奠定了基础。"从中可见，资料来源有档案文书、文献资料、口述史料。

《海港村志·凡例》指出："本志资料由镇、园区和村提供，村、镇档案资料为主体，部分为村民提供。数据来源于原始账簿表据，尽力做到资料准确，内容翔实。"《海港村志·编后记》指明："在挖掘资料方面……查阅资料，走访座谈，实地考察，搜集征集百万余字资料……求真存实，去粗取精，编写 80 多万字的《海港区村镇志》初稿，为撰写志稿打下坚实的资料基础。"从中可见，资料来源有档案文书、文献资料、口述史料等。

从资料选取来看，（1）来源相同，均为档案资料、文献资料、走访调查与口述史料，即志中有史、史中有志。（2）均在凡例、编后记中写明资料来源与选取方法，在"文内一般不注明出处"。（3）《金山村史》资料来源于新编《金山县志》和各镇志书，即志书为史书提供资料性文献，为撰述地方史奠定资料基础；《海港村志》重视走访座谈，实地考察，搜集丰富的社会民生资料，整理为资料性文献。

（五）价值取向多元

"《金山区村史简编》对于我们深入研究农村问题，无疑具有一定的参考价值。该书以'三个代表'重要思想为指导，坚持实事求是原则，以我国农村经济和社会发展为脉络，全面、系统简要地记载了全区 156 个村解放 50 年来的历史，反映了金山人民重新安排大好河山的创业轨迹，保存了村这一级弥足珍贵的历史资料，具有较强的时代特点和地方特色，具有一定的资政、育人和存史作用。"[①]

《金山村史》以 192 万版面文字，较为全面、系统、简要地记载了金山区 156 个行政村自 1949 年 5 月至 2003 年 12 月 31 日的历史与现状，反映了金山人民重新规划大好河山的创业轨迹，保留了村一级的细微史料，既记成功，亦记教训，对于当政者如何建设社会主义新农村具有重要借鉴意义，随着读史用史的深入，资政价值将会日益凸显。

村史所记，包括村级经济、社会事业、社会生活内容中的发展史料，如村民享受农村合作医疗，参加养老保险，尤其是人物中革命先烈为中国革命壮烈牺牲的事迹。例如，"袁世钊（1904~1931）……1925 年参加中国共产党。……1931 年 2 月 13 日，在镇江北岗山桃化坞英勇就义"。[②]读后令人肃然起敬，随英烈事迹的传播，其育人价值将会日益彰显。

其史亦为各村留下政治、经济、文化、社会、人文诸方面资料 1.2 万字，随着城市化进程的推进，以及时间的推移，其存史价值随时可见，为后人研究乡村社会史的必备史料。

---

① 冯小敏：《金山村史·序》。
② 《金山村史》，第 37 页。

《海港村志》"真实地记述 118 个行政村历史之沿革，描山川地理之特色，述政治风云之变化，表经济文化之兴衰，陈社会风情之演变。它从经济到政治，从生产到生活，从风情到民俗，从文化到自然，所记所载，贴近农民，实实在在，具体形象，无不散发出一股浓郁的乡土气息。尤其是一些古建古俗和流传在群众口头上的非物质文化资料，更是弥足珍贵。它为昨天的革命者和创业者树立历史丰碑，为今天的从政者和建设者提供历史借鉴和科学依据，为后人留下经世致用的珍贵馆藏"。[①] 由此可知，其志资料全面系统，具有资政、育人、存史价值。

《海港村志·序》称："海港区人当以史为鉴，兢兢业业，团结奋进，在打造省内一流主城区的征途中谱写出更为辉煌的篇章。"序为海港区委书记冯志乐、海港区长冯国林撰，所体现的"以史为鉴"的资政价值意义深远。

其志所列条目"村民生活"记载了新中国成立至 2010 年所发生的巨大变化，再现"社会主义制度好"的主题，具有育人价值。例如"范家店村·村民生活"所记："新中国成立初期，农民以农业种植业为经济收入来源。……20 世纪 90 年代后，村民就业门路拓宽，收入倍增。……住房从 20 世纪 60 年代几户同住一院到 20 世纪 70 年代的独门独院，再到 21 世纪的高楼。2010 年村民纯收入达 9410 元……人均储蓄存款比 1970 年增长 300 多倍。"[②] 让读者感受到村民享受到改革开放成果，安居乐业的喜悦，亦凸显了"改革开放好"的主题，育人意义深远。"名人能人"所记 300 多人再现了海港区深厚的人文底蕴，尤其是革命先烈的传记让读者肃然起敬，教育今人发扬爱国敬业精神，育人价值由此体现。

《海港村志·凡例》指出："本志资料由镇、园区和村提供，村、镇档案资料为主体，部分为村民提供。数据来源于原始账簿表据，尽力做到资料准确，内容翔实。"从中可见，其志资料真实可信，随着城市化进程的推进，志书将农村现代化建设、人民生活记录下来，成为海港区村镇资料性文献，其存史价值随着时间的推移将会日益彰显。

从价值取向来考察，《金山村史》《海港村志》均为各村镇留下弥足珍贵的历史文献，具有资政、育人、存史等价值。比较而言，《金山村史》侧重于资治，《海港村志》侧重于存史。

总之，《金山村史》《海港村志》的编纂实践为史志工作者编纂村史、村志提供了颇具学术价值的经验，编纂者应从其善而择之。

二 地方史与地方志

据笔者的理解，地方史是历史学的一个分支，是国史的重要组成部分，主要按历史时期记述一地社会历史发展过程，研究历史上特定地区人们的政治、经济和文化活动及社会运动变化

---

① 冯志乐、冯国林:《海港村志·序》。
② 《海港村志》，第 12 页。

的规律，揭示区域历史发展特点，总结其中的经验和教训，为社会提供历史借鉴。

"从行政村区划角度来说，地方史是相对于国史而言的，国家以下行政区划，大到省、直辖市、自治区、特别行政区，小到村乃至自然屯的历史，都可以归入地方史的范畴。"① 据此，《金山村史》当属地方史范畴。

乡村是社会的最基本单元，是社会的缩影、区域的细胞和执政的基石。一部好的村史不仅是一个地区、村庄发展的整体反映，而且更具有超出其本身价值的一般性意义，它可以为人们了解社会多提供一份素材，也可以为上级史书补充农村经济社会发展资料，还可为将来的历史学家保存今天看来十分常见而将来异常珍贵的基层社会日常生活的史料。

地方志则是以地域（主要是行政区划）为单位，按照一定体例，综合记载一定时期内自然、政治、经济、文化及社会等方面的资料性文献，亦显示了一方区域内历史发展和事业盛衰起伏之全过程。

村志为社会主义新方志大族谱添了村级层面的综合性资料，全面真实地反映了建村以来，尤其是改革开放以来，农村发展变迁的纵深图景，包括整个村的建置源流、城市化进程，以及民情民俗、经济发展、人民生活等方面的历史与现状。为研究农村由农业社会向工业社会变迁、乡村文化融入城市文化提供了弥足珍贵的资料，具有较高的史料价值和研究价值。

笔者以《金山村史》《海港村志》编纂实践为据，探究二者异同，旨在厘清村史即地方史，村志即地方志的辩证关系。

（一）编修体制相同，为官修体制

《金山村史》由《金山区村史简编》编纂委员会编著出版。《海港村志》由海港区地方志编纂委员会编纂出版。有论者认为："古代中国重视中央正统、权威地位，地方史撰写不受重视，真正意义上的地方史研究也是从19世纪之后，'西学东渐'开始的，地方史与国史和地方志不同，具有明显的私人性质。"② 即地方史以私人著述为主。笔者认为，当今地方史编撰应以官修为主，私撰作为补充。

（二）编纂目的与指导思想相似

二者的编纂目的均是为建设社会主义新农村提供具有可借鉴资政的史实和具有参考价值的资料性文献，以史为鉴，为现实服务。指导思想为实事求是地记录全区行政村的发展历史脉络，重点则是村情现状。

---

① 张恺新：《地方史散论》，赵祥春主编《葫芦岛地方史文集》（6），中国广播电视出版社，2007，转引自郭艳玲《从〈越秀史稿〉的定位特色看地方史编写探索》，《上海地方志》2017年第2期。
② 毛珏珺：《试论地方史与地方志的相互关系》，中国地方志指导小组办公室、中国地方志学会编《地方志转型升级理论与实践探索——第七届中国地方志学术年会论文汇编》，第465页。

（三）资料来源相似

二者的撰文依据均来自档案、地方文献与实地采访和口碑资料。地方志书为地方史撰写提供翔实可信的资料性文献，即地方志是地方史撰写的基础；地方史亦可为地方志编纂提供资料线索，体现"志中有史""史中有志"的关联性。

（四）编纂体例同中有异

框架结构相似、体裁均为纪传体，以凡例规范全书编纂，序与后记为全书导读。不同之处是《金山村史》各行政村文稿均有撰稿人署名，具有著作权，体现地方史有私撰性特点；《海港村志》卷首有"资料提供人员"名录，体现地方志"众手成志"的特性。篇目设置均以镇为板块，下辖行政村，村下设条目或细目，一般为 4 个层次，条目或细目为纵写实体。《金山村史》为章节体，记录了自 1949 年 5 月至 2003 年 12 月 31 日的内容，为断代史书。《海港村志》为类目体，记事始于事物发端，至于下限 2010 年，为通纪体志书。体裁运用史、志相同，均为述、记、志、传、图、表、录 7 体并用。不同之处在于：（1）《金山村史》述体为区、镇、村 3 个层次，强化著述性；《海港村志》述体为区、镇 2 个层次，体现资料性文献；（2）《金山村史》各村，即章辖"大事记"节，用编年体式记录各行政村之大事，明其发展脉络，以此强化史体。

（五）价值取向相似

均具有资政、育人、存史价值。《金山村史》重在资政，为解决金山区"三农"问题提供历史借鉴；《海港村志》则为"后人留下经世致用"的可辨可考的资料性文献，重在存史。

（六）记载对象同一

《金山村史》《海港村志》的编纂实践证明，地方史与地方志同中有异，异中有同，即史中有志、志中有史。正如林衍经在《史志关系论》一文中认为："从古今史志的比较，可以看出史与志有同也有异，有联系也有区别；其同和异、联系和区别，在不同历史时期和不同种类的志书中，各有程度差别。侧重地理记载的志书（特别是前期方志）具有地理学科的属性，与史书的相异处多，区别较大，共同之处、彼此联系少一些，这是事实。相反，偏重于人文历史记载的大量志书（主要是宋以后的方志），则明显地体现了历史学科的属性，与史书的相同之处、彼此联系多，而相异之处少，区别也较少一些，这也是事实。但是，即使是有明显的历史学科属性的志书，也不应当、不可以与地方史画上等号，因为志书的内容和形式毕竟与地方史存在一定程度的相异之处，犹如梨子和苹果都属水果，总是二种不同的果品；即使是形貌气质极相似的孪生兄弟或姐妹，总还是彼此二人，不可等同的。"①

---

① 林衍经：《史志关系论》，《中国地方志》1994 年第 3 期。

余 论

2015 年 5 月 18 日，中宣部办公厅、国家新闻出版广电总局办公厅联合印发《关于进一步做好地方史编写出版工作的通知》，明确指出"地方史编写与地方志工作密切相关，要加强与本地区地方志工作机构的沟通协调，具备条件的，可将地方史编写纳入地方志工作范畴，统一规范管理"。8 月 25 日，国务院办公厅印发的《全国地方志事业发展规划纲要（2015～2020 年）》与该通知对接，将有关条款写入条文中，并将规范管理地方史编写的任务赋予地方志工作机构。"这既是对地方志工作推出大批地情成果的认可，又是党和国家在实施'四个全面'战备布局大背景下作出的一种制度性安排。"① 纂史与修志、编鉴三足鼎立，为地方志事业恒久发展注入了新鲜活力。2017 年 1 月，中共中央办公厅、国务院办公厅又印发了《关于实施中华优秀传统文化传承发展工程的意见》，其第三部分重点任务第一项"深入阐发文化精髓"中明确强调："加强党史国史及相关档案编修，做好地方史志编纂工作，巩固中华文明探源成果，正确反映中华民族文明史，推出一批研究成果。"这是又一次从国家层面明确了地方志在建设社会主义文化强国，增强国家文化软实力，实现中华民族伟大复兴中国梦中的重要作用；同时也是地方志事业发展进程中一件足以载入史册的大事。对在全围范围内全面推进地方志"从一项工作向一项事业转型升级"②，具有十分重要的指导意义和创新意义。

然而，"'把地方史纳入地方志工作范畴'还没有实质性进展，理论研究滞后于地方志实践，研究成果学术含金量不高"。③

笔者认为，方志人应自觉参与地方史的编撰实践，并不断总结实践经验使之上升为理论，由此提升地方史的编撰质量。胡锭波《地方史：何为"地方"何为"史"——关于地方史编纂的几点思考》一文具有参考价值，现将其中"必要的简单讨论"抄录如下，以供学界讨论。

> 将地方史编写纳入地方志工作的范畴，既是对地方志工作机构的职责和业务范围的进一步拓展，也是对修志工作的一项有效的补充。当前修志年限的要求是 20 年左右编修一次，地方史特别是地方通史编纂的年限则未有全国性的统一规定，但"志""史"的编修应该是相互错开，而不是同时组织同时进行。从这一实际角度来说，修史是对修志的一种检验与补充。地方史的研究和编纂，是借助地方志编修过程中积累的大量资料，重新进行综合分析，阐明历史发展脉络与发展规律，这是对志书及志书所使用材料的重新审视，这

---

① 邱新立：《〈全国地方志事业发展规划纲要（2015～2020 年）〉解读》，《中国地方志》2015 年第 11 期。
② 冀祥德：《论依法治志》，《中国地方志》2016 年第 5 期。
③ 谢伏瞻：《高举习近平新时代中国特色社会主义思想伟大旗帜 努力开创新时代地方志事业高质量发展新局面——在2019 年全国地方志机构主任工作会议暨第三次全国地方志工作经验交流会上的讲话》，《中国地方志》2019 年第 1 期。

其中既包含对志书资料的总结提升，也包括对志书资料的查漏补缺，是对20年编一次志书的检讨和以现有的眼光和视野对过去已完成志书资料的一种升华利用。地方史与地方志的编纂是互相促进与互相补充的关系。如何利用地方史编纂的机会重新审视志书材料，丰富志书编修理论，是"史""志"编纂者和组织者应当予以思考的问题。

与地方志明确规定编纂组织主体不同，过去很长的时间里，地方史编纂都没有具体有效的管理，地方史研究与编写领域里成果众多，在某些地区还呈现出强势的发展势头，我们不能简单否定些成果的存在意义，但也要突出地方志部门编纂地方史的"官史"地位，在借鉴此前的地方史领域的众多成果的同时，也要突出地方志部门的权威性。地方史编纂纳入地方志部门规范化管理，不是对地方史成果的简单重复建设，而是有科学组织的代表官方发声，是对地方史编研的进一步规范。在业已纷繁复杂的地方史编研环境中，如何树立"官史""信史"的权威性，除了借助行政管理手段外，还应当有地方志部门自身的特点，可以从以下三个方面加以考虑：一是全面系统，与以往地方史编纂的零散性不同，地方史编纂的组织者应当借助各级政府的力量，推动地方史编纂的有序性、系统性和全面性，要求各级行政区域都应当编纂地方史，从编纂规划、编写规范上有着统一的指导性，区域覆盖上更加全面。二是史料全面深入，纳入地方志部门的工作范围后，地方史的编纂将成为行政任务，这有助于编纂者更加全面掌握和收集相关资料，从成本上、效率上和资料范围上，都具备更高的优势。三是人员组成的代表性，利用行政资源和地方编纂实际中形成的工作队伍，地方史编纂过程中可更方便地吸纳具有代表性的学者、历史文化爱好者、乡土专家、教师等人员参与，使编纂成果更加符合要求，视野更加开阔。适应人群更加广泛。

当然，在看到具备的优势以外，也应该从地方志编纂以及传统史学研究和编写的弊端进行反思与改进。过去的地方志编纂也好，地方史编研也好，都倾向于政治史、制度史，表现出重视制度、政治、军事、外交、精英人物的历史，而忽视社会大众的历史，代表的是上层的话语权……无论是时代的发展要求，还是新的史学观的影响，都要求地方史的编纂者应该摒弃以往的"狭隘"与"偏见"，将"朝"与"野"合理统一起来，重视普通群众的历史，编纂出真正符合历史实际，符合社会发展要求的地方史。①

---

① 胡锭波：《地方史：何为"地方"何为"史"——关于地方史编纂的几点思考》，中国地方志指导小组办公室、中国地方志学会编《地方志转型升级理论与实践探索——第七届中国地方志学术年会论文汇编》，第483~484页。

志、史、鉴及关系研究

姚希陆

（天津市滨海新区地方志办公室）

中国的地方志、历史学与年鉴的关系历来都是人们争论的焦点，特别是三者的源流问题和本质属性的归属关系。搞清三者之间的关系和本质属性对编写三种书籍有着重要意义，可以有效地防止将志书编成史书或年鉴书，从而避免混淆三者之间的界限。

一　志书、史书和年鉴书的形成与发展

1. 地方志志体体裁的形成与发展

志体的本质是记事。地方志的核心体裁是志体，志体的雏形产生于人类社会初期，人类在集体劳动中由于协同合作和交流交往的需要，逐渐产生语言。劳动和社会交往的增多以及知识面的扩大，刺激了人类对记事交流的需求，人类祖先逐步通过记事来记录劳动实践及所形成的知识和经验。于是，真实、准确、简洁、实用和述而不论的地方志志体——记事科学的雏形就产生了。

志体体裁的形成和发展，经历了口头记事、实物记事和文字记事三个阶段。口头记事，表现于人类的口头传说和神话故事。由于没有文字，人们只能将自己经历的事情加上不科学的想象形成口头传说和神话，如中国三皇五帝的传说等。实物记事，指结绳记事、画八卦记事、刻痕记事、画图记事等。文字记事，是随着社会组织的发展和扩大而形成的。氏族时期，由于人少，可记的事少而简单，表现为单一内容的记事。胞族时期，可记事物逐渐增多，内容较复杂，表现为复杂内容记事。部落时期，战争不断爆发，出于加强管理和记事交流的需要，开始出现分类记事，将不同性质、不同类型的内容按类进行管理和记事。部落联盟时期，所记内容更加复杂，分类更加精细。国家形成后，夏禹分九州，设六卿，一百二十位官员分管、分记诸

事。商设事官分管、分记诸事。西周时期改事官为史官，设五史管理朝政，其中小史掌邦国之志，外史掌四方之志，职方掌天下图，诵训掌道天子，司会于郊野县都掌其书契版图。秦统一中国后，改史官为吏官，记事范围更加广泛。在疆域扩大、人口增多的过程中，科学记事学——中国地方志的志体体裁逐渐形成并得到发展。

2. 地方志志书体裁的形成与发展

随着地方志志体体裁的形成与发展，地方志志书的体裁也开始形成并得以发展。第一，志书由单一志体向多体并用、以志为主的方向变化。地方志志体基本结构是横排竖写，以横为主。在其发展过程中，不断吸收其他各种体裁，用以补充自身的不足，志书由单一志体向多体并用方向发展。主要吸收述、纪、传、录、图、表、谱、考、略等体裁，现主要为七体合用。图体产生于氏族社会时期的画图记事，夏朝时，形成地图和各种示意图以增加志书的形象性和具体性，如现存的春秋《中山兆域图》铜制版地图。秦时形成图经合体志书，为图和文字记事两种体裁合用。表体记事起自周元王四年（公元前472）筑越长城于长干之时。西汉司马迁《史记》中列有十表，东汉班固《汉书》列有八表，南宋《嘉定镇江志》首设郡县表，《景定建康志》形成多体并用志书。传体产生于春秋时期，在《孟子·梁惠王下》篇中记有书传、自传、别传等，分人物传和事物传。东汉时，刘秀为表彰家乡令南阳编修《南阳风俗传》，以志和人物记述合体。序体产生于春秋时期，在《诗经》《尚书》等著作篇前都设有小序；南宋时期进入志书；民国时期，黄炎培编纂《川沙县志》首设概述，但仍为序言；到1984年后，才逐渐形成现在的述体。纪体出现在战国时期的《竹书纪年》，《吕氏春秋》中也有十二月纪，司马迁《史记》、班固《汉书》中均有帝王本纪。南宋时，《剡录》首列县纪年大事年表，《景定建康志》形成多体并用志书。录体出现在战国时期的《公羊传·隐公十年》，西晋时将军府普遍设录事官；南北朝梁朝的周兴嗣著《梁皇帝实录》；唐代后，各皇帝即位均记前朝皇帝实录；南宋《景定建康志》为合体志书；元代时，录体转到结尾部分，为附录至今。唐代以前为两体、三体并用，宋时转为五体、六体并用，民国后形成七体并用的志书。

第二，内容与门类不断增多，形成自然与社会并列、内容广泛、无所不包的志书属性。从内容来看，最初是单一的地理环境内容，如《禹贡》《山海经》。之后增加了历史内容，如《晋乘》《鲁春秋》《周志》《郑志》等，还有介绍政治机构的《周官》。汉代出现地、史、人相结合的志书，如《越绝书》《华阳国志》。隋代的《区宇图志》以地理、图和社会为主。唐代的《括地志》以地理、物产、人物为主；《沙州图经》增加了行政机构、教育、歌谣和古迹，开始将地理与政事并列。北宋的《太平寰宇记》增加政事、文化、社会和人物，首次将姓氏、风俗、人物、官爵、诗词、艺文等列为志书主体内容，使志书体例大变——从地理为主转为以自然与社会并列的格局。南宋时，志书内容涉及自然、地理、社会、经济、政治、文化和人物领域，出现自然与社会并列、地理与历史并列。志书内容的变化，引起了志书属性的争论。清代，出现以戴震为首的地理学派和以章学诚为代表的历史学派的争论；民国时期，形成了史地两性兼有之说。内容范围的扩大引起了门类的增加。《秦地图》有 4 个门类，即户口、人民疾苦、厄塞、山水。《越绝书》有 5 个门类，即地理、建置、人物、都邑、冢坟。东晋南朝张僧鉴的《豫章记》有 12 个门类，即传说、旧事、古迹、建置、冢坟、地理、风俗、地名、故城、物产、山水、人物；《三辅黄图》有 14 个门类。唐代的《沙州图经》有 19 个门类。宋代的《咸淳毗陵志》有 30 卷 60 个门类。元代的《大元大一统志》第一次编修 750 卷，第二次编修 1300 卷，门类随时间发展和内容增加而增多。

第三，体式不断变化。志书体式的发展主要经历了平列体、纲目体、纪传体、分期体、三书体、三宝体、章节体、条目体等。最早出现的是平列体，将诸多类目并列平行为一层，横排互不统辖，如《禹贡》、《山海经》、北宋《吴郡图经续记》等志。此类体式门类清晰、一目了然、编纂省事，但缺乏整体性，适用于内容简单的地区和时代。纲目体，全书先立大纲，纲下分细目，以纲统目，分两层或两层以上。一般分为事物和地域政区，南宋嘉定《赤城志》、明代嘉靖《河间府志》和唐代《元和郡县图志》、宋代《太平寰宇记》、清代《大清一统志》分属这两种分类法。纪传体属纲目体的一种，按体例分类，如纪、志、表、传、录、考、谱等，类下再分细目，也是两层结构。南宋《景定建康志》属这种类型，它是志书由地理向历史发展的标志。分期体，按时间分类，先古后今。如唐代《贞元十道录》、北宋《舆地广记》。南宋以后，方志志体横排方法已成定局，这种不合志体的方法不再使用。三书体，由志、掌故、文征三部分组成，志按体裁分类，如掌故、文征记录典章、制度和文献专辑。因前后资料大量重复，除志体被保留外，其他形式不再使用。三宝体，以土地、人民、政事为结构，门类少，内容不易归类，也没有流行。清代出现的编年体不分门类，以时为序，因果关系难究，也没能流行。章节体，即现在常用的体式，清末被引入志书，结构横排竖写，大类为章、小类为节、具体事物为目，竖写事物的变化状况和变化过程，层层相辖，逻辑性强，整体性强。条目体，由年鉴编法而来，条目比较分散，整体性差，只适合年鉴使用。体式变化影响志书结构的变化，志书由纵横交错不定型转为以横为主、以事分类、类为一志的定型格局。志书体式的变化和结构的完善，是志书成熟的表现。

第四，章法趋于统一。章法是志书编纂的要求和规定。（1）编写范围：以现行行政区划为准，书不越界，书不越时，不分辖属。（2）专志编写：专志贵专，按专业职能分类是专志的基本要求。（3）记事时间：内容要详今略古。（4）编设门类：以类系事，类为一志。（5）立人物立传：生人不立传。（6）搜集资料：广征博采，宁多勿漏。（7）顺时记事，述而不论。（8）选材重点：不唯上、不唯亲、只唯实。（9）使用第三人称记事。

第五，志书的种类不断增加。按地域，志书可分为一统志、总志、省志或通志、府志、州志、地区志、厅志、市志、区志、县志、乡镇志、村志、边关志、所志等。按时间分，可分成通纪志、断代志（续志）。按专业分，可以分为自然环境志、工业志、农业志、商业志等。还可以分为综合性志书、专业性志书和部门性志书。

第六，政府主持修志和连续编写已成制度。商周时期，分别有事官、史官主管地方志编写。两汉时期除有史官主持外，皇帝还亲自下令修志。隋唐时形成官修制度，由国家主持修志。宋代，中央成立九域图志局。民国时期，成立省修志局、馆。中华人民共和国规定，修志由"党委领导、政府主持"，实行"一纳入、八到位"，每20年左右编修一次志书，连续修志已成制度。

多体并用、以志为主，自然与社会并列，体式多变，结构融合，章法独特，连续编写以及政府主持、众手修志成为地方志书的基本属性。

3. 史体体裁的形成和发展

史体的本质是通过对社会主体的发展全过程的记述来评价事物的对错是非，进而探讨历史发展的规律。史书在最初产生时只记录事物发展的经过，不评论事物的对错是非。为了方便统治者了解事物经过，人们简化了方志志体的记述，逐步形成当时的史体，先秦时期的国别史就是这样产生的。史体的产生经历了口传史体和文字史体的过程。上古时期的传说和神话就是口传史体。先秦时期出现编年体史书，《竹书纪年》就是这种体裁的史书，又如《左传》《汉纪》《后汉纪》及历朝历代的皇帝起居注、实录和《资治通鉴》等。编年体是史书最早使用的史体体裁，它以年代为经、事实为纬，容易看出同时期各个事件之间的联系，但前后割裂、缺乏连贯。南宋吕祖谦编写的《大事记》，明代王祎编写的《大事记续编》，都属于这种体裁。汉代，出现以"书"为名的史书，如《太史公书》，首次使用纪传体编写人物传记。纪传体以人物为中心进行编写，成为史书体裁的另一种基本模式。史书还有以"历"命名的，如《吴历》《晋历》《唐历》等。唐代以后，史书开始以"史"命名，如《南史》《北史》《宋史》《辽史》《金史》《元史》《明史》等。南宋时期，袁枢编写《通鉴纪事本末》，将重要的史事分别列目，独立成篇；各篇按年月的顺序编写，成为以历史事件为纲的第三种史书体裁，即纪事本末体。至此，形成了古代史书的三大体裁。

4. 中国年鉴体的形成和发展

年鉴的本质是资料性工具书，具有收录广泛、编排系统、查阅方便的特点，是地方当年资料的权威。年鉴产生于历书，在我国历史上有雏形发展阶段，但没有成长过程。它形成于西方社会，随着西方资本主义的入侵进入中国。年鉴雏形在中国的历史可以上溯到公元前2500年前后的五帝时期，萌芽时期的年鉴是以历书和对天文现象记载的形式出现的。中国古代有六历的传说，即黄帝历、颛顼历、夏历、殷历、周历和鲁历，今已失传。商代的甲骨文中，记载大量天文、历法、气象、农业、田猎、疾病等自然科学知识和军事征伐、祭祀、奴隶殉葬、监狱、法庭、刑罚等社会科学知识。《尚书·尧典》记录"四仲中星"的方法。战国时期，天文学著作《甘石星经》记录了天体中800颗恒星的名字，测定了121颗恒星的位置，是世界上最早的恒星表。这些都是中国年鉴的雏形，但后来中国年鉴并没有按照这一路径发展。直到西方列强入侵，年鉴从国外传入，成为近代中国的资料性工具书。最早的一部年鉴是清同治三年

（1864），由外国人在上海由海关总税务司署统计科创办的《海关中外贸易年鉴》。1909 年，东北奉天图书馆出版第一部由中国人翻译的线装版《新译世界统计年鉴》。1913 年，上海神州编译社出版中国第一部自编的综合性年鉴——《世界年鉴》。1922 年，上海银行周报社编辑出版《银行年鉴》。1924 年，商务印书馆出版《中国年鉴》。1950 年，天津进步社编辑出版新中国第一部年鉴——《开国年鉴》。1952 年，大公报社编辑出版《人民手册》。1958 年，世界知识出版社出版《世界知识手册》，后改为《世界知识年鉴》。1980 年，全国有年鉴 6 种。改革开放后，年鉴的种类和数量不断增加。至 20 世纪末，年鉴种类有 1700 余种。

二　志书志体、史书史体及年鉴百科体的基本属性

（一）地方志志体的基本属性

地方志志体属性包括本质属性、一般属性和文体属性。志体是记录地方事物总体和内部各组成要素基本矛盾具体状况变化全过程的科学记事。"记录地方事物总体和内部各组成要素基本矛盾具体状况"是志体的本质属性，"具体状况"就是指事物在变化过程中具体点上的状况。关于志体的一般属性，其一是表现形式属性，用资料承载事物变化的全过程，即人们常说的志书的资料性特点。其二是结构形式属性，横排竖写，即按事物的门类横排分类、按事物的时间顺序纵向记录。其三是存在形式属性，具体事物的记述要具有整体性、地域性、时代性和专业职能性的特点，突出事物的特色就是突出这四大特点。志体的文体属性，一般包括语言特征、语法特征、逻辑特征、修辞特征和文字特征。语言精练、浓缩，语法以主谓宾补为主，逻辑清楚、准确，使用消极修辞的手法，文字简洁、没有歧义，述而不论，属于纪实性记事类体裁。

（二）史书史体的基本属性

史书是"研究和阐述人类社会发展的具体过程及其规律的科学"。[1] 研究和阐述规律是史体的基本属性。史书内容包括两个主要部分：一是记述历史经过，二是通过所记述的历史经过去研究和阐述社会发展的规律。史体的表现形式是记述加评论，以论述史实为主，褒贬均有。通过评论来阐述规律，属于学术性学科。其结构形式是竖排横写，以时系事，以事分类，以事件的记述为中心，侧重于事物整体的纵向发展。其存在形式在时间上表现为详古略今，以查找文献资料为主，主要记述和评论过去的事物。记述范围以社会内容为主，很少涉及自然方面。在文体方面，只要求记实准确，评论符合逻辑规律。

---

[1] 《辞海》编辑委员会编《辞海》，上海辞书出版社，1983，第 1658 页。

（三）年鉴百科体的基本属性

年鉴的体裁主要有记、述、专、科、传、图、表、录、附、引等十体，科即为百科。年鉴的文字叙述部分以条目体的形式出现，主要介绍百科部分。百科是年鉴的核心内容，其他体裁是为了增大信息量而设置的附加体裁，可增可减。

年鉴体的本质属性以百科的本质属性为核心。年鉴是记述上一年度地方总体及其中部分面和点的具体状况的文献信息，连年编纂出版的资料性工具书。资料性工具书是它的本质属性。以资料性作为基本表现形式是年鉴的一般属性。其结构形式，指百科部分结构，以类目或栏目为第一层次，分目为第二层次，条目为第三层次。第一层次是大类目，如工业类目、农业类目；第二层次是大类目下辖的内容，如石油工业、石化工业、机械工业、纺织工业等；第三层次是分目下的具体内容，用条目体进行表述。条目体是年鉴的核心表现形式。条目分两大类：第一大类是概述性条目，列在条目的开始部分，提供概括性、整体性资料的条目，属于典型的三次性文献，需要认真整理形成，全面介绍该部门总体情况的内容；第二大类是典型性条目，也叫特殊性条目、个性条目，用来记述机构内具体内容的条目，反映日常发生的个性事物的条目。一事一条，相对独立，具有文字少、体积小、容量多、信息密度大、编排灵活等特点，是年鉴的基本细胞。年鉴的文字以说明事物为主，要求述而不论，直陈其事，言简意赅。

三　志书、史书和年鉴的编写方法

（一）志书的编写方法

志书的编写，实际上就是志体的编写。第一步是"事"，即对地域内的事物总体情况进行普查摸底，搞清楚哪些事物是应该编写的内容，予以设类，哪些事物不可以编写，不需要设类。这涉及自然形态、社会形态、意识形态等各个领域。第二步是"生"，即具体记录事物产生、变化的背景和条件，包括自然的、社会的和人为的各种条件。第三步是"质"。记具体事物，要抓住事物的基本任务矛盾，作为记录的主线。任何具体事物都有它存在和发展的基本职能，是区别于其他事物的内在的规定性，贯穿整个事物发展的始终。第四步是"段"。任何具体事物的发展都具有阶段性，都呈现曲折性的发展和波浪式的上升运动。事物的基本职能矛盾贯穿事物的始终，非基本矛盾使事物产生阶段性。这就需要简记次要事物，重记主要事物。事物的发展存在阶段性是客观存在，要按规律顺序写。第五步是"点"。点指各个具体阶段的起点、发展关键点和终点。地方志就是要记述各个主要点上的事物的具体形态、大小、数量、规模、劳动效率等。第六步是突出"特"。"特"指除了抓具体事物的本质属性记述外，还要抓一般属性中的特性事物，突出事物的整体性、时代性、地域性和专业职能性。任何事物的发展都不是一帆风顺的，总有曲折，也有自己特殊的运动变化特点，要抓住这些变化特色，突出事物变化中的闪光点、特殊点。注意抓住事物变化中的典型事和人，用以事系人的方法深入事物、记述事物的具体变化特征。

（二）史书的编写方法

史书的编写体裁一般有四种，传统方式是编年体、纪传体和纪事本末体，现在更多使用章节体，不受时间、人物和事件的影响。由于史书以过去的事物为主体内容，以论述事物的是非为主要目的，因此少数人编写即可，可选用史学专家。在编写时，首先制定编写提纲，然后按照提纲搜集资料，内容主要依靠现有的文献资料获得，即已经形成的各种文献资料。对于没有文字时期的资料要依靠考古和挖掘获得，但内容很少，占总体的比例很小。对于当下的内容，还没有形成资料的以调查研究为主，但这部分资料也很少，大部分是已经形成的文献资料。资料基本搜集完整后，要及时整理、鉴别和分析。记述时，历史过程要明，事物脉络要清，使其成为一部主线完整的社会发展史。在记录事实的基础上，通过对事实的分析、研究探索历史发展的规律，确定事情的是非曲直，阐明观点。史体中，资料部分在全书最多占一半的分量，论述部分可能超过一半篇幅，代表了作者的个人历史观，这就是史书的阶级性的表现。

（三）年鉴的编写方法

年鉴的编纂工作基本是由政府组织编委会，组成编辑部，由编辑部组织各基层单位进行编写。编辑部负责整部年鉴的组织、编纂工作，并负责业务指导、业务培训、学术研讨、信息反馈等工作。编纂者不但要把好年鉴的思想关、内容关、数据关、常理关、知识关、语言文字关、标点关和篇幅关，还要善于鉴别稿件的事实内容。编辑部更要做好与基层单位的联通工作，在年鉴的编辑框架设计、选题、组稿以及审稿、改稿的过程中都要与其及时沟通。年鉴的内容要求突出当年发生的新、特、全事物，及时反映新事物、新信息，反映有年度特色的、地方特色的和专业、行业、职能特色的人和事物，反映部门、事物的全貌，做到条块结合、点面结合。以正面事物为主，优缺点并谈。

四 志、史、鉴的关系

志、史、鉴三者均为地情书，有共同之处。其一，都是为国家、集体、政府服务的。其二，均具有存史、资政、教化功能。

从地方志与历史的关系上看，历史书起源于地方志书。本质上，地方志写的是现状，是事实的点的具体状况；历史书写的是由点的联结组成的社会主线加评论规律形成的本质，是线加论。史书是将点的记述加以简化并将主线联结在一起的产物，是志体记事发展到分类记事阶段的产物。"当代修志，隔代修史"这句话也反映出地方志与史书的先后关系。由于地方志志体单一的记事方式存在很多不完善的地方，因此在其发展的过程中不断吸取其他体裁来进行补充，所以，志体还运用了多种史书体裁。如果就此认为志属史书，那就错了。修志可以同时使用多种史体于志书内，但修史不能同时使用多种史体于史书中，史书编写采用单一体裁，内部只用一种史体，不具备分门别类的结构特征。志不评不论，史记主线、论规律。

从地方志与年鉴的关系上看，志体是记录地方整体及内部事物各个发展点上具体事物的具体状况的记事科学，年鉴是提供事物点与面上情况的资料性工具书。提供具体资料是共性，但两者基本属性不同，一个是记事科学，一个是工具书。记事科学要求所记事物内容完整，一般时间延续较长，事实的发展要按规律性记录；工具书只要求收录广泛、编排系统、查阅方便、资料完整，属于说明文。志体的资料是按照事物变化的情况选择的，年鉴的资料要求新、特、全，没有其他的要求，选材比较随意，不注重事物的规律性内容。另外，志体按照事物的性质分类，以类系事、类为一志；年鉴按机构分类，记机构内的事物，选材比较单纯。如果将年鉴中的资料用于地方志书的编写，须重新整理和编排，使之富有规律。地方志书使用章节体；年鉴用编年体，按时排列，以条目的形式表现。地方志志体的编写内容比较稳定，不能随便改变位置，内容的编排严谨、科学性强、逻辑性强。方志的内容虽然不要求年年俱全，但关键资料绝对不能少。年鉴的选材要求重新、特、全，没有其他特殊要求。

从史书与年鉴的关系上看，年鉴写当年的资料，史书写历史的资料。年鉴提供其他事物使用的资料和工具，史书强调研究规律、揭示规律。年鉴是工具书，史书是学术性著作。年鉴记而不论不评，史书记论共用，以论为主。年鉴的记事是点面结合，史书记的是社会主流的一条线。年鉴每年编辑出版，史书后人记述、后人评说。年鉴以机构分类顺序记述，史书以时间分类，按事件记事评论。若年鉴所记要进入史书，必须重新选择加工。

综上所述，志书、史书、年鉴书是三种不同的著作，它们分属于记事科学、学术性论述和工具书的范畴。方志记点，史书记线，年鉴记点面结合。志书志体记的点连接成线可以变史，年鉴的点面可以为志书提供资料、参考。志体的记事内容经过分类加工可以变成各类自然科学和社会科学的资料源泉，记事是方志学的基础和根。

South African Genealogies: From Primary Sources to Publication

Anna Petronella Coreejes-Brink

(Cape Peninsula University of Technology)

The Cape Peninsula University of Technology (CPUT) became the new owner of the entire collection of the Geological Institute of South Africa (GISA) in January 2019. The key roles of GISA were to publish the *South African Genealogies* (*SAG*) (surnames A-Z) and to have a collection of resources available in their resource centre for genealogy and local histories. This standard publication, the only one of its kind in South Africa (SA), was done over a period of thirty years and is seen as the key reference work for genealogical researchers who need basic information about their families. Unfortunately, this publication was outdated before completion in 2008 and it only included a small percentage of the family names in South Africa.

Political changes, economic challenges, cultural diversity and technology advancements all had an impact on the future of the Institute. In the changing environment in South Africa and in the world where information and resources are more accessible via open platforms, doing research only at one place and only from printed sources is not the norm.

The *SAG* was later updated to become the *South African Families* (*SAF*). For the first time, the physical collection that formed the basic source for the GISA publications is owned by a University Library. Most universities in South Africa committed themselves to open access and there are various projects that are undertaken and planned. There is a lot more potential for researchers working with these unique records. Further publications and research outputs might be only some of the future potential of this collection now housed at CPUT.

Background

To understand the collection and publications that were products of GISA, it is important to look at the history of GISA.

In January 1971, the Division for Genealogical Research of the Human Sciences Research Council (HSRC) was established and they started with the formation of a genealogical Library. The focus was to "… *put genealogical research on a more scientific and academic footing…*" [*Familia* Ⅷ (1), 1971, p. 1]. They started with the collection of data that was needed for the publication of the *South African Genealogies*. This division was thus under the HSRCs' overarching Institute for Historical Research.

The main purpose of the division was stated as follows: "It aims at promoting and coordinating genealogical research, and to support financially the publication of important results of such research." They would focus on "preventing unnecessary duplication" in the South African research environment. They would have played a role of linking different researchers. It was not the intention to carry out all genealogical research but to stimulate and organize private research. One very important focus point was the collection building initiatives that were put in place and to start with the well-stocked genealogical reference library. As a start, the focus was on getting books, key reference material and periodicals. They had a vision to collect family registers, family trees and grave inscription information as some of the primary sources [*Familia*, Ⅷ (3), 1971, p. 1].

The division kept a national register of genealogically interesting sources for South Africa up to date. Their vision from the start was always to "… make available to the public for research purposes all data which it has collected". They had to work with other sections and divisions within the HSRC and there was some hope that this division could have a big impact with the provisioning of genealogical data to the Dictionary of South African Biography that was another division of the Institute for Historical Research.

Mr. R. T. L. Lombard, a trained historian, was the first research officer of the Division for Genealogical Research. He was the researcher linked to the start of the *SAG* publication that started with surnames A and the vision was to work on a publication that could systematically follow until surnames starting with Z, in South Africa. In 1986 this division of the HSRC was responsible for the first publication: Volume 1 (A-C), whereas volume 2 (D-G) was published in 1989 (Lombard, 1990, pp. 12-13). When Mr Lombard retired in 1991, Isabel Groesbeek, a researcher who was already part of the research team at the HSRC, took over the important coordination work until the division closed and the collection was moved to GISA in Stellenbosch, SA (Groesbeek, 2016, p. 18). It took the division from 1971 to 1986 to get the first books published, but it was already working on other surnames that were going to form the basis for further publications, ending with volume seventeen in 2008.

In 1987, the divisions for the *Dictionary of South African Biography* (*DSAB*) were merged with the genealogical division and the *Division for Biographical and Genealogical Research* was formed. It is important to mention some of the activities of this division: "collection of genealogical literature, maintaining a national register of genealogical researchers, compiling a genealogical-biographical bibliography and source guide, genealogical-biographical press cuttings and information, family photographs, and information on genealogical forms, compiling an inventory of genealogical sources and creating a shadow archive by means of microfilming and analysing the most important genealogical sources." For the first time, this division at the HSRC helped researchers to publish their research. (Lombard, 1990, p. 14). The Library collection that was developed from 1971 up to this point proved to be one of a kind in South Africa. As different collections at the HSRC were merged over the years, this became the "one stop shop" for any person that wanted to do serious genealogical research.

In 1996, the HSRC decided to close down the Division for Biographical and Genealogical Research. The collection of books and other resources that were collected over the last 25 years was without a base. Over a period of a year, further discussions took place with some local societies and other organizations, including the Genealogical South of South Africa (GSSA), Huguenot Trust, Huguenot Society, Huguenot Museum and the Port Elizabeth Genealogical Research group. With the help of all these organizations and support from the University of Stellenbosch, a private Institute could be established in Stellenbosch. On 1 March 1998, GISA was founded and Mr Leon Endemann, who worked at the HSRC division years before, was appointed to manage it and continue with the vision of completing the *SAG* publication.

The aim of this institute was threefold and is thus worded in the constitution:

· the collection and preservation of genealogical data

· research from available sources

· compiling of genealogical publications (the continuation and completion of the series *South African Genealogies*)

The overall focus was to build a collection that would be inclusive of South African Genealogy. This would be done by adding donations of research from families and focussed purchases (Endemann, 2004).

The copyright of the HSRC publications that included the *SAG* and already published and incomplete data for further publications, was legally handed over to GISA in 1998 (*Archival Platform*, 2019).

Publications of the HSRC and GISA

The HSRC and GISA published the *South African Genealogies* A-Z (*SAG*) from 1986 to 2008, a set of 17 volumes that is now the standard work on a small percentage of families in South Africa. It is the key resource when doing research on this topic in and about South African families. The information in these volumes was for the most only updated until 1830.

Some key publications that formed the basis of information for the *SAG* publications were:

· C. C. de Villiers 1894 *Geslacht-register der oude Kaapsche Familiën*. The content of this publication focuses on families coming to South Africa between 1652 and 1810.

· D. F. du Toit Malherbe 1959 *Driehonderd jaar nasiebou; stamregister van die Suid-Afrikaanse volk*. This worked included families that came to South Africa up to 1950.

· Dr. C. Pama 1966 did updates on De Villiers original Geslacht-register

· Dr. J. A. Heese 1971 *Die herkoms van die Afrikaner*, 1657 – 1867. This was a more comprehensive work (Dippenaar, 2018).

The work of Pama and Heese was the basis of the *SAG* volumes that the HRSC started working on in the 1970's with a more inclusive focus. The HRSC collected information from a variety of sources that they collected for their Library. When the division at the HSRC closed down in 1997 and the collection of resources was moved to GISA, the work continued and was completed in book form in 2008. To accommodate research that had a need to find information electronically, the *SAG* Vol 1–17 was issued in CD format as well in 2009.

Leon Endemann, the first Head of Research at GISA, retired at the end of November 2011. At that point, the work that was started by the HSRC was completed by GISA and a collection of 17 volumes of surnames from A-Z was available as the standard work on genealogy in South Africa (*GISA newsletter*, Dec. 2011). At the end of 2011, the main work was completed and the team working at GISA had already started with the updates so that a new edition could be published. The completed reworked and surname updated versions from A-G that consisted of 11 Volumes, was ready for publication. This work was called the *South African Families* (*SAF*) and was only available on CD format. The *SAF* had updated information on surnames up to 1940 and included a lot of new surnames that were previously not included in the first works of the HSRC and GISA publications.

After the completion of the *SAF* series (23 volumes in total) the focus of GISA was to keep the research facility, and thus the library, open to the public and assist even more visitors with family research. They would have focused in the future as well to help families with their own publications that could be done via GISA. Some surname updates were still done when time permitted and added to the main database that was kept at GISA. These surname updates could be included in future publications if funding could be sourced.

As the income in product sales and from visitors to GISA diminished, the board felt that having one DVD product to include all of the *SAF* might be better than individual CD's. A *SAF Combo* was published on one DVD in 2015. The searching options of this DVD were problematic and further production was stopped.

In 2017, only one staff member worked at GISA. A drastic new way of working with updates and further publications was needed. Volunteers were employed and a project coordinator (Mr Andrew Dippenaar) was nominated to encourage the public to participate in doing updates on surnames that they are experts on and even to add new surnames to the *SAF* that had never been included. He was further responsible for the compilation and inclusion of all updates donated by the volunteers. Before the projects started, the *SAF* collection included only about 12400 surnames. A total of 372 registers were updated within a very short period. This updated *SAF* 2018 was the last publication of GISA before it closed on the 31st of December 2018.

The following example shows the updated surname list of this last publication. These updates were all done by volunteers and it was not limited to any specific nationality within South Africa. Language preference was up to the specific researchers. These volunteers had to follow the guidelines as per the original layout of the *SAG* and *SAF*.

Table 1   Example of an updated list of surnames for *SAF* 2018

A	B	B	C	D	E
ACKERMAN	BADENHORST	BEUGGER	CADDY	DALLAS	EDWARD(S)
ADELAAR	BAKKIS	BEUKES	CALITZ	DANEEL	EGLIN
ALLWRIGHT	BALDWIN	BEZUIDENHOUT	CAMPH(F)ER	DANZFUSS	EHRKE
AMBROSE	BALES	BIEL	CARR	DARVALL	EILERD
ANKIEWICZ	BALMFORTH	BLOMERUS	CAWOOD	DE BEER	EKSTEEN
ANNEVELDT	BAM	BODENSTEIN	CERONIO	DE FORTIER	ELKAN
ARNOLD(I)	BARNARD	BÖHLER	CHADINHA	DE JONG(H)	ELLIS
AUCAMP	BARRISH	BOS	CHALMERS	DE KOCK	ELOFF
AUSSERHOFFER	BARRY	BOSMAN	CLOETE	DE LA ROSA	ENDEMANN
	BARTLEMAN	BOTES	CLUNIE	DE LANGE	ERASMUS
	BARWISE	BREITENBACH	COETSER	DE LEEUW	EV(B)ERHARD
	BASSON	BRENT	COETZ(S)EE	DE LETTRE	EVA
	BAUSER	BROCKMANN	COLESKY	DE MAKER	EVEREST
	BECKER	BROOKS	COLYN	DE SWARDT	EVERETT
	BECKLEY	BROOKSHAW	COOMANS	DEMPSTER	
	BEER	BRUMFIELD	COQUI	DETTMAR	

续表

A	B	B	C	D	E
	BEESLAAR	BRÜSSOW	COR(R)EEJES	DEXTER	
	BEHRENS	BRUYN	COX	DIPPENAAR	
	BENDIXEN	BUDLER	CRAFFORD	DOMAN	
	BERESFORD	BURGESS	CRAVEN	DÖNGES	
	BERMAN	BURKE	CREMER	DOS SANTOS	
	BERNHARDI	BURNESS	CROWTHER	DOYLE	
	BERRINGTON	BUTT	CRUICKSHANKS	DU BUISSON	
	BEST	BUYS	CRUYWAGEN	DUCKWORTH	
	BESTER			DUMINY	
				DUNN	
9	49		24	26	14

Some of the basic information of one of the most important political figures in South African history (Nelson Mandela) was included in the last volume of the older *SAG* publication of GISA in 2008. This is but one example of a surname that formed a basis for other research to work from, when looking at his family history. Take note of the importance of the reference of the original sources listed at this entry.

Example of an entry from SAG (Vol. 17) 2008. p. 460.

MANDELA

Hendry Gadla Mphakanyiswa (great-great-grandson of king Ngubengcuka who ruled over Thembus) x Nosekeni Fanny NN † Sept. 1968 of heart attack

b1　Rolihlahla Nelson (Buti) * Mbhashe, dist. Umtata 18. 7. 1918, lawyer and during struggle was imprisoned on Robben Island, released after 27 years, elected president of Rep. of South Africa x Native Commissioner's Court, Johannesburg c. 1944 Evelyn MASE÷1956 xx Bizana c. 1958 Winnie Madikizela NN

c1　Madiba Thembekile (Thembi) * c. 1945 † July 1969 x NN

d1　Ndileka

d2　Nandi

c2　Makaziwe * c. 1948 † at age 9 months

c3　Makgatho Lewanika * 26. 6. 1950 x NN

d1　Mandla

d2　Ndaba

c4　Makaziwe * c. 1952 x NN

d1   Nobuhlali

d2   Dumani

d3   Kwekwe

    Second marriage

c5   Zenani (Zeni)* c. 1959 x NN

d1   Zaziwe

d2   Zamaswazi

d3   Zinhle

c6   Zindzi / Zinziswa (Zinzi)* 23. 12. 1960 x c. 1992 Zwelibanzi HLONGWANE, sakeman v. Soweto (Thomas-sn)

d1   Zoleka* c. 1979

d2   Gaddafi* c. 1984

d3   Zondwa* c. 1990

b2-3   daughters

b4   Nomabandla (Leabie)* c. 1929

Acknowledgement: Fatima Meer-*Higher than hope*: *MANDELA*

The standard entry in the *SAG* and new updates in *SAF* still look like the record listed here. One of the biggest limitations in the *SAG* and *SAF* publications is that about 70% of the added information (excluding the names, dates and places) is in Afrikaans. English is included into family registers that were originally from English sources and from research that might have donated their work in English. None of the other 11 official languages are included in this publication. This might have limited the readability of the work.

The copyright on all the GISA and RGN publications was signed over to the Genealogical Society of South Africa (GSSA) on the 26th of May 2019. The future of the publication updates that are needed is still under discussion. The GSSA can in the future keep the publications as it is or take the challenge on to do further research.

The Cape Peninsula University of Technology signed a Memorandum of Understanding (MoU) on the 17th of April 2019 and became the new owner of the resources collection and equipment of GISA. For the first time the valuable collection that was built up over the many years from 1971 till 2018 is now available in a university environment. The collection is now not connected to any further publications or projects that are linked to further updates of the *SAF* or SAG.

Resources that form part of the collection at CPUT Libraries

" *Genealogical sources consist mainly of published literature, unpublished documents and manuscripts, family photographs and what has been handed down verbally. All these are man-made and therefore incomplete and fallible.*" (Lombard, 1990, p. 19).

In the literature there is a lot of information available on the content of the collection of the HSRC collection that was moved to GISA in Stellenbosch and then moved to CPUT Libraries in 2018. This collection coming from the HSRC is seen as the best collection of its kind in South Africa.

The staff at GISA built on this research collection over a period of twenty years. As funds were always limited, writers and researchers were always encouraged to donate their publications after completion. Some unpublished manuscripts that were donated to GISA were bound and form part of the collection. To build on the collection, some publication of travel journals, church histories, histories of towns and regions in South Africa, biographies and autobiographies were bought and incorporated into the collection.

Some donations of photos of people, photos of buildings, photos of places, bibles, letters and memorabilia were received over the years (Endemann, 2004).

The big collection of LDS microfilms and microfiches of church records was the section of the collection used most at GISA. Some of this collection are unique records that are not online available on the FamilySearch. com website and that can only be viewed onsite using microfilms and microfiches.

The total collection was moved from GISA to CPUT Libraries at the end of 2018 and had to be unpacked in record time, to welcome the first visitors as soon as February 2019. Most of the visitors still come to view the microfilms and microfiches.

Part of the equipment inherited from GISA was a computer digitization reader that can now be used by any researcher and it will ease the reading of the very old microfilms. At CPUT Libraries users have the benefit to take images that they have worked on home. This client focus approach is adding value to research done in the university library.

At the GISA resource centre, the collection was kept in one room. At CPUT Libraries it was not as easy to keep all the sections of the collections together as the library was not built in such a way as to house the collection from the start. The main focus of the newly renovated library that was occupied in February 2018 was to accommodate the learning material in support of the Education program and some special collections that already belonged to CPUT Libraries. Small African rooms were included in the original planning, but this could not house the entire GISA collection of more than 12000 items.

The collection consists mainly of:

· historical books used as supportive material for doing family research

· family publications, thus books that might be published or not about specific families

· collections of local South African newspaper cuttings that were stopped in the early 1990's

· letters that date back as far as 1845, including some very sensitive letters from doctors about medical conditions

· photos of people, families, places and buildings

· ± 2000 microfilms and microfiches

Library staff worked through the donated collection and determined that the six collections mentioned needed to be kept together as collections. It was thus possible to keep the collections that are of a sensitive nature and that might need more interaction with clients, close to staff working areas. Material like historical books could form part of the main collection of the library. The collection of newspaper cuttings per family is organized in boxes as they were done originally at the HSRC. The potential of digitization of this part of the collection to make it available soon to researchers is under discussion. Some of these cuttings are from community newspapers over a period of 20 years and have valuable information not only for historical research, but also for the field of journalism that is taught at CPUT.

The letters that were found in the collection were not all in one place. They do not all have a similar theme but can be good sources in the future if they are described and digitized. Some letters are of a sensitive nature as their contents include personal information and some medical information of people that might still be alive. As the legislation in South Africa changed over the years to include the Protection of Personal Information Act, 2013 (Act No. 4 of 2013), any document that has personal data needs to be handled with this legislation in mind. This Act's main purpose is to give effect to the constitutional right to privacy, by safeguarding personal information when processed by a responsible party. Staff at the Library will thus need to be trained to work with primary sources that might need some special permission before it can be made available to the public.

The excitement of working with photos as images of people that lived long ago, brings with it a complexity when it needs to be organized within libraries and it will need proper planning to incorporate it into the collection. Most photos in this collection do not form part of a specific family or even event. It might not even at first glance have anything to do with the key focus of the collection. As a lot of other parts of this collection that have been through two or even more moves, they might be misplaced, so with proper collection analyses they will need to be grouped with the collection types that librarians feel they should form part of.

The way forward and conclusion

The focus on access and availability to the broader world and research community that are used on Open Access platforms, is key to University Libraries in South Africa. To achieve this goal, funding and staff development is needed so that these records can be preserved for future generations. As long as this collection is not available online or even included on the Library system, it is as if it does not exist.

CPUT Libraries' focus in the first six months was to get the collection organized and to make it available to any researcher at the library. The next step will need to be to get the first line of basic information on the Libraries' management system and/or on the website listed as a special collection. The team of catalogues of the Library will get involved in adding this to the WorldCat system so that people across the world can see what CPUT Libraries have in their collection that is unique.

Getting the lectures at CPUT involves using the collection, so that it can be included into the curriculum is important for the Library. Some in-house communication and news articles were done already to promote the collection. Lecturing staff have been invited to the Library to share with the staff their ideas on the use and future of this collection.

Collection changes are needed to have this collection reflecting a more diverse cultural background of the South African landscape and history. The focus will be on the collection of more material about the communities of the Southern African Development Community (SADEC) countries. Further publications and interesting discoveries might come from this collection in the future. The focus should be on what is unique and what can add value to the body of knowledge within the focus areas of the university.

Reference

Dippenaar, A. (2018). *Suid-Afrikaanse Familieregisters*, 2018. https://www. genza. org. za/images/GGSASentraal/Welkomblad/Bygwerkte _ Vanneen _ Intro _ -SA _ F2018. docx [29 March 2019].

Endemann, L. (2004). GISA en die SAG reeks. 'n Voorlegging gemaak aan die Wes-Gauteng, Noord-Transvaal, Vaaldriehoek en Noordwes takke van die Genealogies Genootskap van SA op 16 Oktober 2004. [Unpublished presentation].

Familia VIII (1), 1971, p1. Editorial notes.

Familia VIII (3), 1971, p1. Aims of the new Genealogical Bureau (Editorial note).

Genealogical Institute of South Africa Newsletter, December 2011.

GISA. (2008). *Suid Afrikaanse Geslagregisters/ South African Genealogies*. Vol 17 X-Z & addendum. Stellenbosch: Africa Digital Printing Services.

Groesbeek, I. (2016). Die familieboom van kennis, *Plus 50*. Augustus/ September, pp. 18-19.

Lombard, R. T. L. (1990). *Handbook for genealogical research in South Africa.* Pretoria: HSRC.

The Archival platform. http: //www. archivalplatform. org/registry/entry/genealogical_ institute_ of_ south_ africa_ gisa/ [20 May 2019].

Discover and Connect at FamilySearch International

Russell S. Lynch

(Family History Library)

FamilySearch (家谱搜寻) provides inspiring experiences for discovering homelands and families. *Jiapu* records (家谱) and *difangzhi* (地方志) help with these experiences.

About FamilySearch

FamilySearch, historically known as the Genealogical Society of Utah (犹他家谱学会), which was founded in 1894, is dedicated to preserving the records of the family of mankind. Our purpose is simple-help people connect with their ancestors through easy access to historical records.

Our name in English is a contraction of two words: "family" and "search". *Family* is important because it is a basic unit of society. We receive inherited traits, training, and nurturing from our parents. *Search* is important to genealogy because most of us only know personally three or four generations of our ancestors. We have to discover the rest of our great-grandparents and progenitors. Search means "to look into or over carefully or thoroughly in an effort to find or discover something." [①]

FamilySearch gladly joins and partners with others who share this vision. We pioneered industry standards for gathering, imaging, indexing, and preserving records. Advances in technology and the emergence of our digital world now provide an opportunity for us to share these resources with the world.

We strive to create and link the best and most valuable research resources to help people discover who they are by exploring where they come from. For over 100 years, FamilySearch and its predecessors

---

① *Webster's Ninth New Collegiate Dictionary* (Springfield, Mass. : Merriam-Webster, 1987).

have been actively gathering, preserving, and sharing genealogical records worldwide.

FamilySearch's Family Tree

FamilySearch has an extensive family tree system; a database of lineage-linked individuals from all over the world. Each individual has relationship links to their parents, spouse (s), children, brothers and sisters. Individual records include biographical events, source references, notes, photographs, documents, and audio recordings. As of April 2019, the family tree had over one billion entries. The website is multi-lingual. The user interface is available in ten languages. The database supports the Latin alphabet, Greek, Cyrillic, Arabic, and CJK (Chinese, Japanese, and Korean) characters.

The family tree is open to all users free of charge. A shared family tree helps users learn what is already known about a lineage. It saves time because researchers can work from the known to the unknown and benefit from the time others took to compile data.

The Genealogical Society of Utah started collecting written family histories in the 1890s. We began collecting family group information and extended pedigrees in the 1920s. Our institution always encouraged users to identify ancestors in family groups: father, mother, and children. FamilySearch initiated the Ancestral File database in 1978 and has compiled a family tree ever since. [1]This is a lineage-linked system that extends for hundreds of generations. It often creates a "network of families" because of their shared lineage.

The tree is built by users who contribute information, not from data that FamilySearch automatically adds. Users can augment the family tree with details from historical records. The community of contributors collectively attach an average of six million historical records sources to the family tree every week-or nearly one million sources per day. Our tree also includes transcriptions from oral genealogies and lineages compiled by family history societies.

FamilySearch provides copies of historical records

FamilySearch began microfilming documents with family history information in the 1940s. By the year 2000, we had amassed over two million rolls of microfilm. Now we use digital cameras to acquire copies of documents from government archives, churches, and other record repositories.

FamilySearch seeks to gather civil registration, church records, census records, and compiled family histories from all areas of the world. We are interested in the records of an entire nation but will also acquire records from provinces, states, counties, cities, and towns.

---

[1] "Genealogy's New Ancestral File," *Ensign* 11 (April 1981): 76-77.

FamilySearch currently has mutually beneficial agreements with more than 200 archives throughout the world. Over the years, FamilySearch has worked with more than 10000 archives in over 100 countries. It partners with archives in order to share best practices as well as to broaden user access to valuable historical records. Because it is an archive, FamilySearch understands the concerns of record sovereignty, provenance, and access control. [1]

FamilySearch publishes the image copies online. We transcribe names, event dates, and event places from the records and publish searchable indexes. FamilySearch sponsors a volunteer indexing program that has proved extremely successful. This transcription program is similar to crowdsourcing where users select a project and assist with the data input. Hundreds of thousands of volunteer indexers have participated from around the world. Through this selfless effort, millions of people worldwide have found information and discovered stories about their ancestors. [2]

FamilySearch is widely recognized as a trusted leader by archives throughout the world in preserving historical records. We are a pioneer in the use of technology and processes for image capture, digital conversion, preservation, online indexing, and online access. FamilySearch has received numerous awards for its work in supporting and developing preservation technologies and has been instrumental in setting the quality standards for microform and other preservation technologies.

FamilySearch meets high technical standards for digital capture, preservation, and storage of images. We were involved in creating many of the standards that are widely accepted today.

We help other countries preserve their records. After a category 5 cyclone devastated the small island nation of Niue in 2004, the records preserved by FamilySearch became the only existing copies of many of the records. These government records were copied and restored to Niue to help with claims related to property and inheritance. [3]

Table 1 Digital Camera Count Worldwide

Area of the World	Number of Cameras
Africa	12
Asia & Pacific	34
Europe	90
North America	48
South America	43

---

[1] https://www.familysearch.org/records/archives/web/ (accessed 8 May 2019).

[2] https://www.familysearch.org/indexing/about (accessed 15 May 2019).

[3] https://www.youtube.com/watch? v=kHgh5D76EjU (accessed 8 May 2019).

Family Search currently has over 200 digital camera projects throughout the world. ①Table 1 shows the camera count by region. Of the 34 cameras in the Asia and Pacific area, fifteen are in China currently.

FamilySearch and Chinese Genealogies

One of the most important family records for China is the *jiapu* （家谱） the clan or lineage genealogy. Clan genealogies can be a valuable source for research into Chinese history. An individual who can connect into a lineage genealogy can often determine their pedigree quickly and accurately back to the 1600s, and typically, much further.

The origin of *jiapu* spans many eras and has been found as early as the Shang Dynasty （1523 to 1028 BC）. The family trees of the clans then were written on turtle shells, cow bones, and bronze. The purpose of these records was to memorialize changes in a family's lineage and honor that family's ancestors. Prior to the invention of writing, Chinese genealogical information was recorded by tying knots on ropes. Objects （such as miniature arrows, shoes, cradle, bronze coins, and kneecaps of goats and pigs） were tied to the knots to show the number of generations, number of members （male and female）, etc., in a family. This information was also verbally passed on to the later generations. These were the earliest forms of Chinese genealogical records. ②

The *jiapu* documents show the lineage structure and cite achievements of family members. They show male descendants in linked patrilineal sequence from founding ancestors, indicate generation order and the pertinent branches. Standard entries include generation order, surnames and usually multiple given names of males, death date or burial date and place, patrilineal lineage and often the surname of the wife's family. Occasionally the entry includes the name of the wife's father, titles and honors for more noteworthy individuals, and more recently the given names of women. Specifically, tables begin either with the ancestor who is believed to be the founder of the clan or lineages （often in early periods） or with the first ancestor who immigrated to a specific locality in the more recent past and become the founder of the lineage that sponsored the compilation. In either case, information is more detailed for members of the localized lineage.

FamilySearch collected many *jiapu* manuscripts on microfilm starting in the 1960s. We have digitized these and published them online with other *jiapu* that we recently acquired from other institutions （such as the Shanghai Library）. FamilySearch has acquired more than 280000

① https://www.familysearch.org/records/archives/web/active-projects/ （accessed 8 May 2019）.
② https://www.familysearch.org/wiki/en/China_ Compiled_ Genealogies （accessed 8 May 2019）.

volumes. Many genealogies in mainland China were destroyed during the cultural revolution. These were kept in ancestral halls, few of which now exist. Existing manuscript genealogies are likely in the private possession of senior family representatives.

Manuscript genealogies were likely created for nearly all extended families in the dominant Han ethnic group and to a lesser extent for many national minorities, especially those who practice ancestor veneration. Individuals who brought shame to the family by criminal or other disreputable behavior, female children and children who died young may be omitted from the genealogical record. Wealth and prosperity may be critical factors regarding the ability of lineage members to print and distribute genealogies. However, recent studies have shown that keeping genealogical records was widespread among the less well-to-do lineages and families in towns and villages away from rich urban centers. For example, the results from Taiwan reveal that among such populations most genealogies are handwritten documents.

The objectives of Chinese genealogical research have greatly changed over time. Researchers are now studying Chinese genealogies as a supplement to other research areas, such as social economic history, geographical history, history of law, population history, religion and culture, history of overseas Chinese, inheritance practices, and biography of historical figures.

Families have moved from China to other places. The Overseas Chinese (海外华人) represent a large group of people and include virtually all Chinese ethnic groups. Table 2 shows regions with significant populations. [1]

Table 2　Population of Overseas Chinese

No.	Locality	Population
1	Thailand	9349900
2	Malaysia	6642000
3	United States	5025817
4	Indonesia	2832510
5	Singapore	2571000
6	Canada	1769195
7	South Korea	1643611
8	Myanmar	1637540
9	Philippines	1350000
10	Australia	1213903

[1] https://en.wikipedia.org/wiki/Overseas_Chinese (accessed 15 May 2019). See also Dudley L. Poston, Jr. and Juyin Helen Wong, "The Chinese Diaspora: The Current Distribution of the Overseas Chinese Population," *Chinese Journal of Sociology* (2016.3): 362.

When families moved away from China, they took the *jiapu* with them. For this reason, FamilySearch cooperates with various institutions and those with private holdings to obtain copies of the lineage manuscripts in China (including Taiwan and Hong Kong), Southeast Asia, and the United States.

Historical gazetteers and local histories or *difangzhi* (地方志) can include biographical and genealogical information. The *difangzhi* may mention famous or influential families in the area. One study found that early *difangzhi* often include biographies of prominent individuals, notable achievements of officials, successful degree candidates from the locality, local worthies, exemplary women, chaste widows, lifelong virgins, long-lived men, long-lived women, nobility, Buddhis and Daoist monks, officeholders in local government, eulogies, inscriptions, graves and tombs, & shrines and ancestral halls. [1]

FamilySearch continues to acquire pre-1949 *difangzhi* for areas in China. Table 3 shows the number of *difangzhi* that we have by region. Unfortunately, we have very few copies in some regions.

Table 3 *Difangzhi* by Region

Region	Chinese Name	Count	Percentage(%)
Anhui	安徽省	607	4
Beijing	北京市	475	3
Chongqing	重庆市	71	1
Fujian	福建省	488	4
Guangdong	广东省	635	5
Gansu	甘肃省	163	1
Guangxi	广西壮族自治区	220	2
Guizhou	贵州省	124	1
Henan	河南省	523	4
Hubei	湖北省	393	3
Hebei	河北省	994	7
Hainan	海南省	27	0
Hong Kong	香港特别行政区	2	0
Heilongjiang	黑龙江省	14	0
Hunan	湖南省	418	3
Jilin	吉林省	23	0
Jiangsu	江苏省	1201	9
Jiangxi	江西省	470	3
Liaoning	辽宁省	205	1

---

[1] Timothy M. Davis, "Research Report on Chinese Demography and Family History Records," April 2018, report prepared for the Family History Dept.

Region	Chinese Name	Count	Percentage(%)
Macau	澳门特别行政区	0	0
Inner Mongolia	内蒙古自治区	0	0
Ningxia	宁夏回族自治区	21	0
Qinghai	青海省	43	0
Sichuan	四川省	1003	7
Shandong	山东省	846	6
Shanghai	上海市	157	1
Shaanxi	陕西省	45	0
Shanxi	山西省	823	6
Tianjin	天津市	73	1
Taiwan	台湾省	389	3
Xinjiang	新疆维吾尔自治区	45	0
Tibet	西藏自治区	29	0
Yunnan	云南省	475	3
Zhejiang	浙江省	2237	16
Generic	全国	540	4
Total		13779	

FamilySearch has a Research Wiki

FamilySearch provides user guidance in different ways including a help center, a learning center, and a research wiki. The Learning Center includes hundreds of recorded classes on a variety of topics. The videos were prepared by staff at the Family History Library and from other institutions. Users can stream the video and watch it at their pace. Users can pause the video when necessary or only watch selections of it. In 2008, FamilySearch launched a wiki to provide guidance about how to do genealogical research.[1]Our Research Wiki has many articles about places, resources, and institutions. The research wiki has content written by volunteers that offer free advice about how to find, use, and analyze historical records. This is a growing part of our website. Record custodians can create a page in the Research Wiki where they can describe their services, collections, expertise, and unique resources.

---

[1]　https://www.familysearch.org/ask/salesforce/viewArticle? urlname = The－Research－Wiki&lang = en＿US（accessed 9 May 2019）.

How FamilySearch helps users discover, gather, and connect their family

Our discovery experiences help people learn about their family in fun and creative ways. FamilySearch helps users learn about the past and how their family connects to it. A discovery experience can be very enjoyable with exciting results. For example, FamilySearch offers a facial recognition feature to compare the user's photograph with historical photos, details about a user's birth date in context with other historical dates, and a brief quiz about ancestors.

Our family tree system helps users gather individuals into family groups. Users can gather source material about each person. Users can gather specific information they have about their ancestry into a shared space.

Our systems help users connect themselves to their past. We also help users connect with living cousins and extended relatives. Each person in the group becomes like a piece from a large jig-saw puzzle. As we bring information and people together, our pieces interlock and form strong bonds.

FamilySearch International works with organizations worldwide to provide experiences to family historians and enthusiasts. The resources help families connect with their past, enjoy the present, and look forward to happiness in the future.

家谱、地方志与中华文化传承

吴明堂

（武汉地方志办公室）

家谱又称族谱、宗谱，是一种以表谱形式记载某一家族的世系繁衍及重要人物事迹的书。家谱中蕴藏着大量有关人口学、社会学、经济学、历史学、民族学、教育学、人物传记和地方史的资料，对于开展学术研究有重要价值，同时对海内外华人寻根认祖，增强民族凝聚力也具有十分重要的意义。

地方志作为中华优秀传统文化的重要组成部分，是社会主义核心价值观最宝贵的思想源泉和最直接的精神纽带之一，是践行社会主义核心价值观的重要推动力量。数千年的中华文明史表明，地方志在教化人心、巩固信仰等方面起着不可替代的积极作用。

宋元以来，家谱和地方志以其数量之丰、价值之高受到学界关注。家谱与地方志的编撰均属于地方人文学术活动，二者在编修实践上具有互动性。家谱为地方志编修提供了较为翔实的资料，进而丰富了地方志的内容。反过来地方志编撰的体例、内容等也影响家谱的修纂，并使家谱呈现出鲜明的地域特色。家谱与方志、正史构成中国民族历史大厦三根支柱，是我国珍贵文化遗产的一部分。本文仅对家谱、地方志与中华文化的传承进行简要分析，以就教于方志界学人。

一 历史悠久的家谱是中华文化传承的重要载体

中华文化源远流长，用文字记载的家谱的历史至少已超过 3000 年。一般认为，家谱的出现甚至早于文字。远古时期，先民即创造了以口述和结绳形式存在的家谱，其主要目的是以记世系、教育后人。商朝设有掌管谱牒的官员，建立了谱牒档案。河南省安阳近郊殷墟出土的我国最早的成熟文字——甲骨文中有大量关于家谱的记载，一些类似家谱的甲骨专片被称为"甲骨家谱"。此时期的家谱为君王诸侯和贵族所独有，即所谓"官修家谱"。《史记·太史公自序》："维三代尚矣，年纪不可考，盖取之谱牒旧闻。"这些家谱的内容非常单一，主要记载帝王诸侯的世系，其作用仅为血统的证明，为袭爵和继承财产服务。从这个角度来看，商代家谱基本可以看作雏形。

较为完备、成熟的家谱形成于西周。西周初年，周天子封土作邦，"周初大封建"，开始建立较为完备的宗法制、等级制，"故天子建国，诸侯立家，卿置侧室，大夫有贰宗，士有隶子弟，庶人工商，各有分亲，皆有等衰。是以民服事其上，而下无觊觎"。[①] 春秋、战国时期，门阀（又称门第、衣冠、世族、士族、势族、世家、巨室）政治兴起，家谱盛行。各大诸侯国均有数个或数十个名门望族参与统治，如晋国的六卿赵氏、韩氏、魏氏、智氏、范氏、中行氏长期把持朝政，最终导致晋一分为韩、赵、魏三国。秦统一六国后，废除分封，改设郡县，使门阀士族遭受了严重打击。两汉时期，尽管分封了诸王，但由于经济基础是地主小农经济，门阀统治的基础被极大削弱。

东汉的累世公卿、经学世家至魏晋时期逐渐转化为门阀士族，拥有了特殊地位。东汉末年，大规模战乱使地主小农经济遭到极大的破坏，地主阶级中的大地主逐渐转化为豪族，实力强大，逐渐兼并土地成为大庄园主。他们大部分拥有私人武装而形成与中央抗衡的地方豪强，向国家纳税的小农转而受到这些庄园主"保护"，而中央政府由于战乱也无暇无力对付这些豪强。曹魏时期，九品中正制使门阀士族拥有了政治特权，西晋的占田制又使其取得了经济特权，遂形成"上品无寒门，下品无世族"的典型门阀制度，并在东晋达到鼎盛。他们拥有自己的庄园、部曲佃客、奴婢、荫户和世袭的特权，选官、婚配以至于社会交往都要看门第，"有司选举，必稽谱籍"。都受过良好教育的士族子弟，年纪轻轻便飞黄腾达，如王、谢两家。士族之间、士族与皇族之间通过联姻形成一个关系密切的特权阶层，他们在社会上拥有的地位足以和皇室抗衡。这样一来，谱学成为地主官僚保持门阀势力的工具，谱牒再次盛行，不过从内容到形式都与西周、春秋时的谱牒不同，在政治生活、经济生活和社会生活中的作用大大增强，内容也比以往有所增加。

此时，谱牒主要有三种形式。一是家传，如《荀氏家传》、《袁氏家传》（汝南）、《裴氏家传》（河东）、《褚氏家传》（阳翟）、《谢车骑家传》（陈郡）等。二是家谱，或叫单姓族谱，如《崔氏谱》（博陵）、《郭氏谱》（太原）、《陈氏谱》（颍川）、《稽氏谱》（谯郡）、《阮氏谱》（陈留）、《王氏谱》（太原）、《王氏世家》（琅琊）、《袁氏世纪》（汝南）、《王氏家谱》（东海）、《荀氏谱》（颍川）、《谢氏谱》（陈郡）、《羊氏谱》（泰山）、《顾氏谱》（吴郡）、《陆氏谱》（吴郡）等。三是簿状谱牒，如《百家谱》、《东南谱》、《十八州谱》、《天下望族谱》、某郡望族谱等。其中，以家谱数量为多，影响最为深远。

---

① 《左传·桓公二年》。

隋、唐两代实行均田制，在经济结构中消除了庄园经济的主导地位，恢复小农经济，士族随之衰落，成为一般地主。唐代，统治者为摆脱关陇集团的挟制，打击世家势力，改换统治集团中的新鲜血液，提高寒门子弟的地位，科举制得到发展。唐后期，新兴庶族地主和没落的门阀世族进行了长期的争斗，给门阀政治以致命一击。

宋代，科举选士完全取代了门阀选人，官方修谱的惯例也逐渐被打破，民间编撰家谱的风气逐渐兴盛。这时，家谱基本上不再发挥政治作用，而是用于尊祖、敬宗、睦族。家谱经常被反复修撰，修谱成为同姓同族人之间的大事，家谱成为记载一姓世系和重要人物事迹的谱籍，和祖庙、祠堂、族田、族学、族规等共同组成了宗法礼制系统。宋代著名思想家、教育家张载说："宗子法废，后世尚谱牒，犹有遗风。"① 张载认为人生在世，首先要对自己有一个"时空定位"，解决"我是谁"这个基本问题。在张载的大力倡导下，晚唐没落的谱牒文化重新开始兴盛。也正因此，几十万张载后裔皆有据可查。中国历史上延续时间最长、包罗内容最丰富、谱系最完整的族谱——孔氏家族族谱，即诞生于北宋元丰八年（1085）。

家谱的组织者与编纂者一般为有一定经济和文化实力，或有一定的社会影响的人。受宗法礼制的影响，家族中的普通百姓也都记入谱内。明清时期，基本上是"家家有家谱，人人在谱内"，其规模远远超过了正史和方志。近代，包括家谱在内的宗法礼制仍发挥着重要作用，宗法观念（表现为崇祖、孝悌、移孝为忠、守节、同族一气等）既流行于民间，又被提升为国家观念，如曾国藩组建的湘军，宗法组织为其一大依托。

此时，家谱由于印刷不易，数量很少，一经问世，即被族人视为传家之宝，对其多加珍惜与保护。特别是在社会动乱、民不聊生时，即使所有家藏书籍都被付之一炬，也有人愿冒着生命危险去保护一部家谱。如今，一些有关民众大迁徙等历史事件，如湖广填四川、江西填湖广、安徽填江西、福建填江西、山西填山东、河北、河南等，虽在正史中有记载，但语甚寥寥，反而是一些家谱对此加以详细记载，在一定程度上补足了正史记述不详的缺陷。

民国时期是中国宗法社会最后的辉煌，民间修谱的热情不减，可惜由于战乱频仍，且家谱印数极少，或只有少数手抄本传世，导致许多花费大量精力、人力和物力修成的家谱被人为藏匿或丢失，给后人续修家谱带来不可估量的损失。

新中国成立后，许多地方续修家谱之风再度兴盛。改革开放以来，人口迁徙的频率远超历史上任何时代，由于生活水平的提高和印刷技术的进步，编修家谱在继承先祖意志，传承先祖文明，满足寻根求源的心理需求，积累同宗同姓人脉等方面起到了其他任何方式所不能替代的作用。这些以特殊形式记载了家庭的起源，家族的形成、迁徙分布、发展兴衰等内容的家谱，是中国特色社会主义地方文化传承的重要载体。

---

① 张载：《经学理窟·宗法》。

二　家谱内容包罗万象，是一家之史、一姓之史，是以世系为主要表象的同宗同族的百科全书，是撰写地方志（史）的重要参考素材

家谱一般包括全族的世系和血缘关系图表，祠堂、祖茔、族产公田的坐落方位，形胜地图以及义田记、墓志铭、买地契等，家族的历史，本族有史以来制定的各种家法族规、家训家范、祖宗训诫子孙的言论等。有些家谱中还附录了大量的家族文献，如家族成员的著作、诗文、绘画、书法等文学作品，以及获得的圣旨、封赠、官诰，具有很高的史料价值。

近代以来，家谱的内容、篇幅、记述形式等有了巨大的改变，特别是改革开放以来，随着印刷以及计算机技术的进步，一些修谱软件陆续问世，家谱的篇幅有了巨幅的增加。如中华裴氏宗谱编纂委员会编制，中国文史出版社 2017 年出版的《中华裴氏宗谱》卷帙浩繁，全书共18 卷，分 5 册装订，计 5276 页（其中彩页 1095 页），重 15 公斤，800 余万字。第一册的内容包括族歌、族徽、"河东堂"总堂号，顾问委员会、理事会、编委会名单，裴氏后裔在全国分布示意图，国家领导人接见裴氏后裔照片、题词，各支族谱序、跋、凡例、源流、家训族规、古代人物简介等；第二册的内容包括名人、俊彦简介，各种文献、艺萃，裴氏聚落祠宇、祖墓、碑志，《裴氏世谱》事录，裴氏文化研究等；第三、第四册的内容为世系；第五册的内容包括功德榜、修谱专辑、宗亲联谊、社会显达、后起之秀、年号对照表、编后记等。

如果说地方志是一个地方的百科全书，那么这个地方的氏族源流、人口变迁应是这部百科全书不可或缺的重要内容，也是专家学者深入研究某地风土民情的重要依据。晚清史学家缪荃孙主纂的《江阴县续志》专设氏族卷，列举本县 100 个大姓的世系源流及重要人物，为后人了解江阴的望族名人提供了不可多得的珍贵资料。在 20 世纪 80 年代开始编修的地方志中，人口志和社会志中的姓氏和人口状况，大多记述简略，有的甚至不予提及，在一定程度上影响了方志的乡土特色和存史资政功能。20 世纪 80 年代以来，为编修《武汉市志》，武汉地方志编纂委员会办公室文献资料处陆续收藏有朱氏、高氏、洪氏、何氏、林氏、涂氏、左氏、曾氏、钟氏、秦氏、颜氏、邹氏、吴氏、万氏、裴氏等十多种数十卷族谱，最早的问世于清初，民国时期的占有一定比例，最近二三十年内编修的新族谱数量最多。

正因如此，众多地方志工作部门在加大对家谱研究的同时，也逐渐加强与编修人员（部门）的联系，并在一定程度上给予了支持。如上述《中华裴氏宗谱》的出版得到了山西省闻喜县人民政府县志办公室的大力支持，县志办公室对其指导思想、编纂内容设置进行了认真审查，认为基本符合中国地方志指导小组《关于地方志编纂工作的规定》。

在地方志书中，对人物的记载历来占有十分重要的地位。在民国以前的旧志中，人物的篇幅大多占 1/3 左右。由于地方志收录人物的标准限制，大多为各行各业做出较大贡献，或作恶多端的人，一般来说，在家谱中会有较详细的记载。即使没有较丰富的材料，家谱中记载的世

系、行第、生卒、妻室、子女、墓地以及科名官阶等内容，尽管会有溢美之词，但大多数内容是可靠的，不失为史志工作者深入研究重要历史人物的必查资料。家谱也就起到了为深入研究人物行状和家族背景提供丰富第一手资料的作用。

近年来，各地十分重视挖掘历史文化资源，发展旅游事业。现有的地方志中，"文化文物"或"社会民俗"对景观古迹的记述较为简略，甚至有所疏漏，难以满足文化旅游部门的需要。而家谱大多收录了与家族相关的人文古迹和景观掌故，尤其是被岁月湮没的历史景点，有些记述十分详尽。如果将这些内容挖掘、整理、充实到地方志的编修或续修中，大可作为当地开发文化旅游资源的参考依据。

地名的由来和变迁是地方志书的重要内容之一，由于各种原因，许多志书对地名的记载相当简单。首部《武汉市志》即缺少地名的内容，只在"民政志"中对政府部门所做的地名命名和更名工作做了简单的记述，真正应该记述的重要地名的源流、演变等内容却付之阙如。由于家谱一般都记述其始祖占籍当地艰苦创业、发展繁衍的情况，有的家谱还专设乡土小志，其中带出镇名、村名、河名、桥名等历史掌故，可以为地方志编写提供较为翔实的参考资料。

2013年以来，中国地方志指导小组开始在全国范围内鼓励编修乡镇村志，以留存在城市中生活的人们的乡愁。特别是中国名镇志、名村志、名街志、名水志、名山志、名酒志等编纂工程的陆续实施，为地方志事业的发展注入了新的生机与活力。2014年以来，湖北省原地方志办公室陆续举行多期乡镇街道村志编修培训班，多次指出要善于利用乡村中的家谱，便是明显的例证。武汉市黄陂、新洲、汉南、蔡甸、东西湖、汉南等远城区，以及江岸、江汉、武昌、青山、洪山、硚口等中心城区正在编修的街道（乡镇）村志，也在收集资料时把家谱、族谱作为必不可少的资料来源。

三 家谱所具有的存史、资政、育人的功能要得到充分发挥

"修身、齐家、治国、平天下"，先有家，才有国，然后才会有天下，记述一个国家的历史和发展过程，事实上是对成千上万个家庭情况的综合记述。当然，随着历史的变迁，家、国、天下的概念已有了巨大的改变，960万平方公里的中华人民共和国包括34个省级行政单位，每个省级行政单位又包括若干个市、县（区），每个市、县（区）又包含若干个街道（乡镇）、村，但无论怎么改变，社会组成分子的基本结构不变。前几年，一首家喻户晓的歌曲《国家》有一句歌词写得很好，"一玉口中国，一瓦顶成家。都说国很大，其实一个家。一心装满国，一手撑起家。家是最小国，国是千万家"。一个地方的历史变迁，就是当地众多氏族的历史变迁。把这些氏族的兴衰史通过编修家谱的形式实实在在地记载下来，对编纂方志具有非常重要的参考价值。

"一个中国人，不管他在什么地方，不管他漂泊多远，编入宗谱，列入门墙，祭先祭祖，

托庇于列祖列宗的福荫之下，总是他最大的心愿。"① 具有 5000 多年辉煌文明史的中国，经历了旧石器时代、新石器时代，经过了母系氏族到父系氏族的变迁，从群婚制逐步过渡到了一夫一妻制度，不同姓氏之间的通婚组成了家庭—家族—民族—中华民族，从小到大的四个环节形成一组链，不为年龄、性别、阶级、国界等因素所掣肘，是任何力量都斩不断、拉不开的。

家族是除个人外最基础的社会的一分子，从爱家到爱国，从爱国到爱家，形成了一个良性循环过程，这是爱国主义最原始、最深厚，也是最不可动摇的思想基础。家谱作为对家族成员进行纵向教育的教材，要先对族人进行爱国主义教育，因有家谱联宗，干戈可以化玉帛，分裂因之成一统，海外游子因之思回归。

如果说最初的家谱通过世系的记载以保证家族后代实现优生的话，那么，随着人们对遗传学中变异现象认识的深入，为了更好地对后人进行教育，家谱中人物传记、记事、艺文、家训家教等记载家族成员所创造的精神文明财富的内容也越来越多了。毫不夸张地说，家谱不仅是人类教育后代的最早的教材，也为遗传学和优生学说的建立奠定了基础。

2001 年，中共中央《公民道德建设实施纲要》（以下简称《纲要》）提出"爱国守法、明礼诚信、团结友爱、勤俭自强、敬业奉献"的基本道德规范，与历代家谱中所记载的家传家教的中华民族传统道德的精华密切相关。《纲要》指出："家庭美德是每个公民在家庭生活中应该遵循的行为准则，涵盖了夫妻、长幼、邻里之间的关系。家庭生活与社会生活有着密切的联系，正确对待处理家庭问题，共同培养和发展夫妻爱情、长幼亲情、邻里友情，不仅关系到每个家庭的美满和幸福，也有利于社会的安定和谐。要大力提倡尊老爱幼、男女平等、夫妻和睦、勤俭持家、邻里团结为主要内容的家庭美德，鼓励人们在家庭里做一个好成员。"政府有关部门要加强对家谱编纂的指导、引导，大力弘扬社会主义先进道德，突出符合社会主义道德规范的优秀分子的人和事，增强家庭成员的凝聚力，培养人才，促进家庭的发展，自然而然地使每个家庭做出应有的贡献。

当然，家谱也存在一些不足，如无原则、毫无切实依据地将历史上的一些名人附会成自己的祖先，妄图以此显示自己"出身名门"；不加分析地、片面地记述，对一些全局性的事务不加记述，仅记述对自己有利的内容，以偏概全；对某个（些）人所做的好事大肆宣扬，使"好人"变成了"圣人"，"坏人"变成了十恶不赦的"恶人"，忽视了人的多重性；不向有关部门报备，以盈利为目的，利用修谱，聚敛钱财，甚至组织小团体，带来不良的社会影响。在当今编修家谱的热潮中，要摒弃落后的编纂方式，吸收利用符合社会主义核心价值观的文化营养，使所编纂的家谱符合社会主流，顺应社会发展的大方向。

---

① 沈其新：《中华姓氏通书·总序》，三环出版社，1991。

浅析家谱与地方志的关系

庞军成

（四平市地方志编纂委员会）

国家有史，述朝代，记政事；地方有志，明沿革，载土风；家族有谱，考世系，识宗支，这三者形成了中华民族发展过程中的一个完整体系。家谱与地方志作为中华优秀传统文化的组成部分，两者相互印证，相互补充，形成了独具中国特色的传统文化，在中华文明进程中发挥了历史推动作用。充分认识并传承和发展家谱和地方志文化，对提升宗族认同、家乡认同、民族认同、国家认同，提升人民群众文化素养，维护国家文化安全，增强国家文化软实力，推进国家治理体系和治理能力现代化，维护社会和谐稳定具有十分重要意义。

一 地方志与家谱的概念

何谓志？按照古文字义解释，志者，记也。"志"通"识"，作为动词时，指记在心里或用文字、符号做标记，后来演化为记述、记载，如志异（记载奇异之事）、志怪（记载怪异之事）、志记（史书中的志和记）。作为名词时，指记事的文章或书籍，后来演化为史书的一种，如《华阳国志》、墓志、地方志等。这里的志书主要指方志，即地方志，也就是各地域或行政区域范围内的各类事项的记载。源远流长的地方志堪称中华民族独特的"文化瑰宝"，传承着中华民族丰富而宝贵的历史文化价值，塑造着区域形象，留存着时代记忆，启迪着人类心智，担负着重要使命，是文化阵地一面高高飘扬的旗帜。地方志既是中国传统文化中的宝贵遗产，也是世界人类文化遗产之一。在建设中国特色社会主义的历史过程中，地方志文化是推动社会主义文化大发展大繁荣不可或缺的组成部分，它是一个时代的历史记录和昭示未来的精神坐标，是感知历史脉动的"窗口"。盛世修志，志载盛世。随着中国特色社会主义进入新时代，方志文化大发展大繁荣是时代的必然。

所谓谱，即家谱，是专门记载和记述本宗族的发源、人物、生平简历、本族规约，并按一定规范系统地表述递衍世系的书。谱牒是宗谱、族谱、家传史、家乘的统称，有时也简称为谱。家谱与家族文化是坚固的精神文化壁垒，对于团结族人、协助政府管理社会事务具有重要作用。国家的统一依赖于各民族之间的团结，各民族之间的团结依赖于各个家族的团结，各家族的团结依赖于各家族成员内部的凝集团结。所以，家族的团结是国家统一团结的基础，民族的团结建立在家族团结的基础之上。在中国历史上，国亡而民族不亡而后获得生机的实例不止一二，而民族不亡的根基在于家族不亡。所以，编修家谱对于保护中华传统文明，维系中华民族的生命传承具有深刻的意义。国盛修志，族旺修谱。当今，国富民康的华夏子孙们修谱、续谱已蔚然成风，族必有谱，谱能记载家族世代之源流进而明世。

二 家谱与地方志的区别

一是组织形式不同。家谱是私修，地方志是官修。家谱编修以家族为单位，宗族内部先召开会议，成立本家族家谱编纂委员会，然后推选主修、监修、纂修等人员，一般由各支房负责人组成，制订一个完整的计划和切实可行的工作步骤。确立编辑班子，主编对整谱构思一个整体思路，然后进行分工，大家共同努力编纂好家谱。在传统中国宗族制度下的农业社会，族谱一般是二三十年续修一次，有的是十五年一小修，三十年一大修。这不是固定的时间，也没有明确的规定，可根据家族变化和时代的情况进行。族谱的可信度要低于史志。而地方志则是官修的历史文献资料。地方志是地方政府举一地之力，由该地熟稔情况的顶尖人才修撰，其品位和可信度很高。新编地方志更是坚持"党委领导、政府主持、地方志机构组织实施、社会各界积极参与"的工作机制，吸收有关方面的专家、学者参加。地方志编纂人员实行专兼职相结合，专职编纂人员应当具备相应的专业知识，并明确规定了新编地方志书每 20 年左右编修一次。①

二是记录范围不同。家谱记录一族的发展变化。家谱、族谱，是一个家族的生命史。它记录着该家族的来源、迁徙的轨迹，包括该家族生息、繁衍、婚姻、文化、族规、家约等历史文化的全过程。而地方志是全面、准确、翔实地记述了一地域内的政治、经济、文化、社会和生态文明建设的历史与现状的资料性文献。相对于家谱，地方志记述的内容更全面，记录范围更广。章学诚曾说："且有天下之史，有一国之史，有一家之史，有一人之史。"此说用排句并列，但在逻辑上层层递减，显而易见。他又将方志收集之资料归为"六科案牍、职官治绩、谱牒、经史诗文、金石拓片、乡饮宣讲闻见录"六类，毫无疑问，谱牒为方志编辑的资料来源之一。后清末民国大家梁启超（1873~1929）承其义说道："方志，一方之史也；族谱家谱，一

---

① 国务院颁布《地方志工作条例》第十条，2006 年 5 月。

族一家之史也；年谱，一人之史也。三者皆为国史取材之资。"综上所述，国史与方志、家谱的关系不言自明。

三是法律地位不同。家谱内容不作法律依据。与地方志相比，家谱资料在现实社会是没有明确的法定地位的。方志作为"官修"具有严肃性和权威性，它提供的史料，为重要的历史依据。据不完全统计，在中国古代历史上，历代政府共下发有关地方志编纂的诏令3份，主要在宋代方志定型以后。民国年间共11份。新中国成立后，中央及有关部门颁布的修志文件、政令8份。① 2006年，国务院颁布《地方志工作条例》，更是首次将地方志工作纳入了法治化轨道。

四是保存条件不同。数千年来，历经改朝换代、战争兵祸、外族入侵、水火自然灾害等，史志典籍受到很大破坏，但国家是搬不走的，地方是搬不走的，藏书机构也是搬不走的，总有部分史籍被保存下来。1985年出版的《中国地方志联合目录》记录了我国190座较大图书馆的馆藏，1949年以前编纂的省、市、府、州、县、乡镇志共有8264种。族谱的保存，基本上是单门独户式的。若遇天灾人祸，举族搬迁，逃难奔徙，在人命都难保的情况下，族谱面临的将是毁灭性的命运。从已掌握的数量对比来看，地方志保存要比家谱保存条件更好、更正规。

三 家谱与地方志的关系

家谱与地方志编纂的关系十分密切，历代政府、名人、史志学者都充分重视它们之间的关系。唐朝刘知幾在编纂《史通》时就主张把谱牒编入。宋朝乐史编纂的《太平寰宇记》中辟《姓氏》等门类，广辑族谱入书。郑樵在所编的《通志》中亦辟有《氏族略》，辑入的家谱有170余部。章学诚认为："有天下之史，有一国之史，有一家之史，有一人之史。传状志述，一人之史也；家乘谱牒，一家之史也；郡府县志，一国之史也；综纪一朝，天下之史也。"② 由此可见，家谱编修与县志编纂有着千丝万缕的关联，虽然是两个领域的学术研究及应用，但不能不引发史志工作者的深入思考，它们既是点与面的关系，又能互相印证。

一是家谱是地方志资料的重要来源。私家修谱自宋兴起，从"图"（图经）、"志"一体到宋代志书的独立定型。比较家谱编修史与方志编纂史，不难发现它们的历史进程几乎相同。目前第二轮修志工作已经结束，而民间修家谱之热潮依然不减。家谱中的史料非常丰富，是编纂志书很重要的资料来源之一。民国时期《深州风土记》主编吴汝纶在拟定的《资料采访条例》中认为，"采族姓流所自"，规定要从谱族中收集资料。甘鹏云在《方志商》中提出"族姓之源流、风俗、习惯、礼教沿革……均应逐县调查"。对家谱资料的重视不言而喻。傅振伦在20世纪30年代所撰的《中国方志学通论》中把族谱列为方志资料文献资料类，强调务必要认真

---

① 梅森：《从历代中央政府的修志命令看〈地方志工作条例〉的继承与创新》，《中国地方志》2006年第9期。
② 章学诚：《文史通义·州县请立志科议》。

搜集。家谱所记载的信息资料与县志各专业志、篇、章密切相关，有很多资料可以作为县志的第一手资料，有的信息内容可以为当时的社会状态提供佐证和说明，在很大程度上可以说，一部家谱就是一个时代某个地域社会发展的缩影，也能最真实地反映社会形态。故此，充分利用家谱资源为编纂县志服务就显得尤为重要。

二是志书篇目中含家谱。家谱主要记述族姓的历史源流、得姓始祖及派系、迁徙等情况和郡望、堂号的历史典故等。其中在志书记述范围内的人口登记等价值最大，可为人口、人物、民政（地名）、文化等专志提供资料。地方志中关于人物的记述很大一部分来源于家谱对人物的记录。家谱就是人谱，是有血亲关系的人谱。要撰写某些人物传记，必须利用家谱资料。传记与仕宦录主要记载族人事迹、科第、任职等情况，是人物传、表的重要资料来源。新编《福山区志》在人物志编写中，以旧志资料为主，家谱记述为辅，给35名五品以上名宦补传，为七品以上名仕列表，传表结合，疏而不漏，使人物志更加丰满。①

《蕉岭县志》第二十七编"风土"第一章"姓氏"，包括：第一节"姓氏概况"，主要记述各姓居民迁入历史概况；第二节"姓氏录"，按笔画列出全县87姓，并记述各乡镇姓氏；第三节"部分姓氏源流及分布"，根据史籍、族谱，记述本县35个族姓源流；第四节"各姓祖祠通行堂联"；第五节"各姓继续迁徙流向"，简要记述本县各姓流向中国台湾和南洋情况。《丰顺县志》第六编"社会"第一章"民族、姓氏"之第二节为"姓氏及其分布"，主要按笔画记述全县96个姓氏，并具体列出各姓分布地区。《澄海县志》卷四"人口"第一章"人口源流"第二节"民族、姓氏"之"一、姓氏"，简述全县218个姓氏人口状况。章学诚编写的《永清县志》就立有《士族表》一目，其意在于"以世族率齐民，以州县领土族"。他规定"生员以上之族始人录"。章氏的这一主张，是仿欧阳修《新唐书·宰相世系表》而来的。余绍宋《龙游县志》收录的族谱，不论是范围还是内容，都较章学诚的《永清县志》更为扩大和充实。由此可见，地方志中的篇目设置包含了家谱篇目。

三是家谱含志书体例。私家修谱自宋兴起，经过元、明的发展，至清朝中期达到鼎盛，各地不断掀起修家谱的高潮。明正德三年（1508）所纂《余氏会通谱》的内容包括新旧序、跋、辨、图、外传、外纪图、世系图、茔域图、卷末跋、后序。《新安休宁文昌金氏世谱》内容已较全面，包括序、凡例、列士、金氏本国、世系、事略、行实、行状、墓志铭、杂著、记、诗、赞、规约。明代中后期，家谱体例、内容也发生了重大变化，嘉靖三十四年（1555）朱世恩纂《朱氏统宗世谱》，内容涵括历代谱序、敕命、凡例、像赞、祠屋图、墓图、传、世系图。嘉靖三十七年黄侍、黄仁德纂《左田黄氏孟宗谱》，内容包括序、图、地理志、姓氏源流、世系、文翰。隆庆六年（1572）许可复、许凤翔纂《新安歙北许氏东支世谱》，吸收并总结了嘉靖以前家谱的有关内容，且有所拓展。此时，家谱体例渐趋定型，包括凡例、序言、概述、诰敕、士宦、世系、族训、祠堂、坟茔、族田、艺文、传祀、碑铭、像赞等，并逐步形成了各自的地域特征，在纂修体例以及版刻、装帧等方面也均有所反映。明代以来，在家谱的体例上，增加了"志""图""考""录"等。主要有三种形式：一是纲目体，以纲统目；二是条目体，一事一目，互相统辖；三是纲目与条目的混合体。清代迄今所纂修的家谱，在体例上基本承袭明代。志书的体例为章节体、条目体、分类条目体，这与家谱的体例极其相似。纲目体本就是志书编纂的一种传统结构形式。纲目体的篇目结构是先设总纲，或称大类，各纲之下再设细目，目以纲聚，以纲统目，纲举目张。社会主义新方志都以事为纲，一般下列环境、政治、经济、文化、社会、人物等目，目以下有子目。从某种意义上说，纲目体包含了章节体。

四是家谱与地方志内容相互补充。志书记述内容往往仅能及于朝政之实施、制度之创立、地方之建置、财计之丰歉、人物之得失以及边民之入居。家谱是家族史，可以补充志书资料的不足，是研究编纂地方史志的重要史料。家谱是溪流，志书是江河；家谱是目，志书是纲。不知历史和根底的家族，如无根的浮萍，读了家谱，会使自己变得充实踏实起来。家谱记载的许多优秀人物的品格和事迹，对读者有很好的引导、启迪作用，还能让后人吸取先人的经验教训，是综合性很强的文本，里面牵涉到政治、经济、文化、科技、教育、卫生、文艺、体育等各个方面，人们生产、生活的全部内容，家谱里几乎都有记载，它集中了哲学、历史、地理、礼仪、风俗等多方面的知识，是其他任何文本都无法达到和取代的。因而家谱是研究社会发展、进步和过去社会状态、生活情景最基本的资料，这一点，志书是不可比的。家谱可以作为人口志的佐证资料。家谱记录的先人迁徙足迹，可以为人口、民族的形成、流动以及移民情况等提供专志资料。家谱一般详细地记载了先辈在何时由何地迁到了何地，比较完整地反映了该家族迁移的历史。尽管一两部或者几部、几十部家谱不能完全反映当地居民的迁徙历史，但也可以根据家谱资料的对比，再综合其他信息得出结论。如《陈氏家谱》所记载的陈氏家族的迁徙过程①与陕南地区明清时期湖广移民大开发的史实相结合可得出一个结论：紫阳县大部分居民是明清时期的湖广移民。这些学术观点为学者陈良学先生的著述《湖广移民与陕南开发》提供了很好的佐证，② 也为《紫阳县志·人口志》提供了很好的参考。③ 旧族谱保存了不少有价值的史料，已有前人把它比作一座金矿，值得我们特别珍视和挖掘利用。司马迁、班固、陈寿等史学家分别在其史学著作《史记》《汉书》《三国志》中使用谱牒内容，使得志书更加准确与完备。家谱文化是传统文化的一个重要组成部分，有很多方面是志书所欠缺的，志书是公开性文献，家谱为私藏性资料，二者相辅相成，相得益彰，为后人提供了必不可少的参考文献。

五是家谱与志书的功能作用具有一致性。"存史、资政、教化"是方志界对地方志社会作用的高度概括。而家谱的功能尽管在不同历史时期不尽相同，但家规、家训、家风一脉相承的

① 《陈氏家谱·陈氏源流》，第 2 页。
② 陈良学：《湖广移民与陕南开发》，三秦出版社，1998，第 159 页。
③ 《紫阳县志·人口志》，三秦出版社，1989，第 186 页。

极强的教化功能始终没有改变过，地方志与家谱都是总结过去，真实地记录历史和家族发展轨迹，所以两者的根本目的和任务是相同的。如果从更高层次上认识，二者都是中华优秀传统文化永续利用的基础性载体，发挥着历史文化永续利用的积聚作用、传承作用和建设先进文化的基础性作用。

四　家谱与地方志的传承发展

传统文化是我们繁荣昌盛的根基，一个民族如果没有自己的科技，可能会亡国；一个民族如果丧失了自己的文化，就会亡种。而亡种比亡国更可怕。对中华民族来说，中国传统文化是中华民族的身份证和象征，是中华民族区别于其他民族的标志。而家谱与地方志作为中国独有的优秀传统文化一直传承至今，其历史价值、社会价值、人文价值将为研究中国传统文化提供重要史料。增强文化自信，提升国家文化软实力，建设社会主义文化强国，为实现中华民族伟大复兴的中国梦，我们要始终传承好、发展好中国的优秀传统文化。

一要正确看待家谱与地方志文化。家谱和地方志对今人而言具有历史和文化两方面价值：作为善本的家谱，保存了历代不同地区与世系活动相关的丰富数据；作为地方资料性文献，真实地记录了一地的发展脉络，它们对于相关学科，诸如社会史、移民史、人口史、地方史等都具有史料价值。家谱和地方志在我国源远流长，在历史的长河中，已经形成有独特内涵，浸润着民族情愫的谱牒文化和地方志文化，对民族的心理素质、价值取向、行为模式都产生了潜移默化的影响，已成为维系中华民族几千年文明传承的文化纽带。从地方志的内容来看，大凡每部志书都以"仁""礼""忠""孝"为思想主线。首先用较大的篇幅记述皇言、宸翰、圣制、恩泽，歌颂天子的圣明；同时宣扬职官、名宦、循吏的清正；表彰乡贤、忠臣、义士、孝子、烈女的功德等。从它的社会效益来看，凡是记入了地方志的忠臣、义士、孝子、烈女等，都被后人尊为楷模，并且竞相效仿。从历代修志来看，志书着重记载的是"三纲五常"和"三从四德"，从古至今，无一例外。① 而家谱，则是以姓氏溯源，古老的《世本》和司马迁《史记·五帝本纪》启其端，历代的姓氏家谱扬其波，它深入人心，代代相传，成了民族集体的潜意识。家谱，包含了很深刻的意义，小则培养子孙后代，彰显祖德，孝敬父母，友爱兄弟姊妹，训成儿女，建设优秀之"最小社会"，大则有益于和谐团结。"国与家"即全局与局部之辩证关系，家乃社会的小细胞。族谱的编修有利于社会的安定团结，有利于社会建设与发展。由此可见，家谱与地方志都继承了"仁""义""忠""孝"为本的"三纲五常"思想，也是儒家思想的精髓所在。

二要加强对家谱和地方志文化的保护和发展。家谱与地方志都是中华优秀传统文化的重

---

① 《地方志与传统文化》，《广西地方志》1988 年第 2 期。

要组成部分。家谱和地方志，是中国特有的文化基因，编史修志修谱是传承文明、服务当代、垂鉴后世的重要文化事业，受到党中央、国务院的高度重视。习近平总书记考察首都博物馆时特别强调要高度重视修史修志，让文物说话、把历史智慧告诉人们，激发我们的民族自豪感和自信心，坚定全体人民振兴中华、实现中国梦的信心和决心。族谱和方志是中华民族的两大文献，在其发展过程中不同程度地经历了衰落期和繁荣期。尤其是家谱，在 20 世纪 60 年代的中国"破四旧"运动中，被当作四旧遭到清理，成千上万的家谱被毁，这对于研究中国人的人文历史造成了不可弥补的损失。中国人都有很强的寻根意识，都很在意老祖宗是什么样的人，怎么传下来的，家谱看似记录的是一个家族的历史，实际涉及历史、人口、经济、人类遗传等科学，是人们情感精神的寄托，更是历史研究尤其是社会史研究的重要史料之一。为留住祖先宝贵的文化遗产，首先要重视理论研究。任何一个民族、一个国家，不管是对历史负责，还是对未来负责，都应保护自己的文化特色，家谱和地方志是中国的文化特色，是祖先留给我们宝贵的物质和精神财富，是五千多年文化的积累，是中华文化保持长久生命力的重要因素。因此，要加强对旧家谱和旧方志文化的研究、整理，从中吸收精髓，使之发扬光大。其次要保护好物质载体。一方面要致力于旧家谱与旧方志——经典文本、残缺文本等文化遗产的保存、保护，使其继续发挥作为传统文化研究载体的作用；另一方面要总结传承下来的旧家谱与旧方志的精神实质，对其进行现代价值再创造，融入中国特色社会主义的理念和价值观，及时反映和体现中国特色社会主义进入新时代后出现的一些新思维、新观念、新取向，使中华文化更具时代特征和时代引导能力，使家谱与方志更具时代特色，更具生命力。最后要主动适应社会发展。家谱与地方志文化工作者积极作为，主动适应社会发展，融入主流文化。家谱与地方志表现出宗族特性、地域特征和民族特色，为促进中华文明进步做出了积极贡献。传承和发展家谱与地方志文化，助力社会主义精神文明建设，支持家谱与地方志工作者深入挖掘家谱与地方志文化中有利于社会和谐、时代发展、健康文明的内容，做出符合当代中国发展进步、符合中华优秀传统文化的阐释，让家谱与地方志文化真正活起来，助力经济社会发展。

三要大力传播家谱与地方志文化。保护家谱和地方志，重在构建家谱和地方志文化，最终目的就是使其深入人心，走出国门，让中华文化深入世界每一个角落。最重要的两个途径是学校教育和媒介传播。其一是学校教育。中华传统文化教育是个由来已久的话题，也是国家常抓不懈的一项工作。2018 年 5 月，教育部下发《关于开展中华优秀传统文化传承基地建设的通知》，11 月，认定北京大学昆曲传承基地等 55 个基地为第一批全国普通高校中华优秀传统文化传承基地，"面向全校学生开设以传承项目为内容的选修课程，纳入学校人才培养方案，纳入学校教学计划，实行学分制管理，切实落实 2 个学分；建设 2~3 个校级传承项目学生社团和 1 个实践工作坊；加强以传承项目为重点的中华优秀传统文化教育研究；辐射带动当地 3 所左右的中小学校和 1 个社区，开展基于传承项目的中华优秀传统文化普及教育活动，加强成果交流与展示，切实将传承基地打造成本校的特色和品牌"。① 要系统地传播家谱和地方志文化，应将其作为一门专门的课程独立于语文、历史等其他学科。这是向中国知识阶层传播传统文化的重要途径，而知识阶层是发展文化的生力军，是普及文化的传播者。这门课程应重在介绍中国传统思想、传统价值观和道德观、传统风俗习惯、传统文学艺术等，让学生在这门课程中认识到中国传统文化的博大精深，进而产生敬畏感；看到中国传统文化与现代中国千丝万缕的联系，进而产生历史认同感和归属感；看到中国传统文化与世界发展的联系，进而产生自信心。其二是利用现代传播媒介，向大众、向世界宣传中国传统文化。利用现代传播媒介宣传中国传统文化，是中国传统文化的普适性宣传手段之一。当今社会网络技术的迅猛发展，"数字家谱""数字方志""QQ群""微信群"等的出现，为家谱与地方志文化提供了快捷、方便的宣传手段。如"姓氏网站"不断诞生，家谱在网上"动态更新"，在网上浏览家谱已成为新时尚。用电脑网络汇总"中华儿女的脉络"就有了可能。今天，中华儿女遍布世界160多个国家和地区，海外华人超过5500万。对于远离祖国的海外侨胞来说，家谱成为他们同祖国联系的纽带。爱国主义的核心是对祖国的忠诚和热爱，这是"千百年来巩固起来的对自己祖国的一种最深厚的感情"。② 家谱与地方志在形成和巩固人民对祖国的这种深厚感情的过程中，发挥了难以估计的巨大作用。每年都有大批华人不辞辛苦，来到中国祭拜祖先或到家乡投资建厂，参与家乡建设等。中国人的这种寻根追祖情结，不能不说与延续数千年的家谱和地方志文化有关。家谱与地方志文化维系的不仅是一个家族，一个地方，更是一个民族。

结　语

家谱与地方志，都是中华民族的优秀文化遗产。它们在形成中华民族共同心理方面都发挥着很大的作用。盛世修志，族旺修谱。进入新时代，随着我国经济实力和综合国力的不断提高，族谱研究和新方志研究越来越受重视，理论研究水平和质量越来越高，它们在推动精神文明和物质文明建设中，必将发挥越来越大的作用。

---

① 《教育部公布第一批全国普通高校中华优秀传统文化传承基地名单》，中国政府网，2018年12月6日，https：//www.gov.cn/xinwen/2018-12/06/content_5346208.htm。

② 《列宁全集》第28卷，人民出版社，1956，第168~169页。

地方志与家谱融合发展研究

程汝明

（普洱市委党史研究室）

地方志是"一方之全史"，在中国传统文化中，自成一脉，独树一帜，是具有民族特征的标志性传统文化形式。地方志记载的内容纵贯古今，横陈百科，一部地方志就是记载一方水土之上的人和事，就是一方人的精神家园。

家谱，又称族谱、宗谱或谱牒，是以记载一个家族的世系、变迁与发展为主要内容的历史文献。先秦时期已经有家谱，明清时期，私修家谱已经成为一项文化活动。在漫长的历史进程中，一个村的历史往往就是一两个家族的家族史，一部部的家谱串起来，就是一个地方的志。家谱编修与地方志编纂互相映衬补充、相互依存、相互促进，共同服务家族、服务社会、服务人民，和国史一起组成了中华民族传统文化的一部分。

一　地方志与家谱剪不断、分不开

家谱由各姓氏家族自己编修，家谱文化的根基在农村，流传保存在村寨；地方志是各级政府纂修的，主要在地方政府辖区传播；国史是中央政府纂修的，在国家的教育、文化、研究机构传播。梁启超说："方志，一方之史也；族谱家谱，一族一家之史也；年谱，一人之史也。三者皆为国史取材之资。"可以说，中国的历史是由各级地方志凝集提炼而来，而地方志则是对当地家谱记载的人和事的提取与升华。家谱是最原始的历史素材，是地方志的基础，地方志是国史的基石，家谱、地方志、国史一起构成了中国特有的传统文化。

（一）地方志和家谱记录的都是历史

地方志和家谱都是历史文献，是中华历史文化的根基。地方志详尽记录了几千年来中国各地的历史，家谱则记录了几千年的家族变迁史。地方志记载地方的开发、演变、斗争、进步、发展；家谱记录一个个家族的起源、迁徙，艰辛曲折、不屈不挠。历史演变过程的一点点、一步步都全面地体现在地方志和家谱中，地方志和家谱形成了宏大的历史资料库，形成了研究中国历史文化的基础资料。

地方志记载一个地方的发展历史，是一个地方的政治经济、社会文化、历史人文的客观记录。而家谱是一个家族的发展史、成长史，也是一个家族在一个地方政治经济地位、道德文化传承和社会认可历史的记录。地方志是地方的正史，它全面、客观、公正地记载一个地方的政治、经济、文化、社会等各方面的发展历史，东西南北面面俱到，大事要事全面具体，前因后果条分缕析。一个地方的地形地貌、山川河流、著名人物、发展大事、历史转折在地方志里都会被全面记载，逝去的历史，只要翻开地方志，基本上就能够展现在眼前，即使不能重现细节，也能够查找到线索或者故事。

家谱是记载宗族世系及其事迹的档案，它以自己特定的形式记载了宗族的历史，完整的家谱既记载了家族在一定历史时期的政治、经济、文化状况，本族世系和重要人物事迹，又记载了与家族有关的重大历史事件、地方风俗习惯、名胜古迹、年节来历等，具有难能可贵的史料价值，是研究历史、文化、民俗的重要资料来源。

（二）地方志和家谱保存的都是传统文化

历史的车轮滚滚向前，国家发展迅速，城镇化全面推进，在发展的洪流中，城市扩容，无数人离开村寨去追寻发财创业的梦。记忆深处的风土人情渐行渐远，心中的乡愁只有在地方志和家谱中能够寻找、能够完整保留。有了地方志和家谱，记忆中的村庄和忘不了的亲情与风俗，才得以保存。

经济发展、社会进步，人们的生活越来越好。新生事物大量出现，传统的产业逐渐被新兴产业代替，新文化代替旧文化。要想让传统留在记忆中，让传统文化不会在历史的进程中湮没，最重要的载体就是地方志和家谱。地方志和家谱体现了中国人不忘本的传统。家族的人物、故事、家风、家教、道德观念、家族观念、行为规范，地方的大事、要事、历史、风土人情、民风民俗，看得到的，看不到的，都可以在地方志和家谱中找到。地方志和家谱不仅仅是记录历史，更是传承文化，告诉子孙后代前辈从哪里来以及他们走过的路。记住传统，保留风俗，记得乡愁不是不发展，而是让人们记得来时的路，不忘初心，识得方向，找到动力，继续前进。地方志和家谱所承载的地域文化是一个地方、一个家族的精神家园和心灵归宿，地方志和家谱的编修，能让生活在这片土地上的人们增强归属感、荣誉感，进一步爱家乡、爱祖国。

（三）地方志和家谱保留了最丰富的文献和资料

地方志是一个地方历史的记录和缩影，对历史、人物、发展的记录是最全面客观的。国家太大，国史对一地一事的记载只能是粗略的、线条式的，而家谱的触角是最全面细致的，它虽然突出的是家族，但家族发展和地方发展是密切相关的，家族故事其实就是地方故事，众多的家族就组成了一个地方。对于一个地方的历史，国史不可能记录得很全面细致，但地方志能做到。一个家族的兴衰，可能影响一地的历史发展进程，地方志容量有限，不可能记录得非常全面，而家谱就能够做到全面细致。这正如我们的社会组织结构，村庄和社区组成了乡镇、街道，乡镇、街道构成了县、市、区，县、市、区构成了州、市，州、市构成了省、自治区、直辖市，省、自治区、直辖市组成了国家，横向到边、纵向到底，全部被囊括其中。这正如家谱和地方志的全覆盖性，地方志和家谱记载某个地方、某个家族的历史，全国的地方志和家谱合起来就记载了一个国家社会历史发展变化的全部。所以说，地方志和家谱保留了我国历史发展进程中的最丰富、最全面、最细致的文献和史料。

各级地方志和各个家族的家谱，水平参差不齐、质量高低不一，但是记录的都是真实的事件和人物，都是宝贵的历史资料，如历史时代、生活环境、社会状况、重大事件、主要人物。我们只要认真阅读、全面思考分析，就可以从地方志和很多家族的家谱中还原当时的社会面貌、历史全貌。能够还原历史全貌的资料，怎么能不浩瀚、不丰富？

（四）地方志和家谱相辅相成，互为参考补充

地方志和家谱是相辅相成、相互促进、共同发展的，在内容上也表现出了很强烈的一致性，只是表述重点不同而已，二者的关系，正如一位学者总结的"同源异体，各有特点，相互联系，殊途同归"。家谱为地方志提供资料，章学诚将地方志资料的收集归为六科案牍、职官治绩、谱牒、经史诗文、金石拓片、乡饮宣讲闻见录六类。地方志为家谱提供表述范本，提供史迹、依据。

以前中国乡村一级的档案很少，在云南边疆，即使是现在去找改革开放前的资料，不要说村一级，就是乡镇也很少有保存完整的，倒是家谱中记载着（有的是老人口述补记的）大量村史、政策、人物、事件都比较完备。在第一轮修志过程中，通过对家族人物、家世的记载，了解这一家族在历史上的地位、作用和影响，从而核对历史人物、历史事件；通过家谱记载的风俗民情，对照零星材料归纳出一个地方、一个民族不同时期的历史面貌。在普洱市的第一轮修志中，通过多部家谱还原历史事件、历史人物、民情民俗的情况就比较多见。家谱中对历史事件、历史人物的记录大面积地弥补了档案的缺失。

二 地方志与家谱的不一样

（一）地方志和家谱的要求标准不一样

地方志是一方之全史，"历代先贤圣哲通过修史修志，以文字记述为主要形式，传承着中

华民族的文化血脉"。在中国传统文化中，地方志自成一脉，独树一帜，是最具有民族特征的标志性传统文化形式。其记载的内容纵贯古今，横陈百科。对内，一部地方志就是记载一方水土之上的人和事，就是一方人的精神家园；对外，地方志讲的就是中国的地方故事，是向世界展示富有中国魅力的话语体系。地方志作为最古之史，影响深远，作用巨大。

家谱是家族的简史。家谱，也称族谱、宗谱，是记载一个家族的世系繁衍及重要人物事迹的书。最早的家谱是官修的，记录的是帝王将相、王公大臣的世系。东汉之后，官修家谱不能满足士族阶层需要，私修家谱出现。宋代，官修家谱走到了尽头，私修家谱几乎遍及全国，编修家谱的目的也由仕宦婚姻的凭借，变成了尊祖收族的依据。

家谱是一种特殊的，在中国五千多年文明史中具有平民特色的文献，是珍贵的人文资料，包含了历史学、民俗学、人口学、社会学和经济学的内容。但家谱毕竟是一家之典籍，编辑人员不足、掌握资料有限、人为因素较多，编纂思想、方式不同于地方志，所以很多家谱没有地方志的规范、严谨、客观。

（二）地方志和家谱的范围对象不一样

地方志的记载具有区域性。区域性又称地方性，是地方志的主要特征。地方志以特定区域为记述空间范围，地方性突出，一般来说不得"越境而书"。在地方性这一点上，地方志是一脉相承的，每一个时代编纂的地方志，都是以当时的行政区划为记述范围的。

地方志的记载具有广泛性，又称综合性，综合记载一地自然、政治、经济、文化和社会的历史与现状，纵涉古今几千年或几十年，横涉各种门类，包罗万象，资料全面、系统、丰富。内容涉及自然、政治、经济、文化、社会、人物等。地方志的广泛性、综合性，吸取了各行各业、各种学科最新的成果，"方志走向百科，百科走进方志"，体现了地方志与时代共同发展的特点。

家谱的记录对象有其独特的范围，即必须具有血缘关系。古代修谱的一个重要目的就是"辨世系、明尊卑"。在中国，无论是过去还是现在，血缘始终是一个严肃的伦理问题，乱伦是绝对不被允许的，可能造成严重的社会混乱，乱伦者，无以在社会立足。与血统相较，其他任何功名显爵、尊严荣耀都要退避三舍。因此，在血统方面，谁可入谱，谁不可入谱，几乎所有的宗族都有严格的规定，并用明确的文字登载于族谱之中，用以维护血统的纯一性。所以说，家谱的作用主要是维系亲情、联系宗亲、维护族权，为宗族服务。以宗法为则，详近而略远。

（三）地方志和家谱的重点特点不一样

地方志要求记述各事物的历史和现状，这就决定了地方志的连续性。地方志是部部相承的，贯通古今，一般不设上限，但会明确统一下限。各行各业都要满限，以便若干年后承接上届书的下限修续志。如此志书才能部部相承，不留时间空白。地方志在记述事物时，要按时间顺序记清其起源、发展变化，特别注意转折性的变化和现状，做到记述不断线，各阶段横断面数据不缺项。地方志连续性的特点，为我们提供了一个地区历史的全貌，资料系统、全面、完整，人们可以从中了解自然、政治、经济、文化、社会等方方面面的演变。

作为客观真实的资料，地方志不直接探索自然和历史的发展规律，只提供资料，为科研或需要者使用。真实是地方志的生命，官修性决定了地方志的客观真实。编修可以获得官方的档案文件、历史记录；资料要经过层层把关上报，出版要经过上级部门的严格审查；本地人记本地事，时间相距不远，见闻比较确切，符合当地实际。

家谱编修的指导思想是传承隐恶扬善的传统美德。每一个家族编修家谱的目的可能各不相同，但都非常重视记录传扬祖先的美德善行、光辉业绩，用祖先辉煌的业绩、高尚的情操来陶冶、激励后人，让后世子孙奋发图强，创造出比先辈更辉煌的成绩，达到人丁兴旺、家族繁荣的目的。虽然地方志的出发点和家谱的不一样，但传播正能量、教化人民的目的是一致的。试想，如果人人都以努力奋斗、振兴家庭为己任，由身而推于家，由家而推于族，由族而推于一姓，由一姓进而至于全国，中华民族也就实现伟大复兴了。

家谱编修突出家族成员平等。在家谱中，同一血缘集团中的所有人，只要没有因品行等原因被削出谱，一律都要收入，并要确保其基本情况的完整。只要涉及族人，无论时间、地域有何差异，家谱都要尽可能采入；但若和族人无关，即便是天大之事，也可能置之不理。

内容的丰富、真实是家谱的特征，以人系事是家谱的特色。为传人、记事而编写的家谱，有史学著作的共性。家谱的真实性，在很大程度上由编撰者的身份决定。由于记载对象是自己的族人，编撰者也大多是本姓的子孙或者亲朋好友，故而对所编撰的内容比较熟悉，对人、对事都负有直接责任，特别是对本族的重要人物，对本家的祖、父之事，必然唯恭唯诚，不敢马虎，也不敢苟且。这就保证了家谱的真实性、准确性。

（四）地方志和家谱编修方式层级不一样

地方志是全面系统地记述地方自然、政治、经济、文化和社会的历史与现状的科学的资料性著述。地方志是"官书"，由政府组织编纂，可用资源多、人才多，管理规范、体例规范、表述规范、样式规范，水平、层次一般比较高。

地方志记述的范围广泛，是一地的百科全书，必须事以类从，以便详记事物，而又不重复。所以地方志横向排列，按实体列目记述。根据事物内部要素和外部条件的关系排列资料，供人们分析研究，总结经验教训，做决策使用。史书纵写，志书横排。地方志从调查得来的大量资料中，进行整理鉴别，分门别类，按照事物发展中内部各要素的联系和与外部因素进行排列，寓观点于记述之中，不直接褒贬，坚持述而不论。地方志是资料性著述，本地人写本地史，当代人写当代史，资料可靠，正所谓"事近则易核，时近则迹真"，必是详今略古。地方志资料由政府出面征集，上报时经过层层把关，编辑时需要修改初核，出版时经过审核批准，程序规范、套路严格，产品当然就统一规范，质量上乘。

家谱由家族倡导组织，由族人或者亲朋好友收集、编修完成。家谱内容的取舍，在体现完整性的同时又表现出相当的灵活性。即便在世传之中，涉及每个人文字记录的多寡，除了姓名、生卒年月等必备项外，其他内容可有可无，记载相当灵活。有的寥寥数语，有的多达上千字。更有甚者，可以根据每个成员政治、经济、社会地位的不同，为突出的人物作传，甚至把一个人的著作全部或部分地采入其中。家谱中人和事的资料由族人撰写或者口述，编修人员对资料的取舍、对事件的评判标准、自身的表达水平，家族人口的多少、经济基础的强弱、文化素质的高低，直接关系到家谱水平的高低。长此以往，导致家谱良莠不齐，有的规范统一，有的随意混乱，有的与历史、方志记载出入较大，有的乱攀高人贤士，有的与外姓大族的家谱互相抄袭，有的有攀附名人之弊，甚至有冒祖之嫌。也有家谱将自己的祖先和历史上有名的人物联系在一起，以彰显家族具有辉煌的历史渊源。编纂标准的不统一、不规范，没有统一的审核审查，导致家谱缺乏理性考据，出现不准确、不客观，也是情理之中的。

三　民族复兴、乡村振兴需要地方志和家谱融合发展

（一）地方志和家谱要扣紧时代脉搏

民族复兴、乡村振兴需要传统文化发力，而地方志和家谱也要紧跟时代步伐，抓住机遇，担当使命，共同发展。地方志必须紧紧围绕地方经济社会发展大局，服务党委、政府的中心工作。方志人要利用掌握的丰富资料，积极开展信息咨询服务、地情调查、地情编研和地情书编写，挖掘宣传地域文化资源；要放下身段、扎根基层，时刻关注人民群众的所思所想、所虑所需，写群众需要的，编纂人民关注的，提供机关单位需要查找的，让方志文化与传统文化、传统习俗融合，把方志作为群众喜闻乐见的公共文化奉献给读者。

地方志要放低身段，放下架子，贴近群众。如果地方志太理论化、不接地气、不近地方的"人情"，那就会"假、大、空"，就是做作，就会失去读者，失去信任，失去发展机会。地方志应该是特点突出的地方资料、生动的地方史，它可以有土气，但要真实、真诚、真情，如果地方志做到当地人喜欢读，外地人看了有印象，那么一定是好志，党委政府和人民群众都喜欢，地方志的作用就发挥好了。

传统文化应该改变过去正襟危坐的说教和知识教育，与时俱进，学习使用趣味的传播方式，学会故事讲述乃至情怀的抒发。地方志和家谱也必须进入讲故事、诉情怀的时代，要融入人民生活、家族生活，从而实现影响生活、促进发展的目的，要学会让读者、族人在轻松愉快的阅读中细细品味，在潜移默化中得到收获。地方志和家谱要学习散文的表述方法，既传扬思想、传授知识，也能够引起人们在日常生活中的情感共鸣。如果在地方志和家谱里有历史、有

社会、有故事、有人生、有情怀，那么阅读的人数会越来越多，社会作用的发挥也会越来越好。

阅读地方志和家谱，可以看到不论志、谱都具有明显的时代特征。家谱中大量的人名就体现着时代特征，反映了不同时代的社会价值观和社会面貌，人物的工作生活离不开时代，成就贡献是在特定的时代取得的。地方志必须紧扣时代脉搏，家谱也应如此，因为修谱离不开时代，家谱中的人和事生活在特定的时代，必须处处体现着时代特色，就连家谱中的家规族规也体现出时代特点，旧中国的家规、族规表现出重男轻女的思想；但新中国的家谱体现着男女平等；近年编修的家谱中，有的已经将"社会主义荣辱观""科学发展观"列入了族规。将时代的发展进步表现在家谱中，也是与时俱进。

（二）地方志编修和家谱编修要突出发展主题

地方志要突出的是地方特色，照搬省内的不行，照搬发达地区的也不行，一定要挖掘历史，服务人民，突出地方特色，促进经济社会发展。文化是推动发展的力量，要让文化化人，就一定要让文化接人气、接地气，与发展进步同轨。地方志要能够发挥存史、资政、教化的作用，就要对它进行挖掘和阐发，让它能够为发展出力献策，鼓舞群众，促进经济社会发展；让它真诚面对读者，融入经济社会发展，反映群众生产生活，潜移默化地浸润群众的生活，进而唤起群众对地方志的认同，让地方志对政府和有关单位的工作有用。

儒家文化是中国古代意识形态的主流，自古至今，主张家庭伦理，强调先家庭、后社会、再国家的传统思想依然存在，所以新中国始终尊重传统文化，认可家庭、家教、家风对社会的巨大作用，认可修家谱，定家训、有家规、传家风。社会已经形成了重视家谱，重视族谱教育的氛围。家庭是社会的细胞，每一个家庭都发展好了，家族就发展好了，中华民族所有的家族都发展得很好，国家就好了，所以家谱一定要向上向善、传扬好风气、传播正能量，宣传发展才是硬道理，只有家族发展、国家发展，问题才能解决，中华民族的伟大复兴才能够实现。

（三）地方志和家谱要转变服务方式

地方志和家谱是优秀的传统文化，积淀着中华民族最深层的精神追求，"以古人之规矩，开自己之生面"，我们要把悠久、丰沛的历史文化资源转化为现代文化的思路和方法，以文化人、化成天下。

地方志是中华文化经典中的地方经典，只有不断收集、整理、挖掘、编纂、出版、推广"经典"，将地方的故事深化升华，融入时代元素，推陈出新并发扬光大，地方志才会有读者、有粉丝，才会有为、有位。地方志要服务好人民，就要融入人民生活，讲好地方故事，把故事讲动人、讲迷人了，让读者在轻松愉快的阅读中细细品味，在潜移默化中受启发、得收获，地方志就能够有影响力、有效果、有力量。

家谱和地方志一样，要有服务人民、服务社会的自觉，更好地服务地方、服务家族。家谱必须具备传统元素，但是也要与时俱进，不断用现代表述方式和传播方式进行编辑和传播，否则，年轻人不接受、不喜欢，那么家谱的教育、规范、约束作用就无法发挥。具体来说，家谱中的"字派"没有必要改变，但家规则应该随着时代的变迁而进步；家谱中的大框架应该保留，但是很多内容必须跟着时代、家族的发展而增加丰富；古代的家谱半文半白，现代的家谱必须通俗易懂，增强可读性，善用必要的现代传播手段。只有对家族有用的，能够服务家族的家谱才能立足家族、发展家族，进而服务本地、服务社会、服务发展。

（四）地方志要做传统文化的主导者

地方志是"官书"，地方志工作者是国家工作人员，在从事传统文化工作的群体中，地方志工作者的条件是最好的，身份法定、经费由财政统一安排、机构统一规范、工作职责明确、工资待遇有保障。党委、政府对地方志工作的重视决定了地方志必须是地方传统文化的倡导者、主导者、领导者，否则就是阵地失守、无威无位。

地方志工作者要放下架子、降低身段，做传统文化的守护者、贴心人。社会诱惑太多，现在还能够静下心来守护传统文化、从事传统文化的人已经不是很多了，地方志工作者一定要带起头，为地方传统文化、为地方经典鼓与呼，带头礼遇传统文化人才，爱护从事传统文化工作的群体，在工作中互相支持、互相鼓励，在社会上互相关心、互相帮助，共渡难关、共同做出成果。要引导有情怀的企业家、退休人员、文化志愿者等投身传统文化建设，丰富基层传统文化业态。地方志工作者要在文化保护中发挥作用，加大对地方优秀文化遗产的保护力度，开展地方文化遗产资源调查和认定工作，深入挖掘地方文化蕴含的优秀传统思想、人文精神、道德规范。

家谱编修队伍，是民间传统文化工作中的重要力量，家谱是传统文化中出版量最大、阅读和保存最为广泛的，地方志工作者要掌握、了解、研究本地的家谱，要引导、指导本地家谱的编修。指导、引导家谱规范体例，提升家谱编修水平，扩大影响力，在统揽、指导中提升业务水平，传播党的路线、方针、政策。

云南普洱在指导家谱编修中做了一些有益的尝试，取得了一定成效。地方志办公室每年都对全市每个县区家谱的出版数量进行统计；如果请地方志办公室指导编修家谱，一定集中人力提供帮助；市地方志办公室公开购买家谱，每一部家谱购买两套，作为方志馆藏书；地方志工作者中，主持编修家谱的奖励2000元。这些措施，鼓舞了编修家谱的热情，很多家族编修家谱的积极性提高了。市、县、区地方志办公室的人员参与、指导家谱的编修，也为家谱把了政治观、体例观、文笔观，规范了家谱，提升了家谱，大家也达成了共识：要修好家谱，一定要请地方志办公室的工作人员指导、把关。

（五）家谱编修工作要自觉接受党的领导，不断提高水平

普洱是边疆民族地区，人们尊重文化，但文化欠发达，家谱的编修工作主要是由家族中的教育工作者、文化工作者完成，也有部分是由有一定文化素养的农民来做的。但是，不论是公职人员还是农民，大家都能够顾大局，认真听取意见，广泛学习，虚心向文化局、党史办、地方志办的工作人员请教，初稿出来了还会请地方志办公室的同志审核。这是一种非常好的传统，家谱自觉接受了党的领导，政治上找到了组织，业务上找到了老师。有关部门也主动作为，为家谱出谋献策。家谱中表述错误的、影响民族团结的，得到了修改和删除；家谱记录与历史、地方志不符的，以地方志为依据、以历史记载为依据进行了修正。家谱的错误、问题少了，编辑水平提高了，模式越来越成熟，表述越来越规范，质量越来越高，喜欢阅读的人越来越多。反过来看，家谱中使用的资料，经过了党史、地方志办的老师审核把关，真实性、准确性提高了，浩瀚的家谱，就能够为以后的地方志、地方史提供更多、更好的资料。

地方志和家谱是基层最贴近群众、群众认可度最高的优秀传统文化，只要我们以社会主义核心价值观为引领，团结协作、融合发展，在作品中传播文明乡风、良好家风、淳朴民风，从细节着手，用实际行动为乡村文化振兴出力，为建设邻里守望、诚信重礼、勤俭节约的文明乡村贡献力量，我们的事业就会越来越兴旺，传统文化的前途就会越来越光明。

星星点灯

——浅议家谱及弘扬家谱文化的重要意义

陈晓玲

（河南省信阳市地方史志办公室）

说起家谱，我的内心就浮现一个凄切的故事。2018 年春节刚过，亲叔叔因病生命垂危，我闻讯赶到，叔叔临终前拉着我的手，指着他前不久完成的家谱对我说，要好好收藏。我知道，这是做了一辈子教师的叔叔，在退休后的几年时间里主持编修的我们陈氏家谱，是他一生最引以为荣，最值得托付的一件事情。家族，构成社会的重要骨架；家谱，是家族的画像，民族的画像，也是时代的画像。盛世修志、家旺修谱，这是老百姓最看重的事情。家谱，承载着一个民族的命运，一个国家的命运，一代又一代的记载、传承，积淀成一种厚重的文化，即家谱文化。这种文化反映血浓于水的亲情，体现叶落归根的思想，折射出中国人一向重视家庭家族的伦理观念。家谱文化作为一种精神引领，犹如一盏明灯，照耀前行者，启迪后来人。

近年来，笔者作为信阳史志部门负责人，有幸参与了河南省史志办开展的家训家规编纂工作，对于我市的家谱现状和家谱文化，笔者曾先后深入罗山、固始、潢川等县做调研，深感在中国，家族的力量是无穷的，家谱文化博大精深；深感史志工作者有责任、有义务研究、记载、弘扬和利用好家谱文化。在此将所学所思，分享如下。

一 认清家谱的重要意义

（一）研究地域文化的重要史料

家谱是一种以表谱形式，记载一个家族的世系繁衍及重要人物事迹的图书。"夫家有谱、州有志、国有史，其义一也。"在中国，家谱有约 3000 年的历史，素来与国史、方志并称为

"三大历史文献"。1984 年 11 月 20 日，国家档案局、教育部、文化部《关于协助编好〈中国家谱综合目录〉的通知》中指出："家谱是我国宝贵文化遗产中亟待发掘的一部分，蕴藏着大量的有关人口学、社会学、民族学、经济学、人物传记、家族制度以及地方史的资料，它不仅对开发学习研究有重要价值，而且对当前某些工作也起着作用。"由此可见，家谱既是重要的档案，也是重要的图书和文物，它与国史和地方志一起，构成中华民族的三大历史文献。尤其是在地域文化的研究中，单靠有限的几本志书，很难将一个地方的历史说清楚。作为地方文献重要组成部分的家谱，所记载的人物世系、传记、墓志铭、艺文等内容，都是对志书的重要补充，是比较翔实并十分难得的第一手资料。

（二）开展传统教育的生动素材

家谱还是家族延续的真实记载、百科全书和历史档案。通过修纂家谱，能凝聚宝贵的血缘亲情，无论你漂泊何方，不会忘记家乡的那个"根"。更重要的是，修家谱可以齐家治国，传承优秀历史文化，好的祖训、家风、家规，可以让一个家族千秋万代，经久不衰。众多家族之所以不遗余力地编修家谱，都是为了更好地教育家族后代。家谱中的人物传记（小传、行述与墓志铭），是对先人事迹的阐述。在阅读这些资料时，一个个人物形象便鲜活了起来，他们的事迹有的令人泣泪哽咽，有的令人扼腕感叹，是传统教育的生动素材。族规、家训中也保留了许多对今天极为有益的东西，如孝父母、和夫妇、尚节俭、戒赌博、戒淫秽、戒懒惰、戒奢侈等，对我们建设现代家庭道德和精神文明都有很好的借鉴意义。

（三）传承宗族血脉的有效凭证

我国传统文化历来重视孝道，讲究寻根问祖、饮水思源，不忘血脉传承、祖宗先人，中华民族自古以来就重视家的根系源流。而家谱，不仅延续着家族的血脉，更传承着祖上的遗训和期望，一代代的接续，或绵延家风，或与时俱进，而为人孝悌，始终是治家根本。家谱是记载各个家族世系传承之书，具有区分家族成员血缘关系亲疏远近的功用。家庭渊源与世袭图表是家谱中最重要的内容，也是记载最详细、最精确的部分。因此，家谱历来是人们寻根问祖的重要依据。

（四）源远流长历史的有力见证

家谱是随着父系社会的发展而出现的，是以记载父系家族的世系、人物为中心的历史文献，是由记载古代帝王诸侯世系、事迹演变而来的。在中国历史上，家谱已经追溯到夏商周时期，但是由于当时生产水平的落后与思想的禁锢，家谱的发展与传承也出现了滞后。秦汉以前，社会上流传有《周官》《世本》等谱学书籍；秦汉以后，出现了《帝王年谱》《潜夫论·志氏姓》《风俗通·姓氏篇》等谱学著作。魏晋南北朝时，由于门阀制度的盛行，家谱成了仕宦和世族间联姻的主要依据,迅速发展起来。到了隋唐才得以大力发展与普及。五代时期,修谱之风更是从官方扩及民间。宋代,民间修纂家谱的风气开始兴盛,出现了姓姓有谱牒、户户有家乘的现象。在历史的长河中,已经形成了具有独特内涵、浸润民族情愫的谱牒文化、家谱文化,以家族为土壤培育出了一种追溯族源、血脉相继的文化现象,构成姓氏文化、根亲文化和民俗文化的一部分。

二 厘清家谱的主要内容

家谱作为姓氏家族里最重要的血统证明资料,它的叫法也是多种多样,数不胜数,如宗谱、世谱、族谱、家乘、会通谱、统宗谱等。

(一)姓氏源流

每一件事物都有源头,家谱可以反向追溯源头。中国姓氏在经过历史不断演变后,如战乱、迁移、改朝换代,以及避讳改姓、避难改姓、复姓改为单姓等,变得更为复杂,需要详细考证其真正的出处、源头,家谱中就有详细记载。从一姓到一家一国,每套家谱都详细介绍了姓氏源流。如信阳市的潢川县是中华黄姓发源地,《黄氏族谱》成为海内外黄姓人寻根问祖的通行证。

(二)世系表

世系表,简而言之,就是说明一个家族成员的关系网络,如父子、兄弟,写清楚祖先后代名字的图表。它有四种基本的记述格式:欧式、苏式、宝塔式和牒记式。

(三)家训

家谱中记录了许多治家教子的名言警句,成为人们争相学习的治家良策,成为"修身""齐家"的典范。例如"一粥一饭,当思来之不易"的节俭持家思想,今天看来仍有积极意义。在家谱中,有不少详记家训、家规等以资子孙遵行的,最为人称道的名训如《颜氏家训》《朱子治家格言》等,至今脍炙人口。信阳市的《杨氏家训》,从四个方面阐述其威严,为人称道。

忠:上而事君,下而交友,此心不亏,终能长久。
孝:敬父如天,敬母如地,汝之子孙,亦复如是。
勤:日出而作,日入而息,凿井而饮,更替而食。
俭:量其所入,度其所出,若不节用,俯仰何易?

（四）家传

家传一般分为列传、内传和外传等。列传是记录家族中有功绩的男子的传记，内传是记录家族中有品行的女子的传记，外传是记录家族中已出嫁的、有品行的女子的传记。

（五）艺文著述

"谱乃一家之史"，其中当然少不了家人的艺文著述。家谱中的艺文著述，在体例上一般称作艺文志、辞源集、文征集等。艺文著述以家族中名人所写的诗文著作为主要内容，也收集本族人与外人的书信来函，以及经籍、表策、碑文、书札等，有的还有版画、肖像画、版本作品、名家书法、歌曲等，从形式到内容都十分丰富。

（六）家谱图像

家谱以文字内容为主，图片资料为辅，但一张好的图片、照片能将时代的精神面貌和特质传达出来。将图片、照片纳入家谱的意义在于为家族传承提供了一个最直接的环境背景，使家谱不再局限于文字记录，整体概念也变得鲜明而生动起来。只要是能让人对家谱有更进一步认识的图片或照片，均应该被收入家谱，包括老照片、祖先图片（遗像、人物画、肖像画）、风水图（祠堂图、墓图）、故居、村庄图等。

三　发挥家谱的积极作用

（一）追本溯源，发扬传统美德

"参天之木，必有其根；怀山之水，必有其源。"我是谁？我从哪里来？这是每一个人在人生过程中都要遇到的问题。孩童时代，好奇我是怎么出生的；成人懂事之后，关心的是我的祖先是谁，为何生活在这里。而能准确、清楚回答这个问题的，只有家谱。通过家谱，可以查证自己的血统，知道家庭之间血缘关系的亲疏远近。"亲我者，我亲之。"知道祖宗，才能尊敬祖宗；心系血缘，才能孝敬父母、尊敬长辈。春节、清明、端午、中秋、冬至等中华民族传统节日的长久存在和不断复兴，就是要告诉人们不忘根本，使尊宗敬祖、尊老爱幼的中华传统美德得到发扬光大。

（二）守住根本，延续血缘脉络

古人曰："谱牒身之本也。"意思是说，谱牒能告诉你，你是谁，你从哪里来，有了谱牒就能够追根溯源。人从娘腹中十月之后呱呱坠地，在世几十年总归要悄悄地离开人世。"雁过留声，人过留名"，名就是人之本，连一个名字都没留在世上，若干年后自己的子孙连先祖是谁都不知道，岂不是天大的憾事？换言之，你的孩子也就此失去了根本。树高千丈，落叶归根，你的根在哪里？万里江水源起何处？一个人连自己的根源都不了解，岂不负先人养你？由于诸多因素，有相当一部分人就连自己祖父母的名字都已经忘记了，更何况自己是哪支哪房了。古人曰："子孙不知姓氏所从来，以昧昭穆之序者，禽兽不如也。"意思是说姓氏是血缘关系的一种标志，人兽之别就在于人对有血缘关系的本族人，有一种生生相惜的寻根意识，使这个家族有着强大的生命力和凝聚力。无论一个人漂泊多远，总是忘不了家乡，因为那里有养育他的亲人，埋葬着他的祖先。因此，家谱就是根的代名词，是中国人尊宗敬祖的一种信仰，是自己家族归属的身份证明，是一个人根本意义上的"身份证"。

（三）明辨世系，凝聚宗族血亲

一个家族可以通过多种方式形成凝聚力，修谱建谱是最有凝聚力的途径。古人认为，家谱有"聚其骨肉以系其身心"的教化作用。通过反复登门拜访，不断了解情况、追根溯源、寻祖问宗，加强了家族内部人员和家庭之间的交流沟通，增进了家族内部的彼此了解和信任，凝聚了人心，使得族人受到深刻的族系传承亲情教育，激发起对祖辈的敬意与怀念。修纂家谱和逢年过节中缅怀先祖的各种仪式，使得子孙后代能更加自觉地做到尊老敬长、怜惜孤寡幼小。在族中崇尚亲热之气，倡导和睦之风，有利于家庭的团结和幸福，有利于家族以及社会的和睦与和谐。"亲不亲，故乡情"，今天，人们纷纷走出家门甚至走出国门，足迹遍及天涯海角，这也是我们子孙的必行之路，难免有时一家人不认识一家人。有了族谱联宗，本族同一血脉的同胞就能更进一步地加深了解。人在他乡，路人不如乡人，乡人不如亲人，有了家谱哪怕你走到天涯海角，也能连接到那份血肉亲情，并且更温暖、更深厚。

（四）教化育人，重筑精神家园

家谱中的祖训家规，是中华民族几千年优秀传统文化的精髓。如敬父母、尊长者、睦族人、和友邻、恤贫孤、尚节俭、戒赌博、戒奢侈、戒懒惰、戒酒色、戒淫逸等内容。有的家谱中记载了先辈族人孝敬老人、忠君爱国、造福乡梓、刻苦学习、奋发拼搏的典型事迹，是对族人和后代进行人生教育的生动教材。治国先治家，治家先育人，正人先正己。一个国家，一个民族，一个家族，一个家庭，要想自立于世界、自立于社会，最根本的还是要培养、教育出众多品德高尚、能力出众的人才，好的祖训家规就能弥补现代教育的不足，用心良苦、精心修纂的家谱正有着这样的功能。

（五）承上启下，传承历史人文

家谱，包含姓氏渊源、始祖源流、支派迁徙、世系繁衍、人口变迁等诸多内容。家族的历史，就是民族的历史、国家的历史。了解、熟知自己家族的历史，也就是了解熟知中华民族的历史、国家的历史、人类的历史。改革开放以来，许多海外华人回国寻根问祖、造福乡梓，他们最信得过的就是家谱。对于因各种原因迁居他乡的人，家谱就是他们与祖籍、族人沟通的桥梁，是他们思乡念祖的精神象征。因此，家谱不但是家族历史的记录，也是天涯游子落叶归根的精神寄托和寻根依据。魏晋时期，家谱只是作为官吏贵族联姻的门第依据，宋代以后，这种作用已逐渐丧失，主要目的是说世系、序长幼、辨亲疏、尊祖敬宗、睦族收族，且比较关注提倡亲亲之道。家谱的编纂也逐渐由官方垄断走向民间私修。家谱是一个家族的历史记载，通过家谱，我们能够比较真实地了解历史面貌、时代精神、社会风尚，了解在那个历史背景下人们的生产、生活情况。家谱是和正史、方志一样重要的历史典籍，是史学的重要组成部分。

四 发挥弘扬家谱文化的时代价值

党中央始终高度重视培育和践行社会主义核心价值观，习近平总书记多次作出重要论述，提出明确要求。在党的十九大报告中，强调要坚定文化自信，推动社会主义文化繁荣兴盛。习近平总书记指出："文化是一个国家、一个民族的灵魂。文化兴国运兴，文化强民族强。没有高度的文化自信，没有文化的繁荣兴盛，就没有中华民族伟大复兴。"[①] 认真保护和发展有地方和民族特色的优秀家谱文化，努力倡导健康文明新风尚，引导广大公民树立先进的思想观念和良好的道德风尚，积极开展和谐家庭、和谐社区（农村）活动，就是在以实际行动增强文化自信，增强中华民族的凝聚力，努力培育和践行社会主义核心价值观。

（一）加强家谱文化研究，发掘家谱文化的优秀内涵

在家谱文化研究中，要坚定马克思主义信仰，坚定社会主义信念，增强对党和政府的信任，增强民主法治意识和开拓创新精神，结合时代精神加以继承和发展，结合新的实践和时代的要求，结合人民群众精神文化生活的需要，积极进行文化创新，继承和发扬古代仁人志士的高尚品德、优良作风以及开拓进取精神，增强民族自尊心和自豪感，坚持把家族的利益置于民族和国家利益之下，主张维护正义、维护公德、宣扬真善美的家族文化，把家谱作为联络亲情、加深感情和弘扬先人优秀精神的平台，培育践行社会主义核心价值，并努力转化为人们的情感认同和行为习惯。

（二）鼓励合理寻根活动，提升民族文化的自我认同

对于维系一个民族的凝聚力和向心力，文化认同是十分重要的因素之一。寻根问祖、追根

---

① 《习近平谈治国理政》第3卷，外文出版社，2020，第32页。

溯源，通过家谱文化凝聚全球华人的文化认同，增强中华民族的凝聚力，这是中华民族赖以生存和发展的内在动力，也是与世界其他民族的一个重要区别。中华民族传统文化中素来就有浓重的寻根意识，正所谓"崇先报本，慎终追远"。近些年海外华人及台湾同胞掀起了寻根问祖的热潮，他们的寻根意识不仅仅反映在个体对一宗一姓的追寻上，更是群体对祖源的追寻，如公祭黄帝陵、炎帝陵，公祭母亲河，宁化石壁祭祖等活动便是这种群体意识的反映。寻根意识其实就是民族认同的表现，家谱具有鲜明的民族性与地域性，正是加强区域交流的桥梁和纽带，对于加强民族内部团结和继承发扬传统精神有着积极作用。

（三）宣传优秀家谱文化，满足大众精神文化需求

家谱研究开发工作者应把家谱研究与解决现实问题紧密结合起来，积极借鉴家谱中一些优秀的规范、思想及条目，以村规乡约的形式加以宣传推广，强化和传承传统美德，丰富人们的道德生活，为构建和谐社会提供前瞻性、对策性服务。同时，结合经济建设和精神文明建设，充分挖掘家谱文化内涵，整合文化资源，努力开发重点文化项目。只要利用得当、开发有力，家谱文化完全可以焕发新的生机，不断增强其表现力、感染力和辐射力。

当前，全国史志系统掀起编修乡镇志热潮，为家谱和家谱文化的发展提供了平台和机遇。家谱作为乡镇志的重要记载元素，也必将丰富和拓展史志工作内涵。宇宙浩瀚，家谱文化的光辉，宛若繁星点点，装点历史的天空，直到永远。

家　谱

——地方志的有益补充

翟文静　张　让

（沛县地方志办公室；沛县文化与体育局）

"靠山吃山，靠水吃水；聚族而居，繁衍生息。"这是中国农耕社会几千年来的生活习俗，至今在广大农村仍然根深蒂固。家族就是社会发展的缩影，无数个家族的有序组合，构成了生生不息的中华民族。

一　沛县谱牒文献的基本概况

伴随家族的生息繁衍，产生了记述本族历史的谱牒文献——家谱（族谱），走出过一代帝王汉高祖刘邦的沛县概莫能外。江苏沛县——刘邦故里，大汉之源，素有"千古龙飞地"之称，地处微山湖西畔，西临黄河故道大沙河，特殊的地理环境造就了沛县人聚族而居的分布特点，群众还为此编了个顺口溜："城南的郭，城北的郝，张半湖，李半坡，沙河两岸朱氏多。"上述诸姓大多是沛地名门望族，家族文化传承有序，谱牒修纂自成格局，不少家谱已过十修，除世系脉络、子嗣接续外，还记载了本族、本地的人物事件，成为研究沛地文化的第一手资料。这些资料的累加，构成了一部五彩斑斓的地方史话。

考沛地谱牒可知，各姓氏大都在明清时期初创族谱，这与明初有计划地移民有关。元季战乱频发，中原一带饱受兵燹、水患侵扰，经济萧条，民不聊生，当地人大量外流。明朝定鼎，从山西人口稠密区域迁出不少人口，沛地家族便大多是明初移民。他们经过几十年甚至上百年、几百年的创业与发展，渐成望族，寻根溯源，家谱兴焉。沛县修谱大多始于明代中后期，或者清初，就是这个原因。

收集整理家谱，并对其中的历史文化现象加以研究，是地方史志部门的职责和任务。沛县史志部门与地方文化工作者一直重视这一研究领域，并投入人力、物力对收集到的家谱分类梳理，从姓氏学、人口学、地缘关系学和历史学的角度进行研究，取得了较好成效。"大汉源小沛，汉后无二刘。"以刘氏而论，20 世纪末成立了"世界刘氏宗亲会"（今名为世界刘邦文化研究会），下设谱局，收集了上千部海内外刘氏家谱。以此为基础，修编出"肥公大系""交公大系"两门宗谱和秦末至今的三幅刘氏支系吊图（现藏沛县刘氏会馆内），成为研究刘氏家族文化并拓展到区域文化的重要载体。

刘氏之外，明代沛籍直臣张贞观之子张廷绣创修少卿堂《张氏族谱》，与南房孝友堂张氏相对应，人称沛县张氏为"北房张"；明天启三年（1623），千秋乡蔡氏创修伦书堂《蔡氏族谱》；明万历年间，王嘉宾创修锦云堂汉台《王氏族谱》；清康熙五十二年（1713），著名诗人阎尔梅之孙阎圻创修日月堂《阎氏族谱》；清雍正三年（1725），魏氏创修大名堂《魏氏族谱》，其他家族争相仿效，修谱立祠一时成为时尚，从而形成了沛县一带的"家谱热"。

二　谱牒成果对地方志的补充

改革开放以来，全国各地都在挖掘地方文化资源，利用地方名人效应推动地方社会经济发展。自 20 世纪 80 年代，海外东南亚刘氏不断来沛寻根；20 世纪 90 年代，沛县重修歌风台和汉高祖原庙，举办了两年一届的"中国沛县刘邦文化节"，徐州沛县刘氏的影响得以日益彰显；1997 年，沛县刘氏宗亲会在地方政府的支持下，承办了"第二届世界刘氏大会"，刘氏谱牒文化随之成为地方文化研究的重要课题。接着，沛县刘氏总会在县民政局备案，规范组织管理，建刘氏会馆，下设谱局，专人专职广收海内外刘氏家谱上千部以续修族谱，祭祖联谊活动办得风生水起，遂使沛县成为海内外刘氏谱牒文化研究的汇集中心。同时，沛县刘氏宗亲的谱牒研究成果也成为沛县地方志编纂的重要特色和有力支持。在刘氏的带动下，地方各大姓氏迅速行动，寻根、修谱、联谊各项活动规范有序进行，民间宗亲活动及谱牒文献成果被编入《沛县志（1978~2008）》第三十五编第八章"姓氏""家谱"两个条目。[①]

20 世纪末，随着社会"谱牒热"的升温，沛县地方志办公室会同县图书馆着手收集谱牒家乘，这既丰富了图书馆地方文献馆藏，又夯实了地方志的基础工作，是一项互利双赢的行为，也为谱牒文化爱好者构建了一个研究交流的平台。目前，沛县馆藏有马氏、韦氏、魏氏、苏氏、吕氏、贺氏等 60 多家姓氏的族谱 200 多卷，成为沛县地方文献的亮点和地方志撰写的基础支撑。尽管所藏有限，但依然可从其序言、诗词、碑铭、名人传记、族家大事记中获得地方历史、社会文化等各个方面的信息。史家认为家谱与国史、方志共同构成了中华文化大厦的"三大基石"，笔者在阅读家谱中领悟到：地方志是国史的基础，家谱是地方志的有益补充。且举

---

① 沛县地方志编纂委员会编《沛县志》，中华书局，2016，第 853 页。

两例。

沛县《沈氏族谱·广汉堂》①中列有"沈氏支脉外迁大事记"条目，这在众多家族谱中是很少见的，条目中详细记载了从明永乐十二年（1414）至民国时期，沛县沈氏支脉16次外迁的历史。对照《沛县志·大事记》，沈氏外迁的时序、原因与地方的自然灾害历史毫厘不爽，《沈氏族谱》中还记载了"正月迅雷""流星大如斗""秋季桃李开花"等自然反常现象。族谱中还记载了沈氏一族自明永乐十二年迁居沛县大闸村的事件。大闸村紧靠微山湖西畔，比邻黄河故道，黄水泛滥大闸村必然首当其冲，这就是沈氏家族频频外迁的主要原因。沛县沈氏支脉的外迁史，还印证了黄、淮、汴、泗的水文史。

讲到水文史不能不说微山湖。微山湖由南阳湖、昭阳湖、独山湖和微山湖四湖构成，它像一串珍珠撒落在黄淮之间。"横跨江淮三百里，微山湖水慰征途。"微山湖北起山东省济宁市，南达江苏省徐州市，横跨苏鲁300里，芦荡河汊如同迷宫，历来是土匪（当地人称"大马子"）藏身出没之地。大水来了逃荒走，"大马子"来了怎么办？只有放下犁耧锄耙，拿起刀枪剑戟保家护田。为了提高保家护院、抵抗土匪的战斗力，清光绪三十二年（1906），沈氏族人从河南濮阳庆祖乡请来了著名曦阳掌拳师丁修国来沛，为大闸村村民传授武术功夫。自此，我国稀有拳种曦阳掌在沛县扎根落户，沈逢贤、沈逢贝就是该拳种的代表人物。1990年，沛县被国家体委命名为首批"全国武术之乡"，尚武之风由来已久，追溯沛县尚武之风的形成，《沈氏族谱》中可见例证。沛县沈氏族人习练的武术拳种名叫曦阳掌，但《沛县志》中写作"西阳掌"，究竟是"西阳"还是"曦阳"？对此，笔者专门来到大闸村，走访了几位老拳师，老拳师们说：他们练的拳叫"曦阳掌"，意思是闻鸡起舞，迎着初升的太阳习练武术，寓意该拳种具有蒸蒸日上的阳刚之气。过去习武者没有多少文化，"曦"字又难认，写来写去写成了"西阳掌"，把初升的太阳变成了落山的太阳，意思完全弄反了。有了人证、物证，在新版《沛县武术志》中，该拳种的名称得以匡正。

沛县武术源远流长，叫得响的拳种有"大洪二洪三晃膀，少林梅花曦阳掌"六大门派。另外，沛县还有一拳种叫"梁派形意拳"，形意拳属于内家拳的范畴，虽不及六大门派名声显赫，但梁派拳种以内外兼修、以意带气、以气发力为特色，在沛县武林界独树一帜，在历史上有过辉煌的一页。沛县《梁氏族谱·安定堂》中有一篇《礧石论》，文章记述了400年前梁氏先人自南昌来沛定居，办学堂、开武馆，这块重达100多斤的礧石，就是习武者的器具，天长日久，成为梁家形意拳的传家宝。沛县梁氏家族文武双修之风代代相传，据《梁氏族谱》记载，梁家人在武馆仕途上取得功名者有：

　　登仕郎、武举人3人，敕赠武略骑尉1人，太学生、例贡生3人，武庠生、邑诸生15

---

①　沈勇主编《沈氏族谱·广汉堂》，2013，第442页。

人。十三世（梁）振春、（梁）逢春公皆精于骑射，同入武庠。振春公在秋围中，连珠箭三十均贯一处，时论美之，敕授武略骑尉。逢春公，弓马甲于徐郡，泮官擢为第一。乡试南围，得中第二十四名举人……①

沛县梁派形意拳有文物可证，有文献可考，这些文字内容是对"武术之乡"沛县的文献佐证，更是对《沛县武术志》《徐州武术志》的参考和补充。有了它，中华武术的百花园更加鲜艳光彩。

从爱国主义教育的高度来说，家谱中对革命英烈的详细记述，显得弥足珍贵。刘老庄连是写入中国抗战史的英雄连队，该连队的指战员中，很多人来自沛县、丰县、萧县和砀山县，当年这四个县都在徐州府治下，依照地理方位称为"上四县"。据《沛县志（1995年版）》革命英烈表记载，刘老庄连82位英烈中沛县人有指导员李云鹏、副连长石学富、排长李道合、文化教员孙尊明等8位。因为地方志书版面有限，对每位烈士的介绍只能图表式地一句话描述。而在烈士的家谱中不同了，撰谱者怀着崇敬的心情对每位烈士进行了详尽的叙述。仅从陇西堂沛县分支《李氏族谱》和映雪堂沛县《孙氏族谱》中摘录如下：

李云鹏，沛县王店乡北李集村人，生于1920年3月20日，祖父李肇钿，父亲李梦祥。1933年7月，云鹏在本村读完初小，8月，同二弟云昭一起考入沛县城中高级小学，1939年暑假读完高小课程，因经济困难，辍学在家。同年，参加中国共产党领导下的丰、沛、铜青年抗日宣传队——中国民族解放先锋队，并加入共产党。中国民族解放先锋队经过四次改编，于1941年编入新四军3师7旅19团2营4连……（全文760字）

孙尊明，男，1923年生，住唐楼乡前孙洼村，于1938年4月随族叔孙异涛加入八路军。1940年加入共产党。1943年3月18日在淮阴城北六十里刘老庄战役中牺牲，（时）任文化教员，年仅20岁……（全文1260字）

据家谱中对两位烈士的记述，李云鹏牺牲时年仅23岁，孙尊明牺牲时年仅20岁，这正是青春年少的年龄，他们为祖国、为民族献出了宝贵的生命。读完两位烈士的传记，无不对刘老庄连82位英烈、对无数革命先烈的牺牲精神肃然起敬。从某种意义上说，家谱不仅是对地方志的有益补充，也是对青少年进行爱国主义教育的生动教材。从存史、资政、育人的意义上说，谱牒文献与地方志保持着一致的社会功能。

---

① 梁敬安主编《梁氏族谱》，2005，第996页。

三 家谱对历史事件的佐证

顾颉刚先生有言:"我国史学领域尚待开发的两个大金矿,即地方志和族谱。"细读家谱中的序言、诗词、碑铭、传记等,不仅能了解该家族的族源迁徙、族规家训、族家名人轶事,同时还能从中获得地方历史、社会文化等各个方面的信息。史家认为家谱与国史、方志共同构成了中华文化大厦的"三大基石",笔者在阅读家谱时领悟到,地方志是国史的基础,家谱是地方志的有益补充。打开谱牒家乘,字里行间依稀可见历史演进中的折射投影,既有金榜题名时的光宗耀祖,又有文字狱下的鸣冤叫屈,虽时过境迁,然欢乐与悲伤依然历历在目、生动鲜活。

众所周知,文字狱是康乾盛世的污点之一。据沛县《阎氏族谱·日月堂》[①]十三卷十六章记载,乾隆二十六年(1761)春,沛地正逢青黄不接,农民几近断炊。官府的粮款、差役摊派依然不减,沛民不堪重负而怨声载道。监生阎大镛(反清志士阎尔梅裔孙)仗义执言,大骂官吏枉法扰民,并鼓动沛民抗粮拒差。风潮掀起后,枪打出头鸟,阎大镛被捕入狱。这本是一桩平常的官司,但适逢江苏学政官刘墉来苏北视学,因阎大镛为监生,故刘墉参与了此案的审理,并将阎大镛押解到南京。刘墉深知,仅凭抗粮、拒差、诬官的罪责是扳不倒阎大镛的,最多和抗粮拒差的农民一样坐上几年牢。要想在朝廷上邀功请赏,像父亲刘统勋那样"腾之股肱"、升官晋爵,必须让阎大镛案惊动皇上,将其置于死地。康雍乾三代,绞杀文人最有效的办法是文字狱。于是,刘墉避开抗粮、拒差问题不谈,以文字狱作为撒手锏向阎大镛打来。他让沛县县令到阎大镛家仔细搜查,搜得阎大镛和他祖父、伯父所著大量诗文。刘墉鸡蛋里头挑骨头,将诗文中的"悖逆之语"一一列出,呈报圣上。乾隆看了奏章勃然大怒,朱笔批道:"如此可恶,当引吕留良之例严办矣。"于是阎大镛被处以重刑,惨死狱中。这就是清代200多起文字狱中的"阎大镛案"。在热播电视剧中,刘墉一直是为民请命的清官形象,《阎氏家谱》中的详细记载,既记下了这段历史,同时也让观众走出屏幕,客观公正地审视"宰相刘罗锅"的多面人生。

笔者所要提出的疑问是:刘墉是山东诸城人,为什么能断定到阎大镛家就能查到"谋逆"的证据呢?不妨打开刘墉家谱,即《东武刘氏家谱》[②],对于刘墉家族的迁移沿革,谱序中开门见山地写道:"……前明弘治间由砀山迁诸城。"砀山县与沛县毗邻,丰、沛、萧、砀历来治属徐州,也就是说,刘墉与阎大镛同为徐州老乡。从小苦读诗书的刘墉不会不知老家有位大名鼎鼎的诗人阎尔梅,不能不读阎尔梅"一驴亡命三千里,四海无家十二年"的反清诗文,阎尔梅

---

① 阎树梅主编《阎氏族谱·日月堂》,2004,第195页。
② 《东武刘氏家谱》,清邳州坊上版本复印件,第1页。

至死不与清廷合作，死后仍然按照明朝习俗下葬。即便阎氏后人臣服清廷，然而血液中仍隐含着大明遗民的因子。聪明过人的刘墉深得其理，便让沛县令去阎家搜查，果然抓个正着。老乡能帮忙，也能坏事，把阎、刘两姓的家谱对照一番，案情表里，一目了然。像阎大镛这样的"叛逆"文人，沛县志书是不会收录的，然而家谱中叙述得清清楚楚。

四　创新发展中的家谱续修和志书编纂

无论是张王李赵刘，只要打开他们的家谱，就能从中发现地方史志中没讲到的、没讲透的问题，窥探到历史长河中的浪花涟漪。另外，从版本装帧到撰写内容，家乘谱牒都能映射出社会文明的历史进程。尤其是进入21世纪，再修族谱多数采用了横版精装印刷，因为社会发展到了读图时代，横版精装印刷便于图片照片登载，图文并茂更能接近青年人的审美要求，有的谱牒还加附了光盘电子版。

昔日老旧家谱中，往往只记男不述女，这反映了中国几千年封建社会重男轻女的偏见和以男性为中心的宗法思想。民间有句老话："嫁出去的女，泼出去的水。"而在新修家谱中，女同胞的地位逐步提升。在《梁氏族谱》中，全国师德先进个人梁彩霞、女明星企业家梁敬英，她们的巾帼英模形象不仅跃然纸上，而且还被立传扬名。新版《苏氏族谱·眉山堂·沛县卷》专设一栏，为49位80岁以上的苏氏老人不分男女立照存档，充分体现了尊老敬老的时代新风尚。①

修续族谱是家族中的大事，大多数是一姓一族自成体系修纂成谱，但既有常规就有例外。沛县河口镇张李庄村18家姓氏共同完成了《张李庄各姓族谱系》②的修编任务。众所周知，续修族谱是好事但绝非易事，要有族长牵头、组建班子、设立机构、遴选能人，各任其事、各司其职、齐心协力，几经寒暑方可告成。一姓一族尚要几番周旋，18家姓氏联成一谱那将是难上加难。笔者总结创立《张李庄各姓族谱系》的成功经验，首先是主编人张基海、李家晨两位先生知书明理，有独辟新径、敢当敢为、乐于奉献的精神；其次是村领导知民心、顺民意，为玉成其事保驾护航，提供了基础保障；再次，也更重要的是新农村建设为大家提供了文明和谐的社会环境。正如该谱编后记中所言"家和成事兴，国昌民富庶；谱系当成继，子孙传千古"。

总之，当今民间续修族谱与时俱进，与地方志编纂的体例创新提供了参考，同时，他们的成果也是地方志编撰工作的有益补充。

---

① 苏运启主编《苏氏族谱·眉山堂·沛县卷》，第129~132页。
② 张基海、李家晨主编《张李庄各姓族谱系》，2010。

从家谱与方志中见地方宗族

——以嘉庆《绩溪县志》和《绩溪西关章氏族谱》编修为例

杨　芳

（安徽师范大学历史与社会学院）

一　嘉庆《绩溪县志》 的编修

有清一代，方志编修步入全盛时期，"徽州今存宋至民国的各类府县乡镇志有 61 种，其中清代占 41 种之多，约占总数的十分之七"。[①] 而这又以康熙、乾隆、嘉庆、道光时期为最，徽州府县乡镇志集中编修也多处于以上四个时期。

绩溪修志最早可追溯到宋元时期，但修纂专志则始自明正德年间，自此之后代有修纂，"顾自设县之逮明之正德中始有专志，其宋元之佚而不传者已多，厥后一修于万历之辛巳，续修于国朝康熙之戊申，复修于乾隆之丙子，迄今又五十余年矣"。[②] 嘉庆《绩溪县志》修于嘉庆十五年（1810）孟春，由县令白清恺主持修纂，"丁卯秋余来宰是邑，披览旧志深惧缺失，意图修辑，乃与学博定轩唐公、省庵吴公集绅士而谋之，会前令苍湄彭公方有志而未逮也。因举邑之老成者董其事，而以博闻之士分司编校，复折衷于前教谕茹友，席公开馆汇编始于戊辰之夏五，越明年十二月而书成，是役也。躔前志而增修之事若易，因前志而重校之功倍难"。[③] 虽然修志并非易事，但是其重要性不言而喻，在乾隆志中就提到"然则数往事，诏来者，持此以治绩溪"。很多在徽州为官的外地官员往往借助志书快速了解当地的风土人情、沿革变迁。同时"邑志，史家者流也。其详而不滥，覆而不虚，与国史相为表里，有志于为政者乌可置而

---

① 刘道胜：《论清代徽州方志的发展》，周晓光主编《徽学》第 15 辑，社会科学文献出版社，2004。
② 嘉庆《绩溪县志》，《中国方志集成·安徽府县志辑》第 54 册，江苏古籍出版社，1998，第 333 页。
③ 嘉庆《绩溪县志》，《中国方志集成·安徽府县志辑》第 54 册，第 333 页。

不问哉？绩地虽小，然长绝补短，犹古百里之邑也"。①

此次《绩溪县志》编纂，由绩溪县知县白清恺、原任知县彭志溶主修，教谕孙铭勋、训导吴熊、原教谕唐广模监修，原任教谕席存泰纂修，阖邑绅士分修参订，增广生邵开先收掌，生员葛启称、岁贡生周廷辉督理，生员胡世珍、监生周广辉、生员胡定匡、生员周廷宣、职员程景略、候选布政司理问章道源、生员汪瑞炎、生员周启锦、廪膳生周启锦、生员章履晋、生员候选布政司经历周启运司理。共分为十二卷，具体目录条例如下：卷一为《舆地志》，包括疆域、山川、形胜、坊隅、乡俗、风俗；卷二为《建置志》，包括沿革、城垣、公署、水利、津梁、坊表；卷三为《食货志》，包括土田、户口、赋役、积贮、物产；卷四《恤政志》蠲赋、赈济、优老、局院义冢；卷五《学校志》学规约附、学宫、典礼、生徒、学产、乡学、乡约附；卷六《武备志》分防、捕察、保甲、邮铺、兵事；卷七《祀典志》官祀、乡祀、族祀；卷八《职官志》秩官、县职官表、学职官表、武职官表、名宦；卷九《选举志》荐辟、科第、武科第、岁贡、仕宦、援例、吏材、封赠、荫袭；卷一〇《人物志》勋烈、儒硕、经济、忠节、宦业、武功、文苑、学林、孝友、尚义、乡善、隐逸、方技、流寓、烈女；卷一一《艺文志》书目、奏疏、表、记、序、诗、赋、杂著、补遗；卷一二《杂志》古迹、恤墓、寺观、仙释、人瑞、老人、宾介、祥异、拾遗、校旧。相较乾隆二十一年（1756）陈锡修、章瑞钟纂的《绩溪县志》多两卷，内容更加周详细致。

徽州方志编纂可追溯到唐宋时期的图经，至嘉庆《绩溪县志》修纂之时，其体例已趋完善。但并非仅仅因承前人之作，而是依据实际情况有所改变，在前人编修基础上深化创新。在《凡例》中也分别讲述了嘉庆《绩溪县志》和乾隆《绩溪县志》两者之间的不同之处以及原因。如"旧志列学祀于祀典，体例固当，但学校志叙历代修建规制，记载纷繁，已并宫庙言之，兹另列子目并将学祀汇入，以便观览……乾隆志人物各传于明志续志所载颇多出入，且有竟删佚者兹于旧志，所有乾隆志所遗仍照旧载入，乾隆志有所移易，情事允当者则从之，或增补旧文必有依据；乾隆志艺文只载书目，其序记诗赋之属附载各条，转觉散漫，又于书目下或附序文亦未画一，不若仍依明志分类汇编成一邑之艺文可得其概，且各志皆分子目，艺文及杂志不分，本不均称，今悉仍明志例"。②

徽州是宗族社会，地方修志虽是地方行为，但涉及此地区的方方面面，尤其涉及绩溪各宗族。嘉庆《绩溪县志》由阖邑绅士分修参订，县令白清恺称他们为博闻之士，这些绅士必定是绩溪地区有身份名望之人，具有一定的社会地位。分修绅士包括章道基、章亮工、章大泽、章履晋、程炯、章沛霖等人。其中章道基校修包括《山川》《形胜》《风俗》等内容，章亮工校修《坊表》《物产》《援例》等内容。章道基、章亮工以及司理之一的候选布政司理问章道源

---

① 嘉庆《绩溪县志》，《中国方志集成·安徽府县志辑》第 54 册，第 343 页。
② 嘉庆《绩溪县志》，《中国方志集成·安徽府县志辑》第 54 册，第 349~350 页。

·695·

均是绩溪西关章氏族人，且章道基和章道源还是同胞兄弟，西关章氏在嘉庆《绩溪县志》的修纂之中可谓用力颇多，但查阅乾隆《绩溪县志》，西关章氏却未见何特殊记载，那在这五十余年时间里，西关章氏发生了什么变化呢？

二　西关章氏宗族

西关在绩溪邑西。西关章氏"出瀛川派，其先太傅公仔钧泊练氏夫人，居浦城，宋丞相郇国文简公作书锦堂于县南峰，子孙登科弟者百有十人，后由浦城迁昌化览村，至运之公由昌化迁绩之瀛川"。① 运公八世孙荣甫公迁县之西关，荣甫曾孙文善、文政、文瘴又分为三房。绩溪西关章氏是瀛川章氏的分支，"绩溪章氏之有族谱自宋咸淳八年瀛川逊之公宜孙始，我西关之有族谱自明洪武二十二年文善公同始，宣德六年文善公弟文昇公暹又增益其世系，分析其卷帙，顾其所谱皆统谱也"。② 而西关章氏"嘉隆见木庵公乔始定著为西关谱，醵金开雕，自十世以上尤为统谱，十一世以下乃专谱西关本族，世远人繁，合久而分，其势不得不尔也，於戏，自嘉隆而来三百年于兹矣"。③ 西关章氏第一次编修家谱在洪武二十二年（1389），宣德六年（1431）又增益世系，但并未刊刻。至嘉靖时期章乔编修时始定西关谱名，究其原因当是"自十世以上尤为统谱"，④ 至此西关章氏宗族才正式形成。

"徽人于两浙从事盐业经营首推歙县，其次则为休宁。"⑤ 两浙从事盐业经营的主要是歙县人和休宁人，绩溪籍商人所见无几。在没有同邑经营的基础上，又在盐业渐趋凋零的时期，绩溪西关章氏家族又是因何发展起来的？这不得不推章道基的功劳，道基"安徽绩溪贡生，嘉庆五年任两浙盐运使司经历"。⑥

据族谱所载，荣甫公九世孙献邦、献邻、献钰从事盐业活动。"献邦，一名社益，号西台，家世业儒，少承家学，两试不偶，遂隐于贾。偕弟献邻营运商盐，盈利以养亲，居积充裕，广置田庐，尝出粟以振贫乏，独造潆坑桥。献邻，字仁甫，幼习博士艺，长而就贾，与其兄榷官子之盐，励志营运以适父母，全力行孝友，每削籍以振人之急，殆所谓富而好礼者也。献钰，字良甫，号少邱。少失怙，业儒，以兄习举业，不克治生，家益落，乃弃学务农，以供母。若兄辛苦备尝不以介意，后偕母舅白都公运盐于武林，家稍裕。"⑦ 后其子孙于盐业经营上均未见记载，默默无闻，没有继续业盐。直到荣甫公十五世孙章道基、章道源才得以继续。究其原

① 戴廷明、程尚宽：《新安名族志》，朱万曙、王平、何庆善等点校，黄山书社，2004，第711页。
② 《绩溪西关章氏族谱旧序》，章维烈：《绩溪西关章氏族谱》，道光二十九年刻本，皖南历史文化研究中心藏复印本。
③ 《绩溪西关章氏族谱旧序》，章维烈：《绩溪西关章氏族谱》，道光二十九年刻本，皖南历史文化研究中心藏复印本。
④ 《绩溪西关章氏族谱旧序》，章维烈：《绩溪西关章氏族谱》，道光二十九年刻本，皖南历史文化研究中心藏复印本。
⑤ 唐丽丽：《明清徽商与两浙盐业及地方社会研究》，博士学位论文，安徽师范大学，2014。
⑥ 延丰：《钦定重修两浙盐法志》卷二二《职官二》，上海古籍出版社，2001，第476页。
⑦ 章维烈：《绩溪西关章氏族谱》卷二四《家传》，道光二十九年刻本，皖南历史文化研究中心藏复印本。

因，则是由章道基所任两浙盐运使司经历这一得天独厚的优势决定的。道基（1755～1830）一名名永，号惺斋，由附贡生考取国子监，任两浙盐运使司经历，历嘉庆戊寅充浙江乡试对读官，己卯充誊录官，覃恩加二级晋阶州同知。子五必润、必尚、必馨、必璘、必谦，润、尚均早世。[1] 道源（1760～1832）字燧桓，候选布政司理问，例赠昭武都尉，子三，必淳、必芳、必份。

而道基、道源开创盐业，离不开宗族成员必焕、必林的帮助。必焕（1769～1816），字斗南，"壮年随父兄经商往来吴越间，以诚信见重于时。父迈，家居奉养。有休宁朱姓者业盐策，闻其淳实朴诚，聘委重任，历三十年，筹运盐鹾，名著两浙，嗣是绩之业盐者以斗南为鼻祖。族叔道源始创盐业，知其熟谙盐务，亦以重任委之，于是同行不能作梗，斗南之力居多"。[2] 斗南虽然筹运盐鹾，名著两浙，名望甚高，但是并未创立本家盐业。后章道源创建盐业，必焕大力相助，傲立同行。除了必焕之外，同族必林也功不可没。必林"一名玉琳，明练庶务，通大义。家故贫乏，偕仲兄佐伯兄外贸商于杭，暇时即讲韬略，习骑射。年三十二遂获中隽，晚复循例为国子生。往来杭嘉间，然诺不欺亿。每多中族叔盐经历公需次浙江坐补原缺，历署诸场务，宦邸相从时，与数晨夕，以故得明鹾政，嗣是绩之业盐者多半出其手，而于艰难兴替之会，皆为经画得宜，感其恩者不一而足"。[3]

除了吸收本族优秀人才外，道基子必馨"遂安命养晦。道光癸未，父命学贾溧阳，经理沛溪旧业，居数年宿负扫除，积赀近万"。[4] 道源长子必淳"暇遂随父服贾而书卷未遽抛"，[5] 而三子必份则由太学生例授修职郎候选盐课大使，因此，"西关章氏当为绩溪业盐于浙的为数不多的盐商"，[6] 借助章道基两浙盐运使司经历的职务发展盐业经营，依托盐业经营，成为绩溪地区的代表宗族之一。

章道源建立公贮户，"家庙祭田岁时供祀之外，所余无几。遇公用辄取资无所，府君乃覆其田亩之数，得间田焉，集众置为公贮，至今公用有赖，而祀事益以修明"。[7] 除了为宗族祭祀建立公贮户，还兴建义学，"族人有广厦一区，在家庙之前，悬价求售，府君买之以为义学，榜其厅事之壁曰：养正堂；题其门楣曰：西关书屋。将延师课读，俾族之贫者咸就学焉。规制既定，归入家庙"。[8]

除此之外，西关章氏宗族还热心地方事业建设。"先是嘉庆十九年江南大旱，自五月不雨，

① 章维烈：《绩溪西关章氏族谱》卷八《世系》，道光二十九年刻本，皖南历史文化研究中心藏复印本。
② 章维烈：《绩溪西关章氏族谱》卷二四《家传》，道光二十九年刻本，皖南历史文化研究中心藏复印本。
③ 章维烈：《绩溪西关章氏族谱》卷二四《家传》，道光二十九年刻本，皖南历史文化研究中心藏复印本。
④ 章维烈：《绩溪西关章氏族谱》卷二四《家传》，道光二十九年刻本，皖南历史文化研究中心藏复印本。
⑤ 章维烈：《绩溪西关章氏族谱》卷三三《补遗·章君必淳生传》，道光二十九年刻本，皖南历史文化研究中心藏复印本。
⑥ 唐丽丽：《明清徽商与两浙盐业及地方社会研究》，博士学位论文，安徽师范大学，2014。
⑦ 章维烈：《绩溪西关章氏族谱》卷三五《记》，道光二十九年刻本，皖南历史文化研究中心藏复印本。
⑧ 章维烈：《绩溪西关章氏族谱》卷三五《记》，道光二十九年刻本，皖南历史文化研究中心藏复印本。

至于七月稻粱不登，岁乃大饥。绩溪多山田，饥尤甚。邑西章君竹林手携白金如浙买米五百石以赈。明年春又出千金修治南郊孔道，以工值代赈，饥民赖其力，咸得免其死亡。今上道光三年五月大雨水，龙蛟肆虐，南郊绿杨桥倾圯，时水旱频仍之余，民情凋瘵。醵资惟艰，竹林慨然独任之，与工属役，期年桥成，又费钱四千余缗。"① 章道源为地方建设用力颇多，为此还得到绩溪县令的赏识，"余以道光十年春，□绩溪令，甫至即闻其名，既而接见其人，言论慷慨，益信知其为义士也"，② 并与之交好，"其秋，余罢官绩溪馆于竹林之小有田园，园与养正堂相通，竹林工书法，其中楹帖匾额多其手书，又工诗赠余七言长歌，妥帖排□，能为长字句，有我乡查初白风味"。③

通过对西关章氏在两浙经营盐业活动的考察，可以较为直观地发现徽州宗族建设与商业成功之间的内在关系，徽州宗族的盛衰是多种因素共同作用的产物，但其经济的强大在其中是起到基础性作用的。章氏经济的强盛，决定了其有足够的参与地方文化建设和维系、巩固宗族的实力。家谱是维系宗族关系的重要纽带，因此章氏在兴盛之后很快兴修了《绩溪西关章氏族谱》。

三 家谱修纂

"家谱在明清徽州社会生活中占有重要地位，清代休宁人汪涤说：'有百世之宗族，斯有百世之坟墓，有百世之坟墓即有百世之谱牒，此新安风俗所以美也。而坟墓赖宗族以守，宗族赖谱牒以联，则联谱序牒以萃疏远而相亲相爱之势成，谱之所系亦甚重矣。况夫修者有以阐先圣之心，簿宦者有以赞历代之政教经术治道，为史职学臣所乐闻者哉。'从中可见宗族、祖墓及谱牒三者共同构成了徽州地区美俗的三个元素，其中谱牒居于核心位置。"④ 西关章氏族谱修纂最早可追溯到洪武年间文善公，宣德六年文善公的弟弟文昇公章暹又在此基础上增益世系，但并未授梓。到了嘉靖隆庆时期，木庵公章乔编修西关谱，并于万历年间刻成，成为西关章氏一族的专谱。道光二十九年（1849）章维烈等倡修家谱，开设谱局，进行家谱修纂。章必馨一名维烈，字作亭，一字晚香，太学生，两浙盐运使司经历章道基长子，"生性端谨，笃本源，处事周详，宅心慈厚"。⑤

章维烈在《绩溪西关章氏族谱旧序》中称自章乔编修家谱之后，已经三百年未再次修纂家谱了。其实在顺治、雍正年间已有所编纂，在《跋统宗谱会编》中，章维烈就顺治谱和雍正谱做了介绍。顺治谱由世琮公所作，"世琮公号宾吾，宗法性道不求闻达，曾与六邑道会时与都

① 章维烈：《绩溪西关章氏族谱》卷二五《传》，道光二十九年刻本，皖南历史文化研究中心藏复印本。
② 章维烈：《绩溪西关章氏族谱》卷二五《传》，道光二十九年刻本，皖南历史文化研究中心藏复印本。
③ 章维烈：《绩溪西关章氏族谱》卷二五《传》，道光二十九年刻本，皖南历史文化研究中心藏复印本。
④ 徐彬：《明清时期徽商参与家谱编修的动因》，《安徽师范大学学报》2011年第1期。
⑤ 章维烈：《绩溪西关章氏族谱》卷二四《家传》，道光二十九年刻本，皖南历史文化研究中心藏复印本。

人士讲学其中，晚乃精究地理，安厝先人，盖笃行君子也。谱成于顺治间，故亦称顺治谱，□校既毕，更其名曰族谱会编，著于书目，垂于后世，兼以表公之功云"。① 顺治谱"谱凡四册，分为十卷，其叙上世源流则上自神农，下暨建浦始祖康州刺史公及，而中间世次颇多错杂，未可尽信。其叙浦城世系则自刺史公始，如仁燧公派谱至十五世叔爵公，仁嵩公派则于文竦公。下衡公房谱至二十世贤公，思忠公房谱至十九世映公，仁杰公派则于文谷公下谱至二十一世，益孙公于文炎公下谱至二十一世伯庚公……于仲彝公下谱至十五世可一公，其余十一房但谱至十世而止，其系十五子之子共成七十人，皆有名字可稽，与六十八孙之说稍异。然名字鑿鑿似可传信，至于艺文一门，凡诰敕奏疏宗训传序碑记行状志铭祭文像赞世次及旧谱序无不备载，而事迹祀产墓图人物亦言之甚详。盖据宋本而增益之，系图之后另有家传，又自迁绩而还复加统宗谱系图下"。② "雍正间族人明柱公所录族谱统编，自从事公以下通续至十九世系，注详明，颇资考证，嗣得族人世琮公于国初时躬往建浦采访，所修族谱会编乃知统编所录皆本诸此，而间有异同，今参校各房旧本及各家底稿，同者书之，异者考而正之，未得者或并存之附注于本名志后而加按字于上，若诸谱无系可稽而派丁查访不出者则注失考不敢臆为增损。"③ 虽然现在顺治谱和雍正谱均湮没无踪，但是它们的修订为后来道光二十九年章维烈修纂《绩溪西关章氏族谱》提供了一定借鉴。如雍正间明柱公所录族谱统编，记录了自刺史公以下通续至十九世系，世系随着时间发展不断扩充，长时间未曾续修家谱极可能发生世系紊乱、昭穆失序的问题，因此雍正年间的续修为章维烈修谱提供了世系基础，从而较大可能地保证了宗族昭穆有序。因时间跨度大，很多族人的信息已不太明确，"继华，一名仲华，生嘉靖乙卯，配胡氏，墓大塘，子三，良高、良善、四老。按顺治谱配六都冯氏，子二，长良善、次良高，无四老名，又载良高子五社寿、社积、大学、社四、社满。第三子学出□良臣，查来单只列社满、社积二子，增一四老而遗其三，且将社寿系于四老下，不知何据。窃恐四老即为社四，俱不可知。今从顺治谱但加四老于后，以俟改正"。④ 这是章维烈在编修《绩溪西关章氏族谱》时根据顺治谱的记载而进行的修改，而且有根据雍正谱而得族人归宗之事发生。道光癸未年（1823），因洪水肆虐冲毁房屋遗失族谱，致使在兴修族谱时，必元不能自证身份，后通过雍正谱证明了世次的完整性从而顺利归宗。"是谱参稽前代诸谱及各家旧牒，考索周详，一事之差、一字之误，必稽诸史、郡县志，及各派所收藏者，以求其是。"⑤ 这样修谱之时多番考察，力求真实周详，最大限度地保证了《绩溪西关章氏族谱》的史料价值。

在章维烈修谱之前，因长时间未曾修纂统谱，"族中有犯祖讳者，有与服亲同名者莫能悉

① 章维烈：《绩溪西关章氏族谱》卷三六《跋》，道光二十九年刻本，皖南历史文化研究中心藏复印本。
② 章维烈：《绩溪西关章氏族谱》卷三六《跋》，道光二十九年刻本，皖南历史文化研究中心藏复印本。
③ 章维烈：《绩溪西关章氏族谱·凡例》，道光二十九年刻本，皖南历史文化研究中心藏复印本。
④ 章维烈：《绩溪西关章氏族谱》卷一四《世系》，道光二十九年刻本，皖南历史文化研究中心藏复印本。
⑤ 章维烈：《绩溪西关章氏族谱·凡例》，道光二十九年刻本，皖南历史文化研究中心藏复印本。

数，皆有谱牒不修，至有是误"。① 因此章维烈首倡修谱，为编修族谱，章氏特开设谱局，内设主修、倡修、督修、编辑、同辑、分辑、志疑、校勘、采访、综理、协理、督刻、缮录、参阅等。其中维烈担任编辑一职，是族谱修订的主要人员，"在谱局八年，自备资斧，不取功食，始终其事，久而罔懈，盖尊祖敬宗之心有不容自己如此者"。② 值得注意的是，此次家谱编修中同辑人员之一便是章亮工，并由必芳、必铨、遇鸿、志庆等赴各地采访以保证谱牒编修的完整性。同时对采访辑录等人员也有规定："族派繁衍，散处四方，耳目不能周遍，今次刊本悉照来稿汇入，如有隐讳紊乱遗漏匿继等情皆惟本派录辑之人是问。"③ 章氏认为如果存在遗漏宗族成员、世系昭穆紊乱等事发生则唯录辑人员是问。

《绩溪西关章氏族谱》共修成四十卷首二卷。自荣甫公之曾孙文善、文政、文瑝分为三房，其中卷一至卷四专谱长房，卷五至卷一三专谱二房，卷一四至卷二三专谱三房。编修之时均采用五世一图，并且将前图之末冠于后图之首，于每图之上冠以某某曾孙、某某子，利于辨明世系。有迁徙者即在各自名下注明，以便于分清世系房派以及迁徙情况。而自卷二四至卷三三则是其他人为章氏所著文章，卷三四至卷四〇则是本族历代著作汇编，"本宗著书立说暨诗古文辞见于旧谱者，概行汇入。余必择其发明经旨及文章古雅可传后世者录之。慨自隆万以来，文翰之湮泯不少，故搜罗不无稍广而统名之曰著作考，凡文字出于一手者，后篇不复列名，惟宜刊定者则并存之"。④

"谱印钉之后，即毁其版，给领时用百代歌编列字号，逐部注明某字某派某人收执，更于世表之上逐页钤，盖收执图记，日后执谱之人如非领谱的支即系假冒私鬻。"⑤ 这样做是为了防止假冒本族之事发生。伪冒有势力的宗族由来已久，明万历壬子年（1612）休宁曹氏修谱之时就通过考辨发现伪冒本族的支系，"新安自唐末而未惟吾曹氏以忠孝清宦者，自休而迁各邑他贤者，咸称大族。弥间有同姓异类者，亦门第不□也。嘉靖十二年婺之尚容曹村麟倡作伪谱，讹舛殊甚，妄认招讨全晟为祖蛊惑诸曹，凡寒薄之薄，无源之派，多附录焉。如未入统宗也，而祁西浮梁时未深考亦为所误，彼即汇伪复正矣。嘉靖廿九年名族志可证也。余先大夫每念此，未尝不愤惋也。兹承先志谱世梓成，庶几爝火自熄，鱼目自朽而真伪自明矣。凡我族类甚宜辨之"。⑥ 查阅《休宁曹氏统宗世谱·隆阜前峰系图》，发现"按前峰有二曹姓，居中门外门下门者为休宁族，世虽清贫而两克册里，实右族也。其里门曹氏虽云同姓，原非共派，向附婺源谱，至今尤为婺源族也，故此笔之，于此相别云"。⑦ 此是婺源存在冒认曹氏的现象，还有绩

① 章维烈：《绩溪西关章氏族谱·凡例》，道光二十九年刻本，皖南历史文化研究中心藏复印本。
② 章维烈：《绩溪西关章氏族谱》卷二五《传》，道光二十九年刻本，皖南历史文化研究中心藏复印本。
③ 章维烈：《绩溪西关章氏族谱·凡例》，道光二十九年刻本，皖南历史文化研究中心藏复印本。
④ 章维烈：《绩溪西关章氏族谱·凡例》，道光二十九年刻本，皖南历史文化研究中心藏复印本。
⑤ 章维烈：《绩溪西关章氏族谱·凡例》，道光二十九年刻本，皖南历史文化研究中心藏复印本。
⑥ 曹浩：《休宁曹氏统宗世谱》卷五《凡例》，万历壬子年刻本，皖南历史文化研究中心藏复印本。
⑦ 曹浩：《休宁曹氏统宗世谱》卷九《隆阜前峰系图》，万历壬子年刻本，皖南历史文化研究中心藏复印本。

溪依然存在冒认曹氏宗族之人。"按绩溪七都汪村前又一曹姓,原系太平异族冒姓曹氏,本非同宗族人,甚宜辨别,毋相共也。"①

但是对恶行的隐讳也是"谱书与史无异,史录一国之事,善恶具见于谱录。一家之事书善不书恶为亲者讳也,有直而婉者不得已也"。② 当然这并不是一家所为,"谱者史例也,谱为一家之史,史则善恶具载,谱则书祖宗之嘉言善行而不书恶者,为亲者讳",③ 可见此类为亲者讳之事绝不在少数。

结　语

修纂方志时一个重要来源就是家谱,家谱中涵盖了本族所有宗族成员,是编修方志的重要资料提供者。但方志有时也是编修家谱的重要工具和倚重材料之一。章氏在编修家谱时,对方志中有过记录的族人必着墨甚重,且将方志中的记载作为佐证家谱的重要工具之一。"是谱参稽前代诸谱及各家旧牒,考索周详,一事之差、一字之误,必稽诸史、郡县志,及各派所收藏者,以求其是。旧时谱序惟子孙所自为者,重复付梓,以其雅志修辑笃念先人,皆贤子孙也。外姓笔墨非甚精切,虽出宰辅鼎甲之手概从删汰。"④ 方志中记载的族人作为宗族中的优秀代表也成为重点记载的对象,"文翰御制诗章及崇祀乡贤缘由列于谱前,示有尊也,世系谱图次即及之示有亲也。编中传序诗文次第书之,以见本宗交游好尚之正示有传也"。⑤

除此之外,方志编修时需要大量的地方绅士参与进来,而他们往往也是家谱编修时的宗族中坚力量。如身为嘉庆《绩溪县志》分修人员的章亮工,也是《绩溪西关章氏族谱》的同辑人员,而家谱编修者章维烈则是章道基之子。家谱和方志均是研究地方社会的重要史料之一,家谱更加细致,但方志涉及范围更加广泛。对家谱和方志的深入探索不仅能深入了解古代地方社会,也会给现代地方社会治理提供一定借鉴。

---

① 曹诰:《休宁曹氏统宗世谱》卷九《休宁分绩溪曹村系图》,万历壬子年刻本,皖南历史文化研究中心藏复印本。
② 章维烈:《绩溪西关章氏族谱·凡例》,道光二十九年刻本,皖南历史文化研究中心藏复印本。
③ 张佩泽:《绩溪张氏宗谱·凡例》,清光绪十三年木活字本。
④ 章维烈:《绩溪西关章氏族谱·凡例》,道光二十九年刻本,皖南历史文化研究中心藏复印本。
⑤ 章维烈:《绩溪西关章氏族谱·凡例》,道光二十九年刻本,皖南历史文化研究中心藏复印本。

机构改革背景下方志馆功能定位再思考

——以民国上海市通志馆编纂《上海市通志》为例

朱敏彦

（上海市地方志办公室）

一

编修地方志是中华民族特有的优秀历史文化传统。早在西汉时期就开始编纂地方志，经过魏晋南北朝的充实、发展，隋唐时期初步成型，到两宋基本定型，在我国编修地方志已经有2000多年的发展历史。从隋炀帝大业年间始，历代封建帝王多次发布有关修志诏令，从清雍正帝始，颁令各省府州县60年一修志，地方志的编修成为各级政府一项定期的文化工程，有力地推动了地方志编修。

与编写地方志相适应，隋唐以来，志书官修制度日臻成熟，专门修志的机构也随之出现。[1]北宋大观元年即1107年，朝廷设立九域图志局，编修全国总志，成为有明确记载的官办修志机构。明代、清代专设一统志馆，负责编修一统志。特别是清代，各地纷纷设立史馆等史志机构，进一步推动了方志馆的建设。[2] 民国时期无论是北洋政府还是南京国民政府都下令各地设立修志机构如方志馆、方志局，组织编修各省市通志和县志。北洋政府统治的10余年间，1914年浙江通志局率先成立，直至1927年，包括山东、河南、江苏、浙江、福建、黑龙江、贵州、四川等省都设立了通志局。[3] 1927年4月，南京国民政府成立，1928年12月，国民政府行政院训令内政部和各省、特别市政府，要求各自设置通志馆，推进各地地方志编修工作。[4] 各省方

---

① 诸葛计：《纠正方志史上一个流行的错误说法——兼答友人问》，《中国地方志》2008年第8期。
② 刘玉宏：《论方志馆的性质与功能》，《中国地方志》2018年第1期。
③ 曾荣：《民国通志馆述略》，《中国地方志》2013年第2期。
④ 《国民政府行政院训令第199号》（1928年12月19日），《内政公报》第1卷第9期。

志馆、方志局的成立，推动了民国时期方志的编纂。但是，历代所设方志馆（局），主要职能在收集修志资料、组织方志编修方面，功能相对单一，不少都是临时性机构。

新中国成立后，1956 年国务院在制定《1956～1967 年科学技术发展远景规划》时将新编地方志列为 20 个重要项目之一。在毛泽东、周恩来的关心和重视下，1959 年成立了中国地方志小组，负责推动全国各省、自治区、直辖市新方志的编修工作。到"文化大革命"之前，全国有 20 多个省、自治区、直辖市的 530 多个县着手编纂新方志，其中有 250 多个县写出初稿。1978 年 12 月，党的十一届三中全会以后，我国进入改革开放新的历史时期，地方志的编修工作再度被提上议事日程。特别是 2006 年 5 月 18 日，国务院《地方志工作条例》颁布实施以来，全国地方志事业实现了跨越式发展，各地方志馆作为地方志事业的重要部分，近年来如雨后春笋，蓬勃发展。据中国地方志指导小组办公室统计，截至 2017 年底，全国已经建成各级方志馆 580 余家，其中国家方志馆 1 家、省级方志馆 17 家、地市级方志馆 140 家、县区级方志馆 420 余家。此外，上海通志馆新馆正在建设中，安徽、福建、海南、西藏、新疆、内蒙古等省级方志馆已获得立项或正在建设中，河北、山西、四川等省申报立项工作也取得实质性进展。同时，尚有众多市、县级方志馆正在积极申报筹备建设。①

随着各级政府投入巨资建设各级方志馆，方志馆的功能定位成为近年来方志学界讨论的热点问题。上海通志馆的吕志伟等撰文对方志学界关于方志馆的功能定位做过梳理：密加凡认为，方志馆是修志机构，续修新志主要依靠方志馆的力量；刘柏修、刘斌认为，方志馆的职能是收集、整理、保存各级各类志书、年鉴及各种地情书刊和地情资料，编辑专题地情资料，编写地情教材和爱国主义教材，整理旧志等，并向社会开放；曹子西、朱明德、陆奇认为，"方志馆是收藏、查阅、展览和编撰、研究各类志书、史志著述、年鉴、史志刊物以及各类地方文献资料，为社会各界提供有关史志和地情咨询服务的学术机构。方志馆是开展地方志工作的重要基地"；孙文飚认为，"方志馆是社会主义文化建设的一项基础设施，集编修、研究、收藏、服务和组织领导等功能为一体，发挥编鉴、用志、储存、学术交流等多方面的作用，是集存储、研究、咨询服务为一体的地情历史文化资源与开发利用的重要载体，是集中展示城市历史文化风貌与特色的重要窗口，是集收集、保存珍贵的地方文化财富，供社会公众阅读利用的基地，是一定行政区域的地情资料中心和地情资料研究、开发、利用中心，是公益性的文化事业单位"；潘捷军认为，"现代意义上的'方志馆'，既可以是存放传统纸质志书的'志书馆'，也可以是用各种现代化'志'的手段，对一'方'区域地情及经济社会发展现状进行动态记录记载和综合传播展示的场所"；杨卓轩认为，"方志馆是社会主义文化建设的一项基础设施。它集编修、研究、收藏、服务和组织领导等功能为一体，发挥编鉴、用志、储存、学术交流等多方面的作用，利用已有的修志成果，为改革开放和经济建设提供各类服务，是城市文化基础设

① 刘玉宏：《论方志馆的性质与功能》，《中国地方志》2018 年第 1 期。

施建设的一个重要内容"。① 上述这些学者的探讨有助于拓宽关于现代方志馆功能定位的思路，为中国地方志指导小组及其办公室对方志馆的功能定位提供了智力支持。

时任中国地方志指导小组常务副组长朱佳木指出："方志馆除了有收藏和展示志书，集中保存和统一管理修志过程中形成的文字资料、图表、照片、音像资料、实物及文稿等各种功能外，更为重要的功能乃是利用地方志工作的独特优势，对广大群众特别是青少年进行国情、地情和爱国主义教育。因此，从一定意义上可以说，方志馆也就是地情馆、国情馆，是重要的爱国主义教育基地。"② 此后，朱佳木出席杭州方志馆设计方案论证会，并做了题为《什么是方志馆以及应当怎样建设方志馆》的讲话，对方志馆是地情馆、国情馆的观点做了进一步阐述。朱佳木认为，"应当把方志馆定位为地情馆"，"作为地情馆的方志馆，应当是以一个行政区域为单位，用沙盘、模型、塑像、展板、影视等形式，全面介绍该区域内的自然与社会、历史与现状。就是说，把方志书中的文字变成实物，把平面的东西变成立体的东西，生动形象地展示地情和国情。如果这样给方志馆定位，中小学校一定会把这里当成它们对孩子们进行地情、国情教育的课堂；当地的干部群众特别是外地来出差的人、经商的人、打工的人，要想快速、宏观、形象地了解一个地方的情况，也一定会选择到这里来参观。参观的人多了，方志馆的社会效益自然就发挥出来了，政府的投入也就值得了"。③

在朱佳木对方志馆功能定位的基础上，2016 年第一次全国方志馆工作会议在江西省景德镇市召开。会议提出："谋划方志馆事业的长远发展，必须着力推进方志馆的功能建设，特别是收藏和展示功能建设；必须着力推动方志馆建设与管理的制度化、规范化，特别是要尽快制定出台《方志馆建设规定》，全面推进各级方志馆建章立制，规范运行；必须着力强化方志馆的办馆特色，特别是要突出地情展示和地情信息服务特点。"④

为充分发挥方志馆地情资料收藏、保护、展示功能，更好地服务社会各界在地情信息和地情研究等方面越来越多的需要，综合全国地方志系统方志馆建设的实际，同时充分吸收博物馆、图书馆、档案馆等发展较为成熟的文化场馆的基本经验，经过方志馆界的反复实践并根据《方志馆建设规定（试行）》的明确要求，中国地方志指导小组办公室副主任刘玉宏对近年来全国方志学界对方志馆功能定位的研究探讨提出了总结性的见解：方志馆应具备收藏保护功能、展览展示功能、编纂研究功能、专业咨询功能、信息服务功能、开发利用功能、宣传教育功能、业务培训功能、文化交流功能等九大功能。⑤ 至此，刘玉宏对方志馆的功能定位做了一个全面、系统、完整、权威的阐述。

---

① 吕志伟、吴一峻、陶秀红：《方志馆研究综述》，《上海地方志》2016 年第 2 期。
② 朱佳木：《在江苏省方志馆开馆仪式上的贺词（2010 年 4 月 9 日）》，《中国地方志》2010 年第 5 期。
③ 朱佳木：《什么是方志馆以及应当怎样建设方志馆》，2015 年 12 月 12 日，中国地方志指导小组用专刊形式将朱佳木同志讲话印发各省（自治区、直辖市）、解放军和武警部队的地方志机构。
④ 冀祥德：《在第一次全国方志馆工作会议上的讲话》，"方志中国"微信公众号，2016 年 10 月 9 日。
⑤ 刘玉宏：《论方志馆的性质与功能》，《中国地方志》2018 年第 1 期。

二

2018 年随着新一轮党和国家机构改革的不断深入，各省、自治区、直辖市的地方志工作机构也相应做了调整、归并、整合。截至 2019 年 5 月，全国 31 个省、自治区、直辖市和新疆生产建设兵团的地方志工作机构性质不一，机构设置多样，干部队伍身份尚未确定。概而言之，共有六种类型：一是暂时维持现状，目前仍具有行政职能，等待下一步事业单位机构改革再行确定，分别是河北、内蒙古、吉林、上海、江苏、浙江、江西、河南、广东、重庆、四川、云南、西藏、陕西、青海、宁夏、新疆等 17 个省、自治区、直辖市和新疆生产建设兵团，其中西藏自治区原本就是党史和地方志部门合一，浙江省、宁夏回族自治区归属于该地公益性事业单位社会科学院管理；二是保留现有机构，但机构性质转变为公益性事业单位，不再保留行政职能，分别是广西、海南、甘肃等 3 个省、自治区，其中，海南省原本就是党史和地方志部门合一；三是与党史部门合并或合署，暂时保留行政职能，分别是北京、福建、贵州等 3 个省、直辖市，其中贵州省原本就是地方志和档案部门合一；四是与党史、档案部门合并或合署，不再保留行政职能，分别是天津、山西、辽宁、黑龙江、安徽、山东等 6 个省、直辖市；五是机构名称改变，尚未确定是否保留行政职能，即湖南省；六是撤销地方志工作机构，工作职能并入其他部门，即湖北省。此外，各地的市、县两级地方志工作机构的改革模式基本上参照该省级地方志机构改革的做法。

从上述全国 31 个省、自治区、直辖市和新疆生产建设兵团的地方志工作机构目前情况看，又可分为两大类：一类是暂时维持现状，目前仍具有行政职能，等待下一步事业单位机构改革再行确定，共有 17 个省、自治区、直辖市和新疆生产建设兵团的地方志工作机构；另一类是已经进行机构改革的 14 个省、自治区、直辖市的地方志工作机构，这 14 个省、自治区、直辖市地方志工作机构虽然占总数的近 45%，但显示出地方志工作机构改革的总趋势。其中，广西壮族自治区等 3 个省、自治区地方志工作机构保留，机构性质转变为公益性事业单位，不再保留行政职能；天津市等 6 个省、直辖市地方志工作机构与党史、档案部门合并或合署，不再保留行政职能；湖北省地方志工作机构撤销，工作职能并入湖北省文化和旅游厅；湖南省地方志编纂委员会更名为湖南省地方志编纂院，虽然目前尚未确定是否保留行政职能，但根据机构名称的变更，其已失去行政职能。这 11 个省、自治区、直辖市改革后的地方志机构已不再保留或失去行政职能，机构性质转变为公益性事业单位，占已经改革的地方志机构总数的近 80%。由此可见，各地的地方志工作机构改革的总趋势就是不再保留行政职能，机构性质转变为公益性事业单位，有的甚至直接撤销。

在党和国家机构改革不断深化的背景下，特别是下一步事业单位机构改革将全面展开，各地现有的地方志机构性质转变为公益性事业单位，不再保留行政职能是机构改革的总趋势。没有行政职能的地方志机构就是一个公益性事业单位，按照国务院《地方志工作条例》规定，其主要职能就是编纂地方志书、地方综合年鉴和地情书籍，保存地方文献和资料，整理旧志，开展方志理论研究，开发利用地方志资源等。这样，各地各级地方志研究院（地方志编纂室）的功能与各地各级方志馆的收藏保护、展览展示、编纂研究、专业咨询、信息服务、开发利用、宣传教育、业务培训、文化交流等九大功能基本重叠，至多在某些功能的着重点上有所分工，如地方志研究院（地方志编纂室）侧重编纂研究，方志馆侧重收藏保护等。一旦各地各级地方志机构改革全面落地，同一地区不太可能设置两个功能基本相同的同级公益性事业单位，或归并，或调整隶属关系。因此，在地方志机构改革的背景下，各地各级地方志机构应该未雨绸缪，对方志馆功能定位进行再思考，突出地方志"存史、资政、育人"三大功能中的第一位"存史"，也就是"编纂地方志书"，为后世提供"全面系统地记述本行政区域自然、政治、经济、文化、社会等方面情况的年度资料性文献"的功能，"资政""育人"是"存史"功能的衍生。

三

如前所述，随着志书官修制度的日趋成熟，隋唐以来，特别是清代各地纷纷设立史馆等史志机构，推动了方志馆的建设。民国时期各地设立23个通志馆（局），包括21个省级通志馆，2个市级通志馆。① 民国时期设立的这批通志馆中，对后世影响最大的是由著名学者柳亚子出任馆长的上海市通志馆，而上海市通志馆之所以对后世影响最大，就在于上海市通志馆在短短5年内编纂了堪称民国时期上海地区乃至全国地方志的经典之作《上海市通志》。

1927年7月上海成立特别市，1928年7月与江苏省初步完成治权划分。国民政府内政部下发了《修志事例概要》后，1930年1月，上海特别市政府市政会议决定设立上海市通志馆筹备委员会。② 1932年1月26日，上海特别市政府发布训令，宣布聘任柳亚子为上海市通志馆馆长、朱少屏为副馆长。1932年7月14日，筹备了两年半之久的上海市通志馆正式宣告成立。③ 柳亚子聘任徐蔚南担任编纂主任，徐蔚南招揽胡怀琛、吴静山、蒯世勋、席涤尘、胡道静、蒋慎吾、郭孝先、李纯康等著名学者和青年才俊任编纂馆员。④ 上海市通志馆向各方征集史料，积极开展编纂工作，各项工作走上正轨。

由柳亚子出任馆长的上海市通志馆是1927年上海特别市成立以后上海市地方政府建立的第一个官方修志机构，主要任务是编纂《上海市通志》。该志记载的时间跨度从上海的本源到

---

① 曾荣：《民国通志馆述略》，《中国地方志》2013年第2期。
② 《上海特别市政府委任令第348号》（1930年1月28日），《上海特别市市政公报》第44期。
③ 《上海市通志馆筹备委员会呈文》（1932年7月26日），《上海特别市市政公报》第124期。
④ 柳亚子：《柳亚子自述：1887~1958》，人民日报出版社，2012，第30页。

1933 年，内容范围从自然地理到经济文化社会。上海市通志馆建馆之初，正值 1932 年"一·二八"淞沪抗战爆发不久，通过当时的地方政府在全市各机构征集资料难度很大，那时的上海还存在公共租界和法租界，日本在虹口一带也有很大的势力，这一切都给新成立的上海市通志馆编纂《上海市通志》所需资料的征集工作带来相当大的困难。面对重重困难，白手起家的上海市通志馆全体成员在柳亚子的带领下，千方百计收集各方面资料，包括中外古今图书资料，教会图书馆收藏的大量旧报刊，上海的衙门、商业会馆、同乡会馆成立或建造时的碑刻，以及同业公会的商业资料等，仅仅同业公会的年度报告就有好几千本之多。经过 5 年的艰辛努力，到 1937 年七七卢沟桥事变爆发前，上海市通志馆编纂的《上海市通志》稿已逾 1000 万字，其中十几篇已完成，近十篇志稿未完成，另外还有一二篇未写，如全部完成的话，不下 1500 万字。《上海市通志》初稿的一、二、三篇已排出三校清样，原定中华书局负责出版。就在《上海市通志》即将总纂成书的关键时刻，1937 年七七卢沟桥事变爆发，紧接着"八一三"淞沪抗战爆发，日本帝国主义者入侵上海，上海市通志馆停办，人员解散，《上海市通志》的编纂工作被迫中断，未能正式成书。

民国《上海市通志》稿历经战乱，经无数学者先贤几经辗转得以幸存，上海解放后，该志稿作为历史文物移交市文物部门，后由上海历史博物馆一直珍藏至今。20 世纪 80 年代新方志编修之初，许多学者多次呼吁整理出版该志稿，由于种种原因未能如愿。2012 年 7 月，在上海市通志馆建馆 80 周年之际，上海市地方志办公室和上海历史博物馆、上海古籍出版社全面合作，共同整理编纂出版柳亚子主编的民国《上海市通志》，完成前辈未竟事业。将相对比较成熟且具有相对独立性的《民国上海市通志稿》前三编即上海历史上、中、下作为该志第一册率先整理，并于 2013 年 11 月上海开埠 170 周年之际出版，其余三册在 2019 年一并推出。

民国上海市通志馆虽然未能将《上海市通志》全部修成，但始于战端、毁于战乱的上海市通志馆依然是上海方志史中一朵盛开的奇葩，长在祸乱频繁的多事之秋，却绽放出绚烂夺目的瑰丽光芒。在短短 5 年时间，上海市通志馆除了完成《上海市通志》的大部分编纂工作之外，还完成了一系列上海地方文献的整理、汇编和出版工作。1933 年 6 月后，上海市通志馆出刊《上海市通志馆期刊》，共 8 期，内容甚广，包括上海市的历史沿革、政治、外文、租界、金融、教育、学术团体、出版刊物等。在柳亚子的领导和直接参与下，1934 年 12 月，上海市年鉴委员会编辑出版《上海市年鉴》，每年一本，共出三本。上海市通志馆同人组成的上海通社编辑了《上海研究资料》正、续两集，其中有《公共租界沿革》《上海法租界沿革》《苏报案始末》《近代名人在上海》等许多珍贵资料，这些资料曾汇编成"上海通社丛书"三集。1935 年 8 月后，上海通社又辑刊"上海掌故丛书"十册，精印出版。此外，上海市通志馆还辑印了包含多种珍贵史料的"上海掌故丛书"，在《大晚报》《时事新报》《民报》等多种报纸上开辟一系列副刊，发表研究综述等。上海市通志馆的学者们在短短的 5 年内，在战乱中白手起家，条件之艰苦简陋，经费之捉襟见肘自不待言，但是工作效率之高，成果之卓著，令人叹为观止。至今许多学术成果依旧是研究上海地方史志的第一手资料，为方志工作的开展树立起垂直向度的标杆。

由柳亚子担任馆长的民国上海市通志馆的全体同人，历经 5 个寒暑，呕心沥血，焚膏继晷，编纂了以 1500 万字的《上海市通志》稿为代表的数千万字的地方志。80 多年后的今天，《上海市通志》的整理出版，对后世编纂地方志书有着重要的借鉴作用。由此可见，编纂研究不仅是方志馆的首要功能，更应是方志馆的立馆之本，特别是在当前地方志机构不再保留行政职能，公益性事业单位机构改革的总趋势下，坚持发挥方志馆的编纂研究功能显得尤为重要，也是方志馆区别于博物馆、图书馆、文化馆、规划馆等各类文化场馆，并能够独立存在的第一要务。唯有这样，方志馆才能在社会主义公共文化服务体系中释放出独特耀眼的魅力。

Memorial Lim Lian Geok: A Cultural Heritage and Strategic Connection

Chihfeng P. Lin

(Department of Information & Communications Shih Hsin University)

| Introduction

Memorial Lim Lian Geok in Kuala Lumpur, Malaysia bears cultural heritage and strategic connection of local Chinese and overseas Chinese. The museum reveals the importance of cultural heritage, local history, diversified language acquisition, diversity and multi-cultural development.

Description of the museum-*Memorial Lim Lian Geok*

Memorial Lim Lian Geok in Kuala Lumpur, Malaysia is situated in the center of the city. It opened on December 13th 2014, after 7-year of preparation by The Foundation of LLG Cultural Development Centre BERHAD. The physical construction of LLG Cultural Development Centre Berhad, a 6-story building contains commercial office space (1st and 2nd floor). *Memorial Lim Lian Geok* placed with Activity Hall on 3rd floor, Exhibition Hall on 4th floor, LLG Cultural Development Office on 5th floor, and the Guest Rooms and Book Storage on 6th floor.

Acquisition of exhibition

The *Memorial Lim Lian Geok* space planning includes LLG Biography with important pictures and articles, Curator's Room, LLG Statue, Artifacts of LLG's notebook and manuscripts, History and Annals of Chinese Education with important notes and pictures, Multimedia Space with digitized audio and video form of related information about different occasions. Band of comrades displayed friends and support parties of LLG during his efforts to retain Chinese Education and Civil Rights for Chinese. Historic background of LLG Cultural Development center. And the Information Counter for guidance of the Memorial LLG museum.

‖ Literature Review and Discussion

Foundation of the local history-LLG chronicle（林连玉大事记）

1901, LLG was born in August, 1901.

1927, Immigrated to Indonesia in year of 1927.

1931, Employed by Malaysia as school teacher in Chun-Kung School during 1931; 1935-1961, LLG stayed employed as teacher from 1935-1961. However, incidents happened in between, he was injured in 1941 in the Pacific War, and rebuilt Chun-Kung School in 1945 after the War.

1950, LLG established KL Chinese School Teachers Association and became chair.

1951, LLG became a citizen of Federal Malaysia in 1951.

1953, Became chair of the Education Union in 1953.

1954, LLG promoted and developed the Chinese Education Teacher Union. LLG promoted the Union to participate in the project of Chinese textbook reform.

1955, Promote Chinese language as the official language of the country and equality of Chinese civil rights.

1956, LLG advocated Chinese civil rights and equality of education and Chinese language in campus. Inclusion of Chinese students on Chinese schools.

1957-1960, LLG fought for the civil rights of Chinese and Chinese language as official language.

1961, LLG's Teacher Certificate was withdrawn. His books were banned.

1964, LLG's citizenship was withdrawn. He claimed that he continued fighting for the civil rights for Chinese.

1979, LLG encountered a visual problem.

1985, LLG expired from the world in December.

To sum up, the LLG Chronicle indicated that Lim Lian-Geok endeavored the efforts of preserving Chinese language in Education and fought civil rights for Chinese in Malaysia were the keywords of LLG's life. The highly regarded and highly respected scholar strongly impacted the position of Chinese in the country. In addition to the opening of Memorial Lim Lian Geok on December 13th 2013, the *Memorial Lim Lian Geok Bulletin* was published in May 2014 till date.

Memorial Lim Lian Geok Bulletin（林连玉纪念馆通讯）

Memorial LLG was built and opened to the public in December, 2013. A series of papers, interviews, special topics, figure introduction, historic review, etc. were cumulated and eager to be revealed by friends, partners and students of Lim Lian Geok to commemorate his impact and *influence. Memorial Lim Lian Geok Bulletin* published its trial edition in May 2014 [1]. Many valuable writings were input into the Bulletin and enriched the content since its trial edition. The evolvement of the Bulletin now with more variety of contents and specific topics to follow the pace of social and technology advancement. The *Memorial Lim Lian Geok Bulletin* started in 2014, it attracts scholars and writers to compose valuable articles to express their respects and expand the thoughts of LLG. The beginning issue of the Bulletin included columns of "Focus", "Interview", "Figure", "Historic Report". In issue of 2018, the *Bulletin* has "Editorial column", "Focus-with 5 topics", "Interviews", "Special Topics", "Peer Museums (Institute)", "Publications", "Activities", "Exhibit Items". The contents of the *Bulletin* become more multiple and wider aspects.

Particular characteristic of Memorial LLG-A Viewer's Perspectives

Overseas Chinese in Malaysia donate financial support to construct art centers, museums, exhibition centers, and galleries to preserve history, heritage, and languages, in terms of location, people, and art forms. According to a special report of *Memorial Lim Lian Geok Bulletin*, No. 1, 2015 [2], which introduced those about thirty-six museums (or similar to museums) that can be categorized into 1) Dark Heritage of Post-war Commemorate, including Post-war Overseas Chinese Cemetery, Monuments, Martyrs, Memorials; 2) Special Chinese resident area, similar to concentration camp remains; 3) Chinese traditional temples and family chapels; 4) Festivals of Go/Goddess; 5) Celebrities, outstanding individuals; 6) Historic sites or buildings; 7) Remains of traditional buildings or libraries.

In comparison with other museums, or similar to museums, Memorial LLG is categorized as Celebrities, outstanding individuals. It is more dynamic with exhibitions, activities, scholarships, bulletins, newsletter, by organized foundation committee and regular financial support to maintain sustainable development.

The exhibition items of the museum were collected and updated with story and description. LLG Cultural Development Centre brought Memorial LLG lively activities such as museum tour guide volunteers training that interact with participants and expand the involvement of the museum. Conducting workshop for artifacts repair and preservation. Organizing a cross-race camp to include students of different races to join together for further understanding. Provision of scholarships and awards toward outstanding individuals who carry out heritage of LLG's true spirit which benefits education on Chinese tradition and tolerance of differences in terms of racial and linguistic diversity. The efforts that Lim Lian Geok fought for during his life carried on and archived in the *Bulletin*. Memorial LLG indeed plays an essential role in the connection of Chinese around the world.

‖ Conclusion

Cultural heritage and strategic connection

Memorial Lim Lian Geok plays an essential role in cultural heritage and strategic connection of Chinese in Malaysia, as well as Hong Kong, Taiwan, and Singapore, around the world. The foundation of multi-cultural development and expands the central spirit of Chinese education in the country and maintains equality of diversified race and civil rights.

Challenges and opportunities of the *Memorial Lim Lian Geok*

A non-profit institute usually earns reputation via information services it provides. The financial support is more important to keep it running.

It is fortunate that *Memorial Lim Lian Geok* stands well with support of the LLG Foundation and dynamic activities to raise awareness of the public. The challenge that *Memorial Lim Lian Geok* faces is how to keep pace of information technology advancement in order to promote its function for further connection of Chinese world wide.

Information Technology and Communication initiatives

To develop and manage digital tools with usability principles and user-centered service design should be prioritized, such as promoting and advancing the website. The website is an important device for marketing *Memorial Lim Lian Geok* as well as envisioning, designing and advancing other digital services in a dynamic, creative and collaborative manner.

Professional advancement

A group of advanced professional is important to manage and support a new platform in order to develop and manage digital tools with usability principles and user-centered service.

Information Literacy

In addition to managing digital tools and systems, professionals also need to teach users digital literacy skills to expedite promotion of local chronicle usage.

International Connection and Partnership

To connect overseas institutes for further collection development and expand cultural heritage and academic activities. Involving international organizations such as International Federation of Library Associations and Institutes (IFLA), American Library Association (ALA) where local history professionals meet regularly for advancement of professional.

Reference

1. *Memorial Lim Lian Geok Bulletin*, No. 1, June 2015, pp. 31-34.
2. *Memorial Lim Lian Geok Bulletin*, *Special Issue* "*Abundance in Diversity*, *Prosperityin Co-existence*", December 2017, pp. 8-9.

方志馆功能定位研究

杨振旺

（中共宁德市委党史和地方志办公室）

中国社会科学院原副院长、中国地方志指导小组原常务副组长朱佳木认为，"方志书本质上是地情书，方志办实际上是地情办。既然如此，方志馆就应当是地情馆，即展示地情的设施"。① 他在全国首倡把方志馆"建成地情馆、国情馆"，强调"作为地情馆的方志馆，应当是以一个行政区划为单位，用沙盘、模型、塑像、展板、影视等形式，全面介绍该区域内的自然与社会、历史与现状"。② 2017 年，中国地方志指导小组印发《方志馆建设规定（试行）》（中指组字〔2017〕3 号），明确界定"方志馆是收藏研究、开发利用地方志资源，宣传展示国情、地情的公共文化服务机构"，③ 指出"方志馆具有收藏保护、展览展示、编纂研究、专业咨询、信息服务、开发利用、宣传教育、业务培训、文化交流等功能"。④ 在该规定的指引下，全国各地方志馆建设方兴未艾，各地也制定了相应的指导意见，如福建省地方志编纂委员会于2018 年印发《全省市、县（区）方志馆（书库）建设指导意见（2017~2020）》，对方志馆的功能做出了明确的规定。为进一步明确方志馆功能定位，推动方志馆建设科学化、规范化，笔者结合近期在推进本地方志馆项目前期建设过程中的思考，从以下三个方面对方志馆功能定位进行阐述。

---

① 《不断增强依法修志的能力推动地方志事业大发展大繁荣》，2012 年 4 月 19 日朱佳木在全国省级方志工作机构主任会议上的讲话。
② 《不断增强依法修志的能力推动地方志事业大发展大繁荣》，2012 年 4 月 19 日朱佳木在全国省级方志工作机构主任会议上的讲话。
③ 《方志馆建设规定（试行）》（中指组字〔2017〕3 号），中国地方志指导小组，2017 年 6 月 12 日。
④ 《方志馆建设规定（试行）》（中指组字〔2017〕3 号），中国地方志指导小组，2017 年 6 月 12 日。

一 方志馆功能的历史演变

我国早在北宋即设立九域图志局,为方志馆的初始形态;元代依托翰林国史院编修"一统志";明代为史馆;清代为一统志馆;民国时期,各级政府普遍重视方志馆建设,通过创办史馆、通志局(馆)等史志机构,或在图书馆等场馆中附设方志馆,或创办"民众教育馆"等其他相关机构,在不同程度上艰难地推进了方志馆的建设。但这些时期建设的方志馆主要以收藏史志书籍和开展史志研究为主,与现代意义上的方志馆有着较大的区别。

新中国成立初期,借鉴苏联阿穆尔州地志博物馆,兴建了全面展示综合地情的山东地志博物院,带动了我国各省仿照修馆的高潮,方志馆建设事业开始起步。1957 年,在全国已建成的 73 个博物馆中,地志性博物馆就有 31 个。现代意义上的方志馆建设,是改革开放以来,特别是党的十八大以来全国地方志事业全面发展的重要成果,是地方志事业从一本书转变为一项事业的重要体现。改革开放后,伴随全国第一轮大规模修志热潮,新时期的方志馆建设被提上议事日程,第一批真正以"方志馆"冠名的方志机构开始出现。特别是进入 21 世纪后,随着全国地方志事业的快速发展、日趋繁荣,以朱佳木的倡议和总体思路为开端,以《方志馆建设规定(试行)》的印发为重要节点,陆续建成的山东、江苏、江西、广西、北京、黑龙江、广东等省(区、市)的方志馆和国家方志馆等,开始综合运用传统与现代多种手段,展示特定行政区域历史文化与现实的综合地情,真正功能意义上的方志馆才逐步成型。

截至 2018 年 5 月,全国共建成(含在建与已立项)国家方志馆 1 个,国家方志馆分馆 1 个,省级方志馆 25 个,市级方志馆 131 个,县级方志馆 439 个,四级方志馆共 597 个。①

表 1 国内部分方志馆建设基本情况

方志馆名称	面积(平方米)	建设资金	建设情况	备注
国家方志馆	13000	1.4 亿元	2013 年建成	独立建馆
福建省方志馆	7000	3670 万元	2020 年建成	利用原省档案馆屏西旧馆进行改造
北京市方志馆	10000	布展费用 3000 多万元	2013 年建成	独立建馆
南京市方志馆	5188	开馆专项经费 258 万元	2015 年建成	与档案馆两馆合一、共同建设(总建筑面积约 4.1 万平方米,建设费用每平方米控制在 8000 元左右,总投资约 3.3 亿元)
广州市地方志新馆	12629	布展费用 3023 万元	2016 年底建成	与广州市城市规划展览中心共建

---

① 《方志馆建设的春天》,2018 年 5 月 30 日邱新立在首届全国方志馆建设经验交流会上的总结讲话。

续表

方志馆名称	面积(平方米)	建设资金	建设情况	备注
东营市方志馆 (国家方志馆黄河分馆)	20351	装修、布展经费 1.3 亿元	2018 年建成	独立建馆
泉州市泉 港区方志馆	2107	布展经费 450 万元	2016 年建成	设立于区文化中心四楼

从各地已建成的方志馆来看，现阶段方志馆与图书馆、档案馆、博物馆已有明显区别。

表 2　方志馆与图书馆、档案馆、博物馆的区别

内容	方志馆	图书馆	档案馆	博物馆
基本形式	文献与地情展示	图书报刊 阅览外借	档案管藏与借阅	文物展览
开发程度	基本对外开放	基本对外开放	选择性开放	基本对外开放
公众活动方式	参观与借阅	阅读外借	阅读摘录	参观
外借程度	部分可外借	基本外借	一般不外借	不外借

二　相关方志馆功能特点

笔者通过网上查找，并结合 2019 年 4 月实地考察广东省方志馆、广州市地方志新馆、苏州市方志馆等的建设经验，重点介绍上述三馆和国家方志馆的功能。

（一）国家方志馆

国家方志馆是一家集收藏保护、展览展示、编纂研究、专业咨询、信息服务、开发利用、宣传教育、业务培训、文化交流等九大功能于一身的国家级公共文化服务机构，担负着普及国情知识、宣传方志文化、延续文化血脉、助力实现中华民族伟大复兴中国梦的重要使命。国家方志馆于 2008 年申请立项，2009 年国家发改委批准立项，总投资 1.4 亿元，建筑面积 1.3 万平方米，占地面积 8400 平方米。2013 年 12 月，装修改造完成并投入使用。[①] 国家方志馆基本陈列共分两个部分，一个是"方志中国"展览，一个是"魅力中国"展览。"方志中国"展览于 2016 年 5 月对外开放，"魅力中国"展览于 2018 年 1 月对外开放。其中，"魅力中国"展览是国家方志馆展览展示项目的重要组成部分，分"锦绣山河""悠久文明""今日辉煌""走向未来"四部分。展览设计方案以简约、大气的设计语言为主，将现代技术手段与独特艺术创意相

---

① 《国家方志馆开馆暨"魅力中国"展览开展仪式举行》，"方志中国"微信公众号，2018 年 1 月 13 日。

结合，注重自然与历史、科技与文化的有机结合。通过引人入胜的空间意境，集中展示中国国情特色，深刻解读"魅力中国"的时代内涵，宣传中国魅力，讲好中国故事，培育家国情怀，努力在社会主义文化强国建设中发挥积极作用。①

（二）广东省方志馆

广东省方志馆位于广州市天河区天河北路 618 号，闹中取静，环境优美。该馆由广东省社会科学院、广东省社会科学界联合会、孙中山基金会等四家单位联合建设，2015 年底揭牌，全馆共 10 层，建筑面积近 1.1 万平方米。该馆 1~3 层为广东省情展厅，采用沙盘、雕塑、模型、实物、图文、声光电、多媒体与专题片等方式展示省情，展示内容分为五大部分，即省情概况和"四地"——岭南文化荟萃地、海洋文明重要发祥地、民主革命策源地和改革开放先行地，展示从古至今广东的历史地理、政治文化、经济发展、民情风俗等方面。4 层是专题展厅，5~6 层收藏地方文献文物，7 层为图书报刊借阅室和家谱阅览室，8~10 层是办公区。馆外设有绿化带及地下车库。该馆着力打造成广东地方文献集中地、广东省情馆、广东地情文献中心、家谱中心、地情编研中心，是中国社会科学院、中国地方志指导小组的国情调研基地和广东省关工委青少年教育基地，馆内的省情展厅和专题展厅是了解广东的窗口和名片，是广东宣传爱国主义和开展省情教育的重要场所。

（三）广州市地方志新馆

1989 年 11 月，广州市人民政府投资立项建设广州市地方志馆，1992 年 4 月，被列为广州市文化建设的重点工程，次年正式动工兴建，1995 年 6 月投入使用。广州市地方志馆是全国第一家由政府投资立项建设的方志馆，位于广州市越秀区下塘西路 447 号，建筑面积 4700 多平方米，设有办公区、馆藏书库、阅览厅、学术报告厅、地情展览厅，基本具备编修地方志书、收藏地情文献资料、开展地情咨询服务、进行学术研究交流、举办小型专题展览、对社会开放图书阅览等功能。

近年来，全国掀起方志馆建设热潮，广州市地方志馆规模和设施设备逐渐落后。2014 年 12 月，广州市政府决定广州市地方志馆以设计变更后的新馆的形式入驻广州市城市规划展览中心。2015 年 6 月开始设计，2016 年 8 月破土动工，2016 年 10 月初步完工，2016 年 12 月基本完工并内部试运行，2017 年 5 月正式开馆。广州市地方志新馆与广州市城市规划展览中心共同展示广州的过去、现在与未来以及珠三角、泛珠三角城市区域合作进程。新馆南邻白云新城中心广场，北邻商业街和社区，东邻白云国际会议中心，西邻广东画院，是地铁和公交交会点，南门距离地铁出口 100 多米，南北门口都有公交车站。新馆建筑面积 12629 平方米，包括"方

---

① 《国家方志馆开馆暨"魅力中国"展览开展仪式举行》，"方志中国"微信公众号，2018 年 1 月 13 日。

志广州 羊城今古"展厅6603平方米,业务管理用房2643平方米,馆藏库房及文物储藏库1225平方米,以及大型4D影院、可容纳400人的大型报告厅等公用区域2158平方米,整体工程涉及资金1.2亿~1.4亿元(部分工程与规划馆共同开展,未分开),其中布展经费(含装修、布展)3023万元。该馆加挂党员教育基地、科普教育基地、爱国主义教育基地等15个基地牌子,也是广州市图书馆地方志分馆(与广图通借通还),设置了24小时开放的广州方志智慧图书室、保管藏、展品并兼具图书馆和会议室功能的现代书屋。在展陈方面,共有6个主题展区(城、商、政、人、水、文),2个区域展区(区情纵览、粤港澳大湾区及泛珠三角),2个其他展区(序厅、千年大事长廊)。

(四)苏州市方志馆

苏州市方志馆筹建于1995年12月,位于苏州市五卅路148号16号楼,由市地方志办公室主任兼任馆长。1998年9月22日正式向社会免费开放,为全国地级市中最早开设的方志馆之一。该馆建筑面积约700平方米,馆藏志书、地情书等3万余种,旧志超过6000种,约占全国存世旧志总数的80%,是全国少有的资源最丰富的地级市方志馆,累计接待来馆人数约20万人次。2011年6月,被评为苏州市爱国主义教育基地。2014年,与苏州大学共建研究生工作站。2016年,被列为"家在苏州e路成长"未成年人社会实践体验活动体验站,年接待量超过1万人次。2018年,苏州市方志馆现场接待查阅资料1000余人次,接待参加未成年人实践基地活动的学生6000余人次。近三年,接待近2万人次,开展了两次"寻根问祖、家谱探源"未成年人体验活动,配合苏州教育电视台完成了未成年人实践基地宣传片的拍摄,成功申报了苏州市"爱国主义教育基地"和"时代精神教育基地"优秀主题活动。

为融入全国方志馆建设热潮,2018年经苏州市政府批准,苏州市方志馆新馆与苏州市城建档案馆合建,项目选址在姑苏区干将西路附近,地块的南面沿干将西路设有1号轨交站点,在东南角有个小公园,交通便利,用地面积6408平方米,建筑面积约17000平方米,总投资估算额约3亿元,其中苏州市方志馆占用建筑面积5000平方米,现已完成规划设计和施工图设计,即将开工。

三 新建方志馆功能定位建议

对照中国地方志指导小组《方志馆建设规定(试行)》对方志馆的功能定位、建设规模等要求和已建成的方志馆的建设经验,各地在建设方志馆时可从以下几个方面进行把握。

一是选址要通达便利。方志馆选址应符合当地建设总体规划,考虑人员相对集中、交通便利、市政配套设施良好的地段。可与城市规划展示馆毗邻,因为方志馆主要展示的是历史和现阶段的地情概况,而规划馆主要展示的是未来的发展趋势,两者相辅相成,可以形成较好的互补效应；也可与城市会展中心、图书馆、博物馆、艺术馆等主要场馆毗邻，方便社会公众参观。

二是建馆要有前瞻性。《方志馆建设规定（试行）》要求："方志馆建筑规模应与行政区划级别、经济社会发展水平和服务人口数量等相适应，分为大型馆、中型馆和小型馆。大型馆为省级馆，建筑面积一般应不少于20000平方米；中型馆为市级馆，建筑面积一般应不少于10000平方米；小型馆为县级馆，建筑面积一般应不少于5000平方米。有条件的地区可适当增加建筑面积。"虽然各地因经济社会发展水平的限制，在执行《方志馆建设规定（试行）》时会遇到一定的困难，但是在规划建设方志馆时，还是应尽量向上级部门争取规定的面积，为后期场馆设计留有足够的布设空间。

三是展示要突出特色。方志馆在展示本地自然、政治、经济、社会、文化的历史与现状时，要突出地方特色，彰显历史渊源、社会变迁和不同时期的巨大成就，反映本地建置沿革、红色文化、经济建设、河流山川、地形地貌、民俗风俗、名优特产等地方特色，着力将本地方志馆打造成党员教育基地、青少年科普教育基地、爱国主义教育基地、市情教育基地等，让方志馆成为全面展示本地地情的窗口。

四是功能划分要合理。对照《方志馆建设规定（试行）》和已建成的各地方志馆，方志馆需划分为地情展览厅（场馆主体部分，用于举办常规性展览和各种临展）、公共活动区（包括公共阅览室、学术报告厅、多功能厅）、馆藏库房（用于收藏保护地方党史和地情文献等相关书籍）、办公区域（包括地情研究室、专家工作室、古籍修复室、会议室和工作人员办公室）、其他功能用房（包括供水、供电、网络设备等相关设施用房）5个部分，并设绿化带及地下车库，以地级市1万平方米方志馆建设为例，可进行如下布局。

（1）地情展览厅：面积3000平方米左右，为场馆主体部分，用于举办常规性展览和各种临展。以方志文献实物、文字、图片、沙盘、模型、塑像、展板、影视、虚拟成像、3D等形式，通过声、光、电等手段，对本地地情进行全方位的展示。

（2）公共活动区：面积约2000平方米，包括公共阅览室、学术报告厅、多功能厅等场所，用于面向观众（读者）举行报告会、讲座等活动，也可用于观众（读者）的自行交流活动。

（3）藏书室：面积约1500平方米，用于收藏地方党史和地情文献，包括历史上刊行的涉及本行政区域及与本地有领辖、交集地方的史书、志书、地情书、文集等，本地新编的党史书籍、志书、年鉴、地方史、专业志、部门志、镇村志、地情书籍，本地已编修的新旧家族谱及姓氏资料，旧志整理本、志鉴、地情书籍编纂过程中形成的资料长编、音像资料、电子文本，本地人写的书与外地人写本地的书等。

（4）办公区域：面积约1000平方米，包括地情研究室、专家工作室、古籍修复室、会议室及工作人员办公场所等。

（5）其他功能用房：面积约500平方米，包括供水、供电、网络设备等相关设施用房。

（6）绿化及公共停车场地：面积约 2000 平方米。

五是建设数字方志馆。把数字方志馆建设作为提升方志馆公共服务能力的重要抓手。近年来，随着信息化建设步伐的加快，建设数字方志馆，实现数字方志馆与实体方志馆协同发展已十分必要。通过建设数字方志馆，可大幅提升方志馆服务能力，将地情信息、志鉴资源、地情展示等通过互联网平台向社会各界提供查询、利用服务，实现地方志资源的共享，使普通民众和专业研究人员、政府与企事业相关单位、国外的访问者，都能够快捷、高效地使用资源并按需获取信息。

浅谈新型方志馆的公共文化服务功能

姚文文

（中共黑龙江省委史志研究室）

近年来，随着国家对修史修志工作越来越重视，我们在推进学习历史、研究历史、记录历史的同时，加大了传承中华优秀传统文化的工作力度。特别是近十年来，各级党委和政府都加强了对图书馆、博物馆、纪念馆、党史馆、方志馆等基础文化设施的建设。在方志馆的实际建设和发展中，既要考虑到方志和方志馆的发展脉络，也要将其放在社会政治、经济和文化发展中去把握，创新展陈模式和服务手段，真正使方志馆在公共社会文化的发展中发挥作用，使方志馆主体功能趋于完善。

一　方志馆发展脉络及基本特性分析

当前，方志馆建设无论是单独设馆还是从属于地方志事业，均依附于当地地方志机构，并且在布展内容和布展形式上大多以方志为依托。作为全面展示本行政区域内地情地况、人文历史、社会民俗的文化载体，方志馆是运用史志手段推动当地地情资源得到开发利用的重要平台，对促进当地经济文化发展发挥着重要作用，成为地方政治经济、文化社会发展的展示窗口。

（一）方志馆历史发展脉络

数千年来，方志从最初记载一地自然地理、风俗人文等内容的游记、地记，慢慢演变为记载某一行政区域地理人文、经济政治、历史文化及现代发展等方面的百科全书，成为"一方之全史"，成为该行政区域的地情资料库。地方志也逐渐从一份修志工作变成一项事业，从一个"官书官修"的修志机构，变成了现在集"志、鉴、库、馆、网、用、会、刊、研、史"于一体的史志研学和资源开发综合利用机构。在这一历史发展过程中，我国方志馆经历了从无到有，从官书编纂机构、志书收藏场所到集编纂、收藏、研学、交流等功能于一体的地方文化的重要传承基地，可以说，方志馆事业的发展始终伴随方志史的演变及发展。

（二）当前方志馆建设特性分析

近年来，全国各地相继建成了一批展示多样、馆藏丰富、设备先进、功能齐全的各类方志馆，成为各级地方志机构展示地情和方志成果的平台，也成为地方公共文化建设的标志性基础公共设施。从方志馆建设数量来看，2011 年，全国省市县三级方志馆仅建成 235 家，截至 2018 年，全国方志馆建成数量已达到 597 家。短短七年间，各级方志馆的建成数量明显增加，并且呈现出多级建设、多功能建设的良好态势。从方志馆主体功能来看，其建设模式大概有三类。一是受展馆面积局限，没有独立作为地情展馆进行地情展示的方志馆。此类展馆大多以收藏地方志书、综合年鉴等地情特色资料为主要功能，多出现于基层单位的方志馆。二是与其他档案馆、图书馆、文史馆合属建设的方志馆。此类展馆大多与地方志组织机构的体制机制相依附。特别是经过机关事业单位改革，各级地方志机构与党史、档案等部门合并后，各类文化场馆的机构编制和职能作用重新分配，使得此类方志馆在建设模式上呈现多级管理、合属建设的特点。三是以展示地情、志书收藏、编纂研学为代表的综合性新型方志馆。此类展馆大多为独立设置，机构编制、人员队伍均相对独立，布展手段和内容呈现出创新性、互动性、多元化的发展模式。以当前全国方志馆发展现状来看，地情展示功能是目前各类方志馆建设的主体功能，这也是未来方志馆建设的发展方向。

二 新型方志馆建设定位及其公共文化属性

随着对方志馆建设研究的不断深入、布展内容的不断丰富以及布展手段的不断创新，方志馆的功能性服务趋于完善，其地情展示作用也更加明显，展示内容更加直观形象，尤其是其公共文化属性逐渐增强。

从当前全国基础公共文化设施的建设类型来看，主要有博物馆、图书馆、城市规划馆、文史馆、档案馆及方志馆等基础公共文化设施。特别是由于国家对修史修志工作的重视，很多中南部沿海省份还在省市县三级基础文化设施建设完善的情况下，建成了村史馆、校史馆以及各类民族风情展示馆。这些展馆的建设均从不同侧面反映了当地的政治经济、社会人文、风土人情、民风民俗。

从各类基础文化设施的展示功能来看，方志馆与博物馆、规划馆和档案馆皆具有展示功能，但它们在展示内容和展示方式上各有侧重。博物馆的展示内容以实物、文物展示为主，以对实物、藏品的陈列和研究为手段，展示不同历史时期、特定研究领域的公共文化场所；规划馆更多以城市发展的演变、规划设计及未来发展规划为脉络，展示手段以模型和沙盘为主；档案馆则以现有留存的地方档案为史料，以档案记载为展示内容。与这些展馆相比，方志馆更倾向于以本行政区域或所辖行政区域内的自然社会、人文历史、史志发展等为展示内容，其资料来源以"志"记载的内容为主，馆内展板设计、实物展设以及馆藏书籍也均与史志记载内容相关。

新型方志馆的公共文化属性更多地体现在收藏保护地方文献和展示宣传地情资源上。方志馆的最初目的即为收藏保护地方文献资料，是服务于社会各界查阅、研究地方文化的资料存储基地，也是具有地方特色的公共文化服务机构。当前，各级方志馆超越了以往收藏地方志书、综合年鉴及其他地情书籍的储存功能，更加注重运用多种现代手段来直观、生动地展现地方志书、综合年鉴及各类地情资料，以沙盘、多媒体电子屏、实物、展板、影像等形式全面展现本行政区域内的自然与社会、历史与现状、规划与未来。方志馆的地情展示功能，能够将纸质的方志资料性文献与现代媒体传播手段有效结合，突破过去方志资料仅面向政府机关、科研院所等专业研究人员的局限性，以公众文化传播的方式将史志资料灵活转化，向社会大众呈现，从而扩大了方志文化对社会的影响力和知名度，让方志文化走出深闺楼阁，走进寻常百姓生活，让各类人群能够了解该行政区域的地情概况和历史文化，凸显其公共文化服务功能。

三　将方志馆服务模式创新融入公共文化服务体系建设

在方志馆的建设过程中，大多以地情展示、地情文献资料收藏以及对地情资源的综合开发利用为主要定位，总体呈现出数量逐渐增多、规模逐渐扩大、布展手段逐渐丰富、功能性不断增强的趋势。特别是在地情展馆的布展中，更多地将方志馆展示和服务模式的创新，融入社会公共文化服务功能的体系建设之中。为了更好地融入社会公共文化体系建设，方志馆要不断增强其方志性、知识性、灵活性、开放性、时代性和公共性。

（一）馆藏资源的方志性

方志性是方志工作、方志文化、方志传承的根与魂。中华优秀传统文化之所以能够得以传承和发展，其中很重要的一点就是千百年来流传下来的地方志书的作用。这些志书成为各个朝代和当代政府知晓地方地情、了解地方历史、研究地方政策、服务地方发展的重要史料依据。与图书馆的存储功能相比，方志馆所存储的地方文献资料更能体现馆藏资源的方志性，因此，馆藏资源仍然是方志馆建设之本。在丰富馆藏的工作中，要打破地域、打破常规。不仅要收藏本行政区域的地方志书、综合年鉴，更要拓宽收集渠道，将收藏范围扩大到市级、省内其他地区甚至外省地方文献。鼓励通过民间购买、捐赠、联合展览等形式对方志馆馆藏资源加以丰富，力求做到人无我有，人有我全。同时，在征集内容上超越传统的纸质书籍范围，将旧志、口述史、图片、影像等资料纳入征收范围，特别是要加强对当地特有的地域文化和民族文化史料的抢救和保护工作，使馆藏资源丰富化、多元化、专题化、专业化，突出体现方志文化在社会公共文化中的收藏保护作用。

（二）展览布局的知识性

随着方志馆建设的规范化，特别是《方志馆建设规定（试行）》的出台，方志馆的主体定位逐渐清晰，即方志馆是收藏研究、开发利用地方志资源，宣传展示国情、地情的公共文化服务机构。其中，宣传展示地情成为当前方志馆最重要的功能之一。在条件允许的情况下，各级地方志机构要将地情展示功能作为对外宣传、展示方志文化的重要载体。因此，在方志馆的建设中，要不断增强展览设计、内容的知识性。潘捷军在《中国方志馆：记录历史 传承文明》一文中，把当代新型方志馆的特征总结为史、志、人、情、物。"史"，包括一地的历史总情、分类介绍和有关方面的专题史等；"志"，包括历代志界名人、历代方志机构变迁、历代修志成果和当代地方志事业发展成就等；"人"，即各地历代名人事迹展示；"情"，包括当地综合地情、所辖区域地情和专题性地情等；"物"，即历代特别是当代具有特殊意义的物品、产品等。[①]其中，"物"的展示既可以是见证本行政区域或所辖行政区域内历史发展轨迹的物件，也可以是代表地方志文化成果的展示品。同时，随着现代技术手段的不断创新，方志馆亦可尝试通过技术手段对历史物件或有地域特色的非物质文化遗产进行三维立体还原，以多媒体展示手段，直观形象地将历史记忆保存下来，予以传承。

（三）展陈方式的灵活性

方志馆的展陈设计是地情展示的主要内容，在方志馆建设过程中要从场地面积、资金筹备、资料利用、后期投入等全方位进行考虑，杜绝"千篇一律""千馆一面"。不同地方有不同的地域文化，不是每个场馆都要建成全面展现地情、历史文化、社会发展的综合性场馆，而是要灵活把握、量身定做。特别是在布展模式上，要将传统的图片和文字展板设计与现代多媒体声、光、电等技术手段相结合，将古籍、志书上死板的资料性文献以直观、灵活的方式展现出来。比如，以沙盘展现山川河流，以录音诉说历史故事，以复原技术还示历史文物，以影像还原历史记忆。例如，广州市方志馆就设置了地情投影、4D 影厅以及知识问答等板块，使参观者能够身临其境地感受羊城的历史变迁。而黑龙江省方志馆尽管在建设中面临资金较少、面积较小的困难，但仍在传统展板设计的基础上，投放了多个电子屏和电子讲解内容，使参观者能够在有限的空间内了解更多关于黑龙江的历史和文化，特别是电子讲解系统，实现了无人讲解的新模式。这些新技术手段的应用，让那些固定在展板上的图片和文字资料活起来，让那些城市的历史记忆跳出来，增强了参观过程的灵活性与互动性。

---

① 潘捷军：《中国方志馆：记录历史 传承文明》，《中国社会科学报》2016 年 8 月 30 日，第 7 版。

（四）宣传服务的开放性

如今，方志工作与过去"一本志书写到老"的工作模式有很大不同，在参与社会文化建设上发挥着越来越重要的作用。特别是方志馆的建设，使地方志拥有了一个可以展示方志文化和方志成果的平台。因此，在建成方志馆后，要加大宣传服务工作，使方志走出深闺楼阁，走向社会大众，通过宣传让社会知道方志、了解方志工作。在扩大方志馆的开放性上，既要"走出去"，也要"引进来"，这就需要在丰富展览内容和强化宣传服务上下功夫。在丰富展览内容上，北京方志馆通过举办各类临时性主题展吸引社会各界前来参观。而在强化服务工作上，各级方志馆都会通过电视、网络、学校等媒介，发挥教育基地的服务功能。以黑龙江省方志馆为例，2018年，黑龙江省方志馆充分发挥自身优势，加大对外宣传，积极争取教育基地的申报工作。特别是被列为全省首批党建教育基地后，在做好参观接待服务的同时，通过网站、微信公众号、举办各类主题党日活动等方式，推动方志文化进机关、进部队、进学校、进社区，逐渐扩大其社会影响面，使其成为能够传递黑龙江声音、弘扬黑龙江历史的重要平台。由此可见，方志馆只有真正"走出去"，才能与社会公共文化建设接轨，才能真正为地方政府提供智力支持，发挥其教化育人、传承中华优秀传统文化的作用。

（五）资源开发利用的时代性

方志馆既是地情展示研究中心，也是地方资源开发利用中心。在利用馆藏文献资源进行研究的同时，要将志书文献内容与地情资源展示相结合，与时俱进，体现时代性。在各类公共文化展馆的展览中，常见的展览模式有固定性和临时性两种。其中固定性展览主要是固定展示与展馆设计理念、主题风格、布展内容相关的公共文化展览；而临时性展览大多常见于各类专题性展览，此类展览较为灵活，通常根据重要时间节点和特定历史活动主题进行布展。就方志馆而言，临时性展览通常是各级党委、政府最新的主题精神、学习活动和不同历史时期的历史文化，以及地方志事业不同发展阶段成果的展示。以北京市方志馆为例，除固定展览外，近些年还设立了"房山英烈展""老北京商业民俗文化展""北京中小学毕业证书展"等多个主题文化展。这些不同文化主题的展示，真正发挥了方志馆修志为用、服务社会和推动地方志资源开发利用的作用，凸显了方志文化在公共文化服务体系中的时效性与时代性。

（六）运营模式的公共性

方志馆是收藏、保存地方文化的文献宝库，是宣传地情、传承地域文化的展示基地，具有明显的公共文化服务功能。在当前政府出资、企业建设的合作开发模式的基础上，可以适当引入社会资本。特别是资金申请困难的地区，可以通过项目运作模式寻求专业公司对方志馆展陈设计及网络化技术支持、硬件运营、设备维护等进行监护，推进方志馆的可持续性运营。针对丰富馆藏资源，可以适当结合民间收藏与公共收藏，联合展出代表地域文化的特有展品，提升方志馆馆藏展示水平。同时，在方志馆运营服务上，可以将传统参观接待与旅游开发相结合，使方志馆的文化属性与地情文化旅游开发的经济效益相结合，以方志馆特有的文化资源带动城市文明旅游业的发展，走出一条方志社会文化价值与经济价值协调发展的新路子。

四 打造数字方志馆公共文化服务平台

随着网络信息化的进一步发展以及互联网与各领域的深度融合，各级地方志机构都加大了对数字方志馆的开发建设工作，多地实现了实体方志馆与数字方志馆的同步发展。数字方志馆既是方志馆建设模式上的一种创新，也为方志资源的可持续利用提供了发展机遇。从当前黑龙江省数字方志馆的建设模式探索过程来看，主要分为资料数据化数字方志馆、全景式数字方志馆以及综合性数字方志馆。

（一）资料数据化数字方志馆

方志馆最初的功能是对地方志书、综合年鉴及其他地方文献资料进行收藏、储存。为使这些地方文献得以永久保存并方便社会各界查阅，各级地方志机构在信息化发展的推动下，逐步将地方文献资料进行数字化录入和数据化转换，并通过技术手段将所有转换后的电子版数据资料融合成地方文献数据库。这些基础性工作为建设资料数据化数字方志馆奠定了基础，也使得社会各界能够通过网络、手机客户端等在线阅读、查阅地方文献资料，使地方数据资源和网络信息化资源有效融合，让最权威的史志内容得到最有效、便捷的利用。

（二）全景式数字方志馆

全景式数字方志馆目前在数字方志馆建设中应用较广，是以现有实体方志馆为依托，采用平面处理、影音合成等计算机手段，实现基于网络平台的图片、文字、影音交互等内容的再现。全景式数字方志馆主要以实体展馆为展示内容，拍摄方法相对简单，制作成本也比其他类型的数字方志馆低。当前，各地在做好全景式数字展馆的同时，也在探索对它的升级和扩容。以黑龙江省方志馆为例，在全景式数字方志馆拍摄完成后，利用图片、视听、影音等技术手段，以热点链接的方式进行拓展性阅读，通过拓展延伸来展现实体馆无法全面展示的内容。

（三）综合性数字方志馆

综合性数字方志馆是将原有资料文献数据库和全景方志馆的展示模式相结合，运用 Flash、After Effescst、Premiere、3D Max 等计算机技术手段，以音、视频、图多种模式，通过 3D 建模和三维动画搭建虚拟方志馆，全方位展示地情地况、人文历史、名胜古迹、数字文物、特色地域文化以及非物质文化遗产等内容。当然，综合性数字方志馆在实际操作中，相对于资料数据化方志馆和全景式数字方志馆来说，在技术手段上要求较高、投入成本较大，并且在扩容资料的收集上也存在一定的难度。但是，综合性数字方志馆利用平面处理、影音合成和动画等手段实现的展馆内容网络化再现，可以突破实体方志馆展馆面积的限制和参观时间的限制，实现实时网络在线参观、浏览，增强参观、浏览者的互动体现性和趣味性，弥补了实体展馆无法全面展现地情和历史文化的缺憾。通过搭建综合性数字方志馆，可以构建地方志公共文化服务网络，形成广泛的社会覆盖面，扩大方志事业和方志文化的社会影响力，也为方志文化走向全国、走向世界提供全新的发展机遇。

随着各级党委、政府及地方志机构对方志馆建设工作逐渐重视以及方志馆学科研学体系的日益完善，方志馆已经不再是一个全新的陌生领域，而是逐渐成为地方志事业发展的基础和根本。特别是依托网络化信息化发展，"互联网+"在地方志资源的开发利用工作中逐渐深入，为方志馆建设提供了全新的网络信息化发展机遇，使方志馆成为方志文化和地方资源开发利用的集散地，成为公共文化服务体系建设中不可或缺的一项基础公共文化设施。在努力实现方志馆立起来、活起来、热起来、强起来的目标下，要用活用好方志这张名片，使其不断提高公共文化服务能力，让悠久的历史记忆活起来，让中华优秀传统文化传承下来。

新时代转型升级视角下的方志馆建设

付　莉　付　莹

（吉林市地方志编纂委员会办公室；吉林市博物馆）

方志馆是新时代全国地方志系统展示方志文化、提供公共文化服务的窗口和载体，也是推动地方志事业从单一平面走向多元立体发展、实现转型升级的重要平台。作为集收藏保护、展览展示、编纂研究、专业咨询、信息服务、开发利用、宣传教育、业务培训、文化交流等多功能于一体的综合性公共文化服务机构，它承担着收藏研究、开发利用地方志资源，宣传展示国情、地情的重要职责，它的建设应坚持以人为本、立足地情、突出特色、服务社会的原则，不断提升公共文化服务水平，充分发挥地情馆作用，真正成为本行政区域内具有文化名片性质的地情展示中心、地情文献收藏中心、数字地情服务中心和地域文化研究中心。[①]

一　提升认识：　方志馆的时代定位及发展要求

（一）现代方志馆是地情文化存藏、展示、服务、研究中心，是地方志事业从单一平面走向多元立体发展、实现转型升级的重要平台

我们需要清楚地认识到，在新时代大力加强公共文化服务体系建设的背景下，方志馆已经不再是传统意义上仅为收藏方志成果而存在的单一功能文化设施，而是集收藏保护、展览展示、编纂研究、专业咨询、信息服务、开发利用、宣传教育、业务培训、文化交流等多功能于一体的现代化新型综合性文化场馆，是使地方志事业"立"起来、"活"起来、"强"起来、"热"起来的重要载体，是地方志事业发展的新引擎。它既是本行政区域内收藏、保护、展示和宣传地情文化最全面、系统的公共文化服务机构，也是彰显地方志价值、提升方志文化自

信、扩大地方志社会影响力的重要平台。作为现代方志馆，它有着全方位地情展览、展示功能，是本行政区域内具有文化名片性质的地情馆，地情展示中心、地情文献收藏中心、数字地情服务中心、地域文化研究中心是它的时代定位。[①]

近年来，中国地方志指导小组及其办公室加强顶层设计，在全国启动实施地方志"十大工程"，推动地方志事业转型升级。实施方志馆研究建设工程，就是中国地方志指导小组贯彻落实国务院办公厅印发的《全国地方志事业发展规划纲要（2015～2020年）》，是地方志"十大工程"之一。该工程旨在通过制定方志馆建设标准、加强数字方志馆建设、开展业务培训、推动志鉴与地情编研、组织理论研究等多种措施，推动方志馆基础设施建设与数字方志馆建设齐头并进，实现方志馆运作和管理的科学化、规范化，把方志馆打造成全国地方志系统展示方志文化、服务经济社会发展和文化建设的重要平台和窗口。"方志馆研究建设工程"既是一个地方志基础工程，又是一个地方志发展工程。

（二）方志馆建设及运营理念应符合现代发展要求，满足新时代方志馆作为地情文化中心提供公共文化服务的需要

作为公共文化服务基础设施，方志馆的建设与运营应执行国家发展文化事业和加强公共建筑工程建设管理的方针政策，符合《中华人民共和国公共文化服务保障法》（以下简称《公共文化服务保障法》）等国家关于公共文化服务的相关规定。建设过程由政府主导，并尽量吸引社会力量参与，以满足公民基本文化需求为主要目的，要有符合要求的公共文化设施，能提供展示地情特色的文化产品，积极开展宣传普及地情知识的文化活动，并提供其他相关服务。根据中国地方志指导小组2017年6月印发的《方志馆建设规定（试行）》，方志馆应设收藏保护区、展览展示区、编纂研究区、学术交流区、信息技术区、公共服务区、行政办公区等主要区域，并建设与之相配套的附属设施。应在建设实体方志馆的同时，建设数字方志馆。按照信息化要求建立门户网站、数据库、电子阅览系统，充分利用云计算、大数据等互联网技术为社会提供服务。

二　发展现状：机遇与挑战并存的方志馆建设

（一）方志馆成为地方志事业发展新的增长点

根据中国地方志指导小组办公室统计，截至2018年12月31日，除辽宁省外，全国已建成各级方志馆603个。其中，国家级方志馆1个，省级方志馆24个，地市级方志馆136个，县区

[①] 王伟光：《加强方志馆建设，让地方志"立"起来——在首届全国方志馆建设经验交流会上的讲话》，中国方志网，2018年6月4日，http://www.difangzhi.cn/ldjh/201806/t20180604_4944616.shtml。

级方志馆442个。此外，还有众多的省、市、县级方志馆在筹建中，而且还发展出国家方志馆分馆、方志馆合作基地、方志驿站等新模式，迅速发展的方志馆正在使地方志工作由平面向立体转变，由单一维度向多维转型升级，成为地方志事业适应时代要求、实现长远发展的重要阵地，在地方志事业转型升级及各地公共文化服务体系建设中发挥着不可替代的重要助推作用。

（二）诸多障碍制约方志馆公共文化服务功能的发挥

思想认识不到位。由于国家的快速发展和信息技术等科技的突破，时代发展的速度超乎人们对它的认知，很多人包括地方志工作者，尚未意识到我们对事物的认知其实与现实已经有了差距。作为现代化新型综合性文化场馆，方志馆的功能在国家加快公共文化建设的背景下已经发生了变化，它是新时代地方志事业转型升级的新引擎。思想认识、建设理念的转变和提升是建设现代方志馆的先决条件，思想认识不到位，就无法建设和运营适应时代发展的现代方志馆，也就无法有效发挥其作为全方位地情中心的公共文化服务功能。

基础设施不完善。由于区域发展的不平衡，各地方志馆建设水平各不相同，很多地区的方志馆建设囿于各种制约，基础设施不够完善，暂时无法达到提供全方位地情展览展示等公共文化服务的要求。方志馆的建设需要根据实际，结合地情，从传统向现代升级。新建的方志馆基础设施作为硬件，要符合现代标准并具有前瞻性设计理念。

文化产品不丰富。方志馆作为公共文化服务平台，其展示地情特色的文化产品应该是丰富的，呈现方式应是立体多元的，要开展多种形式的文化活动来宣传普及地情知识并提供相关服务，能否提供高质量文化产品和高水平公共文化服务，是方志馆能否体现其价值的关键。然而，目前方志馆能提供的文化产品有限，除了地方志工作机构长期以来积累的资料，文化产品较为匮乏，且呈现方式平面单一，无法满足社会公众需要。需要拓宽渠道广泛征集资料，丰富馆藏资源，打造高质量文化产品，提供优质文化服务。

活动形式较单一。固定的展览陈列是方志馆进行地情展示的主要形式，但不是唯一形式。方志馆还需要针对不同群体，通过流动办展、开展研学活动、举办地情论坛等形式开展活动，甚至可以结合文化旅游开展"悦读城市"之旅。让方志馆流动起来、悦动起来，让方志文化在形式丰富的活动中走进观者的眼睛里、耳朵里，进而走进参与者的心里，达到化育之功。

人才机制不健全。事业依靠人来完成，产品需要人来打造，人才是一切的基石。目前，地方志工作机构在改革中呈现动荡之势，合并者有之，行政职能剥离者有之；人员归并者有之，转行者有之。方志馆作为地方志机构下属的事业单位，工作人员不敷，亟须建立良好的人才运行机制，保证高质量完成方志馆各项活动的开展。

为了规范和引导全国方志馆建设，2017年6月，中国地方志指导小组印发《方志馆建设规定（试行）》，对各级方志馆建设的功能定位、申报立项、设计布局、建设发展等做出明确规定，成为规范全国方志馆建设的重要标准。

三 建设路径：以人为本、立足地情、突出特色、服务社会

在中国特色社会主义进入新时代的当下，地方志不仅要服务国家战略，还要融入国家战略，成为中华优秀传统文化传承发展、乡村振兴等国家战略实施中的重要组成部分。[①] 随着 2017 年《公共文化服务保障法》的实施，地方志公共文化服务也进入了新时代。方志馆建设需要坚持以人为本、立足地情、突出特色、服务社会的原则，从传统模式中走出来，融入现代社会发展，体现出强烈的时代性、创新性和人民性。[②] 我们更加需要不断提升发展的新认识，加强建设理念与活动方式的创新，把方志馆建设成我们新的文化地标，构建起地方志公共文化服务的新体系。

（一）以人为本，针对不同群体调整方志馆文化活动的内容和形式

方志馆是保存城市记忆，传承民族优秀传统文化、革命文化和社会主义先进文化基因的重要平台，也是创新发展方志文化、实现地方志转型升级的重要载体。提高方志馆公共文化服务的覆盖水平和供给能力，可以让人民群众共享地方志文化成果，提升人民群众的文化获得感和幸福感。然而，如传统方志馆一样单一的展陈形式和活动内容并不能有效吸引社会不同群体的目光，需要不断拓展方志馆资源开发利用的深度和广度，有针对性地调整公共文化产品的内容，丰富地方志产品的展现形式，推动产品走向社会大众。要努力让方志文化与当地人们的生活建立连接，多关注当地发展，充分考虑广大市民阅读习惯和接受方式，研究当地用户需求，通过工作方式方法、管理运营模式的创新和提升来完善服务体系，实现与观众共鸣、与社会互动，增强发展活力，满足多层次不同群体观展者的需要，不断提高方志馆的服务水平和利用效率。

1. 通过呈现方式的创新拓展广度，推动地方志文化走向社会大众

方志馆应该有固定展，比如城市发展陈列展、魅力城市地情展等长期展，对当地自然、政治、经济、文化、社会及生态的发展面貌做系统呈现，也应该不定期举办突出地域发展特点的专题展，各类专题展览是针对不同群体深度呈现地情特色文化的有效形式。除了一定时间内在方志馆布展，还可以在撤展后以流动的形式深入学校、社区、军营、企业、乡村、文化广场做巡回展，最大限度发挥方志资源利用价值，宣传地情，扩大方志文化的社会影响。北京市方志办就通过参与教委新生"引航工程"到高校举办巡展，引导高校师生深入了解城市发展。

2. 通过开展青少年研学活动拓展深度，促进地方志文化服务与学校教育相结合

① 谢伏瞻：《在 2019 年全国省级地方志机构主任工作会议上的讲话》，《方志中国》2018 年第 24 期。
② 王伟光：《加强方志馆建设，让地方志"立"起来——在首届全国方志馆建设经验交流会上的讲话》，中国方志网，2018 年 6 月 4 日，http://www.difangzhi.cn/ldjh/201806/t20180604_ 4944616.shtml。

《公共文化服务保障法》第十条规定："国家鼓励和支持公共文化服务与学校教育相结合，充分发挥公共文化服务的社会教育功能，提高青少年思想道德和科学文化素质。"方志馆作为向公众开放的地情馆，肩负宣传教育职能，在研学方面有诸多优势，开展研学之旅可以将方志馆的展览、教育转化为文化旅游资源，方志馆应结合国家《关于推进中小学生研学旅行的意见》开展研学活动，将方志馆建设成研学实践教育基地。开发以文化旅游为特色的方志馆研学旅行品牌，建设和打造研学旅行基地，提供中小学生喜闻乐见的文化产品，可以让学生自然地与社会实现多层面、多维度互动，拓展学生学习的空间，丰富学生的学习经历和生活体验。针对青少年群体，活动的呈现方式可以是体验式的。在设计上，有一部分展览是可以触摸的，甚至是可以动手拆解组装的，在满足青少年的好奇心、吸引他们积极参与的同时，激发其潜在兴趣和爱好，在其成长过程中为他们留下深刻印象，影响着他们的发展。本土特色的陈列与体验有助于增强学生对地域文化的认同感、自信心和归属感，培育青少年爱祖国、爱家乡情怀。随着他们对地方历史的认识和熟悉程度的加深，城市文脉会因此得到很好的延续，方志馆也可以在研学活动中通过创新研学项目设计、完善活动保障措施来提高工作人员的履职能力，提升公共文化服务水平，获得社会认可，产生不断发展的生命力。为提升研学质量，在开展活动之初可以设计一个初始测试项目，内容涵盖展览的主题、背景及现实关联，使学生们有初始印象并产生深入了解展览的兴趣，在观览平面展板的同时也以实物来做立体呈现，还可以加入复制品体验环节，使其既动脑又动手，加深其观展体验，使其产生深刻而美好的印象，形成良性观展循环。一些省份方志馆在开展研学旅行方面取得了成功经验，如江西省方志馆被确定为该省首批中小学生研学实践教育基地。

3. 通过开展基地创建活动拓展方志馆知名度，发挥地方志社会教育功能

通过活动载体和内容创新，使方志馆成为当地的爱国主义教育基地、党员教育基地、公务员培训基地、科普基地、教学实践基地、市民终身学习体验基地、青少年教育基地、关心下一代教育活动基地等活动阵地，在这方面广州市和杭州市地方志办公室有着独特体会。

方志馆建设要始终保持一种以人为本的方向感，要与社会发展的真、善、美紧密结合在一起，起到先进文化的引领作用。方志馆人要有公共服务理念，以人文情怀服务社会公众尤其是青少年，帮助其了解地方历史文化和现实发展提升其学习体验并使其获得新的认识。只有这样，才能确保方志馆建设取得长足发展、呈现良好态势，在传承发展中华优秀传统文化、革命文化和社会主义先进文化，培育弘扬社会主义核心价值观和满足人民群众对美好生活的新期待等方面发挥重要作用。

（二）立足地情，打造资源共享的公共文化服务"联合舰队"

作为现代化新型综合性文化场馆，方志馆具有收藏保护、展览展示、编纂研究、专业咨询、信息服务、开发利用、宣传教育、业务培训、文化交流等多种功能。然而，以方志馆的自身人才及资源储备，在目前的状态下，无法实现现代方志馆全方位公共文化服务功能。在机构改革、精简人员的大背景下，要求大量扩编很不现实。方志馆需要在配备一定全职工作人员的基础上，加强与其他文化机构及社会各界的沟通与合作，来满足方志馆的专业需求。同时，除招聘讲解员外，还要面向社会征集文化志愿者，引入社会力量广泛参与，加强资源共建共享，联合开展活动，宣传和普及方志文化，实现最大社会效益，推动方志馆建设从高速度增长向高质量发展提升。另外，还需要建立灵活机动、惠及基层群众的服务网络，将方志馆服务向基层、社区延伸。

（1）联合当地博物馆、图书馆、文化馆，借助其专业人才，合作开展图书编目工作；发挥方志馆资源优势，共同举办魅力城市地情展、地方志发展成果展等专业展览和综合性地情文化活动。

（2）联合各职能部门举办相关专题活动。比如，联合文化旅游部门，举办非物质文化遗产等城市特色文化展及地方旅游风光摄影展；联合卫生健康部门，举办本地卫生与健康发展成果展；联合科技部门，举办地方科研成果及科普展；联合消防、地震等应急管理部门，举办安全知识普及与体验活动；联合住房与建设部门，开展城市建设专题展；联合生态环境部门，开展生态保护专题展。让方志馆在合作联动的过程中，充分发挥全方位地情中心作用。

（3）发展方志馆分支机构，让方志馆文化向基层延伸。可以联合高校、企业建设方志分馆，让方志文化拥有更多展示平台；还可以借书屋、阅览室的形式打造"方志驿站"，把方志文化送入城市的各个角落。广州市于2017年就设立了6个高校地方志分馆和27个"方志驿站"，山东省也开始了"方志驿站"建设。

（4）招募文化志愿者可以为方志文化活动提供优质服务，通过当地文化志愿者平台，特别是从高校志愿者中遴选适合的人才充实到方志文化活动队伍中，在缓解方志馆人员不足压力的同时，也为志愿者提供社会实践活动平台。南京市地方志办公室就利用创建地方志大学生志愿者基地优势，协调接入并注册App"我的南京"开展志愿者活动。

（5）在举办文化活动的同时，还要积极面向社会广泛征集各类地情文化资源，建立起规范的捐赠机制，鼓励社会各界积极向方志馆报送包括纸质、电子、影像、实物等形式在内的地情资料，不断丰富馆藏资源。通过收藏每一段历史，让公众与方志馆建立起某种联系，让大家都能在方志馆中找到自己的位置，共同参与方志馆的建设，从而也更加热爱所在的城市，更加珍视城市曾经的历史与共有的现实。深圳市史地办公室自2014年起通过面向社会开展资料和实物征集活动，至2018年底已收到捐赠文献和实物合计19638件，向194家单位和个人颁发了捐赠目录和收藏证书，仅2018年就收到书籍、剪报、文件、画册、浮雕、凭证及书法作品638件，极大地丰富了方志馆藏。

（三）突出特色，展示城市独特韵味，助推城市发展

方志馆作为地情展示中心、地情文献收藏中心、数字地情服务中心、地域文化研究中心，地方特色是它的灵魂。方志馆应立足区位优势和资源优势，加强地方特色资源建设，将本地的自然、文化、经济、民族宗教、各种产业、民族习俗以及本地的特色资源推向社会，呈现出独具一地魅力的自然和人文风格。

1. 方志馆展陈及活动应围绕地情，呈现发展亮点，突出地方特色

方志馆可以结合地方发展历史，以重大历史事件、重大节庆纪念日、重要发展节点为契机，通过举办展览会、报告会、座谈会、纪念会，宣传普及地方经济社会文化发展的历史与现状。比如，工业城市可以联合相关大型企业，借助其工业厂房、设备做特色工业发展历程展、成果展，结合中小学研学活动，使青少年真切地触摸和感受到发展的现实，了解城市的支柱产业发展状况。尤其是在城市建设过程中，传统工业向现代工业转型，很多厂区需要拆迁移地再建，在规划的过程中有意识地保留有一定代表性的原厂房及弃用设备，使其成为一个传统工业展览空间，也作为方志馆的一个分支，在为城市留存工业文化记忆的同时，让人们有机会真切地触摸城市的历史与现实，并在这种转换中直观地感受文明的兴衰、时代的进步，在体验发展变化的过程中实现内心深处与城市更多的连接。

2. 深入研究开发名人资源，举办当地名人专题展览

本地名人与乡土有着天然的联系，人们对名人也有着特殊的情感，他们的人格、情操、魅力很容易引起当地人的共鸣。宣传历史名人和当代先锋人物，深入挖掘其内蕴的精神价值，可以使观众于潜移默化中实现精神的化育。

3. 发挥方志馆地情方化宣讲功能，广泛联络各行各业专业人士及各级文博部门、高等院校及社会上的地方文史研究人员，邀请文化学者举办地情文化讲坛，打造地方"开讲了，我的城"文化品牌，建设方志文化体验平台，宣传城市历史文化与现实发展

2017年8月，苏州市方志馆在中小学开学前夕举办了第一次未成年人社会实践体验活动站集体体验——"读方志，知苏州"活动；2018年8月，澳门在《读澳门》节目中通过举办朗读大会的形式，让市民们"在文字里倾听澳门"。这些都是方志馆值得借鉴的活动形式，通过品读活动把城市的昨天讲述给公众，把城市的今天呈现给公众，把城市的明天种进每一个参与者的心中。

（四）服务社会，实现方志文化公共服务供给的社会化、均等化、标准化和数字化

方志馆作为全方位地情中心，应该结合当地经济社会发展水平、人口状况、环境条件、文化特色，合理制定公共文化设施的种类、数量、规模以及布局，形成场馆服务、流动服务和数字服务相结合的公共文化设施网络。应通过发挥公共文化服务功能，不断扩大方志文化影响范围，逐步实现方志文化公共服务供给的社会化、均等化、标准化和数字化。目前，方志馆的服务对象只是有限的群体，还远远不能满足社会的广泛需求。要发挥方志馆作为地情展示中心、地情文献收藏中心、数字地情服务中心、地域文化研究中心的功能，就要使方志馆的服务由点到面、由城市到乡村、由部分群体到全体公众，实现方志馆服务主体的社会化、均等化，促进城乡、区域、人均发展。这需要方志馆向社会主动宣传和推广，融合发展，并建立相应的保障机制。同时，要建立和规范服务标准，提供场馆的讲解和导览 App，建设好数字方志馆，确保线上线下服务畅通。方志馆作为地方志事业向现代地方志文化服务转型升级的重要平台，需要在建设理念及呈现形式上实现创新和突破。

1. 打造优质地方志文化成果

地方志工作部门要努力打造真正能够体现当地自然与人文的历史与现状，具有资治辅政功能、堪存堪鉴、经得起历史检验的优质地方志文化成果。为社会提供包括志书、年鉴、地情书籍、特色产品在内的优质地方志资源，是地方志机构的职责，也是方志馆开展好公共文化服务的基础。做好地方志基础建设具有重要政治意义和现实价值。

2. 加强馆藏资源建设

丰富的馆藏资源是提供公共文化服务的基础，馆藏资源包括各类纸质文献和数字化文献，还包括音像、实物等形式的资源。地方志工作部门应面向社会广泛征集体现地方特色和发展历史的资料及实物，尤其是在城市和地方发展过程中随着经济社会变迁逐渐淡出人们视线的传统农业、工业、商业文明的资料及实物，还应当及时采集当代人口述史料，并按照自然、政治、经济、文化、社会、人物等类别进行整理，在合适的时机举办专题展览。

3. 创新展陈表现形式

时代的发展需要方志馆展陈从呈现理念到形式上加以转化和创新，以翔实的文字、生动的图片、鲜活的影像、质感的实物等为载体，通过现代化科技手段和时尚元素增强展陈效果，实现不同展陈方式和特色活动间的全面融合，以更加直观、形象、立体的方式深入挖掘地方文化并将之精彩地呈现出来，将现实的观照和时代的眼光融入地情素材，实现对地情资源的科学合理开发利用，这是方志馆创造性转化和创新性发展的新方法和新实践。以动漫的形式来解读地方历史文化，尤其是对历史人物，可以更加生动形象地呈现之，将历史人物变得鲜活，可亲可近，加强其与现实的联系。山东省、广东省在以动漫制作形式开发方志文化产品、进行地情展示方面有着成功的探索和实践；黑龙江省方志馆还推出了 720 度全景地情展馆。通过创新表现形式，开展内容丰富、形式新颖的地情文化展示活动，可以让公众在图片与影像中看见历史，在实物展示中触摸历史，在情景搭建中体验感受历史。

4. 加强数字方志馆建设

建设数字方志馆是信息化时代方志馆服务社会的现实要求，它具有数字性、储存性、开放性、高效性、实用性等特点，可以利用先进网络技术，克服时空障碍，实现跨地区、跨国界阅取，为读者提供便捷服务。中国地方志指导小组于 2017 年 2 月 10 日印发了《全国信息方志与数字方志建设工程实施方案》，提出要建设包括中国方志网、中国地情网、中国国情网、国家数字方志馆、地方志综合办公平台、地方志新媒体传播平台在内的"三网一馆两平台", 全面开展信息方志和数字方志建设。数字方志馆是在新时代充分运用"互联网+地方志"开展线上线下公共文化服务的重要支撑。北京市、湖南省、陕西省等地都建成了数字方志馆, 实现了地方志信息利用资源共享。

结　语

方志馆是展示方志文化、提供公共文化服务的窗口, 也是传承文化传统、开展地情教育的重要载体。品读方志文化成果的过程是对城市记忆进行重新认识和审视的过程, 它会反过来影响人们当下的选择, 具有真实的生命力, 这也是我们致力于在方志馆建设转型升级中实现方志文化创造性转化与创新性发展的意义所在。新时代的方志馆建设通过举办综合地情展、特色专题展以及多种形式的文化体验活动, 实现对地情从平面到立体、从纸质到实物再到融媒体的多角度全方位解读, 使人们在参观方志馆的过程中, 对一个地域形成由点到面再到全貌的了解, 并以此为线索走出方志馆, 延展到现实中, 去探索和发现一个真实的城市。这既可以映照现实的发展, 又能够复现心怀的灵动, 让人们在了解地情的同时感受到一种情感, 拉近地方志与大众的距离。方志馆用鲜活的载体传承方志文化、记录当代中国城市发展, 呈现丰富多彩的地方文化, 这将有效提升地方志的影响力。公众在重温历史经典时刻和精彩瞬间的同时, 通过对比感受时代的发展和进步, 在回眸与感悟中探索和展望, 在每一束目光与图片、文字、实物对视的时刻, 实现对隐身于时代背后的人与事的致敬和礼赞。让地方志在多载体全路径的创造性转化与创新性发展中"立"起来、"活"起来、"强"起来、"热"起来, 从平面走向立体、从单一维度向多维发展迈进, 从尘封于历史向在现实中重生转化, 实现如醒狮般的唤醒, 以崭新的面貌跟随新时代发展的脚步不断前行吧!

关于方志馆功能与展示的几点思考

葛　凤

（中共聊城市委党史研究院）

近年来，随着各级地方政府对方志工作的重视程度不断加深，全国地方志事业实现了跨越式发展，各地纷纷建起了方志馆，山东、广东等地的方志馆建设相对较多，也比较符合当地特色文化。但是，许多地区的方志馆建设仍存在诸多问题与困难，部分地区政府有关机构对方志馆重要性认识不足，甚至许多地方志工作人员对方志馆的定位和基本功能也认识不清，将方志馆与博物馆、文化馆、档案馆等同起来。特别是部分经济欠发达地区，由于方志馆定位不清，对方志馆重视程度不够，经费得不到保障，方志馆建设始终不能前进，这些问题成为制约方志馆建设与发展的重要因素。因此，对于部分地区，要科学地阐释方志馆的性质与功能，提高社会各界对方志馆建设与发展重要性和必要性的认识，运用多种灵活手段，推动方志馆建设快速、良好地发展。

一　方志馆的定位

方志馆建设在地方史志事业发展中还属于新生事物，是全国地方志事业发展的重要依托和新的增长点，也是地方史志发展下一步的重要前进方向。2014 年 4 月，时任副总理刘延东在与第五次全国地方志工作会议部分代表座谈时指出，各地要自觉把地方志工作纳入公共文化服务体系建设当中，加快方志馆、地情网站、数据库等基础设施建设。

方志馆是收藏研究、开发利用地方志资源，宣传展示国情、地情的公共文化服务机构，包含地情资料收藏、保护、展示作用，具有收藏保护、展览展示、编纂研究、专业咨询、信息服务、开发利用、宣传教育、业务培训、文化交流等多种功能。[①]

---

① 刘玉宏：《论方志馆的性质与功能》，《中国地方志》2018 年第 1 期。

方志馆与博物馆、文化馆、图书馆、档案馆等文化设施在性质和作用上确实有相通之处，但更有多方面的不同。博物馆是征集、典藏、陈列和研究代表自然和人类文化遗产的实物的场所，主要展示过去的实物；文化馆是群众文化事业单位，主要为群众文化活动提供场所与支持；图书馆是搜集、整理、收藏图书资料供人阅览、参考的机构，主要提供书本知识；档案馆是搜集、保管档案的机构，集中统一管理党和国家需要长期保管的档案和史料。从各个馆的性质来看，它们各有侧重，主要针对社会文化的某一个方面。

但方志馆不同，它既是方志馆，更是地情馆。方志馆分门别类地介绍本行政区域内的政治、经济、文化、社会、历史、地理、交通、旅游、气候、物产等多种情况，突出的是本地的特色文化。方志馆的特色在于它的"全"和"专"。"全"是指全面展示本行政区域内的所有情况，人们通过方志馆，可以基本了解当地的主要情况和历史线索，起到与博物馆、文化馆、图书馆、档案馆互补的作用；"专"指方志馆主要展现的是本地区的特色地情文化，并且是本地地情文化中的特色，体现本地的突出点和重要内容。

因此，在方志馆建设中，要着重突出方志馆"全"的特点，对地情有全面系统地展示，力求观众在参观本地方志馆后，能对本地地情有一个完整的认知，并且能发现本地地情的闪光点，对本地的地情文化产生深刻的印象。

此外，与志书、年鉴等书籍不同的是，方志馆更可以作为方志基地，在社会上开展更为广泛的文化交流活动。它不仅仅是针对方志人，更是面向社会、吸引社会游客的重要场所。有了方志馆，我们可以更方便地开展文化交流，吸引观众前来参观，以图片展、志书展或者动态文化展示的方式，开展文化活动，使地方志文化的传播不局限于方志人内部，还可以在社会上引起更广泛的关注。

二　方志馆的建设与管理

方志馆具有非常重要的作用，但在实际工作中，由于多方面原因，方志馆在部分地区特别是经济欠发达地区，发展仍然缓慢。一方面是政府对方志馆认识不足，另一方面也有经济上的原因。

（一）方志馆的资金来源与建设方法

以山东省为例，山东省对方志馆有一定的面积要求。2017 年，山东省发布《全省方志馆建设管理规范》，要求市级馆建筑面积在 2000 平方米以上，县级馆在 1000 平方米以上。有条件的地方可按中国地方志指导小组的规定增加建筑面积，市级馆建筑面积不小于 10000 平方米，县级馆不小于 5000 平方米。申报国家方志馆分馆的，面积不小于 20000 平方米。当然，对于方志馆的定位而言，要体现一个地区的全部概况，必须有一定的面积用来展示，这些建筑面积也仅仅是能满足需要。现在，山东省内，省方志馆、黄河分馆等已经建设完成，但像聊城这样的经济欠发达地市，方志馆建设仍处于资金不足的状态。

根据规定，市方志馆建筑面积在 2000 平方米以上，县级馆在 1000 平方米以上，如果单独建馆的话，政府投入资金至少要在 1000 万元以上（甚至在 2000 万元以上）。例如已经建成的各级方志馆，南京方志馆造价 1 亿元左右；安徽寿县方志馆项目总建筑面积为 1070 平方米，建设总投资 608 万元；四川巴中市方志馆，总建筑面积 5460.36 平方米，总投资原本为 997 万元，后增加至 1271.37 万元，实际完成工程总投资 1778 万元，超概算投资 506.63 万元。聊城在 2017 年准备修建方志馆时，预算是 1500 万元左右。方志馆建设后，还需要每年添置图书等费用，一年至少需 10 万元。

虽然根据要求，方志馆建设"纳入政府投资计划，所需经费列入同级人民政府财政预算，在编制管理、建设指导等方面给予支持保障"，但地区财政收入不同，对方志馆建设的投入也有所不同。部分欠发达地区，比如聊城，2018 年公共预算不到 200 亿元，部分县地方财政收入一年也就在 10 亿元左右。地方财政收入较低，史志系统经费较少，各县（市、区）经费甚至在 10 万元以下，对方志馆等公共建筑的财政经费支出就必然会有所减少，不能和发达地市相比。所以，在方志馆建设管理规范中，为更好地支持方志馆建设，山东省也支持鼓励方志馆采取与其他公共文化设施合建等方式扩大面积，实现优势互补、资源共享。

方志馆由于其特殊性，在共同建设时也要选择与其性质相近、定位有所重合的公共建筑。一般来说，各地与档案馆、博物馆等公共设施合建较多，有的地区在修建档案馆时，就会把党史馆、方志馆等设施一起规划在内，共同设计。山东省委办公厅、省政府办公厅更是印发全省档案馆整改达标方面的文件，直接明确要求方志馆与档案馆合建，大大增强了方志馆馆舍建设的可操作性。

安徽寿县方志馆在修建时，就由档案馆组织建设，直接负责。聊城市在 2017 年准备修建方志馆时，预备采用"一校三馆"的措施，与档案馆、党史馆等设施合建，三者共同构成文化教育基地。聊城下属县（市、区）方志馆也大多是这样的做法，借着档案馆建设的东风，与档案馆共同创建。虽然由于某些原因，方志馆建设处于停工状态，但如果重新开工的话，原来的设计应当不会发生太大的变化。

（二）方志馆的建后管理

但是在这种做法中，要注意方志馆的管理，体现方志馆的主体性。公共文化设施建成后，是分开管理还是由政府有关部门统一进行管理？如果分开管理的话，在规章制度上是否要保持一致？管理经费从何而来？这些问题在建设前最好就有决议。有的地方，由于是以档案馆、博物馆等为主体建设，在安排布置方志馆时，只是将其作为馆建的一部分，要统一进行规划。但方志馆由于其特殊性，在内部装修时也要体现地方志的特点，展现史志特色。

而且由于机构改革，也出现了一个新问题。现在的很多省份，比如山东省，党史办与史志办进行合并，成为一个新部门。在修建方志馆时，党史馆和方志馆是否也要合二为一，将两部分内容合并起来呢？

虽然两个部门进行了合并，在工作内容上有所重合，但是方志馆和党史馆仍然在性质上有着不同。党史馆主要陈列党的历史，展现的是中国共产党在本地区的发展历史和光辉形象，陈列内容都应与党有关，具有专门性。但方志馆是通过地方志资源来展现一个地区全面发展情况的公共设施，它所展现的内容包含了整个地区的各个方面，具有全面性，与党史馆体现的内容有着本质的不同。两者在建造时，可以互相取长补短，但如果合二为一，体现的内容杂混在一起，内容就有了割裂，无论以谁为主，都不能很好地体现党史和方志的特点。

三 方志馆的展览布置与文化交流

由于各档案馆、文化馆、博物馆等公共文化设施都是要展现本地区的内容，在展览内容上必然与方志馆有所重复，所以方志馆在展览布置上更要有所创新。怎样在经费少、面积小的前提下，能够全面展示本地区的全部内容，与其他馆分离开，有着自己的特色和吸引人之处，是方志馆建成后要思考的重要问题。

（一）地情资料搜集与陈列

方志馆与其他公共文化设施分离开来，主要是由其性质决定的，它是全面展示地情的文化服务机构，主要目的在于地情资料的展示。怎么在方志馆中体现志书内容，展现全地区概况呢？

方志馆既然是以地方志资源的收藏研究、开发利用为主，那么，展馆内容就应当以地方志中出现的情况为主进行展示。方志馆不仅仅收藏志书、年鉴，还要大力充实各类图书、档案、文物等馆藏地情资源，积极搜集整理数字音像、口述访谈资料，加强特色资料库建设。例如北京市方志馆主要收藏历代北京方志，中国各地志书、年鉴，北京地情资料、影像资料、口述资料、图片资料等。南京方志馆主要收藏南京自古以来的地情文化，展现南京建城后的发展脉络。在布展中多次运用了明朝《洪武京城图志》、康熙《江宁府志》和民国《首都志》等内容，从文献中找出南京千年以来自然、社会、文化等社会人文方面的资料，传播南京历史文化，体现中国历史文化名城的神采与气韵。

但是，方志馆在陈列时，也要注意跳出"修志思维"的束缚，明确方志馆展览虽然是全面、系统地展示地情，但不等于地情的方方面面、大大小小一个不落都要展示，该舍弃的要大胆舍弃，不要吝惜。要摆脱过分强调展览普及知识功能的偏见，展览的主要目的并不是全面普及地情知识，而是通过展览让大家形成对地情或者某一主题的宏观印象和认知。[1] 例如 2017

---

① 和卫国：《对方志馆建设与发展问题的几点思考》，《黑龙江史志》2018 年第 8 期。

年，北京、天津、河北三地机构联合举办"京津冀运河文化展"，国家方志馆黄河分馆主要展现黄河文化，所以馆内布置紧扣"黄河文化"这一主题，用黄河文化联系东营的文化特点，突出"纵览黄河、感知东营"主题，以"大河奔流"总揽"中华母亲河""魅力黄河口"两大板块，体现黄河流域的人文特色。同时，馆内设"印象东营"展厅，体现东营特色。

（二）利用方志内容，展现地方特色文化

方志馆不仅仅是方志人的场所，更是面向大众、服务群众的重点场所，要将文化惠民、地情传播深入基层。北京市方志馆常年举办"京华讲坛"，被确定为市级中小学生社会大课堂资源单位；杭州在方志馆内举办"杭州历史文化讲堂"活动，邀请专家学者讲解杭州历史文化，将方志典籍中的内容进行现场解说，使人们更深刻地了解杭州的文化氛围，更好地发挥了方志馆的作用。

作为小城市的山东省聊城市，在将来布置方志馆时，体现的也应当是聊城本地的方志文化。除了注意搜集聊城志书、年鉴等地情资料，包括聊城老照片、口述资料等，还可以在实体布置时多多参考志书中的记述。时代较近的志书包括康熙《聊城县志》、乾隆《东昌府志》、光绪《聊城县乡土志》、宣统《续修聊城县志》等，从中找出聊城的历史踪迹。例如，历代地方志书中一般有"方域志""建置志"等，记录本地区的沿革、分野、城池、户口等基本情况，康熙《聊城县志》中就有《东昌府城图》《聊城县境图》等，宣统《续修聊城县志》也有舆图，可以看出在不同的时代里，聊城地域和区域的变化。在布置方志馆时，可以向南京方志馆等大馆学习，将聊城历史上的地图作为展览的一部分，展示聊城历史的发展历程，用志书上的舆图等来展示聊城的地理文化。志书中一般也有当地特产的说明，比如说聊城县旧有黑枣，闻名周边，但现在在市场上已不多见，只有在志书中能见当年的盛况。各地志书中应该都有类似的物品，可以把志书中的描述展现出来，展现本地特产。

志书中也经常记载本地区的名人名胜，有些重大事件是众所周知的，但有的重要事件就藏匿于志书当中，不为人所知。在方志馆布展时，可以将这些重要事件作为历史文化的一部分，将其陈列于方志馆中，增加趣味性。聊城有"鲁仲连射书救聊城"的典故，志书中更有"鲁仲连台"的记述，这个典故就可以做成一个鲁仲连台的小展示品，并在展示品中摘选志书中的记载加以说明，让观众可以更直观地了解志书中的记载，同时激发人们对志书的兴趣。聊城有"东昌八景"的故事，阳谷志书中也有"季子挂剑台"的传说，但这些景点大多已经消失在历史长河中，很多人都不知道，只能在志书中找到其踪迹。在方志馆中可以专门开辟一个展厅，或者将其分散到不同时代的展厅中，以"消失的历史"为主题，展现聊城历史上这些消逝的文化，真正体现聊城的特色文化，让志书中的内容来到人们身边。

在现代条件下，方志馆布置可以不再拘泥于单纯的志书和实物陈列、由讲解员进行讲解的形式，还可以通过科技手段，多用声光效果，与观众进行互动。例如南京方志馆内，地面上有

每个朝代的足迹，走上去时，这个朝代的地图等内容就会展现出来。这个创意也可以用在我们的方志馆建设中，在将来的聊城方志馆建设中，如果可以的话，可以把志书中记载的朝代故事做成图片或者表格，甚至可以做成动画，一旦观众对某一朝代感兴趣，就可以触碰朝代的按钮，看志书中当时的地方情况。志书中的名人事例也可以做成动画短片，不必太长，三五分钟即可，选取重要的、在历史上有名的、事迹较为突出的部分事例，在介绍本地区历史上的名人时，就可以播放出来。例如可以从志书中找到聊城名人邓钟岳，做一个康熙称赞其"字压天下"的短片，用声光的形式来展现其最重要的一面。其余的名人也可以照此办理，找到其最重要的事迹加以播放，甚至历史上消失的名胜古迹等建筑物也可以通过声光的形式加以还原，使观众能够更清晰地了解历史。

（三）开展多种文体活动，加强方志馆的吸引力

方志馆的展厅展陈要在有限的空间内尽可能为观众展现宽广的地情历史和文化内涵，所以在展馆布置时，选用的主题非常重要，既要体现文化特色，也要符合群众文化需求。广州市方志馆举办"名城之光——广州之最"展览以配合庆祝广州建城 2210 年活动；北京市方志馆举办"老北京商业民俗文化展"；湖州市方志馆举办湖州家谱展、湖州两院院士成就展等，每季度有一个主题展陈活动；[①] 东营的黄河文化馆主要以黄河为主题，讲解黄河文化内容。这些主题展以有趣的内容、新颖的形式、新鲜的创意展现了方志内容，提高了方志馆的吸引力和影响力。

方志馆在进行主题活动时，也可以根据观众的需要，做一些生动有趣的文体活动，或者同其他兄弟馆一起，共同进行文体活动。2018 年，杭州市方志馆依古籍志书记载举办了多次活动。8 月至 9 月，在馆内自制小舞台进行皮影戏表演，参与观看和体验皮影的市民游客达 1200 多人次。11 月 20 日，举办"朝朝暮暮——琵琶雅会"，以浸入式的表演，给听众带来不一样的曲乐经验。12 月 22 日，集合杭州市的汉服爱好者，在方志馆内举办了冬至年俗文化节，大家一起打年糕、包饺子、做麻糍，体验传统射艺活动和书画活动，将南方和北方的民俗活动集合在一起，传承传统文化。由此，2018 年，杭州市方志馆被评为"上城区市民终身学习体验基地"。这类展陈来源于地方志，挖掘传统文化内涵进行传承教育，是对方志馆展陈形式的一种创新，可以激发公众对方志文化的兴趣。

方志馆是地方志文化的重要组成部分，在今后的方志馆建设中，我们一定吸取他馆的先进经验，积极依托馆藏资源，开展旧志整理和各类地情书编纂。并且以此为基础，开展主题活动，宣传地域文化，体现地方特色，最终服务于经济社会发展。

---

① 周文燕：《让方志馆更好地服务公众》，《江苏地方志》2019 年第 2 期。

建好用好方志馆　为我们更好留住乡愁

邵明昌

（山东省方志馆）

"留得住青山绿水，记得住乡愁"，这是习近平总书记于 2015 年 1 月视察云南时，对新农村建设提出的要求。一个地方的地情，对于世代生长、生活于当地的万千百姓来讲，无论何时，无论身在何方，就是他们割舍不断的乡愁和记忆。地方志是中华民族特有的传统文化形式，方志馆是展示这种优秀传统文化的重要场所。[①] 建好用好方志馆，是留住乡愁的直接手段，即使岁月变迁、沧海桑田，通过方志馆展示的固化的乡愁记忆仍然能够让大家时时回味。

地方志是中华民族特有的传统文化形式，方志馆作为集编纂、收藏、展示、研究诸功能于一体的官方史志编纂机构，为传播中华文明、传承民族文化做出了特殊贡献。[②] 进入 21 世纪，以运用传统与现代化多种手段来展示特定行政区域内的历史文化和现实综合地情为主要模式的当代新型方志馆，随着全国地方志事业的快速发展日趋繁荣。做好这项古老而又年轻的事业，对于妥善收藏保护和开发利用方志文化资源、构建完善的公共文化服务体系、满足人民群众日益增长的文化需求、服务地方经济社会文化发展，具有重要的现实意义和深远的历史意义。方志馆作为重要的公共文化服务平台，是地方公共文化建设必不可少的组成部分，与博物馆、图书馆、档案馆等共同构成公共文化服务体系，在展览展示地情、搜集保存利用地方文献、传承地方文脉等方面具有不可替代的独特功能。建好方志馆，有助于提升地方文化基础设施建设水平，有助于构建完善的公共文化服务体系，有助于服务地方经济社会文化更好发展，有助于更好地留住乡愁。方志馆事业相对于古老的地方史志事业来说，还是个新生事物，我国大规模推进方志馆建设只有 20 多年的时间，全国各地都在进行积极探索，各地方志馆发展速度、建设水

---

① 潘捷军等编著《中国方志馆》，方志出版社，2016，第 1 页。
② 潘捷军等编著《中国方志馆》，第 9 页。

平还很不平衡，存在许多差异。方志馆工作有自己独立的运作模式，有直接的社会服务对象，有特殊的资源储备要求。党的十八大以来，以习近平同志为核心的党中央高度重视史志工作，史志事业迎来前所未有的大好形势，并带动方志馆建设蓬勃开展。

一 建好用好方志馆，能够更好地传承弘扬中华优秀传统文化

作为积攒了几千年的宝贵精神财富，中华优秀传统文化包含着如何为政、如何治吏、如何安民等极其丰富的治国理政理念。千百年来，围绕这些治国理政的核心问题，我们的先人不仅在实践层面留下了极其宝贵的探索经验，而且在理论层面积累了异常丰富的规律性认识。习近平总书记明确指出："中国优秀传统文化的丰富哲学思想、人文精神、教化思想、道德理念等，可以为人们认识和改造世界提供有益启迪，可以为治国理政提供有益启示，也可以为道德建设提供有益启发。"[①] 党的十九大报告指出，要坚定文化自信，推动社会主义文化繁荣兴盛。没有高度的文化自信，没有文化的繁荣兴盛，就没有中华民族的伟大复兴。要坚持中国特色社会主义文化发展道路，激发全民族文化创新创造活力，建设社会主义文化强国。中国特色社会主义文化，源自于中华民族五千多年文明历史所孕育的中华优秀传统文化，熔铸于党领导人民在革命、建设、改革中创造的革命文化和社会主义先进文化，植根于中国特色社会主义伟大实践。文化自信是一个国家、一个民族发展中更基本、更深沉、更持久的力量。

党的十九大报告中强调，要推动中华优秀传统文化创造性转化、创新性发展。地方史志是中华优秀传统文化的重要组成部分，方志馆是传承历史、弘扬中华优秀传统文化的有效途径。通过建设方志馆，可以将传统的地方志与现代科技结合起来，促进无形的文化与有形的实体融合创新，更好地研究挖掘和传承弘扬历史文化，不仅能够延续地域文化"根脉"，而且可以向全国乃至世界集中展示地域文化特色，有助于推动各地方志工作和文化事业繁荣，特别对贯彻落实党的十八大"建设优秀传统文化传承体系，弘扬中华优秀传统文化"的战略目标具有重大现实意义，是从一个侧面对这一目标的具体实践和重大举措，[②] 同时还可以带动对外文化交流、招商引资等有关工作。

民族的就是世界的，传播中华优秀传统文化，讲述中国故事，是社会主义文化建设的重要组成部分。方志文化走向世界，用方志的形式讲述中国故事，务实、可信、权威，且已被国外的大批学者认同，但需要一个专门有效的推介、宣传平台。习近平总书记指出，要努力实现传统文化创造性转化、创新性发展，使之与现实文化相容相通。学习传统文化不是简单地做古人的传声筒，也不是简单地照本宣科，更不是以古颂古，尊古薄今，为学而学，而是在"取其精

① 习近平：《在纪念孔子诞辰 2565 周年国际学术研讨会暨国际儒学联合会第五届会员大会开幕会上的讲话》，人民出版社，2014，第 7 页。
② 潘捷军等编著《中国方志馆》，第 3 页。

华，去其糟粕""择其善者而从之，其不善者而去之"的前提下，掌握新时代赋予传统文化的时代内涵。① 方志馆依靠雄厚的文化成果和资源储备，通过对方志及其相关地情的深入研究和充分展示，可以更好地向世界宣传中国，更好地让世界了解中国。建好用好方志馆可以全景式记录和展示自然、政治、经济、社会、文化等方面发生的巨大变化，为改革开放和建设中国特色社会主义提供可资借鉴的文献资料，填补我国在文化基础设施建设方面的空白；可以向社会集中展示各地区的自然条件、历史沿革、地方特点和社会风貌，更加有效地培育人们的家国情怀，更好地践行社会主义核心价值观，在社会主义文化强国建设中发挥其独特作用。②

二　建好用好方志馆，有助于更好构建公共文化服务体系

党的十八大以来，以习近平同志为核心的党中央站在时代高度，对现代公共文化服务体系建设做出了一系列重要部署。党的十八大将公共文化服务体系建设作为全面建成小康社会的重要内容，明确提出了到2020年"公共文化服务体系基本建成"的战略目标。党的十八届三中全会将构建现代公共文化服务体系，促进基本公共文化服务标准化、均等化作为全面深化改革的重点任务之一。③

公共文化服务体系作为面向大众的公益性文化服务体系，具备服务性、公益性和全覆盖性三个基本特征，是党中央在文化工作上的一项基本政策，立足于满足社会各个阶层的文化需求，需要我们坚定不移地贯彻落实。④ 党的十九大报告中指出，"中国特色社会主义进入了新时代，我国社会主要矛盾已经转化为人民日益增长的美好生活需要和不平衡不充分的发展之间的矛盾"。新的时代、新的矛盾，体现在方志馆建设工作上，就是建设使用好方志馆，这不仅是符合国家构建现代公共文化服务体系、全面深化改革的政策要求，更是满足人民群众精神文化需求、促进社会主义文化大发展大繁荣的重要举措。党的十七届六中全会审议通过的《中共中央关于深化文化体制改革、推动社会主义文化大发展大繁荣若干重大问题的决定》指出，要构建公共文化服务体系。加强文化馆、博物馆、图书馆、美术馆、科技馆、纪念馆、工人文化宫、青少年宫等公共文化服务设施和爱国主义教育示范基地建设并完善向社会免费开放服务，鼓励其他国有文化单位、教育机构等开展公益性文化活动，各类公共场所要为群众性文化活动提供便利。当代新型方志馆作为重要的公共文化服务平台，既注重志书等文献成果的收藏展示，更注重当代建设发展成就展览，具有公共图书馆和档案馆及其他文化机构无法替代的作

①　郝英明：《弘扬中华优秀传统文化的四个维度》，党建网，2018年9月10日，http://images2. wenming. cn/web_ djw/ djw2016sy/djw2016xxll/201809/t20180910_ 4824046. shtml。
②　刘玉宏：《论方志馆的性质与功能》，《中国地方志》2018年第1期。
③　雒树刚：《加快构建现代公共文化服务体系》，《人民日报》2015年7月8日，第7版。
④　李丹阳：《推进公共文化服务建设实现人民群众美好生活》，《中国社会科学报》2017年11月2日，第6版。

用。党的十七届六中全会后，各地高度重视文化设施建设，普遍把它看成推进当地文化大发展大繁荣的重要举措。而且由于地方志是中华民族重要的传统文化形式，方志馆也是唯有中国才有的文化场所，更有其特殊的价值和地位。因此，"方志馆把地情实物化、展品化，也是对文化服务设施的一种创新"。

在新的形势下，构建现代公共文化服务体系，是保障和改善民生的重要举措，是全面深化文化体制改革、促进文化事业繁荣发展的必然要求，是弘扬社会主义核心价值观、建设社会主义文化强国的重大任务。2015 年，中共中央办公厅、国务院办公厅联合下发的《关于加快构建现代公共文化服务体系的意见》（以下简称《意见》），对加强公共文化服务设施建设与发展，提出了明确的目标。在此背景下，方志馆作为正在蓬勃兴起的重要公共文化服务机构，可以借助后发优势，在充分借鉴吸收其他各类文化场馆建设经验的基础上，抓住机遇，砥砺前行。在《意见》精神的指导下，抓住重点，突出特色，积极争取在公共文化服务体系建设中发挥重要作用，树立自身地位，实现"弯道超车"。①

乡愁，从出现在余光中的诗歌中，到如今被媒体反复提及、凝聚越来越广泛的共识，它从来都是我们心底难以抹去的情怀。时光流逝，历史在发生变化。乡愁从抽象的感情逐渐发展为一种文化符号，成为一种看得见、摸得着的具体表达。② 党的十九大报告提出，要满足人民过上美好生活的新期待，必须提供丰富的精神食粮。从这个意义来看，乡愁就是重要的精神食粮之一。随着工业化、城镇化的大力推进，不少历史文化底蕴深厚的村落正在凋敝，一些传统乡村文化正在流失。目前，在一些有条件、有超前意识的农村，建立了自己的村史馆，为人们留住了乡村记忆。这些村史馆，也可以看作方志馆在农村存在的一种形式，同样是公共文化服务体系的一部分。作为集地情展示等功能于一身的公共文化服务机构，积极参与公共文化服务体系建设，大力提升公共文化服务水平，让人民群众共享社会主义文化发展成果，是各级方志馆建设与发展的职责、使命。因此，方志馆区别于博物馆、图书馆等其他场馆，成为公共文化服务体系不可或缺的重要一环。③

三　建好用好方志馆，有助于推动史志事业创新发展

目前，史志事业已经从单一的修史修志拓展为包括修志书、修年鉴、建方志馆、信息化、办刊物、办学会、理论研究等在内的全面发展的格局。方志馆更是成为史志事业发展的重要增长点和内生动力，一方面，方志馆搜集、整理、保存、研究地情资料，为领导决策、科学研究

---

① 刘玉宏：《论方志馆的性质与功能》，《中国地方志》2018 年第 1 期。
② 程正龙：《留住乡愁　振兴乡村》，《光明时评》2017 年 12 月 4 日。
③ 王伟光：《加强方志馆建设，让地方志"立"起来——在首届全国方志馆建设经验交流会上的讲话》，中国方志网，2018 年 6 月 4 日，http：//www.difangzhi.cn/ldjh/201806/t20180604_ 4944616. shtml。

等提供信息咨询，集中展示和普及地情知识，开展爱国爱乡教育，与史志工作"存史、资政、教化"的社会功用一脉相承，可以延续和拓展史志工作的核心价值追求。另一方面，方志馆面向社会展示志书、年鉴及其他优秀史志成果，保护传承和开发利用不断增加的史志资源，可以更好地传播和弘扬方志文化，为史志事业发展创造良好的社会环境，让古老的史志事业适应时代发展，与社会各界形成良性互动。

在各类场馆中，只有方志馆是综合性场馆，是全面研究和展示一个区域自然、政治、经济、社会、文化的历史与现状的公共文化服务机构。作为地情馆的方志馆，把志书中的文字变成实体，把平面的东西变成立体的东西，让静态的东西活起来，这样生动形象地展示地情和国情，成为对中小学生进行爱国主义教育的课堂，成为社会各界快速、宏观、形象地了解一个地方的文化平台。因此，我们可以清晰地看出，方志馆与博物馆、图书馆、规划馆、档案馆等其他场馆有着明显的区别。其他场馆要么是一条线、一个点或一个方面，而方志馆的全面性、系统性和独特性是其他场馆所不具备且无法替代的。[1] 现代文化场馆越来越注重向全体社会公众敞开大门，纷纷以有力举措和真诚服务赢得社会信任和喜爱。例如，传统意义上，博物馆较为强调收藏保管与科学研究功能，但随着博物馆教育功能的进一步加强和休闲娱乐功能的确立，其已经成为公众获取知识和假日休闲的重要公共场所。1990 年，博物馆学家韦尔就指出："博物馆首先应该重视的是博物馆与观众之间的联系，而不是博物馆中的展品。"贝聿铭也曾指出："当代的博物馆已远远超越了'艺术宝库'的范畴，而成为一种公众聚集的场所……对公众交流的关注成为现代博物馆发展一个重要趋势。"[2] 再如，中外历史上的档案机构，历来具有很强的附属性、世袭性和封闭性等特点，因其机构向来依附于拥有者，且世代相传，故而服务范围、对象极为狭窄，轻易不向社会、公众开放。一直到 20 世纪末，我国还几乎没有公共档案馆的概念，"重藏轻用"也历来是这一行业的显著特点。在对社会、公众开放方面，博物馆、图书馆步伐更快，成效更明显。

山东省方志馆建设近几年取得了较大发展，2017 年 11 月 6 日，省政府办公厅印发《全省方志馆建设管理规范》，成为全国第一个由省级政府印发的关于方志馆建设的规范性文件，对于推动全省方志馆建设"全覆盖"，推进全省方志馆工作的科学化、规范化发展具有根本性、全局性的重要意义。2018 年 5 月 29 日，首届全国方志馆建设经验交流会在东营召开，山东省在总结坚决完成"两全目标"的基础上，主动作为，自我加压，提出 2020 年完成省市县三级方志馆建设的目标。"三全目标"任务是省政府向各级政府下达的"十三五"时期史志事业发展的目标任务，龚正省长在 2018 年的政府工作报告中明确指出，"创新方志馆等公共文化服务设施运行机制"，是省委、省政府向全省人民做出的庄严承诺，是史志人义不容辞的光荣使命，

---

① 刘玉宏：《论方志馆的性质与功能》，《中国地方志》2018 年第 1 期。
② 蒋玲主编《博物馆建筑设计》，中国建筑工业出版社，2009，第 4、19 页。

更是推动山东省史志事业转型升级、创新发展，继续走在全国前列的重要保障。省方志馆新馆建设已经征得省政府同意，依托新旧动能转换先行区规划，计划建设面积 3.6 万平方米，正按程序积极推进。市县方志馆建设因地制宜，蓬勃发展，有的单独建设独立成馆，有的利用原场馆设施改造提升，还有的与档案馆、文化馆、图书馆等同类文化场馆合建，或者与企业合建，走出一条政企合作的新路子。截至 2018 年 11 月，16 个地级、市级方志馆已落实馆舍，且面积在 2000 平方米以上的有 8 家，137 个县（市、区）级方志馆已落实馆舍，且面积达到 1000 平方米的有 52 家，许多县级方志馆也有了 1000 平方米以上的规划。

2019 年 2 月，根据省委、省政府《关于山东省省级机构改革的实施意见》，经省委编委同意，省方志馆主管机关调整为省委党史研究院（省地方史志研究院）。机构改革后，主管单位对省方志馆建设更加重视，着力推动党史馆、方志馆融合建设。我们决心抓住机遇，注重学习吸收图书馆、博物馆、规划馆、档案馆、文化馆等发展相对成熟的各类场馆建设经验和做法，突出方志文化特色和地域文化特色，抓好内部管理、馆藏建设、信息化建设，做好开发利用、社会服务、宣传交流、理论研究等各项工作，创新理念，打造品牌，在公共文化服务体系建设中最大限度地发挥作用，进一步提升全省方志馆建设管理水平，不断扩大方志馆的社会影响力，开创我省史志事业发展新局面，为加快经济文化强省建设做出积极贡献。

方志馆运营服务的思考

周春玲

（吉林省方志馆）

方志馆作为社会公共文化基础设施，是推动地方志事业前进和发展的重要阵地，能为地方志服务社会主义文化建设提供重要平台。加强方志馆对外运营服务能力，对彰显地方志价值具有重要意义。

一　方志馆建设的意义

随着地方志事业的蓬勃发展，方志馆建设逐渐规模化，馆藏资源与日俱增，其主要意义是传播知识，促进文化传承，是地方志事业的标志，也是地方志事业对外交流和发展的新平台。

（一）历史文化传承

地方志上及天文，下至地理，从古到今，自然、政治、经济、文化、社会等无所不容。2013 年 12 月，习近平总书记在主持中央政治局第十二次集体学习时指出："要系统梳理传统文化资源，让收藏在禁宫里的文物、陈列在广阔大地上的遗产、书写在古籍里的文字都活起来。"[①] 这是方志馆开发传统资源传承文明的行动指南。方志馆浓缩方志历史，荟萃方志文化，既是集搜集、借阅、展示、研究、交流、地情资源开发利用、爱国主义教育等多功能于一体的重要公共文化基础设施，又是一个集社会性、文化性、开放性于一体的文化场所。2015 年，国家对公共文化服务设施建设与发展提出了明确的目标："到 2020 年，基本建成覆

---

① 《习近平谈治国理政》，外文出版社，2014，第 161 页。

盖城乡、便捷高效、保基本、促公平的现代公共文化服务体系。"① 方志馆建设是公共文化服务体系建设的重要组成部分，目的是传播地情知识，为社会公众了解地情、认识家乡提供一个重要平台。方志馆是展示和挖掘地方志资源的再升华，内容更为精炼浓缩，不仅注重保存历史，更重要的是要通过系统梳理，辅以生动的现代化科技手段，向全社会展示一地悠久的历史和璀璨的文化，因而受到广大观众的喜爱和关注，尤其是对青少年一代具有重要教育意义，为传承地域文化和区域文明做出重要贡献。

（二）彰显地方志新成就

编修地方志是中华民族优秀文化传统，历史悠久，连绵不断。2006 年国务院《地方志工作条例》颁布实施后，各省也相继出台了《地方志工作条例》。自此，地方志工作走上了"依法治志"的轨道，在为党立言、为国存史、为民修志方面做出了重要贡献。党和国家对地方志工作提出新的要求，强调要高度重视修史修志，把历史智慧告诉人们。这使地方志事业迎来了重要发展机遇，地方志事业的辉煌发展是依托方志馆来实现的。新时期两轮修志所关注和记述的重点，也将成为方志馆关注的重点和创新亮点。方志馆不仅要注重保存和展示历史，还要注重现实，更要全面系统地展示新中国成立后和改革开放以来全国各行各业日新月异的发展成就，做到历史与现实的有机统一。要让传统文献与现实成就交相辉映、相得益彰，发挥地方志工作在我国经济社会发展、社会主义文化强国建设中的重要作用，体现方志馆独特的优势。区别于其他展馆的文化设施，方志馆是广大人民群众全面了解和认识地情的专业场所，是开发利用方志成果的服务中心。方志馆能以最直接、最迅速的方式发挥地方志的功能，是推动地方志事业前进和发展的重要阵地，也是地方志工作迈向新高度的鲜明标志。

（三）地方志事业发展的新平台

传统方志以平面的、静态的和历史的为主要表现特征，以收藏、编纂文献等为基本工作职能，这与原来人们接受信息渠道单一、视野有限，以及固有传播形式单调有一定关系。而今，信息技术的普及使这种相对闭塞的格局逐渐被打破，传统的方志馆已不能满足人们快速获取信息的需要，从相对封闭的传统信息时代到全面开放、信息共享的时代，是社会发展的必然趋势。志书中有很多珍贵的史料，只是局限于平面静态的形式，无法将一些生动的场景展现给读者，而作为展示地方志事业的现代化新平台，方志馆在有效继承传统纸质展示方式的同时，还可充分利用现代化展示手段。方志馆所展示的内容以志书为基础，是志书的二次创作，其内容更为精炼。如吉林省方志馆新馆在建设规划中，馆藏志鉴的数字化基本同步进行，展厅设置将

---

① 《中共中央办公厅　国务院办公厅印发〈关于加快构建现代公共文化服务体系的意见〉》，中国政府网，2015 年 1 月 14 日，https：//www.gov.cn/gongbao/content/2015/content_ 2809127.htm。

从吉林省自然资源与环境、历史变迁、民族文化、旅游资源、支柱产业、地域风情等方面，以文字、图表、实物、沙盘、展板、浮雕、蜡像、模型等形式，利用电子模拟、影像合成等技术手段尽情展示吉林省的丰富资源和独特魅力，全面展示吉林省省情，为广大观众、热爱家乡和关心吉林省的人提供一个生动的平台。方志馆既是地域经济社会发展现状的动态记录，也是综合展示、传播地方志事业的新平台。

二　方志馆对外服务定位

方志馆以收藏志书、年鉴、地情文献为主，是展示地方志等重要历史文献和宣传综合地情的重要场所，是弘扬中华民族传统文化、传播传承区域文明的重要载体，有助于青少年提高文化素质。同时，方志馆也是为社会公众提供旅游、休闲服务的重要场所。

（一）方志馆是青少年提高文化素质的场所

作为传承社会文化的重要场所，尤其是广大青少年进行国情教育和爱国主义教育的基地，方志馆建设具有重要意义。方志馆既有地方志专业的特点，也能关注青少年不同层次的心理特点、知识水平和接受能力，为他们创造多种利用方式，以增进素质，提高文化水平。如针对中小学生，在配备讲解的同时，还要增加趣味性宣传方式，让学生动手参与、体验，避免刻板的、说教式的文字内容。应对不同年龄段的学生开展不同的活动，如设立第二课堂，建立学生活动室，开展专题故事会等丰富多彩的辅导活动。除此之外，以"走出去"的形式，在不同历史节点或节假日编辑主题不同的展览内容，到学校、社区、广场等公共场所巡回展出。为激发学生的兴趣和创造力，方志馆可开展适时有效的学生演讲活动，并适当给予奖励。根据学生的需求和特点，制定长期有效的宣传活动，激发学生对方志馆的热爱，以此提升学生的素养及培养热爱家乡、热爱历史的浓厚兴趣。

（二）方志馆是为社会公众服务的场所

方志馆是宣传方志事业的新平台、服务社会的新场所。为了使地方志走入群众，让人们接受和认识地方志是方志馆的任务，也是各级地方志工作机构的重要职责。在信息化时代，知识不断更新，人们获取知识的途径也变得多种多样。方志馆以独特的专业文化知识和丰富的展示形式，不仅可以吸引广大的青少年一代，而且是广大群众了解当地历史文化的窗口和接受爱国主义教育的基地。方志馆要站在公众的角度，选题要以公众为主，专业研究为辅，本着馆藏文献资源普及化的原则，以通俗易懂的表达方式，让公众在短时间内接受理解馆藏信息，进而产生兴趣并充分开发利用，更好地传播地方志基础知识，充分展示方志文化的独特魅力。

（三）方志馆是游览、休闲的场所

随着人们物质生活的日益富足，精神和文化需求也在不断扩大，定期游玩和休闲度假也逐渐成为人们改善生活质量、开阔视野及满足文化追求的重要活动，尤其是到名胜古迹、革命圣地体验当年的风云人物、革命先辈的艰难历程，从而对人生有新的认知。人们在休闲时不仅是观光旅游，还有较多游客很想了解当地的历史文化和风土人情。对此，方志馆可以利用馆藏资源发掘丰富多彩的主题内容，通过不同形式把信息传递给游客，让更多的人了解当地的历史文化。旅客不远千里而来，就是想领略异地的风光和体验新的生活，获取平时不易得到的知识和快乐。如组织社会旅游，既能使游客享受传统的旅游胜地所提供的一切设施，又可使当地不断开辟和发展新的风景区域，建造特别设计的低消费接待设施，就地提供娱乐和其他服务。为此，方志馆应建在交通便利的文化区域，与城市其他景点联系起来，形成一条具有历史文化内涵的旅游风景线。文化与旅游的有机结合，不仅助推旅游业和经济发展，还有利于提升城市的文化内涵，同时让游客感受到城市的历史文化和风土人情，使有业务目的、带考察任务的临时性游客，成为既是为了某一专业目的而来的会务者，也是利用会议参加旅游活动的游览者。值得注意的是，部分游客参观展览后往往意犹未尽，对此，方志馆应开发一些与展览相配套的纪念品，如志书、年鉴、影印的旧志、宣传手册、展馆光盘、纪念章、文具等，这样既加深了游客的印象，也能满足游客把记忆带回家的心愿，同时可以强化宣传，提升方志馆的整体形象。

三　方志馆对外服务方式

方志馆除正常接待来馆参观、查阅文献、考察交流的人员外，在规划方面应突出馆藏特色，体现与参观者的互动性；提高讲解服务质量，满足个性化需求；与网络、电视、广播等新闻媒体合作，推送相关栏目信息；提供展览、讲座或夜间开放等丰富多彩的服务方式，满足观众信息需求。

（一）突出馆藏特色，体现与参观者的互动性

方志馆要想成为社会关注的热点，不仅要有独特的外形建筑和高质量的服务标准，更要有馆藏特色。如吉林省方志馆，根据建筑整体布局，除了规划出地方志主题展厅，志、鉴、地情综合展厅，历史展厅和9个市州展厅外，还根据区域特色，设置了一汽展厅、长影展厅、"伪满"展厅、本土作家展厅等，既突出地方志专业特点，又体现地域文化的独特性。利用馆藏资源设计展板或编辑制作小视频，在馆内循环播放，以此反映区域内各行各业的整体情况，以多元化方式，既要注重参观者的体验，具有节奏感和兴奋点，又要体现主题化、人性化、情景化、互动化、延伸化等元素，展示内容与参观者的思想产生共鸣。

（二）提高讲解服务质量，满足个性化需求

强化服务意识。讲解员应注重仪容仪表、讲解内容、讲解技巧、语言表达等方面，做到精准服务。方志馆的展示内容多处于静态，相对而言较枯燥，要想尽快抓住及利用来馆参观人员的心理，耐心细致的讲解很有必要。在讲解过程中，要让参观者由被动接受信息转变为主动，同时要引导参观人员的互动交流，使方志馆信息更为生动，讲解方式从静态到动态。还可以设置虚拟讲解系统，增加讲解的生动性、趣味性和新颖性，满足参观者需求的同时体现家一般的温暖。此外，在日益开放的形势下，方志馆应重视国际化发展理念，通过中英文展示文字、解说词等多方面举措加以实施，边境地区，可选择相邻的国家或民族语言做标注，在讲解方面应配合公众的需求，以不同的语言讲解，满足个性化需求，充分展示地方志的当代价值及永恒魅力，推动方志文化走向世界，增强中华文化凝聚力、影响力和国际竞争力，提升文化软实力，促进国际交流与发展。

（三）与媒体合作，增加对外服务方式

方志馆作为社会公益基础设施，既要注重自身建设，又要注重与社会的沟通交流，开展广泛的社会合作。应主动将馆藏文化信息分享给社会公众，以更开放的姿态、更丰富的展品种类和形式，向社会提供丰富多彩的服务。将馆藏资源制成录像片或光盘，免费赠送、上网播放或通过多种形式的媒体播放。应根据不同历史时间节点，有针对性地举办主题展览会，全方位集中展示方志馆事业发展的最新成果，除了馆藏精品陈列展览和方志馆最具创新工作状态的推介外，还应举办一系列特色活动，或与媒体联合开办讲坛、专题栏目等。如与网络、电视、广播等媒体合作，共同推出"方志馆展览""方志馆在移动"等栏目，与交通广播电台等相关媒体合作举办多种主题的系列报道。吉林省方志馆开通了"方志吉林"微信公众号为广大读者提供大量内容丰富、资料翔实的地域文化、地方历史、志鉴编纂等信息，举办方志知识、地情知识网络问答等。除正常对外开放外，还可以定期举办讲座或进行夜间开放等活动，以满足公众多元化、个性化需求。如吉林省方志馆被确定为吉林省科普基地以来，在每季度以不同主题，公开面向社会进行一次科普讲座，在 2017 年和 2018 年获得"吉林省社会科学界联合会优秀科普基地"的称号。通过定期举办地情展览、讲座等，既宣传了方志文化，又拉近了与百姓接触的距离。通过与其他组织机构交流合作，既可以促进其建设的有效推进，又可以拓宽研究领域。作为社会活跃参与者，方志馆应与公众交流互动，以高质量的文化供给，增进公众的文化认同感和归属感，增进公众的幸福感和获得感。应致力于搭建不同文明交流对话的平台，维护文化多样性，推动不同文化互联互通。

四　方志馆现代化科技运用和发展

在人工智能和虚拟现实等技术快速发展的时代，方志馆需要更多地采用创新的方式来保存

馆藏资源和进行文化传播。以实体方志馆为依托，注重发展数字化方志馆。同时，借助数字化技术进行展览宣传教育，以多媒体交互发展智慧方志馆，全面实现现代化技术运用，使方志馆在公共文化服务体系建设中发挥更大作用。

（一）数字化方志馆与实体方志馆协调发展

随着传统的阅读方式向数字化转变，电子阅览、网络阅览等新型阅读方式日益普及，各种电子软件的出现极大地方便了人们阅览数字图书。目前，图书管理工作是引领时代潮流的信息前沿，只有积极参与知识在社会发展和经济建设中的运作和循环，才能充分发挥地方志的独特作用。方志人应当在思想上尽快与时代接轨，为方志馆的发展进行快速高效的资料准备工作，建立完备的信息储存与传递系统，使志书中的各类信息动态化、智能化，建立方志信息检索和传输的社会共享机制，引进企业管理机制和竞争机制，降低管理成本和信息处理成本。展室规划应从单一模式向多系统集成设计的发展转变，设计制作图文并茂，与模型、蜡像、沙盘、雕塑、展板、实物等紧密结合，运用互动投影、声光电一体化等科技手段，展示地方志事业及地情文化的历史、现状与未来。还可设置电子触摸屏，由观众自己选择所需内容，体验互动，增强展览的灵活性和趣味性。提升方志馆公共文化服务能力，注重基础设施建设与数字方志馆建设齐头并进、协调发展，以实体方志馆馆藏资源为依托，积极开发利用计算机、数据库、互联网等先进技术和新兴传播媒介，通过对海量地情信息资料的加工、处理，实现地情信息资源数字化、信息传递网络化、服务形式多元化和信息利用共享化。如吉林省方志馆将馆藏三级志书、年鉴、地情等图书全部进行数字化处理，推送网络发布。同时开通"方志吉林"微信公众号和今日头条"方志吉林"平台等，通过信息推送、社会分享、虚拟参观、条码凭证、互动展览、数字导览、电子商务等方式创新平台载体，不断拓展服务领域，使读者可以随时随地用手机或电脑分享馆藏信息，分享参观体验。通过技术链接，还可看到深度内容的历史信息。方志馆建设成为服务方式转变的契机，人们可以足不出户，通过网络获得方志馆的各种信息。

（二）发展智慧方志馆

为最大化满足社会文化服务，发展智慧方志馆符合国情民意。通过网络连接平台，形成准确的客流数据，这种大数据客流分析系统让方志馆的管理工作更加便利。未来，方志馆将引进机器人设备，智慧型服务机器人承担着导览和讲解任务，在降低劳动成本的同时，还具有人脸识别功能等技术，能够让观众身临其境，享受到更强烈的视觉体验。让馆藏资源真正发挥作用，还需要从满足公众需求开始做起，对馆藏资源和观众的信息进行精细化管理，都属于智慧方志馆的范畴。智慧方志馆是在数字方志馆基础上的又一个概念，更是现代方志馆发展的趋势，相对于传统方志馆，智慧方志馆以系统化的管理提升效率，利用互联网的支持提升公众服务，以高科技的展示方式提升公众体验，以数字化优化馆藏资源保护，总体来说是对服务、管理、展示、保护、体验的智慧升级。如今，机器人替代人工作已经不是稀罕事，方志馆可以借鉴和利用智能机器人，在各大展厅里，巡展机器人不仅承担导览员的职责，还能发挥智能保安作用。它可以在现场按照预定好的线路进行巡检，有效解决安保人员脱岗、漏岗等问题，为管理工作提高效率。在人工智能和虚拟现实等技术快速发展的时代，方志馆需要更多地采用创新的方式来保存馆藏资源和进行文化传播。借助数字化技术来进行展览宣传教育和多媒体交互是智慧方志馆的主要理念。虚拟现实、增强现实、人工智能等数字化技术，能够使人们与馆藏展品进行更好的互动。在未来，方志馆与其他馆之间互相借鉴学习，加强文化交流，促进文化对话，提高公众意识，激发方志馆的潜力。

编史修志是社会主义文化建设的重要内容，方志馆是社会公益文化基础设施，是推动地方志事业前进和发展的重要阵地，是使地方志服务于社会主义文化建设的重要平台。只有充分认识方志馆的价值和服务功能定位，采取多种方式提高服务质量和标准，并充分运用现代化科技手段，强化运营管理，才能更好地为社会各界提供高效、快速、准确的服务。

县区级方志馆功能定位与发挥

赵健敏

（吉林省地方志编纂委员会办公室）

2017 年 6 月 5 日，《方志馆建设规定（试行）》（以下简称《建设规定》）通过中国社会科学院、中国地方志指导小组审定，6 月 12 日签发。方志馆建设被正式列入地方志事业整体推进过程，成为全国地方志事业发展顶层设计的一件大事。建设方志馆并使其发挥作用、成为真正为人民所需的公共文化服务机构，需要明确方志馆的功能。《建议规定》第三条指出："方志馆具有收藏保护、展览展示、编纂研究、专业咨询、信息服务、开发利用、宣传教育、业务培训、文化交流等功能。"方志工作者围绕这 9 项功能开展方志馆建设，努力经营，不仅使方志馆成为地方志事业中的重要一环，也使方志馆逐渐跻身于与博物馆、文化馆、图书馆等同的公共文化服务机构之列，成为国家公共文化服务体系的重要组成部分。但同时，也要看到各地方志馆在建设发展中的极不平衡，存在规模大小不一、形式多样、藏书数量多寡不等的问题，还有的只为把书库装满，造成藏书庞杂且不够系统，同时在管理水平、硬件设施上也存在参差不齐的问题，直接制约方志馆功能的发挥。上述问题在客观上确实与当地经济、文化等发展水平有关，受到人力、物力、财力的制约。另外，方志馆发展方兴未艾，就其发展时间和历程来说，专业的方志馆建设尚属新兴事物，有许多经验尚在摸索中，还需要在发展中继续健全和完善。这些发展中的不平衡，直接影响着方志馆功能的发挥，特别是县区级方志馆更是囿于其有限的资源，要全面发挥全部功能，在客观上也不够现实。尤其是经济欠发达地区，平均分配精力，在 9 项功能上齐头并进，更是有一定的难度。因此，县区必须高效利用有限的人力、物力、财力和空间，建设好、经营好方志馆，在方志馆的核心、特色和基本功能上着力发掘、精心谋划，有重点地作为，逐步让方志馆热起来，以此带动其他功能逐步实现并发挥作用，让方志馆能够与地方志工作机构携手并进，吸引更广泛的人群走进方志馆，以特有的姿态与其他公共文化服务机构共同为满足人民群众的文化需求而服务，为传承发展中华优秀传统文化和文化惠民、文化强国做出贡献。

一　全力出击，重点发展，全面实现方志馆的核心功能和首要功能——收藏保护功能，为方志馆其他功能的发挥奠定坚实的基础

其一，收藏保护功能是地方志事业发展的现实需求。

随着地方志事业的发展繁荣，地方志成果不断涌现，借助现代化手段，方志成果的形式也不断丰富。在方志的编纂中，需要借鉴大量的相关典籍，以及搜集到的大量的图片、音像资料。如许多的方志文献、典籍资料按照行政机构管理运行模式，安置在地方志工作行政机构，既不现实也不利于保管，必须给它们一个容身之所，并有专业人员进行科学收藏和有效保护。方志馆应运而生。

其二，收藏保护功能也是方志馆责无旁贷的职责和独特功能。

"求木之长也，必固其根本；欲流之远者，必浚其源泉。"方志馆，顾名思义，是收藏保护方志及与其相关的典籍、资料，为方志编纂提供典籍服务，以方志为出发点开展工作的服务机构。《建设规定》第二条对方志馆做了明确定义："方志馆是收藏研究、开发利用地方志资源，宣传展示国情、地情的公共文化服务机构。"这里也首先提到了"收藏"，明确了方志馆是围绕方志开展业务的服务机构，是公益性事业单位，与《地方志工作条例》明确的"组织、指导、督促和检查地方志工作"的地方志工作机构的行政性质截然不同。正因为是事业型、服务型机构，它可以具有地方志工作行政机构承担不了的独特功能，收藏保护功能就是其中一项重要的功能。虽然说地方志工作行政机构可以保存部分书籍，但这些书籍是为了指导工作或者为开展地方志鉴的编纂服务，因此数量、种类有限，不可能做到方志馆这般全面、系统和分类，更不能如方志馆一样进行有效的保护。因此，收藏保护功能是地方志工作行政机构工作内容的有力延展，是地方志事业的重要组成部分，相对地方志工作行政机构来说，是方志馆的独特功能。这项地方志工作行政机构实现不了的独特功能，势必是方志馆必须承担的核心功能和首要功能，同样也是县区级方志馆责无旁贷的首要任务以及工作的核心和重点。

其三，方志馆的收藏保护功能是公共文化服务机构的基本要求。

按照《建设规定》对方志馆的定位，方志馆与图书馆、博物馆、文化馆等公共文化服务机构共同构成社会公共文化服务体系。服务的前提是有资源，方志馆必须有馆藏，才能够实现服务宗旨。因此，收藏保护功能是方志馆的首要功能。拥有全面、权威的地方志资源是方志馆的核心和首要任务。收藏保护功能是方志馆的核心功能，也是其他功能的基础。加强方志馆基础建设，全力强化方志馆的收藏保护功能，使地方志工作机构成为地方文化权威的保存和利用机构，既是方志馆的首要任务，也是方志馆事业发展的根基。

其四，县区级方志馆要有方向、有规划、有特色地丰富馆藏。

县区级方志馆在人力、物力、财力、馆室空间等相对有限的情况下，充分利用有限的资

源，有方向、有规划、有特色地去丰富馆藏，才是发展和主攻的方向。方志馆的收藏内容要有自己的个性和专业所长。专业所长，就是要围绕着"志"来做文章，方志馆是集中保管方志的基地，以"志"为内容，以"方"为范围，以"全"为目标，这才是方志馆存在的基础，是区别于其他公共文化服务机构的特质所在。绝不能与图书馆、文化馆的内容雷同，当然，适当的交叉和重叠是可以的。

方，以本行政区域为立足点，突出地方性；志，以方志类为收藏内容，突出方志性；全是方志馆的存藏目标，突出方、志的完整性。

方：立足本行政区域，同时追溯历史上与本行政区域有领辖、有交集的地域。

志：史书、志书、地情书及与史志有关的文集等；与编纂志鉴有密切关系的家族谱及姓氏资料；还有《地方志工作条例》第十四条所称的"在地方志编纂过程中收集到的文字资料、图表、照片、音像资料、实物等以及形成的地方志文稿"。

全：一是地方性上要全，搜集当地人写的书或写当地的书，有他们的乡愁记忆和家乡痕迹，这是编史修志很好的参考；二是编纂主体要全，包括落户本行政区域或涉及本行政区域的大型企事业单位的重要资料；三是介质也要全，包括音像材料、纸质材料、实物等。

做到专业所长后，有条件的方志馆可以在此基础上，个性化地丰富馆藏。围绕着本行政区域的特点，或党委、政府的中心工作和长远规划，有计划、有方向地收藏某一系列的典籍文献，为经济社会发展建设智库，并且形成自己的风格和个性。

总之，要将本行政区域历史和现今所有的地方志鉴和地情书悉数储藏，包括影印、刻印、手稿等不同版本，图经、事略、概要、谱牒等不同渊源，音像、纸质、数字等各种介质，甚至是涉及本行政区域的报纸、期刊都要收集，做到专业要专，突出方性、志属和全面，使方志馆成为本行政区域唯一全面、专业、系统、权威的地方志储藏机构。在此基础上，有条件的方志馆再向为方志工作提供方便利用的基础典籍和与本行政区域发展相结合的、有特色的典籍的方向延展，使方志馆的存藏方向、内容成体系、成系统、成特色，经典化、典籍化、个性化。想方设法让方志回家，让有专业需要的人只要来方志馆就可以查找到全面翔实的资料。不要盲目追求图书种类和数量，不要分担国家方志馆和本地图书馆的职能，只有专业才能权威。当然，这种存藏也不是一蹴而就的，要有长远规划，让方志事业发展有序永续，使方志馆更专业、权威、系统。

在此基础上，运用现代化手段，对所有的藏品进行有效保管，特别是存世较少的版本，制定保管规划，分步骤、分层次高效地妥善保管，保证方志馆的存藏和保管工作永续发展。要对破损的加以修复，不能因为条件有限，让历史上的地方文献损毁在我们手中。对精品和存世少的孤本与善本文献进行有效整理，如点校和翻印，不能因为版本珍贵就将其束之高阁。志书如不为社会各界所用，就失去了其价值。同时完善利用手段，方便各界利用。

二　结合地方文化传承特点、地域特色，利用方志资源，
开展地情展示，这是方志馆重要的优势和特色功能
——地情展示功能，让方志馆活起来

其一，方志馆的展览展示功能是地方志本身的需求。

在历史上，地方志一直是小众的，它所蕴藏的文化和智慧并不被大众所知。在当今社会，方志急需一个展示平台，将静态的文字变成多元的动态的内容，只有通过立体的展示，将地方志蕴含的文化直观地展示出来，具有表现力和感染力，才能吸引人走进方志、了解方志、喜欢方志，使地方志走进千家万户，成为大众所需所喜，实现方志的大众化，最终形成"大方志"的模式和格局。只有实现方志的大众化，才能真正让方志事业繁荣起来。方志馆的展览展示功能为方志走出小众提供了急需的平台，也是地方志行政机构无法实现的优势功能。只有大众化的方志，才能发挥方志专业咨询、信息服务、开发利用、宣传教育、业务培训、文化交流等功能。

其二，方志馆的地情展览展示功能也是其他公共文化服务机构实现不了的特色和优势功能。

方志的展示，是一方之全史的志的立体呈现，是成系统的。它有别于博物馆的系列化展示，如首都博物馆设千年宝藏展、古代瓷器展、古代佛像展、古代玉器展、燕地青铜展，属于主题展示，各个展览之间缺乏横向的联系。而方志的展示是将一地的地情系统地呈现出来，给人以全景的展示，让方志立起来、活起来、直观地说起来。这种展示通俗易懂，直观性、系统性更强，更令人入脑入心，更能触动人的乡愁记忆。如广东方志馆用4D、动画、声像、互动等现代化技术，引领参观者按照志书的篇章一步步地走进方志，走进系统的地情中，体验广东的整体画卷。方志馆成为广东地情体验馆，平面静态的文字方志变成立体四维的具象方志，让参观者身临其境地感受到广东省地情。又如山东省人民政府办公厅印发的《全省方志馆建设管理规范》中的第九条直接将方志馆的功能诠释为"展览体验"，更注重方志馆立体、直观、多维的展示方式，使方志馆成为体验馆，让"书写在古籍里的文字都活起来"，为传承家乡文化服务。

其三，县区级方志馆要深入挖掘地情，抓住区域特点展示方志地情。

受到各方面条件制约的县区级方志馆要挖掘地域特点、地域文化，找到人无我有、人有我特的地情特色，进行更为翔实的展示，既避免与省、市级方志展示内容的雷同，又能让参观者通过更为细小单元的展示，对本行政区域的地情有更加深入和详尽的了解和体验。市辖区方志馆还可以围绕市辖区在所在市的功能定位和区位特色去展示地情，以防与所在市的展示内容雷同，避免浪费。

如吉林市的船营区因清代在此设船厂和水师营而得名，是吉林市现代城市发展的起点和古城旧址。因此，船营区的地情方志馆定位为吉林水师营博物馆，既体现了船营的历史特色，又

区别于市地情馆。其用现代声、光、电等手段，以展现水师营为出发点，不仅再现了船营区的历史，还从水师营的角度展现了吉林市的历史。还有吉林市的龙潭区。龙潭区有着悠久的文明史，在很久以前，肃慎人就在此生息，形成了扶余文化等古文化，遗存有乌拉古城池等众多古迹。可以说吉林从东北第一个少数民族政权夫余王国建立以来，2000年的建城文明历史尽展于龙潭区。龙潭区方志馆抓住这条主线和龙潭区历史文化特色，用1000平方米的面积，以"一山一水一方人"为主题，将龙潭区悠久的地情立体地展示出来，陈列内容分秽人在龙潭、夫余人在龙潭、高句丽人在龙潭、靺鞨人在龙潭、女真人在龙潭（辽）、女真人在龙潭（明）、满洲人在龙潭、满族人在龙潭八个部分。陈列形式主要有档案史料、文物、版面、雕塑、油画、国画、造景、模型、沙盘等，让参观者穿越到龙潭区悠久的历史回廊中。

两个地情馆都抓住了本区的历史文化特点，用有限的空间进行充分的展示，既丰富了其所在省和市的地情，也避免了与省、市地情展示的雷同。因此，县区地方馆要充分挖掘地方特色资源，通过精彩的故事、鲜活的语言、丰满的形象，使本区域的地情生动活泼、活灵活现地呈现出来。这种见微知著、具体而微的展示也更翔实，潜移默化、润物无声、滋养心灵、入心入脑，让参观者在地情文化的熏陶中有所感悟和认同，真正发挥县区级方志馆地情展示的作用。

三 作为社会公共文化服务体系有机组成部分之一的方志馆，信息服务功能是方志馆的基本功能。要创新服务手段，竭诚高效，同时依托地方志的特有优势，在服务中创造更高的价值

方志馆达到收藏保护功能后，作为公共文化服务的主体之一，不能满足于只做知识的仓库，更要成为信息共享、资源流通的文化网络中的重要一环。

其一，方志馆要创造良好的服务环境，紧随时代步伐，创新服务方式，推出更多创新做法，拓宽服务边界，让服务更好地抵达群众身边。

这一方面包括硬件服务环境，不仅要让有需求的人感受到方志馆硬件设施的舒适，更要主动服务，为过客提供休息的便利，让他们在方志馆中感到温暖，在休息的同时，不经意间让他们在地情的展示体验中和通俗的地情读物中，感知到家乡的文化和历史的积淀，让更多的人知道方志馆，知道方志。另一方面，方志馆要加强软环境建设，主动拥抱新技术，通过互联网拓展方志馆这一公共文化机构的服务范围，提升方志馆的服务效能，建立线上线下借阅平台，让馆藏资源突破传统限制，满足更多人、更多元的精神文化需求，拉近读者与方志的距离，在惠民便民中，让越来越多的人品尝到方志文化的香甜。

其二，方志馆服务对象的多元化，要求方志馆人员不断锤炼业务能力。

由于方志馆存藏内容和方向的特殊性，方志馆的咨询服务相对于其他公共文化服务来说，是多层次、多元化的，不以单一的人群和层次为咨询服务对象。以存藏、展示具有存史、资

政、教化功能的方志为内容的方志馆，除了服务大众咨询的功能之外，还可以让历史的智慧服务于社会发展。比如，在吉林市建设东北大型水利枢纽丰满水库永庆反调节水库时，丰满区方志馆提供了大量关于土壤、水文等方面的权威翔实的资料，为反调节水库建设做出重要贡献。吉林市发改委在编制《吉林市特色城镇化发展规划》时，是以从方志馆存藏的志鉴中获取的大量权威资料为依据进行科学规划。由此可见，方志馆的服务既有为政的智力支持，又有为民的地情服务，是多层次、多元的服务。这就对方志馆的工作人员提出了更高的要求：要加强思想积累、知识储备，提高学养、涵养、修养；要钻研业务，掌握地情，熟悉地方文化，即使不能滥记于心，至少也要熟知史料的来源出处，成为当地的"活志书""活索引"，提供及时的问策和咨询服务，树立专业权威，扩大社会影响。

四　因地制宜、因时制宜、因势制宜，灵活地、有针对地实现方志馆的其他功能

按照《建设规定》，方志馆还有编纂研究、开发利用、宣传教育、业务培训、文化交流等 5 项功能。尽管这 5 项功能不是方志馆的独有功能，如开发利用功能，同时也是《地方志工作条例》中地方志行政机构的工作职能，但这是方志馆利用自身特有的收藏保护和展览展示的特色功能、专业服务的基本功能的优势，进行的自我发展以便于扩大方志馆社会影响力的功能。要让县区级方志馆全面做到也有一定的难度，但可以从以下两方面努力。一方面，与地方志工作机构、机关团体企业或事业单位、媒体传媒甚至个人合作共赢，形成在合作中扩大方志馆的影响、在社会影响力的提升中不断发展的良性循环。另一方面，也可以在充分评估本馆的优势基础上，结合实际，制定长远规划，将其中一两个功能做大做强，形成本馆的特色和亮点，有口皆碑，打造优势、风格和社会影响力，再以这一两个优势功能带动其他功能的有效实现，打造活跃的方志馆，让方志馆活起来、热起来。逐渐通过方志馆这个敞开的社会服务窗口，让方志不再是小众的文化产品，而是为大众所需的精神食粮和社会发展的推动力。如江苏省方志馆将文化讲坛与党建工作相结合，既扩大了影响力，也带来很好的社会效益。

总之，中国地方志指导小组颁布《方志馆建设规定（试行）》，对方志馆建设来说，是发展的契机，县区级方志馆要借助国家对方志馆建设进行顶层设计、全力推进的东风，借助方志事业发展的最好时机，全面审视考量自己的优势和当地历史与当下发展的特色和实际，规划、设计好方志馆的发展蓝图，通过有步骤、有规划地实施发展建设规划，全力实现方志馆的收藏保护功能，实现特色展览展示功能、权威的专业服务功能，合作共赢实现其他功能，让方志馆活起来、热起来，成为地方志事业发展繁荣的有力平台、资政存史的权威基地，并与其他公共文化事业携手共同丰富人民群众精神文化生活，传承中华优秀传统文化，促进中国特色社会主义文化繁荣发展，进而完成提高全民族文明素质的使命，担负起保护人类历史文化遗存、弘扬民族优秀文化遗产、发展独具特色的民族文化的责任与义务。

研学实践教育基地视野下的方志馆建设

——以江西省方志馆为例

赵 丹

（江西省方志馆）

江西省方志馆从 2011 年开馆以来一直受到社会各界的关注和支持，在 2018 年 10 月被江西省教育厅评为首批江西省中小学生研学实践教育基地。这对江西省方志馆而言是新的起点，意味着江西省方志馆将承担更多的社会责任。江西省方志馆将为全省中小学生提供研学实践教育活动场所，开展研学实践教育活动。在这样的新形势下，能够为全省中小学生提供什么样的研学实践教育活动资源，开展什么样的研学实践教育课程，提供什么样的研学实践教育体验，都是江西省方志馆应该思考的新问题。

一 研学旅行理念的提出与实践

（一）研学旅行理念的提出

2013 年 2 月，国务院办公厅印发了《国民旅游休闲纲要（2013 ~ 2020 年）》，在文件中明确提出"逐步推行中小学生研学旅行"的设想。2014 年 8 月，国务院发布《关于促进旅游业改革发展的若干意见》，明确提出要"积极开展研学旅行"，"按照全面实施素质教育的要求，将研学旅行、夏令营、冬令营等作为青少年爱国主义和革命传统教育、国情教育的重要载体，纳入中小学生日常德育、美育、体育教育范畴，增进学生对自然和社会的认识，培养其社会责任感和实践能力"。2015 年 8 月，国务院办公厅印发了《关于进一步促进旅游投资和消费的若干意见》，明确"支持研学旅行发展"，"把研学旅行纳入学生综合素质教育范畴"，并第一次提出"支持建设一批研学旅行基地"，"建立健全研学旅行安全保障机制"。

2016 年 11 月 30 日，由教育部、国家发展改革委等 11 个部门联合统一印发的《关于推进中小学生研学旅行的意见》对研学旅行有了明确的表述："中小学生研学旅行是由教育部门和学校有计划地组织安排，通过集体旅行、集中食宿方式开展的研究性学习和旅行体验相结合的校外教育活动，是学校教育和校外教育衔接的创新形式，是教育教学的重要内容，是综合实践育人的有效途径。"

我们可以把研学旅行理解为一种离开课堂、离开学校的校外教育方式。通过创设或选择一种真实的环境，使学生在不同的教育情境中学会将理论知识与客观现实有效融合，以提高学生的自主学习能力。不同的教育情境可以大大开拓学生的视野、丰富学生的知识、增加学生和自然的亲近感，并由此激发出学生的民族自豪感和爱国主义热情，从而促进学生的全面发展。同时，研学旅行也是一种有目的、有计划的研究性学习之旅，是将研究性学习和旅游体验相结合的一种学习形式，在体验旅行过程中感受探求事物与获得新知的愉悦，既能够减轻学生课堂学习的枯燥感，也能够提高学生自主学习的兴趣。①

中小学生研学旅行是新时期提出的重要教育思想，也是课程改革的重要内容，致力于促进学生"学""行"并进，有效促进学生的全面发展。开展研学旅行，有利于促进学生培育和践行社会主义核心价值观，激发学生对党、对国家、对人民的热爱之情；有利于推动全面实施素质教育，创新人才培养模式，引导学生主动适应社会，促进书本知识和生活经验的深度融合；有利于加快提高人民生活质量，满足学生日益增长的旅游需求，从小培养学生文明旅游意识，养成文明旅游行为习惯。

（二）研学实践教育理念的实践

2017 年 12 月 6 日，根据《教育部办公厅关于公布第一批全国中小学生研学实践教育基地、营地名单的通知》，204 个单位被命名为"全国中小学生研学实践教育基地"，14 个单位被命名为"全国中小学生研学实践教育营地"。204 个研学实践教育基地分别隶属于 28 个中央部门以及 31 个省、区、市。基地类型涵盖红色革命类、历史文化类、军事训练类、科技活动类、职业体验类、亲近自然类等。研学教育实践基地建设呈现基地遍及全国、涵盖多种实践类型、合作单位颇具权威的特点。②

在此之后，全国各省、区、市陆续开始中小学生研学实践教育基地的评选活动。福建、陕西、江西、四川、湖南、湖北、山东、浙江、黑龙江等省陆续确定了一批中小学生研学实践教育基地的名单。全国范围的中小学生研学实践教育正如火如荼地开展。

---

① 沙汕汕：《初中历史教学中研学旅行之探讨——以山东博物馆为考察中心》，硕士学位论文，曲阜师范大学，2018。
② 邵春瑾：《研学实践教育基地文化建设的问题与对策》，《中国民族博览》2019 年第 1 期。

二 江西省方志馆被评为首批江西省中小学生研学实践教育基地

根据赣教基办函〔2018〕1号文件《关于推荐全省首批中小学生研学实践教育基地的通知》（以下简称《通知》），为贯彻《江西省教育厅等11部门关于推进全省中小学生研学旅行的实施意见》（赣教发〔2017〕7号）精神，落实立德树人根本任务，帮助全省中小学生了解省情、热爱祖国、开阔眼界、增长知识，着力提高中小学生的社会责任感、创新精神和实践能力，广泛开展中小学生研学实践教育活动，省教育厅决定遴选命名江西省首批中小学生研学实践教育基地。《通知》同时规定了推荐条件。（1）各地现有的爱国主义教育基地、国防教育基地、革命历史类纪念设施遗址、优秀传统文化教育基地、文物保护单位、科技馆、博物馆、生态保护区、自然景区、美丽乡村、特色小镇、科普教育基地、科技创新基地、示范性农业基地、高等学校、科研院所、知名企业、各类青少年校外活动场所、大型公共设施、重大工程基地等资源单位。（2）具备承接中小学生开展研学实践教育的能力；具有若干体现资源单位特点、适合不同学段学生、与学校教育内容相衔接的课程；学习目标明确、资源特色鲜明、富有教育功能；有适合中小学生需要的专业讲解人员及课程资源介绍；对中小学生前往开展研学实践教育活动有门票减免等优惠措施。（3）单位运行良好，交通便利，适宜中小学生前往开展研学实践教育，在本地区、本行业有一定示范意义。《通知》同时指出2017年已经被教育部评为全国中小学生研学实践教育基地的单位不再申报、推荐。

该通知发布后，全省各级各类单位积极组织申报工作，江西省方志馆也在主管部门的指导下积极开展申报工作。

（一）江西省方志馆申报全省中小学生研学实践教育基地的优势

1. 地方志传承地方文化基因

地方志是中华优秀传统文化的重要组成部分，记录历史，传承文明。江西是方志编纂大省，历史文化资源位居全国前列，全省各地都从历代志书中整理发掘当地的历史文化进行爱国主义和乡土教育，城市建设和旅游建设也是从志书中获取历史文化内涵，各地学校校本课程中关于地方传统文化的内容大多取材于地方志。

2. 江西省方志馆馆藏资源丰富多样

江西省方志馆收藏包括地方志在内的各类地方文献，展示江西各地的发展历史，是地方历史文化宝库。目前馆藏书籍达十余万册，分为全国各地志书、年鉴等地情资料，全国各地家谱，中国历史、世界历史、江西历史和人物传记等科普类书籍，为全省中小学生了解江西地域文化提供丰富的书籍资源。江西省方志馆设置了"江西是个好地方"和"江西方志"两个展厅，展示了江西的地理、生态、社会、经济、文化、人物和江西地方志的发展历程，能够为中小学生开展江西省情教育并普及江西方志文化，使学生们在了解江西省情和传统历史文化的同时，形成对家乡历史文化的自信与自豪，进而形成浓烈的家国情怀。

3. 江西省方志馆具备承接中小学生开展研学实践教育的能力

江西省方志馆能够为全省中小学生提供璀璨的江西传统文化、艰苦卓绝的红色文化和江西历史地名演进等特色乡土课程；有适合中小学生需要的专业讲解人员为他们提供生动活泼、丰富多样的讲解服务；馆内有阅览室、休息室、视听室、多功能报告厅等设施，为前来开展研学实践教育活动的中小学生提供各种便利服务。此外，江西省方志馆对所有中小学生免费开放。

4. 江西省方志馆运行良好

江西省方志馆坚持"读者至上、服务育人"的办馆宗旨，自 2011 年开馆以来，热情接待来自全国各地的团体及个人达数万人次，并获得一致好评。江西省方志馆专职讲解员刘璐在全国首届方志馆讲解员大赛中荣获"全国十佳讲解员"称号；江西省方志馆获得"全国方志馆先进单位"称号，多次被评为省级文明单位和文明服务示范窗口，具有良好的社会形象。

5. 江西省方志馆创建地情文化普及基地，在全国范围内具有示范意义

为弘扬中华优秀传统文化和江西地域文化，让地情文化深入基层，培养村民爱国、爱家乡的情怀，江西省方志馆在宜春市万载县康乐街道十字布村和株潭镇亭下村创建江西省方志馆地情文化普及基地。

6. 交通便利

江西省方志馆位于南昌市红谷滩区怡园路 688 号，临近地铁 1 号线、2 号线地铁大厦站，地铁 2 号线翠苑路站，多条公交线路可到达，红谷隧道直达，交通十分便利，适宜中小学生开展研学实践活动。

（二）江西省方志馆被评为首批全省中小学生研学实践教育基地

根据赣教基字〔2018〕53 号文件《关于公布江西省首批中小学生研学实践教育基地名单的通知》，江西省方志馆成为 64 个江西省首批中小学生研学实践教育基地之一。这是江西省方志馆的新起点，也为全国各地方志馆的发展提供了新的契机。在研学实践活动日益普遍的新形势下，方志馆作为普及地情文化和传统文化的复合型公共文化场所，能够以其自身的优势，成为研学实践教育基地的一个可选之地。同时，这意味着全国方志馆可以积极利用自身的资源优势，借助全国中小学生研学实践教育的东风，创新方志馆建设手段，扩大方志馆社会影响。

三　研学实践教育基地视野下的江西省方志馆建设

江西省方志馆被评为江西省首批中小学生研学实践教育基地后，能够为全省中小学生提供什么样的研学实践教育活动资源，能够为全省中小学生开展什么样的研学实践教育课程，能够为全省中小学生提供什么样的研学实践教育体验，这些都是江西省方志馆建设时应该思考的新问题。

（一）综合开发馆内资源，提高资源利用效率

江西省方志馆拥有丰富多样的馆藏资源。馆内设置了展厅，可供参观者了解江西历史文化和江西地方志的发展。馆内藏书种类多、数量大，包括全国各地的省、市、县新志和年鉴，全国各地家谱，全国各地旧方志和有关世界历史、中国历史及江西地方史的书籍。除此之外，馆内数字资源也较为丰富。电子阅览室的每台电脑上都有中国地方志数据库，可供读者查阅全国各地影印版旧方志；同时，方志馆自己制作了一批志书、年鉴、家谱的电子书，读者可在江西省地方志编纂委员会办公室门户网站上阅览。如何综合开发馆内资源，为中小学生研学实践教育活动提供多元化素材，是江西省方志馆需要重点考虑的问题。

1. 展厅资源的开发利用

江西省方志馆一楼设置了两个展厅。"江西是个好地方"展厅展示了江西的地理、生态、经济、社会、文化、人物等江西省省情概况。"江西地方志"展厅则主要展示了江西的方志文化，分为四个部分展示方志渊源、盛世修志、名家名志、文化宝典等地方志的历史文化及地方志的应用。虽然两个展厅的面积不大，但在内容的选择上考虑较为全面。中小学生在参观展厅的过程中能够通过图片及文字等媒介对江西省情有初步的印象。考虑到中小学生不同年龄阶段身心发展的不同特点，如果仅以这两个展厅的资源为所有中小学生开展研学实践教育活动，其效果可能不甚理想。一方面，江西省方志馆展示的内容本身就较为枯燥，如果展厅的展示内容不能吸引中小学生的注意，不能激发其兴趣，研学实践就可能会变成单纯的参观游玩而不能达到预期的效果。另一方面，江西省方志馆展厅布展的媒介较为单一，仅限于文字、图片等传统媒介，新兴媒介未能得到充分利用。这就导致展厅内容和数量无法突破空间和时间的限制，做进一步的拓展和更新。

当下，科学技术的快速发展为方志馆布展提供了新的技术手段支持。可以根据不同年龄阶段学生的身心发展规律和特点，综合开发馆内的展厅资源，激发不同年龄阶段学生了解江西省情的热情。例如，引进和利用目前发展较为成熟的 VR 技术，将展厅资源活化，通过虚拟体验、情景再现、互动教学等多种形式，让更多学生参与到江西省情的探索过程中来，将有益于提升中小学生研学实践教育过程中的参与感及体验感，也有利于研学实践教育活动目标的实现。

2. 书籍资源的开发利用

乡土教育是我国基础教育的一个重要组成部分，也是中小学生开展研学实践教育活动的重要内容。尹虹娟在《略谈方志馆公共文化服务的特征和功能》一文中指出方志馆可以对青少年学子进行乡土教育，从而实现方志馆的教化功能。[①] 素有"地域百科全书"之称的地方志中蕴

---

① 尹虹娟：《略谈方志馆公共文化服务的特征和功能》，《福建史志》2015 年第 3 期。

含着大量适合对中小学生进行乡土教育的素材，地名的演进、行政区划的演变、社会经济的发展，山川、河流、历史名人、名胜古迹、民俗风情等都可以成为良好的乡土历史资源。学生可以从中了解家乡的风土人情、历史兴衰、社会变迁、经济枯荣、政权更替、民族分合等家乡历史文化。刘俊伟在《乡土历史资源的开发与利用》一文中指出："乡土历史资源的开发对于学生形成良好的思想品德、坚强意志，培养学生对乡土文化的认同感和建设家乡的使命感，以及学生的全面发展有着重要作用。乡土历史文化资源不仅丰富了历史课的内容和情趣，而且使学生能够在轻松高雅的学习活动中掌握知识，提高学生的学习兴趣和积极性……拉进历史与现实的距离，激发学生的家国情怀，传承乡土历史文化……"[1] 江西省方志馆有数量繁多、种类多样的书籍资源，应充分开发和利用馆藏书籍资源，将方志馆打造成进行乡土教育的理想场所。地方志具有专业性、记述性和实录性等特点，与一般的历史读本在通俗易懂方面有较大的差距，这就要求读者有一定的知识背景。但中小学生在一定程度上缺乏这种知识背景，一般的地方志资料对他们而言颇具阅读和理解难度。和卫国在《对方志馆建设与发展问题的几点思考》一文中就提到，方志馆馆藏资源要充分考虑普通读者特别是青少年的利用需求。他在该文中进一步指出，"注重方志馆传承中华民族优秀历史文化的功能，探索加大适合普通读者，特别是适合青少年的历史文化读物的收藏，有条件的地方可专门开辟儿童阅读区等空间，让普通读者、青少年在方志馆中接收历史文化的熏陶，把方志馆打造成普通读者、青少年喜欢接收历史文化教育的文化场所"。[2]

作为中小学生研学实践教育基地的江西省方志馆，综合开发馆内书籍资源，在为中小学生提供乡土教育上，可以从以下方面开展工作。一方面，江西省方志馆可以广泛搜集适合中小学生阅读的历史文化读物，让中小学生进馆后有合适的读本可供阅读，了解江西历史文化。另一方面，江西省方志馆可以根据不同年龄阶段的中小学生的身心发展特点，组织人员编写通俗易懂的普及家乡历史文化的乡土历史教材。按照学生的心理发展特点，开发针对低龄小学生、高龄小学生、初中生、高中生等不同学生群体的乡土教材，让不同年龄阶段的学生都有适合他们的乡土教材，从中了解家情、村情、乡情、县情、市情、省情、国情等地情文化，培养其爱家、爱乡、爱国的家国情怀，传承乡土历史文化。

3. 数字资源的开发利用

信息化、数字化是方志馆发展的一大趋势。江西省方志馆应适应全国方志馆发展的趋势，同时结合中小学生研学实践教育基地的新要求，将方志馆的信息化和数字化工作纳入工作重点。

目前全国各地的方志馆都在加强数字化建设，建立自己的数字方志馆，开发数字资源。江西省方志馆也应加快数字化建设步伐。通过建立数字方志馆，将方志馆馆藏的首轮和二轮省、市、

---

① 刘俊伟：《乡土历史资源的开发与利用》，《中学教育科研》2018 年第 1 期。
② 和卫国：《对方志馆建设与发展问题的几点思考》，《黑龙江史志》2018 年第 8 期。

县三级志书，年鉴，全国各地的家谱，旧方志等通过扫描等方式制作成电子书，上传到方志数据库、年鉴数据库、家谱数据库、旧方志数据库等数据库中，实现馆藏资源的信息共享，提高馆藏资源的利用效率，为广大读者提供更便捷的服务。依托实体展厅，通过 VR 等技术将"江西是个好地方"和"江西地方志"两个展厅的陈展内容数字化，并预留内存空间实时更新和拓展内容，让读者通过登录方志馆网站的方式就能参观方志馆展厅，了解江西的地域文化及江西方志发展脉络。此外，可以广泛征集关于江西各地地理、历史、文化等方面的珍贵图片和影像资料，上传至数字方志馆网站，丰富数字方志馆的内容。综合利用馆内各种资源，提升读者的体验感。

（二）加强馆校合作，开发研学课程

江西省教育厅《关于公布江西省首批中小学生研学实践教育基地名单的通知》明确要求基地开发符合不同年龄段中小学生特点的研学实践课程和活动。作为中小学生研学实践教育基地，江西省方志馆也有责任参与到研学实践教育课程中来。但江西省方志馆不属于教育系统，对学校教育及课程开发等缺乏专业知识和相关技能。在这种情况下，江西省方志馆需要与学校加强合作，共同开发适合不同年龄段中小学生的研学课程。

方志馆蕴含着丰富的教育资源，成为中小学生研学实践教育基地以后，更要注重对馆内教育资源的开发利用，开发研学课程，让学生在研学实践中提高综合素质。教育部等11部门印发的《关于推进中小学生研学旅行的意见》指出，学校应根据学段特点和地域特色，逐步建立小学阶段以乡土乡情为主、初中阶段以县情市情为主、高中阶段以省情国情为主的研学旅行活动课程体系。根据这一要求，江西省方志馆作为研学教育实践基地，在宏观层面上，需要有针对不同年龄段中小学生的研学课程设计。因而，需要江西省方志馆与学校合作，针对不同学生群体，进行差别化课程开发，注意课程的互动性、参与性、趣味性、长效性。研学课程的开发需要在确定目标、选择资源、课程实施、课程评价四个环节坚持以人为本的原则和以学生为主体的教育理念。从微观层面来说，任何一次具体的研学实践活动都是带着目标进行的。新课标要求的三维目标（知识与能力、过程与方法、情感态度与价值观）如何在江西省方志馆进行研学实践教育活动的时候体现出来，并在活动过程中得到充分实现，也是需要考虑的。因而，江西省方志馆也需要积极与学校合作，根据学生的不同需求，进行研学活动教学设计。具体而言，需要根据方志馆自身的资源优势，并结合学生的年龄、学习背景，确定与学生相关的、有价值的课程主题，让学生在积极参与中主动学习，完成自身从旧知识到新知识的迁移，并让学生带着新的思考开展深度学习。[①]

（三）加强人才队伍建设，增强研学指导能力

江西省教育厅《关于公布江西省首批中小学生研学实践教育基地名单的通知》明确要求，

---

① 刘世斌：《开发博物馆课程，让学生在研学旅行中开展深度学习》，《中小学教师培训》2018 年第 7 期。

各基地要完善建立一支研学师资队伍。作为中小学生研学实践教育基地的江西省方志馆，客观上要求具备为中小学生开展研学实践教育活动提供研学实践指导的专业人员，以保障中小学生研学实践教育活动正常有序地开展。

江西省方志馆成为中小学生研学实践教育基地后，完善建立研学师资队伍可以从引进和培训两个方面入手。一方面，可以积极引进受过专业教育并具备职业资格的研学辅导人员，对中小学生研学实践教育活动提供专业指导。另一方面，可以对馆内现有的人员进行教育培训，使其成为研学实践教育活动的兼职辅导人员。同时，馆内的讲解人员也要定期进行培训，提升讲解业务能力，以适应不同学生群体的需求，更好地为中小学生提供优质讲解服务。

（四）建立安全机制，落实安全责任

安全是研学旅行能否有效开展的关键因素，也是学校、教师、家长等十分重视的问题。江西省教育厅《关于公布江西省首批中小学生研学实践教育基地名单的通知》明确要求各基地建立规范管理、责任清晰、保障安全的研学实践工作机制，不断提升基地研学实践工作品质。江西省方志馆作为中小学生研学实践教育基地，要建立和完善馆内安全保障机制，将安全作为江西省方志馆建设和活动开展的第一要务。

首先，建立安全责任工作机制。将安全责任、事故处理责任等落实到人，为中小学生开展研学活动提供全面可靠的安全保障。其次，制定应急预案，有效应对突发事件。突发事件发生后及时与公安、消防、卫生等相关部门联系，积极采取有效措施，有效控制突发事件影响范围，及时上报相关部门。再次，重视和加强对馆内工作人员的安全培训工作，提高馆内工作人员的安全防范意识与能力，同时要定期对馆内的消防设施进行安全隐患排查，防患于未然。最后，在馆内显要位置布置相关的安全宣传牌和日常安全常识标语，并保障消防逃生通道的畅通，保障学生的安全。

结　语

江西省方志馆成为江西省中小学生研学实践教育基地，客观上对江西省方志馆的建设提出了新的要求。通过综合开发利用馆内的展厅资源、书籍资源、数字资源，提高馆内各种资源的综合利用效率，来为中小学生研学实践教育活动提供多元化的资源。根据方志馆自身优势，加强馆校合作，开发研学课程，为中小学生开展研学实践教育活动提供科学合理的活动方案。通过加强人才队伍建设，建立一支专业能力过硬的研学师资队伍，为中小学生开展研学实践教育活动提供有效指导。通过建立和完善安全机制，落实安全责任，为中小学生研学实践教育活动保驾护航。

立足区情实际，积极发挥县（区）级方志馆功能

——以泉港区方志馆为例

林进辉　陈小燕

（福建省泉州市泉港区委史志室）

编修地方志是中华民族的优秀文化传统，迄今已有上千年的历史。近年来，党和国家领导人对地方志工作高度重视。习近平总书记在视察首都博物馆时强调，要高度重视修史修志，时任国务院总理李克强对第五次全国地方志工作会议做出重要批示，强调要"修志问道，以启未来"。地方志工作焕发出勃勃生机，从传统的编纂志书，发展到志、鉴、馆、库、网等多业并举的立体事业，充分发挥了存史、资政、教化的重要作用。

在相当长的历史时期内，方志馆的功能被分散在档案馆、图书馆、博物馆等馆场，但基本上以收藏资料为主，不能完全发挥出方志馆的功能作用。20世纪80年代，全国首轮修志工作全面开展，部分省市开始方志馆建设。2000年后，随着山东、江苏等省级方志馆和国家方志馆的建成和使用，现代意义上的方志馆日渐成型，并在定位功能、格局设计和展示方式等方面有了很大的创新和突破，为市、县（区）级方志馆建设提供了学习、借鉴、探索的平台。

一　抓住机遇，力争建馆机会

2006年5月，国务院颁布《地方志工作条例》，明确提出将方志馆作为保存、管理地方志编纂过程中搜集到的文字资料、图表、照片、音像资料、实物等以及形成的地方志文稿的重要机构。近年来，全国各级方志馆应势而建，社会影响力日益增大。2013年12月，《福建省实施〈地方志工作条例〉办法》公布，要求有条件的地方建设方志馆，展示地情，免费向公众开放。泉港区方志馆正是在此大背景下建设起来的。

　　泉港区位于福建省沿海中部，泉州市北部，台湾海峡西岸，正对台中市，于2000年正式挂牌设区。2012年，泉港区委、区政府决定建设泉港文化中心，将文化方面的配套设施全部集中在一起，实现资源的整合、共享。2014年，该文化中心建成投入使用，并成立以区分管领导为主任的文化中心管理处。为争取把方志馆建在文化中心，原泉港区方志办做足前期工作，提交方案和报告，讲清讲透建馆思路与未来发展规划；提出首期建设等同于150万元投资的规模，由区财政投入75万元，方志办自筹75万元，建大建强方志馆这一新生事物，争取在全省排前列。最终在多方努力下，方志馆争取到了入驻文化中心的机会，馆用面积2107平方米。2014年开始筹备建馆，布馆工程列为2015年区委、区政府为民办实事项目，一期布馆投入150万元，并于2016年6月试开馆，为福建省面积最大的县（区）级方志馆，迄今接待单位和个人参访200多场次5000多人次。

　　2016年，第一次全国方志馆工作会议在江西省景德镇市召开，会上提出："谋划方志馆事业的长远发展，必须着力推进方志馆的功能建设，特别是收藏和展示功能建设；必须着力推动方志馆建设和管理的制度化、规范化，特别是要尽快制定出台《方志馆建设规定》，全面推进各级方志馆建章立制，规范运行；必须着力强化方志馆的办馆特色，特别是要突出地情展示和地情信息服务特点。"2017年6月，中国地方志指导小组印发《方志馆建设规定（试行）》，从制定的依据与原则、方志馆概念与功能、方志馆建设规划与规模、方志馆建筑选址与设计、方志馆建筑标准与机构人员等方面做出明确规定。2018年1月，福建省地方志编纂委员会印发《全省市、县（区）方志馆（书库）建设指导意见（2017~2020）》，对福建省方志馆（书库）的整体建设原则与建成的时间、面积、设计布陈、管理运行等方面做出了具体规定，方志馆建设和发展大有可为。泉港区方志馆认真学习贯彻文件和会议精神，不断丰富、开发馆场功能，推动社会主义文化建设，更好服务社会各界的文化需求，为泉港乃至泉州、两岸的文化事业发挥出积极的作用。

二　找准定位，优化布馆设计

　　作为新兴事物，方志馆该如何定位，如何建设？我们赞同朱佳木在杭州方志馆设计方案论证会上提出的"凡有条件建方志馆的地方，首先要把它建成地情馆、国情馆"。这一论述，正是从方志本质出发，凸显了方志的特色。我们在实践中，不断加强方志馆建设的理论学习和实地考察，对泉港区方志馆的定位有了一个比较明确的方向：第一，它是一个展示泉港区情、体现泉港方志研究成果的地情馆；第二，它不仅仅是地情馆，更是集收藏、借阅、展览、交流、培训、资源开发和服务，以及研究方志学、普及方志知识于一体的公共文化服务机构，并作为泉港地情研究中心、两岸方志文化交流中心、泉州姓氏文化研究中心和爱国主义教育基地而存在。

在找准定位后，针对场馆的面积大、投资量小的问题，如何做到"花小钱办大事"，并和周边的城市规划展馆互补，我们思考了很多。在多次论证后，我们明确了规划设计的主线：突出地方特色，突出方志特色，建设富有泉港味道的方志馆。在资料搜集方面，我们与刘丹的观点不谋而合，紧密"结合本地历史、自然风貌、物产、著名事件和人物、民俗、宗教信仰、名胜古迹、名村名镇、非物质文化遗产等方面的情况，积极搜集相关的地方志书与资料，使入馆的地方志书与资料具有浓郁的地方特色，具有自己独特的存在价值和文化品位"。

泉港文化是闽南文化的组成部分，所以，大的设计框架要体现闽南文化元素，如大门、围墙、装饰的花架等。在具体布馆内容方面，则要突出泉港特色和方志特色。一是姓氏多。全区有 376 个姓，约占全市姓氏总数（1085 个）的 1/3，平均每 0.85 平方公里一个姓，这在全国都很少有。所以我们建设了泉港姓氏（谱牒）展示区（姓氏专馆），通过搜集、展示、交流、研究以及运用谱牒，着重展示泉港各姓氏源流；并开辟海（境）外迁播专区，展示泉港的华人华侨史料。二是名人多。在 41 万人口中，部级以上干部 9 人，处级以上 1015 人，博士 270 多人，各个界别都有代表性人物。为此，我们建设了泉港名人文化区（名人馆），着重展示泉港籍或与泉港有渊源的古今名人，并配套建设教育馆和"泉港写、写泉港"书籍展示专区，以揭示泉港名人辈出的内外因，充分展示"地瘦栽松柏，家贫子读书"的向上精神。三是文化多元。泉港自古以来就是一个移民地区，中原文化、海洋文化、农耕文化、闽南文化、莆仙文化、红色文化都能在这里找到印证，形成异彩纷呈的文化传承，比如泉港北管，传入地是江浙，唱腔用普通话，又加入地方小调，很有特色。比如泉港方言，海（境）外称头北话，至少可分为五个语言带，村与村之间，甚至隔条巷子口音都不一样。比如古民居，大的风格属闽南建筑，但也各不相同，有樟脚古民居、黄素石楼、土坑古民居、溪西古寨、山腰小三房、后龙老街、肖厝洋楼等各具特色的建筑群，小吃品种也多，所以我们建民生馆，把与群众生活密切的居住、特产、小吃、生活场景融合在一起，配套建设一些渐渐消失的老行当、老照片文化墙，把乡愁留在方志馆。四是家风淳朴。泉港是福建省第二个长寿之乡，除了平均年龄、医疗保障等"硬件"外，泉港孝道文化源远流长，这与泉港的家教有极大关系。所以我们建设了家训走廊，着重展示泉港各地家规家训，传承孝道文化。五是方志事业发展迅速。泉港区方志事业起步较晚，但奋起直追。2014 年至今，除建成方志馆，先后出版了泉港首部专志《泉港姓氏志》、《泉港年鉴》6 卷、《泉港头北人·闽台同宗村》、《泉港名产》、《泉港俗谚趣话》、《李恺介山集》等地情图书，点校出版古籍《介山集》《圭峰先生集》《惠风集》等，编纂《泉港月志》《泉港地情卡》并向区内外免费赠阅，开展地情普查和口述历史调研，并积极进行方志理论研究，设立课题，撰写多篇论文。2017 年，泉港区方志办被评为福建省地方志理论研究先进单位，《泉港年鉴（2017）》被评为福建省综合年鉴编纂质量二等奖。因此我们设置了方志文化展区，用于展示中国从古至今方志文化的起源和发展演变情况，并集中展示泉港方志事业历年来的编纂成果。

除此之外，方志馆内还布设了其他展区：泉港发展演示区，通过动静结合，集中展示泉港的老地图等资料，再现泉港的历史发展轨迹；泉港志书文献区，着重收藏和展示重要志书、文献等资料；泉港著作资料区，围绕"写泉港、泉港写"，着重收藏和展示泉港籍作者的著述和区外作者有关泉港的著作、文章等；对台文化交流展示区，展示亘古以来两地的"五缘"交流活动及成果；泉港红色文化展示区，集中展示泉港各阶段的革命斗争情况及相关实物；泉港历史遗传展示区，展示从新石器时代至清代各个时期的各类历史文化遗存。

同时，我们组织设计人员实地参观浙江余杭区方志馆，参阅上海市方志馆、景德镇方志馆等布馆设计理念，对方志馆布馆设计方案进行调整优化。设计方案同时得到省、市方志委的重视与支持，初稿出来后，分别召开设计方案论证会、系统人员征求意见会、专家技术对接会，并送呈相关领导把关，综合各方意见进行调整优化。

三　开门办馆，发挥基础功能

为避免"建馆时轰轰烈烈，开馆时冷冷清清"的问题，充分发挥方志馆地情资料收藏、保护、展示、研究作用，最大限度地满足民众团体对地情信息和地情研究等方面的需求，我们在建馆之初就把开门办馆作为一个重要课题加以考虑，紧扣重点，并努力争取突破。

一是实现人员、机制"两保证"。我们争取到区委、区政府的支持，2016 年 2 月，方志馆被列入股级财政全额拨款事业单位，编制 2 名，负责管理方志馆日常工作。并着手培养专业讲解员队伍，专职讲解员和兼职讲解员并重，确保有人管馆、有人议馆；不断建立健全方志馆固定值班、接待、图书管理、安全、卫生等制度，做好参访人员接待与书籍借阅登记记录；方志办每月工作例会必研究方志馆工作，坚持做好月培训制度，定期对方志馆工作人员进行专业培训，提高工作人员整体素质，力争为参访人员提供良好服务。

二是进一步做好馆场建设，重点抓投入、推众筹。其一，抓硬件建设投入，按照逐步丰富馆藏的思路，通过多种渠道争取资金投入，采取众筹形式，开展联合办馆。我们争取到区领导同意，除了泉港区方志馆不能冠名外，其他的内设展厅均可以冠名。通过努力，现有 4 家单位出资投入，按照方志馆的统一规划要求建设专馆。个人出资建馆也正在洽谈。建立健全方志馆图书管理、交流和捐赠书管理制度，增加图书藏量。通过发放收藏证书，建设展示专柜或挂名设立图书专馆，广泛发动社会力量参与史书捐赠，至今共接受各类捐赠 58 批次 1100 多册，其中厦门大学陈支平教授个人捐赠 800 多册。并向全国各地方志机构、政协文史委员会征集文史资料，目前共交流 266 批次 898 册。福建省方志委也给予了大力支持，赠送各类志书 500 多册，单位及社会捐书的码洋累计近 20 万元。同时，争取到区政府每年拨给预算 3 万元，作为方志馆的购书之用。其二，抓软件建设投入，利用方志馆的馆藏资源搞研究、拓延伸。把"互联网＋"作为研究、拓展的重要形式，与家谱国际公司洽谈合作创建"海丝"家谱中心，建设"海丝"家谱研学基地,与福建九仙传媒探讨建设海峡古籍网,利用社会力量推动网上方志馆建设,提升方志馆建设品位。

三是坚持开门办馆。为了让更多人来参观、学习,我们采取开门办馆,坚持周一到周六全面开放,让群众随时可以参观。并争取社会各界广泛参与,参与人再带动其亲朋好友来参访。立足馆藏资源,一方面积极与区直属及相关部门开展合作,联合区文体新局,在方志馆加挂泉港区图书馆文献专馆牌子,藏书计入图书馆馆藏数量,书籍管理全部实行标准化管理,面向群众开放;与区文体新局开展曲艺培训,与区传统文化交流协会开展国学讲座等,与区妇联联合开展家庭文化研究,让更多人接受传统文化和地情知识教育;联合区侨联,在市方志委、市侨联指导下,依托方志馆,探索建立南洋华裔族群寻根平台,为海内外同胞回乡寻根谒祖提供便利;联合区委文明办,在名人馆开辟"好人榜",展示区级以上道德模范;与中国知识资源总库编辑委员会合作,及时将泉港地情资料传输入库,实现资料全国共享。另一方面,发动民间力量广泛参与,鼓励、指导各姓氏家族开编族谱并报送姓氏馆展示;开展老照片、家规家训书法作品等征集活动,布置老照片墙、家规家训长廊;举办"泉港写、写泉港"捐书活动,征集泉港籍作者的著述及有关泉港的著作资料,用于布置著作资料展示区;邀请98岁泉港籍书法家林庆霖题写方志馆牌匾;等等。同时,逐步添置电子设备,提供 DIY 体验、电脑查阅等服务,满足不同群体的需求,增加人气;考虑与互联网相结合,建设网上方志馆,让群众不到现场即可浏览所需所要。

四 深挖潜力, 拓展外延功能

为了最大程度地发挥出方志馆的作用,不但要重视馆场的基本功能发挥,更重要的是扩大馆功能的外延,变静为动、变虚为实,充分挖掘馆场的潜力。为此,我们重视发挥方志馆的编纂和研究功能,整合各类资源,开展相关课题研究和活动,盘活方志馆资源,充分激活方志馆的收藏、借阅、展览、交流、培训、资源开发和研究等功能。

一是确保高校科研、协会研究"两促进"。引进厦门大学历史学系教授入驻泉港,成立景辉工作室,指导、推进方志研究。景辉工作室主要承担"土坑社会历史与发展"课题,参与钟厝畲族村、肖厝渔村文史资料挖掘,并结合石化安全控制区大征迁,开展邱厝、柯厝等15个村的古建筑调查研究。建设泉州师范学院专业实践基地,组织开展"与推土机抢空间,与高龄化抢时间"采编活动,抢救、挖掘和传承文化遗产;协同开展"海丝"名镇历史文化资源普查,所申报的"泉州海丝名镇历史文化资源调查研究"课题入选省方志委2015年度重点课题。设立文史专家工作联络点,联合集美大学博士陆露开展头北方言迁播的研究。向下将研究抓手延伸至镇、村,在各镇(街道)设方志工作联络站,团结和引领本区域的方志爱好者,共同参与挖掘、抢救本区域的地情资料。将下属姓氏文化、方志、传统文化交流等三个协(学)会集中在方志馆办公，开展"传统文化进校园""对台姓氏交流"等活动，组织人员利用馆藏资料，撰写各类文章 20 多篇。其中《通过姓氏文化研究凝聚民间正能量》获泉港区 2015 年度"宣传思想文化工作创新奖"三等奖，《东南巨镇——泉港》刊发于《福建史志》2016 年第 5 期。

二是推进史料挖掘、馆藏丰富"两同步"。针对泉港是新区，2000 年前行政区级别低、历史资料单薄、方志工作起步晚等实际，组织人员全面开展调查。先后组织开展口述历史、古建筑风格、寺庙历史、海丝文化遗存、家规家训、头北方言等专项调查，形成相关研究成果。参与泉州电视台、泉港区委区政府联合摄制《溯源泉港》的脚本修改和实地勘查。协同东南早报社、区文体新局、区文旅公司开展体验式考证，并在《东南早报》开辟"印象泉港"专栏，以游记形式报道泉港的地情文化。协助后龙镇纪委挖掘、整理《土坑刘氏家规家训》，配合区中医药学会开展《泉港本草》调查。围绕土坑申报全国重点文物保护单位，成立历史文献组，开展全区性的海洋文化调查，整理编辑成《土坑港市遗址》一书。结合家风家训的传承，承担区纪委牵头的元代良吏卢琦文化研究。以镇为单位，以方志部门为主导、民间力量为主体，分片区开展全面调查，深入挖掘区域性文史资料，形成《老南埔》《老前黄》等资料长编。对基础史料的挖掘、提炼，不仅为泉港首轮修志提供了史料，同时不断充实和完善了方志馆的布馆内容，并启发我们在方志馆的布馆上留有余地，采用嵌入式布馆设计，根据历史考证及实物资料及时调整各板块的布馆内容。

在各级领导的关心支持下，泉港区方志馆建设逐步得到完善，并取得一定成效。2017 年 8 月，福建省部分市、县（区）方志馆（书库）建设工作推进会在泉港召开，泉港区方志办主任林进辉荣获"全国方志馆建设工作先进个人"称号，两位方志馆讲解员代表福建省方志委参加全国方志系统"中国梦·方志情"首届方志馆讲解员大赛，均取得佳绩。泉港方志馆作为普及区情知识、宣传方志文化的阵地，作为集多种功能于一体的公共文化服务平台，应立足区情实际，坚持方志定位，不断吸收其他场馆的优秀经验，整合拓展馆藏功能，探索独具特色的管理运行模式，为社会主义文化建设积极发挥出应有的作用。

地方志数字化加工流程及格式研究

——以上海市地方志数字化加工为例

唐长国

（上海市地方志办公室研究室）

随着全国第二轮修志工作的推进，大量志书出版在即，在发行、保存、利用纸质图书的同时，电子化志书的需求与日俱增，利用互联网快速查找地方志书成为使用者、研究者的习惯性选择，地方志工作机构在承担繁重的地方志书编纂任务的情况下，需要考虑对志书进行数字化加工并以电子书、互联网等形式进行保存、传播和开发利用。地方志信息化工作的起步相比于图书馆、档案等行业较晚，数字化加工志书存在全国标准不统一、数据不共享、工作不协调等问题，给地方志信息化工作发展带来较大困难。[①] 本文通过梳理归纳目前地方志数字化加工格式，提出选择加工格式的建议。

目前地方志数字化加工可以分为两大类，一类是旧志或计算机普及以前出版的纸质志书，需要进行扫描、OCR识别（光学字符识别）、人工校对、标引、格式调整等数字化加工过程。数字化加工可以产生的格式为 jpg、tif、pdf、docx（doc）等；另一类是计算机普及以后出版的志书，可以取得计算机排版文件，转换过的 pdf 文件、txt 文件。数字化加工可以产生双层 pdf 格式、docx（doc）格式、ePub 格式等。

部分商业数据库公司将地方志数字化后加工成本公司特有的格式，必须安装专用软件才能阅读。

---

① 冀祥德主编《中国方志发展报告（2015）》，方志出版社，2015，第165页。

一 纸质地方志图书数字化加工过程及生成格式

（一）图书扫描

图书书页扫描工作是纸质地方志图书数字化加工过程的第一步，扫描质量的好坏会直接影响识别校对工作，因此必须采用先进的扫描设备，制定缜密的质量管理制度，严格把好质量关。[①]

1. 扫描内容

文字书页扫描成黑白二值图，分辨率为 600dpi。扫描文件内容用于 OCR、文字校对。黑白图片、表格等非文字信息扫描成 8 位灰度图，分辨率为 600dpi，扫描内容用于图书封面、书页装饰、页面插图、插表等。彩色版面扫描成 24 位彩色图，分辨率为 600dpi，扫描内容用于图书封面、书页装饰、页面插图、插表等。

2. 图像扫描要求

（1）清晰、完整地扫好每张图。（2）记录单书的总页数，确保不出现漏扫。每扫完一本书，便检查扫描的数量和图书记录的数量是否一样，详细做好缺页、缺块记录。（3）存放文件目录第一级为本批次图书的序号，第二级为图书书名，图片文件名按图书页码依次命名。每扫完一本书便检查一下文件名。若原书无页码标识，根据拆分整理时编排的页码命名。如果是插页没有页码标示，则在前一页码加上“-*”（*用 0~9 数字表示），例如：第 25 页和第 26 页间有两个插页，前一个插页命名为 0025-1，后一个插页命名为 0025-2。文件统一采用 tif 格式存储。（4）在扫描过程中，扫描人员要在电脑屏幕上一直跟随扫描图片，检查是否有问题，如扫描图失真或参数不对影响扫描质量，导致扫描图太暗或太亮，要及时调整。（5）保存备份，每扫完一本书，用大眼睛工具查看所有版面是否清晰，如有遗漏和不清晰的版面要补上和重扫，特别注意有没有坏文件，如果出现坏文件，则要重扫补上并查看以前扫描的合订本文件是否也有损坏，有就立即重扫补上。确认没问题后，在本地硬盘备份，一份完好的数据要有两份备份，如果其中一份文件有问题，要查看另一份是否也有问题，如果有问题立即重扫补上，如果有一份数据没问题，就将没问题的备份到另一份中。

3. 图像修整

（1）分辨率：黑白二值页面、灰度、彩色页面全部使用 600dpi。（2）版面：图像清晰，版心居中，端正，上下左右空边相，倾斜角度不得超过 0.01 度，版面 100% 状态下看不到污点。同一本书使用同一尺寸版心，特殊折页内容除外。

---

① 肖禹：《“中国地方志数字化关键技术研究与演示平台设计”项目述略》，《文津流觞》第 52 期。

4. 图像质量检查

第二天查看前一天处理完的所有图片，对比扫描和图片处理的记录单，并与原图书对照，最后整理一份完整的记录单，包括整理图片处理时记录的登记内容，并出具质检单（包括数量、合格率、返工率、返工完成情况）。必须做到图片数量与原书相符、图片质量跟要求相符。

图片扫描、图像处理形成的"原始图像文件"格式为 tif 或 jpg，记录了纸质图书的原貌，可以作为地方志数字内容资源的原稿，对后续加工中的产品及成品进行核对。同时，它保存了纸质图书的原始页面，可以在需要的时候按照原版本样式印刷纸质图书。除扫描外，对要求不高的志书数字化可以采取拍照形式进行加工，照片格式为 jpg，经扫描或拍照的纸质志书可以电子化保存，也可根据需要打印成纸质文本。

（二）OCR 技术

数据生产过程中，OCR 技术非常关键，其优劣直接影响到文字的质量。目前，国内外市场上有多种 OCR 成熟软件可供购买使用，有的数字化加工公司还根据不同 OCR 的核心技术不同，开发出比对纠错系统，结合对应的纠错知识库，由电脑直接纠正绝大多数的文字错误，尽可能节省人力校对工作量。经过 OCR 技术识别的文件一般为 docx（doc）文件，但考虑到 OCR 技术的准确度不够，只能在实践中作为中间产品而非最终产品使用。

（三）人工校对

OCR 软件虽然可以识别大多数文字，达到 90% 左右的正确率，但仍然有约 10% 的错误、乱码、无法识别等情况，还是需要人工对识别后的文件与纸质地方志书进行文字校对。人工通过相应的专业校对工具，逐一对照扫描信息进行纠正。人工校对一般采用横校与纵校相结合，横校发现普遍错误，纵校发现特殊字错误。为了保证人工校对质量、量化校对人员的工作质量，有的专业数字化加工公司采取"电脑扰码"，在文章中随机替换某些文字（"知识库"中出现的词语内容不列入）的形近字，按照概率推算出本批文字的错误率，该过程称为电脑扰码。电脑扰码后的替换内容只有服务器知道，包括管理人员在内的所有员工都不知道具体替换的内容。校对人员通过全文校对后，再由电脑自动寻找、统计替换内容的纠正情况，从而判断本批数据是否校对合格。例如，在 1 万字文章中自动进行 10 处电脑扰码，校对后本 10 处错误中有 9 处被纠正，则认为只有（10-9）/10000 的错误率，如果项目要求 1/10000 错误率时，此时质检人员可以认为该校对人员的工作合格，数据进入下一道工序，否则就必须返工。通过电脑扰码可以有效统计和监控校对后的文字质量，可以量化校对人员业绩和工作量，也为最后形成合格数据提供了科学依据。

经人工校对后的文件可以作为最终文件使用，格式为 docx（doc），为保证其准确性，也可将文件转换为 pdf 格式。

二 电子文件地方志图书数字化加工过程及格式

电子文件地方志图书格式分为印刷文件和转换后的 pdf 文件、txt 文件、docx（doc）文件。目前市场上常用的印刷软件是方正书版和 InDesign，新一代方志书版已开发出反解软件，可以将方志书版格式文件转换为 pdf、ePub、txt 或 docx（doc）格式。InDesign 软件可以导出 txt 格式、pdf 格式，还可以将 pdf 格式另存成 docx（doc）格式。

转换后的 pdf 文件为单层文件，只有图像层，不能复制、检索和直接编辑修改，但可以作为纸质文件的数字化原文件保存，在需要的时候打印出和纸质地方志书一致的复制本。为方便使用，专业公司对 pdf 文件进行关键词标引，做成双层文件，可以选取、复制、检索，为适应阅读者的使用习惯，也有做成电子书格式的，增加了翻页功能。

专业性公司为进一步深度挖掘地方志资源，提高地方志资源的使用效率，建立数据库，还在数字化加工过程中产生 xml 格式文件。xml 格式文件包括图书元数据 xml 文件和结构化 xml 文件，其中图书元数据 xml 文件保存图书的书名、出版社等元数据信息，不包括图书正文内容，主要用于图书信息的检索；结构化 xml 文件包含整本图书的内容结构、标引信息和各级元数据信息，按书的篇章节目顺序排列，可以做到浏览、检索、选择、复制和链接，还可以根据不同需求重新组合形成新的专题性内容，xml 格式是地方志地情资料库建设的未来方向，也是多次开发应用数字内容资源的重要基础。

为适应手机阅读习惯，在结构化 xml 文件基础上加工而成图书 ePub 文件格式。图书 ePub 文件是符合 ePub 3.0 国际标准的流式文件。其特点是文字内容可以做到自动适应屏幕大小，根据用户所选定的字号大小和阅读设备的显示分辨率，自动调整字行宽度，始终保证屏幕上出现的是完整字行，让用户只需要上下移动阅读，不必左右移动显示窗口阅读。

上述纸质和电子版本地方志书数字化加工流程，可以粗略分为初级、中级、高级三个阶段。初级阶段主要是拍照或扫描，保存格式为 jpg 或 tif；中级阶段为 OCR、人工校对，保存格式为 pdf（单双层）、docx（doc）；高级阶段为元数据标引，保存格式为 xml。

三 上海市地方志数字化加工及格式选择

2004 年 5 月 27 日，由上海市地方志办公室主办的"上海通"网站正式开通运营，随即开展地方志书数字化加工、入库和上网工作。上海市首轮修志成果，包括一部 10 册 46 卷近 1100 万字的《上海通志》和由 10 部县志组成的"上海市县志系列丛刊"、12 部区志组成的"上海市区志系列丛刊"、110 部专志组成的"上海市专志系列丛刊"，总字数 1.6 亿多字，全部完成数字化加工，发布在"上海通"网站上。有关部门对每年出版的上海年鉴和区（县）综合年鉴、地情资料及近年来出版的第二轮志书也及时进行数字化加工、上网。2018 年出台《上海市地方志信息化发展规划（2017～2020 年）》，不断投入经费，开展地方志信息化工作，开展全市未数字化地方志书的排摸、统计、汇总和数字化加工、入库、上网。

上海市地方志办公室委托专业公司开展地方志数字化加工工作。对于纸质图书，加工格式为 docx（doc）和 pdf 格式；对于电子版地方志书，采取将 pdf 格式转换为 docx（doc）格式的方式。

（一）技术规范

1. 扫描与图像处理

（1）扫描书籍图像：对书籍整体扫描，要求按 600dpi 高精度扫描，必须确保书籍页面文件的完整性。

（2）图像处理：要求保留 600dpi 精度的原始扫描版面图像文件，修图后版面图不低于 300dpi 精度，书籍页面缩略图精度不低于 75dpi，pdf 版面数据不低于 300dpi 精度。

（3）图片数据库资料格式采用 jpg 压缩格式。

（4）纠正扫描图像的倾斜度，纠正后倾斜度不超过 2 度。

2. 文字处理

（1）全文数字化。

（2）保证全文的正确性。

（3）标引文字差错率要求在万分之一以下。

（4）书籍按照篇、章、节等层次组织，内容中的标题等级标记，要跟原书目录中的相同。

如：卷首图

正文

凡例

正文

要闻·大事

标题

正文

统计资料·对照资料

正文

索引

正文

版权页

正文

3. 书籍文件制作

（1）书籍页面数据完整性要求达到100%。

（2）要求整本图书信息数字化，制作生成为 pdf 格式文件，保证原书效果和数字化效果基本一致，所有生成书籍格式、大小统一。

（二）数字化加工流程

书籍数字化加工流程主要包括地方志书的接收、书籍清点、扫描修图、OCR 与校对、版面分析和划分、制作 pdf 文件、数据验收、数据入库等环节。

1. 书籍的清点

按照书籍序号清点数量，确认其完整性、可识别性、可扫描性。由于书籍一般有一定的发行量，不止一个复本，应尽可能寻找最佳的一份。

2. 扫描和修图

利用大幅面扫描仪扫描书籍，对扫描后形成的图像通过计算机自动处理或人工处理质量问题。

3. 文字识别与校对

OCR 是一种计算机自动识别图片上的文字的技术，标准印刷汉字的识别正确率可达到99%以上。由于早期报刊印刷技术简单和保存条件较差，识别率可能稍低一些，需要进行多次校对以保证最终的质量。校对包括人工校对和智能化自动校对。

4. 一稿双录、人机校验

同一条数据由两名不同的录入员分别录入，软件自动对其进行机器校验，当两者一致时跳过，若二者不一致时软件报警，并将这些项目标识出来（显红），且不让通过。软件提示"数据不一致请确认"，随后进行人工校验，由校验员将软件标识出的不一致数据项目与档案原稿进行比对，将数据修改正确。软件优点为：通过一稿双录、人机校验、看图著录，可以大大避免人为误读、误录、漏录和挂接中误挂漏挂等错误，双份数据的机器比对可迅速标识出可能发生错误的录入项目，大大提高校对速度和效率。

5. 制作成品文件

根据步骤2、3得到的信息，制作可检索的数字版式文件，即 docx（doc）、pdf 等。

6. 数据验收

对上述步骤得到的文字、图片、版式文件等数字数据进行再检验，以确保完整性和正确性。

7. 资源对接

与"上海通"网站进行资源对接，将数据加工的书籍资料入库处理，供社会用户阅览查询使用。

资源对接工作可以使用批量处理软件，以提高工作效率。

四　全国地方志系统地方志书数字化加工格式选择

全国地方志系统对地方志数字化加工格式的选择因启动时间、经费、网站结构等因素而不统一，有 txt、pdf、falsh、ceb 等（见表1），这给未来地方志系统数字化资源的共建共享、互联互通带来挑战。

表1　部分地情资料库数据格式情况

名称	数据格式
山东省情资料库	txt
黑龙江省情数据中心	txt
贵州省地方志全文数据库	pdf、jpg
河南省情数据库	txt
吉林省情资源库	txt
江苏省地方志资料库	txt、flash
大连超星图书馆	pdf
福建省情资料库	ceb
福州市地情资料全文数据库	txt、pdf
四川省地方志数字化数据库	pdf

资料来源：赵海良《全国数字方志资源目录数据库建设构想》，《中国地方志》2019年第1期。

虽然全国地方志系统对规范数字化标准和数据格式需求迫切，但鉴于全国地方志信息化建设水平参差不齐，信息化技术发展速度很快，一时难以出台统一的数据格式标准，即使是近来的在建项目，仍然难以做到数据格式的统一。

（一）国家数字方志馆项目①

国家数字方志馆项目建设方案中对纸质文献的数字化工作及标准、标引做了规定。

1. 纸质文献的数字化工作

本项工作的主要方式为高速扫描，对扫描件的要求为：

a. 单页精度为 300dpi；

b. 正确处理彩色和黑白页，保证扫描件清晰可读，最大程度还原原始文献全貌，同时尽量减小文件体积，具体扫描参数遵循国家数字方志馆数据标准；

c. 同时保存单页 jpg 格式文件、单页 pdf 格式文件和整本 pdf 文件备用；

d. 所有文件命名使用半角英文字母、半角数字和半角标点"."，具体命名规则遵循国家数字方志馆数据标准。

---

① 《国家数字方志馆项目建设方案（讨论稿）》，2018年12月。

2. 数字文档的标准化工作

国家数字方志馆的媒体类型包括可阅读文档、图片、音频、视频、动画，文档格式如下：

a. 可阅读文档：Adobe PDF 和 jpg，须由单页 jpg、单页 pdf 和整本 pdf 组成，扫描件包含 OCR 软件识别后的 xml 文件，从原始排版文件输出的 pdf 包含直接输出的全文 xml 文件；

b. 图片：jpg 格式；

c. 音频：mp3 格式；

d. 视频：遵循 h.264 编码的 mp4 格式，音频选择为 mp3；

e. 动画：gif 格式。

上述文档格式均能满足在 PC 端各类浏览器（IE9 以上/Edge/Firefox/Chrome/遵循上述浏览器内核的各类第三方浏览器）、Mac 端浏览器（Safari）、iOS 平台、Android 平台的兼容性需求。

具体的格式参数基于国家数字方志馆数据标准。

3. 数字文档的标引工作

标引工作指对各类文档的元数据建设，标引工作的要求包括：

a. 遵循 B/S 架构，国家方志馆内部及各地方方志馆均不需安装本地客户端，直接在浏览器中登录有标引权限的账号即可开展标引工作；

b. 遵循标准化的元数据体系，包括字段的类型识别、必填项和选填项的要求等。

（二）江苏省地方志数字化标准①

2018 年 10 月 9 日，江苏省质量技术监督局《关于 2018 年度第五批江苏省地方标准报批文本的公示》拟批准发布 36 项江苏省地方标准，其中江苏省地方志编纂委员会办公室作为主要起草单位的两项地方标准《地方志著录元数据规范》《地方志数字化处理规范》公示在列。《地方志数字化处理规范》中规定长期保存的文件的编码格式选用 txt、xml、pdf、docx（doc）格式中的一种，其中 xml 文件应符合标准的 xml 语言规范，并遵守对应的 schema。复制加工级的文件，其编码格式选用 rtf、docx（doc）格式中的一种。发布服务级的文件，其编码格式选用 html、pdf、txt 格式中的一种。

（三）上海市虹口区地情资料库

该地情资料库总共分四大模块：图片库管理系统、声像管理系统、文献资料管理系统和志鉴在线编纂管理系统。其中图片库管理系统支持单一、批量图片的上传，满足用户多种格式的图片文件的操作（包括 jpg、gif、png 等格式），文献资料管理系统和志鉴在线编纂管理系统采取 docx（doc）格式。

---

① 江苏省地方标准《地方志数字化处理规范》，标准编号：DB32/T 3484-2018。

五　全国地方志数字化格式的建议

随着计算机技术的日新月异和利用移动设备进行碎片化阅读的习惯的形成，地方志数字化工作势在必行，地方志存史、资政、育人功能的发挥也需要地方志信息化工作的全面推进，数字化格式的选择是地方志机构在开展该项工作时必须面对的首要问题。选择的格式既要能够代表当前主流技术水平、方便用户使用、方便大规模推广，又要具备前瞻性，在相当长一段时间内不会因技术落后而被淘汰。另外，还要具备兼容性，能够被数据库导入，可以转换为其他格式等。考虑到全国各地地方志机构财力、人力、技术能力的差异，笔者提出如下建议。

1. 地方志机构及其工作者应加强对地方志数字化加工流程的了解，慎重选择加工格式

地方志机构及其工作者长期以来主要从事地方志书的编纂工作，对信息技术了解不多，对数字化加工及格式缺乏专业知识和实践积累，投入的人力和精力相对较少。数字化加工基本委托专业商业公司帮助完成，容易出现"一托了之"，任由商业公司选择数字化流程和格式的情况。因此，地方志机构及其工作者在从事地方志信息化工作，开展数字化加工及格式选择前，应加深对地方志数字化加工流程的了解，对加工格式的选择更要慎重，充分做好数字化加工项目的前期调研论证工作，多向信息化专家、数字化加工企业、已开展数字化加工的地方志同行咨询，不要盲目上项目、轻率选格式。

2. 应从处理志书数量、投入经费规模等角度选择加工程度及格式

对财力不足、地方志书规模不大的机构，可以采取数字化加工初级模式，即最简单的拍照或扫描方式，以 jpg 格式长期保存，避免因纸质地方志书的散失而导致缺憾。对近年来出版的志书，要通过印刷厂拿到出版文件及 pdf 格式文件，作为电子资料长期保存。有条件的单位可以上传到网站，供公众查阅。对财力较足、地方志书规模较大的机构，应开展地方志中级数字化加工，以 pdf、docx（doc）格式保存电子文件，建立地方志数据库，在网站上以 pdf、docx（doc）、html 等格式供社会公众查询、下载、复制、利用。从长期发展的角度考虑，有条件的地方志机构可以进一步加大数字化处理力度，采取高级加工模式。开展碎片化元数据标引工作，保存 xml 文件格式，统一考虑数据库建设、网站建设和开发利用工作，为地方志资料的深度挖掘打好基础，也为全国地方志数据的链接、入库打好基础。

3. 应考虑地方志数字化加工资源的社会化共享

各级地方志机构及商业机构从事的地方志数字化加工工作中，重复建设现象比较严重，出现同一本志书不同机构都在加工的情况，造成全社会资源的浪费。县区一级地方志书数量有限，独立数字化加工成本高，可以联合其他同级机构进行数字化加工，也可以考虑直接向商业机构购买已经数字化加工过的 pdf 格式成品。地级市一级单位可以统一对本级及辖区内县区地方志书进行数字化加工处理，降低成本，体现规模效应，有条件的可以考虑建立本级地方志数据库。省级地方志机构要站在全省的高度，统一规划、指导、推进全省地方志数字化加工工作，探索本省数字化加工规范及格式选择，建立本省地方志数据库，同时做好与全国地方志数据库的链接与共享。

建设数字方志，响应国家文化振兴战略

——方志事业数字化转型的实践与思考

方利宏

（浙江志库数字技术有限责任公司）

一 国家文化战略与数字方志定位

（一）国家文化战略之下方志的地位及作用

以文化自信支撑道路自信。近年来，中央密集出台了文化振兴的相关文件，2017 年，中共中央办公厅、国务院办公厅印发《关于实施中华优秀传统文化传承发展工程的意见》，提出了"深入阐发文化精髓……加强党史国史及相关档案编修，做好地方史志编纂工作，巩固中华文明探源成果，正确反映中华民族文明史"；2019 年，中共中央、国务院又出台了《关于建立健全城乡融合发展体制机制和政策体系的意见》，提出了"守住乡村文化根脉……建立乡村文化保护利用机制。立足乡村文明，吸取城市文明及外来文化优秀成果，推动乡村优秀传统文化创造性转化、创新性发展"等意见。这些政策文件，反映了党和国家将以文化为灵魂，培植文化自信，坚定社会对扶贫、乡村振兴直至小康建设等强国之路的自信。

地方志是文化自信的重要支撑。地方志作为一方之全史，以真实、全面为原则，是文化实证和文化自觉的基础，文化需要史实支撑，才具有真实感；同样，文化也应满足人们探索和体验的需要，才有亲近感。可信、可亲的文化，能唤起人们的文化自觉，如此，个体、家庭、社会才具有一脉相承的文化自觉和自信。2015 年，国务院办公厅印发了《全国地方志事业发展规划纲要（2015~2020 年）》，并提出了"加快地方志信息化建设……应用现代信息技术，加强对不同载体的地方文献收（征）集、保护和开发利用"。这一文件，体现了国家对以优秀传统文化为基础延伸出多彩的文化形态的要求（见图 1）。

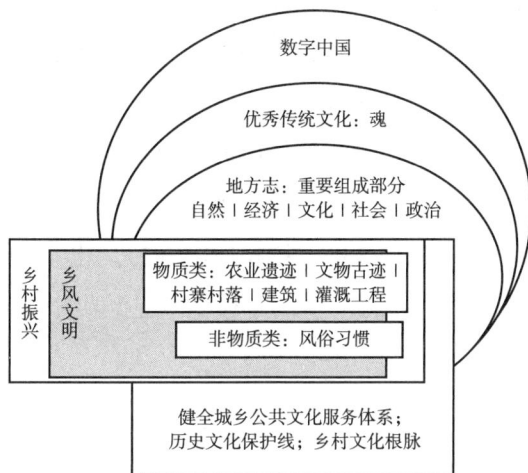

图1 地方志在国家文化战略中的位置

（二）方志事业面临的机遇与挑战

一是社会对传统文化的需求旺盛，推动地方志事业发展。盛世之下，国家提出全面建成小康社会、乡村振兴、继承和发展优秀传统文化等，传统文化被提到了很高的高度。地方志书作为一方之全史，可以融入地方文化规划，成为文化传承及发展的基础性工程。二是2020年全国全面启动第三轮修志工作（以下简称"三轮修志"），这一轮修志是在5G及大数据等新技术应用背景下进行的。从技术层面来说，方志部门可以获得海量数字化图片、影音等资料，同时，借鉴浙江等地信息化编纂实践经验，实现基于丰富资料多方人才协同参与的开门修志。

同时，方志部门在数字技术应用上也面临挑战。方志部门是研究型机构，其信息化水平滞后于政府其他部门，其他行政部门通过十几年的信息化建设，如今其服务能力实现了"最多跑一次"，意味着基本上实现了职能行使全程信息化。地方志部门行使存史、资政、育人等职能，大多数领域的信息化处于设想阶段，其信息化水平与"数字中国"要求存在较大距离。如果不抓住文化振兴及三轮修志的契机，全面开展信息化建设，方志信息化水平将远低于国家整体信息化水平。

（三）数字方志定位：响应国家文化振兴战略

从国家提出的继承和发展优秀传统文化、乡村振兴等举措，到方志部门迎来的三轮修志，其本质是"响应国家文化振兴战略"，明确文化工作的基础、重心及具体工作内容。那么，支撑文化战略实现的路线、内容、手段是什么？厘清了这些问题，就可以形成文化战略持续高效推进的机制，方志文化战略推进机制，也可从中借鉴。

在企业战略管理学中有一个概念：企业架构。即一套与价值链一致、可复用、可扩展的体系结构，这一结构被战略及信息化管理研究者推崇。价值链，由美国哈佛大学商学院迈克尔·波特教授提出，核心内容是将组织的职能依照直接效益和边际效益进行划分，每一块效益的发挥，均源于其内部职能之间的顺序契合关系。

那么方志的企业架构是什么？是以价值链的形式形成职能间的契合关系，在价值链上融合数据、人才、标准等资源，通过信息技术确保价值链及资源能无缝融合并高效运行。如果我们能绘制出方志企业架构，那么这一架构就能敏锐响应国家的文化振兴战略。国内已经将国家信息化战略形象地称为"数字中国"，为此，本文将地方志企业架构及其内容总称为"数字方志"架构（见图2）。

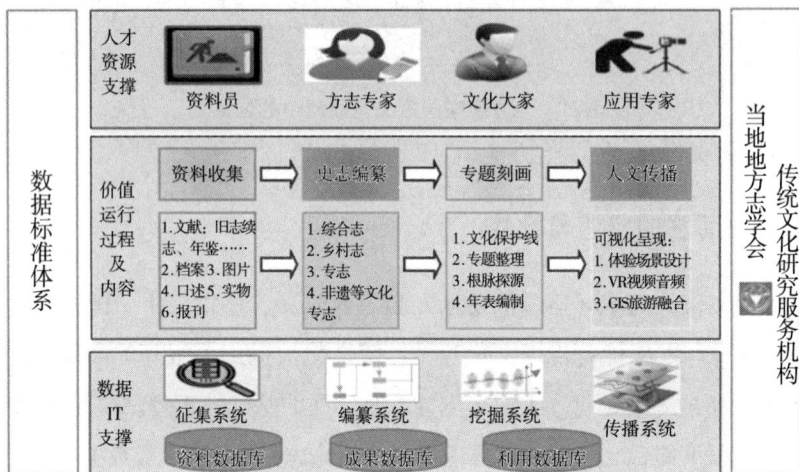

图2　"数字方志"架构：响应国家文化战略

二　数字方志架构框架及建设内容

（一）数字方志的运行机制——基于价值链

地方志的基本功能是存史、资政、育人，因人手及经费有限，其功能发挥侧重于存史，即通过征集资料、编研志鉴，实现对历史的保存；在资政、育人功能发挥上，更多的是依靠用户通过阅读纸质书籍的形式，获得决策辅助与文化修养上的效用，这与当下兴起的大数据资政及可视化阅读等技术趋势，存在较大的差距。图3是数字方志架构中的价值运行过程及内容，即运行机制。该机制通过资料征集获得史料，通过史志编纂获得符合体例的志书、年鉴等成果，实现存史的目的。如果该过程实现了信息化，那么方志部门功能的发挥就更能与时俱进。

通过信息化手段开展资料征集、史志编纂，浙江等地已经有较多的实践，也基本形成了共

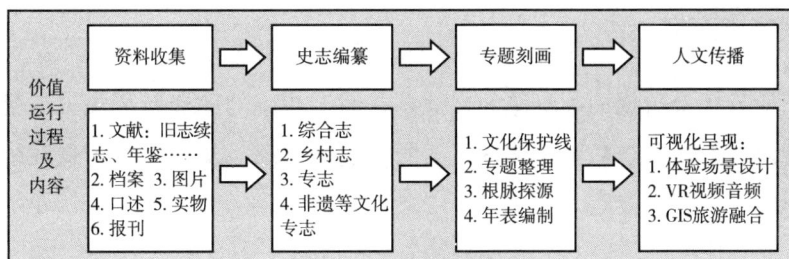

图3　价值运行过程及内容

识，这些实践主要是以存史为目的。而在此之后的数据应用，基本上处于空白状态。

专题刻画是依照用途方向对数据进行二次整理。志书是资料性图书，具有"述而不论"的特点，要探索、佐证其中蕴含的文化特质，传统的方法需要通过大量阅读，在归类、归类、再归类的基础上，形成文化轮廓及特点的构设。以数据模型进行数据挖掘为特征的大数据技术，辅以专家的人工干预，可快速进行专题的刻画，获得文化基线，寻找经济及社会运行规律，即可以快速实现资政。图4是农业发展趋势及相关性分析模型图，揭示了人们可通过大数据技术快速汇集与农业相关的信息，如农业结构与食品消费、农业产量与气象灾害、农产品结构与疾病特点等信息，为绘制农业发展轨迹提供数据支持，使人们快速、正确地预估未来，刻画出专题，更接近于决策需要。人文传播是文化轮廓及观点的形象化呈现。可视化文化传播往往是以结构化的数据模型为基础，如任务年表、事件年表，这些数据模型或以时间、空间等客观属性为维度进行归类，也可以依照事物的背景、决策、实施、结果等因果关系进行归类。其中的归类方法，可通过顺序图、GIS地图、鱼刺图等工具进行直观的、可视化的呈现，这种基于大数据技术的呈现方式，是典型的数字人文传播方式，育人的效果更具温度感。

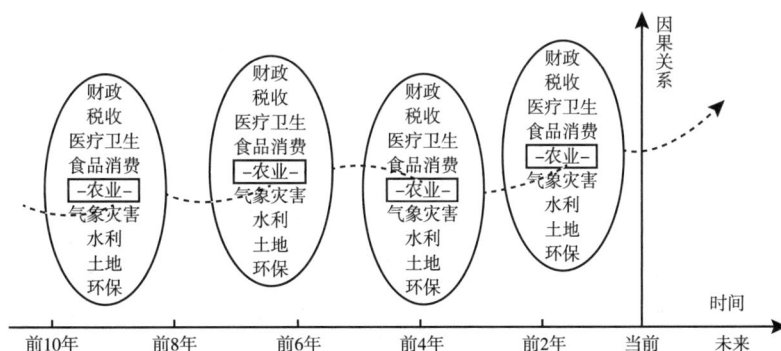

图4　农业发展趋势及相关性分析模型

总之，基于数字方志框架的运行机制，通过对方志职能合理的划分，借助信息技术，确保前后之间得到合理的输入和输出，就可以创造性地呈现方志存史、资政、育人的功能。

（二）数字方志支撑

数字方志需要人才及数据两类资源的支撑，并通过相应的如资料征集、编纂、利用等应用信息系统，实现对资源的整合。图5体现了不同的数据资源，及相应的信息系统，以此为职能运行提供数字化支撑。

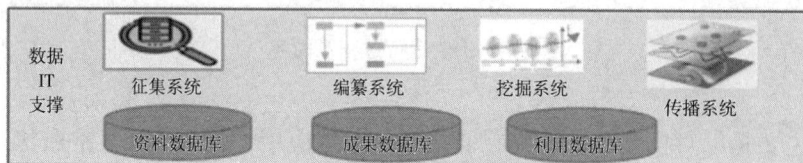

图5　数据及IT支撑矩阵

人才资源是主体性资源。依照其技能特征的不同，可分为负责史料搜集的资料员，负责资料审核及编纂的方志专家，负责文化脉络刻画的文化大家，以及负责文化形象传播的应用专家。这四类不同技能的专家，需要在确定的框架下，依照既定的目标，参与到运行体系中协同工作，为此，人才是确保体系运行的主体性资源；而运行体系则是主体性资源发挥作用的中枢和纽带。

数据资源是客体性资源。数字方志架构下的职能运行，需要以数据为基础，数据依照其客观程度的不同，分为以一事一卡为特征的卡片数据、以出版为特征的成果数据，以及以传播源为特征的利用数据。卡片数据可以是书籍、档案、图片、实物、口碑等，方便资料员资料存储或二次利用；成果数据可依照其体例不同区分为志书、年鉴、读物等类型，也可以按照保存载体不同分为文献、图片、影音、实物等类型，便于编辑人员成果存储，为研究人员提供体系化的成果来源；利用数据可依照受众对象、传播途径等类型进行保存，确保为文化和旅游、农业和农村、学校、社区等对象快速提供合适的文化形态支持。

（三）数字方志保障

标准是确保技术、方法及成果一致性的基本方法。在数字方志实施过程中，需要为方志价值运行过程、数据支撑等提供标准，这些标准至少包括目录数据标准、pdf加工标准、资料卡片标准等客观标准。同时，需要以《年鉴质量规定》、《地方综合年鉴编纂出版规定（试行）》、共同认可的编纂方案等为基础，形成沟通模式、流程划分、稿件版本命名、校对方法等规则，并将这些规则建成方法库，通过运行体系及数据接口等，融合各类人员及业务的规则。笔者在浙江开展志书、年鉴编纂及数据库等系统开发的过程中，充分体会到有国际化、体系化的标准支持，才能在数字方志架构下，建立正确、稳健、实用的应用系统。如《文后参考文献著录规则》（GB/T 7714-2005）作为资料卡片属性参数设计的依据，PDF/A-1（ISO

19005-1：2005）作为电子文档存档标准，确保检索系统中文档格式在时间轴上的一致性、保存格式的独立性。

学术支撑是确保方法可行的保障。地方志编纂、保存和利用尚未形成学术体系，数字方志体系建设需要以方志学术为基础，同时需要融合信息技术，形成数字方志学术体系。为此，需要集结方志、图书、地理信息系统、多媒体等各方面的人才，由他们承担专题研究，为数字方志架构提供方法支撑。

三　数字方志的实现之路

（一）总体思路

当前，地方志领域的信息化建设，相较于文化及宣传等部门，存在既有成果较少且未成体系，IT 专业人才匮乏，资金来源渠道狭窄、投入量小等制约。为此，需要探寻可行的总体思路。笔者认为应该从下面四个策略来入手。

把握时势，试点先行。三轮修志即将启动，利用信息技术创造性地提升效率和质量，这是首选的举措，也是内在的动力。乡村文化兴盛、文化礼堂建设等活动中所用的素材，与文化根源存在差距，形有余而魂不足，这给方志部门提供了服务的机会。方志部门需要在数字方志框架指引下，充分利用信息技术，融合人才及数据资源，在完成三轮修志的同时，积极参与到文化振兴、乡村振兴等行动中，以担当及成绩获得党和政府的支持，特别需要塑造典型、宣传典型，证实数字方志是支撑文化自信的重要举措。

发现典型，构建体系。依据数字方志框架，浙江等地已经有了较为广泛和深入的信息化实践，中央及省级方志部门，应该调研在数字方志中取得优秀实践经验及成果的案例，在论证数字方志框架可行性的基础上，树立典型，同时，将数字方志的最佳实践上升为行业标准，为全国、全省方志部门提供科学、可行、权威的标准及规划。

服务当地，注重集成。方志数据作为一方之全史，是一个地方的文化家当，同时，资料数据、成果数据及利用数据等，均需要与本地的文化战略活动契合，这就决定了方志资料也是当地的基本历史档案，需要内部不同类型数据之间持续进行交互和处理，才能满足本地资政、育人的需要。为此，每个县级以上方志部门，均应该建设数字方志体系，取得数字方志成果，以获得当地的财政支持。此外，需要依照数据标准进行建设，满足省、国家进行数据集成及共享的需要。

服务战略，形成合力。以扎实运行机制并获得成功应用实践的部门为典型，为数字方志建设提供可行的制度保障，以优秀的成果提供成熟的技术方向。方志部门可以发挥数据优势、专业优势，深入参与到文化振兴战略中，在本区域文化核心及脉络刻画中发挥中坚作用，得到党委及政府组成部门的重视及主动支持，形成推进方志事业的合力，稳固推进数字方志事业发展。

（二）数字建设内容

数字方志的建设内容，从逻辑上可以分为六个中心。一是管理中心，为数据提供标准，为人员提供能力开发及绩效控制支撑；二是征集中心，实现全面、规范、同步记录实践活动；三是编研中心，高效落实科学的编纂方法；四是成果中心，存储本地的方志成果；五是利用中心，满足个性化资政、育人服务需要；六是数据交互中心，以一致的数据规划标准和权限策略，实现不同应用之间的数据共享（见图6）。

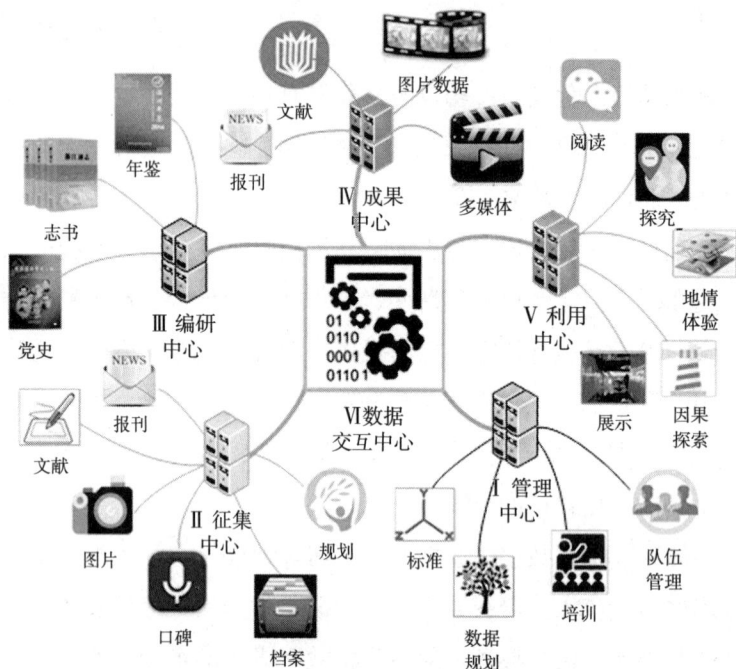

图6　数字方志建设内容拓扑图

（三）数字方志的建设步骤

依照数字方志建设思路，方志部门首先应围绕三轮修志及文化振兴战略需要，着手数据库系统及编纂系统建设。以数据库系统，形成数字化素材，为三轮修志及文化振兴等提供高可用性的数据源，提供数据支撑。以编纂系统融合数字资源、人才资源，在一致、规范的规则下，创造性地开展文化挖掘及编研工作，敏捷响应文化振兴战略。在此基础上，逐步开展文化专题刻画、文化传播等工作，即依照数字方志架构中的价值运行体系，依次开展信息化建设。

（四）数字方志的建设重心

数字方志建设的重心是编纂平台。编纂平台是融合数据资源、人才资源的枢纽，该平台的特质是根据编辑的意图加工数据，而数据库系统是浏览数据，为此，从工作的紧迫性及技术复杂性角度来说，编纂系统是数字方志建设的重心，也是方志部门的当家工具。以下简要介绍编纂平台的价值，使读者对编纂系统创造性提升效率有一个真实的认识。

六年来，笔者主导"浙江通志""温州年鉴""滨江年鉴""杭州年鉴""萧山年鉴""浙江通志检索系统"等多个信息系统的构建，吸取了决策、编纂管理、系统操作及维护等众家经验和教训，并依照软件工程规范，构建了编纂平台。该平台可快捷配置个性化编纂方案，融合数据及人才资源，支持编辑部高效协同编纂，创造性地解决了编辑部协作无序、绩效失控、稿件散落及学习不便等困扰。

以"创造性提升效率"标识其功能特点，是因为只有通过科技创新，才能为"心有余而力不足"的人们，解决编纂过程中的痛点，激发其壮志。下面是编纂平台的部分价值及功能介绍（见图7）。

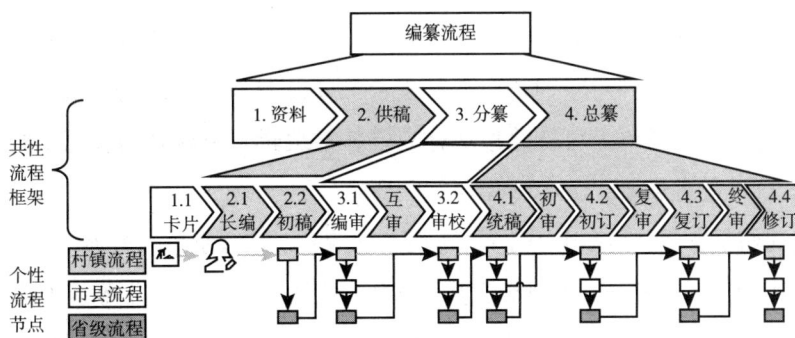

图7 编纂系统业务流程示范

1. 多项目并行运行，激发部门职能

多项目并行运行、集中监管：以一个平台，支持多个编辑部独立管理，不增加总部的管理任务；绩效数据实时自动上报，为决策提供数据。

共享人才及数据资源：可以将本单位各类专家，派驻到编辑部中承担编研任务，专家可在线协同工作。

绩效一书一策：如省级部门，可设定每个项目的目标进度要求、字数规模，甚至细分到各个阶段的进度目标，为绩效统计提供基准。

总之，它可以为多人高效协同、多部稿件规范处理提供机制。

2. 敏捷部署业务规则，建立程序化的管理机制

进度目标：确定项目启动时间、完成时间，为绩效统计提供基准。

业务规则：设定供稿数量，补稿、稿件确认规则，设定邮件、短信等沟通模版，确定沟通规范，提升沟通效率。

过程规则：系统可粗分为若干阶段，可细分阶段进度目标，各阶段可逐级开展，确保先期稿件质量过关后启动后期编纂。各阶段可细分为若干节点，明确各节点承担者的角色类型。

稿件命名：系统可设定阶段性成果名称（如审定稿、校定稿、终定稿），为各层次评审提供成熟度一致的稿件。

3. 落实策划，细致分工

框架策划：以树状结构承载内容框架，可细分字数、进度目标，备注该篇目的内容方向。具有移位、修改、删除等功能，支持框架精细化。

工作分派：设定供稿人供稿范围，编辑部人员以什么角色承编什么内容，确保供稿、编辑无遗漏，质量、绩效控制到人。

4. 创造性提升供稿效率

供稿人员要知晓自己的任务是什么，获得业务知识支持，志库编纂平台具有如下功能。

任务告示：系统自动告知供稿人承担哪些篇目，供了几个，合格的有几个，退回了几个。

供稿灵便：可将一个稿件对应到整个类目或若干分目上，将供稿内容实际结构与框架策划的结构尽可能对应起来；供稿人可持续追加补充资料给编辑，退稿及退稿意见即时返回；实现多单位在同一篇目下各自供稿。

任务转包：可将任务转包给多个子账号，满足一人牵头、多人承编的需要。

在线学习：供稿人可在线检索、阅读学习资料，系统提供志书、年鉴等内容模版。

在线确认：供稿人可依照设定的流程，（得到短信通知后）在线确认编辑稿。

5. 创造性提升编纂效率

传统的编纂方式，存在效率提升及质量控制上的瓶颈，如框架修订、版本命名、校对及进度统计等繁重的工作，都容易让编辑部感到力不从心，使质量的正确性、一致性、可追溯性等受损。编纂系统从以下几个方面，创造性地提升效率。

在线收阅：编辑可在线收取、审阅来稿，省去编辑核对来稿人、返回通信方式等事务性工作，消除了统计未报送单位及催稿的麻烦。

任务统计：系统自动呈现目录下有哪些待编、在编和已编的稿件；特别是可以告知在什么阶段（如编校）有哪些待编稿，确保稿件进度整体阶段性推进。

在线编纂：编辑可利用在线 word，将稿件内容及修改痕迹保存在服务器上，防止版本丢失。

版本控制：所有稿件版本依照编纂规则自动命名（如"编审 1 稿"），用户可依照稿件名称，直观了解稿件的质量层次，便于确定应在何种层次处理稿件。

质量追溯：可在线获得供稿人联系方式、初稿及此前的过程稿等辅助信息，便于编辑人员质量追溯。

框架优化：传统编纂中存在"框架一动地动山摇"的问题。在数字化编纂中，增加、修改、删除框架结构，可即时完成并可将结果即时告知所有关系人，关系稿件、任务及统计等即时适配，框架变动不会带来管理上的代价。

即时沟通：系统以在线邮件、短信等形式通知任务接收者，防止任务遗漏造成的耽搁。

条目汇总：系统可依照条目标识如【】，自动汇总所有条目，便于编辑人员审视内容结构。

自动校对：系统可依照史志体例，自定义忌用词、敏感词、对照词等词库，自动将稿件中不符合体例规范的词进行标红警示、替换。

交叉查重：系统可通过全文检索系统，发现内容相同、相似的篇目、词句，为编辑审查内容抄袭、重复、交叉等提供依据。

结　语

改革开放以来，全国 29 个省（区、市）进行了首轮省级志书编纂，省（区、市）志书的平均卷数是 65.62 卷，平均耗时 23.48 年。能坚守或参与 20 多年修志工作的人，固然是令人钦佩的，但并不代表大家愿意坚守、能够坚守。本文希望通过数字方志框架，建立起一个基于技术支撑的机制，创造性地提升方志工作的效率，使这一工作获得应有的社会地位。

历史人物关系的量化及可视化研究[*]

—— 以浙江历史人物数据库为例

赵海良

（浙江省人民政府地方志办公室）

引　言

人物传，是一种集中收录特定历史人物信息的文献类型。以人物资料为基础、以数字资源为载体的人物数据库则是现代信息技术与人物研究结合最为紧密的产物，其最大的优势在于对人物信息的快速检索。但随着对信息需求层次的提高，单个人物信息检索已无法满足人们对信息高层次汲取的需求，"人的本质不是单个人所固有的抽象物，在其现实性上，它是一切社会关系的总和"。[①] 人际关系是人类社会特有的产物，是人在后天社会生活和社会实践中产生的。越来越多的国内外学者开始重视人物关系网络的研究，而分析人物关系网络的一个有效途径便是通过对人物信息资源进行深层次的挖掘，寻找不同人物之间潜在的联系，以此建立不同人物之间的关系网络。笔者在《浙江通志·人物传》的编纂过程中，整理搜集了近5000个浙籍历史人物的资料，通过文本信息挖掘技术对人物相关特征进行提取，并以此对人物之间的关联信息进行分析，进而尝试分析人物之间的学术传承、在浙的交游往来轨迹等情况。

一　人物数据结构化及特征提取

（一）人物数据结构化

人物数据的结构化，可定义为尽可能全面、准确地从每个人物不同的描述文本中识别出该

---

*　本文系浙江省哲学社会科学规划课题"人物数据库创新研究"（19NDQN369YB）成果之一。
①　《马克思恩格斯选集》第1卷，人民出版社，2012，第139页。

人物的特征信息，并将相关信息以结构化的形式保存在数据库中，以供用户查询和进一步的分析使用。例如下文有关朱然的描述：

> 朱然（182~249），字义封，丹阳郡故鄣（今安吉县）人。朱治甥，施崇子。治初无子，以然为嗣，改姓朱。子绩，官封上大将军、都护督。然年十九任余姚长，后历任山阴令、临川郡太守……吕蒙死，权遂命然镇守江陵（今湖北荆州一带）。三国吴黄武元年（222），蜀吴夷陵大战，率五千兵破刘备前锋，断其后道，吴军大胜，以功封为永安侯……改封当阳侯。后十余年间，又授车骑将军、右护军和左大司马、右军师……

对上述文字中关于朱然的描述进行特征提取后，可形成如表1所示的结构化数据。

表1　朱然结构化数据

序号	特征名称	值
1	姓名	朱然
2	生年	182 年
3	卒年	249 年
4	朝代	三国
5	字	义封
6	籍贯	丹阳郡故鄣(今安吉县)
7	父	施崇(生父)、朱治(养父)
8	子	朱绩
9	官职	余姚长、山阴令、临川郡太守、永安侯、当阳侯、车骑将军、右护军、左大司马、右军师
10	其他关联	吕蒙、蜀吴夷陵大战

德国哲学家莱布尼茨曾说"世界上没有完全相同的两片树叶"。人作为社会个体，会产生相关的属性特征，例如姓名、字、籍贯、出生地、职业等，世界上没有生平履历一模一样的人。因此，浙江历史人物数据库中人物数据结构化的过程与传统人物数据库中人物表属性字段的定义有着较大的差异，前者因人而异，即根据每个人物的特点来抽取特征信息，结构化的程度不同，而后者是对所有的人物都制定了相同的属性字段，其所构造出来的人物类似流水线上的产物，均由姓名、年龄、籍贯等相同的构件组成。而个体人物数据结构化后，每个人物的构件皆不同，所塑造的人物形象更加丰满。

（二）人物特征提取及相关算法

人物数据的结构化在人物数据库的构建中具有巨大的实用价值，其最大的意义在于结构化数据可被计算机程序理解，以便通过计算机做进一步的分析处理。在人物数据结构化的过程中，人物特征的识别抽取起到至关重要的作用。现阶段主要使用的是文本信息抽取技术，其中自然语言处理（NLP）的方法是较早被使用的，但其效率不高且识别准确率低。基于规则和基于统计的文本信息抽取方法是近年来发展较快的技术，也是目前文本信息抽取领域的主要研究方法。其中基于统计的文本信息提取技术是伴随机器学习以及神经网络技术的发展而迅速崛起的，主要包括马尔可夫模型[1]、条件随机场[2]等技术，因该技术采用自动化处理的方式，所以不受信息量大小的限制，但随着语义的复杂化和多样化，其识别的准确率也明显降低。而基于规则的文本信息抽取技术本质上是一种面向知识工程的处理方法，[3] 该技术基本上是人工制定、提取规则，其主要弊端是随着信息量的扩大，手工制定提取规则逐渐显得力不从心，但因其提取信息的准确率高，目前仍广泛使用于信息量有限且对信息提取精度要求高的场合。

《浙江通志·人物传》所搜集的人物资料信息量大且作者不同、形成的朝代不同，这使每个人物描述详细程度不同、文字风格不同、文言文与白话文混用，为尽可能准确地识别人物特征信息，进行结构化处理，提高整个数据库的实用性，笔者对所有拟收录的人物均进行了人工特征提取。

二　人物关系的量化研究

（一）人物关系

人作为社会的组成部分，在某单个人的属性与时空等元素结合的过程中，会与其他人产生一定的联系，例如有共同的生卒时间、籍贯、民族、出生地、血缘关系、亲缘关系、姓名、职务、社会地位等。近年来，随着社会的发展，国内外越来越多的学者开始了对人物关系网络的研究，也有了越来越多的理论研究成果。1967 年，美国心理学家米尔格兰姆提出了著名的"六度分隔理论"，即单个人与单个人之间所间隔的人不会超过六个。[4]

还有学者研究发现了人物关系网络的其他特征，"例如，无标度性，即每个人的沟通能力的强弱是不一样的，他们的活跃朋友数量也没有固定的值，有多有少；高聚类特征，即一个人拥有多个关系圈，或许在完全没有交叉的两个关系圈中，他的好友也是相识的，或许还可能是一种亲密关系，这些都是由人物关系网络的复杂性决定的；层次性，在人物的关系网络中，工作中的上下级关系便是一种最常见的层次性关系"。[5]

① Y. Z. Liu, Y. P. Lin, and Z. P. Chen, "Using Hidden Markov Model for Information Extraction Based on Multiple Templates," *Institute of Electrical and Electronics Engineers*, 2003.
② 周晶、吴军华、陈佳、陈沈焰：《基于条件随机域 CRF 模型的文本信息抽取》，《计算机工程与设计》2008 年第 23 期。
③ 蒋德良：《基于规则匹配的突发事件结果信息抽取研究》，《计算机工程与设计》2010 年第 14 期。
④ J. Travers, S. Milgram, "An Experimental Study of the Small World Problem," *Sociometry*, 32 (4), 1969: 425-443.
⑤ 寇月等：《异构网络中关联实体识别模型及增量式验证算法研究》，《计算机学报》2013 年第 10 期。

（二）人物关系的分类

在社会学中，一般将人物关系分为显性关系与隐性关系。显性关系是指在人物关系中明确标识的关系，这种关系往往是一种直接关系。例如：

> 朱绩（？～270），字公绪，丹阳郡故鄣（今安吉县）人。朱然之子。以父荫任为郎，后拜建中都尉。叔父朱才卒，绩领其兵……

在上述关于朱绩的描述文字中，标识了两种显性关系，朱然与朱绩之间的父子关系以及朱才与朱绩之间的叔侄关系。显性关系，例如亲属、师徒、君臣、上下级等，亦可称为强关系，如表2所示。

表2　人物强关系示例

关系类型	例句
父子	孙权,孙坚次子,三国时吴国的建立者
兄弟	200年孙策死,孙权依兄言袭职
夫妻	步练师生有二女,全公主和朱公主,孙权即帝位,拜为夫人
君臣	策卒后,权继基业,并得张昭、周瑜辅佐……
其他	褚玠,9岁时父母双亡,为其叔父褚随收养

（三）图论与人物关系

人物之间既有常见的社会关系，例如亲属、朋友、同学和同事等，也包含一些比较特殊的社会关系，例如亲密异性朋友、社会靠山等。在社会中，人物关系的复杂性也使每个人对应的关系网络错综复杂，有的人作为目标人物的同时，可能也存在与其他人相关联的身份。[①]

在计算机领域中，人物关系挖掘过程可理解为图的最短路径求解问题，其过程为将每个人物抽象为一个节点，而每个节点具有其特征属性信息，这些属性也就是实际人物所具有的属性信息，如名字、年龄、性别等。如果该人物与另外一个人物具有强关系或者某些共同的属性信息（弱关系），则可视为两个人物节点之间具有边，且边可根据亲密度值设置权重。图可分为有向图和无向图，而人物节点之间的联系，同样可分为有向和无向。所谓有向联系，即人物之间的关系具有单向性，典型场景为微博等有向社交网络，用户A所关注的人和关注用户A的

---

① 周东浩、韩文报：《DiffRank：一种新型社会网络信息传播检测算法》，《计算机学报》2014年第4期。

人，不一定是相同的。① 而在现实社会中，人物之间的关系均是双向的，例如夫与妻、父与子、师与徒等，若通过图来呈现，可称为双向图或无向图。因此，各人物之间的关系可用一个由节点集 V 和边集 E 构成的无向图 G（V，E）来表示。

美国社会学家马克·格兰诺维特研究指出，在传统社会中，每个人接触最频繁的是自己的亲人、同学、朋友、同事等，这种强关系具有一定的局限性，即人物之间产生的信息交互一般情况下是重复的，且非常容易形成一个封闭的系统。② 马克·格兰诺维特的理论可通过具有一个或多个环的无向图来表示，如图 1 所示。

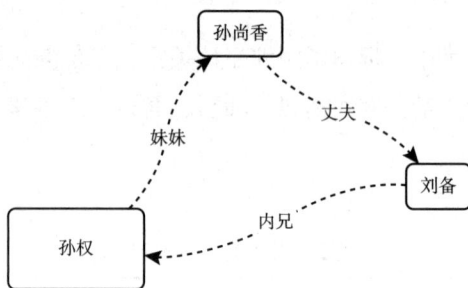

图1　带环的无向图（只标识单向关系）

（四）人物亲密度值

除强关系外，个体人物之间可因某些共同的属性特征而产生交集，且这种交集的存在比强关系更具有普遍性，这种关系存在的意义在于强化了陌生人之间的交流，格兰诺维特将这种关系定义为弱关系。例如下列两个人物的记载：

> 邱仲孚（生卒年未详），字公信，乌程（今湖州）人。少时好学。南朝齐永明初，选为国子生……未及一年，又征为尚书右丞，迁左丞……
>
> 陆佃（1042~1102），字农师，号陶山，山阴县（今绍兴）人……召为礼部侍郎，命修《哲宗实录》。后拜尚书右丞，转左丞……

在这两段文字中，两人之间并没有任何的显性关系，但我们根据文字描述，可以很快得出结论：两人都曾任职尚书右丞和左丞。

信息扩散与传递的相关研究表明，相较于强关系，弱关系同样起着非常重要的作用。在人们与外界进行交流的时候，强关系获取到的信息大多数是重复的，因此，弱关系在获取新的目

---

① 吴昊、刘东苏：《社交网络中的好友推荐方法研究》，《现代图书情报技术》2015 年第 1 期。

② M. S. Granovetter，"The Strength of Weak Ties，" *American Journal of Sociology*，78（6），1973：1360-1380.

标信息以及建立更广泛的沟通方式时将会发挥至关重要的作用,不同群体中的个体发挥自身的弱关系作用,就可以进一步扩展获取与之相关的信息。[1]

本文的研究引入了人物亲密度值的概念,用于量化此类人物之间的弱关系。所谓人物亲密度值,其基本原则为在个体人物之间,共同特征越多,则其亲密度值越高,具体算法如下。

人物 A,其所提取的特征数量记为 $Character$（A）,简写为 C（A）；人物 B 所提取的特征数量记为 C（B）,F（AB）表示人物 A 与人物 B 的亲密度值,则其计算公式为:

$$F(AB) = \frac{|C(A)| \cap |C(B)|}{\sqrt{|C(A)| \times |C(B)|}}$$

其中,｜C（A）｜∩｜C（B）｜表示人物 A 与人物 B 共同特征的数量,｜C（A）｜×｜C（B）｜表示人物 A 与人物 B 特征数量的乘积。浙江历史人物数据库在相关人物的检索结果中,除了将与之相关的且具有强关系的人物引入外,还自动将与之相关联的亲密度强的人物进行呈现,以供用户进一步探索研究目标人物的信息。

在社会生活中,人占据着非常重要的地位,尤其是在作为各类信息资源的产生者、使用者和传播者的时候。现如今,用户对信息资源的发现与有效利用受很多因素的影响,所以,挖掘人际关系网的一个有效途径便是研究对应人物的关系网络,通过建立不同人物之间的关系网络,可以对信息资源进行进一步的挖掘分析。显性关系较易确定,且目前部分人物数据库也提供了类似的人物关系查询功能。但通过对各类人物数据库的梳理发现,对人物关系的分析基本处于初级阶段,挖掘到的人物之间的关系多数是简单的、直接的关系,对于一些复杂的、隐性的关系还缺乏深入的研究。

（五）人物关系的可视化呈现

在计算机领域中,数据的可视化定义为利用计算机图形学技术与图像处理技术,将数据转换成图形或图像,显示在屏幕上,并进行交互处理的理论、方法和技术。[2] 在传统的人物专题数据库中,页面表现形式单一,基本为纯文字形式,且界面友好化程度不够,相关信息间缺乏必要的链接和关联,尤其是当查询结果较多时,读者很难快速准确地定位到所要检索的人物信息。相关研究表明,通过数据可视化将纯文字的信息映射为容易感知的图形、符号、颜色等,可以增强数据呈现效果,让用户以直观交互的方式实现对数据的观察和浏览,从而发现数据中隐藏的特征、关系和模式。[3] 在浙江历史人物数据库中,主要通过 D3 数据可视化框架[4]中的力导向布局来实现。这是一种在数据文档 JavaScript 库基础上开发的可视化数据处理技术,其功

---

① 寇月等:《异构网络中关联实体识别模型及增量式验证算法研究》,《计算机学报》2013 年第 10 期。
② B. McCormick, "Visualization in Science Computing," *Acm Computer Graphics*, 1987, p. 21.
③ 杨彦波、刘滨、祁明月:《信息可视化研究综述》,《河北科技大学学报》2014 年第 1 期。
④ 赵聪:《可视化库 D3. js 的应用研究》,《信息技术与信息化》2015 年第 2 期。

能的实现机制是将数据库中的数据与 HTML、SVG、CSS 结合起来，数据信息与这些规则的结合能够让原本的二维数据，在立体展示空间内形成一个缜密的相互连接的立体数据体系，全面地体现出数据信息之间的相互关系，保证数据信息的具象可视化效果。

三 浙江历史人物数据库的具体实现

（一）主界面

该数据库的主界面如图 2 所示，人物的信息通过两种方式进行同步显示，一种是传统的文本呈现，以文字对人物的生平概览进行详细描述；另一种为通过力导向关系图的形式展现人物相关特征，通过交互形式实现信息的拓展获取。

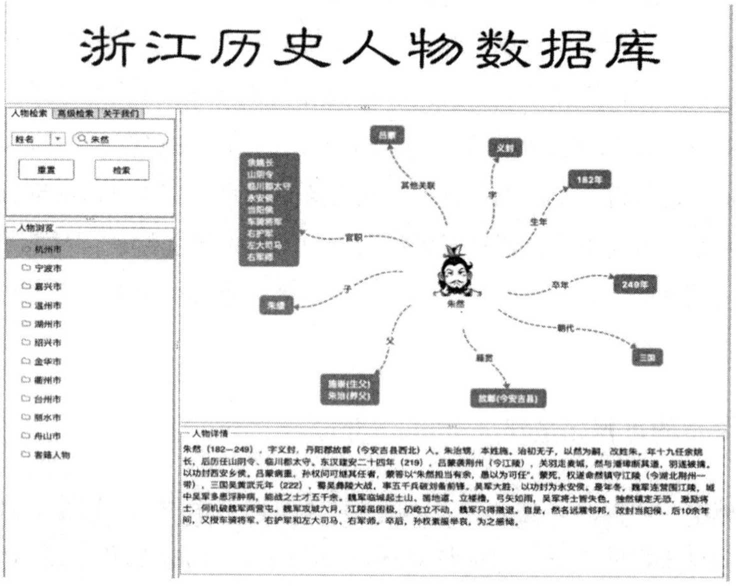

图 2 浙江历史人物数据库主界面

（二）查询逻辑设计

在浙江历史人物数据库的查询逻辑中，点击关系图中相关节点进行的查询操作被定义为资料的拓展获取，而非重新开始一个新的查询，其好处是可避免核心焦点（即所需要查询的目标人物）的频繁移动使用户失去方向。如图 3 所示，在关于"朱然"的信息检索中，点击官职中"余姚长"这一节点，数据库将使用关键词"余姚长"做特征匹配，进行拓展查询，自动列出所有担任过该职位的人物，以便用户做进一步的研究，但其核心焦点仍为"朱然"。

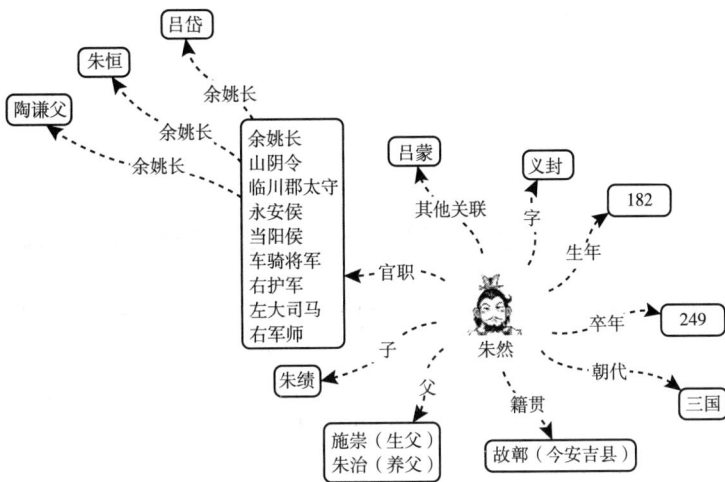

图3　人物信息的扩展获取

根据六度分割理论，人物关系可无限制地扩展下去，最终形成一个具有多个环的无向图，这对人物数据的实际应用来说是没必要且无意义的。因此该数据库对关系层级进行了控制，为其设定的规则为只显示二层以内的强关系和亲密度值大于阈值的弱关系。

（三）检索功能

浙江历史人物数据库提供了姓名、字号、生卒年、朝代、籍贯、官职等特征查询，既可进行单关键词的查询，也可设置多个查询条件，进行多关键词的精确匹配查询或模糊匹配查询。同时，数据库可根据中国历史纪年表进行朝代的转换、古今地名对照等。

结　语

在信息技术迅猛发展的今天，对人物相关领域的研究早已突破了孤立的对单个人进行分析的阶段。快速、准确地对某个人的特征及相关信息进行分析与判断，掌握人物的特征和与其有关系的人物的情况与活动范围，并将相关特征及关系人通过可视化的手段进行表达，是人物研究领域的新方向。浙江历史人物数据库从设计到编码均由笔者一个人完成，因时间、经费等各因素的制约，在人物算法以及可视化的研究深度上均存在不足之处，例如人物亲密度的算法还有进一步优化的空间，在对人物关系进行可视化呈现时，未涉及异常关系的可视化等，这些都需要在下一阶段改进。同时，笔者希望在浙江历史人物数据库建设过程中的一些探索能给各类人物专题数据库的建设带来新思路和启发。

Collection and Use of Old Chinese Local Chronicles
at the University of Goettingen (Germany)

Dieter Joachim Schubert

(University of Goettingen)

In June 2017, a delegation of the Local Chronicles Guiding Group visited German archives and libraries, inter alia the Library of the University of Goettingen.

All in all were visited:

· Leibniz Library Hannover

· Goettingen University Library (SUB, Lower Saxony State and University Library)

· Duke August Library, Wolfenbuettel; called HAB Wolfenbuettel

· Secret State Archives of Prussian Cultural Heritage in Berlin

· Political Archive of the Federal Foreign Office in Berlin

>Websites, in this order, see below.

The delegation was presented with valuable documents which are normally not generally accessible. The Goettingen University Library played a special role and will therefore be examined and presented in more detail. Old copies of Chinese chronicles and other original documents on Chinese history provided an unexpected surprise for the Chinese experts, which raised questions such as:

· How did this worldwide collection of valuable books come about?

· What is the share of Chinese books in the total stock?

· Which periods or dynasties are represented?

· Who uses these books?

· For which research are these books used?

· Are there directories of these books?

· Which criteria were used to select the books?

· Which people made the decisions about the acquisition?

· And on which routes did the books and documents come to Goettingen?

The research into these questions became an exciting and long journey… which also led from St. Petersburg through Siberia to the Russian-Chinese border, also across the Pacific to North America, with English and Russian history involved.

The beginnings:

Goettingen University Library was designed in 1734 with the founding of the university, according to the concept of a modern research library. The initial stock consisted of 12000 volumes, most of which came from the private possession of a princely administrative officer. Today it contains more than 8 million books and is one of the largest libraries in Germany. Around 5500 visitors visit the Central Library at the "Platz der Goettinger Sieben", which opened in 1993, every day. The SUB Goettingen offers a wide range of study and research opportunities in various buildings. As a globally recognized competence centre for the digital library, it also provides its users with a wide range of innovative services far beyond Goettingen. It has received numerous awards for its achievements.

The library holds 52078 old Chinese books. These include old issues of Chinese local annual chronicles that no longer exist in Beijing. This naturally led to the question of how and in what time these chronicles came to Göttingen.

The first library directors received money from princely foundations and from 1734 systematically bought the most important books from all times and from all peoples. Large sums of money were needed for this at that time. With the Hanoverian Minister of State and University Curator Freiherr von Muenchhausen, the library had a generous sponsor. The whole situation was very favourable, because at that time-for 123 years-there was a close relationship between the English and the Hanoverian royal families. During this period-from 1714 to 1837-there was a personal union between Great Britain and the Kingdom of Hanover. The Elector of Braunschweig-Lüneburg, or the King of Hanover, was also King of Great Britain. The rise of Great Britain to a world power at that time therefore favoured the province of Hanover financially. Within a few decades the library directors, who were also professors, built up a dense network of relationships with foreign booksellers, diplomats and scholars in order to buy literature from all over the world. In this way, a unique stock of books was created.

The Chinese stocks of old books came together in different ways. Some of the Chinese manuscripts and old prints came to Göttingen via Baron G. Th. von Asch in the 18th century. Baron von Asch was a doctor in the service of the Russian Catherine II , also called Catherine the Great. Baron von Asch took part in the great academic expeditions from 1768 to 1774, which led from St. Petersburg through

Siberia to the Russian-Chinese border and further up to Alaska (at that time "Russian-America"). During his travels Baron von Asch made the watercolors and plans of the Chinese border fortifications, which he later donated to the Göttingen University Library. These original documents and other maps were also presented to the delegation in June 2017.

The reason for the great academic expeditions from 1768 to 1774 was that the Russian government was disturbed by activities, mainly of English and French ships, in the North Pacific. Western nations were looking for new opportunities to expand. Interesting was the very lucrative fur trade, which was taken from the Russian traders by the Chinese traders. The Chinese traders had the advantage of shorter distances from Siberia to their own ports. Hence the great interest of Western nations in Chinese ports.

In Goettingen in the 18th century there was not yet the subject Sinology, but under the professors Michaelis and Heyne, who were also library directors, there was the subject Oriental Studies, which also included China. The Oriental Studies professor Heyne in particular contributed a great deal to the development of the Oriental collection at the Goettingen University Library through personal relationships.

With catalogues, the holdings were arranged alphabetically according to terms and subject areas in an exemplary manner. The use of the library was liberal, lending was also to students and educated citizens. Within a few decades the library became the first modern universal library of European rank.

By 1800 its holdings had already reached 150000 volumes, by 1910 more than 570000 volumes, and by 1950 more than 1000000 volumes. In 1992 a new building was erected in which the modern scientific universal library moved in. The historical building remained the site of in-depth historical research. The special collections of the library remained here. At the same time, scientific and cultural events as well as exhibitions take place here. This building was visited by the Guiding Group delegation in June 2017.

With its current stock of around 8 million media units, the Goettingen Library is one of the largest libraries in Germany; it serves as a role model. Approximately 5500 visitors visit the library every day.

Reference to the HAB Wolfenbuettel, founded in 1572:

HAB Wolfenbuettel (old stock before 1850: 400000, now 1 million) and SUB Goettingen cooperate in researching old manuscript collections. The director of the HAB must be a sinologist with a professorship in Goettingen. W. G. Leibniz (1646 – 1716), the universal spirit of his time, had great interest in China and its culture and collected all available knowledge about China. He was also head of the HAB. The delegation therefore also visited the HAB, where they were presented with the originals of the first maps of the Vasco da Gama's trips to India in 1498. These journeys were continued in the South Pacific and led…later also into the Pearl River Delta to Macau. In 1513 the Portuguese first occupied the island of Lintin (Nei Lingding Dao) in the Pearl River delta, the Chinese resistance lasted until 1557, then the Portuguese succeeded in occupying Macau. Other nations followed the Portuguese path much later. Hong Kong was occupied by the United Kingdom in 1841 during the First Opium War.

A visit to Goettingen for further details and permission to photograph in the old holdings can only be made at the end of June 2019. The responsible experts are currently deployed in Uzbekistan, Kazakhstan, …After this visit, the results I will present in a powerpoint presentation. I apologise for this happening later, but not too late for your meeting.

Website of the institutions visited:

https://www.gwlb.de/

https://www.sub.uni-goettingen.de/

http://www.hab.de/

https://www.gsta.spk-berlin.de/

https://www.auswaertiges-amt.de/de/aamt/politisches-archiv

Historical holdings in the library catalogue:

https://opac.sub.uni-goettingen.de/DB=1/LNG=DU/

Just enter "spr chi" into the search mask, then click "search", see below.

52178 Chinese volumes are listed. The oldest literature is at the back. At the end there is also literature without date (about 50 titles); skip them. The line below the search mask shows "short list" ("Kurzliste") and "title data" ("Titeldaten"), with further details.

《山海经》是最早的"图经"和"山志"

——《山海经》作者及体例考辨

王丹林

（中国地方志指导小组办公室方志处）

《山海经》被列为中国古代十大奇书之一，奇在内容怪异而又不完全失真，形式呆板却又流传久远，经天纬地，不外乎东西南北中；奇在司马迁"不敢言"，而后各路大家学者沉迷其中，锲而不舍，将其称为神话者有之，小说者有之，巫书者有之，经图者有之，地理书者有之……虽然只有约 31000 字，"碎金散玉"，但深入进去就会找到有关上古社会历史、地理、物产、资源等内容的宝贵资料。笔者紧步先贤后尘，考据《山海经》体例形式和文本内容，探索这部奇书的热点问题以及体例与方志的关系。

一 《山海经》作者之谜辨析

关于《山海经》作者的研究应验了顾颉刚"古史层累说"，"时代愈后，传说中的中心人物，愈放愈大"。[①] 古今中外，关于《山海经》作者的种种假说不胜枚举。西汉经学家刘歆勘定今本《山海经》，认定《山海经》著者是大禹及其佐臣伯益，初著时间约在唐虞后期即公元前 21 世纪，距今约 4100 年。后有学者考证书中地名和事物，发现有夏禹以后的史实，怀疑此书系经过许多人汇集编纂而成，禹和伯益两人所作是后人假托之词。"禹、伯益之说日趋否定"，而仓颉作说、夷坚作说、邹衍作说、炎黄时期传说合成说、南方楚人作说、巴蜀人作说、早期方士作说、袁柯的"无名氏作品说"等纷纷登场。当代学者一般继承了这些说法，认为《山海经》成书非一时，作者亦非一人，时间是从战国初年到汉初，由楚及齐地方的人所作，到西汉时才合编成书。

---

① 顾颉刚：《与钱玄同先生论古史书》，《古史辨》第 1 册，上海古籍出版社，1982，第 60 页。

很多文献止步于此，以致谈及《山海经》时以一言蔽之——"作者不详"。

从文本来看，《山海经》记载有大禹的活动和语言。《海外北经》中记述鲧禹治水时，杀共工之臣相柳氏，并记载治水实际行动，"禹所积石之山在其东，河水所入"。①《中山经》载："禹曰：天下名山，经五千三百七十山，六万四千五十六里，居地也。言其五臧，盖其余小山甚众，不足记云。……封于太山，禅于梁父，七十二家，得失之数，皆在此内，是谓国用。"②"小山甚众，不足记云"是说《五臧山经》不记那些小山的原因，可以认定是作者说的。后面"封于太山，禅于梁父，七十二家"，封是祭天，禅是祭地，太山、梁父都是山，"七十二家"是指远古七十二帝。"古者封太山禅梁父者七十二家，而夷吾所记者十有二焉。昔无怀氏，封泰山。"③尹知章注曰："（无怀氏）古之王者，在伏羲前。"④这是中国氏族联盟时代伏羲女娲氏政权，大伏羲氏族无怀氏部落的第 72 任帝，姓风，名苍芒，女，生于公元前 5278 年。公元前 5241 年第 71 任帝渭茂去世，苍芒即位称帝，据王大有《三皇五帝时代》记述，"苍芒执政 33 年，卒于公元前 5209 年"。⑤这里说的"七十二家"是指伏羲氏前，即公元前 5000 多年的止于苍芒的七十二帝，这正是禹时代所记述的远古帝王祭祀天地所传七十二帝，得失成败的规律，皆记入《山海经》内，是为国家所用。所谓"禹曰"，有如《史记》中有"太史公曰"一样，"禹曰"正是"大禹说"之意。《山海经》中非"禹曰"而是其他人说的有明显加注，如《海外东经》和《海内东经》的末段都说"建平元年四月丙戌，待诏太常属臣望校治，侍中光禄勋臣龚、侍中奉车都尉光禄大夫臣秀领主省"，⑥即清楚地注释"臣秀"刘歆加注。刘歆与汉哀帝刘欣同音，因避讳，刘歆改名刘秀。书中多处记述大禹的活动和言论，特别是《山海经》最后一句话说："洪水滔天。鲧窃帝之息壤以堙洪水，不待帝命。帝令祝融杀鲧于羽郊。鲧复生禹。帝乃命禹卒布土，以定九州。"⑦记载了天帝命禹最后实行土工，控制住了洪水，以划分九州。如果这些语言不是"禹曰"，所述资料不是在禹时代收集的，相隔 1000 多年的战国末期和秦汉人，如何能将禹、伯益的言行汇集书中？

考据历史，要准确把握历史时空。章学诚提出"时近则迹真"，这个"时近"不是指顺时而下最近的时间，而是逆时而上至距事件发生最近的时间。那么，我们研究《山海经》作者及其内容就要取用距《山海经》著述时代最近的时期的资料，而不能以后世不断演绎、层累起来的资料，来轻易否定早期的文献。最早明确阐述《山海经》年代问题的是刘歆，他在建平二年（公元前 5 年）校勘《山海经》之后，向汉哀帝呈《上〈山海经〉表》，曰："《山

① 王学典注译《山海经全鉴》珍藏版，中国纺织出版社，2016，第 207 页。
② 王学典注译《山海经全鉴》珍藏版，第 186 页。
③ 《管子·封禅第五十》，敦煌文艺出版社，2015。
④ 陈志坚主编《诸子集成》第 3 册，北京燕山出版社，2008，第 654 页。
⑤ 参见王大有《三皇五帝时代》，中国社会出版社，2000。
⑥ 王学典注译《山海经全鉴》珍藏版，第 218 页。
⑦ 王学典注译《山海经全鉴》珍藏版，第 307 页。

海经》者，出于唐虞之际。昔洪水洋溢，漫衍中国，民人失据，崎岖于丘陵，巢于树木。鲧既无功，而帝尧使禹继之。禹乘四载，随山刊木，定高山大川。益与伯翳主驱禽兽，命山川，类草木，别水土。四岳佐之，以周四方，逮人迹之所希至，及舟舆之所罕到，内别五方之山，外分八方之海，纪其珍宝奇物，异方之所生，水土、草木、禽兽、昆虫、麟凤之所止，祯祥之所隐，及四海之外，绝域之国，殊类之人。禹别九州，任土作贡；而益等类物善恶，著《山海经》。皆圣贤之遗事，古文之著明者也。"① 之后东汉班固《汉书》持此说，同时代思想家王充在《论衡·别通篇》中说："禹主治水，益主记异物，海外山表，无远不至，以所闻见，作《山海经》。"② 再后有《隋书·经籍志》记载："萧何得秦图书……后又得《山海经》，相传为夏禹所记。"③ 清人毕沅继承此说："作于禹益，述于周秦。"④ 至于后代考据有增补内容，有多人参与汇编，但不能以此来否定原书作者。夏虫不可语冰，后人妄言假托之说不足为信。王国维指出，解决古史研究中的问题须采用"二重证据法"，将"纸上之材料"与"地下之新材料"互证。那么，《山海经》在未出现考古新材料之时，"虽古书之未得证明者，不能加以否定"。⑤ 古史的确有非一时一人成书者，但不能因后世辑录时补充了新的资料，就把出书朝代移至后世，把原作者抛之九霄。刘歆勘定禹和伯益"著《山海经》"这一"时近"的说法毋庸置疑，无可非议。如果一定要标示后世补充情况，也应注明"《山海经》，禹、伯益等著"。

二 《山海经》 体例原是以图为主的"山海经图"

《山海经》的体例结构总体上分为《山经》《海经》两大类。《山经》分为《南山经》《西山经》《北山经》《东山经》《中山经》5 卷，故《山经》又称作《五藏山经》（或作《五藏山经》，藏、藏为古今字）。《海经》分为《海外经》《海内经》《大荒经》，共 13 卷。除《大荒经》按东、南、西、北方位排列外，《山经》《海经》叙事的展开顺序都是打破常规的南、西、北、东。

从书名看，《山海经》的表现形式是文字"经"，而进一步考察它的原始形态，不仅有文字记载的《山海经》，还有以图为主的山海图。相传，大禹治水首先得到山海图，并根据此图走遍天下，勘定结果，口述给伯益写成《山海经》。为妥善保存山海图，故将其铭刻于九个大鼎上。后世山海图都是由九鼎图像演变出来的，可惜九鼎亡于秦。历史上据称有两大文人见过山

① 韩广峰：《山海经易读》插图本，上海古籍出版社，2015，第 363 页。
② 《四库全书总目提要》卷一四二子部五十二小说家类三《山海经十八卷》，清乾隆武英殿刻本。
③ 《山海经》，江庆柏等整理《四库全书荟要总目提要》，人民文学出版社，2009，第 250 页。
④ 毕沅：《山海经新校正·序》，姚振宗：《隋书经籍志考证》卷二一《史部十一》，民国师石山房丛书本。
⑤ 王国维：《古史新证——王国维最后的讲义》，清华大学出版社，1994，第 2 页。

海图，一是郭璞，大约在晋元帝大兴元年（318）拜著作郎至晋明帝永昌元年（322）十二月辞去尚书郎之间，给《山海经》作注，撰《山海经图赞》2卷。据朱玲玲考证，清代有《山海经图赞》3个辑本，据严可均辑本，得郭璞《山海经图赞》266首。除去误入，增补遗漏，认定《山海经图赞》共计263首，赞颂的图分为8类：神祇类、植物类、兽类、羽禽类、鳞介类、灵物类、异域类、山水类。[①] 既然图赞有几百首，图分类如此详细，那么《山海经》有图无疑。另一位是同时代的诗人陶渊明（365～427），在《读山海经十三首》其一中说："泛览周王传，流观山海图。"两大文人诗赞为证，说明东晋时期还有山海图流传。

古图已不存在，汉所传图、六朝唐宋各代记载中的"山海经图"都没有流传下来，今能考证的只有南梁和宋代重绘图。"山海经图十卷，本梁张僧繇画，咸平二年，校理舒雅铨次馆阁图书，见僧繇旧踪尚有存者，重绘为十卷。"[②] 郑樵等众多学者都提到了张僧繇与舒雅前后两次绘制的"山海经图十卷"。据马昌仪的考证，明清时流传有16种《山海经》图本。[③] 四库全书收录有明王崇庆撰《山海经释义》十二卷、图二卷。[④] 尽管南梁、宋代所传"十卷图"以及明清时期出现的重绘《山海图》都与郭璞和陶渊明看到的图无关，但肯定与原始古图有着古老的渊源关系与传承脉络。正如马昌仪所言，"从明清山海经图入手，追溯古老的图文《山海经》的源头，再现图文《山海经》的叙事语境，探索我国古老的图画叙事传统，尽可能地修复山海经图的传承之链，其学术意义是不言而喻的"。[⑤]

从《山海经》古图到明清时期历代多次绘制的山海经图，是《山海经》语境中的重要体裁，也说明图的载体难以存留。考古发现人类在使用文字之前，也就是在旧石器到新石器时代的漫长岁月里，就是用图来认识世界和交流思想的。1986年在甘肃天水市放马滩一号秦墓出土了7幅绘在木板上的地图，是我国目前发现较早的实物地图。[⑥] 木板上地图的出现，证实了在西汉造纸术发明以前，图画和文字是被刻在其他介质上的。刘歆作《七略》时，收书不收图，图日亡，书日冗。章学诚也曾说："图学失传，由于司马迁有表无图，遂使后人修史，不知采录。"[⑦] 古代有图又有文字的书，最后图多不存，如《元和郡县图志》，以唐代四十七节镇为准，分别叙述各镇的州县沿革、山川险易、户口物产、道里贡赋、古迹史事等，每镇篇首有图。后其图亡，唯志独存，故书名改为《元和郡县志》。"山海经图"也是这样，"经存图亡"，[⑧] 从而只剩下《山海经》。

① 朱玲玲：《从郭璞〈山海经图赞〉说〈山海经〉"图"的性质》，《中国史研究》1998年第3期。
② 王应麟：《玉海》卷一五《地理》，清光绪九年浙江书局刊本。
③ 参见马昌仪《明清山海经图版本述略》，《西北民族研究》2005年第3期。
④ 《四库全书总目提要》卷一四四子部五十四小说家类存目二。
⑤ 马昌仪：《明清山海经图版本述略》，《西北民族研究》2005年第3期。
⑥ 杜瑜：《中华文明史话·地理学史话》，中国大百科全书出版社，2000，第17页。
⑦ 章学诚撰，仓修良编注《文史通义新编新注·外篇一·和州志·舆地图序例》，浙江古籍出版社，2005，第904页。
⑧ 杨慎：《山海经后序》，《升庵全集》卷二，商务印书馆，1935，第17页。

三 《山海经》体例形式是最早的"图经"

《山海经》古图虽然不复存在，但体例形式有图是不争的事实。从文字训诂角度研究《山海经》，能够认识《山海经》内容性质。《山海经》的内容性质很复杂，代有争议。"太史公曰……至《禹本纪》《山海经》所有怪物，余不敢言也。"① 司马迁没有将《山海经》完整收入《史记》，只是选用了若干经典故事。太史公对《山海经》的批评态度，对后世影响极大，在相当长的历史时期里，《山海经》是被贬低的，被认为是"古今怪语之祖"。班固《汉书·艺文志》著录有"《山海经》十三篇"，并将其列入"数术略"中"形法"类之首，与相人、相牛马、相地之书放在一起。清代的《四库全书总目提要》将其收入子部小说家类，认为是"小说之最古者"。鲁迅著《中国小说史略》斥其"盖古之巫书也"。

内容决定形式，形式为内容服务，从体例形式入手，又会得出崭新的结论。从《山海经》内容记述风格上分析，这本书的确是述图之作，先有图，后有文字书，书中的内容是对一幅幅图画内容的说明，故《山海经》中的文字多为静态的刻画，少有动态的叙述；多记呆板的空间方位，少记变化的时间进程，其述图特点一目了然。宋代学者朱熹最早有此论断："《山海经》记诸异物飞走之类，多云东向，或曰东首，疑本因图画述之。"②

如前所述，各时期对"山海经图"的称谓有所不同，郭璞作《山海经图赞》，陶渊明称"山海图"，南梁张僧繇重绘"十卷图"，宋真宗时舒雅依残图再次重绘"十卷图"，明清时期又出现了16个版本的《山海图》，不管名称如何变化，都源于郭璞的《山海经图赞》。郭璞所见古本是什么样式的图？有学者对"赞"的内容进行分析后，认为山海经图所绘是"一些神仙、奇禽异兽图，而不可能是具有山川道里的地图"。③ 这种观点忽略了《山海经》的地理学价值。《后汉书·王景传》记载，因王景治水有功，明帝"乃赐景《山海经》《河渠书》《禹贡图》"。④ 说明东汉时，官方对《山海经》的认识，是作为同《河渠书》《禹贡图》并列的地理书。《隋书·经籍志》中，《山海经》又与《水经》《黄图》等并列，作为"以备地理之记焉"的地理书著录。《山海经》正是由于其地理书的身份，才具有长久的生命力，能够广泛流传，并得到学界深入研究。

毕沅在校注《山海经》时，偏重于地理考证和名物训诂，关注考证山川的古今异同，在序中直言："《山海经·五藏山经》三十四篇，古者土地之图。"⑤ 近代地理学家王庸分析道："山

---

① 《史记·大宛列传》，台海出版社，2002，第883页。
② 《四库全书总目提要》卷一四二子部五十二小说家类三《山海经十八卷》。
③ 朱玲玲：《从郭璞〈山海经图赞〉说〈山海经〉"图"的性质》，《中国史研究》1998年第3期。
④ 《后汉书》下册，岳麓书社，2009，第832页。
⑤ 毕沅：《山海经新校正·序》，姚振宗：《隋书经籍志考证》卷二一《史部十一》，民国师石山房丛书本。

海经图……原始图像只画实际山水事物，至于各处的方位和距离不能在图上表示出来，到了有文字以后，便在图上用文字说明它们，如现在《山海经》中记着的：西若干里曰某某之山，又东南若干里曰某某之山。这些记载，很像是地图上的说明或注脚。后来图散失了，只剩下这些说明，便成这部有文无图的《山海经》。"① 王庸所讲述的《山海经》的文字表述形式和行文思维方式，与朱熹所言"因图画述之"一致，这就还原了先有《山海图》，后有《山海经》的本原状态。

王庸对古图的形态进行了具体描述："山海经图可以分为两种：一种是五藏山经图，画着山、水、动物、植物、矿物等，而且记注着道里方位，显然是地图的形式；另一种是海内、外经图及大荒经图，主要是画着神人怪物，不仅不注道里方位，连山水图都没有，已不像地图的形式。这两种图并不能作明确的分割，不过从地图的体裁上讲，前一种比较进步些而后一种比较原始罢了！"② 这种对地形、地物的形象描绘，配以文字说明，就是图经的原始形态。只因郭璞作《山海经图赞》命名在先，后人就多沿用"山海经图"，实际上应该是"山海图经"。王庸说过："这部有文无图的《山海经》，但它的原始形态却是以图为主体的《山海图经》，或是有图无文的《山海图》。"③"古时所谓图经，大概是一图一说、图说相间的地图。《山海经》原是以图为主体的，在原图未佚的时候亦可以称为山海图经。"④ 由此可见，我们从《山海经》原始体裁上分析，不管是山海图、山海经图，还是无图的《山海经》，原本就是中国最早的"图经"——山海图经。图经起源于东汉《巴郡图经》之说，应向前延伸 2000 多年，改为唐虞后期山海图经起源说。图经是早期的方志，《山海经》的体例形式是图经，实为最早的方志。

四 《山经》记述内容自言是"山志"

学界关于《山海经》与方志关系的论述颇多，有研究认为《山海经》记述的内容接近地方志，属于"百科全书"性质，还有工具书和专著说《山海经》是方志的起源之一。《方志百科全书》称其是"中国存世最早的地理著作"，⑤ 并没有承认是早期的方志。有少数学者认为《山海经》是地理志和地方志，如林辰认为"如果一定要给《山海经》定个类称，那么还应该承认它是一部地理书——包括自然地理（山川、矿物、动物、植物）和人文地理（历史、民族、医药文化及风俗宗教）的综合性的地方志"。⑥ 而徐显之则从社会氏族学和图腾说的角度来

① 王庸：《中国地图史纲》，商务印书馆，1959，第1~2页。
② 王庸：《中国地图史纲》，第3页。
③ 王庸：《中国地图史纲》，第2页。
④ 王庸：《中国地图史纲》，第29页。
⑤ 《方志百科全书》编纂委员会编《方志百科全书》，方志出版社，2017，第321页。
⑥ 林辰：《〈山海经〉不是巫书——读〈中国神话学〉想起的》，《中国图书评论》1995年第8期。

解释，认为《山海经》"是产生于氏族社会末期的我国一部古代氏族社会志"。① 这两个观点旗帜鲜明地指出《山海经》是方志。邱新立则对《山海经》的历史地位给予充分肯定，认为"原始地志性质的《山海经图》实是中国地方志有图有文的源泉"。②

《山海经》全书 18 卷，内容记载了 105 个方国、550 座山、300 条水道、100 多个历史人物、400 多种神怪奇兽以及邦国山水的风土物产等信息。近代以来，学者们开始关注《山经》的地理学价值，并确立了《山经》在《山海经》中的主体地位。最具代表性的是，谭其骧先生在其《论〈五藏山经〉的地域范围》一文中对《山经》涉及的地理问题进行了全面梳理。通过讨论方向、里距，逐一考证《山经》记载的地物的具体所在。他对《山经》的先秦地理研究价值给予充分的肯定，并指出"《五藏山经》简称《山经》，是《山海经》全书中最为平实雅正的一部分。它不像《山海经》的其他部分（海外南西北东经、海内南西北东经、大荒东西南北经、海内经）那样，形式上是地志，内容则以记载神话为主，而是从形式到内容都以叙述各地山川物产为主，尽管也杂有神话，比重不大。所以《山海经》其他部分可以说都是语怪之书，而《五藏山经》则无疑是一部地理书"。③

那么《五藏山经》是何种地理书？从体例形式和内容表述看，《山经》以山为纲，按南、西、北、东、中五个方位，分设 5 卷山经，每个区域分若干山系，再以方位道里为经纬，把每座山岳连接起来记述地理物产等各项内容。如：

> 《南山经》之首，曰鹊山……
>
> 又东三百里，曰堂庭之山。多棪木，多白猿，多水玉，多黄金。
>
> 《南次二经》之首，曰柜山……
>
> 东南四百五十里，曰长右之山。无草木，多水。④

先确定首山坐标，然后按方位南、西、北、东记述与首山距离多远有哪些小山，再记述小山地理、物产、动植物等。这样的体例结构和表述方式，完全符合当今志书"分门别类"的原则，是典型的方位记事模式，后世山志编纂沿用了这种记事方法。纪昀在《四库全书总目提要·史部·地理类序》中论述了历代方志的发展演变，并总结道："古之地志，载方域、山川、风俗、物产而已，其书今不可见。……《元和郡县志》颇涉古迹，盖用《山海经》例。《太平寰宇记》增以人物，又偶及艺文，于是为州县志书之滥觞。"⑤ 可见《山海经》体例对郡县志

---

① 徐显之：《山海经探源》，武汉出版社，1991，第 1 页。

② 邱新立：《民国以前方志地图的发展阶段及成就概说》，《中国地方志》2002 年第 2 期。

③ 谭其骧：《长水粹编》，河北教育出版社，2000，第 299 页。

④ 王学典注译《山海经全鉴》珍藏版，第 2~8 页。

⑤ 《四库全书总目提要》卷六八史部二十四地理类一。

编纂影响之大，只不过稍有不同的是，历代州郡县志以州郡县驻地为坐标，然后记述东、西、南、北距城多少里的地方情况。

《元和郡县图志》中古迹"盖用《山海经》例"，表明唐代就将《山海经》的体例当作纂志的范例。古今学者不乏此说，宋人欧阳忞在《舆地广记》自序中交代其撰述情况时称："凡自昔史官之作，与夫山经、地志，旁见杂出，莫不入于其中，庶几可以成一家之言，备职方之考，而非口传耳受尝试之说者也。"① 研读《山海经》原著，不仅"山经地志"，还多次直言"山志"：

> 右《南经》之山志，大小凡四十山，万六千三百八十里。②
> 右《西经》之山志，凡七十七山，一万七千五百一十七里。③
> 右《北经》之山志，凡八十七山，二万三千二百三十里。④
> 右《东经》之山志，凡四十六山，万八千八百六十里。⑤
> 右《中经》之山志，大凡百九十七山，二万一千三百七十一里。⑥

《山海经》如此三番五次地自称"山志"，以无可辩驳的事实证明《山经》就是山志。当然，山志是以形胜景物为主之书，与郡县志内容各具特点，但从体例形式来看，山志作为志书的一种，体现了志体的基本特征，如横排门类、条目编写、重在记叙等。正如黄苇所言："山志与其他方志不同之处，在记述内容上有广狭之分，门类有多少之别。"⑦ 综合前说，考察体裁运用、体例形式和图文叙事方式，可知《山海经》是中国最早的图经和山志，具有开创中国方志之先河的历史地位。

① 欧阳忞：《舆地广记·自序》，中华书局，1985。
② 王学典注译《山海经全鉴》珍藏版，第20页。
③ 王学典注译《山海经全鉴》珍藏版，第60页。
④ 王学典注译《山海经全鉴》珍藏版，第94页。
⑤ 王学典注译《山海经全鉴》珍藏版，第114页。
⑥ 王学典注译《山海经全鉴》珍藏版，第189页。
⑦ 黄苇主编《中国地方志词典》，黄山书社，1986，第349页。

明代地方志编纂"书法"问题浅探

(中国地方志指导小组办公室)

在史学话语体系中，"书法"是一个重要的概念。如《左传·宣公二年》就有"董狐，古之良史也，书法不隐"的记载。有学者解释，其中的"书法"是历史书写和历史评价的标准与尺度，"不隐"则是要求史官坚持"书法"，不畏强权。[①] 随着史学的不断发展，由《春秋》记述之法而起的史家"书法"的内涵也不断拓展，成为史家在材料处理、编纂原则、史实评论、人物褒贬等方面所遵守的惯例。[②] 明代学者开始借用史学"书法"的概念，并将其引入地方志编纂，在一定程度上丰富了明代地方志编纂理论研究。如嘉靖二十二年（1543），林有年在编纂《瑞金县志》时提出："志中书法大略仿《大明一统志》《赣州府志》，大书以提其纲，分注以详其目，庶邑治之因革后人有考焉。"[③] 同时期的陈露也说："志中书法多仿《山东通志》《东昌郡志》，提其纲而详其目，庶斯邑之实录，后人有稽焉。"[④] 不难看出，"书法"不仅指对地方志修纂形式的要求，更包括对方志编纂原则、体例的遵循。本文即以明代地方志编纂的"书法"问题为出发点，从对一统志体例的遵循、通志编纂与府州县志的依存关系、修志义例与序按论赞的广泛运用三方面进行探讨。不当之处，敬请方家指正。

---

① 尤学工：《"良史"与中国古代史学话语体系》，《四川师范大学学报》2018年第6期。
② 参见许凌云《"书法"辨析——略谈史家著史之法》，《广西师范学院学报》1983年第4期；刘玲《析王鸣盛关于史书"书法""义例"的主张》，《淮北煤炭师范学院学报》2008年第5期。
③ 《纂修瑞金县志凡例》，嘉靖《瑞金县志》，《天一阁藏明代方志选刊》本，上海古籍书店，1961，据明嘉靖二十二年刻本影印。
④ 《武城志凡例》，嘉靖《武城县志》，《天一阁藏明代方志选刊》本，上海古籍书店，1963，据明嘉靖二十八年刻本影印。

·816·

一 对一统志体例的遵循

明朝建立后，为强化中央集权，加强对全国的有效控制，体现国家一统的政治理念，明初几代皇帝均下令纂修总志、一统志。洪武年间，朱元璋先后四次下令纂修总志，绘制舆图。洪武三年（1370），朱元璋命儒臣魏俊民、黄篪、刘俨、丁凤等编纂《大明志书》，主要记述天下州郡地理形势及降附始末。这是明朝政府编纂的第一部全国性总志，可惜早佚，卷帙已无从考知。洪武十七年，朱元璋命大臣编成《大明清类天文分野书》24 卷，以分野星次分配天下郡县，郡县之下详载建置沿革。洪武二十七年，朱元璋又命刘基纂成《寰宇通衢书》1 卷，专载全国交通水马驿程。洪武二十八年，朱元璋又命大臣纂成《洪武志书》，记载"都城、山川、地里、封域之沿革，宫阙、门观之制度，以及坛庙、寺宇、街市、桥梁之建置更易"。[①]

朱元璋倡修总志的观念和做法，为其子孙所继承。永乐十年（1412），明成祖颁降《修志凡例》，旨在规范志书的体例和内容，这是迄今发现的最早由朝廷颁布的修志凡例。《修志凡例》共 17 则，在《大元大一统志》条目的基础上增订而成，一为建置沿革、分野，二为疆域、城池、里至，三为山川，四为坊郭、乡镇，五为土产、贡赋，六为风俗、形势，七为户口，八为学校，九为军卫，十为廨舍，十一为寺观、祠庙、桥梁，十二为古迹，十三为宦迹，十四为人物，十五为仙释，十六为杂志，十七为诗文。永乐十六年，明成祖诏令编修天下郡县志书，同时颁降《纂修志书凡例》。《纂修志书凡例》共 21 则，是在《修志凡例》基础上修订而成的，一为建置沿革，二为分野，三为疆域，四为城池，五为山川，六为坊郭、镇市，七为土产，八为风俗，九为户口，十为学校，十一为军卫，十二为郡县廨舍，十三为寺观，十四为祠庙，十五为桥梁，十六为古迹，十七为宦迹，十八为人物，十九为仙释，二十为杂志，二十一为诗文。

在方志编纂形式的统一要求下，各地志书陆续修成，不断进呈至朝廷，编纂大一统志的时机逐渐成熟。景泰七年（1456），《寰宇通志》纂成，凡 119 卷，明代宗亲撰序文。天顺五年（1461），《大明一统志》纂成，凡 90 卷，明英宗亲撰序文。《大明一统志》颁行后，《寰宇通志》即毁版不行。《大明一统志》是在《寰宇通志》的基础上纂成的，以南北两京、十三布政使司分区，以府州为单位，下设建置沿革、郡名、形胜、风俗、山川、土产、公署、学校、书院、宫室、关梁、寺观、祠庙、陵墓、古迹、名宦、流寓、人物、列女、仙释等 20 门，最后为外夷各国。遗憾的是，该志不载户口、田赋、官制等重要内容，因而颇受时人讥议。但《大明一统志》的出现，一方面在体例上对以前的全国性总志及《大元大一统志》多有借鉴和总结，推动了方志向定型化和程式化的方向发展，为多数明代修志者所遵

---

① 《明太祖实录》卷二四三，洪武二十八年十一月辛亥。

循；另一方面则确立了《大元大一统志》以来的由地方先行编纂志书呈进以备采择的制度，使各地的方志编纂活动有了合法的政治依据，趋于常态化。正如嘉靖十三年（1534）冯兰在《蠡县志序》中所说："方今圣朝之天下舆图洪远，旷古未有。自藩臬郡暨州县兼总大成，汇集大略，类聚记载著为图书，昭示天下，名曰《大明一统志》，宏纲奥旨，统宗会元，扩世代、该事物者至矣。其郡县分列，即条目之在纲领。今复自各为志者，何也？盖古者有列国之史、四方之志、《九丘》之籍，各记时事，故郡县亦志，皆是物也。所以以详裨略，以实塞阙，合附一统之大，若一篑一勺赴积海山，用广藏纳，巨细本末，先后该括，示一时、垂百世于无穷，猗歟休哉？"①

《大明一统志》颁行后，因其体例具有国家层级的规范和指导意义，对地方志凡例制定和地方志编纂产生了非常重要的影响，很多修志者纷纷效仿，视其为万世编纂方志之良法。② 沈庠修、赵瓒纂弘治《贵州图经新志》即遵其例，《贵州图经新志凡例》云："古今地里图经志书体制不一，至宋祝穆作《方舆胜览》，纲举目张，事类颇悉，而为诸家之冠，然亦未尽善也。迨我《大明一统志》出，一扫群志之陋，而程式之美足为万世志法。故此志之作兼准二书焉。"③ 闵文振纂修嘉靖《宁德县志》也遵《大明一统志》体例，《宁德县志凡例》云："近时各处纂志见人人殊，分析门类，纷然不一。窃以《大明一统志》实圣朝君相裁定，尽美尽善，凡有纂修谨当师之耳。"④ 地方官员在编纂方志时不仅有意识地遵循《大明一统志》体例，还对其他类型的编纂体例有所驳正。如李宗元在纂修嘉靖《沈丘县志》时所说，"近时修志者或为纪载体，或为分类体，或为吏、户、礼、兵、刑、工体，虽各不同，亦皆有据"，但均有其未备之处，"今惟一以《大明一统志》为宗，独加详焉"。⑤ 刘效祖在编纂万历《四镇三关志》时也说："兹志以《一统志》为章程，盖皇明制书经馆阁裁定，文简事核，词严义正，即《周书》《夏训》之典场也。乃今诸家结撰不尽率由，或以沿革为表，或以贤才为传，或职官为表又有志，或选举有志又为表，虽其文采蔚然可观，于志体安所裨益乎？"⑥

对《大明一统志》体例的遵循，体现在从省到府、州、县各个层级的志书上。虽非一味照搬，但多采用纲目体，纲举目张，颇便翻检。同时，相对于特定的区域来说，因各志记述对象的相对集中和具体，修志者在坚持志书体例特点的基础上，因地制宜，注意体例和内容的协调，突出具有地方特色的内容。就通志而言，除前述弘治《贵州图经新志》外，伍福纂成化《陕西通志》、黄仲昭纂弘治《八闽通志》、薛纲纂修嘉靖《湖广图经志书》、郭棐纂万历《广

① 冯兰：《蠡县志序》，嘉靖《蠡县志》，《天一阁藏明代方志选刊续编》本，上海书店，1990，据明嘉靖十三年刻本影印。
② 参见周天爽《〈大明一统志〉的影响及评价——由日本藏〈大明一统志〉引发的思考》，《广西地方志》2018年第1期。
③ 《贵州图经新志凡例》，弘治《贵州图经新志》，《四库全书存目丛书》本，齐鲁书社，1996，据北京图书馆藏明弘治间刻本影印。
④ 《宁德县志凡例》，嘉靖《宁德县志》，《天一阁藏明代方志选刊续编》本，上海书店，1990，据明嘉靖十七年刻本影印。
⑤ 《目录凡例》，嘉靖《沈丘县志》，《天一阁藏明代方志选刊续编》本，上海书店，1990，据明嘉靖九年刻本影印。
⑥ 《四镇三关志凡例》，万历《四镇三关志》，《四库禁毁书丛刊》本，北京出版社，1991，据明万历四年刻本影印。

东通志》等均仿《大明一统志》体例，只不过是就其省事"特加详焉"。如《广东通志凡例》云："其义例仿《一统志》，特加详焉。或大书，或分注，繁简之别也。"① 另如《湖广图经志书凡例》，该志"纂修悉准《大明一统志》，遵时制也。但志天下宜简，志一省宜稍加详，故参考宋祝穆《方舆胜览》及郡县新旧志，量为增入，不敢加一私见臆说，恐无征也"。② 全志 20卷，卷一为本司志，下设建置沿革、城池、户口、田赋、藩封、公署、贡院、宫室、祠庙、历官、名宦、惠政、祥异、诗文 14 目；卷二至二〇为府州县志，依次为武昌府、汉阳府、黄州府、德安府、荆州府、岳州府、襄阳府、郧阳府、安陆州、沔阳州、衡州府、永州府、郴州、长沙府、宝庆府、辰州府、常德府、靖州、施州卫，每府州下设建置沿革、形胜、风俗、山川、城池、坊乡、土产、户口、田赋、藩封、公署、学校、书院、宫室、惠政、关梁、铺舍、寺观、祠庙、坛壝、陵墓、古迹、名宦、流寓、人物、科甲（岁贡官显者附）、列女、仙释、诗文 29 目。

就府、州、县志而言，试举两例。弘治《徽州府志》的事目遵《大明一统志》立例，并提出了详细记述一郡之事的一些方法，"故于其已载而未备者增之，未载而可采者补之，事无可考者阙之，事有当纪者续之，旧志舛讹者兼考史传以正之"。③ 全志 12 卷，共设 15 门，下统目若干。一为地理，下设建置沿革、郡名、分野、疆域（里至附）、形胜、风俗、山川、城池、坊市、厢隅乡都、桥梁（津渡附）、古迹、丘墓 13 目；二为食货，下设田地、户口、水利、土产、土贡、财赋（军需、徭役附）6 目；三为封建（戚畹附）；四为职制，下设郡县官属、兵卫官属、名宦 3 目；五为公署；六为学校（书院、堂塾、楼舍、社学附）；七为祀典，下设坛壝、祠庙 2 目；八为恤政，下设仓局（库院、义冢附）、蠲赋（赈饥、养老附）2 目；九为选举，下设科第、岁贡、荐辟、吏材 4 目；十为人物，下设勋贤、儒硕、文苑、宦业、忠节、孝友、义勇、武功、封赠、隐逸、寓贤、列女、艺术、仙释 14 目；十一为宫室；十二为寺观；十三为祥异；十四为词翰，下设辞命、表疏、书、题跋、论、杂著、启、上梁文、祭文、铭箴、赞颂、辞赋、诗章、序、记 15 目；十五为拾遗。嘉靖《霸州志》仿《大明一统志》规式，并参考群书，在立目时略加损益。全书共 9 卷，分为 9 门，每门统目若干。一为舆地志，下设沿革、星野、形胜、疆域、城池、山川、风俗、里屯、衢巷、市廛、关梁、堤堰、古迹、丘墓 14目；二为宫室志，下设公署、坛壝、祠宇、绰楔 4 目；三为学校志，下设儒学、先师庙、书院、社学 4 目；四为武备志，下设官属、兵役、戎器 3 目；五为食货志，下设户口、田亩、赋税、课程、差役、物产、马政 7 目；六为秩官志，下设官制、官籍、名宦 3 目；七为人物志，下设

① 《广东通志凡例》，万历《广东通志》，《四库全书存目丛书》本，齐鲁书社，1996，据日本内阁文库藏明万历三十年刻本影印。

② 《湖广图经志书凡例》，嘉靖《湖广图经志书》，《日本藏中国罕见地方志丛刊》本，书目文献出版社，1991，据日本藏明嘉靖元年刻本影印。

③ 《徽州府志凡例》，弘治《徽州府志》，《天一阁藏明代方志选刊》本，上海古籍书店，1964，据明弘治十五年刻本影印。

甲科、乡贡、岁荐、例荐、辟举、乡贤、戚畹、隐逸、武弁、赀封、恩荫、掾吏、孝义、贞烈14目；八为艺文志，下设记、传、书、铭、诗、行、状7目；九为杂志，下设灾异、方伎2目。

有的志书虽然仿《大明一统志》，但在体例上结合了纪传体、纲目体等体裁的长处。如嘉靖《郾城县志》，该志"纂修悉仿《大明一统志》，僭拟《史记》《纲目》诸体，盖遵王制，依时格，取其明白简易而不骇人之视德也"。①该志凡12卷，卷一为疆域、建置沿革、星野、山川、形胜、城池、风俗、土产，卷二为神祀（庙宇附）、公署、官纪，卷三为学校（社学附）、选举（输粟吏员附），卷四为里甲、户口、田赋（王庄、课程、土贡、徭役附），卷五为惠政、荒政、武备、街坊（乡村集镇附）、铺递、津梁、寺观，卷六为宦迹、武功、流寓，卷七为人物（耆寿附），卷八为故迹（丘墓附），卷九至一○为文集，卷一一为题咏，卷一二为义举、仙释、祥异。

有的修志者对志书采用纪传体提出批评，主张在遵循《大明一统志》体例的基础上，借鉴编年体和纲目体，采用较为独特的体例。如嘉靖《广平府志》，该志取法"《春秋》《纲目》《一统志》也。凡事大书于上，细书于下，系断于后，皆窃取之也。盖《春秋》圣人之经，《一统志》今王之制，舍此不法，而模拟马迁诸人焉，谬于圣人者矣"。②该志共16卷，前8卷为经，后8卷为纬，分为1图、3表、12纪。卷一为封域志，卷二为郡县志，卷三为山川志，卷四为建置志，卷五为学校志，卷六为版籍志，卷七为坛宇志，卷八为古迹志，卷九为官秩志，卷一○为选举志，卷一一为宦业志，卷一二为贤行志，卷一三为列淑志，卷一四为恩泽志，卷一五为纪历志，卷一六为风俗志。其中，卷一为图，卷二、卷九至一○为表，其他为纪。

二 通志编纂与府州县志的依存关系

明朝统治者为编纂全国性总志及《大明一统志》，不断发布行政命令，"昭代屡诏礼部，遍谕天下郡县豫修志书，以备采择"。③各布政司及各府、州为编纂志书也不断发布修志檄文，"檄下郡邑，各修厥事而请"，④通过行政手段推动郡县编纂志书，方志编修活动日渐普及。一般而言，《大明一统志》、通志与府州县志之间在编纂实践上存在层层推动、相互依存的关系，下面我们从编纂形式、资料选取等角度着手，对此进行分析。

① 《郾城县志凡例》，嘉靖《郾城县志》，《天一阁藏明代方志选刊续编》本，上海书店，1990，据明嘉靖三十三年刻本影印。
② 陈棐：《志前语》，嘉靖《广平府志》，《天一阁藏明代方志选刊》本，上海古籍书店，1963，据明嘉靖二十九年刻本影印。
③ 李开先：《新泰县志序》，《李中麓闲居集》文之六，《四库全书存目丛书》本，齐鲁书社，1997，据南京图书馆藏明嘉靖至隆庆刻本影印。
④ 叶向高：《闽书序》，万历《闽书》，《四库全书存目丛书》本，齐鲁书社，1996，据福建省图书馆藏明崇祯刻本影印。

元代已有行省一级的志书，如《云南图志》《甘肃图志》《辽阳图志》《云南志略》《齐乘》等，只是未有通志之名。洪武十五年（1382），纂成《云南志》61卷，是为明代第一部通志。李侃修、胡谧纂成化《山西通志》是现存最早以"通志"命名的省级志书，刊于成化十一年（1475）。弘治四年（1491），彭韶提出"郡邑有志尚矣，而一藩全志，昉于近时。去离为合，寓繁于简，是亦一道也"，① 认为通志之类志书开始于明代，这种看法是不准确的。

关于"通志"的含义，孔天胤认为，方志为记事之书，"记一方之事而备载之书，是以谓之通也"，② 其意"通"即为记载得详备。顾清则表达了不同的看法，他说"通志者，会诸志而成书者也"，③ 其意所谓"通志"是汇编各郡县志书内容而成者。成化十一年，沈钟在《山西通志序》中也云："郡与州若邑旧各有志，然未有合而为一编者。《书》不云乎：若网在纲，有条而不紊。山西之志必合而一之，夫然后纲举而目张，而无复遗憾矣。"④ 笔者认为，通志的资料多采自郡县志书，但并不等于说通志就是郡县志书的汇编之作，作为一个独立的志种，通志有其自身的体例，在坚持自身体例的基础上还要保证自身记述内容的完整，所以"通而志之"的解释是更为恰当的。正如嘉靖十二年（1533）方远宜在解释《山东通志》时所说，"《山东通志》者，通志山东也。山东总六郡，诸州邑皆古列国之故墟，其山川、人物、事迹纷错不一，或割裂于昔而统会于今，或旧属于彼而新隶于此，古今国邑不同，事文贯络不绝，通而志之宜也"。⑤

因地域广大，编纂通志也存在一定的难度，"统属既广，该括难周，作者或详近而略远，或粹古而遗今，或为己而忘他人，观者病之。重以序述体裁，去取权度，人各异论，欲为成书之善而可以信今传后，岂不难乎？"⑥ 可见，通志编纂面临的困难主要在于体例和资料取舍两个方面。通志多仿《大明一统志》立例，已如前述。在资料来源上，通志编纂主要依据郡县志书，如黄仲昭为编纂弘治《八闽通志》，"定其凡例，随事分类，为大目十又八，所统小目凡四十又二。每类则合八府一州之事以次列之，厘为八十七卷，名曰《八闽通志》。其间若地理、食货、秩官、学校、选举、坛庙、恤政、宫室、丘墓、古迹之类，皆因诸郡所采事迹，随其详略，稍加删次，或遇营建修治之得宜而可以示法于后世者，始备录之"。对于人物志，黄氏旁搜博考，尤为用心，"如福之人物，旧志俱未有登载，今则以进士郡人林谨夫所辑《乡贤传》，及闽邑庠司训兰溪郑瓘所辑郡志采入；莆之人物，亦未有类萃而归于一者，今则以郡人方先生

① 彭韶《八闽通志序》，福建省地方志编纂委员会旧志整理组、福建省图书馆特藏部整理弘治《八闽通志》，福建人民出版社，1990。
② 孔天胤：《山西通志序（代作）》，《孔文谷集》卷四，《四库全书存目丛书》本，齐鲁书社，1997，据明隆庆五年刻、万历增刻本影印。
③ 顾清：《松江府志序》，正德《松江府志》，《天一阁藏明代方志选刊续编》本，上海书店，1990，据明正德七年刻本影印。
④ 沈钟：《山西通志序》，成化《山西通志》，《四库全书存目丛书》本，齐鲁书社，1996，据1933年影钞明成化十一年刻本影印。
⑤ 方远宜《山东通志叙》，嘉靖《山东通志》，《四库全书存目丛书》本，齐鲁书社，1996，据明嘉靖刻本影印。
⑥ 彭韶：《八闽通志序》，弘治《八闽通志》。

时举所著《人物志》、吴先生源所著《名公事述》及今少冢宰彭先生韶所辑《莆阳志》采入；建宁旧志已亡。成化初，郡守安成刘钺尝修之，未及成而迁官遂并携以去。陈公特遣使诣其家访得之，今悉因其所载者采入；延平则有郡庠司训缙云樊阜所修志；邵武则有前郡守南充冯孜、后郡守仁寿刘元所修志；泉、漳、汀三郡志，则皆近日郡人所纂辑者，今所采人物皆因之"。①

通志多取材于府州志，府州志则多取材于县志，两者在编纂上均多采用按所辖行政区域次序以类纂辑的方法。以成化《杭州府志》为例，"斯志，志府也。故诸凡并府先之，而以属县次焉，附属又次焉"，"凡各县志附见，惟录其大者、要者，而于琐细略之，体宜然也"。② 该志63卷，分为18门，卷一至四为封畛，卷五至一二为山川，卷一三至一六为公署，卷一七至二二为风土，卷二三至二六为学校，卷二七至二九为水利，卷三〇为军政，卷三一为诏敕，卷三二为恤政，卷三三至三五为坛庙，卷三六至三八为名宦，卷三九至四〇为科贡，卷四一至四五为人物，卷四六为坟墓，卷四七至五六为寺观，卷五七为书籍目，卷五八为碑碣目，卷五九至六三为纪遗。每门下设目若干，每目按照所辖九县依次记述。弘治《徽州府志》亦然，其门目如前所述。关于如何处理府州与辖县的关系，刘继先、崔士伟在编纂嘉靖《武定州志》时有所阐述："志，志州也，何以附四县？夫县属州也，不以附之非全志，非全志则非所以全州也。志附县以全州，拟州志可也，而何以略？夫县自各有志也，拟州之详焉，则被[彼？]将赘乎，我将赘乎？盖尝论其势矣，先王制郡县以相统属，离合权势之妙也。合而不离其势难，离而不合其势散，离中有合，合中有离，此郡县之所以相统属也。故志亦然。外四县而弗书则太离，尽其事而详书则太合，太离嫌于无统，太合嫌于侵并，是故不可不书，书不可不略。"③

就记述内容来说，《大明一统志》记天下之事，较通志为略；通志记藩省之事，较《大明一统志》详细，比府州县志要简略很多，"所纪有广狭，所书有详略，其势不得不然也"。④ 从资料的选取上来说，三者存在相互依存的关系，所记地域范围越小，内容就越翔实，"国朝既修《大明一统志》，诸藩臬或有总志，而郡县又各有志，均一事一物大撮其凡，小详其目，愈小愈详密也"。⑤ 嘉靖四年（1525），费寀对三者之间的关系有一个比较形象的描述，"愚惟家之有大宗小宗，纪近以承于远，而近者亲焉，尤为要矣。故统志始祖也，省志、郡志者别子与继别之宗，而县志则继祢之宗也。是故省郡志贵略，不略不足以包远；县志贵详，不详不足以括细。恃略以忽乎详，或未然也"。⑥ 这种明显的依存关系，使通志编纂有赖于府州志，府州志

① 黄仲昭：《八闽通志序》，弘治《八闽通志》。
② 《成化杭州府志凡例》，成化《杭州府志》，《四库全书存目丛书》本，齐鲁书社，1996，据明成化刻本影印。
③ 《附属县志略·论》，嘉靖《武定州志》下帙，《天一阁藏明代方志选刊》本，上海古籍书店，1963，据明嘉靖二十七年刻本影印。
④ 周孟中：《广西通志序》，嘉靖《广西通志》，《四库全书存目丛书》本，齐鲁书社，1996，据明嘉靖刻蓝印本影印。
⑤ 桑悦：《重修苍梧府志序》，汪森《粤西文载》卷五三，文渊阁《四库全书》本。
⑥ 费寀：《铅山县志序》，嘉靖《铅山县志》，《天一阁藏明代方志选刊续编》本，上海书店，1990，据明嘉靖四年刻本影印。

编纂有赖于县志,反过来也形成了事实上的府州志"书法"仿通志,县志"书法"又仿府州志。

三 修志义例与序按论赞的广泛运用

明代地方志强调"书法"问题、借鉴史书编纂经验和方法的突出表现,就是志书中序按论赞的广泛运用及其中蕴含的对修志义例的广泛探讨。在类目前置以无题小序,附以按语,这些在宋元方志中即已出现,但不多见。如罗愿所纂淳熙《新安志》,在各类目前均置"叙"一篇,如《叙物产》载:"生人之道致物以为养,物备则养丰,养丰则生足乐,生足乐则喜为善,喜为善则重犯法,重犯法则服教训,服教训则上尊安。故古公与其妻胥宇,味其菫茶则以知周原之美;而蹶父为其女相攸,览其有川泽、鲂鱮、熊罴、猫虎则以为韩土之乐。然则物产之所聚,是良国也,虽然有道,盖所谓谷与鱼鳖不可胜食而材木不可胜用者,亦系于其政。"① 简要说明类目设置的目的,体现其"系于其政"的重要性。《新安志》还多用按语,如该志在叙述州郡沿革时,在"晋武帝太康元年平吴,以黟之广德故国为广德县,隶宣城郡"一句下附以小字,云:"何承天《宋志》称广德汉旧县,沈约以为二,《汉志》并无之,疑是吴所立。按:《吴志》吕蒙领广德,《长吴录》张纯补广德令,则广德在吴为县矣。然不知所属,至《晋书》乃显隶宣城云。"② 设置按语的目的在于补充志书内容记述的不足或对相互歧异的资料进行考证。明代方志对序按论赞的使用更为广泛、灵活,一般来说,明代方志在卷首或一纲目、类目之首置无题小序,在文中或纲目、类目之末置以论赞、按语、某某曰等,这些体裁的灵活运用对深化方志记述的内容和体现修志者的编纂思想发挥了重要作用。③

明代方志中对无题小序的称谓有多种。有称"总序"者,如弘治《黄州府志》"目录凡可以类从者则立纲以总之,而详列其目,事有该括未尽者附于各目之下,盖亦删繁就简,免分裂失序之弊,故于纲下特总序之,以见类从之意焉"。④ 有称"总志"者,如正德《大名府志》"志目颇多,使不以类从,未免淆杂无伦,故各以总志统之,庶几纲举而目张之义也"。⑤ 有称"序"者,如隆庆《宝应县志》"每卷有序以冠于端,有论以总于后,其所关系尤重者别为论,以尽其义。凡为序九篇,为论十五篇"。⑥ 有称"叙论"者,如嘉靖《惠安县志》"卷有题辞不发凡起例,而所以纂述之意各于叙论见之"。⑦ 有称"小叙"者,如嘉靖《通州志》"志中分门

① 《新安志》卷二,《宋元方志丛刊》本,中华书局,据宋淳熙二年修、清嘉庆十七年刻本影印。
② 《新安志》卷一,《宋元方志丛刊》本。
③ 参见张英聘《明代南直隶方志研究》,社会科学文献出版社,2005,第350页。
④ 《黄州府志凡例》,弘治《黄州府志》,《天一阁藏明代方志选刊》本,上海古籍书店,1965,据明弘治十三年刻本影印。
⑤ 《大名府志凡例》,正德《大名府志》,《天一阁藏明代方志选刊》本,上海古籍书店,1966,据明正德元年刻本影印。
⑥ 《宝应县志凡例》,隆庆《宝应县志》,《天一阁藏明代方志选刊续编》本,上海书店,1990,据明嘉靖四年刻本影印。
⑦ 岳维乔:《惠安县志序》,嘉靖《惠安县志》,《天一阁藏明代方志选刊》本,上海古籍书店,1963,据明嘉靖九年刻本影印。

者九，俱小叙于首，以见大要"。① 有称"小序"者，如嘉靖《淳安县志》"逐类之首各为小序，大率仿郡志之例而变其文"。② 有的纲目体志书于纲目、类目下均设无题小序，为加以区别，纲目下称"序"或"大引"，类目下称"小序"或"小引"，如嘉靖《常德府志》共 20 卷，设地理志、建设志、食货志、学校志、祠祀志、官守志、兵防志、人品志、艺文志、方外志等 10 志，每志下统目若干，"十志各冠以一序，而其类之首亦有小序，其意惟以明治道、利民用、示劝戒尔已，非徒以辞说为也"；③ 另如万历《建阳县志》共 8 卷，每卷类为一志，依次为舆地志、建置志、籍产志、官师志、选举志、人物志、艺文志、丛谈志，每志下统目若干，"各卷之首弁以大引，各目之首弁以小引"。④

由上可知，明代方志中无题小序的名目虽多，但主要内容不外乎如下几项：一是述门类设置之由，二是明事以类聚之旨，三是彰经世致用之效。在无题小序的写作上，明代修志者认为志书贵在纪实，不必援引浮词进行夸饰，应在有益于"治体"的前提下立意落笔，"悉去繁文，务求切实，期明白易晓尔"。⑤ 下面，试举几例加以详细的分析。如弘治《徽州府志》卷六《选举志》，其首小序云："古之乡举里选尚矣，而进士科起于隋、盛于唐。歙为唐上州，学政亦立，登第者岂少其人？旧志叙进士题名乃画自宋太平兴国始，而不及唐，何耶？盖世经五季，纪载脱略，不可得而详也。然见于他书，杂出于金石之文，间亦有可知者。幸得一二，安敢终殁其实？至于岁贡者三舍之流也，荐辟者制举之流也，吏材者明法之流也，又安敢不并及之？虽然与选者名也，怀才抱德、学优而仕者实也，我国家抡才之典方隆，我新安英才之出方盛，视唐宋以来不侔矣。后进者俯仰前修，尚思务实以副其名可焉。爰志选举。"⑥ 简要说明了选举的由来、旧志对选举一门记载的缺失，阐述了设置选举志的重要意义。

嘉靖《常德府志》卷九《学校志》，其首小序云："教化之源出于学校，其制宜崇而其建宜广。崇则人知所向方，有不令而行之势；广则人有所渐渍，又有不言而喻之妙矣。三代为教，家有塾，党有庠，术有序，所谓广也。始教皮，弁祭菜，中年考校，九年大成，所谓崇也。吾郡渐被圣化百六十年，于兹而郡邑庙学岿然并峙，人文宣朗，儒学之外，又有社学以为基本，有书院以为羽翼，盖制无不崇而建无不广矣。作学校志。"简要说明了学校的由来及其在推行教化方面不可替代的作用，并对学校志所设儒学、社学、书院 3 目略做介绍。各目又各设小序，"儒学"下小序云："天下郡县之有学，始于元魏，而盛于宋之景祐。然其制未备，或

① 《凡例》，嘉靖《通州志》，《天一阁藏明代方志选刊续编》本，上海书店，1990，据明嘉靖九年刻本影印。
② 《淳安县志凡例》，嘉靖《淳安县志》，《天一阁藏明代方志选刊》本，上海古籍书店，1965，据明嘉靖三年刻本影印。
③ 陈洪谟：《修志凡例》，嘉靖《常德府志》，《天一阁藏明代方志选刊》本，上海古籍书店，1964，据明嘉靖十四年刻本影印。
④ 《建阳县志凡例》，万历《建阳县志》，《日本藏中国罕见地方志丛刊》本，书目文献出版社，1991，据日本国会图书馆藏明万历二十九年刻本影印。
⑤ 《郡志凡例》，万历《严州府志》，《日本藏中国罕见地方志丛刊》本，书目文献出版社，1991，据日本德山毛利家藏明万历六年刻本影印。
⑥ 弘治《徽州府志》卷六，《天一阁藏明代方志选刊》本。

大郡有学而小郡未置，至于州县尤鲜。庆历以后，诸路学者二百人以上许更置县学，于是学校遍天下矣。然未始通称为儒学，至元始有之，但其时列儒品最卑，而教授学正之秩又与阴阳、医学例称，尤为无足道者矣。我神祖龙兴，未登极之前即立国子监于京师，既二年诏天下咸立学，府州县通称为儒学，其重文教至矣。"① 简要介绍了州县兴学的历史和儒学定名的由来，对明朝廷重视文教的做法大加赞赏，在一定程度上阐述了设置儒学一目的重要意义。

明代方志很重视按语论赞的运用，如嘉靖《通州志》在各卷"中间附一二论说，以尽其意，亦窃效史家之体尔"；② 又如嘉靖《惟扬志》也云"史书每传各有论赞，今但于每卷或一二卷共为一论，以发明大意而已"；③ 又如嘉靖《建平县志》对于所记风俗、马政、兵防等目，"附以己意，僭为之论，有如史断之例"。④ 这反映出明代方志借鉴史书编纂方法方面的日趋成熟。

明代方志中使用按语论赞的形式多种多样。以《天一阁藏明代方志选刊》所收方志为例，有全书使用一种形式者，如嘉靖《邵武府志》、嘉靖《彰德府志》、隆庆《仪真县志》等使用"论曰"，正德《新乡县志》、嘉靖《建宁府志》、嘉靖《钦州志》等使用"按"，嘉靖《昆山县志》使用"谨按"，嘉靖《夏邑县志》使用"评曰"，嘉靖《兰阳县志》使用"附录"，嘉靖《固始县志》使用"令曰"，隆庆《海州志》（张峰纂修）使用"张氏论曰"，嘉靖《海门县志》（崔桐纂）使用"桐曰"，嘉靖《夏津县志》（易时中修）使用"时中曰"，嘉靖《开州志》（王崇庆纂）使用"王崇庆曰"，嘉靖《汉阳府志》（朱衣纂）使用"朱衣曰"，等等；有全书使用两种及以上形式者，如嘉靖《邓州志》、隆庆《岳州府志》等使用"论曰""赞曰"，嘉靖《惟扬志》、正德《光化县志》、正德《琼台志》使用"论曰""按"，万历《通州志》使用"论曰""叙曰"，嘉靖《淄川县志》使用"按""赞曰"，嘉靖《许州志》（张良知纂修）使用"二泉曰""赞曰"，嘉靖《沔阳志》使用"史氏曰""赞曰"，嘉靖《广平府志》使用"颍川氏曰""论曰""赞曰"，嘉靖《太平县志》使用"赞曰""论曰""解曰"，嘉靖《临朐县志》（王家士修，祝文、冯惟敏纂）使用"王家士曰""冯惟敏曰""按""敏按"，等等。

按语、论、赞等形式或单独使用，或交叉使用，或连续使用，既有所区别，也有所联系。如按语、论两种形式单独使用，论多寓褒贬，按语多系考证，如嘉靖《尉氏县志》即云："旧志所当摹传，间有疏略则增补之，讹舛则订正之，皆称'按'以识其别。"⑤ 如按语、论、赞三种形式交叉使用或连续使用，一般来说，大者为论，小者为按语或赞，互为补充。正如正德

① 嘉靖《常德府志》卷九，《天一阁藏明代方志选刊》本。
② 《凡例》，嘉靖《通州志》，《天一阁藏明代方志选刊续编》本。
③ 《嘉靖惟扬志凡例》，嘉靖《惟扬志》，《天一阁藏明代方志选刊》本，上海古籍书店，1963，据明嘉靖二十一年刻本影印。
④ 姚文烨：《建平县志后序》，嘉靖《建平县志》，《天一阁藏明代方志选刊》本，上海古籍书店，1963，据明嘉靖十年刻本影印。
⑤ 《纂修尉氏县志凡例》，嘉靖《尉氏县志》，《天一阁藏明代方志选刊》本，上海古籍书店，1963，据明嘉靖二十七年刻本影印。

《琼台志·凡例》所云:"事有可议者僭于条末,小为按,大为论,法史论、赞之例,然辞必详尽者,以备外史。欲合之书自处而不敢效《国史》之谨严。"①

　　按语、论、赞等形式的普遍使用,反映了明代修志者对地方志编纂"书法"问题的深入思考,是对明代方志编纂方法的丰富和发展。在保证方志资料性的前提下,间或辅以画龙点睛之笔,或考证史实、辨析源流,或针砭利弊、指陈得失,或暗寓褒贬、惩恶扬善,或广其去取、补其缺略,对突出方志的资料价值、深化方志记述的内容具有十分重要的作用。正因如此,有明代修志者提出了"小叙并总论赞皆志正体"的论断,②将无题小序、按语、论、赞的运用视为方志编纂应具备的方法,有一定的理论色彩。

结　语

　　综上,明代修志者对方志"书法"问题的强调,一方面是对方志属史问题的重申,期望方志能发挥与史一样的重要作用;另一方面,是明代修志者希望在编纂方志时借鉴和参考相对较为成熟的史书编纂经验和方法,对史学理论进行吸收和消化。也可以说,明代修志者已经有意识地将对方志编纂原则和方法的探讨上升到了理论高度,有一定的积极意义。

---

①　《凡例》,正德《琼台志》,《天一阁藏明代方志选刊》本,上海古籍书店,1964,据明正德十六年刻本影印。
②　陈棐:《志前语》,嘉靖《广平府志》,《天一阁藏明代方志选刊》本。

明代贵州省志舆图编绘及其特点

张英聘

（中国地方志指导小组办公室）

明初沿袭元代行省之制，将行省作为地方最高行政建置。洪武九年（1376），明太祖朱元璋着手对地方官制进行整饬，下令改行中书省为承宣布政使司，另设提刑按察使司、都指挥使司，主管一省的民政、刑名、军政。洪武十五年正月"置贵州都指挥使司（治贵州宣慰司）。其民职有司则仍属湖广、四川、云南三布政司。永乐十一年置贵州等处承宣布政使司（与都指挥司同治）"，① 此为贵州建省之始。贵州省的建立，有效地加强了中央对贵州的行政管辖能力，强有力的行政保障，也促使方志编修活动顺利开展。据张新民先生考证，明代官修贵州省志4种②，私修省志6种③，现存官修省志3种，私修省志2种，但从编修体例完整性角度考虑，作为明代一省之通志的还是弘治《贵州图经新志》、嘉靖《贵州通志》、万历《贵州通志》、万历《黔记》，前三种为官修，后一种为私撰，这几部省志的共同之处是舆图极为丰富。本文拟从现存明代四部贵州省志的舆图入手，探讨其编绘内容与特点，进而分析明代贵州所处的重要地位。

---

① 《明史》卷四六《地理志七》，中华书局，1974。
② 据张新民先生《明代官修四种贵州省志考评》（《贵州民族学院学报》1985年第2期）一文考证，明代官修省志四部：弘治《贵州图经新志》17卷、嘉靖《贵州通志》12卷、万历《贵州通志》24卷、崇祯《贵州通志》，其中崇祯《贵州通志》已佚。
③ 据张新民先生《明代私撰六种贵州省志考评》（《文献》1985年第4期）一文考证，明代私人撰修的省志有王佐（成化）《贵州旧志》、王士性（万历）《黔志》、郭子章（万历）《黔记》、郭子章（万历）《黔小志》、黄运昌（万历）《黔记》、谭瑞（明清之际）《黔记》，其中王佐（成化）《贵州旧志》、郭子章（万历）《黔小志》、黄运昌（万历）《黔记》、谭瑞《黔记》已佚。史继忠先生《贵州方志考略》（《贵州民族研究》1979年第1期）一文称："有些私人著书，例如《黔书》《续黔书》之类，虽非官修志书，也不完全具备方志的体例，但就其内容而言，也应归入方志一类。"因此，张新民、史继忠先生均将王士性《黔志》等书列入方志类著述。

一　现存明代贵州省志基本情况

现存明代贵州省志编修最早的是弘治《贵州图经新志》，之后又有嘉靖《贵州通志》、万历《贵州通志》、万历《黔记》传世，其中前三部为官修，只有《黔记》是私修，但也是卷帙最多的一部。

弘治《贵州图经新志》十七卷，沈庠修，赵瓒等纂。沈庠，上元（今江苏南京）人，字尚伦，成化十七年（1481）进士，弘治九年（1496）二月由刑部郎中任贵州等处提刑按察使司副使。[①] 据该志卷一"贵州宣慰司"卷首题记："钦差提督学校贵州等处提刑按察司副使金陵沈庠删正，贵州宣慰使司儒学教授叶榆（今属云南大理）赵瓒编集，四川峨眉县教授谕郡人易绂、庠生王佐同编。"据此可知，沈庠职任按察司副使，但受命掌管督察贵州的学校教育。赵瓒系贵州宣慰使司儒学教授，该志由赵瓒负责总纂编辑。该志记述下限至弘治十三年，[②] 志书编修时间当在弘治十三年以后的弘治年间。[③] 弘治《贵州图经新志》的体例即遵照宋祝穆《方舆胜览》和《大明一统志》，以宣慰使司、府、州、卫、所为次序，其下设建置沿革、郡名、至到、形胜、风俗、山川、土产、公署、学校、书院、宫室、寺观、祠庙、关梁、馆驿、古迹、陵墓、名宦、流寓、人物、科贡、列女、仙释、题咏，各列一门，对于该志体例虽然有学者认为其"既不是'图经'，也不合'通志'体例"，[④] 但其奠定了嘉靖、万历贵州省所修通志的基础。[⑤] 特别是舆图的编绘，更是传承了以往"图经"的传统，虽然该志题名"图经"，却文重于图，但在卷首总图以外每个府、州、卫、所都配置地理之图的做法，并不为其他区域志书所常见，这些图基本为后来通志编修所承袭。

---

① 万历《上元县志》卷八《科贡志》"进士"条记载，"沈庠，十七年，提学副使"，民国《南京文献》第 8 号，1948 年上海书店铅印本。道光《上元县志》卷一〇《选举志》"进士"条记载，沈庠，成化十七年进士，"字尚伦，贵州提学副使"，《中国方志丛书》据道光四年刊本影印，成文出版社，1983；《明孝宗实录》卷一九〇，弘治九年二月乙卯；康熙《贵州通志》卷一三《职官志》"按察副使"条记载，"沈庠，上元人，进士"，哈佛大学燕京图书馆藏康熙十二年刻本。

② 关于弘治《贵州图经新志》的修撰时间下限，如该志卷三《贵州宣慰使司下》"科贡"，记事至弘治十三年（1500），其他还有记载至是年者，但未有晚于此年者。

③ 万历《贵州通志》卷首《凡例》曰："贵志未详所始，今可考者一修于弘治中督学沈公庠……一修于嘉靖中督学谢公东山。"永瑢《四库全书总目提要》卷七四《史部·地理类存目三》题名"嘉靖贵州图经新志十八卷"："明赵瓒撰。瓒，叶榆人，官贵州宣慰使司儒学教授。是编成于嘉靖中，其凡例谓'旧志考究采撷，挂漏可笑'。然此书亦殊舛陋，如第二卷内所载题咏，每诗皆取一句，大书于上，而以全书细字分注于下，是何体例也?"其题名"嘉靖"并云其"成于嘉靖中"有误，把不同时期的两位纂修者归为同一时期。《四库全书总目提要》在卷六八"贵州通志"条下还记载赵瓒修志在先，张道修志在后，而在存目编排上张道志条却排在前，且卷六八题"赵瓒"，存目却题为"赵瓒"。此误使民国《贵州通志》中谭克敏《新贵州通志序》记载"明嘉靖间赵瓒辑图经，张道辑通志"，仍传抄《四库全书总目提要》的错误说法。

④ 陈光贻：《中国方志学史》，福建人民出版社，1998，第 113 页。

⑤ 参见张英聘《〈弘治〉〈贵州图经新志〉体例浅析》，范同寿主编《开发中的崛起——纪念贵州建省 590 周年学术讨论会文集》，贵州人民出版社，2004。

　　嘉靖《贵州通志》是贵州第一部以"通志"题名的省志，十二卷，谢东山修，张道纂。谢东山，字子傅，四川射洪人，嘉靖二十年（1541）进士，[①] 历官兵部郎中，嘉靖三十一年三月由兵部郎中任贵州提刑按察使司副使，提督学校。[②] 张道，籍贯未详，官贵州宣慰使司训导。该志明嘉靖三十二年议修，三十四年成书。每卷按照十二地支排列，从子字号直至亥字号，设地图、建置沿革、郡名、星野、疆域、山川、形胜、风俗、土产、土贡、土田、户口、财赋、徭役、城池、关隘、桥渡、兵防、职官、公署、宦迹、学校、科目、岁贡、祠祀、寺观、宫室、坊市、惠政、古迹、丘墓、名宦、人物、贞节、孝义、仙释、隐逸、迁谪、流寓、兵燹、艺文类。除地图在卷一集中设置外，其余划分为 40 门，记事非贯通古今，而是据弘治《贵州图经新志》续纂，仅为明朝史事。《四库全书总目提要》斥其"亦无体例也"，[③] 主要是指有的类目设置混乱，但是从资料采择上亦"博引经史，旁采子集，又参访故老，咨询儒生，浃洽而罔遗，精炼而无秕"，[④] 具有一定的价值。

　　万历《贵州通志》[⑤] 二十四卷，沈思充等修，陈尚象等纂。沈思充，字邃庵，万历十四年（1586）进士，任工部主事，丁艰服阕，补屯田司刑部员外郎中，转贵州提学佥事。康熙《贵州通志》记载："沈思充，桐乡人，进士，万历间任提学副使，雅意作人，留心文献，召绅士之有学识者会纂《贵州通志》，手自裁定，犁然可观。"[⑥] 陈尚象，字心易，号见义，贵州都匀人，万历八年进士，以中书舍人选授户科给事中，后转刑科给事中，因力言建储事削籍，是志乃为其削籍家居后，贵州巡抚江东之延请纂辑，成书于万历二十五年。该志体例兼采弘治《贵州图经新志》和嘉靖《贵州通志》之长，又"参之他省志，以省会提纲，中以各属分纪维之，以兼制经之，经略邕之，以艺文终焉"，其地图按照省会、府州卫所分地汇编。[⑦]

　　万历《黔记》六十卷，郭子章撰。郭子章，字相奎，号青螺，又自号𧘂衣生，江西泰和人，隆庆五年（1571）进士。万历二十七年（1599）三月以都察院右副都御史巡抚贵州，兼督

①　光绪《射洪县志》卷一〇《选举志》"进士"条载，"谢东山，沈坤榜，官山东巡抚"，中国国家图书馆藏光绪十二年（1886）刻本；康熙《贵州通志》卷一三《职官志》"按察副使"："谢东山，射洪人，进士，提学。"

②　《明世宗实录》卷三八三，嘉靖三十一年三月己丑。

③　《四库全书总目提要》卷七四《史部·地理类存目三》题"嘉靖贵州通志十二卷"："明张道撰，谢东山删正。道，里贯未详，官贵州宣慰使司训导。东山，射洪人，嘉靖辛丑（二十年，1541）进士，官至右副都御使巡抚山东，其刊定此书时，则官至贵州按察司副使也。书颇简略，以孝义、隐逸别于人物之外，而如陆京、张伯安诸人，又以孝友入人物志，亦无体例也。"

④　嘉靖《贵州通志》卷首杨慎序，《天一阁藏明代方志选刊续编》本，据明嘉靖三十四年刻本影印，上海书店，1990。

⑤　万历《贵州通志》，《日本罕见中国地方志丛刊》本，书目文献出版社，1990。

⑥　康熙《贵州通志》卷一七《人物·名宦》。又见乾隆《贵州通志》卷一九《秩官·名宦总部·按察副使》，乾隆六年刻本；光绪《桐乡县志》记载："黔地荒远，礼教常疏，公雅意作人振兴文治，士论歙然归之。且博稽文献，择士绅有学识者，会纂《贵州通志》，手自裁定之。迁江西参议，擢按察司副使，上疏论国本宜定，再疏，罢薪供耗费。外官论事自公始，人皆壮之。"见光绪《桐乡县志》卷一五《人物下·宦迹》，中国方志丛书本，据清光绪十三年刊本影印，成文出版社，1970。

⑦　万历《贵州通志·凡例》。

理湖北等处，① 佐总督李化龙平播州杨应龙之乱。万历三十五年七月"陈情终养，疏九上，始得请"，一个月后又复官。② 万历四十年五月，兵部以贵州路山西苗功擒斩四千余级之非常大捷，请加叙录，升兵部尚书兼都察院右副都御史。《黔记》成书于万历三十一年，卷首有丘禾实的序，题"万历癸卯重九日"；陈尚象序"大中丞郭公抚余黔之癸卯岁，出所著《黔记》示"，落款时间是"万历甲辰初正上元日"，即万历三十二年（1604）上元节。而据《黔记》卷二《大事记》，记事止于万历三十六年秋七月，正文记事有的止于万历三十五年，说明该书成书后又陆续增补，现存有万历三十六年刻本。

《黔记》六十卷，现存五十八卷，卷二五和二六讨逆志③两卷已佚，其余设大事记、星野志、舆图志、山水志、灾祥志、群祀志、止榷志、艺文志、学校志、职官志、贡赋志、兵戎志、邮传志、公署志、公侯伯总兵参将都司守备表、总督巡按藩臬表、守令表、文武科第表、赒恩表、帝王事纪、宦贤列传、乡贤列传、孝子列传、栖逸列传、淑媛列传、方外列传、宣慰列传、故宣慰列传、土官列传、诸夷、西南夷总论，除大事记和西南夷总论外，有 29 门，全书体例较为严整，史料丰富，是明代贵州省志中卷帙最为丰富的一部，也是门类创新较多的一部。从记述时限来讲，除大事记等外，主要承续万历《贵州通志》，记明代史事。

这四部通志在体例和记述内容上，都有一定的继承性，而且是逐步完善的，除了弘治《贵州图经新志》是通志外，其他都是记述明朝史事。

二　明代贵州省志舆图设置

现存明代贵州几部省志有一个突出的特点，即各志的舆图设置都极其丰富。舆图是方志重要内容，宋元以前方志的一个重要形式是图经，图即地图，经指说明性文字，后来逐渐演变为图少文多，即便如此舆图仍然不可或缺。贵州省志舆图设置，弘治《贵州图经新志》首肇其端，其后的方志逐渐在此基础上予以调整或完善，但大体没有脱离弘治志的设置。

弘治《贵州图经新志》体例仿《大明一统志》，因此舆图设置亦仿于此。据《大明一统志图叙》记载："天下统一华夷……疆理之制，则以京畿府州直隶六部，天下分为十三布政司……以统诸府州县，而都司卫所则措置于其间，以为防御。总之为府一百四十九，为州二百一十八，为县一千一百五，而边陲之地，都司卫所及宣慰、招讨、宣抚、安抚等司，与夫四夷

---

① 《明神宗实录》卷二三二，万历二十七年三月丁亥。
② 康熙《贵州通志》卷一七《人物·名宦》；乾隆《贵州通志》卷一九《人物秩官·名宦总部》。又见《明神宗实录》卷四三六"万历三十五年七月丁巳"："贵州巡抚郭子章告病，许之。上以子章久习边事，难听其遽去，但屡疏陈情，辞意恳切，许回籍养亲，以俟起用。"查《明神宗实录》卷四三七万历三十五年八月癸巳条，时隔一月，郭子章又已到任。
③ 万历《黔记》六十卷，现存五十八卷，缺卷二五、二六，贵州省图书馆 1966 年 8 月据北京图书馆、上海图书馆藏万历三十六年刻本复制油印本说明考证。

受官封执臣礼者，皆以次具载于志焉。顾昔《周官》：'诏观事则有志，诏地事则有图。'故今复为图，分置于两畿、各布政司之前，又为天下总图于首，披图而观，庶天下疆域广轮之大，了然在目。如视诸掌，而我皇明一统之盛，冠乎古今者，垂之万世，有足征云。"[①] 该图叙不仅说明《大明一统志》舆图设置的原则，而且说明舆图设置的功用和意义。《大明一统志》卷一之前设《京师畿内地理之图》《大明一统之图》，卷六之前设《南京畿内之图》，之后十三布政使司卷首各设地理之图。弘治《贵州图经新志》认为"《大明一统志》出，一扫群志之陋，而程式之美足为万世志法"，[②] 所以该志卷首设《贵州布政使司地理之图》，之后各卷按照贵州宣慰使司和各府州卫所依次设置舆图，有《贵州宣慰使司地理之图》和思州府、思南府、镇远府、石阡府、铜仁府、黎平府、程番府、都匀府8府，永宁州、镇宁州、安顺州、普安州4州，龙里卫、新添卫、平越卫、清平卫、兴隆卫、威清卫、平坝卫、普定卫、安庄卫、安南卫、毕节卫、乌撒卫、赤水卫、永宁卫14卫，黄平千户所、普市千户所2所的地图，共30幅图，均为地理之图。

之后明代几部省志编修，均参照此志或在此基础上进行调整。嘉靖《贵州通志》是在弘治《贵州图经新志》基础上续纂，不同的是舆图设置均集中在卷一《地图》一目，与《建置沿革》并设。所设地图有《贵州布政司总图》，增设了《省城图》，仍有思州府、思南府、镇远府、石阡府、铜仁府、都匀府、程番府、黎平府8府，永宁州、镇宁州、安顺州、普安州4州，龙里卫、新添卫、平越卫、清平卫、威清卫、兴隆卫、平坝卫、普定卫、安庄卫、安南卫、毕节卫、乌撒卫、赤水卫、永宁卫14卫，黄平千户所、普市千户所2所的地图，除增加的《省城图》外，基本依照弘治《贵州图经新志》的舆图设置，共30幅图。

万历《贵州通志》兼采弘治和嘉靖两志，并"参之他省志，首以省会提纲，中以各属分纪维之"。[③] 舆图设置分别在省会志和合属志，第一卷、第二卷为省会志，第一卷省会之下首设"舆图"类目，设《贵州全省舆图》《省城图》；从第三卷到第十七卷属于合属志，按照各道统摄府、州、卫、所排列，明代在贵州设安平道、贵宁道、新镇道、思仁道，这种以道辖属分卷可以说是该志的一个特点，也反映了以贵州巡抚江东之负责通志编修事宜，凸显巡抚系统的修志特色。该志第一卷舆图有《贵州全省舆图》《省城图》，图后为建置沿革。第三卷和第五卷至第九卷为安平道属，第四卷、第十卷、第十一卷为贵宁道属，第十二卷至第十五卷为新镇道属，第十六卷、第十七卷为思仁道属。安平道管辖贵阳府、贵州卫、贵州前卫、威清卫、平坝卫、安顺州、普定卫、镇宁州、安庄卫、永宁州、安南卫，1府、3州、7卫。贵宁道管辖贵州宣慰使司、毕节卫、乌撒卫、赤水卫、永宁卫、普市千户所，宣慰使司外4卫、1所。新镇道管辖龙里卫、新添卫、平越卫、清平卫、兴隆卫、黄平千户所、都匀

① 《大明一统志》卷首，三秦出版社影印天顺原刻本，1990。

② 弘治《贵州图经新志·凡例》。

③ 万历《贵州通志·凡例》。

府、都匀卫、镇远府、黎平府，3府、6卫、1所。思仁道管辖思州府、思南府、石阡府、铜仁府。

万历《贵州通志》第三卷贵阳府之下首设"地图"《宣慰司、贵阳府、贵前二卫图》，之后是"沿革"，其他府、州、卫地图设置同贵阳府。第四卷宣慰使司，因宣慰使司与贵阳府、贵前二卫同城，故卷首仍设《宣慰司、贵阳府、贵前二卫图》，且与贵阳府卷首图为同一张图，其他府、州、卫均在卷首设舆图。这些图皆为地理之图，除贵州全省舆图、宣慰使司和贵阳府、贵前二卫（贵州卫、贵州前卫）图外，府有都匀府、镇远府、黎平府、思州府、思南府、石阡府、铜仁府图，此时府仍为8府，只是之前的程番府改为贵阳府。州有安顺州、镇宁州、永宁州、普安州4州，卫有贵阳卫、贵阳前卫、威清卫、平坝卫、普定卫、安庄卫、安南卫、普安卫、毕节卫、乌撒卫、赤水卫、永宁卫、龙里卫、新添卫、平越卫、清平卫、兴隆卫、都匀卫18卫。之前弘治《贵州图经新志》《贵州宣慰使司地理之图》、嘉靖志《省城图》均涉及贵州卫和贵州前卫，且二卫在城内，所以没有在图的名称上显示。安顺州、普定卫同城，镇宁州、安庄卫同城，永宁州、安南卫同城，普安州和普安卫同城，都匀府、都匀卫同城，均为同一幅图，加上贵州省全图和省城图，共26幅图。

万历《黔记》与前三志不同，从卷四至卷七专设舆图志四卷，卷四《舆图志一》包括贵阳府卫州、宣慰司、上六卫、西四卫的舆图，设贵州总图说、省城图说、贵阳府州图说、贵阳府卫宣慰司图说、上六卫所图说、西四卫所图说，涉及的州有定番州、镇宁州，上六卫有威清卫、平坝卫、普定卫、安庄卫、安南卫、永宁卫，千户所有普安所、安南所、安龙所、平夷所、乐民所、阿落密千户所、赤水卫前千户所、摩尼千户所、白撒千户所9个，西四卫有毕节卫、乌撒卫、永宁卫、赤水卫。卷五《舆图志二》，包括下八府、下六卫，附四卫，下八府有平越府、都匀府、镇远府、石阡府、思南府、思州府、铜仁府、黎平府，州县有黄平州、独山州、麻哈州、瓮安县、余庆县、湄潭县、施秉县、龙泉县、印江县、婺川县、永从县11个，下六卫有龙里卫、新添卫、平越卫、清平卫、兴隆卫、偏桥卫，附四卫为镇远卫、清浪卫、平溪卫、五开卫。卷六《舆图志三》、卷七《舆图志四》，名为"舆图"，实为三代、秦汉、蜀、晋、唐、宋、元、明历代地名沿革，并无舆图。全志共有图92幅，从数量上为明代省志舆图之冠，从图的内容上看有总图、省城图、各府州卫所城图及府州卫地理图，与前三志相比，增加了府州卫所的城图。

从以上四部贵州省志舆图的设置来看，这些图大体仿照《大明一统志》各图，以地理图为主，各志都有全省总图，嘉靖、万历二志增加了《省城图》，至万历《黔记》，各府州卫均有城图和地理图，还增加了所城图，说明此时方志编修对城图的重视，这与当时重视城市防御功能不无关系（见表1）。

表 1　明代贵州省志舆图设置

序号	区域与隶属名称		弘治《贵州图经新志》	嘉靖《贵州通志》	万历《贵州通志》	万历《黔记》	
						城图	地里图
1	贵州布政使司		贵州布政使司地理之图	贵州布政司总图	贵州全省舆图	罗文恭公贵州舆图	
2	省城(贵阳)			省城图	省城图	省城图	
3	贵阳军民府		贵州程番府[1]地里之图	贵州程番府图	宣慰司、贵阳府、贵前二卫图[2]		贵阳府图
4	贵阳府军民府	定番州				定番州城图	定番州地里图
5	贵州宣慰使司		贵州宣慰使司地理之图		宣慰司、贵阳府、贵前二卫图		贵阳府、卫、宣慰司总地里图
6	贵州都指挥使司	威清卫	贵州威清卫地理之图	贵州威清卫图	威清卫图	威清卫城图	威清卫地里图
7	贵州都指挥使司	平坝卫	贵州平坝卫地理之图	贵州平坝卫图	平坝卫图	平坝卫城图	平坝卫地里图
8	贵州都指挥使司	普定卫	贵州普定卫地里之图	贵州普定卫图	安顺州、普定卫图	普定卫城图[4]	安顺府、普定卫地里图
9	安顺		贵州安顺州[3]地理之图	贵州安顺州图			
10	安顺	镇宁州	贵州镇宁州地理之图	贵州镇宁州图[5]	镇宁州、安庄卫图	镇宁州、安庄卫城图[6]	镇宁、安庄地里图
10	贵州都指挥使司	安庄卫	贵州安庄卫地里之图	贵州安庄卫图			
11	安顺军民府	永宁州	贵州永宁州地理之图	贵州永宁州图	永宁州、安南卫图	安南卫城图[7]	安南、永宁地里图
11	贵州都指挥使司	安南卫	贵州安南卫地理之图	贵州安南卫图			
12	安顺军民府	普安州	贵州普安州地里之图	贵州普安州图	普安州、普安卫图	普安城图[8]	普安地里图
12	贵州都指挥使司	普安卫普安所					
13	贵州都指挥使司	普安卫安南所				安南所城图	安南所地里图
14	贵州都指挥使司	普安卫安龙所				安龙所城图	安龙所地里图
15	贵州都指挥使司	普安卫平夷所				平夷所城图	平夷所地里图
16	贵州都指挥使司	普安卫乐民所				乐民所城图	乐民所地里图
17	贵州都指挥使司	毕节卫	贵州毕节卫地理之图	贵州毕节卫图	毕节卫图	毕节卫城图	毕节地里图

续表

序号	区域与隶属名称		弘治《贵州图经新志》	嘉靖《贵州通志》	万历《贵州通志》	万历《黔记》 城图	万历《黔记》 地里图
18	贵州都指挥使司	乌撒卫	贵州乌撒卫地理之图	贵州乌撒卫图	乌撒卫图	乌撒卫城图[9]	乌撒卫地里图
19	贵州都指挥使司	永宁卫	贵州永宁卫地里之图	贵州永宁卫图	永宁卫图	永宁卫城图[10]	永宁卫地里图
20	贵州都指挥使司	普市千户所[11]	贵州普市千户所地理之图	贵州普市千户所图	普市所图		
21	贵州都指挥使司	赤水卫	贵州赤水卫地里之图	贵州赤水卫图	赤水卫图	赤水卫城图	赤水卫地里图
22	贵州都指挥使司	阿落密千户所				阿落密千户所城图	
23	贵州都指挥使司	赤水前卫千户所				赤水卫前千户所城图	
24	贵州都指挥使司	摩尼千户所				摩尼千户所城图	
25	贵州都指挥使司	白撒千户所				白撒千户所图	
26	贵州都指挥使司	龙里卫	贵州龙里卫地理之图	贵州龙里卫图	龙里卫图	龙里卫城图	龙里卫地里图
27	贵州都指挥使司	新添卫	贵州新添卫地理之图	贵州新添卫图	新添卫图	新添卫城图	新添卫地里图
28	平越军民府					平越府卫城图[12]	平越府卫地里图
	贵州都指挥使司	平越卫	贵州平越卫地理之图	贵州平越卫图	平越卫图		
29	平越府	黄平州	贵州黄平千户所[13]地理之图	贵州黄平千户所图	黄平所图	黄平州城图	黄平州地里图
30	平越府	瓮安县				瓮安县城图	瓮安地里图
31	平越府	余庆县				余庆县城图	余庆县地里图
32	平越府	湄潭县				湄潭县城图	湄潭县地里图
33	都匀府		贵州都匀府地里之图	贵州都匀府图	都匀府卫图	都匀城图[14]	都匀地里图
	贵州都指挥使司	都匀卫					
34	都匀府	独山州				独山州城图	独山州地里图
35	都匀府	麻哈州				麻哈州城图	麻哈州地里图
36	都匀府	清平县				清平卫图[15]	清平卫地里图
	贵州都指挥使司	清平卫	贵州清平卫地理之图	贵州清平卫图	清平卫图		
37	贵州都指挥使司	兴隆卫	贵州兴隆卫地理之图	贵州兴隆卫图	兴隆卫图	兴隆卫城图	兴隆卫地里图
38	贵州都指挥使司	偏桥卫				偏桥卫城图	偏桥卫地里图
39	镇远府			贵州镇远府图	镇远府图	镇远府城图	镇远府地里图

续表

序号	区域与隶属名称		弘治《贵州图经新志》	嘉靖《贵州通志》	万历《贵州通志》	万历《黔记》	
						城图	地里图
40	贵州都指挥使司	镇远卫				镇远卫城图	镇远卫地里图
41	镇远府	施秉县				施秉县城图	施秉县地里图[16]
42	石阡府			贵州石阡府图	石阡府图	石阡府城图	石阡府地里图
43	石阡府	龙泉县				龙泉县城图	龙泉县地里图
44	思南府		贵州思南府地理之图	贵州思南府图	思南府图	思南府城图	思南府地里图
45	思南府	印江县				印江县城图	印江县地里图
46	思南府	婺川县				婺川县城图	婺川县地里图
47	思州府		贵州思州府地理之图	贵州思州府图	思州府图	思州府城图	思州府地里图
48	铜仁府		贵州铜仁府地里之图	贵州铜仁府图	铜仁府图	铜仁府城图	铜仁地里图[17]
49	贵州都指挥使司	清浪卫				清浪卫城图	清浪地里图
50	贵州都指挥使司	平溪卫				平溪卫城图	平溪卫地里图
51	黎平军民府		贵州黎平府地里之图	贵州黎平府图	黎平府图	黎平府城图[18]	黎平府地里图
	贵州都指挥使司	五开卫					
52	黎平军民府	永从县				永从县城图	永从县地里图

注：［1］《明史》卷四六《地理七·贵州》："贵阳军民府本程番府。成化十二年七月分贵州宣慰司地置，治程番长官司。隆庆二年六月移入布政司城，与宣慰司同治。三年三月改府名贵阳。万历二十九年四月升为军民府。"

［2］贵州宣慰使司与贵阳府、贵州卫和贵州前卫同城，见万历《黔记》卷四《舆图志一》和卷七《舆图志四》。

［3］《明史》卷四六《地理七·贵州》："元安顺州，属普定路。洪武十五年三月属普定府。十八年直隶云南布政司。二十五年八月属四川普定卫。正统三年八月直隶贵州布政司。成化中，徙州治普定卫城。万历三十年九月升安顺军民府。"

［4］安顺军民府、普定卫同城，见万历《黔记》卷四《舆图志一》和卷七《舆图志四》。

［5］嘉靖《贵州通志》卷一《地图》对该图未标注名称，此图名称系笔者添加。

［6］镇宁州、安庄卫同城，见万历《黔记》卷四《舆图志一》和卷七《舆图志四》。

［7］安南卫、永宁州同城，见万历《黔记》卷四《舆图志一》和卷七《舆图志四》。

［8］普安州卫同城，见万历《黔记》卷四《舆图志一》和卷七《舆图志四》。

［9］乌撒司同府城，见万历《黔记》卷四《舆图志一》和卷七《舆图志四》。

［10］永宁卫与宣抚司同城，见万历《黔记》卷四《舆图志一》。

［11］《明史》卷四六《地理七·贵州》："普市守御千户所洪武二十三年三月析永宁宣抚司地置，直隶贵州都司。"

［12］平越卫州同城，见万历《黔记》卷五《舆图志二》和卷七《舆图志四》。

［13］《明史》卷四六《地理七·贵州》："黄平州本黄平安抚司。洪武七年十一月，属播州宣慰司。万历二十九年四月改为州，来属。东有七里谷。西南有两岔江，以两源合流而名。又东有冷水河。西北有黄平守御千户所，洪武十一年正月置，十五年正月改为卫，闰二月仍为千户所。"

［14］都匀府卫同城，见万历《黔记》卷五《舆图志二》和卷七《舆图志四》。

［15］清平卫县同城，见万历《黔记》卷五《舆图志二》和卷七《舆图志四》。

［16］该地理图万历《黔记》未标注名称，此名称系笔者添加。

［17］该地理图万历《黔记》未标注名称，此名称系笔者添加。

［18］黎平府与五开卫同城，见万历《黔记》卷五《舆图志二》和卷七《舆图志四》。

三 明代贵州省志舆图编绘

明代贵州几部省志的舆图设置，从总图到各府、州、卫、所图多为地理之图，万历《黔记》配置了城图，从编绘方法上看大体仿照《大明一统志》，变化不太明显，有所变化的是总图和图的比例。以《大明一统志》所设《贵州地理之图》① 为例，该图在方位上采用上北下南，标注四至八到，东抵湖广界，东北抵四川界，东南抵广西界；西抵云南界，西北抵云南界，西南抵广西界；南抵广西界；北抵四川界。布政司、贵州宣慰司以及各府州卫皆以黑方框符号表示，方框内注明地名，山脉用写景山水画大写意的方法，以山相隔，整体布局用示意图的方式展示（见图1）。

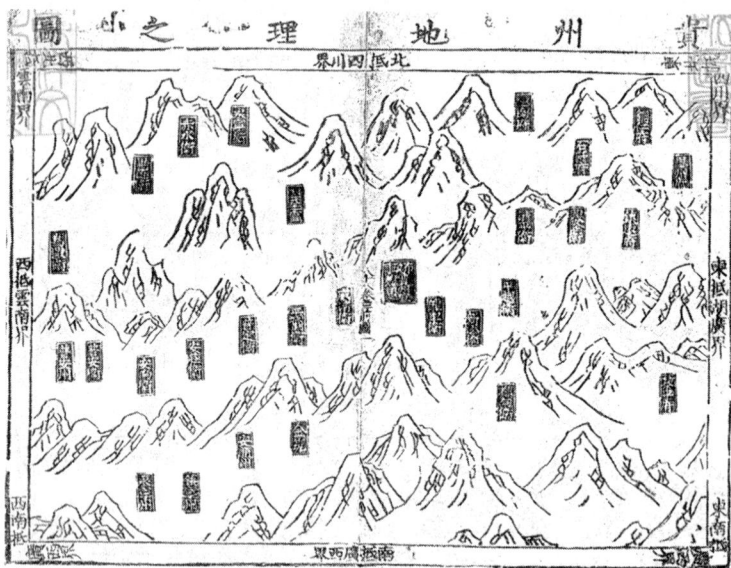

图1 《贵州地理之图》（《大明一统志》卷八八）

弘治《贵州图经新志》的《贵州布政使司地理之图》，基本沿袭了《大明一统志》绘图方法，在方位上采用上北下南的形式，标注四至八到，东、东北、东南抵湖广界，西、西南抵云南界，南抵广西界，北、西北抵四川界，图中标注了贵州布政使司、贵州宣慰使司和各府、州、卫、所所在位置，地名仍用方框符号表示，主要侧重地理疆域，但与《大明一统志》疆域范围有所不同，说明这期间贵州疆域的变化。在编绘手法上，仍以示意图的方式，增加了河流走向，河流用双曲线表示，从总体上看，山水的绘制比《大明一统志》更为简约（见图2）。

嘉靖《贵州通志》的《贵州布政司总图》沿袭了弘治《贵州图经新志》的《贵州布政使

---

① 《大明一统志》卷八八《贵州布政司》卷首。

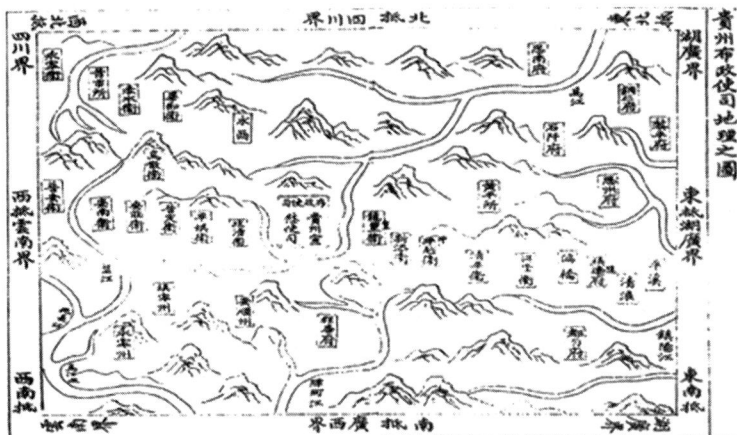

图2 《贵州布政使司地理之图》(弘治《贵州图经新志》卷首)

司地理之图》,方位上仍为上北下南,疆域范围标注四至八到,但更为具体。如东抵湖广偏桥卫界,东北抵湖广界,东南抵湖广界;西抵云南曲靖卫界,西北抵四川界,西南抵云南界;南抵广西泗城州界;北抵四川綦江县界、四川泸州界,东西南北方向具体到州县、卫。绘图仍用方框符号表示地名定位,山水亦用写景大写意的方法,双曲线表示河流,不同的是图中增加了驿站地名,还有西北的雪山关、西南的关岭,东与湖广交界并属于湖广布政使司管辖的偏桥卫、镇远卫、清浪卫、平溪卫在图上做了标注,此四卫在万历年间归属贵州布政使司管辖。北部四川的播州宣慰司、乌江驿、黄滩、平茶司、邑梅司以及湖广的永顺司、保靖司等交界地区比较重要的地名,也在图上标注。由此可以清晰地看出贵州的边界(见图3)。

图3 《贵州布政司总图》(嘉靖《贵州通志》卷一)

　　嘉靖年间,罗洪先在元代朱思本绘制《广舆图》的基础上,进行改编增补,绘成中国古代第一本综合性地图集,把中国传统的地图绘制技术推上了新的高度。该图集地图绘制采用"计里画方"的方法,《舆地总图》每方 500 里,分省图每方百里,其他图画方不等。而且图集首次使用了图例,《舆地总图》是《广舆图》的首幅地图,图上共划分 342 方。图中海岸线轮廓、河流走向、城邑位置均比较正确。全图的府、州、县地名及名山、湖泊、河流名称均有标注。分省图每方百里,各省内府、州、县、卫所、关隘、镇、营、堡等均采用标准符号表示,并注有名称,图上绘出了府界,由于采用画方的绘图办法,精度较高。① 万历《贵州通志》的《贵州全省舆图》就参考了《广舆图》中的《贵州舆图》,"参之睹记,稍订其讹,补其阙"而成。② 据该志"凡例"云:"舆地故有图,止分布诸属名,而于列方计里、名川源委,总无当也,今更画之。"说明之前方志舆图只反映分布和所属地名,没有采用计里画方的方法,对名川源流绘制不太妥当,所以采用《广舆图》的绘制方法(见图 4)。《贵州全省舆图》与《广舆图》的《贵州舆图》相较,在一幅图的右下角增加了图例,同现代地图的图例绘制是一样的,此图例亦是参照《广舆图》的图例进行了修订(见图 5)。两相比较可以看出,"水""界""路""府""卫"的符号都稍有变化,一些地名未像《贵州舆图》标注符号那么严格,图例的使用有所减省。两幅图同样标注了河流的渊源。在图的左上角,还注明了舆图绘制标注地名的原则:"贵州山丛故多不载,水难测故辨其脉,路崎岖故指其向,府卫错治故识其处,府与卫同城者书府不书卫,卫与州县同城者书卫不书州县。"这个原则也是各个府、州、卫、所图的绘制原则。

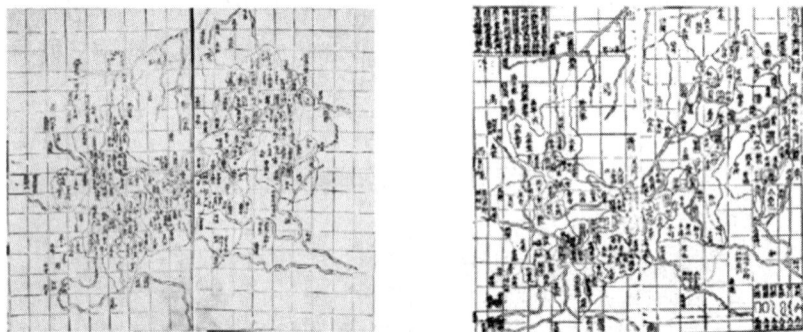

图 4　《广舆图》之《贵州舆图》(左)与万历《贵州通志》
之《贵州全省舆图》比较

　　万历《黔记》中的贵州省舆图直接采用了罗洪先《贵州舆图》(见图 6),与万历《贵州通志》相比,左边绘图标注地名的原则皆相沿袭,没有注明图例。但在图说中,说明了绘制舆图的原则、目的和意义:"贵州一线,路外即苗穴矣。即苗即贼,不窥吾路则窥吾城,故图疆域之远近、道里之险易,令守路者知其去来之踪;图城郭之广狭、民居之疏密,令守城者曲为平

---

① 孙果清:《中国古代第一部综合性地图集——〈广舆图〉》,《地图》2007 年第 1 期。
② 万历《贵州通志》卷一《省会志》。

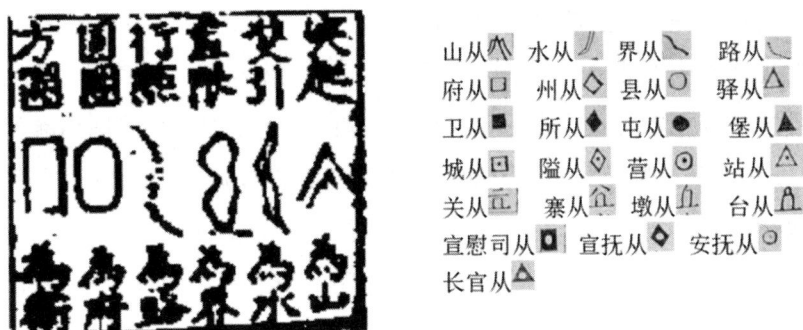

图5 万历《贵州通志》之《贵州全省舆图》（左）与《广舆图》图例比较

陂之防，庶于弥盗稍有裨乎？是吾作舆图意也。贵州东抵平溪卫界，五百五十里；南抵泗城州界，三百四十里；西抵曲靖卫界，一千六百里；北抵泸州界，七百五十五里；东南抵荔波县界，五百八十五里；西北抵建昌行都司界，一千六百里，西南抵亦佐县界，九百二十五里；东北抵湖广五寨司界，八百里；抵南京四千二百五十里，抵京师七千六百七十里，其幅员广矣。睹吾乡罗文恭公舆图，其险易晰矣。"① 又引嘉靖间桂萼《广舆图叙》："山箐峭深，地瘠寡利，夷性猾诈，殆有甚焉。"② 郭子章撰《黔记》时，已平定播州杨应龙之乱，但是对防守仍很重视，尤其是对城池的防守。因此，《黔记》的《舆图志》有四卷，对明及以前地理沿革用详尽的文字予以阐述，在舆图的设置上，除了地理图还增加了城图。

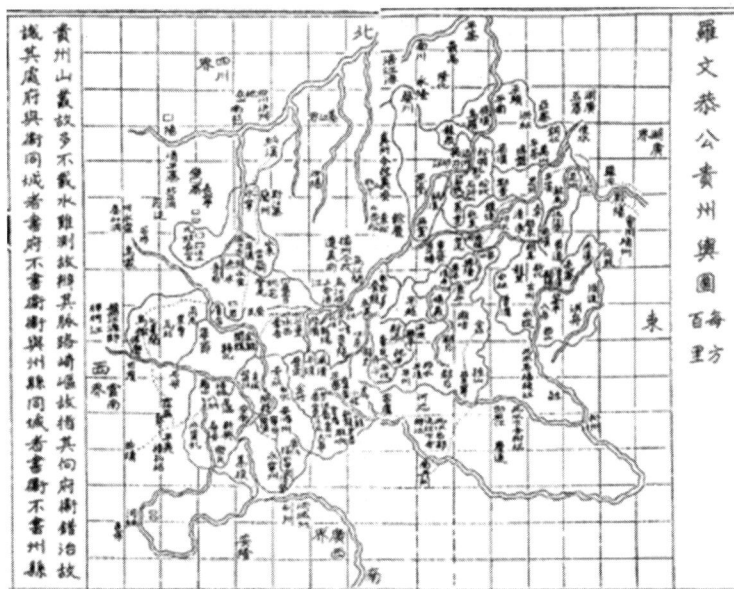

图6 万历《黔记》之《罗文恭公贵州舆图》

---

① 万历《黔记》卷四《舆图一》。
② 桂萼：《广舆图叙》，上海图书馆藏明嘉靖四十五年李廷观刻本，《四库全书存目丛书》本，齐鲁书社，1996。

嘉靖《贵州通志》开始，虽然仍以地理图为主，但对城图的绘制开始重视，不仅增设了《省城图》，而且城图在图中数量占比渐大，对城池的表示不再是一个符号。万历《贵州通志》除《贵州全省舆图》变化较大外，其余《省城图》和府、州、县、卫所图均沿袭了嘉靖志的做法。至《黔记》，地图的绘制又有一个大的变化与发展，不仅数量远远超出前几部志书，而且除《省城图》外，各府、州、县、卫所都有一幅城图与地理图并设。

从以上四部贵州省志舆图编绘来看，从受《大明一统志》的影响，到受《广舆图》的影响，它们反映了舆图编绘向准确、规范发展的方向。

四　明代省志舆图编绘的特点

现存的明代四部贵州省志，编修体例具有很强的继承性，每一次编修都是在前志基础上进一步完善，舆图的编绘也是如此。从总体来看，明代贵州省志舆图与其他地区相比，有不少特点，主要集中在以下几个方面。

一是舆图的数量较多。一般的方志舆图多为地理图、城图、衙署图、儒学图等，数量较少，每种图只有一幅，而且多集中在卷首。从弘治《贵州图经新志》到万历《黔记》，除了全省地理图外，还有府、州、县、卫所图，有地理图、城图两种，弘治《贵州图经新志》、嘉靖《贵州通志》均为30幅，万历《贵州通志》26幅，至万历《黔记》多达92幅，这在明代方志中是不多见的，充分说明贵州方志编修对舆图的重视。

二是贵州省志舆图受《大明一统志》影响。弘治《贵州图经新志》是现存贵州省志最早的一部，其全省地理图以及各府、州、县、卫所都受到《大明一统志》的影响，《贵州布政司地理之图》基本照搬《大明一统志》，甚至绘制符号亦仿照《大明一统志》，之后的嘉靖《贵州通志》从布政使司到各府、州、县、卫所基本沿袭此法，万历《贵州通志》和万历《黔记》除全图之外，各府、州、县、卫所之图亦是沿袭前志的做法。

三是贵州省志舆图反映了明代地图绘制水平的提高。地图起源很早，王庸指出，"可能在人类发明象形文字以前就有地图了，因为原始的地图都是形象化的山川、道路、树木，用图画实物来表示，以为旅行和渔猎的指针，而象形文字却多少带符号性质，是比较进步的文化"，他认为"现存的《山海经》，原来是有图的"。[1] 因此，万历《贵州通志》亦记载"俯察分疆万国，敷土九州，禹贡之作，舆经鼻祖。殷缵旧服，周掌职方，迨汉萧何收之，秦府咸阳之炬，图籍未灭"，[2] 提到商周至秦汉时期舆图的情况。西晋初年，裴秀拟定制图六体，尤其重视分率和准望，也就是使每幅图都依据统一的比例尺和开方计里的纵横平行线定位，这对地图的精确

---

① 王庸：《中国地图史纲》，商务印书馆，1959，第1页。
② 万历《贵州通志》卷一《省会志》。

性提出高度要求，推动了舆图制作水平的提升。从隋唐至宋元，地图制作呈现多样化，边境地图得到重视。元代地图杰出的作品是朱思本的《舆地图》，明代罗洪先在此基础上增编，除了将元代的区划改成明代区划外，还增补了许多具有新内容的专图。在绘图中还创制了 24 种符号，初步形成了地图符号系统，使地图绘制趋于标准化。万历《贵州通志》和《黔记》的贵州全图，借鉴并采纳了舆图绘制的最新成果，在方志地图制作的准确和标准规范方面前进了一大步。二志虽然采用了罗洪先《广舆图》中的《贵州舆图》，但没有拘泥于此，而是根据实际情况做了修订，使舆图更为符合实际。

四是注重城市建设与布局规划。明朝对地方城池的修筑极为重视，在元末明初，朱元璋在拓展军事战果的同时，也兼顾地方的经略与城池的修筑，并提出经略地方的一些理念。如至正十八年（1358），朱元璋听取儒士朱升"高筑墙、广积粮、缓称王"的建议，① 注重城池的修筑。至正二十五年五月，"以王天锡为湖广行省都事，谕之曰：'汝往襄阳，赞助邓平章设施政治，当参酌事宜，修城池、练甲兵、撙节财用、抚绥人民'"，② 将修城池与练甲兵、撙节财用、抚绥人民并重。同年，他还提出了"凡守城者譬之守器，当谨防损伤。若防之不固，致使缺坏，则器为废器，守者亦不得无责矣"，③ 将守城当作守护武器。因此，筑城安民，据守一城一池，成为明代经略地方的一个重要策略。明初以来，各地非常重视城池的修筑与建设，贵州也不例外。从各志记载来看，贵州各府、州、县、卫所城大部分在洪武时期就初具规模，之后屡次加固，尤其是明中期开始贵州有土司之乱，地方对城池的修筑和防护更为重视。因此，弘治《贵州图经新志》收录的都是地理之图，说明明代前期对贵州地区的经略重心还在开疆固土上，嘉靖以后渐有变化。嘉靖《贵州通志》首次将《省城图》入志，不仅有城墙及各门，还标注了各重要官府衙门及卫所，周边的山川形势亦一目了然。而且嘉靖志各府、州、县、卫所图，亦改变了弘治志只是画出图示的做法，凸显了每座城市的布局和重要机构所在地。万历《贵州通志》由于借鉴罗洪先《广舆图》的绘制方法，在绘图的准确性方面更进一步。万历《黔记》在前几次修志基础上，更为重视城市图入志，除了省城图之外，所有入志的府、州、县、卫所均配备了城图和地理图，在每幅城图之后还有图说，详细记载这座城市修造建筑的历史与规模，"图城郭之广狭、民居之疏密，令守城者曲为平陂之防，庶于弥盗"，④ 这就是城图入志的目的和意义（见图 7）。

五是注重地图的安邦抚民及军政功能。现存明代四部贵州省志的地图以地理之图为主，后来增加了城市图，这些图多画出山川、地形、官署、卫所、疆域，所以其功能不仅在于安邦抚

---

① 《明史》卷一三六《朱升传》。
② 《明太祖实录》卷一七，至正二十五年五月辛酉。
③ 《明太祖实录》卷一六，至正二十五年正月辛丑。
④ 万历《黔记》卷四《舆图志一》。

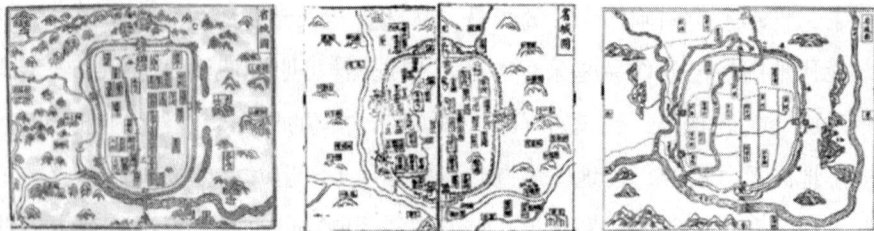

**图7 嘉靖《贵州通志》（左）、万历《贵州通志》（中）
和万历《黔记》所载《省城图》对照**

民，还涉及军政。秦末萧何收秦丞相律令图书，主要是为了了解"天下厄塞"① 险易。秦汉时期分封诸侯，亦按舆地图。《史记·三王世家》记载："太仆臣贺行御史大夫事昧死言：'太常臣充言，入四月二十八日乙巳，可立诸侯王。臣昧死奏舆地图，请所立国名。'"②《汉书·淮南王传》还记载部署兵事使用舆地图："日夜与左吴等按舆地图，部署兵所从入"。③ 汉代至隋唐，各种地图大致在各地继续流传，各地的图经、图记之类的书，既有一定地区的地图，又有比较详细的叙述，这一时期随着边境形势的发展，有关边防的绘图也有所发展，④ 这一传统一直延续至明代。明代贵州省志地图的编绘，都很重视实用功能。

嘉靖《贵州通志》记载："《周礼》大司徒掌建邦之土地之图，以知九州之地域广轮之数。而职方氏掌天下之图，以掌天下之地，而隶于司马。先正曰：'谨之也。'盖谓司徒营之，即藏之司马，秘不得见，所以弥奸而防患也。山则谓此特为九畿郡国吉耳！若乃天下沿边厄塞，则固为边备者所宜悉知，不但使秘不得见而已。唐人设兵部，属有四，一曰职方部，我朝因之。职方所掌，兵戎边防之政，而沿边图本实在焉，意固有在矣。贵州古西南夷徼，今诸夷环列如故也。鞭长虞成尾大，然则地之有志，志之有图，其可忽诸?"⑤ 这段话叙述了职掌地图的机构职责、地图绘制的目的与意义等，凸显了方志地图的功用。万历《贵州通志》也指出，"皇明肇启黔藩，襟川带粤，枕楚距滇，窟丛万山，丝悬一线，盘蜒曲折，东西冥迷，指南籍图于兹为亟"，说明绘制地图的重要意义。因此，从各部省志所绘舆图来看，标注疆域形势、山川走向、府州县城、卫所分布，并且对"府与卫同城者书府不书卫，卫与州县同城者书卫不书州县"的处理，显然都是从实用和军政功能的角度考虑的。

结　语

方志编修是随着各地行政建置的演变而发展的，方志的记载，不仅反映了地理版图的变

①　《汉书》卷三九《萧何传》，中华书局，1962。
②　《史记》卷六〇《三王世家》，中华书局，1959。
③　《汉书》卷四四《淮南王刘长传》。
④　王成组：《中国地理学史》上册，商务印书馆，1982，第74~75页。
⑤　嘉靖《贵州通志》卷一《地图》。

迁，而且反映了国家行政管理职能的变化。明代贵州建省以后，方志编修逐步与全国同步，不仅有省志，而且府、州、县志的编修亦普遍展开，明代贵州方志流传下来的较少，现存的几部省志具有很强的传承性和继承性，方志舆图的绘制也是很有特点的，反映了明代方志编修的水平。这些数量丰富的方志地图，展示了贵州的山川形势，凸显了贵州在明代所处的重要地位。

浅析清三部《畿辅通志》中"星野"的因袭与创新

吕书额

（廊坊师范学院）

成书于清代的三部《畿辅通志》是我们今天了解京津冀地区历史的重要参考文献，学界已有的研究与其史学价值是不太相称的。① 笔者在此不揣浅陋，试就其中"星野"篇的因袭与创新做一探讨。

因袭与创新是方志编纂中老生常谈的话题，但也是一个常谈常新的话题。"星野"常见于旧志，但纵观康熙《畿辅通志》、雍正《畿辅通志》和光绪《畿辅通志》三者对"星野"的编排与撰述，仍能给我们些许思考。

一 清代的三部《畿辅通志》

编修方志是中国悠久的文化传统，到明朝时期，修一省通志之举在很多地方已较为常见，直隶却是例外。按照《四库全书》的说法，因"畿辅"之地"与诸省州、县各统于布政使司者，体例不侔"，故"诸省皆有通志，而直隶独缺"。② 直至清代，这一情况得以改观：缘清廷初修《大清一统志》之机，康熙年间创编首部《畿辅通志》，并在雍正年间再修；三修于同光年间的《畿辅通志》，在方志学界更负盛名。

---

① 已有正面研究现仅见吕志毅著《〈畿辅通志〉暨〈河北通志稿〉研究》（人民出版社，2015）和若干篇文章。其中，吕著对河北四部旧志分别做介绍后，"总的评价"了其编纂体例、篇章结构与内容得失。除王景玉《康熙〈畿辅通志〉略谈》（《文献》1986年第4期）外，另几篇文章主要聚焦于光绪《畿辅通志》的文献价值与纂修概介、体例简评及个别内容的校正等。

② 纪昀：《钦定四库全书总目》（整理本）卷六八，中华书局，1997，第940页。

（一）首部《畿辅通志》——康熙《畿辅通志》

首部《畿辅通志》编纂于康熙年间，源于清廷初修《大清一统志》的直接推动。康熙十一年（1672），保和殿大学士卫周祚向皇帝提出敦促各地编修通志及汇纂《大清一统志》事宜。[①] 清圣祖很快就采纳了他的建议，诏令各省皆编修通志，并将顺治十八年（1661）贾汉复所修之《河南通志》颁诸天下，作为各省纂修通志的参考模式。

“圣命”既至，各地方开始议修通志，包括“畿辅”之地。康熙十九年（1680）七月于成龙出任直隶巡抚，并开始主持编纂《畿辅通志》，郭棻总其事。康熙二十一年（1682），于迁两江总督，格尔古德继任并续为监修。是年四月，全书告成，共46卷，22门，后人称之为“康熙《畿辅通志》”，简称《康熙志》。[②] 该志是首部直隶省综合性通志，颇具价值。但后世多因其实际编纂只用了一年多的时间，“以数阅月成书，搜集讨论未能详确”而讥，[③] 乾隆年间编著《四库全书》时就未收录之。

（二）再修于雍正年间的《畿辅通志》——雍正《畿辅通志》

再修于雍正年间的《畿辅通志》也与初修《大清一统志》有关。雍正三年（1725），清廷因“《一统志》历久未成，特简重臣敦就功役”，[④] 再组一统志馆。六年（1728）冬，清世宗明令“各省督抚将本省通志重加修辑”以备《一统志》之采，并提出“务期考据详明，摭采精当，既无缺略，亦无冒滥，以成完善之书”等要求。[⑤] 一为奉命，二因前志之陋，再修《畿辅通志》势在必行。

雍正七年（1729）春，直隶总督唐执玉延聘原任辰州府同知田易等人设局于保定府莲花池，开始采摭重修《畿辅通志》的志料。后来，因直督易人，《畿辅通志》也改由刘于义、李卫先后监修，翰林院侍读学士陈仪承纂修之责。雍正十三年（1735）全书完稿，凡120卷，分31目，后人称“雍正《畿辅通志》”，简称《雍正志》。[⑥] 在篇目设置上，该志较《康熙志》更为丰富，内容上更为充实，对前者的一些讹误、遗漏也有所厘正、补充。是书在“凡例”中自评“视旧志较为完善”[⑦]，不为妄言。《四库全书》收录时，称其“订伪补阙，较旧志颇为完善”。

---

① 康熙《天津卫志》卷首。

② 以下关于康熙《畿辅通志》的引用文献与内容编排顺序等，皆依自日本京都大学图书馆藏“近卫本”（“阳明文库图书”）。

③ 雍正《畿辅通志》凡例。

④ 雍正《畿辅通志》卷首唐执玉序，文渊阁《四库全书》本，台湾商务印书馆，1986。

⑤ 《清世宗实录》卷七五，雍正六年十一月甲戌。

⑥ 以下关于雍正《畿辅通志》的引文文献与内容编排顺序等，均依于李卫雍正《畿辅通志》卷一二，文渊阁《四库全书》本。

⑦ 雍正《畿辅通志》凡例。

乾隆八年（1743），《大清一统志》终于在前后经历3朝70余年后告成。这期间，该工程虽几经起伏周折，但直接推动了各地方志的纂修。就直隶而言，虽系"奉政命而作"，但终究继承了编修一地方志的优良传统，并实现了从无到有、从有到优的转变。

（三）三修《畿辅通志》——光绪《畿辅通志》

与因"上命"而作的《康熙志》《雍正志》不同，《光绪志》系"下请"之为。同治十年（1871），直隶总督李鸿章向清穆宗提出三修《畿辅通志》的奏请。李奏称：

> 窃维为政之端必稽方策，惟民所止首重邦畿。《周官》"邦国之志，小史掌之"，以别于外史所掌四方之志。诚以近畿之地，治化宜先，故尤重其事也。溯查《畿辅通志》成于雍正年间，迄今百四十年。……臣自去年履任，遇有兴除政务，检寻远年卷宗，辄多霉坏，稽之旧志，则纪述疏略，亦不足以备考查。……与司道等筹义于保定省城设立总局，延请翰林院编修黄彭年总司其事，遴派朴学员绅襄同纂校，移檄郡县，颁发采访条款，分门别类，加意搜罗。……务使巨纲细目，秩然有条，酌古准今，堪资法式，庶几官司从政得所取裁，首善讴益光圣治，以仰副我皇上体国经野之至意。至志局章程需用经费，由臣督饬司道随时筹办。①

言辞之间，其欲修志的急切之情一览无遗。

李鸿章此时主动提出三修《畿辅通志》，主要为适时总结《雍正志》以后直隶省在各方面的得失利弊，以为咨政之需。鸦片战争和太平天国运动后，中国遇"三千年未有之大变局"，而上距《雍正志》成书已有一百多年的历史，"遇有兴除政务，检寻远年卷宗，辄多霉坏，稽之旧志，则纪述疏略，亦不足以备考查"，故实有重修《畿辅通志》的必要。

李之所请很快得准。是年末，即在保定莲池书院设局，聘黄彭年为主纂。黄不仅个人"博学多才"，是当时著名的史地及方志学者，他更将王树枏、赵烈文等一大批地方名流聚拢于通志局。同时，因黄还兼主讲莲池书院，而又带动了莲池书院的众多师生加入其中，并能在较长时间的安定条件下潜研纂修。最后，在前后历经16年、耗资近12万两白银，加以李鸿章权势所能提供的诸多便利支持下，三修《畿辅通志》终于在光绪十年（1884）大功告成，全书正文共300卷。后人称以"光绪《畿辅通志》"，简称《光绪志》。②

相对于前两志的门目体来说，《光绪志》的体例安排不仅更便于汇聚和保存资料，易于较全面地反映各种情况，更是客观体现了地方志的地域性等特征。就其结构与内容的编排，虽有

---

① 顾廷龙、戴逸主编《李鸿章全集》第4册，安徽教育出版社，2008，第501~502页。
② 以下关于《光绪志》的引文文献和内容编排顺序等，均依黄彭年纂光绪《畿辅通志》，商务印书馆，1934年影印本。

张裕钊、吴汝纶等人强烈的抗议，但自从刊世以来，还是多受到人们的肯定。自莲池书局初刊后的百年时间内，该志又先后数次被重新刊发，也足见后世对其之看重。直隶总督陈夔龙在《重印〈畿辅通志〉后记》中称此志"辉辉煌煌，极志乘之大观也"。民国时期河北省政府主席于学忠在《重印〈畿辅通志〉序》中说，该志"十年成书，艺林称盛。刊行以后，颇负时望，为畿辅有志以来之所仅见，即在各省通志中亦且推为巨擘也"。[①] 当今方志学界也多以其为全国最负盛名的省志之一。来新夏先生曾评说："自清初至抗战前，河北省地方志先后纂修五次；但这五种通志中仍当以光绪《畿辅通志》为最善。"[②]

二 三部《畿辅通志》中的"星野"

成书于清代的三部《畿辅通志》，不仅因成书背景不同而在体例、内容、价值与特色等方面有变，而且在由因袭传统志书而皆设的"星野"中也有编排、撰述等层面的异同。

（一）《康熙志》的"星野"篇

《康熙志》的"星野"篇编排位置最重，以首卷来领衔各篇，并后附"祥异"。

以往史志虽多有"星野"之目，但如《康熙志》般将其置于首位的安排并不多见。如前述在顺治十八年颁诸天下、令各省当作参考的贾汉复修《河南通志》，其"星野"在30个类目中是置于图考、建制沿革之后的。在体例安排上，《康熙志》因袭了"范本"中"星野"并附祥异的做法，但在位置编排上后者更在意于凸显"天意"：先以"天秩序"确立京师、帝王的尊崇地位，再叙畿辅在"地秩序"中的位置。如联系该书将郭棻撰《皇畿赋》放在"序"后、"凡例"和"修志姓氏"之前这样少见的编排方式，更可窥其"苦心"——营造天、地之间均以帝王为尊的现象。[③]

在内容上，该"星野"开篇引"天官家之言""治历家之言"与"汉张衡云帝座有五"，为其随后的叙说奠定"师出有名"的基调。并以"天文志曰"提出"尾箕分野为燕，燕之当为帝都也"，结合星域指出畿辅重地的方位，即京师之地与天上的尾箕相对应。随后，从"古皇轩辕氏都涿鹿"，沿溯到"国朝为京师"，说明这一地域有史以来的贵气，以证明"尾箕之野，定鼎者，古今皆在焉，以视八埏九垓，此为乔乔皇皇"。接着，又进一步从天象加以论证，

① 光绪《畿辅通志》序。
② 来新夏：《储料备征的史志巨擘——重印〈畿辅通志〉前言》，《河北学刊》1985年第1期。
③ 吕志毅著《〈畿辅通志〉暨〈河北通志稿〉研究》（第9页）对将郭棻《皇畿赋》置于"星野"篇也有质疑，认为此操作"实属不当，应归艺文赋类"。不同的是，该著据康熙六十一年（1722）重印康熙二十二年（1683）刻本，称《康熙志》是"将郭棻《皇畿赋》列于星野之后"；日本京都大学图书馆藏"近卫本"（"阳明文库图书"）显示，郭棻《皇畿赋》在"星野"之前。但无论如何将"赋"如此前置的做法确实少见，修志者不可能不知赋文应归于"艺文赋"类的常识，郭棻等人此举只能解释为配合"星野"篇对帝王之居的推崇，为皇都的正统地位高唱赞歌。

称"今试仰观银汉之天章"可看到"光华灿烂,由东北而布西南俯察,甸服之地理,博大爽垲,由西南而拱东北于都哉!天心地肺,踞四维八柱之神皋,斗聚星联,启万祀千期之景运,莫此为大!"这些描述无疑都是为彰显京师地位的尊贵,为之涂抹上更多的神秘色彩。

接着,先图后文,分述直隶地域对应的尾箕分野、室壁分野及昴毕分野,各条再引《周礼·保章氏注》《史记》《汉志》等史书,并下分记北斗所主、天市垣所主、国星所主、五车所主及诸星占验等。

最后,附设"祥异"目,不惜用墨,篇幅占全门一半以上。文中记录了自周至清康熙十八年(1679)七月二十八日间的一些自然灾害、天文气象。如东汉"和帝永元[①]七年,赵国易阳地裂","(晋武帝)十年六月,蝗","嘉靖三十二年春,保定府大饥,人相食,夏大水,人畜溺死无算",等等。这些记述大多因袭自各正史,但其在对一些自然灾害表示关注的同时,又与天文现象相联系,透露了人间祸福与星辰变化相关、星象可以推算凶吉的认知态度。如"永宁元年,自夏及秋,青、徐、幽、并四州旱,十二月及郡国十二旱。七月,庚申太白犯角亢经房心历尾箕"。此外,文中还记载了一些可附意灾异或祥和的奇异现象。如汉灵帝光和四年秋,"五色大鸟见于新郡,众鸟随之,时以为凤凰";汉献帝建安九年"秋八月凤凰集石邑县";"魏黄(皇)初年,清河妇人化鳖入于水";明世宗嘉靖七年,河间"异气";嘉靖九年,"完县下叔村雷击不孝男妇二人";神宗万历四十年,"新安榆树开花,艳若桃李,是年人大灾";清世祖顺治二年,"大名府大熟,开州产嘉谷一茎四穗";等等。

(二)《雍正志》的"星野"篇

《雍正志》的"星野"沿承了《康熙志》"以天象观祥妖"的认知和借"天秩序"来宣扬帝王封建正统地位的套路;为使论说更具权威性,该"星野"引证众多文献,在内容上更为丰富,也有益于追溯史料中关于星野源流的记载,但除此之外,也并无更多其他创新。

较《康熙志》,《雍正志》的"星野"编排位置后移至卷一二。但因卷一至六为诏谕、卷七至一〇是"宸章"即皇帝所作诗文、卷一一"京师"叙京城各处及盛京形势,体现皇权地位及意识形态的篇目聚集在一起,置于全志之首以配帝王的特殊地位,因而实际与前者凸显王权之尊的用意并无差别,因袭了其关于"天秩序"与"地秩序"间映射、对应的观念与认知。

从内容上看,《雍正志》的"星野"施墨最多,近乎《康熙志》的两倍,但用力主要在征引典籍上:除因袭前《康熙志》的一些记述外,加入了更多的文献著述,使其说法"更具说服力"。如在载述直隶域内各地有关诸次、星宿的关系时,征引了数十种文献。值得肯定的是,该篇不仅保存了更多的关于星野源流的史料,且博观约取,指出不同文献的不同说法,以传信

---

① 原文"永兴",但东汉和帝在位期间(88~105年)用"永元"年号17年(89年至105年三月),用"元兴"年号9个月(105年四月至十二月)。故,文中应为"永元"。

为主，求其实用。如在记录蔡邕的《月令章句》后，加按说蔡语"与皇甫谧《帝王世纪》不合"。因此，该篇看起来内容丰富、精严、翔实，但最初引《周礼·保章氏》"以星土辨九州之地，所封之域皆有分星，以观祥妖"之语，仍可见其与《康熙志》一样，均属沿袭古人占星以卜吉凶的认知范畴。

（三）《光绪志》的"星野"

《光绪志》虽仍有"星野"内容之设，但"只以旧术相传，由来已久，略采史传以存梗概"，因袭的仅止于形式，而于态度与观点上更多见创新。

从位置编排上看，该"星野"不仅未处于全志的显要位置，甚至没有独立成篇，而附于卷五六《舆地略·疆域图说》的"晷度"篇后。"晷度"篇源自乾隆钦定《热河志》中的"晷度类"，主要记录自唐有里度之说以来有关直隶地域测量晷度的成果。附在其后的"星野"也因此而少了些迷信色彩，拥有了些许近代科学的味道。

在内容上，该"星野"非常惜墨，只摘记了《章句月令》、《史记·天官书》、《汉书·地理志》、《晋书·天文志》和杜佑《通典》、《唐书·天文志》、《宋史·天文志》、《明史·天文志》、《大清一统志》中的寥寥数语，以定畿辅各地之位。这与前两志"用力之勤"及将星野、天象与地上之吉凶相联系的方术形成强烈反差。

尤令人瞩目的是，编纂者于文末道出其如此编排的缘由及其所表达的观点：

> 分野之说，昉自周官，历代相沿，其说不一。吉凶占验之论，大抵荒渺不足凭，况疆域有沿革之殊，星次有岁差之别，以古衡今，迥不相合，何足以为信乎？只以旧术相传，由来已久，略采史传，以存梗概。

也就是说，其对以星象占卜灾祥的分野说是质疑和批判的，而之所以仍有该篇目之设置，仅出于存史录志的考虑。因此，这里的"星野"因袭的只是形式，之前借助信仰秩序推崇地上王权，或以天象占卜吉凶等传统做法，此时已基本被摒弃。

三　一些相关思考

如前所述，清代编修了三部《畿辅通志》，这三部志书不仅在成书背景、体例和内容、价值、特色等方面有所不同，其于"星野"的编排与撰述也有变化。一些裹杂在这些因袭与创新中的问题，可使我们做些相关思考。

（一）关于"星野"与若干中国传统观念

在传统的史书中，"星野"不仅仅是篇目设置与内容编排问题，还关系到更多，如传统中国的史地认知、政治哲学等。

　　首先，旧史志中的"星野"篇设源于古代中国一种朴素的地理文化认知，即：天上的星宿与地上的州域（邦国）互相对应，可上下观照。司马迁《史记·天官书》中就有"天则有列宿，地则有州域"之语。① 除"星野"外，文献中又有"分野""分星""星土"等不同叫法，杜佑《通典》即有称"凡国之分野，上配天象，始于周季"。② 在这一朴素认知的推动下，人们不仅根据地上的区域把天上的星宿分别指配于地上的州国，甚至还以观察天象来占卜地上州国的吉凶。成书于战国时代的《周礼·保章氏》即有"以星土辨九州之地，所封之域皆有分星，以观妖祥"之语。③ 东汉年间，班固的《汉书·地理志》开历史地理之先河，忠实地记录了前人的这一认知。此后，众地理著述循循相因，一般史志中多以"星野"称之：从天文角度称"分星"，从地理角度称"分野"，统称"星野"。

　　但是，以古代朴素的地理文化认知为基础的天文分野说本身存在诸多"技术性漏洞"，随着人们理性认知能力的提高，尤其是新的史地学观念萌生，这种观念不可避免地受到了冲击。自宋代开始，就不断有人对传统分野说提出各种质疑和批判，并在社会上逐渐形成了一股否定分野说的思潮，对于分野的抨击日益激烈。④ 乾嘉以后，分野学说逐渐在一些史志中遭到摒弃，"星野"开始在一些史志书中淡出，被"晷度"等代之。"晷度"与"星野"虽非互不相容，甚至二者完全可以并存，但分野说的漏洞被发现后，否定"星野"似乎就成为一种科学思想，是突破旧思想束缚的表现。

　　其次，以"星野"定地上州郡的地理位置与范围，甚至以天象预言吉凶，从传统中国政治哲学来说，是中国古代君主施政过程中对董仲舒"天人感应"学说的借用，是"天人合一"哲学思想的狭隘化。⑤ 分野思想依托于行政区划体系，而西汉以后分野又与行政区划之间逐渐疏离，加上儒家学说逐渐成为我国封建社会统治者的御用思想工具，故此后将天上的星区与地上的地理区域之间建立起对应关系的天文分野说，实际成为建构信仰秩序系统、维系信仰秩序思想的象征。因此，在旧志中的"星野"篇中，虽有传统天文学的知识，但更多的是通过天象的"襑祥"来对应地上所及周国的吉凶。天秩序与地秩序之间的映射对应系统，成为中国传统思想中"天、地、人"信仰秩序系统的有机组成部分，也逐渐成为古代中国人普遍信奉的一种宇宙观。

---

① 《史记·天官书》卷二七，中华书局，1959，第1342页。
② 杜佑：《通典》卷一七二《州郡二》。
③ 《周礼注疏》卷二六，文渊阁《四库全书》本。
④ 邱靖嘉《天文分野说之终结——基于传统政治文化嬗变及西学东渐思潮的考察》（《历史研究》2016年第6期）认为，分野说的"技术性漏洞"有如分野体系方位淆乱、分野区域广狭不均、地有沿革分野无变等。"分野之说荒诞不经无足取信"，在"南宋至清初可以说还只是少数知识精英先知先觉的思想认识，但到乾嘉以后则变成了社会大众的一种集体共识和普世观念"。
⑤ 这也是其后来广被人们批判为"迷信"的重要原因。如《辞海》（上海辞书出版社，1999，第573页）即有称"分野，中国古代占星术的一种概念……分野纯属迷信"。

17 世纪以降，随着世界格局的变化，充满了漏洞的分野说在古人知识信仰体系中的权威遭到挑战，坚冰乍解，一些人开始尝试利用西方先进的知识反省儒学思想体系内相关传统认识。甚至乾隆帝在其《题毛晃〈禹贡指南〉六韵》自注中提到，"盖分野之说，本不足信，而灾祥则更邻于谶纬，皆非正道"，[①] 表达了其对分野说"正道"地位的质疑。嘉道以还，"经世致用思潮"再兴，面对曾经的"蛮夷"带给的屈辱，更多的中国人开始正视自己与周围的一切。光绪《畿辅通志》主修李鸿章身为在朝官员，虽亦极力维护官方政府的权威性、正统性，但相对于生活在同一时代的大多数人而言，已属于站在时代前端的"与时俱进"者；主纂黄彭年更可谓"经世派"。他们主动提出三修《畿辅通志》，本为咨政之需，笼统、模糊的分野观念和志书中的"星野"篇显然是不在其关注范围内的。但同时，毋庸讳言，他们还不能完全突破旧思想的束缚。由此，便出现了前述之现象：将"星野"附于"晷度"，并斥其荒谬，同时又以"存史料"为由，略记之。光绪《畿辅通志·星野》的"尴尬"是晚清政治思想中特有的一抹色彩。

（二）关于方志的时代性

如仓修良所言，时代性是方志的特点之一。[②] 但其时代性不仅是编书年代背景的直接体现，还间接受作用于现世政治、主纂与编纂人员的认知态度等因素。

编修康熙《畿辅通志》之时，清军入关建权不久，需通过"星野"来强调其以京师为都的原因，并凸显其权威的自然性，甚至用天象的祥异来营造其正统地位获取在于"得道"，是"上天的旨意"。同时，其在以武力入关建权后，很快又被中原文化征服，因此，在博大精深的中国传统文化面前，有自觉与不自觉的仿照、因袭。如当时的康熙帝虽表象上是一位善于学习西方科技知识的人，似乎可能摒弃"星野"之虚玄、缥缈的旧说，但考其实则不然，他向大臣明发谕旨："古人分野之说，确有所据，后人无阐发者。朕细心推测，方悟其理，故向尔等言之，此又书之可信者也。"[③] 由此，我们应当明了：康熙帝虽然对西方传入的一些科技知识有所研习，但只是将之套入朱熹理学"格物致知"的框架，并未达到突破传统经史之学框架的认识程度。

雍正年间再修《畿辅通志》时，清政权已较为稳固，故除陈陈相因前者的内容外，有更多可能在内容上增加资料。但黄茅白苇，缺乏新意。

至乾隆年间，新的史地学观念已出现在一些时人的视野中，包括乾隆帝本人。在克复了新疆等广阔地区及了解了中国之外更大地域之后，面对原来分野之说中无多余的星宿可对应此新地域的局面，乾隆帝如何解释自己新克复和新了解的地区？因此，在前述《题毛晃〈禹贡指

---

① 《圣祖仁皇帝御制文集》第四集，卷一七，文渊阁《四库全书》本。
② 仓修良：《方志学通论》，齐鲁书社，1990，第 104 页。
③ 《圣祖仁皇帝御制文集》第四集，卷一六，康熙六十年三月初七日《谕大学士九卿等》，文渊阁《四库全书》本。

南〉六韵》诗自注中否定了分野说后，乾隆帝下令改修《西域图志》舍弃"分野"而代以"晷度"；新修《钦定热河志》"删星野之谈天，测斗极之出地，曰晷度"；① 新修《热河志》不仅设"晷度"、舍"分野"，还条列历来史籍对当地分野的说法，加长篇按语予以批驳，以最新的天文、地理知识指出了分野旧说的错误。② 对此，乔治忠先生曾撰文表示肯定，认为乾隆帝在诗自注中否定分野说"导致清朝史地学出现一次科学性跨越"，"带来了传统史地学向科学性跨越的契机"，"在清代史地学发展史与学术思想发展史上都堪称是闪光的一页"。③

但同时，我们又发现，乾隆帝这一新史地学观念的影响是有限的，日后并未能继续光大。这是因为：一方面，保持旧观念以及迷信思想者大有人在；另一方面，作为皇朝统治者，在涉及统治利益时他也会默许旧观念和荒唐思想的存在。如在重修的《盛京通志》中就保留了原来的"分野"门类，以鼓吹清朝先帝屡得"龙兴"符瑞的星象。

同光年间三修《畿辅通志》时，一方面，一些西方科学技术和思想认知已涌入中国，以天象断地域之吉凶的"星野"说逐渐被人抛弃，李鸿章不仅因"以志资政"的实际需要而修志，且在奏请前就决定由黄彭年主纂，而黄又是"志者，政书也"的倡导者，治学注重经世致用，故在资料的取舍上主要以是否能"资政"而决定。但另一方面，由于传统儒学积淀的文化具有强大的惯性，长期以来强大经学与史学的话语体系已经成为知识人的知识背景，而且方志固有的体例在宋代定型后形成了一种规范，套用这种规范是主流且便捷的表达方式。所以，后继的志书编纂者徘徊于不假思索地遵从因袭这一"规范"和遵从新的认知去进行创新化处理之间。黄彭年在修志体例上的创新当时就遭到一些学者的极力反对，如张裕钊因不同意黄彭年的编纂主张，甚至辞去莲池书院讲席以示抗议。实际上，不只晚清，甚至民国时期，修史各馆仍有相当数量思想保守的儒者维护"分野"之类的传统旧说。

再者，消除"星野"需要得到表达地理位置的新方法，晷度理念和测绘技术是必要条件。康熙至乾隆时期虽然进行过全国性的晷度（大致相当于经纬度）勘测，但内地各省一般仅有一组晷度数据，不足以对峙全国省、府、州县皆有的分野旧说。在史书涉及勘测数据不很充分的地区，更容易留存分野的记述。乾隆朝之后的许多史籍，特别是各个层次的方志之书仍有"星野"篇设。

今天，透过地方志近乎因陈或创新的"星野"叙述，可窥见方志的时代变迁轨迹。

（三）关于方志与中国史学史研究

对于方志学的学科性质，学界曾有从不同角度的界定，目前已形成共识的是：它历来就属

---

① 《四库全书总目》卷六八《钦定热河志》提要，中华书局，1981。
② 《钦定热河志》卷六四"晷度一"，文渊阁《四库全书》本。
③ 乔治忠、崔岩：《清代历史地理学的一次科学性跨越——乾隆帝〈题毛晃《禹贡指南》六韵〉的学术意义》，《史学月刊》2006 年第 9 期。

于中国史学的一个重要领域；方志学著作也属于中国历史学论著的一种重要体裁。① 一部质量较高的地方志能够全面记述、深度透视一地方的地理、气候、政治、经济、社会、文化、风俗、方言等各方面情况，既是一部地方史著述，对于其他领域的研究者来说，它同时也是一部可资利用的文献资料集。中国旧时所编志书流传至今及当代纂修的地方志数以万计，但质量高下悬殊。对于纂修质量优、利用价值高的地方志进行深入研究、微观研究与评介，已成为方志学和史料学研究的一项重要工作。只有通过这些工作，才能使那些优质方志脱颖而出，使人们明了它们的特色、价值，并利用它们来开展各种学术研究，指导现实中的某些具体工作。有清一代，在初修《大清一统志》的直接或间接推动下，有因袭也有创新，《畿辅通志》从无到有、从有到优。康熙、雍正、光绪三朝所修三部《畿辅通志》不仅见证了清代方志学的兴盛，本身也属于史料价值很高，值得进行更加深入、系统研究的重要文献。

---

① 魏光奇：《吕志毅：在史料学田野上深耕细作》，《中华读书报》2015年12月9日，第10版。

美国哈佛燕京图书馆藏
乾隆四年刊本《太谷县志》考述

赵保平　刘改英

（山西省晋中市史志研究院）

地方志是记载一定时期一定区域范围内自然面貌及人文历史的专类文献，卷帙浩瀚，史料丰富。凡"正史"未备、专史不详者，往往详备于地方志中。故向为学术界所重视。近年明清稀见方志的整理、出版与研究，也被纳入国内外各大图书馆及出版单位的重要日程。如国家图书馆出版社编辑影印出版的《哈佛燕京图书馆藏稀见方志丛刊》《天一阁藏历代方志汇刊》《上海图书馆藏稀见方志丛刊》《北京大学图书馆藏稀见方志丛刊》等"著名图书馆藏稀见方志丛刊"系列图书、天津古籍出版社出版的《国家图书馆藏地方志珍本丛刊》、故宫出版社出版的《故宫博物院藏稀见方志丛刊》等，都为研究者提供了可查询的路径。而现代数字技术、网络技术及共享精神的发展，特别是中国国家图书馆（以下简称"国图馆"）的"数字方志""中华古籍资源库"、美国哈佛燕京图书馆（以下简称"哈佛馆"）"中国善本方志数据库"等数据库的建成运行，更为研究者带来极大便利。这些珍本方志，蕴藏着丰富的政治制度、社会经济、文化教育等方面珍稀史料，有较高的文献学术价值。哈佛馆的地方志收藏不仅是其馆藏的一大特色，且在全世界方志收藏界有重要的地位和影响，该馆藏1949年之前出版的原本方志达2922种，其中列为善本方志达764种。① 其善本之一乾隆四年刊《太谷县志》（以下简称《太谷县志》）原本，国内仅国图馆藏有一部，但其版刻漫漶，封面、部分内容缺失，仅列为普通古籍。② 哈佛馆藏本形态完整，版面清晰，文献学术价值自然不言而喻。由于条件所限，笔者未曾亲见其馆藏原貌，仅以该馆"中国善本方志数据库"中收录

---

① 李丹编《美国哈佛大学哈佛燕京图书馆藏中国旧方志目录》，广西师范大学出版社，2013，第4页。
② 北京图书馆普通古籍组编《北京图书馆普通古籍总目》第4卷《地志门》，北京图书馆出版社，2003，第172页。

《太谷县志》作为研究对象，对其馆藏、编纂过程与作者生平、主要内容和文献价值等方面做以下考述。

一　哈佛馆藏《太谷县志》概况兼及国图馆藏本

哈佛馆藏《太谷县志》，全书共四册，分八卷：卷首、卷一、卷二为第一册，卷三、卷四为第二册，卷五、卷六为第三册，卷七、卷八为第四册。每册封面墨印著录"CHINESE-JAPANESE LIBRARY OF HARVARD-YENCHING INSTITUTE AT HARVARD UNIVERSITY/JUN 26 1940"，另有铅笔字"T3150/4386·82"，说明该书1940年6月26日入藏该馆，索书号：T3150/4386·82。每册首叶首行下钤朱文"哈佛大学汉和图书馆珍藏印"。版式为半页九行二十字，小字双行同，白口，四周双边，单鱼尾。版心上口刻"太谷县志"四字，版心刻卷数、目名、页数，"框高20.2厘米，宽13.8厘米"。[1] 全书避讳"玄"字、"弘"字，"玄"作"玹"，"弘"字缺末笔，无剜改痕迹。"曆"字、"禎"字不避讳。其"中国善本方志数据库"收录，可分册（编号v.1~4）、分叶（编号sep.1~396）在线查阅。[2] 对该藏本的版刻信息，该馆记为："王廷赞原修；王泽沛增修""Published：乾隆4［1739］""清乾隆4［1739］增刊雍正7［1729］本"。国图馆藏本与此相同，其"数字方志"数据库亦收录高清拍照版，可分卷在线查阅，[3] 全文可见。全志亦分四册，每册首叶首行下钤朱文"京师图书馆藏书印"，对该藏本的版刻信息，该馆记为："责任者：王廷赞""出版时间：清乾隆4年［1739］""版本：刻本""总册数：4册""描述：卷6~8艺文""索取号：地160.141/34"。

经笔者比较，两馆藏本版式一致，内容及体例相同，字体风格也完全一致。这种高度一致，显示出两藏本为同套刻版所印。但哈佛本全书内容完整，页面较干净、整洁。国图本则有缺页，如缺正文的第三叶，即"卷一《疆域》《关隘》"2目整体缺失；并有多处叶面文字漫漶或脱字现象，如卷一《山川》第七叶"咸阳谷"条、"龙泉"条、"通济桥"条、"永济桥"条内容，文字漫漶；卷三《水利》第四叶"奄谷河渠道"条、"圪塔古沟"条内容，文字漫漶；卷四《选举·甲科》第二叶"李抒玉"条"登顺治己丑科第□□□□□"，六字为墨丁，韩宗文条"中顺治壬□科会副，□□□县教谕"，四字为墨丁，均无法辨认；卷五贞烈卷前小序"诚有见于艾而芬不若兰，而摧□□□□□，□折者以视食西山之薇，蹈□□之□□，何多让焉？然□不世出，事不数见，则□□实□□其名，又在主□风化者，加之意焉。

---

① 李坚、刘波编著《美国哈佛大学哈佛燕京图书馆藏善本方志书志》，国家图书馆出版社，2015，第152页。

② https://iiif.lib.harvard.edu/manifests/view/drs：49449609 $ 3i.

③ http://mylib.nlc.cn/web/guest/search/shuzifangzhi/medaDataObjectDisplay? metaData.id = 815073&metaData.lId = 819554& IdLib=40283415347ed8bd0134833ed5d60004.

尔作贞□□"共脱十九字。据此笔者推断哈佛本为先印本,而国图本为后印本,因为版片经历多次刷印才会出现文字漫漶或笔画缺损等状况。

二 《太谷县志》 整理与研究现状

目录文献中,《中国地方志综录》(增订本)、《中国地方志联合目录》、《续修四库全书总目提要 (稿本)》、《中国地方志总目提要》、《山西文献总目提要》、《中国古籍总目》、《美国哈佛大学哈佛燕京图书馆藏中国旧方志目录》、《美国哈佛大学哈佛燕京图书馆藏善本方志书志》等方志书目对《太谷县志》都有著录或提要。

整理出版情况方面,2015 年 12 月,国家图书馆出版社出版《哈佛燕京图书馆藏稀见方志丛刊》,编入据其馆藏本影印的《太谷县志》。2016 年 3 月,天津古籍出版社出版《国家图书馆藏地方志珍本丛刊》,也收入据其馆藏刻本影印本。2017 年,山西省晋中市太谷县史志研究室又联合三晋出版社,据中国国家图书馆藏本,将其单独影印发行仿古线装本,为一函四册。此外,哈佛馆 "中国善本方志数据库"、国图馆的 "数字方志" 数据库也收录该志,都给研究者带来极大便利。

专题研究方面,目前学术界主要局限于概要式介绍,或者引用《太谷县志》内容作为史料的研究。对其进行专题研究的仅有华中师范大学历史文献学专业陈佳所作的硕士学位论文《太谷旧志探研》。该文对太谷传世的八种县志进行整体研究,考证其修志源流、考察其概貌,比较其体例结构和内容,总体重点分析太谷旧志的史料价值。其中涉及乾隆四年《太谷县志》,但无深入研究。

三 《太谷县志》 纂修历程考辨及主要编修者生平

《中国地方志联合目录》《北京图书馆普通古籍总目》《中国古籍总目》《美国哈佛大学哈佛燕京图书馆藏善本方志书志》等图书对《太谷县志》的编修者、编修过程的著录基本为 "清王廷赞修,武一韩纂。王泽沛增修。雍正七年修,乾隆四年重修刻本"。[①] 其依据是卷前乾隆四年知县王泽沛《重修太谷县志序》和雍正七年知县王廷赞《太谷县志叙》,这两篇序对于这部县志编纂过程有所反映,但还不够全面,应该增录赵希孔、杜可柱等人。理由有三。其一,卷首《修志姓氏》中,依次排列有《康熙十三年修邑志姓氏》《雍正七年修邑志姓氏》《乾隆四年增修邑志姓氏》。其中,第一条明确列有康熙十三年 (1674) 参与县志编修的人员有知县赵希孔、儒

---

① 中国科学院北京天文台主编《中国地方志联合目录》,中华书局,1985,第 93 页;《北京图书馆普通古籍总目》第 4 卷《地志门》,第 172 页。中国古籍总目编纂委员会编《中国古籍总目·史部》第 7 册,上海古籍出版社,2009,第 4145 页;李坚、刘波编著《美国哈佛大学哈佛燕京图书馆藏善本方志书志》,国家图书馆出版社,2015,第 152 页。

学训导贺应熊、邑人李抒玉、吴就恒、庞世淳、胡堂、胡衍虞、杜可柱、孙云襄等9人，说明出版刊刻者知县王泽沛认可其为官方编修，起于康熙年。其二，同样是卷首，雍正七年主要编纂者武一韩所撰《太谷县志序》中，明确有"广搜博采，得前辈杜凤麓先生遗稿，先是康熙甲寅（康熙十三年——引者注），奉宪颁体式纂修成帙，未授梓而中止。余见其斟酌尽善，详略得宜，宛若班马家法，因按行校雠，稍加删定，脱旧稿而增其所未备。……三越月，而厥事告竣焉"。[1] 序中提到，康熙十三年启动修志，并编纂完成。雍正七年，武一韩是在杜凤麓先生稿的基础上，用短短三个月的时间完成修志。其三，志末附有县志参与者、杜可柱孙子杜公宝所撰《志跋》，其中有更直接的证据。其曰："仁皇帝御极之十三年，奉文纂修，颁雍豫二志为式，于时明府赵公延邑诸绅士胡先生仲升（胡衍虞，字仲升——引者注）、孙先生天章（孙云襄，字天章——引者注）等参订校正，而秉笔裁成，群推宝先王父石臣公焉（杜可柱，字石臣——引者注）。……方拟授梓，因事中止。迨宪皇帝御极之七年，复奉宪檄修郡邑志。邑侯王公（王廷赞——引者注）因索先王父稿本，披阅再三，见其详略得宜，斟酌尽善，曰：'今兹之役焉用另起炉灶？将十三年以后事迹，补叙各款之下，便成完书。'因延邑进士文起武公（武一韩，字文起——引者注）及诸绅矜，而家严齐凯公与宝亦谬忝厥事。其所表章而阐扬者，莫不纲举目张，事实虽增于前，义例则仍其旧。昔分为三者，今始合而为一。乃书甫成帙，而王公旋以才能调往西陲。岁辛亥（雍正九年，1731年——引者注），燕山王父台（王泽沛——引者注）奉简命而来，劳心抚字，政治民和。簿书之暇，披阅志稿，慨然以寿梓为己任，因稍加增补，捐俸汇刊。邑之好义者，咸输资恐后，阅数月而工竣。是志也，经三贤侯之鉴定，阖邑诸君子之赞襄，乃克告成。顾宝何人，敢向邯郸学步？但念先王父手泽所存，义不获辞，因忘鄙拙，赘数言以叙其颠末云。"[2]

综合全志所有的序、跋、修志姓氏可知，《太谷县志》的纂修历程大致如下。清康熙十三年，知县赵希孔奉命启动《太谷县志》编纂，并聘胡衍虞、孙云襄等人"参订校正"，由杜可柱最后"秉笔裁成"，体例就采用当时"雍豫二志（即《陕西通志》《河南通志》，见后论述）为式"，待编纂完成，却因故未刊印，庋藏于家。到雍正七年（1729）王廷赞掌谷邑，"甫及半载，恭遇皇上命儒臣纂《一统志》，大中丞石公、藩宪蒋公纂《山西通志》，征各属郡邑志以备采择，爰有重修县志之役"。[3] 王知县便开始成立修志机构，在搜集资料过程中，得到杜可柱原修稿本，见其"详略得宜，斟酌尽善，曰：'今兹之役焉用另起炉灶？将十三年以后事迹，补叙各款之下，便成完书'"。进士武一韩遵照指示，增加康熙十三年至雍正七年（1674~1729）之事，"三越月，而厥事告竣焉。凡为卷八，为目三十，而山川、疆域、风土、人情，与夫礼乐、兵农、忠孝、节义，莫不厘然备具于尺幅之中"。[4] 但稿初缮就，廷赞去职他调，志稿未得

① 王廷赞修，武一韩纂，王泽沛增修乾隆《太谷县志》卷首武一韩《太谷县志序》，清乾隆四年刻本。
② 王廷赞修，武一韩纂，王泽沛增修乾隆《太谷县志》卷末杜公宝《志跋》。
③ 王廷赞修，武一韩纂，王泽沛增修乾隆《太谷县志》卷首王廷赞《太谷县志叙》。
④ 王廷赞修，武一韩纂，王泽沛增修乾隆《太谷县志》卷首武一韩《太谷县志序》。

刊印。只能以稿本上交山西巡抚，用作编修《山西通志》之用。雍正九年，王泽沛刚继任太谷知县"劳心抚字"，无暇刻印县志。到乾隆四年（1739），感"自己酉（雍正七年——引者注）迄今，十有余年，未经编辑之事迹，例应增入者不少，爰是参旧校新，酌古准今"，① 又聘辞官返家的进士武一韩增续雍正七年至乾隆四年（1729~1739）之事迹，并发动全县士绅近300人捐资558两刻印县志，② 历数月而刻印完毕。《太谷县志》前后历经康、雍、乾三朝，先后三任知县曾主持其事，51人参与修志，或任纂修，或任参阅，或任校正，或任经理，或任督刊，或任礼房、快手、阴阳生、火夫等服务人员。③ 现将其主要纂修者赵希孔、杜可柱、王廷赞、武一韩、王泽沛简述如下。

赵希孔，直隶宁津人。康熙十一年（1672）任太谷知县，任内修永济桥。

杜可柱，字石臣，号凤麓先生。邑人。明末廪生，乐于孔孟之道而不求闻达，学问渊博，擅长写诗，著有《海艖吟》。该志录其《重修城隍庙碑记》《新建永济桥并河神庙碑记》《赵简沟怀古》《王良道怀古》《过龙泉寺》等诗文。

王廷赞，字又襄。热河（今河北承德）人。康熙五十年（1711）辛卯科举人，雍正七年知太谷县，任内重文教，重建奎光楼。十年（1732）知猗氏县，十二年（1734）升解州知州。该志录其《名宦韩公小传》《名宦贾先生小传》等。

武一韩，字文起，号坦庵。邑人。雍正五年（1727）中丁未科进士，"为举业一宗先正大家，尤长于古文，凡所著作皆讲明经世之务，不屑屑于章句词华"。④ 七年受聘修《太谷县志》。九年至十三年（1731~1735）任直隶宣化府怀安知县，任内"立政务在爱民。甫下车，遍诹疾苦，闻邑有杨木长柴之谣，积年派民输解为累，即申请捐俸代输，民得免于役，并立石示后，至今为惠政。后以便民征收本色被黜"。⑤ "解组后，邑侯王刊前纂志稿，复延公续之，自是键户家居，不与外事，惟教子课孙，与邑诸生论文讲学。"⑥ 该志录有其《处士杜荫祁先生传》《过南山下赵简沟王良道怀古》《柳溪春涨》《松岭秋风》等诗文。

王泽沛，字作霖。顺天府通州（今属北京）人。监生，雍正九年知太谷县。任内重修县署西箭亭、龙王庙，建马神庙，捐俸刻印县志。该志卷首《八景图》附录其诗8首。

四 《太谷县志》编修体例

"方志体例是一地政区范围内古今政治、经济、军事、文化、教育、习俗、人物、奇闻轶

---

① 王廷赞修，武一韩纂，王泽沛增修乾隆《太谷县志》卷首王泽沛《重修太谷县志序》。
② 王廷赞修，武一韩纂，王泽沛增修乾隆《太谷县志》卷末《捐资姓氏》。
③ 王廷赞修，武一韩纂，王泽沛增修乾隆《太谷县志》卷首《修志姓氏》、卷末志馆《办事姓名》。
④ 郭晋修，管粤秀纂乾隆《太谷县志》卷五《宦迹》之"武一韩"，清乾隆六十年刻本。
⑤ 杨大崑修，钱戬曾纂乾隆《怀安县志》卷一九《名宦》之"武一韩"，清乾隆六年刻本。
⑥ 郭晋修，管粤秀纂乾隆《太谷县志》卷七《艺文传》之"怀安名宦武公坦庵传"。

事等情况的表现形式及其原则规范，是方志区别于其他著述的独特标志。……它既是志书内容的体现，又是修志目的的贯彻；既是方志书编纂准则，又是方志特征反映。"① 体例完善与否，对地方志的编纂质量起关键性的作用，体例合适就能起到纲举目张的效果，否则就会使地方志书杂乱无章，难以保证志书的质量。正如清代学者方苞所言："体例不一，犹农之无畔也。博引以为富，而无所折衷，犹耕而弗耨也。且或博焉，或约焉，即各致其美，而于体例已不一矣。"② 一部地方志书，千百万言，出于众人之手，如果没有一定的体例进行约束，势必造成条理混乱，内容重复遗略，资料抵牾，不堪阅读和利用。可见，确定地方志书的体例对于修纂志书极其重要。

清康熙十一年，康熙皇帝接受保和殿大学士卫周祚的建议，准备编纂《一统志》，要求各省编辑通志，并将贾汉复主修的《河南通志》和《陕西通志》作为样本颁布全国。一时间，这种平目体式在康熙方志中流行开来。地处山西晋中的太谷县于康熙十三年启动县志编纂，亦采用这种平目体，"奉宪颁体式纂修"。③ 现将《太谷县志》与《河南通志》《陕西通志》对比如下。

《河南通志》刊刻于顺治十七年（1660），其体例为：卷首凡例、目录；卷一图考；卷二至卷三建置沿革；卷四星野（祥异附）；卷五疆域（形势附）；卷六山川（关津、桥梁附）；卷七风俗；卷八城池（兵御附）；卷九河防；卷一〇封建；卷一一户口；卷一二田赋；卷一三物产；卷一四职官；卷一五公署；卷一六学校（贡院、书院附）；卷一七选举（武勋附）；卷一八祠祀；卷一九陵墓；卷二〇古迹（寺观附）；卷二一帝王（后妃附）；卷二二至卷二四名宦；卷二五至卷二八人物；卷二九孝义；卷三〇列女；卷三一流寓；卷三二隐逸；卷三三仙释；卷三四方伎；卷三五至卷四九艺文；卷五〇杂辨（备遗附）。

《陕西通志》刊印于康熙六年（1667），该志注意文献的考订，其体例为：卷首包括凡例、目录、图考和修志姓氏；卷一星野；卷二疆域（关隘附）；卷三山川（津梁附）；卷四建置沿革；卷五城池；卷六公署；卷七学校；卷八祠祀；卷九贡赋；卷一〇屯田；卷一一水利；卷一二茶法；卷一三盐法（钱法附）；卷一四兵防；卷一五马政（驿传附）；卷一六帝王（后妃、封建、窃据附）；卷一七职官；卷一八名宦；卷一九选举（武宦附）；卷二〇人物；卷二一孝义；卷二二列女；卷二三隐逸；卷二四流寓；卷二五仙释；卷二六风俗（土产附）；卷二七古迹；卷二八陵墓；卷二九寺观；卷三〇祥异；卷三一杂记；卷三二艺文。

《太谷县志》卷首也主要有凡例、目录、修志姓氏和图考，正文分为八卷，包括卷一星野、疆域（关隘附）、山川（津梁附）、建置沿革、城池、公署、学校；卷二祠祀、贡赋（人丁

① 黄苇等：《方志学》，复旦大学出版社，1993，第300~301页。
② 方苞：《与一统志馆诸翰林书》，《望溪先生文集》卷六，咸丰元年刻本，转引自朱士嘉编著《中国旧志名家论选》，北京燕山出版社，1988，第6页。
③ 王廷赞修，武一韩纂，王泽沛增修乾隆《太谷县志》卷首武一韩《太谷县志序》。

附）；卷三屯田、水利、盐法、兵防、马政（驿传附）、职官、名宦；卷四选举、人物、孝义、隐逸；卷五贞烈、仙释、风俗（土产附）、古迹、陵墓、寺观、祥异；卷六至卷八艺文。

通过比较发现，《太谷县志》的目录编排更接近于《陕西通志》，又根据太谷县的特点，有则列之，无则删之。如茶法，太谷不种茶，也无茶税，故删之。帝王、杂记，亦因无相关内容，未列目。卷前凡例 10 条则更具体详细说明志书的具体编修方法及体例等问题，"旧志纲凡九、目五十有奇，今去其纲，概列条则三十"，并在每一目中首卷开篇有简短的小序，说明类目设置的渊源和目的。某些类目之后，还附有"论曰"，对志书所载史实发表议论，寄寓着作者关于地方官治理郡县的治政思想，全志共有"论曰"20 篇。

五 《太谷县志》内容溯源

《太谷县志》四册，八卷，共 382 页内容。正文前内容共 51 页。其中乾隆四年太谷知县王泽沛撰《重修太谷县志序》，5 页，落款后墨印有"王泽沛印""作霖氏"方印；雍正七年太谷知县王廷赞撰《太谷县志叙》，6 页，落款后墨印"王廷赞印""又襄氏"方印；雍正七年赐同进士出身、吏部候选知县邑人武一韩撰《太谷县志序》，5 页，落款后墨印"武一韩印""文起"方印；《太谷县志》凡例 10 则，2 页；《太谷县志》总目列卷一至卷八的一级类目名，共 2 页；"修志姓氏"共 4 页，列三次参与修志人名单，包括其身份、籍贯和姓名。《太谷县志》图 27 页，依次为《天文图》《山河（总）图》《凤凰山图》《凤景山图》《凤翼山图》《大塔山图》《疆域图》《城郭图》《县治图》《学宫图》《八景图》等 18 图。《天文图》下有《参宿图》《井宿图》，《八景图》分别是凤山春色、象水秋波、龙冈烟雨、马陵积雪、古城芳草、吴冢斜阳、松岭朝云、酎泉春水，均由太谷县典史叶鹏扬绘，并附有知县王泽沛所作八景诗，用隶书、篆书、楷书、行书等字体书写。

正文卷一至卷八共 315 页。凡例第一条概述全书编修总原则："志为传信之书，累千百年故实著之于篇，非后之人得以臆为去取。是编纪载，一主旧刻，至国朝事，人征始末，事核有无，各以其类附入。"[1] 全书基本资料来源于旧志，进行考核订正，后增续清朝新事。语言风格"惟求简明，不尚浮夸，衡文一轨醇正"。凡例还针对志书中的"星野""坛壝""选举""诰封""艺文"等类内容编辑进行专门说明。

卷一 39 页，包含《星野》《疆域（关隘附）》《山川（津梁附）》《建置沿革》《城池》《公署》《学校》等七项一级类目内容。凡例云："星野，旧隶于舆地志，今列为条则之一。"[2] 将其单独列一目，这部分内容看似全部注明材料出处，如所引《帝王世纪》《左传》《晋书》

---

① 王廷赞修，武一韩纂，王泽沛增修乾隆《太谷县志》卷首凡例。
② 王廷赞修，武一韩纂，王泽沛增修乾隆《太谷县志》卷首凡例。

《唐天文志》《寰宇通志》等书，实则全部袭自太谷前志。《疆域（关隘附）》较旧志增黑虎关一条史料。《山川（津梁附）》共录太谷县山、岭、河、谷、泉21处，具体记其地理位置，有的还记其名称缘由和与其相关的历史传说、寺观、渠道灌溉。如"酎泉"条："在县南十里，源出凤凰山下，甘冽异常，可以酿酒。泉之上历磴而登，为隆道宫。按《晋阳志》云：'大唐时当里佐命白将军所修香火之地。'残碑剥落不可读。今供佛其中，其下列刹，相望二白果树，大数围，势欲耸霄，泉之别出而为池者，曰'莲花'、曰'栲栳'、曰'圣母'。静若鉴照，人无匿发，轻风感之，作青罗纹纸痕，荇藻纷披，凫鹭唼喋，西湖春，秦淮夏，洞庭秋，骈兼而有之矣。"其资料袭自万历《太谷县志·舆地志·山川》，较旧志增"石马岭""松岭"两条史料。《学校》内分"文庙""先师祭""崇圣宫祭""名宦祠""乡贤祠""祭器""儒学""社学""凤山书院""书籍""学田"等11条，资料大多辑自万历《太谷县志·学校志》。其中"文庙""儒学""社学""凤山书院"4条，记其位置、建筑格局和修筑历史。"先师祭""崇圣宫祭"条，记历朝祭祀礼仪、所祭人物、祭祀时间、用品及祝文。

卷二33页，包括《祠祀》《贡赋（人丁附）》等两项一级类目内容。《祠祀》内设"社稷坛"、"风云雷雨山川坛"、"先农坛"、"邑厉坛"、"乡厉坛"、"城隍庙"、"八蜡庙"、"关帝庙"、"奎光楼"、"清源妙道真君庙"、"文昌祠"、"三灵侯庙"、"狐大夫庙"、"东岳庙"、"西岳庙"、"三官庙"、"碧霞元君庙"、"龙王庙"、"诸葛武侯庙"、"唐太宗庙"、"韩厥庙"、"李靖庙"、"无佞侯庙"、"赵襄子庙"、"真武阁"、"商汤庙"、"孟母庙"、"忠义祠"和"节孝祠"等条，资料主要辑自万历《太谷县志·建置志·坛壝·庙宇》和顺治《太谷县续志》《庙宇》《坛壝》等目。新增先农坛、商汤庙、孟母庙、忠义祠、节孝祠，记其地理位置、修建时间、建筑格局，部分还记有祭祀仪式、祭祀用品和祭文。一级类目《贡赋（人丁附）》包含"田赋""税粮""户口""起运""存留""杂税"等六项二级类目内容。此部分内容主要来自太谷县《赋役全书》等档案文献，为新撰资料，史料价值高。

卷三30页，包括《屯田》《水利》《盐法》《兵防》《马政》《职官》《名宦》等七项一级类目内容。《水利》记县境内酎泉、奄峪河、乌马河、象峪河、咸阳峪河、猪峪河、四卦峪河、马鸣王峪河等河所属各干渠渠道名、渠长名，内容袭自万历《太谷县志·建置志·渠堰》。《屯田》《盐法》《兵防》《马政》等四项一级类目均为新增，但内容较略。《职官》包含"知县""县丞""主簿""典史""教谕""训导"等六项二级类目内容，记至乾隆四年（1739）止，太谷各级官员的设置情况及历任者姓名、籍贯、身份等，惜未载何年任职。《名宦》记殷开山等"名宦"25人，"详其姓氏，识其去来以及其政治之所表见"，[①] 新增乔允升、贾道醇、王自亮3人，未载顺治《太谷县续志》所记戴可进、郝应第2人。

卷四42页，包括《选举》《人物》《孝义》《隐逸》等四项一级类目内容。其中一级类目

---

① 王廷赞修，武一韩纂，王泽沛增修乾隆《太谷县志》卷三《名宦》。

《选举》内设"甲科""乡举""武甲科""武乡科""荐辟""恩拔副岁贡""例贡（附恩荫）""武职""材胥""乡饮"等十项二级类目，记其人名、中哪科、任何职。其中"甲科"中新增吴琠、杜先瀛、武一韩等进士3人；"乡举"中增李可久等24人；"例贡"中减录明赵廷桂等45人，增武兴周等24人；"武职"中增武建烈等5人；"材胥"中增吴承嗣等19人。新设"武甲科""武乡科""乡饮"三项二级类目，记安国等武进士10人，程继周等武举人85人。其中安国中明戊辰科武状元，官拜征西大将军。"乡饮"记述康熙、雍正年间"大宾""介宾""僎宾""农官"、乾隆二年"寿官"人名及雍正十三年县"四合属"（僧会司、道会司、阴阳术、医学训科）"一把手"名字。一级类目《人物》记太谷"忠孝""节义"或以"经术文章传诵"之人48人，内容大多袭自万历《太谷县志》和顺治《太谷县续志》。一级类目《孝义》除录自前志外，新增赵福、武举人牛斗昱妻侯氏、郭民翰、智周万、孟之晋、牛志遴、姜大谟、程凤南、杨钛、杨文德、民人段贵赟妻陈氏等人事迹。一级类目《隐逸》仅记杜亦衍1人。

卷五26页，包括《贞烈》《仙释》《风俗（土产附）》《古迹》《陵墓》《寺观》《祥异》等七项一级类目内容。其中《贞烈》目内容最为详尽，均按朝代分类编排，收录元1人、明8人、清34人。《风俗（土产附）》内容袭自万历《太谷县志·舆地志·风俗》部分内容，《节序》目整体删减。《土产》记有谷属8种、货属5种、果属8种、蔬属12种、木属9种、花属6种、草属7种、药属12种、禽属11种、兽属9种、虫属5种，各物产数量均少于万历《太谷县志·食货志·土产》目，如货属，旧有绫、绢、布、丝、麻、羊毛、羊绒、蜂蜜、黄蜡、靛、香油、麻油、酒、盐、麻鞋15种，该志记录有布、麻、蜂蜜、黄蜡、靛5种。《古迹》《陵墓》《寺观》《祥异》等内容大多袭自前志相关门类。

卷六、卷七、卷八均为《艺文》，其中卷六46页、卷七73页、卷八26页，共145页，几占全书一半篇幅。按文章体裁分类，将事关太谷的文献分成《封诰》《序》《碑记》《详文》《传》《墓志》《祭文》《诗》等八项一级类目。有关太谷艺文，凡例云，"凡有关于邑之事、邑之景、邑之政治、民风，备录之。其有不典不经繁芜耳目者，尚懋置焉"。① 此部分内容中，共录诗文161篇（首），其中收录序1篇、详文3篇、祭文4篇、碑记9篇、传18篇、墓志23篇、诗103首。《碑记》增录杜可柱《重修城隍庙碑记》《新建永济桥并河神庙碑记》以及陈廷敬《重修文庙碑记》。《传》18篇均为新撰，其中县令王廷赞撰有9篇：《名宦韩公小传（知县韩昌谷）》《名宦贾先生小传（贾道醇）》《王县尉小传（王自亮）》《乡贤韩山斗小传（韩宗文）》《孝子牛万青小传》《孝子姜大谟小传》《处士杜荫祁（杜亦衍）小传》《义民程凤南小传》《节孝陈氏小传》。传主均为当时太谷地方廉吏能臣、忠孝节义之人。《封诰》目收

---

① 王廷赞修，武一韩纂，王泽沛增修乾隆《太谷县志》卷首凡例。

录记述明、清邑人受封信息，县志编纂者认为"有明本官特敕外诰封寥寥"，[①] 所以将明朝邑人受封信息录有封诰原文，涉及陈璧、赵体敬、吴承嗣、武兴周、武维周等乡贤。其内容袭自顺治太谷旧志《赃封》《诰敕》等目。延至清朝，皇帝下发给个人的敕诰数量非常多，因此"徒只标封爵，不备录全文，省繁渎也"。[②] 记受封文职 15 人，武职 19 人，记康熙、雍正、乾隆三朝受封赠之名，何时封，封何职（名）。《诗》103 首，其中唐诗 1 首，元诗 3 首，明诗 33 首，清诗 66 首。

《太谷县志》最后附补编 2 页，太谷儒学教谕黄鉴撰《志跋》3 页和候选训导、邑人杜公宝撰《跋》5 页。捐资姓氏、志馆办事姓名 6 页，记捐资姓氏，何人所捐，捐数多少。志馆设在文昌庙，设有礼房、快手、阴阳生、火夫等人。这些对于研究《太谷县志》编修、刊刻过程等均有特殊价值。前已述及，此不赘述。

六 《太谷县志》 的文献价值

《太谷县志》在太谷地方志编修史上占有重要位置，它不仅广泛融合前代《太谷县志》之长处并加以完善，并且对后面的清代四部《太谷县志》有着开拓性的影响，是一部体例规范、承上启下的志书，其文献价值体现在多个方面。

第一，编纂体例远比前志成熟，为之后方志编纂提供了范式。在《太谷县志》编纂时，时存太谷前志为顺治时所修，一函五册，共 12 卷，[③] 卷一至卷一〇为纲目体，列 9 门 66 目：舆地志（沿革、星野、疆域、城池、里甲、山川、形胜、桥梁、风俗、节序、古迹、景致、冢墓），建置志（公署、坛壝、庙宇、寺观、仓储、铺舍、市集、绰楔、堡寨、墩台、器械、渠堰），食货志（田赋、户口、丁役、课程、惠政、土产），学校志（文庙、祭器、乡饮、器皿、儒学、书籍、学田），秩官志（官属、名宦列传），选举志［甲科、乡举、岁贡、例贡（附恩荫）、武职、材谞］，人物志［乡贤列传、荐辟、忠节、孝子（附孝女）、义民、贞烈、耆寿、赃封］，杂述志（灾异、仙释），艺文志（敕诰、奏疏、议、序、记、祭文、墓志铭、诗），记事至万历二十四年（1596）。卷一一为平目体，列 15 目：城池、公署、庙宇、文庙、官属、名宦、乡举、岁贡、武职、乡贤、孝子、贞烈并义妇、赃封、灾异、墓志，载万历二十四年至崇祯十七年（1644）事。卷一二又为纲目体，列 9 门 23 目：舆地志（城池、里甲）；建置志（公署、坛壝、庙宇、仓储、绰楔）；食货志（丁役、课程）；学校志（文庙、儒学）；秩官志（官属、名宦）；选举志（甲科、乡举、岁贡、武职）；人物志（孝子、贞烈并义妇）；杂述志（灾祥）；

---

① 王廷赞修，武一韩纂，王泽沛增修乾隆《太谷县志》卷首凡例。
② 王廷赞修，武一韩纂，王泽沛增修乾隆《太谷县志》卷首凡例。
③ 其中卷一至卷一〇，《中国地方志联合目录》等著录称"（万历）《太谷县志》十卷。万历二十四年刻清顺治九年修锓本"；卷一一、卷一二，"称（顺治）《太谷县续志》二卷"。

艺文志（记、诗），载顺治元年（1644）至十二年（1655）事，"一书而二之体裁"，体例混乱，苟简率略。《太谷县志》编纂时，以"颁雍豫二志为式"，改为平目体，将原先分散各处资料合理归类，"分题汇辑，以便征考"，成八卷三十目，此后清代四部《太谷县志》（乾隆三十年志、乾隆六十年志、咸丰志、光绪志）大体沿用此体例，略有修改。如乾隆三十年《太谷县志》，较该志仅有两条改革，其一，将《屯田》《盐法》附于《田赋》，《兵防》附于《城池》，《寺观》附于《祠祀》；其二，将《孝义》《贞烈》《隐逸》《仙释》归于《人物》内，其他无所变化。无怪乎《续修四库全书总目提要》评价其"全篇一改乔本之旧，而体例内容特加详密，堪称谷志之定本"。①

第二，编纂内容远比旧志丰富，为后人整理研究提供大量真实可靠的历史资料。承上所述，《太谷县志》在史料的编辑上，除各志的小序属于原创外，绝大多数内容来源于太谷前志，在利用前志资料方面，编纂者并非完全照录照抄，而是经过考证，有选择地利用和承袭，对于部分资料注明其出处，保证志书的编修质量。如卷一《山川》"酎泉"条引金朝蔡珪撰《晋阳志》，卷五《古迹》"箕城"条引明乔承诏撰《纲鉴汇编》。如《例贡》目中"明朝"条下就只从万历《太谷县志·选举志·例贡》55人中选录10人，减录赵廷桂等45人。如旧志艺文中的《（元）宣德郎李寿之墓志铭》中，发现李寿之的祖父李迹，"以金国正隆二年，应词赋举，中甲科"，②为金正隆二年（1157）进士。其父李敏修，"明昌五年就选，擢亚魁，迁儒林郎"，③为明昌五年（1194）亚魁。同是艺文中《开河碑记》作者著名为"曹大清，元举人，邑人"。④但李迹、李敏修、曹大清三人均未载入万历《太谷县志·选举志》中。该志在编纂时发现这一遗漏，但为谨慎起见，亦未录入，只在凡例中予以说明："选举志载历代科名，如李迹，金正隆三年（应为二年——引者注）甲科，李敏修，明昌五年亚魁，又元举人曹大清之数人，旧编俱逸焉，今拈出，但以世远，恐讹其谱系，不便补入。"⑤正如其序云："所以为志者，不在虚文，而在核实。"⑥另外，该志除沿用旧志资料外，还增补清顺治十二年至乾隆四年（1655~1739）与太谷有关的史实入志，保证了太谷各方面资料没有断层。如卷二《贡赋》一级类目，为新撰类目，该目详细记载了清代太谷的财政收入和支出，是研究明清时期太谷社会经济史不可多得的资料。收入方面主要是田赋（含折色粮、折色夏秋粮）、丁赋、杂税等项，支出主要是上解起运和存留本地两大项。其中田赋依据田亩的肥沃，分上等水地、中等平地、中次等坡地、下等沙地、下次等碱地、下下等瘠薄地，每条各记其地亩田数、每亩应征粮等数。如："田地原额民田水、平、坡、沙、碱、瘠薄田地共五千八百六十七顷六十三亩四分二

---

① 中国科学院图书馆整理《续修四库全书总目提要（稿本）》第35册，齐鲁书社，1996年影印本，第175页。
② 王廷赞修，武一韩纂，王泽沛增修乾隆《太谷县志》卷七《艺文》之《宣德郎李寿之墓志铭》。
③ 王廷赞修，武一韩纂，王泽沛增修乾隆《太谷县志》卷七《艺文》之《宣德郎李寿之墓志铭》。
④ 王廷赞修，武一韩纂，王泽沛增修乾隆《太谷县志》卷七《艺文》之《开河碑记》。
⑤ 王廷赞修，武一韩纂，王泽沛增修乾隆《太谷县志》卷首凡例。
⑥ 王廷赞修，武一韩纂，王泽沛增修乾隆《太谷县志》卷首王泽沛《重修太谷县志序》。

厘九毫一丝九忽。内上等水地，一十一顷四十七亩五分四厘九毫九丝三忽，每亩征税粮一斗七合；中等平地，一千四十顷七亩七分七厘七毫六丝七忽六微，每亩征税粮七升五合；中次等坡地，八百八十九顷一亩八分五厘七毫三丝，每亩征税粮五升八合八勺；下等沙地，三千五百七十六顷六十二亩八分八厘四毫八丝二忽，每亩征税粮三升八合；下次等碱地，三百二十六顷八十三亩三分八厘二丝四忽，每亩征税粮三升八合；下下等瘠薄地二十三顷五十九亩九分七厘九毫二丝二忽四微，每亩征税粮六合四勺。"太谷上、中等土地占总数不到 20%，中次等及下等地超过总数的 80%，其中，下等沙地占到土地总数 60% 之多。可见太谷当地土地确如序中所云"谷邑地多硗卤钱镈"。丁赋条记"旧额人丁四万五千一百六十二丁，历年编审增减不等。今康熙五十年审编，孳生余丁永不加赋。实在定额人丁三万五千五百三十一丁"。太谷面临"民多而田少"的问题，加之各种赋税加派，县人只能"佐以女红才免逋，数十年来休养生息，民渐殷富，又兼之勤于货殖，庶贡赋易输官斯土者，不至长虑而却顾也"。① 同时，"杂税"条中记太谷征收商花税 328 两多、酒课 44 两、当税 395 两、牙贴税 37 两多、头畜税 28 两多、烟税 4 两多、税契 30 两，商花税和当税占主导地位，说明太谷商业较发达。当然，作为一部志书，该志也存在一些缺点，它没有把前志内容编排上存在的部分问题纠正过来，而是把问题沿袭下来。如《选举》类目中《甲科》小目是按科甲录取时间先后排序，董邵、冀贞吉都是登金皇统（1141~1148）年间中第，陈将、宿观都是登金大定（1161~1189）年间中第，但名单中，董、冀二人却排在陈、宿二人之后。直到乾隆三十年重修《太谷县志》时，才将问题纠正。

第三，编纂目的是弘扬教化，为后任者提供可资参考的治政经验。编修志书的主要目的就是让地方官员能够从当地历史中汲取经验教训，"夫修志者，非示观美，将求其使用也"，② 章学诚认为"史志之书，有裨风教者，原因传述忠孝节义，凛凛烈烈，有声有色，使百世而下，怯者勇生，贪者廉立"。③ 该志卷三《职官》《名宦》，卷四《选举》《人物》《孝义》《隐逸》，卷五《贞烈》，卷七《艺文·传》，都用相当多的篇幅，以纪传体的"列传"书写形式记载太谷县内廉吏能臣、能文尚武之士，记载忠烈节义、乡贤孝子、耆寿烈女事迹，充分发挥本地人物教化民众、激励后进和启发县民热爱桑梓与稳定社会秩序的作用。正如知县王泽沛在卷首《太谷县志序》中所言，"如录节孝，虽穷檐编氓不遗；考艺文，合人心世道者方载；至户口繁庶，人文蔚蒸，科第蝉联，视昔有加，总事求切实，无借铅华，以无负前人仿古作志藏诸政府之遗意。虽不敢谓详略得宜，斟酌尽善，用以赞扬治化，鼓励风俗，其庶几乎！……惟愿后之莅兹土者，睹斯志而重念民物风俗，爱养教诲。俾士人毋丧廉耻，毋忘节义；男毋辍耕，女毋废织；毋勤而忽惰，毋俭而忽奢，即市廛之中，商民错杂，毋游戏狎玩；则谷民始终有陶唐氏

---

① 王廷赞修，武一韩纂，王泽沛增修乾隆《太谷县志》卷二《贡赋》"小序"。
② 章学诚著，仓修良编注《文史通义新编新注》，商务印书馆，2017，第 886 页。
③ 章学诚著，仓修良编注《文史通义新编新注》，第 843 页。

之风，家殷户阜，而乐利无疆之休"。① 并且，还在某些类目志文之后附以"论曰"文字，对本门内容进行收束，点明编纂者的态度和对后世很好地资政、教化的期许。如卷一《山川》后所录"论曰"，阐述了王泽沛注重保护生态环境，议开煤窑，得山林川泽之利的治政之思，他说："吾邑尽童山，盖山民炊爨惟倚樵苏，虽草木之萌蘖亦斧斤之，是以若彼濯濯也。欲草木畅茂，惟有开窑出煤一策耳。今夫煤欲出而未即出者，以居民诎于才力，所以谋虽工，而效颇拙，绩用弗成，无足怪者。苟设科条，董工匠，择窑役，官为之所，百计以求其成，以佐民日用之急，千载之利也。民既有炊爨之资，由是而可仿周礼虞衡之制，各分山界，树标识之，樵采者有禁，不数年而灌莽丛薄，不数年而拱把合抱，深山邃谷，林林总总矣，亦千载之利也。"②

　　总之，哈佛燕京图书馆藏《太谷县志》较为全面地记载了明清太谷的地理、政治、经济、社会、人物、艺文等方面的内容，为其后编修的雍正《山西通志》、乾隆三十年《太谷县志》、乾隆《太原府志》都提供了可资参考的材料，更为当今研究太谷文史提供了宝贵的资料。

---

① 王廷赞修，武一韩纂，王泽沛增修乾隆《太谷县志》卷首王泽沛《重修太谷县志序》。
② 王廷赞修，武一韩纂，王泽沛增修乾隆《太谷县志》卷一《山川》。

韩国国立中央图书馆藏《钦定盛京通志》研究

安大伟

（北京师范大学历史学院）

《盛京通志》共有康熙二十三年本、乾隆元年本、乾隆十三年本和乾隆四十九年本四个版本系统。前两个版本是为配合朝廷纂辑《大清一统志》而由盛京地方官员撰写的，后两个版本是在乾隆帝东巡时敕命重修由中央官员撰写的。

其中以乾隆十三年本《钦定盛京通志》较为稀见，流传不广，鲜为人知。国内辽宁省图书馆、浙江图书馆、南京图书馆、湖南图书馆、台北故宫博物院图书馆、山东大学图书馆等处有收藏。韩国国立中央图书馆藏有一部，编号：古2810-5-215。三十二卷，图一卷，十二册，四周单边，半页10行21字，注双行，上黑鱼尾，每册首页钤有藏书印四方，可知其原为"待春草堂"及"朝鲜学术院"之藏书。但此书并未见于韩国学者全寅初主编的《韩国所藏中国汉籍总目》。

此书有较高的学术价值和版本价值，然而并未引起学界的重视，鲜有利用者。此前虽有三篇文章略及该书的成书时间、编纂背景、体例和政治文化内涵，[①] 但没有对其具体内容进行研究。故本文对此书的作者、编修、史料价值、编纂思想、按语等方面进行考论，对研究清代东北方志、东北史、官修史书均有一定价值。

一 汪由敦与《钦定盛京通志》的编修

乾隆十三年本《钦定盛京通志》是清高宗首次东巡途中敕命编撰的，在军机大臣汪由敦主

---

① 陈加：《盛京通志纂修考》，《图书馆学刊》1980年第3期；郑永昌：《百年变迁：清初〈盛京通志〉的编纂及其内容探析》，（台北）《故宫学术季刊》第33卷第2期，2015；张一弛、刘凤云：《清代"大一统"政治文化的构建——以〈盛京通志〉的纂修与传播为例》，《中国人民大学学报》2018年第6期。

持下于方略馆中纂办，由武英殿刊印。此书在乾隆元年本《盛京通志》基础上续修而成，并为初修《大清一统志》时所借鉴。

（一）领修者汪由敦

汪由敦（1692~1758），安徽休宁人，字师茗，号谨堂，又号松泉居士。雍正二年（1724）进士，乾隆元年（1736）入值南书房，授内阁学士，乾隆十一年（1746）以刑部尚书兼署都察院左都御史，入值军机处。官至吏部尚书，谥文端。汪氏不仅位高权重，在书法、经学、史学、文学方面均有造诣。史学方面，主持、参与编纂了《资治通鉴纲目三编》《平定准噶尔方略》《平定金川方略》《盘山志》《钦定盛京通志》《明史》《大清一统志》等。"久直内廷，参与机密，宸章宣示皆先睹高深，凡有撰进并于燕见从容，时承指授，故能仰籍圣训，窥见著作之渊源。"① 著有《松泉集》，为其门生赵翼于乾隆四十三年（1778）校勘刻成，后补入《四库全书》，张秀玉、陈才整理本由黄山书社于 2016 年 3 月出版。因其曾于乾隆十九年（1754）扈从高宗谒陵及巡幸盛京，途中作诗文 90 余篇。这些诗文是研究清帝东巡及清代东北地区山川、古迹、物产、风俗等方面的重要资料，收录于《松泉集》中，应引起研究者的注意。张秀玉、陈才整理本搜集汪氏之诗文虽勤，但难免有挂漏之处，如乾隆四十九年本《钦定盛京通志·国朝艺文九》载《恭和御制七月五日东巡启跸元韵》② 不见于整理本。

（二）《钦定盛京通志》的编修

乾隆八年（1743）高宗首次东巡盛京时"特命重修"《盛京通志》。③ 汪由敦在《恭进〈盛京通志〉表》中言"前朝之旧志虽存，既嫌荒略；昭代之成书俱在，复涉烦讹。爰降明纶，重修善本。期体裁之简当，载笔甚严；约部分于整齐，操觚特慎。发凡起例，规模悉禀乎睿裁；别类分门，摭采尽衷于钦定"④。明修之《辽东志》、清雍正年间修之《盛京通志》，或"荒略"或"烦讹"，因此汪由敦等人"今因前志，删烦订讹，厘其次第，补其缺逸，并省卷帙，使无复杂"⑤。以乾隆元年本《盛京通志》为蓝本，在此基础上删繁就简、订讹补阙、续补增修而成。

清代方略馆不仅负责编修方略，"亦有他书奉旨交辑者，均率在馆人员承办"⑥。《方略馆书籍簿》"汉字书籍"中载有"《盛京通志》，计十二本"，⑦ 故此书应为时任军机大臣的汪由敦

---

① 汪由敦：《松泉集》，张秀玉、陈才校点，黄山书社，2016，第 1205 页，文渊阁《四库全书》本《松泉集》书前提要。
② 阿桂等：《钦定盛京通志》，辽海出版社，1997，第 1841 页。
③ 鄂尔泰等编《国朝宫史》，左步青校点，北京古籍出版社，1987，第 600 页。
④ 汪由敦：《松泉集》，第 642 页。
⑤ 汪由敦等：《钦定盛京通志》，韩国国立中央图书馆藏乾隆十三年刻本，凡例，一。
⑥ 梁章钜、朱智：《枢垣记略》，何英芳点校，中华书局，1984，第 155 页。
⑦ 《方略馆书籍簿》，《国家图书馆藏稀见书目书志丛刊》，国家图书馆出版社，2017，第 507 页。

领修，在方略馆纂办，"利用乾隆初年由朝廷纂修、保存在北京的政典、史书修成"。①

乾隆十二年六月间，武英殿修书处咨文内阁典籍厅："查得从前一统志馆交来刊刻《大清一统志》书内有盛京省志书，自乾隆十二年五月间曾经撤回，至今并未交来。今本处业将十七省、外藩五路志书俱刷印完竣，专候盛京省志书办理进呈。"② 汪由敦主修的《钦定盛京通志》所记内容的时间下限在乾隆十二年，而恰恰此年一统志馆将雍正年间编修的《盛京通志》撤回，正是为了借鉴新的版本。

"乾隆十六年才是初修《大清一统志》刊刻完成的真正时间，并于该年颁发地方。"③ 笔者将初修本《大清一统志·盛京统部》④ 与乾隆十三年本《钦定盛京通志》相比较，《大清一统志》中有《盛京统部表》《奉天府表》《锦州府表》，《古迹》义州徒河故城、鲜卑故庭、大棘城，黑龙江龙眉宫、冷陉，《流寓》宋皓等多处均为乾隆元年本⑤所无，而因袭借鉴乾隆十三年本痕迹明显。《山川》中地名名称均从乾隆十三年本，而非乾隆元年本，如复州的"德立山"，元年本作"得利山"，吉林乌喇的"衣努山"，元年本作"倚弩山"，等等。

二 乾隆十三年本《钦定盛京通志》 的史料价值

本书的史料价值主要体现在两方面：一是对乾隆元年本《盛京通志》内容的增补，既充实完善了前志，又有不少超出后志（乾隆四十九年本）的内容；二是对乾隆元年至十二年东北史事的续记，成为现今研究此期间东北史之一手资料。此外，《四库全书总目》对本书的介绍存在错误，今予以纠正。

（一）对前志缺略之处的增补

乾隆十三年本对乾隆元年本《盛京通志》所漏而未载或记之不详之处，做了很多重要补充。如《圣制》中增补了《太祖高皇帝圣训》《太宗文皇帝圣训》，康熙十年的《上谕礼部》《谕侍臣等》《谕守陵总管副总管等》，雍正年间《谕领侍卫内大臣等》《谕工部》《谕盛京将军等》《谕礼部兵部刑部》《谕兵部》《谕户部》，七篇《谕内阁》及雍正帝御制诗九首。

《建制沿革》记锦县补充了北魏和隋朝的沿革演变。《学校》中补充奉天府岁试、科试名额、雍正十年盛京三旗添设官学生人数。《选举》中增加金朝进士魏璠。《山川》中补充吉林乌

① 张一弛、刘凤云：《清代"大一统"政治文化的构建——以〈盛京通志〉的纂修与传播为例》，《中国人民大学学报》2018 年第 6 期。
② 内阁大库档案，登录号：240462，转引自王大文《文献编纂与"大一统"观念：〈大清一统志〉研究》，方志出版社，2016，第 208 页。
③ 王大文：《文献编纂与"大一统"观念：〈大清一统志〉研究》，第 209 页。
④ 蒋廷锡、王安国等纂《大清一统志》，道光二十九年薛子瑜木活字印本，哈佛大学哈佛燕京图书馆藏，HOLLIS 编号：990080859280203941。
⑤ 吕耀曾等纂《盛京通志》，国家图书馆藏乾隆元年刻本，编号：312001075763。

喇的长白山、呼伦布雨尔的木叶山、青城山。《古迹》中增补承德县古奥娄河、东牟山、渤错水、辽阳州京观、马首山、金东京、沓渚、蓣芋淶，海城县辽泽，盖平县汉昌辽城、元菟亭、开原县古黄龙塞，铁岭县汉牧师宫，宁海县苍岩城，锦县孤竹城、令支城、令氏亭、龙城、和龙宫、白雀园、景云山、逍遥宫、甘露殿、曲光海、清凉池、古大人城、五柳戌，宁远州高丽长城、桃花岛，广宁县紫蒙成、人皇王影殿、明辽王故宫，义州徒河故城、鲜卑故庭、大棘城、辽中京、金北京、松陉、金甸，吉林乌喇得胜陀，黑龙江龙眉宫、冷陉。《陵墓》增补金辉陵、永陵、定陵、乔陵。《人物》中增加明朝李如松。《流寓》中增补晋朝逄羡、朱左车、刘瓒，五代张砺、胡峤，宋代洪皓。《仙释》中增加东汉帛合。《本朝人物》所记清朝开国功臣141人的传记，有详有略，为摘录官修《功臣传》《八旗通志初集·名臣列传》而成。

《艺文》中增补之诗文有80多篇。值得注意的是，其中有半数没有出现在乾隆四十九年本中，如《出山海关二首》、《首山》、《医巫闾山登览》、《澄海楼观海》、《次锦州》、《觉华岛》、《广宁斋居使院遥望北镇十二韵》、《扈从登澄海楼观海》、《一片石》（张玉书作）、《澄海楼》（孙在丰作）、《大凌河》（孙在丰作）、《十三山》、《一片石》（孙在丰作）、《观海》、《浴金汤温泉》、《威远堡朝驾恭赋》、《恭和御制山海关诗》、《澄海楼》（汤右曾作）、《前卫》、《医巫闾山》、《谷贱行》、《马厂行》、《中秋宁远道中》、《十三山顶》、《望觉华桃花二岛》、《登角山寺》、《留别多士》、《晚入辉山过莲花泊》、《大凌河》（夸岱作）、《沈阳》、《松山歌》、《乐府十章》。不论当时修志者是有意弃之还是无意漏掉，这些诗文对我们今天研究清前期东北史都有重要价值，由此可见，虽然乾隆四十九年130卷本《钦定盛京通志》是该书诸本中内容最丰富的，但从史料价值上看，仍不能完全取代前面几个版本。

（二）对乾隆元年至十二年东北史事的续载

乾隆元年本《盛京通志》记事止于雍正十三年，而乾隆十三年本《钦定盛京通志》续记了乾隆元年至乾隆十二年的史实。如《御制》一门为乾隆帝御制敕谕、诗文汇编（其中雍正十三年八月十七日《谕总理事务王大臣》一篇亦不见于前志）。《宫殿》记载了乾隆十一年（1746）至乾隆十二年（1747）盛京故宫增建的建筑，在卷首《宫阙图》中得以清晰呈现，而替换了前志的《宫阙图》。《职官》《山陵》中记载了乾隆初期东北三将军，盛京五部、御史、内务府，关外三陵设官的实际情况，以及乾隆元年至十二年任职的奉天将军、副都统、统领，盛京五部侍郎、御史，奉天府及锦州府自府尹以下官员，共计227人。《祠祀》中增补了乾隆十二年新建的锦县周将军祠。《官署》中记分防九官台管边同知公署"今裁罢"。①《选举》中续记了乾隆初期的进士、举人。《兵防》中记载了乾隆年间东北三将军辖区各地驻防、边门的武职的实际情况和士兵数目，以及各边门设置的地点、时间。《孝义》记清朝王瓒。《列女》记清朝八旗

---

① 汪由敦等：《钦定盛京通志》，卷一五，十七。

节妇赛都妻图墨齐氏等 620 人，奉天府所属节妇刘天禄妻崔氏等 31 人，锦州府所属节妇朱学诚妻王氏等 62 人。"雍正五年于境内增设永吉州，隶奉天府，乾隆十二年裁"，① "雍正五年于境内增设长宁县，隶奉天府，乾隆元年裁"，② 故永吉州、白都讷在新志各门中从奉天府中析出。以上均是研究清乾隆元年至十二年东北史的一手资料。

《四库全书总目》载"旧有志书三十二卷，经营草创，叙述未详。因命补正其书，定为此本……《关隘》《户口》《田赋》《职官》《学校》《官署》《选举》《兵防》八门，旧本所载止于乾隆八年，今并按年续载"。③ 乾隆四十九年本《钦定盛京通志》是在乾隆十三年本基础上续修而成，基本沿袭了前者的类目和内容并加以扩充，但乾隆十三年本《选举》《兵防》《职官》三门所载并非"止于乾隆八年"。《选举》记进士包含乾隆乙丑科，此年为乾隆十年（1745）。记举人包含乾隆甲子科，此年为乾隆九年（1744）；乾隆丁卯科，此年为乾隆十二年（1747）。《兵防》兴京、东京、牛庄、熊岳、复州、岫岩、金州、广宁等地驻防，凤凰城、法库、彰武台、清河、白土厂、九关台、松岭、梨树沟、白石嘴、鸣木塘等边门，均载乾隆十一年（1746）兵丁数额。《职官》奉天将军、副都统、统领，盛京五部侍郎、御史，奉天府及锦州府自府尹以下官员亦多有任职于乾隆九年至十二年者。

三 乾隆十三年本《钦定盛京通志》 的编纂思想

乾隆十三年本《钦定盛京通志》的学术价值不但体现在史料价值，还体现在方志学价值上。其本身包含了修志者丰富的方志编纂思想，大致有简严精核、志乃史书、首崇满洲、理学教化四个方面。这也正是此书的一大特点。

（一）简严精核

正如凡例中所言，"为卷太多，则失之冗复"，"盖成一书，欲其传信而垂后，则必简严精核，卷帙自不在多，今□烦约要，凡三十有二卷云"。④

首先，修志者对志书体例进行了调整。删去前志《苑囿》（牧政附），采其事附《职官》《兵防》；删去《陵墓》，其可考者载入《古迹》；删去《帝王》一门；删去《星野》所附祥异，择宜记者入于《杂志》。合《京城》《坛庙》《山陵》《宫殿》四门为一卷；合《隐逸》《流寓》《方伎》《仙释》四门为一卷；合《风俗》《物产》《杂志》三门为一卷；合《星土》《建制沿革》《形胜疆域》三门为一卷；合《祠祀》《古迹》二门为一卷；合《关隘》《驿站》

---

① 汪由敦等：《钦定盛京通志》，卷九，十九。
② 汪由敦等：《钦定盛京通志》，卷九，二十四。
③ 永瑢等：《四库全书总目》，中华书局，1965，第 605 页。
④ 汪由敦等：《钦定盛京通志》，凡例，四。

二门为一卷名《关隘》，并以《津梁》《铺递》附之。将内容相近的门类合为一卷，大有平目体向纲目体过渡的趋势。因为至清乾隆年间，随着志书记载内容不断增加，通志采取细目并列的体裁，略显杂芜、头绪纷繁，不如纲目体分纲列目，纲举目张，眉目清楚。然而这一优点没有为后来的乾隆四十九年本《钦定盛京通志》所继承。

其次，对前志内容多有删汰。如《圣制》中删掉《平定朔漠告成太学碑》《御制训饬士子文》《圣祖仁皇帝亲政诏》《谕老农》等与盛京地区并不直接相关的御制文 20 余篇。《选举》中乡试会试同一科而重复记载者合并为一。《古迹》中辽金诸军州、《物产》中肖翘之属均删之。《名宦》中"非有功德应祀典者，则汰去之"，① 总之，"志内人物凡不应载与不必载者，俱不得滥登"。② 乾隆元年本《盛京通志》共 48 卷，如上文所述，乾隆十三年本《钦定盛京通志》已经补充了很多前志未载的内容，却也只有 32 卷，可知其记载之简约。方志"依其详略不同，大体可分为尚繁、尚简两种类型"，③ 这部志书应属尚简派。

但编修中删汰不当的现象也很明显，如《圣制》中遗漏《谕将军巴海副都统萨布苏瓦里虎等》，《艺文》中遗漏《太宗辽城望月诗》等 50 余篇诗文。《孝义》《名宦》《人物》《流寓》《祠祀》《选举》诸门均有应载而未载的人物，尤其《本朝人物》中凡其人其事在清入关以后者皆不载，这种做法很不合理。

（二）志乃史书

《钦定盛京通志》中多次提及方志乃史书，反映了当时官方对方志的认识。如"郡国之牒，固与史例同"、④ "郡国有志，与史相表里"。⑤ "《史通》云：史氏其流有十……若夫盛京者，兼此十体。"⑥ 在体裁、体例、内容三方面，修志者都认为方志是史书的一类。

另外，乾隆十三年本在东北方志编纂史上首创《建制沿革表》，"今考历代地舆所属，与其所以因仍建革者，以为之表，古今大凡可指次而得云"。⑦ 使用"表"来展现历代建制沿革，突显出"通志"之"通"，不仅包含通载一方史事的空间观念，还包含着"通古今之变"的时间观念，可见史学思想、史书体例对方志编纂的重要影响。

（三）首崇满洲

自入主中原以来，随着满汉民族交融的加深，满人对满洲族群自身的认同出现了危机，直

---

① 汪由敦等：《钦定盛京通志》，凡例，三。
② 汪由敦等：《钦定盛京通志》，凡例，三。
③ 黄苇等：《方志学》，复旦大学出版社，1993，第 346 页。
④ 汪由敦等：《钦定盛京通志》，卷二一上，一。
⑤ 汪由敦等：《钦定盛京通志》，凡例，一。
⑥ 汪由敦等：《钦定盛京通志》，凡例，五。
⑦ 汪由敦等：《钦定盛京通志》，卷六，六。

接的表现就是"国语骑射"技能逐渐丧失。正因如此,乾隆年间皇帝东巡、封禁东北、营建盛京陪都、编修满族史书、发动禁书文字狱等,无一不是统治者强化"满洲认同"的重要举措。方志多为本地人记本地事,而从这个版本开始,《盛京通志》的修纂权由地方收归中央,且书名加"钦定"二字,体现出官方对盛京地区历史记载的严格把控。

《本朝人物》小序言:"帝王之兴,豪杰景从,斯功名腾踔之会也。太祖太宗始廓东夏,左右先后与夫师武臣,翊运奏功,材猷至众,简载莫罄焉。"① 本门只记载为清朝建立重要功勋的开国功臣。东北是清朝的发祥地,《钦定盛京通志》中以较大篇幅追述清入关前先祖勋烈创业之艰辛,其目的一是强化"满洲认同",慎终追远,唤起满族共同的历史记忆,增强本民族凝聚力;二是牢牢掌控明清易代史事的话语权,这也是统治者构筑政权合法性的一种政治文化策略;三是激励后代八旗子孙,继承关外时期祖宗们的尚武精神。②

《建制沿革》小序言"本朝受天命,造东夏,遂即沈阳以营京邑"。③《职官》小序言"留都地重体尊,宜立卿尹、树百司,东郊申保厘之文,留守严北京之任,仪制既崇,班僚咸备,重根本,翼皇图,道固然矣"。④《形胜疆域》载盛京"诚帝业之根本,留守之雄都矣"。⑤ 新设《兵防》一门,将前志《职官》中都统以下武职、《关隘》中"战船""粮船"部分俱载于此,"国家宁古塔、黑龙江将军之设,非独善因前典而重肩叠戾。盛京之势愈安磐石,永万年而晏然者也"。⑥ 以上均为"满洲根本"的统治思想在《钦定盛京通志》中的直接体现。

此外,乾隆初期续修《盛京通志》,有意识地对前志地名进行改译,将俗字一律改为雅字。如《城池》中吉林乌喇的"虎脊城"改写为"呼济城",宁古塔的"飞腰城"改写为"费由城",《山川》凤凰城的"刷颜坡"改写为"苏瓦延坡",吉林乌喇的"一把单河"改写为"衣巴丹河",等等。这不仅是规范满语译名,摆脱翻译随意混乱的问题,同时也是通过方志编修消除"华夷之辨",巩固满洲贵族统治的需要。

(四)理学教化

"乾隆帝在史书编纂中,极为重视贯穿伦理纲常的准则",⑦ 强调忠君观念是乾隆朝官修史书的重要指导思想。方志具有教化的功能,而在中国传统社会的后期,这种教化主要是理学教化,集中体现在方志的《忠节》《孝义》《列女》等门中。乾隆十三年本《钦定盛京通志》大

---

① 汪由敦等:《钦定盛京通志》,卷二一上,一。
② 郑永昌:《百年变迁:清初〈盛京通志〉的编纂及其内容探析》,(台北)《故宫学术季刊》第33卷第2期,2015。
③ 汪由敦等:《钦定盛京通志》,卷六,六。
④ 汪由敦等:《钦定盛京通志》,卷一三,一。
⑤ 汪由敦等:《钦定盛京通志》,卷六,二十九。
⑥ 汪由敦等:《钦定盛京通志》,卷一七,十五。
⑦ 黄爱平:《清乾隆朝官修史书考论》,《安徽史学》2016年第3期。

大增加了《列女》的篇幅，"本朝黎庄、卫姜之节往往尤众，斯感被王化而鼓舞兴起以致然者欤"，① 胪列列女姓氏之人数比前志多700余人。又新设《忠节》一门，"采《人物》《孝义》二门并翻诸史有应入《忠节》《文学》者为补成之"，② 共记114人。《忠节》小序载"《传》曰：忠为德首，春秋之法必旌焉，以为后劝也。循而蹈之，君子所以表事君之节，致命遂志，见难无惑，毅然丈夫也"。③ 希冀通过风励臣节，倡导忠君、扶植纲常、纯正风俗，强化大一统中央集权。因此纂修方志，其实也是统治者控制意识形态的一种手段。

四　乾隆十三年本《钦定盛京通志》 按语研究

除丰富的方志编纂思想外，乾隆十三年本《钦定盛京通志》中按语颇多，"各门条内有应疏析者，即附诸条之后，加'按'字以别之"。④ 通过按语的形式对正文进行补充说明，对删汰、调整前志内容进行解释，对志书中职官、人名、地名进行考证，集中体现了方志的学术价值，是为此书的第二大特点。因此，不能仅将方志视为地方资料的汇编，它本身也包含了对地方具体问题的研究。

（一） 对正文的补充

本书按语对正文所记内容做进一步补充说明，其本身也具有一定的资料性。如《忠节》记完颜娄室，"按金有三娄室，皆内族。时以其名同，以长幼别之。战死者，大娄室也"。⑤ 《祠祀》记宁远州贞女祠，按语引用《琴曲·崩城操》和文天祥楹联，补充了有关孟姜女的传说。《古迹》记广宁县无虑故县，引用《职方解》《淮南子》二书，补充"医巫闾"尚有"无闾""医母闾"之别名。记宁古塔临漪亭，"考《金史》正隆时海陵尽没宫庙、平其址，大定二十一年世宗修复之"。⑥ 《古迹》一门最末，参考了《辽史·地理志》，以大段按语补充了原辽上京临潢府的古迹。

（二） 对删汰、调整前志内容的解释

本书在编修过程中，对前志记载或归类不当之处加以删汰、调整，而具体原因多在按语中加以解释。如《列女》中指出孟姜女、赵苞母等人"非辽人，亦其不必载者也。若从父于戍所

---

① 汪由敦等：《钦定盛京通志》，卷二四，一。
② 汪由敦等：《钦定盛京通志》，凡例，三。
③ 汪由敦等：《钦定盛京通志》，卷二二，一。
④ 汪由敦等：《钦定盛京通志》，凡例，五。
⑤ 汪由敦等：《钦定盛京通志》，卷二二，六。
⑥ 汪由敦等：《钦定盛京通志》，卷二五，三十六。

且嫁于其地，遂或本固始六安、浙人，而已为辽之人矣，故去彼存此"。① 《名宦》中记汉代名宦，"考后汉李膺、张奂、皇甫规诸传皆拜度辽将军，而实未尝到辽东"，② 故不再列入。记隋唐名宦，"宜以带辽东某道总管、某州刺史者为真，其余从征高丽诸将帅不当掺入，并汰去之"。③ 《祠祀》最末记"今翻旧籍，其祠坛惟合祭法者志之；寺观为前代所建与本朝敕建及常修葺者志之。自外如三官七圣与某堂某庵等琐屑至多，概从屏汰"。④ 《选举》中也在按语中解释了删去王闳、贺士咨、沈文奎的原因。《隐逸》中金朝李经、《方伎》中辽朝耶律题子，从前志《人物》移入。《古迹》中晦寮城前志列于黑龙江，移入吉林乌喇。九连城前志列于永吉州，移入凤凰城。均在按语中说明。

（三）对职官、人名、地名的考证

本书参考了多种史书，又运用了小学的手段，在按语中辨析了前志记载之谬误，考证精审。如《名宦》记汉代名宦之后，在按语中考证了"度辽将军"官名的含义，"其曰'度辽'者，宋刘恕云'辽'训'远'，谓度绝远以征伐也"，⑤ 指出"度辽将军"并非一定任职于辽东。《仙释》中记帛和，参考《水经注》《神仙传》等书，辨别"旧志作白仲理，误甚"。⑥ 《陵墓》中考证古李王墓为李尽忠墓，大王墓为渤海大氏墓。

《建制沿革》中参考《尚书·禹贡》，认为辽东在夏朝时为冀州之地，而非前史所载之青州。参考《汉书·地理志》等文献证明兴京、奉天为"汉时辽东、乐浪、元菟三郡间地耳，旧志往往以属于古息慎、沃沮诸国恐不然也"以及"三韩当在海岛间，非今辽东域内。旧志误相承述，而辽人又往往自称三韩"。⑦ 《流寓》记五代胡峤"前志作'居复州'，误，今考史本福州也，为改正之"。⑧ 《山川》记金水河"按辽上京有金粟河，金水或即此"。⑨ 《山川》一门最末按语，通过《后汉书》考证前志"小水为水名，误矣"。⑩ 《古迹》记盖平县盖牟城，按语引用《汉书》证明"唐时盖牟城，正汉时西盖马也，牟、马音近，故易讹耳"。⑪ 熊岳城，"按新旧《唐书》薛仁贵本传与温沙门战横山"，而非前志所载"熊山"。⑫ 记开原县花露台，为汉时

① 汪由敦等：《钦定盛京通志》，卷二四，九。
② 汪由敦等：《钦定盛京通志》，卷一八，六。
③ 汪由敦等：《钦定盛京通志》，卷一八，十一。
④ 汪由敦等：《钦定盛京通志》，卷二五，二十四。
⑤ 汪由敦等：《钦定盛京通志》，卷一八，六。
⑥ 汪由敦等：《钦定盛京通志》，卷二三，十三。
⑦ 汪由敦等：《钦定盛京通志》，卷六，二十八。
⑧ 汪由敦等：《钦定盛京通志》，卷二三，七。
⑨ 汪由敦等：《钦定盛京通志》，卷八，七十六。
⑩ 汪由敦等：《钦定盛京通志》，卷八，七十七。
⑪ 汪由敦等：《钦定盛京通志》，卷二五，二十九。
⑫ 汪由敦等：《钦定盛京通志》，卷二五，三十。

"华丽县遗址，露、丽者音近，遂致误"。① 记广宁县誓台，"考《唐书》太宗大飨士幽州之南使长孙无忌誓师，而广宁乃营州也，则誓师不应在此"。②

结　语

　　乾隆十三年本《钦定盛京通志》是一部珍贵的清代东北方志，尚未影印出版，也较少为学者所注意。它是在清高宗东巡途中敕命重修，由军机大臣汪由敦主持，在方略馆中纂办，武英殿刊印的，具有重要的史料价值和方志学价值，也是《盛京通志》编修过程中承上启下的重要一环。与前志相比，乾隆十三年本《钦定盛京通志》不仅意欲彰显陪都盛京的尊崇地位，更要通过修志增强"满洲认同"，巩固清朝统治。故本书值得东北史、方志学、清史学者关注并利用。

---

① 汪由敦等：《钦定盛京通志》，卷二五，三十。
② 汪由敦等：《钦定盛京通志》，卷二五，三十四。

论魏源《海国图志》对传统方志的继承和创新

魏源《海国图志》被誉为近代中国"开眼看世界"的代表性著作，更因其"师夷长技以制夷"的思想而获得高度评价。陈胜粦说，魏源是"标志着古老的中国，力图以独立的地位，开始走向世界，走向近代与'近代世界'建立正常联系的大里程碑式的人物"，是"鸦片战争前后中国社会思潮从中世纪开始走向近代的'转型'的界标"，是将这一时期"中国社会思潮不断推向前进的最全面的代表"。[①]《海国图志》传至日本后一再重印，对日本明治维新产生了较大影响。20世纪80年代，《海国图志》引起国内学界广泛关注，不同领域的学者分别从政治学、经济学、地理学、历史学、哲学、文化观、教育思想、军事思想等视角进行深入研究，发表了不少成果。然而，方志界却未关注这部以"志"冠名的著述。笔者以为，这部在思想史上产生空前影响的志类著述，值得我们从方志学的角度进行研究，以期对于当下激发传统方志的新活力有所启示。

一　《海国图志》继承了传统方志诸体并用的体裁优势

《海国图志》50卷于1844年发行，之后经两次修订补充，1847年扩至60卷，1852年再扩至100卷共88万字的鸿篇巨制。地图工作者认为《海国图志》是"中国近代第一本自编世界地图集"，[②]是"中国近代自编世界地图集的里程碑"，[③]称魏源为地理学家。[④]《海国图志》集

---

① 陈胜粦：《论魏源的历史定位——鸦片战争前后中国社会思潮转型的界标》，《船山学刊》1994年第2期。
② 钮仲勋：《海国图志对中国古代地图发展的贡献》，《中国古代地图集（清代）》，文物出版社，1997，第138~139页。
③ 廖克、喻沧：《中国近现代地图学史》，山东教育出版社，2008，第106~107页。
④ 鞠继武：《清代地理学家魏源及其〈海国图志〉——纪念魏源诞生200周年》，《地理研究》1994年第1期。

以往各种世界地图之大成，在地图学上确有里程碑意义。然而，仅将其定位为"地图集"，则与魏源的编纂初衷相去甚远，与《海国图志》的实际内容也不相符。无论从著述形式还是记述内容来看，《海国图志》都是中国近代社会转型背景下传统方志的创新力作。

首先，从著述形式来看。《海国图志》100卷本的框架结构及体裁应用情况如下。卷一至卷二为述论。包括《筹海篇一·议守上》《筹海篇二·议守下》《筹海篇三·议战》《筹海篇四·议款》。阐述"以夷攻夷""以夷款夷""师夷长技以制夷"的思想。卷三至卷四为地图。包括8组地图，分别为海国沿革图、汉魏唐西域沿革图、元代疆域图、地球正背面全图、亚细亚州各国图①、利未亚州各国图②、欧罗巴州各国图③、亚墨利加州各国图④，共计75幅地图，分别展示了全球四大洋、五大洲，以及当时已经出现的所有国家的位置及其空间格局。卷五至卷七〇为志。除了卷二五记述伊斯兰教及天方教、卷二七记述天主教之外，均为分区域记述各大洋、各大洲国家或区域的概况，所记内容涉及各国的地理、历史、政治、经济、军事、文化、风俗等。卷七一至卷七三为表。包括南洋西洋各国教门表、中国西洋历法异同表、中国西洋纪年通表，分别介绍了各地不同的宗教、历法、纪年等。卷七四至卷一〇〇为录。辑录各种文献资料。其中卷七四至卷七六为"国地总论"篇，辑录有关地理的文献，如艾儒略《五大洲图解》、南怀仁《坤舆图说》、玛吉士《地球总论》等。卷七七至卷八〇为"筹海总论"，辑录有关夷情海防的奏疏和规章，如《禀夷船克制之法》《陈天津御夷情形疏》等。卷八一至卷八三为"夷情备采"，辑录关于外交和各国律例的资料，包括《澳门月报》《华事夷言》《滑达尔各国律例》等。卷八四至卷九五为关于制造西式武器装备的奏疏汇编，以及介绍西方战船、火炮、水雷等武器装备制作方法的文献汇编。卷九六至卷一〇〇为"地球天文合论"，辑录关于地理和天文的文献，如《纬经二度论》《地球时刻表》《西洋历法缘起》等。

由上可见，《海国图志》采用了述论、志、图、表、录等各种体裁综合运用的著述形式，而这种著述形式，正是传统方志的经典体例。传统方志体例于宋代成熟后，以志为主，图、表、录、传、述论兼用，代代相传。从框架结构和体裁来看，《海国图志》卷一至卷二为"述论"，卷数占全志的2%；卷三至卷四为"图"，卷数占全志的2%；卷五至卷七〇为"志"，卷数占全志的66%；卷七一至卷七三为"表"，卷数占全志的3%；卷七四至卷一〇〇为"录"，卷数占全志的27%。总体来说，《海国图志》以"志"为主，前有述论和图，后有表和录，基本继承了中国传统方志的综合各种体裁的著述形式。

其次，从记述内容来看。梁启超称方志为"一方之全史"，当代人誉方志为"地方百科全书"。朱士嘉说，传统方志所记内容，"不外地理之沿革，疆域之广袤，政治之消长，经济之隆

---

① 亚细亚州：今亚洲。
② 利未亚州：今非洲。
③ 欧罗巴州：今欧洲。
④ 亚墨利加州：今北美洲、南美洲。

替，风俗之良窳，教育之盛衰，交通之修阻，与遗献之多寡"，① 都强调了方志所记内容广博，包罗万象。《海国图志》涉及有关国家的地理、沿革、政治、经济、物产、风土人情、宗教等方面，与方志全面反映地情的编写原则相同。如，对于当时对中国威胁最大的英国，《海国图志》"英吉利国总记"篇大体勾勒出英国基本架构，包括职官、军伍、政事、王宫岁月、杂记（介绍方位、面积、地形及金融、交通运输、图书馆、物产、机器生产等）；"英吉利广述"分上、中、下3篇，介绍了英国的地理方位、山川河流、土地面积、行政区划和首都、气候、物产、农业、工业、航运、贸易、王室、议会选举、军事、教育及职业、新闻出版、种族、服饰、语言文字、饮食习惯、宗教、婚姻、礼仪、社会等级、各地风情等，可谓无所不载。对其他国家或区域的介绍虽详略不一，但大都涉及面很广。从内容来看，《海国图志》与方志"一方之全史"和"地方百科全书"颇为相似。

再次，名为图志，实为方志，对于方志来说是一种常见现象。早期方志以图为主，主要记山川、土地、人口、贡赋等，文字的分量还不是很大，内容还不是很广泛，故多称"图志"或"图经"。宋以后，方志记述内容拓展，更多地涉及建置、艺文、人物、习俗、文物等，文字篇幅增加，图在全志中所占比重减少，遂称"志"而略去了"图"字。但图在志中依然居于首位，无论一统志、省志还是府县志，图均位于志首或卷首，且依然有称"图志"者。如清乾隆《西域图志》52卷，分天章、图考、列表、晷度、山、水、官制、兵防、屯政、贡赋、钱法、学校、封爵、风俗、音乐、服物、土产、藩属、杂录19门，是综合性志书。又如清宣统《新疆图志》116卷，分建置、国界、天章、藩部、职官、实业、赋税、食货、祀典、学校、民政、礼俗、军制、物候、交涉、山脉、土壤、水道、沟渠、道路、古迹、金石、艺文、奏议、名宦、武功、忠节、人物、兵事29个分志，实为新疆通志。卷首"凡例"称《新疆图志》为"图志并重"，实则全志附图甚少，仅道路、食货二志附有一两幅图。《海国图志》与《西域图志》《新疆图志》一样，虽名为"图志"，实为诸体并用的方志。

最后，魏源本人视《海国图志》为方志。魏源是参照一统志和省志来编纂《海国图志》的，书成之后，他将《海国图志》与一统志和省志归为一类。魏源在《海国图志》"后叙"中说："每图一国，山水城邑，钩勒位置，开方里差，距极度数，不爽毫发。于是从古不通中国之地，披其山川，如阅《一统志》之图；览其风土，如读中国十七省之志。"② 因此，说《海国图志》为方志类著述当无不妥。

二 《海国图志》使传统方志获得了"全球视野"

或许有人会提出疑问，《海国图志》以"海国"为记述范围，能否归为方志？这也许是长

---

① 朱士嘉：《中国地方志综录》"序"，商务印书馆，1935。
② 魏源：《海国图志》"后叙"，陈华等点校注释，岳麓书社，1998，第7~8页。

期以来方志界没有关注《海国图志》的主要原因。笔者认为，这正是魏源对传统方志的创新发展，恰恰体现了魏源的过人之处。

首先，《海国图志》打破了人们对"方志"记述范围的定式理解。方志，顾名思义，乃一方之记录，以一定的区域作为记述范围。最初的方志概念其实是很宽泛的。《周礼》记载，"外史掌书外令，掌四方之志"；①"小史掌邦国之志"；②"诵训掌道方志，以诏观事"。③"四方之志""邦国之志""方志"，从其记述空间范围而言，并未特指以"行政区域"为记述范围。林衍经《方志学综论》指出："方，是指地方、方域而言；志，即誌、记，是记载或记述的意思。所以，方志是以地球表面某一特定区域作为记述对象的，是记述一个地方（或某一行政地区）的情况（自然环境、社会现象及建置沿革等）和资料的书籍。"④林先生的表述提出"以地球表面某一特定区域""一个地方（或某一行政地区）"，还是比较贴近"方志"的本有含义的。"方志"在后世不断发展，种类日益多样，以记述区域范围划分的综合志有源远流长的全国性总志，兴起于唐宋的州郡县志，始于明代的省级通志和府志等；以某一特定的自然、社会现象为记述对象的专志，有山志、水志、物产志、地理志、寺院志、学校志、风俗志、金石志、天文志、灾祥志等，名目繁多、数量可观。然而，由于宋以后尤其明清两朝大力倡导省、府、州、县志编纂，以中央皇朝统治下的某一行政区域为记述范围的综合志逐渐占据了绝对优势地位，以致人们忽略了其他种类的方志。对于"方""区域"的理解，也逐渐侧重于理解为地方行政区域，并几乎成为思维定式，而忽略了对"地球表面某一特定区域"的理解。《海国图志》采用传统方志述、图、志、表、录等体裁综合运用的著述形式，按域外国别记述，打破了人们对"方志"记述范围的定式理解。

其次，《海国图志》是对传统方志中"外国志"的创新发展。传统行政区域类方志，在记述范围上各守边界，不同层级的方志有不同的记述边界，一统志记"天下"，省志、州志、府志、县志分别以省界、州界、府界、县界为各自记述的空间范围，甚至有"不越境而书"的体例要求。传统方志记述的空间范围，基本限定在中央王朝统治的区域之内，但也非绝对不记域外之事。事实上，有些志书设有专记外国情况及中外关系的篇目。如康熙《广东通志》设有"外志"，记述来广东贸易的各国情况。如"真腊国，在占城西南。自占城顺风三昼夜可到，或云半月。西南去林邑三千里，水步道通"，"爪哇国，古诃陵也，一曰阇婆，又名莆家龙，在真腊之南海中洲上，东与婆利、西与隋婆登、北与真腊国接，南临大海"。⑤雍正《广东通志》设有"外番"，《粤海关志》设有"夷商"。《海国图志》以海外各国为记述对象，是对传统方

① 《周礼·春官·宗伯》。
② 《周礼·春官·宗伯》。
③ 《周礼·地官·司徒》。
④ 林衍经：《方志学综论》，华东师范大学出版社，2008，第8页。
⑤ 康熙《广东通志》卷二八"外志"之"番彝"。

志"外国志"的继承发展。从记述内容来说,"外国志"侧重于某国来中国朝贡贸易和使节往来的情况,述及某国国情的资料相对偏少;《海国图志》则转为全面记载海外各国的基本国情。从其记述宗旨来看,省、府、州、县志记外国,主要是为了体现"天朝上国"的柔远政策及所谓泱泱大国的威德;而《海国图志》则是为了"悉夷情",最终达到"师夷长技以制夷"。所以,我们不能简单地将《海国图志》理解为传统方志中的"外国志"升格成为专记外国的专志。《海国图志》对传统方志中"外国志"的创新发展,是关于方志编纂指导思想的质的飞跃。

最后,《海国图志》变革了方志义例,使传统方志具有了"全球视野"。在中国传统观念中,世界秩序是天圆地方、天朝中心,讲究"华夷之辨"。春秋时,远离中原发达地区、经济文化相对落后的周边地区被称为"四方""四夷",体现出华夏族强烈的文化优越感。如《战国策·赵策》云:"中国者,聪明睿智之所居也,万物财用之所聚也,贤圣之所教也,仁义之所施也,诗书礼乐之所用也,异敏技艺之所试也,远方之所观赴也,蛮夷之所义行也。"这种"华尊夷卑"观念后来又延伸到对待海外国家的态度,反映到史志著述中,就是以"天朝上国"自居,将外国置于附属地位,与外国有关的事物称为"番""夷",如"番坊""夷船""夷商""夷馆""夷务"等。这就是传统史志的义例。魏源著《海国图志》,则对传统史志义例进行了重大变革。他在《海国图志》卷五"叙东南洋"中说道:"天地之气,其至明而一变乎?沧海之运,随地圆体,其自西而东乎?……地气天时变,则史例亦随世而变。"[1] 魏源虽仍未完全摆脱"华夷之辨"之思想禁锢(如,仍用"夷"称呼外国有关事物),但已不再以清王朝为中心,而是放眼全球,将海外各国作为记述主体。尤其值得注意的是,其指导思想、编纂原则、选材标准等迥异于以往,魏源说:"图以经之,表以纬之,博参群议以发挥之。何以异于昔日海图之书?曰:彼皆以中土人谭西洋,此则以西洋人谭西洋也。"[2] "以西洋人谭西洋",这是一种全新的视角和观念。过去所著史志,是从中国人的观念出发去记述西洋,而《海国图志》则是从西洋人的观念出发去记述西洋。在考证具体史实、处理古今中西记载歧异时,魏源通常采取遵从西人著作的原则。这就是史志义例的重大变革,它使传统方志具有了"全球视野",而不仅仅是单纯的记述空间范围的突破。从某种意义上来说,它跳脱了中国固有的观念,重新建构了中国人关于西洋各国的认知,树立了新的"世界意识"。《海国图志》的义例变革所带来的影响,远远超出了"悉夷情"扩大视野的知识层面,而是给中国人的文化观以极大冲击,为之后开启学习西方之路初步扫清了思想障碍。

三 《海国图志》 赋予传统方志经世致用的社会功能

方志的社会功能随着其发展历史而不断拓展丰富。《周官》谓"外史掌书外令,掌四方之

---

[1] 魏源:《海国图志》卷五"叙东南洋"。
[2] 魏源:《海国图志》"原叙"。

志"，东汉郑玄注曰"方志，四方所识久远之事，以告王观博古所识"，即主要是为了让天子了解各地历史往事。后来方志成为各级官吏施政的重要参考，正所谓"治天下者以史为鉴，治郡县者以志为鉴"。① 顾颉刚先生说，昔时"每地修志，主要目标在于备行政官吏之鉴览，以定其发施政令之方针……使在位者鉴览得其要，发施得其宜"。② 自隋唐官修史志制度确立后，各地定期编修图经及志书，以"备国史要删"，供编修全国总志或一统志取材成为其重要功能。维护封建纲常则一直是志书的重要功能，"忠义节烈，虽微不遗者，扶风教也"，③ 旧志热衷于为烈女、贞妇、孝子、忠臣、义士列传，正是为了弘扬封建礼教，"扬往迹以励将来"。④ 总而言之，方志功能不外乎"存史、资政、教化"。

魏源著《海国图志》，则将志书功能提升到了经世致用的新高度。经世致用的思想由晚明顾炎武、黄宗羲、王夫之等人大力倡导，他们针对当时学风空疏的弊病，主张学术应以治事、救世为急务，否则无益于世。顾炎武说："君子之为学，以明道也，以救世也。徒以诗文而已，所谓雕虫篆刻，亦何益哉！"⑤ 清初大兴文字狱，知识分子不得不钻进故纸堆训诂、校勘，于是考据之学兴起，至乾嘉时期达于极盛。考据学者注重实证的同时，也逐渐脱离了现实。道光年间，清政府陷入内忧外患并存的政治危局，列强的大炮给乾嘉以来的考据学风以猛烈冲击，有识人士开始将眼光投向现实社会。经世致用的思想再度回归。魏源作为代表性人物，对时弊尤其关切，他举起经世致用的旗帜，扛起了御侮图强的历史责任。作为一名史学家，他将经世致用、御侮图强的思想融入史志著述中，不是为了记录史实、宣扬封建礼教而编修史志，而是将关注重点转向了国家命运。在经世致用思想指导下，魏源于1842年完成了《圣武记》的编纂，以纪事本末体记述了清初建国、平定三藩、"绥服蒙古"、"绥服西藏"等重大历史事件。其时正是《南京条约》签订之时，魏源希望通过总结历史，为当朝提供抵抗外来侵略的经验教训。如果说《圣武记》是魏源以史志经世的开端，那么在随后编纂的《海国图志》则是经世致用、御侮图强思想实践于史志著述的典范。鸦片战争时，魏源作为两江总督裕谦的幕僚，曾参与战事，亲眼看到了西方列强的坚船利炮，也深切感受到当时多数官吏对世界各国史地的无知。魏源对当时中外局势进行了比同时代人更为深刻全面的分析，认为清朝在鸦片战争中之所以惨败，很重要的一个原因是不了解夷情，提出"欲制外夷者，必先悉夷情始"，⑥ 从而把"悉夷情"提高到了御侮图强的高度。魏源不仅大声疾呼，还努力践行，在林则徐《四洲志》的基础上广泛搜集海国资料著成《海国图志》，为"悉夷情"提供最全面的资料文献。《海国图志·叙》曰："是书何以作？曰：为以夷攻夷而作，为以夷款夷而作，为师夷之长技以制夷而作。"

---

① 嘉靖《山西通志》"序"。
② 朱士嘉：《中国地方志综录》"序"。
③ 康熙《望都县志》"志例"。
④ 乾隆《诸城县志》"列传序"。
⑤ 顾炎武：《顾亭林诗文集·亭林文集》卷四《与人书二十五》，中华书局，1983，第98页。
⑥ 魏源：《海国图志》卷二"筹海篇三"。

明确宣示了其御侮图强的编纂宗旨。在书中，魏源不仅介绍"夷情"，还深入分析，提出"制夷"对策，希望能够给统治者提供救世方策。魏源在《海国图志》"后叙"中说道："夫悉其形势，则知其控驭，必有于《筹海》之篇，小用小效，大用大效，以震叠中国之声灵者焉，斯则夙夜所厚幸也。"① 再次表达了以史志经世的初衷。

魏源编纂《海国图志》以经世致用、御侮图强的宗旨，在全书的谋篇布局、资料选用等方面都得到了充分体现。如，从全志的框架结构来看，"志"类之前设"论"即《海筹篇》，作为全志总纲，从"以夷攻夷""以夷款夷""师夷长技以制夷"三个方面，系统地阐述了应对西方列强的战略思想。又如，从资料选用来看，《海国图志》于咸丰二年（1852）扩至 100 卷，而所增加者，主要是关于武器制造的各类资料，包括关于制造西式武器装备的各种奏疏，如《仿船战船议》《请造战船疏》《制造出洋战船疏》；还有介绍西方战船、火炮、水雷等武器装备制作方法的文献，如《火轮船图说》《铸炮弹法》《西洋制火药法》等，还有各种技艺图 57 页。魏源认为这些都是值得中国学习的"夷之长技"，将之一一载录，其经世致用的良苦用心灼灼可见。

魏源之前，编纂方志以"存史、资政、教化"，或谓以古鉴今、以志为鉴，尚属泛泛而论，没有针对时弊的强烈的经世致用意识。魏源作《海国图志》，"为以夷攻夷而作，为以夷款夷而作，为师夷之长技以制夷而作"，直接把编纂史志与解救民族危机的现实问题联系起来，具有很强的针对性；而且直接提出了具体的应对西方列强的方策，赋予了传统方志经世致用、御侮图强的功能。所以说，《海国图志》不仅丰富了方志文化的内涵，更提升了方志的社会价值和社会地位。

余　论

魏源《海国图志》对传统方志体例进行了创新，不仅放眼世界、关注全球，更将强烈的经世致用、御侮图强思想倾注于史志著述，开创了史志编纂的新局面，引领了史志著述的新潮流。此后，先后编纂出版的专记域外情况的史志著述有 20 余种。最著名的有：徐继畬撰于 1849 年的《瀛寰志略》10 卷，介绍了东西半球的概况，又按亚洲、欧洲、非洲、美洲的顺序依次介绍了世界各国的风土人情，以及西方民主制度；黄遵宪撰于 1887 年的《日本国志》40 卷，分国统志、邻交志、天文志、地理志、职官志、食货志、兵志、刑法志、学术志、礼俗志、物产志、工艺志共 12 志，对日本明治维新后的社会制度进行全面客观介绍；王韬初撰于 1871 年、定稿于 1890 年的《法国志略》24 卷，比较全面地介绍了法国的历史、地理、经济、制度、文化、社会等内容。这些史志著述，皆继承魏源《海国图志》经世致用、御侮图强的编

---

① 魏源：《海国图志》"后叙"。

纂宗旨，以介绍各国历史及制度、文化为重点，以期给清政府的政治革新提供经验。

魏源《海国图志》之所以成为千古名著、后世典范，首先是勇于创新，变革了方志的义例，更重要的是其强烈的经世致用思想，拓展了方志的社会功能。这既有时势的驱动作用，更有其自身高度的时代使命意识和历史担当意识起决定作用。魏源通过编著史志，总结经验教训，提出改革时弊、御侮图强的方略，使史志著述在民族多艰的时代大放异彩。

当代方志想要激发新活力、获得新发展，需要汲取魏源史志编纂思想的精华，既要大胆创新体例，更要关注时代发展，关切时代命运，增强担当意识和使命意识。

历代《濂溪志》编纂与濂溪学的传播

王晚霞

（湖南科技学院中文系）

一 周敦颐史料概述

作为理学开山，周敦颐生前声名不闻于世，南宋后在胡宏、张栻、朱熹等人的反复诠释、推崇下，随着朱子学被立为官学而声誉渐隆。周敦颐的思想在后代的传播有多种途径，笔者有专文论之，其中最有内涵的是文献传播，指通过编纂周敦颐集、《濂溪志》、地方志和多种诸儒论断等方式传播周子学说。

由于周敦颐本人著述不多，其思想集中体现在《太极图》《太极图说》《通书》中，字数不过数千，这样的体量，若遵循古代文人别集的做法，仅收录作者本人著述，实在不便成书。因此，从宋代起开始编纂的历代周敦颐史料集，都有一个突出特点：周敦颐本人著述是其中一小部分，更多的是与周敦颐相关的其他文献。整体上看，周敦颐史料整理从宋至今基本有两种做法，一种是接近文人别集类，称作"周敦颐集"，一种是接近地方志类，称作"濂溪志"或其他各异的相似名称。

有关周子史料版本的研究，学界寻霖①、刘小琴②、粟品孝③等都有很好的探索，是本文研究的基础。前几年，笔者整理校注了八种明清刊刻的《濂溪志》④，将各个版本内容完整呈现，在保存各文献版本内容的完整性方面，有一定可取之处，也有一些不足，一是这种做法对在这

---

① 寻霖：《周敦颐著述及版本述录》，《图书馆》2017 年第 9 期。

② 刘小琴：《周敦颐文集版本考略》，《北京大学中国古文献研究中心集刊》第 4 辑，北京大学出版社，2004，第 417~430 页。

③ 粟品孝：《周敦颐文集三个版本的承续关系》，四川大学古籍整理研究所、四川大学宋代文化研究中心编《宋代文化研究》第 20 辑，四川大学出版社，2013，第 301~314 页。

④ 王晚霞校注《濂溪志（八种汇编）》，湖南大学出版社，2013。

八种史料中重复出现的部分内容，允许其依旧存在，整部书因而有颇多冗余，使用起来不甚便捷；二是遗漏了很多其他刊本的周敦颐史料。

在历代修志实践中，志书的篇目形成多种形式，其中一种是纪传体，又称"史志体"，从最早的南宋周应合的《景定建康志》中所分的录、图、表、志、传、拾遗6类，到清代章学诚发展为"纪、表、图、考、传、政略"6体，[①] 纪在地方志中也写作"记"，记体大致包括年谱、地谱、名谱、人谱，记体一般列于志首，作用大致有三点：记体为全志之经，有全志导引作用，具有拾遗补阙作用。[②] 另外，王德恒在《中国方志学》中介绍了5种方志的体裁，[③] 也可理解为这5种体裁是其默认方志应具备的：记体、志体、传体、图体、表体。也有学者认为志书体裁可分为"述、记、志、传、图、表、录"。[④]

以上学者公认的志书的篇目，在历代不同名称的"周敦颐集"或"濂溪志"中多数有所体现，也可认为，历代的"周敦颐集"或"濂溪志"，在内容的多少上有所不同，在内容和体例上差别不大，多数由以下类别组成：周子像、周子著述、诸儒论断、文人题咏、官方奏疏、世系遗芳等。有一处值得一提的明显差别：部分以"濂溪志"题名的史料，其中包括大量的相关图表。从这点上讲，从宋代开始编纂的多种周敦颐史料，皆可概称为"濂溪志"，故本文所论《濂溪志》版本，尽量涵盖所有名目的周敦颐史料。笔者在已有文献的基础上，从中国国家图书馆、湖南图书馆等搜集了26种名称各异的周敦颐史料，每篇诗文仅取一篇，挑选内容最全面、版本最可靠的底本，整理编校成为一部《濂溪志新编》。[⑤] 本文在此基础上，探讨历代《濂溪志》的编纂对周敦颐思想传播及个人文集编纂的学术价值。

二 历代《濂溪志》刊本概要

有关周敦颐史料版本，凡学界已有研究成果中已详细论及的版本，本文不再赘述。仅考辨已有成果中尚未提及和详论的版本。现分为如下三种展开。

（一）"志"类

有9种《濂溪志》笔者曾有专文[⑥]及专著论及，即明胥丛化编《濂溪志》，明李桢编《濂溪志》，明鲁承恩编《濂溪志》，明李嵊慈编《宋濂溪周元公先生集》（虽名为"集"，但其实际内容与志体更接近，加之书稿在版心位置题名"濂溪志"，故应归入志一类），清周诰编《濂

① 王德恒：《中国方志学》，大象出版社，2009，第49页。
② 王德恒：《中国方志学》，第54页。
③ 王德恒：《中国方志学》，第52~68页。
④ 卢万发：《方志学原理》，巴蜀书社，2007，第21页。
⑤ 王晚霞编著《濂溪志新编》，中国社会科学出版社，2019。此后本文引文未标明出处者，均出自此书，下不再注。
⑥ 王晚霞：《〈濂溪志〉版本述略》，《中南大学学报》2011年第3期。

溪志》《濂溪遗芳集》，清周沈珂、周之翰编《周元公世系遗芳集》，清彭玉麟编《希贤录》，清吴大镕编《道光元公濂溪周夫子志》）。故在此不再赘述。另有笔者从日本国立公文图书馆获得的林学闵编《濂溪志》，也有专文论其只是李桢本的挖改本。① 以上 10 个版本的体例大致有如下数端：周子像、相关图志、年谱、年表、濂溪事状、先生本传、周子著述、诸儒议论、奏疏公移、历代褒崇、古今艺文、濂溪世系等类。基本涵盖了志书篇目。

另有三个当代刊本值得一提，一是李宁宁、黄林燕编纂《九江濂溪志》②，20 万字。这部书分为 6 卷：濂溪本志，濂溪墓祠，宋代濂溪书院，元明清濂溪书院，两县濂溪志，濂溪诗歌志。没有任何图表，所选录史料均与九江市（含星子县、修水县）相关，资料分别来自九江地方志及散落的文人别集，许多诗文不见于已有的各种《濂溪志》中，在做法上有一定创新，仅就九江这部分来说，具有补遗《濂溪志》的实际作用，丰富了九江部分的濂溪学史料，值得重视。

二是笔者前几年整理校注的《濂溪志（八种汇编）》，100 万字，前已述及。三是笔者编著的《濂溪志新编》，62 万字。该书以 26 种周敦颐史料为底本，除《濂溪志（八种汇编）》中所涉，另外 18 种分别是：宋刊《元公周先生濂溪集》，明周木编《濂溪周元公全集》，明徐必达编《周张全书》，明黄敏才编《濂溪集》，明王俸、崔惟植编《宋濂溪周元公先生集》，明刘汝章编《宋濂溪周元公先生集》，明顾造编《周子全书》，明黄克俭编《宋元公周濂溪先生集》，明周与爵编《宋濂溪周元公先生集》《周元公世系遗芳集》，明吕柟编《宋四子抄释·周子抄释》，明林学闵编《濂溪志》，清董榕编《周子全书》，清邓显鹤编《周子全书》，清张伯行编《周濂溪集》《濂洛关闽书》，清贺瑞麟编《周子全书》，清周有士编《周氏遗芳集》。该书从地方志的角度编排整理，分为 11 卷：遗像道范志、元公芳迹志、周子世家志、年表行实志、遗书文献志、诸儒论断志、历代褒崇志、优恤后裔志、春秋享祀志、宗支蕃衍志、古今艺文志。在体裁上，几乎涵盖所有志书篇目类别，26 种源底本中的绝大多数文章被选入，内容丰富翔实，是一部方便使用的当代周敦颐史料文献。

（二）"书"类

在志书名称中，地方志是一种通称，在历史上还有很多不同的叫法，如"地记""传""书""志"等。③ 周敦颐史料的编纂中也有这种情况，如以下几种。

宋王梦龙编《婺本三书》，无存。王梦龙在《婺本三书序》中提到"惧夫人之不得尽见也，讵容不思所以广其传乎"，故而将周子之《太极图》《通书》、张载之《西铭》合刊为《婺本三书》。

---

① 王晚霞：《日藏两种〈濂溪志〉价值考论》，《南昌大学学报》2017 年第 4 期。
② 李宁宁、黄林燕编纂《九江濂溪志》，江西人民出版社，2016。
③ 林衍经：《方志学综论》，华东师范大学出版社，2008，第 8 页。

明程爵编《周子抄释》，刻于嘉靖十一年（1532），无存。程爵在《周子抄释序》中说明他以吕柟注释的周子著述为内容，编辑并刊刻了此本。到嘉靖十五年，吕柟在程本基础上加上朱子著述，校写重刻为《宋四子抄释》。

明吕柟编《周子抄释》，刻于嘉靖十五年（1536），现存。这是吕柟编《宋四子抄释》的其中一部分，内容相对简略，包括：卷一《太极图说》《通书》和若干序跋；卷二周子诗文、遗事、杂记；卷三为事状，包括本传、墓碣铭、墓室记、行录等。

明张国玺编《周子全书》，刻于万历二十四年（1596）。此本信息在学界论著中较少提到，笔者看到的是日本浅草文库的藏本。内容大致为：蒋春芳序、周子像、像赞；卷一年表；卷二遗文；卷三诸儒论辩和若干序跋；卷四事状；卷五附录祠记；卷六祭文；张国玺跋。

明徐必达《周子全书》，该书是《周张全书》7卷中的一部分。刻于万历丙午（三十四年，1606），多处有藏。分作7卷，卷一为太极图解，附录8篇议论；卷二、卷三为通书；卷四为遗文杂著；卷五为年谱；卷六为事状，包括像赞、墓志铭、行实、本传；卷七为诸儒议论。

明顾造《周子全书》7卷。刻于明万历四十年（1612），藏于中国国家图书馆。卷一为年谱；卷二为太极图解，附录8篇议论；卷三、卷四为通书；卷五为遗文杂著；卷六为事状，包括像赞、墓志铭、行实、本传、宋元追封；卷七为诸儒议论。

清董榕《周子全书》。清乾隆二十一年（1756）刻本。分为22卷，卷首为圣祖仁皇帝、世宗宪皇帝等的相关著述和议论；卷一、卷二为《进呈本太极图说》；卷三、卷四、卷五、卷六为《进呈本太极图说发明》，具体为诸儒论断；卷七、卷八、卷九、卷一〇为《进呈本通书》，附"朱注"和"集说"；卷一一至卷一六为《进呈本太极图说通书发明》，具体包括一些序跋、问答、语录、评注等；卷一七为周子遗文并诗；卷一八为周子遗事；卷一九为赠送唱酬、后人歌咏诗文；卷二〇为年谱、墓志铭、事状；卷二一为历代褒崇；卷二二为文录，主要为濂溪祠记。

清邓显鹤编《周子全书》。道光二十七年（1847）刻本。书稿分为9卷，外加卷首两卷、卷末一卷。卷首上内容为：《钦定四库全书总目》《钦定四库全书简明目录》《遗像》《宋史道学传论》《宋史道学本传》《宏简录道学传》《事状》《墓志铭》《谥议》《崇祀追封诏》《湖南通志传》《学统传》《宝庆府志传》《沅湘耆旧集前编小传》。卷首下内容为：《年谱》《遗事》。卷一、卷二、卷三均为周子遗书；卷四为附录赠答题咏诗文；卷五至卷九为纪述，包括文征、典章；卷末为歌咏濂溪的诗文。

清贺瑞麟《周子全书》。清光绪丁亥十三年（1887）西京清麓丛书本，美国普林斯顿大学东亚图书馆藏本。卷一为《太极图说》，卷二为《通书》，卷三为杂著，基本按照文人别集的方式编辑，故篇幅较短。与吕柟本接近，内容比吕本单薄。

濂溪学东传后，在韩国①、日本得到了深刻的受容和发展。特别值得一提的是，日本江户

---

① 王晚霞：《濂溪学在朝鲜半岛的传播与影响》，《河南师范大学学报》2018年第1期。

时期前期，大儒山崎闇斋（1618~1682）整理了三种濂溪学文献，第一种是《周子书》，是濂溪及其后的濂溪学文献集合。内容一是《太极图》，《太极图说》朱熹注；二是《通书》朱熹注，朱熹的《记通书后》《通书后录》《周子太极通书后》；三是周子的8篇遗文；四是遗事，主要是一些儒者的评说；五是事状，之后是朱熹的三篇序。卷尾有小跋云："周子之书，朱子所集次，余未见之。度氏《濂溪集》附谢氏《濂溪志》，徐氏《周子全书》皆非其旧矣，爰不自量参考编次，以俟异日得原本云。正保丁亥五月四日。山崎嘉跋。"牌记为"天保十四卯正月，风月庄左卫门河内屋万助求板"。可知闇斋虽知但并未见到朱熹编辑的周子之书，度正《濂溪集》、谢氏和徐必达《周子全书》闇斋是见过的，皆非如其旧本，于是闇斋参考前述书稿，选定编辑了这本书。

第二种是《周书抄略》。是闇斋独创的一种编辑方法，将周子著述部分具体内容按主题分条归类罗列，围绕该主题再选取相关的濂溪学史料，如周子遗事、诸儒评议等，再附加闇斋评议，组合在一起。按主题分为上中下三部，内容依次为：《周书抄略序》，《天地凡四条》，《人伦凡五条》，《为学凡四条》。

第三种是《文会笔录·濂洛关闽》，也叫《文会笔录·周子部》。《文会笔录》是闇斋的代表作之一，共计20卷，内容是闇斋在研读朱子学相关文献后，按二十个主题，将相关资料抄录、整理后再重新编辑，并在此基础上不时附加简单评注的文献著作。其中第十卷分为之一、之二两部分，题作《濂洛关闽》，闇斋《垂加草》在收入《文会笔录》时为各卷分别另加了题目，将第十卷题作《周子部》。该卷围绕周敦颐选摘、抄录的条目共计108条，分别选自宋朱熹的《朱子语类》和《朱子文集》、二程《遗书》、宋张栻《南轩集》、宋吕祖谦《东莱集》、宋叶采《近思录集解》、明蔡清《蔡虚斋集》、明薛瑄的《读书录》和《读书续录》、明周木《延平答问补录》、明胡广《性理大全》、朝鲜李滉《退溪集》等。从中可见江户朱子学者所阅读的儒学文献、兴趣点及对朱子学做进一步思考的情形，也可窥知宋学在日本被接受、传播的具体所指。这种编辑整理的方法，与历代各种版本《濂溪志》的史料部分异曲同工，如果把这部书与《周子书》《周书抄略》结合起来，几乎就是一部较为完整的《濂溪志》了，是日本学人研究濂溪学的重要史料。

闇斋这三部书都属于重新编辑、整理濂溪史料，《周子书》以周敦颐本人著述为主，各篇内容完整独立，无新创内容。《周书抄略》各部分主题呈现，其中有少许闇斋自己的评论。《文会笔录·周子部》收集诸儒与周子相关的评论，无周子著述，时有闇斋小评，其中每一条都在末尾标注了出处。

（三）"集"类

这类史料内容与上述志体大同小异，个别版本与志体并无差别，详辨如下。

明周与爵编《宋濂溪周元公先生集》10卷。刻于万历甲戌（二年，1574），中国国家图书馆藏。卷一图像四幅，卷二元公世系图与年谱，卷三为遗书，卷四为杂著，卷五诸儒议论，卷六事状，卷七历代褒崇，卷八祠堂墓田诸记，卷九古人诗，卷一〇祭文。

明周与爵编《周元公世系遗芳集》5 卷。刻于万历甲戌（二年，1574），中国国家图书馆藏。本书其实为周与爵编《宋濂溪周元公先生集》10 卷的一部分，故第一卷题为卷之十一，依次类推。此本以周子七世孙到十七世孙其中可歌可泣者及相关诗文图像为主线作志，故内容与其他周子史料迥异，中无周子著述，均与后裔相关。

清周沈珂、周之翰编《宋濂溪周元公先生集》10 卷、《周元公世系遗芳集》5 卷，刻于清康熙间，《四库全书》题为"明周沈珂"误，周氏父子为清康熙间人。此两本均为挖改周与爵本而成，[①] 之后周沈珂本在清雍正间又传至周有士，周有士"对若干模糊版片进行修补重刻，又挖去沈珂之名，改题为'裔孙周有士同男震、振业重辑'"，[②] 故可知周有士编《周氏遗芳集》内容差别不大，故不赘论。

明刘汝章编《宋濂溪周元公先生集》10 卷，刻于明万历二十七年（1599），中国国家图书馆藏。前有 10 幅图，外加周子像一幅，卷一、卷二为遗书，卷三为杂著，卷四为诸儒议论，卷五为世系图和年谱，卷六为事状，卷七为历代褒崇，卷八为祠堂墓田诸记，卷九为古人诗，卷一〇为祭文。

明黄克俭编《宋元公周濂溪先生集》10 卷，刻于明天启三年（1623），中国国家图书馆藏。前有图 10 幅，周子像一幅，卷一至卷三为遗书杂著，卷四诸儒议论，卷五世系图和年谱，卷六事状，卷七历代褒崇，卷八祠堂墓田诸记，卷九古人诗，卷一〇祭文。

明周木编《濂溪周元公全集》13 卷，附《历代褒崇礼制》一卷，事实一卷，年表一卷。据宋本而成，明弘治（1488~1505）间刊。此本笔者从日本国立公文图书馆获得复制本。卷首为世谱、元公事实，卷一为太极图说，卷二、卷三为诸儒太极类说，卷四为通书，卷五为诸儒通书类说，卷六为遗文，卷七为遗事，卷八附录赠送唱酬等作，卷九附录怀仰记述等作，卷一〇附录祭告元公文，卷一一附录书院祠堂记。

在历代濂溪史料序跋文中，还记载有一些现已无存的史料集。大致有如下几种。

宋易统、易纶兄弟编《周子大全集》[③]，刊于绍定元年（1228），无存。收录在《萍乡大全集》中。无存。据周木本度正撰《书萍乡大全集后》、胡安之《书萍乡大全集后》可见："易兄纶叟昆仲暇日携所刻《周子大全集》见示"。结合赵希弁《郡斋读书志附志》，可知编者为易纶、易统兄弟。

明周冕编《濂溪遗芳集》。无存。在弋阳方琼写于明朝弘治辛亥（1491）的《濂溪遗芳集序》一文中提到，周子十二世孙翰林博士周冕曾刻《濂溪遗芳集》，其中提到"《太极》《通

① 王晚霞：《日藏两种〈濂溪志〉价值考论》，《南昌大学学报》2017 年第 4 期。
② 寻霖：《周敦颐著述及版本述录》，《图书馆》2017 年第 9 期。
③ 寻霖先生文中提到易统编"《濂溪先生大全集》"，书名有异，不知何据。

书》之芳，所以耿耿不磨者，诚有所自。若夫爱莲之说，吟咏之作，及古今人之赞咏而赠及其后裔者，乃其芳中之余芳，是犹孔经之外复有所谓家语，实又六经大芳中之余芳也，集以遗芳名，宜矣"。可知其大概内容应与周与爵本相类。

明侯廷训编《道源书院集》。无存。在嘉靖己亥（1539）岭南黄佐、翰林编修所写的《道源书院集序》一文中，提到南安二守侯笔山氏修复了道源书院，于是征集可征者为书以传。南安二守侯笔山氏，结合胥从化本中南安府同知侯廷训作于嘉靖十八年（1539）的《道源书院集说》一文考证，应指侯廷训。该书体例为："首以三先生传赞而系以《太极图说》，与朱子论记诸篇，用见道源书院所立之由，为吾徒所当先讲也。次之始自乾道建祠，淳祐创置书院，景定赐额，至以教授兼山长有租田，以赡学，中更兴废，迁徙不一，则列年历著为纪，用见书院之立，而此邦之治教文献皆有稽征矣。其有述作题咏，凡于道源有相发明、书院有关者，亦附录之，用备参考。"可见，以道源书院为线，围绕周子的诗文及后人的景仰、祭祀、题记展开，其中于道源有相发明、与书院有关者，均得附录。这是周子史料整理的另一个途径。

明赵贤编《濂溪集》。无存。黄廷聘写于万历二年（1574）的《刻周元公集序》一文中提到"中丞公（赵贤）意载阅《濂溪集》旧刻，芜漏不称文献，即以公余校雠删繁补略，凡先生之言悉录之，诸后人诗赋不与焉类。编梓成，足为完书，其大造于先贤何如也"。此本刊刻时间当在万历二年前后。

另有以下版本寻霖先生文、刘小琴文已论及，本文不再述录：明王偁、崔惟植编《宋濂溪周元公先生集》、黄敏才编《濂溪集》、丁永成编《濂溪集》等现存本；宋刻《濂溪集》7卷、宋叶重开编《濂溪集》7卷、萧一致编《濂溪先生大成集》7卷、宋刻《濂溪先生集》不分卷、宋刻《元公周先生濂溪集》12卷附年谱一卷本、明王会刻《宋濂溪周元公先生集》3卷，等已佚本。

以上概述54种周子史料，基本上可以代表宋以来周敦颐史料的整理情况。从版本系统上，大致可划分为四种：志系统、集系统、遗芳集系统、全书系统。全书系统的内容更接近别集单行本，其均为集系统和志系统所包括；遗芳集系统的内容相对独立，自成体系，但其又为集系统所包括，大部分集系统和志系统的内容互有交叉，可通称为濂溪志。还有一些不好归类，或因自创体系，如董榕本，或因亡佚，而无法确知其内容。现能确定先后承续关系的30种刊本如图1所示。

三 《濂溪志》编纂特点与学术价值

（一）编纂目的

周子史料集的编纂者从地方官员、儒林巨擘，到周子后裔、文人学者，在各刊本的序跋中

集系统   **志系统**   **全书系统**   **遗芳集系统**

宋刻本

周木本（1488~1505）　黄敏才本（1535）　　鲁承恩本（1540）　　程爵本（1532）　　周冕本（1491）

丁永成本（1558）　　王会本（1544）　　吕柟本（1536）

崔惟植本（1575）　　胥从化本（1593）　　张国玺本（1596）　　周与爵本（1614）

刘汝章本（1599）　　李桢本（1593）　　徐必达本（1606）

黄克俭本（1623）　　林学闵本（1609）　　周沈珂本（1691）

李嵊慈本（1624）　　吴大镕本（1685）　　顾造本（1612）　　山崎闇斋本三种（1618~1682）

张伯行本（1708）　　周诰本（1839）

邓显鹤本（1847）　　贺瑞麟本（1887）　　周有士本（1728）

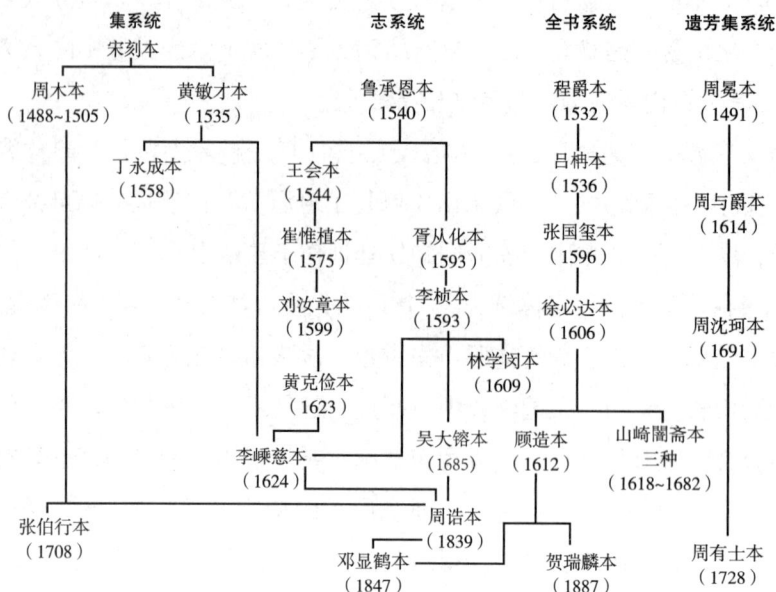

图1　30种濂溪志刊本承续关系

对其编纂目的多有述之，大略有以下初衷。一是光明周子思想。周子生前思想并未引起多少人注意，所以南宋儒者主要集中在此，胡宏在《通书序略》中高度定位周子之功与孔孟差肩："今周子启程氏兄弟，以不传之妙，一回万古之光明……其功盖在孔孟之间矣。"朱熹在《建安本太极图通书后序》中说他编订周子集，是由于担忧之前的刊本失于"使先生立象尽意之微旨暗而不明"。张栻《太极图解序》首句即言："二程先生道学之传，发于濂溪周子。"明确肯定了周子为二程思想源头，所以朱子编订周子集以光明周子思想，就显得很有必要。

二是提供道学载体，传播周子思想。明代以后，学者编纂濂溪志，一方面或是纠正已有刊本之误，如李嵊慈在《濂溪周元公志序》中说已有先生之书"漫灭繁芜，令人有杞宋无征之叹"，或是"恨编次失序，雅俗不伦"（吕柟《周子抄释序》），"篇章零落，典籍沦谢"，不堪寓目；另一方面为学者问学提供文献载体。思想传播需要一定的载体，文献是首选媒介，有了文献，传播就有了可靠依据，鲁承恩在《濂溪志序》中说周子思想"宜人人能知之，亦宜人人能言之，今备载简册，尚有疑而未解如是者，得非纪载之未备，传播之未广耶？"部分体现了之所以有人对周子思想疑而未解，正是因为文献不足，传播不广，故而他方编修是志。明刘汝章《周濂溪先生集序》也有同感："独恨先生集不传，传或不广，而使瞻先生像者，无以见先生于诵读之中。"明宋圭《重刻濂溪集跋》亦云："重刻校是编于潞安者，将以广其传也。"体现了史料文献集对传播思想的重要性。王梦龙《婺本三书序》："学者沿流以寻源，则此编其舟航也。"在传播周子思想的同时，其实也是对道学思想的肯定，对非道学思想的否定，所谓"先后刻书之意，即先后卫道之心"（唐大章《周子全书序》），"此帙遂行，正以明先生于孔周之后之统，而为宪章嚆矢云尔"（黄克俭《宋濂溪周元公先生文集序》）。

三是继承先贤精神。周子作为孔孟以后1500余年之接续道统者，是宋以后思想的重要奠基人，若非文献流传，恐后人混淆，故编纂濂溪志以"表儒先道学流传之所自始，以风于士人也"（侯廷训《道源书院集序》），以"敦厥学行以承流而播之政，且风厉乎人人焉"（黄佐《道源书院集序》），以"此集传而人之景行若发蒙矣"（丁懋儒《刻濂溪周元公集序》），或如崔惟植《刻宋濂溪周元公先生集跋》中云，以《濂溪志》传四方之士，让远处之人有所观法。此外，《濂溪志》修撰对当代社会的意义，笔者已有文论及。[1]

（二）资料丰富，占据有利传播生态位

"历代志书无不以搜罗资料广泛、记叙详备为宗旨。"[2]《濂溪志》也是如此，在体裁上涵盖了图体、表体、志体、传体、年谱、人谱，在字数比例上，周子著述远远小于其他人的诗文杂记，笔者编纂《濂溪志新编》共计62万字，其中周子著述在一万字以内，比例可想而知。方志具备的基本特征，如区域性、综合性、连续性、资料性[3]，或史鉴性、纪实性、体系性[4]等，可以说《濂溪志》均有体现。

周子思想在后代的传播，除了朱熹等大儒的理论阐发，离不开宋元明清四代皇帝的推崇，从赐谥号、从祀庙庭、封汝南伯和道国公，到优恤后裔、诏修祠墓、皇帝御书赐额匾、亲写诗文题咏、亲自注释等，还有各级官员、不同地点的春秋享祀祭奠，这期间产生了大量宸纶、公移，更有周子后裔的相关诗文也间接传播着周子学说。历代文人在不同地方写作的诗文歌咏、濂溪祠记、书院记、序跋，都收录在《濂溪志》中，这些丰富的资料，从不同侧面，在不同时期丰富了周子著述。作为宋代以后理学思想的奠基者，翔实的史料为占据着优势传播生态位的周子思想提供了重要又可靠的基础，已是周子思想发展不可或缺的一部分。

（三）图文并茂，发挥视觉传播作用

图经是地方志书的早期形式，以图为主，有图有说，著名者有唐《元和郡县图志》、宋《祥符州郡图经》等，明清的地方志书均有图，志书中图的特点，具备一般图像的特点，形象直观，还具备自己的独特特点：图文互著。各《濂溪志》中均有图体，大致有两类，一类是周子、周子父、后裔像，另一类是周子遗迹地理图。周子遗迹分布在湖南、江西、广东、四川四省，各地遗迹包括故里、故居、祠堂、书院、月岩及相关之亭台楼阁，后裔周兴裔又在苏州请建周子祠，后又在杭州西湖建祠，北京亦有太极书院。这些遗迹在历代《濂溪志》中，以图体的形式位于卷前，发挥了视觉传播的良好效果，让周子遗迹形象化，助益文字理解，

---

①　王晚霞：《〈濂溪志〉修撰的学术价值及启示》，《南华大学学报》2014年第5期。
②　王德恒：《中国方志学》，第18页。
③　王德恒：《中国方志学》，第16~20页。
④　林衍经：《方志学综论》，第22~24页。

对于远人观法有一定作用。笔者所编《濂溪志新编》中收录有像 9 幅，图 26 幅，令人读来赏心悦目。

（四）地方志的视角，突破别集体例

古代文人别集，一般指个人的诗文汇编，类别上作为"集部"的主干部分，而与经部、史部、子部在内容上有明确区别。别集也会有附件，包括其他人的序跋、作者的传、墓志铭、年谱等，一般鲜有地图类图经。从字数上讲，作者自己的著述占绝大部分，其他人的文字或没有，或占极少部分。别集所收基本为文人自己的著述，体现的是其个人创作成果。对于那些在后世有较大影响的人物，他们的思想在不同历史时期都有不同的诠释和侧重，这些代代重重反复的多个面貌，在别集中均没有呈现。在时间线上，一般别集是短暂的；在思想深度上，一般别集是单面的；在后代影响上，一般别集是鲜有顾及的。

而从地方志的角度去编纂个人文集，则成为一个人的资料汇编，一般别集的不足能得到较好处理。周敦颐的《濂溪志》是典型代表，由于周敦颐在思想史上的地位极高，而他著述又极少，单独编集不能充分发掘和体现其价值，从地方志的视角编纂《濂溪志》，突破了文人别集的编纂体例，是一种合宜的尝试。这种从地方志的角度，以图经志人、以他人之文载人的个人史料编纂范式，并不多见，《濂溪志》堪称范例。在《濂溪志》中占据大多数的其他人的相关著述，多为后儒的理论解释、诗文颂扬，并非只是无关之文混杂其中，周子深奥的思想，与之是共生关系，在历代诸儒的论辩、序跋、阐释脉络中，周子思想获得了进一步发展。

综上所述，《濂溪志》的编纂，不只是保存周子著述的载体，更是记录周子思想的历代传播的轨迹、展示历代诸儒对周子思想的接受、勾画濂溪学对后代的影响谱系的重要文献，是宋以后道学绕不过去的理论原点，对濂溪学在历代的传播、道学的发展都有不可或缺的价值。同时，以地方志的角度切入编纂个人别集，对当代个人文集编纂体例的突破，也有一定可资参考的价值。

东北方志所载晚清旗官郭锡铭行实详考

高春花

（牡丹江师范学院）

郭锡铭，奉天锦州人，内务府镶黄旗人，曾官双城、五常、扶余等地，参与修纂吉林省第一部官修通志光绪本《吉林通志》。为京官数年，外放为官亦有数年。为官双城时，处旗衙与民衙并峙之中，出《观风告示》①，论者以为士风为之一震，可其好友却认为"吏事实非所长"。② 郭锡铭宦途并不显赫，几位好友却颇有名气：一位是光绪《吉林通志》总辑李桂林，李桂林在书信中曾请求时为吉林巡道、《吉林通志》监修的讷钦对郭"始终爱护之"；一位是蒙古著名诗人延清，延清的《庚子都门纪事诗》收录了郭锡铭的数首和作，其作品因此得以留存；还有一位是庚子事变时期进京勤王、战败自尽的总督李秉衡，二人交好数年。郭锡铭以京官而外放东北为官，以汉军旗人管理民衙而与旗衙相峙，才溢却仕运偃蹇，长厚而结交耆宿。

笔者曾查阅东北方志中的相关记载，发现其中对于郭锡铭的记载大多语焉不详，或时有错讹。其中《扶余县志》《榆树县志》《五常县志》仅在为官年表中简单记录，《双城县志》在艺文志中收录郭锡铭《观风告示》及诗歌两首，对于郭锡铭介绍最详细的当数民国《锦州志略》，志中未记生卒年，为官次序比较混乱，也有错误。《奉天通志》所记出自《锦州志略》。

一些图书如《东北人物大辞典》《辽宁教育史志资料》等对郭锡铭的记载也都很简单。详细地梳理郭锡铭的生平、经历、诗歌等可补方志记载缺失、疏漏之处，丰富东北地方文学及少数民族文学，亦可透过对郭锡铭的考察管窥当时旗人移居、落户东北的历史图景，这是文化史及少数民族史中不可或缺的部分。以之为切入点，更可以获知光绪本《吉林通志》的一些编纂细节。

---

① 《双城县志》卷一四《艺文志》，民国15年铅印本，上海图书馆藏本。后凡出此县志不详作注，仅标书名与卷数。
② 《李桂林致讷钦之八》，《清代名人书札》编辑组编《清代名人书札》，北京师范大学出版社，2009，第939页。本文所引李桂林致讷钦书信皆出此书，后不详作注，仅标注书名与页码。

一 生卒年考与大事记

郭锡铭的生卒年在目前所见东北方志中均未著录，笔者在查阅资料过程中发现延清《庚子都门纪事诗》卷四附录郭锡铭诗歌 3 首，其中第一首自注写道"道光庚子（1840），余年八岁，海疆事起，迄今正甲子一周矣"，① 以此上推，郭锡铭生于道光十三年，即 1833 年。另，《清代官员履历档案全编》中也记录光绪二年（1876）郭锡铭由国子监助教俸满外放奏折时年为 44 岁，② 与此相符。又，《锦县志略》虽没有明确记载郭锡铭生卒年，但其中云"郭锡铭……年八十卒"，③ 以此下推，则其卒年当为 1912 年，据此，郭锡铭生卒年可以断定，应为 1833~1912 年。

地方志中所记郭锡铭为官经历多语焉不详或者纷乱错出，笔者按照档案、职官表、奏折、县志、书信等材料中的相关记载，整理其大事记如下，可补地方志未著或著录舛讹之处。参与《吉林通志》的编纂是郭锡铭重要经历之一，故相关的节点也一并列入，以见事件之始末，具体如下。

咸丰五年（1855），23 岁，中举，大挑④一等，任国子监助教。

同治九年（1870），38 岁，六月初九日奉旨记名外用。

光绪二年（1876），44 岁，是年八月签掣广西庆远府同知，⑤ 后以丁忧归。

光绪九年（1883），51 岁，复入都。

光绪十年（1884），52 岁，双城厅通判。是年三月二十三日出《观风告示》，告示中言"兹择四月初二举试观风，合行出示晓谕，为此示仰阖属贡监生童知悉。尔等学探渊海，籍判旗民，一体临场，万言待试，须投考于先日，再给卷于当堂。文宜三上求工，雕龙绣虎；诗必八叉立限，弄月吟风"。告示中对考试时间、诗文风格等均有明确要求，并且表示愿"支分鹤俸，助五夜之焚膏"。论者以为"首创观风，考取士子，榜列甲乙。自此儒林奋勉，争自琢磨，文风丕振"。⑥

光绪十二年（1886），54 岁，五常厅同知。

光绪十三年（1887），55 岁。是年，《吉林通志》监修长顺内调任"镇守吉林等处将军"。九月，以"送部考核"为目的，吉林府已经奉命搜集很多资料，当时的分巡道丰伸泰已经开始

---

① 延清《庚子都门纪事诗》卷四，《清代诗文集汇编》编纂委员会编《清代诗文集汇编》第 765 册，上海古籍出版社，2010，第 184 页。
② 秦国经主编《清代官员履历档案全编》第 27 册，华东师范大学出版社，1997，第 309 页。
③ 《民国锦县志略》卷一《人物》，《中国地方志集成·辽宁府县志辑》第 16 册，凤凰出版社，2006，第 606 页。
④ 大挑，清代科举制度之一，从三科以上会试不中的举人中挑取任职。乾隆年间成为定制。每九年举行一次大挑，不考文章辞赋，根据相貌应对选录用，属于特科。
⑤ 秦国经主编《清代官员履历档案全编》第 27 册，第 309 页。
⑥ 李兴盛等主编《黑水丛书（外十六种）》，黑龙江人民出版社，2009，第 1488 页。

参与此事，是为修会典之需。伯都讷、敦化等地都在查目录并呈送清册（吉档 1-7-92-33）。①

光绪十四年（1888），56 岁。三月初八，吉林将军希元札四司据吉林道详情采访吉省掌故事迹，以备纂修志书。四月，希元调福州将军。七月十九日，希元批发有关修志底稿的公文，批准延友纂修通志。

光绪十五年（1889），57 岁，任五常厅同知。② 呈交清册一事历两年之久"尚未据声覆到部"，八月二十日，长顺在批给户房的付文中传达了户部为修会典收集资料的要求，吉林将军饬命旗、民两属迅速将该省旗设府厅州县所述界口地舆全图、山川形势、程途里数等"赶紧送部"并"将该省通志及各厅州县一并饬取送部，万勿刻迟"（吉档）。十二月二十三日，吉林道首倡建立志书局（吉档 1-1-9），并向长顺上《修纂志书章程》。十二月二十六日，得到正式批札，成立吉林志书局，取名为"总理吉林志书局"，同时发去工作用的木质关防印和送派人员清单（吉档一般卷 1-1-183）。

光绪十六年（1890），58 岁，代理伯都讷厅同知，③ 九月十四日，派人赴省接解绞犯曹庭濬。本年六月，吉林将军长顺奏代理伯都讷厅同知郭锡铭调省另候差委。

光绪十七年（1891）59 岁，是年五月，因曹犯逃脱，郭锡铭以金差不慎，吉林府知府同勋因押解之署按例交部议处。④ 是年志书局已开局，郭锡铭已在志书局。长顺任满连任。吉林分巡道与吉林志书局拟修志征集资料告示，晓谕"各处旗民人等一体悉知"（吉档 7-34）。四月二十五日，伯都讷副都统柏英呈送清册；五月初一，三姓副都统富魁呈送《三姓志》清册及舆图，⑤ 宁古塔副都统上采访志书清册。同年，杨同桂任《吉林通志》局提，分纂舆地。本年九月初三日，长顺奏请编写《吉林通志》，十月初四得到批复。

光绪十八年（1892），60 岁，是年闰六月吉林分巡道讷钦上奏准补五常厅同知郭锡铭赴任，⑥ 再任五常厅同知。三月十五日，准志书局三月九日案呈，阿勒楚喀副都统衙门右司为札饬拉林协领照单速查文件以备修志事。⑦ 五月，长顺上折奏明前赏赐之书因官署被焚而毁，请求再次颁发，受到训斥，朝廷补发修志所用书籍。

光绪十九年（1893），吉林分巡道讷钦重修崇文书院，书志以记之。

光绪二十年（1894）⑧ 至光绪二十七年（1901）为凌川书院山长。

---

① 宋抵：《修〈吉林通志〉的准备与吉林志书局》，《图书馆学研究》1986 年第 3 期。本文所用的吉档均转引自此文，不另作注。
② 《东北人物大辞典》编委会编《东北人物大辞典》，"附录"，辽宁人民出版社、辽宁教育出版社，1992，第 1374 页。
③ 松原市扶余区史志工作委员会编《扶余县志》，吉林人民出版社，1993，第 529 页。
④ 中国第一历史档案馆编《光绪朝朱批奏折》第 100 辑，中华书局，1996，第 195 页。
⑤ 《三姓副都统富魁为呈送〈三姓志〉咨吉林将军衙门文》，刘凤仁主编，廖怀志、石成柱编纂《依兰史志文献汇编》第 1 篇《三姓志》，依兰县政协文史委员会，2010，第 7 页。
⑥ 中国第一历史档案馆编《光绪朝朱批奏折》第 8 辑，中华书局，1995，第 320 页。
⑦ 东北师范大学明清史研究所、中国第一历史档案馆合编《清代东北阿城汉文档案选编》，中华书局，1994，第 219 页。
⑧ 光绪十八年，郭锡铭前任山长佟文政中举，未参加殿试。光绪二十年，佟文政为直隶州知州，所以可以肯定在这一年，郭锡铭已经成为凌川书院山长，直至书院停办。

光绪二十年（1894），七月初一日，志书局被裁撤。

光绪二十二年（1896）长顺因病被免去吉林将军职务。五月十七日，吉林将军专折进呈《吉林通志》成稿以供御览，皇帝朱批留览。光绪二十五年（1899），长顺再任吉林将军。

光绪二十六年（1900），七月，长顺奏称"《吉林通志》成书，装订进呈"，①并为"出力人员请奖"。得旨，准其酌保数员，毋许冒滥。七月，创修吉林志告成，奖叙出力人员同知郭锡铭等有差。②

光绪三十年（1904），长顺病死于吉林将军任内。

郭锡铭主要是在52~60岁这段时间为官东北，为官东北期间的事件主要有二：双城出《观风告示》，以肃民风；参与光绪《吉林通志》的编纂。

二　作品留存与辑佚

《锦县志略》载郭锡铭"少英敏，能强记，十余岁人称书箱子"，《锦县志略》将他放在文学类作传，郭锡铭的好友李桂林也说他"长厚而知书"。③可见郭锡铭是以文学见长，著有古近体诗，惜未传。目前留存的作品仅是吉光片羽，不过亦可略窥一二。

郭锡铭《观风告示》载于《双城县志》卷一四，历史小说《最后的八旗》全文引入，可见其颇有流传。告示中有两点需要着意提出，第一"籍判旗民，一体临场"，不论是旗人还是民人都可以参加考试；第二"文宜三上求工，雕龙绣虎；诗必八义立限，弄月吟风"，对诗文的风格提出要求。④郭锡铭为官之"堡城地属边邑，户设旗丁，俗竞尚乎骑射，人鲜攻夫诗书。久沾国恩，风俗犹朴"，⑤告示中特意强调旗、民都要参加，意在消弭二者之间的差距与矛盾，不过，由此也显露出旗人尚骑射、不擅诗书之俗。李桂林致讷钦的书信中提到当时即将去吉林赴任的副都护沙公时说"满蒙人质直者多……不可因其不涉诗史，略存轻视之意"，⑥为官之人都"不涉诗史"，其余可想而知。汉官对于满蒙官员的轻视客观存在。郭锡铭就是在洞悉时弊之下出此《观风告示》，旨在调和旗人与民人之间的关系，并希图朴拙的民风有所改善。郭锡铭为官双城时间并不长，评者说"民风为之一震"似有夸张之意。此文是目前所见郭锡铭留存的唯一一篇，其为文之风格于此略见一二。不过，作为告示，难免有"雕龙绣虎"之嫌。

郭锡铭为文镂金错彩，现存的诗歌却质朴平易。现存的诗歌共10首，分见两处，一处是

① 《清实录·德宗景皇帝实录》，"光绪二十六年七月丙午"条，中华书局，1986年影印本。
② 朱寿朋编《光绪朝东华录》，中华书局，1960，第3831页。
③ 《李桂林致讷钦之八》，《清代名人书札》，第939页。
④ 郭锡铭：《观风告示》，《双城县志》卷一四《艺文志》。
⑤ 傅泽侯：《创建双城文庙落成祭文》，《双城县志》卷一四《艺文志》。
⑥ 《李桂林致讷钦之五》，《清代名人书札》，第923页。

《锦县志略》已载两首《和兰樵作原韵》①，如下：

> 从古由来戒晏安，此行仍戴远游冠。思量旧句还惆怅，薄宦真成进退难。
>
> 升沉潮长与潮消，宦绩回头粤岭遥。还与故人期晚节，岁寒风雨不能摇。

《锦县志略》所录郭锡铭和作前录有李赓云原作《癸未送郭子新司马起复入都》，李赓云亦是奉天锦州人，与郭锡铭是同乡，这首诗当作于郭锡铭丁忧结束回京之时，郭锡铭诗句"宦绩回头粤岭遥"，可证是在广西为官之后。与郭锡铭生卒年对看，此诗作于光绪九年（1883），郭锡铭当时51岁，入都的第二年外放东北为官，此时郭锡铭已感薄宦浮沉，进退为难，不过仍有晚节可期，就是在这样的心境之下，他到双城为官，在这样的背景下再看《观风告示》，虽不免有文人习气，却有革弊除旧之决意。

另有一处是笔者查阅资料时发现在延清的《庚子都门纪事诗》诗歌后附录的8首作品，地方志均未载，附录于下，用以采诗：

闲居感作用元遗山集壬辰十二月车驾东狩后即事五首韵②

忙着征衣快着鞭（借句），百官何日更朝天（借句）。惊寒野有嗷嗷雁，堕劫人同站站鸢。尚忆庚申多难日，那如甲子中兴年。石鲸鳞甲秋风动，沧海横来万里船。

朝议纷如水火争，无端偏信假神灵。石言或诩红灯照，血化俄惊碧草腥。我盼重光扶日月，天教一局误朝廷。幽燕老将凋零尽，漫说师行出井陉。

人鬼同城倏半年，忧心焦急比油煎。军衰直似迎风草，敌悍浑如下水船。菊径虽荒曾寄傲，桃源何境可寻仙。回銮总盼宣明诏，秦岭遥遥望眼穿。

红巾四起黯黄尘，满地干戈触棘榛。军令不严多溃勇，谏章膺祸痛诸臣。更闻湘楚添狂寇（谓康、梁、孙文诸逆），急拯乾坤望伟人。白发羞从明镜看，偷生已是乱离身。

铜盘承露汉宫秋，楼阁排云复道稠。谁使妖氛连上苑，竟教大地沸神州。歌成黄竹传哀怨，梦忆琼华失旧游。三辅近传消息好，翠华春暖早回头。

又郭子新感怀和韵诗

乱离空望故乡天，花柳春明得气先。冷意消融炉拨火，流光迅疾箭离弦。有书尚望儿能读，无酒难容我学仙。沧海扬波周甲子，那堪回首忆髫年 [道光庚子（1840），余年八岁，海疆事起，迄今正甲子一周矣]。

遥想城南韦杜天，宦游几辈着鞭先。软红近已消烽火，凝碧谁还奏管弦。论数无凭嗤

---

① 王文藻等修《锦县志略》卷二四《艺文》，民国10年奉天关东印书馆铅印本，上海图书馆藏本。
② 《庚子都门纪事诗》卷二《附诗》，《清代诗文集汇编》第765册，第159页。

蠹子（昔有为余推蠹子数，至六十四岁止，今已逾数年矣），著书难得似留仙（适阅《聊斋》，为消遣计）。昨宵灯尚分明在，忽被人呼作去年（借船山句）。

归田无复再瞻天，近水谁夸得月先。回銮定颁新岁诏，张琴欲改旧时弦（谓近有变法之谕）。久亏祭扫难为子，幸免流离不美仙。白发感时还自叹，明年已是古稀年。①

郭锡铭的这8首诗均作于庚子事变时期，从诗歌之中可以看出郭锡铭对于义和团、朝廷官员，对朝廷对待义和团的态度、回銮以及朝廷变法等问题的看法，这几首诗歌是庚子事变诗歌史的组成部分，据此可以了解这一阶层官员对于庚子事变的态度与看法。感怀和韵诗句中有"明年已是古稀年"，可证这三首诗作于郭锡铭69岁时，即1901年。延清诗集中有《赠郭子新锡铭二首借用杜少陵南邻诗韵》，诗中写道："有道先生垫角巾，市朝能隐不妨贫。慵抛簪组亲朋远，解读诗书子弟驯。方驾昌黎倾太学，同舟元礼挽仙人。"诗句中"解读诗书""方驾昌黎"等字眼可以推断出庚子事变时郭锡铭应在家乡凌川书院任山长。

三 郭锡铭与光绪本《吉林通志》

有研究者认为《宁古塔地方乡土志》的作者是郭锡铭，查郭锡铭为官经历中并未提到曾官宁古塔，那么《宁古塔地方乡土志》是如何与郭锡铭联系在一起的呢？光绪本《吉林通志》纂修衔名有郭锡铭，位列五名提调之一，在监修、总辑、总办提调兼分辑之后，署"花翎五常厅同知"，②《宁古塔地方乡土志》与光绪本《吉林通志》有何关联，郭锡铭在其中究竟起何种作用，厘清这些问题之后，郭锡铭与光绪本《吉林通志》之间的关联就基本清楚了。

方衍在《黑龙江方志考稿》中提出《宁古塔地方乡土志》的编纂者是郭锡铭，依据是"据郭锡铭呈，按照内载事赜，详加采访，送省记办，采访详造细册呈送，造清册二本，曾二次选册咨送，再造清册二本，并钤呈请印，郭氏纂，当无疑。志末，记有光绪十七年五月咨文"。③笔者查阅到这篇咨文，发现此结论的得出是由于对咨文产生了误读，咨文节录如下：

钦命宁古塔副都统军功花翎富为造册咨送事　右司案呈：于四月十三日准钦命头品顶戴、督办吉林边务事宜、镇守吉林等处地方将军、兼理打牲乌拉拣选官员等事、兼署吉林副都统、恩特赫恩巴图鲁长咨开，案据署吉林分巡道同勋详，据志书局纂修候补同知郭锡铭呈称，案蒙本署道札委纂修志书并颁发志书局章程，饬令遵办。卑职当将开局日期报明在案……业将宁古塔地方采访志书事宜两册咨送在案，今准来咨，复行造具采访志书清册

---

①《庚子都门纪事诗》卷四《附诗》，《清代诗文集汇编》第765册，第184页。
② 长顺等修光绪《吉林通志》，《续修四库全书》第647~648册，上海古籍出版社，1995。
③ 方衍：《黑龙江方志考稿》，黑龙江人民出版社，1993，第236页。

二本，一并钤印呈请备文附咨送。……光绪十七年五月初一。①

这篇咨文作于光绪十七年五月初一，与大事记对读，此时《吉林通志》志书局已经开局。档案记录本年吉林分巡道与志书局曾发布征集资料的告示，在这一年宁古塔、三姓、伯都讷都上交清册。这一篇咨文就是与清册一同上交的。同勋是当时的吉林分巡道，郭锡铭时为志书局纂修成员，此处的"郭锡铭呈"是指郭锡铭以志书局纂修的身份递交的征集资料的呈文，不是指作为宁古塔的官员编写乡土志。同时呈交的三姓清册亦有咨文，稍加对比就会非常清楚，如下：

> 三姓副都统都统衔伯卿额巴图鲁富为遵文绘图造册咨送事　左司案呈，准钦命吉林将军长　咨开案，据署吉林分巡道同勋详，据志书局纂修候补同知郭锡铭呈称，案蒙本署道札委纂修志书并颁发志书局章程，饬令遵办，卑职当将开局日期报明在案。②

两篇咨文相互比照就会发现，除地名不同外基本一致，属公文的基本格式，郭锡铭并不是这两种乡土志的编纂者，他的身份是志书局文件的发布者。再与《吉林通志》纂修衔名比照，在"采访"一栏中列出宁古塔副都统富尔丹、三姓副都统富魁、伯都讷副都统柏英之名，也就是说，目前所见的光绪本《宁古塔地方乡土志》《三姓乡土志》《伯都讷乡土志》是当时为纂修志书督促地方呈交的清册，长顺当时命八位副都统办理，富尔丹、富魁、柏英是其中的三位，这三位副都统在编写清册过程中起到的作用就是统筹资料的编写与上交。

《修纂志书章程》对于修纂人员规定"除纂修之人应慕名延访外，其余协修、采访、书写各事宜，在在需人襄办，应令旗民各署择举士林中文理精通者送省，由职道考试，其果系讲学之儒，列入一等者准作为协修，列入二等者等作为采访、司事，不列等者概不录用"。③ 其中提到"纂修之人应慕名延访"，前文所录宁古塔、三姓的咨文中都使用"志书局纂修候补同知郭锡铭"，说明郭锡铭在当时已为志书局纂修。志书局修纂人员的选择实际上并没有严格按照章程以考试的形式选拔，很多皆出于推荐，在李桂林致讷钦的书信中就有多次提及，略举一二，"兹有同乡李三兄澍田，兄旧识也。刻已于今十一日赴吉，觅一枝栖，人尚有才，惟兄随宜位置之，无令其空劳往返，则为幸不浅。闻其精于楷法，未之见也。又曙村之弟名条一，乞察入。程灿林前曾荐一张姓者（住伊局中），云楷法甚精，在刘耀先之上，此亦将来誊录之选也，并以闻"，④ 书信中提到三人，李澍田，李桂林同乡，与讷钦为旧识；条一，曙村的弟弟，曙

---

①　李兴盛等主编《黑水丛书（外十六种）》，第1100页。
②　刘凤仁主编，廖怀志、石成柱编纂《依兰史志文献汇编》第1篇《三姓志》，第7页。
③　宋抵：《修〈吉林通志〉的准备与吉林志书局》，《图书馆学研究》1986年第3期。
④　《李桂林致讷钦之二》，《清代名人书札》，第905页。

村是秦世铨的字，秦世铨担任《吉林通志》分辑；张茂才，程灿林推荐，程灿林究系何人，目前并未查到，不过应该与李桂林关系匪浅，因为李桂林在之后的书信中再次追问"程灿林所荐张某茂才，曾补入否？"① 另，"田盛之文义虽不甚深，从事尚颇自力，伯馨颇识拔之人，穷苦可怜，其所编较伯仁有其过之，乞遇事栽培为祷"②，伯馨是杨同桂字，担任《吉林通志》总办提调兼分辑，由此可见很多人进入志书局是互相引荐。这些被推荐进入志书局之人的才学在此不论，但其中很多人皆出于穷苦，换句话说，很多人进入志书局皆有谋生之意，这其中包括李桂林的同乡李澍田、杨同桂识拔的田盛，也包括《吉林通志》总辑李桂林，在他写给讷钦的书信中曾提及自己有段时间也艰于生计。郭锡铭生活也比较清苦。在李桂林致讷钦的书信中曾说"望兄始终爱护之，容其今年过冬，稍清逋负，薄有归赀。及兄内移，伊亦将乞假归"，③ 希望讷钦对郭锡铭多加照拂。前此提到的郭锡铭在志书局发布呈文的时候正值他因金差不慎交部议处之时，所以，郭锡铭进入志书局除其"才厚"的原因外，与宦途有关，与生计亦有关。

目前，除了发布呈文之外，郭锡铭的《吉林通志》"提调"还负责什么事务并不清楚，从李桂林的书信中发现郭锡铭此后还曾担任分校，不过李桂林对他的评价却颇多微词：

> 写宋过半，乃于三月十五日开局付刊。分校两人，托雨田、郭子新。子新看书十余册，以不肯受薪水，力辞而去。现甫改请黄湘远，湘远所校，弟尚未见。郭、托两人，则皆大字不识，一无所知，其所校过之书，经弟复阅，则每卷皆加数十签不止，分校直虚设耳！④

李桂林这封信写于《吉林通志》陆续付刊之时，郭锡铭与托雨田为分校。查《吉林通志》纂修衔名只有一位姓托，即"校勘"一栏中的"托龙武"，署"候选同知国子助教"，托龙武与托雨田应该是一个人，待查。郭子新就是郭锡铭，李桂林对于他们的校对非常不满意，说他们"大字不识，一无所知""分校直虚设"，说"大字不识"可能略有夸张，因为李桂林在此前还说郭锡铭"才厚"，郭锡铭看书十余册之后因为不肯受薪水，"力辞而去"，其余内情不得而知。之后，长顺曾上折奖励为志书出力之人，皇帝"准其酌保数员，毋许冒滥"，郭锡铭是获得奖励人员之一。郭锡铭获得奖励可能与他加入志书局时间早、有官衔在身、与李桂林的关系不错等都有关系。

---

① 《李桂林致讷钦之五》，《清代名人书札》，第 918 页。
② 《李桂林致讷钦之六》，《清代名人书札》，第 929 页。
③ 《李桂林致讷钦之八》，《清代名人书札》，第 939 页。
④ 《李桂林致讷钦书之十二》，《清代名人书札》，第 962 页。

综上，本文详细梳理了郭锡铭的生平、大事、作品及参与编纂《吉林通志》的蛛丝马迹以供地方志修纂之用。作为一位出身奉天、为官东北数年的官员，郭锡铭作为这一阶层的个案也有意义，尤其是他亲身经旗民落户东北以及庚子事变，作为这些经历的见证者，他及他的作品均有深入探讨之必要。

乾隆《萍乡县志》研究

曾 伟

（山西大学中国社会史研究中心）

"邑之有志，犹国之有史"，地方志作为地方社会历史文化信息的综合记录，具有重要的文献价值和研究价值。萍乡地方志的纂修始于明正德十三年（1518），由知县高桂主持（以下简称"正德志"）。随后经万历七年（1579）知县常自新补修（以下简称"常志"），万历十三年（1585）知县姚一理的续补（以下简称"姚志"），并于万历二十四年（1596）经知县陆世勣的修纂（以下简称"陆志"）臻于完善，成"一邑之信史"。遗憾的是明代这四部县志均已亡佚。

萍乡现存最早的方志是康熙二十二年（1683）知县尚崇年纂修的，保存于国家图书馆，该志的总裁官是时任江南总督的有"天下第一廉吏"之称的于成龙。康熙志之后的一百年间，萍乡再无方志纂修。此次点校整理的乾隆《萍乡县志》（以下简称"乾隆志"），由知县胥绳武主修，成书于乾隆四十九年（1784），凡十二卷，是清代第二部萍乡县志。在此有必要对胥绳武与乾隆志的纂修以及该志的体例、特点和价值作简要概述。

一 胥绳武与乾隆《萍乡县志》的纂修

胥绳武（1757~1808），字燕亭，别号晋普山房，山西凤台（今晋城）人，乾隆四十二年（1777）拔贡，乾隆四十五年（1780）至四十九年（1784）任萍乡县知县。[①] 上任时胥绳武年仅23岁，正是前途无量、意气风发的年纪。据唐仲冕所撰的墓志记载：

> 君生而颖秀，甄综经史，词笔超朗，少年负气节。萍乡界湖南，厨传骆驿。君为令，

---

① 曾建开：《清代萍乡知县胥绳武身世及生平事迹考》，《芦溪诗词》2008年第1期。

颇称强项，治民则锄暴植良，折狱如神；毁丛祠为泮宫；祷雨愆期，与神像琅珰而曝于庭，寻获大澍，至今邑人称之。①

胥绳武年轻时即颇负才名，他与当时的名儒袁枚和名士蒋知让之间的交往即为例证。② 而在萍乡县任内，胥氏更是不畏强权，除暴安良，有着"强项令"般刚直不阿的作风。在文教方面，他通过毁庙兴学，将民间祠庙用于办学。而在大旱之际，官方举行祷雨仪式，雨泽并未如期而至，为了缓解民间的焦虑和不满，他下令将龙王神像用铁链拴住在庭院中曝晒。这一具有象征意义的仪式活动，将不称职的龙王请下神坛，接受官民的惩罚，此举为民众所称颂。墓志对胥氏仕萍期间的大事择要而记，对其罢官则以"缘事失职"一笔带过，可能是出于为尊者讳的缘故。但如果将"缘事失职"的评语，置于乾隆朝后期吏治渐坏的背景下，恰恰说明胥氏不是一位随波逐流、碌碌无为的庸官俗吏。胥氏在乾隆志序言中自陈，到任萍乡后"明年修学宫，明年补城，建龙神庙，明年辑书院，各以次竣"。③ 实际上通读乾隆志，他还有增修县署，重建社稷坛、风云雷雨山川坛、楚昭王庙、亨泰桥，重修先农坛，修义冢，整顿濂溪祠、铺递、鳌洲书院等政绩。而任内的官声正是考察官员是否深得民心的主要指标，最具代表性者莫过于《萍乡行》，胥氏写道"谁料滋咎戾，翻令他事牵。解官辞署出，民意仍拳拳。哀尔疮痍形，病者渐以痊。我作萍乡行，聊当鸿雁篇。萍人勿多讶，宦途难具论"。④ 萍乡绅民在得知胥氏被罢的消息后，深感惊讶和叹惋。作为胥绳武的弟子张堉昌，对于老师的去职更为感伤，他在《读〈萍乡行〉诗跋》中写道：

吴侯以迁除去，吾夫子以诖误去。读《萍乡行》，抒怀叙事，恻然仁者之言，六百字中，居官心思毕见于此。念承任五载，大有裨于我萍。政治之暇，出以文章，今虽罢官，惟谢客读书，盖其襟怀远已。⑤

这条诗跋能收入县志，代表了绅民对胥氏任内政绩的肯定，对其去职的惋惜，也是胥氏本人认可的中肯评价。诗跋中的"吴侯"即康熙初年的知县吴兴祚，官至两广总督。在离任时，曾作《别萍乡父老》挥泪赠别。⑥ 张堉昌将胥氏与吴氏比肩而立，并以"诖误去"来为自己的老师鸣不平。至于胥氏因罹何咎而罢免，目前可以找到的证据有两条，其一是《乾隆朝惩办贪污档案选编》中收录乾隆四十九年（1784）"江西巡抚郝硕勒索属员案"中，胥绳武为涉案官

① 唐仲冕：《原任江西萍乡县知县胥君墓志铭》，《陶山文录》卷八，第14~15页。
② 曾建开：《清代萍乡知县胥绳武身世及生平事迹考》，《芦溪诗词》2008年第1期。
③ 乾隆《萍乡县志》卷首《序》。
④ 乾隆《萍乡县志》卷一二《近作》，第155~156页。
⑤ 乾隆《萍乡县志》卷一二《近作》，第127页。
⑥ 乾隆《萍乡县志》卷一二《近作》，第157页。

员之一，颇具讽刺意味的是，主管此案的正是赫赫有名的巨贪和珅。[1] 另一条证据是根据中国第一历史档案馆馆藏目录显示，乾隆四十九年十一月初三日，江西巡抚伊星阿奏请将"玩视人命之萍乡知县胥绳武"革职，此事之缘由始末，因笔者尚未阅读原档不得而知。但可以肯定的是，这年十二月胥氏在鳌洲书院为即将刊刻的《萍乡县志》写序时，已是戴罪之身。胥氏被革后颇为后悔，在序言中写道"予今以事免官矣，一篑之差，亏及九仞"，当触摸亲手编订的县志时更是"为之喟息"。时年仅 28 岁的胥绳武，面对罢免后暗淡无望的仕途，壮志未酬之心境可见一斑。而对于任期内的政绩作为，胥氏自觉无愧于心，《玉壶井铭》正是他离任之际内心世界的写照：

> 五年宦况，一片冰心。知我知我，无如汝深。这般淡味，直到而今。谓我将去，意转淋淋。泉犹如此，人何以任。[2]

玉壶井是萍乡县衙内的一口水井，当面对世人的非议、上官的弹劾和灵魂深处的拷问时，罢官而去的他，在井边必定有"一片冰心在玉壶"的慨叹。嘉庆十三年（1808）胥绳武卒于浙江藩司幕中，连去世的日期都不得而知，弥留之际想必亲人并未侍奉身边。甚至三年之后的嘉庆十六年（1811）编纂的《萍乡县志》有关胥氏的生平，仅有"胥绳武，山西凤台拔贡，乾隆四十五年任"的记载。[3] 为胥绳武立传，始于道光《萍乡县志》（以下简称"道光志"），内容如下：

> 胥绳武，号燕亭，山西凤台拔贡，乾隆时知萍乡。治事果决，修先农坛、建龙神庙，重民事也。新学校、兴书院，崇文教也。纂辑邑乘，搜罗校阅，不遗余力。剞劂甫竣，书未上呈，以诖误去。[4]

道光志对这位前任知县在政务、民事和文教方面给予了正面的评价，对其罢官的遭遇，则从"诖误去"之说，表明地方绅民对这位地方官政绩的肯定，以及对其被罢的不幸遭遇之同情。尤其是对于胥氏纂修县志之功，给予了"不遗余力"的高度评价。实际上，胥绳武为这部县志的编纂付出了极大的心血。他在序言中坦陈：

> 余念由开馆而来矣，岁俸所支，购古籍几万卷。公退之余，值志稿汇到，检书室中，

---

① 中国第一历史档案馆编《乾隆朝惩办贪污档案选编》第 4 册，中华书局，1994，第 2847~2881 页。
② 胥绳武：《玉壶井铭》，乾隆《萍乡县志》卷一二《近作》，第 127 页 b。
③ 嘉庆《萍乡县志》卷一〇《秩官》，第 10 页。
④ 道光《萍乡县志》卷九《秩官》，第 32 页。

烧白蜡，啜苦茗，悉心搜研之，征疑信，参异同，毋敢以苟率完公事。童子傍候良久，方垂头而睡，近听谯楼，漏辄三四下。

胥绳武本人即为藏书家，南京图书馆藏南宋蔡琪家塾刻本《汉书》，即有他的题跋。① 为了编纂一部质量上乘的县志，胥氏慷慨拿出自己的俸禄，购置近万卷古籍以资参考。而为了审阅汇编的志稿，胥氏更是废寝忘食连夜进行细致的校读，足见他对编修地方志的重视程度和认真态度。乾隆志成书后，"阅萍志者咸称善"。② 此志成为考察胥绳武这位地方官政绩的最佳文本，也是其个人事功的注脚。

二　乾隆志的体例沿革及特点

方志的修纂，随着时代的变革，内容、体例势必因之变化或调整。通过对历代方志体例的分析，可以感知地方社会变迁历程。对乾隆志体例的分析，应放在明清以来萍乡方志纂修的脉络中进行理解。有明一代的《萍乡县志》虽然无从得见，不过通过阅读留存的序言，可以管窥其体例，略知其源流。正德十三年（1518）纂修的《萍乡县志》是萍乡第一部方志，袁州府知府徐琏作序写道：

> 袁之属曰萍乡，巨邑也。在元为州，至国朝洪武二年复为县，三隅七乡编户一百三十里，地界吴楚，水接潇湘，其路则通江夏川广云贵之冲衢，往来士夫景慕形势，每询其故迹，恨无志考证，前有司因循，曾未有加意者。正德丁丑夏，凤阳颍上高氏名桂，擢宰是邑。越明季，政务之暇，慨兴修举，因与翰林孔目乐安邹公旸素善稔，知学博才高，遣吏礼请修辑申于府。……今视所志，若风土、形胜、财赋、吏治、人才、忠节之类，府志所载者尽收之。其所遗略者，考订群书，博采风流，延访士夫、耆老之谈，比事立言，汇次成编，繁不涉于杂离，华不涉于浮诞，就中书载直笔，殆与史法合也。③

通读徐琏的序言，萍乡在正德以前似乎并无方志编纂。然而根据正德九年（1514）《袁州府志》"凡例"记载："四邑事迹旧各自为志，今皆类附于郡为一志。"④ 说明正德以前的府志是府属四县各自汇编资料纂辑而成，萍乡自然亦不例外，只是未刊刻行世而已。此时的县志当是以稿本的形式保存流传，在漫长的修志过程中，亡佚势所难免，因此徐琏"无志考证"的慨叹，

---

① 江苏省文化厅、江苏古籍保护中心编《江苏第二批国家珍贵古籍名录图录》上册，凤凰出版社，2010，第26页。
② 同治《彭泽县志》卷一一《文苑》，第56~57页。
③ 徐琏：《萍乡县旧志序》，康熙《萍乡县志》卷一《序》，第1页。
④ 正德《袁州府志》"凡例"，第1页。

当是就刊刻县志而言。从内容来看，正德萍乡志是在辑录府志的基础上，参考若干古籍，并征访士大夫和耆老的言论汇编成书。县志编纂不借助县衙档案，反而求诸辑录府志资料，造成这一局面的直接原因可能是正德七年（1512）瑞州贼攻入萍乡县，烧毁六房吏舍，① 修志所需的原始档案遭到毁损。志稿交付徐知府后，"命锓梓以传，便考览、劝风化、裨政教，使将来观风纂实录者采取焉"，② 说明该志曾刊刻行世。方志纂修不乏各种"浮议"，徐氏主张速成以回避争议，因此正德志仅两个多月便完竣。③ 由于正德志仓促成书，书写草率，失之严谨，至六十年后的万历年间时"半成芜陋，典制久湮"。④ 纂修县志诸人已有"弗惬其意"之感。万历七年（1579）知县常自新补修县志，具体即为"建设之增易，官秩之代更，才贤之递兴，视旧志其所缀葺而厘正者居多"。⑤ 因此万历七年的常志仅在正德志的基础上补充了部分内容，体例并未改变。然而，仅仅在旧志基础上的增补，已经不能完全反映万历以来的社会变迁，满足官民的现实需求，亟须更新，体例之变即其一端。待万历十三年（1585）知县姚一理进行续补时，"考故实，参评得失，搜罗遗佚，发凡例纲目，续次类编，厘分六卷"，确立了县志的基本体例。兹据姚氏序言整理其目录如表1所示。

表1　万历十三年《萍乡县志》目录

卷次	纲次	目次
卷一	舆图	沿革、星野、祥异、山川、形胜、风俗、方物、赋役
卷二	创设	署宇、学校、城池、祀典、武备
卷三	秩官	政职、教职、属职
卷四	人物	科第、荐辟、贡监、恩荫、掾仕、学道、武勋、隐逸、耆寿、贞节
卷五	方外	仙释、仙女
卷六	艺文	诗、记

姚志凡六卷，纲目体，是明代嘉靖、万历年间志书普遍采用的体例。⑥ 在舆图纲下，将"沿革、星野、祥异、山川、形胜、风俗、方物、赋役"等条目纳入其中，颇有图经之遗意，旨在强调王朝对地方的统治和控制。⑦ 方志的资政功能在姚志中得以凸显，邑人简继芳评价道：

---

① 康熙《萍乡县志》卷六《祥异》，第11页。
② 徐琏：《萍乡县旧志序》，康熙《萍乡县志》卷一《序》，第1页。
③ 徐琏：《萍乡县旧志序》，康熙《萍乡县志》卷一《序》，第1页。
④ 简继芳：《续补修萍乡县志前序》，康熙《萍乡县志》卷一《序》，第6页。
⑤ 简继芳：《续补萍乡县志序》，康熙《萍乡县志》卷一《序》，第3页。
⑥ 巴兆祥：《明代方志纂修述略》，《文献》1988年第3期。
⑦ 王旭：《论宋代图经向方志的转变——以图的变化为中心》，《史学史研究》2016年第2期。

今睹所为志，与图、创设、官秩、人才以逮方外、艺文之属，视旧之芜陋沿袭者，颇有润色修饰之功，盖寅僚学博，虽与详校而笔削之权则侯实身任之矣。……盖志以志邑事也，城其事之一端也。纪载沿革，条析利病，全在此志，志补修矣。岂惟六十年典制之备已哉！千百载之矩矱亦或在兹矣。览舆图则编氓将何以绥乎？览创设则法纪将何以振乎？览官司则芳踪将何以踵乎？览人物则教化将何以兴乎？览方外、艺文则异端何以使之息而文体何以使之正乎！览而触，触而思，思而必求以利吾民为己也。继侯而作者，览而触，触而思，思而求以利吾民亦犹之侯也。则侯之终惠吾萍者，宁有纪极哉！故论侯新政，其修城修志二事皆巨。予窃谓修志尤巨者，以所托者远，而所贻者宏也。①

简继芳时任浙江温州府平阳县知县，站在地方官的角度对姚志发出"千百载之矩矱亦或在兹"的赞誉。而方志中各纲目的设立也被赋予了抚绥安民、振兴法纪、兴教化、黜异端、正文体等职能，最终的落脚点是在"利民"，这无疑是从地方士绅的角度有感而发。表明方志有引导官员从政为民的职能，肯定方志纂修的重大意义。实际上简氏在地方官任内，也十分重视地方志的编修，万历二十四年（1596）在台州知府任上，简氏曾补刊《赤城志》（即《台州府志》）。② 同年，简氏更以邑人的身份亲自参与编修县志，时任萍乡县知县的陆世勣在序言中写道：

夫学者载籍极博，尤考信于邑乘，则邑乘讵不重哉！顾文武之道在人，杞宋之征以献，则贤又文之所由寄也。余不佞，承乏兹邑，见县典芜佚，思欲辑而新之，而难其人，适庆源简大夫家居读礼，固迂固之才而侨胥之博也。既非借才于异地，又甚悉其邑旧史，因予之请而肯之。自春徂冬，详为校雠，手自编辑，举要删繁，订讹传信，阙者补之，佚者缀之，条分理析，旨明目张，烂焉成帙。③

万历二十四年距姚志纂修仅过去十年，知县为何有"县典芜佚"之叹？"芜"当指内容混乱和缺乏条理，"佚"即内容的散佚。造成"芜"的原因与主编者的学养有关，不能很好地将县志内容分类；而造成"佚"的原因可能是姚志未付梓刊刻，资料难免佚失。此时回到家乡的简继芳亲自参与县志的编修，他将烦冗的内容删除，讹误的部分进行订正，缺漏的内容进行补充，亡佚的部分进行缀辑，他也就成为亲历三部万历志纂修的直接见证人。陆志只是在姚志的基础上进行了史实的考订和内容的增删，并无体例上的变革。④ 而陆志最终得以刊刻成书，得益

---

① 简继芳：《续补修萍乡县志前序》，康熙《萍乡县志》卷一《序》，第6页。
② 洪焕椿编著《浙江方志考》，浙江人民出版社，1984，第277页。
③ 陆世勣：《修萍乡县志序》，康熙《萍乡县志》卷一《序》，第9页。
④ 陆世勣：《修萍乡县志序》，康熙《萍乡县志》卷一《序》，第9页。

于万历年间张居正推行"一条鞭法"改革，初步建立起地方财政体系，知县成为县级财政收入和支出的主导者与支配者。在这样的"一人责任制政府"之下，地方官主导方志编修，很大程度上取决于知县的个人意愿。相较于正德志的刊刻需求助于知府，这时的知县已经可以从地方经费中腾挪一部分用于方志的编修和刊刻。修志成为地方官青史留名的难得机遇，陆志更得名流邹元标作序，称颂一时。① 由于地方财政"取之于民，用之于民"，在方志纂修的实践中就是地方士绅的参与、地方特色的凸显和地方话语的突出，直接表现就是有关"政务之巨细，风俗之隆替，典章之废举"的内容被载入方志中。② 这些内容无疑是站在地方社会的角度，品评政策的得失和施政的成败，在道义和舆论上对地方官进行劝诫，形成约束，提醒为政者奉行善政与德政。

遗憾的是，明王朝的统治在延续数十年后，就被清王朝替代。而在地方社会，明清易代的拉锯持续时间更长。就萍乡而言，从崇祯十年（1637）临蓝盗寇攻陷县城开始，到康熙十七年（1678）清军攻陷棚民武装的山寨为止，其间明军、农民起义军、清军、吴三桂叛军以及"棚寇"先后拉锯于此，动乱持续四十余年。在此期间萍乡也有地方志的编修。康熙四年（1665）知县台瞻斗纂修《萍乡县志》，惜已无存，相关内容只能通过康熙九年（1670）《袁州府志》略窥一二。

康熙二十一年（1682），即三藩之乱平定后的第二年，朝廷下令纂修《一统志》，"诏天下府、州、县各以其志来上"，并要求三个月成书。康熙二十二年（1683）《萍乡县志》的纂修就是在此背景下进行的，并于当年完成编修和刊刻，带有明确的政治任务。③ 康熙志由知县尚崇年主持编修，该志在综合有明以来诸本县志以及康熙四年县志的基础上纂辑而成，以期"参考厘正，务求美善"，尤其对康熙五年（1666）至二十二年（1683）的史事资料进行了搜集整理，并在此基础上"遗者补之，讹者正之，不当者易之，繁冗者约之"。④ 其目录如表2所示。

表2　康熙二十二年《萍乡县志》目录

卷次	目录
卷一	县境图、县城图、县治沿革、分野、疆域、山川、形势、风俗、物产、城池
卷二	署宇、学校、隅乡、坊巷、市镇、津梁、陂塘
卷三	户口、赋税、课程、土贡、里甲、徭役、驿传、坛壝、庙祠、寺观、古迹、丘墓
卷四	官师、官师宦绩
卷五	科第、辟举、贡士、恩荫、援例、理学、武勋、掾考、耆寿、人物列传
卷六	隐逸、懿行、孝行、节烈、游寓、仙释、祥异
卷七	艺文一：记、传
卷八	艺文二：诗、补遗

① 陆世勣：《修萍乡县志序》，康熙《萍乡县志》卷一《序》，第10页。
② 陆世勣：《修萍乡县志序》，康熙《萍乡县志》卷一《序》，第9页。
③ 有关《大清一统志》编修与地方志纂修的关系，可参考巴兆祥《论〈大清一统志〉的编修对清代地方志的影响》，《宁夏社会科学》2004年第3期；乔治忠《〈大清一统志〉的初修与方志学的兴起》，《齐鲁学刊》1997年第1期。
④ 康熙《萍乡县志》卷一"凡例"，第1~3页。

相较于万历年间姚志六卷的纲目体，康熙志的体量扩充为八卷，条目也有所增加。这些条目中必不可少的就是《一统志》中要求必须有的项目如"山川、形势、户口、丁徭、地亩、钱粮、风俗、人物、疆域、险要"等。然后，地方官绅再根据实际搜集的资料进行分类编目，因此在具体编修时，秉持"不拘纲目，贵在直率"的原则。① 此无疑是短时间内成书的必然取向。通过对比发现，卷一增加了县域和县城的地图，可以使地方官对治下的区域有一目了然的认识。姚志中的祥异、赋役分别调整到第六卷和第三卷。而将"方物"改称为"物产"，体现了在贡纳实物向折纳货币的转变过程中，原有的贡赋经济开始向商品经济转型。一些极具特色和资源禀赋的地方物产，甚至走向专门化的生产，形成了今天具有地域标识意义的特产。卷二去"祀典、武备"增"隅乡、坊巷、市镇、津梁、陂塘"。表明了明末清初数十年的动乱，至康熙二十二年（1683）祀典和武备已然废弛。而新增的隅乡、坊巷，则表明了地方秩序的初步建立；市镇、津梁和陂塘意味着商品经济的复苏和生产的恢复。卷三中户口、赋税、课程、土贡、里甲、徭役等项都可纳入赋役条，这些内容"动关经制，志所首重，法不可遗，亦不可混"，往往根据勘定印册载入志书。坛壝、庙祠等项大致可相当于祀典，卷四新增官师宦绩，以使之作为"吏治之龟鉴，风劝之标准"，卷五新增援例、理学两个条目，增设人物列传"以垂不朽，亦仰止高山，思齐旧德之大端"。至于艺文中诗文的选择，"无关风土、政治、文行者，概弗录入"，而在诗的排序上，则根据时间先后"分别山川、亭台、寺观、赠送、行役、节序、风土、吊古诸类"，分类清晰。②

清代地方志通常有六十年一修的不成文惯例，但康熙志成书后一百年的时间里，萍乡并无方志的编纂，至乾隆四十九年（1784）知县胥绳武纂修县志时，已深感康熙志的记载过于简略。③ 这种简略多少与战乱初定后，既无力进行大规模的资料搜集和调查，也无法组织专人精雕细琢有关。如何在前志的基础上有所突破，是一件极费功夫之事。胥氏对乾隆志的定位有明确的表述：

> 我将因仍原刻缀为后编，分成两橛以补之，是续志也，我则不敢续志；我将全袭原本各类附入，依样葫芦以补之，是抄志也，我则不敢抄志；我将彼此互歧前后交混，治丝而棼以补之，是芜志也，我则不敢为芜志；我将粗具大概苟简自安，供人覆瓿以补之，是略志也，我则不敢略志；我将平平散铺，毫无纪律，如滩头捏砂以补之，是漏志也，我则不敢为漏志；我将曲徇己私，是非变易，索米酬缣无所不可以补之，是秽志也，我则不敢为

---

① 康熙《萍乡县志》卷一"凡例"，第1页。
② 康熙《萍乡县志》卷一"凡例"，第1~2页。
③ 乾隆《萍乡县志》卷一《志说》，第1页。

秽志。何则，我之心良苦矣，我之力则良难矣。①

常言道"盛世修志"，在乾隆盛世背景下纂修的方志，自然要有盛世气象。最重要的表现就是不惜人力物力，长时间精细打磨。胥氏对乾隆志的定位是"以功勤补前志"，"功勤"即花费更多的时间和精力纂修县志，以补前志之不足。当然在补修方志时强调精益求精的理念和自觉的精品意识，离不开乾隆时代方志学肇兴的大背景。为此胥氏拿出自己的俸禄，购置近万卷古籍作为修志资料参考。在此我们不细究一位知县为何有如此高的俸禄购置大批书籍，仅以严谨的修志态度而论，这足以令人称赞。通读乾隆志，对于资料的来源，无不注明出处。仅以"物产"条的编纂为例，胥氏要求所有物产要"博考群书，分疏详确"，征引的书籍就多达上百种，若非胥氏倾囊购书，仅以蕞尔小县的县学藏书断然无法支撑如此精细的县志编修。就体例而言，乾隆志凡十二卷，具体目录如表3所示。

表3　乾隆《萍乡县志》目录

卷次	总目	详目
卷一	志天	稽象(星野)、稽时(气候、祥异)
卷二	志地	辨方(沿革、疆域、都鄙)、辨境(山水、形胜)、辨土(物产、风俗)
卷三	志制	建治(城垣、官署、公所)、建祀(坛壝、庙祠)、建工(铺递、陂塘、津梁)
卷四	志赋	足民(户口、田粮、积贮)、足军(屯法)
卷五	志教	隶城(学宫、学署)、隶乡(书院、膳产)
卷六	志兵	示备(营务、关隘、操场)、示戒(武事)
卷七	志官	称职(县秩、学秩、武秩)、称政(循吏)
卷八	志名	纪遇(进士、举人、武举、诸贡、辟荐、例选、捃考)、纪恩(封赠、乡宾、耆寿)
卷九	志贤	叙学(儒林、文苑)、叙品(方正、孝友、善行、隐逸)、叙功(游宦、武略、尚义)、叙节(寿母、孀妇、烈妇、孝妇、贞女)
卷一〇	志外	记游(侨寓)、记居(仙释、寺观)
卷一一	志古	集迹(胜迹、遗迹)、集墓(旧墓、宦墓)
卷一二	志文	甲编(前作)、乙编(近作)

相较于康熙志而言，大部分的条目得到保留，部分条目变更了名称。如康熙志的"官师宦绩"在乾隆志更换为"循吏"。也有部分条目进行了删减，赋役部分尤其明显，如康熙志中"户口、赋税、课程、土贡、里甲、徭役"等项目减化为"户口""田粮"，说明"摊丁入亩"的政策得以实施。还有部分新增条目，如"积贮""膳产"等，说明地方的慈善、教育事业得到发展；"寿母"条目的设置，反映盛世之下风调雨顺、百姓人寿年丰的年景，百岁高寿之人列入方志，更是盛世的见证。从编排的方式来看乾隆志采取的是"纲中有纲，目中有目"形式，分目更为细

---

① 乾隆《萍乡县志》卷一《志说》，第4页。

致。对于为何要进行如此的分类，县志"凡例"也以一问一答的形式进行了回应：

> 问志体，纲中纲，目中目，不似赘疣乎？曰：中作一纽，以纲言，则纲之大目也；以目言，则目之小纲也。总类中分类，分类中又分类。
>
> 问志体之式。曰：通体纲目之分，如枝枝相对，叶叶相当。①

这样的分类是否妥当，或可讨论。而"凡例"行文篇幅之长，也说明乾隆志的体例相较于康熙志进行了全面创新，并非因循故事。最大的变化就是各条目有引言和散文，"引言以分纲目，散文以别条类"。而在各卷都有一段汇考的文字，方便读者提纲挈领对各纲目的制度源流和背景有所了解：

> 问汇考之法。曰：史者一代典故，志则古今原委也。志家之法，莫先于考核原委，他志附考，有冗者，有略者，有散者，今志必该括成文，总著于各志之端。
>
> 问汇考之法，得毋玉卮无当乎？曰：志家泛填通行事宜，则他志，都可作一志张本，志家考核古今原委，则一志并可作他志证据。
>
> 问汇考之法，博求诸书，可似獭祭鱼否？曰：以诸书广己见，要以己见汇诸书。②

通读汇考的原则，可以看出乾隆志考究事物本源的努力，而地方志就是要反映"古今原委"，这也是方志的重要职能之一。"汇考"的写作离不开广泛的文献阅读扩展视野，同时以开阔的视野来搜集和研读文献。谨选取卷一一的《汇考》为例：

> 堪舆之说，周时已有之，惟用以建都邑，而卜葬则始于秦樗里，汉时尚不甚重，晋郭璞以其术显，相沿至今，则惑世之甚者也。语云：阴地不如心地，萍之人慎毋笃信风水，生贪启争，致为青乌家误。③

此段论述虽简，但必定是编者参阅大量文献后有感而发。显然汇考的目的是在考辨源流的同时，为现实社会提供借鉴。此间对堪舆源流的追溯，意在劝诫人们不要迷信风水，为之所误。乾隆时代的考据之风也深刻影响着这部方志，对于地方史焦点问题的考证，尤其得到重视。如杨岐山之得名是否与杨朱有关。经过考证编者认为，杨岐山是因"昔有杨姓居之故名"。萍乡又称楚萍或昭萍，乃因楚昭王渡江得萍实而得名，此事原载《孔子家语》，可信度受到质

---

① 乾隆《萍乡县志》卷一《志例》，第1页。
② 乾隆《萍乡县志》卷一《志例》，第2页。
③ 乾隆《萍乡县志》卷一一《汇考》，第2页。

疑，胥绳武为此做了一番考证：

> 余尝考昭王事，疑之者三，解之者三。王走郧奔随，《史记》无至萍事，一疑。萍不近江，萍实何由获？二疑。山巅无水，兵何由屯？三疑。萍实事见《家语》，《史记》可信，《家语》独不可信乎？一解。因渡江获萍实，非必大江也，二解。屯兵楚山，非必在巅也，后人乃庙祀于巅耳，三解。①

胥氏的此番论证，想必是有感而发，而"三解"其实是对争议的焦点问题进行回应。显然胥氏认为楚昭王渡江得萍实是可信的，而昭王来萍也并非不可能。邑人甚至认为楚昭王渡江之地，在县北的邻近醴陵的香水渡。而关于香水渡的归属地问题，醴陵甚至还提出过争议，所以才会有归属权的争夺，萍乡方面通过多方考证作出了有力回应，并将其载入县志。② 说明在县域归属地争议问题上，考证的方法仍有现实的功用。当然乾隆志并非无可指摘，在追求考证源流与汇通的同时，对文献剪裁汇编并不利于历史文献的完整保存。为此，嘉庆《萍乡县志》就批评乾隆志的艺文部分"多所改易"，以及"强古人之作以就我意，殊非记言者所宜"。③ 然而即便如此，乾隆志的史料价值仍不可忽视。

三　乾隆志的史料价值

地方志作为地方社会文化的综合记载，其资料的来源是多元的。首先，最集中的莫过于对包括县志、府志和通志等在内的旧志资料的沿袭，其价值体现为在旧志亡佚的情况下，有保存史料的作用。其次，是对包括四书五经在内经典文献的引用，毋庸深辨。再次是正史、典章、律令等制度性文献，通常也不难获见。最后是文人文集，集中在方志的艺文部分，在保存文人尤其是名不见经传的地方文人的诗文方面价值巨大。地方文人知名度不高，刊印的文集存世量少极易佚失，甚至没有文集，方志是收录其诗文的主要载体，如胥绳武本人的诗文，就集中出现于乾隆志中。

乾隆志相较于前志，征引的资料均有出处，有清晰的资料来源，能够比较容易把握核心史料所在。乾隆志最有价值的史料包括两部分，其一是补康熙至乾隆一百年间缺失的史实；其二是记录的乾隆末年史事。这些资料的来源，既有官府档案，也有文人文集和征访调查的资料。采编自官府档案部分的内容，集中在赋役、户口和军事部分。如赋役册籍这类官方档案就有五种：

---

① 乾隆《萍乡县志》卷一二《近作》，第105页。
② 乾隆《萍乡县志》卷一二《近作》，第118页 b。
③ 嘉庆《萍乡县志》卷首《志例》，第2页。

凡赋役之籍五，有登丁者，有登粮者，有兼登丁粮者。四柱黄册，洪武十四年刊。鱼鳞图册，二十年刊。赋役总会文册，嘉靖二十八年刊。赋役纪，四十年刊。重定税粮科则，万历十四年刊。[①]

这些赋役册籍大多刊行于明代，至清代依旧是征纳赋税的参考。至于征访的材料，往往是通过由上而下的访查和由下而上的上报而得，通过"凡例"的考察可以得知：

问陂塘太多。曰：详水利也。据所报者载之。……问津梁载法。曰：桥、渡以考前志为主，余则据所报者载之。[②]

"据所报者载之"应当是为修志而上报的资料。当然除了上报的资料，调查访问的资料也有，比如关于萍乡民众年度活动安排的记录，必定是通过实地采访得悉，兹根据方志内容整理如表4所示。

表4　萍乡民众年度活动安排

月份	渔民	官吏	山民	女子	农民	乡人
正月	蓄鸬鹚	迎春			占年、修田器、薙草、敷苗	跳傩驱疫疠
二月		春祭东西二坛	种竹生笋、植树		分秧、植蕨、早稻播种	
三月		劝农于郊、祭先农行耕耤礼	闽广人耕山种茶	采桑饲蚕		
四月		行雩礼	入山伐煤	纺绩	耘田、种芸薹、割蜜、修堤	
五月			山乡涸田种粟		始莳秔禾	作优剧，侑城隍神于市
六月			种脂麻是月花开、种烟	曝衣	曝谷、莳早稻	
七月			菌菰出、取漆		中稻收获	
八月	水未涸	秋祭东西二坛	种薯		隙地种大豆、晚稻熟、采菱笋、种麦	
九月	萍水渐涸舟楫不行		伐木为炭、栗树熟、掘姜		二禾登、藏良种、备杂蔬	
十月					收荞麦、修桥梁、平道路、酿冬酒	

① 乾隆《萍乡县志》卷四《田粮》，第10页。
② 乾隆《萍乡县志》卷一《志例》，第8页。

续表

月份	渔民	官吏	山民	女子	农民	乡人
十一月			收柏树子		葺墙屋、治园篱、生煤炉、造农具	
十二月					启塘泥、刈茅草、待春耕	

这份关于民众日常活动的记录表，详细记录了一年四季每月的活动安排，是社会经济史难得的资料。而这些资料能够保存于县志，更在于胥绳武本人对萍乡地方文化有强烈的兴趣，并且热情地投入和有心去搜集整理。胥氏最具代表性的作品莫过于九首关于萍乡的竹枝词：

> 竹枝巴歈也，刘梦得居建平，作新词仿屈子九歌意，俾之讴声。厥后，吴侬楚些，选谱成词，多袭竹枝之名，不必巴郡也。余宰萍以来，日与民亲，其地其时其人皆所稔历，征诸土俗，间以方言亦成竹枝九首，谓借为咨访也可，即谓代为歌谣也可。
>
> 萍乡城小山环城，萍乡乡远山纵横。人家日在图画住，多少青山不识名。
>
> 东去江西写官板，西下湘东装倒划。中五十里船不到，满路桐油与苎麻。
>
> 五隅年例扮迎春，忙煞城中城外人。说道大平毛个事，顽随衡去跳傩神。（方言读太为大，读大为泰，无为毛，尔、我为衡、顽）
>
> 湘东水长好撑篙，渡口船排半里遥。各取小红旗子挂，客来争问买鱼苗。
>
> 插秧刈稻费工夫，闽广谁家要佃无。议定批规闲自管，秋来见帖拨新租。（方言他谓之闲）
>
> 比半铜钱赴太街，街南小店正新开。不须细数零星货，贩得衡州烟酒来。（钱以七十九文为一比，四十文为半比）
>
> 村妇肩挑石炭还，蓬头赤脚汗颜斑。道旁一让行人俏，不采山花插鬓间。（芦溪道中闽广妇人多往来挑炭）
>
> 黄花渡头黄花稀，金鱼洲嘴金鱼肥。凤凰池边看月上，横龙寺里探泉归。
>
> 萍乡风物似豳诗（刘后村先生句），此语前人不我欺。五载长官亲阅尽，公余为谱竹枝词。[①]

竹枝词由民歌转化而来，好的竹枝词作品，作者必定对地方风俗和掌故极为熟悉，方能让人读来产生共鸣。而胥绳武任职期间"日与民亲"，对于土俗也日渐熟悉，能做到与民同乐，一位随和而"接地气"的地方官员形象也跃然纸上。九首竹枝词，可谓清中叶萍乡社会经济的

---

① 胥绳武：《萍乡竹枝词九首并序言》，乾隆《萍乡县志》卷一二《近作》，第147~148页。

写照，几乎每首都能找到可以挖掘的社会历史信息，有的学者正是通过解读这批竹枝词，发表了一些研究成果。① 笔者也就其中的部分诗作进行过一些粗浅的解读，仅举两篇为例。

"村妇肩挑石炭还，蓬头赤脚汗颜斑。道旁一让行人俏，不采山花插鬓间。（芦溪道中闽广妇人多往来挑炭）"这首竹枝词在萍乡煤矿史研究中被广泛引用。通过"赤脚""汗颜""山花"等信息反映的时间来看，煤炭运输时间应该是春夏之交，正是煤炭运输的黄金时间。因为春夏之交是河流涨水之际，运煤船可以借助丰水期顺水直达下游湖广地区销售煤炭。然而，对于本地农民来说，春夏之际正值农忙时节，无论男女都不大可能会参与挑运煤炭活动；而移民男子在农忙时节，很大可能是被雇用为地主干农活，所以，最终这一体力劳动大部分落在了吃苦耐劳的闽广妇女肩上。另一首"比半铜钱赴太街，街南小店正新开。不须细数零星货，贩得衡州烟酒来。（钱以七十九文为一比，四十文为半比）"胥氏描绘了这样一幅场景：城南商店新开张，人们带着钱去店里买东西，其他什么货都不看，就只问衡阳的烟、酒来了没有。这段史料说明乾隆年间，来自衡阳地区的烟酒已经在萍乡拥有很好的口碑。然而，来自衡阳的烟酒未必全产自衡阳。据乾隆《衡阳县志》记载："烟草，衡地亦不多产，祁、邵、茶、攸所产皆售于衡，商人制为京包、广包，鬻之各省，俱称衡烟。"可见衡阳只是烟草的加工、包装和集散之地。正如俗谚云"药不过樟树不灵"。同样，当年的烟草打上衡阳产的品牌，自然也就是物美价廉的品质保证。至于酒，也是衡阳盛产之物。乾隆《衡阳县志》载，"衡俗，造酒味醇而值贱，酣饮者多沉溺其中焉"。由于衡阳的烟酒价格便宜味道好，所以也就成为市场最抢手和商贩最爱贩运的物产。笔者对胥绳武竹枝词的解读，还只限于读书札记层面，其深刻的社会经济和社会文化内涵，仍有继续探讨的空间。另外，杨际熙的《社仓引》也是珍贵的社会经济史资料：

> 农夫八口之家，耕不过二三人，田不过十数亩，收不过数十石；完官租，应公役，又私自戚里往来，庆吊相仍，其所赢无几。一家男女长幼，衣食嫁娶，皆出其中。其俭者，析薪数米，尚足以自给；其稍耗者，左支右诎，已不免剜肉医疮之患。岁一值水旱，家口嗷嗷，操券以贷，出倍称之息；或仰求无门，于是有买田宅，鬻耕牛，以度馑岁者矣。②

这条资料在章有义先生编的《中国近代农业史资料》中也有收录，反映的就是清乾隆时期以来人多地少的现状，使农民生计艰辛，家庭剩余人口为了谋求生存，必须寻求农业之外的生

---

① 代表性的成果如：凌焰《清代城市图甲组织研究——基于萍乡县五隅公所案的考察》，《历史地理》2015 年第 2 期；龙成前《从胥绳武竹枝词看清代萍乡风俗民情》，《城市建设与研究》2011 年第 35 期；曾建开《清代萍乡知县胥绳武身世及生平事迹考》，《芦溪诗词》2008 年第 1 期；王振忠在讨论"五隅"组织时，亦引用过胥绳武的竹枝词，参见氏著《明清以来徽州村落社会史研究》，上海人民出版社，2011，第 224 页。
② 乾隆《萍乡县志》卷一二《社仓引》，第 116 页。

计维生。此外，乾隆志中还有不少有价值的史料，限于篇幅不再赘述，读者细心品读自会有惊喜的发现。

结　语

对乾隆《萍乡县志》进行研究发现，受到乾隆时代方志学肇兴和考据之风影响，其编纂注重文献的搜集整理，强调资料的来源，便于追溯。对地方名物，则注重源流考证，一目了然，具有鲜明的时代特点。主纂官员本身的方志学素养，以及对资料搜集的重视，保证了该志的质量。同时在旧志的基础上，进行体例的创新，扩大文献搜集范围，增加诗文的收录，在地方名胜的考证以及风俗考察方面内容突出，特色鲜明，对民俗文化、民间信仰的考察具有重要的参考价值。

西藏旧志编纂及版本收藏

马小彬

（四川省地方志工作办公室）

西藏是中国不可分割的一部分，是一个以藏族为主的多民族聚集区。藏族是中国西藏地方的开拓者，藏族与生活在西藏的兄弟民族作为祖国大家庭中的重要成员，共同创造和发展了中华民族文化。西藏旧志的撰修及现存版本，真实记录了西藏与内地在政治、经济、文化等方面的交流共融。长期以来，史志学界对西藏旧志编撰及价值评价的研究多，但系统介绍西藏旧志及版本收藏的文章不多，笔者借参与 2017 年度国家社会科学基金重大项目"西藏地方志资料的整理与研究"之机，就西藏旧志及志书类文献的编纂、版本收藏情况作一介绍，以飨读者。

一 西藏旧志及志书类文献概况

本文所指的西藏旧志及志书类文献范围，是 1949 年以前由西藏官修私撰的、记述西藏地区政治、经济、文化、宗教的汉文志书及志书类文献。西藏官修方志始于清初，而志书中记载有关西藏历史的史料，则早于清代。为叙述方便，本文分清代以前、清代以及民国时期三个阶段介绍西藏旧志及志书类文献。

（一）清代以前有关西藏的文献记载

中华民族编纂方志的传统源远流长，至今已有两千余年历史。因各种原因，我国少数民族地区方志编修时间相对晚于内地。目前尚未发现清代以前西藏地方政权官修方志，但在内地史志中，已有大量记述西藏概况的史书文献。如《后汉书·西羌传》、新旧唐书《吐蕃传》、《全唐文》、《全唐诗》都记载了早期西藏地域情况或收载吐蕃的诗文。《明史·西域乌斯藏本传》

对西藏由来、"吐蕃"称谓、地理、风俗等有清晰记录。①

　　有关西藏诸事，清雍正之前多见于史志典籍以及相关日记、游记、纪略、纪程。"西藏"二字，最早出自清康熙六十年（1721）《圣祖仁皇帝御制平定西藏碑文》中的"一矢不发，早定西藏"。清乾隆初期，曾任四川北镇（今四川阆中市）左、中、右游击等职的萧腾麟，曾兵驻镇察木多（今昌都），撰写的《西藏见闻录·事迹篇》中载："考西藏之载于方舆，即周之西域，汉之西羌，唐之吐蕃。我朝始分其地为三部，曰康、曰卫、曰藏。而人因其名实繁，遂总其名，而称之曰西藏。"据1997年10月西藏社会科学院西藏学汉文文献编辑室编纂、中国藏学出版社出版的《西藏地方志资料集成》② 所述：藏文史料的记述与汉文几乎同步，如《敦煌吐蕃历史文书》和其他敦煌文献中已有的宗教、圣迹、地域、祭祀、医药、技艺等记载，甚至官制、法制、兵制都有分门别类的记述。元代以后，藏族学者、高僧撰写的教派史、寺庙志、圣迹志等，都留下大量的藏文史志史料，丰富了西藏方志的宝库。这些用藏文、汉文编纂的史书，成为研究西藏地方历史发展、西藏地方政权与中央王朝关系的珍贵史料。

（二）清代西藏旧志及志书类文献

　　清初，清政府设驻藏大臣治理西藏，内地满、汉、蒙古族官员入藏任职期间，注重考察藏情，留心写作，为治藏安康、存史资政留下百余种藏汉文的方志文献，其中西藏在清代以志命名的就有20余种。清雍正十一年（1733）纂修，清乾隆元年（1736）刊刻的《四川通志·西域卷》，是西藏之外最早记载西藏地域情况的通志。

　　西藏地方政权官修时间最早的志书，当数清乾隆元年编纂的《西域全书》，现藏南京图书馆。西藏民族学院刘凤强先生在《清代藏学历史文献研究》一书中认为，《西域全书》应该是西藏第一部成熟的汉文志书，其后的志书都是在此书基础上编纂而成的。③ 因此其文献价值很高，其修补本大约成书于清乾隆七年（1742）。同时，刘凤强先生认为《西藏志考》《西藏通志》《西藏志》《拉萨厅志》中的内容，多摘抄自《西域全书》。

　　有清一代，西藏地方政权依照中央王朝规定，秉承中华民族修志文化传统，官修私撰志书及志书类典籍，数量较多。

　　清康熙年间有：康熙四十七年（1708），云南阿迷州（今开远县）知州毛振翮撰的《西征记》、四川泸州知州王世睿撰的《进藏纪程》、四川荥经典史张海撰的《西藏记述》、果亲王允礼撰的《西藏往返日记》等；康熙五十八年（1719），四川铜梁人王我师从成都进藏，历经五年，写下的《藏炉总记》《藏炉述异记》《打箭炉记》等；杜昌丁撰的《藏行纪程》，记述康熙五十九年（1720）由云南入藏的事略。

① 何金文编著《西藏志书述略》，吉林省地方志编纂委员会、吉林省图书馆学会，1985。
② 西藏社会科学院西藏学汉文文献编辑室编纂《西藏地方志资料集成》，中国藏学出版社，1997。
③ 刘凤强：《清代藏学历史文献研究》，人民出版社，2015。

康熙六十年（1721），陕西泾阳县知县焦应旗撰有《藏程纪略》，不分卷；广西全州知州吴廷伟撰《定藏纪程》，不分卷，这两本书，主要记载康熙末期，由青海西宁进藏，后平定西藏策妄阿拉布坦叛乱，经四川回陕西和西宁的沿途见闻。另有佚名撰《西藏记》，二卷，抄本，107 页；陈克绳撰《西域遗闻》，抄本。

清乾隆年间有：乾隆二十四年（1759），萧腾麟纂《西藏见闻录》，二卷，油印本，篇分二十，详略合宜。有乾隆三十九年（1774），萧腾麟纂《西藏见闻录》，二卷，抄本。

作为西藏的通志，并以志命名的首推清乾隆五十七年（1792）由曾任四川布政使、内阁学士侍郎、驻藏任事和宁刊刻的《西藏志》，编纂者佚名，刻本，116 页。和宁在序中有记，该志"传为果亲王所撰"，分有事迹、山川、寺庙、天时、物产、碑文、附录共三十三个门类，记事较详，编纂时间大致在乾隆中期，1968 年收录进台北成文出版社出版的《中国方志丛书》中。

清康熙佚名撰《西藏记》，二卷，清乾隆五十九年（1794）刻本，107 页；清乾隆佚名撰《西藏志考》，抄本，43 页。

嘉庆年间有：嘉庆《卫藏通志》，和琳纂修，十六卷首一卷，分别存清光绪二十二年（1896）的刻本及民国间的石印本；嘉庆《西藏纪游》，周蔼联撰，四卷，民国 25 年（1936）石印本；清嘉庆、道光间《镇抚事宜》，松筠撰，五种五卷，刻本，226 页；《西招图略》，松筠撰，不分卷，刻本，114 页。

光绪年间有：光绪《西藏图考》，黄沛翘纂修，八卷首一卷，清光绪十二年（1886）刻本；光绪二十年（1894）《西藏纪述》，张海撰，一卷，刻本；光绪三十三年（1907）《炉藏道里最新考》，张其勤撰，铅印本，29 页；光绪三十三年《三省入藏程站纪》，范铸编，石印本，22 页。

宣统年间有：宣统（1909～1911）年间《藏事举要》，胡炳熊撰，铅印本，58 页；宣统三年（1911）《藏辙随记》，陶思曾撰，铅印本，45 页；宣统元年（1909）《筹藏刍言》，蔡汇东撰，铅印本，25 页；宣统（1909～1911）年间，《西藏乱后处置策》，胡炳熊撰，铅印本，8页；《西藏全图附说》，嵇志文撰，清末（1851～1911）抄本。

（三）民国西藏方志及志书类文献

民国时期，西藏方志编修的种类、数量有 11 种，多为在藏官员所著。依次为：民国初年（1912～1921）《卫藏揽要》，邵钦权纂修，六卷，稿本；《游藏纪程》，李国柱撰，民国 7 年（1918）铅印本，32 页。

《藏事纪要初稿》，石青阳撰，民国 22 年（1933）油印本，101 页。《西域遗闻》，清陈克绳撰，民国 25 年（1936）铅印本，45 页。《西藏纪游》，清周蔼联撰，四卷，民国 25 年石印本。《西藏往返日记》，允礼编纂，民国 26 年（1937）铅印本，29 页。《藏纪概》，李凤彩撰，分存有民国 26 年抄本（据旧抄本重抄，抄本前序有清雍正五年前唐之说），60 页；民国 29 年

（1940）油印本，39 页。《驻藏程栈》，民国间抄本，133 页。

另刘赞廷藏稿中有：《边藏刍言》，刘赞廷撰，民国间铅印本，18 页；《波密县图志》《察雅县图志》《察隅县图志》《昌都县图志》《定青县图志》《冬九县图志》《恩达县图志》《贡县图志》《嘉黎县图志》《九族县志》《喀木康全部图说》《科麦县图志》《宁静县志》《硕督县图志》《太昭县图志》《同普县图志》。

二 有关西藏旧志的类别及数量

对于西藏旧志的类别及数量，因研究者对志书定义理解各异，统计标准不一，结果不同。1995 年江苏古籍出版社出版的《中国地方志集成》的"西藏府县志辑"，收录西藏旧志 19 种，另有未被收录的稀见西藏旧志 10 种。四川师范大学彭升红的《清代民国西藏方志研究》一文认为："清代民国西藏方志有 46 种，这 46 种藏志分别集中产生于三个时期：第一次集中产生于康熙末年至乾隆初年（约 1720~1750 年），计有 9 种；第二个时期是乾隆末年至道光末年（约 1791~1850 年），计有 8 种；第三个涌现期是英军侵藏战争至抗日战争结束（约 1888~1945年），计有 29 种。"① 何金文的《西藏志书述略》记载，西藏旧志有数十种。据 1997 年中国藏学出版社出版，西藏社会科学院西藏学汉文文献编辑室编辑的《西藏地方志资料集成》序所述："这部西藏地方志丛书共辑有县志、舆地志、纪程、吐蕃传合集、其他方志资料等五大类，60 余种。收入资料起自汉唐、止于民国，主要文献包括旧志中的善本和稀见著作、史书中的方志资料和近人编著的大批稿本及有关的公文、奏牍等。"2016 年 2 月，中国香港蝠池书院出版有限公司出版的《西藏旧方志》中收录西藏旧方志 42 种。2016 年 3 月该公司出版的《西藏旧方志续编》中收藏西藏旧方志及文献 85 种，其中 30 种应属西康。

可以说，目前比较确切的关于汉文西藏旧志及地方文献的类别及数量，尚待进一步研究认证。若把范围拓展到藏文及外文版本，预计西藏旧志的种类、数量将更多，这是值得深入研究的领域。

三 西藏旧志及志书类文献版本的收藏

西藏旧志及志书类文献因其独特的政治、经济、历史、人文、宗教价值，颇受中外机构及学者重视，收藏出版工作值得肯定。

2002 年，台北"编译局"主编出版的《中国大陆古籍存藏概况》一书记载，北京图书馆

---

① 彭升红：《清代民国西藏方志研究》，硕士学位论文，四川师范大学，2008。

收藏有西藏方志 36 种，78 卷。① 重庆市图书馆收藏大量清末民初曾任川康边地军分统、蒙藏委员会主任的刘赞廷以其经略川、滇、康、藏十四年所写的藏稿，其中仅西藏各县图志有 17 部。南京大学图书馆收藏的西藏方志 47 种，其中原版 17 种。广西师范大学图书馆收藏西藏地方志 9 种。中国科学院图书馆、中国社会科学院图书馆、南京图书馆、西藏社会科学院等也都收藏数量不等的西藏方志及志书类文献。

国外收藏西藏旧志的情况，主要是美国国会图书馆以及哈佛、华盛顿、哥伦比亚、耶鲁大学、斯坦福、普林斯顿、芝加哥、康奈尔、密歇根、伯克利大学的图书馆有所收藏，在其所编纂旧志目录中可见。西南民族大学吉正芬老师《美国主要研究型图书馆西藏旧方志收藏概况》②一文有所介绍，本文不再赘述。

四 西藏旧志的整理出版

清代、民国时期的西藏旧志内容丰富，具有鲜明的藏地民族特色和地域特色，数量虽不多，但价值弥足珍贵。其特点及价值，正如四川师范大学彭升红评价的：西藏方志名称丰富、篇目命名新奇、体例编纂特异以及私撰多于官撰、他撰多于己撰、略志多于繁志、通志多于县志。这些志书记录了西藏起源发展历程，如西藏的由来、西藏社会政治经济、宗教文化、科技医药发展，也记述了西藏地方政区与中央王朝的密切关系。长期以来，在各级党委政府、有关部门的重视和学界的关注及辛勤工作下，点校、影印出版西藏旧志的工作有效有序开展，成果可喜。

早在 1960 年，民族文化宫图书馆收集刊行了《刘赞廷藏稿》，在藏学研究领域产生了重要影响。1995 年，江苏古籍出版社（今凤凰出版社）、上海书店和巴蜀书社出版《中国地方志集成：西藏府县志辑》1 册，收录《西藏志》等 19 种。1997 年，中国藏学出版社出版了由西藏社会科学院西藏学汉文文献编辑室编辑的《西藏地方志资料集成》1~2 集。该集成最早也是最系统介绍了西藏府县志以及涉及有关西藏市镇、山川、寺塔、程站、物产、人物等专类的方志资料，与所收县志互为补充。

有关西藏方志文献丛书的系统出版，尤以藏学家张羽新教授等主编，学苑出版社出版的最多、最全。2003 年 9 月，学苑出版社出版了张羽新主编的《中国西藏及甘青川滇藏区方志汇编》，共 54 册，200 余种，9900 万字。其中收有《西藏地方通志》《西藏厅县志》《藏区宗教志、语文志、江河志文献》《近代学者编著涉藏志乘》，内容包括民国及以前的官修史书、私撰志乘，收存大量西藏地方政府公文、档案、志书，具有较高的文献价值、科研价值。既有首次

---

① 潘美月、沈津编著《中国大陆古籍存藏概况》，台北"编译馆"，2002。
② 吉正芬：《美国主要研究型图书馆西藏旧方志收藏概况》，《西藏研究》（汉文版）2018 年第 4 期。

公布的《卫藏图识》（上、下册），也有最早的西藏志书《西藏志》《大清一统志·西藏》《四川通志·西域志》等。

2006 年，由张羽新主编，学苑出版社出版发行《民国藏事史料汇编》30 册。2009 年 6 月，由张羽新、张双志主编的《唐宋元明清藏事史料汇编》，由学苑出版社出版发行，9600 万字，共分 11 辑。其依次为唐蕃史料汇编、宋代吐蕃史料汇编、元代吐蕃史料汇编、明代藏事史料汇编、清代藏事史料汇编、驻藏大臣传记史料长编、蒙藏及青藏关系史料汇编、藏传佛教与藏区风土文献萃编、涉藏典籍辑要、藏区方志补遗、民国藏事补遗。除两辑为补遗外，其余 9 辑按朝代为序，分专题编纂，内容涵盖从 7 世纪中叶至清朝灭亡，1200 余年间的涉藏汉文基本文献。时间跨度大，涉及面广，文献种类繁多，丰富了中国藏学汉文文献史料宝库，为藏学研究提供了第一手资料。2013 年，国家图书馆出版社出版《重庆图书馆藏刘赞廷藏稿》36 部，共 50 种 94 册，其中有关西藏方志的稿本，以民国时期最多，有 17 种图志记述西藏各县县情，还收集西藏地方政府公文等档案资料，如《赵尔丰奏议公牍》（18 卷）、《西藏历史择要》等。

2015 年 12 月，四川省地方志编纂委员会（现为四川省地方志工作办公室）组织点校，巴蜀书社出版《刘赞廷康区 36 部图志点校》（上、下册）。以重庆图书馆所藏刘赞廷手稿为蓝本，与 1960 年民族文化宫图书馆油印本互为参照点校，所选 36 种图志中，现属四川甘孜 19 种、西藏 17 种。

结　论

综上所述，西藏旧志的编纂出版有效地保存了西藏地区政治、经济、文化、教育等方面发展的宝贵史料，这些史料充分证明了西藏与内地、西藏地方政府与中央王朝、西藏地方文化与中华民族文化的密切联系，为西藏历史研究以及中华民族历史研究提供了难得的资料。

张海《西藏纪述》关于西藏的记载及其资料来源[*]

——兼及清代西藏地方志中的民族志资料

赵心愚

（西南民族大学西南民族研究院）

张海《西藏纪述》是清代成书较早的西藏地方志之一，乾隆十四年（1749）即以刻本问世，光绪二十年（1894）又被收入振绮堂丛书。乾隆初期成书、刊印的西藏地方志不多，故《中国地方志综录》及《中国地方志联合目录》两种重要方志目录均著录此书，台北成文出版社所出《中国方志丛书》亦将其收入。[①] 近 40 年来，随着西藏清代民国地方志研究受到学界重视，研究成书较早的清代西藏地方志的成果也明显增多，但对张海及其所著《西藏纪述》的研究却仍显少，有的只是在清代西藏地方志研究中提及，有的只是就一些基本问题提出看法，未做进一步较深入的讨论。[②] 在清代西藏地方志的研究中，笔者冒昧撰此短文，是想以此引起学界对张海《西藏纪述》一书及有关西藏的记载与资料来源的关注、重视，推进相关的研究。

一 撰书前后张海的经历及《西藏纪述》 成书时间

张海，浙江杭州府钱塘人，其生平事迹史志中尚未发现较完整的记载，所幸其著序及书后

---

* 本文系国家社会科学基金重大项目"西藏地方志资料的整理与研究"（17ZDA159）阶段性成果。

① 朱士嘉编《中国地方志综录》（增订本），商务印书馆，1958，第 303 页；中国科学院北京天文台主编《中国地方志联合目录》，中华书局，1985，第 849 页；台北成文出版社 1968 年所出《中国方志丛书》"西藏"部分仅收方志三种，《西藏纪述》为其中之一。

② 邓锐龄：《读〈西藏志〉札记》，《中国藏学》2005 年第 2 期；何金文编著《西藏志书述略》，吉林省地方志编纂委员会、吉林省图书馆学会，1985，第 26~27 页；肖幼林、黄辛建、彭升红：《我国首批西藏方志产生的原因及其特点》，《中国藏学》2009 年第 4 期。

类似跋的一段文字有简要记述，再结合其他材料分析，可大致了解其撰书前后的经历。书后类似跋的这段文字对《西藏纪述》的研究具有重要的价值，有必要先对其主要内容做一简介并略做分析。

在这段文字中张海写道："海初任四川雅州府荥经县尉。辛亥岁委赴口外协办副总理粮务兼运军饷赴西藏，壬子复解藏饷。癸丑奉部行取口外舆图、户口、风俗，蒙委清查、绘画、采访，兼剖各土司历年未结夷案，驰驱十月，始获告竣。"① 文中提到的辛亥年即雍正九年（1731），壬子年为雍正十年，癸丑年为雍正十一年；所说的荥经（今四川雅安市荥经县）县尉，即典史，当时沿旧制称县尉，为不入流属官。按张海自言乾隆六年丁艰离川及"任川一十三载"倒推，其入川任雅州府荥经典史时间当在雍正六年或七年。② 乾隆十五年之前，川藏道上的粮务"向委佐杂"，乾隆十五年起才"选委丞倅，以昭慎重"。③ 因此，虽然当时张海仅为未入流属官，亦赴口外协办副总理粮务兼运军饷赴西藏，之后复解藏饷进藏，并奉命在打箭炉以西开展调查，办理积案。之后张海又言："是年，量移泰宁巡检。其地敕建惠远庙，移驻达赖（此书'赖'字有部分加口旁，以下不再说明——引者注）喇嘛，有钦差护卫，重兵镇守。斯任则管理汉土民情，兼司粮运军务。甲寅冬，果亲王奉命至泰宁，抚恤番黎，驻节月余，一切供支竭蹶承办，幸免遗误。"甲寅年即雍正十二年，巡检一般为正九品，所以虽自言"量移"，实际上张海地位可能已略升。建惠远庙、"移驻达赖喇嘛"、派钦差护卫及重兵镇守泰宁、"果亲王奉命至泰宁"等（泰宁及惠远庙均在今四川甘孜藏族自治州道孚县），所言与《清实录》《西藏志考·历代事实》《西藏志·事迹》及果亲王允礼《西藏往返日记》等记载相合。次年，张海参与了护送七世达赖返回西藏的重要行动。在这段文字中张海称："乙卯春，奉果亲王派委，护送达赖喇嘛由类五齐、春奔色擦、哈拉乌苏等处草地，计行六月，始抵西藏。""春奔色擦"即擦隆松多，在自察木多由类五齐草地进藏路程中有此地名，由此可知护送七世达赖返回西藏所走路线。之后，"戊午升授叙永照磨，复委出口管理里塘粮务。辛酉丁艰。海任川一十三载，奔驰塞外几及十年"。乙卯年即雍正十三年，此年张海到了拉萨，以其当时的地位只能是一般地参与护送行动。从《清实录》《西藏志考·历代事实》《西藏志·事迹》等记载看，七世达赖雍正十三年自泰宁出发时已是夏初，可能粮草需先行，故张海称"乙卯春"。戊午年为乾隆三年，此年张海虽升任叙永（今四川泸州市叙永县）照磨（可能已为正九品），但不久又赴里塘（今四川甘孜藏族自治州理塘县）管理粮

① 张海：《西藏纪述》，成文出版社，1968年振绮堂丛书影印本。本文所引《西藏纪述》材料皆引自此版本，标点为笔者所加。
② 由于清中央政府将雅州升为府并将荥经归其管辖的时间是雍正七年（见《清世宗实录》雍正七年四月辛巳条），张海任雅州府荥经典史在雍正七年的可能性更大。民国《荥经县志》卷四《官师志》记张海任荥经典史时间在康熙末年，其后从雍正元年起典史一直为徐元宪，至乾隆元年才为另一人，记载当有误。
③ 陈克绳：《西域遗闻·疆域》，1936年禹贡学会据江安傅氏藏旧抄本铅印本。

务，即在里塘粮台任职。① 辛酉年即乾隆六年，此年张海因丁忧离开四川回籍。这一段时间的经历，使张海对西藏、打箭炉口外藏区以及藏传佛教与达赖喇嘛有了一定的了解，同时使其具有了编纂此书的条件。按张海在这段文字最后的说法，编纂《西藏纪述》是"以志不忘云尔"。这段文字简要记载了张海在打箭炉口外藏区及几次赴西藏的经历，也谈及撰此书的目的，但遗憾的是没有具体明确《西藏纪述》成书于何时，也未言及其丁忧之后情况。

《西藏纪述》前序为时任安徽天长县教谕徐仑所写，内容涉及张海丁忧之后在天长任职及《西藏纪述》的成书时间。② 序称，"武林巨川张公调署斯邑"；又称，张海"出其先任雅川（应为雅州，原文有误——引者注）驰驱王事一十三年中所著打箭炉口外、西藏等记述，并绘图于上，汇成一帙以示，而更嘱为之叙"。此序中，徐仑明确谈到张海来天长任职，并称张海将"驰驱王事一十三年中所著"书稿交其阅并请作叙。徐仑此序署时为"乾隆己巳"，即乾隆十四年。有研究者据此序中"驰驱王事一十三年中所著"语，认为张海在四川时《西藏纪述》已成书，书稿之后再被其带到了安徽天长县任所。③ 这一看法虽也有据，但可能与事实并不相合。其理由一是"驰驱王事一十三年中所著"后还有"绘图于上，汇成一帙"语，这说明最初的书稿还进行了绘图及一段时间的整理；二是据天长县志书记载，张海丁忧之后，通过保举任知县的时间在乾隆十年五月至乾隆十四年五月，徐仑任该县教谕的时间则是从乾隆七年起，也就是双方在徐作叙前已共事四年。在一般情况下，《西藏纪述》若早已成书并完成绘图及书稿整理，张海乾隆十年五月任天长知县与教谕徐仑熟悉之后就会请徐作叙，不至于到乾隆十四年才将书稿交徐仑作叙。④ 因此，根据目前有限的记载，《西藏纪述》成书时间只能认为在乾隆十四年或其他研究者提出的乾隆六年至乾隆十四年三月。⑤

二 《西藏纪述》 关于西藏的记载及特点

在清代成书较早的有关西藏的著述中，《西藏纪述》确有其价值，但评价却不太高。其最大的不足或弊病是，书名虽为《西藏纪述》，但内容记雅州府属口内外土司较详，记西藏各方面却显略。⑥ 尽管存在以上问题，但《西藏纪述》关于西藏的记载仍为其重要组成部分，亦需要做一简介并指出其值得注意的特点。

---

① 咸丰增刻本《直隶叙永厅志》卷三二《职官·照磨》载："张海，浙江杭州府钱塘人，吏员，乾隆三年五月初八日任。"从下一任同年七月二十七日即署任看，张海在四川叙永任职仅两个多月即赴理塘。

② 张海：《西藏纪述·序》，乾隆十四年刻本，上海图书馆藏。光绪年间《西藏纪述》收入振绮堂丛书时被抽去此序及图。

③ 何金文编著《西藏志书述略》，第27页。

④ 嘉庆《备修天长县志稿》卷六中《职官表（二）》。

⑤ 邓锐龄《读〈西藏志〉札记》一文（《中国藏学》2005年第2期）认为约在乾隆六年后数年内成书；赵长治在《〈西藏纪述〉考略》（未刊稿）一文中认为，《西藏纪述》的最终成书时间当在乾隆六年至乾隆十四年三月。

⑥ 参见中国科学院图书馆整理《续修四库全书总目提要（稿本）》相关述评，齐鲁书社，1996年影印本；陈家琎：《重印〈西藏纪述〉序》，张海：《西藏纪述》（《西藏学文献丛书别辑》），中国藏学出版社，1992。

　　收入振绮堂丛书的《西藏纪述》共 76 页，除最后两页为前已作简介分析的类似跋的那段文字外，主要内容为 74 页。其中，前 51 页记"四川雅州府属口内土司"及"雅州府属口外新抚土司"，大致各占 25 页；从 51 页末江卡儿开始记西藏，直到 74 页，约占 23 页。仅从所记篇幅看，关于西藏的记载已占《西藏纪述》全书的 1/3，当然应是一重要组成部分。从所记内容看，有关的记载虽未分目，但涉及西藏自然、社会及西藏与清中央政府关系等诸多方面。江卡儿这一地名在雍正《四川通志·西域》及《西藏志考·程途全载》中已见，《西藏纪述》中有关西藏的记载是从江卡儿开始。其记载一开始即明确称："江卡儿在打箭炉西南，距打箭炉二十八站。东接巴塘邦木宁静山界。"接着又记，雍正"四年清分疆界，奏请将土地、夷赋赏给达赖喇嘛，并将元、二年招抚之上下达拉宗……类五齐、擦哇等处夷赋悉归西藏，隶郡王普罗鼐管辖。江卡儿藏设土目营官管理，其地乃进藏孔道，汉番贸易经由要津"。其记载虽简短，但西藏四川分界与江卡儿区位及其管理等均一一涉及，只是雍正《四川通志·西域》及《西藏志考》中所记郡王颇罗鼐，此书多处称作颇罗鼐。江卡儿后，按以上记载方式对乍丫、察木多、洛隆宗、拉里等又分别记载，均明确记"四年清分疆界"事。其后，对玉树南称等族（指部落）的划分经过与管理也做了记载。在以上记载之后，开始记"西藏"。从"西藏，即唐吐蕃地。土人分为三部，曰康、曰卫、曰藏。康者即察木多，土名昌都一带；卫者西藏，土名拉撒一带；藏者即后藏，土名扎什隆布一带"语及之后的内容看，此处"西藏"本指卫藏，但又包括了前所记察木多一带，这是此书记载含混不清之处。与前所记江卡儿、乍丫、察木多等相比，此处"西藏"所记内容显得较丰富，除了记西藏为唐吐蕃地分为三部外，还对黄教与达赖、班禅等"呼图克图"以及所受崇拜情况，拉撒（即拉萨）城的地理环境及气候，西藏历史尤其是进入清代后清中央政府对西藏的治理等做了简要记载，止于颇罗鼐加封郡王，其记述方式与《西藏志考·历代事实》及《西藏志·事迹》有相似之处。这段内容之后，未分条简要记西藏地形、建筑、转经习俗及西藏各地自然与部落分布等情况。此后，分条记正东、东北、正北、西北、正西等方向各地要隘及防守情况。再后，又简要记由打箭炉粮运至藏路线与打箭炉由草地至西藏道路以及沿途地方自然、社会、民俗、交通、物产等情况。

　　从以上介绍已可看出，《西藏纪述》关于西藏的记载不仅涉及诸多方面，而且具有以下几个特点。一是将有关西藏的记载约分作两部分。一为记入藏后至拉萨前各地，并记玉树南称等族的划分经过与管理；一为记"西藏"，主要指卫藏，但又涉及察木多一带等。二是注意沿川藏大道分地记各地情况，并将其置于前。前已言及，书中有关西藏的记载是从江卡儿开始的，因江卡儿"乃进藏孔道，汉番贸易经由要津"，是川藏大道由川入藏后西藏管辖的首个要地。江卡儿之后，乍丫、察木多、洛隆宗、拉里及归入洛隆宗、拉里两条中的说板多（即硕般多）、冰坝（即边坝、达隆宗）、工布江达、墨竹工卡、得庆（即德庆）等，皆为川藏大道沿途所经要地。三是突出两个重点。一为分条记正东、东北、正北、西北、正西、西南、正南等七个方向各地要隘及防守情况，如记正东要隘察木多，首先即记其"两河环绕，山重路窄，设桥为防，乃之西藏门户”的要隘特点；一为不分条记打箭炉由粮运中路至藏站数与打箭炉由草地至西藏道路以及二者沿途地方自然、社会、民俗、桥梁、渡口、物产等，尤其详记打箭炉由粮运中路至藏沿途各地情况。四是与本书前面的“四川雅州府属口内土司”及“雅州府属口外新抚土司”所记比较，有关西藏各方面的记载均显简略，清中央政府治藏重要措施与一些重要事件及西藏各地宗教、民俗多只是一般提及，不做详记。其体例与清代方志著作常见体例亦有所不同。① 以上这些特点，使此书有关西藏的内容具有值得注意的价值，当然同时也影响了后人对此书的评价。

三 《西藏纪述》有关西藏记载的资料来源

《续修四库全书总目提要》对此书评论称，张海“自谓任川十三载，塞外几及十年，故所记具属目击，而非向壁虚构者”。② 《西藏纪述》关于西藏的记载与四川雅州府属口内外土司的记载一样，应均有其依据，的确非向壁虚构，笔者赞同这一看法，这是因为著者具有多年生活在打箭炉口外藏区及几次进入西藏的经历。但是，细读此书关于西藏的记载并做一定比较后发现，除一定量的采自档册的资料及考察、体验与目睹耳闻资料之外，张海显然还利用了当时其所能看到的与西藏有关的文献资料。换言之，乾隆前期已成书、刊印的有关西藏的著述也是《西藏纪述》的重要资料来源之一。

有清一代，随着清中央政府加强对西藏的治理及西藏与内地人员往来的增多，有关西藏的著述也随着时间推移不断出现。《西藏纪述》清乾隆十四年以刻本问世，从目前已知情况看，此年之前有关西藏的著述已出现多种。张海具有“几及十年”生活在打箭炉口外藏区及几次赴西藏的经历，当时有条件看到的著述应有两类：一类是所谓西藏旅程之作，也称纪程类著作；另一类即地方志著作。西藏旅程之作康熙末年已出现，至乾隆十四年已出现的有焦应旂《藏程纪略》、吴廷伟《定藏纪程》、杜昌丁《藏行纪程》及王世睿《进藏纪程》等数种。具有方志体例的西藏地方志雍正年间亦出现。据目前已知的材料，李凤彩所撰《藏纪概》成书在雍正五年以前，为私人编撰的最早清代西藏方志。雍正《四川通志》开篇在雍正十一年前，雍正十一年已成书，两年后又形成增补本并于乾隆元年正式刊行。此志卷二一为“西域志”，为目前已知的官方编纂的最早清代西藏地方志。此两志之后，乾隆初年又先后出现《西域全书》及与之存在密切关系的《西藏志考》和《西藏志》。③ 除此之外，还有乾隆四年刊行的《雅州府志·

① 由于其体例与清代一般方志著作不同，何金文在《西藏志书述略》一书中将《西藏纪述》称为“纪程类著作”。何金文编著《西藏志书述略》，第26页。
② 中国科学院图书馆整理《续修四库全书总目提要（稿本）》，第3~513页。
③ 刘凤强：《〈西域全书〉考——兼论〈西藏志考〉、〈西藏志〉的编纂问题》，《史学史研究》2014年第4期。此文认为，《西藏志考》抄自乾隆元年成书的《西域全书》，而乾隆《西藏志》则是在之后几年的《西域全书》修补本基础上编成。

西域志》。从时间来看，《西藏纪述》乾隆十四年以刻本问世时，以上西藏旅程之作及已成书、刊印的西藏地方志张海当均有条件看到。

比较之后首先发现，清代较早的西藏旅程之作中王世睿的《进藏纪程》，对《西藏纪述》在记载方式及资料上有一定的影响。王世睿雍正十年奉檄运饷入藏，往返九阅月，后以其途中的见闻写成《进藏纪程》。此书中王世睿采取分地记述方式，即从打箭炉起，经巴塘出川入西藏之后，沿路记江卡儿、乍丫、察木多、洛龙宗、硕般多、冰坝、拉里、江达、墨竹工卡及得庆，尤其是入藏后首记江卡儿，与雍正《四川通志·西域志》不同，这样的记载方式及顺序对《西藏纪述》显然有影响。同时，书中察木多"又名昌都，即头藏"等语及所记西藏各种"物产"，张海编纂时也应做了参考。① 在乾隆十四年前已成书、刊印的西藏地方志中，李凤彩《藏纪概》对拉萨及西藏物产的记述，张海编纂时也应有所参考。② 需要指出的是，雍正《四川通志·西域志》及乾隆《雅州府志·西域志》的"西域"概念及分地记述方式显然对《西藏纪述》的编纂有着较大的影响。除此之外，张海还利用了这两志中的部分资料，如《西藏纪述》在江卡儿、乍丫、察木多及洛隆宗等地均明确记"雍正四年清分疆界"，洛隆宗条即记："雍正四年清分疆界，土地夷赋奏请仍给达赖喇嘛，归隶郡王颇罗鼐管辖。"此材料见于雍正《四川通志·西域志》或乾隆《雅州府志·西域志》（后者基本照录前者所记，故难区分），其洛隆宗条记为"雍正四年会勘疆界，将洛隆宗地方遵旨赏给达赖喇嘛"。尽管具体表述有些变化，但比较后仍可发现其资料出处。有意思的是，在摘引资料时，《西藏纪述》还做了一定修订补充，如记察木多戎空寺时，雍正《四川通志·西域志》、乾隆《雅州府志·西域志》有"援巴弋奚暨昌储巴居其内"语，③《西藏纪述》记察木多时，记当地大喇嘛呼图克图名拔巴戈奚丹巴（可能指帕巴拉六世，即帕巴拉·帕巴济美丹贝甲措），显然做了一定修订与补充。

乾隆初抄录自《西域全书》的《西藏志考》与《西藏志》的抄本，在西藏任职的张海显然有条件看到。《西藏纪述》有关"西藏"的记述开始即称："西藏，即唐吐蕃地。土人分为三部，曰康、曰卫、曰藏。康者即察木多，土名昌都一带；卫者西藏，土名拉撒一带；藏者即后藏，土名扎什隆布一带。"这一段文字与《西藏志考·历代事实》及《西藏志·事迹》均基本相同，说明对这两种志书可能均做了参考。比较之后的两段文字，则可判明资料具体摘自前者。（1）"西藏，土名拉撒者，即佛地二字。旧有城郭，设九门，康熙六十年为定西将军噶尔弼、护国公策旺诺尔布所毁，东南筑石堤……长十三里。"这一段文字与《西藏志考·历代事实》相关内容基本一致，尤其"设九门"与"十三里"完全相同，《西藏志考》中"东南筑石堤"虽为"筑东南石堤"，但方位词"东南"亦同。《西藏志·事迹》相关内容中不见"设九

---

① 王世睿：《进藏纪程》，吴丰培辑《川藏游踪汇编》，四川民族出版社，1985。
② 李凤彩：《藏纪概》，中国藏学出版社，1995。
③ 雍正《四川通志》卷二一《西域志》，《四库全书》本；乾隆《雅州府志》卷一二《西域志》，西南民族大学图书馆藏光绪补刻本。

门"三字,"筑东南石堤"作"筑西南石堤","十三里"则为"三十里"。(2)"送达赖喇嘛赴藏坐床,封为成教度生达赖喇嘛,并将此方人民土地赐之,居于布达纳,振兴黄教,重衽灾黎。"这一段与《西藏志考·历代事实》相关内容也基本相同,只是出现"封"为"赐封"、"布达纳"为"布达拉"等小改动,重要的是"成教度生达赖喇嘛"封号相同,"振兴黄教,重衽灾黎"语也一致。《西藏志·事迹》相关内容中,封号"成教度生达赖喇嘛"作"承教度生达赖喇嘛","居于布达拉"之后已无"振兴黄教,重衽灾黎"语。① 以上这两段文字的比较,可以清楚地说明张海在所举部分中具体摘录的是《西藏志考·历代事实》的资料。前已言及,《西藏纪述》记江卡儿、乍丫、察木多、洛隆宗、拉里等后,对玉树南称等群族的划分经过与管理也做了记载,之后才记"西藏"。比较《西藏志考·略笔杂叙》及《西藏志·外番》相关记述,尽管改动较大,且有一些错字,但仍可看出《西藏纪述》中玉树南称等族的划分经过与管理的资料应主要摘自《西藏志》。理由是,《西藏志考·略笔杂叙》所记除南城、巴卡、余树、纳克树外没有涉及其他具体族群名,《西藏志·外番》所记则有39族、40族的具体族群名,《西藏纪述》的记载亦涉及了多个具体族群名。再如,《西藏纪述》明确记颇罗鼐加封郡王,《西藏志考·封爵职衔》中并无此记载,《西藏志·封爵》中却有这一记载。② 因此,可以认为,乾隆初出现的《西藏志考》与《西藏志》均为《西藏纪述》的重要资料来源。③

通过以上的梳理、比较与讨论,撰书前后张海的经历及《西藏纪述》关于西藏的记载及特点、资料来源均得到较为清楚的反映。从《西藏纪述》资料来源的分析与讨论中,可以看到乾隆十四年以前已出现的西藏旅程之作及已成书、刊印的多部西藏地方志已受到张海关注,被其摘录、摘引或参考,这表明康熙末年已出现的西藏旅程之作及雍正时期与乾隆初年成书、刊印的西藏地方志在西藏、打箭炉及口外藏区或川藏大道沿途迅速得到传抄或流传,对其后西藏地方志的发展显然有着明显的推动作用。张海的经历及《西藏纪述》关于西藏的记载与资料来源还反映出,乾隆前期如张海这样的具有进出西藏地区及在藏区任职经历的官吏对西藏地区的关注和对有关西藏的文献资料的重视。《西藏纪述》尽管存在明显的不足与缺陷,但从记述方式、体例上讲,仍可视为一部早期的清代西藏地方志。这部清代西藏方志的出现,反映出在清中央政府加强对西藏地区治理及西藏与内地人员往来增多、全国地方志编纂处于高潮的历史大背景下,乾隆前期西藏地方志在进一步发展,出现了第一个发展高潮。④

志者,记也。地方志即记地方。地方志著者关注、记述的是一定区域与地方,不过有的是对其整体性的关注与记述,有的则是对其某些方面的关注与记述。因记述内容涉及一地各方面

---

① 《西藏志考》抄本,《西藏志》乾隆五十七年刻本,国家图书馆藏。
② 《西藏志考》抄本,《西藏志》乾隆五十七年刻本,国家图书馆藏。
③ 笔者在拙文《清代早期西藏方志中的"康"及有关记载特点》(《藏学学刊》2015年第2期)中曾言,《西藏纪述》中关于西藏记载的部分材料参考了乾隆《西藏志》。这一看法现在看来显然不够全面。
④ 赵心愚:《清代西藏方志发展的两个高潮》(代前言),《清代西藏方志研究》,商务印书馆,2016。

或诸多方面，所以过去的地方志给人印象是其内容涉及一地自然、社会与历史、现状诸多方面，所以宋代史学家司马光将其称为"博物之书"。值得指出的是，在中国这个统一多民族国家内，历代地方志著者关注、记述的一个重点，即某区域的族群或民族，具体记其地理、分布、人口、经济、民俗、宗教信仰及社会组织、与中原王朝关系等内容。地方志的书写方式及传统与西方传来的民族志的书写方式及传统虽然不同，但实际上"很多东西也是通过田野调查做出来的"，① 其内容与二十四史的记载一样，其中有不少宝贵的民族志资料。李凤彩、张海等清代西藏地方志的著者也同样如此，除注意文献资料外，在藏地也不同程度地通过自己的观察、体验获得相关资料，然后整理记入志书，所以《藏纪概》《西藏纪述》等西藏地方志中都有不少值得注意的民族志资料。② 这方面的宝贵资料，是目前地方志资料整理研究的一个重点，也值得今天的民族研究者去发掘。同时还应指出，地方志书写方式需要传承并发展，在各地重视新方志编纂的今天，民族志的书写方式及传统也值得地方志某些部分的编纂者借鉴。

---

① 赵世瑜：《反思"写文化时代"的志书写作》，李松、张士闪主编《节日研究》第 9 辑（《中国节日志》首发式纪念专辑），泰山出版社，2014。

② 目前多数学者认为李凤彩所撰成书于雍正前期的《藏纪概》是清代首部西藏地方志，其"卷之尾"中的"西藏种类"，即记著者眼中的西藏各地族群及其民俗。

地方志与矿冶文化的传播

——以明清时期《大冶县志》为例

刘金林　赵春蓉

（湖北师范大学；黄石港区地方文化研究会）

黄石市位于湖北省东南部，素有"青铜古都""钢铁摇篮""水泥故乡"之称。黄石人民在千百年的矿冶实践中创造了光辉灿烂的矿冶文化，使黄石成为闻名世界的"矿冶文明之都"。

黄石市是由大冶县（今大冶市，黄石市代管的县级市）的黄石港、石灰窑两个镇发展而来的。大冶县始建于宋乾德五年（967），李煜为南唐主时，以境内矿产丰富，冶炼业发达，升青山场并划武昌三乡与之合并，新设一县，取"大兴炉冶"之意，定名为大冶县。

明清时期的《大冶县志》对于黄石矿冶文化的传播以及近代重工业的发展，起到了积极的促进作用。

一　明清时期《大冶县志》概况

大冶自公元967年建县以来，至清朝末年共纂修县志九次，其中明朝四次，永乐十五年（1417）、宣德（1426~1435）年间、嘉靖十九年（1540）、万历十二年（1584）各修一次，清朝五次，康熙十二年（1673）、康熙二十二年（1683）、同治六年（1867）、光绪八年（1882）、光绪二十一年（1895）各修一次。除康熙十二年纂修的只有抄本外，其他八次皆出版印刷。由于年代久远，明永乐十五年、宣德年间、万历十二年等三次纂修的《大冶县志》已无从查找。

（一）明嘉靖《大冶县志》

全志共七卷。赵鼐修，冷儒宗纂。北京大学图书馆、中国科学院南京地理与湖泊研究所图书馆、湖北省图书馆、武汉大学图书馆现存明嘉靖十九年刻本，首都图书馆、吉林大学图书馆等现存清代活字本嘉靖《大冶县志》，湖北省图书馆还保存有抄本嘉靖《大冶县志》。

嘉靖《大冶县志》由序、凡例、图域、目录和志构成。知县赵鼐、徐应华、冷儒宗分别作序。全志分七卷，卷一舆地志，卷二田赋志，卷三建设志，卷四祠祀志，卷五秩官志，卷六人品志，卷七附录。

（二）清康熙《大冶县志》

（1）清康熙《大冶县志》九卷本

该志由谢荣修，胡绳祖纂。首都图书馆现存 1~4、8、9 卷清康熙十二年抄本，中国科学院图书馆、上海图书馆等保存有该志胶卷照片。

（2）清康熙《大冶县志》十二卷，首一卷本

该志由陈邦寄修，胡绳祖纂。中国国家图书馆、首都图书馆、中国科学院图书馆、上海图书馆、天津图书馆、吉林大学图书馆、甘肃省图书馆等保存有清康熙二十二年刻本。

康熙《大冶县志》首一卷包括余国柱、胡绳祖、陈邦寄写的序，胡绳祖写的后序，收录了张仕可、郭遫、徐应华写的旧序，还包括凡例、姓氏表、目录、《大冶县志》舆图（县境图、县治图、县署图、儒学图、八景图）；卷一地舆志，卷二建置志，卷三田赋志，卷四治忽志，卷五秩官志，卷六官绩志，卷七选举志，卷八人物志，卷九至卷一二艺文志，卷一二逸事志。

（三）清同治《大冶县志》

该志十八卷，首一卷。胡复初修，黄丙杰纂。中国国家图书馆、首都图书馆、中国社会科学院图书馆、中国第一历史档案馆、中国历史博物馆、国家文物局文物保护科学技术研究所资料组、中共中央党校图书馆、中国人民大学图书馆、北京大学图书馆、中央民族大学图书馆、上海图书馆、华东师范大学图书馆、上海师范学院图书馆、上海辞书出版社、天津图书馆、大连图书馆、南京图书馆、南京大学图书馆、中国科学院南京地理与湖泊研究所图书馆、常熟图书馆、浙江图书馆、温州市图书馆、江西省图书馆（不全）、湖北省图书馆、武汉大学图书馆、湖北省博物馆、武汉图书馆、黄石市档案馆、湖南图书馆、湖南博物院、湖南师范大学图书馆、华南师范大学图书馆、云南省图书馆等收藏有清同治六年刻本《大冶县志》。

该志卷首包括胡复初作序，冯修藩题跋，职名，目录，赵鼎、张仕可、郭遫、陈邦寄、余国柱、胡绳祖作的原序和胡绳祖作的后序，明永乐十五年修志职名，凡例和《大冶县志》舆图（县治图、县城图、县署图、儒学图、八景图）；卷一疆域志，卷二山川志，卷三建置志，卷四田赋志，卷五学校志，卷六祭典志，卷七秩官志，卷八宦绩志，卷九治忽志，卷一〇人物志，卷一一及卷一二烈女志，卷一三至卷一六艺文志，卷一七逸事志，卷一八补录艺文志。

（四）清光绪续修《大冶县志》

（1）清光绪续修《大冶县志》十卷，首一卷

该志由林佐修，陈寇洲纂。中国科学院存光绪八年续修《大冶县志》稿本。

（2）清光绪《大冶县志》续编七卷，首一卷末一卷本

该志由林佐修，陈鳌纂。中国国家图书馆、首都图书馆、中国社会科学院图书馆（不全）、中共中央党校图书馆、北京大学图书馆、中央民族大学图书馆、上海图书馆、天津图书馆、南京图书馆、南京大学图书馆、中国科学院南京地理与湖泊研究所图书馆、镇江市图书馆、常熟图书馆、浙江图书馆、湖北省图书馆、武汉大学图书馆、湖北省博物馆、湖南师范大学图书馆、华南师范大学图书馆等收藏清光绪十年《大冶县志》续编刻本。

首卷包括由林佐、陈鳌作序，设有例言、《大冶县志》续编目录、《大冶县志》续编姓氏、舆图、图说。卷一官师志，卷二户口志，卷三祠祀志，卷四建置志，卷五学校志，卷六人物志，卷七祥异志，末卷附录。

（3）清光绪《大冶县志》后编二卷

该书由陈鳌纂。中国国家图书馆、首都图书馆、中共中央党校图书馆、上海图书馆、天津图书馆、南京图书馆、中国科学院南京地理与湖泊研究所图书馆、浙江图书馆、湖北省图书馆、武汉大学图书馆、湖北省博物馆、湖南师范大学图书馆等存有清光绪二十三年刻本。

全志书内容包括陈鳌作序，卷一城池、仓敖、学校，卷二祥异、官职、选举、人物、烈女、艺文等。

二　明清《大冶县志》对矿冶文化资源的记载

（一）明嘉靖《大冶县志》的有关记载

卷一《舆地志·建置沿革》载：

> 五代属吴、南唐，置青山场以兴建炉冶，宋乾德三年升青山场并析武昌三乡置大冶县。

卷一《舆地志·古迹》载：

> 金井：在县治西南五里，水泛没入湖，水涸坑窟如池，相传古淘金井也。

> 银场：在县治西十里，与兴国州（今阳新县——引者注）界，元时江西陈提举开炉煎银。因兵变，炉户散亡，坑湮没，银矿无出。

铜矿：旧志云白雉山南出铜矿。晋、宋、梁、陈采矿烹炼，后废。今山麓土墩俗谓之铜灶者其遗迹也。或云县治西南铜绿山亦古出铜之所。

铁冶所：在县治东二十里，地名安田炉。本朝己巳年建，洪武十八年住罢，二十六年复建，二十八年住罢，三十二年仍设衙门煎销，三十五年复罢。

铁山炉：在县治北四十里，旧志云宋于此置炉煮铁，今铁滓尚存。

青山场：五代南唐时建炉冶，久废。

卷二《田赋志·货类》记载：

金：古出金井，今无。

银：古出大小银炉，今塞。

铁：古出县治东团炉山，旧有铁务，今废。

铜：旧志载出白雉山，今无。

石灰：出县道士洑、铁山，保安亦有。

煤炭：出章山、道士洑二里。[①]

（二）清同治《大冶县志》的有关记载

卷一《疆域志·沿革》记载：

南唐于永兴属地置青山场，以兴炉冶。保泰十三年，时乾德三年也，升青山场并析武邑三乡，置大冶县，仍属鄂州。

旧志考工：冶氏为铁邑之名，权与青山场之铁冶，夫非五金之谓矣。无论金井、银炉，湮灭已久。往时诲盗跃冶矿，适为厉民耳。铜窟虽存遗迹，亦莫详其年代与废兴鼓铸之方也。惟铁冶相沿未绝，然铁山之产，脆不堪锻，而冶人或采石于他山，以知宝藏物华，消息靡定，一有一无，理殊今量，未可以按图而索骥矣。

卷二《山川志》记载：

牛马隘为县来脉，道光丙午年，土人在此挖煤。邑绅呈请齐邑侯伟，亲诣押封，并详上宪，勒石永禁山。

---

① 赵弼修，冷儒宗纂《大冶县志》，嘉靖十九年刻本。

卷二《山川志·山》记载：

牛马隘：在县北金桥堡，距城二十里，今名牛角山。俗传许旌阳逐蛟至此，蛟化金牛，众以牛马隘之，不能得。其说荒唐，良以山径隘，牛马难行故耳。

铁山：在县北铁山堡，距城四十里。宋于此置炉烹炼铁矿，故名。磊落嵌寄，连起数十峰。中有石洞，每阴雨，占龙出入，以洞口草偃仰为度。岁旱，取洞中水祷雨，有验。

白雉山：在县北宋皇堡，距城五十里，昔有白雉之祥，故名。山高一百三十丈，周回五十里，最高曰芙蓉峰。峰前狮子岭，峰后金鸡石，绝顶石佛像，祷雨者占石，石举则雨，不雨则举莫能胜。后失石所在。八景：雉山烟雨。

瑶山：在县东石灰堡，距城五十里，磁湖江上，土名石灰瑶。垂石悬江，古有仙人赌钱于此，号赌钱矶。左局磁湖山，与瑶山对。

青山：在县西，距城十里。旧设青山场，故名。

铜绿山：在县西马叫堡，距城五里，山顶高平，巨石对峙。每骤雨过，时有铜绿如雪花小豆，点缀土石之上，故名。绵延数嶂，土色紫赤，皆官山也。或云古出铜之所，居民掘取铁子石，颇伤山骨。

金山：在县西金山堡，距城三十五里，与银山相望。

卷二《山川志·古迹》记载：

金井：在县前金湖中，相传古有淘金井，水泛则没。

银场：在县西十里，一名小银炉，地界兴国。元时江西陈提举开炉煎银，后兵变，炉户散亡，银矿无出。

铜矿：在白雉山之阳，旧云出铜。晋、宋、梁、陈采矿煎炼，后废。今山麓土墩，谓之铜灶者，其遗迹也。

青山场：南唐于此置炉鼓铁，今废。

铁山炉：在铁山下，宋设冶鼓铁，遗滓堆积。

铁冶所：在县东二十里，一名安田炉，明洪武初设，旋罢。有大使赵景先创七宝庙，以佑炉冶，今俱废。①

卷一六《艺文志》收录的诗歌：

---

① 胡复初修，黄丙杰纂《大冶县志》，清同治六年刻本。

道边铁炉

胡率祖

辛苦耕耘尽纳输，村村为活赖洪炉。

夏王大有铜山帐，可只三千六百无。

贺柯太史禹峰五十韵

刘光蕡

南金雄北楚，曜冶发新芒。

望气凌霄汉，腾身破大荒。

山川挺异秀，草木袭余芳。

捷骑驰星彩，颂舆载道扬。

名随仙侣著，地标达人望。

湖照瀛洲月，江凝玗洞霜。

天台轩鹤举，石堰架龙翔。

日影披桃李，露华映梓桑。

卷一七《逸事志》记载：

万历二十六年，道士浟民徐鼐，于吕文德宅基劚地，得黄金一窟，数武即墓隧，以小金埒垫棺四角，前有石几，上置瓶、垆、剪、尺、盆、盂，皆金也。鼐取之不已，为土人所觉，共发其棺，则妇人也。有镜焉，尸未变，异而弃之江中，并碎其圹志。

崇祯七年，土人又于前地数武外，得钱一窟。方中丈徐，皆满钱贯，铁线已朽。崇宁通宝大可径寸，间以五铢、半两，朱砂、翡翠、石青，古色种种。因征前事，乃封穴以报。上遣兴国缉捕、同知齐待问，发掘捆载，与商船兑价而去。按金钱皆吕文德宅中遗物也。

（三）清光绪续修《大冶县志》的有关记载

运道矿务总局："在县东五十里石灰窑江堤边，北向以居总理矿务委员，左为收支所，以司出纳，又左公馆二，以栖往来员绅，又左武弁公馆、兵卒营房，右前电报房，又堤左先为堆机器厂，今为武营教厂及营官公馆，堤右为李士墩煤局炭厂，总局门首即铁路回车枝路，稍左为火车水台，左近即小轮船停泊所。"

谢家畈大公馆："在县东三十里为矿务往来员绅行台。"

铁山大公馆："在县北四十里，以居矿务员绅，左后洋房营房机房机匠房各一，东前电报房一，北首上机房二，铁门坎侧开山机器房一。"

此外，"李家坊为李士墩转运煤厂，下陆地方有车栈房，北前有电报房专司铁山石灰窑两局往来公件并开车停车暂刻，后有洋房二，营房一，南前机匠房二，又左整车机器铁房二，距谢家畈大公馆二里许，又盛洪卿前为王三石煤厂并附志之。"

王三石煤局："在县北二十五里，向无房室，光绪十六年，洋弁踏勘山煤甚佳，设局开窑购房数十椽。上台派员绅监理，历数年，而煤不济用，现经停采，其机器房屋仍委员绅看守。"

铁路："自铁山至石灰窑计程五十二里六分，光绪十六年十二月前任知县林佐奉委勘定里数，十七年春兴筑土堤面宽一丈五尺，下铺碎石，上安铁轨，十八年七月工竣，其间明桥暗洞五十余逍，以消水潦，十九年始用火轮车运铁矿至盛洪卿小停，下陆中栈，计程二十六里三分，又分小枝路六条，为开车歇车屯车之所，由下陆至李家坊小停，至石灰窑止。运倾入小轮船载至汉阳铁炉化炼，十八年十月，林委署县事总办补用知县李增荣继之，复于铁山上机房，左修小铁路至铁门槛、老虎垱，右修小铁路至龙洞大铁石纱帽翅，各处开采矿苗，由此下山。"

"按《读史方舆纪要》载大冶铁山，唐宋时置炉烧炼兴邑，志符节自后无闻，光绪四年戊寅，海军衙门札饬举办其经前朝烧炼官山，铁淬满地，矿苗罕有。"①

三　明清《大冶县志》 对矿冶文化的传播

矿冶文化是人类在从事各种矿冶活动中产生的，并在矿冶实践过程中创造的物质财富和精神财富的总和，它既包括矿冶历史、人物、遗址、工具，也包括地方志文献、档案资料、矿冶精神等。矿冶文化就在人们身边，包括人们身边的厂房、铁路、码头、车站和人们常听的矿冶故事、诗歌等。黄石地区从商周时期至今，矿冶文化源远流长，三千年绵延不绝，千百年来薪火相传的黄石矿冶文化代表着我国矿冶文化的精华，是中华民族文化的重要组成部分，在中国乃至世界矿冶史上有着独特的历史地位。

2011 年 12 月，湖北省政府批准设立黄石工业遗产片区，2012 年 11 月黄石矿冶工业遗产入围中国世界文化遗产预备名单，铜绿山古铜矿遗址、汉冶萍煤铁厂矿旧址、华新水泥厂旧址、大冶铁矿东露天采场四大矿冶工业遗产，是黄石地区众多矿冶遗产的典型代表，它们完整地呈现了从商周至汉代、从三国时期至近代、从近代到现代黄石的矿冶工业文明发展史，其完整性、系统性、代表性在全国罕见。黄石矿冶工业遗产是黄石矿冶文化的集中体现，黄石矿冶文化将随着矿冶工业遗产申报世界文化遗产的春风走向世界。②

---

① 林佐修，陈鳌纂《大冶县志续编·附后编》，成文出版社，1970。
② 刘金林：《黄石工业遗产科普旅游研究》，光明日报出版社，2016。

（一）黄石矿产资源丰富，矿冶文化灿烂辉煌

明嘉靖《大冶县志》记载黄石有金、银、铁、铜、石灰、煤炭等资源。现代黄石已发现金属、非金属、能源和水气矿产4大类计77种资源，其中，硅灰石储量居全国第一。已列入储量表的矿产有42种，其中，铜、钴、钨、钼、金、银、锶、铼、硅灰石、透辉石、泥灰岩、熔结凝灰岩、饰面大理岩等矿产储量潜在经济价值4000多亿元。

黄石铜矿的开采、冶炼的历史最早可以追溯到商朝中晚期，春秋战国时期达到鼎盛阶段。唐天祐二年（905），吴王杨行密在今大冶铜绿山一带置青山场，采矿冶炼，大兴炉冶。北宋乾德五年（967）李煜为南唐国主时，析武昌县三乡，与青山场合并新设一县，取"大兴炉冶"之意，定名为大冶县。1973年考古发现的铜绿山古铜矿遗址，始于商代，经西周、春秋、战国延续至汉代，时间长达千余年，其时代之久远、生产时间之长、规模之大、保存之完好举世罕见。黄石铁矿的开采、冶炼始于三国时期，兴于宋朝和明朝。黄石的煤矿开采于宋朝，金银矿及石灰石矿开采的时代也很久远。

明清《大冶县志》记载大冶县铜绿山、白雉山、青山场、铁山等处，迭经晋、宋、梁、陈，五代南唐、宋元明清时期铜、铁等矿产资源开采和冶炼的情况，反映了先辈创造的矿冶文化灿烂辉煌。

（二）黄石矿冶遗迹众多，矿冶文化源远流长

明嘉靖《大冶县志》、清同治《大冶县志》记载黄石有金井、银场、铜矿、青山场、铁山炉、铁冶所等大量古迹。现代黄石有全国重点文物保护单位铜绿山古铜矿遗址、鄂王城遗址、汉冶萍煤铁厂矿旧址、华新水泥厂旧址等矿冶文化遗址，另有黄石市博物馆、铜绿山古铜矿遗址博物馆、大冶铁矿博物馆、大冶市博物馆等多家与矿冶文化有关的博物馆。

黄石境内现已发现一百多处古文化遗迹，其中，古城、古墓葬等多与古代采矿冶炼生产相关。考古发现的遗址和文物表明，从商代开始，铜绿山等地开始大兴炉冶，为了加强对采矿冶炼的管理而先后兴建了大冶五里界城、鄂王城、草王嘴城，黄石地区是中国矿冶文化的发祥地之一。

明清《大冶县志》有关铜绿山的记载对于现代铜绿山铜矿的开发以及铜绿山古铜矿遗址的发掘有重要的参考意义。1974年1月至1985年7月，考古工作者通过对铜绿山古矿冶遗址的7处采矿遗址、2处冶炼遗址进行发掘清理，发现古代采矿竖（盲）井231个、平斜井100条、炼炉12座并出土七大类工具文物。1982年被国务院公布为全国重点文物保护单位的铜绿山古铜矿遗址，是我国20世纪100项重大考古发现之一，在世界采矿史、冶金史和科技史上占有重要的地位，黄石矿冶之火从古至今三千年生生不息。[①]

---

① 郭远东：《黄石矿冶文化源远流长》，《黄石日报》2010年5月27日。

（三）黄石矿冶文化底蕴深厚，是近代工业文明发祥地

明清《大冶县志》记载黄石有大量的矿冶文化资源，铜绿山古矿冶遗址发掘的文物向世界展示了三千年前中国高度先进的采矿和冶炼技术，体现了当时科技创新的矿冶文化。清同治《大冶县志·逸事志》记载明万历二十六年，乡民徐萧在山下掘得一窖，内藏有瓶、炉、剪、尺、盆、盂，皆为纯金制品，计万余两；明崇祯七年（1634）村人又于前地附近得宋钱一窖，"方中丈余，钱贯皆满"。这两次发现钱窖的大小、窖藏的时代和发现的数量与1967年发现的西塞山古钱窖大体相当。① 西塞山古钱窖发掘的钱币数量之多、内容之丰富，为中国钱币考古史所罕见，有着极其重要的文物价值，在中国矿冶史特别是钱币铸造及发展史上占有重要的历史地位。

黄石人民在三千年的矿冶历史长河中，不仅创造了丰富的物质财富，而且通过诗歌、逸文等矿冶历史文学作品创造了反映人们生产、生活的大量精神财富，如清同治《大冶县志·艺文志》收录的诗歌作品《道边铁炉》《贺柯太史禹峰五十韵》等反映了大冶地区"村村洪炉"的火热冶炼场景以及大冶成为"南金雄北楚，曜冶发新芒"的矿冶文化底蕴深厚的矿冶文明之都的场景。

清光绪《大冶县志续编·附后编》记载的铁路、运道矿务总局、矿务公馆、煤局等内容，是研究中国近代工业兴起的重要史料，也是黄石成为近代工业文明摇篮的重要依据。1875年，李鸿章委派盛宣怀兴办湖北矿务，创办湖北开采煤铁总局。1889年张之洞就任湖广总督，创办钢铁工业。盛宣怀、张之洞等参考明清时期《大冶县志》的有关记载，促进了大冶铁矿的重新发现，以及重工业基地的兴建，使黄石成为近代重工业的发祥地。

清光绪《大冶县志续编·附后编》有关铁路的记载不仅丰富了黄石近代工业文明的内涵，还弥补了近代中国铁路史研究的不足。

《长江沿江城市与中国近代化》一书指出，沿江城市间综合性近代化交通结构之形成"发轫于1893年湖北大冶铁路之建成通车"。"长江沿江城市间的铁路运输事业则要迟至1893年，随着大冶铁路动工兴建才进入实质起步阶段。大冶铁路是中英（中德）合资兴建的铁路，由湖北大冶铁山到长江南岸的石灰窑。它是与近代长江沿江城市相关的第一条铁路，也是长江流域在甲午战争以前建成的唯一的一条铁路。据统计1881年至1894年，全国已建成铁路415.4公里，大冶铁路全长仅18公里，即便加上它的支线约10公里，在全国已建成的铁路中也仅占6.7%。"② 该书充分肯定了大冶铁路在长江沿江城市近代化交通中的重要的地位。对于大冶铁路的兴建时间以及长度等问题，《大冶县志》弥补了其不足。

---

① 徐劲松、胡莎可、谢四海：《试论黄石西塞山宋代钱窖的性质》，《江汉考古》2004年第4期。
② 张仲礼、熊月之、沈祖炜主编《长江沿江城市与中国近代化》，上海人民出版社，2002。

　　关于大冶铁路修建的最可靠史料应该是大冶地方志书清光绪《大冶县志续编·附后编》，该书的主修者正是该铁路的负责人、曾四次担任大冶县令的林佐。从中可以得出结论：大冶铁路兴建于 1891 年春，于 1892 年 8 月竣工，1893 年正式开始营运，铁路主线全长 26.3 公里。①

---

　　① 林佐修，陈鳌纂《大冶县志续编·附后编》。

河南旧志整理及存佚考述

——以《河南历代方志集成》为中心

朱丽晖

（复旦大学历史学系）

一 河南省旧志整理工作的回顾

地方志是记述一地情况的综合性文献资料，是我国文化遗产中非常宝贵的一个组成部分。据统计，现存的8500多种旧方志，约占我国古籍总数的1/10，[①] 其中包含了丰富广博的资料信息。但是旧方志多为古籍，"因其时代和语言隔阂"，"很难达到'古为今用'"。[②] 20世纪80年代以来，随着我国第一轮社会主义新方志编纂工作的进行，旧方志的搜集整理工作也同步开展起来。河南省在第一轮修志中，不仅编纂了多部新志，同时旧志整理工作也取得了很大成绩。[③] 邵文杰曾指出，河南省第一轮的修志工作将要呈现三种成果，"一是省、地、市、县新方志，这是主要的；二是经过整理重印的省、府、州、县旧志；三是专题史志资料丛书"。[④] 在这三种成果中，后两种成果都与旧志关系密切：第二种成果是对旧志本身情况的摸排整理，第三种成果则是对旧志内容的深入挖掘。因此，在河南的第一轮修志工作中，旧志整理工作占了相当大的比重。从开始实施旧志整理工作，到目前为止，具体来说，河南的旧志整理工作分为以下几个阶段。

第一阶段：对河南现存旧志情况进行初步摸排统计。河南省新方志的编纂，也是从搜集旧

---

① 仓修良：《方志学通论》（增订本），华东师范大学出版社，2014，第1页。
② 杜建成：《旧志整理之我见》，河南省情网，2006年9月6日，http://www.hnsqw.com.cn/zjyt/hnfzg/jzzl/200609/t20060906_3234.html。
③ 杨静琦：《关于旧志整理工作的回顾与展望》，《河南图书馆学刊》1992年第2期。
④ 《河南土特产资料选编》编辑组编《河南土特产资料选编》，河南人民出版社，1986，"序"，第1页。

志、摸查历史上旧志编纂情况开始的。但是在基于史志本身的研究之前，河南省的历史地震研究却将旧志的普查进度提前了一步。这主要得益于我国对历史地震研究的重视。我国地震历史资料的记载历史悠久，中华人民共和国成立后，依然重视地震灾害问题的记载与研究，1956年编撰并出版了《中国地震资料年表》，1977年，国务院下达了重新修订《中国地震资料年表》的科研任务，随后全国各地掀起了更大规模、更广泛、更深入收集地震史料的浪潮，河南省也相应开展了此项工作，产生了丰厚的成果。① 1978年，河南省成立历史地震工作小组，编写了《河南地震历史资料》，查阅了历代省、府、州、县志500多种。② 1981年4月出版的《河南地方志综录》③ 就是在河南省地震局与有关单位协作编写《河南地震历史资料》④ 的基础上完成的。它也成为中华人民共和国成立以来河南省首部关于旧志整理的工具书。《河南地方志综录》收录河南历代方志554种，包括847个不同版本。⑤

1979年，山西人李百玉在给中宣部的信中，倡导在全国开展修志工作，这一提议继而得到了胡耀邦等国家领导人的支持。1980年，中共中央书记处书记胡乔木在中国史学会上提出要编纂地方志。这一系列事件共同拉开了编纂社会主义第一轮新方志的序幕。为了搜集整理相关的资料，普查全省旧志情况，河南省史志界着手开展了一系列的工作。1981年11月河南省地方志编纂委员会成立，河南省正式有了编修社会主义新方志的行政领导机构。1981年12月《河南方志通讯》第1期发行，1982年11月《中州今古》创刊，12月决定出版《河南史志资料》⑥。这些刊物发行初期，毫无例外都以旧志为主要研究对象。1982年先后出版的《河南地方志提要》和《河南地方志佚书目录》，在已经出版的《河南地方志综录》的基础上对河南省旧志情况进行了进一步的摸排收集。《河南地方志提要》收录河南历代方志212种（含附录5种），⑦《河南地方志佚书目录》收录河南历代散佚志书368种。⑧

1983年2月，河南省地方志编纂委员会总编辑室出台的《1983~1990年河南省地方志工作规划》强调，为了配合新方志的编纂，旧方志的整理出版也是需要做好的工作之一，详细列出了计划出版的志书目录、出版时间，有序推进了旧方志的整理工作。⑨ 同年4月，中国地方志指导小组在洛阳召开的首次中国地方志规划会议上，草拟并通过了《中国旧志整理规划实施方案》，河南省积极响应，在已经开始实施的旧志整理工作安排上，紧密结合洛阳会议精神，召开了多次专题会议，并举办了相应的培训学习班。1984年2月，河南省地方史志编纂委员会下

---

① 参见贺树德《略论地方志中地震史料之价值》，《北京历史与现实研究》，1989。
② 孙文杰：《五十五年来河南旧志整理与新志编纂》，硕士学位论文，郑州大学，2006。
③ 它是"河南地方史志索引丛编"的第1编。
④ 河南省地震局、河南省博物馆编《河南地震历史资料》，河南人民出版社，1980。
⑤ 河南省地方志编委总编辑室编《河南地方志综录》，内部资料，1981，"前言"。
⑥ 前4期刊名为《河南地方志征文资料选》，第5期开始改名为《河南史志资料》。
⑦ 河南省地方志编委总编辑室编《河南地方志提要》，内部资料，1982，"前言"。
⑧ 河南省地方志编委总编辑室编《河南地方志佚书目录》，内部资料，1982，"前言"。
⑨ 河南省地方史志编纂委员会编《河南省修志30年工作成就（1981~2011）》，内部资料，2011，第11页。

发《关于建立旧志整理工作小组的通知》，决定建立旧志整理工作小组。3 月，河南省旧志整理工作小组提出河南省旧志整理工作意见，指出旧志整理工作应做好地方志资料类编、旧志标点重印以及出版方志学文献等三项任务，① 为之后的旧志整理工作指明了方向。

第二阶段：深化整理与研究利用。这一阶段主要是对河南旧志内容进行深入研究和利用。1986 年，《河南史志资料丛编》出版了第 1 编《河南土特产资料选编》，② 这套丛书也是为新方志的编纂做准备的。1990 年刘永之、耿瑞玲合编的《河南地方志提要》③ （以下简称《提要》）一书出版，为后来河南旧志的研究提供了重要的学术平台。诸葛计认为该书"不仅是一部有多方面检索功能的工具书，也是一部考镜源流、体大思深的学术著作"。④《提要》共收录了河南历代方志 962 种、现存志书 561 种、散佚志书 401 种。⑤ 至 1997 年，经过十余年的时间，经过河南省方志系统携手多家单位数名工作人员的努力，《河南省志》编纂终于全部告竣，⑥ 它是河南省旧志在新志编纂上重焕新光的体现，也是河南省第一轮修志工作成果的重要结晶，更是中华人民共和国成立后全国率先完成的第一部省级志书。⑦

随后，河南各地的旧志整理工作一直在不断进行。2009 年，河南省史志办对 317 卷缩微旧志胶卷进行整理、复制、再加工，共整理出 413 卷。其中，母体复制 87 卷，整理归类 326 卷，并购置了胶卷保存柜，对这些珍贵资料进行永久保存。2016 年河南省政府出台了《河南省地方史志事业发展规划（2016~2020 年）》，指出了河南省在 2016~2020 年地方史志事业的总体目标和主要任务，其中对旧志整理工作做了如下规划："加强对自然破损、日益减少的历代旧志资源的抢救性保护、整理和翻印，发挥旧志资源还原历史面貌、了解历代情况的作用。对我省现存历代志书进行整理出版、开发利用，力争 2017 年完成《河南历代方志集成》整理出版工作。"目前，《河南历代方志集成》（以下简称《集成》）已按原计划完成。河南省地方史志办公室和河南省新闻出版广电局在 2017 年还联合印发了《关于进一步做好地方史志编纂出版工作的意见》，明确指出旧志的编辑出版也应符合的规定，再次强化并推动了旧志整理出版工作。

当然，在地方层面，河南省各地市对旧志的整理工作进展程度也是不平衡的。有的地市对同一部旧志已经有了不同的整理成果，有影印本、点校本，也有校注本，但是有的地市对现存

---

① 具体内容详见《河南省旧志整理工作意见（征求意见稿）》，《河南史志通讯》1984 年第 2 期。
② 虽然《河南土特产资料选编》是第 1 编，但是首先出版的却是第 7 编《北伐战争在河南》（1985 年 6 月），其中的原因未知。
③ 刘永之、耿瑞玲编《河南地方志提要》，河南大学出版社，1990。需要说明的是，张万钧主编的《河南地方志论丛》（吉林省地方志编纂委员会、吉林省图书馆学会，1985）和申畅编著的《河南方志研究》（中州古籍出版社，1991）同样是影响深远的两部著作。
④ 诸葛计：《考镜源流，成一省方志之总览——〈河南地方志提要〉简评》，《中国地方志》1996 年第 2 期。
⑤ 刘永之、耿瑞玲：《河南地方志提要·凡例》。
⑥ 河南省地方史志编纂委员会编《河南修志 30 年工作成就（1981~2011）》，第 111 页。
⑦ 河南省地方史志编纂委员会编纂《河南省志·总述·序》，河南人民出版社，1997，第 6 页。

的旧志还没有着手进行整理。郑州、洛阳、安阳、新乡、许昌、驻马店等地在旧志整理上的成果较多，如洛阳市史志办在 2010 年规划出版《洛阳历代方志集成》，计划影印洛阳现存的历代旧志。① 但是随后又考虑到如果丛书命名为"方志集成"，难以包容洛阳历史上的其他文献典籍，于是在 2011 年前后又改名为《中国河洛文化文献丛书》，"该编纂工程计划收录著作 500部，分 10 年完成"。② 郑州和洛阳两地还将已经出版的旧志进行了数字化处理，在地情网上的"地情数据库"中，读者可以看到最新的有关旧志整理的书籍。

在省级层面，2016 年《集成》的面世，既对河南现存旧志进行了史无前例的整理，同时也推动了河南各地对旧志点校的进度，如新出版的明万历《汝州志》（点校本），就是以《集成》为底本予以点校的。③

二　《河南历代方志集成》 对旧志及档案资料的辑录

《集成》是 1949 年以来河南省实施的最大规模的旧志整理出版工程，在刘永之、耿瑞玲所著《提要》的基础上，收录了从元至 1949 年现存的河南旧志 533 种，④ 收录的范围包括"省志、府志、州志、厅志、县志，以及部分古迹志、风土志"，"具有方志初稿性质的志料、采访册等，亦酌情收录"。⑤《集成》所收录的志书，全部采用扫描影印的方式，最大可能保留志书原貌。其所收志书的版本丰富多样，有初刻本、续修本、增补本、稿本、抄本以及石印本、铅印本等。总的来说，《集成》对河南省旧志研究的贡献，体现在以下几个方面。

第一，将民国《河南通志稿》及一些档案资料影印出版。1921 年时任河南省长的张凤台创设河南通志局，拉开了民国《河南通志》的编修序幕。但是在编纂的过程中，仅是编纂机构的名称就数次更换，先是河南通志局、重修河南通志局，再是重修河南通志处、河南通志馆，最后是河南通志编审委员会。这期间，河南省的当政者和修志机构的负责人也都变换频仍，修志机构无法长期稳定贯彻某一个修志纲领，再加上抗战的爆发，致使当时已经完稿的《河南通志稿》不仅没能及时付梓，还须为了躲避战乱，被运往河南鲁山、北京、四川等地，最终志稿还是有所散佚。在日伪统治时期，虽然根据部分志稿，编纂出版了一些篇目，但直到 1949 年，民国《河南通志》始终未能完整出版。⑥ 学界对于民国《河南通志》的相关研究因材料不便获得，还未能充分地开展。

① 《洛阳历代方志集成》收录的志书，仅有元《河南志》一种，后来出版的典籍文献都是《中国河洛文化文献丛书》的组成部分。
② 《〈中国河洛文化文献丛书〉编纂已完成 39 部　今年将新增 12 部》，《洛阳日报》2017 年 3 月 4 日，第 3 版。
③ 《汝州：明万历〈汝州志〉（点校本）出版》，《大河报》2019 年 4 月 4 日，第 AI28 版。
④ 《河南历代方志集成》将一种志书的不同版本都进行了统计，共 586 种，但是去除同种志书的不同版本数，共收录志书533 种。
⑤ 河南地方史志办公室编纂《河南历代方志集成》卷 1，大象出版社，2016，"出版说明"，第 1 页。
⑥ 王守忠：《民国年间河南通志馆始末》，《河南文史资料》第 12 辑，1984，第 162 页。

《集成》的首要贡献就在于将河南省档案馆珍藏的民国《河南通志稿》档案资料约 13 万页进行了系统收录整理，全部都是稿本影印，属首次公布出版。该档案资料内容丰富，不仅收录了志稿的全部正式篇目，而且整理了编修志书时的一些来往公函及文件，可以深入了解民国河南通志馆的具体运作情况，如有关河南通志馆日常办公经营情况及志稿编纂方面的事务处理流程等方面的材料，有助于研究者深入了解民国河南通志馆的具体运作情况。

第二，收入的志书种类比较全面。据河南省地方史志编纂委员会的相关负责人介绍，《集成》是以刘永之、耿瑞玲所编《提要》中的志书目录为参考底本，"按图索骥"并且吸收《提要》出版发行后其他学者为其所做的增补，综合而成。在创新与突破上，具体表现在以下两点。一是对后来学者学术成果的吸收。《提要》出版后，引起了众多学者的关注，给予了极高的评价，如前文提到的诸葛计等。但也有一些学者深入考究，弥补了它的不足，如顾克娟在《河南地方志提要补》一文中，就自己新发现的三种志书进行了补录。这三种志书分别为乾隆《武陟县志》、民国《偃师县志》以及民国《嵩县乡土地理志》，《集成》收录了其中两种志书，① 完善了《提要》的部分缺漏。二是扩大范围，对境外图书馆收藏的河南志书进行收录。《集成》的编辑人员不仅将目光投射到了国内有名图书馆的志书馆藏，而且还放眼全球，收录了部分境外所藏的河南志书，如万历《汝州志》（日本宫内厅书陵部图书馆藏）、崇祯《郾城县志》（日本京都大学人文科学研究所藏）、顺治《许州志》（日本国立国会图书馆藏）、康熙《郏县志》（日本内阁文库藏）、康熙《罗山县志》（日本东洋文库藏）以及顺治《宁陵县志》（日本国立国会图书馆藏）。②

第三，收录志书的版本比较全面。《集成》的编辑人员仔细搜辑，将所经眼的河南志书的不同版本都进行了影印，因此在《集成》中读者可以看到多部志书的多个版本。如民国《河南通志稿》收录有稿本、刊印本；顺治《尉氏县志》收录了顺治时期的刻本与乾隆时期的重刻本；康熙《封丘县续志》收录有该志书在同一年的刻本与后印本；乾隆《获嘉县志》收录有道光时期的补刻本；乾隆《新乡县志》收录有民国时期的修锓本和铅印本；康熙《商丘县志》收录有光绪年间的刻本和民国时期的石印本；嘉靖《睢州志》有缩微胶卷本；成化《河南总志》不仅收录有河南大学图书馆藏的影抄本，还收录了国家图书馆馆藏的缩微胶卷本，尽管字迹不清，编辑人员仍然以附录的形式排在了省志卷的最后一目，以满足读者力求版本全面的需求；宋《河南志》也收录了三个版本，分别是永乐大典抄本、藕香零拾丛书本和民国年间抄本。

---

① 顾克娟在文中提到，民国《偃师县志》藏于偃师市图书馆，但在该馆并未找到，因此《集成》未收录民国《偃师县志》。
② 其中万历《汝州志》、崇祯《郾城县志》和康熙《罗山县志》三部志书已收录在《日本藏中国罕见地方志丛刊》（书目文献出版社，1992）中，因此《集成》对这三部志书的收录并非国内首次收录。

三 《河南历代方志集成》 未收志书考录

《集成》的编纂完成,不仅得益于 20 世纪 80 年代众多修志人员的艰苦努力,更得益于全省各级修志机构工作人员夜以继日的忘我工作。正是这些工作人员先后赴全国多地进行资料查阅整理,才有了现在《集成》的出版。但是由于诸多原因,笔者发现还有多部志书《集成》尚未收录,下文仅详细列出笔者所见而《集成》未收的明、清、民国三个时期志书的具体情况。①

一是《集成》未收的现存明代河南志书。《集成》中共收录现存明代河南方志 91 种,经笔者考证,还有 8 种志书未收入,现存明代河南方志共 99 种,具体见表 1。

表 1　《河南历代方志集成》未收现存明代河南方志一览

志书名称	纂修人	版本	卷数	馆藏地
天启《中牟县志》	段耀然修 张民表纂	天启六年刻本	5	原书藏于台湾图书馆 中牟县档案馆有复印本
嘉靖《登封新志》	侯泰修 王玉铉纂	嘉靖八年刊本	6	登封县志办重印 原书藏南京图书馆
万历《嵩县志》	李化龙主修 王守诚纂	雍正十二年刻本	2	《周南太史王公遗集》里有,但未全刻
万历《滑乘补》	王廷谏修 胡权纂	明聚星轩辑	不分卷	南京图书馆
嘉靖《滑县志》	张佳胤撰	嘉靖三十六年 增补本	6	台湾图书馆
万历《浚县志》	任养心修 李文升等纂	万历八年刻本	2	北京大学图书馆
嘉靖《钧州志》	谢滩等纂修	嘉靖三十二年 抄本	8	天一阁
嘉靖《南阳府志》	杨应奎修 张需增补	嘉靖三十三年 刊本	12	馆藏单位不明②

二是《集成》未收的现存清代河南志书。《集成》所收现存清代河南方志 360 种,还有 12 种尚未收录,现存清代河南方志共 372 种,具体见表 2。

---

① 需要指出的是,本文所统计的范围仅指单独成册和亲见的方志,凡是发表在报纸、期刊上的方志文章,均不在本文统计范围之内,如发表在期刊《禹贡》上的民国《开封小记》、《林县小志》和《河南林县沿革考》等。因此,如若各位专家学者有目力所及之本文未录入的志书,请不吝告知,特致谢意。
② “馆藏单位不明”指的是笔者在《中国地方志集成》和《中国方志丛书》看到的影印本或在网上找到的一些志书的扫描本。

表2　《河南历代方志集成》未收现存清代河南方志一览

志书名称	纂修人	版本	卷数	馆藏地
康熙《登封县志》	张圣诰修 焦钦宠、景日昣纂	康熙三十五年刊本	10	北京大学图书馆
康熙《杞县志》	李继烈修 何彝光纂	康熙三十二年刻本	20	南京大学图书馆
顺治《洛阳县志》	武攀龙等纂修	顺治十五年刻本	12	北京大学图书馆
康熙《叶县志》	吕柳文纂修 崔赫等增修	康熙三十年刻 康熙五十八年增修本	8	南京图书馆
顺治《汤阴县志》	晋淑召修	顺治十六年刊本	9	北京师范大学图书馆
嘉庆《鄢陵县志》	吴堂纂修	嘉庆十三年刊本	12	武汉大学图书馆
光绪《南阳府南阳县户口地土物产畜牧表》	潘守廉纂	光绪三十年石印本	不分卷	馆藏单位不明
乾隆《桐柏县志》	巩敬绪修	乾隆十八年刻本	8卷 首1卷	馆藏单位不明
同治《内乡通考》	王检心等纂修	同治三年稿本	10	南阳市档案馆
康熙《商城县志》	许全学纂修	康熙二十九年刊本	8	天春园
光绪《鹿邑县全图》	傅松龄署检 王寿仁绘	光绪二十二年刊本	10	馆藏单位不明
康熙《济源县志》	尤应运修 段振蛟、段维衮纂	康熙三十四年刊本	18	中国社会科学院古代史研究所图书馆

三是《集成》未收的现存民国河南志书。《集成》所收现存民国河南方志80种，还有10种尚未收录，现存河南民国方志共90种，详见表3。

表3　《河南历代方志集成》未收现存民国河南方志一览

志书名称	纂修者	版本	卷(编、章)数	馆藏地
民国《续修仪封县志》	耿愔续纂	民国36年	16卷	馆藏单位不明
民国《洛阳县志略》①	苏从武纂	民国9年石印本	18章	首都图书馆 北京大学图书馆
民国《重修原武县志》	刘启泰修 乔纯修纂	民国24年稿本	10卷	馆藏单位不明
民国《沁阳县志》	刘恒济等纂修	民国26年稿本	20卷	沁阳市图书馆 焦作市图书馆

① 民国《洛阳县志略》即《洛阳县小志》，国内有两个版本，一为首都图书馆藏善本，有封面，注录为《洛阳县志略》不分卷；一为北京大学图书馆藏残本，无封面，注录为《洛阳县志略》十八章。

续表

志书名称	纂修者	版本	卷(编、章)数	馆藏地
民国《三十一年 清丰县志》	庞仲涛修 李景白等纂	民国31年 铅印本	10卷	北京大学图书馆
民国《南乐县志料》	佚名	民国20年南乐县 政府送审稿本	不分卷	北京大学图书馆
民国《新野县志》	野鹤初稿 赵莲溪等纂	民国7年稿本	6卷	馆藏单位不明
民国《重修邓县志》	郭伯恭纂	民国31年稿本	36卷	邓州市档案馆
民国《淮阳乡村风土记》	蔡衡溪纂	民国23年 铅印本	4编	吉林大学图书馆
民国《二十年度 舞阳县政概况》	窦瑞生编纂	民国21年石印本	不分卷	舞阳县档案馆

综上可知，《集成》尚未收录现存河南方志有30种，根据前文提到的，《集成》已收录533种，两者相加，现存河南旧志共563种。

余　论

当然，《集成》也有不尽完善之处，主要体现在三个方面。首先，《集成》对于境外的现存河南旧志的搜集整理主要集中于日本所藏中国志书，对于美国等其他国家的馆藏志书还有待于进一步发掘整理，如乾隆《密县志》藏于美国国会图书馆，[①] 国内现在还没有该志书的任何版本。希望随着对欧美国家图书馆馆藏中国地方文献书目的不断整理交流，这些地方的馆藏河南旧志通过扫描、复印等方式，以电子或纸质的方式能够重现于国内学界，填补一地志书缺失的空位。

其次，《集成》里虽然也影印了一部分河南省档案馆所藏的与修志有关的文件，但是还不完整。《集成》中有关民国时期河南编纂志书的档案材料主要集中于省志卷的第268册《省府训令、通志馆与各单位来往公函及个人便函》和《河南省通志馆乱页文件》，而根据河南省档案馆馆藏档案目录，有关河南通志编纂的档案材料涉及面广，内容丰富，如河南省档案馆馆藏目录中有《河南重修通志局组织简章、办事细则、薪俸名单和速送县志的通知》《重修河南通志目录》《河南通志馆第一、二次会议记录》《河南省通志馆万纯安与有关单位的来往函件、稿簿》等，在《集成》中并没有发现相关材料。这些档案虽然无济于统计现存河南旧志的数量，但是对于研究河南通志的编纂至关重要。如果相关的档案法规允许，可以将这些档案统一整

---

① 朱士嘉编《美国国会图书馆藏中国方志目录》，广西师范大学出版社，2014，第302页。

理，另行出版。

最后，是对旧志相关资料保存现状的担忧。前辈学者在 20 世纪 80 年代还能见到志书的原稿，并进行相关的研究探讨，但是二十余年后，《集成》编辑出版之际，一些文献资料已经亡佚，无法收录。如樊美玉、段德仁在《河南地方志纂修和藏书情况简介》①一文中，提到当时还有民国 15 年的《南阳县志》手稿本，但是现在已查阅不到馆藏何处。另外不得不提的是，在一些地方的图书馆、档案馆以及地方志办公室内部图书室（资料室），由于种种原因，对稀见的地方文献借阅登记信息不完善，文献被借阅后"有去无回"，流失了数量可观的珍稀文献。

基于此，《集成》的面世，可谓抢救了河南众多的珍稀方志文献资料，极大扩展了河南方志的研究范围，提供了更为宽广的资料平台，期待学界在《集成》的基础上掀起新一轮的河南旧志研究高潮。

---

① 樊美玉、段德仁：《河南地方志纂修和藏书情况简介》，《中州学刊》1981 年第 1 期。

明代湖北方志编纂述略

严忠良

（湖北汽车工业学院人文学院）

明代是中国地方志发展的重要阶段。这一时期，湖北地方志也有长足发展，志书数量宏富，种类齐全，体例丰富，具有重要的学术意义和资料价值。学界对明代湖北方志内容提要、价值评述等具有一定的研究，但相关成果更多侧重于某一种方志，呈现零散性，整体性的研究不足，未能从整体上揭示明代湖北方志概况。本文通过系统爬梳明清以来各类志书、政书正史、碑刻文集等，揭示明代湖北志书的数量、体例、种类等，深入分析明代湖北方志繁盛的原因，并利用计量史学方法探析明代湖北方志编纂在时间与空间的分布等。

一　明代湖北志书繁盛及其缘由

明代是中国地方志编纂的兴盛时期，无论数量、修志水平还是方志理论都远超前代，在中国方志史上具有重要的意义。明代方志数量达到 3470 种。① 虽然具体统计明代修志数量似无可能，然而明代方志数量宏富为不可争议的事实，呈现"今天下自国史外，郡邑莫不有志"的局面。永乐朝两次颁布《纂修志书凡例》，详细规定志书门目，各地修志悉依条例而行，标志着中国方志编纂的定型化和制度化，对中国方志编纂影响深远。同时，明代志书类型齐全，目前所知类型方志皆已出现，如总志、通志、府志、县志、乡镇志、卫所志、土司志、边关志等，其中卫所志、土司志、边关志为明代新出现志书。

在这样的历史大环境下，明代湖北地区修志蔚然成风，各府州县皆积极编纂方志，出现了通志、台志、府州县志、卫所志、山水志、书院志等多种类型志书，方志数量众多，次于江

---

① 巴兆祥：《论明代方志的数量与修志制度——兼答张升〈明代地方志质疑〉》，《中国地方志》2004 年第 4 期。

苏、浙江、安徽、江西、河南、河北等省份，但远多于青海、宁夏、甘肃、辽宁等省份，属于方志编纂较多的地域。① 巴兆祥教授考述明代湖北方志应有202种，其中散佚者有165种，具体来说通志4种、府志36种、州志31种、县志127种、卫所志4种，为探究明代湖北方志存佚概况、时空分布、类型等做出了重要贡献，得到了一些学者的认可。② 然而，巴兆祥未能通盘查阅明清湖北方志，也未能利用《湖北书征存目》《潜江文征》等区域性书目文献和1949年所编地方志，统计不无遗漏。笔者根据《文渊阁书目》《内阁藏书目》《千顷堂书目》《传是楼书目》《八千卷楼书目》《历代天一阁藏书目》并查阅了现存明清以来湖北方志全书内容、今修湖北方志等，考证明代湖北最少编纂方志217种，其中通志5种、府志41、州志33种、县志131种、卫所志7种。

明代湖北地方行政建制趋于稳定和完善，地方经济持续发展，以及文化的勃兴，推动了地方志的编纂。

（一）明代湖北地方建制沿革及其稳定

鄱阳湖之战后，陈友谅战死，其子陈理在武昌投降朱元璋，周边郡县也相继归附，初步奠定了朱元璋对湖北地区的控制。元至正二十四年（1364），朱元璋设湖广行中书省，对元代湖北政治框架予以继承和变革。虽洪武初期湖北建制变动繁杂，但洪武十三年（1380）政局安稳以后，湖北疆域也趋于稳定，明成化十二年（1476），为安抚流民和弥补鄂西北地区统治的疏漏，分襄阳府西北境，设置郧阳府，辖有郧县、房县、竹山、上津、郧西、竹溪和保康七县。嘉靖十年（1531），以安陆州为"龙兴之地"，政治意义非同一般，故而升潜藩安陆州为承天府，治钟祥县，割荆州府之荆门州、当阳县、潜江县和沔阳州及其旧属景陵县一并划入承天府，计辖2州5县。明代中后期，湖北政区建制基本稳定，形成8府8州53县的格局，地域力量亦得以重新整合，地域认同观念也大为增强，"楚北""楚人"等也成为湖北人对自己家乡的共同区域认识，这为明代地方志编纂提供稳定的地方行政制度基础。

（二）明代湖北经济持续发展与繁荣

文化事业的发展离不开经济的支撑和基础作用。自唐宋以来，中国经济中心逐渐东移南迁，长江流域成为国家经济命脉所在。而入明以来，东南地区经济迅速发展，远远超过北方，作为长江中游重要经济组成部分的湖北经济地位大为提升，"以东南言之，则重在武昌"，农业发达，区域经济联系加强，商品交换发达，商业经济繁荣。湖北的农业耕种面积不断增加，农业耕种技术有所改进，两熟制得到极大的改进和推广，修建一批水利设施，农业得到长足发

---

① 巴兆祥：《论明代方志的数量与修志制度——兼答张升〈明代地方志质疑〉》，《中国地方志》2004年第4期。
② 曹育荣、胡伟：《方志与旅游：以湖北旧志的人文旅游价值为中心》，武清海主编《荆楚文化与湖北旅游》，湖北人民出版社，2010，第472~479页。

展，成为重要产粮区，"大江以南，荆楚当其上游，鱼粟之利，遍于天下。而谷土泥涂，甚于禹贡。其地跨有江汉，武昌为都会。郧襄上通秦梁，德黄下临吴越，襟顾巴蜀，屏捍云贵"。[①] 江汉平原湖区低地以垸田的形式得到开垦，使湖北沿江、沿湖平原腹心地带得到全面开发。垸田修有保护湖边土地免在汛期受淹没的排水堤，起到排灌、蓄泄的作用，有效保障了农业生产。明代湖北垸田面积较大，如沔阳"沔居泽中，土惟涂泥……故民田必因地高下修堤防障之。大者轮广数十里，小者十余里，谓之曰'垸'"。[②] 湖北地区位于长江中游，长江及其支流汉江等贯穿其中，具有独特的地理优势和交通条件，湖北的棉花、粮食、茶叶、药材、木材销往外省，而其他地区的食盐、铁矿进入湖北，转销贸易繁荣，特大型市镇汉口，大型市镇宜昌、沙市以及一些为数众多、影响力不等的小型市镇快速发展，形成了湖北独特的市镇体系。[③] 成化年间，汉水下游河道裁弯取直，故道淤塞，汉水改道，形成新的入江口，即汉口。由于汉口的地理位置优越，交通便利，嘉靖以后居民日多，集镇得到拓展，呈现繁荣景象，至明末居住人口达2万之众，商贸往来兴盛，成为重要的商品和人流集散地，"商船四集，货物纷华，风景颇称繁庶"。[④] 明代中后期汉口成为与佛山、苏州、京师齐名的重要商业市镇，"汉口不特为楚省咽喉，而云、贵、四川、湖南、广西、陕西、河南、江西之货，皆于此焉转输。虽欲不雄天下，不可得也。天下有四聚，北则京师，南则佛山，东则苏州，西则汉口。然东海之滨，苏州而外，更有芜湖、扬州、江宁、杭州以分其势，西则惟汉口耳"。[⑤] 湖北一些市镇也较为知名，如沙市、宜昌凭借水陆交通优势，快速发展起来，成为在湖北省及长江流域、华中地区有着较大影响的市镇。一些规模较小、辐射力规模有限的农村市镇也因人口相对集中、交通便利得以广泛存在，与大型市镇一起构成了一套完整的市镇网络。明代经济的发展为地方志的编纂、刊刻奠定了物质基础。

（三）明代湖北人文的勃兴与兴盛

明代是湖北人文鼎盛的第三个高峰时期。明代湖北省府州县教育职官齐全，形成了比较完整的教育行政系统，可以对湖北教育发展进行行之有效的规划和管理。明代从建国起便开始建立地方学校教育系统，地方学校盛时有1700多所。[⑥] 湖北修复了唐宋以来的府州县学，加以修缮一新，且新建了一批学校，呈现出无地不有学校的局面，学校布局合理，教育资源趋于均衡，为前代所不及。私学和义学也普遍存在，对湖北教育产生了重要影响，湖北文化教育水平明显提升，学校教育得到进一步普及，府州县学无不有生员充斥其中，某些州府科举应试者达数千人之众。

---

① 谢国桢编《明代社会经济史料选编》，福建人民出版社，1980，第80~81页。
② 万历《湖广总志》卷三二《水利志上》。
③ 张建民：《湖北通史·明清卷》，华中师范大学出版社，1999，第441页。
④ 乾隆《汉阳府》卷一二《乡镇》。
⑤ 刘献廷：《广阳杂记》，汪北平、夏志和标点，中华书局，1957，第193页。
⑥ 熊贤君：《中国教育管理史》，华中师范大学出版社，1989，第343页。

在较为系统的学校制度以及书院制度的支持下，湖北的教育、文化各有发展，科举兴盛，人才辈出，据梁启超《两汉至明代南方见于史传的著名人物统计表》，明代湖北人才达76人，占全国的4.29%，虽然尚不及江苏、浙江和江西，却已居全国的中上地位。[①] 有明一代，湖北各府州县科举进士总计达1119人，其中尤以黄州府、武昌府为多，特别是黄州鄂东人才迭兴，人文勃兴，为荆楚人文重镇，"蕲、黄之间，近日人文飙发泉涌"，[②] 理学名儒，文采经济，史不绝书，见于《明史》者达到53人，文物声名，遂为楚中之冠。[③] 以袁氏三兄弟为代表的"公安派"和以钟惺、谭元春为首的"竟陵派"活跃于文坛，成为明代文学中的奇葩。明代湖北文化的进步和发展为地方志编纂提供了智力支持和教育积淀，有助于地方志的编纂。

二 明代湖北方志编纂的成就

明代方志弊病甚多，为清人所批评。阮元，字伯元，号芸台，乾隆五十四年（1789）进士，历任礼部侍郎、浙江学政、湖广总督、体仁阁大学士，为清代著名的思想家、一代文宗，他在《仪征志序》中指出："明代事不师古，修志者多炫异居功，或蹈袭前人而攘善掠美，或弁髦载籍而轻改妄删。由是新志甫成，旧志遂废，而古法不复讲矣。"[④] 即便是明朝人也对明代志书有不少异见。康海，字德涵，以诗文名列"前七子"，曾担任翰林院修撰，为明代著名文学家，所撰《武功县志》为后世称许。康海在广泛阅读明代方志之后，指出明代方志存在"益繁而不能详，晦而不能白，乱而不能理"[⑤] 的不足。但瑕不掩瑜，不可否认明代是中国方志史上的繁盛时期。以湖北为例，明代方志亦有诸多突出成就，具体来说如下。

（一）数量宏富，修志频繁

明代无疑是湖北方志史上的重要时期，志书规模和修志频率远远超过前代，可谓空前。湖北编纂有方志217种，是宋代91种的2.38倍、元代15种的14.47倍。考虑到各朝代时间长短的因素，明代每年修志有0.79种，而宋代则是0.29种，元代更少，仅有0.15种，可见明代修志之频繁，远远超过前代。由于地方官的重视、士绅的积极参与，明代建立了较为系统而完备的地方教育体系，各地文化教育得到长足发展，特别是郧阳府、施州卫等长期处于文化低地的地方，也培育了一批数量不等的举人、进士等，由于系统而广泛地设立学校，各地文化教育得以发展，明代湖北修志比较普遍，修志广泛，远远超过前代，彻底改变了前代某些地区无志书

① 罗福惠：《湖北近三百年学术文化》，武汉出版社，1994，第7页。
② 王士性：《广志绎》卷四《江南诸省》，周振鹤点校，中华书局，2006，第285页。
③ 光绪《黄州府志》卷首《邓琛序》。晚清黄冈文人洪良品《龙岗山人集》也认为"黄冈冠郡七属，于楚人称文数"，清末罗田人周锡恩《黄州课士录序》谈及明清黄州人文，"一时吾黄人文，号为冠楚"。
④ 阮元：《道光仪征县志序》，转引自王晓岩《分类选注历代名人论方志》，辽宁大学出版社，1986，第234页。
⑤ 正德《朝邑县志》卷首《康海序》。

的局面。湖北八府、一直隶州、一卫、五散州和六十县皆有数量不等的志书编纂，大多二修、三修，甚至不乏五修、六修者，如《沔阳志》，凡景泰年间、嘉靖年间、万历十八年、万历四十六年和崇祯十五年五次纂修；《武昌县志》，永乐、宣德、成化、弘治、嘉靖、隆庆、崇祯等朝八次修纂；崇阳县，凡宣德、正德、成化、嘉靖、隆庆、万历、天启等七朝，共计八次纂修县志。

（二）种类繁多，名篇不少

至明代，各种类型的志书基本业已出现。明代继承了前代的总志、府志、县志、州志、县志等，还增加了卫所志、边关志、土司志等志种，前代尚不流行的省志成为常见志种之一。就湖北一地而言，总志、卫所志开始出现和流行。从体例上来看，明代湖北方志总体上延续宋元，但也有所发展和创新。颜木利用编年体编纂的《随志》、童承旭的《沔阳志》等，在方志体例流变史上都具有重要价值。

《随志》上卷编年记事，下卷收录诗文，"编年之例，全仿《春秋》经文，称随为我，而以地之沿革，官之迁除，士之中乡会试贡大学者，按年记载，皆地志未有之例"。[①] 明代方志内容丰富，亦不无名篇，如嘉靖《沔阳志》，"叙事以纪，系年以表，考故以志，述行以传。据诸史传及旧志所载，冗者裁焉，鄙者黜焉，略者详焉，讹者正焉。凡疆域沿革，山川形胜以及土风物产，无不博引旁征，分条胪列。而于人物先以表证其年月，继以传详其事实，以人才之盛衰，为政事之兴废所系，故三致意焉。至文章之有关于邑事者，则附见于各类，若怡性陶情之作，吟风弄月之篇，概行删除，不立艺文一门，具有卓识"。[②] 袁宏道《公安县志》，亦为当时称许："务慎许可，贤牧列传不数人，亦远于后世之猥滥称颂者矣。"[③] 郭正域《江夏县志》，为时共推："郭正域……所著《江夏县志》为乡人所共推，今书失传。王小宁称其小序必博采详辨，少或数百字，多或千言。王小宁《续修江夏县志》自云多仿其意，此亦不害为一家之书。"[④]

（三）体例齐备，修志理论成熟

明代方志在吸收前代编纂方志经验和教训基础上，体例趋于完备，特别是明永乐十年、十六年两次颁布《纂修志书凡例》，明确规定志书的体例、内容、要求和注意事项等。明代方志体例多种多样，纲目体、平目体、三宝体、纪传体、编年体等皆已出现，其中三宝体、纪传体、编年

---

① 《四库全书总目提要》卷七三《随志》，中华书局，1965，第641页。
② 中国科学院图书馆整理《续修四库全书总目提要》（稿本），齐鲁书社，1996年影印本，第18册，第796页。
③ 章学诚：《湖北通志检存稿》卷四《前志传》，郭康松点校，湖北教育出版社，2002，第238页。
④ 章学诚：《湖北通志检存稿》卷四《前志传》，第232~233页。

体为明代所创新型体例。①

明代湖北方志体例也较为丰富,由于散佚极为严重,从现存方志来看主要有平目体、纲目体、编年体、纪传体等,其中使用最多者为平目体 24 种,其次分别为纲目体 10 种、编年体 1 种、纪传体 2 种,可见平目体和纲目体为主要志例(见表 1)。

表 1 明代湖北方志体例概况

年代	平目体	纲目体	编年体	纪传体	合计
正统	1				1
天顺	1				1
成化	2				2
弘治	1	1			2
正德	3				3
嘉靖	13	4	1	2	20
万历	3	5			8
合计	24	10	1	2	37

三 明代湖北方志的时空分布

有明一朝,湖北修志频繁,数量宏富,但由于特定历史时期境况以及各地经济与文化发展的有所差异,具体到空间和时间在数量分布上,则呈现明显不均衡性。

(一)明代湖北方志的空间分布

明代湖北方志编纂数量宏富,但在空间分布上呈现不均衡性。从府级建制来看,最多的是武昌府,有 52 种;其次是荆州府,有 39 种;再次是承天府 29 种;后依次是黄州府 26 种、德安府 24 种、襄阳府 18 种、汉阳府 12 种、郧阳府 10 种、施州卫 7 种。明代湖北方志此种分布与各地经济、文化和政治地位有着重要关系。武昌府、荆州府、黄州府经济、文化较为发达,所辖州县也较多,方志数量也较为突出。安陆府,洪武九年降为州,领京山县,直隶湖广布政司。朱厚熜继承大统后,升安陆州为承天府,建兴都留守司,增辖荆门州、沔阳州二州,潜江、当阳、景陵三县,与南京应天府、北京顺天府并为三大名府,政治地位隆重,相应也推动了承天府地方志编纂。郧阳府迟至成化十二年设置,施州卫则长期处于土司控制,两地辖境属区经济、文化发展相对滞后,方志编纂数量亦不多。各府方志详情见表 2。

---

① 沈松平:《方志发展史》,浙江大学出版社,2013,第 100 页。

表2 明代湖北方志分府、类型统计

府卫	通志	府志	州志	县志	卫所志	共计
武昌府	5	5	4	38		52
汉阳府		7		5		12
黄州府		4	3	19		26
德安府		8	5	11		24
襄阳府		5	1	12		18
郧阳府		4		6		10
荆州府		3	8	28		39
承天府[1]		5	12	12		29
施州卫					7	7
共　计	5	41	33	131	7	217

注：[1] 嘉靖十年，升安陆州为承天府。

（二）明代湖北方志时间分析

根据明代湖北方志发展特征来看，可以分为四个阶段。洪武元年至天顺八年（1368～1464），处于方志编纂起步阶段。这一时期，方志编纂数量相对来说较少，洪武朝5种，永乐朝9种，宣德朝6种，正统朝10种，景泰朝3种，天顺朝4种，96年间共计纂修37种，占明代总量的17.05%。成化元年到正德十六年（1465～1521），是稳步发展阶段。这一时期，方志编纂稳步发展，逐渐呈现高潮，成化朝有13种，弘治朝10种，正德朝16种，56年间共计39种，占明代总量的17.97%。嘉靖元年到万历四十八年（1522～1620），处于兴盛时期。具体来说，嘉靖朝有46种，隆庆朝7种，万历朝57种，其中嘉靖、万历两朝是明代修志最多的阶段，98年间共计110种，占明代总量的50.69%。泰昌元年到崇祯十七年（1620～1644），相对沉寂，是明代方志衰落阶段。这一时期，天启朝有6种，崇祯朝10种，24年间修志16种，占总量的7.37%。明代湖北方志分期、种类详情见表3。

表3 明代湖北方志分期、种类统计

种类朝代	通志	府志	州志	县志	卫所志	合计
洪武		2	2	1		5
永乐		2	2	5		9
洪熙						
宣德		1		5		6
正统		2		8		10
景泰			2		1	3
天顺		1		2	1	4
成化	1	1	1	10		13
弘治		1	3	6		10

种类朝代	通志	府志	州志	县志	卫所志	合计
正德		4	1	9	2	16
嘉靖	2	7	9	28		46
隆庆	1	1	1	4		7
万历	1	12	6	36	2	57
泰昌						
天启			2	3	1	6
崇祯			3	7		10
年代不明		7	1	7		15
合计	5	41	33	131	7	217

四 明代湖北方志的散佚

明代所修湖北方志有即修即佚者，但更大规模的散佚则是在明末清初时期，"历朝鼎革之秋，史家稗乘大抵详成而不详败，绌胜朝而颂新王，故凡亡国之文献，最为零落可伤"。① 景陵县（雍正四年改称天门县），县志凡成化二十二年、嘉靖三十九年、天启六年三修，但经明末兵燹之后，至康熙前期尽数散佚，"邑志创自明成化时知县姜绾，继修之者嘉靖时知县邱宜、天启时知县任赞化也。明季兵燹，版籍散失……则前志尽湮矣"。② 麻城县，嘉靖朝曾二次纂修县志，皆毁于兵燹，"己巳岁，余始篆麻时，大府议修通志，檄各属以志呈，公余之暇，进邑人士询故实，金云：'麻邑志乘毁于前明。'"③ 罗田县，"邑旧有志，明季毁于兵"。④

有明一代，湖北最少纂有217种方志，而由于志书本身质量、保管不当、战乱水火等天灾人祸，散佚者有180种，散佚率达到82.95%，而同期全国方志平均散佚率为65%，⑤ 可见湖北方志散佚程度之严重。从方志种类来看，散佚数最大的是县志，为116种，依次是府志31种、州志24种、卫所志7种、省志2种。从散佚比例来看，卫所志散佚最为严重，明代共修7种，无一存者；其次是县志，散佚88.55%，后依次是府志、州志，分别为75.61%和72.73%，最少的是省志，为40%。

---

① 王葆心：《续汉口丛谈 再续汉口丛谈》，陈志平等点校，湖北教育出版社，2002，第326页。
② 乾隆《天门县志》卷首《凡例》。
③ 光绪《麻城县志》卷首《郑庆华序》。
④ 光绪《罗田县志》卷首《管贻葵序》。
⑤ 巴兆祥：《明代佚志述略》，《文献》1990年第4期。

表4　明代湖北方志存佚概况

单位：种，%

方志	总	存	佚	散佚率
省志	5	3	2	40
府志	41	10	31	75.61
州志	33	9	24	72.73
县志	131	15	116	88.55
卫所志	7	0	7	100
总计	217	37	180	82.95

结　语

　　明代湖北政区建制趋于稳定和成型，地域认同观念大为增强，为方志编纂提供了稳定的地方行政制度基础；地方经济持续发展与繁荣，为方志的编纂、刊刻奠定了物质基础；文化的发展和人文的勃兴，为方志编纂提供了智力支持和教育积淀。明代湖北方志得以蓬勃发展，呈现兴盛局面，志书数量宏富，修志频繁，名篇迭出，志书种类齐全，体例丰富，修志理论娴熟，在中国方志发展史上具有重要地位。但湖北区域经济文化发展的不均衡性，造成明代湖北方志在时间和空间上具有明显的差异性。然而，由于志书本身质量、保管不当、兵燹水火等因素，珍贵历史文献大量佚失，如果通过爬梳古今旧志、文集笔记、目录学著作等，考证、探究明代散佚旧志数量、特征、佚失原因等，不仅有助于明晰明代湖北散佚方志状况，丰富湖北方志研究，也有助于客观、准确地认识明代湖北方志发展脉络及规律。

清代广西地方志编纂及其特点述论

——以府志为中心

秦浩翔　谢宏维

（江西师范大学历史文化与旅游学院）

中国古代地方志的发展大概可分为三个时期，即古方志时期、宋元方志时期、明清方志时期，[①] 其中尤以明清时期修志之风最盛。清代既是广西修志的鼎盛时期，也是广西方志研究走向纵深和成熟的时期。[②] 据雷坚统计，清代广西共修地方志236部，其中现存141部，亡佚95部。[③] 本文主要以清代广西各府志为中心，从编纂思想、编纂趋势、编纂人员、编纂体例、编纂内容等方面对清代广西地方志的编纂及其特点进行探析，将其特点归纳如下。

一　思想鲜明，立意深远

清代各地方志的编纂思想多体现于各府志的序和凡例中。序多为编纂者自己所作或者请当地的名士大儒代为执笔，方志的编纂目的、编纂过程多在序中得到交代。凡例则是对内容的选择、条目的设置进行简要的说明。对广西各地方志的序和凡例进行分析，可以归纳出广西各地方志的编纂具有如下思想。

（一）重视考证思想

清代地方志编修的一个重要参考资料是旧有志书，而在许多情况下，旧有志书或多已散失，或已年代久远，难以直接为修志工作提供参考。例如"太平旧有志书屡遭兵燹，荡然无

① 陈光贻：《中国方志学史》，福建人民出版社，1998，第73页。
② 韩章训：《谈广西古代和民国时期方志理论要点》，《广西地方志》2018年第4期。
③ 雷坚编著《广西方志编纂史》，广西人民出版社，2007，第112页。

存，本朝两经修辑俱未脱稿，且考核不详，编次矢序，摭拾事故颇多鄙俚"，①"旧《平乐府志》抄本仅三册，分三十一类，册不足百张，前无序文，既断且烂，不可句读，莫知其始"，②"庆远郡旧有志迄今已数十载矣"。③因此，在新志的编纂中，需对旧志所记载的内容进行校对考证，例如雍正《太平府志》的编纂即"广稽博采，合新旧通志，并所属各写刻诸本，悉为搜罗，参互考订，芟其荒秽，正其舛谬，然后编次成帙"，④乾隆《梧州府志》的编纂也强调了考证的重要性，"自非博稽载籍，旁求时事，正其舛谬，定其指，归其能，萃四方之文献，成一郡之志乘哉"。⑤可见，广西地方志的编纂重视对旧有志书和文献的考证。

（二）忠于职守思想

不少广西地方官非常重视地方志的编纂，以修志为官之本职。甘汝来在雍正《太平府志序》中写道："旋畀封疆重任，日夕思奋，率先庶僚，兴举废坠，务殚厥心。而太平之任，实余始政，则是书之缺，犹是余政之缺也。"⑥可见其对于修纂府志的重视。刘组曾在乾隆《柳州府志序》中对《柳州府志》的修纂者王锦给予了高度评价："观察使王公……见郡志草创未就，首蠲清俸，启馆重修，惓惓以兴废举坠为己任，不胜敬服，退而叹曰：'公真先得我心之所同然者矣。'"⑦王锦不仅重视修志，而且捐出自己的俸禄建馆修纂，足见其以修志为职责所在。

（三）经世致用思想

广西地方志编纂在类目设置和内容的选择上体现了经世致用的思想，所选择记载的内容大多关乎国计民生，为后世政治经济政策的制定提供依据。雍正《太平府志·凡例》中写道："丁粮关国之大计，太平所属土司原无户口，不编丁银，田粮亦额编无几，而思明土府等九属又系南宁府督征转解，兹以原属本府提调，故仍载入以备稽核，其合盐法物产而并志者，所以重国计资民用也。""营建有关治理，其宫署学宫虽久经废圮者，仍详列其原址，以备后人稽查"，⑧即地方志将户口、钱粮、物产、建筑等重要信息加以整理记录，以供后世参考。

（四）弘扬教化思想

弘扬教化也是广西地方志编纂的一个重要目的，弘扬教化的思想主要体现在人物、选举、学校等条目的设置上。雍正《太平府志·凡例》中写道："太平穷荒僻壤，人物寥寥，

① 雍正《太平府志·凡例》。
② 雍正《平乐府志·凡例》。
③ 乾隆《庆远府志·序》。
④ 雍正《太平府志·凡例》。
⑤ 乾隆《梧州府志·序》。
⑥ 雍正《太平府志·序》。
⑦ 乾隆《柳州府志·序》。
⑧ 雍正《太平府志·凡例》。

然十室之邑必有忠信，兹广为搜访，凡忠孝节烈，有关风化者，悉分类立传，以著其实，且俾后人有所观感兴起，不以边氓自弃也。"① 乾隆《庆远府志》将学校单独列为一志，"学校为育才之地，旧编建置于义未安，今按通志新例另为一志，以示崇圣重道之意，得其义矣，故遵用之"。② 乾隆《柳州府志·凡例》中也体现了弘扬教化的思想，指出"选举以励士行""名宦以奖吏治""乡贤以崇风化""忠孝以敦行谊"。③

（五）民族平等思想

广西是少数民族聚居区，历代王朝主要以当地自治的方式对广西进行统治。"唐贞观中，诸彝内属，始置羁縻州，隶都督府，以其首领为刺史。宋参唐制，析其种落大者为州，小者为县，又小者为峒，推其雄者为首领，籍民为壮丁，以藩篱内郡，其蛮长皆子世袭，分隶诸寨，总隶于提举司。"④ 及至明代，广西依旧保留大量土官，土司首领仍实行世袭制。尽管历代中央政府给予了少数民族首领统领一方的大权，但依然使用"蛮""彝"等词进行称呼，由此可见对当地少数民族的歧视依然存在。但清代广西的修志者却能够摒弃成见，雍正《太平府志·凡例》中写道："太属多系土官，自宋治平迄今，其间替袭废置不一。兹为详载各土司世系源流，昭然不紊，其有善政懿行可称述者，即详注于各名下，以彰厥善，不以土司而没其实也。"⑤《太平府志》的修志者只重功绩，不看民族，体现了民族平等的思想。乾隆《庆远府志》写道："土官世守厥土，固我藩篱，忠顺者奖，鸷骜者惩，澄叙之道略与流官相为表里。故附世系于秩官，其行谊可采者，仿通志例，别为土司人物传，盖亦笃近举远之义云。"⑥《庆远府志》的修志者对庆远土官给予了高度评价，对于少数民族土官的守土之功也予以了肯定。

二 紧扣时局，起伏不定

清代虽为广西地方志编纂的鼎盛时期，但也并非持续性的大量修纂，受到时局的影响也会出现高峰期和低谷期。结合雷坚所作"清代广西地方志一览表"⑦ 制得表1与图1如下。

结合表1和图1可以明显看出，顺治时期和咸丰时期是广西地方志编纂的低谷期，两朝各修志仅一部，修志工作几乎处于停滞状态。在顺治朝的低谷之后，康熙中期以后广西修志日益

① 雍正《太平府志·凡例》。
② 乾隆《庆远府志·凡例》。
③ 乾隆《柳州府志·凡例》。
④ 雍正《太平府志》卷三三《土司传》。
⑤ 雍正《太平府志·凡例》。
⑥ 乾隆《庆远府志·凡例》。
⑦ 雷坚编著《广西方志编纂史》，第119~122页。表1与图1仅选取了"清代广西地方志一览表"中修成年代确定的方志进行制作。

增多，并且于雍正朝形成小高潮，此后乾隆、嘉庆、道光各朝修志状况较为稳定，均有一定数量的地方志修成。在经历了咸丰朝的修志低谷期之后，从同治朝开始修志工作逐步恢复，并出现另一个高峰。出现此趋势的主要原因分析如下。

表1　清代广西历朝修志数量

单位：部

年代	顺治	康熙	雍正	乾隆	嘉庆	道光	咸丰	同治	光绪	宣统
修志总数	1	52	13	41	14	29	1	5	38	5
平均每年修志数	0.06	0.85	1	0.68	0.56	0.97	0.09	0.38	1.12	1.67

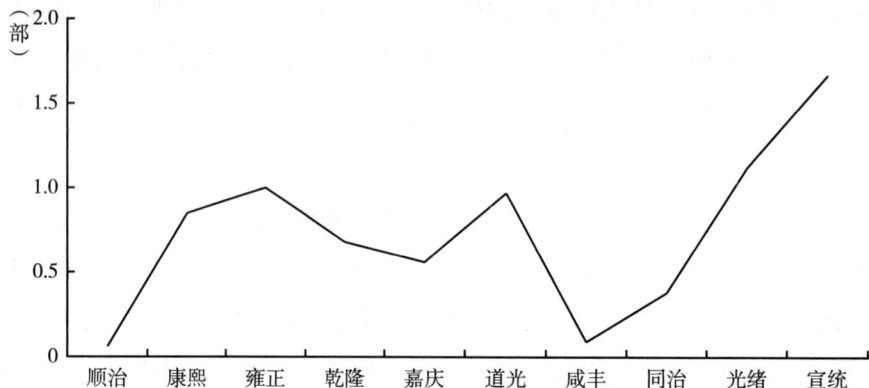

图1　清代广西历朝平均每年修志数量变化

顺治时期，清王朝刚刚入主中原，统治者的主要精力是追剿平定明朝的残余势力以及各地的反清武装，稳定政局，恢复社会生产力，[1] 因此不只是广西，全国各地均未进行大量的修志。况且广西是南明桂王朱由榔政权抵抗清王朝的主要地区，整个广西处于战乱之中，地方政府更加无暇修志。

康雍乾时期，清王朝继承"盛世修志"的传统，为了编纂《明史》《大清一统志》多次诏令征集、修纂志书，掀起了全国修志的热潮。[2] 在这样的时代背景之下，广西的修志工作也逐渐进入高潮。康熙年间，尤其是"三藩之乱"平定后，广西社会逐渐趋于稳定，因此修志工作开始有所起色。康熙《广西通志·序》中写道："今上御极之二十有一年，滇黔勘定，礼乐肇兴。爰命天下郡县纂修各志以闻。于是进粤之诸执事搜罗讨论，越数月而告成。"[3] 康熙二十二年（1683），礼部奉旨檄催天下，限各省通志三个月完成，[4] 康熙《广西通志》即为完成朝廷

---

① 董馥荣：《清代顺治康熙时期地方志编纂研究》，上海远东出版社，2018，第3页。
② 雷坚编著《广西方志编纂史》，第115页。
③ 康熙《广西通志·序》。
④ 王德恒：《中国方志学》，大象出版社，2009，第113页。

的任务而编修。雍正皇帝对于修志工作更为重视，整个雍正朝全国各省共修成通志 13 部，其中广西通志有两部，分别于雍正四年（1726）和雍正十年编修。雍正四年，李绂出任广西巡抚，决心重修省志，并下令所属各府州县官吏进行配合，广西多部地方志即于此时修纂。时任灵川知县的郑采宣在雍正《灵川县志·叙》中说道："（李绂）檄重纂省志，查取文卷，并饬通粤汉土府州县官吏，遍加采访，各抒见闻，凡应增应补之条，陆续具文申缴，以成盛举，采宣承命之下，无任欣然喜跃，然起私心窃慰以为《灵志》。"① 可见，雍正《灵川县志》编纂的目的之一即是为省志修纂服务。由于康熙、雍正二朝已有较多府县重修旧志，因此乾隆一朝广西的修志情况略有下滑，但依然有 41 部志书修成。

嘉道时期，全国局势虽日益恶化，农民起义接连不断，但对广西并未产生严重影响。例如，道光十六年，湘南爆发了雷再浩起义，并引发了广西边境和境内的一系列响应，但这些起义不久即被平定，未造成大的联片效应，② 因此广西修志情况依然较为稳定。

咸丰年间，广西爆发太平天国农民起义，广西处于动荡之中。1851 年 1 月 11 日，太平军于桂平金田村起义，13 日移军东进，占领浔州要地江口圩，3 月进军武宣，5 月北上象州，不久又回师桂平、平南，同年 9 月 25 日攻占永安州，并于永安州驻留半年。1852 年 4 月 25 日，太平军突破清军对永安的围困，开始了进攻桂林、挥师湘鄂、东下江南的大进军。1859 年，石达开回师广西，在当地会党的配合下继续与清军斗争。③ 因此，整个咸丰年间广西地方官府忙于对太平军的追击与围剿，修志工作陷入停滞。

同治年间，太平天国起义被镇压，社会重新恢复稳定，修志工作也陆续恢复。此后同治、光绪年间被统治者标榜为"中兴"时期，为粉饰太平，清政府又大力督促地方修志，④ 并于光绪、宣统时期达到新的高潮，因此，光绪一朝也成为清代广西平均每年修志数量最多的一朝。

综上分析可以看出，广西的修志状况与全国局势和时代背景密切相关。当社会安定、政府发出修志号召之时，广西修志工作往往风生水起，修志成果丰硕；而每当面临战乱、社会混乱之时，广西的修志工作也相应停滞。

三 重视人才，分工明确

清代通常由当地最高行政长官负责地方志编纂的领导工作，由他们组织相关人员组成修志机构，方志编纂人员由组织领导人和具体的编修人员构成，修志机构一般称志局。⑤ 清代许多学者对于修志人员应具备的素质提出了要求，刘组曾在乾隆《柳州府志序》中指出"才学识三

① 雍正《灵川县志·叙》。
② 雷坚编者《广西方志编纂史》，第 116 页。
③ 参考钟文典主编《广西通史》第 2 卷第四章"太平天国在广西的起义进军"，广西人民出版社，1999。
④ 王德恒：《中国方志学》，第 118 页。
⑤ 董馥荣：《清代顺治康熙时期地方志编纂研究》，第 28 页。

者未备则亦不敢为",① 章学诚在《文史通义》中指出"非识无以断其义,非才无以善其文,非学无以练其事",② 卫周祚则提出了"正、虚、公"的"三长"之说,即修志者要有正直、谦虚、公正的品德。③

从表 2 乾隆《梧州府志》、乾隆《柳州府志》、乾隆《庆远府志》编纂人员的情况可以看出,广西各府志的编纂人员在 20 人至 30 人,负责总修的多为当地知府或中央派驻地方的大员。修志人员分工明确,有负责统筹全局的总修、提调、纂修等职务,多由当地知府、知县担任,有负责具体编修的分纂、采辑、编辑、采访、誊录、绘图等职务,有负责核对校勘的分校、校对、参订等职务,有负责监督的督修、监修、监刻等职务。从修志人员的身份上看,除了各地官府要员之外,还有大量的博学之士,包括各地府学中的教授,县学中的教谕,各级儒学中的训导、生员,还有取得功名的举人、贡生、拔贡等。从修志人员的身份中可以看出人才对于修志的重要性。

表 2　乾隆时期广西部分府志编纂人员情况

志书名称及总人数	分工名称及人数	参与者身份
乾隆《梧州府志》共 31 人参与修纂	总修 1 人	知府
	纂修 1 人	同知
	分纂 2 人	知县
	督修 1 人	同知
	监修 1 人	知县
	采辑 4 人	知县
	分校 7 人	经历、教谕、训导
	校对 8 人	举人、拔贡、生员、廪生
	采访 4 人	拔贡、生员、廪生、贡生
	监刻 2 人	经历
乾隆《柳州府志》共 27 人参与编纂	总修 1 人	翰林院编修分巡广西右江道
	提调 2 人	知府
	纂辑 1 人	候选知县
	采访 14 人	知州、知县
	校勘 1 人	职监
	参订 1 人	监生
	监局 2 人	教授、训导
	誊录 4 人	县学生员
	绘图 1 人	巡检

---

① 乾隆《柳州府志·序》。
② 章学诚:《文史通义》卷三《内篇三·史德》,第 74 页。
③ 董馥荣:《清代顺治康熙时期地方志编纂研究》,第 116 页。

志书名称及总人数	分工名称及人数	参与者身份
乾隆《庆远府志》共23人参与编纂	总修1人	知府
	采辑6人	候补同知、知州、知县
	督理1人	经历兼知县
	编辑3人	知县、训导
	分纂6人	知县、廪生、岁贡
	分校6人	监生、廪生、附生

资料来源：乾隆《梧州府志》、乾隆《柳州府志》、乾隆《庆远府志》。

除了重用人才之外，主持修纂者自身的才学对于修志的成败也至关重要。清代广西所修具有代表性的方志，其总纂者多为饱学之士。例如，嘉庆《广西通志》的修纂者谢启昆出身书香世家，师从著名学者翁方纲，与当时的袁枚、钱大昕、姚鼐等著名学者交情深厚。其所修嘉庆《广西通志》是纲目体志书的代表之作，全书共二百八十卷，其中卷首一卷、正文二百七十九卷，分为典、略、表、录、传五大类，包括一典、四表、九略、二录、六传共二十二目，内容和体例均超越了广西以往的通志，成为古代广西最完善的一部通志。[1] 同治《象州志》的修纂者郑献甫是广西著名诗人、学者、教育家，一生致力于著书教学，其编纂的同治《象州志》以结构简明、体裁组件运用相得益彰、记述风格典雅而备受推崇。[2] 由此可见，学识渊博的修志者往往能编纂出影响深远的志书。

四 体例成熟，与时俱进

清代地方志按体例划分，大体可以分为平目体、纲目体以及清末逐渐兴起的章节体。平目体是指诸多类目并列平行、互不统属的结构方式。纲目体方志是指全书设若干大的门类为纲，每纲之下又分诸多细目，以纲统目的结构方式。章节体是在纲目体的基础上形成的，将纲目体中的大门类改为章，小类目改为节，具体事物或细目改为目，使志书层次更为分明。[3]

清代广西地方志的体例已较为成熟，以平目体和纲目体为主。据雷坚统计，《广西方志提要》中所收录的清代124部志书中，纲目体有88部，占71.0%，平目体有32部，占25.8%，章节体只有4部，占3.2%。[4] 总体来看，清代广西地方志的编纂体例有一个从平目体到纲目体，再到章节体的演变过程。

---

[1] 谢启昆修，胡虔纂《广西通志》第1册，广西师范大学历史系中国历史文献研究室点校，广西人民出版社，1988，第11、18页。

[2] 雷坚编著《广西方志编纂史》，第130页。

[3] 张毅：《地方志文献特性与数据抽取研究》，上海远东出版社，2018，第33、36、41、44页。

[4] 雷坚编著《广西方志编纂史》，第25页。

清代广西平目体府志有雍正《平乐府志》、乾隆《柳州府志》等，其主要优点是，对于编纂者而言，无须对内容进行归类，编纂难度较小，对于读者而言也便于检索。但也有其缺点：条目过于繁多，没有归类，结构略显松散，且内容可能多有交叉重叠。以雍正《平乐府志》为例，雍正《平乐府志》共有二十卷，其具体条目共有 31 条，其目录为：卷之一，图经；卷之二，疆域、沿革、分野、封建；卷之三，忠义、节孝；卷之四，山川、气候、风俗（附节序）；卷之五，宦绩；卷之六，职官；卷之七，学校；卷之八，书院、社学；卷之九，武备；卷之一〇，猺獞；卷之一一，赋役；卷之一二，水利（附津梁、堤坊、灌峡）、食货；卷之一三，城池、官署、仓库、邮政（附塘铺、道路）、古迹、厢里（附坊表）；卷之一四，祀典（附寺观、仙释、祥异）；卷之一五，人物；卷之一六，选举；卷之一七至卷之一九，艺文；卷之二〇，外志。[①] 从其目录中可以看出其涉及内容之广，但由于对各平设条目没有归类，各条目的次序安排存在一定的逻辑问题。例如，卷三忠义、节孝所包含内容为对忠孝节义之人或事的记载，将其安排在卷二疆域、沿革等内容之后，卷四山川、气候等内容之前明显欠妥；卷七学校，卷八书院、社学，与卷一三城池、官署、仓库等内容都是关于建筑的记载，将其放在一起似乎更为合理；卷一一赋役，卷一二水利、食货等内容都是关乎国计民生的大事，其位置应当更为靠前，而不应该放在卷五宦绩、卷六职官等内容之后。

清代广西纲目体府志有雍正《太平府志》、乾隆《梧州府志》、乾隆《庆远府志》、光绪《镇安府志》等，其最大的特点就是以纲统目，条例清晰。将雍正《太平府志》、乾隆《梧州府志》、乾隆《庆远府志》三个纲目体府志所设纲目进行对比可以看出，纲目体府志多以"志"为纲，所设纲目为 10 个左右，且大多相同或相似（参见表3）。三个府志中相同或相似的纲目有：地舆志（舆地志）、建置志（营建志）、食货志（田赋志）、武备志（军政志）、职官志（秩官志）、选举志、人物志、艺文志。10 个纲目中有 8 个相同或相近，由此可见，纲目体府志纲目的设置已具有一定的规律，体例较为成熟。土司志与象胥志则是雍正《太平府志》中特殊的两个大纲，由于太平府地处广西西南边陲，修志者对少数民族问题与边疆问题更为重视，故专设此二志，体现了地方特色。

表3　清代广西部分纲目体方志大纲设置对照

方志名	纲目数量	纲目名称
雍正《太平府志》	13	地舆志、营建志、食货志、武备志、职官志、选举志、人物志、艺文志、名宦志、機祥志、天文志、土司志、象胥志
乾隆《梧州府志》	10	舆地志、建置志、田赋志、军政志、职官志、选举志、人物志、艺文志、名宦志、记事志
乾隆《庆远府志》	10	舆地志、建置志、食货志、武备志、秩官志、选举志、人物志、艺文志、杂事志、学校志

资料来源：雍正《太平府志》、乾隆《梧州府志》、乾隆《庆远府志》。

---

① 雍正《平乐府志·目录》。

光绪《镇安府志》受到谢启昆所修嘉庆《广西通志》的影响，不同于嘉庆朝之前所修府志仅以"志"为纲，还增加了"典"与"表"两大纲目与"志"并列，三者共统诸目，纲目的设置更为清晰合理，体现了体例上的进步。

将广西部分平目体府志与纲目体府志中相似内容的设置情况进行比对可以看出，纲目体府志较平目体府志结构更为合理。表4选取了平目体府志和纲目体府志各两个，对其中较为重要的舆地类、建置类、赋役类、人物类等相似内容的设置情况进行了比对。

表4 清代广西部分平目体府志与纲目体府志相似内容设置情况对照

内容分类	方志名	体例	设置说明
地舆类	雍正《平乐府志》	平目体	分列于卷一、卷二、卷四
	乾隆《柳州府志》	平目体	分列于卷首至卷六、卷一一、卷一二
	乾隆《梧州府志》	纲目体	卷一至卷四，统于舆地志下
	乾隆《庆远府志》	纲目体	卷一，统于舆地志下
建置类	雍正《平乐府志》	平目体	分列于卷七、卷八、卷一二、卷一三、卷一四
	乾隆《柳州府志》	平目体	卷一三至卷一八
	乾隆《梧州府志》	纲目体	卷五至卷七，统于建置志下
	乾隆《庆远府志》	纲目体	卷二，统于建置志下
赋役类	雍正《平乐府志》	平目体	分列于卷九、卷一一、卷一二
	乾隆《柳州府志》	平目体	卷七至卷一〇
	乾隆《梧州府志》	纲目体	卷三，统于田赋志下
	乾隆《庆远府志》	纲目体	卷三，统于食货志下
人物类	雍正《平乐府志》	平目体	分列于卷三、卷一四、卷一五
	乾隆《柳州府志》	平目体	卷二五至卷三〇
	乾隆《梧州府志》	纲目体	卷一八、卷一九，统于人物志下
	乾隆《庆远府志》	纲目体	卷八，统于人物志下

资料来源：雍正《平乐府志》、乾隆《柳州府志》、乾隆《梧州府志》、乾隆《庆远府志》。

通过比对可以看出，纲目体府志对于某一类内容的设置较为紧密，即使分卷编写也会列于连续的几卷之内，并统于某一志之下。相比之下，雍正《平乐府志》对于同类内容的编写则较为分散，逻辑性较差，前文已有分析，不再赘述。同为平目体府志的乾隆《柳州府志》，在同一类内容的设置上较雍正《平乐府志》已有很大改进，排布较为紧密，但是在设置顺序上仍然存在一定的问题。乾隆《柳州府志》将赋役类的内容放在了建置类的内容之前、地舆类内容之后，即按"地舆类—赋役类—建置类"的顺序设置，而后来的纲目体府志则是将建置类内容设置于赋役类之前，即按"地舆类—建置类—赋役类"的顺序进行设置，此种设置方式应当更为合理，因为地舆类的内容与建置类的内容同属地理范畴，关联性更强，而赋役类的内容则属于政治经济的范畴，将建置类内容紧随地舆类内容设置更符合逻辑。因此，在编纂体例上纲目体府志较平目体府志更为进步。

综上所述可以看出，清代广西地方志编纂体例的演变是一个日趋成熟的过程。受到康熙年间清王朝颁布《河南通志》为样板志书的影响，康雍时期广西方志主要以平目体方志为主，但随着方志所在内容日益丰富，所设条目日益繁多，平目体难以将各条目合理编排，往往出现逻辑不合理的情况。因此，乾隆时期开始，纲目体逐渐应用到修志当中。纲目体府志以纲统目，条理清晰，适应了内容与条目增加的需要，尤其是嘉庆《广西通志》编纂之后，纲目体府志开始盛行，其后修志者纷纷效仿。及至清末，受西方教科书的影响，少量章节体方志开始出现，在民国时期开始流行。

五　内容全面，价值丰富

从广西地方志的目录中我们可以看出，广西地方志所涵盖的内容几乎涉及了当地历史、地理、政治、经济、军事、人物、文化等各个方面。其所编纂的内容大体可分为七大类，即地舆类、建置类、赋役类、人物类、艺文类、记事类、民族类。

地舆类主要包括疆域、沿革、山川、气候、星野、关梁等条目，是对该地自然地理、风土人情的简介。各地方志在介绍本地地理疆域时多会附图说明，雍正《平乐府志》卷一即为《图经》，绘制了平乐地区各府州县的山川形胜图，以及平乐府的府城图、府署图、府学图和寺院图。① 乾隆《梧州府志》在"舆图"一节中不仅绘制了梧州各府县的山川疆域图，受到时人列"八景"之风的影响，还绘制了具有地方特色的梧州八景图，"府城八景"即为"桂江春泛、云岭晴岚、鳄池漾月、鹤冈返照、金牛仙渡、龙洲砥峙、水井泉香、火山夕焰"。② 此外，梧州府所属各县也均绘有"八景图"，例如"藤县八景"即"剑江春涨、石壁秋风、赤峡晴岚、东山夜月、龙巷露台、鸭滩霜籁、登屿耸环、谷山列嶂"。③

建置类主要包括城池、公署、坛庙、寺观、学校、仓储、水利等条目，是对该地重要建筑的记载，对各类建筑的记载通常会包含建筑名称、修建时间、修建者、建筑情况、演变情况等信息。以乾隆《庆远府志》中一段关于清代河池州城修建的记载为例，"国朝顺治十七年，知州李若璘，敕里民修筑高一丈，周二百四十丈，后□变圮。康熙二十四年，知州刘安国，捐修增高二尺，并同参将石钟华，中军钱来凤，建造城楼窝铺瓮城。雍正四年，知州陈舜明捐资重筑。六年七年增筑，四面皆山，无城濠"。④ 从这段材料可以看出，对城池的记载方式大致是将城池的修建和加固情况按时间进行排列，从而揭示其演变过程，对其他建筑的记载方式也大致如此。

---

① 雍正《平乐府志》卷一《图经》。
② 乾隆《梧州府志》卷首《舆图》。
③ 乾隆《梧州府志》卷首《舆图》。
④ 乾隆《庆远府志》卷二《建置志·城池》。

赋役类主要包括户口、田赋、徭役、盐法、兵制、军饷等条目，是对该地经济情况、赋役制度等内容的记载。赋役类等内容的记载中包含历代大量户口、田地、钱粮等数据的记载，各地方志将其收录备案，以供后世参考，体现了地方官府对国计民生的重视。例如，乾隆《梧州府志》在卷八《田赋志》中对梧州府西汉、东汉、晋、隋、唐、宋、元、明、清等朝代户口数的统计结果进行了记载，并且对明洪武二十四年、万历二十年、崇祯元年、清顺治年间梧州府各县户口数以及康熙、雍正年间各县户口数变化情况进行了记载。① 此外，对梧州各府县赋税征收数、仓库储粮数、水利工程灌溉数等数据也进行了记载，为此后国家及广西地区制定经济政策提供了依据。但需指出的是，清代广西地方志中关于户口统计的数字并不是完全可信的。郑维宽在《照抄还是扬弃：明清时期广西户口数字辨析》一文中指出，清朝前期广西官方户口数字绝大多数是失实的，许多数字仅是征收赋税的单位，一些数字则是地方官应付式的前后简单照抄，根本不具有人口统计的作用，而土司地区则基本上不进行户口编审。清乾隆十四年以后，部分地方志中的户口统计数字已较为接近实际，但仍有部分地方志存在大量问题。② 因此广西地方志中的户口统计数字需谨慎使用，不能不假思索地引用照抄。

人物类主要包括忠义、孝行、乡贤、选举、隐逸、列女等条目，对当地德行或才学突出的人进行宣扬。其中选举一目为各府志必备条目，对该地取得功名的进士、举人、武举、贡生进行记载，所载信息包括姓名、籍贯、取得功名的时间以及其后的任职，明清两代所载人物较全，明清以前多已不可考。忠义、孝行、乡贤等条目则是对当地历代典范人物事迹的记载。关于孝行的故事例如，"孟露沛，字霖侯，宜山人，拔贡。事母孝，母病将危，曰'此疾非药力可起，事急矣，残伤遗体虽为不孝，吾难顾矣'，焚香告天，割左股为羹食之，母病寻愈"；③ 关于忠义的故事例如，"聂国辅，字世生，左州人，天启元年恩贡，授永平府判。时边庭多故，督催粮饷，协济无虞，寻以亲老乞休归，以礼化俗。会交彝围州城，辅同州守日夜捍御，计杀交兵无算，以粮尽力穷，城陷，不屈被害"。④ 类似这样的故事各府志中均有大量记载，各地百姓争相传颂，起到了宣扬教化的作用。

艺文类主要指艺文一目，是对历代诗赋美文、官府示谕的收录。以雍正《平乐府志》为例，该志将艺文一目分三卷编纂。卷一七《艺文上》收录了历代文人的佳作名篇，如唐李商隐的《赛荔浦县城隍文》，宋梁弼直的《鹅翎岩祷雨文》、明王世贞的《两粤功纪》，以及当地的学、庙、碑记，如元常挺所作《平乐府学记》、明周孟中所作《重修文庙记》、明沈宏所作《平寇颂碑记》。⑤ 卷一八《艺文中》主要收录了历代文人的诗赋，如唐张九龄的《巡按自漓水

---

① 乾隆《梧州府志》卷八《田赋志·户赋》。
② 郑维宽：《照抄还是扬弃：明清时期广西户口数字辨析》，《河池学院学报》2007年第4期。
③ 乾隆《庆远府志》卷八《人物志·孝友》。
④ 雍正《太平府志》卷三五《人物传》。
⑤ 雍正《平乐府志》卷一七《艺文上》。

南行》、唐李商隐的《昭州》、明解缙的《过平乐》。① 卷一九《艺文下》则收录了《救火示》《枭谷示》《修府志示》《社仓议》《盐务议》等关于当地某些具体事项实行方针的官方文书。②

由于气候炎热、环境恶劣，广西自古以来就是朝廷贬谪仕宦和流放罪犯的主要地区，而历代迁客骚人也在广西留下了无数佳作名篇。谈及广西历代的诗赋美文则必须提到康熙年间汪森所编的巨著《粤西文载》。汪森于康熙年间先后在广西桂林府和太平府任通判，他搜集大量文献，编成了可谓广西古代百科全书的著作"粤西三载"。其中《粤西文载》是一部从秦汉到明末有关广西的文章总集，全书多达75卷，120多万字，③为广西地方志艺文等类目的编纂提供了重要的资料参考。

记事类主要包括機祥、杂记等条目，是对各地奇闻异事的记载。機祥一目是对各地灾害和灵异时间的记载，有时也包括官绅对灾害救济的记载，所载灾害包括水、旱、蝗、风、雹、火、冻、兽、疫等各类灾害，所载的灵异事件包括奇异天文现象，如"正德六年夏五月，（庆远）府治西北方有星长五六丈，蜿蜒如龙蛇，闪烁如电，须臾灭"，④以及奇异动植物生长，如"成化七年，有紫芝七茎生于督府池"，⑤"乾隆九年三月，南丹土州黄江村土民班忠富家黄牛夜产麒麟，一室光亮"。⑥杂记所记的内容有远古传说、历代大事、文人趣事、民间奇闻等，以乾隆《梧州府志》为例，有大量关于舜帝的记载，如"舜葬于苍梧，有群象，常为之耕，时有鸟自丹州来，吐气名曰冯宵，能衔土成坟邱，返形变色，名曰珠邱，登木则禽，行地则兽，衔青砂如珠，轻细风吹如尘，名曰珠尘，后苍梧采药者得青石，圆洁如珠，服之不死，带则身轻"。⑦有关于文人秦观故事的记载，如"东坡一帖云，秦少游过容，留少日，饮酒赋诗如平常，容守遣搬家二卒送归衡州，至藤伤暑，困卧至八月十二日"。⑧还有大量民间奇闻的记载，如"桃生者妖术也，以鱼肉请人，遂作术于中，人食之，则此物遂活于胸腹，害人至死，而后已也。尝见范石湖《桂海虞衡志》载，当时李寿翁为雷州推官，得一方甚妙，云'食在胸膈则服升麻吐之，在腹则服郁金下之'，仕宦长病此，故为揭出"。⑨

民族类主要包括诸蛮、土司等条目，是广西地方志中带有地域特色的条目，主要记载地方官府对当地少数民族的控制，以及他们之间的矛盾冲突。到清代时广西地区的大多少数民族已经能与汉人和平相处了。《柳州府志》记载"猺獞今已久附春秋冠带之列矣，惟在官斯土者不

① 雍正《平乐府志》卷一八《艺文中》。
② 雍正《平乐府志》卷一九《艺文下》。
③ 汪森编辑《粤西文载校点》第1册，黄盛陆等校点，广西人民出版社，1990，前言，第1页。
④ 乾隆《庆远府志》卷一〇《杂类志·機祥》。
⑤ 乾隆《梧州府志》卷二四《记事志一·機祥》。
⑥ 乾隆《庆远府志》卷一〇《杂类志·機祥》。
⑦ 乾隆《梧州府志》卷二四《记事志一·杂记》。
⑧ 乾隆《梧州府志》卷二四《记事志一·杂记》。
⑨ 乾隆《梧州府志》卷二四《记事志一·杂记》。

鄙夷其人，而抚辑得宜，则边徼永宁，厥功其茂矣哉"，① 可见只要地方官员不鄙夷其人，安抚得当，则可做到边境安宁。乾隆《柳州府志·凡例》中写道："猺獞以示控驭，详载始末，并附方言。"② 地方志中还有大量关于少数民族方言的记载，例如，在壮语中"呼父曰呵，母曰媄，兄曰龙，弟曰侬，穿衣曰登布，吃饭曰哽餲，饮酒曰哽漏，食肉曰哽诺"，在僚语中"父曰爸，母曰奶，兄曰怀，弟曰侬，穿衣曰登谷，吃饭曰馇馀，饮酒曰馇考，食肉曰馇难"。③

雍正《太平府志》、乾隆《庆远府志》等桂西土司地区所修府志则专设一目介绍土司问题。以雍正《太平府志》为例，其卷三三即为《土司传》，主要记载了太平府治下各土州土官的生平及其世袭罔替的来龙去脉。有对于典范土官的褒奖，例如，"雍正三年，举行大计，总督孔毓珣、巡抚李绂访实，同田州土知州岑应祺荐举卓异，部议不准嗣奉，特旨照流官卓异例，赏以朝服蟒袍，一时荣之"。④ 也有对于土官罪行和丑恶行径的披露，例如，"洪武四年，以忠得罪削职，子泰袭，泰死子铎袭。铎于永乐间举兵杀安平知州李显，事闻，逮治充南宁卫军。以其子谷袭，谷死子瑶袭，瑶死子珖袭。珖妻岑氏生子琛璿，妾王氏生子丹，王欲立己子，因潜于珖，遂诬琛以不孝，逼走安平，以璿摄州事"。⑤ 可见，《土司志》较为全面地反映了广西土官的真实面貌，有助于后人对土官做出客观的评价。另外由于太平地处西南边陲，与安南接壤，因此雍正《太平府志》专设《象胥志》将历代史书中关于安南记载进行整理与汇总。雍正《太平府志·凡例》中写道："凡开关纳贡悉由思明龙州等处而入，是太郡虽僻在边隅，实为中国门户，兹附安南志于末，所以示上者之无外也。"⑥ 体现了修志者对于边疆问题的重视。《象胥志》下包含六卷，按时间顺序分别对汉、唐、宋、元、明、清六代安南地区所发生的大事进行了记载。

结　语

由上述分析可以看出，清代广西地方志的编纂具有如下特点：从编纂思想上看，思想鲜明、立意深远，主要包括重视考证、忠于职守、经世致用、弘扬教化、民族平等等思想；从编纂趋势上看，与全国局势和时代背景密切相关，当时局稳定、国家倡导之时，则修志成果丰硕，而每逢战乱、社会动荡之时，则陷入停滞；从编纂人员上看，分工明确，重视人才，主持修纂者多为当地政府要员，参与修纂者除了地方官员外还有各地的博学之士；从编纂体例上看，体例成熟，与时俱进，康雍时期以平目体为主，从乾隆时期开始则以纲目体为主，至清末

---

① 乾隆《柳州府志》卷三〇《猺獞（附方言）》。
② 乾隆《柳州府志·凡例》。
③ 乾隆《庆远府志》卷一〇《杂类志·诸蛮》。
④ 雍正《太平府志》卷三三《土司传》。
⑤ 雍正《太平府志》卷三三《土司传》。
⑥ 雍正《太平府志·凡例》。

逐渐出现章节体，且所设纲目大同小异，具有一定的规律；从编纂内容上看，内容全面，价值丰富，所载内容大体可以分为地舆类、建置类、赋役类、人物类、艺文类、记事类、民族类七大类。

广西地方志涉猎广泛，几乎覆盖了广西地区的方方面面，这些内容有三个重要价值。其一是咨政价值，地方志中对于户口、田赋、钱粮等内容的统计和备案，为朝廷和地方官府制定各项政治经济政策提供了参考。其二是教化价值，广西地方志秉承"盛世修志"的传统，通过修志宣扬国家一统、天下太平，通过对科举取得功名者的记载，激励百姓求学上进，通过对典范人物孝行义举的记载，宣扬美德，对良好社会风气的形成起到潜移默化的作用。其三是史料价值，地方志中丰富的史料为后世了解广西的自然地理、疆域沿革、政治经济、社会文化、风土人情等提供了重要依据。

传承文化基因，梳理旧志文献，助力乡村振兴

——以陕西咸阳地区旧志文献为例

高文智

（陕西省咸阳市地方志办公室）

一 传承文化基因

党的十九大报告指出："文化是一个国家、一个民族的灵魂。文化兴国运兴，文化强民族强。没有高度的文化自信，没有文化的繁荣兴盛，就没有中华民族伟大复兴。"习近平总书记指出，"中国特色社会主义文化，源自于中华民族五千多年文明历史所孕育的中华优秀传统文化……植根于中国特色社会主义伟大实践"。[1] 中华优秀传统文化源自构成这个国家的每个不同地方的地域文化，而地域文化的重要载体就是地方志文献。"不忘本来才能开辟未来，善于继承才能更好创新"，所以中华优秀传统文化的兴盛和传承就需要继承和发扬地方文化。不同的地方文化又有其独特的历史沿革和丰富的内容，这些则被地方志文献记录。

陕西咸阳是中国古代第一个封建制王朝秦朝的都城。汉唐之时，在这个地域上创造了高度的文明，也为后人遗留下了丰富的文化遗产。这些都可以在可见的地方志文献中找到踪影。

如植根于民族记忆深处的、已经成为中华民族文化基因一代一代传承的"孝"文化。中国封建王朝的辉煌时期汉朝和唐朝，就是以"孝"立国，而其历代帝王的庙号都冠一"孝"字，并且在传统文化发展过程中，逐渐形成了中华二十四孝，其中之一的"刻木事亲"故事就发生在兴平市的子孝村和乾县的慈母村。据冯光裕纂的民国《兴平县志》卷之一《地理志·陵墓》记载："孝子丁兰墓，县东北十里。旧志：兰，河内人。有孝行，卒葬于此。"[2] 其卷之三《祠

---

① 《习近平谈治国理政》第 3 卷，外文出版社，2020，第 32 页。

② 《咸阳经典旧志稽注》编纂委员会编《民国·校订兴平县志》，三秦出版社，2010，第 17 页。

祀志·群祀》记载："孝子丁兰庙，在县北五里。以丁兰有刻母事，知县张晟有记。"① 又据范紫东纂的民国《乾县新志》卷之九《古迹志·第宅》："丁兰宅，旧志在吴山下，去县五十里。"② 当然，这只是"孝"文化的代表，其他地方志书中关于这一现象的记述则又有许多，有的志书甚至将其作为一类而记述，如明人张应诏纂的万历《咸阳县新志·人物志第六》就专设"孝子"目，清人臧应桐修纂的乾隆《咸阳县志》第十二卷亦设有"孝子"目，张如锦纂的康熙《淳化县志》卷之六中也列"孝义"目。

又如"诚信""尚法"精神的传承，不光有战国时秦国商鞅为推行改革而"立木为信"故事的流传，在地方旧志文献中更是记录了这样一批讲诚信、重然诺的人物。如曹骥观纂的民国《续修醴泉县志稿》卷七中记有清光绪年间题阁村人"雷天柱，笃于友谊，一诺千金"的故事。③ 同卷中的清人刘永清，"性谨厚，重然诺。回乱时，友托藏金。醴城被围，与友避难乾县。次年秋，资斧淤告罄，友令取旧所藏金，许之。夜缒而出，纡道归，囊金复往。时贼骑充斥。黎明，至乾东之桥头遇贼，急匿金壕下，奋力斗，幸出险。至乾，忽念囊金未携，无以对友。复至匿金处探取，又遇贼围击。力战移时，以不支死"。④ 范紫东纂的民国《乾县新志》卷一一列"循良传"，亦记述当地历史上尚法爱民的令佐和师儒，如唐中宗时李元纮，"为雍州司户参军。时太平公主势震天下，百司顺风望旨。尝与民争碾硙，元纮还之，长史窦怀贞大惊，趣改之。元纮大署判后曰：'南山可移，判不可摇也。'改好畤令"。⑤ 《三原县新志》卷之六《人物志第六（中）》"贤能"目下有万历中举人王之鼎"洁己奉公，以循良，擢工部主事。出守夔州。请减夔关税务，以苏商困"的故事。⑥

以上旧志文献所记人物事例所反映出的"孝义"、"诚信"和"尚法"等精神，都已深深地融入当地人的文化基因，继而上升为中华民族的传统美德。这些优秀的中华传统文化精神的传承很大程度上与地方旧志文献密切相连。正如伟烈亚力所说："在中国出现的一系列的地方志，无论从它们的广度上来看，还是从它们有系统的全面性方面来看，都是任何国家的同类文献所不能比拟的。"⑦ 咸阳旧志文献有如此重要的作用，但是利用的前提是必须摸清家底，即历史上该地区遗留下来的方志文献都有哪些，这些方志文献目前的情况又如何，等等。因此在传播和利用方志文化之前，有必要对该地区的方志文献，尤其是历史上的旧志文献进行梳理。

---

① 《民国·校订兴平县志》，第35页。
② 《咸阳经典旧志稽注》编纂委员会编《民国·乾县新志》，三秦出版社，2010，第272页。
③ 《咸阳经典旧志稽注》编纂委员会编《民国·续修醴泉县志稿》，三秦出版社，2010，第230页。
④ 《民国·续修醴泉县志稿》，第255页。
⑤ 《民国·乾县新志》，第337页。
⑥ 《咸阳经典旧志稽注》编纂委员会编《清光绪·三原县新志》，三秦出版社，2010，第193页。
⑦ 李约瑟：《中国科学技术史》第5卷第1分册，《中国科学技术史》翻译小组译，科学出版社，1976，第44~45页。

二 梳理旧志文献

陕西自古就有编制地方志的悠久历史，曾被誉为方志渊源之乡。据《中国地方志总目提要》可知，陕西现有存目的地方志文献 500 余种，而实际现存的方志文献总数达 652 种之多，其中稿本 19 种、抄本 164 种、刻本 364 种、铅印本 74 种、石印本 27 种、油印本 2 种、活字本 2 种。《中国地方志总目提要》中明确考述了陕西地方志文献"三百八十五种，其中省志八种，府志十八种，州、县厅志三百六十八种"。①

咸阳作为陕西境内的地级建制市，尽管每年都有不同的新修志书编纂完成，但是，方志事业在向前发展的同时，不能忘记历史，更不能忘记承载着咸阳历史文化的古代志书，尤其是在社会主义新时代的背景下，在乡村振兴战略的布局中，深入发掘本地文化资源优势、服务社会和人民的意义更显迫切。截至 2019 年初，咸阳地区已经累计整理出版了 20 部旧志文献，但与其尚存的 70 多部总量比较起来，不到 1/3。其原因之一就是目前咸阳地区旧志文献整理各自为政，且散乱不清。尽管一些有识之士也在做一些相关工作，如影印旧志，但仅限于将其原貌保留，谈不上对其文献的整理，更谈不上文化资源的开发利用。有鉴于此，弄清现存咸阳地区旧志文献的真实情况就显得尤为迫切（见表 1）。

表 1　现行咸阳行政区划下历史上遗存的旧志文献情况

单位：种

序号	地区名	收存总数	时代			已稽注整理			其他形式整理			未校注整理		
			明代	清代	民国	时代			时代			时代		
						明代	清代	民国	明代	清代	民国	明代	清代	民国
1	咸阳	8	1	4	3	1		1			2		4	
2	武功	9	2	6	1	1		1		1		1	5	
3	兴平	8	1	5	2			1				1	5	1
4	泾阳	11	2	8	1		1					2(佚1)	7	1
5	三原	5	1	4								1	3	
6	乾县	6	2	3	1			1				2	3	
7	礼泉	7	2	4	1			1				2	4(佚1)	
8	长武	3		3			1						2	
9	彬州	5	2	2	1		1					2	1	1
10	淳化	4	2	2			1			1		2(佚1)		
11	旬邑	7	1	4	2		2				1	1(佚)	2	1
12	永寿	6		4	2		1						3	2
总计		79	16	49	14	2	8	5		2	3	14(佚3)	39(佚1)	6

---

① 金恩辉、胡述兆主编《中国地方志总目提要》，汉美图书有限公司，1996。

咸阳地区现存旧志的具体情况简述如下。

2010 年三秦出版社出版《咸阳经典旧志稽注》13 册 15 部明代至民国旧志，列举如下。

（明）张应诏纂修万历《咸阳县新志》2 卷。

刘安国修，吴廷锡、冯光裕纂修民国《重修咸阳县志》8 卷。

王廷珪修，冯光裕、张元际纂民国《兴平县志》8 卷。

（清）王朝爵修、孙星衍纂乾隆《直隶邠州志》25 卷。

（清）沈锡荣修、王锡璋纂宣统《长武县志》12 卷。

（清）林逢泰修、文倬天纂康熙《三水县志》4 卷。

（清）朱廷模、葛德新、孙星衍纂修乾隆《三水县志》11 卷。

（清）张如锦修纂康熙《淳化县志》8 卷。

（清）郑德枢修、赵奇龄纂光绪《永寿县重修新志》10 卷首 1 卷。

续俭、田屏轩修，范紫乐纂民国《乾县新志》14 卷首 1 卷附 4 卷。

胡铭荃、张道芷修，曹骥观纂民国《续修醴泉县志稿》14 卷。

马千里、冯光裕纂修民国《武功县志稿簿》。

（明）康海纂修正德《武功县志》3 卷。

（清）焦云龙修、贺瑞麟纂光绪《三原县新志》8 卷。

（清）刘懋官修，宋伯鲁、周斯亿纂宣统《重修泾阳县志》16 卷首 1 卷末 1 卷。

除此之外，还有如下志书。

中国文化出版社 2007 年 10 月出版萧之葆撰修、刘敏卓校注的《栒邑县志》卷下。

广陵书社 2004 年 10 月出版宋伯鲁等撰、吴廷锡纂辑的《周陵志》10 卷，另有 2014 年 10 月王鹏超校注的民国《周陵志》（内部出版）。

2007 年中国文化出版社出版张鸿杰校注、（清）万廷树修、洪亮吉修纂的乾隆《淳化县志》18 卷。该志书前"总目"为 18 卷，而正文实则为 30 卷。此志《中国地方志总目提要》亦记为 30 卷。

2013 年影印（明）康海纂、（清）孙景烈评注的正德《武功县志》3 卷首 1 卷，湖北崇文书局依同治十二年版影印。

张宝三等人纂修，2004 年整理的民国《咸阳县志稿》10 卷。

已佚志书如下。

《中国地方志总目提要》记载，《明清西安词典》《明代方志考》提及秦渠于万历九年（1581）纂修的《三水县志》。

《明代方志考》中已佚、《中国方志丛书》记载的明正德间《淳化县志》一部。

（清）黄应培纂修、《明清西安词典》载上海历史文献图书馆藏 1 部、《陕西历代旧志文库》载已佚的嘉庆二十四年（1819）刻本《醴泉县志》。

傅好礼、魏恭襄、公学曾纂修，至今已佚的万历《泾阳县志》。

咸阳历史上遗留下来明代至民国的咸阳旧志文献如下。

藏于上海图书馆、陕西省图书馆、北京大学图书馆、国家图书馆的（清）江山秀修、师从德等撰、张枚增修的康熙《咸阳志》4卷。

据清乾隆十六年（1751）刊本影印、藏于国家图书馆的（清）臧应桐修纂的乾隆《咸阳县志》22卷首1卷末1卷，10行15字，白口，四周双边，单鱼尾。

国家图书馆藏（清）陈尧书修纂的道光《续修咸阳县志》4卷，其版式为10行22字，小字双行同，白口，四周双边，单鱼尾。

另有陕西省图书馆、陕西师范大学图书馆和国家图书馆藏（清）佚名修纂的光绪《咸阳乡土志》1卷抄本。

另据《明清西安词典》有（明）赵琏纂修的《咸阳县志》10卷，弘治七年刻印。该志是咸阳历史上最早的一部志书，流传极少，国家图书馆、宁波天一阁各存1部。然查阅之后，未见此书。

就现行咸阳行政区划下的兴平市而言，现存尚未整理的旧志文献有如下几部。

国家图书馆存藏（明）佚名纂修的隆庆《兴平续志》1卷，9行20字，小字双行同，白口，四周单边。

国家图书馆存藏（清）徐开熙、王连璧纂修的顺治《兴平县志》8卷，9行20字，小字双行同，白口，四周双边。

国家图书馆存藏（清）胡蛟龄修纂修的乾隆元年《兴平县志》8卷，10行22字，小字双行同，白口，四周双边。

（清）顾声雷修、张埙纂乾隆四十四年《兴平县志》25卷附3卷，陕西省图书馆、陕西师范大学图书馆有藏，12行24字，小字双行同，黑口，四周单边，双鱼尾。

（清）张元际修纂光绪《兴平县乡土志》6卷，国家图书馆藏三秦书刊发行公司1985年影印本。

王廷珪修，冯光裕、张元际纂民国《重修兴平县志》8卷，陕西省图书馆、陕西师范大学图书馆、西北大学存藏，10行24字，白口，四周双边，单鱼尾。

（清）胡凤丹编纂光绪《马嵬志》16卷首1卷，江苏古籍出版社1990年11月出版严仲仪据清光绪三年（1877）本校点重印本。其中明代志书1部，清代志书5部，民国志书1部。

就现行咸阳行政区划下的彬州市而言，现存未整理的旧志文献尚有如下几部。

陕西省图书馆、国家图书馆存藏（明）姚本修、阎奉恩纂、（清）苏东柱续修的顺治《彬州志》4卷。

国家图书馆藏据1929年抄本影印的刘必达修、史秉贞等纂的民国《邠州县新志稿》20卷。

（清）张殿华辑于光绪年间的《彬州乡土志》，国家图书馆存缩微胶片1盘，35mm。

阎奉恩纂修明《邠州志》4 卷，国家图书馆存缩微拷贝片 1 盘卷片，正像，1：10；35mm。

其中明代 2 部，清代和民国志书各 1 部。另有（明）池鳞纂修的正德《邠州志》，仅存序文部分。

咸阳市长武县，就历史上现存的冠以"长武"二字命名的县志，现存未整理的旧志文献有 2 部。

始修于清康熙十五年（1676）、问世并刻印于康熙十六年的（清）张纯儒修、莫琛纂的长武县历史上第一部县志——康熙《长武县志》2 卷。该志国家图书馆和陕西省图书馆有存藏，10 行 20 字，小字双行同，白口，四周单边，单鱼尾。

始修于乾隆四十七年付梓于乾隆五十年的（清）樊士锋、洪亮吉纂的乾隆《长武县志》12 卷。该志陕西省考古研究所、国家图书馆存藏有刻本，陕西省图书馆存藏有增刻本，10 行 22 字，小字双行同，白口，四周单边单鱼尾。

旬邑，历史上曾以"栒邑""三水"等为名，该县旧志文献亦曾以此冠名。历数今旬邑县所存历代旧志文献，现存未整理的旧志文献尚有 3 部。

（清）姜桐冈修、郭四维纂同治《三水县志》12 卷首 1 卷，国家图书馆、陕西省图书馆存藏，12 行 25 字，白口，四周双边，单鱼尾。

（清）冯朝祯修、贺瑞麟纂的旬邑县最晚的一部志书——光绪《三水县新志》7 卷，陕西兴平县图书馆藏有光绪八年稿本，三原县图书馆亦有藏。

另据《中国地方志联合目录》有栒邑县行政公署编于 1928 年的民国《栒邑县新志》不分卷，陕西省图书馆和国家图书馆有藏。国家图书馆出版社 2011 年影印出版倪俊明主编的广东省立中山图书馆藏稀见方志丛刊陕西栒邑县行政公署撰 1928 年《栒邑县新志》不分卷。

其中涉及清代志书 2 部和民国志书 1 部。

历史上遗留下来的淳化县旧志文献，现存未整理的明代旧志文献尚有一部：（明）童思善、罗廷绣纂修隆庆《淳化志》8 卷，国家图书馆存藏，9 行 20 字，白口，左右双边。

永寿县治历史上，记载县域社会发展情况的旧志文献，现存未整理的尚有 5 部。

至今能见到的永寿县最早的一部旧志为（清）张焜修、赵运熙纂的康熙《永寿县志》7 卷，国家图书馆存藏，9 行 19 字，小字双行同，白口，四周单边，单鱼尾。

李同琎、张寿祥、长孙邦俊纂修的永寿县最晚的一部志书——民国《永寿县志》20 卷首 1 卷末 1 卷，有 1948 年稿本。

（清）蒋基修、王开沃纂乾隆《永寿县新志》10 卷，国家图书馆藏乾隆五十八年刻本，11 行 22 字，小字双行同，黑口，四周单边，双鱼尾。

（清）蒋基修纂嘉庆《永寿县志余》2 卷，国家图书馆存藏，11 行 22 字，小字双行同，黑口，左右双边，单鱼尾。

冯景异修、张芳纂民国《永征原稿》，有 1945 年稿本。

其中清代志书 3 部，民国志书 2 部。

乾县，其名源于乾州，历史上有好畤、奉天等县建置。历史上据其名而为志的旧志文献，现存未整理的有如下几部。

（明）宋廷佐撰嘉靖《乾州志》2 卷。

（明）杨殿元修纂崇祯《乾州志》2 卷，据明崇祯六年（1633）刻本拍照，国家图书馆、陕西省图书馆存藏。

（清）拜斯呼郎修纂雍正《重修陕西乾州志》6 卷，国家图书馆、陕西省图书馆有藏，10 行 21 字，小字双行同，白口，四周双边，单鱼尾。

（清）周铭旗修纂光绪《乾州志稿》14 卷首 1 卷附 5 卷和（清）周铭旗修纂光绪《乾州志稿补正》1 卷，国家图书馆、陕西省图书馆、西北大学存藏，12 行 24 字，小字双行同，黑口，四周单边，单鱼尾。

其中明代志书 2 部，清代志书 3 部。

礼泉，原作醴泉，为县名始于隋。记录历史上礼泉县域发展的旧志文献，尚有如下现存未整理。

（明）夹璋纂辑嘉靖《醴泉县志》4 卷，上海图书馆存藏，国家图书馆藏据明嘉靖十四年（1535）刻本拍照。

（明）苟好善修纂崇祯《醴泉县志》6 卷首 1 卷，国家图书馆藏明崇祯十一年刻清初重修本（选举志内有清初补版）4 卷（卷 1~4）。

（清）裘陈佩修纂康熙《醴泉县志》6 卷首 1 卷，国家图书馆存藏，9 行 22 字，小字双行同，白口，四周单边。

（清）宫耀亮、陈我义修纂乾隆《醴泉县续志》3 卷首 1 卷，国家图书馆和上海图书馆存藏刻本。

（清）蒋骐昌修、孙星衍纂乾隆《醴泉县志》14 卷，国家图书馆藏乾隆四十九年刻本，12 行 24 字，小字双行同，白口，四周单边，单鱼尾。

其中明代志书 2 部，清代志书 3 部。

历史上的武功农业文明发达，文化积淀深厚，遗存下来的历代旧志文献，现存尚未整理的有如下几部。

（明）康海纂万历《武功县志》4 卷，中国书店 1992 年据明万历四十五年许国秀刻本影印。

（清）李绍韩、张文熙纂修康熙《武功县续志》3 卷，国家图书馆、陕西省图书馆存藏，10 行 22 字，小字双行同，白口，四周双边，单鱼尾。

（清）沈华修、崔昭等纂雍正《武功县后志》4 卷，国家图书馆全国图书馆缩微文献复制中心 1992 年据清雍正十一年（1733）刻本影印。

（清）张树勋修、王森文纂嘉庆《续武功县志》5卷，国家图书馆藏，12行25字，小字双行同，白口，四周双边，单鱼尾。

（清）张世英、巨国桂纂修光绪《武功县续志》2卷，国家图书馆、陕西省图书馆、陕西师范大学有藏。

（清）高锡华撰光绪《武功县乡土志》不分卷，陕西省图书馆藏缩微文献。

其中明代志书1部，清代志书5部。

三原，因境内有孟侯原、白鹿原和酆原而得名。前秦皇始二年（352）设三原护军，北魏太平真君七年（446），罢护军置三原县。冠以三原名称的历史上现存未整理的旧志文献尚有如下几部。

（明）朱昱修纂、林洪博补修、张信纂修嘉靖《重修三原志》16卷，国家图书馆、陕西省图书馆存藏。

（清）李瀛纂辑康熙《三原县志》7卷，国家图书馆存藏。

（清）杨应琚、张象魏纂修乾隆三十四年《三原县志》22卷首1卷，国家图书馆、陕西省图书馆存藏碧梧书屋光绪三年抄本。

（清）刘绍攽纂乾隆四十八年《三原县志》18卷首1卷，国家图书馆、陕西省图书馆、西北大学存藏，10行，满行22字，黑口，左右单边，单鱼尾。

其中明代志书1部，清代志书3部。

泾阳，因在泾河以北得名。战国时秦设泾阳县，西汉改设池阳县，前秦皇始二年复设泾阳县。现存未整理的泾阳县旧志文献尚有如下几部。

（明）连应魁、李锦纂修嘉靖《泾阳县志》12卷，国家图书馆据明嘉靖二十六年刻本拍照存，泾阳县志办存复印本。

（清）王际有修纂康熙《泾阳县志》8卷，国家图书馆、陕西省图书馆、泾阳县志办有藏，9行20字，白口，四周单边，单鱼尾。

（清）屠楷修纂雍正《泾阳县志》8卷，陕西省图书馆、泾阳县档案馆有藏。

（清）唐秉刚、谭一豫修纂乾隆《泾阳县后志》4卷，国家图书馆、陕西省图书馆存藏，9行20字，小字双行同，白口，四周双边，单鱼尾。

（清）葛晨修纂乾隆《泾阳县志》10卷，国家图书馆、陕西省图书馆、泾阳县志办存藏，12行24字，黑口，四周单边，双鱼尾。

（清）胡元煐修、蒋湘南纂道光《重修泾阳县志》30卷附3卷，国家图书馆藏道光二十二年刻本，12行，满行25字，白口，四周双边，单鱼尾。

（清）佚名纂辑光绪《泾阳县乡土志》现存3卷，陕西省图书馆存藏。

（清）王介纂《泾阳鲁桥镇志》不分卷，国家图书馆藏。

冯庚、郭思锐纂修民国《续修泾阳县鲁桥镇志》12卷，国家图书馆存据1923年西安精益印书馆铅印本拍照缩微胶卷。

其中明代志书1部，清代志书7部，民国志书1部。

综上所述，至截稿时，或正有或已有旧志出版的，也仅限于将其影印，并没有进一步对其进行点校整理等。因此，依然需要点校整理的除已经整理的19部旧志外，尚有咸阳清代旧志文献4部，兴平市旧志文献7部（其中明代志书1部、清代志书5部、民国志书1部），彬州市旧志文献4部（其中明代2部，清代和民国志书各1部），长武县旧志文献2部（涉及清代志书共2部），旬邑县旧志文献3部（涉及清代志书2部、民国志书1部），淳化县明代旧志文献1部，永寿县旧志文献5部（其中清代志书3部、民国志书2部），乾县旧志文献5部（其中明代志书2部、清代志书3部），礼泉县旧志文献5部（其中明代志书2部、清代志书3部），武功县旧志文献6部（其中明代志书1部、清代志书5部），三原县旧志文献4部（其中明代志书1部、清代志书3部），泾阳县旧志文献9部（其中明代志书1部、清代志书7部、民国志书1部），共计55部未整理，其中明代未整理旧志计11部、清代38部、民国6部。这些旧志文献包含丰富的地域文化内容，如能科学规划，合理组织人员，逐步整理，进而发掘旧志文献资源，尤其是对当地旅游项目的深度开发寻找历史支撑不无裨益，并能汲取和借鉴其中优秀传统文化成果，对助力当下乡村振兴战略意义深远。

三 助力乡村振兴

2018年9月，中共中央、国务院印发《乡村振兴战略规划（2018~2022年）》，指出"实施乡村振兴战略是传承中华优秀传统文化的有效途径"。在这一过程中，地方志承担着怎样的作用呢？美国经济学家雷·罗森说："我们的经济将向何处发展？什么能够带动我们前进？——那就是文化。"[①] 承载着中国地域文化的地方志书，当仁不让地承担了这一作用。正如刘延东指出的："地方志资源开发利用成果丰硕，积极服务地方经济社会发展，公共文化服务能力和水平日益提高，社会认可度和参与度不断提高。"[②] 地方志资源开发利用很重要的一个方面就是旧志的开发利用。我国长期以来处在农耕文明发展下的自然经济模式，地方旧志就是如实记录这一发展过程的可信文献资料。乡村兴则国家兴，乡村衰则国家衰，地方旧志可以为乡村振兴发展提供历史依据和借鉴，也可以为其发展提供文化支撑。旧志文献记录的最基本单元就是村镇，就咸阳市现行行政区划所辖的十三个县市区而言，其中行政村有1864个。如何在浩瀚的旧志文献中发掘有用资源，为乡村振兴提供参考？如下几则事例或许可以给我们提供些许启示。

---

① 转引自沈壮海、张发林《中国文化软实力提升之路》，《中国教育报》2008年2月5日，第3版。
② 刘延东：《与第五次全国地方工作会议部分分会议代表座谈时的讲话》，《中国地方志》2014年第5期。

2017年影视剧《那年花开月正圆》的热播，使人们对三原县鲁桥镇孟店村"周莹"这个人物的关注度陡然上升，由此带来的影响是当年咸阳市吴氏庄园旧址（今泾阳县安吴青年训练班纪念馆）旅游热度不减，热闹非凡。许多游客争相前往，为的就是一睹影视剧中所描述的曾经的陕西女首富周莹故居风貌。这也成为陕西当年旅游新的热点和亮点。

2018年《岁岁年年柿柿红》在央视播出，其镜头下的农村面貌原景主要是咸阳市长武县宜山村。而据沈锡荣修清宣统《长武县志》卷之二《县境续山川表》记载："宜山，在城南十里，山形似'宜'字，牛宏别业故址。檐前无数好峰峦，醉眼诗肠冰雪寒。不识宜山真面目，请君来此倚栏杆。邑人牛宏。"① 则长武县宜山村的地理风貌通过旧志文献得到揭示。

依然是央视2018年热播的《黄土高天》，影视剧中的"丰源村"村委会和新农村建设新貌取景地就是咸阳市旬邑县的西头村，另有到泾阳县中张镇罗堡村的原种肉羊核心种羊场"黑萨牧业"等处取景。

上述事例涉及了许多咸阳地域元素。但是美中不足的是，除了《那年花开月正圆》热播后人们争相前往周莹故居外，对于《岁岁年年柿柿红》中的"宜山村"和《黄土高天》中"丰源村"原型——"西头村"及"黑萨牧业"等，国民知晓度又如何呢？值得深思。这点值得借鉴的有许多，如南京夫子庙、秦淮河、王谢旧居在当今社会发展过程中作用的发挥和资源的开发利用；又如楚汉相争时，项羽最后兵败撤退，至现在的浦江区一带，浦江地方政府就借助"史记研究会第十七届年会"之机，大力宣传并打造项羽文化产业旅游项目。正是因此，咸阳当地的旧志文献在乡村振兴战略中也是大有可为，或者说有待大力推广。咸阳地区现存历代旧志文献中，有许多可待发掘的资源，如历史遗迹、古碑庙宇、先贤达人等，这些可以为当下的乡村振兴战略提供历史依据和文化支撑。如在传播红色基因方面，民国时期建立的"安吴青训班"等革命旧址纪念地的进一步开发利用；又如依托历史上的秦国水利工程"郑国渠"，其现存遗址"张家山旅游风景区"的深入开发；又如"举案齐眉"传说的由来，明张应诏纂万历《咸阳县新志·人物志第六》记载："梁鸿，字伯鸾，平陵人，受业太学，家贫尚节。里有女孟光者，择配不嫁。鸿娶之，俱入霸陵山中，业耕织。光每具食，举案齐眉。"② 又如中国古典文学作品中《柳毅传书》的故事，最早的版本是唐人李朝威的传奇小说《柳毅传》，元代尚仲贤依此又作《柳毅传书》杂剧，其故事的发生地就在长武县柳泉村和泾阳县花池渡。宋伯鲁纂清宣统《重修泾阳县志》卷二《地理志下·古迹》中对这两地都有所记载："柳毅传书台，《王志》：'在县南五里。'今名柳家街，台址尚存。"③ 同卷的"津渡"有"花池渡在县南十里，通长安"的记载。④ 这些都是有深厚文化积淀的旧志文献在乡村振兴战略中焕发生机的源泉。如

① 《咸阳经典旧志稽注》编纂委员会编《清宣统·长武县志》，三秦出版社，2010，第14页。
② 张应诏纂，《咸阳经典旧志稽注》编纂委员会编《明万历·咸阳县新志》，三秦出版社，2010，第38页。
③ 宋伯鲁纂，《咸阳经典旧志稽注》编纂委员会编《清宣统·重修泾阳县志》，三秦出版社，2010，第60页。
④ 《清宣统·重修泾阳县志》，第42页。

此之类，不胜枚举，这就需要方志工作者从当地历史上的旧志文献中开拓创新，也亟须当地政府主动作为，提前规划，通过微信公众号、网络媒体、影视剧制作等各种形式向外推介，在推动当地经济发展的同时，加快推进乡村振兴战略实施。

"一个没有文化根基的民族是没有希望的！"那么，一个有着深厚文化底蕴却没有被继承和发扬光大的地区，也是不足为外人所道的！在历史记忆变得越来越模糊之时，咸阳旧志文献为继承文化基因、留住乡愁，进而繁荣当地文化做出了特有的贡献。在传播传统文化、开发利用地区优秀文化资源的过程中，咸阳旧志文献也成为取之不竭的源泉。在实践乡村振兴战略和实现中华民族伟大复兴的中国梦的过程中，咸阳旧志文献发挥着文化软实力的内在支撑作用。

试论南宋方志对湖泊的记载特征

李 昆

（四川师范大学）

引 言

中国的方志历史悠久，从《周礼》中的"四方之志"伊始，其发展进程先后经历了从萌芽到成熟再到繁荣的阶段，自北宋至元末，中国的方志已进入成熟期。时至南宋，地方志书不论从体例还是内容上来看都得到了很大的发展，总体上基本定型。其编纂上最明显的特点，一方面是发生了由图而志的转变，即通过文字来表现山川、湖泽等自然环境；另一方面是从以地理为主到更多地向人文内容扩充，而这两点对于后世的方志有着深刻的影响。本文正是围绕此两点展开，希望能为相关研究略尽绵薄之力。

本文研究的问题有关南宋方志的内容记载特征与时人史地观念的特征，在这方面，学界关于方志学、史地思想以及南宋志书的研究是丰富而又成熟的，其中既有通论性成果，有助于本文在整体方志学理论方面的理解；又有关于中国历代方志发展演变以及与相关学科关系的研究，对本文思路的拓展延伸有所启发；也不乏专门研究宋代方志学的成果，对本文更具有直接的指引和参考意义。此外，当今学界专门对于南宋现存志书的研究同样成果丰硕，是本文讨论和研究开展的基础。

不过目前一方面仍存在对于现存所有南宋方志某个单独门类记载的横向归纳的缺乏，尤其是对湖泊的记载特征的归纳总结研究甚少，就此展开的延伸研究就更近于无；另一方面，对于南宋的自然地理记载尤其是在湖泊方面的研究也不足。对此本文主要采取文献阅读的方法，以《宋元方志丛刊》（中华书局，1990年影印本）中收录的南宋时期共24部志书中关于湖泊的记载为基础，对其具体内容、叙述特点、表现方式、实际价值、后世影响进行分析，比较并归纳出异同之处，再尝试探讨南宋人在人地时空观念上的特点及演变趋势。本文所用的文献部分已有专门研究，在此希望能从新的角度，将方志中的湖泊记载特征与历史学、地理学、历史地理学结合，并尝试由此延伸到人地时空观念上的研究。对于在结合现存南宋志书展开对其他门类的横向总结性研究方面，本文或许能有抛砖引玉之功。但南宋方志众多，亦绝非《宋元方志丛刊》中的 24 部志书可全面覆盖，还有待进一步补充。

一　湖泊史话

探究伊始，首先需要对研究的对象"湖泊"的概念进行讨论，这是一个看似明确，却又很难说得十分清楚的问题。诚然我们可以从现代自然地理科学的角度进行定义："湖泊是湖盆、湖水和水中所含物质（矿物质、溶解质、有机质以及水生生物等）所组成的自然综合体，并参与自然界的物质和能量循环。"① 但我们更需要对其进行"史话"，而就历史时期而言，现存历史文献并没有对湖泊进行统一的界定与划分，同时我们也难用完全现代意义的地理学准则去精准确定历史时期的研究对象，这确实是在历史地理学研究中广泛存在的问题（即对于文献文字的定性定量与现代概念的转化。例如在历史时期的气候研究上，对文献文字中的定性描述，甚至感觉性描述，与现代对应的冷暖干湿程度转化关系的建立，对此学界已有利用物候学方法、比值法、等级法，甚至线性回归法等予以复原。但对于湖泊这一研究客体，则明显仍然缺少如此严谨有效的公式和方法，如涉及历史时期湖泊地貌景观的复原、水文特征的探究等，恐又需一番周折）。具体在本文而言则表现为不同文献在湖泊名称本身上的多样化，在搜集文献资料时需格外注意。如最早的地理著作之一《禹贡》中记载："九河既道，雷夏既泽，灉、沮会同。"② "三江既入，震泽底定。"③ "导菏泽，被孟猪。"④ 无疑"泽"是对湖泊的主要称呼。再如元代蒙古族入主中原以后，其人满目湖塘皆为"海"，因此"海"又成了湖泊最广泛的名称。到了清代，时人有对"罗布泊"独具特色的称谓"罗布淖尔"等。不同历史时期富于变化的湖泊名称及其含义值得探讨，湖浅者可称池，深者则为潭，究竟浅几寸，深几许，却是没有标准的，或可通过历代文献大量的湖泊表述统计，找出一些规律。但由于这涉及相关史料甚广，笔者余力尚浅，且并不是本文探究之重点，因此仍待有志于此之同人，对此有所归纳。

当然在本文所用到的 24 部南宋志书中，"湖泊"基本归类于"山川志""水利""湖"等专门子目，在此就所涉及有明确名称的"湖泊"表达方式予以罗列，如"湖""池""潭""渊""泽""陂""荡"，统计恐有疏漏，仅供参考（见表1）。

---

① 王苏民、窦鸿身主编《中国湖泊志》，科学出版社，1998，第 2 页。
② 慕平译注《尚书·禹贡》，中华书局，2009，第 54 页。
③ 慕平译注《尚书·禹贡》，第 58 页。
④ 慕平译注《尚书·禹贡》，第 60 页。

表1　南宋志书中的湖泊类型及数量

方志名	成书年代	编纂者	湖泊类型及数量
《淳祐临安志》	南宋咸淳四年(1268)	施谔	湖(14)
《咸淳临安志》	南宋淳祐十二年(1252)	潜说友	湖(22)、潭(20)、塘(54)、池(27)、沼(1)
《乾道四明图经》	南宋乾道五年(1169)	张津	湖(8)、池(3)、潭(2)、塘(1)
《宝庆四明志》	南宋宝庆三年(1227)	胡榘修, 方万里、罗濬纂	湖(19)、潭(18)、池(3)
《开庆四明续志》	南宋开庆元年(1259)	吴潜修, 梅应发、刘锡纂	湖(2)
《嘉泰会稽志》	南宋嘉泰元年(1201)	沈作宾修,施宿等纂	湖(114)、塘(32)、池(26)、潭(30)
《宝庆会稽续志》	南宋宝庆元年	张淏	湖(3)、池(1)、塘(1)
《嘉泰吴兴志》	南宋嘉泰元年	谈钥	泽(2)、池(6)、湖(13)、潭(9)
《剡录》	南宋嘉定七年(1214)	史安之修,高似孙纂	潭(2)、渊(1)、湖(1)、池(2)
《嘉定赤城志》	南宋嘉定十六年	陈耆卿纂	池(3)、湖(27)、潭(80)、塘(8)
《淳熙严州续志》	南宋淳熙十二年(1185)	陈公亮修,刘文富纂	湖(2)、池(4)、潭(2)
《景定严州续志》	南宋景定三年(1262)	钱可则修, 郑瑶、方仁荣纂	湖(1)、池(1)、潭(2)
《澉水志》	南宋绍定三年(1230)	罗叔韶修,常棠纂	潭(4)、湖(3)、池(2)、塘(1)
《吴郡志》	南宋绍熙三年(1192)	范成大	湖(9)、塘(2)、池(1)、潭(1)
《景定建康志》	南宋景定二年	马光祖修,周应合纂	湖(9)、潭(1)
《嘉定镇江志》	南宋嘉定六年	史弥坚修,卢宪纂	湖(9)、池(1)、塘(3)、荡(1)
《乾道临安志》	南宋乾道五年	周淙	佚(无载)
《淳祐玉峰志》	南宋淳祐十一年	项公泽修, 凌万顷、边实纂	湖(2)、塘(1)
《咸淳玉峰续志》	南宋咸淳八年	谢公应修,边实纂	湖(4)、荡(1)、塘(1)
《新安志》	南宋淳熙二年	赵不悔修,罗愿纂	池(1)、湖(3)、潭(2)
《雍录》	南宋孝宗时(1163~1189年)	程大昌	池(14)、沼(1)、陂(1)
《咸淳毗陵志》	南宋咸淳四年	史能之	潭(8)、湖(10)、池(1)、塘(2)
《云间志》	南宋绍熙四年	杨潜修, 朱端常、胡林卿纂	湖(12)、池(1)、塘(3)、潭(1)
《淳熙三山志》	南宋淳熙九年	梁克家	湖(16)、池(4)、塘(181)、陂(158)

　　此外,还必须要谈到的是对研究对象的侧重点,本文关注的重点,不是对南宋24部方志中的湖泊进行位置的考证与记载沿革的辨误,而是就文献记载湖泊的具体内容和方式进行罗列与对比,归纳其特点,因此所用到的材料皆以文献记载为准,未加进一步考证翔实。其中恐多有疏漏之处,还望各位能多多指正。

二　记载特征

湖泊在南宋时期可以说是一个不可忽视的地理要素、人文要素。终南宋一代，境内湖泊数量之众，是毋庸置疑的，以南宋方志中常用到的描述为例，如"吴中水国"①"吾邑素号称泽国，襟江带湖"，②以及表1的统计中，《嘉泰会稽志》中"湖"记载数过百，《淳熙三山志》中塘、陂皆百十余等，便可见一斑。并且除了数量大之外，其在南宋一朝发挥的作用和价值也是可观的，在文献之中，不仅列于"地理类"单独子目之下，在自然方面有构造地势、存储水源、调节旱涝之用，更是单独列有"水利""水路""水产"等子目，足见其在交通运输、农业水利、社会生产等方面作用明显。此外湖泊更是文人墨客的笔下素材，在"诗咏""记""碑拓""古迹"之中屡见不鲜，欣赏湖景成为南宋人的一大爱好。因此要分析"湖泊"在文献中的记载特征，单单就传统的"山川""水"子目是不够的，必须充分给予其他子目门类关注和重视。具体来说有以下几个方面。

（一）归属门类

先就专门设置的"湖泊"描写内容的所属门类情况而言，其总体归于方志传统型地理门类，次级子目多有演变，不乏一些创新性。通观南宋的24部方志，除了《乾道临安志》仅余3卷，《淳熙严州续志》仅存3卷，《淳祐临安志》仅存第5至第10卷外，其他几部书在目录方面都相对完整，但从目录设置上来看，实际上并没有形成一个固定的子目门类名称专门记载"湖泊"，而是因人因书而有些差异。

1. 仍以传统类型的平目体、纲目体地理门类为主，次级子目多有演变

南宋方志从体例上来看，大致分为平目体、纲目体、史志体三大类，具体在对"湖泊"的分类归属上又各有不同。首先是传统类型的平目体，其在旧图经的基础上扩充而成，形成众多门类，其中有单独的"山""水"门类，以《吴郡志》③为代表。其次是由平目体改造而来的纲目体，其在大类下设目，以纲统目，类例较为清晰，可以《嘉定镇江志》中的"地理类·山川志"为代表，④又以《嘉定赤城志》卷一九至卷二六"山水门"所占子目最多，⑤而像《咸淳毗陵志》《咸淳临安志》《剡录》等，虽名字稍有不同，但都属同类。再如《景定严州续志》以卷四"水"总说一州，⑥卷五以后分县而单列"水"也属于此种类型的变异，同样的还有

---

① 范成大：《吴郡志》，《宋元方志丛刊》第 1 册，第 704 页。
② 项公泽修，凌万顷、边实纂《淳祐玉峰志》，《宋元方志丛刊》第 1 册，第 1057 页。
③ 范成大：《吴郡志》，《宋元方志丛刊》第 1 册，第 651 页。
④ 史弥坚修，卢宪纂《嘉定镇江志》，《宋元方志丛刊》第 3 册，第 2313 页。
⑤ 陈耆卿纂《嘉定赤城志》，《宋元方志丛刊》第 7 册，第 7280 页。
⑥ 钱可则修，郑瑶、方仁荣纂《景定严州续志》，《宋元方志丛刊》第 4 册，第 4378 页。

《嘉泰吴兴志》《宝庆四明志》《新安志》。此外还有不单独成志，而卷分上中下，以"水"作为其中一卷的一部分内容，以《云间志》卷中"水"为代表，① 与此相同的还有《淳祐玉峰志》卷之上"水"，② 以及《澉水志》《宝庆会稽续志》，其实质上在"湖泊"一节与传统类型的分类相似。

2. 史志体异军突起，不乏一些形式创新

以《景定建康志》③ 为代表，其体例效仿正史史书体例，"志""表"完备，而"湖泊"载于"山川志"中，更是与正史体例相近，门类明确。除此之外还有完全打破方志传统体例、直接以围绕一问题探究考证为一节的、以札记形式呈现的《雍录》，其中对湖泊的记载往往存在于一个具体的考证问题之中。总体来说，"湖泊"记载大部分仍归于传统类型平目体和纲目体的地理类子目下，而存在于史志体之中的"志""表"形式也并不少见，在此基础上又各自发生一些次一级子目的细微变化。最后还应注意到，就实际记载内容来看，"湖泊"记载并不局限于上述门类，往往在"桥梁""水利"等相关子目中亦大量存在，后文将有提及。

（二）侧重方向

就"湖泊"描写的侧重点而言，南宋方志虽各有差异，但总体上呈现出以对湖泊的历史沿革考证和记载湖泊的当世实际效用两大要点为主。值得注意的是，其反而是对于湖泊本身的地理属性特征关注不足，有的甚至未涉及，具体来说有如下几点。

1. 注重地理沿革与考证

要讨论在"湖泊"描写上的侧重点，其实就要关注作者编纂方志的初衷，这不仅很大程度上左右其在整本书上的着力点，同时也影响对"湖泊"记载的侧重。诚然如《淳祐玉峰志》开篇所言："郡县必有志，独昆山无之，岂前人之长不及此哉？期会之事，有急于此，则谓之不急也。"④ 当一地地方志出现缺失，其编纂要求是迫切的。但更要看到，方志本就孕育于传统舆地之学，注重地理沿革，长于考证，是其长久以来的最大特点，这一点在南宋方志学家中也被继承，其中表现最为明显的著作是《雍录》。在《雍录》开篇即言"五代都雍总说"，⑤ 记载自"周秦二世"至"汉隋唐"都雍之沿革，这奠定了全书考证沿革之基调。其独特的札记形式，在"湖泊"方面尤为突出，既有在总论历代地理沿革时兼论"湖泊"的考证，如"阁本大明宫图"中以图证"太液池"位置，⑥ "汉唐宫殿据龙首山"中以"水既能注入，以为之池，则

---

① 杨潜修，朱端常、胡林卿纂《云间志》，《宋元方志丛刊》第 1 册，第 5 页。
② 项公泽修，凌万顷、边实纂《淳祐玉峰志》，《宋元方志丛刊》第 1 册，第 1053 页。
③ 马光祖修，周应合纂《景定建康志》，《宋元方志丛刊》第 2 册，第 1325 页。
④ 项公泽修，凌万顷、边实纂《淳祐玉峰志》，《宋元方志丛刊》第 1 册，第 1051 页。
⑤ 程大昌：《雍录》，《宋元方志丛刊》第 1 册，第 379 页。
⑥ 程大昌：《雍录》，《宋元方志丛刊》第 1 册，第 406 页。

知其池已在平地不在山矣",考证"龙首池"之位置;① 又有单独子目中大篇幅的纵向系统考证,如"兰池宫"中从"始皇引水为池"至"(唐)高祖馈之蓝池"的记载,② 旁考逸事二三,如"凝碧池"中"禄山乱逆徒,张乐燕于此乐",③ 侧重沿革不可谓不详。这一特点在其他几部方志中也较为明显,如《吴郡志》中关于"北池"沿革,"唐在木兰堂后……本朝皇祐间,蒋堂守郡乃增葺池馆";④《淳祐玉峰志》中关于"至和塘"沿革,"从古为湖……至和二年知县钱公纪,始修治成塘";⑤《嘉定镇江志》中关于"龙目湖"沿革,"秦时所掘与寰宇记小异……今失其所";⑥《咸淳毗陵志》中关于"阳湖"沿革,"(刘)宋元嘉修废成良畴数百顷"。⑦

2. 更加关注所记载湖泊的现实意义

正如前文所言,随着生产力和社会经济的发展,南宋时期的湖泊在更广泛的空间和领域影响着人类生活。随着方志的完善,其已不仅有存史之功用,编修者或者说地方官府更有致力于实用之意愿,因此也更加关注所记载湖泊的现实意义。这体现在方志中多描述湖泊用于农业水利方面,尤以《宝庆四明志》为代表。其开篇序言即言明"观山川之流峙,则思为民兴利事",⑧ 奠定其侧重人地关系、关注实用价值的基调,如其在"县"目之下的子目"水"中就用大篇幅不遗余力地分析"广德湖""东钱湖"对水利之利害。⑨《吴郡志》也是代表之一,其单列一卷"水利"分上下,详述湖泊与农业关系,系统论述"至和塘"与水田之"六得六失",⑩ 调节洪旱之功效,以促农业,"(练湖)即大水之年足以潴蓄湖瀼之水,使不与外水相通,而水田之圩埠无冲激之患。大旱之年可以决斗门水濑,以浸灌民田"。⑪《嘉定赤城志》《开庆四明续志》《淳熙三山志》《乾道四明图经》也都在"水利"子目下讨论湖泊与农业的关系。此外还有对湖泊之湖产的关注,多是在"物产"之下设"水产""水族""鱼"子目,如《新安志》中记载:"往往有鱼而不常得,疏池以养者,多鲤鲩与鲭。"⑫《淳熙三山志》《剡录》等也是如此。

3. 更关注人地关系,多记沿革疏于地理

应注意到南宋方志中对于湖泊凡有可寻者,必言其沿革,但对其本身之地理属性似乎是不

---

① 程大昌:《雍录》,《宋元方志丛刊》第 1 册,第 413 页。
② 程大昌:《雍录》,《宋元方志丛刊》第 1 册,第 455 页。
③ 程大昌:《雍录》,《宋元方志丛刊》第 1 册,第 459 页。
④ 范成大:《吴郡志》,《宋元方志丛刊》第 1 册,第 725 页。
⑤ 项公泽修,凌万顷、边实纂《淳祐玉峰志》,《宋元方志丛刊》第 1 册,第 1057 页。
⑥ 史弥坚修,卢宪纂《嘉定镇江志》,《宋元方志丛刊》第 3 册,第 2353 页。
⑦ 史能之:《咸淳毗陵志》,《宋元方志丛刊》第 4 册,第 3090 页。
⑧ 范成大:《宝庆四明志》,《宋元方志丛刊》第 5 册,第 4989 页。
⑨ 范成大:《宝庆四明志》,《宋元方志丛刊》第 5 册,第 5149 页。
⑩ 范成大:《吴郡志》,《宋元方志丛刊》第 1 册,第 823 页。
⑪ 范成大:《吴郡志》,《宋元方志丛刊》第 1 册,第 835 页。
⑫ 赵不悔修,罗愿纂《新安志》,《宋元方志丛刊》第 8 册,第 7620 页。

加以描述或可以说该记载不是必备的要素，大量的湖泊记载中，基本固有的信息仅仅是其方位、相对位置以及大小。纵观而言，基本可以总结为"州县+相对州县方位+所距州县道里+湖泊周回"的模式，详见24部南宋方志中的"湖泊"记载条，至于深浅几许、水色如何、水质怎样、注入流出之径流、季节变化、结冰与否等一系列地理属性记载是非常罕见的。纵然如《淳祐临安志》中所载之"西湖"① 凡千余字，可谓南宋方志中载湖泊最详之一，在地理属性上的记载也仍不脱上述模式。而像《景定建康志》中"在城北二里，周回四十里，东西有沟流入秦淮"这样的记载，② 能多加简述源流者，已算得上是地理方面所载详细的了。配以地图描述者，则更是凤毛麟角，《淳熙严州续志》中图载"西湖""潜火池""官池"③ 是为数不多的代表，再如《咸淳临安志》中"浙江图""西湖图"④ 则实际是清同治六年补刊所载。诚然存在后世散佚的情况，但这一方面是作者缺少实地的勘探，另一方面也反映其在记载上的取舍选择，更关注人地关系。多记事记沿革而疏于地理，是南宋方志的一个大趋势。有宋一代对方志性质的争论中，除传统的地理派之外，史学派崛迅速起，尤其自宁宗以后，史学派的队伍壮大，更是这一变化的加速剂。自北宋以后方志性质由地理向历史的转变，具体在桂始馨的《南宋方志理论浅析——以方志起源、性质、功能为中心》一文中已经论证明确，在此不再赘述，只是由此可进一步说明，这一变化单就南宋方志中对"湖泊"的记载部分同样是成立的，或又是其有力之证。

（三）方法技巧

就南宋方志记载、描写湖泊的方法技巧而言，主要呈现富有文学气息、旁征博引诗文以及存在冗繁失实的情况等三个特点，具体来说如下。

1. 相当富有文学气息

这表现在用词上，注重动态的记载，活用动词，使场面描写更加逼真。以《嘉定赤城志》记载为例，其中"下枕深潭"，⑤ "有飞瀑垂崖而下，石根插水，潴为一潭"，⑥ 使用"枕""垂""插""潴"等一系列动词，又有"水光山色，涵映虚旷，为春夏行乐之冠"⑦ 等出色的文字描述，使整个描写富有灵动感和画面感，读罢犹如身临其境。《嘉定赤城志》的作者陈耆卿博学能文，曾随叶适学习，叶适对他十分赏识，尽传所学，并曾作诗赞之："古今文人不多得，元祐唯四建安七。性与天道亦得闻，伊洛寻源未为失。"⑧ 其实陈耆卿也并非特例，细数南

---

① 施谔：《淳祐临安志》，《宋元方志丛刊》第4册，第3319页。
② 马光祖修，周应合纂《景定建康志》，《宋元方志丛刊》第2册，第1586页。
③ 陈公亮修，刘文富纂《咸淳严州续志》，《宋元方志丛刊》第5册，第4284页。
④ 潜说友：《咸淳临安志》，《宋元方志丛刊》第4册，第3355页。
⑤ 陈耆卿纂《嘉定赤城志》，《宋元方志丛刊》第7册，第7430页。
⑥ 陈耆卿纂《嘉定赤城志》，《宋元方志丛刊》第7册，第7436页。
⑦ 陈耆卿纂《嘉定赤城志》，《宋元方志丛刊》第7册，第7458页。
⑧ 叶适：《水心集》卷七，《景印文渊阁四库全书》第1164册，台湾商务印书馆，1986，第32页。

宋这 24 部方志的作者，《吴郡志》作者范成大是南宋中兴四大诗人之一，一代文学大家；梁克家以资政殿大学士知福州，而著《淳熙三山志》；《乾道临安志》作者周淙，《宋史》载其曾"除秘阁修撰，进右文殿修撰"，① 其文学功底亦不凡。方志作者大部分非官即士，除了方志学，在文学上也是大有作为，可以说方志的主修者、编纂者的身份和学术背景不仅关乎方志能否编纂及成书，也在很大程度上影响了方志的质量和特点。

2. 广泛搜集各类诗文加以引用

文人修志的大量出现成就了在南宋方志描写上的第二个特点，即喜欢搜集各类诗文加以引用，以表现时人对湖泊的主观感受，同时这也可说是"以诗证史地"思想的一次滥觞。正如《咸淳毗陵志》中"山水"目开篇所言："毗陵山水之秀，著于经，备于图牒，散见于文人墨客之篇咏。"② 文人之诗歌、散文甚至碑拓都包含对于山川形胜的记叙和歌咏。在《吴郡志》中，描述太湖之况，引用了一首七言律诗《白居易泛太湖书事寄元稹》，其中"黄夹缬林寒有叶，碧琉璃水净无风。避旗飞鹭翩翻白，惊鼓跳鱼拔剌红。涧雪压多松偃蹇，岩泉滴久石玲珑"几句可谓行舟太湖时对其景的细致记录。③ 此外在"杂咏"一目中，范成大还载有大量唐宋时人歌咏苏州山水的诗篇，所涉及的"五湖""太湖""彭蠡湖"④ 也是这一特点的缩影。在文章方面，《乾道四明图经》中引用曾巩的《广德湖记》叙沿革，⑤ 舒亶的《西湖记》述湖景，⑥ 都是其典型表现。虽然这些诗文往往是言山水却未必真欲言山水，带有浓烈的主观感情，但这绝非我们对其一概忽略的理由。"以诗证史"的方法，陈寅恪先生的一部《元白诗笺证稿》已经展示其可靠和高妙之处。那么，南宋人"以诗证史地"，也是可行的。在传统史学观念中正史记载更关注时代更替、国家兴亡之大事的背景下，方志的诞生和发展本就有些反其道而行之，而诗歌往往又多有从生活小处着力者，恰恰能弥补细微之处的缺失，似乎也更适合方志对于相对小的地区范围内的风土人情各个方面加以考证和记录的需求。

3. 记载冗繁失实

南宋淳熙年间，时人常棉就言及"天书以纪事，事以传信，自古文人獉獉纪事，多失之浮侈獉獉"。⑦ 文人修方志确实存在一些问题，章学诚同样有过"文人不可与修志"的观点。⑧ 这在南宋方志对湖泊的描述上也有体现，如篇幅中一味追求大量罗列湖泊名称，而不记其究竟，固然有广收博引之功效，但这不仅不便于知其详况，更因有相当多的重名同名湖泊，造成混淆。从前文表 1 统计可以看到，如《嘉泰会稽志》记载"湖"的数量过百，但其中超过 2/3 仅

① 《宋史》卷三九〇，中华书局，1985，第 11957 页。
② 史能之：《咸淳毗陵志》，《宋元方志丛刊》第 4 册，第 3079 页。
③ 范成大：《吴郡志》，《宋元方志丛刊》第 1 册，第 818 页。
④ 范成大：《吴郡志》，《宋元方志丛刊》第 1 册，第 1015 页。
⑤ 张津：《乾道四明图经》，《宋元方志丛刊》第 5 册，第 4957 页。
⑥ 张津：《乾道四明图经》，《宋元方志丛刊》第 5 册，第 4958 页。
⑦ 解缙：《永乐大典》卷五三四三《潮州府·古迹》，中华书局，2012。
⑧ 章学诚著，叶瑛校注《文史通义校注》卷八，中华书局，1985。

有一句关于其方位的记载，再如"白马池""（古今）放生池"等名称曾多次出现，① 虽然是分县而载，略有不同，但过于分散，且信息简短，难免多生混淆。此外在《淳熙三山志》中"陂""塘"记载数量都过百，但同样绝大多数仅有其名及所属县里，重名现象较多。② 冗繁失实，此或是文人修方志在湖泊记载上的又一不足之处，抑或可为章氏观点之一证。

（四）比较与思考

对湖泊记载特征的归纳和总结，当不局限于《宋元方志丛刊》中的 24 部南宋方志，如《仙溪志》《临汀志》《寿昌乘》等具有代表性的南宋方志也可以作为扩充史料，进一步印证上述观点。同样，在横向的空间角度，可以立足记载湖泽对象更为广阔宏大的《宋史》，如其卷六一中"五行一·水"以历代水患为主要对象记载"江水河湖"，③ 也是对地理客体的现实意义和人地关系的思考。修史风气的盛行同样深刻地影响方志的编纂倾向，人地之间的关系已逐渐成为其重点关注的方面。而《宋史》中卷九一至卷九七的《河渠志》以主要江河为纲，按行政地理区划进行记载，④ 记河湖之事多与政务相关，又体现着史志与方志还是存在深刻的不同。此外，从纵向的时间角度出发，可以与其他历史时期的方志著作中记载湖泊的部分进行比较，如北宋的《太平寰宇记》⑤ 的山水湖泽部分亦有列诗文、碑记之法，引诗文入史、志，或者说这种史、地、文并重的倾向，也正是在效法郦道元的《水经注》，可谓存在一脉相承发展的影子。可以说史地思想的转变发展，亦绝非一朝一夕之功，历代相承而又不断雕磨，终以得果。以湖泊这样的一个具体对象为例，或又可管中窥豹。同样，这样的方法也可以用于"湖泊"以外的其他具体研究对象，如自然类的"山""物产"，人文类的"风俗""建筑"；等等。

---

① 沈作宾修，施宿等纂《嘉泰会稽志》，《宋元方志丛刊》第 7 册，第 6888~6901 页。
② 梁克家：《淳熙三山志》，《宋元方志丛刊》第 8 册，第 7909~7923 页。
③ 《宋史》卷六一，第 1317~1375 页。
④ 《宋史》卷九〇，第 2255~2421 页。
⑤ 乐史：《太平寰宇记》，王文楚等点校，中华书局，2007。

历代方志所见廉政文化资料及其当代价值研究*

张安东

（巢湖学院；环巢湖文化与经济社会发展研究中心）

中华民族在自己的发展历程中，形成的传统美德深深熔铸在以爱国主义为核心的团结统一、爱好和平、勤劳勇敢、自强不息的伟大民族精神之中。今天，我国进入了全面建设社会主义现代化国家新征程向第二个百年奋斗目标进军的发展阶段，当以毛泽东思想、邓小平理论、"三个代表"重要思想、科学发展观和习近平新时代中国特色社会主义思想为指导，深入贯彻党的十九大精神，把弘扬和培育优秀传统文化作为社会主义先进文化建设极为重要的任务，将其纳入国民教育全过程。中华传统美德具有生生不息、历久弥新的品质，是永不枯竭的道德教育资源。廉政建设，既要有制度上的保证，同时也要有文化上的保证，讲廉政必须讲廉政文化。中华优秀传统文化是一个弥足珍贵的思想宝库，而地方志是中华优秀传统文化的重要组成部分，其中的廉政文化资料可以为当代中国廉政文化建设提供充分的思想资源支持。

历代方志是地方的文献宝库，它综合记述了一定时期一定区域范围内的历史、地理、天文、风俗、人情、名胜、古迹、政治、经济、军事、文化、教育、人物、事件等内容，近似地方百科全书，为人们研究和了解一地提供了丰富的资料。历代方志的纂修相沿不辍，就是因为方志能够垂鉴戒、阐风教，发挥资政、教化的作用。古代中国标榜德治，历朝历代的统治阶级都提倡个人的道德修养，力图以个人道德的风范去感召和教化芸芸众生，来达到治国平天下的目的。因此，在中国传统社会里，伦理始终被置于至高无上的地位。在中国伦理的诸多德目之中，"廉"是一项极受褒扬的道德修养。世代方志纂修者均注重"廉"的宣扬及廉政情况的记载。由于人物是"一郡之柱础"，历代方志编纂者均把人物的廉政事迹作为载笔的重要内容。因此，要

---

* 本文系 2015 年度安徽省高校人文社科研究重大项目"现代化背景下的环巢湖文化传承与发展研究"（SK2015ZD20）阶段性成果。

了解历史时期一方的廉政文化情况，历代方志就是最基础、最重要的资料来源之一，而整理并研究这些资料，对于进一步认识历代方志的价值有很重要的意义。

一 历代方志中廉政事迹记载归属及其职能

有关廉政事迹的记载，通常出现在方志的"职官""人物""列传"等部分，再细分"名宦""儒林""文苑""乡贤""忠义""义行""隐逸""流寓"等类目，这些有关人物的记载，统归在方志的"志""传""表"中。"志"有人物志、人事志、人民志、选举志、职官志、人品志、官师志等，"传"有名宦传、人物传、英贤传、耆旧传、流寓传、良吏传等，"表"有人物表、官制表、选举表、职官表、爵封表、族望表、封建表、乡贤表、秩官表、辟荐表等。这些不同的记载形式，均涉及一定的各个地方各种类型的人物廉政资料，但相对集中地体现在"职官""名宦""秩官""宦绩""忠义""名臣""宦业""循吏""良吏""仕宦""人物"等类目，而且对人物的记载，往往把"职官"排在第一位。历代方志对于人物的这种位置安排，充分表明在历史时期统治者十分重视通过对各类典型人物如职官、名宦、循吏的树碑立传，以他们清廉的事迹与作风起到开化民众、正人心、励志节的作用，担负起社会教育、民众教育的职责。历代中央政府均制定相关文件，对各地方志收录的"宦绩""人物"等条目记载做明确规定。如明永乐十年（1412）颁布的《纂修志书凡例》强调"宦绩""人物"收录的官员标准为"官居任而有政绩及声望者，后或升擢显要，为郡邑所称颂者""官有善政者""尝有功德于民者"。清中央政府尤为重视官员入志。雍正帝在上谕中要求各省曰："朕惟志书与史传相表里，其登载一代名宦人物，较之山川风土尤为紧要，必详细确查，慎重采录，至公至当，使伟迹懿行，逾久弥光，乃称不朽盛事。"突出了名宦人物在方志中的地位，而且要求"将本省名宦、乡贤……一应事实……详慎增减"，"采其行义事迹卓然可传者，方足以励俗维风，信今传后"。① 皇帝如此要求，地方官也有这样的认识。廖光珩在光绪《青阳县志》中云："志书之作所以纪事实资考镜，非徒夸一代之文物，备一时之检阅而已。举凡……人焉忠孝节义之著，与夫名宦、政绩……靡不分门别类登载无遗"，"于以正疆域、奠民物、厚风俗、培人才，蒸蒸日上，不难跻阜康熙晏之盛轨也，其获益岂浅鲜哉！"② 方志编纂者对此认识更为深刻直接。方志名家李兆洛在《凤台县志》中云，方志作列传，是"本其行事，以兴来者"。③ 章学诚指出，"史志之书，有裨风教者，原因传述忠孝节义，凛凛烈烈，有声有色，使百世而下，怯者勇生，贪者廉立"，因而"纲常赖以扶持，世教赖撑拄者乎"。④ 为充分发挥各类楷模人

---

① 《清世宗实录》卷七五，"雍正六年十一月甲戌"条，中华书局影印本，1985。
② 光绪《青阳县志·廖光珩序》，光绪十八年木活字本。
③ 嘉庆《凤台县志·李兆洛序》，嘉庆十九年刻本。
④ 章学诚：《文史通义外篇·答甄秀才论修志书一书》，章学诚著，仓修良编注《文史通义新编新注》，浙江古籍出版社，2005，第841~842页。

物、名宦乡贤教化民众、整齐风俗、稳定社会秩序的作用，方志纂修者严把人物入志的标准，只有"事实品行足以风世，方为列传"；① 其"事迹言行卓卓可纪者，必舆论咸服，确有考证，方为采录"，②"人物……必众望允符，实为乡评所归，以类附入，不敢刻，亦不敢滥，庶几三代之直道云尔"，③"凡忠义……懿善、宦绩等类，如捐躯殉节、毁家纾难、保卫一方、捐资行善、功德及民各项，必须有事实可考，方可入志，若仅空言忠信、教育、施济等类不载"。④ 也就是说，人物立传的标准是必须德行兼备、对地方有贡献者，而且是确实有实绩及影响者，否则不予入志。正是官方与各级方志纂修者如此一致地重视方志传记中种种类型人物开化民众、培养风尚的教育职能，在方志编纂的实践中，为官清廉、勤政务实及爱民惠民的廉政事迹记载所占的篇幅比重较大。

二　历代方志中廉政文化资料内容分析

纵观历代方志，记载廉政文化的资料，主要体现在人物的廉善、廉能、廉敬、廉正、廉法和廉辨等方面。这些人物，无论是本地出去为官做宦的读书人，还是在本地做官的外地人，大都受到儒家"民为邦本，本固邦宁"思想的影响，沾溉了廉洁爱民的优良传统。在他们身上，真正体现了"为官一任，造福一方"的信条，在德能勤绩上卓有成效，赢得了后人的推崇以及拥护，他们的事迹自然被方志记入。结合方志记载的具体事迹，可知历史上的人物廉政事迹主要体现在以下几个方面。

（一）勤政务实，为民造福

水利与民生息息相关，地方官皆深谙此理。万历五年（1577），屠隆举进士，除颖上知县。颖上县东门河堤年久失修，至万历年间已有决堤之患。"堤，城卫也，堤坏，城将从之失。"屠隆不忍此等惨状发生，自捐俸禄作为倡导，同僚为之感动，纷纷慷慨解囊。因工程耗费颇多，屠隆又奖劝百姓："河务急矣，此执事之者，亦黔首之患也。今不敢以大功勤苦尔父老子弟，而听尔辈各以其力助，夫畴非食土之毛乎？尔亡有所爱，大水且至，执事者行，与尔父老子弟同日鱼，尔又何爱乎？"⑤ 上好仁，则下好义，颖上百姓亦无不为之所动，捐金钱者、持牛酒糇粮者、伐木畚土者俱至，堤防修筑工程始得以顺利进行。明朝时，和州西南九十里的铜城乡濒临长江，每当江水暴涨和巢湖泛滥时，淹没田亩无数，百姓深受其害。明之前历代皆筑堰设

---

① 光绪《庐江县志·凡例》，光绪十一年木活字本。
② 道光《徽州府志·凡例》，道光七年刻本。
③ 嘉庆《舒城县志·凡例》，嘉庆十一年刻本。
④ 宣统《建德县志·凡例》，宣统二年铅印本。
⑤ 乾隆《颍州府志·艺文志》，乾隆十七年刻本。

闸，但"比年兵兴，铜城为往来征战之场，毁闸而堰崩，向之沃土皆化为荒秽之区，而民告病也"。明洪武元年（1368），李相"出守是州，一以慈祥恺悌之，抚摩其疮痍，且以为民之生也恒以食为命，无田是无民也。……遂走白于江淮行中书省，省臣是其议"。"守乃进父老于庭，亲爵劳之，力为条教，使蒋悌、王贤举董其役。先筑郭公坝以绝水源，次凿百福山以毁灰石，然后大集众工而役之。畚锸如云，络岸蔽川，不待督程，各趋厥事。动止无节，齐之以鼓，刻日而成，不衍于素。"修成之后的铜城闸，"周回二百余里"，"以广灌溉，民得其利"。① 此后，明永乐、正统、正德、崇祯及清乾隆年间，历任和州知州均以"水利，民之所先"，对铜城闸进行修筑及新筑，尤其是清乾隆年间，知州刘长城关注百姓生计，"究心农田水利"，为使和、含百姓安宁，"冬春督筑，冒雪披风，虽尺寸之缺亦严谕休整"。② 铜城闸的修筑不但使七十二圩周围二百余里变成肥沃之地，同时内保丰、太湖诸山，对外上有闸围堵长江洪水的倾泻，下有牛屯河倾泻流域内的洪水，所以自姥下镇至乌江，几百里的圩田都得以免遭洪水冲决。巢湖的出水口无为地区，不仅承载着流域内的流量，更在汛期分担着长江流域的浩浩洪水，一旦遇到江水上涨，无为地区便为泽国。明代到清顺治年间无为州知州屡次修筑一坝、二坝、三坝、四坝，但均已坍塌。康熙八年（1669）知州颜尧揆又下令修筑新坝，新坝被称为五坝。颜尧揆为新坝的筑成而作了两首诗，其中一首是"鞅掌无公暇，驱驰到水滨。烟消麦浪浮，花烂草桥春"。③ 筑成的新坝对当地圩田的维护起了重要的作用，境内的圩田因为有了新坝而免于洪水之害。这些水利工程不仅能够御大灾、捍大旱，而且保证了农田的灌溉，改善了农田水利，泽被后人，给人民带来的福祉意义深远，直到现在，人民仍然享受当年的劳动成果。

（二）以民为本，注重民生

民乃社稷之本，农桑乃民之本，各地地方官都高度重视让农民勤奋稼穑。清道光年间，巢县知县舒梦龄廉明干练，善于听断，来巢县后的第一件事情就是出劝民力田告示："巢邑地瘠民苦，拙于谋生。无材木之饶，无蚕桑之利，无巨商大贾挟资以游四方，数十万生灵全靠几顷薄田。乃圩田忧涝，冈田忧旱，即雨水调匀之年，禾苗亦复矮小，计每亩打稻二三担，出息可谓极薄。推原其故，由农不尽力，也由耕不得法。"基于此，舒梦龄劝诫农民，既要勤耕，又要得法，并令"读书识字者为之讲说，庶几家喻户晓"，还在巢县劝民植松、杉、桐、桃、枣、李、梨、柿、柑等经济作物。④ 不仅如此，一些地方官还发放经济作物种子，鼓励农民栽培。如乾隆五年（1740），两江总督郝玉麟由福建携来玉米种子，由安徽巡抚陈大受教民试种，"化

---

① 光绪《直隶和州志·河渠志》，光绪二十七年木活字本。
② 光绪《直隶和州志·河渠志》。
③ 嘉庆《庐州府志·水利志》，嘉庆八年刻本。
④ 道光《巢县志·附录》，道光八年刻本。

无用之田为有用"，进而在所属各县推广。红薯自菲律宾引进，明时在上海郊区试种成功。乾隆五十一年（1786）敕令广种红薯作为救荒粮，此后红薯便在淮河流域普遍种植，"占民食之半"。此外，烟草、棉花、花生的种植也传入皖省，逐步推广。① 红薯、花生等旱地高产作物的大面积推广，大大提高了粮食的单产和总产量，既满足了人口增长对粮食的需求，也在一定程度上推动了经济的发展。由于各地地方官重视农桑，注重发展生产，人民丰衣足食，烟火鼎盛、人口稠密的富裕之地比比皆是。

（三）关心民瘼，爱民惠民

我国自古以来就是一个多灾的国家。如何防御和救助灾荒、赈济灾民，一直是地方官普遍关注的事情。地方志中记载了在这方面声名卓著的地方官。万历十五年（1587），杨芳赴颍州任兵备道。当时颍州发生饥荒，杨芳发仓粟赈之，又"捐俸煮粥，以活老弱"。② 灾后，对于日用不给的穷苦人家，杨芳时常自捐俸禄加以接济。杨芳心存百姓、关怀民生的功德赢得了颍州民众的感恩永思，被誉为颍之"长城"。当杨芳擢升山东参藩时，颍州士民将其功绩刻于石碑之上，以示弗忘。周振举在清康熙间任舒城知县时，遇有水灾，即"亲着水靴，督吏役作筏救民，全活无数"。③ 清光绪间怀宁知县黄广钟，"每岁夏令，以例巡视"。一日按例巡视时，见广济圩有渗漏，"大惊，急督居民塞之"，但是雨盛而江暴涨，"塞之不可止"，黄广钟"乃礼服跪堤上，祷于神，泥水渍衣履。居民感奋自励，堤卒以完"。④ 明嘉靖年间和州知州张叔宣"躬行节俭"，嘉靖二十三年（1544）大旱时，张叔宣"发粟若干担赈饥民，野无流殍"。⑤ 清乾隆三十一年（1766）徐元任和州知州，随后和州于三十二年、三十四年两次大水，"民间耕牛无牧所，元收养之。明年春，悉还民耕作。其重灾之区除扶赈外，复捐金给散，并为粥，以食无告穷民，岁暮素袄衣之"。⑥ 曜保于"嘉庆三年知和州。……五年岁歉劝捐，平粜救荒之政，实力奉行，不假手胥吏，饥民赖以活者甚众"。⑦ 康熙十年（1671）夏秋间，连旱三月，安庆、庐州、凤阳三郡视江南受灾尤甚。两江总督麻勒吉、安徽巡抚张朝珍提请改折三府粮米，"又行各属分厂设糜普赈饥民。十一年壬子春，郡城一建厂太平寺，一建厂迎江寺，分命丞尉及耆老各司其事，日给二次，四方赴赈者，侁侁来集，日可数千人，巡抚不时按视，司道郡县咸捐资措济有差"。康熙四十八年，池州府大饥，"巡抚刘光美捐俸设粥分厂于太平迎江二寺赈之"。⑧ 由上记载，可见各地方官"民为邦本"的慈爱思想，面对荒灾，地方官寝不安枕，食

① 转引自翁飞等《安徽近代史》，安徽人民出版社，1990，第18页。
② 乾隆《颍州府志·名宦》。
③ 光绪《续修舒城县志·名宦》，光绪三十三年木活字本。
④ 民国《怀宁县志·名宦》，1918年铅印本。
⑤ 光绪《直隶和州志·职官志》。
⑥ 光绪《直隶和州志·职官志》。
⑦ 光绪《直隶和州志·职官志》。
⑧ 康熙《安庆府志·恤政志》，康熙六十年刻本。

不知味，通过捐献自己的俸禄及采取劝捐等方式开办粥厂以赈济灾民，并妥善安置贫病老弱，使人民安全度过危急时刻，这是其大慈大爱的最好见证。

（四）为官清廉，淡泊高洁

历史上的地方官大多接受一些比较正统的科举教育，尊崇"修身、齐家、治国、平天下"的儒家观念。潜移默化的文化基因和风俗熏陶，使做官的士子普遍形成清正廉洁、官德重于生命的心态，心中公平、公正的秤砣不偏不倚，因此得以凭清廉的名声、卓越的政绩树碑立传，他们的事迹也因此进入各地方志。

徐国相任安徽布政使时（1670），曾掌管一方财政。徐励精图治，忠于职守，知难而进，力倡"省徭役""禁苛索"，锐意革除弊端，虽然当时干旱和蝗灾严重，但由于举措得力，百姓安于生计，乐于捐输，浩繁的军需得以供给无缺，因而康熙皇帝特授官巡抚，予以奖勖。徐国相泽溥为政，以安静、和平、休养、民生为重，深得皖人爱戴，他离开安徽升任湖广总督后，皖人于康熙五十年（1711）建祠祀之。① 徐公祠在咸丰三年（1853）被毁后，皖人又于同治八年（1869）重建。② 这表明徐国相在任期间是颇得民心的。

张楷于康熙五十二年被授为安庆府知府。他勤政爱民，为有清一代安庆名知府之一。在安庆期间，张楷认为"国以民为本，民事举而国事无不举矣"，③ "君子行义，以事系民社为急"。④ 所以他视百姓如亲人，始终把百姓的利益放在首位，小到修桥补路、开河修渠，大到国家赋税、疆域安宁，均以民生为本。他声称："安庆之事，如臣一家之事；安庆之人，如臣一家之人。一家之事，何得不事事揪心？一家之人，何得不人人切虑？以故随事宁人，求曲尽乎人之情；随人治事，求曲尽乎事之理。一思一算，不敢不遍也；一言一动，不敢不虔也；一见一闻，不敢不精察而详核也。"⑤ 他真正做到了"虚其衷，诚其志，公其耳目，期无憾于吾心"。⑥

廉洁社会氛围的培育是我国历史上廉政文化建设的一个侧面。地方志中记载的历朝历代政府对廉吏的旌表，及对清官、勤政者的颂扬，使社会形成了廉洁光荣的氛围，至今还是社会大众所认可的评价廉政的基本价值观之一。因此，关注社情民生，弘扬廉政文化，营造风清气正的廉洁社会氛围，就不能不回溯和总结历朝历代的廉政事迹，而历代地方志中记载的大量廉政事迹，恰恰给我们留下了丰富的廉政文化资料。

---

① 康熙《安庆府志·秩官志》。
② 民国《怀宁县志·名宦》。
③ 康熙《安庆府志·民事志》。
④ 康熙《安庆府志·人物志》。
⑤ 康熙《安庆府志·张楷序》。
⑥ 康熙《安庆府志·人物志》。

三 历代方志中廉政文化资料的整理与利用

随着时代的发展，历代方志的珍贵价值越来越受到人们的重视，研究、使用地方志的社会需求日益扩大，所以"重视旧资料的整理工作，把它置于研究课题的领域中，把它作为每一部新志告成后的一项重要工程，同心协心地去发掘、整理、汇编、出版，使华夏文化重要宝库之一的近万部旧志能从半昏睡状态中完全苏醒过来，重现光彩"，[①] 就显得十分重要。早在1984年3月，在天津召开的全国旧方志整理工作会议上，中国地方志指导小组就指出，"我国旧方志是一个巨大的宝库，保存了不少关于各地的经济建设和文化建设的宝贵资料。……旧方志整理工作是一项有利于各地'两个文明'建设的大好事"，"旧方志整理工作的方针是古为今用"。[②]《新编地方志工作暂行规定》和《关于续修地方志工作的若干规定》，均把旧志整理当作一项与新志编纂同等重要的史志工作提了出来。

历代方志资料丰富，信息密集，举凡一地各方面的情况，几乎无所不容。这些资料的价值是无与伦比的，为其他正史等文献所不可替代。历代方志记载对人物的旌表，以清官廉吏的标准，颂扬勤政爱民、清正廉洁的廉政事迹，使社会形成廉洁光荣的氛围。正因为如此，必须继续不断加大方志整理与开发利用的广度、力度和深度。（1）大力开展方志中廉政文化资料普查工作。地方志资源是指可供现在和今后人们开发利用的人类历史遗存，其表现形态主要为文字性资源，历史上曾产生了一批体例成熟、内容丰富、影响深远的志书。了解方志发展的状况，再对照现存志书，摸清修志的家底，便于进一步开展方志的集藏工作。方志廉政文化资料主要存于省志、府志、州志、县志、乡镇志以及卫所志等志书中，从门目看，对地方官的记载相对集中，因此了解方志的种类，大力开展方志中廉政文化资料普查，有利于更大范围地收集方志廉政人物的廉政典故和事迹，便于挖掘与整理。（2）加强方志中廉政文化资料整理与类编工作。一是充分挖掘地方志廉政文化资源。地方志是一个地方千百年来长期积淀而成的传统文化资源，是一个地方文化的根基。要做到古为今用，以史为鉴，对地方志中记载的清官廉吏资料做充分的发掘和整理，在此基础上，进行系统的分类和编撰，深入挖掘整理地方志中的廉政内容，编纂"地方志人物廉政资料丛书"，包含"地方志人物廉善资料""地方志人物廉能资料""地方志人物廉敬资料""地方志人物廉正资料""地方志人物廉法资料""地方志人物廉辨资料"，及各类"地方志清官人物""地方志人物廉正思想"等。二是延伸整理地方志人物的廉正文章和规训，以及歌颂他们教化后人的匾联诗词碑文，编印出系统的具有本地特色的乡土读物。同时，进一步查找后人为纪念忠臣良将、清官廉吏而建的祠堂，并加以改造，让昔日的祠

---

① 来新夏：《旧地方志资料在经济建设中的作用》，《三学集》，中华书局，2002，第328页。
② 《旧方志整理工作会议纪要》，《中国地方志通讯》1984年第3期。

堂成为今日的廉政文化教育基地,赋予其当代的精神内涵,以此教育、感化今人。（3）采用多种艺术形式,增强地方志中人物廉政事迹行为的传播力和影响力。一是把地方志中人物廉政事迹纳入文学作品、舞台剧、影视剧,以及报刊图书、音像电子和网络出版计划,着力打造一批思想性、艺术性和观赏性兼具的优秀历史廉政文化作品。二是充分利用民间艺术形式,创作地方艺术佳品。千百年来,中华民族儿女发挥自己的聪明才智,创造了许多灿烂的民间艺术形式,要利用这些艺术形式,把本地地方志中记载的廉政人物,在不改变文化资源基本属性和主要事实的前提下,大胆发挥想象,创作出更多相关的廉政故事,起到事半功倍的效果。（4）加强对廉政历史文化资源的学术研究。现实中的腐败问题是历史的延续。因此,要解决现实中的腐败问题就必须了解历史、研究历史,从历史中寻找解决现实腐败问题的途径和办法。因此,我们要广泛吸纳专家学者参与历史廉政文化史实及理论研究,通过举办学术论坛、重点课题研究,深入挖掘我国历史上优秀廉政文化,为当今廉政文化体系的培育提供历史资鉴。

地方志中廉政资料虽有“资政、教化”等重要的人文价值,但要引起社会足够的重视和发挥应有的作用,还必须做到以下几点:一是转变观念,主动参与,变封闭保存的地方志为积极的信息动态资源,开展地方志的推广利用工作,供政府和个人决策参考,真正发挥其社会效益;二是地方各级政府要大力支持旧方志资源的整理、开发和利用,从财政上予以保证;三是整体规划,合理安排,分期分批地进行旧志资料整理,发掘方志信息,为“两个文明”建设服务;四是动员社会力量,积极参与旧志整理工作,使旧志整理工作成为各级修志机构和社会各阶层共同关心的事业。

四　历代方志廉政文化资料的当代价值

综上所述,历代方志是保存文献资料的宝库。但是,历代方志作为公众接触方志人物的一种载体,自然精华与糟粕杂陈。志书内容结构的选择受制于方志纂修者思想观念和价值观念。不同时代的方志内容组织和配合的差异,就反映了不同时代编纂者思想观念和价值观念的差异。历代方志绝大多数出自封建官僚和文人、学者之手,按照地主阶级的意志,通过记人记事,宣扬三纲五常,表彰忠、孝、节、义,以维护封建统治阶级的封建道德和封建秩序。各地编修的方志,为封建的地方官僚、士绅续传记和家谱,以封建的地方官僚、士绅的活动为中心,根据对封建统治“存史、资政、教化”的需求,组织和安排人物入志的范围与内容。旧方志收录人物,是以在宗法制度基础上的伦理观念为中心、政治为本位,强调血缘亲情、人伦关系、尊卑序次、人际和谐,强调仁政、德政,以礼治国,强调道德修身,奉行“人皆可以为尧舜”的道德理想。而且,由于历代方志人物传记资料多来源于家传、行状或墓志碑铭,而这些又多系其门生故吏或子孙的手笔,未曾删除其夸张自诩或阿谀之词,未曾核对考证所记事实,因此旧志浮记功绩在所难免。更有甚者,有些修志者为了使自己扬名于后,铺张自己的“德政"，妄自夸耀。这就使人物的记载不仅与事实有所出入，有的还是捏造。

毋庸讳言，如上列举的清官廉吏都是封建社会统治阶级的代表，都是为维护封建统治服务的。当然，在不同的社会制度下，官吏的地位和职责，自然也有所不同。在专制时代，官吏作为皇权的附庸，实施的是"统治"的功能，这自然与今日服务于人民大众的"公仆"不可同日而语。即便如此，作为社会事务的管理者，无论是传统时代的官僚还是当今社会的人民公仆，在承担社会管理职能和具体行为规范上应具有一致性。就当代而言，传统循吏所具有的那种奉法循理、廉洁清正、勤政爱民等基本品行，依然为当今社会所必需。而且，比之于贪官，他们毕竟对人民有益，为人民做过一些好事，对社会发展起过一定的作用，也更为人民所称道。"以古为鉴，可以知兴替；以人为鉴，可以明得失。"地方志记载的清官廉吏以其慈爱的情怀、"执法不徇""以民为本"的思想、清廉自守的情操、鞠躬尽瘁的奉献精神等，诠释了以廉善、廉能、廉敬、廉正、廉法和廉辨为主体的廉政文化的深邃内涵。这些清官廉吏的许多施政措施就是积累下来的廉政制度文化，弘扬着中华传统廉政文化，是历史的印证。存在、宣传本身就是一种弘扬，人们从现存的历代方志人物廉政事迹记载中，可以看到历史上廉政文化的建设情况。历代方志对人物廉政事迹的记载与宣扬，对当时的社会产生过积极作用，也为我们提供了现代廉政文化建设的样本。毋庸置疑，历代方志人物廉政资料必将在更广的范围内显示出其重要的价值。我们应在保护重视的前提下搞好开发利用，让历代方志人物廉政资料在当代政治文化建设和社会发展中更加流光溢彩。我们应以客观的态度正视这份历史遗产，从中汲取价值内涵，服务于我们今天的廉政文化建设。

廉政文化是与中华民族优秀文化相承接、与时代精神相统一、以廉政为思想内涵的文化形态，是社会主义先进文化的重要组成部分。深入挖掘地方志廉政文化资源，做到古为今用，为当今廉政文化体系的培育提供历史资鉴，是全面贯彻十九大以来党中央关于进一步加强廉政文化建设精神的必然要求，对社会主义核心价值体系的建设，深入推进党风廉政建设和反腐败工作，以及进一步形成激浊扬清、扶正祛邪的人文氛围，打造人人倡廉、处处敬廉、事事守廉的清正风气，推进经济社会跨越式发展，具有极其重要的意义。

论述北宋日僧成寻笔下的淮安大运河

——以域外史籍和地方史志材料为中心

罗 志

（江苏省淮安市地方志办公室）

北宋时期的泗州，扼汴河入淮河口，处于大运河的交通枢纽地位，经济繁荣，城市兴盛，这一时期是泗州千年发展史中的鼎盛时期。今天研究泗州历史文化的撰著多引用"如杭州市"一句来形容北宋泗州的风采，而这句话出自北宋熙宁年间日本僧人成寻所撰《参天台五台山记》，其中记录了他熙宁五年（1072）九月和熙宁六年四月两次运河泛舟、游历泗州的见闻。本文就以《参天台五台山记》的记载为线索，走进日本僧人成寻笔下那座"如杭州市""知普照灵"的繁华泗州城。

一 成寻其人及其入华参佛之旅

成寻（1011~1081），日本平安中期天台宗高僧，俗姓藤原氏，其父为藤原贞叙，其母为源俊贤之女，名未详，以歌集《成寻阿阇梨母集》闻名。成寻七岁出家，入京都岩仓大云寺，拜文庆为师。长久二年（1041），成寻成为大云寺别当，出任宫中的法华八讲；天喜二年（1054）被任命为延历寺阿阇梨，并作为关白藤原赖通的护持僧，与平等院关系密切。他致力于大云寺的发展，建立了如宝院、宝塔院，与三井的学僧庆暹、庆耀等结交，振兴天台宗。

成寻很早就怀有渡宋求法之志，延久二年（1070）一月，上奏请求入宋，但一直未得应允。延久四年三月，他私自搭乘宋商的回归之船入宋，于杭州登陆。巡礼天台山后，北上入汴京，下榻传法院，谒见宋神宗，参拜大相国寺等京城著名寺院。巡礼五台山后，成寻返回京城，赐号善惠大师，后离京南下，返回天台山国清寺修行。其后，成寻行迹不明。约元丰四年（1081），成寻于汴京开宝寺圆寂，成为不归之客，敕葬天台国清寺，建塔，题曰"日本善慧国师之塔"。^① 对于成寻在宋朝的行迹，《宋史》卷四九一《日本国传》、^②《宋会要辑稿》第199册《蕃夷七之三三》、^③《续资治通鉴长编》卷三三四"神宗元丰六年三月己卯"条^④等官方史书均有记载。

除《参天台五台山记》外，成寻尚撰有《观心论注》《法华经注》《法华实相观注》《观经钞》《普贤经科》《善财童子知识集》等，而以《参天台五台山记》最为引人注目。

成寻留下的《参天台五台山记》，是记录其事迹和在华见闻的权威资料。《参天台五台山记》是成寻的日记集，从在日本登上宋商船之日开始，至在中国与归国弟子辞别之日结束，共一年零三个月，因其中有一个闰月，故共十六个月，四百六十八篇，几乎一天也未间断，非常完整而详尽地记录了旅行中每天的情况，亲身体验，耳闻目睹，事无巨细，悉数入载。^⑤ 但遗憾的是该日记只到熙宁六年（1073）六月十二日为止，之后八年的详细行迹不得而知。《参天台五台山记》记录下的成寻两次游历泗州的亲历见闻，为我们留下了一份关于北宋泗州的重要文献史料。

二　成寻笔下的淮安运河水道

成寻于北宋神宗熙宁五年（1072）三月十五日从九州岛的肥前国搭乘宋朝商船来华，四月十六日在杭州登陆，此后在浙东天台、国清等寺参拜交流，闰七月得到宋神宗令官员护送上京，谒见皇帝，准许巡礼五台山的圣旨，^⑥ 八月六日正式随宋朝外交官员从台州天台县的国清寺出发，先是从陆路到杭州，然后沿着大运河乘船北上，渡江济淮，前往东京（今河南开封）。九月二十日至二十六日从淮河入汴河，经过泗州盱眙、临淮两县，其中二十一日至二十三日居留泗州城，参谒普照王寺。

第二年，从五台山、东京等地参谒回来的成寻申请朝辞，回天台山国清寺修行，得允，于四月十五日离开东京，从汴河水路南下，四月二十日入泗州临淮县境，二十二日离开泗州城入淮河，此后继续沿着大运河南下到明州（今浙江宁波），将神宗的御笔文书、礼物，以及新译经、佛像等托付给即将启程归国的日僧赖缘等五人。^⑦

成寻两次经过泗州，对于泗州附近的淮河、汴河水道，淮河浮桥等城市设施有不少记述，留下珍贵的历史资料。

宋代大运河全面继承隋唐大运河的线路基础，发展为全国最繁忙的水上交通网。自东京到

① 成寻著，王丽萍校点《新校参天台五台山记》，上海古籍出版社，2009，"前言"，第2~6页。
② 《宋史》卷四九一《日本国传》，中华书局，1977。
③ 徐松等辑《宋会要辑稿·蕃夷七之三三》，中华书局，1987。
④ 李焘：《续资治通鉴长编》卷三三四，"神宗元丰六年三月己卯"条，中华书局，2004。
⑤ 王丽萍：《成寻〈参天台五台山记〉研究》，上海人民出版社，2017，"前言"，第6~8页。
⑥ 成寻著，王丽萍校点《新校参天台五台山记》卷二，第150页。
⑦ 成寻著，王丽萍校点《新校参天台五台山记》，"前言"，第2~6页。

淮河边的泗州是千里汴河，从泗州往东沿淮河而下，到楚州（今淮安市淮安区）北的末口入邗沟，直达扬州南的瓜洲抵江，再由长江南岸的润州（今江苏镇江）往南到杭州，两千多里的宋代大运河沟通着中原腹地和东南的经济重心。而泗州地处淮河北岸，西北由汴河沟通东京和中原，东南经淮河、邗沟连接淮南、江浙富庶之地，据东南交通要冲，史称："北枕清口，南带濠梁，东达维扬，西通宿寿，江淮险扼，徐邳要冲，东南之户枢，中原之要会也。"①

在成寻的日记中，运河自江南北上，需要经过长江、邗沟入淮和淮河入汴三处"险要"。楚州城北，古淮河在这里有山阳湾，湾南岸有末口，沟通江淮。从邗沟运河北上入淮，成寻走的是淮南运河复线中的沙河、洪泽新河水道。雍熙年间（984~987），淮南转运使乔维岳开沙河，自末口至淮阴磨盘口（今淮安市淮阴区马头镇东北），长四十里，以避淮河淮泗段之险。庆历年间（1041~1048），发运使许元开凿自磨盘口至洪泽镇（今淹没在洪泽湖中）的洪泽新河。成寻走沙河、洪泽新河，需要等水闸调节水位才能依次过闸，所以过闸花去两天时间。沙河航道水浅多险，需要"上帆并牵纲手"，② 由纤夫拉纤，从楚州末口西去六十里，才到楚州淮阴县（今淮安市淮阴区马头镇）境内，再西南去六十里到石梁镇（今洪泽湖中）过闸，方至淮河口。楚泗段此时尚无洪泽湖，成寻沿着淮河又行一日，才到泗州境内。从邗沟入淮到泗州淮河口，逆流西去，成寻花去三天时间。

泗州城南即是汴河入淮口，成寻由龟山镇（今淮安市洪泽区龟山）淮口上溯至汴口，"以小船令牵船"入汴河，③ 河穿州城七里，然后西北经临淮县城、青阳镇、通海镇等，方出泗州境。

熙宁五年九月，成寻自东南往西北从楚州经淮入汴过泗州，需过闸、打帆、拉纤，算上登岸礼佛的时间，有六七日。熙宁六年四月，成寻南归浙江，经过泗州，因顺风顺水，三日便从宿州境内穿过泗州、沿淮东下到淮阴县了。可见运河行船，也是逆流西北不易，顺流往江南通畅。

成寻游历泗州前后，北宋朝廷陆续沿着淮河南岸修筑泗州到楚州之间的复线运河，以避开这一段淮河险段。除去乔维岳、许元开的沙河、洪泽新河，熙宁九年，江淮发运副使皮公弼修浚洪泽新河。元丰六年（1083），江淮发运副使蒋子奇凿龟山运河。崇宁二年（1103），宋徽宗诏修遇明河，自真州（今江苏仪征）至盱眙，凿圣人山至泗州淮河口，历时三年而毕工。④ 这样，整个淮南复线运河，从楚州末口北辰堰南经沙河至淮阴磨盘口，再往南经洪泽新河、龟山运河而从泗州汴口入淮，再渡淮从泗州汴口入汴河，大运河江淮段的水道运输更为安全和便捷。

三　成寻笔下的淮安市井风物

中日民间交往由来已久，唐宋时期日本文明化国家的发展离不开穿梭于中日之间的文化友

---

① 康熙《泗州志》卷四《疆域》，成文出版社，影印康熙二十七年刊本。

② 成寻著，王丽萍校点《新校参天台五台山记》卷三，第240页。

③ 成寻著，王丽萍校点《新校参天台五台山记》卷三，第242页。

④ 《宋史》卷九六《河渠六·东南诸水》。

好人士将唐宋王朝的政制、律法、文学、百艺、科技等传播到日本。北宋元丰年间，正处于宋神宗朝王安石变法时期，北宋的政治、经济、文化等方面水平处于一段历史巅峰期，日本高僧成寻这时的中国之行，探访中华风物、了解宋朝文化，成为其重要的观察内容，他在旅行日记中留下诸多记录。

楚州与泗州之间的淮河，波涛汹涌，与运河有水位落差，虽然成寻在邗沟运河楚州末口以南从沙河、新开河到洪泽镇附近入淮，再沿着淮河前往泗州，避开了淮河山阳湾风险，但是要经过多处船闸，如楚州城水闸（在楚州末口北辰堰附近）、楚州淮阴县新开闸（在今清江浦附近）、石梁镇闸。① 对于船只排队过闸、船闸定时启放的情形，成寻有简要的记述。

北宋泗州和盱眙间有座跨淮浮桥，是南北大运河上的著名人文景观。宋太宗太平兴国八年（983）九月曾发诏曰："国家同文同轨，四海一家，方苏归化之人，岂禁代劳之畜？其泗州浮桥，今后应有马经过，不得更有禁止。并下沿淮州军准此。"② 可知泗州长桥的历史可以追溯到宋初乃至五代南唐时期。

元丰七年（1084），北宋大文豪苏轼路经泗州南山（今盱眙第一山），与友人宴饮，留下脍炙人口的词作《行香子·与泗守过南山晚归作》，其中最后一句为"望长桥上，灯火乱，使君还"。苏轼还有《泗州僧伽塔》一诗，其中也提及这座连接泗州和盱眙的"长桥"。诗云："我昔南行舟系汴，逆风三月沙吹面。舟人共劝祷灵塔，香火未收旗脚转。回头顷刻失长桥，却到龟山未朝饭。……"

日本内河流程短、水面窄，因此日僧成寻游历中国钱塘江、长江、淮河、黄河、大运河等，往往对河流水文特征和独特设施有所记述。对于泗州长桥，成寻的记载要比苏轼的《行香子》早十余年。熙宁五年九月，成寻写道："入小河河口……淮河有浮桥，船脚有六十余只。"③ 可见泗州长桥以六十多艘船只漂浮河面，上铺接木板，其宽度估计一里有余，同今日盱眙城外泗州城遗址香花门东南外淮河堤对面第一山北淮河古堰的水面宽度相近。成寻在熙宁六年归途中写道："入淮河了。见浮船大桥，皆如前，不记。"④ 按照成寻所走的路线，从泗州城南汴口入淮河船只便往东北航行，入淮后记"见浮桥"，即浮桥离汴口不远。泗州城南汴口对面便是苏轼吟《行香子·与泗守过南山晚归作》词望长桥的泗州南山，若长桥更往北去，则不仅远离盱眙—泗州水陆干线，盱眙城北淮畔群山也遮挡第一山眺望长桥的视线，因此，泗州长桥的位置，当在泗州城南汴河入淮口往东北，即盱眙县城第一山北淮河古堰附近。

熙宁五年九月十五日，成寻方沿着淮扬运河进入楚州境内，便看到江淮地区的传统葬俗："见死人葬，船人人皆以白埋里头，女人三人打胸啼泣。"在楚州城，成寻对于在日本没见过的

---

① 成寻著，王丽萍校点《新校参天台五台山记》卷三，第239~240页。
② 徐松等辑《宋会要辑稿·蕃夷一三·桥梁》。
③ 成寻著，王丽萍校点《新校参天台五台山记》卷三，第242页。
④ 成寻著，王丽萍校点《新校参天台五台山记》卷三，第693页。

动物有着浓厚的兴趣："见鹦鹉，大如鸠，尾长一尺，嘴赤、足赤、背毛青，处处有白斑，紫毛处处交"，"又鹿如日本鹿"。① 在泗州城，成寻对别人拿的像木瓜的查子（即楂子）这种中国特产的瓜蔬作物郑重地记上了一笔。成寻还饶有兴致地跑到农户家去看毛驴磨面："以驴二匹，覆目口，悬麦粉石臼，独回牵，无人副进。"②

成寻在泗州参访期间，对于泗州城市的繁盛景象多有记述。北宋时期的泗州是江淮名城、运河重镇，史载："北枕清口，南带濠梁，东达维扬，西通宿寿，江淮险扼，徐邳要冲，东南之户枢，中原之要会也。"由于泗州城"地当水口，为南北御要之所"，③ 朝廷在这里设置有转运仓、粮料院、堆垛场等国家运输机构和设施。泗州在唐代中后期便迅速发展为全国重要的中等城市，《元丰九域志》记载北宋中期泗州户口数为 53965 户，④《宋史·地理志》载北宋崇宁年间泗州总户口数为 63632 户 157351 口，这两个数字均高于同一时期江淮重镇扬州的户口数。⑤因此，北宋泗州的市井街市，也是"千万人满路敢无隙，买卖宝物、食物，如杭州市"，⑥ 而且佛教兴盛，"烧香供养人人多多也"。⑦ 这里，成寻做了"泗州如杭州市"的有趣比拟，不仅认为泗州的浓郁宗教氛围可比拟有灵隐、净慈、天竺等名刹的杭州，也蕴含着泗州的市井繁华不亚于西子湖畔、钱塘之滨的山水杭州的意味。

成寻在领略泗州风物之余，还他乡遇乡亲，在泗州青阳（今江苏泗洪县）驿，有位在中国大运河上撑船操舵的日本籍艄公特来拜访。此人名叫"屑福"，⑧ 不是中文姓氏，应是到中国后取的拟音汉名。唐宋时期，东亚地区经济文化交流密切，其中韩国的商人、僧侣、水手等遍布中国东部沿海城市和乡村，而日本由于同中国隔海，经济文化相对独立，在中国居留的日本人以留学生、僧侣为主，绝少平民。北宋年间淮安大运河上居然有日本艄公，也为宋代中日关系史添上一处有趣的注脚。

唐宋时代泗州佛教文化兴盛。除去泗州大圣道场外，泗州开元寺也是重要的佛教寺庙，寺中有建于唐文宗太和八年（834）的明远大师塔，为纪念高僧明远大师处。不过，成寻在日记中记载了泗州城内与普照王寺毗邻的乾明禅院，此寺应即唐代泗州开元寺，改名时间应该在宋太宗太平兴国四年（979）前后诏改天下多座寺庙为乾明寺之时。

在泗州礼佛途中，成寻见到烧香礼拜的信众"千万人满路敢无隙"，僧伽塔内也是"四面立并女人诵经，各取花。其外道路男女不知数"。⑨ 而在泗州城内汴河上，建有横跨河上的两层

① 成寻著，王丽萍校点《新校参天台五台山记》卷三，第 238 页。
② 成寻著，王丽萍校点《新校参天台五台山记》卷三，第 238 页。
③ 乐史：《太平寰宇记》卷一六《泗州》，王文楚等点校，中华书局，2007。
④ 王存：《元丰九域志》卷五《泗州》，王文楚、魏嵩山点校，中华书局，1984。
⑤ 《宋史》卷八八《地理四·泗州》。
⑥ 成寻著，王丽萍校点《新校参天台五台山记》卷三，第 252 页。
⑦ 成寻著，王丽萍校点《新校参天台五台山记》卷三，第 246 页。
⑧ 成寻著，王丽萍校点《新校参天台五台山记》卷三，第 254 页。
⑨ 成寻著，王丽萍校点《新校参天台五台山记》卷三，第 243 页。

阁楼，内有八角大石雕刻经文，如供有佛像的过街楼一样，起到祈福保佑的作用。成寻礼拜完普照王寺后，便在大门廊外书摊上购买了《法华感应传》《慈氏菩萨礼》《道场五方礼》《白衣观音礼》等经书，包括佛经在内的图书贸易得益于宋代商品经济和雕版印刷业的兴盛，也从侧面体现出泗州社会文化的繁荣。

泗州是僧伽大师说法故地、真身所在，所以僧伽信仰非常兴盛。僧伽是西域何国的高僧，唐高宗年间入华，唐中宗时奉为国师，圆寂后归葬泗州普照王塔。① 宋太宗雍熙元年（984），加封僧伽大师"大圣"封号，故后世称之为"泗州大圣"，东南沿海一带香火不绝。

宋代僧伽信仰已从泗州扩散到全国。成寻上岸后参拜的第一座寺庙就是东茹山（今舟山）的泗州大师堂。② 不论是江浙，还是在江淮运河沿线，抑或是东京城，供奉僧伽的寺院无处不在。成寻也从不了解僧伽信仰，到在盱眙龟山"委知《泗州大师行状》"，③ 再到参拜泗州普照王寺和僧伽塔，后来成寻将游历途中船头曾聚、三藏法师等送给他的僧伽画像和僧伽传记等送到日本，让僧伽信仰传播到了东瀛。④

唐宋楚州、泗州重要的交通优势和繁荣的社会经济，营造出浓郁的文化氛围。自汴河入淮，或由淮水入汴，路途抒情，目睹风景，成为唐宋文化作品中的重要主题，其诗文名篇，比比皆是：白居易《渡淮》《隋堤柳》、李绅《入泗口》、陆龟蒙《过临淮故里》、李益《莲塘驿》、苏轼《过淮》《行香子·与泗守过南山晚归作》、范仲淹《淮上遇风》、王安石《吴御史临淮感事》、张耒《宿泗州戒坛院》……同泗州城隔淮相望的南山，成为泗州城外文人墨客云集、题刻吟咏之地，泗州南山也因绍圣四年（1097）米芾所作《题泗滨南山石壁曰第一山》⑤（即《第一山怀古》）而得名第一山。

据光绪《盱眙县志稿·金石》记载，清代末年第一山题刻已有二百六十八块，其中最早为北宋江淮发运副使蒋之奇在元丰六年（1083）的题刻，比成寻到访泗州要晚十一年。成寻是否登临泗州南山，日记未述；成寻到时泗州南山是否已有题刻，文献无载。不过，成寻在泗州普照王寺参访时记录下一首咏泗州题壁诗，颇为珍贵。此诗题王敏《题塔影诗》："变化明知普照灵，苍生咫尺昧中扃。容光塔影层层见，报应须防暗逐院。"⑥ 此诗为一首佚诗，作者王敏失考，生平不详，诗题于普照王寺四重阁楼墙上两洞旁。泗州城内僧伽塔可以倒映在阁楼内这两处墙洞内的白石板上，所谓塔正影倒，变化无穷，其实就是光线直线传播形成的物理学"小孔成像"原理。成寻日记中记载的这首佚诗，为我们了解宋代泗州提供了新的文化典故。

---

① 李昉等编《太平广记》卷九六《异僧十·僧伽大师》，中华书局，1961。
② 成寻著，王丽萍校点《新校参天台五台山记》卷一，第 14 页。
③ 成寻著，王丽萍校点《新校参天台五台山记》卷三，第 241 页。
④ 成寻著，王丽萍校点《新校参天台五台山记》卷六，第 513 页。
⑤ 米芾：《宝晋英光集》卷四《题泗滨南山石壁曰第一山》，《丛书集成初编》第 1932 册，上海古籍书店，1960 年补印本。
⑥ 成寻著，王丽萍校点《新校参天台五台山记》卷三，第 254 页。

四 成寻笔下淮安运河边的佛教建筑

作为来中国学习佛法的日本僧人，成寻每至一地，便晤访高僧，参拜名刹，他在《参天台五台山记》中，对浙江天台山、北方五台山的佛教寺庙和礼俗有着详细的记述。北宋时期的淮安，同样是重要的佛教文化中心，成寻在大运河边的泗州居留多日，直接原因也是参谒这里的重要庙宇——普照禅寺、乾明禅院等，并为这一时期淮安运河边的佛教文化建筑留下了一份空前绝后的细致记录。

今淮河入洪泽湖口南岸，有龟山古村，宋代有龟山寺，后因与盱眙第一山侧龟山相区别，又称为下龟山寺。成寻于熙宁五年九月二十日下午登临龟山古寺，记曰："至盱眙县贵山寺，塔十五重如阁，顶见罗汉井，寺名先福寺，昔五百罗汉见住处也。"①

成寻笔下的"贵山寺"即"龟山寺"，据光绪《盱眙县志稿》载，建于宋真宗天禧年间（1017~1021），山顶先福寺始建于唐代，南宋王象之《舆地纪胜》有载："在郡东二十五里古盱眙城，有《真寂大师传》，旧传隋炀帝幸江都，驻跸于此作乐。"② 真寂大师即唐代僧人，俗名张仁节，"唐开元、天宝间，住持泗州盱眙县先福寺，应化颇类僧伽"。③ 罗汉井有传说，僧伽大师来此预言"后当开发"，及真寂大师来住果然开凿。④ 龟山宋塔即纪念真寂大师（又号灵慧大师）的灵慧塔，后世仅留存地宫，即明清流传所谓镇压淮河水怪无支祁的支祁井。五百罗汉，在宋元方志和明清泗州、盱眙方志中多载为龟山寺名胜，《舆地纪胜》载为五百"铁罗汉"，并记述南宋初年金兵犯淮，"将焚其寺，一僧祈哀求免，兀术怒击其首，流血满面，僧走，遂至罗汉洞，而一罗汉血流未止，寺得存"。⑤ 光绪《盱眙县志稿》云铁罗汉为北宋初年天圣年间（1023~1032）铸造，⑥ 可知北宋后期日僧成寻龟山所记不虚。

成寻一到泗州，便委托人找来《泗州大师行状》拜阅其生平。⑦ 九月二十一日午后，成寻步行参拜普照王寺。通过成寻之笔，我们可以难得详细地了解普照王寺的寺院布局规模。寺院内有僧伽大师真身塔，这是全寺的中心。塔周围有四面廊，东廊前有真寂大师影殿、小型的眷属塔和二阶阁，"塔四面庭地，或敷碧瓦，或敷黄瓦，有光文，奇妙也"。⑧ 塔后长廊外有讲堂，旁有小宝堂、僧堂。北廊外有石雕的《妙法莲华经》，再往北便是乾明禅院。塔西有大佛殿，内有释迦牟尼、阿弥陀佛、弥勒佛等丈六佛像，各种菩萨、罗汉。有意思的是大佛殿西壁外有

---

① 成寻著，王丽萍校点《新校参天台五台山记》卷三，第 241 页。
② 王象之：《舆地纪胜》卷四四《淮南东路·盱眙军》，中华书局，1992。
③ 李焘：《续资治通鉴长编》卷二八七，中华书局，2004。
④ 王象之：《舆地纪胜》卷四四《淮南东路·盱眙军》。
⑤ 王象之：《舆地纪胜》卷四四《淮南东路·盱眙军》。
⑥ 光绪《盱眙县志稿》卷一一《古迹》，清光绪二十九年刻本。
⑦ 成寻著，王丽萍校点《新校参天台五台山记》卷三，第 246 页。
⑧ 成寻著，王丽萍校点《新校参天台五台山记》卷三，第 244 页。

众多中国佛教著名高僧影像，包括鸠摩罗什、昙无识、佛图澄、惠远、摩腾、竺法兰、僧会、玄奘、窥基等九人。大佛殿前为花园，西面是四层的藏经阁，东面是四层钟楼，底层有等身释迦牟尼佛像。大佛殿外四周有回廊，回廊后面还有四层阁楼，登阁眺望，"于像见四方在掌中"。① 前面所云僧伽塔倒影成像即在此阁楼内，此奇事在宋代多有流传，如北宋张舜民《郴行录》有类似记载："早霁，登普照寺阁，眺望淮山，有如图画。阁之西南隅有塔影倒垂，长可尺许，以扇承之，影在扇上。僧云，有时二塔影也。"②

普照王寺的历史布局，传统文献虽有记载，但不够详细。如南宋岳珂有《泗州塔院记》，此文作于南宋初年宋金战乱，泗州普照王寺横遭兵火之后，仅有"余至泗，亲至僧伽塔下。中为大殿，两旁皆荆榛瓦砾之区，塔院在东厢。无塔而有院，后以土石甃洞作两门，中为岩穴，设五百应真像，大小不等，或塑，或刻，皆左其衽"等数语。③ 日僧成寻日记中的细致描述，是我们了解宋代泗州普照王寺的最好史料。

据《帝乡纪略》等方志记载，唐中宗景龙年间迎接僧伽法师真身归泗州时特于城西南辟一城门，以香花供奉迎入，故名香花门。香花门内，汴河之滨，便是唐宋时代闻名全国的普照禅寺。在宋代，普照王寺成为全国五大名刹之一。普照王塔即位于普照禅寺内，太平兴国七年(982)，宋太宗下令重建泗州僧伽大师塔。

成寻日记对于北宋时期僧伽塔的形制、内部结构、佛像装饰等有着细致的描述。僧伽宝塔居普照王寺中心位置，因宋太宗雍熙元年加封僧伽大师为"大圣"，故名"雍熙塔"，八角十三重，高十五六丈许，④ 是典型的汉传佛塔形制。成寻细致地记述了九月廿二日下午参拜僧伽塔的经过，对僧伽塔内部的描述，更是目前所存唯一的一份详细记载。

宝塔外形："故徒行参普照王寺，先拜僧伽大师真身塔，西面额名雍熙之塔，礼拜烧香，八角十三重，高十五六丈许，每葺黄色瓦，如黄茶碗，有光，每阶下有罗网，其中画菩萨贤圣天众像，庄严不可思议也。"

塔内大殿："塔内庄严，中心造银宝殿，在黄金宝座向西，大师坐后有二尺镜，前有胁足，左有银大水瓶二口，高二尺五寸许，左右有一僧像。宝殿以七宝庄严，垂种种璎珞玉幡。前有黄金宝殿，上下皆金，长八尺，横四尺，柱等皆金也。塔内四角大柱以黄金卷，柱梁、柱贯皆以金造之，柱上有半出菩萨形，皆金色。内有连子，每头有天众形，左右有龙形。内四面悬绫罗天盖幡等，无隙，以琉璃敷地。有三重连子，内前黄金宝殿，坛上七宝花香灯供具具足造置，多以金造，四面各有黄金灯炉二，高二尺。次四面各五间，每间中八尺。次六尺黄金板，以黄金造半出金小佛，各卅体许座。"

---

① 成寻著，王丽萍校点《新校参天台五台山记》卷三，第246页。
② 张舜民：《画墁集·郴行录》，中华书局，1985。
③ 岳珂：《桯史》卷一四《泗州塔院记》，中华书局，2006。
④ 成寻著，王丽萍校点《新校参天台五台山记》卷三，第242页。

大殿内宝物殿："佛前中门额普照明觉大师，连子上有铁罗网。北一间有入宝物小门，大方一尺许，额名板拖利，有阶，人登阶，入宝物。有七宝帘，外间四面悬天盖、幡无隙。佛面外二柱，以银打覆，口径二尺，围有连子，高六尺许，护银义也。四面上长押悬绫罗，皆缝物大师变相也。余柱皆朱色也。佛面立床子，上置灯炉三口，广二尺，四面地敷黑石，皆有光。阶下四尺，四面立并女人诵经，各取花。其外道路男女不知数。阶下四面皆立床子，有香灯具。"

塔内其余礼殿："次佛面礼殿三间别栋，黄瓦葺宝殿之内，立床子，造供具，不可思议也。"

塔阶和塔刹："阶柱上有黄金师子。有七宝七重小塔，高六尺许。有绀琉璃师子二，悬大七宝盖，种种幡具悬之。"

塔四周回廊和壁画："有四面廊，四方各一町，方方五十间许。西北二面壁画大师卅二变相。"①

在成寻的笔下，泗州僧伽塔的华丽和壮美，非一般寺塔可比。

后来宋金战乱，僧伽塔被毁。至元仁宗延祐二年（1315），泗州重修普照禅寺和普照王塔，塔前立《赵孟𫖯书泗州普照禅寺灵瑞塔碑》。②然而这次改建，僧伽宝塔用"西竺表法改建"，③"巍巍表法，尊胜坚固，上仪瓶钵，下应坐具"，"素标净白"，也就是改建为元朝流行的西域密宗砖塔式样，形同现在北京北海白塔、妙应寺白塔。巍巍僧伽宋塔的风姿，我们只能在成寻笔下领略了。

结 语

日僧成寻带着对汉文化的仰慕踏上宋朝的疆土，他游历山岳河泽，遍访各地名刹，带着"他者"的眼光，描绘出北宋方方面面的家国世情，涉及宋代的宗教、政治、经济、交通、艺术和社会生活等多个方面。成寻对于唐宋运河名邑——楚州、泗州的记录，出自亲见亲历，内容详尽生动，叙述客观真实，其史料价值极高，是我们研究宋代淮安运河文化的珍贵资料。④千载悠悠而去，展读《参天台五台山记》，成寻笔下"如杭州市"般繁华的宋代淮安，依然栩栩如生地呈现在我们眼前。

---

① 成寻著，王丽萍校点《新校参天台五台山记》卷三，第246页。
② 赵孟𫖯此碑碑身现藏于盱眙县城第一山景区内，碑文残破，2012年南京博物院发掘古泗州城内疑似大圣寺、灵瑞塔遗址时出土此碑碑额，保存完整。
③ 《赵孟𫖯泗州普照禅寺灵瑞塔碑》，政协盱眙县文史资料委员会编《第一山题刻选》，1995。
④ 曹家齐：《略谈〈参天台五台山记〉的史料价值》，姜锡东、李华瑞主编《宋史研究论丛》第7辑，河北大学出版社，2006，第531~542页。

正德《大明漳州府志》月港地图背后的故事

——中国方志在世界大航海时代研究的地位

刘　涛

（福建省长泰县政协文化文史和学习委员会）

目前学术界关于地方志结合漳州月港的研究，已取得了一定成果。如陈自强《漳州古代海外交通与海洋文化》发现了漳州卫所军户部分军官参与郑和下西洋，但是未揭示军户为何要参与下西洋，考述其与后来的月港"海艘""溪舶"的渊源。① 苏惠苹《众力向洋：明清月港社会人群与海洋社会》较为系统地考察了月港社会，揭示了明清时期的传承与发展，然而未结合始载月港地图的正德《大明漳州府志》中的军籍进士群体及其对月港的态度。相关的正德《大明漳州府志》月港地图研究长期停留在发现史料的文本层面，未结合地方社会历史变迁，揭示世界大航海时代漳州海洋意识情形。② 汤茵《正德本〈大明漳州府志〉研究》虽然比较全面地论述了陈洪谟与正德《大明漳州府志》的关系，但是未发现该志与月港的渊源，未认识到该志主修者陈洪谟的军户出身与月港的关系。③

基于陈洪谟及其正德《大明漳州府志》在世界大航海研究的地位、地方志研究尚未发挥其应有的作用，本文将在方志学理论研究的基础上，运用历史人类学的研究方法，搜集相关地方志、族谱、碑铭等史料，揭示文本背后的历史情境，以促进地方历史与中国海洋文明史研究，还原方志文化在海洋文明中的历史地位。

---

① 陈自强：《漳州古代海外交通与海洋文化》，福建人民出版社，2014。
② 苏惠苹：《众力向洋：明清月港社会人群与海洋社会》，厦门大学出版社，2018。
③ 汤茵：《正德本〈大明漳州府志〉研究》，硕士学位论文，福建师范大学，2016。

一 月港地图填补了世界大航海时代中国地方官员认识的研究空白

（一）正德《大明漳州府志》始载海外"走私"贸易的月港

正德《大明漳州府志》首次在地图中标注了"月港"地名（见图1）。

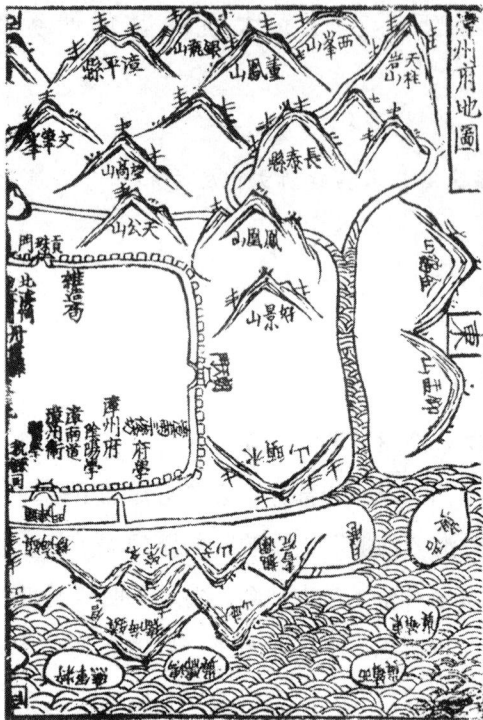

图1 正德《大明漳州府志》中关于"月港"的地图

资料来源：陈洪谟修，中国人民政治协商会议福建省漳州市委员会整理正德
《大明漳州府志》卷首《舆图》，厦门大学出版社，2012，第21页。

该志又在"自然地理"一栏中记载了"月港"由来：

> 月溪，在县东南五十里，俗呼月港，相传谓溪形如月得名。人烟繁盛，商贾辐辏，海
> 艘、溪舶皆集于此，为漳南一大市镇。①

该志所载为目前所见漳州府县志中最早的月港史料。"海艘"一词指的是月港其时进行海
洋贸易。"溪舶"，因九龙江其时名曰九龙溪，指的是内河贸易。虽然"海艘"未说明是国内贸

---

① 正德《大明漳州府志》卷七《山川志》，第383页。

易，抑或是对外贸易，但是可从该志记载的曾任漳州府知府谢骞传记中找到线索：

> 谢骞，直隶当涂人……景泰四年出知漳州府……近海诸处如月港、如海沧，居民多货番，且善为盗。①

按，月港其时隶属漳州府龙溪县，隆庆元年（1567）正式获得批准设置海澄县，今主要位置在福建省龙海市海澄镇。"海沧"指海沧社，时属龙溪县一二三都，② 隆庆元年与月港一同划归新设立的海澄县，今属厦门市海沧区。从"多"字可知"货番"规模之大。"番"，此处指外国。"货番"即对外贸易。按月港在隆庆元年正式获得合法开展对外贸易的资格，可知此前"货番"被视为"违法"行为，因此"货番"者为保障其权益，自然需要组建海上武装，故而被明朝视为"盗"。"善为盗"是"多货番"的产物，而"多货番"则是"闽在海中"，靠山吃山、靠海吃海的需要。

由谢骞自"景泰四年正月来知"，其继任者周天民在"天顺五年二月来知"，③ 可知谢骞自景泰四年（1453）正月至天顺五年（1461）二月之前担任漳州府知府。由此可见，早在15世纪中叶月港已出现对外贸易，此为目前所见最早的月港对外贸易史料。正德《大明漳州府志》所载的"海艘"指的是"货番"，即对外贸易。月港、海沧时属漳州府龙溪县，龙溪县为漳州府治所在地，可见早在15世纪中叶，福建南部重镇漳州府治即已出现对外走私贸易。"海艘"不仅是王朝对对外走私贸易的记载，"多货番"以及盗贼之举，也是对既有历史事实的确认。

通过对后来"嘉靖大倭寇"的考察，可以发现其时月港进行"货番"者，主要为"倭寇"，即日本海盗。

嘉靖二十八年（1549）地处闽西南的漳州府漳平县首部方志记载：

> 由月港而溯回而来者曰有"番货"，则历华口诸隘以达于建、延，率皆奸人要射滋为乱耳。④

"月港"，即漳州月港，其时仍未设置海澄县，隶属漳州府龙溪县。"华口隘"，⑤ 位于漳平县居仁里华寮社华口乡。"建"，即福建建宁府。"延"，即福建延平府。

九龙江北溪航道显示，月港贩运"番货"需"达于建、延"，必须途经华口隘。其时航行

---

① 正德《大明漳州府志》卷一四《职官传》，第813页。
② 嘉靖《龙溪县志》卷一《地理》，《天一阁藏明代方志选刊》第42册，中华书局上海编辑所，1965年影印本，第4页。
③ 正德《大明漳州府志》卷四《历官志中》，第166页。
④ 嘉靖《漳平县志》卷九《武备》，《天一阁明代方志选刊续编》，上海书店出版社，1990年影印本，第1145页。
⑤ 嘉靖《漳平县志》卷九《武备》，第1143页。

路线为从漳州府龙溪县月港出发，经漳平县居仁里华口隘、九鹏社前往延平府永安县、尤溪县，到建宁府一带，将月港"番货"运往地处山区的延平府、建宁府销售，再将延平府、建宁府山货运往月港继而贩运到海外。华口隘，原称华口营，该地有军屯于此。当地大姓陈姓，据考祖溯漳平县永福里留田社留田乡（今福建省漳平市永福镇蓝田村）陈蓝田户，按，陈蓝田户为明代卫所军户，可知华口隘与军户密切相关。

华口乡所在地华寮社，下辖十八个乡，是"渔疍""木疍""船户"等水上人聚落，因此多溯源漳平县永福里，如当地刘姓溯源永福里留田社顿村乡（今漳平市永福镇同春村）刘万春户；傅姓、李姓也祖溯永福里，自称为南宋军士后裔，实则均为数字郎名、娘名，本是畬民后裔。由于永福里在宣德、正统年间（1426~1449）爆发了百家畬洞大起义，被镇压后原有的畬民被编入军户接受王化，因此受到华口乡、华寮社水上人后裔的推崇，纷纷攀附此祖源，标榜自身虽然靠水为生，但是祖先原本来自陆地，其于陆地自然具有合法占据的权利；但是又基于九龙江航道的重要性，与月港同姓联宗，声称祖先"明时由海澄迁来"。[①]

由此可见，正德《大明漳州府志》认为月港"多货番"，不仅基于"溪舶"的贸易，与"海艘"也密切相关。受月港地方物产所限，"溪舶"贸易作为月港内河贸易，即沟通内陆与沿海的交通工具，在"溪舶"贸易基础上发展"海艘"贸易。月港之所以可以成为"漳南一大市镇"，不仅是地方官员看中由此产生的税利，还有陈洪谟与周瑛对月港"多货番"形成的"漳南一大市镇"的认可。其时日本代表外来闻名的"番"，成为成就王朝海港发展的基础，尚未被视为外来敌对势力。

（二）其时地方官员认识到"海禁"政策的局限性

正德《大明漳州府志》首先述及谢骞针对月港对外贸易采取了全面系统的"海禁"政策：

> 随地编甲，随甲置总，每总各置牌，以联属本地方人户约五日赍牌赴府一点。其近海违式船只皆令拆卸，以五六尺为度，官为印烙，听其生理，每船朝出暮归，每总各照牌面约束本地方人户。朝出暮归不归即便赴府呈告，有不告者事发联坐。[②]

虽然如此全面，所谓"一时盗息事"，但也只是一时的。因为在正德元年（1506），龙溪县张绰族人又有"造大舟欲货番者"。[③] 正德《大明漳州府志》所载月溪的"海艘"在正德七年至正德八年陈洪谟所修府志中仍有开展。

---

① 详见拙文《祠堂林立背后的故事——以近代漳平望族为中心》，《岩声》2018年第2期；刘万里总纂《漳平县志续编·姓氏人口统计表》，1949，漳平市档案馆藏。
② 正德《大明漳州府志》卷一四《职官传·列传·国朝·知府·谢骞》，第813~814页。
③ 嘉靖《龙溪县志》卷八《人物·士行·国朝·张绰》，第36页。

"骞之政，他人行之多不能有成"，^① 从周瑛对谢骞的评价来看，实则对谢骞之举并不赞同。按谢骞为前任漳州府知府，周瑛此言必然得到陈洪谟的支持。正是陈洪谟的海洋意识，决定了该志如此记载。

（三）月港海外贸易获得了明代卫所军户的支持

正德《大明漳州府志》关于月港地图以及月港记述的内容，与其时地方官员密不可分。我们从该志修纂人员来看，其主修者陈洪谟，时任漳州府知府，是"湖广常德府武陵县军籍"，^② 即明代卫所军户，从武陵县有常德卫驻军，可知陈洪谟应是常德卫军户。该志主纂者周瑛，为"福建镇海卫人，兴化府莆田县军籍"，^③ 虽然其是兴化府莆田县军籍，却出生在福建镇海卫（今属福建省漳州市龙海区隆教畲族乡镇海村），为军户出身。由周瑛在陈洪谟请其修志之际，要求前往镇海卫祖墓祭祖来看，其祖墓位于该卫，其与镇海卫关系密切。

该志收录有福建左布政陈珂、福建提督学政姚镆、荣禄大夫周瑛、陈洪谟、漳州府同知黄芳等人作的五篇序言，^④ 从序言作者的户籍出身来看，陈珂是"浙江杭州前卫军籍，绍兴府嵊县人"，^⑤ 姚镆是"浙江宁波府慈溪县军籍"，^⑥ 黄芳是"广东琼州府崖州军籍"，^⑦ 均为"军籍"进士出身。虽然上述陈珂、姚镆、黄芳并未参与修纂该志，但是从其为该志撰序言，该志在收录其序言后一并刊行，可见此三人与该志关系密切，该志修纂应获得了此三人的支持。既然修纂者以及为之作序者均为明代卫所军籍进士，可见该志获得了军籍进士的支持；既然该志记载月港，可知月港的对外贸易获得了上述军籍进士的默许，也就是明代卫所军户的认可。

陈洪谟在同为军籍出身的基础上，还从湖广情缘出发促进相互之间的情谊。如陈珂，其为该志所作序言云："予昔奉两湖，适《武陵志》书成，予为序其简端。时守以秋官郎省觐还其家。谓予言……"^⑧ 此"守"即太守，指时任漳州府知府陈洪谟，从中可知陈洪谟在早年任职刑部期间返回武陵省亲时就同陈珂有交情。

上述军籍进士，除了周瑛来自福建沿海外，又有来自广东琼崖一带的黄芳，其时琼崖隶属广东，地处广东沿海，即所谓闽、广之地。姚镆故里浙江宁波府慈溪县，在朱纨担任"都御史，巡

---

① 正德《大明漳州府志》卷一四《职官传·列传·国朝·知府·谢骞》，第814页。
② 《明弘治九年进士题名碑录（丙辰科）》，《明清历科进士题名碑录》第1册，华文书局，1969年影印本，第469页；《明弘治九年进士登科录》，《明代进士登科录汇编》第4册，台湾学生书局，1969年影印本，第1914页。
③ 《明成化五年进士题名碑录（己丑科）》，《明清历科进士题名碑录》第1册，第323页。
④ 陈珂：《大明漳州府志序》，正德《大明漳州府志》卷首，第1~10页；姚镆：《漳州府志序》，正德《大明漳州府志》卷首，第11~19页；周瑛：《漳州志后序》，正德《大明漳州府志》，第2083~2096页；陈洪谟：《后序》，正德《大明漳州府志》，第2097~2104页；黄芳：《书漳州志后序》，正德《大明漳州府志》，第2105~2112页。
⑤ 《明弘治三年进士题名碑录（庚戌科）》，《明清历科进士题名碑录》第1册，第437页。
⑥ 《明弘治六年进士题名碑录（癸丑科）》，《明清历科进士题名碑录》第1册，第453页。
⑦ 《明正德三年进士题名碑录（戊辰科）》，《明清历科进士题名碑录》第1册，第529页。
⑧ 陈珂：《大明漳州府志序》，正德《大明漳州府志》卷首，第7~8页；陈珂：《武陵志前序》，嘉靖《常德府志》卷一八《艺文志》，上海古籍书店，1964年影印本，第48~51页。

抚浙江，兼领福、兴、泉、漳"之际①的嘉靖二十六年，"浙人通番皆自宁波定海出洋"，② 今属浙江省舟山市普陀区的普陀山其时隶属宁波府定海县，虽然姚镆并非定海县人，但是慈溪县与定海均属宁波府管辖，定海的海外贸易经此地缘关系对姚镆势必产生一定的影响。

二 地方官员支持月港海外贸易态度的由来

（一）明初名宦对海外贸易的题咏

在陈洪谟主修的府志中，明"洪武初"③ 来任的漳州府同知王祎所题诗句中有"番船收港少，畲酒入城迟"。④

"番船"，即对外贸易商船，从中可见明洪武初年（约1368~1378）漳州就开展对外贸易。从明初福建市舶司从泉州迁到福州来看，其时漳州对外贸易并未取得合法地位。从王祎的漳州府同知身份来看，此举并未遭到地方官的取缔，反而赋诗抒怀。

按，该志为漳州府在明代的首部府志，可知王祎该诗为该志始载，从中可见陈洪谟对此持支持态度，否则不会全文刊载。虽然无法确认该通番之大船是否经漳州月港，但是仍可从中领略到漳州的海洋历史文化底蕴。

"畲酒"，即畲民用畲禾所酿之酒，也就是红糟酒，至今仍是漳州府属县妇女"坐月子"的佳酿，配以鸡或猪肉回味无穷。从陈洪谟来自武陵县，畲民与"武陵蛮"的渊源来看，陈洪谟对此深有感触。

（二）地方士绅力图通过影响推动"海禁"政策的局限性

在陈洪谟正德庚午年（1510）到任漳州府知府前的正德元年，漳州名门望族就有参与海外贸易者。

> 张绰……正德元年奉敕两广审录，顺道过家。宗党有造大舟欲货番者。⑤

张绰，为《东西洋考》作者张燮的曾祖父，其"家"位于漳州府龙溪县锦江埠（今福建

---

① 《嘉靖东南平倭通录》，国学大师网，http://www.guoxuedashi.com/a/6597f/58611z.html。
② 《嘉靖东南平倭通录》，国学大师网，http://www.guoxuedashi.com/a/6597f/58611z.html。
③ 正德《大明漳州府志》卷四《历官志中》，第173页。
④ 王祎：《清漳十咏》之四，正德《大明漳州府志》卷一七《律诗》，第1033页。
⑤ 嘉靖《龙溪县志》卷八《人物》，第36页。

省漳州市龙海区石码街道）。按该埠建于"弘治戊申改元"之际，① 即明弘治元年（1488）。

锦江埠在"弘治改元"即弘治元年兴建码头，可见在此之前就开展贸易。张绰祖籍广东潮州府（今广东省潮州市），为"福建漳州府龙溪县民籍"出身，② 祖先很可能是从潮州乘船到锦江埠开基的潮商，也就是粤商，但是，此时已成为闽商。虽然未明确张绰此"宗党"欲从哪个口岸出洋，但是从该志所载"月港"情况来看，应是漳州月港。即张绰宗人从锦江埠出发，行船到漳州月港而"出洋""通番"。

从张燮参修的万历癸丑《漳州府志》对此记载内容一致来看，③ 张燮族人早在漳州月港对外贸易合法之前即参与其中，虽然未能成功，但是早已有此意识。

因此，张燮曾祖父张绰作为地方士绅，希望通过自身的影响，推动"海禁"政策在地方的落实。虽然在其努力下，其"宗党"参与走私贸易的计划落空，但是从中可见张绰此举并未完全扑灭地方民众参与走私贸易的意图，其"宗党"的夙愿反映了地方民众的夙愿，是张绰在大势已去下的负隅顽抗，是逆历史潮流之举，最终成了昙花一现。陈洪谟、周瑛等人对此应有所知，并从中反思，由此提出了顺应历史潮流的论断。

（三）漳州卫所军户积极参与郑和下西洋

通过与万历癸酉《漳州府志》、万历癸丑《漳州府志》的比较，可以发现正德《大明漳州府志》首次记载了漳州卫所多位军官参与郑和下西洋，且为唯一记载。首先请看徐贤参与下西洋的记载：

> 徐贤，左所百户也。弘治三年袭先职到任。其先漳州府龙溪县人。……曾祖禄，跟太监郑和驾船往西洋等国公干。升小旗。永乐九年跟太监郑和杀入番王城擒王厮得胜，升总旗。十二年，到苏门答剌白沙岸与合剌对敌，升本所百户。④

按，徐贤，漳州府治所在地龙溪县人，其所袭官职因其曾祖徐禄而得，徐禄距离徐贤世代较近，即古人上溯三代之内，徐禄一生三次因参与郑和下西洋升官，可知其重要性，对徐贤的影响可谓深远。按，徐贤在明弘治三年袭职，至正德八年陈洪谟修志付梓之际仍然健在，前后二十四年，如此老将自然使陈洪谟关注有加。对其先辈事迹如此翔实记载，不仅是因为徐贤任职的需要，也从中反映了徐贤及其卫所军户在漳州地方的地位，也由此促进了陈洪谟海洋意识

---

① 林凤声编《石码镇志》卷一《地理》，《中国地方志集成·乡镇志专辑》第26册，上海书店出版社，1992年影印本，第743页。

② 《明弘治六年进士题名碑录（癸丑科）》，《明清历科进士题名碑录》第1册，第452页。

③ 万历《漳州府志》卷二二《人物志七》，厦门大学出版社，2012，第1562页。

④ 正德《大明漳州府志》卷二八《武臣事考》，第1746页。

的形成。

又有漳州卫中所正千户康政，其祖父康用也有下西洋经历：

> 康政，中所正千户也，成化十五年袭先职到任。其先汝宁府遂平县人。……祖父用，
> 继。永乐四年，驾船前往西洋等处公干。杀获贼船，升中所副千户。永乐七年复驾船西洋
> 等国公干，升正千户。①

按，康政，成化十五年（1479）袭职，至陈洪谟修志付梓之际，已任三十五年，为老将。康政祖籍汝宁府遂平县（今河南省驻马店市遂平县），其与漳州结缘，始自曾祖康成，康成"洪武二十三年除福建漳州卫中所百户"，② 从洪武二十三年（1390）至永乐四年（1406），入漳仅十六年，就已入乡随俗，从中原人成了新漳州人。其事迹及其祖籍，对陈洪谟产生了一定影响。

又有漳州卫中所百户蔡诵的曾祖父蔡真追随康用参与郑和下西洋：

> 蔡诵，中所百户也，弘治十七年袭先职到任。其先漳州府龙溪县人。……真代役，永
> 乐七年跟随本所千户康用驾船西洋等处公干有功，升本所试百户。③

从中可知，康用得以顺利参与下西洋，与其为龙溪县本地人密不可分。按，蔡诵虽然承袭其叔伯担任，但是蔡真也是承袭其兄蔡显道任职。从闽南习俗"生我不如养我"来看，既然"过房"而来，也就理所应当继承祖业。因此，自弘治十七年袭职至正德八年陈洪谟所修府志付梓已近十年的蔡诵，其曾祖父蔡真的事迹，势必对陈洪谟产生一定的影响。

郑和下西洋在漳州的情况，历来学术界基本上出于推测，未有实据。即使略有提及，也未深入探索其何以记载，记载此事有何目的以及由此产生的影响。上述仅载军官，因为方志内容所限，只能管窥，无法获知漳州卫所参与郑和下西洋的具体情况。从万历癸酉《漳州府志》开始，到清末光绪《漳州府志》均无相关记载，可见该志的难能可贵。该志之所以有此记载，与陈洪谟的大力支持密不可分。正是在陈洪谟的力主下，其与周瑛的相互砥砺，响应了曾经参加郑和下西洋的漳州卫所将官的呼声，方有此宝贵记载。其中，陈洪谟实为关键。

郑和下西洋史料的毁坏传统上归咎于刘大夏，但是尚未有研究者将刘大夏与陈洪谟加以联系。刘大夏，出身"民籍"，虽然与陈洪谟并非同一户籍出身，但是陈洪谟早年入泮常德府学，可知其早已同常德府民籍士人交往。虽然刘大夏与陈洪谟之间的关系尚待讨论，但是从刘大夏奏请皇帝来看，其时皇帝对刘大夏的行为表示支持。对于前朝皇帝此举，陈洪谟却主张秉笔直

---

① 正德《大明漳州府志》卷二八《武臣事考》，第 1756~1757 页。
② 正德《大明漳州府志》卷二八《武臣事考》，第 1756 页。
③ 正德《大明漳州府志》卷二八《武臣事考》，第 1760 页。

书，周瑛从而将此宝贵史料记载下来流传后世。

对郑和下西洋，常人多述郑和之功，虽然近年提及与之一同下西洋的漳州府龙岩县（今福建省漳平市赤水镇香寮村）人王景弘，但是未能结合该志记载深入探讨。其时，王景弘后裔世袭南京水军卫所军官，对此陈洪谟应有所知。陈洪谟应从大航海家王景弘的壮举出发，充分认识到福建"闽在海中"的自然地理与百姓耕海为田的传统，以民为本，正视民情，尊重民意，详细记载了漳州人海外活动情况。

三 月港地图的影响

（一）促进了月港成为"闽人通番"的中心

"闽人通番皆自漳州月港出洋"[①] 始于嘉靖二十六年，"通番"即对外贸易，从中可知，月港其时已成为福建对外贸易的中心。月港能成为闽人通番出洋之地并非一蹴而就，应是经过了一定的历史积淀。其时月港尚未获得合法对外贸易的资格，由此遭到了朱纨的严厉"海禁"政策相待。

朱纨在漳州强力推行"海禁"政策，引发了强烈反弹，出现了"嘉靖大倭寇"。事实上，早在正德《大明漳州府志》中就有"多货番"以及"善为盗"的相关记载，可见陈洪谟与周瑛早已认识到在"海禁"政策之下"货番"与"为盗"者将相应出现，既然如此，若采取严厉的"海禁"政策，自然会遭到武装对抗，即海上之"盗"变成"嘉靖大倭寇"。

从正德《大明漳州府志》记载的对谢骞推行"海禁"政策的评语来看，周瑛早已意料到其时限性，因为"海禁"政策不符合"闽在海中"的历史地理情况，与闽人传统背道而驰。在人民群众赖以生存的底线遭到彻底破坏之际，自然"官逼民反"，出现暴乱。此言虽然出自周瑛，但是该志为陈洪谟所修，既然为官修方志，自然得到了陈洪谟的认可。

（二）对张燮撰写《东西洋考》产生了一定的影响

可以说，后来写就航海指南名著《东西洋考》的作者张燮正是在正德《大明漳州府志》的影响下，砥砺前行。

从古人对于方志作者以主修者居首，实则主修者对该志撰写方向起到关键作用来看，张燮对陈洪谟有一定的印象，对其履历有一定了解，可见湖湘文化对闽南文化及海外的影响。

（三）推动了漳州府军籍士绅参与海外贸易

正德《大明漳州府志》中占据长泰天柱岩山天柱岩香灯田的戴时宗，虽然为"福建漳州府长泰

---

① 《嘉靖东南平倭通录》，国学大师网，http：//www.guoxuedashi.com/a/6597f/58611z.html。

县军籍",① 却在被罢官郧阳巡抚,家居长泰县故里的"丙午、丁未间,奸民引倭互市,公度其必为异日患,请当路严禁之"。② "丙午"指嘉靖丙午(1546),"丁未"指嘉靖丁未(1547),"互市"中的"市"指漳州月港。其时漳州月港尚未获准开"洋市",此"奸民"实为"嘉靖大倭寇",即包含了开"洋市"的"海商",未开"洋市"与闭"洋市"者则被称为"海盗"。由此"福抚后屏卢公、秋崖朱公惜其才交章荐之",③ "后屏卢公"即卢勋,抗倭名将卢镗族侄,时任巡抚南赣汀漳韶郴等处;"秋崖朱公"即朱纨,是抗倭名将。

至隆庆元年月港开"洋市"前夕,戴时宗的侄孙戴廷槐,与其忘年交林希元在林希元"专造违式大船"之地的漳州月港赋诗,张燮曾将此收入月港的地方志。④

万历三年(1575),戴时宗侄曾孙戴耀时任户部主事,针对漳州府治所在地龙溪县锦江埠"复营新市,以移卢沈埠头",⑤ 即重兴石码市,兴修石码码头,从吕宋(今菲律宾)引进烟草,经石码与长泰的主航道马洋溪上岸引种于天柱山,使之成为长泰烟叶的"主要产地"。⑥ 后来,在万历二十六年至万历三十六年担任两广总督期间,戴耀不顾非议发展澳门对外贸易。⑦ 最终,在万历癸卯年(1603),其族产所在地长泰天柱山成为"海客千百人蚁而上,盖彐莪于是山,日日如是也,客俱它县人"⑧ 的漳州月港福建华侨华人的信仰中心。

结　语

综上所述,本文得出以下三点结论。

首先,正德《大明漳州府志》记载的"月港"地图是目前所见最早的月港地图,是世界大航海时代中国对外贸易研究的重要史料。

其次,来自内陆的陈洪谟及其正德《大明漳州府志》早已同世界接轨,研究旧志要跳出旧志本身,回到历史现场深入探索。

最后,本文所述反映了揭示文本背后历史情境的重要性,以期为新时期方志文化研究起到一定的作用。

---

① 《明正德九年进士题名碑录(甲戌科)》,《明清历科进士题名碑录》第1册,第571页。
② 万历《漳州府志》卷二一《人物志六》,第1518页。
③ 乾隆《长泰县志》卷一二《杂志》,成文书店,1969年影印本,第808页。
④ 林希元:《龙门岭》,崇祯《海澄县志》卷一六《艺文志一》,书目文献出版社,1992,第488页;戴廷槐:《月溪舟中》《望海门》,崇祯《海澄县志》卷一六《艺文志一》,第489~490页。
⑤ 《石码镇志》卷一《地理》,第743页。
⑥ 长泰县地方志编纂委员会编《长泰县志》卷四《农业》,方志出版社,2005,第178页;万历《漳州府志》卷二七《物产》,第1879~1880页。
⑦ 《明神宗实录》卷三二五,"万历二十六年八月丙辰"条,台北"中央研究院"历史语言研究所校勘,1962,第6029页;《明神宗实录》卷四五一,"万历三十六年十月丁卯"条,第8532页。
⑧ 曹学佺:《游天柱记》,康熙《长泰县志》卷九《艺文志》,康熙二十六年刻本,中国国家图书馆藏,第67页。

略论河北定窑古瓷

——以地方志资料为中心的考察

杨卓轩

（中国地方志指导小组办公室）

定窑位于现河北省保定市曲阳县涧磁村、燕川村一带，始创于唐朝，旧时称曲阳窑。北宋时期曲阳县属定州管辖，窑以州命名，故名定窑。初期以生产青瓷为主，兼烧白瓷，产品主要是日用器皿，质量并不高。唐代晚期开始烧制白瓷，经过五代、北宋的发展，工艺水平进一步提高，生产规模继续扩大，品种也不断增加，除白釉外，还兼烧黑釉、绿釉、酱釉等品种。其中以白釉的产量最大，器型也丰富多样，以盘、碗、碟、瓶等日用器皿为主。定窑在北方白瓷中独领风骚，被朝廷指定为御用贡瓷，并与汝、哥、官、钧窑并称为宋代五大名窑，形成我国北方最著名的白瓷窑系。元刘祁《归潜志》有"定州花瓷瓯，颜色天下白"的说法，可见定窑白瓷在当时全国地位颇高。

一 河北定窑概况

古志中对定窑的地理位置和烧造历史分期有详细记载，并与近年来考古发现基本一致。

（一）定窑地理位置及自然环境

曲阳县自唐代起即属定州（今河北省定州市），故窑名定窑，所产瓷器为定瓷。河北古志中首先明确记载定瓷出自定州府。清道光《大清一统志》卷二六《直隶定州土产·瓷器》载："《寰宇记》：定州土产。"① 清光绪《乾隆府厅州县图志》卷四《直隶定州》载："土贡瓷

---

① 《大清一统志》，清道光九年木活字本。

器。"① 民国《定县志》卷二《舆地志物产篇货类·瓷》载:"定瓷……或曰城西白土村,即当时制瓷之土所在,或曰曲阳有瓷釉村,疑即因制瓷而得名。而原质卒不可得,曲阳彭氏购求一地云即瓷质,亦迄无所发明。"②

其次,详细记载定窑窑址具体位于曲阳县涧磁村至东燕川与西燕川附近。清光绪《重修曲阳县志》卷一〇下《土宜物产考》记载:"白瓷,龙泉镇出,昔人所谓定瓷是也……"③ 清光绪《重修曲阳县志》卷一下《舆地志图说》载:"龙泉社上涧磁村,县北四十五里,东至北镇里二里,西至韩家村五里,南至灰岭村十里,北至树沟村十里。"④ 清光绪《重修曲阳县志》卷六《山川古迹考》载:"涧磁岭,《采访册》:在县北六十里。按:岭在龙泉镇之北,西去灵山镇十里……下为涧磁村。宋以上有磁窑,今废。"⑤

根据考古资料,窑区北距曲阳县城 30 公里。这里丘陵起伏、山川交错,有制瓷的优越条件。首先,交通便利。涧磁村至燕川村经由灵山镇,它是历史上西去阜平、南达曲阳的交通要道。涧磁村与燕川村之间有三会河流过;在涧磁村东南,有沮河(古称恒水)泻去。清光绪《重修曲阳县志》卷一〇下《土宜物产考·土产》载:"黄瓷……出恒水左右。"⑥ 清光绪《重修曲阳县志》卷一〇下《土宜物产考·山岭》载:"县境三面皆山,土石相间,多不能重禾麦,尚宜树木。……龙泉镇则宜瓷器,亦有出滑石者。"⑦

定窑窑址位于太行山东麓余脉,唐河最大的支流通天河(恒水)自西北向东南流,附近灵山土为很纯的高岭土,是优良的制瓷原料,还有石英、长石、白云石等制釉原料,矿产资源十分丰富。

其次,这里自古产煤,制瓷所需燃料取用方便。清光绪《重修曲阳县志》卷六《山川古迹考》记载:"陵山在定州西六十里当即此山,按山在三会河之西……灵山镇在其南,山多煤井,为一邑养命之源。"⑧

古代涧磁村多煤井,煤矿分布在县境北部的灵山盆地。有制胎所需的优质黏土资源、制釉所需的部分原料、烧造所需的煤矿资源,以及通天河与三会河交汇于涧磁村提供水资源,这些优良的地理条件为制瓷提供了便利。

(二) 定窑的历史分期

1. 定窑的烧止时限

关于定窑的历史上限,古志有相关记载。清光绪《重修曲阳县志》卷九《礼仪风俗》考

---

① 洪亮吉:《乾隆府厅州县图志》,清乾隆五十三年至清嘉庆八年刻本。
② 民国《定县志》,1934 年刻本。
③ 光绪《重修曲阳县志》,清光绪三十年刻本。
④ 光绪《重修曲阳县志》。
⑤ 光绪《重修曲阳县志》。
⑥ 光绪《重修曲阳县志》。
⑦ 光绪《重修曲阳县志》。
⑧ 光绪《重修曲阳县志》。

载："曲阳龙泉镇，唐宋以来旧有磁窑，五代后周尚有磁务税使，宋时有瓷器商人。见王子山院碑。今废。"① 清光绪《重修曲阳县志》卷六《山川古迹考》载："王子院俗名王子寺，在县北王子山下，五代马夔碑置院久矣。《旧志》：法兴寺在镇里，唐开元间建。按法兴寺即法兴院，在龙泉镇涧磁村之北，乃王子山院之一，则山院亦必开元以前建矣。天复年中，僧敬晖增新堂宇，后唐称天祐十三年，定州节度使王处直施免税地，天成元年，节度使王都重修，俱见马夔碑。宋时有磁商修补夔碑，知寺犹在，后毁于兵，今惟法兴院尚存。"② 清光绪《重修曲阳县志》卷六《山川古迹考》载："龙泉镇今俗称南、北镇里，旧有镇使、副（使）、瓷窑税使等官。见《五代史》及《王子山院和尚舍利塔碑》。"③ 清光绪《重修曲阳县志》卷一一中《金石录上·王子山院和尚舍利塔记碑》载："碑在王子山今法兴院之西数十步……大周显德四年岁次丁巳二月未朔十五日建。"④ 立碑人中有"□□使押衙银青光禄大夫检校太子宾客兼殿中侍御史充龙泉镇使铃辖瓷窑商税务使冯翱"。⑤

"唐宋以来旧有磁窑"等记载表明龙泉镇早在唐时就已有瓷窑，五代末期则有磁务税使，后出现瓷商，说明当时定窑生产已经颇具规模，以至于国家设税吏征收瓷税。据此溯源，定窑的最初创立时间为唐代。关于定窑的历史下限，古志中也有定窑后因战争而废的记述。清光绪《重修曲阳县志》卷一〇下《土宜物产考》记载："白瓷……所谓定瓷是也……宋以前瓷窑尚多，后以兵燹，废。"⑥ 民国《定县志》卷二《舆地志物产篇货类·瓷》载："《饮流斋说瓷》云：定瓷……惟明以来，此间失传，当日瓷质所在竟失其处。"⑦

所谓"兵燹"，这里指金人入侵。《古今中外陶瓷汇编》中也说："或谓定窑废灭于元末，盖因当时已无优良之品，固无关于此后曲阳之制作也。"⑧ 可见北宋末年，宋金多战，兵荒马乱之际定窑走向衰败，废于元末。

2. 定窑烧造的历史分期

定窑烧瓷时间较长，历经唐、五代、宋、金、元，有六七百年的历史。学术界一般认为定窑的历史分期为六个阶段，⑨ 即唐代早期、唐中后期、晚唐五代、宋代、金代、金末元初。

唐代早期，以青灰、灰褐粗胎内白釉外黄釉或褐釉敞口饼足施化妆土碗为代表。唐中后期，胎纯白，釉泛青，不施化妆土，根据市场需求，以黄釉粗胎瓷器为主。清光绪《重修曲阳

---

① 光绪《重修曲阳县志》。
② 光绪《重修曲阳县志》。
③ 光绪《重修曲阳县志》。
④ 光绪《重修曲阳县志》。
⑤ 光绪《重修曲阳县志》。
⑥ 光绪《重修曲阳县志》。
⑦ 民国《定县志》。
⑧ 叶麟趾编《古今中外陶瓷汇编》，北平文奎堂书庄，1934，第10页。
⑨ 刘毅：《定瓷基本特征和仿定瓷的窑口鉴别》，《文物季刊》1998年第4期。

县志》卷一○下《土宜物产考土产》载："黄瓷，盆瓮之属……"①

晚唐五代，定瓷更加精细，出现仿金银器的薄胎器及仿越窑的刻花、划花器。宋代，釉色由纯白或白中泛青变为白中微泛黄或牙白色。此时定窑瓷器呈现繁荣景象。民国《定县志》卷二《舆地志物产篇货类·瓷》载："定瓷为宋代以来至精之品。"② 清光绪《重修曲阳县志》卷一二《金石录中·贩瓷器客赵仙重修马夔碑记》载："王子山院马夔碑面右侧诸家未收行书文云：愚尝谓此山乃境中绝胜之所也。然有记事之碑，经其雨雪，字体亏残，愚虽不达，恻然悯之，于是请匠以重镌之庶后观者得以□。时宋宣和二年庚子八月十五日，中山府贩磁器客赵仙重修记。"③ 由此可见，宋宣和年间，贩瓷商人大获其利，愿捐瓷修碑，这也从侧面说明五代至宋定窑的盛况。

《直隶定州志》卷四《历纪历代事迹·轶事》引《格古要论》载"古定器……宋宣和、政和间窑最好，但难得成"。④ 定窑烧瓷以"宋宣和、政和间窑最好"，说明北宋末年定窑生产发展到最高水平。

金代定瓷胎釉特征与北宋差别不大，但釉质略次，印花图案不如北宋精美。尽管北宋以后涧磁岭上瓷窑还维持一部分生产，但其产品已日渐式微，且烧制日益粗陋。金末元初，定窑衰落。

二 定窑的烧造制度及定瓷特点

几百年来，定窑实现从柴烧到煤烧的飞跃，开创覆烧工艺，成为皇家宫廷贡瓷。定瓷以白瓷为主，兼有黑釉、酱釉、绿釉、红釉等，装饰有刻花、划花与印花等，铭文多为"官"字款。

（一）定窑的烧造制度

自唐代至金代定窑都是朝廷选定的贡窑。文献、碑记显示，因定窑瓷器产量很大，在定窑的主要生产区设立了"龙泉镇"，唐与五代时期定窑设有窑务官，监管瓷窑烧造或征收税务。清光绪《重修曲阳县志》卷六《山川古迹》载："龙泉镇今俗称南北镇里，旧有镇使副瓷窑税使等官。见《五代史》及《五子山院和尚舍利塔碑》。"⑤ 清光绪《重修曲阳县志》卷一一《金石录上·王子山院和尚舍利塔记碑》载："'……使押衙银青光禄大夫检校太子宾客兼殿中侍御使充龙泉镇

---

① 光绪《重修曲阳县志》。
② 民国《定县志》。
③ 光绪《重修曲阳县志》。
④ 《直隶定州志》，清道光、咸丰间刻本；曹昭：《格古要论》，《景印文渊阁四库全书》第 871 册，台湾商务印书馆，1985。
⑤ 光绪《重修曲阳县志》。

使钤辖瓷窑商税务使冯翱。'碑石立于大周显德四年二月。"①

北宋时期由于社会的安定和对文化的重视，定窑已成为北方精细白瓷窑场的代表，定瓷装饰工艺形成了自己独有的风格。《宋会要辑稿》记载："瓷器库在建隆坊，掌受明、越、饶州、定州、青州白瓷器及漆器以给用，以京朝官三班、内侍二人监库。宋太宗淳化元年七月诏：瓷器库纳诸州瓷器，拣出缺纹数目，等第科罪。"② 由此可知，北宋定窑生产除供应社会需要外，还为官府和皇室烧造贡瓷。金代定窑进入了更大批量标准化生产时代，继续烧造具有御贡性质的瓷器，还通过榷场、朝贡等途径大量销售到南方。

（二）定瓷的烧造方法

唐后期及五代的定窑白瓷是用还原焰烧成，北宋和金代的白瓷则是用氧化焰烧成，故白瓷的呈色有明显的差别。③ 唐五代定窑白瓷釉色白或白中泛青，这与柴烧使窑室气体为还原焰有直接关系。清康熙《曲阳县新志》卷四《赋役》载："灵山窑厂采柴夫，一百六十二名……共银肆佰捌拾柒两，无脚价。"④ 清光绪《重修曲阳县志》卷一〇《财赋考》载："灵山窑采柴夫，上用缸坛车价。"⑤ 县志记载窑厂有采柴夫，恰好证明当时瓷器是柴烧的。

与晚唐五代相比，宋代定瓷胎质、釉质均无重大变化，但釉色变成白中微泛黄或称牙白色，导致这一变化的是定窑的燃料由柴改为煤，窑室气体也由还原焰变为氧化焰。清光绪《重修曲阳县志》卷六《山川古迹》载："涧磁岭……西去灵山镇十里，上多煤井……"⑥ 清光绪《重修曲阳县志》卷一〇下《土宜物产考》载："灵山一带，惟出煤矿，龙泉镇则宜瓷器……"⑦ 由此可知，宋金定窑烧瓷以煤为主要燃料。

另外，为适应大量生产、节约燃料、降低成本，北宋定窑工匠发明了先进的支圈窑具覆烧工艺，即将碗、盘之类器物倒置，口部朝下，放在内壁呈锯齿状的耐火匣钵内，层层相叠。为防止器口与垫圈粘连，口部不能有釉，必须刮掉一圈釉，露出胎骨，这样就形成毛口，俗称"芒口"。为了弥补芒口缺陷，往往以金、银、铜等金属包镶在口沿上，形成所谓"金扣""银扣""铜扣"。民国《定县志》卷二《舆地志物产篇货类·瓷》载："《饮流斋说瓷》云：定瓷……而口底多露胎，故其口往往以铜镶之。"⑧ 这样做不但遮掩了器口毛涩之弊，而且由于金、银、铜扣与白釉形成对比，器物更显豪华尊贵，成为不同身份的人物享受不同级别瓷器的象征。

① 光绪《重修曲阳县志》。
② 徐松辑《宋会要辑稿·食货五二》"瓷器库"条，中华书局，1957，第5717页。
③ 冯先铭主编《中国陶瓷》，上海古籍出版社，2001，第354页。
④ 康熙《曲阳县新志》，清康熙（1662~1722）间刻本。
⑤ 光绪《重修曲阳县志》。
⑥ 光绪《重修曲阳县志》。
⑦ 光绪《重修曲阳县志》。
⑧ 民国《定县志》。

（三）定瓷的器型与纹饰

定窑瓷器的造型很丰富，主要为日常生活用具，如碗、盘、杯、碟、盏、盏托、渣斗、净瓶、盒、洗、壶、罐、瓶、枕、炉、俑以及玩具等，几乎包含所有类型。清光绪《重修曲阳县志》卷一〇下《土宜物产考·土产》载："白瓷……宜讲求旧法，参以新式，以复其利。瓦器……盆、碗之类，县境亦有制者。"①

定瓷装饰技法主要有印花、刻花（即绣花）、划花三种，其中划花流畅如画，甚是精美。《直隶定州志》卷四《历纪历代事迹·轶事》引《格古要论》载："古定器俱出北直隶定州，土脉细，色白而滋润者贵。……划花者最佳，素者亦好，绣花者次之。"② 民国《定县志》卷二《舆地志物产篇货类·瓷》载："定瓷……《博物要览》云：定瓷有划花、锈花、印花之别。划花用刀刻，锈花用针刺，印花用板印，划花最佳，锈次之。"③

更为独特的是定窑划花、刻花、印花等技法综合使用，使定瓷艺术装饰技法达到顶峰。定窑纹饰多为水波、游鱼、飞禽、婴戏、花卉等，《直隶定州志》卷四《历纪历代事迹·轶事》引《博物要览》载："定器有画花、绣花、印花三种，多图牡丹、萱草、飞凤，造式多，工巧。"④ 民国《定县志》卷二《舆地志物产篇货类·瓷》载："《饮流斋说瓷》云：定瓷……大抵有花者多，无花者少，花多作牡丹、萱草、飞凰、盘螭等。"⑤ 其中又以花卉最为常见，主要有牡丹、莲花、菊花等，鸟类又以凤凰、孔雀、鸳鸯、芦雁等最为常见，并多与花卉组合在一起使用。还有一些组合图案，如飞凤牡丹、孔雀牡丹、鸳鸯莲花、莲池游鱼、云龙花等。

（四）定瓷的釉色与"泪痕"特征

定瓷多为白色釉。宋金时期定窑除大量生产白瓷外，还生产黑定、紫定（酱色釉）、红定、绿定等品种。

清光绪《重修曲阳县志》卷一〇下《土宜物产考·土产》载："白瓷，龙泉镇出，昔人所谓定瓷是也；亦有设色诸式……"⑥ "亦有设色诸式"说明定窑也生产"色釉"瓷，且紫定和黑定价格高于白定。《直隶定州志》卷四《历纪历代事迹·轶事》引《格古要论》载："有紫定色紫，有墨定色黑如漆，土俱白，其价高于白定。俱出定州。"⑦ 而红定早在苏轼"定州花瓷琢红玉"诗句之前，就已进到宫廷。《直隶定州志》卷四《历纪历代事迹·轶事》引《邵氏闻

---

① 光绪《重修曲阳县志》。
② 《直隶定州志》刻本；曹昭：《格古要论》，《景印文渊阁四库全书》第871册。
③ 民国《定县志》。
④ 《直隶定州志》。
⑤ 民国《定县志》。
⑥ 光绪《重修曲阳县志》。
⑦ 《直隶定州志》；曹昭：《格古要论》，《景印文渊阁四库全书》第871册。

见录》载："（宋）仁宗尝幸张贵妃阁，见定州红瓷器怪。问曰：'安得此？'妃以王拱辰所献为对。帝怒曰：'戒汝勿听臣僚馈遗，不听何也！'击碎之。妃愧谢良久，乃已。"①

宋代邵伯温在其记录北宋轶事的闻见录中，记载了一则故事。有一日宋仁宗到张贵妃的宫殿中去，看到"定州红瓷器"。仁宗奇怪地问："你怎么得到的？"张贵妃回答："是王拱辰献给我的。"仁宗听完大怒，生气地对张贵妃说："我提醒过你们，不能接受臣僚送的礼物，你为什么不听？"仁宗发怒，将瓷器砸碎。张贵妃又羞愧又害怕，不断地谢罪，好久才得到仁宗的原谅。虽然邵伯温文中并未细致地描述那件"定州红瓷器"，但既然大臣能用它来讨好后妃，其价值一定不低。

另外，宋代定瓷胎质薄而轻，施釉极薄，釉色洁白晶莹，很多积釉的形状好像泪痕。民国《定县志》卷二《舆地志物产篇货类·瓷》载："《饮流斋说瓷》云：定瓷质极薄，体极轻……形源出秦境，妍细疑非人间所有，其开片者，皆绿柳文白骨而加以釉水有如泪痕者，亦为佳品。"② 这里"泪痕"是定窑的艺术特点和魅力，指瓷釉面的流釉特点。定瓷流釉往往呈条状，貌似垂泪，所以被学者雅称"泪痕"。

（五）定瓷的铭文款识

目前所见晚唐、五代、宋、金时期定窑瓷器上题刻的铭文有几十种，其内容大多与宫廷和官府有关。其中的"官""新官""乔位""子温""尚食局""尚药局""食官局正七字""五王府"等题铭一般是在烧窑前刻画于器物上的；而"殿""坤""苑""婉""奉华""凤华""慈福""聚秀""禁苑""德寿""东宫""内苑""后苑""寿成殿""寿慈殿""德寿苑"等大都是宫殿名称，是定瓷贡入宫后，再由宫廷工匠铭刻的。

在上述各种题铭中，以"官"字款最为多见。一般认为"新官"是相对"官"而言，即"官"在前，"新官"在后，应是官方认可的供官方征用瓷器参考所应达到标准质量的器物。关于"尚食局""尚药局"，据《宋史·职官志》记载，两局均隶属于殿中省，分别是负责皇帝饮膳和用药的机构。③ 由此可知，刻有"尚食局""尚药局"铭款的定瓷是专门为供宫廷御膳和用药而烧造的。

三 定窑系的形成与定瓷外销

北宋时定窑以优良的釉质、釉色和精细的刻花、划花、印花装饰而著称，各地瓷窑争相模

---

① 《直隶定州志》。
② 民国《定县志》。
③ 《宋史》卷一六四《职官志四》，中华书局，1977，第3880页。原文："殿中省监、少监、丞各一人，监掌供奉天子玉食、医药、服御、幄帟、舆辇、舍次之政令，少监为之贰，丞参领之。凡总六局：曰尚食，掌膳羞之事；曰尚药，掌和剂诊候之事……"

仿。① 《直隶定州志》卷四《历纪历代事迹·轶事》引《博物要览》载："近新仿定器如文王鼎炉、兽面戟耳彝炉，不减定人制法，可以乱真。"②

很多瓷窑烧制具有定窑风格或某些特征的瓷器，形成了以定窑为中心的定窑系。清同治《畿府通志》卷七四《舆地志二十九·物产二·瓷器》载："定瓷珍于天下。江南好事者，往往蓄之，索诸定蔑如也。《定州志》。"③ 清光绪本《大清一统志》《直隶定州土产·瓷器》载："《太平寰宇记》：定州土产，《州志》：窑器珍于天下，江南好事者往往蓄之，索诸定蔑如也。"④《直隶定州志》卷四《历纪历代事迹·轶事》引《留青日札》载："色有竹丝刷纹者曰北定窑。南定窑有花者出南渡后。⑤"所谓"北定窑"，指的是在曲阳县定州窑烧制的白瓷，而"南定窑"则指南宋以后在江西景德镇烧制的仿定窑白瓷。受定窑影响和属于定窑系的还有山西省平定窑、孟县窑、阳城窑、介休窑、霍县窑，四川省彭县窑，江西省吉安窑。

唐五代时期还是我国瓷器大量外销的开创时期。在丝绸之路与航海线路沿线许多国家和地区的古代遗址中发现的白瓷以定窑白瓷为最多。海上交通打通以前，定窑白瓷主要是沿着丝绸之路，即由西安出发，经新疆、中亚、西亚直至伊朗等地。唐代海上航运打通后，定窑白瓷多数是从广州出口，经越南、马来半岛、苏门答腊等地至印度、斯里兰卡，向西至阿拉伯，并通过这条海路销到世界各地。

同时定窑的制瓷技术也传至许多国家，其中对我国邻近国家的影响尤为显著。北宋时高丽（今朝鲜）与宋朝常有使节和客商往来。《朝鲜通史》上卷载，11世纪时，"高丽对外贸易最大的对象是宋。……在一度与宋处于绝交状态时，也未曾禁止宋朝的商人来往……与宋朝的贸易中输入的物品是绸缎、瓷器、药材、乐器等"。⑥ 宣和五年（1123），徐兢出使高丽，归来后于1124年所著《宣和奉使高丽图经》中记："近年以来……复能作碗、碟、杯、瓯、花瓶、汤盏，皆窃仿定器制度……"⑦ 从徐氏记载和朝鲜出土古器来看，当时高丽制瓷以仿定窑器型为主，技艺尤精。除高丽外，定窑的制瓷技术在宋代还传播到今越南、日本诸地。

由于北宋后期的海外贸易越来越频繁，独具魅力的定窑瓷器也随着新航线的延伸而大量出口到东亚、东南亚、波斯湾、阿拉伯半岛、北非和东非地区。定瓷还经过上述国家和地区，辗转运销至欧美等更远的地方。宋以后，为了出口方便和避免瓷器长途运输的损失，我国外销瓷器的产地逐渐从内地向沿海地区转移，处于内地的河北定窑从此退出了外销的历史舞台。

① 伍秋鹏：《中国古陶瓷鉴定学》，北京出版社，2011，第145页。
② 《直隶定州志》。
③ 清同治《畿府通志》，光绪十年刻本。
④ 《大清一统志》，清光绪二十八年石印本，上海宝善斋。
⑤ 《直隶定州志》。
⑥ 朝鲜民主主义人民共和国科学院历史研究所编《朝鲜通史》，贺剑成译，三联书店，1962，第101页。
⑦ 江西省轻工业厅景德镇陶瓷研究所编著《中国的瓷器》，中国财政经济出版社，1963，第91~92页。

结　语

在中国陶瓷史上，定窑瓷器为辉煌灿烂的一章。定窑处于宋代陶瓷业百花齐放的发展时期，其器精美，远销海内外。随着北宋政权的灭亡，主要为官府制瓷的定窑逐渐衰落，但定窑先进的烧制工艺被当时大量南迁的工匠传播到南方诸瓷窑。其制瓷技艺的创新、管理效益的提高及市场经验的推广等诸多因素为明清陶瓷业走向官府垄断奠定了坚实的基础，对于中国陶瓷发展具有承前启后的历史意义。

孝女与虎患

——以明清浙江地方志记载为中心的讨论

徐 鹏

（浙江省人民政府地方志办公室）

　　"孝女"与"虎患"是中国传统社会反复被提及、讨论的问题，迨至明清尤甚。前者有关一地风化，是儒家士大夫理想女德的化身；后者更为复杂，不仅关系民生安定，甚至事关国祚兴替。[①] 基于此，明清地方志对孝女和虎患的记载甚多。[②] 先期研究也表明，学界一般将其作为两个议题，分别从文化史、性别史、环境史等角度切入，或探讨其含义，或辨析其差异，或考述其成因，已有相当成果。也有学者意识到虎患与道德教化，尤其是与孝义之间的关系，指出"'虎患'非'虎'患，而是秩序和道德败坏所导致的自然界的感应。因此，人们倾向于以道德教化的观念来解释'虎患'"。[③] 上述研究均给予笔者启发，然而明清地方志中绝非少见的女性遇虎并以孝（贞、节）驱虎甚至饲虎的记载也提醒我们，这种书写的背后究竟是巧合还是隐含着某种可能的关联？儒家士大夫对女孝传统的形塑及以身孝亲的叙述是否一以贯之？通过既凶猛又具灵性的"山兽之君"，去检验进而宣扬女性的贞节孝道目的又何在？

　　本文拟从道德教化与社会性别两个维度出发，透过对地方志中"列女""灾异""坟墓"等相关记载的释读，对明清时期"孝女"与"虎患"的情况做一梳理和勾连，并在此基础上分析其类型、数量及对象，以期洞见此类女孝文本所隐藏的教化目的与性别含义。由于地方志史

---

① 在明清史书和地方志的记载中，虎患的频繁出现，经常被看作某位君主的失德或一个朝代将倾的征兆，亦是人间道德和秩序败坏的反映。

② 明清地方志中对节孝女性记载的增加在学界已成共识，闵宗殿在《明清时期东南地区的虎患及相关问题》（《古今农业》2003 年第 1 期）一文中查阅了华东地区五省一市 479 种地方志中的虎患资料，发现明清时期东南地区共出现虎患 514 次，其中明代 205 次、清代 309 次，是该地区前 1000 年发生虎患次数的 85 倍。

③ 黄志繁：《"山兽之君"、虎患与道德教化——侧重于明清南方地区》，常建华主编《中国社会历史评论》第 7 卷，天津古籍出版社，2006，第 143 页。

料较为丰富，为了论述之便，本文时间上重于孝女和虎患记载明显增多的明清时期，在空间上则主要聚焦于华南虎活动较为频繁的浙江地区。

一

　　明清时期，浙江一地编修的地方志就有千余种，[①] 检阅现存部分志书不难发现，有关孝女与虎患的单独记录均不在少数。如中国农业博物馆的闵宗殿先生，利用《中国地方志集成》中的相关资料，统计出浙江在明清时期共出现135次虎患，其中明代49次、清代86次；[②] 从地域分布上看，明以前只出现在杭州、萧山等地，到明清则涉及多地，发生虎患的县数达43个，占省内总县数的55%。[③] 同样，上述文献中有关孝女的记载更是不可胜数。因为自宋代开始，地方志中的"孝女"不仅作为与男性"孝义"并存的类型厕身"列女"，形式更为独立、多元，孝女传的边界也从孝顺的女儿扩展到孝顺的女儿与媳妇，[④] 女性的孝行已然成为国家旌表与地方书写的重要类型。

　　当然，在地方志中女性行孝种类日渐丰富的同时，[⑤] 一种特殊的孝行颇引人注意，即将女性置于虎患[⑥]的险境中，以悬殊的力量对比凸显其孝。类似记载最早见于汉代刘向《孝子传》，其中关于14岁少女杨香徒手搏虎，并从虎口中救出父亲的事迹，经由历朝文人的演绎，于元代定型为二十四孝故事之一的"扼虎救父"。受其影响，无论是正史[⑦]还是地方志的列女传中总可寻见孝女遭遇虎患的记载。以浙江为例，明清地方志中所载此类女性至少17例（见表1），[⑧] 唐天宝元年（742）的永嘉卢氏女为最早记录。

表1　明清时期浙江地方志中女性遇虎记载一览

时间	人物	地区	记载内容	记述类型	资料来源
唐	卢氏女	永嘉	居卢岙。尝与母出樵，遇虎，将噬其母，女急投虎喙，以代其母死。后有人见女跨虎而行，遂立祠祀之。宋理宗朝赐号曰孝佑夫人	以身饲虎	康熙《永嘉县志》、雍正《浙江通志》、光绪《永嘉县志》、《两浙名贤录》

---

① 《中国地方志联合目录》著录现存浙江的地方志明代有115种，清代有373种。

② 据宋正海总主编《中国古代重大自然灾害和异常年表总集》（广东教育出版社，1992）统计，从北魏至元末的近千年中，全国发生虎患16起，其中浙江仅发生过2起。

③ 闵宗殿：《明清时期东南地区的虎患及相关问题》，《古今农业》2003年第1期。

④ 本文所述"孝女"即包括孝女、孝妇，孝的边界也更为宽泛。

⑤ 易素梅指出，"当史官企图以庶民之孝（居丧哀毁、侍疾、供养父母、救父母于危难、保护父母尸身、复仇等）激励士夫之忠时，女性孝行的种类日渐丰富，且与男性趋同"，但同时"以累世同居为特色的地方家族之孝成为孝子传的主要题材，男孝与女孝的社会性别差异始终显著"。

⑥ 虎患又称虎暴、虎灾，本文所述之虎患并非群虎之灾，而是指女性遇虎本身乃是无妄之灾。

⑦ 《宋史》《元史》《明史》各载两例此类孝女，其中属于浙江的就有童八娜、姚氏、姚孝女、蔡孝女4人。

⑧ 笔者查阅的志书以官修的为主，不包括乡镇志和其他专志。

时间	人物	地区	记载内容	记述类型	资料来源
宋	姚孝女	余姚	余姚人,适吴氏。母出汲,虎衔之去,女追掣虎尾,虎欲前,女擘益力,尾遂脱,虎负痛跃去。负母还,药之获愈,奉其母二十年	以勇驱虎	万历《绍兴府志》、《明史列女传》、雍正《浙江通志》
宋	童八娜[1]	鄞县	鄞之通远乡建岙人。虎衔其大母(即祖母——引者注),女手拽虎尾,祈以身代。虎乃释其大母,衔女以去。时林栗侍亲官其地,尝目睹之。已而为守,以闻于朝,祠祀之	以身饲虎	延祐《四明志》、《宋史列女传》、雍正《浙江通志》
宋	夏孝女	黄岩	字阿九,年十五。一日,随父与其邻樵于山。父前与虎遇,邻人惧,亟升木避之。女见父陷虎口,嗷号直前,执薪鞭虎,且鞭且泣,逾十步,虎弃其父而唬之	以身饲虎	雍正《浙江通志》、《涌幢小品》
宋	曹小娥	黄岩	嘉熙戊戌二月晦,麻岙曹氏女同母范、邻屋二十辈,采笋陆婆坑。范为虎所得,二十辈悉惊溃。女执范手推虎而叫曰:"舍吾母,吾代饲汝也!"范知不免,督督然命之去。叫执愈疾,结行数百步。虎释范,掉尾拂女,踞坐熟视。女以身翼范,捧之下,尚喘息。会救者至,布衾裹以归,归死而尸得完。里人吊之,不能言,徐曰:"黄虎也。吾不得代吾母死!"	以身饲虎	雍正《浙江通志》、车若水《黄岩曹小娥述》
元	姚孝女	余杭	余杭人,居山谷间。夫出刈麦,姚居家执爨。母何氏往汲涧水,久而不至。俄闻覆水声,亟出视,则虎衔其母以走。姚仓卒往逐之,即以手殴其胁,邻人竞执器械以从,虎乃置之去。姚负母以归,求药疗之,奉养二十余年而卒	以勇驱虎	《元史列女传》、雍正《浙江通志》
元	王氏女	建德	至大间,其父出耘,舍傍遇虎为所噬,曳之升山,父大呼,女识父声,惊趋救,以父所弃锄击虎脑杀之,父乃得生	以勇驱虎	光绪《严州府志》
明	蔡孝女	武康	天顺间,尝随母入山采桑。有虎突至,攫其母。孝女即挺身扳树枝格斗,行三百余步,女益奋击。虎舍其母伤女,其血上喷,高丈许,竹叶尽赤。虎亦舍女而去。寻卒。孝女家方饲蚕,三日悉成茧。乡里以为孝感所致	以身饲虎	《明史列女传》、雍正《浙江通志》、《西吴里语》
明	周孝女	青田	父元纲,晡时浴檐下,为虎所咥。女年十八,呼号攘臂击虎,至门外力抱父足。虎弃其父而唬之	以身饲虎	雍正《浙江通志》、光绪《处州府志》、《两浙名贤录》
明	无名氏	湖州	五月,孝丰移风乡白昼虎伤一人,复入舍,舍人母病卧,虎欲伤之,其妇力救被伤	以勇驱虎	同治《湖州府志》
明	严氏	江山	夫亡,毁形自匿,足不逾阈。年近八十,有虎入其室,手摆之而去。邑人异之	以德伏虎	康熙《衢州府志》、雍正《浙江通志》
明	陈氏	临海	名小奴,居康功里。……忽闻夫为虎所扼,遂弃女于地,手执门关追至山足,奋身号叫,拽持夫足于虎口中,提关击虎	以勇驱虎	雍正《浙江通志》、《名山藏》
明	杨氏	缙云	年二十四而寡,垢面恶衣,织纺教子奎。正统间,括寇乱,杨携奎避山中,遇虎不咥。人谓守节之报	以德伏虎	雍正《浙江通志》、光绪《处州府志》、《括苍汇纪》

时间	人物	地区	记载内容	记述类型	资料来源
明	陈氏	太平	年十七配义寅,七载而舅姑与夫相继卒,遗孤云,方在襁褓。有豪家欲娶之,不从。群不逞利所赂,与豪议劫之。谋既定,夜半将入门,忽有两虎自山而下,咆哮震地,群奸各散去。两虎守节妇门,天明始去。令刘弼上其事于朝,旌其闾	以德伏虎	康熙《台州府志》、雍正《浙江通志》、蔡潮《义虎传》
明	何氏	会稽	朱大有妻,广东人。大有以樵采为业,被虎伤,氏搏虎夺骸归葬。事姑,存三岁孤,以苦节称	以勇驱虎	康熙《绍兴府志》、乾隆《绍兴府志》
清	叶氏	景宁	陈启慧妻。启慧锄园遇虎,氏闻,只身奔救,得尸以归,时年二十九。抚慧弟启智子天助成立。守节四十九年	以勇驱虎	光绪《处州府志》
清	章贞女	长兴	年十三,受陈傅聘。十四而傅殁,女即奔赴守志。顺治初,沿山寇起,相戒勿犯。所居不蔽风雨,一夕,虎咆其室,竟无害。年四十三卒	以德伏虎	雍正《浙江通志》、康熙《长兴县志》

注:[1]"童八娜"在延祐《四明志》中作"童八娘"。
　[2]由于资料来源较多,同一人物会有不同的版本,但内容基本一致,为了记述之便,笔者在引用时首选雍正《浙江通志》,然后是府县志。

从表1可知,明清浙江的地方志对孝女遇虎的记述呈现出一定的时代性与地域性。以朝代来看,唐代1例,宋代4例,元代2例,明代8例,清代2例;以分布来看,除嘉兴、舟山两地外,其他地区均有载录。显然,地方志中女性遇虎行孝记载的数量与该时段、地区老虎和孝女(孝妇)的多寡并不成正比。[①] 而此种行为的历史叙述是否一脉相承,记述类型与数量的变化是否预示着男性书写者对女性典范的塑成寄予更多期待,下文将予以讨论。

二

作为道德典范的记录,孝女(孝妇)传记频见于各类官私著述,并互相援引以正教化。各个时期对孝女事迹与类型的偏好,也折射出朝廷、官员及文人对女性孝行书写的不同动机。细稽明清浙江地方志所载17例女性遇虎的内容,同一主题下记述类型与对象的变化呈现出相异的感化效果与教化目的。暂分三类述之。

(一)以勇搏虎

女性遇虎时仅凭孝心、勇气与虎搏斗以救长辈或丈夫。共7例,其中孝女3例(宋元)、

---

① 结合闵宗殿先生的研究结果,明清时期浙江一域的虎患数量明显增加,且嘉兴、嘉善、海盐、海宁、定海均有老虎分布。同时,就孝女(孝妇)数量而言,仅光绪《嘉兴府志》就载有孝女166例、孝妇114例。

孝妇1例（明）、救夫3例（明清）。此类型最可见"杨香扼虎"的原型，以女性奋不顾身之勇毅，救亲于危难。如孝女余姚姚"追掣虎尾，虎欲前，女掣益力，尾遂脱，虎负痛跃去"；[①] 临海陈氏"手执门关追至山足，奋身号叫，拽持夫足于虎口中，提关击虎"。[②] 此等掣虎、击虎的气魄，与杨香"惟知有父而不知有身"如出一辙。需要注意的是，这部分女性搏虎后仍能负亲而还，孝女求药疗母，奉养廿年；孝妇（节妇）夺骸归葬，上事下抚。换言之，男性书写者欲宣扬的女性孝行不是一时闪念，而是持之以恒的，足以解除父兄、丈夫所有后顾之忧的"长孝"。另外，女性所救对象的变化——从宋元时期的父母，到明清时期的舅姑、丈夫，也表明女性行孝重心的转移，即男性对女孝的期待角色由孝女渐至孝妇。

（二）以德伏虎

女性以闻于乡间的德行（贞、节、孝），遇虎不咥，甚而义虎护其门户，守其节名。共4例，均为明清时期的贞女、节妇。另永嘉卢氏女以身代母、孝感天地，虎亦化为坐骑，助其得道。此类型中，老虎不再是"恶"的代表，而被视为神兽，"具备和人类相通的灵性，同时也常常被看成是神明的化身，主宰了人间的道德审判"。[③] 如纪昀就在《阅微草堂笔记》中记载了一则虎神的故事，其曰："虎不食人，惟食禽兽。其食人者，人而禽兽者耳。大抵人天良未泯者，其顶上必有灵光，虎见之即避。其天良渐灭者，灵光全息，与禽兽无异，虎乃得而食之。"后一妇人因弃夫私嫁、虐前妻子、盗金贻女等"诸恶"，"灵光消尽，虎视之，非复人身，故为所啖"。[④] 可见，虎食人是有选择性的，"慧眼"使之具备了辨别是非、惩恶扬善的能力。而事实上，无论是地方志抑或文人笔记所传达的，无不是"利用'虎有灵''不妄伤人'的民间信仰"，[⑤] 劝诫百姓尤其是女性，务必要依照儒家伦理道德来规范自身，谨守贞节、孝悌，唯有如此才能感化猛虎，遇而不噬。

（三）以身饲虎

女性在长辈遇险时，代亲饲虎。共6例，全为孝女（或孙女）。从行孝方式来看，此举多受佛教"舍身饲虎"的感化，孝女对用自身之躯裹饿虎之腹的举动毫不迟疑，如永嘉卢氏女"急投虎喙，以代其母死"，[⑥] 其中除了拳拳孝心外，卢氏女亦深信死后能飞升天界"跨虎而行"，可见宗教对女孝文化的推动有不可小觑的作用。就记述对象而言，为了宣扬孝道天成的

① 雍正《浙江通志》卷二〇四《列女》，中华书局，2001，第5764页。
② 雍正《浙江通志》卷二一一《列女》，第5979页。
③ 黄志繁：《"山兽之君"、虎患与道德教化——侧重于明清南方地区》，常建华主编《中国社会历史评论》第7卷，第146页。
④ 纪昀：《阅微草堂笔记》，浙江古籍出版社，2010，第123页。
⑤ 黄志繁：《"山兽之君"、虎患与道德教化——侧重于明清南方地区》，常建华主编《中国社会历史评论》第7卷，第155页。
⑥ 雍正《浙江通志》卷二一五《列女》，第6091页。

理念，掌握书写权力的地方官绅一方面搜罗未受圣人之训的平民女儿的孝行；另一方面又强调其感天动地的"孝感"神迹，如武康蔡孝女替母卒后，家里刚养的蚕"三日悉成茧"。① 可以说，地方志中的孝女记述不仅承袭了曹娥式幼女传主浑然天成之孝道传统，而且配合了国家"不言而化"的意图。此外，卢氏女和童八娜的敕封被祀，说明女孝文化的塑成与影响不只在教化领域，且涉及宗教领域，祭祀卢氏女的"孝佑宫"，至今仍在永嘉香火旺盛，被视为护佑一方的女性神祇。也因此，这种庶民之孝在流传的过程中着上了道德与功利的双重色彩，进而有了更为广泛的模仿者和信奉者。

以上仅是笔者为论述之便做的横向分类，其实三者之间并无严格界限，如永嘉卢氏女既可作为以身饲虎的源流，又是以德伏虎的模范；黄岩曹小娥既有博虎之果敢，又有"舍吾母，吾代饲汝"之孝行。因此，就纵向时间轴来看，虽然17例女性遇虎的史料多成书于宋以后，但从记述对象中可发现一个有意思的现象，即唐、宋、元三代的7例均为孝女，明代8例中2例孝女、1例孝妇、5例节妇，清代1例节妇、1例贞女。数据的此消彼长暗示，儒家士大夫所形塑的女德传统并非一成不变，在女性遇虎这一特殊情境下，从对代亲饲虎、孝勇博虎的颂扬到对贞节伏虎的铺染乃至强调，女孝逐渐与女贞、女节合流，其内涵也随之改变，因时而异，男性加于女性身上的美德（实则规范）亦愈行愈重。

三

贞孝节烈是明清时期官方形塑女性道德偶像的必备特质。在检验上述特质时，男性书写者往往会将场景设置得凶险异常，天灾如水灾、火灾、地震、虎患，人祸如丧夫、疾病、兵患、寇匪等，都是辨其真伪的试金石。而孝作为一开始主要针对男性的德教，② 自宋始渐渐淡出男性的教化场域，而成为女教的重要内容。③ 明清浙江地方志所载有关男女遇虎行孝的比例也显示，④ 这类以身代亲的高风险孝行，已然不再适合身负延续家族宗祧重任的孝子，因此，女性毫无疑问地成为男性"在履行家庭职责上最重要的替代者"。⑤

还需要注意的是，地方官绅在记述女性遇虎时，除了着重突出其浑然天成的节孝外，对场面的刻意渲染和对勇毅的由衷称赞也可看到，此类女孝书写背后所蕴含的某种与明清地方志大量记载女烈、女贞事迹的暗合之处，即同样为了砥砺男子尽忠、女子守节。如武康蔡孝女在虎

---

① 雍正《浙江通志》卷二〇七《列女》，第5868页。
② Lisa Raphal 从儒家经典中对孝的阐释出发，认为儒家经典中"自然而然"产生的"孝"其实主要针对男性。
③ 吕妙芬在研究《孝经》文本定位的历史变化中发现，其搜集的225例妇女阅读《孝经》的史料中，宋以前只有5例，宋代16例，其余均为元以降的史料，而男性则恰恰相反。吕妙芬：《孝治天下：〈孝经〉与近世中国的政治与文化》，联经出版事业股份有限公司，2011，第53页。
④ 笔者仅以雍正《浙江通志》为例，发现其所载遇虎行孝的男性仅1例，女性却高达12例。
⑤ 吕妙芬：《妇女与明代理学的性命追求》，《无声之声（Ⅲ）：近代中国的妇女与文化（1600~1950）》，台北"中央研究院"近代史研究所，2003，第149页。

攫其母后，立刻"挺身扳树枝格斗，行三百余步，女益奋击。虎舍其母伤女，其血上喷，高丈许，竹叶尽赤。虎亦舍女而去"。① 一方面，少女舍生忘死、一心代母的惊人之举，让堂堂七尺男儿自愧不如；另一方面，一连串动词和色彩的运用，也使搏虎的场面极具画面感和代入感，让阅读者尤其是男性读者产生战场上奋勇杀敌、以一敌百的英雄感与自豪感。换言之，对女性遇虎行孝的记述让儒家士大夫忠孝两全的理想道德得到一定程度的满足。同时，明清时期以贞女节妇遇虎不咥、感化义虎为主的载录也说明，所谓的"山兽之君"亦不过是一剂被赋予灵性、用以验明女性贞孝节烈纯度的试剂，它可以因时、因事、因人而异。

前文已述及在女性遇虎这一情境下，明清浙江地方志中记载对象的转移（由纯粹的女孝到贞、节、孝合流）和数量的变化（由宋至明的兴盛到清代的式微）。尤其是清代，就浙江虎患出现的频率和地区而言，女性遇虎的概率应是远超前朝，为何却在男性形塑女德的序列中渐行渐远？笔者认为原因有二。

其一，虎居山野，决定了其只能是庶民孝道。虽然这些未受儒家教化的女性事迹更能印证孝道天成的理念，但显然这一行为的可效仿度不高，与之相比，同样以身行孝的"割股疗亲"，其做法不仅不受环境和对象的限制，而且适合于各阶层女性的"祈以身代"。同样，"女性割股的范围自宋开始突破血缘关系到明清重点落到'拟血缘'的舅姑和丈夫身上"② 的转变和数量的剧增，也说明割股具有更强的可替代性。因此，清代男性书写者倾心的典范是随时随地都可配合其期许、拥抱其理想（即男性所定的规范）的女性，③ 而不仅仅是遇虎勇毅的孝女。

其二，中国传统的士家大族历重名望，尤至明清，除却男性的科举、忠孝声名外，女性因贞、孝、节、烈、善等德行受到朝廷的旌表，亦成为家族声誉不可或缺的部分。但是，庶民孝道难以满足士族行孝的需要，毕竟身处闺阁的女性遇虎的可能性少之又少。那么，与之匹配的行孝方式便更多地出现在志书记述中，④ 如符合才女形象的《孝经》阅读、女教类图书的注释或撰写，以及对父母（舅姑）的孝养、对儿女的教养、对丈夫的辅助，与嫡庶、妯娌的相处，对仆役、婢女的管理等，可以说维系家族正常运转、和谐运作的责任都加诸女性身上，变成其孝行的一部分。不可否认，家族荣誉对女性的道德绑架也让清代女性遇虎行孝的记述减少了。

四

通过以上论述可以看出，在中国传统文化中，老虎因为兼具异常强大的攻击性和灵性，给

---

① 雍正《浙江通志》卷二〇七《列女》，第 5868 页。
② 徐鹏：《谁之身体，谁之孝？——对明清浙江方志记载女性"割股疗亲"现象的考察》，《妇女研究论丛》2015 年第 5 期。
③ 吕妙芬：《妇女与明代理学的性命追求》，《无声之声（Ⅲ）：近代中国的妇女与文化（1600~1950）》，第 161 页。
④ 尤其是女教与经济更为发达的杭嘉湖地区。

人们提供了"充分的想象力进行道德说教"。① 所以，当孝女遇上"山兽之君"时，不仅其贞节孝道可以得到检验，如果孝感天地的话，还能成为配享祭祀、守护一方的女性神祇。可见，这种以身代亲的孝行在明清男性书写者笔下具备了更吸引女性的宗教与道德的双重效力。不过，当他们满怀深情地将发生于斯的女性遇虎事迹载入志书，呈现一地风俗之淳良、女孝之天然时，却并不完全认同前朝旧"孝"，因而对此孝行的载录对象、方式和数量都做了策略性调整，女孝的内涵也随之延展，与女贞、女节乃至诸多繁重的家庭职责等融合在一起，成为男孝的替代品②与家族的炫耀物。

进一步而言，"孝不是生而有之的情感或美德，而是一种后天养成的文化构筑"，③ 它在不同的历史时期，会因统治阶层（男性）的政治立场、宗教信仰、性别观念等因素而产生不同的理解与表述。明清时期的浙江修志者亦概莫能外，在他们看来，女性遇虎的孝行不仅被用来劝孝，更被用来移孝作忠、移孝守节甚至移孝替孝，女性只能也必须依赖自己在家庭中所扮演的角色而获得更多的道德肯定。

最后要说明的是，本文选取的仅是明清时期的浙江一域，17 例女性遇虎行孝的事迹亦不足以描绘出全国的变化轨迹，期待有兴趣的同人进一步探讨研究。

---

① 黄志繁：《"山兽之君"、虎患与道德教化——侧重于明清南方地区》，常建华主编《中国社会历史评论》第 7 卷，第 154 页。

② Keith Nathaniel Knapp 曾指出女孝与男孝的差异，认为由于女性不能延续家族宗祧，因此孝女、孝妇需要做出比孝子更大的牺牲（如死亡）才能得到认可，本质上女孝是男孝的替代品。Keith Nathaniel Knapp, *Selfless Offspring*：*Filial Children and Social Order in Medieval China*，University of Hawai'i Press，2005，pp. 164–168.

③ 易素梅：《宋代孝女文化转型论略——以曹娥与朱娥并祀为中心的历史考察》，《中山大学学报》2016 年第 6 期。

旧志文献书写地方女性史的局限性

——以明清《肇庆府志》为例

杜云南

（肇庆学院历史系）

现存明代肇庆府方志有嘉靖《德庆州志》、万历《肇庆府志》、万历《阳春县志》、崇祯《肇庆府志》、崇祯《恩平县志》、天启《封川县志》6 部，而清代肇庆府志、州志和县志共达 54 部。现存明清《肇庆府志》6 部，分别为明万历十六年、崇祯六年，清康熙十二年、康熙五十八年、乾隆二十五年、道光十三年编修，其间隔时间几乎都在四五十年，有一定的连续性。编写的群体和编写的内容，既有延续脉络，又有新的变化。这些方志都设有列女传。本文探讨明清《肇庆府志》书写地方妇女史的局限性。探讨明清《肇庆府志》书写地方妇女史的经验与逻辑，不只在于其为后来的地方社会提供了妇女史书写的历史资料，以及修志的参考经验，更在于对我们考察边疆地区的官绅如何在官修方志的体系中书写地方女性的历史，具有参考价值上的普遍意义。通过此研究，还可对学界提出的明清女性贞节观念强化、窄化的说法，进行重新思考。

一　旧志书写地方女性史的不完整性

明清《肇庆府志》续修、重修共 9 次，其是在明清时期方志编修制度化、经常化的语境下进行的，受到了王朝修志需求和《广东通志》编修的直接推动，并由地方官绅根据王朝方志编修的规范而联合修纂。从总体上看，其反映了在地方社会变迁的过程中，王朝正统观念自上而下的在地方社会的渗透；同时，其也是地方官绅基于地方社会与个人价值观念及目的，对各种文献如正史、旧志、族谱、文集之内容进行筛选、抄录、修改而建构起来的地方社会历史，印有修纂者对王朝"正统"是认同还是疏离的痕迹。

就女性而言，明清王朝提倡节烈，旌扬贞节女性，使明清社会中上到统治阶层，下及士大夫乃至民间社会几乎都形成了一种"节烈时尚"。① 在这一大语境下，嘉靖以后的《肇庆府志》都为地方女性设立"列女"目。"列女"目的设置既有其传统，也与明清王朝修志和旌表制度有关。府志书写的列女事迹多为节、烈、孝，其中以节、烈最为突出。我们从贞节、死烈、孝顺三方面，根据明清《肇庆府志》列女传有完整的故事类型、易于辨识的女性传文，统计女性事迹的类型，得出表1。

表 1　明清《肇庆府志》中列女事迹类型统计

单位：人

府志	贞节	死烈	孝顺
万历十六年(1588)府志	31	14	0
崇祯六年(1633)府志	35	16	0
康熙五十八年(1719)府志*	104	64	1
乾隆二十五年(1760)府志	197	98	9
道光十三年(1833)府志	655	156	21

注：＊康熙五十八年《肇庆府志》已有专文统计。

从表1可知，明清《肇庆府志》列女传中的事迹类型始以贞节为主；死烈次之，与前者相比，数量相差较大；孝顺居后。尽管万历十六年《肇庆府志》卷二〇《列女传》中以"烈女传"放在栏首，编者还明确提出，节妇在日常生活中遇到的困难比起烈女的"刀锯之苦"，又算得了什么呢，烈女能置生死于度外，这种境界已经无人能及，故而蹈危殉节的烈行比养姑奉子的守节更难能可贵，但在实际的书写上，历修府志中的列女群体总是节妇远远多于烈妇。这与衣若兰统计《明史·列女传》中的女性事迹以殉节为重、贞节次之恰恰相反。② 这显示了在书写列女事迹类型的选择上，方志与正史出现了差异。

地方女性传记在情节书写上，是清一色的节、烈、孝模式，方志编者的溢美之词，皆在颂扬地方女性的这些道德成就，她们几为完人。从方志的列女传中，我们可以看到动乱之中的女性如何果断机智、毫无惧色地应对贼寇，成功地守住了贞洁，又如何为了亲人安危而舍生存义。而在日常生活中，那些丈夫去世的女人，又如何寻死觅活地要"从夫于黄泉之下"。如果是选择了为夫守节的女人，我们从传文中看到的是她们惊人的毅力、隐忍、慷慨、宽容以及才能，她们身兼夫、父之职，上侍公婆，下育孤子，纺绩糊口，理财当家，还要兼顾着姒娌之间的和睦等。编者总是不厌其烦地叙述每一个守节女性的这些令人震惊的能力，一遍遍地赞扬她们无所不会、无所不能。而孝女会为了保全父家利益坚决牺牲自己的婚姻幸福，甚至为身染疾

① 褚艳红：《20世纪美国的明清妇女史研究》，《中国史研究动态》2012年第6期。该文综述了伊懋可、曼素恩、柯丽德等海外学者将明清女性贞节看作社会中的一种美德、一种"时尚"。
② 衣若兰：《史学与性别：〈明史·列女传〉与明代女性史之建构》，山西教育出版社，2011，第83页。

病的父母"割肉疗疾"。当然,那些传文中有女性发出心声的"言论",也简直与妇德闺范如出一辙。故海外学者李国彤将明清节妇寡母选择这种生活,归结为她们追求"人生之不朽"的一种方式。但是,这些烈女、节妇、孝女在故事中为保守贞节而不顾一切地轻生,为守节而自残,终身不出庭户,为了孝敬父母而全然忘我,从人性的常情去想,不能不让我们怀疑方志记载这些事实的真实性,疑心方志编者书写的这些女性事迹有人为扩大之嫌疑。毕竟,我们要想从方志列女传中铺天盖地的关于女性果断、视死如归、隐忍、慷慨、宽容以及才能出众的赞美之词中,找出女性柔弱、人性需求、生活欢娱的一面,是难乎其难的。方志对于节妇在漫长的守节生活中流露出孤苦与抱怨的生活片段总是保持缄默。其实,在现实生活中,每一个活生生的人,都有其性格的复杂性和多面性,而不是如列女那样性格单一的抽象品。所以,我们应该清楚,方志书写的这些女性事迹,并不能反映地方女性生活的全貌,它们是编者基于教化的目的从现实生活中总结出来的一部分。

二 旧志书写地方女性史的虚拟性

如果分析不同时期的《肇庆府志》书写同一女性的传记,我们也可以看到,其实编者对女性生活的书写不仅表现出很大的选择性,还有一定的随意性、虚拟性。比较典型的案例,如崇祯六年《肇庆府志》卷二三《列女传》记载阳江县马贞女的事迹,其内容如下:

> 马氏泗州同知马尚纲女孙也,三岁比邻林氏子昂岐嶷,纲许字焉。纲死,马家浸落。资郎黎氏女,卷甚富,林心利之,阳以飞语中马,阴以爱子聘黎。马氏闻其故,绕屋号泣,声震街巷,闻者罔弗酸鼻,叔为致讼。郡司马黄一中巡视学,集多士质之,士争唾林面,而林刚愎自若。当时女欲嫁则无夫,欲讼又无色,遂沐浴更衣于密室,自缢。死之日,吊者泣者相望于道,郡司马亲为文,率群属诔之,为建祠,岁时特祀。

在崇祯府志中,马氏传根据"邑志新增",无言论。崇祯之前的《阳江县志》不存,无法勘对。后时隔40多年的康熙十二年《肇庆府志》卷二〇《人物》中的马氏传,承前者传记的基础,在"林刚愎自若"后面增加了马氏言论:"女曰:'吾岂求嫁乎?'"其他内容均相差无几。可让人奇怪的是,康熙二十年《阳江县志》卷三《人物·列女》中,马氏的传记内容又有所增加,话语也不同:

> 马女者,邑人马似龙之女,泗州丞马尚纲之孙女也。甫三岁,祖父为之缔,盟于林凝云之子林昂,比邻姻娅,至割屋馆之,甚相得也。女幼警敏,祖课其兄《鲁论》,顷耳能诵。无何而祖父谢世,无何而乃兄覆舟,家遂落,姑嫂相依,晨昏悲戚,最为酸楚。女十

有七，昂游泮，女以为鹿门冀野之风，可再见矣。何意昂父子爱富弃贫，阳以飞语中马，阴以爱子聘黎，盟遂寒，女绕屋号泣，感动路人，而林子不动也。幸郡司马黄一中巡视，学士多争唾林之面，而诬得白。女慨然曰："吾岂求嫁乎。"遂沐浴更衣自缢，死时万历戊午仲秋日也，死之日，举国称冤，哭者挽者，相望于道，句日成帙，诗歌匪石，易象贞恒，马女有焉，动九重之旌，光千秋之史，宜哉。

这一传文增加了人物性格的描述，"女幼警敏，祖课其兄《鲁论》，顷耳能诵"，说明她接受过儒学教育，又有"女十有七，昂游泮，女以为鹿门冀野之风，可再见矣"和"无何而祖父谢世，无何而乃兄覆舟，家遂落，姑嫂相依，晨昏悲戚，最为酸楚"的文字交代。很显然，与府志比较，县志的马氏传记更完整，更有文采和趣味性。马氏故事被不断丰富，但马氏言论是否真实，已不得知晓。因传中说马氏死于万历戊午（1618）仲秋，时距康熙十二年编修府志已有六七十年之久，编者增加的马氏言论，其真实性值得质疑。又道光十三年《肇庆府志》辑录马氏传来源于"吴志"，但此前吴绳年纂修《肇庆府志》并无此传。

显然，不同版本的府志对同一女性传文有不同的书写，或删减或增加其情节内容，尤其是在人物言论的书写上，有的编纂者根据人物的生活情境，或者按照编者的书写意愿，修改了人物的言论，有的为没有言论的人物增加言论，也有的删减人物的言论。而事实上，同一人物在同一情境中不可能有不同的言行。所以说，府志编纂者对女性传文中的情节、细节的书写带有很大的随意性，而且县志中的女性传记比府志中翔实得多。这不能不让读者怀疑列女言行的真实性。又从女性事迹的类型来看，烈女、节妇、孝女的书写，存在明显的模式化特点。尽管编者都申明这些女性事迹是对地方上的真人真事的记录，或者根据前人的记载而收录，但她们的遭遇、在遭遇中做出的选择，以及她们的言论，几乎以同样的面貌出现在府志中，这种千篇一律的经历与选择，甚至生活中的细节，与纷繁芜杂的人生、丰富多彩的现实相去甚远。故笔者认为，编者书写的列女生活，是有选择地将符合列女标准以及他们虚拟想象出来的内容，有效地构筑在她们的传记中。

编者书写地方女性史的虚拟性，还体现在对历史上地方女性形象的重塑上。如汉代封开县的苏娥，原本是在跨县贸易丝绸中不幸被谋财害命的女商人。明代府志将其附在处理冤案的名宦何敞传中，是为凸显何敞是一位办案严谨的循吏。到了清代，修志者在尽量挖掘本地历史资源时，与苏娥相关的历史遗迹成了重要的书写对象，"鹄奔亭"显然成为其中之一。明末《封川县志》关于何敞传中苏娥故事的书写，已开始强化她遭遇强暴时的守贞行为。而道光《肇庆府志》除了在古迹中书写"鹄奔亭"，在何敞传记中写苏娥外，还为苏娥独立设传，将其挪移到"列女"群中。这显示了方志编者对苏娥形象新的评介与表达，将一个外出经商遇害的妇人重塑为烈妇。

与苏娥类似的，还有唐代四会文氏贞女。宋代陈公奉《贞烈祠记》中的文氏贞女，在唐宋地方社会，是作为地方神灵受崇祀。明代方志最初也将文氏贞女事迹作为仙释类载录到方志"仙释"栏，但编者给文氏贞女的故事新增了父母逼迫改嫁这一情节，使她的"贞孝"形象趋于丰满，还演绎出一位与文氏贞女事迹类似的徐氏女事迹。而清雍正方志将文氏贞女放入"列女"栏，进一步彰显其"贞孝"形象，并为以后地方志所承袭。另外，方志编者还积极打造和建构文氏贞女隐居山林的事迹。很明显，方志对苏娥、文氏贞女的书写，受到明清贞节观念的影响，竭力将她们改造成为王朝正统所提倡的贞节烈女形象。

故方志编者在书写地方女性史的过程中，所关心的是怎样把本地符合王朝正统一面的女性形象彰显出来，至于建构的内容是否真实全面地反映了地方女性的面貌，并不是他们的关心所在。因而，编者所书写的地方女性史是不完整的，也是有缺陷的。

三 局限于教化理念书写的地方女性史

明清是肇庆地区社会变革的关键时期，也是开发步伐加快的时期。明代岭南瑶民主要生活在肇庆地区的深山茂林之中，明初瑶民与地方官府的矛盾日渐激化，瑶人动乱此起彼伏。可以说，在整个明代，肇庆地方官府都陷入一种动乱与平乱的治理困境中。而瑶乱的平息不仅带来了地方政区、经济的变化，也牵动了士绅着手推动地方教化的善举。万历年间，两广总督府迁至肇庆，促进了肇庆地区的开发与发展。而清代，经历清初艰难的"易代"过程之后，清朝确立了稳固的管理秩序，开始加速建设地方社会的步伐，如免税赈灾、抚民垦荒、办学立校、正训乡音等措施相应展开，反映了朝廷将国家正统文化推进到地方社会的不懈努力。此时，也是产生大量贞节烈女的时期。

地方官绅在促动社会发展的过程中，也发现诸多道德失范现象的存在，子不孝母、鸡鸣狗盗之事并不少见。地方女性改嫁也比比皆是，嘉靖十六年《德庆州志》卷七《提封志下》记载，当地"夫丧未终而辄改嫁，男子已娶而不冠巾"；① 清代《粤西丛载》卷一八《蛮习》也有表述，"女既受聘，改而他适，亦恬不为意"。② 从列女传中可以看到地方社会对女性改嫁的两面态度，如殉夫烈女与节妇的父母、公婆、亲族甚至即将亡故的丈夫，几乎都出于今后生活的考虑，劝她们改嫁，这似乎可以说明列女的亲族对改嫁并不以为意。可以说，在现实生活中，明清妇女生活依然是多元化的，有改嫁与守节的融通性，女性在家庭生活中也有自主的一面。但方志编者书写的列女都成功地排除了这些逼嫁的危机，为亡夫保守贞节。这种一劝一守的改嫁态度，显示了方志编者提倡女性应"从一而终"的婚嫁观念。

方志书写列女，在于彰显王朝教化在地方的践行。明清时期，无论是中央王朝还是地方政

---

① 陆舜臣：《德庆州志》卷七《提封志下》，嘉靖十六年，第221页。
② 汪森编辑，黄振中等校注《粤西丛载校注》卷一八《蛮习》，广西民族出版社，2007，第337页。

府，对列女的旌表都表现出前所未有的热情。明初王朝颁布对女性的旌表策略，但明代肇庆方志记载地方获得国家旌表的女性人数较少，而地方官府旌表的人数多，这说明，相对于地方官府而言，国家旌表是严格的。到了清代，随着国家对地方社会关注的加强，以及旌表年限的降低、旌表范围的扩大、旌表程序的简化、旌表方法的多样化，地方上得到国家旌表的人数逐渐多于地方官府旌表的人数，尤以雍正、乾隆、嘉庆朝为高峰时期。但从明到清，未获旌表的女性人数又远远多于获得旌表的人数。从这一点可以看出，在国家倡导旌表节烈的语境下，地方官绅积极认同国家的号召，把书写地方列女作为维护地方教化的重要手段。当然，在官僚体系之内旌表列女活动的同时，地方文士、宗族也在民间大力鼓吹和宣传列女，纷纷为列女立传、作记、写诗，使节烈观念普及开来。

综上所述，旧志书写的女性史，是地方官绅教化理念中的女性史，有虚拟的成分，也不能代表地方女性史的全部。因此，明清《肇庆府志》基于地方列女生活所建构出来的地方女性史，与其说是对地方女性历史的真实写照，不如说是对明清特定历史时期王朝提倡的女性贞节历史的反映。也就是说，地方女性史是方志编修者根据王朝正统的理念，对地方部分女性事迹进行采选、加工而成的史料，不一定反映地方女性生活的全貌。故我们在研究的过程中将列女材料作为史料来征引时，不应完全将之当作真实的历史事实来看待，而要仔细厘清这些史料的来源。当然这不是要全然否定这些史料的真实性，而是应该谨慎地甄别这些书写，不能仅仅依据列女传的简单记述来推测明清女性生活的样貌。以此类推，仅仅依赖对方志或正史列女材料的分析，而认定明清贞节观念趋于强化，也只能是官绅教化体系中流行的一种假设，或者说一种期待。

论近代报刊对方志批评的革新

陈郏云

（复旦大学历史学系）

20 世纪初，由古代方志向近代方志转型的步伐加快。中国方志学开始发生深刻的转变，无论在修志宗旨，还是在方志体例、内容、章法诸方面，都较以往发生了很大的变化，[①] 兴起了空前的方志研讨热潮，学科意义上的方志学开始形成，方志学的分支学科体系逐渐完备。[②] 在近代方志转型的多重因素中，方志批评发挥着重要的作用。其中蕴含的学术逻辑是，传统方志学难以应对时代发展与社会变迁，新方志学者开始思考如何创新方志编纂方法与技术手段，如何变革方志体例与内容，如何运用新的学术方法研究方志学，这一连串的方志学术文化活动都少不了方志批评的积极参与。因此，在古代方志向近代方志转型的进程中，出现了一种古代方志批评史上未曾有过的新型载体——近代报刊。近代方志是沿着批评与继承的路径发展起来的，方志学者开始与报刊首度联手，在报刊上展开了前所未有的方志批评活动。报刊上的方志批评文献，大致包括专论、书评、图书广告、编者按等类型，讨论它们与近代方志批评的关系，对认知与讨论近代方志批评不无裨益。

一 专论——方志批评走向系统化、规范化的探索

传统的方志批评除清代章学诚在《文史通义·外篇》中有专论外，更多的是以相对零散的形式存在于方志序跋、文集、书札、提要之中，论述或浅尝辄止，或只言片语，缺乏批评理论的系统化、规范化。从传播速度上看，尽管这些文献也大多刻印传世，但与近代报刊相比，依

---

① 巴兆祥：《方志学新论》，学林出版社，2004，第 188 页。
② 许卫平：《略论民国时期方志学之成就》，《扬州师院学报》1995 年第 1 期。

然相对封闭与滞后，流播速度不及报刊。这种局面到近代报刊大量涌现时有了根本性转变。

从 20 世纪初到 1949 年由古代方志向近代方志转型、成型期间，近代报刊成为方志学者讨论批评旧志、探讨创新、发表论述的重要载体，一系列在方志批评发展史上有深远影响的文章都是首次刊发在报刊上。这样，方志学者通过在报刊上发表新见，尝试突破古代方志批评的传统形式，探索方志批评走上系统化、规范化之路。

19 世纪末 20 世纪初，随着西方学术文化的输入，在史学领域批判"君史"、提倡"民史"的思想发展到了一个新的高潮，在"新史学"与旧史学论辩的大背景下，陈怀于 1902 年首先在《新世界学报》发表《方志》一文，对旧方志提出批评："今之为方志者，吾窃悲之，彼亦犹是私史之常例耳，其文详于言沿革而略于征风化，其体善于事铺张而绌于资激发；彼亦犹是私史之常例耳，况于涂附车载借科举为声华博引，繁称作点名之官簿，芜秽不治，徒污笔简，此亦俨然一方志哉。章实斋曰：'今之所谓方志，非方志也。其古雅者文人游戏小记短书，清言丛说而已耳。其鄙俚者，文移案牍，江湖游客，随俗应酬而已耳，缙绅每难言之。'夫章氏之言，犹未足以证方志之荒谬无理也。夫以流俗相沿，借观风气美恶杂出，龟鉴斯存，人固以为琐且极矣。然我犹未敢厚非者，以其与民务尚有关系之故，而非若今方志所载，如登科记职官册之一，无重轻者矣。我且为今之修方志者大声以告之曰：'方志民史也。'然则，方志之于史亦重矣。"可见，当时的方志学界是存在很多问题的，陈怀所处晚清时代的方志，已经沦为私人的历史。有鉴于此，他明确提出"方志者，民之史也"的观点，强调"方志，于民族最亲，而于民事最悉"，认为方志最贴切地记录了国家、民族的历史，最详细地记录了百姓、人民的历史，并指出，"方志者，民之所群得而从事也；而修方志者，又我党所群得而执其权者也"，"方志之于史，一隶属耳，而民之存于其方志者，自一方以至于十而百而千而万，积至小之地以达之于其大，积至寡之民以达之于其众，而居然一世界史之主人翁矣"。① 把方志作为国史并且推行于天下，这也是一种修志要以民为中心的方志观，是基于当时修志者重于帝王将相，而忽略了历史的创造者——人民群众的理性思考。

作为"新史学"的领军人物，梁启超于 1924 年在《东方杂志》发表《清代学者整理旧学之成绩》，其中第七章名为"方志学"，这是在中国历史上首次提出这一概念。梁启超认为"最古之史，实为方志"，把方志之学融入正史之中，肯定了方志学的正统地位，对旧志官方集众修志的做法提出批评："方志中什之八九，皆由地方官奉行故事，开局众修，位置冗员，钞撮陈案，殊不足以语于之林。虽然，以吾侪今日治史者之所需要言之，则此二三千种十余万卷之方志，其间可宝之资料乃无尽藏。良著固可宝，即极恶俗者亦未宜厌弃。"因此，修志"纂集旧文，不自著一字，以求绝对的征信"。指出修方志大患在但有材料，悉入志中，对于材料不

---

① 陈怀：《方志》，《新世界学报》第 7 期，1902。

加鉴别，这种做法是材料的堆积，为治方志所尤忌。而相较之下，"私家著述，性质略与方志同者。此类作品，体制较为自由，故良著往往间出"，强调修志"目的专以供国史取材，非深通史法不能从事"，因此，方志的资料应尽可能详尽，"其间可宝之资料乃无尽藏，良著固可宝，即极恶俗者亦未宜厌弃"，原因是"吾侪披沙拣金之凭借，而各地方分化发展之迹及其比较，明眼人遂可以从此中窥见消息"，所以，"方志之著述非如哲学家文学家之可以闭户瞑目骋其理想，而遂有创获也，其最主要之工作在调查事实，搜集资料"。① 不主张闭门造车或单纯抄录古典文献，要实地调查，且保证第一手资料的真实可靠。这种系统化的批评论述，达到了构建"方志学"学科体系的高度。

志书体例是方志内容和形式的统一，学者围绕方志的编纂体例、结构、章法等内容，在报刊发表了一系列专论。瞿宣颖于1933年在《河北月刊》发表《志例丛话》，指陈明代修志的弊病："明以来官绅漏习，好张门户之见，喜营流俗之名，动攘前人之作为己有，每修志一次，必将前志毁荡无存，另立炉灶，甚至前志修成甫及数年，又复更张，究其实则换汤不换药，所以志多滥而庸也。"进而批评："旧志体例既多，未免分门别类，支离破碎，久为有识所诟病，凡志之佳恶，不待烦言，但阅其门目，便知其有无鉴裁之力"；"旧志例以图冠于册首，而表次于传前，积习相承，不知何意。夫图与表，皆所以辅文字所不及，自宜散入各篇为是"；"旧志每以琐事零闻不入正志，别为一门，或曰杂录，或曰志余，或曰轶闻，或曰璅记，其中实皆绝好史料"。② 尖锐、深刻地批评了旧志的种种弊端。万国鼎于1935年在《金陵学报》发表《方志体例偶识》一文，批评称："旧志之大病，在于往往仅为片段之簿录，有似不完全之类书，而鲜条贯之论述。例如志物产，则但载物名，不详其分布重轻；或但引录'前志'及《本草纲目》《广群芳谱》之属，而不载现状；或更偏于考据，辨证名物，而无一字涉及其在本地之生产情形。又如志地理，则但记山名水名，使人阅后，不能了然于天然地形及其产业民生之关系。其次为详所不宜详，略所不应略，不相干者，连篇累牍，而真有关系者则恒失载。至于浅人杂凑成书，文士好弄笔墨，道学先生借以卫道，胜国遗臣别有寄托，借人物于异地，侈胜景于一方，讹以传讹，误中复误，亦所在多有，常为学者诟病。"③ 对旧志的书写方式、行文特色提出批评。黎锦熙于1939年在《图书季刊》发表《方志今议》一文，批评城固旧志"体例内容皆欠精备"，提出"今日而修方志，决非旧志之旨趣与部门所能范围"，而认为章学诚所创修志的义例，"横拓之领域，由时代之进展，亦颇感其未尽适宜而殊嫌不足也"，于是，确立"明三术、立两标、广四用、破四障"的四项修志原则。所谓"明三术"，即修志应先了解"续、补、创"三种方法；"立两标"，即"地志之历史化，历史之地志化"；"广四用"，即方志可作"科学资源、地方年鉴、教学材料、旅行指南"之功用，以符合时代需要；"破四障"，即志书

① 梁启超：《清代学者整理旧学之总成绩（续）——第七章：方志学》，《东方杂志》第21卷第18期，1924。
② 瞿宣颖：《志例丛话》，《河北月刊》第1卷第1期，1933。
③ 万国鼎：《方志体例偶识》，《金陵学报》第5卷第2期，1935。

编纂要"类不关文""文不拘体""叙事不立断限""出版不必全书"。[①] 通过揭露旧志弊病，提倡编修方志在体例、形式、内容等方面都应有所创新。

此外，这一时期报刊发表的方志批评专论还有张其昀在《史地学报》刊出的《方志之价值》（1923）、吴景超在《独立评论》发表的《中国县志的改造》（1933）、傅振伦在《禹贡》登载的《方志之性质》（1934）、沈炼之在《地政月刊》刊载的《方志体例和内容的演变》（1935）、王葆心在《安雅》刊发的《方志学发微》（1935）、庄为玑在《厦门大学学报》刊登的《方志研究刍议》（1936）、胡行之在《文化建设》发表的《论方志的编辑》（1936）、吴宗慈在《江西文物》刊发的《论今日之方志学》（1942）、瞿兑之在《中和月刊》发表的《方志余记》（1942）、寿鹏飞在《国学丛刊》刊载的《方志本义管窥》（1944）、韦启盛在《安徽文献》刊载的《方志之种类及其价值》（1948）等。这些报刊在推动方志批评方面发挥了积极作用，刊载专论或批评旧志的得失利弊，或论述方志编纂方法，或评价方志论著，大多可以归入方志批评专论中，多出自方志学精英之手，突破了传统方志批评的形式，逐渐向概念清楚、论证有力、论据充分、结构严谨、逻辑严密的论文和论著发展，厘清了方志批评史的主要脉络，也从思想和实践两个层面引领了方志批评走上系统化、规范化之路，客观上助推了由古代方志向近代方志的转型历史进程。

二　书评——方志批评实现栏目化、固定化的路径

书评是在近代报刊兴起后才逐渐在中国出现的一种新兴文类，在学科发展渐次迈入稳定的20世纪30年代前后，史学类书评开始大量出现在各种不同的学术期刊和报章杂志上。[②] 近代报人已将新书评介视为报刊的重要使命，"别其精粗，妄为评论。择其善者为海内读者之介绍，择其否者为海内译者之箴规"。新书评介是了解学界动态的重要渠道，更是学术批评的重要形式。[③] 作为一种作者和读者之间对话的文体，书评介绍或评介新书意味着对学术的品鉴，而方志类书评中的"评"则是研究方志批评的重要依据。

近代报刊上关于方志书评栏目有的直接名为"书评"，有的称"图书评介"，有的叫"图书介绍"，旨在通过评论新近出版的方志著作或志书向读者介绍方志学动态。1935年1月，商务印书馆出版李泰棻所著《方志学》，随即掀起方志书评热潮。《浙江省立图书馆馆刊》"书评"专栏刊发季嵚所撰书评，评价称："全书都一册三百二十面，洋洋二十余万言，关于方志之意义价值以及编修方法等，可谓纲举目张，应有尽有。当兹各省竞重方志，与公私藏家争蓄邑乘风气方盛之际，此书宜值得推介于读者之前。"又说："惟矣不无疵累处，既经吾目，不容

---

① 黎锦熙：《方志今议——城固县志续修工作方案》，《图书季刊》新1卷第2期，1939。
② 刘龙心：《寻求客观对话的空间——1930年代中国期刊报纸中的史学类书评》，《北京大学教育评论》2010年第3期。
③ 刘开军：《晚清史学批评研究》，上海古籍出版社，2017，第147页。

缄默，辄掳陈于后，以商于著者。"其后，对于书中的"艺文不著生人著作之不当""余对方志内容之三增""余对方志内容之拟目及序例"等内容提出观点与著者商榷。季嵌认为书中"对于近人研究方志学之成绩，如瞿兑之《方志考稿》、张国淦《中国古方志考》、朱士嘉《中国地方志综录》之类均得联类一述。即近年来新纂之著名邑乘，对于旧志改进者颇多，孰当孰不当，亦可详为臧否，以示来者也"，而且"全书校对殊草率，一翻自序，即有鲁鱼"，其他错误，"殆难偻指计，统有望于再版时之订正"。总之，李泰棻"折衷众说，佐以经验，撰为此书，虽中间瑕瑜互见，然而斐然述作，不失为近日出版界之明证"。① 《禹贡》杂志"书评"专栏刊发瞿兑之所撰书评《读李氏方志学》，称："李君这部书，还是讲方志学的第一部完整著作，我从前所做的《方志考稿》，仅仅是一种读书杂记，现在看来幼稚错误的地方很不少，而李君这书里还再三的征引，且加以称道，实不胜其惭愧。"② 《商务印书馆出版周刊》"书评"专栏刊发高迈所撰书评，认为《方志学》一书有"认识精详""观点正确""拟目确当""批判有力""经验丰富"五个特点，"确为当今有价值的著作之一。其不事抄袭，独具卓见，是其最大特点。他若词简意赅，章节分明，尤其小者焉"，但也指出，书中"对于清代方志未能论及，倘于再版时能加以增订，使成整个系列之著作，谅亦海内同好所共盼焉"。③ 高迈的书评强调了新书的理论价值，也指出了缺点，评论中肯。

近代报刊刊发方志书评的还有如下几个。1936 年，潘光旦在《清华学报》"书评"专栏发表为朱士嘉《中国地方志综录》所撰书评，指出该书"是许多做学问的人，可以利用而应当感谢的一本书"，"全书最大的效用自然是便检查"，"编者搜访所及，一起发现不同的方志五千八百三十二种、九万三千二百三十七卷，以出版的年月论，上下八百余年；以地方的单位论，纵横跨二十八行省及西藏内蒙二地，包罗之广，是无须说得的"，"排列的次序既很合习惯，统计的图表又极醒目，又附有索引，所以检查起来是很方便的"。④ 书评重点强调了该书的实用性。1933 年，《国立中山大学文史学研究所月刊》"介绍与批评"专栏发表罗香林为朱士嘉编《中国地方志备征目》撰写的书评，针对方志研究的现状称，"吾国流传方志之富，及其关系民族国家生机生命生活之所由表白，其事至明，其义至显。然反观吾国学人其从事方志研讨或考索者，寥寥可数"。指出方志研究不兴盛，是"因方志庋藏不一处购取无方，普通县邑，其学人不易聚集群材以自校核之故欤"，在这样的情况下，"中国地方志备征目之作，不容一刻缓也"，而该编"应时势需要，根据国内外公私立图书馆，及各丛书，各私人搜藏之中国地方志目编订而成"。他批评该目录"资料未征完备，故所录仍多挂漏，私家藏籍，未能遍考，固无论矣，即各地公家藏志，似亦仍多未采录者，信乎博综撰述，不易言也"。以广东省为例，是编"遗

① 季嵌：《书评：方志学》，《浙江省立图书馆馆刊》第 4 卷第 2 期，1935。
② 瞿兑之：《读李氏方志学》，《禹贡》第 3 卷第 6 期，1935。
③ 高迈：《书评：方志学》，《商务印书馆出版周刊》新第 128 期，1935。
④ 潘光旦：《书评：中国地方志综录》，《清华学报》第 11 卷第 1 期，1936。

漏必多"，其他各省志，"有无遗漏，自亦滋人疑问"；"于各志年代，亦往往有不慎误笔"，希望"再版时酌量补正"。同时，他对于编纂备征目提出了自己的方法："此类备征目，必先调查各省市公私立图书馆或藏书楼，将其所藏方志之种数卷数汇刊为表，而后依其所藏，综核书名年代纂为备征详目，其曾经个已寓目者，则当各为提录，撷其精要，品其得失（略如瞿兑之氏《方志考稿》），记其庋藏所在，分时分地，汇订为编，使阅者一望而知何时何地有何种志书何种材料，须如何访取探究，盖不如此，不足以副征录方志之本义也。"作者批评有其道理，提出的编纂备征目方法也值得推广。① 此外，1940 年《读书通讯》杂志在"图书评介"专栏刊发黎锦熙《方志今议序》一文，自述《方志今议》的成书过程。②

这些近代报刊上发表的栏目化、固定化的方志书评，或评介新书，或讨论商榷，或批判旧志，或阐发新见，兼有导读和评论两种效用。或许因作者的学术文化背景不同，对新出方志或理论著作的批评未必精准，但从中仍可观察到近代知识分子群体视野下的方志学发展大势。书评创造了一个相对独立、自由的方志批评舆论空间，是方志批评发展中的一个重要环节，在近代方志转型中发挥了积极作用。

三 图书广告——商业化语境下方志批评的重要形式

"新出书籍，非广登启事，购者无从知悉。"③ 传播图书信息，让尽可能多的受众了解图书出版情况，促进销售，是图书广告的首要目的。随着近代报刊的大量出现，出版商为了吸引读者，提升销量，经常在报刊发布促销广告，介绍相关信息，引起读者的关注。这些图书广告的内容与形式，可以从一个侧面折射出当时的历史风貌、价值取向、学术氛围和审美风尚，使我们看到一个多维的历史空间。④ 广告的直接目的虽是营销，但既然要扩大影响力，提升图书的知晓率，就必须围绕图书的内容、价值进行简要品评。因此，关于方志学的图书广告在商业化语境下仍流露出一定的方志批评信息，这些图书的广告词行文简洁流畅，通俗易懂，点评准确，受众面也相对广泛，有助于方志常识在一般读者中的传播，是商业化语境下方志批评的重要形式。

综合类期刊上的方志类图书广告一般有一定的学术性。《东方杂志》上刊登商务印书馆出版的方志类图书的广告，如《方志学》一书广告词曰："方志一科，千余年来，继日增多，然就内容体例方法之作，除章实斋《文史通义外编》及《章氏遗书》稍有论议外，余者皆不谈此道，著者本其廿余年治史心声及总纂《绥远省志》之经验，著为此书。内容十之二系才实斋之

---

① 《介绍与批评：中国地方志备征目一册》，《国立中山大学文史学研究所月刊》第 1 卷第 4 期，1933。
② 黎锦熙：《图书评介：方志今议序》，《读书通讯》第 8 期，1940。
③ 姚公鹤：《上海报纸小史》，杨光辉等编《中国近代报刊发展概况》，新华出版社，1986，第 270 页。
④ 李晓源：《论中国古代书籍中的广告》，《陕西广播电视大学学报》2009 年第 4 期。

长，十之八系著者依时代及史学潮流之要求，发为新议。书计十三章，前五章论方志之性质及与其他学科之关系，以及旧志之烦长，第六章后乃述著者对于修志之主张以及修志之方法。诚今日修志之唯一参考良书。"① 寥寥几句话对方志学论述的源流、内容、特色都做了简要评价。又如《中国地方志综录》一书广告词曰："《中国地方志综录》系根据国内外各公私藏家所藏现存方志目编成，断自民国二十二年，计搜罗现存方志五千八百余种，每书除胪举书名外，并详其卷数、编纂人、编纂时期、版本与藏书所在，其有关本书之记述或考证，入备考类。末附统计图，尤足以考见历代修志之迹，与文化之关系。此为前所未有之作，凡研究史地社会科学与夫修志者尤宜人手一编也。"② 此等评价，绝非虚言。再如《中国方志学通论》一书广告词曰："著者往年在北平大学女子学院任职，撰成《方志学讲义》，又本编修《热河县志》及预修《河北通志》之经验，略事修正，去岁又在北平诸大图书馆广览志乘，因之就原稿加以增订，成书八篇，厘为十九章，于吾国方志之意义、范围、方志之演进、整理及撰述，辨析其明；而于其源流、派别、利弊、得失以及今后修志方法、新志体例，书之尤详。"③ 文字言简意赅，精准到位。这些方志类图书广告出自何人手笔，现已无从考证，但从广告的遣词造句来看，绝不是"非专业"人士可以执笔的。此外，《东方杂志》还刊发过《方志今议》《方志序例》《志例丛话》等图书的广告。

专业类刊物上的方志类图书广告内容一般推介新书，相对略长，以达到商业营销的效果。如 1926 年《中华图书馆协会会报》推介白眉初编《中华民国省区全志》时先曰："白眉初先生，系北京师范大学史地系主任兼地理教授，竭二十年之精力，从事考究中国地理，或用公文征求各省区官府之报告，或用表格随时随地征求私人之调查，更遍考古籍，以溯渊源，复搜罗时贤著述，名人游记，尤肆力检查中外报章杂志，又参考中西文之各种典籍，以期观察之正确。"后称："全书印竣，累至案上，可盈二尺，诚洋洋大观，宛然一民国全部状况之真实照片也。允宜人手一编、家藏一部、校置一函，而全国各图书馆尤应乘预约期间购置数份，以供国人醄恣阅览。"④ 1932 年《国立北平图书馆馆刊》推介朱士嘉撰《中国地方志备征目》曰："地方志书之重要，近颇惹人注意，以故公私搜藏颇成一时风尚。如国立北平图书馆、上海东方图书馆、天津任氏天春园、南浔刘氏嘉业藏书楼，莫不蔚为大宗，雄视海内，且有专目，以纲纪之。燕京大学图书馆亦正广事搜罗，且由朱士嘉君参考国内外二十二个公私图书馆方志目录，汇为《中国地方志备征目》一编，共著录四千九百十二种，欲按目购求，法之善也。"⑤ 1936 年，《图书季刊》推介谭新嘉编《北平图书馆方志目录二编》曰："纵观全书，共收入省

① 《东方杂志》第 32 卷第 4 期，1935。
② 《东方杂志》第 32 卷第 4 期，1935。
③ 《东方杂志》第 33 卷第 5 期，1936。
④ 《新书介绍：中华民国省区全志》，《中华图书馆协会会报》第 2 卷第 2 期，1926。
⑤ 《国立北平图书馆馆刊》第 6 卷第 4 期，1932。

志县志八百六十二部，编次体例与二十二年，该观出版之方志目录相同，各志下注明卷数、册数、纂修者姓名、版刊年月及有无艺文志、金石志等等，必备之条款，卷末殿以索引，尤便检阅。"① 1931 年，《国立北平图书馆馆刊》推介《故宫方志目》曰："方志为研究一代史事、各地风俗之重要史料。周代且有专官以司此事，历代于此俱甚重视。六朝以降，地志之书，与日俱增，蔚为中国文献上之一大宗。以前言治术者，莫不以读方志为亟务，转至近代，乃遭忽视。迩来学术渐兴，方志又始重见于世，瞿君兑之《方志考》已稍稍发起闭藏。然全国之大，所谓方志者，究有若干？各地所藏方志究有几何？是皆亟应先知之事。已前学部所藏，方志目已辑成书。上海涵芬楼亦印有一目，此外尚不多见。今故宫博物院图书馆，以故宫所藏，益以清史馆近藏所收，自明正德以迄清季，共得一千四百余种，编为《故宫方志目》。"② 1939 年《图书季刊》推介朱士嘉《中国地方志综录》未收的《新修方志十二种》曰："方志之书，体例与史略同，然所记载限于地方之史地，恒较史书为翔实，其足资行政之鉴法，与人民之观感者，较史尤切。观夫历代所修方志，其保存史料，至称繁富。如地理之沿革，制度之损益，食货之盈虚，户口之息耗，学校选举之盛衰，社会风俗之纯驳，与夫人物之兴替，文献之征存，利弊得失，巨细毕陈，而其资料又直接取诸官署档册，碑碣墓铭。顾炎武所谓'采铜于山'者也。宜为学术界所重视。"其后，逐一简评新修方志，先依次录志书名称、卷次、修纂者姓名、刊印时间、版本、卷目，再叙修志源流。后点评志书特色，如评《钟祥县志》"编辑尚称得体"，评《犍为县志》"一洗志书惯习，尤为有识"，评《榴江县志》"尚称详备，堪资参政"，评《民国昭通县志稿》"体例多采新体，而资料亦翔实可征"，评《咸宁长安两县续志》"体例多仿前志，间有增益"。③ 联系近代方志学发展大势，这些图书广告，已然超越了商业化宣传的范畴，折射出图书广告在联结方志学与社会群体方面所做出的有益尝试。

结　语

作为一种新兴媒介，近代报刊为方志批评提供了专论、书评、图书广告、编者按等多种新形式，新事物和新思想成为修志观念和批评方法的重要来源，初步形成了以媒介为中心的方志批评公共空间，报刊媒介传播方志知识和规范批评的近代方志转型机制开始建立，报刊生产过程中确立的投稿、稿酬、版权等制度转化为近代方志批评的生产机制，报刊流通过程中建立的邮递、派送、阅读等机制转化为近代方志批评的传播机制。报刊的方便迅捷性、新闻时效性、阅读灵活性，能够以较快的速度将最新的方志批评动向传递给学界，突破了传统以专书（如

① 《图书季刊》第 3 卷第 3 期，1936。
② 《国立北平图书馆馆刊》第 5 卷第 4 期，1931。
③ 《图书季刊》新 1 卷第 2 期，1939。

《文史通义·外篇》）和序跋、书札、提要等为形式的方志批评路径，弥补了传统方志批评载体的缺陷，加快了方志批评的传播速度，缩短了批评者与被批评者之间相互回应的周期。总之，近代报刊拓展了方志批评空间，促进了方志批评革新，加速了由古代方志向近代方志转型的历史进程。

史念海的方志编纂思想

扈晓冰

（南开大学历史学院）

史念海（1912~2001），字筱苏，山西省平陆县人，中国现代历史地理学创始人之一。史念海学术研究的涉及面非常广泛，其中以历史自然地理、历史经济地理、历史军事地理的研究最为突出。而纵观史念海的学术生涯，其学术研究并不局限于历史地理学，他对地方志事业的发展同样做出过重大贡献。目前学界虽已有时贤对史念海的方志学著作及主要内容进行了总结，[①]但对史念海的方志学思想仍然有进一步研究的必要。

当下我们正处于"全力推进地方志事业转型升级，奋力开创新时代地方志事业高质量发展的新局面"，[②] 总结以往地方志编纂工作中所积累的经验，对地方志事业的转型升级和新局面的开创具有重要意义。改革开放后，在新方志编纂工作中，史念海以马克思主义为指导，结合自己多年研究历史地理学的经验，对如何编纂社会主义新方志进行了深入探究，为丰富新方志编撰思想理论做出了重要贡献。本文拟就史念海方志编纂思想进行梳理和分析，以期对史念海的方志学思想有更为深入的认识，从而为当前的修志事业提供借鉴和参考。

一　充分占有详细资料

坚持以马克思主义为指导思想是社会主义新方志与以往旧方志最显著的区别。具体来说就

---

① 张世民：《论史念海对中国地方志事业的贡献》，《中国地方志》2011 年第 10 期；王京阳：《史念海先生与方志学研究》，陕西师范大学西北历史环境与经济社会发展研究中心、中国历史地理研究所编《史念海教授纪念文集》，三秦出版社，2006，第 99~103 页。

② 谢伏瞻：《高举习近平新时代中国特色社会主义思想伟大旗帜　努力开创新时代地方志事业高质量发展新局面——在2019 年全国地方志机构主任工作会议暨第三次全国地方志工作经验交流会上的讲话》，《中国地方志》2019 年第 1 期。

是在新方志的编纂过程中要"运用马克思主义的立场、观点和方法，认真研究详细占有的史料史实，做到秉笔直书，反映历史本来面貌，体现事物发展规律"。① 而能够充分占有全面、真实反映客观对象的详细资料是以马克思主义为指导思想编纂新方志的前提条件。史念海自觉坚持以马克思主义为指导，深刻认识到了资料工作对于新方志编纂的重要性。因此早在首轮新方志编纂工作宣传发动伊始，史念海就多次对在新方志的编纂工作中要充分占有详细资料进行了强调。

1981 年 7 月在山西第二次地方志编纂工作会议上，史念海说："一部方志就其内容来说包括许多方面。因此，必须十分注重资料搜集。没有丰富的资料，就很难写出好的方志。"② 1982 年 5 月在陕西地方志工作会议上，史念海就如何在新方志的编纂中坚持以马克思主义为指导着重讲了两点："一点是必须充分占有材料，做好去粗取精、去伪存真、由此及彼、由表及里的工作，以反映事物的本来面貌；再一点是探索出事物的发展规律，为今后的工作提供借鉴。"③ 除此之外，史念海等还强调："新方志应该是在马列主义毛泽东思想指导下从事撰修的，也就是说要遵循辩证唯物主义和历史唯物主义有关的原理原则。这至少应该作到两点：充分占有和运用材料，实事求是，反映事物的本来面貌；探索出事物演变的规律，为国家的建设事业作出应有的贡献。"④ 通过史念海在地方志编纂工作会议的讲话和他撰写的论著，我们不难看出，史念海的基本观点是，要想在新方志编纂工作中坚持以马克思主义为指导思想，充分占有详细资料和探索事物演变规律是最基本的必要工作。这里所说的事物演变规律是指人类活动与地理环境关系的演变规律，有关这一点的内容下文将会继续论述。那么如何才能充分占有详细资料呢？

要想充分占有详细资料，就必须进行广泛搜集，不放过任何一点一滴可利用的资料。根据多年研究历史地理学的经验，史念海提出在搜集资料时有两个方面需要注意。

第一，继承旧方志的遗产。史念海认为旧方志是我国传统文化中的一座宝库，其中保存着大量的第一手资料和稀有资料，例如有关地方性的物产、风俗、名胜、古迹、灾异、租税、人物传记等记载。这些资料都可以为新方志的编纂提供参考和借鉴。史念海说："我国方志源远流长，著作宏富，硕果累累，当世各国殆莫能稍一望其项背。在这样的良好基础上，继续从事纂修，自是更易为力的。"⑤ 不可否认，中国的历史文献都可为新方志的编纂提供资料，并不限于旧方志一种文献。然而就保存地方史志资料的全面性、系统性来说，旧方志要优于其他历史文献，因此旧方志比其他历史文献能更加便捷、更加集中地为编纂新方志提供资料。这也是史

① 《关于新省志编修方案的建议（草案）》，《中国地方志》1981 年第 5 期。
② 史念海：《方志刍议——在山西第二次地方志编纂工作会议上的讲话》，《陕西地方志通讯》1982 年第 1 期。
③ 史念海：《怎样写好地方志》，《陕西地方志通讯》1982 年第 5 期。
④ 史念海、曹尔琴：《方志刍议》，浙江人民出版社，1986，第 32 页。
⑤ 史念海：《方志的撰述与有关地区自然环境演变规律的探讨》，《陕西地方志通讯》1982 年第 2 期。

念海在众多历史文献中如此重视旧方志的原因所在。

第二，扩大资料搜集的范围。史念海认为在搜集资料的时候我们不能像古人一样只采用文献资料，还要注重对实物资料的搜集和运用。实物资料是指具有资料价值的历史遗存，例如考古文物资料。这些实物资料不仅可以反映当时的社会情况，还可以补正历史。史念海说："随着基本建设事业的发展，出土文物之多是前所未有的，文物本身也是一种资料，它不仅对旧方志所记载的资料起着印证、纠误的作用，而且为新方志增添了新的资料。"① 随着社会、经济、科学的不断发展，不仅大量的考古文物资料被发现，口头资料、图片资料、影视资料、网络资料等具有历史价值的各种资料也已成为资料搜集的对象。资料搜集工作"只有广征博采，宁多勿缺，才能使志书的编纂具有坚实的基础"，② 史念海认为新方志编纂要扩大资料搜集范围的观点对当前的方志编纂工作仍有重要意义。

在论述如何广泛搜集资料的同时，史念海还指出广泛搜集材料只是充分占有详细材料的第一步工作。虽然经过广泛的搜集，能找到大量资料，但这只是保证了资料的全面性，并不能保证这些资料都能真实客观地反映事物的本来面貌。只有对所搜集的资料进行严格地甄别，才能保证资料的真实性，从而得出科学的结论，编纂出高质量的新方志。史念海说："材料有真伪，也有精粗。如果以伪为真，则所撰述的方志，就难以取信于当时，更谈不上传到后世。如果精粗不分，杂然并陈，这只能是材料的堆积，难以谓之著作，更难以说到谨严。"③ 去伪存真，选取的材料才会真实；去粗取精，选取的材料才会有代表性，说服力才会强。将这些具有代表性的真实资料进行系统化整理之后，我们也就基本上占有了全面、真实反映客观对象的详细资料。

二 增加地理变化的内容

新方志编纂的指导思想与旧方志有着本质上的不同，编纂内容与旧方志也大为不同。1981年7月胡乔木对新方志编纂工作的批示指出："新的地方志要比旧志增加科学性和现代性。如各项社会、经济、文教、政法状况和统计，地方大事年表，各项政策、法令、制度，新企业、新事业、新技术、新风尚，各项公共工程和福利的发展变化，省、市、区的自然地理变化和人文地理变化，人名录，各种图片等。"④ 从批示中我们可以看出，胡乔木明确指出新方志应该包括地理变化的内容，但并未对此进行详细说明。史念海结合自己多年研究历史地理学的经验，自觉运用马克思主义基本理论，对在新方志中增加地理变化内容的目的以及具体增加哪些地理

---

① 史念海、曹尔琴：《方志刍议》，第58~59页。
② 曹子西、朱明德主编《中国现代方志学》，方志出版社，2005，第301页。
③ 史念海、曹尔琴：《方志刍议》，第32页。
④ 《中国地方史志协会成立大会暨首届地方史志学术讨论会会议纪要》，《中国地方志》1981年第5期。

变化的内容进行了阐释。

地理变化会影响到人们的生产、生活，而人们的生产、生活反过来也会影响地理变化。史念海认为在新方志中增加这些地理变化的内容是要在马克思主义的指导下探索和总结地理变化的规律，以有利于今后利用自然和改造自然。史念海说："马克思主义是研究事物演变规律的科学。规律是事物发展过程中本质联系和必然的趋势。事物演变的规律是无所不在的。推求事物发生发展的过程及其相互间的关系和影响，再经过征询文献和实际考察，是可以发现规律的。发现了规律，做出合乎实际的解释，然后再记载到方志里面，这不仅增加了方志的新内容，也使方志的作用更能发挥出来。"① 史念海这里所说的发挥方志的作用即应用已探索和总结出来的规律利用自然和改造自然，从而"对当地有所兴作的改进，使其宜于人们的生存、居住和生产劳动、社会活动"。②

史念海从历史自然地理学和历史人文地理学的角度出发，认为自然地理变化是有关地理自然现象和自然资源分布的演变情况，人文地理变化是有关人们生产、生活地理状况的演变情况。史念海说："山川的方位、地形的轮廓、土壤的种类、植被的分布、雨量的多寡、气候的寒燠、以及其他有关要素的情况，都宜一一缕列……当地从事何种生产？是农耕还是畜牧？或者还有其他何种生产方式？城池的规模、乡镇的大小、聚落的多寡、水利的兴废、道路的通塞，都不宜忽略。"③

在此所列的诸多地理变化以及相关的要素在旧方志中也有部分体现。如果在编纂新方志时还是像前人一样汇集罗列各类地理资料，不仅达不到前文所述总结规律和利用规律的目的，也体现不出新方志的科学性与现代性。因此史念海强调，在记载这些地理变化的同时，更重要的应该是探索地理变化的规律和地理变化与人类活动之间的关系及其规律。为了进一步明确新方志中有关地理变化以及相关内容的记载，史念海将其具体化为四个方面："一、记载有关的地理现象的演变过程；二、记载有关的人们的生产劳动和社会活动的具体经过；三、探索地理现象的演变和人们的生产劳动和社会活动的相互影响；四、探索这些演变和影响的规律。"④ 这样一来，不仅扩大了新方志中地理变化的记载范围，还可以更好地为社会经济建设提供参考和借鉴，充分发挥方志的作用。

三 文献记载与实地考察相结合

从上文的论述中，我们可以看出史念海非常重视对人地关系及其演变规律的探索。而人地

---

① 史念海、曹尔琴：《方志刍议》，第 70 页。
② 史念海：《方志门槛内外的徘徊》，《中国历史地理论丛》2006 年第 2 期。
③ 史念海：《论历史地理学与方志学》，《中国地方志》1981 年第 5 期。
④ 史念海：《再论历史地理学与方志学》，来新夏、齐藤博主编《中日地方史志比较研究》，南开大学出版社，1996，第 71 页。

关系及其演变规律的探索则需要有长时段的资料作为依据，时间段越长，资料越详细，就越有利于规律的探索。史念海认为我国的方志学源远流长，著作丰富，其中大量的珍贵资料都可成为探索地理变化规律的依据。史念海举例说："例如我们常说要防御几百年、几千年不遇的特大洪水，这几百年、几千年是根据什么？就是根据旧方志所记载的资料。"① 史念海还认为仅依靠文献记载来探索地理变化的规律显然是不够的，除此之外实地考察的作用也不能忽视。史念海说："当前纂修方志，应有利于社会主义现代化的建设，这和过去纂修方志有所不同。过去只要罗列若干现象，即已满足要求，当前则须就若干现象中求得自然环境演变的规律。不仅自然环境演变有规律，社会的发展也有规律。而这些事物规律的获得不是文献记载所能完全解决的。因此，可以这样提出：纂修方志固然应以文献记载为主，但应辅以实地考察。"② 为了进一步阐明文献记载与实地考察相结合的方法，史念海从我国早期方志编纂的优良传统、实地考察的作用以及文献记载与实地考察的主副关系进行了论述。

史念海指出，运用实地考察与文献记载相结合的方法编纂方志是我国早期方志编纂的传统，但这种方法并没有延续下来。史念海对《三秦记》《华阳国志》《湘中记》《荆州记》《地理风俗记》等古代地方志进行研究之后，说："两汉时的纂修者不仅依据文献记载，而且还得之于实地考察，由于时间和力量所限，不一定遍历所论述的地区，即使仅涉及到一部分，也是难能可贵的，这里所提到的只是很少的著述，但可以看出这种纂修方法实已成为一时的风尚。这种风尚直到魏晋以后还有一定的影响。"③ 然而可惜的是这种风气并未能长期存在下去，到明清时期地方志的编纂已多依靠文献记载，实地考察也不再受到重视。史念海说："明清方志虽多，惜皆未能绍袭两汉以来那种实地考察之风，加之有关文献记载日益增多，无待再作实地考察，即可博采群籍，排比考核，纂写成书。这种辗转效尤，寝[浸]假又成为另一种风气。"④ 方志编纂固然离不开前代的文献记载，但如果脱离实地考察，则很难发现前人记载的失实之处，很多讹误也会一直延续下去。为了提高新方志的编纂质量，我们要恢复和重视实地考察方法的运用。

史念海指出，实地考察是核实文献记载真伪的重要手段，可以将旧方志中存在的大量失实之处辨别出来，从而提高新方志的编纂质量。史念海通过列举实地考察永乐城、巢肥运河而发现文献记载有误等例子，说明如果编纂者不能亲赴实地考察以核实文献记载的真伪，就不可能掌握真实可靠的第一手资料；没有第一手资料作为基础，编纂出来的地方志也不会具有很大的价值。史念海说："我感到，写书的人如果不出门搞调查，写出的东西就很可能是胡说。也许有的同志会说，我不出门搞调查研究，我也能写书。我说，我不仅能写书，我还能找到许多文

---

① 史念海：《方志刍议——在山西第二次地方志编纂工作会议上的讲话》，《陕西地方志通讯》1982 年第 1 期。
② 史念海、曹尔琴：《方志刍议》，第 102 页。
③ 史念海、曹尔琴：《方志刍议》，第 88~89 页。
④ 史念海、曹尔琴：《方志刍议》，第 99 页。

字根据，但我写出的书也可能是胡说。"① 史念海还通过列举司马迁、郦道元实地考察的例子，说明实地考察还可以充实编纂地方志的资料。史念海说："应该说实地考察并不是为了减少讹误或者是为了防止讹误，而是要像司马迁、郦道元那样提高方志的质量水平。正是由于能够实地考察，才能够多见多闻，能更多了解实际情况。充实记地的具体内容，不仅能够记载有关的地理形象，而且能够说明其间的演变过程，以及这样的演变过程和人们的生产劳动与社会活动的关系。"② 由此可见，要想使新方志充分发挥"存史、资政、教化"的三大社会功能，我们一定要重视实地考察在地方志编纂工作中的作用。

史念海还对实地考察和文献记载之间的主副关系进行了说明。史念海认为应该辩证地看待实地考察和文献记载之间的主副关系。两者何为主何为副并不固定，需要认真分析后才能确定。史念海说："如果两者基本相同，自然可以得心应手。两者若有差异，就不是谁从属于谁的问题了，而需要深入探讨，使两者都能得到充分的说明；如果一方有讹误，就应该指出讹误的所在，并作出符合实际的说明。"③ 也就是说那种单一认为以实地考察为主或以文献记载为主的思想都是片面的，正确的方法是坚持马克思主义实事求是的基本原则，具体问题要具体对待，不能盲目轻信一方。

结　语

1978 年改革开放以后，地方志事业的发展迎来了新的春天。在党和政府的领导与支持下，全国各地都开启了新地方志的纂修工作。当时"马克思主义方志学尚处于草创时期"，④ 成熟完善的马克思主义方志学理论著作十分缺乏，学界对如何更好地运用马克思主义指导新地方志的纂修工作还没有形成统一意见。在 1981 年 4 月 22 日召开的中国地方志规划会议上，梁寒冰呼吁建设马克思主义方志学理论，引发了学界对马克思主义方志学理论的讨论热潮。在这个大背景下，史念海运用马克思主义基本原理，结合自己多年以来对历史地理学的研究经验，就如何在马克思主义的指导下纂修新地方志提出了个人见解，为正在探索发展中的马克思主义方志学提供了新思想，从而推动了马克思主义方志学的发展。

---

① 史念海：《方志刍议——在山西第二次地方志编纂工作会议上的讲话》，《陕西地方志通讯》1982 年第 1 期。
② 史念海：《方志门槛内外的徘徊》，《中国历史地理论丛》2006 年第 2 期。
③ 史念海、曹尔琴：《方志刍议》，第 102~103 页。
④ 《梁寒冰同志的讲话》，《中国地方志通讯》1983 年第 3 期。

章学诚志谱关系说

孙晓东

（江西省高安市史志办公室）

据胡适考证，章学诚从乾隆二十九年（1764）开始参编《天门县志》，至嘉庆六年（1801）去世，其间共主编（参编）志书十余种。[①] 由于他对方志有着超越前人的理解和分析，他的地方志编纂思想被越来越多的人承认，编纂方法被不断借鉴，他的族谱表和两色标注的历史地图也被更多地仿效。美国斯坦福大学教授倪德卫认为章学诚因其研究史学和地方志的成果，应当作为一位哲学家而享有重要地位。[②] 章学诚史志思想的主要体现——《文史通义》，与唐刘知幾《史通》并称中国古代史学理论"双璧"，其中关于方志的本质属性、义例、资料、掌故，关于家谱在志书中的作用、价值等方面，都有大量论述。时至今日，对章学诚的史志关系，国内外有很多学者进行了研究与阐发，而对志谱关系研究者寥寥。笔者仔细阅读《文史通义》，研究章学诚在修志过程中对家谱的评论与扬弃，试图找出章学诚对志谱内在联系的阐述。

一 方志和家谱本质上都属历史范畴

章学诚除了提出"六经皆史""志属信史"等主张外，还提出了"家谱亦史"的观点："有天下之史，有一国之史，有一家之史，有一人之史。传状志述，一人之史也；家乘家谱，一家之史也；部府县志，一国之史也；综纪一朝，天下之史也。"[③] 认为天下史、方志、家谱均为历史，互相表里，三者紧密相连："夫比人斯有家，比家斯有国，比国斯有天下。"[④] 在编修

---

① 胡适：《章实斋先生年谱 戴东原的哲学》，北京师范大学出版社，2014，第167~168页。
② 倪德卫：《章学诚的生平及其思想》，杨立华译，江苏人民出版社，2007，第2页。
③ 章学诚：《州县请立志科议》，仓修良编《文史通义新编》，上海古籍出版社，1993，第707页。
④ 章学诚：《州县请立志科议》，仓修良编《文史通义新编》，第707页。

志书的实践中，章学诚多次表达了这个观点："方志之表士族，盖出古法"，"夫合人而为家，合家而为国，合国而为天下，天下之大，由合人为家始也。家不可以悉数，是以贵世族焉。夫以世族率齐民，以州县领世族，以司府领州县，以部院领司府"。① 同时他又认为，家谱是史部支流："魏晋以还，家谱图牒，与状述传志，相为经纬，盖亦史部支流，用备一家之书而已。"②

章学诚饱读史书，熟知家谱发展史。他认为，古代家谱即由专门的史官管理："《周官》小史掌奠世系，乃为专官之典守，非人得而私也。"家谱不但列入"史"的范畴，而且有专门的官方机构管理。只是由于后来"封建罢为郡县，姓氏不命于朝，于是家自为书"，③ 家谱才沦为民间私修之史。

章学诚"家谱亦史"的观点，是受司马迁《史记》等史书的启发得出的。他在《〈和州志·氏族表〉序例上》中说："司马迁以《五帝系牒》《尚书》集世记为《三代世表》，氏族渊源，有自来矣。"④ 他还引用刘知幾的观点予以证明："唐刘知幾讨论史志，以谓族谱之书，允宜入史。"⑤

不但如此，章学诚在推广家谱义例时，也将其与志书相比较。他为高邮沈氏所修家谱作序，认为该谱设"诰敕、系图、系表、世牒、列传、内传、外传、征文、内篇、外篇"等义例，与志书义例大体相同，"虽先生一家之书，知其意者，扩而充之，虽为天下后世共著其文可也"，认为很值得推广。⑥

综上可知，章学诚认为家谱与方志一样，都属历史范畴。他在《史籍考》中立十五门类，其中第十论家谱："谱牒宜略。惟于统谱类谱，汇合为编，而专家之谱，但取一时理法名家，世宦巨族，力之所能及者，以次列之。仍著所以不能遍及之故，以待后人之别择可耳。"⑦ 又，因《史籍考》全书不传，经胡适考证，马叙伦先生抄得杨见心先生所藏的《史籍考》未刊一卷，有总目，记其七："谱牒部有专家 26，总类 2，年谱 3，别谱 3。"⑧ 将家谱列为历史典籍之一。

二　家谱是方志掌故之征

掌故是一个地方的历史人物、典章制度的逸闻轶事。章学诚对掌故十分重视，他指出：

---

① 章学诚：《〈永清县志·士族表〉序例》，仓修良编《文史通义新编》，第 805 页。
② 章学诚：《〈刘忠介公年谱〉叙》，仓修良编《文史通义新编》，第 412 页。
③ 章学诚：《高邮沈氏家谱序》，仓修良编《文史通义新编》，第 416 页。
④ 章学诚：《〈和州志·氏族表〉序例上》，章学诚著，仓修良编注《文史通义新编新注》，浙江古籍出版社，2005，第 896 页。
⑤ 章学诚：《〈湖北通志·望族表〉序例》，仓修良编《文史通义新编》，第 866 页。
⑥ 章学诚：《高邮沈氏家谱序》，仓修良编《文史通义新编》，第 416 页。
⑦ 章学诚：《论修史籍考要略》，仓修良编《文史通义新编》，第 823 页。
⑧ 胡适：《章实斋先生年谱　戴东原的哲学》，第 269 页。

"凡欲经纪一方之文献，必立三家之学，而始可以通古人之遗意也。仿纪传正史之体而作志，仿律令典例之体而作掌故，仿文选文苑之体而作文征。三书相辅相成，阙一不可。"① 他认为，掌故是方志必不可少的三大内容之一。志是主体，而掌故、文征是辅助，是保存资料的汇编，三者合一，才能组成一部完备的地方志书。

乾隆三十八年，章学诚修《和州志》。由于他所修的《和州志》今存本不全，江亚考证《和州志》篇目，提到"《和州志》有《文征》8卷，其中叙'奏议'云：今取奏议冠首，而官府文移附之。奏议拟之于纪，而文移拟之于政略，皆掌故之藏也"。章学诚在《和州志》中设立的"文征"所记的"纪""政略"均属掌故。② 对于方志与掌故的关系，章学诚认为"志与掌故，各有其不可易，不容溷也"，③ 掌故之重要性可见一斑。

然而掌故资料常常无典籍可凭，章学诚在《〈湖北掌故〉序例》中指出："方志向有成例，掌故旧无其籍，盖有难于为创者焉。……至于案牍不全，籍册遗失，一时征索，多从阙如。非惟典章纪载，有所未周，抑恐官司猝遇疑难，亦且无所依仿矣。"④ 官方掌故资料难于考证，无所依仿，只能另寻途径来证明，以全志书三书之体。这个问题，他认为家谱可以解决："家牒不修，则国之掌故，何所资而为之征信耶？"⑤ 如果不依靠民间家乘家谱，则方志掌故无证可凭，无据可依。他在《修志十议呈天门胡明府》中"议考证"："他若邑绅所撰文编、家谱、图牒之类，凡可资搜讨者，亦须出示征收，博观约取……庶能巨细无遗，永垂信史。"⑥ 志书欲为信史，家谱等资料以备考证不可少。

州县志书掌故，实多出于谱。如清同治《高安县志》记明代礼部尚书吴山，"官至大宗伯，不许子孙衣绮罗。见童子试，周斑衣用锦者，裂之。公次即好驰骋，不得公欢，值覃恩，当再荫。公自题曰：臣次子不才，不可以荫，愿移封一代。公终身不许次郎见"。⑦ 此内容不见于《明史·吴山传》，编者系从瑞州《龙山吴氏宗谱》中摘抄而来。又清同治《高安县志》记有苏轼所写《金沙台》一诗："雨后东风渐转和，扣门迁客一经过。王孙采地空珪璧，长者芳声动薛萝。正尔谪居怀北阙，聊同笑语说东坡。山林台阁原无异，促席论心酌叵罗。"⑧ 该诗描写了苏轼在其弟苏辙谪居高安期间，来看望其弟，并一同拜访当地长者刘平伯的故事。此诗不见于以往苏轼的任何文集，亦未见二苏访刘姓长者的记载，系从《金沙刘氏宗谱》中引用，此诗后来被著名苏学专家孔凡礼收录入《苏轼全集》之中。

① 章学诚：《方志立三书议》，仓修良编《文史通义新编》，第699页。
② 江亚：《章学诚〈和州志〉篇目考证》，《河南图书馆学刊》2014年第12期。
③ 章学诚：《〈亳州志·掌故〉例议下》，仓修良编《文史通义新编》，第853页。
④ 章学诚：《〈湖北掌故〉序例》，仓修良编《文史通义新编》，第880页。
⑤ 章学诚：《〈和州志·氏族表〉序例上》，仓修良编《文史通义新编》，第757页。
⑥ 章学诚：《修志十议呈天门胡明府》，仓修良编《文史通义新编》，第724页。
⑦ 同治《高安县志》卷一四《人物志·宦绩》，清同治十年刻本。
⑧ 同治《高安县志》卷二六《艺文志·诗》。

三 方志有助于家谱散亡借证

唐以来，特别是唐安史之乱直至唐末五代长期战乱，中原北方大族大量向各地迁徙逃亡，造成很多家族世系中断，家族家谱散失无存非常普遍。[①]"夫家谱简帙，轻于州志，兵燹之后，家谱无存。"基于这些原因，章学诚主张在州府县志中设立"氏族志"，记载本地各姓基本情况。他认为，志书记列氏族，有十便之利："一则史权不散，私门之书，有所折中。二则谱法画一，私谱凡例未纯，可以参取。三则清浊分途，非其族类，不能依托，流品攸分。四则著籍已定，衡文取士，自有族属可稽；非其籍者，无难句检。五则昭穆亲疏，秩然有叙；或先贤奉祀之生，或绝嗣嗣续之议，争为人后，其讼易平。六则祖系分明，或自他邦迁至，或后迁他邦，世表编于州志，其他州县，或有家谱散亡，可以借此证彼。七则改姓易氏，其时世前后及其所改之故，明著于书，庶几婚姻有辨；且修明谱学者，得以考厥由来。八则世系蝉联，修门望族，或科甲仕宦，系谱有书，而德行道艺，列传无录，没世不称，志士所耻，是文无增损，义兼劝惩。九则地望著重，坊表都里，不为虚设。十则征文考献，馆阁檄收，按志而求，易如指掌。"[②]

可以说，章学诚的修志生涯中，志书设宗族宗谱类内容是他一贯的做法。他在《〈湖北通志·族望表〉序例》中也提到此"十便"之利，认为志书这样的做法，可以确立史权，规范谱法，明辨昭穆，祖系分明，便于查考等。

直到今天，在志书中设立"家谱"类章节的做法，仍然得到许多志书主编的重视，秉承章学诚的观点，设有"家谱"或"谱牒"章节。在方法上，主要有两种形式。一种即如章学诚所述，设立氏族表或望族表。如《浦江县志（1986~2000）》第五十卷《丛录》的第一章"文献著述"下设第三节"宗谱"，以表格的形式，记述全县宗谱49姓187种1766卷宗谱，表头设定"宗谱名称""始修年份""重修年份""原有卷数""现存卷数""保存完好度""刊印方法""保存者"等栏目，记述详细，全县各姓宗谱编修情况一清二楚。[③]《揭西县志（1979~2003）》则在第二十二编《教育 文化》第五章"地方志与年鉴编纂"中设第三节"族谱和族志"，记载该县李、张、黄等16姓宗谱情况。[④] 另一种形式是在人口篇中，以本地姓氏的情况来反映宗谱。如《高安市志（1986~2006）》，在人口卷第二章"人口构成"中设第四节"民族 姓氏"，在"姓氏人口构成"目下，附主要姓氏源流，记述当地十大姓在高安发展源

---

① 王承文：《再论南汉王室的族属和来源》，《历史研究》2018年第3期。
② 章学诚：《〈和州志·氏族表〉序例中》，仓修良编《文史通义新编》，第759页。
③ 何保华主编《浦江县志（1986~2000）》，中华书局，2005，第1311页。
④ 李文纂主编《揭西县志（1979~2003）》，广东人民出版社，2005，第680页。

流，均是据各姓宗谱或族谱内容而来。① 《渝水区志（1983~2003）》在第二十八章"民情风俗"下设"姓氏"，根据家谱记有姓氏特点和大姓由来、聚居特点等内容。②

四　家谱为方志要删

章学诚在长期的修志实践中得出结论，家谱应是志书收集资料的重要内容之一："方志久失其传。今之所谓方志，非方志也。其古雅者，文人游戏，小记短书，清言丛说而已耳；其鄙俚者，文移案牍，江湖游乞，随俗应酬而已耳。搢绅先生每难言之。国史不得已，而下取于家谱、志状、文集记述，所谓礼失求诸野也。"③ 这一做法贯穿他的整个修志生涯。

清乾隆五十七年，章学诚始修《湖北通志》，其凡例指出："谱牒为专门之学，前史往往失传，欧阳《唐书·宰相系表》，创其例而不能善其法；郑樵《通志》《氏族》之篇，存其义而不能广其例。盖缘一代浩繁，向无专门之书，可为凭借，故难为也。使方志预集一方之望族，则史氏取为要删，古人州郡中正之遗，即《周官》小史奠系之旧法也。"④ "然则州县志书，下为家谱传志持平，上为部府征信，实朝史之要删也。"⑤ 章学诚认为，从史志关系来讲，方志为国史要删，从志谱关系来讲，则家谱为方志之要删，其义相同。

然而，唐刘知幾指出家谱内容真伪杂糅："夫郡国之记，家谱之书，务欲矜州里，夸其氏族，读之者安可不练其得失，明其真伪乎？至如江东五俊，始自《会稽典录》，颍川八龙，出于《荀氏家传》，而修晋、汉史者，皆征彼虚誉，定为实录。苟不别加研核，详其是非？"⑥ 认为家谱所载有一定的水分，应详加研究核实。对此，章学诚深表赞同，在对谱文的使用上撮要删定，以去粗取精，去伪存真，还原历史真实面貌。

一方面，章学诚广阅家谱，明白家谱内容不可全部入志："谱牒有专家总类之不同，专则一家之书，总则汇萃之书。而家传、家训、内训、家范、家礼皆附入专谱门中，以其行于家者然也。但自宋以来，有乡约之书，名似为一乡设，其实皆推家范、家礼之意，欲一切乡党为之效法，非专为所居之乡设也。施纵可遍天下，语实出于一家，既不可上附国典，又不可下入方志，故附之也。"⑦ 章学诚认为，家谱中的家传、家训、内训、家范、家礼等内容，不可附入国典或载入方志，是因为不能以一家之言，来约束本地所有姓氏的行为；且各姓均有家训、家范等，不可胜记。

---

① 《高安市志》编纂委员会编《高安市志（1986~2006）》，方志出版社，2009，第95页。
② 田永斌主编《渝水区志（1983~2003）》，方志出版社，2003，第590页。
③ 章学诚：《方志立三书议》，仓修良编《文史通义新编》，第702页。
④ 章学诚：《〈湖北通志〉凡例》，仓修良编《文史通义新编》，第861页。
⑤ 章学诚：《州县请立志科议》，仓修良编《文史通义新编》，第707页。
⑥ 刘知幾撰，浦起龙通释，吕思勉评《史通·采撰第十五》，上海古籍出版社，2008，第84页。
⑦ 章学诚：《史考释例》，仓修良编《文史通义新编》，第332页。

另一方面，章学诚深知谱文之弊："谱系之法，不掌于官，则家自为书，人自为说，子孙或过誉其祖父，是非或颇谬于国史。其不肖者流，或谬托贤哲，或私鬻宗谱，以伪乱真，悠谬恍惚，不可胜言。其清门华胄，则门阀相矜，私立名字，若江左王谢诸家，但有官勋，即标列传。史臣含毫，莫能裁断。以至李必陇西，刘必沛国，但求资望，不问从来。则有谱之弊，不如无谱。史志阙略，盖亦前人之过也。"① 章学诚对家谱中的浮夸现象十分清楚，在撮要删定时态度坚决："但云清廉勤慎，慈惠严明，全无实征，但作计荐考语体者，概不收受。"② 对各族家谱人物传中的溢美不实之词，以及抄袭伪冒的资料，均予以删改入志或拒绝收录。章学诚在修《永清县志》时，误收当地大族贾氏某人所剽窃的文章入其人物传中，引为终生遗憾。③

章学诚认为，家谱虽是修志不可或缺的资料来源，但不可随意使用。相对于方志来讲，家谱因属私人著述，其中错讹谬误甚多，有的乱记官名，自封官职，有的更是凭一己之私，冒籍源流。"私谱自叙官阶封赠，讹谬甚多。如同知通判称分府，守备称守府，犹徇流俗所称也。锦衣千户，则称冠带将军，或御前将军，或称金吾，则鄙倍已甚，使人不解果为何官也。今并与较明更正。又谱中多称省祭官者，不解是何名号，今仍之，而不入总计官数云。"④ 志书作为官修历史，保持其内容的权威性和真实性，是修志者的基本要求，对讹谬甚多的家谱之文，慎而又慎地使用才是正确的做法。

五　应设志科收藏家谱以备修志

章学诚多次强调，家谱为国史天下史资料应所预收："谱牒散而难稽，传志私而多谀，朝廷修史，必将于方志取其裁……期会工程，赋税狱讼，州县恃有吏典掌故，能供六部之征求。到于考献征文，州县仅恃猥滥无法之志乘，曾何足以当史官之采择乎？州县挈要之籍，既不足观，宜乎朝史宁下求之谱牒传志，而不复问之州县矣。"⑤ 因修志时州县典籍不足观，只能求之于家谱，家谱如此重要，又散存于民间，使用时不甚方便。

因此，章学诚建议官府恢复设立志科，收集各种包括家谱在内的资料以备修志之用，其理由有如下几点。

一是古有旧例。"家谱之掌，古有专官"，西周时便有专门机构及专官管理家谱，只是罢封建之后，官府不再专门收藏家谱。

---

① 章学诚：《〈和州志·氏族表〉序例中》，仓修良编《文史通义新编》，第759页。
② 章学诚：《修志十议呈天门胡明府》，仓修良编《文史通义新编》，第723页。
③ 倪德卫：《章学诚的生平及其思想》，第62～63页。
④ 章学诚：《〈永清县志·士族表〉序例》，仓修良编《文史通义新编》，第808页。
⑤ 章学诚：《州县请立志科议》，仓修良编《文史通义新编》，第708页。

二是有助于州县治理地方讼事。官府收藏家谱,其好处显而易见:"谱牒不掌于官,亦今古异宜。天下门族之繁,不能悉核于京曹也。然祠袭争夺,则有讼焉;产业继嗣,则有讼焉;冒姓占籍,降服归宗,则有讼焉;昏姻违律,则有讼焉;户役隐漏,则有讼焉;或谱据遗失,或奸徒伪撰,临时炫惑,丛弊滋焉。平日凡有谱牒,悉呈其副于志科,则无数者之患矣。此补于政理者,又不鲜也。"①

章学诚强调,家谱副呈志科,可以解决"祠袭争夺、产业继嗣、冒姓占籍、婚姻违律、户役隐漏"等五类诉讼问题,非常有利于州县治理。

三是家谱掌握于官,则史权可统:"谱牒掌之于官,则事有统会,人有著籍,而天下大势可以均平也。今大江以南,人文称盛,习尚或近浮华,私门谱牒,往往附会名贤,侈陈德业,其失则诬。大河以北,风俗简朴,其人率多椎鲁无文,谱牒之学,缺焉不备,往往子孙不志高曾名字;间有所录,荒略难稽,其失则陋。夫何地无人,何人无祖,而偏诬偏陋,流弊至于如是之甚者,谱牒不掌于官,而史权无统之故也。"②

四是可稽祖勘讹校误:"州县之志,尽勒谱牒矣。官人取士之祖贯,可稽检也。争为人后之狱讼,可平反也。私门不经之纪载,可勘正也。官府谱牒之讹误,可借雠也。清浊流品可分也,姻穆孝友可劝也,凡所以助化理而惠士民者,于此可得其要略焉。"③

五是可以完整保存家谱。因为古代家谱是由官方专门机构来掌管的,所以保存完整,也为《史记》等史书提供了资料。一些大姓的《家传》《世传》,都在家谱之外,列为专书,以备州县志编纂采录。至于家谱在志书中的作用,则"且谱牒之书,藏之于家,易于散乱;尽入国史,又惧繁多;是则方州之志,考定成编,可以领诸家之总,而备国史之要删,亦载笔之不可不知所务者也"。④

进入 21 世纪,章学诚设立志科的愿望实现了,不但全国各地普遍设立方志机构,而且有更加可喜的变化,从国家到省级,普遍设立方志馆以备存资料,甚至市级、县级亦有相当多的方志馆。而各地方志馆的一个重要功能,就是收录各地的家谱族谱资料,如江西省方志馆,就专门设有"家谱馆",收录各地家谱上千种。

纵观章学诚的一生,他是非常重视家谱的,从《文史通义》可以看出,章学诚几乎是凡修志必用家谱,家谱成为志书资料的重要来源。同时,他并没有盲从家谱所载,也深知家谱内容的弊端。他的这种严肃认真的态度、客观公正的做法,至今仍被修志者引为圭臬。

---

① 章学诚:《州县请立志科议》,仓修良编《文史通义新编》,第 710 页。
② 章学诚:《〈永清县志·士族表〉序例》,仓修良编《文史通义新编》,第 806 页。
③ 章学诚:《〈永清县志·士族表〉序例》,仓修良编《文史通义新编》,第 807 页。
④ 章学诚:《〈和州志·氏族表〉序例中》,仓修良编《文史通义新编》,第 757 页。

转型、嬗新与修志为抗战服务[*]

——简述民国《新修大埔县志》编修特色

范晓婧

（方志出版社博士后科研工作站；

中国地方志指导小组办公室抗日战争志专项工作室）

民国《新修大埔县志》（以下简称《新修大埔县志》）是民国大埔县唯一的邑志，于1929年由大埔旅汕同乡会筹备纂修，性质系属民修，付梓之时恰逢抗战军兴，时局动荡，被迫中辍。1940年再拟续印，由时任大埔县县长负责筹划补增、付印，性质已属官修，最终于1943年全部告成。该志前后历经十余载，前期编修，受民国肇新、时代巨变的影响，方志转型与嬗新的印痕不可谓不深，后期则承担着修志为抗战服务的使命艰难出版。虽然诸多磋磨，备尝艰辛，但该志整体质量较高，在体例结构、书写特色、考证与征引等方面皆有过人之处。然而时至今日，学界对该志的重视与研究仍不足。本文拟对《新修大埔县志》编修特色略做述介，以就教于方家。

一 编修历程的一波三折

大埔县位于广东省东北部、韩江中上游。东晋义熙九年（413）建置，明嘉靖五年（1526）改名大埔县，1936年属广东省第六行政督察区，中华人民共和国成立后，归属地多变迁，1988年至今，隶属广东省梅州市。[①]

---

[*] 本文系国家社科基金抗日战争研究专项工程项目"中国抗日战争志"（16KZD021）阶段性成果。
[①] 大埔年鉴编纂委员会编《大埔年鉴（2018）》，方志出版社，2019，第76页。

大埔县修志活动最早可追溯至明代。明嘉靖三十六年（1557）大埔县志创修，迄民国前，共续修（重修）五次（见表1），平均60年左右纂修一次。时间序列中，接续排列的县志，表达出地域社会的历史延续性，以及县邑修志传统的世代传承。

表1 民国前历次大埔县志编修情况

志名	主修人	修成时间	备注
嘉靖《大埔县志》	吴思立	明嘉靖三十六年	
崇祯《大埔县志》	张燮任	明崇祯九年（1636）	已佚，民国《新修大埔县志》叙录篇中存录"张燮任序、梁亭表序、饶堪序各一篇，梁亭表论六篇"[1]
康熙《埔阳志》	宋嗣京	清康熙二十五年（1686）	
乾隆《大埔县志》	蔺墙	清乾隆九年（1744）	
嘉庆《大埔县志》	洪先焘	清嘉庆九年（1804）	
同治《大埔县志》	张鸿恩	清同治十二年（1873）	

注：[1]民国《新修大埔县志》，《中国地方志集成·广东府县志辑》第22册，上海书店出版社，2003，第686~687页。

（一）民间人士推动县志重修

民国初年，大埔县已有再修县志的倡议，"以时局兀臬不果"。① 1927年大埔旅汕同乡会会馆落成，"同乡诸人咸以邑志失修已五十余载，且适经政变，历史有中断之虞，亟宜及时续修，迭次提出会议表决举行"，② "卒以事体重大、局费不易筹集，拟议经年，莫能着手"。③ 1928年，时任凤阳关监督的大埔籍人士邹进之"函致旅汕大埔同乡会，敦促进行"，④ "并愿倡捐五千元，另认借五千元，共万元为开办费"，⑤ 由此，"诸同乡乃召集会议，设会筹备，征集内外同乡意见，皆愿踊跃襄助"。⑥ 1929年6月，大埔修志局于汕头成立。志局设于汕头而非大埔本县原因有三：其一，时局动荡，"县治恐滋多障碍，不若汕市较为妥适"；⑦ 其二，此次修志，"性质系属民修，设局地点只求便利安全，与县治无与"；⑧ 其三，汕头为"南北洋咽喉重地"，交通便利，经济发达，"埔人之营业置产于此者，指不胜屈，名为第二家乡，则与家乡比，只非祖宗坟墓所在而已"，⑨ 而"今志记载旅外征访与内地并重，筹集经费大部属诸旅外同乡，于局务

① 民国《新修大埔县志》，《中国地方志集成·广东府县志辑》第22册，第693页。
② 民国《新修大埔县志》，《中国地方志集成·广东府县志辑》第22册，第239页。
③ 民国《新修大埔县志》，《中国地方志集成·广东府县志辑》第22册，第693页。
④ 民国《新修大埔县志》，《中国地方志集成·广东府县志辑》第22册，第693页。
⑤ 民国《新修大埔县志》，《中国地方志集成·广东府县志辑》第22册，第239页。
⑥ 民国《新修大埔县志》，《中国地方志集成·广东府县志辑》第22册，第693页。
⑦ 民国《新修大埔县志》，《中国地方志集成·广东府县志辑》第22册，第693页。
⑧ 民国《新修大埔县志》，《中国地方志集成·广东府县志辑》第22册，第693页。
⑨ 民国《新修大埔县志》，《中国地方志集成·广东府县志辑》第22册，第239页。

进行尤不若汕头便也"。① 修志局聘"岭东宿儒"温廷敬为总纂。温廷敬（1868~1953），字丹铭，大埔县百侯镇白罗村人，光绪十五年（1889）秀才，曾任岭东同文学堂教习、《岭东日报》主笔等职。温廷敬于经史互证造诣甚深，著述丰硕，并长期致力地方志编纂。除任《新修大埔县志》总纂外，1930 年他被聘为广东通志馆总纂，1932 年中山大学接收通志馆，校长邹鲁兼任馆长后，被聘为主任，1946 年任民国《潮州志》编纂顾问，② 对地方文化颇有贡献。该志其余分纂、顾问及征访等人士亦皆为大埔先进，"以四个月为征访时期，就县内八区，每区设征访员一人，补助征访员二人；旅外征访员各随其地方，情形不复拘定"。③ 至 1920 年 9 月，除人物门因总纂温廷敬钻研推敲，"未能及时脱稿"外，④ 其余大致拟就。1935 年冬，全稿杀青，付印期间，抗日战争全面爆发，"时局动摇，不惟印务中途停顿，即印成之卷帙亦散失过半"，⑤ 所幸邑人何剡堂不辞艰险，"将原稿及所存卷帙运回原籍"，⑥ 志稿虽得保全，但付梓搁浅，面世之日未卜，殊为遗憾。

（二）抗战救国背景下再拟续印

抗日战争全面爆发后，中国面临空前严峻的民族危机，激发起爱国知识分子强烈的文化担当意识，国内出现文化（学术）为抗战服务的思想潮流，方志界亦不例外。1938 年，黎锦熙提出："抗战建国，我以为文化界中人要真正负起责任来，第一步工作，就在给所在的地方修县志。"⑦ 这一号召在当时引起较大反响。"国难方殷，县政尤剧"，⑧ "欲人民之爱国，必须使其知本国历史地理之可爱，而对于本乡本土尤甚"，⑨ 编修地方史志与抗战联结起来，超越地域乡邦情感的表达而具有爱国、救国的宏大意义。在这一背景下，1941 年，国民党高级将领罗卓英致函大埔县县长，"提倡续印"，⑩ "敦促并介绍罗君淑和，负编辑（未完稿）、订印、校对之责"。⑪ 罗卓英（1896~1961），字尤青，号慈威，大埔湖寮岭下村人。1922 年毕业于保定军校。全面抗战爆发后，1937 年 8 月参加淞沪抗战，指挥军队与日军反复争夺罗店、浏河一带，血战月余，备极激烈，伤亡惨重；同年 11 月任南京卫戍副司令长官，协助唐生智守卫南京；南京失守后，任第十九集团军总司令；1938 年至 1940 年先后参加武汉、南昌、长沙保卫战；1940 年 2 月，升任第九战区副司令长官，仍兼第十九集团军总司令；1941 年 3 月，罗指挥军队伏击日军，激战

---

① 民国《新修大埔县志》，《中国地方志集成·广东府县志辑》第 22 册，第 693 页。
② 中国人民政治协商会议广东省大埔县委员会文史资料委员会编《大埔文史》第 23 辑，2005，第 38~39 页。
③ 民国《新修大埔县志》，《中国地方志集成·广东府县志辑》第 22 册，第 693 页。
④ 民国《新修大埔县志》，《中国地方志集成·广东府县志辑》第 22 册，第 3 页。
⑤ 民国《新修大埔县志》，《中国地方志集成·广东府县志辑》第 22 册，第 3 页。
⑥ 民国《新修大埔县志》，《中国地方志集成·广东府县志辑》第 22 册，第 3 页。
⑦ 黎锦熙、甘鹏云：《方志学两种》，岳麓书社，1984，第 15 页。
⑧ 民国《新修大埔县志》，《中国地方志集成·广东府县志辑》第 22 册，第 2 页。
⑨ 连县政协文史资料研究委员会编《连县文史资料》第 6 辑，1987，第 48 页。
⑩ 民国《新修大埔县志》，《中国地方志集成·广东府县志辑》第 22 册，第 3 页。
⑪ 民国《新修大埔县志》，《中国地方志集成·广东府县志辑》第 22 册，第 4 页。

十四昼夜，取得上高大捷，罗卓英获青天白日勋章；1942年，罗卓英被任命为远征军第一路司令长官，率中国军队入缅作战；1943年5月，罗出任军令部次长；1944年11月，罗任全国知识青年从军编练总监，提出"一寸山河一寸血，十万青年十万兵"口号；1945年5月，罗被选为国民党第六届中央执行委员，同年8月任广东省政府主席；1946年，被授予陆军中将加上将军衔。① 罗卓英不仅是参与了一系列重大对日作战的抗日名将，而且饱读诗书，关心乡邦文化。他认为："方志实史之缩影也，举凡山川、文物之资料，政教风尚之蜕变，笔之于书，丽之以实用，以反映社会活动之过程，足资地方建设之基准，其价值之可珍，固无待辞费已。"② 对于县志续印，罗功不可没，正如该志刘织超序中所言："当仓皇戎马间竟能顾念及此，其重视邑志之热诚，良堪钦佩。"③

1942年，大埔县救济会拨借5万元印刷费，相关工作至此正式展开。此次县志补订续印，仕宦游学等表重新调查，党务门增编至1941年底，人物门增加传记多篇，并补增了阵亡将士姓名等内容，其余为"省人力物力"，悉用原稿，因此"前后纸张不同，未能划一"。④ 至1943年春，"历时十余稔，饱经国家扰攘、人事变迁"的《新修大埔县志》最终艰难告成。⑤

二　篇目内容的继承与嬗新

县志创修之后，邑乘再修一般有两种形式：一为续修，一为重修。续修者，如大埔县同治张鸿恩所修县志，为嘉庆洪先焘志之续修，"已云续修，乃不自为书，每门掺入洪志之后"。⑥ 此类邑志篇目如旧，只补充前志叙事下线后邑中人、事、物等发展状况。重修则另起炉灶，重新制定凡例，编排篇目结构，记事不接续前志而是上溯事物发端。但重修并不意味着完全抛弃前志，前志篇目、内容等始终是县志编纂的重要参考和依据，志乘内在地具有"承前启后""蜕旧嬗新"的性质或者说使命。《新修大埔县志》"新"字尽显"更始"意涵，自非续志而为重修。

根据《新修大埔县志》凡例中所作说明，该志纂修时，"旧志吴思立志不传"，"张燮任志亦佚"，而宋嗣京志、蔺墉志"尚未借得"，"所据者仅洪张二志"。⑦ "洪张二志"，从嘉庆朝至同治朝，清政府和封建统治一步步跌入衰败的深渊，直至西学东渐，革命军起，民国肇造。时代巨变中，《新修大埔县志》带有深刻的方志转型与嬗新印痕。这些特点，在与洪、张二志的篇目对比中，可以清晰、直观地体现出来（见表2）。

---

① 陈介成编著《大埔客家人物》，广东人民出版社，2008，第89~95页；胡必林、方灝编《民国高级将领列传》，解放军出版社，2006，第296~297页；化夷：《国民党去台高官》，珠海出版社，2009，第273~275页。
② 民国《新修大埔县志》，《中国地方志集成·广东府县志辑》第22册，第2页。
③ 民国《新修大埔县志》，《中国地方志集成·广东府县志辑》第22册，第3页。
④ 民国《新修大埔县志》，《中国地方志集成·广东府县志辑》第22册，第4页。
⑤ 民国《新修大埔县志》，《中国地方志集成·广东府县志辑》第22册，第4页。
⑥ 民国《新修大埔县志》，《中国地方志集成·广东府县志辑》第22册，第7页。
⑦ 民国《新修大埔县志》，《中国地方志集成·广东府县志辑》第22册，第7页。

表2 民国《新修大埔县志》与洪、张二志篇目对比

民国《新修大埔县志》		洪、张二志	
类目	正文包含内容	类目	正文包含内容
地理志	沿革、境界、暑度(附星野)、气候 乡村上(附户口) 乡村下(附户口) 山川、险隘、胜迹(附茔墓)	疆域志	疆域,附分野、气候、沿革
营建志	城池、廨署、黉舍、坛庙、寺观、坊表	山川志	山脉、河流,附形胜、险隘、古迹、水利
政经志	官制、区划、田赋(附屯田改赋)、徭役、盐课、杂赋、捐税、地方收入 经费(附地方行政机关经费)、仓储、救恤、兵防、水工、自治、团保、党务	城池志	城池,附街道、津梁、社甲、墟市
教育志	儒学、书院、社学、官学、义学、教育局、教育会、学校(中学小学女学师范)、社会教育(讲约、乡饮、报章、宣讲所、阅报社、戏剧)	廨署志	廨署,附裁署、亭馆
交通志	道路(附凉亭)、津渡、桥梁、航运、邮电(附驿铺考)	学校志	学校,附学田、乡饮、坊表
民生志	农田、水利、物产、林矿、工艺、贸易(附市集) 殖外	祠祀志	祠祀
人群志	氏族 礼俗 方言 谣谚 公团、宗教(缺)	寺观志	寺观,附茔墓、义阡
职官志	职官表(知县、推检、教谕、训导、巡检、典史附驿丞及递运所、总兵、游击、守备、千总、把总)、名宦传附寓贤	赋役志	户口、田赋、经费、耗羡、仓储、屯田、盐课、杂赋
人物志	列传一:未开邑前、宋、元、明 列传二:明 列传三:清上 列传四:清下 列传五:民国 列传六:仕绩上 列传七:仕绩下 列传八:儒行 列传九:文苑(附艺术、附医) 列传十:忠烈(附死难义勇)、革命党人	兵防志	兵防,附寇氛
人物志	列传十一:耆德 列传十二:孝友　义行 列传十三:列女　方外 列女表 科目表　仕宦表 封阴表　寿民表 游学学位表　选举表	兵防志	
艺文志	书目	驿铺志	驿铺

续表

民国《新修大埔县志》		洪、张二志	
类目	正文包含内容	类目	正文包含内容
金石志	金石	风俗志	风俗
大事志	元、明、清、民国	物产志	物产
叙录		灾祥志	灾祥
		秩官志	职官表
		名宦传	名宦,附寓贤
		选举表	选举表,附武科、武职、封典、援例
		人物传	仕宦、儒行、文苑、忠烈、耆德、义行、列女、仙释
		艺文志	

由表 2 可见,《新修大埔县志》在继承部分传统篇目的同时,进行了相当大的更新与调整,并根据时代发展增加了旧志没有的内容,展现出继承与嬗新的特点。首先,部分剔除了封建迷信思想,开始利用西方科技与新知识来重新解释与书写。例如,洪、张二志以疆域志开篇,首先记载面积广袤及县治至省、至京师、至其他县界等的里数,将本县置于国家疆域的空间坐标体系中,表达"一统无外"的观念;继而记录县境各界碑位置,确认一县的施政范围,"王化之同,而申画郊圻,则守土者之心也",[1] 这其实是作为国家官僚体系一环的县官表达接受"王化",为王守土尽忠思想。因此疆域志列首位,"疆域既明,万事可得而志矣"。[2] 疆域之后附星野气候。对此种顺序安排,洪、张二志做了以下说明:"凡志皆先星野气候,而后疆域,以星野气候属乎天,先之者以尊天也。今志先疆域而附以星野气候,以天之大,不敢冒言,且不敢骤言,但就吾疆域言之耳,其不敢者亦以尊天也。坐井而观之,持管而察之,一星之行,一气之动,谓非天乎?而遽以谈天则不可。天之大无所不周,其神无所不运,就吾疆域而附见星野气候,窃比诸坐井云尔、管窥云尔。"[3] 这表达了一种以天为尊的天地人思想。而《新修大埔县志》以"地理志"开篇,先列沿革,继而弃疆域一词代之以境界,删去了距省会、京城距离,而是细致记录县境形状、东西南北里数远近,并对旧志记载的里数进行考证、勘误、辨析,然后书写与邻邑分界情况,后附录旧志所载四境交界地点里数。如果说洪、张二志是"普天之下,莫非王土"观念下强调县邑在天下一统体系中的位置,那么《新修大埔县志》更多关注县邑自身,尝试以更科学、准确的方法描述本县的地理位置。其后的暑度、气候目,也抛弃所谓"尊天"思想,而是侧重从近代地理科学的角度排列和记述。如暑度目下明言"旧志对于

---

① 同治《大埔县志·疆域志》,广东省地方史志办公室编《广东历代方志集成·潮州府部》第 21 册,岭南美术出版社,2009,第 326 页。
② 同治《大埔县志·疆域志》,《广东历代方志集成·潮州府部》第 21 册,第 326 页。
③ 同治《大埔县志·疆域志》,《广东历代方志集成·潮州府部》第 21 册,第 326~327 页。

邑之疆域在地球面所占之位置，仅列星野，星野之说难稽，固不若经纬度可以实测"。① 分目正文中推算并记录了县域经纬度，其中说明经度是"参照最近东方舆地学会出版之中华形势一览图、最新潮梅明细地图"，② 用比例尺推算得出。还列举了县城太阳时及交节时刻，并具体记录了推算过程。同卷气候与人体细目载录医学书局《临床病理学》诱导篇内容来解释气压、湿度及气温等与疾病发生的关系，③ 后文记旧志中所谓病症原因，得出结论为："可见昔之人皆认此等气候病为山风瘴雾之所致，其实霍乱系虎列拉菌之传染病，疟疾系麻拉利亚菌之传染病，所谓芒茅瘴者不知何所指，岂可认为岭南特有之瘴疠耶?"④ 利用近代医疗科学知识解释病理问题，并对旧志迷信观点进行辨正、批驳。其次，增加了部分洪、张二志没有的篇目及内容。"教育、交通、民生、人群四门皆前志所未有"，⑤ 其中不仅含括洪、张二志记述范围，还增加了时代转型中出现的新事物，如教育志中的中学、小学、女学、师范、教育局、教育会、宣讲所、阅报社，交通志中的邮电，人群志中的公团等，尤其是民生志殖外篇的设置，尽显时代与地域特色。由于"近数年来，地方丧乱殴民而流离四方，各乡村竟呈特别萧条景象"，⑥ 大埔县"侨外人数几不亚于在乡"。⑦ 设置殖外一篇，记述旅居国内各地及国外包括南洋、东洋、西洋及美洲各埠埔人营业及其人数等情况，表达"乡邑为吾人根本"，希望旅外邑民归乡建设，同心协力恢复"仙乡乐土"。⑧ 再次，对已有篇目重新调整归类。如洪、张二志中的风俗志内容归入人群志礼俗目，"于不大变迁之风俗，照旧志抄存而加以按语，于旧志未详之礼制，及现在变而未定之状况，则分别纪载，以补其未备。国度方新，亦言制作者参考之一资料也夫"，⑨ 表现出新旧杂糅、承前启后的特点。最后，《新修大埔县志》篇目内容受到总纂温廷敬研究专长与学术倾向影响。温廷敬对偏重著录、考证古代青铜器和石刻碑碣上的文字铭刻及拓片资料以达到证经补史目的的金石学造诣颇深，著有《广东通志金石略补正》《大埔金石志》等。同时，温氏在广东人物研究方面更是潜心多年，发表过不少具有较高学术价值的文章。这种研究喜好和专长体现在县志编纂中，表现为单列金石志篇目，以及一改旧志人物志肤滥的弊病，以研究的姿态对待人物志编纂，"博考群书，务求正确，增删润色，惨淡经营"，⑩ 使该志人物志呈现出鲜明的革新特色，"确有可纪而旧志简略者必广搜博采，务求事实完备且不徒撷拾恒钉，要在融会贯串、叙述合法、神采如生，以资读者之流连……至于子弟荣贵表及父兄乡人请托，滥

---

① 民国《新修大埔县志》，《中国地方志集成·广东府县志辑》第 22 册，第 17 页。
② 民国《新修大埔县志》，《中国地方志集成·广东府县志辑》第 22 册，第 17 页。
③ 民国《新修大埔县志》，《中国地方志集成·广东府县志辑》第 22 册，第 23 页。
④ 民国《新修大埔县志》，《中国地方志集成·广东府县志辑》第 22 册，第 24 页。
⑤ 民国《新修大埔县志》，《中国地方志集成·广东府县志辑》第 22 册，第 6 页。
⑥ 民国《新修大埔县志》，《中国地方志集成·广东府县志辑》第 22 册，第 237 页。
⑦ 民国《新修大埔县志》，《中国地方志集成·广东府县志辑》第 22 册，第 237 页。
⑧ 民国《新修大埔县志》，《中国地方志集成·广东府县志辑》第 22 册，第 237 页。
⑨ 民国《新修大埔县志》，《中国地方志集成·广东府县志辑》第 22 册，第 327 页。
⑩ 民国《新修大埔县志》，《中国地方志集成·广东府县志辑》第 22 册，第 3 页。

登庸行，黄茅白苇一望皆同，虽未便删削，或量为归并或改入附表，其实为名流，事实无考者止得视此，妇女节烈无事实者亦同此例"。①

三　文本书写特色述介

1. 民修与官修相结合的文本表现

方志纂写讲究据事直书、述而不论，特别是官修志书，因为"具有政绩与官方建档的意义"，所以"私人的声音往往被尽量的排除"，②但该志前于 1929 年由民间人士推动启修，其性质属于民修，然至 1941 年重拟续印之时，已是由县长主持编修，性质变为官修，因此该志呈现出官修与民修相结合的文本特色。民修方面，编纂者大胆提出自我观点，直言不讳，言辞犀利。如卷六政经志田赋目，详列田赋征收诸事宜，最后单列"征收弊窦"条目，直言："吾国田赋弊混丛生，吾邑亦无庸讳饰。其弊之所在，上则侵蚀国家，下则勒索人民。"随后归纳了两项侵蚀国家的弊端："白单中饱也""大头小尾也"。又指出勒索人民情况发生的原因是"钱粮计算之法至为繁复"。其后条目为"最近布告计算法"，收录 1928 年大埔县按广东财政厅要求公布的钱粮计算简表，表后指出"虽列简表布告，然欲人民尽能了解，犹属不可能之事"，接着，编纂者提出自己主张的解决办法："第一步，应先删除一切名目……第二步，应彻底清丈田亩……"最后，编纂者认为"逆料将来国家政治清明，必有实现之一日也"，③言外之意，目前非政治清明之时。再如，卷一一民生志下殖外篇，编纂者写道，县邑穷困民多流离四方，"区区三十万众反致不能养活"，慨叹"政府固无以对吾民"，④对当时政府的不满与埋怨毫不隐讳。官修方面，设置体现官方意识形态与执政党意志的内容。如该志卷七政经志党务目，分七个时期，即兴中会时期、中国同盟会时期、国民党时期、中华革命党时期、中国国民党时期、国民党"清党"时期、现在时期，记述大埔县国民党发展历程，其后置"增编"一目，由县国民党党部书记长唐人纂述，记述该县国民党党务大致情形。⑤

2. 使用按语对所引文献进行辨析、评述

按语，一般指"编著者经过查考核实以后而写出的结论、看法、提示或评论等"，⑥该志充分利用按语，增强了文本记载的严谨性、可靠性。如卷一地理志细目记载："唐虞三代，大埔为扬州南裔地，至周末有百越之名（旧志）。《禹贡》淮海惟扬州，自淮而南至海，则大埔地包括在其中。《汉书》秦徙中县之民与百粤杂处，所谓百粤者亦作百越。盖因古者江浙闽粤之地

---

① 民国《新修大埔县志》，《中国地方志集成·广东府县志辑》第 22 册，第 6 页。
② 林开世：《方志的呈现与再现——以〈噶玛兰厅志〉为例》，《新史学》（台北）2007 年第 2 期。
③ 民国《新修大埔县志》，《中国地方志集成·广东府县志辑》第 22 册，第 130~132 页。
④ 民国《新修大埔县志》，《中国地方志集成·广东府县志辑》第 22 册，第 237 页。
⑤ 民国《新修大埔县志》，《中国地方志集成·广东府县志辑》第 22 册，第 166 页。
⑥ 王克仲、房聚棉编著《古今同形词语例释》，黑龙江人民出版社，1983，第 2 页。

为越族所居，如闽粤在福建，南粤在广东。又《太平寰宇记》，潮州古闽越地。是大埔在百粤之内。"后加按语："廷敬案：欧阳忞《舆地广记》谓潮州同时为七闽地，与《太平寰宇记》谓古闽越地，同较百粤说为长。"① 对所引文献进行辨析并表达编者观点。又如，卷一三人群志礼俗目载："吴府志，大埔质朴素俭，不喜浮夸，其俗野而愿。"后接按语："星按：此志在百年以前确系实录，今质朴俭素虽变，而相差未远。文明日进，野固渐免，而浮夸之习亦日甚矣。"② 通过按语对所引文献做出评述，古今变化浮动于字里行间。除条目后接按语外，该志还于分目记述完结后，用按语对文本整体做考证、评述。如卷一地理志一沿革目结尾记"廷敬案……"，对古史文献县域记载进行考辨论证，提出疑问，做出分析，得出结论："旧志之说，固附会臆断，然亦非无因……故列举而辨证之，虽其中尚多悬疑，然自谓不无所见，尚望海内硕学有以教我也。"③

3. 广泛运用夹注

旧志注解文字常采用双行小字加排在正文中间，并排两字约合正文一字大小，此即夹注，或称随文注、文中注，此种形式既不影响文气连贯畅通，又能丰富资料、厘正文字、补充情况、解释文本。④ 该志全篇广泛使用夹注，其内容之多甚至可与正文相当。总体来说，该志夹注主要有下述几种用途。

第一，用夹注标注资料来源与文献出处。注明出处，证实资料真实可考，是志书"信史"属性的内在要求，亦是体现编纂者学风态度的重要方面。该志凡例说明"志乘纪载无征不信，地志引书注明出处。……兹编于所采原书不加改窜者（惟地名等不在此例），则末仅注某书而已，或有兼采他书亦间逐段注明，其融会剪裁者，则注据某某参修，于述作之意兼重，庶免偏执之讥"。⑤ 这些出处文字多采用小字夹注形式书写。如条目"晋初立海阳县，即旧揭阳县地。成帝咸和元年分南海为东官郡，以海阳地分绥安等三县。安帝义熙九年分东官郡、海阳等四县为义安郡"，其后小字夹注："据《宋书·州郡志》修，详见辨证。"⑥ 在人物传记部分，这一特点体现得更为明显，每则传记后皆附夹注说明出处。如卷二二人物志张龙云传，其后夹注"据访稿修"；⑦ 卷一九人物志邱道光传，其后夹注"据蔺志、洪志、府周志参修"；⑧ 卷二三人物志何世枢传，其后夹注"旧志"。⑨

① 民国《新修大埔县志》，《中国地方志集成·广东府县志辑》第22册，第10页。
② 民国《新修大埔县志》，《中国地方志集成·广东府县志辑》第22册，第329页。
③ 民国《新修大埔县志》，《中国地方志集成·广东府县志辑》第22册，第15页。
④ 参考赵峰《论旧志夹注——以明正德〈松江府志〉、清光绪〈青浦县志〉为例》，上海市地方志办公室、上海市地方史志学会编《上海方志研究论丛》第3辑，上海书店出版社，2017，第293页；赵心田《新方志注释论》，《中国地方志》1995年第1期。
⑤ 民国《新修大埔县志》，《中国地方志集成·广东府县志辑》第22册，第6~7页。
⑥ 民国《新修大埔县志》，《中国地方志集成·广东府县志辑》第22册，第11页。
⑦ 民国《新修大埔县志》，《中国地方志集成·广东府县志辑》第22册，第440页。
⑧ 民国《新修大埔县志》，《中国地方志集成·广东府县志辑》第22册，第407页。
⑨ 民国《新修大埔县志》，《中国地方志集成·广东府县志辑》第22册，第449页。

第二，用夹注存录文献资料。如卷五营建志学宫目，在记述相关建修历史后小字夹注"饶相重修大埔县儒学记"；① 卷一三人群志礼俗目末用夹注"附录前贤关于吾埔风俗之著作如下"；② 卷六政经志社甲之沿革条目夹注旧志按语。③ 该志卷四地理志胜迹目，由于"旧志所举形胜与古迹亦多缺略，兹摘其山川奇胜处及寺观之风景佳胜者，并系古今题咏以实此篇"，④ 因此该篇各条目后多夹注相关诗文题咏，志乘信息容量得以拓展，增加了文本的资料性、可读性及参考价值。值得注意的是，该志艺文志对所录书目介绍或书序，皆采用小字夹注形式。此形式既可保存史料文献，又极大缩减了志书篇幅。

第三，用夹注补充情况或解释说明。如卷一〇民生志水利目采用夹注对所载陂塘方位情况等做了介绍。卷一三人群志礼俗目载"宗人序事以齿以贤"，夹注"星按：旧俗宗族间虽亦徇齿，然更徇昭穆"。⑤ 此按语即对所载事项进行解释说明。又如卷一地理志条目记农家谚语"人怕老年寒，禾怕八月旱"，夹注"旧历"，⑥ 对月份做补充说明避免新旧混淆，凸显志书编纂的严谨性。再如卷三地理志大产甲目载"区署南八里，东接东城，北接梅山，面积纵一里横半里，居民五十四户三百一十三人"，其后小字夹注"罗姓二百五十一人，赖姓三十五人，麓姓二十七人"，⑦ 对所录事项做进一步补充，充实了文本内容。

第四，以夹注载卷前小序或分目提要。志稿部分标目下夹注序文，阐述该目之义例、旨要或评论。如卷五营建志城池分目下夹注："古代设官，守土坚城为重，现世戟具进步，城池之险已不足恃，繁盛之区且纷议拆城辟市矣。然吾邑以偏僻之地，筑城二座……固志吾邑营建，一因旧例首列城池，所纪诸端，亦沿旧志，字句间有因时代不同者修之，事实上或有变更存废处，各附注其下，或按述其后。"⑧

第五，用夹注厘正文献错讹。如卷一地理志载"康揭阳移治，故陂阳县改曰陂县"，小字夹注"当作阳"。⑨

第六，用夹注做文献比对。如卷一地理志境界目载"旧志谓东西广二百二十里"，夹注"阮通志作二百一十里"，⑩ 利用夹注承载、展示另一种信息以资读者辨别，增加了志稿的准确性与可信度。

4. 大量使用表格

《修志事例概要》（1929）规定："志书中应多列统计表。如土地、户口、物产、实业、地

① 民国《新修大埔县志》，《中国地方志集成·广东府县志辑》第 22 册，第 97 页。
② 民国《新修大埔县志》，《中国地方志集成·广东府县志辑》第 22 册，第 333 页。
③ 民国《新修大埔县志》，《中国地方志集成·广东府县志辑》第 22 册，第 115 页。
④ 民国《新修大埔县志》，《中国地方志集成·广东府县志辑》第 22 册，第 82 页。
⑤ 民国《新修大埔县志》，《中国地方志集成·广东府县志辑》第 22 册，第 330 页。
⑥ 民国《新修大埔县志》，《中国地方志集成·广东府县志辑》第 22 册，第 23 页。
⑦ 民国《新修大埔县志》，《中国地方志集成·广东府县志辑》第 22 册，第 61 页。
⑧ 民国《新修大埔县志》，《中国地方志集成·广东府县志辑》第 22 册，第 91 页。
⑨ 民国《新修大埔县志》，《中国地方志集成·广东府县志辑》第 22 册，第 14 页。
⑩ 民国《新修大埔县志》，《中国地方志集成·广东府县志辑》第 22 册，第 15 页。

质、气候、交通、赋税、教育、卫生，以及人民生活，社会经济各种状况，均应分年精确调查，制成统计比较表编入。"① 该志大量使用表格记录调查资料、统计数据，如《大埔逐节日出日入时分表》、《大埔逐节光黑时分表》、县内各类学校统计表、《氏族调查表》等，表格内容约占全书1/4篇幅。人物志中《列女表》《科目表》《仕宦表》《封阴表》《寿民表》《游学学位表》《选举表》的使用，则起到"文省事明"②"囊括无遗"③ 的作用，去除人物传记"繁晦至于不可胜矣"④ 之弊病。

5. 灵活运用"考"

"考"是方志编纂的一种重要体裁，有考证、考订之意，可起到保存历史资料、厘清历史问题的作用。该志灵活运用"考"，增强了志书的学术性、科学性、严谨性和资料性。如卷五营建志黉舍目载"从祀考"一则，⑤ 梳理从汉安帝至同治十一年先贤先儒先后入祀历史；再如卷一二人群志氏族目记录"客族来源考略"。⑥ 该志中的"考"更多以"备考"形式出现，即补入与正文相关的重要资料以备查考。如卷九交通志邮电目附驿铺考，录入旧志所载邮电未兴前驿铺情况"以备考据"。⑦ 再如卷六政经志花户名册目，指出"此簿内所列米石数目，与民间自知应纳之数目，则毫无差异。故征收之际，此种名册实为最重要之底册"，因此"兹照录于后以备查考"。⑧ 该卷另一目徭役说明清代税赋改革后"徭役之名遂成历史"，"邑中之徭役若何，已不可详考"，因此"兹就旧志所存留者录之，以供查考"。⑨

6. 抗战史料及时入志

《新修大埔县志》前期采访入志之事止于1930年秋，至1940年再拟续印时，"吾埔人物若忠烈、若仕宦、若学位，有功于国、有名于时，足令人钦仰者，不知增加几许"，因此"重新调查详细补入"，⑩ 此次补入内容之一即抗日阵亡将士情况。该志将抗日烈士归入人物志忠烈类，⑪ 根据表格，从1937年淞沪会战至1941年第二次长沙会战，大埔县共有45人牺牲，表格记录了这些抗日烈士的姓名、年岁、籍贯、职级、部队番号及事略（包括牺牲时间、地点）等，烈士"何天杰"备考一栏还记录了罗卓英为其遗像所题词句："我有军需，何君天杰。相随抗战，懋著功烈。安义成仁，干才遽折。永念斯人，中心蕴结。"⑫ 志书记录是对烈士的肯定

① 浙江省地方志编纂室编《修志须知》，浙江人民出版社，1986，第200页。
② 章学诚著，仓修良编注《文史通义新编新注》，商务印书馆，2017，第512页。
③ 章学诚著，仓修良编注《文史通义新编新注》，第1023页。
④ 章学诚著，仓修良编注《文史通义新编新注》，第512页。
⑤ 民国《新修大埔县志》，《中国地方志集成·广东府县志辑》第22册，第99页。
⑥ 民国《新修大埔县志》，《中国地方志集成·广东府县志辑》第22册，第272页。
⑦ 民国《新修大埔县志》，《中国地方志集成·广东府县志辑》第22册，第218页。
⑧ 民国《新修大埔县志》，《中国地方志集成·广东府县志辑》第22册，第122页。
⑨ 民国《新修大埔县志》，《中国地方志集成·广东府县志辑》第22册，第134页。
⑩ 民国《新修大埔县志》，《中国地方志集成·广东府县志辑》第22册，第3页。
⑪ 民国《新修大埔县志》，《中国地方志集成·广东府县志辑》第22册，第498~500页。
⑫ 民国《大埔县志》（三），《广东历代方志集成·潮州府部》第24册，岭南美术出版社，2009，第1998页。

与表彰，是对烈士亲人的精神抚慰，同时也凸显出志书的资料属性，章学诚讲"修志有二便：地近则易核，时近则迹真"，① 正是当时县志纂修人的访查与书写，为后人永久地留下了宝贵的大埔县抗战史料。

综上，《新修大埔县志》资料翔实，内容丰富，质量较高，如编者言："虽不敢自信完备，然记载内容约比前次续修者增十分之四五。自问邑中事项可能调查者已勉力调查，此外搜求考证亦颇费心力，尽其责焉云尔。"② 该志诞生于民国前期，出版于抗战后期，在时代的巨变与动荡中，其继承与嬗新的转型方志特点与修志为抗战服务的情怀表达成为别具一格的特色。该志是研究大埔历史、抗战历史、民国历史的宝贵文献资料，其篇目安排、内容取舍、文本书写等可圈可点，对今天的地方志纂修也有重要借鉴意义。但由于时代、阶级的局限，该志对农民起义、红军等持否定、敌视态度，这是今天我们应该严正批判的。

---

① 章学诚著，仓修良编注《文史通义新编新注》，第857页。
② 民国《新修大埔县志》，《中国地方志集成·广东府县志辑》第22册，第693页。

第二届方志文化国际学术研讨会
暨第九届中国地方志学术年会会议综述

  2019 年 7 月 16~17 日，第二届方志文化国际学术研讨会暨第九届中国地方志学术年会在湖南省长沙市召开。会议由中国地方志指导小组办公室（以下简称"中指办"）、中国地方志学会主办，长沙市地方志编纂室承办，系中指办庆祝中华人民共和国成立 70 周年系列活动之二。此次研讨会会议主题为"走向世界的中国地方志"。

一　会议基本情况

  此次国际学术研讨会为期 2 天，议程主要包括主旨报告、大会交流、分组讨论、主题讨论等环节。共有来自澳大利亚、美国、德国、挪威、日本、南非等 6 个国家和中国台湾地区与复旦大学、南开大学、北京师范大学、西南民族大学等 18 所高校，以及全国地方志系统的 140 余位专家学者参加会议。
  第二届方志文化国际学术研讨会暨第九届中国地方志学术年会开幕式于 2019 年 7 月 16 日举行，中国地方志指导小组秘书长、中指办主任、中国地方志学会副会长兼秘书长冀祥德，国际图书馆协会联合会（IFLA）当选主席克里斯汀·玛丽·麦肯锡（Christine Mary Mackenzie），湖南省长沙市政协副主席、长沙市地方志编委会副主任袁志恒出席开幕式并致辞，出席开幕式的还有中指办副主任、中国地方志学会副会长邱新立，国际图联方志及族谱部门主席、台湾世新大学信息传播学系副教授林志凤，国际图联方志及族谱部门秘书和当选主席、美国多米尼加大学教授塞西莉亚·莉梓玛·萨尔维多（Cecilia Lizama Salvatore），第六届中国地方志指导小组成员、复旦大学教授巴兆祥，湖南省地方志编纂委员会党组成员、副主任邓建平。开幕式由邱新立主持。

冀祥德在致辞中指出，编修地方志是中国独有的文化现象，在 2000 多年的传统中，官职官修的权威特性使得地方志在存史、资政、育人方面的效用代代传承，弦歌不辍。方志文化博大精深、独具特色又历久弥新。当今世界各国联系日益紧密，各国共处同一个世界，人类社会日益成为一个你中有我、我中有你的"命运共同体"，呈现出各美其美的文化多样性，但美美与共、合作共享应该是未来发展的方向和趋势。借此次会议召开之机，希望各国学者增进了解，互学互鉴，共同推动方志文化走向世界，增强中华文化凝聚力、影响力和国际竞争力。克里斯汀女士提出，历史是集体记忆和个人记忆的存储库，图书馆负责记录全世界人民的知识遗产。国际图联的工作目的是在全球范围内帮助各个国家实现保存文化遗产的重要作用。地方志和家谱为人们了解来自哪里、在历史中扮演何种角色起到了重要的作用。在地方志和当代史的舞台上，国际图联愿同中国的地方志工作者一道，为保存共同的人类记忆交流共享、通力合作。袁志恒在致辞中回顾了长沙"经世致用、兼收并蓄"的湖湘文化和"心忧天下、敢为人先"的长沙精神，介绍了长沙市经济社会发展现状和建设蓝图，并对长沙市近年来的志鉴工作作了充分肯定。他表示，长沙将持续巩固地方志工作取得的成果，以优异成绩庆祝中华人民共和国成立 70 周年。

开幕式结束后，冀祥德向大会作了题为"中国地方志的价值特性"的主旨报告。他指出，"国有史、郡有志、家有谱"，地方志是中国独有的文化瑰宝，在世界文化领域中独树一帜，具有历史贯通性、民族区域性、客观权威性、法律证据性、资政辅治性，有着丰富独特的内涵和价值。在中华文化"走出去"战略实施过程中，方志文化应勇于担当，积极发挥引领作用，在传播方志文化、讲好中国故事中扮演重要角色。克里斯汀作为国际图书馆界最高级别、最具权威的国际图书馆专业组织——国际图书馆协会联合会当选主席，以图书馆学专家的身份向大会作了题为"IFLA：building a strong and united library field"的主旨报告，介绍了国际图联为促进国际图书馆事业的交流协作和保存文化遗产方面的努力，并特别指出了地方志在保存文化特性、传承历史文化方面的独特价值和永恒魅力。

在大会交流阶段，与会学者围绕地方志及家谱收藏、研究、利用情况和方志文化传播、方志学学科建设、方志资源数据库建设等议题作了精彩的大会交流发言。大会交流分别由四川省政协文史和学习资料委员会副主任马小彬、湖北省文化和旅游厅地方志工作处一级调研员司念堂、河北省地方志办公室副主任王蕾主持。

7 月 17 日，第二届方志文化国际学术研讨会暨第九届中国地方志学术年会闭幕式举行。中指办党组书记高京斋出席闭幕式并作大会总结，林志凤作为专家代表发言。出席闭幕式的还有巴兆祥、邓建平以及长沙市地方志编纂室党组书记、主任王习加。闭幕式由邓建平主持。

高京斋对此次会议的总体情况作了回顾、总结，概括了会议的特点，并对地方志事业未来的发展作了展望。他指出，此次会议是继 2017 年 9 月在北京召开的方志文化国际学术研讨会后的又一次盛会。此次会议的召开，对于坚定文化自信，推动方志文化的传播，加强海内外学者在研究利用方志资源等方面的交流，有着重要而积极的意义。他强调，希望大家以此次会议为契机，坚定方志文化自信，不断进行理论创新；从地方志编纂的历史经验和实际问题出发，坚持正确的学术导向，吸收借鉴相关学科的研究方法，为地方志事业发展提供坚实的理论基础；坚守方志理论研究阵地，不断加强研究人才队伍建设和海内外学术交流合作。林志凤在发言中对会议作了认真总结和中肯的评价，还提出了一系列极有价值的建议。她建议，中国的地方志机构和人员应当通过参加国际组织，参加国际会议，让中国地方志走向世界；应当吸收世界各地的地方志研究者参加中国地方志学会，多举办国际学术研讨会；要建立专家库，加大对方志同人的专业培训；做好地方志数字化、标准化建设，以利于海内外学者利用；推动城乡间地方志协调发展。她表示将会把此次会议的交流情况向全世界的图联工作者分享，推介中国经验，传播中国方志文化。

二　征文基本情况

此次会议征文以"走向世界的中国地方志"为主题，征文涉及依法治志研究、地方志转型升级研究、中国方志文化传播研究、海外方志文献收藏与利用研究、方志学学科体系建设研究、新方志编纂实践与理论研究、中外年鉴比较研究、地方史编写管理研究、方志数字化研究、方志馆功能定位研究、方志馆与公共文化建设研究、家谱与史志研究、志鉴史关系研究、乡镇村志编纂与乡村建设之关系研究、方志文化在中国传统文化中的地位与作用、新时期《一统志》编纂研究等多个方面，得到了海内外地方志学者的热烈响应。大会采取以文与会的方式，共收到海内外征文225篇，经过专家匿名评审，有131篇论文入选，其中有14篇论文作大会交流。96人在分组交流中发言并点评。

（一）依法治志研究

近年来，随着国家赋予地方志工作的职责持续加强和机构改革的不断推进，学界对于地方志立法工作的关注和呼吁也日益增强。特别是基层地方志工作机构，对国家层面出台地方志有关法律寄予很高的期望。马军《试论依法治国与依法治志的辩证关系》一文从依法治国决定依法治志、依法治志与依法治国相互依存、依法治志对依法治国的反作用三个方面阐述了两者既对立又统一的辩证关系。林忠玉《史志立法探究》认为地方志的立法工作十分必要。当前地方志事业成果丰硕，史志立法是依法治志的历史选择，也是立体化信息传播模式下地方志事业发展的法律保障。吴炎《地方志工作法治化路径研究》提出目前《地方志工作条例》立法层级较低，地方志编纂部门权责不明晰，在实践中面临着无法可依的困境，因此亟须深化地方志工作法治化进程以保障地方志事业健康发展。郭城《浅谈依法治志的实现路径》认为，依法治志意识是法律制度文明的体现，具体实践路径包括制定"中华人民共和国地方志法"、确定地方志工作的职能部门、加强地方志著作权法律保护等，将地方志活动从行政化向法治化升级。李才东《浅析依法治志下明确地方志工作机构的必要性——以重庆市武隆区为例》一文以重庆市武隆区地方志工作机构演变为例，得出落实机构和人员能更好地推进地方志工作，且单设机构的区县地方志工作推进较好的结论，呼吁在法律层面上配齐配强地方志工作机构的各项保障，确保基层工作的顺利开展和推进。杨颖、包淑华的《坚定文化自信 提升方志节奏 探索"全方位""大修志"工作格局——黑龙江省宁安市地方志事业法治化发展研究》将地方志法治工作与文化发展传承结合起来，用法治思维破解发展难题，用法治手段解决现实问题，用法治规则保障工作创新健康持续发展，为坚定文化自信提供不竭动力。

（二）《一统志》编修

长期以来，《一统志》被认为是"地方志系统工程的最后一块拼图"，对于维护国家领土主权完整、增强中华民族凝聚力、维护促进祖国统一有着重要意义。本届学术年会征文对该议题从理论与实践层面均有所拓展和深化。王慧《浅谈元明清〈一统志〉对编纂新时期〈一统志〉的启示》梳理了三代《一统志》编修的背景、体例、内容、资料来源、承办机构等，指出《一统志》的编修是国家重大文化工程，其政治价值更重于学术价值，应当借鉴前人经验，统筹调动各方资源，建立完善奖惩机制，吸收年鉴、行业志、白皮书、地情书等社会科学成果，并妥善处理边界争议、民族宗教问题、涉外事件等争议话题。卢博文《浅谈〈清史〉工程与〈中国长城志〉编纂为新时期一统志编纂带来的启示》一文结合近年来国家层面较为重大的史志文献编纂工作，从组织领导、信息技术运用、整体性确定和著述性提升四个方面对新时期《一统志》的编修提出了值得注意的举措和经验。梁滨久《从〈中华一统志〉的编纂说起》回顾了《一统志》编修的传统和目前面临的实际情况，认为编纂一部通古今、达四方、涵盖各行业与领域的《中国通志》应为首选。作为对梁滨久观点的回应，任根珠《〈一统志〉编纂刍议》则在操作层面提出了一套涵盖基本要素的编纂方案，包括意义、指导思想、组织机构、总体框架、编纂规定、承办单位、编纂流程、经费预算、质量保证、完成时间等内容供学界探讨。

（三）学科建设

关于方志学学科建设的研究已连续几年成为学术年会的征文主题之一，本届学术年会入选的征文综述性明显，不再局限于单个问题的解释与阐发，兼顾学术史回顾和时代性特征。

巴兆祥、李颖《基于〈中国地方志〉计量统计的方志学科知识体系构建研究（1994～2018）》以方志学领域最权威的期刊《中国地方志》所刊载的1994～2018年的2769篇文章为样本，统计分析了方志学相关知识的生产主体构成、内容的生产与知识体系的构建及其特点，并提出若干建议。认为这25年的知识体系发展体现了方志学研究主题与方志事业发展轨迹密切相连，研究队伍以方志系统为主、高校为辅，相关知识生产不均衡，平台日趋规范等特点。安山《"三个体系"视角下方志学一级学科建设初探》提出，方志学是中国特色哲学社会科学的重要组成部分，应在学科体系、学术体系、话语体系中进行全面部署，在组织体系、制度体系、推进体系、评价体系和保障体系中探索一种多元合作共建模式。

（四）方志文化传播

方志文化是中华优秀传统文化的一朵奇葩，在讲好中国故事、传播中国声音方面，方志人有着义不容辞的责任与使命。"方志文化传播"这一议题在本届研讨会上得到了热烈响应，入选征文在方志文化的独特意义、方志文化的传播途径和方式、新媒体带来的新问题等多个方面新见迭出、角度多样，成为新的亮点。

李振宇、高天成的《以习近平新时代中国特色社会主义思想为指导　努力在推动地方志事业大发展中积极传承弘扬中华优秀传统文化》以中国特色社会主义思想为指导，以习近平总书记系列重要讲话精神为指引，论述了地方志作为中华优秀传统文化的重要载体，需要在坚持自身发展的同时为传承弘扬中华优秀传统文化贡献自身力量。

在文化传播的受众方面，田丰《中国地方志跨文化传播中的受众意识》认为，近些年中国地方志在国际传播中不断尝试新的探索和实践，随着传播渠道的拓宽，要更为精准地实现良好传播效果，需要考虑各类受众群体的不同特征，并确定相应的个性化传播策略，以实现对国家文化战略输出的有效配合。在方法上可采取语言的多样性、文化的独特性、影像的丰富性、素材的多样性和志书的权威性多种方式叠加，文章还对影响传播效果的主要问题和建议进行了分析。孙众超在《全媒体语境下的中国方志文化传播》中也提出，在当前全媒体的传播方式日渐成熟之时，受众的阅读行为和审美心理、传播过程的参与程度、时效性与影响力均发生了深刻变化，以往传统文化传播方式常常无法达到预期效果，方志文化传播应当深刻把握规律，拓展传播的物理空间和实效性，通过提高站位、更新理念、转变思想、多管齐下、立足长远等方式使方志文化传播真正抵达受众的心理空间，获得心理认同。

南剑飞《论地方志传承发展中华优秀传统文化的具体路径》一文基于利益相关者理论，提出了包含方志工作者、管理者、参与者、传播者、研究者、使用者在内的六大路径，指出需要综合运用形成合力，才能发挥最大的传承效果。李连秀《浅谈方志文化在中国传统文化中的地位与作用》重温了党和国家领导人倡导推动地方志编修的探索与实践，审视了新时代背景下方志文化在传统文化中的地位与作用，指出方志人应不忘初心、牢记使命，以精品佳作奉献人民。吴秋宁《浅析方志文化传播现状和途径》着眼于信息化和数字化建设，总结了20个省级以上地方志机构微信公众号栏目设置概况，分析了在目前大众数字化阅读和短视频阅读方式激增的情况下，方志人应通过八大途径拓展方志文化传播的深度和广度。符思念的《在继承中创新　在交流中传播——试论方志文化在继承传统、创新发展中走向世界的路径探索》在辩证继承传统方志文化分析的基础上，提出创新发展方志文化可以采取融入国民教育和现实生活的途径，坚持交流互鉴，增强方志文化影响力。

蒲霞《方志文化在中国传统文化中的作用——以徽州方志文化为考察中心》从徽州历代方志文献中整理了相关信息，认为地方志在"存史""资政""教化"三大功能中最大限度地发挥了中国传统文化的功能，有助于社会稳定发展、伦理观念形成和以"德"为中心的个体价值取向的确立，这些都构建了中国传统文化的坚实基础，也形成了中国传统文化的鲜明特色。陈忠《丝绸之路经济带背景下新疆方志文化对外传播交流对策研究》一文聚焦新疆地缘优势，介绍了新疆积极利用资源、区位、体制机制和政策优势，积极服务于丝绸之路经济带核心区建设，并就制约文化传播的因素提出了相应的对策建议。

（五）地方志与地方文化

地方志作为保存地方文脉、传承地方文化的重要载体，其文献意义和历史意义不言而喻，一直是地方志研究和开发利用的重点和热点。与会学者聚焦文化传承、文化传播、文化自信、转型升级等多重角度展开讨论，视野多样，角度新颖，体现了地方志与地方文化不可分割的密切关系。

陈立文在《台湾方志发展》中介绍了台湾方志编修的传统和机构设置情况，提出中国台湾地区修志大致可分为文献会主导、民政机构主导和学者主导三大阶段，其中学者修志为一大特色。另外，伴随着台湾社会与文化发展，乡土与历史结合的趋势也渐露头角，"在地化、生动化、多元化、普及化"成为新的发展动向。他认为，传统方志在台湾不会消失，将随着新鲜血液和力量的不断注入而继续传承下去。包柱红、万湘容的文章《宁波方志著录、整理研究和流传分布情况概述》一文借助工具书系统梳理了宁波方志的著录情况，厘清宁波方志影印、点校、数字化三种方式的整理刊行和收藏情况，并对宁波方志海外整理刊布存藏情况进行了梳理，为学者利用宁波方志文献提供了有力指引。赵树森、杜中洲《地方文化的传承与地方志书的编纂——从南皮县现存的七部县志看地方志与地方文化的关系》聚焦于南皮县深厚的文化内涵，认为从文坛佳话到历史名人等地方文化的兴盛为地方志书提供了丰富的地情资料，也使志书成为展示地方文化的良好平台，两者相辅而行，不可或缺。林荣国《公共文化视角下的泉州方志资源的开发利用》介绍了泉州市在开发利用地方文化特色方面的积极办法，就其中出现的不足和原因进行了分析，并就此提出五大对策。

王蕾《让地方志事业在转型升级中世代传承——基于河北地方志发展的视角》一文认为从河北地方志的传承脉络可以清晰地看出地方志体裁的演变和体系的确立与时代大潮紧紧相关，根据社会发展不断完善和调整，地方志在当代要想完成华丽转身，需要对内苦练内功，对外扩大宣传以凝聚民族精神、增强中国文化软实力。

面对机构改革难题，杨富中《坚持文化自信 巧妙破解难题——浅议机构改革给志鉴编纂带来的影响及对策》认为应把脉症结、找准定位、坚持自信、主动作为，变挑战为机遇，实现跨越式发展。任立斌在《县级地方志工作转型发展的实践和思考》中则指出县级地方志机构在二轮修志工作完成后应借此机会实现从单一修志向方志事业定位的转型、从修志修史向读志用志的转型、从闭门造车到开门办志的转型、从僵化老旧向改革创新的转型,并提出了具体建议。

(六) 修志理论与实践

自国务院提出"两全目标"以来,省、市、县三级志书编修工作如火如荼地开展,各级地方志书在编纂过程中积累了大量有益经验,一线的地方志工作者广泛发现问题、灵活解决问题,并由此提炼出很多理论文章。理论文章来自修志实践,又反过来对志鉴编纂活动起到积极有益的指导作用,这成为中国地方志学术年会的显著特色。通过对志书编纂的各个环节、各个内容、各个门类的用心思考和经验沉淀,广大地方志工作者拾级而上,化经验和反思为前进的动力,使得志鉴编纂水平更上一层楼。

韩章训《修志规则通论》对"越境不书、越限不书、越级不书、常事不(略)书、通典不录、详今略古"六大修志规则的发展源流和志届观点进行了讨论和梳理,对当下修志有借鉴和启迪意义。范洪涛结合自己多年修志经验,在《地方志能否既回答好"是什么",又回答好"为什么"问题的探索》中对地方志的基本属性、功能作用等问题做出追根溯源的探讨。周涌《现代通志编纂常见问题——以〈湖南省志(综合本)·报业篇〉初稿为例》分析了省志通志编纂过程中存在史实错误、断限不严、遗漏关键或重要信息、详略不当等典型常见错误,对有关志书编修起到参考借鉴的作用。蔺志茹《志书篇目拟定时常见问题探析——以某部志书"文化编"篇目为例》认为篇目得当与否关系着志书质量的高下,应予以充分重视和考虑。她在审稿过程中发现文化编篇目拟定的不妥之处具有代表性和典型性,并提出了修改意见。常洁琼《志书自然部类常见的易错点及解决办法》一文针对志书中自然部类出现的概念混淆、使用过时理论、生物属种名出错、专业名称使用错误等常见问题进行了总结并提出解决办法。张卓杰则将目光聚焦在方言篇中,他的《关于续志中方言篇几个问题的思考》一文认为,方言是地方特色鲜明的板块,在续修志书中应予以设置,应当恰当处理好语音、词汇、语法三者关系,由专业人才担任编纂主要成员或审稿成员,同时还要注重对新内容的记述,涉及如方言历史研究、方言地理研究、方言的社会语言学研究等领域。张灵《新方志科教文卫类别编纂的经验和反思——以〈福州市志(1995~2005)〉为例》介绍了该书编纂的基本情况、成功经验和反思。认为在编纂思路上要将社会事业的"大"和"小"定位清晰,在篇目设计和编写体例上要寻求动态平衡,并配合信息传播方式的特点,设计可以向信息平台迅速转化的模块,以使得志书这一古老载体重新获得升级和活力。张军《二轮省志封面的若干思考》将已正式出版的26部省志封面作为讨论对象,在名称、时间断限、著作权人、出版社、卷次、丛书字样、颜色、字体、横竖排、开本、图形、汉语拼音等细节的对比中进行深度探讨,在标准规范的前提下更好地展示志书的时代性和地域性。赵明明《地方志书英文目录常见术语翻译述评——以上海市级专志为例》调查分析了近两年出版的上海市级专志，指出英文目录翻译与编纂脱节、与评审脱节、与学术脱节是造成问题频出的主要原因，建议一方面尝试建立统一且具有可操作性的翻译质量规定和评判标准，另一方面选取具有相应资质的评审专家参与把关，打造精品佳作。芙蓉以自己多年从事少数民族文字志书工作经验出发，在《翻译汉文志书应注意的问题——以蒙古文翻译汉文行政区域综合志书为例》一文中就汉蒙两种语言文字互相转换中的问题和注意事项进行了探讨，从加强组织管理、注意政治站位、把握翻译要求、忠于原著等十二个方面提出了建议。秦海轩《行政区划撤销后的修志实践与探索》认为，随着城市化进程的快速发展，各地的行政区划发生重大变化，给修志工作带来新的问题与挑战。程大立、吴苏秦《县级图书馆志编写刍议——以〈桐城市图书馆志〉为例》介绍了桐城市图书馆志的编修情况，在编写思想原则、内容与方法上提供了可供借鉴的思路和做法。周华《改革开放志与改革开放史编研初探——以深圳编研实践为例》梳理了改革开放志与改革开放史的关系，认为在新时期要加强地方志与地方史的补充与融合，拓宽资料来源，理顺工作机制，推动史志研究编纂事业的创新发展。

在志书创新方面，地方志工作者伴随着规模宏大的修志实践工作，一直在持续做出探索和讨论。本届学术年会缴世忠《发掘 规范 创新 打造精品志书》认为，在三轮修志工作即将启动之时，需要发掘地方文化，切实讲究规范，善于继承创新，全力打造新一轮精品志书。王习加、曾牧野《论志书体例和形式的创新》一文提出，在坚守创新基本原则的前提下，志书在表现形式上可以通过影像志、图志等增强对读者的吸引力，在编修内容上要突出地方特色和社会变化，在篇目设置和体例选择上可因地因事而异，在志书行文风格上要注重流畅优美，增强可读性，以更加灵活的形式来使方志推陈出新，常编常新。欧长生、吴朝庭《历史新视界：影响创新让地方志搭上文化传播的高铁》指出影像方志另辟蹊径，一定程度上解决了地方志社会认知度偏低的问题，对于传播方志文化、扩大地方志话语权与影响力构建了一条有效路径。

地方志作为一种文化载体，其文本的表现形式也日渐为文字工作者所重视。齐迎春《地方志述体的发展：方志文学和非虚构写作》介绍了方志文学和非虚构写作的产生及发展现状，论述了地方志对方志文学和非虚构写作的影响，指出两者与地方志在本质属性上趋于一致，是地方志述体发展的必然结果。江雷、陈钰《方志艺术论》对志书编修提出了美学的期待。提出方志艺术实践活动是方志学术研究和读志用志传统工程。文章阐述了方志艺术的时代内涵、价值体认和实践旨归，揭示方志编纂内容、载体以及传播形式的艺术化走向，探究其中蕴含的方志语言、形质、传播艺术等，并探索提出方志艺术比特 App 的设想，旨在创造一批人民群众喜闻乐见的方志文化作品。

资料是地方志成书的基础，近年来，在对资料的搜集、整理、价值发掘方面的关注热度持续不减，特别是在二轮修志即将结束、三轮修志即将启动之时，如何最大限度地利用现有资料并探索未来地方志入志资料的科学性等问题引起了一线地方志工作者的思考。马艾民《续志资料长编中应体现人民"美好生活的需要"》从什么是人民"美好生活的需要"、二轮志书中人民生活记述中存在的问题入手,从五个方面回答了如何在2000~2020年的续志资料长编中体现社会主要矛盾的转化,从而为三轮修志打好资料基础。陆再奇《依法治理地方志书资料缺失路径思考——以某市及其所辖县市区两轮地方志书编修实践为例》以自身工作实践出发,认为二轮志书资料未能充分体现历史底蕴,重大事件记载过于简单,其主要原因在于篇目设置不合理、人员培训不到位、客观形势变化大、有关人员责任心不够、志稿评审对资料把握不严等五方面,为此应开展依法修志工作,全面介入资料搜集整理等各个环节,以为后世留下可信可传的志书佳作。吴笛《见微知著:论口述史与民间文献在地方志书中的应用——以〈时光里的家园——上海市静安区社区微志选辑〉为例》通过《社区微志》编写过程中采用的应用口述史和民间文献的方式整理资料,总结和反思了地方志资料收集多元化的方法和路径,对拓宽地方志资料搜集的渠道、增强地方志学术对话能力进行了探讨和研究。

(七)乡镇村志编纂

司念堂《乡镇村志编纂手记——对乡村志编纂与乡村建设关系的思考》重新探讨了乡镇村志的内容和意义,认为乡村志的编纂在乡村振兴战略中占有不可忽视的地位。褚半农在《以信史为念、详县志所略,为消失的自然村修志留史——以上海闵行〈褚家塘志〉为例》中大声疾呼为消失中的自然村修志,以记录乡愁,留住历史。并以编修《褚家塘志》经验为例,介绍了编修村志工作的理念和方法。杨钢《镇志村志编修对乡村振兴的重要意义——以湖南省浏阳市为例》认为编修好村镇志有利于记住乡愁,为讲好乡土故事提供史料支持;有利于以史为鉴,为推动改革发展提供智力支持;有利于传承文明,为凝聚磅礴动力提供精神支持。朱彩云《试析村志编纂与乡村振兴融合发展》认为乡镇村志编纂可以提高村志编纂质量、开发多元产品、提供信息化地情资源和教化育人的良好平台,同时乡村的振兴也为村志编纂提供政策保障,可助推村志编纂水平的提高,两者的融合发展大有裨益。高艳在《浅谈乡镇村志助推乡村振兴的几点思考》中也提出相关观点,认为乡镇村志是地情资源宝库,具有特殊的历史价值、经济价值、文化价值和现实意义。乡镇村志在佐证地理标志产品申报、留根塑魂、传承文脉方面发挥着不可替代的作用。臧秀娟在《试述新时代名镇(村)志编纂与镇(村)的发展研究》中提出名镇(村)志编纂在征集资料时要重视社会调查和口述史访谈,编纂时要增强通俗观、特色观、整体观、发展观理念,其编纂过程也对文化品牌保护有促进作用,为乡村振兴提供文化滋养和智慧支持,镇(村)发展可利用名镇(村)志将规划与设计相协调、历史与现实相统一、文化与旅游相结合。李琳琳、徐智明《陈作霖修志实践对当下镇村志编纂的启发》梳理了清末民初史志学家陈作霖的修志理念和实践,指出其重视资料积累、把握地域特色、人物世传入志的匠心做法对今日修志工作具有很强的借鉴意义。

张勤《浙江乡镇村志书的编修及其特点与价值（1949~2018）》介绍了新中国成立后浙江省乡镇村志的编修情况，认为浙江村志编修体现了连绵不绝、编纂得法、多方参与的鲜明特点，在拾遗补阙、积累材料、记录基层生活方面发挥着不可替代的作用，更是发掘经济人文价值、培养爱乡情怀的重要基地，同时对于方志学本身的发展来说，乡镇村志的文本也有利于修志观念的沟通交流，修志者及修志机构秉持的修志理念对文本呈现有着重要的作用。可见，乡镇村志的编纂应充分重视并予以积极引导。张丽蓉《广东历史上乡镇村志编纂与乡村建设》考察了广东历史上乡镇村志编修的情况，探讨了编修乡镇村志与推动乡村社会发展之间的内在关系，并从方志的视野出发，围绕构建共同意识、地方乡贤参与、重视乡规民约等角度对当前乡村振兴工作作出了一定的思考。

樊春楼《关于村志为什么写、写什么、如何写若干问题的研究——摭谈涉县村志编纂实践》在深化编修认识、遴选编修体例、优化编修方法方面对村志编写提供可借鉴的思路和做法。林进辉、朱黎川《浅议处理好编纂村志的几个关系问题》指出村志编纂应把握好村事、村人、村俗三大重点，处理好八大关系，避免出现不规范、不科学的现象。李海伟《杭州市桐庐县开门编修"微村志"的探索实践与经验启示》介绍了浙江省首部采用碎片化采编和新媒体传播的志书修志用志的方式，采用因地制宜法、典型引路法、一抓到底法，总结探索出具有桐庐特色的编修经验供志届参考。莫艳梅《互联网+村志走数字乡村建设之路研究》一文介绍了《凤凰村志》在数字化方面取得的经验，主张政府积极主导，走出数字乡村建设的精彩之路。王洪涛《方志+助力即墨乡村文化振兴》以即墨区为例，探讨了地方志在乡村文化振兴中的意义，总结了方志助力乡村文化振兴的途径，并对问题和对策进行了探讨。

（八）中外年鉴比较研究

年鉴属于舶来品，其本身是地方志书重要的资料来源，近年来各地在创新年鉴特色、调整编纂思路上着力，充分借鉴西方年鉴的发展经验，逐步探索发展出具有中国特色、本地特色、乡镇特色的年鉴出版物。

游桃琴《中外年鉴比较研究——以 The Old Farmer's Almanac（〈老农夫年鉴〉）与中国省级综合年鉴为例》选取了世界上连续出版最久的年鉴 The Old Farmer's Almanac 和《江西年鉴》《江苏年鉴》为比较对象，在框架结构、类目设置、内容选材、表达方式、版式设计方面进行了比较和辨析，试图总结出中西年鉴共同的规律和不同的特点，通过比较研究，为国内省级综合年鉴的发展探索更多的可能。张志勇《〈世界年鉴〉与〈江西年鉴〉比较浅析》选取有代表性的美国《世界年鉴》和中国《江西年鉴》，对框架设计、编排次序、记述时限和选材角度不同的原因进行了分析，认为国内年鉴在数据实用性、内容丰富性、形式多样性上可以借鉴西方做法，以打造具有时代特色和中国特色的年鉴精品。张凯《年鉴编纂思路和途径的调整与创新——以〈广西年鉴〉和〈桂林年鉴〉为例》以彰显地方特色为目的，建议在调整年鉴框架设计、突出年度特点、着重行业特色等方面对编纂思路进行调整和优化。杨莲《浅析地方综合年鉴图片的选编》着眼于年鉴图片的征集、筛选和编排，对入鉴图片的数量、选用原则和质量提出了更高的要求，以期推出图文并茂、群众喜闻乐见的年鉴作品。陈源发《浅谈如何突出地方综合年鉴的地方特色——以〈大田年鉴〉编写为例》提出地方特色是志书的灵魂，在《大田年鉴》的编纂过程中，为突出大田县的地域特色，编写组在质量管理、体例创新、增设特色栏目、重点选题等方面保持了时代特色和地方特色，展示了自身的独特个性。牛艳红《浅谈县级年鉴创新发展》聚焦县级年鉴的现状和存在问题，认为在框架结构、选题选材、组稿方式、表现形式、思想意识等方面应创造性转化和创新性发展，才能推动年鉴的创新发展。

（九）地方史编纂管理与志鉴史关系研究

目前，地方史资料的收集、整理、收藏在各地工作进展情况不一，管理体制也各有不同，但已经引起地方志工作者的普遍关注。对该问题的探讨既有基本理论性的，也有具体操作层面的，体现了"多歧为贵"的交流精神。

塞西莉亚·莉梓玛·萨尔维多（Cecilia Lizama Salvatore）从国际图书馆协会联合会的工作经验出发，在《与地方史藏书资料相关的常见问题》一文中介绍了地方史藏书资料在储存、获取与传播方面存在的技术性问题，以及一些专业的、社会的、文化的、法律的以及道德的问题，并提出解决这些问题的方案。长冢隆（Takashi Nagatsuka）《如何有机整合图书馆馆藏中地方史数字化资料》介绍了日本图书馆数字馆藏的现状及发展方向。日本的大学图书馆拥有许多珍贵的书籍和古老的文献，许多高校图书馆将珍本古籍的元数据和影像数据放到网站上，推动馆藏珍本古籍的数字化进程，为使用者提供便捷的资源获取渠道，其方法具有一定的借鉴意义。

史天社《构建"一体三级"体系　形成史志统修机制》认为新时代史志一体的共性特征显著，发展方向也具有一体性的趋势，未来可统编国家综合通志和丛书类国家通志，并在统修机制协调联动发展上提出了自己的见解。周日杰《地方志工作机构承接、推进地方史编写探究》对地方史编写工作纳入地方志工作范畴后伴随出现的内在逻辑与外在条件问题进行了分析，认为地方志工作机构应当主动推进、担当作为，以实现"十业并举"的前景。孟学武则对如何完善地方史编写的具体路径提出了自己的观点，他的《新时代地方史编纂操作路径探索》一文在提升政治站位、立足地方志资料、综合多种体裁、遵循"三个实践"等方面对编纂地方史进行了多角度的探索。车秀琴《试论贵州地方史研究的任务》介绍了贵州地方史研究的背景、成果、存在的问题和发展方向。沈永清的《地方史与地方志辩证关系探究——以上海市〈金山区村史简编〉与秦皇岛市〈海港区村镇志〉为例》从编修目的、体制、编纂体例、资料选择、价值取向等方面进行了比较，旨在探究地方史与地方志的辩证关系，为村史乃至地方史编纂提供可借鉴的编纂实践。姚希陆《志、史、鉴及关系研究》通过志书志体、史书史体和年鉴百科体的形成与发展对它们的基本属性、编写方法进行三个方面的记述，说明三种体裁的基本属性、本质属性和编写方法的不同之处，认为三者均为地情书，分属于记事科学、学术性论述和工具书的范畴。

（十）家谱与地方志研究

家谱与地方志作为保存历史资料的重要文献，对于每一个中国人对地方志和宗族文化、中华文化的认同有着非凡意义，对于各学科的研究学者也是极为重要的获取一手资料的途径。家谱研究在此次研讨会中首次作为单独议题进行征文，也得到了国际图书馆协会联合会方志及族谱部门的大力支持，为本次会议注入了新鲜血液和全新视角。

美国学者吴志宏（Lena W Stout）《华人目前最紧迫的任务和对方志编纂的几点建议》提出要及时挽救家族的记忆，拜访家乡长者，收集资料，续写家谱，传承我们共同的文化记忆。同时也对地方志的编纂提出了建议。安娜·佩佐奈拉·柯瑞吉·布林克（Anna Petronella Coreejes-Brink）《南非家谱的主要来源及出版物》从南非开普半岛科技大学以及南非地质研究所收藏南非家谱的历史说起，介绍了研究所的基本馆藏构成及相关情况。认为数字化和共享家谱、地方史资源，是未来发展的重要方向。吴明堂《家谱、地方志与中华文化传承》认为家谱是文化传承的重要载体，与地方志在编修实践上具有互动性，是地方志的重要参考素材，其功能对于塑造中华民族性格具有重要意义。庞军成《浅析家谱与地方志的关系》认为家谱与地方志在概念、区别、联系、传承发展上有着必然的内在关系，对于增强文化自信、提升国家文化软实力具有重要意义。程汝明《地方志与家谱融合发展研究》指出，地方志与家谱应摒弃官民公私的偏见，地方志主导家谱、家谱依靠地方志，以实现资源共享、优势互补、融洽融通。陈晓玲《星星点灯——浅议家谱及其弘扬家谱文化的重要意义》提出地方志工作者有责任和义务做好家谱工作，弘扬家谱文化。要认清家谱的重要意义，厘清家谱的主要内容，发挥家谱的积极作用，弘扬家谱的时代价值。翟文静、张让的《家谱——地方志的有益补充》介绍了沛县谱牒文献的基本概况，指出家谱对历史事件的佐证作用重大，应创新发展家谱续修和志书编纂工作，记录好新时代风貌。杨芳《从家谱与地方志中见地方宗族——以嘉庆〈绩溪县志〉和〈绩溪西关章氏族谱〉编修为例》介绍了两书编修的背景，两者相互促进，互相成就。方志囊括本地基本资料，家谱则展现宗族详明记载，均是后世考察探究地方社会文化发展的重要史料，对现代地方社会建设和当代家族的世代发展均能提供有益的借鉴。

（十一）方志馆研究

方志馆是全国地方志事业发展依托的新的增长点。全国各级方志馆坚持围绕中心、服务大局，充分发挥地情展示功能，不断加强馆藏资源体系、信息平台建设，也积累了大量宝贵经验。各地方志馆在如火如荼建设的同时，也引起了相关学者对方志馆功能定位的思考。大家普遍认同方志馆是基础公共文化设施，政府和地方志工作机构应予以大力扶持。同时，方志馆也应苦练内功，在馆藏建设、对外服务方面增强实力。学界对建立数字方志馆的呼吁一直在持续，社会公众对志书的需求热切，迫切希望能够开放志书和年鉴的查阅与检索功能。

朱敏彦《机构改革背景下方志馆功能定位再思考——以民国上海市通志馆编纂的〈上海市通志〉为例》认为坚持方志馆的研究功能是方志馆区别与博物馆、图书馆、文化馆等其他文化场馆，并能够独立存在的第一要务。编纂研究是方志馆的首要功能，也是立馆之本。林志凤以"林连玉纪念馆之文化传承重镇"为题，介绍了林连玉纪念馆的概况、重要地位和在维系中华文明中所起到的作用，同时提出要通过与海外机构加强联系，进一步扩充馆藏，积极开展学术活动，以提高专业水平。杨振旺《方志馆功能定位研究》则认为方志馆是综合性场馆，是全面研究和展示一个区域自然、政治、经济、社会、文化的历史与现状的公共文化服务机构，在功能定位上应选址通达便利，具有前瞻性和地方特色，功能区域划分合理，并提倡建立数字方志馆。姚文文《浅谈新型方志馆的公共文化服务功能》以方志馆建设定位和公共文化属性入手，以黑龙江省方志馆建设为例，探究新型方志馆对社会公共文化建设的重要作用。主张方志馆要融入社会公共文化体系建设，发挥方志的独特功能，在数字方志馆的建设中，可分为资料数据化数字方志馆、全景式数字方志馆及综合性数字方志馆为方志馆的可持续发展提供参考。付莉、付莹《新时代转型升级视角下的方志馆建设》指出了目前方志馆建设机遇与挑战并存的现象并分析了原因，认为未来发展应以人为本、立足地情、突出特色、服务社会。葛凤《关于方志馆功能与展示的几点思考》认为方志馆应突出地情定位，抓住"全"的特点对地情进行全面系统的展示，并与社会开展广泛的文化交流活动，服务经济社会发展。赵健敏《县区级方志馆功能定位与发挥》认为收藏保护功能是方志馆必须承担的首要职能，展览展示功能是方志馆区别于其他公共文化服务设施的优势，专业服务功能是方志馆展示风采的窗口功能，方志馆应创新工作方式，全力形成一两个优势或亮点功能。林进辉、陈小燕的《立足区情实际 积极发挥县（区）级方志馆的功能》从优化布馆设计、落实基本功能、拓展外延功能等方面探讨了县（区）级方志馆如何立足地情实际，最大限度地发挥方志馆的功能作用。邵昌明《建好用好方志馆 为我们更好留住乡愁》论述了建设方志馆的重要意义，能够更好传承弘扬中华优秀传统文化，有助于更好构建公共文化服务体系，有助于推动史志事业创新发展。周春玲《方志馆运营服务的思考》对方志馆对外服务的定位和方式，以及现代化科技在方志馆中的应用进行了讨论。赵丹《研学实践教育基地视野下的方志馆建设——以江西省方志馆为例》聚焦目前社会上开展研学实践教育的热潮，认为方志馆在此方面具有天然优势，他以江西省方志馆为例，在开发馆内资源、加强馆校合作、建设人才队伍、建立安全机制方面介绍了成功的经验和做法。

（十二）志书数字化建设研究

方志资源的数字化建设是地方志走向社会、走向公众的重要途径，是未来发展的大趋势，也是各地目前如火如荼进行的工作重点。作为地方志事业"十业并举"和转型升级的新增长点，此项议题体现了多学科的综合性研究、建设和管理模式，其对专业化技术手段和高科技人才的需求也对未来地方志工作提出了更高的要求。

彭慰《台湾方志网的发展》介绍了台湾方志历史上的纂修情况和台湾方志网的建设历程。台湾方志网起源于台湾教育资料馆，主要搜集各县市乡镇区公开出版的史志书籍资料，供各界教学研究之用。目前在网站维护、资源授权、专业人才等方面存在不足之处。她主张该网站应持续充实内容以造福使用者。唐长国《地方志数字化加工流程及格式研究——以上海市地方志数字化加工为例》针对地方志数字化加工流程和格式选择进行梳理，对不同层面单位的地方志书数字化加工格式进行简要分析，提出应加强对相关工作的了解，从处理志书数量、投入经费规模等角度慎重选择加工格式，要能够兼顾长期保存、方便查阅、资源共享等要求，应从社会化角度共享地方志数字化资源等建议。方利宏《建设数字方志，响应国家文化振兴战略——方志事业数字化转型的实践与思考》构建了一套基于价值链体系的数字方志架构，就其建设内容、步骤、重心工作进行了探索，希望能够创造性地提升方志的工作效率和社会地位。赵海良《历史人物关系的量化及其可视化研究——以浙江历史人物数据库为例》介绍了《浙江通志·人物传》编纂过程中，通过对将近5000位历史人物资料进行文本信息挖掘从而对人物相关特征和人物间相互关系进行提取，尝试分析人物之间学术传承、在浙交游往来轨迹等关系，他介绍了人物数据结构化和相关算法的量化研究情况以及数据库主界面、查询逻辑设计和检索功能。希望给各类人物专题数据库的建设带来新思路。

（十三）旧志整理和方志文献研究

来自德国汉诺威莱布尼茨大学的学者狄爱特·约钦姆·斯楚伯特（Dieter Joachim Schubert）以"德国哥廷根大学对中国古代地方志的收集和使用"为题，从德国哥廷根大学图书馆的历史说起，介绍了哥廷根大学图书馆的基本馆藏、收藏源流及相关情况。王丹林《〈山海经〉是最早的"图经"和"山志"——〈山海经〉作者及体例考辨》认为从文本来看，《山海经》的作者为禹、伯益等；从体裁运用看，其先有图后有经的图文叙事体例实际上是"山海图经"；从体例形式看，其采用方位记事模式对后世郡县制的编纂产生重要影响。刘永强《明代地方志编纂"书法"问题浅谈》以明代地方志编纂的"书法"问题为出发点，从对一统志体例的遵循、通志编纂与府州县志的依存关系、修志义例与序按论赞的广泛运用三方面进行了探讨，认为明代修志者已经有意识地将方志编纂原则和方法上升到了理论高度。张英聘《明代贵州省志舆图编绘与特点》从现存明代贵州四部省志入手，叙述了编修基本情况，探讨了省志舆图的设置与编绘，通过对所设地理图和城图的分析，总结了四部省志舆图的发展变化及编绘特点，进而分析了明代贵州所处的重要地位。吕书额《浅析清三部〈畿辅通志〉中"星野"的因袭与创新》通过对成书于有清一代的康熙、乾隆和光绪三部《畿辅通志》中"星野"内容的比较和异同分析，认为"星野"是传统中国史地认知、哲学观念和政治思想的映射；方志的时代性受到现实政治和编修人员态度及认知等因素影响。三部志书见证了清代方志学的兴盛，更是方志学理论研究和现代方志编纂工作的必要参考文献，也对今天京津冀协同发展具有重要意义。赵保平、刘改英《美国哈佛燕京图书馆藏乾隆四年刊本〈太谷县志〉考述》以乾隆四年《太谷县志》在该馆藏本为研究对象，对志书编纂过程、作者生平、主要内容和文献价值等方面进行了研究，对今日太谷地方志编纂工作和海外方志文献收藏与利用研究提供了宝贵资料。安大伟《韩国国立中央图书馆藏〈钦定盛京通志〉研究》指出，乾隆十三年本《钦定盛京通志》是研究清代东北史的一手资料，该书具有简严精核、志乃史书、首崇满洲、理学教化等方志编修思想，且有大量资料性、说明性、考据性按语，具有重要的学术价值。并对《四库全书总目提要》中对此书的表述有误部分予以指正。胡巧利《论魏源〈海国图志〉对传统方志的继承和创新》从方志学视域对《海国图志》进行了研究，认为该书在继承传统方志体裁优势的基础上，对方志义例进行了创新，使传统方志获得了全球视野，并赋予方志经世致用的社会功能，使方志在民族多艰的时代发挥了重要作用。王晚霞《历代〈濂溪志〉编纂与濂溪学的传播》对历代《濂溪志》中关于周敦颐（濂溪先生）的史料进行了分类研究，认为其实质涵盖了地方志的传统体例，其编纂特点与学术价值使得这种以图经志人、以他人之文载人的个人史料编纂范式为相关研究提供了可资参考的范本。高春花《东北方志所载晚清旗官郭锡铭行实详考》系统梳理了郭锡铭生平、大事、作品及参与编纂光绪本《吉林通志》的史料，指出他的经历对窥探《吉林通志》编纂时的细节及成书背后的故事具有参考作用，也对客观评价《吉林通志》有着重要意义。曾伟《乾隆〈萍乡县志〉研究》指出该书在体例方面注重源流考证，广泛引用文献并注明来源；在内容上增补前代缺略，增加诗文和地方名胜的考证，在风俗考察方面有突出特色。马小彬《西藏旧志编纂及版本收藏》介绍了清代以前、清代、民国时期西藏旧志及志书类文献的编纂和版本流传情况，为藏学研究及西藏方志研究提供了详细的资料出处。充分印证了西藏与内地、地方政府与中央王朝、西藏地方文化与中华民族文化的密切联系。赵心愚《张海〈西藏记述〉关于西藏的记载及其资料来源——兼及清代西藏地方志中的民族志资料》指出，《西藏记述》关于西藏的记载涉及诸多方面，具有四个特点；乾隆前期已成书刊印的著述是其重要资料来源之一；反映出官吏对有关西藏资料的重视和搜集、清中央政府加强对西藏地区的治理以及西藏与内地人员往来增多的史实。同时其民族志的书写方式及传统也值得编纂新方志时借鉴。刘金林、赵春蓉《地方志与矿冶文化的传播——以明清时期〈大冶县志〉为例》对明清时期《大冶县志》的各种版本进行了概括，并对三部不同时期县志中有关矿冶资源的记载进行了介绍，从黄石矿产资源丰富、矿冶遗迹众多、矿冶文化底蕴深厚三个方面阐述了明清时期《大冶县志》对于黄石矿冶文化传播和近代重工业发展起到的促进作用。朱丽晖《河南旧志整理及存佚考述——以〈河南历代方志集成〉为中心》在《河南历代方志集成》收录方志的基础上，考录了明、清、民国三个时期共 30 种未收志书，认为《集成》的出版抢救了河南众多的珍稀方志文献资料，扩大了河南方志的研究范围，提供了更为宽广的平台。严忠良《明代湖北方志编纂述略》系统整理了明清以来湖北各类志书、政书正史、碑刻文集等，揭示明代方志的数量、体例、种类等，分析了明代湖北方志繁盛的原因，利用计量史学的方法对明代湖北方志时间与空间分布进行了研究。秦浩翔、谢宏维《清代广西地方志编纂及其特点述论——以府志为中心》认为清代广西地方志从编纂思想上看思想鲜明、立意深远；从编纂趋势上看紧扣时局、起伏不定；从编纂人员上看分工明确、重视人才；从编纂体例上看体例成熟、与时俱进；从编纂内容上看内容全面、价值丰富。具有重要的咨政价值、教化价值和史料价值。高文智《传承文化基因　梳理旧志文献　助力乡村振兴——以陕西咸阳地区旧志文献为例》梳理了历史上咸阳地区的县志、乡镇志、专业志等文献，为当下社会经济发展提供历史依据和智力支撑，助力乡村振兴战略。李昆《试论南宋方志对湖泊的记载特征》通过分析南宋现存收录于《宋元方志丛刊》的 24 部志书中涉及湖泊的记载，归纳了南宋方志对湖泊记载的特征，可得见南宋时人在人地时空观念上的特点与演变。张安东《历代方志所见廉政资料及其当代价值研究》总结了历代方志中关于廉政事迹记载归属及其职能，挖掘整理历代方志廉政文化资料，借鉴历代方志人物廉政行为，汲取历代方志人物廉政思想，其中蕴含的文化价值对推进当代廉政文化建设具有重要意义。罗志《试述北宋日僧成寻笔下的淮安大运河——以域外史籍和地方史志材料为中心》通过对北宋时期日本僧人成寻的作品《参天台五台山记》记述的挖掘整理，参以宋元方志、地方文献，系统梳理了北宋淮安大运河的历史风情，为研究淮安地情文化和大运河历史人文提供了珍贵的历史资料。刘涛《正德〈大明漳州府志〉月港地图背后的故事——中国方志在世界大航海时代研究的地位》指出该书始载的月港地图，具有重大历史意义，作者通过历史人类学的研究方法发现其与明代漳州卫所军户密切相关，为新时期世界大航海时代中国重要对外贸易口岸研究提供了新的路径，该书记载的在大时代背景下漳州官民态度变迁和影响，对研究中国海洋意识变迁、促进海洋文明研究历程起到了重要的参考作用。杨卓轩《略论河北定窑古瓷——以地方志资料为中心的考察》通过对河北历代方志中关于定窑史料的梳理，认为河北省的古志中对定窑的古迹遗存、烧造历史与分期、瓷器釉色与装饰特征、窑场性质以及定窑在国内外陶瓷史上的影响等方面都有详细记载，是研究定窑瓷器不可多得的文献史料。徐鹏《孝女与虎患——以明清浙江地方志记载为中心的讨论》从道德教化与社会性别两个维度出发，透过对"列女""灾异""坟墓"等地方志中相关文献的释读，对明清时期"孝女"与"虎患"的情况进行了梳理和勾连，并在此基础上分析其类型、数量及对象，总结此类女孝文本背后所隐藏的是修志者对女性角色的教化期望。陈郑云《论近代报刊对方志批评的革新》指出，近代报刊上包括专论、书评、图书广告、编者按等类型的方志批评文献，对方志的近代转型具有重要意义，作者讨论了它们与近代方志批评的关系，认为近代报刊凝聚了方志转型时期的重要问题，促进了方志批评的革新，提供了学术争鸣、争论与交锋的阵地。杜云南《旧志文献书写地方女性史的局限性——以明清〈肇庆府志〉为例》提出地方女性史是方志编修者局限于教化理念书写出来的文本，不一定反映地方女性生活的全貌。故而要仔细厘清这些史料的来源，谨慎选择使用。认为对学界提出的明清女性贞节观念强化、窄化的说法，有必要进行重新思考。扈晓冰《史念海的方志编纂思想》系统梳理了史念海的方志编纂思想，认为史念海提出重视资料的作用、增加规律性的总结、注重文献记载与实地考察相结合等思想对今天的方志研究和实践仍具有积极的指导意义。孙晓东《章学诚志谱关系说》梳理归纳了章学诚对方志和家谱的记载，认为章氏提出了志谱均属"史"的范畴、家谱是方志掌故之征、方志有助于家谱散亡借证、家谱为方志要删、应设立志科收藏家谱以备修志等观点。范晓婧《转型、嬗新与修志为抗战服务——简述民国〈新修大埔县志〉编修特色》指出，民国《新修大埔县志》即将付梓之时恰逢抗战军兴，至最终告成历时十余载。其书编修过程既体现了大变革的时代背景中方志转型与嬗新的特点，又带有修志为抗战服务的使命，是研究大埔历史、抗战历史、民国历史的宝贵文献资料。

三　本届学术年会主要特点

作为方志文化走向世界工程的重要任务之一，此次研讨会暨学术年会自筹备之初即得到了境内外有关学者的高度重视和密切关注，团结、联系全球地方志学者，交流修志经验，讲好中国故事，一直是中指办、中国地方志学会的不懈追求。此次会议对于坚定方志文化自信，推动方志文化传播，加强海内外学者在研究利用方志资源等方面的交流有着重要积极的意义。会议亮点纷呈，新见迭出，主要体现在以下两个方面。

一是议题丰富，视野开阔。此次研讨会暨学术年会有来自澳大利亚、美国、德国、挪威、日本、南非等6个国家和中国台湾地区的学者。他们带来了境外方志研究的最新成果和各自国家（地区）方志收藏、开发的最新进展，有助于国内学者开阔视野、交流观点；国内学者功底扎实，关注多样，论文选题涉及地方志事业发展"十业并举"的诸多方面，特别是在志鉴编修理论、信息化建设、方志馆功能定位等议题中，厚积薄发，论述丰富深刻，很好地体现了方志文化走向世界的主题和目的。

二是紧跟时事，时代特色鲜明。2019年是中华人民共和国成立70周年，学界普遍受到整个社会研究大风气的影响，对特定区域、特定时代的地方志编修情况进行回顾、总结的文章渐多，如入选论文中对贵州、广西、河南、湖北、西藏等地区的研究均较为系统规范，无论是整体性的研究还是专题性的研究，都有一定的借鉴意义。这有利于学界把握特定地域内地方志发展的整体脉络和修志特色，继往开来，推陈出新，在新时代的背景下再出精品佳志。

值得注意的是，此次学术年会增加了很多新的关注点。

一是对方志文本的思考。志书的背后是时代背景、社会趋势、伦理教化、编纂者个人观点的映射。此次学术年会中很多方志利用者逐渐关注到志书背后的故事，如纂修者生平经历、社会群体记忆、社会力量博弈消长等以往研究容易忽视的因素，将志书的编纂、刊行、流布置于整个时代背景下，可以更好地认识方志文本何以呈现出最终的编排和布局以及个人的褒贬如何隐逸于方志书写，此类对单个志书文本的研究有所深入。这有利于研究利用者进一步判断史料可信度，充分发掘志书史料价值，全景展示志书的生命力。

二是青年学者崭露头角。高校在校学生、青年教师等增多，研究队伍有向年轻化、专业化发展的趋势，这是学界得以蓬勃发展的生命力的体现。这些人往往接受过专业史学规范训练，对议题和史料的把握准确，常常于细微处见精神，论点扎实，论证完整，善于以点带面，将地方志作为史料的文献价值、历史价值、应用价值充分发挥，体现了地方志书资源开发的永恒魅力和广阔前景。

四　对学术年会的期待与展望

在中指组、中指办的关心指导下，在全国地方志工作者的热心支持下，中国地方志学术年会已经走到第九个年头，方志文化国际学术研讨会也已是第二届，无论是论文数量还是研究深度都迈上新台阶。伴随着新编地方志事业的蓬勃发展，学界对地方志一些基本理论问题的讨论逐渐深化，特别是近年来新领域、新方法、新业态的问题逐渐增多，各级地方志工作者开拓创新，探索出了不少解决问题的新思路和新方法。但近年来，纵观投稿论文的整体情况，仍然存在一些制约地方志理论研究未来发展的问题，我们愈加感到此项工作的必要性和迫切性。比如，学术讨论过程中，规范的学术史研究是必要的。学术性是论文的基本要求，它不仅仅是工作经验的简单罗列，应是具有方法论意义的理论提炼，做好学术史的梳理工作可避免重复的问题讨论和老旧的论点呈现，有助于新观点的萌发。又如，在实际操作层面，就笔者所见，全国范围内的问题和对策都基本类似，缺乏新意，支撑观点的材料也应更科学、全面、系统，论文在研究深度上还有一定的探索空间。这是我们日后工作应多加注意和规范之处。

尽管目前地方志的理论研究仍有改进和提升的空间，但就整体来看，本届方志文化国际学术研讨会暨第九届中国地方志学术年会是近年来海内外方志理论研究成果的一次缩影，称得上是一次高水平的学术会议，集中体现了"走向世界的中国地方志"的主题和目的。

正如习近平总书记在哲学社会科学工作座谈会上提到的，文化自信是更基本、更深沉、更持久的力量。在博大精深、浩如烟海的中华文明中，方志文化独树一帜，在传承中华优秀传统文化中具有独特的作用，是弘扬历史传统、延续中华文脉的重要载体。我们要坚持不忘本来、吸收外来、面向未来的方针，坚定地方志"存史、资政、教化"的孜孜追求，让地方志在讲好中国故事、构建中国特色话语体系、提升中国文化软实力中发挥自己独特的作用。新时代赋予地方志新任务，将方志文化推向世界，让世界深入了解中国，是方志人义不容辞的历史责任。

"文明因交流而多彩，文明因互鉴而丰富"。文化的多样性是人类进步的不竭动力，也是各国学者的共同愿望。方志文化作为传统文化的重要组成部分，不但可以跨越时空，更能够超越国界，它的薪火相传需要海内外地方志工作者、研究者、利用者共同守护。我们无比深厚的文化养分和历史底蕴应当并且完全可以为人类提供正确精神指引，为构建人类命运共同体贡献"志"力。

（刘丹执笔）

会议日程

2019 年 7 月 16 日（星期二）

09：00～09：40　开幕式

地点：酒店四楼湖南 2 厅

主持人：邱新立　中国地方志指导小组办公室副主任

中国地方志学会副会长

致　　辞：1. 长沙市领导

2. Christine Mary Mackenzie

国际图书馆协会联合会（IFLA）当选主席

3. 冀祥德　中国地方志指导小组秘书长

中国地方志指导小组办公室主任

中国地方志学会副会长兼秘书长

09：40～10：00　合影（留存资料）、茶歇

地点：酒店四楼湖南 3 厅

主持：会务组

10：00～11：00　主旨发言

地点：酒店四楼湖南 2 厅

主持人：邱新立　中国地方志指导小组办公室副主任

中国地方志学会副会长

1. Christine Mary Mackenzie

国际图书馆协会联合会（IFLA）当选主席

IFLA：building a strong and united library field

2. 冀祥德　中国地方志指导小组秘书长

中国地方志指导小组办公室主任

中国地方志学会副会长兼秘书长

中国地方志的价值特性

11：00~12：00　大会学术交流（每人不超过20分钟）

主持人：马小彬　四川省政协文史和学习资料委员会副主任

1. 林志凤　国际图联（IFLA）方志及族谱部门主席

台湾世新大学信息传播学系副教授

Memorial Lim Lian Geok：A Cultural Heritage

and Strategic Connection

2. 巴兆祥　复旦大学教授

基于《中国地方志》计量统计的方志学科知识体系构建研究

3. Russell Scott Lynch

国际图联（IFLA）方志及族谱部门常委

美国犹他州家谱图书馆项目经理

Discover and Connect at FamilySearch International

12：00~14：00　午餐、午休

14：00~16：00　大会学术交流（每人不超过20分钟）

主持人：司念堂　湖北省文化和旅游厅地方志工作处一级调研员

1. Cecilia Lizama Salvatore

国际图联（IFLA）方志及族谱部门秘书、当选主席

美国多米尼加大学教授

From Documentation to Access and Exhibit：Common Issues

Related to Local History Collections

2. Dieter Joachim Schubert

德国汉诺威莱布尼茨大学学者

Collection and Use of Old Chinese Local Chronicles at the

University of Goettingen

3. 胡巧利　广州市地方志办公室

论魏源《海国图志》对传统方志的继承和创新

4. Takashi Nagatsuka

国际图联（IFLA）亚大区域资讯长、日本鹤见大学教授

Improvements of the Linkage among the Distributed Digital Collections of Local History Materials in Libraries

5. 陈立文 台湾中国文化大学史学系教授

台湾中国近代史学会理事长

台湾方志发展

6. 蒲　霞 安徽大学历史系副教授

方志文化在中国传统文化中的作用——以徽州方志文化

为考察中心

16：00~16：15　茶歇

16：15~18：00　大会学术交流（每人不超过20分钟）

主持人：王　蕾 河北省地方志办公室副主任

1. Anna Petronella Coreejes-Brink

国际图联（IFLA）方志及族谱部门资讯长

南非开普半岛科技大学图书管理系

South African Genealogies：From Primary Sources to Publication

2. 马小彬 四川省政协文史和学习资料委员会副主任

西藏旧志编纂及版本收藏

3. Lena W Stout（吴志宏）

美国犹他州家谱图书馆高级家谱顾问、亚洲部经理

华人目前最紧迫的任务和对方志编纂的几点建议

4. 彭　慰 台湾中华文物保护协会秘书长

台湾方志网的发展

5. 田　丰 湖南省地方志编纂委员会

中国地方志跨文化传播中的受众意识

2019年7月17日（星期三）

分组讨论

第一组

时　间：09：00~10：30（每人发言时间控制在10分钟以内）

地　点：酒店五楼荷花厅

召集人：欧长生　张　军

发　言：马　军 河北省香河县地方志办公室

试论依法治国与依法治志的辩证关系

点　评：林忠玉

发　言：林忠玉　中共福建省委党史研究和地方志编纂办公室
　　　　　　　　史志立法探究

点　评：吴　炎

发　言：吴　炎　重庆市渝中区地方志办公室
　　　　　　　　地方志工作法治化路径研究

点　评：杨　颖

发　言：杨　颖　黑龙江省宁安市地方志办公室
　　　　　　　　坚定文化自信　提升方志节奏　探索"全方位""大修志"
　　　　　　　　工作格局——黑龙江省宁安市地方志事业法治化发展研究

点　评：马　军

发　言：王　慧　方志出版社博士后科研工作站
　　　　　　　　浅谈元明清《一统志》对编纂新时期《一统志》的启示

点　评：卢博文

发　言：卢博文　内蒙古锡林郭勒盟党史地方志编纂委员会办公室
　　　　　　　　浅谈《清史》工程与《中国长城志》编纂为新时期一
　　　　　　　　统志编纂带来的启示

点　评：任根珠

发　言：任根珠　山西省地方志办公室
　　　　　　　　《一统志》编纂刍议

点　评：王　慧

发　言：韩章训　浙江省衢州市地方志办公室
　　　　　　　　修志规则通论

点　评：缴世忠

发　言：缴世忠　河北省大城县地方志办公室
　　　　　　　　发掘　规范　创新　打造精品志书

点　评：韩章训

时　间：10：45~12：00（**每人发言时间控制在 10 分钟以内**）

地　点：酒店五楼荷花厅

召集人：欧长生　张　军

发　言：江　雷　湖南省长沙市地方志学会
　　　　　　　　方志艺术论

点　评：张卓杰

发　言：马艾民　吉林省地方志编纂委员会

续志资料长编中应体现人民"美好生活的需要"

点　评：周　华

发　言：陆再奇　安徽省宣城市委党史和地志研究室

依法治理地方志书资料缺失路径思考——以某市及其所辖县市区两轮地方志
书编修实践为例

点　评：张　灵

发　言：周　涌　湖南省地方志编纂委员会

现代通志编纂常见问题——以《湖南省志（综合本）·报业篇》
初稿为例

点　评：蔺志茹

发　言：蔺志茹　天津市宁河区档案馆

志书篇目拟定时常见问题探析——以某部志书"文化编"篇目为例

点　评：秦海轩

发　言：常洁琼　方志出版社博士后科研工作站

志书自然部类常见的易错点及解决方法

点　评：周　涌

发　言：张卓杰　浙江省诸暨市史志研究室

关于续志中方言篇几个问题的思考

点　评：陆再奇

时　间：14：00~16：00（每人发言时间控制在10分钟以内）

地　点：酒店五楼荷花厅

召集人：欧长生　张　军

发　言：张　灵　中共福州市委党史和地方志研究室

新方志科教文卫类别编纂的经验和反思——以《福州市志（1995~2005）》
为例

点　评：马艾民

发　言：张　军　安徽省委党史研究院

二轮省志封面的若干思考

点　评：芙　蓉

发　言：赵明明　上海市地方志办公室

地方志书英文目录常用术语翻译述评——以上海市级专志为例

点　评：常洁琼

发　言：芙　蓉　内蒙古自治区地方志办公室

翻译汉文志书应注意的问题——以蒙古文翻译汉文行政区域综合志书为例

点　评：张　军

发　言：吴　笛　上海市静安区地方志办公室

见微知著：论口述史与民间文献在地方志书中的

应用——以《时光里的家园 ——上海市静安区社区

微志选辑》为例

点　评：程大立

发　言：周　华　深圳市史志办公室

改革开放志与改革开放史编研初探——以深圳编研

实践为例

点　评：欧长生

发　言：欧长生　中共福建省委党史研究和地方志编纂办公室

历史新视界：影像创新让地方志搭上文化传播的高铁

点　评：赵明明

发　言：程大立　广州工程技术职业学院

县级图书馆志编写刍议——以《桐城市图书馆志》为例

点　评：吴　笛

发　言：秦海轩　山西省晋城市地方志办公室

行政区划撤销后的修志实践与探索

点　评：江　雷

第二组

时　　间：09：00~10：30（每人发言时间控制在 10 分钟以内）

地　　点：酒店五楼百合厅

召集人：陈晓玲　莫艳梅

发　言：游桃琴　江西省地方志办公室

中外年鉴比较研究——以 *The Old Farmer's Almanac*

（《老农夫年鉴》）与中国省级综合年鉴为例

点　评：张　凯

发　言：张志勇　江西省地方志办公室

《世界年鉴》与《江西年鉴》比较浅析

点　评：游桃琴

发　言：张　凯　桂林市临桂区地方志编纂委员会办公室

年鉴编纂思路和途径的调整与创新——以《广西年鉴》

和《桂林年鉴》为例

点　评：牛艳红

发　言：杨　莲　重庆市合川区党史地方志研究中心

　　　　　浅析地方综合年鉴图片的选编

点　评：张志勇

发　言：陈源发　中共大田县委党史和地方志研究室

　　　　　浅论如何突出地方综合年鉴的地方特色——以《大田年鉴》编写为例

点　评：杨　莲

发　言：牛艳红　河北省邯郸市肥乡区地方志办公室

　　　　　浅谈县级年鉴创新发展

点　评：陈源发

发　言：周日杰　山东青岛莱西市党史（史志）研究中心

　　　　　地方志工作机构承接、推进地方史编写探究

点　评：孟学武

发　言：孟学武　山西省阳泉市委党史研究室

　　　　　新时代地方史编纂操作路径探索

点　评：车秀琴

发　言：车秀琴　贵州省地方志办公室

　　　　　试论贵州地方史研究的任务

点　评：周日杰

时　间：10：45～12：00（每人发言时间控制在 10 分钟以内）

地　点：酒店五楼百合厅

召集人：陈晓玲　莫艳梅

发　言：吴明堂　湖北省武汉市地方志办公室

　　　　　家谱、地方志与中华文化传承

点　评：程汝明

发　言：程汝明　云南省普洱市委党史研究室

　　　　　地方志与家谱融合发展研究

点　评：翟文静

发　言：陈晓玲　河南省信阳市地方史志办公室

　　　　　星星点灯——浅议家谱及其弘扬家谱文化的重要意义

点　评：吴明堂

发　言：杨　芳　安徽师范大学历史与社会学院

从家谱与地方志中见地方宗族——以嘉庆《绩溪县志》

和《绩溪西关章氏族谱》编修为例

点　评：陈晓玲

发　言：翟文静　江苏沛县地方志办公室

家谱——地方志的有益补充

点　评：杨　芳

发　言：沈永清　上海市闵行区地方志办公室

地方史与地方志辩证关系探究——以上海市《金山区村史简编》与秦皇岛市

《海港区村镇志》为例

点　评：褚半农

发　言：褚半农　上海市闵行区莘庄镇修志办公室

以信史为念　详县志所略　为消失的自然村修志留史

——以上海闵行《褚家塘志》为例

点　评：李海伟

时　间：14：00～16：00（每人发言时间控制在10分钟以内）

地　点：酒店五楼百合厅

召集人：陈晓玲　莫艳梅

发　言：张　勤　浙江省地方志办公室

浙江乡镇村志书的编修及其特点与价值（1949～2018）

点　评：朱彩云

发　言：司念堂　湖北省文化和旅游厅地方志工作处

乡镇村志编纂手记——对乡村志编纂与乡村建设

关系的思考

点　评：张　勤

发　言：樊春楼　河北省涉县地方志办公室

关于村志为什么写、写什么、如何写若干问题的研究

——摭谈涉县村志编纂实践

点　评：林进辉

发　言：朱彩云　广东省韶关市人民政府地方志办公室

论析村志编纂与乡村振兴融合发展

点　评：司念堂

发　言：臧秀娟　江苏省常州市地方志办公室

试述新时代名镇（村）志编纂与镇（村）的发展研究

点　评：王洪涛

发　言：李琳琳　江苏省南京市地方志办公室

　　　　陈作霖修志实践对当下村镇志编纂的启发

点　评：沈永清

发　言：林进辉　福建省泉州市泉港区地方志学会

　　　　浅议处理好编纂村志的几个关系问题

点　评：樊春楼

发　言：李海伟　浙江省杭州市桐庐县地方志办公室

　　　　杭州市桐庐县开门编修"微村志"的探索实践与经验启示

点　评：莫艳梅

发　言：莫艳梅　浙江省杭州市萧山区委党史和地方志编纂研究室

　　　　互联网+村志走数字乡村建设之路

点　评：臧秀娟

发　言：王洪涛　山东省青岛市即墨区史志研究中心

　　　　方志+助力即墨乡村文化振兴

点　评：李琳琳

第三组

时　间：09：00~10：30（每人发言时间控制在10分钟以内）

地　点：酒店五楼紫荆厅

召集人：赵海良　南剑飞

发　言：唐长国　上海市地方志办公室

　　　　地方志数字化加工流程及格式研究——以上海市地方志数字化加工为例

点　评：方利宏

发　言：赵海良　浙江省人民政府地方志办公室

　　　　历史人物关系的量化及其可视化研究——以浙江

　　　　历史人物数据库为例

点　评：唐长国

发　言：方利宏　浙江志库数字技术有限责任公司

　　　　建设数字方志，响应国家文化振兴战略——方志事业数字化转型的实践与

　　　　思考

点　评：赵海良

发　言：朱敏彦　上海市地方志办公室

　　　　机构改革背景下方志馆功能定位再思考——以民国

上海市通志馆编纂的《上海市通志》为例

点　评：杨振旺

发　言：杨振旺　中共宁德市委党史和地方志办公室

方志馆功能定位研究

点　评：朱敏彦

发　言：姚文文　中共黑龙江省委史志研究室

浅谈新型方志馆的公共文化服务功能

点　评：葛　凤

发　言：葛　凤　中共聊城市委党史研究院

关于方志馆功能与展示的几点思考

点　评：陈小燕

发　言：邵明昌　山东省方志馆

建好用好方志馆　为我们更好留住乡愁

点　评：姚文文

发　言：周春玲　吉林省方志馆

方志馆运营服务的思考

点　评：赵　丹

时　间：10：45~12：00（每人发言时间控制在10分钟以内）

地　点：酒店五楼紫荆厅

召集人：赵海良　南剑飞

发　言：赵　丹　江西省方志馆

研学实践教育基地视野下的方志馆建设——以江西省方志馆为例

点　评：周春玲

发　言：陈小燕　福建省泉州市泉港区委史志室

立足区情实际　积极发挥县区级方志馆功能

点　评：邵明昌

发　言：高天成　甘肃省地方史志办公室

以习近平新时代中国特色社会主义思想为指导，努力在推动
地方志事业大发展中积极传承弘扬中华优秀传统文化

点　评：南剑飞

发　言：南剑飞　上海市习近平新时代中国特色社会主义思想研究中心

论地方志传承发展中华优秀传统文化的具体路径

点　评：吴秋宁

发　言：李连秀　中共福建省委党史研究和地方志编纂办公室
　　　　　　　　浅谈方志文化在中国传统文化中的地位与作用

点　评：高天成

发　言：吴秋宁　广东省吴川市人民政府地方志办公室
　　　　　　　　浅析方志文化传播现状和途径

点　评：李连秀

发　言：孙众超　中共福建省委党史研究和地方志编纂办公室
　　　　　　　　全媒体语境下的中国方志文化传播

点　评：蒲　霞

时　间：14：00~16：00（每人发言时间控制在10分钟以内）

地　点：酒店五楼紫荆厅

召集人：赵海良　南剑飞

发　言：陈　忠　新疆地方志编纂委员会
　　　　　　　　丝绸之路经济带背景下新疆方志文化交流发展及对策研究

点　评：赵树森

发　言：包柱红　浙江省宁波市鄞州区人民政府地方志办公室
　　　　　　　　宁波方志著录、整理研究和流传分布情况概述

点　评：孙众超

发　言：赵树森　河北省南皮县地方志办公室
　　　　　　　　地方文化的传承与地方志书的编纂——从南皮县现存的
　　　　　　　　七部县志看地方志与地方文化的关系

点　评：包柱红

发　言：王文振　天津市河西区档案馆
　　　　　　　　中国方志文化传播的实践探索——区志应运向图片
　　　　　　　　立体化展示刍议

点　评：田　丰

第四组

时　间：09：00~10：30（每人发言时间控制在10分钟以内）

地　点：酒店四楼湘江厅

召集人：严忠良　张安东

发　言：赵保平　山西省晋中市史志研究院
　　　　　　　　美国哈佛燕京图书馆藏乾隆四年刊本《太谷县志》考评

点　评：安大伟

发　　言：安大伟　　北京师范大学历史学院

韩国国立中央图书馆藏《钦定盛京通志》研究

点　　评：曾　伟

发　　言：曾　伟　　山西大学中国社会史研究中心

乾隆《萍乡县志》研究

点　　评：赵保平

发　　言：王晚霞　　湖南科技学院

历代《濂溪志》编纂与濂溪学的传播

点　　评：高春花

发　　言：高春花　　牡丹江师范学院

东北方志所载晚清旗官郭锡铭行实详考

点　　评：刘金林

发　　言：刘金林　　湖北师范大学

地方志与矿冶文化的传播——以明清时期《大冶县志》

为例

点　　评：李　昆

发　　言：秦浩翔　　江西师范大学

清代广西地方志编纂及其特点述论

点　　评：朱丽晖

发　　言：朱丽晖　　复旦大学

河南旧志整理及存佚考述——以《河南历代方志集成》

为中心

点　　评：高文智

时　　间：10：45~12：00（每人发言时间控制在10分钟以内）

地　　点：酒店四楼湘江厅

召集人：严忠良　　张安东

发　　言：严忠良　　湖北汽车工业学院人文学院

明代湖北方志编纂述略

点　　评：张安东

发　　言：李　昆　　四川师范大学

试论南宋方志对湖泊的记载特征

点　　评：秦浩翔

发　　言：高文智　　陕西省咸阳市地方志办公室

传承文化基因　梳理旧志文献　助力乡村振兴
——以陕西咸阳地区旧志文献为例

点　评：陈郑云

发　言：张安东　巢湖学院

历代方志所见廉政资料及其当代价值研究

点　评：严忠良

发　言：罗　志　江苏省淮安市地方志办公室

试述北宋日僧成寻笔下的淮安大运河——以域外史籍
和地方史志材料为中心

点　评：刘　涛

发　言：刘　涛　福建省长泰县政协文化文史和学习委员会

正德《大明漳州府志》月港地图背后的故事——中国方志在世界大航海时代
研究的地位

点　评：罗　志

发　言：杨卓轩　中国地方志指导小组办公室

略论河北定窑古瓷——以地方志资料为中心的考察

点　评：杜云南

时　间：14：00~16：00（每人发言时间控制在10分钟以内）

地　点：酒店四楼湘江厅

召集人：严忠良　张安东

发　言：徐　鹏　浙江省人民政府地方志办公室

孝女与虎患——以明清浙江地方志记载为中心的讨论

点　评：扈晓冰

发　言：陈郑云　复旦大学

论近代报刊对方志批评的革新

点　评：徐　鹏

发　言：扈晓冰　南开大学

史念海的方志编纂思想

点　评：王晚霞

发　言：孙晓东　江西省高安市史志办公室

章学诚志谱关系说

点　评：罗　志

发　言：杜云南　肇庆学院

旧志文献书写地方女性史的局限性——以明清《肇庆府志》为例

点　评：孙晓东

发　言：范晓婧　方志出版社博士后科研工作站

转型、嬗新与修志为抗战服务——简述民国《新修大埔县志》编修特色

点　评：吕书额

发　言：吕书额　廊坊师范学院

浅析清三部《畿辅通志》中"星野"的因袭与创新

点　评：范晓婧

发　言：王　蕾　河北省地方志办公室

让地方志事业在转型升级中世代传承——基于河北地方志发展的视角

点　评：任立斌

发　言：杨富中　河北省邯郸市地方志办公室

坚持文化自信　巧妙破解难题——浅议机构改革给志鉴编纂带来的影响及对策

点　评：王　蕾

发　言：任立斌　山西省昔阳县史志研究室

县级地方志工作转型发展的实践和思考

点　评：杨富中

16：20~18：00　闭幕式

地　点：酒店四楼湖南2厅

主持人：邓建平　湖南省地方志编纂委员会党组成员、副主任

1. 小组召集人汇报本组交流情况（每人15分钟以内）

第一组召集人：欧长生　张　军

第二组召集人：陈晓玲　莫艳梅

第三组召集人：赵海良　南剑飞

第四组召集人：严忠良　张安东

2. 境外学者代表发言

林志凤　国际图联（IFLA）方志及族谱部门主席

3. 大会总结

高京斋　中国地方志指导小组办公室党组书记

编后记

    2019 年 7 月 16~17 日，由中国地方志指导小组办公室、中国地方志学会主办，长沙市地方志编纂室承办的走向世界的中国地方志——第二届方志文化国际学术研讨会暨第九届中国地方志学术年会在湖南省长沙市召开。共有来自澳大利亚、美国、德国、挪威、日本、南非 6 个国家和中国台湾地区与复旦大学、南开大学、北京师范大学、西南民族大学等 18 所高校，以及全国地方志系统的 140 余位专家学者参加会议。

    中国地方志学术年会是全国地方志系统学术水平最高的年度盛会，自 2011 年创办以来，已成功举办八届，成为推动方志理论研究、加强方志学学科建设的重要品牌活动。加强与海外各专门机构的学术交流和合作，推进地方志事业的深入发展，是中国地方志指导小组及其办公室既定的工作重点之一。2011 年，在宁波召开的方志文献国际学术研讨会及 2017 年在北京召开的首届方志文化国际学术研讨会，均广受关注，产生了深远的影响。本届方志文化国际学术研讨会自 2018 年底即开始着手筹备，其间得到了中国地方志指导小组领导和中国社会科学院国际合作局的大力支持与帮助。经多方考量，最终选定交通便利、风景秀丽的长沙市作为本次国际研讨会的举办地。会议围绕方志文化在中国传统文化中的地位与作用、中国方志文化传播研究、海外方志文献收藏与利用研究、地方志转型升级与方志学学科体系建设研究、依法治志研究、新时期《一统志》编纂研究、新方志编纂实践与理论研究、乡镇村志编纂与乡村建设之关系研究、中外年鉴比较研究、地方史编写管理研究、志鉴史关系研究、家谱与史志研究、方志馆功能定位研究、方志馆与公共文化建设研究、方志数字化研究等多个议题面向全社会征文，积极邀请海外各高校、图书馆等相关机构地方志、家谱领域的专家学者广泛参与，共襄盛举。

    本次会议还得到了国际图书馆协会联合会（IFLA）以及湖南省长沙市的高度重视。会议召开期间，国际图书馆协会联合会当选主席克里斯汀·玛丽·麦肯锡（Christine Mary Mackenzie），湖南省长沙市政协副主席、长沙市地方志编委会副主任袁志恒出席开幕式并致辞。

特别感谢国际图联方志及族谱部门主席、台湾世新大学信息传播学系副教授林志凤女士对本次会议举办所作出的努力与辛苦付出。

本次会议对我们今后如何广泛开展与海内外方志相关机构的合作与联系，进一步推动地方志事业的深入发展等问题有了新的认识和启发。希望这样高质量的方志文化国际学术研讨会能够一直办下去，这既是广大海内外从事地方志研究的专家学者的愿望，也是弘扬传播中国方志文化，推动方志文化走向世界的重要途径。

在筹备会议期间，湖南省地方志编纂院、长沙市地方志编纂室的同人，展现了极大的工作热情，组织协调和服务保障细致认真，得到了与会专家学者的高度赞扬和一致认可，在此一并表示感谢。

会后，我们对与会论文和相关材料进行了整理，编辑出版了这本论文集。论文集出版过程中，社会科学文献出版社历史学分社的编辑团队做了大量工作，是他们专业、认真的工作态度，才将这部论文集最终呈现在读者面前。

鉴于我们编校水平有限，书中难免有疏漏错讹之处，敬请广大读者批评指正。值此论文集即将付梓之际，谨向支持和参与过这项工作的领导和同志们表示诚挚的谢意！

编　者

图书在版编目（CIP）数据

走向世界的中国地方志 / 冀祥德主编 . --北京：
社会科学文献出版社，2024.9
ISBN 978-7-5228-3005-6

Ⅰ.①走… Ⅱ.①冀… Ⅲ.①方志学-中国-学术会
议-文集 Ⅳ.①K290-53

中国国家版本馆 CIP 数据核字（2023）第 238755 号

走向世界的中国地方志

主　　编／冀祥德

出 版 人／冀祥德
责任编辑／赵　晨 等
文稿编辑／徐　花 等
责任印制／王京美

出　　版／社会科学文献出版社·历史学分社（010）59367256
　　　　　　地址：北京市北三环中路甲 29 号院华龙大厦　邮编：100029
　　　　　　网址：www.ssap.com.cn
发　　行／社会科学文献出版社（010）59367028
印　　装／北京联兴盛业印刷股份有限公司

规　　格／开本：889mm×1194mm　1/16
　　　　　　印 张：71.5　插 页：1.25　字 数：1585 千字
版　　次／2024 年 9 月第 1 版　2024 年 9 月第 1 次印刷
书　　号／ISBN 978-7-5228-3005-6
定　　价／298.00 元

读者服务电话：4008918866